公司律师业务进阶系列

公司法实务应用全书

——律师公司业务基本技能与执业方法

（第二版）

雷霆◎著

THE PANDECT OF

COMPANY LAW PRACTICE APPLICATION

法律出版社
LAW PRESS·CHINA
——北京——

Preface 第二版序

本书第1版自2016年1月上市以来，得到了读者的普遍好评，但同时也收获了很多宝贵的建议和意见。在此期间，我国的公司法律、外商投资企业法律以及上市公司非公开发行股票、重大资产重组法规等法律环境发生了重大的变化，这些最新变化和实务动态需要在再版中予以反映。本次修订主要有如下三个方面的特点：

◇ **深度解读最新法律、法规和政策的变化。特别关注了资本市场和公司法领域的重大变化，如上市公司重大资产重组管理2016年新政、非公开发行股票2017年新政以及《公司法司法解释(四)》的最新规定。**

◇ **理论和实务兼具，尤其注重反映最新的实务动态，深度剖析实务问题和案例。更新了部分实务问题、实践案例，精心收集和整理最新的实务问题、上市公司案例以及司法判例并予以添加。**

◇ **通过图例、表格、案例，形象地反映法律、法规的变化和实务。全书通过19个图例、57张总结表格、93个实践案例、最高人民法院公报案例及指导案例，以及76个实务问题的解析，展现了公司法业务最核心和最新的法律专题。**

本次修订的主要内容概述如下：

1. 根据2017年8月28日最高人民法院颁布的《公司法司法解释(四)》，对公司会议决议效力、股东知情权、股东优先购买权、股东利润分配请求权以及直接诉讼与股东代表诉讼等最新规定予以反映。其中，股东优先购买权包含在“专题9：公司章程”“专题26：公司股权并购与上市公司收购法律实务”和“专题39：股权转让纠纷”；公司会议决议效力包含在“专题40：公司决议效力诉讼”；股东知情权包含在新增的“专题41：股东知情权纠纷”；股东利润分配请求权包含在新增的“专题42：股东利润分配请求权纠纷”；直接诉讼与股东代表诉讼包含在新增的“专题43：直接诉讼与股东代表诉讼”。

2. 根据《上市公司重大资产重组管理办法》(2016年修订)及其后续的配套政策，首先，对重组新政进行全面的介绍，增补替换了部分最新的上市公司实务案例，包含在"专题27:公司资产并购与重大资产重组法律实务"中。其次,根据《上市公司非公开发行股票实施细则》(证监会公告〔2017〕5号,2017年修订)及其后续的配套政策,对定增及配套融资新政进行全面的介绍,增补替换了部分最新的上市公司实务案例,包含在"专题4:公司增资与上市公司配股、增发法律实务"中。最后,对上市公司收购法律实务进行了部分增补,包含在"专题26:公司股权并购与上市公司收购法律实务"中。

3. 根据2016年对《中华人民共和国外资企业法》等外资法律的修订、商务部《外商投资企业设立及变更备案管理暂行办法》(商务部令2016年第3号)以及2017年《外商投资产业指导目录》("负面清单"制度),对外商投资企业设立和增资的法律问题进行了增补,包含在"专题5:外商投资企业设立和增资的特别问题"中。此外,根据"跨境换股交易""中概股回归"以及中国企业海外并购投资的一些实践案例,对"专题28:离案公司及其在跨境并购中的应用"进行了修订。

4. 根据国家工商总局"企业简易注销登记改革"的有关政策,如于2017年3月1日起施行的《企业简易注销登记改革的指导意见》(工商企注字〔2016〕253号),对"专题36:公司解散和清算"进行了修订。

5. 根据最新的财税法规、规章和准则的修订,对"专题6:有限责任公司整体变更为股份有限公司的特别问题"和"专题7:优先股法律、财税实务"进行了相应的修订。

6. 根据《上市公司章程指引》(2016年修订)和《上市公司股东大会规则》(2016年修订)对"专题9:公司章程"和相关的公司治理专题进行了修订。

7. 附录部分,法规指引更新至2017年8月底,增加了附录3:公司法司法解释(四)与征求意见稿的对比,以快速、便捷地把握修订要点。

除上述总体修订之外,笔者还对第1版中的个别文字错误、标点符号、文字表述以及问题和案例序号等进行了修订。

本书是笔者基于对最新公司法规、证券法规、合同法、三资企业法规、规章以及相关规范性文件的研究、理解、总结和探索,错误和不妥之处在所难免。读者在实务工作中一定要以法律法规为准,避免理解和执行出现偏差和错误。我也非常欢迎各位专家、学者、律师或法律顾问、企业管理人员、财税专业人士不吝赐教,对本书内容的错误和不足之处给予批评和指正!

雷　霆

2017年12月于成都

Preface 序

作为一名公司律师，笔者深知公司法博大精深，实践中具体应用的部分也许只是沧海一粟。如何运用公司法原理、理论和法律规定去解决实际问题，必然要求公司律师不断地积累和"千锤百炼"。无论是对刚开始从事公司法业务或是已经有一定经验的公司律师而言，如果有一本公司法实务及应用指南的工具书，无疑将使他们很快跨越"门槛"而进入一个"更高"层面的领域，这或许正是笔者写作本书的初衷和目的。

本书系公司律师公司法业务的实务书籍，主要讲述了公司律师在公司法律实务中，需要特别关注的包括公司设立和增资、股东权益、治理结构、公司财务会计制度、公司并购重组、公司债券、公司分支机构、公司减资、解散和清算、公司法常见诉讼业务等在内的九大业务板块（共计41个法律专题）以及公司律师从事公司法业务所需具备的职业素质和执业技能要求。既有设立中公司、隐名股东等公司法传统问题，也有涉及优先股、可转换/可交换债券、永续债等公司法前沿问题；既有公司法业务的法律问题，也有涉及相关金融、财税实务问题；既有有限责任公司的法律实务问题，也特别地对外商投资企业、上市公司的特别规定和要求进行介绍；既有公司律师非诉讼业务，也有公司律师公司法诉讼业务。全书通过17个图例、54个总结表格、89个实践案例、最高人民法院公报案例及指导案例以及75个实务问题的解析，将公司律师需要关注的最核心的法律专题呈现给读者。

应该说，本书是笔者基于对最新公司法规、证券法规、合同法、三资企业法规、规章以及相关规范性文件的研究、理解、总结和探索，错误和不妥之处在所难免。读者在实务工作中一定要以法律法规为准，避免理解和执行出现偏差和错误。非常欢迎各位专家、学者、律师或法律顾问、企业管理人员、财税专业人士不吝赐教，对本书内容的错误和不足之处给予批评和指正！

雷　霆

2015年12月于成都

Contents 简　目

第一部分　公司设立和增资

专题 1　2014 年《公司法》的变化、影响及应对 …… 3
专题 2　公司设立的出资方式及出资安排 …… 20
专题 3　公司设立发起人制度的主要法律问题 …… 31
专题 4　公司增资与上市公司配股、增发法律实务 …… 45
专题 5　外商投资企业设立和增资的特别问题 …… 72
专题 6　有限责任公司整体变更为股份有限公司的特别问题 …… 100
专题 7　优先股法律、财税实务 …… 121
专题 8　公司投资和增资协议 …… 147
专题 9　公司章程 …… 163

第二部分　股 东 权 益

专题 10　股东资格的确认 …… 187
专题 11　股东的权利和责任 …… 207
专题 12　股东权利的分割和委托 …… 230
专题 13　中小股东权益保护 …… 240

第三部分　公 司 治 理

专题 14　股东会议 …… 251
专题 15　董事和董事会议 …… 268

专题16 监事会议 …… 281
专题17 经理制度 …… 287
专题18 外商投资企业治理结构的特别规定 …… 292
专题19 公司董事、监事、高级管理人员的义务和责任 …… 299

第四部分 公司财务会计制度

专题20 公司法对公司财务会计制度的规定 …… 315
专题21 公积金制度 …… 323
专题22 亏损弥补和利润分配 …… 331

第五部分 公司并购重组业务

专题23 公司并购重组的概念、类型、流程及要点 …… 347
专题24 公司合并法律实务 …… 359
专题25 公司分立法律实务 …… 376
专题26 公司股权并购与上市公司收购法律实务 …… 385
专题27 公司资产并购与重大资产重组法律实务 …… 428
专题28 离案公司及其在跨境并购中的应用 …… 466

第六部分 公 司 债 券

专题29 债券法律实务 …… 497
专题30 可转换、可交换公司债券法律实务 …… 516
专题31 永续债法律、财税实务 …… 532

第七部分 公司分支机构

专题32 分公司 …… 545
专题33 外国公司的分支机构 …… 552
专题34 外商投资企业的分支机构 …… 558

第八部分 公司减资、解散和清算

专题35 公司减资及股(权)份回购 …… 565

专题 36　公司解散和清算 …………………………………………………………… 572

第九部分　公司常见诉讼业务

专题 37　公司诉讼业务概述 ………………………………………………………… 583
专题 38　股东出资纠纷 ……………………………………………………………… 590
专题 39　股权转让纠纷 ……………………………………………………………… 606
专题 40　公司决议效力诉讼 ………………………………………………………… 653
专题 41　股东知情权纠纷 …………………………………………………………… 682
专题 42　股东利润分配请求权纠纷 ………………………………………………… 699
专题 43　直接诉讼与股东代表诉讼 ………………………………………………… 709
专题 44　公司解散清算纠纷 ………………………………………………………… 730

第十部分　律师公司法业务职业素质与执业技能

专题 45　律师职业素质要求与公司法业务框架及类型 ……………………… 753
专题 46　律师公司法业务执业技能要求 …………………………………………… 760

附　　录

附录 1　本书主要参考文献 ………………………………………………………… 771
附录 2　相关法规指引 ……………………………………………………………… 772
附录 3　公司法司法解释(四)与征求意见稿对比 ………………………………… 787

Contents 目 录

第一部分 公司设立和增资

专题1 2014年《公司法》的变化、影响及应对 …… 3
一、公司资本制度 …… 3
(一)法定资本制度 …… 4
1. 严格法定资本制 …… 4
2. "改良"法定资本制(分期缴付法定资本制) …… 4
(二)授权资本制度 …… 4
(三)公司折中资本制度 …… 5
1. 许可资本制 …… 5
2. 折中授权资本制 …… 5
(四)2014年《公司法》的"认缴"法定资本制 …… 6
二、2014年《公司法》的主要修订和变化 …… 6
(一)注册资本实缴登记管理制转变为认缴登记管理制 …… 7
【实务问题1】 2014年《公司法》保留暂不实行注册资本认缴登记制的行业都有哪些? …… 9
(二)取消最低法定注册资本的规定 …… 10
(三)取消分期实缴的强制性规定 …… 10
(四)取消有限责任公司和发起设立股份有限公司验资的规定 …… 10
(五)取消30%比例货币资金配套的规定 …… 11
(六)取消公司年检制度而代之以公示制度 …… 11
三、2014年《公司法》对公司投资的影响和应对 …… 12

（一）对公司出资形式和出资安排的影响 …… 12
1. 取消首次强制性20%比例的缴付要求，使公司设立的门槛进一步降低 …… 12
2. 对于货币资金出资的安排更为灵活而没有30%比例的强制性要求 …… 12
3. 解决首次出资中不能使用需要办理财产权转移手续财产出资的难题 …… 12
4. 修订股权出资和债权出资（债转股）的要求 …… 12
（二）对公司注册登记的影响 …… 13
1. 取消"实收资本"登记管理事项 …… 13
2. 取消有限责任公司和发起设立股份有限公司"验资报告"的要求 …… 13
（三）对公司公示披露义务的影响 …… 13
1. 企业应定期报送年度报告并公示 …… 13
2. 企业应自规定信息形成之日起20个工作日内公示 …… 14
【实务问题2】 企业公示信息的分类及内容 …… 14
【实务问题3】 公司登记机关不再登记"实收资本"事项，也不再要求"验资报告"，实践中，外部债权人等如何知悉公司实收资本到位情况？ …… 14
3. 企业未如期公示年度报告或信息不实将入"黑名单" …… 15
【实务问题4】 被列入"黑名单"对企业的影响 …… 16
四、2014年《公司法》尚未明确的一些适用难题 …… 16
（一）未足额缴付出资时，如何分享权益和承担亏损 …… 16
（二）公司原认缴出资未缴足时，公司是否可以增资 …… 17
（三）股东未实际足额缴付资本时，如何行使表决权 …… 18
【实务问题5】 通过公司章程解决公司法适用难题 …… 18

专题2 公司设立的出资方式及出资安排 …… 20
一、公司出资的方式 …… 20
二、以非货币财产出资的法律要件 …… 21
（一）必须进行评估作价 …… 21
【实务问题6】 出资人以非货币财产出资，未依法评估或者被高估，是否可以认定出资人未依法全面履行出资义务？ …… 21
（二）必须可以依法转让 …… 22
【实务问题7】 出资人以划拨土地或有权利负担的土地使用权出资，是否可以认定出资人未依法全面履行出资义务？ …… 22
（三）应当依法办理财产权的转移手续 …… 22

【实务问题8】 出资人以需要办理权属登记的房屋等财产出资，已经交付公司使用但未办理权属变更手续，是否可以认定出资人未履行出资义务？ …… 22
【实务问题9】 无权处分人以无权处分财产出资，如何认定出资效力？ …… 23
三、无形财产出资的规定 …… 23
【实务问题10】 探矿权和采矿权是否可以用于出资？ …… 24
四、不得用于出资的财产 …… 25
【实务问题11】 实务中，股东如何实现以劳务对公司出资？ …… 25
【实务问题12】 实务中，贷款是否可以用于出资？ …… 25
五、公司股权出资及实缴 …… 26
【实务问题13】 股权出资在新公司法下如何实际缴付？ …… 27
【实务问题14】 在股权并购中，如何处理以股权出资的股东原股权出资义务未缴足的问题？ …… 28
六、公司债权出资及实缴 …… 29
【实务问题15】 实务中，如何实现将对第三人的债权用于出资？ …… 30

专题3 公司设立发起人制度的主要法律问题 …… 31
一、公司发起人、设立中公司的含义及主要特征 …… 31
(一)发起人的概念及法律地位 …… 32
(二)设立中公司的概念及法律地位 …… 32
二、公司发起人的先公司合同责任 …… 32
案例1 发起人以自己名义为设立中公司收购破产公司财产 …… 34
案例2 发起人以自己名义为设立中公司进行招拍挂 …… 36
三、公司发起人的法律责任 …… 37
(一)公司设立成功与发起人责任 …… 38
1. 发起人对公司的连带资本充实责任 …… 38
2. 发起人对公司的损害赔偿责任 …… 39
3. 发起人对其他发起人的出资违约责任 …… 40
4. 发起人的先公司合同责任 …… 40
(二)公司设立失败与发起人责任 …… 40
1. 发起人对设立行为所生费用和债务负连带赔偿责任 …… 40
案例3 公司因故未成立，筹备费用应由谁承担？ …… 41
2. 发起人对已收股款负返还责任 …… 42
3. 发起人对第三人的连带赔偿责任 …… 42

4. 发起人的先公司合同责任 …… 43
(三)公司设立瑕疵与发起人责任 …… 43

专题4 公司增资与上市公司配股、增发法律实务 …… 45
一、有限责任公司增资的法律实务 …… 45
(一)增资计价基准日的含义及意义 …… 45
(二)目标公司价值的确定 …… 46
(三)目标公司股权比例或增资人增资金额的确定 …… 47
案例4 有限责任公司增资方增资金额及增资后股权结构如何确定? …… 48
二、外商投资企业增资的法律实务 …… 48
(一)外商投资企业增资的前置审批 …… 48
(二)外国投资者的投资比例 …… 49
(三)外商投资企业投资总额和注册资本的比例 …… 49
1. 投资总额的概念及其意义 …… 50
2. 投资总额与注册资本之间的关系 …… 50
3. 审批权限 …… 50
案例5 外商投资企业增资时投资总额和注册资本如何确定? …… 51
三、上市公司增资的法律实务 …… 51
(一)上市公司配股 …… 51
案例6 航天科技(000901)2014年度配股 …… 52
(二)上市公司公开增发 …… 53
案例7 昆药集团(600422)2013年度公开增发A股 …… 54
(三)上市公司非公开发行股票 …… 56
1. 非公开发行股票的定义 …… 56
2. 特定类别认购对象的界定 …… 57
3. 非公开发行股票的条件 …… 58
4. 非公开发行股票的限售期("锁定期") …… 64
5. 非公开发行股票的核准和发行 …… 64
案例8 江南高纤(600527)非公开发行A股 …… 65
四、公司留存收益和资本公积转增资本的法律实务 …… 68
(一)留存收益转增资本 …… 68
(二)资本公积转增资本 …… 69
案例9 金自天正(600560)利润分配及资本公积转增股本案 …… 69

专题5 外商投资企业设立和增资的特别问题 …… 72
一、外商投资企业设立和出资的法律适用 …… 72
二、外商投资举办投资性公司的特别规定 …… 73
(一)外商投资性公司的定义及组织形式 …… 73
(二)申请设立投资性公司的条件 …… 74
(三)设立投资性公司的审批及提交资料 …… 74
(四)投资性公司的出资要求 …… 74
(五)外国投资者以境内税后人民币利润向投资性公司出资以及投资性公司再投资的外汇核准取消 …… 75
三、外商投资设立股份有限公司的特别规定 …… 77
(一)外商投资股份有限公司的定义 …… 77
(二)发起人的特别要求 …… 77
(三)外商投资股份有限公司的审批和设立 …… 77
(四)外商投资股份有限公司的出资要求 …… 78
四、外商投资企业再投资的特别规定 …… 78
(一)外商投资企业再投资的企业的法律性质 …… 79
(二)外商投资企业境内再投资的审批 …… 80
(三)外国投资者以外商投资企业税后人民币利润再投资的特别规定 …… 81
五、外国投资者跨境人民币直接投资的特别规定 …… 81
六、外商投资企业股权出资的特别规定 …… 82
七、外商投资企业外汇资本金结汇管理新规:汇发〔2015〕19号 …… 85
(一)外商投资企业资本金实行意愿结汇制度 …… 86
【实务问题16】 什么是结汇待支付账户及其收支范围? …… 87
(二)外商投资企业资本金及其结汇所得人民币资金的使用 …… 88
1.结汇资金应在企业经营范围内遵循真实、自用原则 …… 88
【实务问题17】 在意愿结汇制下,结汇是否存在结汇额度限制? …… 88
【实务问题18】 如何理解和适用在企业经营范围内遵循真实、自用原则? …… 89
2.结汇资金可用于股权投资 …… 90
【实务问题19】 19号文对“红筹架构”的影响? …… 91
【实务问题20】 19号文对外资PE/VC股权投资的影响? …… 92
(三)银行履行展业三原则业务,承担真实性审核责任 …… 92
(四)强化事中事后管理,实行负面清单制度 …… 92
(五)废止相关文件及生效 …… 93

八、外国投资企业设立及变更备案制度 …… 93
(一)《决定》对外商投资企业法的修订 …… 93
(二)《备案暂行办法》的有关规定 …… 94
1. 适用范围和对象 …… 94
2. 实施准入特别管理措施的范围 …… 94
【实务问题 21】《备案暂行办法》中的最终实际控制人如何确定? …… 95
3. 备案程序 …… 96
4. 监督管理和法律责任 …… 97
(三)外商投资企业实行备案管理后有关登记程序 …… 97
1. 外商投资企业登记管辖 …… 97
2. 外商投资企业登记规则 …… 98
九、《外商投资产业指导目录》修订与"负面清单"制度 …… 98

专题 6 有限责任公司整体变更为股份有限公司的特别问题 …… 100
一、有限责任公司变更为股份有限公司的法律性质 …… 100
(一)组织形式转换说 …… 101
(二)股东以净资产出资设立说 …… 101
二、有限责任公司变更为股份有限公司的条件和要求 …… 102
(一)股东人数符合法律要求 …… 102
(二)原有限责任公司经评估后的净资产额和社会公开募集的股本有符合公司章程规定的全体发起人认购的股本总额或者募集的实收股本总额 …… 102
(三)股份发行筹办事项符合法律规定 …… 103
(四)原股东必须重新制定公司章程,采取募集方式设立的经创立大会通过 …… 103
(五)有公司名称,建立符合股份有限公司要求的组织机构 …… 103
(六)有公司住所 …… 103
三、有限责任公司整体变更的程序问题 …… 103
(一)董事会拟定公司整体变更方案 …… 103
(二)股东会作出决议 …… 103
(三)变更公司章程 …… 104
(四)折股或募集 …… 104
(五)变更登记 …… 104
(六)公告 …… 104
四、有限责任公司整体变更并发行上市应关注的问题 …… 104
(一)改制前重组问题 …… 104

【实务问题 22】 如何处理一人有限责任公司股东人数的问题？ …… 104
【实务问题 23】 如何处理有限责任公司代持股问题？ …… 105
【实务问题 24】 有限责任公司改制时是否可以同时增资？ …… 105
（二）审计和评估问题 …… 106
【实务问题 25】 有限责任公司改制时是否必须进行资产评估？ …… 106
案例 10 万通液压（830839）未经评估整体变更后"新三板"挂牌 …… 106
（三）折股的问题 …… 109
【实务问题 26】 整体变更时，净资产全部折股时的"尾数"如何处理？ …… 109
【实务问题 27】 整体变更时，是以合并会计报表净资产折股还是以母公司会计报表净资产折股？ …… 109
（四）发起人协议和创立大会 …… 110
【实务问题 28】 有限责任公司整体变更时，是属于《公司法》规定的发起设立方式还是募集设立方式？ …… 111
案例 11 万通液压（830839）股改发起设立程序 …… 111
（五）会计和税务问题 …… 112
1. 有限责任公司整体变更的会计处理问题 …… 112
案例 12 禾盛新材（002290）整体变更保留盈余公积 …… 113
2. 有限责任公司整体变更的税务处理问题 …… 114
案例 13 禾盛新材（002290）整体变更涉及的个人所得税问题 …… 117

专题 7 优先股法律、财税实务 …… 121
一、优先股的概念、类别股及类别权 …… 121
（一）什么是类别股？ …… 121
（二）什么是类别权？ …… 122
二、优先股的分类及主要法律特征 …… 122
（一）优先股的分类 …… 122
（二）优先股的主要法律特征 …… 124
案例 14 平安银行（000001）非公开发行优先股类别 …… 125
三、发行优先股的条件和要求 …… 126
案例 15 平安银行（000001）非公开发行优先股——补充一级资本 …… 130
案例 16 中国电建（601669）非公开发行优先股——募集配套资金 …… 133
四、优先股的财税问题 …… 135
（一）优先股的会计处理 …… 136
1. 优先股可以划分为金融负债和权益工具 …… 136

2. 或有结算条款 …… 138
案例 17 平安银行(000001)非公开发行优先股——权益工具 …… 141
(二)优先股的税务处理 …… 144
1. 优先股股息的税务处理 …… 144
【实务问题 29】 如何理解和适用《优先股试点指导意见》第三条第(十六)项规定:"企业投资优先股获得的股息、红利等投资收益,符合税法规定条件的,可以作为企业所得税免税收入"? …… 145
2. 优先股对价对重组所得税税务处理的影响 …… 145

专题 8 公司投资和增资协议 …… 147
一、投资/增资协议的类型和框架结构 …… 147
(一)投资/增资协议的类型 …… 147
1. 投资协议的类型 …… 147
2. 增资协议的类型 …… 148
(二)投资/增资协议的框架结构 …… 148
1. 新设有限责任公司投资协议的框架结构 …… 148
2. 有限责任公司增资协议的框架结构 …… 149
二、投资/增资协议的核心条款和实务要点 …… 150
(一)新设投资协议核心条款和实务要点 …… 150
1. 注册资本条款 …… 150
【实务问题 30】 2014 年《公司法》对投资协议注册资本条款的影响 …… 150
2. 公司治理结构条款 …… 150
3. 财务、利润分配和亏损弥补条款 …… 151
4. 解散和清算条款 …… 152
(二)增资协议核心条款和实务要点 …… 154
1. 增资计价基准日条款 …… 154
2. 增资条款 …… 154
3. 新投资者的准入限制条款 …… 154
4. 或有负债条款 …… 154
5. 特别约定条款 …… 155
三、投资/增资协议的通用条款 …… 155
(一)保密条款 …… 155
1. 保密主体 …… 155
2. 保密客体 …… 156

3. 保密方式 …… 156
4. 保密时间 …… 156
案例 18 保密条款示范 …… 157
（二）违约责任条款 …… 157
1. 违约赔偿的约定 …… 157
2. 违约责任的限额 …… 157
3. 违约救济措施 …… 158
（三）不可抗力条款 …… 158
案例 19 不可抗力条款示范 …… 158
（四）争议的解决条款 …… 159
1. 商事仲裁 …… 159
案例 20 仲裁条款示范 …… 160
2. 诉讼 …… 160
（五）适用法律条款 …… 160
（六）合同生效和有效期条款 …… 161
（七）终止条款 …… 161
1. 终止事件 …… 162
2. 终止事件的通知 …… 162
3. 终止及终止后果 …… 162
（八）其他规定 …… 162

专题 9 公司章程 …… 163
一、公司章程的含义及作用 …… 163
（一）公司章程的含义及特点 …… 163
（二）公司章程的作用 …… 164
1. 公司章程是公司设立的必备文件 …… 164
2. 公司章程是确定公司权利义务的基本法律文件 …… 164
3. 公司章程是公司对外交易的基本法律依据 …… 164
4. 公司章程是公司的自治规范 …… 164
【实务问题 31】 实践中，如何识别和理解外国公司提供的公司宪章（章程大纲和章程细则）？ …… 164
二、公司章程与投资协议的联系和区别 …… 165
（一）投资协议和公司章程的联系 …… 165
（二）投资协议和公司章程的区别 …… 165

1. 投资协议和公司章程的性质 …… 165
2. 公司章程是公司必备文件,而投资协议则是任意性文件 …… 166
【实务问题 32】 实践中,既然投资协议并非必备法律文件,为何投资人之间还要签署投资协议呢? …… 166
3. 公司章程和投资协议的效力期间不同 …… 166
【实务问题 33】 投资协议的效力期间 …… 167
4. 公司章程和投资协议的形式要件要求不同 …… 168
5. 公司章程和投资协议约束的对象不同 …… 168
(三)投资协议和公司章程冲突时的法律适用 …… 168
1. 公司章程和投资协议直接内容冲突时,原则应以公司章程为准 …… 168
2. 公司章程未规定而投资协议有约定时,投资协议对股东继续有效 …… 169
三、公司章程的记载事项 …… 169
(一)公司章程的绝对必要记载事项 …… 170
(二)公司章程的相对必要记载事项 …… 170
(三)公司章程的任意记载事项 …… 170
四、公司章程的框架结构 …… 171
五、公司章程的核心条款和实务要点 …… 173
(一)异议股东回购请求权 …… 173
1. 异议股东回购请求权 …… 173
2. 股份有限公司回购股份 …… 174
【实务问题 34】 如何确定股份回购的价格? …… 174
案例 21 异议股东回购请求权条款示例 …… 174
(二)股东优先购买权 …… 176
案例 22 股东优先购买权条款示例 …… 176
(三)利润分配条款 …… 178
案例 23 利润分配条款示例 …… 178
(四)公司解散条款 …… 179
案例 24 公司解散条款示例 …… 180
六、发行优先股对公司章程的影响 …… 180
案例 25 发行优先股对公司章程的影响——以平安银行非公开发行优先股为例 …… 182

第二部分　股东权益

专题10　股东资格的确认 …… 187

一、股东资格和股权的概念及含义 …… 187

【实务问题35】 取得股东资格是否立即享有股权? …… 188

二、股东资格确认纠纷的类型 …… 188

(一)股东与公司之间资格确认纠纷 …… 189

(二)股东与股东之间资格确认纠纷 …… 189

(三)股东与债权人之间资格确认纠纷 …… 190

三、股东资格确认的标准 …… 190

(一)股东与公司之间资格确认标准 …… 192

1. 已履行或未履行出资义务股东与公司之间的纠纷 …… 192

案例26　万家裕诉宏瑞公司其他股东权纠纷案 …… 193

2. 瑕疵出资股东与公司之间的纠纷 …… 199

3. 隐名股东、显名股东与公司之间的纠纷 …… 200

(二)股东与股东之间资格确认标准 …… 201

1. 隐名股东和显名股东之间的纠纷 …… 201

案例27　张建中诉杨照春股权确认纠纷案 …… 202

2. 股权转让股东和受让人之间的纠纷 …… 205

(三)股东与第三人之间资格确认标准 …… 205

四、确认股东资格的证据 …… 206

专题11　股东的权利和责任 …… 207

一、股东权利和责任的含义、特征及分类 …… 207

(一)股东权利的含义和特征 …… 207

(二)股东责任的含义和特征 …… 208

1. 有限责任制度 …… 208

2. 股东责任的主要内容 …… 209

二、股东的自益权(财产权)和共益权(管理权) …… 209

(一)股东自益权 …… 211

1. 利润分配请求权 …… 211

【实务问题36】 股东在认缴出资额或认购股份未实际足额缴付的情形下,如何享有分红等股东权益,承担亏损? …………… 212
2. 剩余财产分配权 …………………………………………………… 213
3. 优先增资权 ………………………………………………………… 214
案例28 上市公司股东会会议特别决议公开增发时原股东拥有优先认购权——国投电力(600886)公开增发A股 ……………… 214
(二)股东共益权 …………………………………………………… 215
1. 股东表决权 ………………………………………………………… 215
2. 召集、主持股东会会议权 ………………………………………… 215
3. 提议召开临时股东会议权 ………………………………………… 215
4. 股东知情权 ………………………………………………………… 216
三、公司章程或股东会决议对股东权利的限制和剥夺 …………… 216
(一)公司章程对股权转让权的限制或禁止 ……………………… 216
【实务问题37】 公司章程规定股东向非股东转让股权时,不需要经过其他股东同意并且其他股东不具有优先购买权是否有效? …… 217
【实务问题38】 公司章程规定股东不得向非股东转让股权是否有效? …… 217
(二)投资协议或公司章程对股权的强制转让或收购 …………… 217
(三)公司法、公司章程或股东会决议对利润分配权等股东权利的限制 ………… 218
案例29 股东会决议决定部分股东每年分取固定红利并且不参与经营管理是否有效? ……………………………………………… 219
【实务问题39】 如何理解和适用《公司法司法解释(三)》第十六条规定的对股东权利的"合理限制"? ………………………… 221
(四)股东会决议解除股东资格 …………………………………… 221
四、股东的责任及其法律后果 ……………………………………… 222
(一)股东出资派生责任 …………………………………………… 224
1. 股东出资违约补缴责任及对债权人的补充赔偿责任、连带责任 ………… 224
2. 股东抽逃出资的返还责任、对债权人的补偿赔偿责任 ……………… 226
(二)股东特别责任 ………………………………………………… 227
1. 股东滥用独立地位和有限责任的连带责任 ……………………… 227
2. 控股股东利用关联关系损害公司利益的赔偿责任 ……………… 228
(三)股东依法清算公司的责任 …………………………………… 229

专题 12 股东权利的分割和委托 …… 230
一、股东权利的可分割性和可委托性 …… 230
二、股东不按股权比例分享利润法律、税务实务问题 …… 231
案例 30 不按出资比例分红以及经营管理权的委托 …… 232
【实务问题 40】 不按出资比例分红,多分配红利的企业股东是否产生企业所得税纳税义务? …… 233
三、股东委托投票权制度 …… 234
(一)股东委托投票权的含义及内容 …… 234
(二)股东委托投票权的现实意义 …… 234
(三)上市公司股东委托书征集制度 …… 235
案例 31 S 仪化(600871)董事会征集投票权 …… 237
案例 32 思美传媒(002712)独立董事征集投票权 …… 238

专题 13 中小股东权益保护 …… 240
一、中小股东权益被侵害的主要形式 …… 240
(一)公司控股股东或大股东非法占用公司资金 …… 240
(二)公司为控股股东或大股东提供担保 …… 240
(三)通过关联交易将公司资产或利润转移到控股股东或其关联公司 …… 241
(四)公司分配不规范,不分红或很少分红 …… 241
(五)募集资金被挪用或转做其他用途 …… 241
(六)虚假出资欺骗中小股东 …… 241
(七)提供虚假财务报告,操纵股价,误导中小股东 …… 241
二、公司法及其司法解释有关中小股东权益保护的规定 …… 242
(一)公司法人人格否认制度 …… 242
(二)表决权代理制度 …… 243
(三)累积投票制度 …… 243
(四)异议股东股权(份)回购请求权 …… 244
(五)股东会议召集请求权 …… 244
(六)股东提案权制度 …… 244
(七)表决权排除制度 …… 245
(八)股东知情权制度 …… 245
(九)股东诉讼制度 …… 245
(十)股东解散公司的权利 …… 246

三、完善中小股东的权益保护的建议 …… 246
(一)完善中小股东权益保护立法 …… 246
1. 扩大中小股东知情权的范围 …… 246
2. 引进限制表决权制度 …… 247
3. 健全公司会议决议效力诉讼制度 …… 247
(二)完善公司制度建设 …… 247
(三)完善公司信息披露制度 …… 248

第三部分 公司治理

专题 14 股东会议 …… 251
一、股东会议的性质及不同公司类型的权力机构 …… 251
【实务问题 41】 一人出席的会议是否构成股东会议? …… 252
二、股东会议的组成及职权 …… 253
三、股东会议的类型 …… 253
(一)定期会议 …… 253
(二)临时会议 …… 254
(三)类别股东会议(Shares Class of Meetings, SCM) …… 254
四、股东会议决议的类型 …… 255
(一)普通决议(ordinary resolution) …… 255
(二)特别决议(special resolution) …… 255
(三)一致决议(elective resolution) …… 256
(四)临时决议(extraordinary resolution) …… 256
(五)书面决议(written resolution) …… 256
五、股东会议的召集和主持 …… 257
六、股东会议的程序 …… 257
(一)会议通知 …… 257
1. 会议通知的时间要求 …… 257
【实务问题 42】 未收到会议通知的股东参加了股东会议是否意味着股东会议召集有效? …… 258
【实务问题 43】 "简短通知"是否意味着股东会议召集无效? …… 258
【实务问题 44】 召开普通股股东会议是否必须通知优先股股东? …… 258
2. 会议通知的内容 …… 258

案例33 思美传媒(002712)关于股东大会会议通知内容的规定 …………… 258

3. 会议通知的送达方式 …………… 259

(二)法定人数(Quorum) …………… 259

案例34 BVI公司召开股东会议的法定人数 …………… 260

(三)表决方式 …………… 261

七、关联股东表决回避 …………… 262

(一)公司法的一般规定 …………… 262

(二)上市公司的特别规定 …………… 262

案例35 思美传媒(002712)章程关于关联股东表决回避的规定 …………… 263

八、累积投票制 …………… 264

(一)累积投票制的概念和法规要求 …………… 264

案例36 思美传媒(002712)章程关于累计投票制的规定 …………… 264

(二)选举特定席位数所需的最低股份数 …………… 265

案例37 选举特定席位数所需要的最低股份数计算示例 …………… 266

(三)特定股份数可以选得的最多席位数 …………… 266

案例38 特定股份数可以选得的最多席位数计算示例 …………… 266

(四)累计投票制和直线投票制 …………… 267

案例39 大股东在累积投票制下策略不当导致的董事会"滑铁卢" …………… 267

专题15 董事和董事会议 …………… 268

一、董事的含义及分类 …………… 268

(一)董事的含义 …………… 268

(二)董事的分类 …………… 269

1. 执行董事和非执行董事 …………… 269

【实务问题45】 非执行董事与外部董事、独立董事的区别和联系? …………… 270

2. 候补董事 …………… 271

3. 事实董事 …………… 271

4. 隐名董事 …………… 271

二、董事的提名、选任、解任和辞职 …………… 272

案例40 思美传媒(002712)章程关于董事选举、更换等的规定 …………… 272

三、董事会的性质、职权、组成及类型 …………… 273

(一)董事会的性质和职权 …………… 273

案例41 思美传媒(002712)章程关于董事会职权的规定 …… 274
(二)董事会的组成 …… 274
(三)董事会的类型 …… 275
四、董事会的召开及程序 …… 275
(一)董事会的召集和主持 …… 275
(二)董事会的会议通知 …… 276
(三)董事会的法定人数 …… 276
(四)董事会的表决 …… 276
五、上市公司董事会秘书制度 …… 276
六、独立董事制度 …… 277
七、董事回避制度 …… 278
八、上市公司章程指引对上市公司董事会制度的补充 …… 278
案例42 思美传媒(002712)章程关于董事会对投资、收购、抵押担保、关联交易的审批权限的明确的规定 …… 279

专题16 监事会议 …… 281
一、监事会的性质、职权、组成及类型 …… 281
(一)监事会的性质和职权 …… 281
(二)监事会的组成 …… 282
(三)监事会的类型 …… 282
二、监事的提名、选任、解任和辞职 …… 282
三、监事会的召开及程序 …… 283
(一)监事会的召集和主持 …… 283
(二)监事会会议通知 …… 283
(三)监事会的表决 …… 283
四、上市公司章程指引对上市公司监事会制度的补充 …… 284
案例43 思美传媒(002712)章程关于监事和监事会的规定 …… 284

专题17 经理制度 …… 287
一、经理的性质及职权 …… 287
【实务问题46】 公司法中的经理与实践中的“总经理”是一回事吗? …… 288
二、经理的聘任和解聘 …… 289
【实务问题47】 经理是否可以担任“法定代表人”? …… 289

三、上市公司章程指引对上市公司经理制度的补充 …… 290
案例 44 思美传媒(002712)章程关于经理的规定 …… 290

专题 18 外商投资企业治理结构的特别规定 …… 292
一、中外合资企业、中外合作企业最高权力机构的特别规定 …… 292
二、中外合资企业、中外合作企业董事会或联合管理委员会的特别规定 …… 293
(一)董事会或联合管理委员会的职权和组成 …… 293
(二)董事会或联合管理委员会的召开 …… 294
三、中外合资企业、中外合作企业总经理制度的特别规定 …… 296
案例 45 中外合资企业章程的“公司机构及职权” …… 297

专题 19 公司董事、监事、高级管理人员的义务和责任 …… 299
一、董事、监事和高级管理人员的任职资格和解除 …… 299
二、董事、监事和高级管理人员的忠实和勤勉义务 …… 300
(一)董事、监事和高级管理人员的忠实义务 …… 300
1. 不得谋利的义务 …… 301
2. 避免冲突的义务 …… 301
(二)董事、监事和高级管理人员的勤勉义务 …… 302
【实务问题 48】 董事的忠实义务与注意义务的区别 …… 306
三、董事、监事和高级管理人员接受质询和调查的义务 …… 306
(一)接受股东和股东大会质询的义务 …… 306
(二)接受监事会调查的义务 …… 306
四、董事、监事和高级管理人员的法律责任 …… 307
(一)民事责任 …… 307
1. 返还财产 …… 307
2. 赔偿责任 …… 307
(二)行政责任 …… 307
(三)刑事责任 …… 308
1. 挪用资金罪 …… 308
2. 职务侵占罪 …… 309
3. 非国家工作人员受贿罪 …… 309
4. 逃税罪 …… 309

五、股东诉讼救济制度(对“董监高”损害公司利益的诉讼) …………………… 310

第四部分 公司财务会计制度

专题 20 公司法对公司财务会计制度的规定 ………………………………… 315
一、公司法对公司财务会计制度的主要规定 ……………………………… 315
(一)公司建立财务、会计制度以及依法编制、公告财务会计报告的规定 ……… 315
(二)会计师事务所的聘用、解聘以及公司的责任 ……………………………… 317
案例 46 洋河股份(002304)公司章程有关财务、会计制度以及审计机构的规定 …………………………………………………………… 318
二、公司法防范虚假财务会计报告的制度安排 ……………………………… 318
(一)公司内部治理制度安排 ……………………………………………………… 319
1. 财务会计报告查阅与公告制度 …………………………………………… 319
2. 董事、监事及高级管理人员保证制度 ……………………………………… 319
3. 监事会审核制度 ………………………………………………………… 319
4. 上市公司独立董事制度 …………………………………………………… 319
(二)公司外部治理制度安排 ……………………………………………………… 320
1. 会计师审计制度 ………………………………………………………… 320
2. 公司登记机关、证券监督机构监督制度 …………………………………… 320
3. 证券交易所监督制度 ……………………………………………………… 320
(三)法律责任配置制度 …………………………………………………………… 320
三、公司法明确财务会计报告审计制度 ……………………………………… 320
(一)对公司财务报告的审计 ……………………………………………………… 321
(二)特定审计业务 ………………………………………………………………… 321
1. 监事会聘请审计 ………………………………………………………… 322
2. 证券管理部门委托专项审计 ……………………………………………… 322
3. 公司合并、分立审计 ……………………………………………………… 322
4. 公司解散、清算审计 ……………………………………………………… 322
5. 公司债券发行审计 ………………………………………………………… 322

专题 21 公积金制度 ………………………………………………………… 323
一、公司公积金的概念和界定 ……………………………………………… 323
二、公司公积金的种类和含义 ……………………………………………… 324

(一)资本公积金 …… 325

1. 资本公积(资本或股本溢价) …… 325

2. 资本公积(其他资本公积) …… 325

(二)盈余公积金 …… 325

1. 法定公积金(法定盈余公积金) …… 326

2. 任意公积金(任意盈余公积金) …… 326

案例 47 公司资本公积金的核算 …… 326

三、公司公积金的用途 …… 326

(一)弥补公司亏损 …… 326

【实务问题 49】 公司法为什么规定资本公积金不得用于弥补公司的亏损? …… 327

(二)扩大公司生产经营 …… 327

(三)转增公司资本 …… 328

【实务问题 50】 实务中,资本公积金(其他资本公积)是否可以用于转赠资本? …… 328

【实务问题 51】 实务中,盈余公积金是否可用于利润分配? …… 329

四、上市公司公积金的有关规定 …… 329

专题 22 亏损弥补和利润分配 …… 331

一、利润和亏损的概念和内涵 …… 331

(一)会计上利润和亏损的概念和内涵 …… 332

(二)税法上应纳税所得额和可弥补亏损的概念和内涵 …… 332

二、利润分配和亏损弥补的法定程序 …… 332

案例 48 公司如何进行亏损弥补? …… 333

三、违法分配利润的法律后果 …… 334

四、外商投资企业法有关利润分配和亏损弥补的特别规定 …… 334

五、利润分配的形式和种类 …… 336

【实务问题 52】 什么是派息、送股、转股? …… 336

案例 49 金自天正(600560)利润分配及资本公积转增股本案 …… 337

六、上市公司现金分红制度 …… 338

(一)《现金分红规定》的规定 …… 338

案例 50 雷鸣科化(600985)换股吸收合并西部民爆——发行新股之前的利润分配 …… 339

【实务问题53】 上市公司利润分配采取母公司利润口径或者合并报表利润口径 …… 340
(二)《现金分红指引》的规定 …… 341
案例51 韶山松钢(000717)公司章程有关利润分配的规定 …… 342

第五部分 公司并购重组业务

专题23 公司并购重组的概念、类型、流程及要点 …… 347
一、公司并购重组的概念及类型 …… 347
(一)兼并 …… 347
案例52 亚泰集团(600881)"承债式"兼并长春双阳水泥集团 …… 349
案例53 "吸收股份式"兼并某国有独资啤酒公司成立中外合资企业 …… 351
(二)收购 …… 351
案例54 广州药业(600332)定向增发A股收购广药集团资产案 …… 352
案例55 美菱电器(200521)收购四川长虹(600839)和中山长虹股权案 …… 353
(三)并购的分类 …… 354
(四)重组的概念及分类 …… 354
二、公司投资并购重组流程及其关注要点 …… 355
(一)并购决策阶段关注要点 …… 355
1. 并购战略和并购计划 …… 355
2. 并购目标的选择 …… 356
(二)初步谈判(意向)阶段关注要点 …… 356
1. 初步接触 …… 356
2. 签订合作意向协议和保密协议 …… 356
(三)尽职调查阶段关注要点 …… 356
1. 成立尽职调查小组 …… 356
2. 开展尽职调查 …… 356
3. 进行并购可行性分析 …… 357
4. 并购项目决策 …… 357
(四)正式谈判和签约阶段关注要点 …… 357
1. 制定正式的并购项目商业计划书 …… 357
2. 组成正式谈判小组 …… 357
3. 审计和评估 …… 357

4. 协商谈判及确定并购方案 …… 357
5. 签约 …… 357
（五）并购实施阶段关注要点 …… 358
1. 获得内外部有权部门或机构的批准 …… 358
2. 资产交割 …… 358
（六）并购整合阶段关注要点 …… 358
1. 并购后整合 …… 358
2. 并购效果评价 …… 358

专题 24 公司合并法律实务 …… 359
一、公司合并的概念及类型 …… 359
【实务问题 54】 实务中，公司合并协议由谁签订？ …… 360
二、公司合并的法定程序 …… 360
（一）公司董事会拟定合并方案 …… 360
（二）公司权力机关作出关于公司合并的决议 …… 360
（三）编制资产负债表和财产清单 …… 360
（四）签订合并协议 …… 361
（五）通知债权人和合并公告 …… 361
（六）根据债权人的要求偿还债务或提供担保 …… 361
（七）公司注销登记 …… 361
（八）变更登记或新设登记 …… 361
【实务问题 55】 公司合并中，被合并公司是否需要清算？ …… 362
三、公司合并中的异议股东保护制度 …… 362
（一）异议股东股份回购请求权 …… 362
（二）异议股东股份回购请求权行权条件 …… 363
（三）异议股东行使请求权受阻时的救济措施 …… 363
（四）行使请求权后公司收购股份后对股份的处理 …… 363
【实务问题 56】 公司合并中，异议股东行使回购请求权时，公司回购股份的合理价格如何确定？ …… 364
四、公司合并中的债权人保护制度 …… 364
五、公司合并中的法律实务要点 …… 364
（一）存续公司或新设公司注册资本、股权比例的确定 …… 365
案例 56 公司合并注册资本和股权比例的确定 …… 366

(二)合并基准日、交割日的确定 …… 366
(三)过渡期/监管期损益归属的确定 …… 367
案例57 ST太光(000555)换股吸收合并神州信息有关过渡期损益归属的约定 …… 368
(四)合并中或然负债的处理 …… 368
1. 或然负债赔偿责任人的确定 …… 368
2. 或然负债赔偿金额的确定 …… 371
六、上市公司换股吸收合并 …… 371
(一)被合并公司价值的确定 …… 371
案例58 ST太光(000555)换股吸收合并神州信息交易价格的确定 …… 371
(二)换股股份的价格和换股比例的确定 …… 372
案例59 ST太光(000555)换股吸收合并神州信息的换股价格和换股比例的确定 …… 373
(三)异议股东的保护机制——现金选择权(异议股东回购请求权) …… 373
案例60 ST太光(000555)换股吸收合并神州信息的现金选择权 …… 374
(四)滚存利润的处理 …… 375

专题25 公司分立法律实务 …… 376
一、公司分立的概念和类型 …… 376
二、公司分立的法定程序 …… 377
(一)公司董事会拟定公司分立方案 …… 377
(二)公司股东(大)会关于分立方案作出决议 …… 378
(三)公司编制资产负债表及财产清单 …… 378
(四)签订分立协议 …… 378
(五)履行债权人保护程序 …… 378
(六)公司登记程序 …… 378
三、公司分立中异议股东保护制度 …… 378
四、公司分立中债权人保护制度 …… 379
五、公司分立的法律实务要点 …… 379
(一)分立中注册资本、股权比例的确定 …… 379
案例61 不成比例分配的公司分立中各方股权比例的确定 …… 380
(二)分立基准日、交割日及过渡期损益归属的确定 …… 381
案例62 公司分立过渡期损益的归属 …… 381

案例 63 亏损公司是否可以进行公司分立，如果可以，如何进行公司分立？ …… 382

专题 26 公司股权并购与上市公司收购法律实务 …… 385

一、股权并购的含义及类型 …… 385

二、股权并购的程序 …… 386

三、目标公司标的股权的作价 …… 387

（一）净资产作价法 …… 387

1. 固定价格法 …… 387

2. 预约价格法 …… 387

（二）评估作价法 …… 387

1. 历史成本法 …… 388

2. 市场法 …… 388

3. 收益法 …… 388

案例 64 公司股权并购中的“预约作价法” …… 389

四、股权并购中其他股东的同意权和优先购买权 …… 390

（一）其他股东的同意权和优先购买权只适用于有限责任公司的股东 …… 390

【实务问题 57】 外商投资企业的股东是否拥有同意权、优先购买权？ …… 390

【实务问题 58】 其他股东的同意权并非等同于优先购买权 …… 391

（二）“其他股东过半数同意”是指按“人头”过半数 …… 391

（三）不同意的股东购买该转让的股权的价格的确定 …… 392

（四）优先购买权的含义及程序 …… 392

1. 什么是“同等的条件” …… 392

2. 其他股东优先购买权行使期限的确定 …… 393

【实务问题 59】 股权并购交易中如何应对优先购买权？ …… 395

（五）法院强制执行时其他股东的优先购买权 …… 397

五、股权并购中债权、债务及或然负债的处理 …… 397

（一）目标公司的债权、债务的处理 …… 397

1. 固定价格法下目标公司的债权、债务的处理 …… 397

2. 预约定价法下目标公司的债权、债务的处理 …… 398

（二）目标公司或然负债的处理及出让方的赔偿责任 …… 398

1. 或然负债的定义和出让方的赔偿责任 …… 399

2. 或然负债的处理原则 …… 399

案例65 股权转让协议中的或然负债条款 …… 402
(三)目标公司的出让方股东借款的处理 …… 403
六、股权转让基准日、交割日、过渡期及监管事项 …… 403
(一)股权转让基准日的确定 …… 403
(二)股权转让交割日的确定 …… 404
(三)过渡期及监管事项 …… 404
(四)过渡期损益的归属 …… 406
案例66 北部港湾(000582)收购防城港兴港100%股权的"过渡期损益归属及安排"条款 …… 407
七、上市公司收购的法律实务 …… 407
(一)上市公司收购的方式 …… 407
1. 要约收购 …… 408
2. 协议收购 …… 409
3. 间接收购 …… 410
(二)上市公司收购的要约豁免 …… 410
1. 要约豁免的"普通程序" …… 410
2. 要约豁免的"简易程序" …… 412
3. 要约豁免的"免于申请程序" …… 412
(三)上市公司收购的权益披露义务 …… 414
1. 上市公司收购的权益披露义务概述 …… 414
2.《收购管理办法》有关上市公司收购的权益披露义务的规定 …… 414
(四)上市公司股份的锁定期 …… 418
(五)上市公司收购的法律实务要点 …… 419
1. 要约收购中的法律实务要点 …… 419
2. 协议收购中的法律实务要点 …… 422
案例67 德力西集团协议收购江门资管局持有的广东甘化(000576)19.82%股份的"过渡期安排"条款 …… 423
3. 间接收购中的实务要点及疑难问题剖析 …… 425

专题27 公司资产并购与重大资产重组法律实务 …… 428
一、资产并购的含义及类型 …… 428
二、资产并购的程序 …… 429
三、标的资产范围的确定以及作价 …… 430

（一）标的资产范围的确定 …… 430
1. 剔除与收购目的或营业无关的资产 …… 430
2. 剔除欲报废、处于闲置状态等不良资产 …… 430
3. 明确纳入收购范围的固定资产（含在建工程等）、无形资产、土地使用权等资产 …… 431
4. 明确纳入收购范围的存货等流动资产的预计数量 …… 431
5. 明确与收购目的相关的必要的应收债权的范围 …… 431
6. 目标资产的兜底条款 …… 432
（二）标的资产的作价 …… 432
1. 固定资产、无形资产以及土地使用权的计价方法及调整机制 …… 432
2. 存货等流动资产的计价方法及调整机制 …… 434
四、资产并购中债权、债务及合同转让的处理 …… 435
五、上市公司重大资产重组的法律实务 …… 436
（一）重大资产重组的定义、原则和标准 …… 436
1. 重大资产重组的定义 …… 436
2. 重大资产重组的原则 …… 440
3. 重大资产重组的标准 …… 441
（二）借壳上市的界定标准 …… 442
1. 新《重组管理办法》对借壳上市界定标准修订概述 …… 442
2. 明确借壳方为“收购人及其关联人” …… 444
3. 借壳上市界定的具体标准 …… 444
4. 明确禁止创业板公司借壳上市 …… 449
5. 对规避“借壳上市”的追责条款 …… 450
案例 68　顺风控股借壳鼎泰新材（002352）——重大资产置换 + 发行股份购买资产 + 募集配套资金 …… 450
（三）重大资产重组（借壳上市）的证监会核准 …… 453
1.《重组管理办法》对借壳上市审核的规定 …… 453
2. 借壳上市审核的具体程序 …… 453
（四）发行股份购买资产的特别规定 …… 456
1. 发行股份购买资产的条件 …… 456
2. 发行股份购买资产的同时，可以募集部分配套资金 …… 458
3. 发行股份购买资产的股份发行价格的特别规定 …… 459
4. 股份锁定期 …… 460

5. 发行股份购买资产触发收购的处理…… 460
案例 69 赛为智能(300044)发行股份及支付现金购买资产及配套融资…… 461
6. 发行股份换股吸收合并…… 464
案例 70 宝钢股份(600019)换股吸收合并武钢股份(600005)——发行股份换股吸收合并…… 464

专题 28 离案公司及其在跨境并购中的应用…… 466
一、离岸法域的含义、分类及主要特征…… 466
二、离岸公司的含义、分类及主要法律特征…… 468
(一)离岸公司的含义、主要法律特征…… 468
(二)离岸公司的主要类型…… 469
(三)离岸公司的普遍法律特征…… 471
1. 公司宪章(Constitution)…… 471
2. 设立证书(Certificate of Incorporation)…… 471
3. 注册的代理人(Registered Agent)…… 472
4. 注册办公室(Registered Office)…… 472
5. 股东或成员(Shareholders or Members)…… 472
6. 董事/高级管理人员(Directors/Managers)…… 472
7. 公司秘书(Company Secretary)…… 473
8. 法定记录/账簿(Statutory Records/ Bookkeeping)…… 473
9. 股本(Capital Shares)…… 473
三、离岸公司在跨境并购中的应用…… 473
(一)红筹上市的含义…… 473
(二)红筹上市的路径以及离岸公司的运用…… 474
1. 境内投资者对境内实业或产业进行资产重组整合…… 474
2. 境内投资者构建离岸 SPV 控股架构…… 474
3. 中间控股公司并购境内实业公司或境内控股公司…… 474
4. 在作为上市的离岸控股 SPV 平台引入财务或战略投资者…… 474
5. 离岸控股 SPV 上市…… 475
(三)境外上市重组路径的注意事项…… 476
1. 构建离岸 SPV 控股架构的注意事项…… 476
2. 财务或战略投资者进入离岸控股 SPV…… 478
3. 离岸控股公司上市,财务投资者退出…… 478

案例 71 旭辉控股(00884.HK)——离岸控股架构 …… 479
四、跨境换股交易与实践发展 …… 486
(一)跨境换股交易的概念及其条件 …… 486
(二)跨境换股交易的实践发展 …… 487
案例 72 "首旅酒店"(600258)跨境换股收购海外资产 …… 488

第六部分 公司债券

专题 29 债券法律实务 …… 497
一、债券的含义及种类 …… 497
(一)债券的概念及主要特点 …… 497
(二)债券的种类 …… 498
【实务问题 60】 企业债券与公司债券的联系和区别 …… 499
【实务问题 61】 《公司债券发行与交易管理办法》(证监会令第 113 号)的主要修订 …… 500
二、企业债券的发行条件和程序 …… 501
(一)企业债券的发行条件 …… 501
(二)企业债券发行核准主要程序 …… 502
1. 申报阶段 …… 502
2. 初审阶段 …… 502
3. 反馈意见及修改材料阶段 …… 502
4. 核准阶段 …… 503
三、公司债券的发行主体和发行方式 …… 503
(一)公司债券的发行主体 …… 503
(二)公司债券的发行方式 …… 503
【实务问题 62】 公司债券公开发行的"储架发行"制度 …… 504
四、公司债券的发行及上市条件和程序 …… 504
(一)公司债券的发行及上市条件 …… 504
【实务问题 63】 如何理解和适用公司债券发行及上市条件? …… 505
(二)公司债券的发行及上市程序 …… 506
五、公司债券的投资者适当性制度和证券交易所分类管理 …… 506
案例 73 全国首单非上市公司公开发行公司债——舟山港集团有限公司 2015 年公司债券发行 …… 508

六、短期融资券和中期票据 …… 510
(一)短期融资券 …… 511
(二)中期票据 …… 511
七、中小企业集合票据和集合债券 …… 511
(一)中小企业集合票据和集合债券的概念及特点 …… 511
(二)中小企业集合票据、债券发行条件 …… 512
【实务问题64】 中小企业集合债券和集合票据的异同 …… 513
八、中小企业私募债券 …… 514
(一)中小企业私募债券的概念 …… 514
(二)中小企业私募债券的发行和审核制度 …… 514

专题30 可转换、可交换公司债券法律实务 …… 516
一、可转换公司债券的概念、性质及主要特点 …… 516
二、分离交易的可转换公司债券的概念、性质及主要特点 …… 517
【实务问题65】 分离交易的可转换公司债券与普通可转换公司债券的区别 …… 518
三、可交换公司债券的概念、性质及主要特点 …… 518
【实务问题66】 可交换公司债券与可转换公司债券的区别 …… 518
四、可转换公司债券的发行条件及程序 …… 519
(一)可转换公司债券的发行条件 …… 519
(二)可转换公司债券的发行程序 …… 520
五、分离交易的可转换公司债券的发行条件及程序 …… 521
案例74 四川长虹股份(600839)发行分离交易的可转换公司债券 …… 521
六、可交换公司债券的发行条件及程序 …… 524
(一)可交换公司债券的发行条件 …… 525
(二)可交换公司债券的上市条件 …… 526
(三)可交换公司债券的发行程序 …… 526
案例75 宝钢集团(132001)发行可交换公司债券(新华股份,601336) …… 527

专题31 永续债法律、财税实务 …… 532
一、永续债的含义及主要特征 …… 532
(一)永续债的含义及主要作用 …… 532
(二)永续债的主要特征 …… 533

1. 长期性或永续性 …… 533
2. 具有一定权益属性的债务工具 …… 533
3. 附加赎回及利率调整条款 …… 533
【实务问题 67】 永续债、可转债和优先股的区别 …… 533
二、永续债的发行条件和程序 …… 534
（一）永续债的发行条件 …… 534
（二）永续债的发行程序 …… 535
案例 76 国电电力（600795）发行“13 国电 MTN001”永续中票——发行条件和程序要求 …… 536
三、永续债的财税法实务 …… 537
（一）永续债的会计处理——符合条件的永续债可计入权益工具 …… 538
（二）永续债的税务处理 …… 538
1. 企业所得税——符合条件的永续债利息可税前扣除 …… 538
2. 营业税 …… 539
3. 印花税 …… 539
案例 77 国电电力（600795）发行“13 国电 MTN001”永续中票——财税处理评析 …… 540

第七部分　公司分支机构

专题 32　分公司 …… 545
一、分公司的含义及主要特征 …… 545
【实务问题 68】 子公司与分公司的区别 …… 546
【实务问题 69】 分公司与分支机构的联系和区别 …… 546
二、分公司的设立条件和程序 …… 547
（一）分公司设立条件 …… 547
（二）分公司设立程序 …… 547
三、设立分公司的优势 …… 548
四、分公司是否可以再设立分支机构 …… 548
五、分公司是否可以对外提供保证 …… 549
六、分公司是否可以原被告身份参与诉讼 …… 549

专题 33　外国公司的分支机构 …………………………………… 552
一、外国公司分支机构的含义及主要法律特征 ……………………… 552
(一)公司法上外国公司的概念及主要特征……………………………… 552
1. 外国公司国籍的确定 ………………………………………………… 552
2. 外国公司的法律特征 ………………………………………………… 553
(二)外国公司的分支机构的概念及主要特征…………………………… 553
1. 外国公司的分支机构的概念 ………………………………………… 553
2. 外国公司的分支机构的主要特征 …………………………………… 553
(三)外国公司分支机构的性质及法律地位……………………………… 553
二、外国公司分支机构的设立、撤销和清算………………………………… 554
(一)外国公司分支机构的设立 ………………………………………… 554
1. 外国公司分支机构设立的条件 ……………………………………… 554
2. 外国公司分支机构设立的程序 ……………………………………… 555
(二)外国公司分支机构的撤销和清算 ………………………………… 555
1. 外国公司分支机构的撤销 …………………………………………… 555
2. 外国公司分支机构的清算 …………………………………………… 555
三、外国公司常驻代表机构的含义及主要法律特征 ……………………… 556
【实务问题 70】　外国公司分支机构与常驻代表机构的区别和联系 ……… 556
【实务问题 71】　外国企业常驻代表机构的前置审批 ………………… 556

专题 34　外商投资企业的分支机构 ………………………………… 558
一、外商投资企业分支机构的含义及类型 ………………………………… 558
二、外商投资的公司的分公司 ……………………………………………… 559
三、外商投资的公司的办事处 ……………………………………………… 560
四、(非公司)外商投资企业分支(办事)机构 ……………………………… 561

第八部分　公司减资、解散和清算

专题 35　公司减资及股(权)份回购 ……………………………… 565
一、公司减资的概念及类型 ………………………………………………… 565
(一)公司减资的概念 …………………………………………………… 565
(二)公司减资的类型 …………………………………………………… 566

【实务问题 72】 已认缴尚未实际缴付的出资是否可以减资？ …………… 567
【实务问题 73】 公司减资是否不得低于法定注册资本最低限额？ ………… 567
二、公司股（权）份回购 …………………………………………………… 567
三、公司减资的法定程序 …………………………………………………… 568
（一）公司召开股东会或股东大会，并作出减资决议……………………… 568
（二）编制资本负债表及财产清单 ………………………………………… 568
（三）通知和公告债权人 …………………………………………………… 569
（四）公司变更登记 ………………………………………………………… 569
四、公司如何进行减资分配 ………………………………………………… 569
（一）公司减资分配需要股东协商一致 …………………………………… 570
（二）公司减资分配金额的确定 …………………………………………… 570
五、公司减资的税务处理 …………………………………………………… 570

专题 36 公司解散和清算 …………………………………………………… 572
一、公司解散和清算的概念及分类 ………………………………………… 572
（一）公司解散的概念及情形………………………………………………… 572
（二）公司清算的概念及分类………………………………………………… 573
二、公司解散和清算的法定程序 …………………………………………… 574
（一）成立清算组及清算组的职权 ………………………………………… 574
（二）通知或公告债权人申报债权 ………………………………………… 574
（三）清理公司财产 ………………………………………………………… 574
（四）清偿公司债务 ………………………………………………………… 575
（五）分配剩余财产 ………………………………………………………… 575
（六）清算终结 ……………………………………………………………… 575
三、企业简易注销登记改革 ………………………………………………… 575
（一）适用主体和情形 ……………………………………………………… 576
（二）简易注销登记的基本程序 …………………………………………… 576
（三）简易注销登记程序与一般注销登记程序的比较 …………………… 577
（四）实行简易注销的法律风险 …………………………………………… 577
四、公司清算的税务处理 …………………………………………………… 578

第九部分　公司常见诉讼业务

专题 37　公司诉讼业务概述 …… 583

一、公司诉讼的含义及类型综述 …… 583

(一)公司诉讼的含义 …… 583

(二)公司诉讼的类型概述 …… 584

二、股东对公司的诉讼 …… 584

三、公司对股东或高管的诉讼 …… 585

四、股东对股东提起的诉讼 …… 586

五、公司债权人提起的诉讼 …… 586

(一)债权人对瑕疵出资的股东提起的补充赔偿责任之诉 …… 587

(二)公司法人人格否认之诉 …… 588

1. 适格原告和被告 …… 588

2. 公司法人人格否认之诉的范围 …… 588

3. 公司法人人格否认之诉的前提条件和结果要件 …… 589

六、直接诉讼和股东代表诉讼 …… 589

专题 38　股东出资纠纷 …… 590

一、股东出资诉讼及法律实务要点 …… 590

(一)出资人以无处分权财产出资的法律问题 …… 590

(二)出资人以未依法评估作价的非货币财产出资的问题 …… 591

(三)以需要办理过户等手续的财产出资但未办理过户的法律问题 …… 591

(四)以国有划拨土地使用权或者设定权利负担的土地使用权出资的问题 …… 592

(五)出资人以股权出资的问题 …… 592

(六)有限责任公司股东出资比例和持股比例不一致的约定的法律效力问题 …… 593

案例 78　深圳市启迪信息技术有限公司与郑州国华投资有限公司等股权确认纠纷案——有限责任公司股东约定不按实际出资比例持有股权的效力 …… 593

二、股东虚假出资纠纷 …… 597

三、股东抽逃出资纠纷 …… 598

(一)抽逃出资的股东对公司承担的民事责任 …… 598

(二)抽逃出资的股东对已足额履行出资义务股东的违约责任 …… 598

（三）抽逃出资的股东对公司债权人的民事责任 …… 599
（四）为抽逃出资提供帮助或者负有直接管理责任的股东、董事、经理的连带责任 …… 599
案例 79 胡元中与汤敏股权纠纷上诉案——股东抽逃出资的民事法律后果 …… 599
四、股东瑕疵出资纠纷 …… 604
（一）瑕疵出资的含义 …… 604
（二）瑕疵出资股东的股权 …… 605
（三）瑕疵出资股东的法律责任 …… 605

专题 39 股权转让纠纷 …… 606
一、股权转让纠纷的含义及主要特点 …… 607
二、股权转让纠纷的主要形式 …… 607
三、未出资或未完全出资股东股权转让纠纷 …… 608
四、瑕疵出资股权转让纠纷 …… 609
五、限制性股权转让纠纷 …… 609
（一）公司章程限制股权转让条款效力的一般认定 …… 609
（二）公司章程限制股权转让条款效力的例外 …… 611
六、侵害同意权/优先购买权的股权转让纠纷 …… 612
（一）优先购买权的适用限制 …… 612
（二）间接股权转让和股权出资时的优先购买权问题 …… 614
案例 80 复星商业与 SOHO 中国股权转让合同纠纷案 …… 614
（三）“同等条件”的认定 …… 619
（四）书面通知的内容和优先购买权的行使期间 …… 621
（五）转让的“不同意” …… 623
（六）损害优先购买权合同的效力 …… 625
（七）拍卖股权和经产权交易所转让国有股权的特殊规定 …… 630
七、瑕疵决议无效或被撤销的股权转让纠纷 …… 630
八、隐名出资下的股权转让纠纷 …… 631
（一）隐名出资涉及的法律关系 …… 631
（二）隐名出资下的股权转让 …… 632
九、外商投资企业股权转让纠纷 …… 632
（一）外商投资企业股权转让的特别审批程序 …… 632

（二）外商投资企业股权转让合同的效力问题 …… 633
案例 81 天津市顺通化工机械贸易有限公司与天津市津热供热集团有限公司股权转让合同纠纷上诉案——外商投资企业股权转让对价的变更不属于重大或实质性变更 …… 635
十、国有股权转让纠纷 …… 639
十一、股权转让纠纷案例的共性问题 …… 639
案例 82 北京恒拓远博高科技发展有限公司与薛辉股权转让纠纷上诉案——股权转让价格的确定及股权转让协议的成立 …… 640
案例 83 赵国良与崇仁县工商行政管理局股权变更登记纠纷上诉案——工商行政机关股东变更登记审慎审查义务的确定 …… 647

专题 40 公司决议效力诉讼 …… 653
一、公司决议效力的含义及种类 …… 654
（一）公司法对公司决议效力的规定 …… 654
1. 公司决议实体瑕疵 …… 654
2. 公司决议程序瑕疵 …… 655
（二）《公司法司法解释（四）》对公司决议不成立的规定 …… 655
二、公司决议效力之诉 …… 656
（一）公司决议效力诉讼的原告 …… 657
1. 决议无效或不成立确认之诉的原告 …… 657
2. 决议撤销之诉的原告 …… 659
3. 决议效力诉讼的共同原告 …… 660
（二）公司决议效力诉讼的被告和第三人 …… 660
（三）明确“决议不存在”的情形 …… 661
（四）明确决议程序轻微瑕疵时的处理 …… 663
（五）删除了征求意见稿的部分条款 …… 663
1. 删除有关决议无效和决议撤销的事由的规定 …… 663
2. 删除事后同意决议条款 …… 664
3. 删除了“原告诉请与法院认定不一致时，法院如何处理”条款 …… 664
4. 删除了“行为保全”的规定 …… 665
5. 删除了“一人有限公司和国有独资企业的参照适用”的规定 …… 665
（六）公司决议效力诉讼的期间 …… 666
三、对无效和撤销决议所涉及的其他法律关系的溯及力 …… 666

四、公司决议效力诉讼中的诉讼担保制度 …… 668
五、公司决议效力诉讼制度的几个疑难问题 …… 668
（一）对有特别利害关系的股东行使表决权所形成的不当决议，是否可成为瑕疵决议而撤销 …… 668
（二）撤销之诉滥用的防止 …… 669
1. 裁量驳回制度 …… 669
2. 诉讼担保制度 …… 669
3. 股东异议制度 …… 669
（三）和解 …… 669
案例 84 南京安盛财务顾问有限公司诉祝鹃股东会决议罚款纠纷案——股东会在没有明确标准、幅度的情况下处罚股东的决议无效 …… 670
案例 85 张艳娟诉江苏万华工贸发展有限公司、万华、吴亮亮、毛建伟股权纠纷案——实际控制公司的股东虚构的公司股东会议及其决议无效 …… 674
案例 86 李建军诉上海佳动力环保科技有限公司决议撤销纠纷案 …… 679

专题 41 股东知情权纠纷 …… 682
一、《公司法》有关股东知情权的规定 …… 682
二、有关股东知情权的司法实践 …… 683
案例 87 李淑君等诉江苏佳德置业发展有限公司股东知情权纠纷案 …… 684
三、《公司法司法解释（四）》有关股东知情权的规定 …… 691
（一）行使知情权在起诉时原则应具备股东资格 …… 692
（二）明确了“不正当目的”的具体情形 …… 692
（三）股东知情权的固有权属性 …… 694
（四）强化股东知情权的可执行性：判决主文和知情权的辅助行使 …… 695
（五）增加了股东和辅助人泄密的赔偿责任 …… 697
（六）删除了可以查阅与会计账簿记载内容有关的记账凭证或者原始凭证的规定 …… 697
（七）股东无法查询时，董事和高级管理人员的民事赔偿责任 …… 698

专题 42 股东利润分配请求权纠纷 …… 699
一、《公司法》有关股东利润分配请求权的规定 …… 699

(一)股东利润分配权的概念 …… 699
(二)股东利润分配请求权的类型 …… 700
二、有关股东利润分配请求权的司法实践 …… 701
案例88 河南思维自动化设备有限公司与胡克盈余分配纠纷二审案——未经股东会决议同意,股东无权请求公司分配红利 …… 701
案例89 袁煜飞诉北京华新电工设备有限公司公司盈余分配纠纷案——股东会通过利润分配决议,股东才拥有具体的利润分配请求权 …… 702
三、《公司法司法解释(四)》有关股东利润分配请求权的规定 …… 703
(一)股东利润分配权纠纷当事人的诉讼地位 …… 703
(二)以股东提交"载明具体分配方案的股东会或者股东大会有效决议"为审查标准 …… 704
(三)利润分配请求权诉讼的判决效力 …… 705
(四)滥用股东权利阻止利润分配时的司法介入权 …… 706

专题43 直接诉讼与股东代表诉讼 …… 709
一、直接诉讼和股东代表诉讼的概念与分类 …… 709
(一)直接诉讼:公司直接诉讼和股东直接诉讼 …… 709
1. 公司直接诉讼 …… 710
2. 股东直接诉讼 …… 710
(二)间接诉讼:股东代表诉讼(股东派生诉讼) …… 710
【实务问题74】 股东直接诉讼和代表诉讼的区别和联系 …… 711
二、直接诉讼与股东代表诉讼的当事人 …… 712
(一)股东直接诉讼的当事人 …… 712
(二)公司直接诉讼与股东代表诉讼的当事人 …… 712
(三)《公司法司法解释(四)》删除了征求意见稿"公司替代原告"的规定 …… 716
三、公司直接诉讼和股东代表诉讼的适用范围 …… 717
(一)《公司法》有关公司直接诉讼和股东代表诉讼适用范围的规定 …… 717
(二)《公司法司法解释(四)》删除了征求意见稿"双重代表诉讼"的规定 …… 717
案例90 "双重代表诉讼"的前置程序 …… 719
四、提起公司直接诉讼和股东代表诉讼的前置程序 …… 720
(一)公司直接诉讼的前置程序 …… 720
(二)股东代表诉讼的前置程序 …… 721

五、股东代表诉讼的调解机制 …… 721

案例 91 和信公司、大兴公司与通和置业等损害公司权益纠纷案——股东代表诉讼的前置程序和调解 …… 722

六、股东代表诉讼胜诉利益的归属和诉讼成本的承担 …… 727

专题 44 公司解散清算纠纷 …… 730

一、公司僵局的含义及主要情形 …… 730

（一）股东会议僵局 …… 731

（二）董事会议僵局 …… 731

（三）因单纯的商业意见分歧或者个人因素而导致的公司僵局 …… 731

二、打破公司僵局——公司解散诉讼 …… 731

（一）提起公司解散的事由 …… 732

案例 92 林方清诉常熟市凯莱实业有限公司、戴小明公司解散纠纷案 …… 732

（二）提起公司解散的股东资格问题 …… 737

（三）公司解散诉讼的被告问题 …… 737

（四）公司解散诉讼的调解制度 …… 738

（五）公司解散诉讼判决的效力 …… 738

【实务问题 75】 实务中，股东提起解散公司诉讼的同时能否提起公司清算 …… 738

三、公司清算诉讼概述 …… 739

四、公司清算的类型以及清算组的组建、更换 …… 739

五、清算中公司的诉讼主体地位 …… 741

六、公司清算义务人的范畴及民事责任 …… 742

（一）清算义务人的概念、范畴及责任种类 …… 742

（二）清算义务人的清算赔偿责任 …… 742

1. 消极不履行义务的赔偿责任——补充赔偿责任和连带清偿责任 …… 743

案例 93 上海存亮贸易有限公司诉蒋志东、王卫明等买卖合同纠纷案——如何认定公司的清算义务人 …… 744

2. 积极不履行义务的赔偿责任 …… 746

七、未适当履行出资义务股东的填补责任 …… 747

八、公司清算人的民事责任及股东派生诉讼 …… 748

【实务问题 76】 公司清算义务人和公司清算人的区别 …… 748

第十部分　律师公司法业务职业素质与执业技能

专题45　律师职业素质要求与公司法业务框架及类型 …… 753

一、律师需要具备的基本职业素质 …… 753

(一)良好的业务素质 …… 753

1. 掌握法学的基本理论和基础知识 …… 753

2. 不断提升能力素质 …… 754

(二)优秀的职业道德素质 …… 755

二、律师需要掌握的公司法业务框架与类型 …… 756

(一)按公司法的内容和体系进行分类 …… 756

(二)按不同的法律适用进行分类 …… 758

专题46　律师公司法业务执业技能要求 …… 760

一、律师公司法业务执业技能要求概述 …… 760

二、公司律师必备的财税法律技能要求 …… 761

(一)公司律师需要了解的投资业务的财税规定概述 …… 762

(二)公司律师需要了解的资产划转业务的财税规定概述 …… 762

(三)公司律师需要了解的并购重组业务的财税规定概述 …… 763

(四)公司律师需要了解的利润分配业务的财税规定概述 …… 764

(五)公司律师需要了解的减资/撤资和清算业务的财税规定概述 …… 764

三、公司律师必备的法律风险管控技能要求 …… 765

四、公司律师必备的商业和金融技能要求 …… 767

(一)熟悉现代企业的商业思维、商业模式以及经营管理 …… 768

(二)熟悉现代企业的金融业务 …… 768

附　录

附录1　本书主要参考文献 …… 771

附录2　相关法规指引 …… 772

附录3　公司法司法解释(四)与征求意见稿对比 …… 787

第一部分

公司设立和增资

综 述

本部分主要对公司律师涉及的公司新设成立和对公司的增资法律业务进行介绍。主要包括五个方面的内容:第一,关注 2013 年公司法修订之后新公司法的变化、影响及应对;第二,对公司设立的出资方式及出资安排、公司设立发起人制度进行介绍;第三,对公司增资业务进行介绍;第四,对有限责任公司“股改”、优先股等特殊业务进行介绍;第五,对所有投资业务均涉及的投资协议和公司章程的谈判和拟定进行介绍。本部分共包括九个法律专题:2014 年新《公司法》的变化、影响及应对;公司设立的出资方式及出资安排;公司设立发起人制度的主要法律问题;公司增资与上市公司配股、增发法律实务;外商投资企业设立和增资的特别问题;有限责任公司整体变更为股份有限公司的特别问题;优先股法律、财税实务;公司投资和增资协议;公司章程。

专题1 2014年《公司法》的变化、影响及应对

内容提示

2013年12月28日第十二届全国人民代表大会常务委员会第六次会议修订并颁布了新的《公司法》(以下简称2014年《公司法》)并于2014年3月1日起施行。2014年《公司法》主要将公司注册资本实缴登记管理制度改变为认缴登记管理制度,它对公司的出资方式、缴付安排以及设立登记等具有重大影响。本专题包含如下内容:

- 公司资本制度;
- 2014年《公司法》的主要修订和变化;
- 2014年《公司法》对公司投资的影响和应对;
- 2014年《公司法》尚未明确的一些适用难题。

一、公司资本制度

公司资本对公司"生命"的延续和正常运作起着不可或缺的重要作用。公司资本制度是指公司法按照一定的原则和标准对公司资本所做出的规定。各国公司法基于其立法宗旨、社会背景、法律传统和现实需要等多方面的考虑,对资本形成方式确立了不同的设计,并制定了相应的法律规则,由此产生了各国相对稳定的资本形成制度。概括地讲,公司资本制度包括三大类型:法定资本制(legal capital system)、授权资本制(authorized capital system)和折中资本制(eclectic capital system)。

(一)法定资本制度

1. 严格法定资本制

法定资本制是公司资本一次形成的制度。即公司设立时,必须在公司章程中对公司的资本额做出明确规定,并且必须由股东一次性全部认足并缴付而不得分期认缴,否则公司不能成立的制度。实际上,这样的资本制度被称为"严格法定资本制"。严格法定资本制在各国早期的公司法中被广泛采用,其典型的代表是德国和法国公司法。其主要特点包括:(1)在公司成立时,公司章程应明确载明公司的资本额;(2)强制性要求公司的最低资本额("法定最低资本");(3)全体股东应当一次性认缴或认购公司章程明确载明的所有出资额或股份("一次性发行");(4)强制性要求全体股东在公司成立时一次性缴付("一次性缴付");(5)公司成立后,如果公司需要增加注册资本,则应由公司股东(大)会作出决议并修订公司章程中的资本额,并履行公司注册资本变更登记手续。

2. "改良"法定资本制(分期缴付法定资本制)

应该讲,严格法定资本制最主要的特点是出资额或股份的一次发行,并且一次性缴付出资额或股本。但是,这样的制度本身存在一定的弊端,主要包括以下三点:(1)资本确定原则(亦称资本法定原则)要求公司在设立时就一次缴足大量资本,这使公司设立变得困难;(2)在设立之初,由于经营活动尚未完全开展,可能导致资本的积压闲置;(3)由于公司资本在设立时一次发行缴付完毕,而在公司未来经营中如需增加资本时,又不可避免地会遇到烦琐的增资法律程序。正是该制度具有前述的一些缺点和弊端,所以奉行法定资本制度的国家在实践中逐步借鉴了授权资本制度的一些优点,对严格法定资本制度进行了改良或调整。改良的法定资本制随后在各大陆法系国家公司法中被广泛引入,其主要特点包括:(1)在公司成立时,公司章程应明确载明公司的资本额;(2)强制性要求公司的最低资本额("法定最低资本");(3)全体股东应当一次性认缴或认购公司章程明确载明的所有出资额或股份("一次性发行");(4)强制性要求首次缴付的部分不得低于资本总额的一定比例("首次最低缴付");(5)出资额或股份经认缴或认购后,认缴人或认购人应按照公司章程的规定缴付出资额或股款("分期缴付");(6)公司成立后,如果公司需要增加注册资本,则应由公司股东(大)会作出决议并修订公司章程中的资本额,并履行公司注册资本变更登记手续。

(二)授权资本制度

授权资本制是一种公司资本分期形成的制度。它指在公司设立时,资本总额也应在公司章程中载明,但发起人只认购并缴付资本总额的一部分,公司即可成立。注册资本与发行资本之间的差额,授权董事会在公司成立之后,根据需要随时发行募集。授权资本制主要在英美法系国家(譬如英国、美国等)被广泛采用,其主要特点包括:(1)公司章程载明两个资本额,即公司资本总额和第一次发行的股份总数。(2)公司设立时,股东仅需要认购章程所规定的第一次发行的股份,公司即可成立,但不得少于公司最低资本额。(3)公司股东(大)会授权董事会于公司设立后发行新股,募足资本总额。因后续发行的股份已经在章程所载的资本总额内,所以无须履行增资手续。(4)公司资本呈现为多种类型。譬如,注册资本、发行资本、实缴资本以及授权资本、催缴资本等。

(三)公司折中资本制度

折中资本制是指公司的注册资本在公司设立时仍为公司章程明确规定,并由股东在公司成立后一定期限内全部认足,即公司成立时,股东只需要认足注册资本一定比例的数额,不足部分授权董事会在一定期限内发行,并且发行数额不得超过资本总额的一定比例。具体可分为"许可资本制"和"折中授权资本制"两种类型。

1. 许可资本制

许可资本制亦称认可资本制,是指在公司设立时,必须在章程中明确规定公司资本总额,并一次性发行、全部认足或募足。同时,公司章程可以授权董事会在公司成立后一定期限内,在授权公司资本一定比例的范围内,发行新股、增加资本,而无须股东会的特别决议。大陆法系国家如德国、法国、奥地利等基本上都实行认可资本制。认可资本制是在法定资本制的基础上,通过对董事会发行新股的授权、简化公司增资程序而形成的。只不过,实行认可资本制的多数国家对授权尚未发行的资本数额和授权的期限进行限制。这种在公司设立时和成立后两个阶段分别采用法定资本制和授权资本制的做法,既可保证公司资本在公司成立时即得以确认,又增强了公司增资的灵活性。

2. 折中授权资本制

该种资本制度是指公司设立时,在章程中载明资本总额,只需发行和认足部分资本或股份,公司即可成立,未发行部分授权董事会根据需要发行,但是授权发行的部分不得超过公司资本的一定比例。如日本和我国台湾地区实行的就是折中授权资本制。折中授权资本制是在授权资本制基础上通过对授权董事会发行股份的比例和期限进行限制而形成的,不仅坚持了授权资本制的基本精神,又体现了法定资本制的要求。

(四)2014 年《公司法》的“认缴”法定资本制

2014 年《公司法》在 2005 年《公司法》的基础上，对公司资本制度做出了更进一步的放宽。主要体现在取消了“实收资本”登记管理的规定，取消了“最低法定注册资本”的规定(但有所保留，主要体现在证券法对证券公司最低注册资本的规定、商业银行法对设立商业银行最低注册资本的规定、保险法对保险公司最低注册资本的要求、国际货物运输代理业管理规定有关设立国际货运代理公司最低注册资本的要求等)，取消了“分期缴付”期限的规定等。2014 年《公司法》并没有改变 2005 年《公司法》的法定资本制度，但做出了进一步的放宽。主要体现在如下几个方面：

1. 2014 年《公司法》第三条第二款规定：“有限责任公司的股东以其认缴的出资额为限对公司承担责任；股份有限公司的股东以其认购的股份为限对公司承担责任。”该款规定表明我国 2014 年《公司法》奉行的还是注册资本“一次发行”的原则；股东对公司承担的责任限额以“认缴”的出资额为限，这显然与授权资本制度中就发行部分的认购部分承担责任不同。

2. 2014 年《公司法》仅仅是对“分期缴付”法定资本制度的进一步“改良”和“放宽”。主要体现在如下两点：(1)取消了最低法定注册资本限额；(2)取消了法定的实缴期限和法定的首次缴付的最低资本的限制。前述修订，其实质是将注册资本的实缴由法律规定的强制“分期缴付”改变为通过公司章程约定或授权董事会根据情况“催缴”的概念。

3. 2014 年《公司法》不属于折中资本制。首先，并没有明确授权董事会可以随时发行新股，因为最初认缴的股份已经发行完毕。未来公司在超过该股份金额之外再发行新股时，需要公司各股东协商一致并修订公司章程载明的注册资本总额。显然，这与授权资本制的本质特征是完全不同的。其次，并没有明确首次至少必须缴付 1 元或 1 股，剩余认缴资本或认购股份部分再在公司法规定的比例和期限范围内授权发行。显然，这与折中授权资本制也不同。

总体上，2014 年《公司法》仍然属于法定资本制度的范围，只不过将注册资本何时实缴交由公司和股东自己决定而不是由公司法强制规定。

二、2014 年《公司法》的主要修订和变化

如上所述，2014 年《公司法》秉承了 2005 年《公司法》法定资本制度，并在其基础上进一步降低了投资者设立公司的“门槛”。主要体现在如下几个方面：

（一）注册资本实缴登记管理制转变为认缴登记管理制

2014年《公司法》实行注册资本“认缴”登记管理制度。即公司登记机关不再对公司实缴资本（实收资本）进行登记管理。主要的修订参见表1-1所示：

表1-1 2014年《公司法》注册资本登记管理制度的修订

2005年《公司法》	2014年《公司法》	修订说明和解释
第七条第二款：“公司营业执照应当载明公司的名称、住所、注册资本、实收资本、经营范围、法定代表人姓名等事项。”	第七条第二款：“公司营业执照应当载明公司的名称、住所、注册资本、经营范围、法定代表人姓名等事项。”	删除原第七条第二款规定中公司营业执照应当载明的“实收资本”登记管理事项。
第二十六条：“有限责任公司的注册资本为在公司登记机关登记的全体股东认缴的出资额。公司全体股东的首次出资额不得低于注册资本的百分之二十，也不得低于法定的注册资本最低限额，其余部分由股东自公司成立之日起两年内缴足；其中，投资公司可以在五年内缴足。有限责任公司注册资本的最低限额为人民币三万元。法律、行政法规对有限责任公司注册资本的最低限额有较高规定的，从其规定。”	第二十六条：“有限责任公司的注册资本为在公司登记机关登记的全体股东认缴的出资额。 法律、行政法规以及国务院决定对有限责任公司注册资本实缴、注册资本最低限额另有规定的，从其规定。”	1. 删除分次出资以及首次出资最低比例的规定，但予以局部的保留，即“法律、行政法规以及国务院决定”对“有限责任公司注册资本实缴、注册资本最低限额另有规定的，从其规定”。［参见《国务院关于印发注册资本登记制度改革方案的通知》（国发〔2014〕7号）及其附件“暂不实行注册资本认缴登记制的行业”］； 2. 删除有限责任公司法定最低注册资本限额的规定。
第五十九条：“一人有限责任公司的注册资本最低限额为人民币十万元。股东应当一次足额缴纳公司章程规定的出资额。 一个自然人只能投资设立一个一人有限责任公司。该一人有限责任公司不能投资设立新的一人有限责任公司。”	第五十八条：“一个自然人只能投资设立一个一人有限责任公司。该一人有限责任公司不能投资设立新的一人有限责任公司。”	删除一人有限责任公司法定最低注册资本限额及一次缴足的规定。

续表

2005年《公司法》	2014年《公司法》	修订说明和解释
第七十七条:“设立股份有限公司,应当具备下列条件:(一)发起人符合法定人数;(二)发起人认购和募集的股本达到法定资本最低限额;(三)股份发行、筹办事项符合法律规定;(四)发起人制订公司章程,采用募集方式设立的经创立大会通过;(五)有公司名称,建立符合股份有限公司要求的组织机构;(六)有公司住所。”	第七十六条:“设立股份有限公司,应当具备下列条件:(一)发起人符合法定人数;(二)有符合公司章程规定的全体发起人认购的股本总额或者募集的实收股本总额;(三)股份发行、筹办事项符合法律规定;(四)发起人制订公司章程,采用募集方式设立的经创立大会通过;(五)有公司名称,建立符合股份有限公司要求的组织机构;(六)有公司住所。”	删除原第七十七条第(二)项规定:“发起人认购和募集的股本达到法定资本最低限额”并代之以“有符合公司章程规定的全体发起人认购的股本总额或者募集的实收股本总额”。
第八十一条:“股份有限公司采取发起设立方式设立的,注册资本为在公司登记机关登记的全体发起人认购的股本总额。公司全体发起人的首次出资额不得低于注册资本的百分之二十,其余部分由发起人自公司成立之日起两年内缴足;其中,投资公司可以在五年内缴足。在缴足前,不得向他人募集股份。 股份有限公司采取募集方式设立的,注册资本为在公司登记机关登记的实收股本总额。股份有限公司注册资本的最低限额为人民币五百万元。法律、行政法规对股份有限公司注册资本的最低限额有较高规定的,从其规定。”	第八十条:“股份有限公司采取发起设立方式设立的,注册资本为在公司登记机关登记的全体发起人认购的股本总额。在发起人认购的股份缴足前,不得向他人募集股份。 股份有限公司采取募集方式设立的,注册资本为在公司登记机关登记的实收股本总额。 法律、行政法规以及国务院决定对股份有限公司注册资本实缴、注册资本最低限额另有规定的,从其规定。”	1. 删除分次出资及股份有限公司注册资本最低限额500万元的规定; 2. 对注册资本最低限额进行了局部的保留[参见《国务院关于印发注册资本登记制度改革方案的通知》(国发〔2014〕7号)及其附件“暂不实行注册资本认缴登记制的行业”]。

续表

2005年《公司法》	2014年《公司法》	修订说明和解释
第八十四条："以发起设立方式设立股份有限公司的，发起人应当书面认足公司章程规定其认购的股份；一次缴纳的，应即缴纳全部出资；分期缴纳的，应即缴纳首期出资。以非货币财产出资的，应当依法办理其财产权的转移手续。 发起人不按照前款规定缴纳出资的，应当按照发起人协议的约定承担违约责任。 发起人首次缴纳出资后，应当选举董事会和监事会，由董事会向公司登记机关报送公司章程、由依法设定的验资机构出具的验资证明以及法律、行政法规规定的其他文件，申请设立登记。"	第八十三条："以发起设立方式设立股份有限公司的，发起人应当书面认足公司章程规定其认购的股份，并按照公司章程规定缴纳出资。以非货币财产出资的，应当依法办理其财产权的转移手续。 发起人不依照前款规定缴纳出资的，应当按照发起人协议承担违约责任。 发起人认足公司章程规定的出资后，应当选举董事会和监事会，由董事会向公司登记机关报送公司章程以及法律、行政法规规定的其他文件，申请设立登记。"	1. 删除原第八十四条第一款的规定："一次缴纳的，应即缴纳全部出资；分期缴纳的，应即缴纳首期出资"； 2. 将第三款调整为"发起人认足公司章程规定的出资后，应当选举董事会和监事会，由董事会向公司登记机关报送公司章程以及法律、行政法规规定的其他文件，申请设立登记。"这样的调整与取消首次缴纳出资以及取消验资（删除2005年《公司法》第二十九条有关验资的规定）的规定相一致。

根据表1－1，新公司法关于注册资本的核心修订在于取消了"实收资本"登记管理事项、部分取消了"分次缴付"的规定、部分取消了"最低法定资本"的规定。公司法修正案删除了原《公司法》第七条第二款中的"实收资本"，这意味着，以后公司法人营业执照的载明事项中将只有"注册资本"（公司章程规定的全体股东认缴出资额或认购股份）的概念，而没有"实收资本"项目（保留的除外），这跟取消"分次缴付"的强制规定协调一致。

【实务问题1】 2014年《公司法》保留暂不实行注册资本认缴登记制的行业都有哪些？

根据2014年2月7日国务院发布的《国务院关于印发注册资本登记制度改革方案的通知》（国发〔2014〕7号）及其附件"暂不实行注册资本认缴登记制的行业"的规定，现行法律、行政法规以及国务院决定明确规定实行注册资本实缴登记制的银行业金融机构、证券公司、期货公司、基金管理公司、保险公司、保险专业代理机构和保险经纪人、直销企业、对外劳务合作企业、融资性担保公司、募集设立的股份有限公司，劳务派遣企业、典当行、保险资产管理公司、小额贷款公司实行注册资本认缴登记制问题，另行研究决定。在法律、行政法规以及国务院决定未修改前，暂按现行规定执行。

譬如，《保险法》第六十八条规定，有符合本法规定的注册资本。第六十九条规定,“设立保险公司,其注册资本的最低限额为人民币二亿元。国务院保险监督管理机构根据保险公司的业务范围、经营规模,可以调整其注册资本的最低限额,但不得低于本条第一款规定的限额。保险公司的注册资本必须为实缴货币资本”。该规定意味着,保险公司设立拟定的最低注册资本为2个亿,且必须是实缴的货币资本,其营业执照上仍然需要去标注“实收资本”一项。

(二)取消最低法定注册资本的规定

根据表1-1,2014年《公司法》第二十六条、第五十八条、第八十条分别删除了有限责任公司、一人有限责任公司以及股份有限公司法定最低注册资本限额的规定。

(三)取消分期实缴的强制性规定

根据表1-1,2014年《公司法》第二十六条、第五十八条、第八十条以及第八十三条分别删除了有限责任公司、一人有限责任公司以及股份有限公司分期出资以及首次出资最低比例的规定。同时,根据2014年《公司法》第一百七十八条规定:“有限责任公司增加注册资本时,股东认缴新增资本的出资,依照本法设立有限责任公司缴纳出资的有关规定执行。股份有限公司为增加注册资本发行新股时,股东认购新股,依照本法设立股份有限公司缴纳股款的有关规定执行。”从该规定来看,“股东认缴新增资本的出资”依照本法“设立……缴纳出资”的有关规定执行,所以,按照一般法律理解,股东增资缴付该次增资额时,将被视同为设立出资一样并遵循设立出资的所有要求。

综上所述,新公司法对于股东什么时候缴付认缴的出资额或认购的股份采取“放任”的态度,完全交由公司和股东自行决定。

(四)取消有限责任公司和发起设立股份有限公司验资的规定

对与实缴出资密切相关的验资的公司法条款作出了相应修订。2014年《公司法》删除了2005年《公司法》第二十九条规定:“股东缴纳出资后,必须经依法设立的验资机构验资并出具证明。”同时,将原第三十条改为第二十九条,修改为:“股东认足公司章程规定的出资后,由全体股东指定的代表或者共同委托的代理人向公司登记机关报送公司登记申请书、公司章程等文件,申请设立登记。”删除了有关“股东的首次出资经依法设立的验资机构验资后”的表述。同时,《国务院关于废止和修改部分行政法规的决定》(国务院令第648号)删除原《公司登记管理条例》

第二十条第二款第(四)项、第(五)项和第三款有关验资的相关规定,即新的《公司登记管理条例》第二十条规定申请设立有限责任公司应当向公司登记机关提交的文件不再包含"验资证明"。这些修订都意味着以后有限责任公司发起设立的股份有限公司设立和增资都不再需要验资并提交验资报告。

需要注意的是,2014年《公司法》并没有对募集设立的股份有限公司的验资规定进行修订。新《公司法》第八十九条第一款规定:"发行股份的股款缴足后,必须经依法设立的验资机构验资并出具证明。发起人应当自股款缴足之日起三十日内主持召开公司创立大会。创立大会由发起人、认股人组成。"同时,《公司登记管理条例》第二十一条第三款规定:"以募集方式设立股份有限公司的,还应当提交创立大会的会议记录以及依法设立的验资机构出具的验资证明……"《公司注册资本登记管理规定》第九条第二款规定:"以募集方式设立的股份有限公司的注册资本应当经验资机构验资。"也就是说,对于募集设立的股份有限公司依然存在验资程序。

(五)取消30%比例货币资金配套的规定

2014年《公司法》删除2005年《公司法》第二十七条第三款"全体股东的货币出资金额不得低于有限责任公司注册资本的百分之三十"的规定,其目的是与取消"实收资本"登记管理事项的规定以及取消强制"分次缴付"的规定相衔接一致,但它并没有对股东可以用于出资的财产形式作出任何的修订。

(六)取消公司年检制度而代之以公示制度

《国务院关于印发注册资本登记制度改革方案的通知》(国发〔2014〕7号)提出了推进公司注册资本登记制度改革意见,其包括两个重要的方面:一是将企业年检制度改为年度报告制度,任何单位和个人均可查询,使企业相关信息透明化。建立公平规范的抽查制度,克服检查的随意性,提高政府管理的公平性和效能。二是大力推进企业诚信制度建设。注重运用信息公示和共享等手段,将企业登记备案、年度报告、资质资格等通过市场主体信用信息系统(目前已经建立了"全国企业信用信息公示系统")予以公示。推行电子营业执照和全程电子化登记管理,与纸质营业执照具有同等法律效力。完善信用约束机制,将有违规行为的市场主体列入经营异常的"黑名录",向社会公布,使其"一处违规、处处受限",提高企业"失信成本"。但是,鉴于公司法属于基本法律的定位,这些细的规定不宜在公司法基本法律层面予以明确规定,所以只能放在公司登记管理条例以及注册资本登记管理规定等相关规定中予以明确,新的《公司登记管理条例》第九章"年度报告公示、证照和档案管理”第五十八条、第五十九条以及第六十三条等规定以及《企业信息公示暂行条例》(国务院令第654号,以下简称《公示暂行条例》)及其配套规定已经贯彻了这些要求。

三、2014年《公司法》对公司投资的影响和应对

2014年新公司法对公司对外投资的影响主要体现在几个方面:

(一)对公司出资形式和出资安排的影响

1. 取消首次强制性20%比例的缴付要求,使公司设立的门槛进一步降低

2014年《公司法》取消首次强制性20%比例的缴付要求,使投资者投资设立公司时,可以不缴付任何资本而设立,对于中小投资者或创业投资者而言,无疑是利好的消息。

2. 对于货币资金出资的安排更为灵活而没有30%比例的强制性要求

2014年《公司法》删除对全体股东货币出资金额不得低于注册资本30%比例的限制性规定。所以,在2014年3月1日新公司法施行之后,所有股东出资可以采取任何形式、任何比例的财产进行出资。

3. 解决首次出资中不能使用需要办理财产权转移手续财产出资的难题

2014年《公司法》第二十八条第一款、第八十三条第一款分别对有限责任公司、股份有限公司做出规定:“以非货币财产出资的,应当依法办理其财产权的转移手续。”因此,在股东向公司以非货币财产出资时,应当将出资的非货币财产的财产权转移到新设成立的公司。在2005年《公司法》下,公司新设成立时,特别是股东分期出资的情形下,首次出资如何转移那些需要办理财产权变更登记手续的非货币财产的财产权到新公司中,成了一个法律实现不能的情形(因为这个时候新公司还未成立),这直接导致了首期出资无法以需要办理财产权变更登记手续的非货币财产进行出资,实务中一般采取的方式是安排在后续出资中或采取公司增资的方式来进行处理。但在2014年《公司法》下,这已经不成其为问题了,因为公司完全可以“零实缴”成立之后随后将该等非货币财产实缴并转移到公司中。

4. 修订股权出资和债权出资(债转股)的要求

除了上述影响之外,新《公司注册资本登记管理规定》(国家工商总局令第64号,以下简称《公司注册资本规定》)第二十三条废止了原《公司债权转股权登记管理办法》(国家工商行政管理总局57号令,以下简称《债转股办法》)。由于以前的《公司股权出资登记办法》(总局令第39号,以下简称《股权出资办法》)和《债转股

办法》提供了股权出资、债权转股权出资作为出资方式的法律依据，在实行注册资本认缴登记制度的情形下，出资方式不再作为登记事项，上述两个规章的主要内容已不适应改革需要。因此，新《公司注册资本规定》第二十三条明确上述两个规章同时废止，并代之以新的第六条规定："股东或者发起人可以以其持有的在中国境内设立的公司(以下称股权所在公司)股权出资。以股权出资的，该股权应当权属清楚、权能完整、依法可以转让。"第七条规定："债权人可以将其依法享有的对在中国境内设立的公司的债权，转为公司股权。"主要的修订在于取消了股权出资1年期强制性缴付的要求，而债转股则基本没有大的变化，主要是一些细节的完善，比如增加了有关商事仲裁的内容。读者可以在"专题2:公司设立的出资方式及出资安排"中获得更多的详细内容。

(二)对公司注册登记的影响

2014年《公司法》对公司注册登记的最大影响在于两个方面：

1. 取消"实收资本"登记管理事项

公司登记机关取消了对"实收资本"登记事项的管理，这体现在2014年《公司法》第七条第二款删除了公司营业执照应当载明的"实收资本"登记管理事项，但国发〔2014〕7号文及其附件"暂不实行注册资本认缴登记制的行业"保留的除外。

2. 取消有限责任公司和发起设立股份有限公司"验资报告"的要求

2014年《公司法》删除了2005年《公司法》第二十九条、第九十条有关验资的规定，即有限责任公司和发起设立的股份有限公司进行公司登记时不再需要提交验资报告法律文件。有关内容详见前文。

(三)对公司公示披露义务的影响

需要关注的是，《公示暂行条例》对2014年《公司法》取消年检制度并代之以公示制度进行了贯彻和细化。国家工商总局据此出台了《企业公示信息抽查暂行办法》(国家工商总局令第67号)、《企业经营异常名录管理暂行办法》(国家工商总局令第68号)、《个体工商户年度报告暂行办法》(国家工商总局令第69号)、《农民专业合作社年度报告公示暂行办法》(国家工商总局令第70号)和《工商行政管理行政处罚信息公示暂行规定》(国家工商总局令第71号)等配套规章。前述规定的主要内容如下：

1. 企业应定期报送年度报告并公示

根据《公示暂行条例》第八条规定，企业应当于每年1月1日至6月30日，通过企业信用信息公示系统向工商行政管理部门报送上一年度年度报告,并向社会公示。当年设立登记的企业,自下一年起报送并公示年度报告。

2. 企业应自规定信息形成之日起20个工作日内公示

根据《公示暂行条例》第十条规定,企业应于规定的信息形成之日起20个工作日内通过企业信用信息公示系统向社会公示及时信息。工商行政管理部门发现企业未依照前述规定履行公示义务的,应当责令其限期履行。

【实务问题2】 企业公示信息的分类及内容

根据《公示暂行条例》以及《企业公示信息抽查暂行办法》的规定,企业必须公开的信息包括企业年度报告公示信息和企业即时公示信息两大类:

1. 企业年度报告公示信息

根据《公示暂行条例》第九条规定,企业年度报告内容包括:(一)企业通信地址、邮政编码、联系电话、电子邮箱等信息;(二)企业开业、歇业、清算等存续状态信息;(三)企业投资设立企业、购买股权信息;(四)企业为有限责任公司或者股份有限公司的,其股东或者发起人认缴和实缴的出资额、出资时间、出资方式等信息;(五)有限责任公司股东股权转让等股权变更信息;(六)企业网站以及从事网络经营的网店的名称、网址等信息;(七)企业从业人数、资产总额、负债总额、对外提供保证担保、所有者权益合计、营业总收入、主营业务收入、利润总额、净利润、纳税总额信息。前款第一项至第六项规定的信息应当向社会公示,第七项规定的信息由企业选择是否向社会公示。经企业同意,公民、法人或者其他组织可以查询企业选择不公示的信息。

2. 企业即时公示信息

根据《公示暂行条例》第十条规定,企业应下列信息形成之日起20个工作日内通过企业信用信息公示系统向社会公示:(一)有限责任公司股东或者股份有限公司发起人认缴和实缴的出资额、出资时间、出资方式等信息;(二)有限责任公司股东股权转让等股权变更信息;(三)行政许可取得、变更、延续信息;(四)知识产权出质登记信息;(五)受到行政处罚的信息;(六)其他依法应当公示的信息。

【实务问题3】 公司登记机关不再登记"实收资本"事项,也不再要求"验资报告",实践中,外部债权人等如何知悉公司实收资本到位情况?

在2014年《公司法》中,有限责任公司和发起设立的股份有限公司的设立或增资不再需要验资,公司登记机关也不再登记"实收资本"事项,那么对于政府监管部门、合同交易对方、外部债权人等如何判断公司的资本实缴情况和资本、资信情况呢？目前最主要的途径就是通过“全国企业信用信息公示系统”①上网查询企业的公示信息。根据《公示暂行条例》第十条规定，企业应当自需要及时披露的信息形成之日起20个工作日内通过企业信用信息公示系统公示“有限责任公司股东或者股份有限公司发起人认缴和实缴的出资额、出资时间、出资方式等信息”。

3. 企业未如期公示年度报告或信息不实将入“黑名单”

根据《公示暂行条例》第十七条和《企业经营异常名录管理暂行办法》的有关规定，分别针对不同情况设置了不同的处罚措施，包括如下三个层面：

(1)经营异常名录

针对未按规定期限公示年度报告或公示信息隐瞒弄虚作假等情形，《公示暂行条例》和《企业经营异常名录管理暂行办法》规定，此类企业将由县级以上工商行政管理部门列入经营异常名录，并通过企业信用信息公示系统向社会公示。包括如下情形：①未按照《公示暂行条例》第八条规定的期限公示年度报告的；②未在工商行政管理部门依照《公示暂行条例》第十条规定责令的期限内公示有关企业信息的；③公示企业信息隐瞒真实情况、弄虚作假的；④通过登记的住所或者经营场所无法联系的。

(2)严重违法企业名单

根据《公示暂行条例》第十七条规定，被列入经营异常名录的企业依照本条例规定履行公示义务的，由县级以上工商行政管理部门移出经营异常名录；满3年未依照本条例规定履行公示义务的，由国务院工商行政管理部门或者省、自治区、直辖市人民政府工商行政管理部门列入严重违法企业名单，并通过企业信用信息公示系统向社会公示。被列入严重违法企业名单的企业的法定代表人、负责人，3年内不得担任其他企业的法定代表人、负责人。

企业自被列入严重违法企业名单之日起满5年未再发生第一款规定情形的，由国务院工商行政管理部门或者省、自治区、直辖市人民政府工商行政管理部门移出严重违法企业名单。

(3)政府采购将对“黑名单”企业限制或禁入

根据《公示暂行条例》第十八条规定，县级以上地方人民政府及其有关部门应当建立健全信用约束机制，在政府采购、工程招投标、国有土地出让、授予荣誉称号等工作中，将企业信息作为重要考量因素，对被列入经营异常名录或者严重违法企业名单的企业依法予以限制或者禁入。

---

① 该网站为http://gsxt.saic.gov.cn/。——笔者注

【实务问题4】 被列入"黑名单"对企业的影响

企业被列入"黑名单"对企业的影响主要包括如下两个方面:一是被列入严重违法企业名单的企业的法定代表人、负责人,3年内不得担任其他企业的法定代表人、负责人;二是县级以上地方人民政府及其有关部门应当建立健全信用约束机制,在政府采购、工程招投标、国有土地出让、授予荣誉称号等工作中,将企业信息作为重要考量因素,对被列入经营异常名录或者严重违法企业名单的企业依法予以限制或者禁入。

四、2014年《公司法》尚未明确的一些适用难题

尽管2014年《公司法》已经解决了2005年《公司法》实践中的一些适用难题,但它并没有解决另外一些原公司法下未能明确或亟须解决的问题。主要包括如下几个方面:

(一)未足额缴付出资时,如何分享权益和承担亏损

2005年《公司法》对此的规定比较隐晦,在实践中存在一些争议:(1)根据2005年《公司法》第三条第二款规定,股东承担的责任应以其"认缴的出资额"或"认购的股份",而不是以实缴的出资或股款为限;(2)根据2005年《公司法》第三十五条和第一百六十七条第四款规定,如果公司章程没有另行约定的话,有限责任公司应当按照股东的实缴的出资比例分享利润,股份有限公司按照持股比例分享利润;(3)2005年《公司法》第三十四条和第一百六十七条第四款只是规定了公司分享利润的办法,未就分担亏损的事宜做出明确规定。

2014年《公司法》和2005年《公司法》在利润分享和亏损承担的规定完全一致。尽管2005年《公司法》第三十四条和第一百六十七条第四款只是规定了公司分享利润的办法,未就分担亏损的事宜做出明确。但笔者认为也许这并不是一种疏漏,这属于新公司法更大程度地贯彻了当事人意思自治的原则,如何分享利润和分担亏损,这本是股东自己的事情,是应由股东在公司章程中约定的事项,只有在特别的情况下,即股东未在公司章程中约定这类事宜时,才按实缴的出资比例分享利润。并且在这里法律强调,如果股东的出资未全部缴付到位,从公平原则的角度上讲,也只能按"实缴"的出资比例分配利润。分配利润是享受权利,而分担亏损是承担义务,既然2014年《公司法》第三条第二款已经明确规定股东按"认缴的出资额"或"认购的股份"对公司承担责任,这里如果再规定在产生亏损的情况下按认缴的出资额分担亏损,显然就属于重复规定了。

综上所述，笔者认为，如果公司章程没有特别约定的话，股东应当按照实缴的出资或认购的股份分享利润，但任何时候（不论章程是否有约定亏损的承担），股东都应当按照认缴的出资或认购的股份比例分摊亏损。

（二）公司原认缴出资未缴足时，公司是否可以增资

2005 年和 2014 年《公司法》及其相关的公司登记法规都没有对此问题进行明确。有的工商登记机关就明确要求公司原认缴出资必须完全到位后，公司才可以增资。

笔者认为，按照“法无禁止即可”的原则，应属可以。因为，原注册资本缴付到位与否和下一次增资并不具有必然因果关系。注册资本缴付到位时间只要符合公司章程的约定，应该不影响下一次增资。在实务中，一般可分为两种情况：

一是如果公司增资属于原股东增资的话，而该股东原公司催缴的注册资本缴付到位的期限已到，应要求原该股东先缴付到位原资本后，公司才可再办理增资。为什么这样要求呢？因为这时不要求补足原缴付出资的话，该原股东后续出资是属于补足原缴付出资或是后续增资？容易导致混淆。如果增资的原股东其原催缴的注册资本已经缴足，只是其他股东没有缴足的话，笔者认为，可以直接办理增资，而不应要求其他股东缴足后再增资，除非其他股东同时增资的除外；如果原注册资本缴付的期限未到，公司可直接办理增资手续，但在公司章程等法律文件中应明确，原来的缴付出资应按原规定期限缴付到位，增资部分按增资缴付的期限到位（若有）。

二是如果公司增资属于非原股东（第三人）增资的话，则不论公司原注册资本缴付到位的期限是否已到，新股东都可直接增资，当然新股东自然会注意到前期股东未缴足出资的问题，可能对自己的影响，也会考虑到在新的公司章程中明确原股东的缴付责任，这些都是当事人意思自治的表示。至于原股东是否按期缴付出资，属于原股东对其他股东（包括新股东）和公司是否构成违约的问题，应当按照公司法和合同法的有关规定进行处理。

另外，按照 2014 年《公司法》第三十四条规定：“股东按照实缴的出资比例分取红利；公司新增资本时，股东有权优先按照实缴的出资比例认缴出资。但是，全体股东约定不按照出资比例分取红利或者不按照出资比例优先认缴出资的除外。”该规定似乎可以成为公司法允许原股东在未缴足出资的情况下增资的间接规定，因为该条规定“公司新增资本时，股东有权优先按照实缴的出资比例认缴出资”。也就是说，在增资的时点上完全可能存在实缴出资和认缴出资不同的情形。因此，

这也印证了公司法允许在注册资本尚未完全缴足的情形下的增资行为。

(三)股东未实际足额缴付资本时,如何行使表决权

在实务中,我们还经常会遇到另外一个问题——股东如何按出资比例行使表决权:是按认缴比例还是按实缴比例?一般事项可由章程规定,重大事项(需 2/3 同意的)呢?如章程未明确规定呢?

对于该问题 2014 年《公司法》并没有明确规定。2014 年《公司法》第四十二条规定:"股东会会议由股东按照出资比例行使表决权;但是,公司章程另有规定的除外。"在此并未明确说明是认缴出资比例还是实缴出资比例。法学界对此也有争议。笔者认为,依据何种出资比例进行表决,可以由股东在公司章程中自行约定。若未约定或约定不明,应按下列原则处理:一般情况下,股东在认缴期内虽未完全缴纳出资,但是仍应按认缴的出资比例行使表决权。理由在于:

首先,在公司法资本认缴制度下,暂时未缴纳或未全部缴纳出资的股东并非不承担责任,因为无论公司经营好坏或时间长短,他都要履行承诺的出资义务。因此,股东会的决策并非和他毫无关系。如果某个暂未出资的股东只能等待实际出资之后才能行使包括表决权在内的股权,在此之前将命运完全交给他人支配的话,显然是不公平的。

其次,公司法修订为认缴制度的目的是提高公司资本的利用效率。一味强求按照实缴资本行使表决权,只会引导股东为了享有表决权而缴纳本来公司暂不需要的资金,这样势必会造成公司资本的闲置和浪费,违背了认缴制度设立的意旨。

最后,如果股东出资有瑕疵时,是否应当限制其表决权,按实缴出资进行表决是一个颇具争议的问题。笔者认为:在股东瑕疵出资情形下,其股东资格可以保留,其利润分配请求权等核心股权应受到限制,但表决权则不应当受到限制。理由在于,尽管瑕疵出资是一种违反法定或约定缴纳出资义务的行为,且大多带有主观上的恶意,但是既然在章程约定的缴付期间或公司安排的缴付期间内未实际缴付出资的股东都能够享有表决权,那么对于已经出资的股东(尽管属于瑕疵出资)也应当享有不低于前者的待遇,因为尽管属于瑕疵出资,但毕竟其已经出资而不是未出资。至于瑕疵出资的法律责任,应当由瑕疵出资的股东对公司或其他依约出资的股东承担违约责任或补足责任。所以,不能从瑕疵出资股东权利应受到限制来推理从而得出应按实缴出资比例行使表决权的结论。

【实务问题 5】 通过公司章程解决公司法适用难题

如上所述,正是由于 2014 年《公司法》对诸如"未足额缴付出资时,如何分享

权益和承担亏损”、“股东未实际足额缴付资本时,如何行使表决权”等问题并没有强制性的、明确的规定,可以这样讲,公司法将这些领域交给了公司和股东自由协商确定,这充分反映了意思自治的原则,但这样也带来了实践中公司和股东并没有进行事先协商一致的情形,引发了后续的争议和纠纷。笔者认为,按照公司法的规定,公司和股东应充分重视公司章程的作用,应在章程中约定明确这些事项以避免争议和纠纷。

专题 2　公司设立的出资方式及出资安排

内容提示

站在公司生命三阶段说（公司设立、运营、解散和清算）视角，公司律师首先要熟悉、掌握的是公司设立阶段的法律实务，特别是投资者采取何种形式的财产进行投资以及如何安排出资是尤其重要的部分。本专题包含如下内容：

- 公司出资的方式；
- 以非货币财产出资的法律要件；
- 无形财产出资的规定；
- 不得用于出资的财产；
- 公司股权出资及实缴；
- 公司债权出资及实缴。

一、公司出资的方式

根据2014年《公司法》第二十七条第一款规定："股东可以用货币出资，也可以用实物、知识产权、土地使用权等可以用货币估价并可以依法转让的非货币财产作价出资。"同时，第八十二条规定股份公司"发起人的出资方式，适用本法第二十七条的规定"。第一百七十八条规定："有限责任公司增加注册资本时，股东认缴新增资本的出资，依照本法设立有限责任公司缴纳出资的有关规定执行。股份有限公司为增加注册资本发行新股时，股东认购新股，依照本法设立股份有限公司缴纳股款的有关规定执行。"因此，公司对外出资（不论是初始出资或是增资）可以分为以货币财产、非货币财产或两者的组合三种方式进行。

下面我们按照公司法对出资财产的界定对公司出资方式总结如表2－1所示：

表2－1　公司对外出资方式

出资类型	细分方式	
货币财产出资(不需要评估)	现金、银行存款出资	
非货币财产出资(需要评估)	有形财产出资	存货、固定资产等
	无形财产出资	土地使用权、应收款项(债权)、股权、商标、专利、其他知识产权等

二、以非货币财产出资的法律要件

总体上讲,可用于出资的非货币财产必须具有两个核心的条件:一是非货币财产可以评估作价;二是非货币财产可以转让(需要办理财产权转移手续的应予以办理)。

(一)必须进行评估作价

依据2014年《公司法》第二十七条第二款规定:“对作为出资的非货币财产应当评估作价,核实财产,不得高估或者低估作价。法律、行政法规对评估作价有规定的,从其规定。”因此,以非货币财产出资应当依法进行资产评估,以防止投入财产被高估或低估。资产评估应当由有资质的评估机构进行,并出具资产评估报告。

【实务问题6】　出资人以非货币财产出资,未依法评估或者被高估,是否可以认定出资人未依法全面履行出资义务?

从司法实践来看,《最高人民法院关于适用〈中华人民共和国公司法〉若干问题的规定(三)》(法释〔2011〕3号,以下简称《公司法司法解释(三)》)①第九条规定:“出资人以非货币财产出资,未依法评估作价,公司、其他股东或者公司债权人请求认定出资人未履行出资义务的,人民法院应当委托具有合法资格的评估机构对该财产评估作价。评估确定的价额显著低于公司章程所定价额的,人民法院应当认定出资人未依法全面履行出资义务。”即尽管公司法取消了对出资人的出资需要进行验资的规定,但是公司法并没有取消对非货币性财产应当评估作价的要求。

---

①　根据2013年公司法的修订,最高人民法院以《最高人民法院关于修改关于适用〈中华人民共和国公司法〉若干问题的规定的决定》(法释〔2014〕第2号,于2014年3月1日起施行)的方式对《最高人民法院关于适用〈中华人民共和国公司法〉若干问题的规定(一)》(法释〔2006〕3号)、《最高人民法院关于适用〈中华人民共和国公司法〉若干问题的规定(二)》(法释〔2008〕6号)、《最高人民法院关于适用〈中华人民共和国公司法〉若干问题的规定(三)》(法释〔2011〕3号)作出了相应的修订,本书援引前述三个公司法司法解释时以修订后重新颁布实施的文本为准。——笔者注

（二）必须可以依法转让

依据2014年《公司法》第二十七条第一款规定，作为出资的非货币财产必须是“可以依法转让”。如果国家法律、法规规定不允许转让该等非货币财产，则股东就不能用来对外投资，公司也不得接受该等财产；如果国家法律、法规限制转让（比如划拨土地使用权或设定抵押的土地使用权），投资人就必须考虑是否需要使用该等财产出资以及使用该等财产出资的法律后果。

【实务问题7】 出资人以划拨土地或有权利负担的土地使用权出资，是否可以认定出资人未依法全面履行出资义务？

实践中，存在出资人以划拨土地使用权出资的情形，由于划拨土地使用权只能用于划拨用途，不能擅自进入市场流通，因此，以此出资违反了划拨土地用途范围的法律法规的规定；同样，有权利负担的土地使用权（比如抵押）在权利上存在瑕疵，这将使公司的资本面临较大的不确定性，因此，以有权利负担的土地使用权出资属于未全面履行出资义务。尽管《公司登记管理条例》（国务院令第648号）第十四条规定：“股东的出资方式应当符合《公司法》第二十七条的规定，但是，股东不得以……设定担保的财产等作价出资。”同时，《公司注册资本登记管理规定》（工商总局令第64号）第五条第二款规定：“股东或者发起人不得以……设定担保的财产等作价出资。”但鉴于前述瑕疵可以进行补正，出于尽快解决纠纷的考虑，《公司法司法解释（三）》第八条规定：“出资人以划拨土地使用权出资，或者以设定权利负担的土地使用权出资，公司、其他股东或者公司债权人主张认定出资人未履行出资义务的，人民法院应当责令当事人在指定的合理期间内办理土地变更手续或者解除权利负担；逾期未办理或者未解除的，人民法院应当认定出资人未依法全面履行出资义务。”

（三）应当依法办理财产权的转移手续

2014年《公司法》第二十八条第一款、第八十三条第一款分别对有限责任公司、股份有限公司做出规定：“以非货币财产出资的，应当依法办理其财产权的转移手续。”因此，在股东向公司以非货币财产出资时，应当将出资的非货币财产的财产权转移到公司。

【实务问题8】 出资人以需要办理权属登记的房屋等财产出资，已经交付公司使用但未办理权属变更手续，是否可以认定出资人未履行出资义务？

实践中，出资人以房屋、土地使用权或者需要办理权属登记的知识产权等财产出资，已经交付公司使用但未办理权属变更手续，在认定出资是否到位时，应坚持权属变更与财产实际交付的双重标准。根据《公司法司法解释（三）》第十条第一款规定："出资人以房屋、土地使用权或者需要办理权属登记的知识产权等财产出资，已经交付公司使用但未办理权属变更手续，公司、其他股东或者公司债权人主张认定出资人未履行出资义务的，人民法院应当责令当事人在指定的合理期间内办理权属变更手续；在前述期间内办理了权属变更手续的，人民法院应当认定其已经履行了出资义务；出资人主张自其实际交付财产给公司使用时享有相应股东权利的，人民法院应予支持。"类似地，司法实践给予了出资人在合理期间内补正出资的权利。同时，该条第二款规定："出资人以前款规定的财产出资，已经办理权属变更手续但未交付给公司使用，公司或者其他股东主张其向公司交付、并在实际交付之前不享有相应股东权利的，人民法院应予支持。"该规定的原理在于，如果公司没有实际占有该财产，则公司产生的利益与该等财产并没有关系，所以出资人不得享有实际交付之前的股东权利。

【实务问题9】　无权处分人以无权处分财产出资，如何认定出资效力？

实践中，还存在一种情形，即出资人以无权处分财产出资，这个时候如何认定出资效力呢？根据《公司法司法解释（三）》第七条第一款规定："出资人以不享有处分权的财产出资，当事人之间对于出资行为效力产生争议的，人民法院可以参照物权法第一百零六条的规定予以认定。"而《物权法》第一百零六条规定："无处分权人将不动产或者动产转让给受让人的，所有权人有权追回；除法律另有规定外，符合下列情形的，受让人取得该不动产或者动产的所有权：（一）受让人受让该不动产或者动产时是善意的；（二）以合理的价格转让；（三）转让的不动产或者动产依照法律规定应当登记的已经登记，不需要登记的已经交付给受让人。受让人依照前款规定取得不动产或者动产的所有权的，原所有权人有权向无处分权人请求赔偿损失。当事人善意取得其他物权的，参照前两款规定。"

因此，司法实践秉承的原则是，对于无权处分人以无权处分财产出资的，并不一味认定为无效，而是看公司（作为受让人）是否构成善意取得。

三、无形财产出资的规定

非货币财产中的无形财产通常是指不具有实物形态的非货币财产。可以分为三大类别：知识产权和债权、股权。按照一般法律理解，知识产权包括商标权、专利权、著作权、专有技术、商号（字号）、商誉、商业秘密等。商标权、专利权、著作权、专有技术可以"货币估价并可以依法转让"，因此，它们可以用于出资。但商誉、商业秘密等,则不能满足前述条件,因此不得用于出资。同时,《公司登记管理条例》第十四条规定:“股东的出资方式应当符合《公司法》第二十七条的规定,但是,股东不得以……信用……商誉、特许经营权……等作价出资。”同时,《公司注册资本规定》第五条第二款也有相同的规定。有关股权和债权出资的规定详见后文。

【实务问题10】 探矿权和采矿权是否可以用于出资?

1. 根据《宪法》第九条的规定,矿藏等自然资源属于国家所有。从国家的自然资源所有权派生出了矿业权的概念,矿业权又可以分为探矿权和采矿权。《中华人民共和国矿产资源法实施细则》(国务院令第152号)第六条规定:“探矿权,是指在依法取得勘查许可证规定的范围内,勘查矿产资源的权利。取得勘查许可证的单位和个人称为探矿权人。采矿权,是指在依法取得的采矿许可证规定的范围内,开采矿产资源和获得所开采的矿产品的权利。取得采矿许可证的单位或者个人称为采矿权人。”根据《物权法》第三篇“用益物权”第一百二十三条规定:“依法取得的探矿权、采矿权、取水权和使用水域、滩涂从事养殖、捕捞的权利受法律保护。”因此,按照所有权与使用权相分离原则,矿业权是由矿产资源的国家所有权派生出来的他物权,所以探矿权和采矿权属于他物权(用益物权)的范畴。

2. 探矿权、采矿权是否可用作出资的关键在于其是否符合公司法对出资财产范围的限制。2014年《公司法》第二十七条第一款对出资财产概括描述为“可以用货币估价并可以依法转让的非货币财产作价出资”。该规定说明,对于非货币财产作价出资有两个前置条件:一是可以用货币估价;二是可以依法转让。

(1)探矿权和采矿权可以用货币估价。《探矿权、采矿权转让管理办法》(国务院令第242号)第九条规定:“转让国家出资勘查所形成的探矿权、采矿权的,必须进行评估。探矿权、采矿权转让的评估工作,由国务院地质矿产主管部门会同国务院国有资产管理部门认定的评估机构进行;评估结果由国务院地质矿产主管部门确认。”

(2)探矿权和采矿权可以依法转让。《中华人民共和国矿产资源法》(国家主席令第74号)第六条规定“除按下列规定可以转让外,探矿权、采矿权不得转让:(一)探矿权人有权在划定的勘查作业区内进行规定的勘查作业,有权优先取得勘查作业区内矿产资源的采矿权。探矿权人在完成规定的最低勘查投入后,经依法批准,可以将探矿权转让他人。(二)已取得采矿权的矿山企业,因企业合并、分立,与他人合资、合作经营,或者因企业资产出售以及有其他变更企业资产产权的情形而需要变更采矿权主体的,经依法批准可以将采矿权转让他人采矿。”可见,矿产资源法对探矿权的转让是规定明确的。

因此，探矿权和采矿权属于可以货币估价并可以依法转让的非货币财产，可以用于出资。只不过实务中，探矿权和采矿权的转让审批流程与审核条件较为复杂严格，因此获取了探矿权和采矿权的公司一般采用股权出资或者股权转让方式移转该部分权利。

四、不得用于出资的财产

根据《公司法》第二十七条第一款规定："法律、行政法规规定不得作为出资的财产除外。"这意味着某些特定的非货币财产将不得用于出资。根据《公司登记管理条例》第十四条规定："股东的出资方式应当符合《公司法》第二十七条的规定，但是，股东不得以劳务、信用、自然人姓名、商誉、特许经营权或者设定担保的财产等作价出资。"《公司注册资本规定》第五条第二款也有相同的规定。

【实务问题11】 实务中，股东如何实现以劳务对公司出资？

实务中，特别是对于中小企业而言，部分投资人拥有技术、技能以及管理经验等，他们往往希望以其劳务作为出资。但是，根据公司法第二十七条第一款及《公司登记管理条例》第十四条、《公司注册资本规定》第五条第二款的规定，劳务不得用于对公司出资。公司法规定股东不能以劳务出资是基于对公司及其债权人权益的保护，一旦公司经营不善，涉及破产清算，那么公司将无法清偿债务。对此，只能追究股东出资不实的责任，而不是让以劳务出资的股东继续为债务人提供劳务。同时，根据公司资本的资本确定、资本不变、资本维持三原则，劳务出资违背了资本确定原则，因为劳务出资会使公司出现资本不确定的情况。

根据《合伙企业法》第十六条规定："合伙人可以用货币、实物、知识产权、土地使用权或者其他财产权利出资，也可以用劳务出资。……合伙人以劳务出资的，其评估办法由全体合伙人协商确定，并在合伙协议中载明。"因此，合伙企业是允许合伙人以劳务出资的。实际上，这为我们提供了一条间接通过合伙企业实现劳务出资的途径：合伙人先以劳务出资与其他合伙人成立合伙企业，然后再以合伙企业的名义对公司进行投资。

【实务问题12】 实务中，贷款是否可以用于出资？

实践中，反对贷款可以用于出资的主要依据是《贷款通则》（中国人民银行令〔1996〕第2号）第二十条规定，不得用贷款从事股本权益性投资，国家另有规定的除外。但是，该规定仅仅是一个部门规章，并且实践中由于贷款属于非特定物的货币，如何认定投资人是使用自有资金进行投资或是用贷款进行投资有时候很难区分。笔者认为，2014年《公司法》并没有限定股东必须以自有资金出资，只要股东按公司章程足额出资,无论股东资金是自有资金还是贷款或是其他合法来源,都符合法律规定。

五、公司股权出资及实缴

根据2014年《公司法》第二十七条规定,以股权出资毫无疑问从基本法律层面不再存在障碍,但追溯历史,直至2009年3月1日,国家工商总局发布了原《股权出资登记管理办法》(总局令第39号,以下简称《股权出资办法》)后,股权出资才真正在实操层面具备了可行性。根据《股权出资办法》第二条规定:"投资人以其持有的在中国境内设立的有限责任公司或者股份有限公司(以下统称股权公司)的股权作为出资,投资于境内其他有限责任公司或者股份有限公司(以下统称被投资公司)的登记管理,适用本办法"。换言之,投资人可以将其在其他公司持有的股权作为出资投资于新设立的公司或对于现存公司增资。在2013年公司法修订案之后,《股权出资办法》被新的《公司注册资本规定》所废止,而代之以《公司注册资本规定》第六条规定:"股东或者发起人可以以其持有的在中国境内设立的公司股权出资。以股权出资的,该股权应当权属清楚、权能完整、依法可以转让。"

从法理上讲,股权是指股东对公司拥有的权益,股权可以转让并可以用货币估价,符合《公司法》第二十七条关于出资方式的规定,可以用来对外出资。股权出资是指投资人用自己对其他公司的股权作为出资资产,履行其向被投资公司的出资义务。当投资人以股权资产对外出资时,投资人成为被投资公司的股东,投资人持有股权的公司成为被投资公司的持股公司。实务中,这样的出资方式不仅要履行投资人对被投资公司的出资登记手续,还要履行投资人向被投资公司的股权转让手续。

《公司注册资本规定》第六条规定,股东或者发起人可以以其持有的在中国境内设立的公司(以下称股权所在公司)股权出资。以股权出资的,该股权应当权属清楚、权能完整、依法可以转让。具有下列情形的股权不得用作出资:(一)已被设立质权;(二)股权所在公司章程约定不得转让;(三)法律、行政法规或者国务院决定规定,股权所在公司股东转让股权应当报经批准而未经批准;(四)法律、行政法规或者国务院决定规定不得转让的其他情形。《公司法司法解释(三)》第十一条规定,出资人以其他公司股权出资,符合下列条件的,人民法院应当认定出资人已履行出资义务:(一)出资的股权由出资人合法持有并依法可以转让;(二)出资的股权无权利瑕疵或者权利负担;(三)出资人已履行关于股权转让的法定手续;(四)出资的股权已依法进行了价值评估。股权出资不符合前款第(一)、(二)、

(三)项的规定,公司、其他股东或者公司债权人请求认定出资人未履行出资义务的,人民法院应当责令该出资人在指定的合理期间内采取补正措施,以符合上述条件;逾期未补正的,人民法院应当认定其未依法全面履行出资义务。股权出资不符合本条第一款第(四)项的规定,公司、其他股东或者公司债权人请求认定出资人未履行出资义务的,人民法院应当按照本规定第九条的规定处理。

从上述法规来看,与《股权出资办法》第三条规定比较,唯一的实质变化在于新《公司注册资本规定》删除了原第(一)项"股权公司的注册资本尚未缴足"不得用作出资的规定。其原因在于,2014年《公司法》和《公司注册资本规定》取消了有关实收资本的登记管理事项,将公司的注册资本的缴付完全交由公司和股东自由决定。需要注意的是,如果"法律、行政法规以及国务院决定对有限责任公司注册资本实缴、注册资本最低限额另有规定的,从其规定",是否将成为取消上述原第(一)项的障碍呢?笔者认为并不会。理由在于,这仅仅是有关股权是否可以依法转让并作为出资的前提条件,并非股权缴付的要求,而且在新公司法下,公司注册资本是否缴足不再违反公司法强制规定。我们知道股权所在公司的注册资本并没有缴足的并不会导致该股权不能转让,当然也就不存在不得用于出资的问题。《公司法司法解释(三)》第十一条明确了股权出资缴付的认定标准。对于不符合第(一)、(二)、(三)项规定情形的,司法解释给予了补正的机会,即在合理期间内补正的,可以视为出资人已经全面履行了以股权出资的义务,否则应认定未依法全面履行出资义务;对于不符合第(四)项规定情形的,应当按照第九条的规定处理:"出资人以非货币财产出资,未依法评估作价,公司、其他股东或者公司债权人请求认定出资人未履行出资义务的,人民法院应当委托具有合法资格的评估机构对该财产评估作价。评估确定的价额显著低于公司章程所定价额的,人民法院应当认定出资人未依法全面履行出资义务。"

【实务问题13】 股权出资在新公司法下如何实际缴付?

随着原《股权出资办法》的废止,"公司设立时,投资人以股权出资的,自被投资公司成立之日起一年内,投资人应当实际缴纳,被投资公司应当办理实收资本变更登记。公司增加注册资本时,投资人以股权出资的,应当在被投资公司申请办理增加注册资本变更登记前实际缴纳"的规定随之废止。那么,实务中,股权出资如何实际缴付呢?

应该讲,股权的"实际缴纳"实质就是股权公司向公司登记机关或证券交易所和证券登记结算机构办理股权(份)的转让和变更登记手续。根据《公司法司法解释(三)》第十一条以及第九条的规定,实际上,股权出资尽管没有了出资人履行出资义务的1年的强制性缴付期限规定,但是依然需要对出资股权进行价值评估并履行有关股权转让的法定手续,只有满足这些条件之后才视为出资人履行了出资义务。

【实务问题14】 在股权并购中,如何处理以股权出资的股东原股权出资义务未缴足的问题?

让我们以一个案例来对此问题进行说明。假定,A公司和B公司是甲公司的股东,各自持有80%和20%的股权。A以其持有的80%的甲股权作价对乙公司出资并取得了乙股权,同时乙变更为甲的股东并持有80%的股权。现在,A计划转让其持有的乙股权给C公司,作为C的律师,你发现了A原持有的80%甲股权并没有完全履行出资义务,应如何应对呢?

首先,A以其持有的80%的甲公司股权作价对乙出资并不违反公司法和《公司注册资本规定》的要求,由于乙增发股权收购80%的甲股权后,乙代替A成了甲的股东,则A已经履行了对乙的股权出资的缴付义务。

其次,乙成为甲的股东后,则乙是否成为该出资义务的承继人呢?应该具体分析。根据《公司法司法解释(三)》第十八条规定:"有限责任公司的股东未履行或者未全面履行出资义务即转让股权,受让人对此知道或者应当知道,公司请求该股东履行出资义务、受让人对此承担连带责任的,人民法院应予支持;公司债权人依照本规定第十三条第二款向该股东提起诉讼,同时请求前述受让人对此承担连带责任的,人民法院应予支持。受让人根据前款规定承担责任后,向该未履行或者未全面履行出资义务的股东追偿的,人民法院应予支持。但是,当事人另有约定的除外。"如果,乙收购时知道或应当知道该情况的,但未在投资协议和公司章程中明确的,乙作为承继人承继该义务;如果予以明确的,则A继续负有对甲的出资义务,乙承担连带责任;如果,乙不知道或不应当知道的,则A对甲负有出资义务,乙不承担连带责任。

最后,针对上述情况,作为C而言,应该区分不同的情况予以处理:

1. 如果A对甲负有出资义务,则乙并未有损失,则C在股权作价时可以不予考虑扣减;

2. 如果乙承继了该义务或者承担连带责任的话,则C可以在股权转让合同中对于股权作价时考虑在价款中予以扣除或者保留部分价款直至该出资义务履行完毕再予以支付。

实务中,公司律师应当在尽职调查中查明相关出资事实并根据实际情况予以应对。

六、公司债权出资及实缴

根据2005年《公司法》第二十七条规定，债权属于非货币财产，可以用货币估价并可以依法转让，以债权作为出资并不存在基本法律层面的障碍。2011年11月，国家工商总局公布了《债转股办法》，该办法明确规定公司可以“债转股”的方式增加注册资本，对此前一直在理论界和实务界中争论的债权出资行为进行了一定程度的明确[仅明确了以对被投资公司的债权出资（增资）的问题，并不包括以对第三人的债权出资（包括初始出资和增资）的问题]。新《公司注册资本规定》第二十三条明确废止《债转股办法》并代之以新的第七条规定：“债权人可以将其依法享有的对在中国境内设立的公司的债权，转为公司股权。”

从法理上分析，股东以债权对外出资可以分解为股东将自己的债权资产作价转让给被投资公司，并且以转让价格履行自己的出资义务。债权虽可以是货币请求权，但它终不是现实的货币，因此，从公司法角度出发，当股东以债权履行自己的出资义务时，应当认定为非货币财产出资并履行评估作价程序。在股东以债权对外出资时，从法律关系上说，是股东将自己的债权资产转让给被投资公司，因此应当履行合同法规定的债权转让手续。债权出资对债权关系的法律效果是：股东退出债权关系，不再是债权人，被投资公司代位成为新的债权人，债务人仍然是债务人。债权出资对投资关系的法律效果是：股东用转让债权的价款履行了自己的出资义务，从而取得了被投资公司的股权。

按照债务人是被投资公司之外的第三人还是被投资公司本身，债权出资可以分为“以对第三人的债权出资”和“以对公司的债权出资（债转股）”。截至目前，公司登记机关仅仅接受后者而并不接受前者。目前之所以限制债权人以对第三人的债权作为出资，无非是考虑到债权人对第三人享有的债权不确定性更大，无法满足公司法有关非货币财产可以用“货币估价”的要求，无法保证公司资本的充足性。

《公司注册资本规定》第七条规定，债权人可以将其依法享有的对在中国境内设立的公司的债权，转为公司股权。转为公司股权的债权应当符合下列情形之一：（一）债权人已经履行债权所对应的合同义务，且不违反法律、行政法规、国务院决定或者公司章程的禁止性规定；（二）经人民法院生效裁判或者仲裁机构裁决确认；（三）公司破产重整或者和解期间，列入经人民法院批准的重整计划或者裁定认可的和解协议。用以转为公司股权的债权有两个以上债权人的，债权人对债权应当已经作出分割。债权转为公司股权的，公司应当增加注册资本。与原《债转股办法》第三条的规定相比较,我们可以发现,有如下两点变化:一是删除了原《债转股办法》第三条第(一)项"公司经营中债权人与公司之间产生的合同之债转为公司股权"的描述。这并不意味着将原仅仅限定为"合同之债"而放宽到所有之债,因为后面有相关的限定"合同义务"。二是在原第(二)项中增加了"或者仲裁机构裁决",笔者认为这是合理的,以适用合同约定商事仲裁管辖的情形。

同时,由于公司法对非货币财产出资要求为可用货币估价并且可以依法转让,新《公司注册资本规定》对可转为股权的债权进行了限定,仅为上述三种。其中,对于合同之债,《公司注册资本规定》要求满足两个条件:一是债权人已经履行债权所对应的合同义务;二是不违反法律、行政法规、国务院决定或者公司章程的禁止性规定。对于非合同之债,如侵权、无因管理、不当得利等形成的债权,只要满足上述第(二)项的要求也可作为出资。同时,《公司注册资本规定》针对公司破产重组中的债转股,在第(三)项中进行了约定,但仅仅限于"人民法院批准的重整计划或者裁定认可的和解协议"。

最后,我们来讨论一下债转股的实际缴付的问题。笔者认为,债转股中,股东的实际缴付义务在签署债转股协议并经批准债务人公司股东(大)会决议通过后生效,或人民法院裁判或仲裁机构裁决确认,或经人民法院批准的重整计划或者裁定认可的和解协议后,并且债务公司的股权信息进行工商变更登记之日,债权人的实际缴付义务即行完成。

【实务问题15】 实务中,如何实现将对第三人的债权用于出资?

实践中,如果投资人拥有对第三人的债权并希望以该债权对公司出资,应该如何实现呢?如前所述,由于《公司注册资本规定》仅仅允许"债转股"而不认可"以对第三人的债权出资",那么,解决的思路其实就很简单了。首先,被投资公司从投资人手中收购该债权,则被投资公司成为第三人的债权人,同时也成为投资人的债务人(债务金额等于债权转让对价);其次,就该债务,投资人与被投资公司做"债转股"。当然,这样的处理方案的前提条件是被投资公司及其股东确认和认可该债权并愿意配合实施。从这个意义上讲,公司登记机关排除"以对第三人的债权出资"实际并没有起到所谓的保护债权人或者维持公司资本充足的目的。

专题 3 公司设立发起人制度的主要法律问题

内容提示

实践中，公司设立不是一蹴而就的，在公司成立之前一般都有一个发起设立阶段（或筹备阶段）。在该阶段，发起人往往以自身或公司的名义对外从事民事活动或发生交易，如何处理该阶段的法律事宜是公司法制度中非常重要的一个部分。本专题包含如下内容：

- 公司发起人、设立中公司的含义及主要特征；
- 公司发起人的先公司合同责任；
- 公司发起人的法律责任。

一、公司发起人、设立中公司的含义及主要特征

实践中，公司在成立之前都要经过发起设立阶段，在该阶段，公司尚未成立，但其需要对外进行一些必要的民事活动，以为成立公司创造条件或进行筹备。这些民事活动均由发起人来实施完成。应该讲，公司法并没有对“发起人”（promoter）进行明确的定义或界定，但它对股份有限公司的发起人进行了诸多的规定。笔者总结如表 3－1 所示：

表 3－1　公司法关于股份有限公司发起人的规定

《公司法》条款	条款内容
第七十六条	发起人制定公司章程的义务
第七十七条	发起人认购股份的义务
第七十九条	发起人承担公司筹办事务的义务以及签订发起人协议的义务
第八十一条	发起人的姓名或名称、认购股份数、出资方式和出资时间应当载于公司章程中

公司法对有限责任公司并没有明确提出“发起人”的概念,其对有限责任公司设立、章程制定等规定使用的是“股东”的概念,但本质上与股份有限公司的发起人要求相同,因此可以统一为“发起人”。为了解决实践中的纷争,《公司法司法解释(三)》第一条明确规定:“为设立公司而签署公司章程、向公司认购出资或者股份并履行公司设立职责的人,应当认定为公司的发起人,包括有限责任公司设立时的股东。”

(一)发起人的概念及法律地位

应该讲,对于发起人的概念,各国法律鲜有给出明确定义者。我国2014年《公司法》也未给出明确的定义。《公司法司法解释(三)》第一条从司法实践上对如何认定发起人进行了界定。公司发起人是指具有创办公司的共同意思,认购股份、承担公司筹办事务并签章于公司章程上的人。从该概念来看,发起人具有四个主要的特征:一是发起人具有创办公司的合意;二是发起人认缴出资额或认购股份;三是发起人承担公司设立筹备的职责;四是发起人签署公司章程。关于发起人的法律地位问题,按照通说,发起人乃设立中的公司的机关,设立中的公司被认为是一种无权利能力社团。由于该社团与成立后的公司属于同一体,因而发起人在公司设立中的权利义务自然由成立后的公司承受。这就是“公司之机关”通说。

(二)设立中公司的概念及法律地位

设立中公司系《公司法司法解释(三)》提出的一个概念,它是指自发起人签订发起人协议或者达成发起合意时起,至设立登记完成前,尚未取得法人资格的主体。设立中公司虽然不具有法人资格,但却具有主体性特征,表现为有自己的名称(工商名称预核准或者某某筹备处),有自己的组织规则(发起人协议约定的规则等),有自己的组成成员(发起人),有自己的财产,有自己的机构(如设立发起人委员会和发起人会议)。其本质属于发起人的合伙体,发起人的行为就是合伙体的行为,亦是设立中公司的行为。

二、公司发起人的先公司合同责任

发起人是设立中公司的机关,承担公司筹办事务。在公司设立阶段发起人对外订立的合同,有的是为了设立公司即为了公司利益,有的则可能是为了实现自身利益。一般来讲,前一类合同中的责任应当由公司承担,后一类合同中的责任应当由发起人自己承担。但在实践中,上述合同的相对人往往并不能确切地知道该合同是为了实现谁的利益，也不知道合同最终的利益归属，所以如果按照利益归属标准来确定合同责任主体，将使合同相对人的利益面临较大风险。为了适当降低合同相对人的查证义务、加强对相对人利益的保护，《公司法司法解释（三）》总体上按照外观主义标准来确定前述合同责任的承担。

《公司法司法解释（三）》第二条规定，发起人为设立公司以自己名义对外签订合同，合同相对人请求该发起人承担合同责任的，人民法院应予支持。公司成立后对前款规定的合同予以确认，或者已经实际享有合同权利或者履行合同义务，合同相对人请求公司承担合同责任的，人民法院应予支持。第三条规定，发起人以设立中公司名义对外签订合同，公司成立后合同相对人请求公司承担合同责任的，人民法院应予支持。公司成立后有证据证明发起人利用设立中公司的名义为自己的利益与相对人签订合同，公司以此为由主张不承担合同责任的，人民法院应予支持，但相对人为善意的除外。从前述规定可以看出：

1. 发起人为设立公司以自己名义订立的合同，对相对人而言，合同中载明的主体是发起人，所以原则上应当由发起人承担合同责任。同时，如果公司成立后确认了该合同或者公司已实际成为合同主体（即享有合同权利或者履行合同义务），而且合同相对人也要求公司承担责任，这表明公司愿意成为合同主体且合同相对人也愿意接受公司作为合同主体，此时由公司承担合同责任符合合同法的一般原理（按照合同法债权债务的概括转移规定，或者参照《合同法》第四百零三条第二款精神），故《公司法司法解释（三）》规定可以由公司承担合同责任。

2. 发起人在公司设立阶段以设立中公司名义订立合同，由于合同中载明的主体是设立中的公司，所以原则上应当由成立后的公司承担合同责任。但是，如果公司有证据证明发起人是为自己利益而签订该合同，且合同相对人对此明知的，这表明发起人实质上不是以公司作为合同主体、合同相对人也明知公司不是合同主体，故此时不应由成立后的公司承担合同责任。所以《公司法司法解释（三）》规定公司有证据证明发起人存在上述情形且相对人非善意时，公司不承担合同责任，此时合同责任仍由发起人承担。

将上述规定可以总结如图3－1所示：

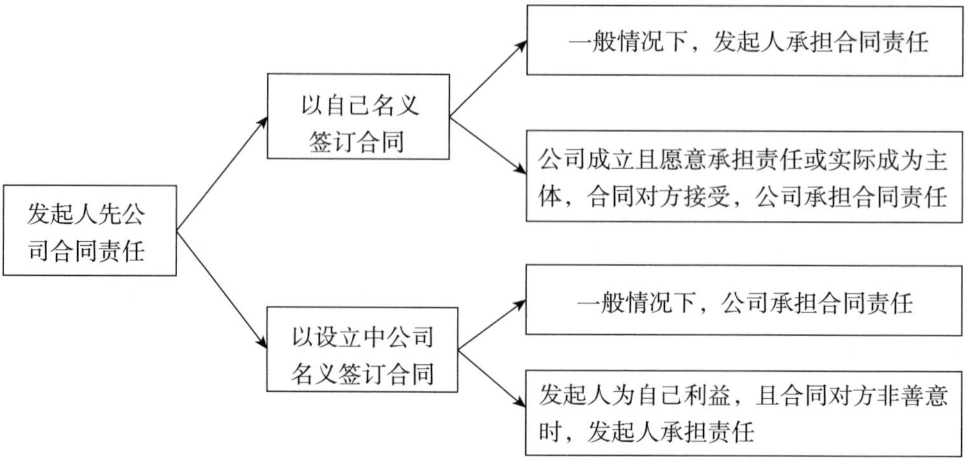

图3－1 公司发起人的先公司合同责任

实践中,发起人为设立中公司的利益而从事商业活动或进行交易的情形很多。譬如,发起人为设立中公司收购资产以及为设立中公司进行土地招拍挂就是其中的两个典型例子。

案例1 发起人以自己名义为设立中公司收购破产公司财产①

【背景介绍】

甲公司主要从事饮料和豆奶等生产、加工和销售,现生产经营陷入困境,已资不抵债,于201×年6月30日被宣告破产。乙方(中方)和丙方(外方)作为收购方,拟收购与饮料和豆奶有关的全部资产设立新的中外合资企业进行经营。但面临的问题是,在甲方破产时,乙、丙两方担心先投资设立新的合资公司后收购资产会面临资产收购的不确定性(导致设立公司的浪费和后续解散事宜),并且收购资产会导致大量的税负产生;而甲方也担心如果受让方不设立合资公司而进行收购或者以设立中的合资公司收购可能导致交易不能完成。

【实施方案及协议条款】

鉴于上述原因和考虑,并购双方计划以发起人乙、丙两方的名义收购甲的破产财产,在合资公司成立之后,再将所有的资产转移到合资公司名下。经协商后,乙、丙两方与甲方破产清算组达成一致,签署了《资产转让协议》,并在该协议中约定,待乙、丙两方设立新的合资公司之后,该协议项下的所有权利和义务由新的合资公

① 本案例根据笔者亲历实践案例改编。——笔者注

司概括承继。下面是《资产转让协议》中“首部”、“鉴于”条款和“转让”条款的有关约定：

首部和“鉴于”条款：

“本合同由以下各方于[ ]年[ ]月[ ]日在[地点]签署(订立)：

[ ]破产清算组，系依据[ ]法院的指定依照中国法律成立的破产清算组织(以下简称‘甲方’)；和

[ ]有限公司，一家依据中国法律设立并存续，其注册地址(主营业地)在[地名]的公司(以下简称‘乙方’)；和

[ ]有限公司，一家依据[某国或地区]法律设立并存续，其注册地址(主营业地)在[地名]的公司(以下简称‘丙方’)。

上述签约方单独称为‘一方’或统称为‘各方’，甲方单独亦称为‘出让方’，乙方和丙方合称‘受让方’。

鉴于：

1. 甲、乙和丙方于[ ]年[ ]月[ ]日签署[《谅解备忘录》]，各方同意就[目标公司]破产清算资产转让事宜进行友好协商。

2. 甲、乙和丙方已就[目标公司]破产清算资产转让事宜初步达成意向，并于[ ]年[ ]月[ ]日签署了[《资产收购意向协议》]。

3. 本协议由乙方和丙方作为将要设立的[新的合资公司](以下简称‘合资公司’)的发起人，代合资公司与甲方签署。本协议签署后，受让方立即设立合资公司，待合资公司设立后，本协议约定的权利全部归合资公司享有，义务全部由合资公司履行，受让方承担连带责任。

甲、乙和丙方同意按照本协议的条件和条款转让[目标公司]之资产”。

“转让”条款：

“甲方同意，本协议由乙方和丙方作为将要设立的合资公司的发起人，代合资公司与甲方签署。本协议签署后，受让方立即设立合资公司，待合资公司设立后，本协议约定的权利全部归合资公司享有，义务全部由合资公司履行，受让方承担连带责任”。

【实施结果】

最终，本交易在合资公司设立后由合资公司承继了协议项下的全部权利和义务，并使交易顺利完成。

【评析】

1. 在本资产并购案例中，由于收购方考虑到资产交易的不确定性，不愿意事先

设立新的合资公司,并以该合资公司的名义来作为主体收购资产。同时,以新的合资公司作为主体收购资产将面临较大的税负问题。因此,作为发起人的乙方和丙方(合称受让方)以自己的名义签署了《资产收购协议》并在协议中约定待合资公司设立之后,本协议项下的权利和义务概括转让给合资公司。根据《公司法司法解释(三)》以及《合同法》的有关规定,合资公司设立之后,本协议项下的权利和义务自动转让给合资公司。事后,合资公司承继了本合同项下的权利和义务,并且破产清算组予以认可,该资产交易行为为合法有效的行为,对合资公司具有约束力。

2. 为防止合资公司成立不能,或者合资公司不履行协议,保护甲方的权利,合同条款中,发起人作为协议的签订主体本身承担协议的第一责任,并同时为合资公司的履约承担连带责任。

3. 通过合同权利和义务概括转让的方式既避免了交易的不确定性,减少出让方对交易不能成交的担心,同时也避免了资产转让的“二次”税负的产生。

4. 当然,实践中,也可以由发起人以设立中公司(合资公司)的名义签署《资产收购协议》。但是,此种方式相对于前述方式,由于合资公司设立的不确定性,可能导致《资产收购协议》一直不生效(协议生效的先决条件之一是合资公司的设立),对于出让方甲方而言,可能并不愿意接受这种的并购方式。

案例2　发起人以自己名义为设立中公司进行招拍挂①

【背景介绍】

甲公司主要从事啤酒生产和销售业务。201×年10月,甲方有意在某经济技术开发区内新注册一家外商独资企业(以下简称“独资企业”),投资总额9000万美元,注册资本3000万美元,由独资企业建设年生产啤酒60万吨的项目,整个项目净用地300亩,土建项目按年产60万吨一次性建设完毕,设备首期按年产30万吨投入。因此,甲公司或独资企业需要首先在该经济技术开发区获得300亩的土地用于60万吨的啤酒厂的建设。

【实施方案】

鉴于该项目投资巨大,并且设立新公司作为主体来进行招拍挂的成本和风险巨大,因此甲公司最终决定以其控股股东(乙投资公司)为发起人参与招拍挂。根据该地《土地交易中心交易规则》的规定:“竞买人竞得土地后拟成立新公司进行开发建设的,应在申请书中表明,在竞买成交后45日内办理完新公司注册登记手

① 本案例根据笔者亲历实践案例改编。——笔者注

续。”同时，乙方作为独资企业的发起人在《国有土地使用权投标[竞买]申请书》中明确表明：

“若能中标[竞得]该地块，我方将设立[ ]公司（以实际设立的公司名称为准）来进行开发建设，该公司由我方独资设立，拟定注册资本为美元[ ] 万元（大写）（¥[ ]），在竞买成交后45个工作日内办理完毕新公司注册登记手续。同时，我方保证按照国有土地使用权出让文件的规定和要求履行全部义务”。

【实施结果】

最终，乙方以自己名义摘得该块土地，并在45个工作日内办理完毕了新的独资企业的设立，并由该独资企业与国土资源局签署了正式的《国有土地使用权出入合同》。

【评析】

1. 在本案例中，乙方作为拟设立的独资企业的唯一发起人，以自己的名义参与到工业土地的招拍挂中，并在《国有土地使用权投标[竞买]申请书》中明确表明为独资企业的利益而行事，因此，待该独资企业成立后，该摘牌行为的权利和义务自动转移到独资公司承继。

2. 本交易中，需要注意的是，摘牌方需要事先评估在45个工作日内设立完毕独资企业的法律风险。如果不能在该期限内设立成功，可能会导致其发起人面临违约责任的风险。

三、公司发起人的法律责任

在我国，公司设立的主体是发起人。发起人实施一系列设立行为后，可能产生三种法律后果：公司成立、公司不成立、公司成立但存在瑕疵。按照法律规定，无论哪一种后果，都存在发起人的责任承担问题。公司成立，发起人要承担资本充实责任、损害赔偿责任、出资违约责任；公司不成立，发起人要承担设立费用和债务的赔偿责任、对已收股款负返还责任、对已订立的合同的责任；公司成立瑕疵，发起人、股东要承担资本充实责任和承受罚款的制裁等。笔者将前述责任总结如图3－2所示：

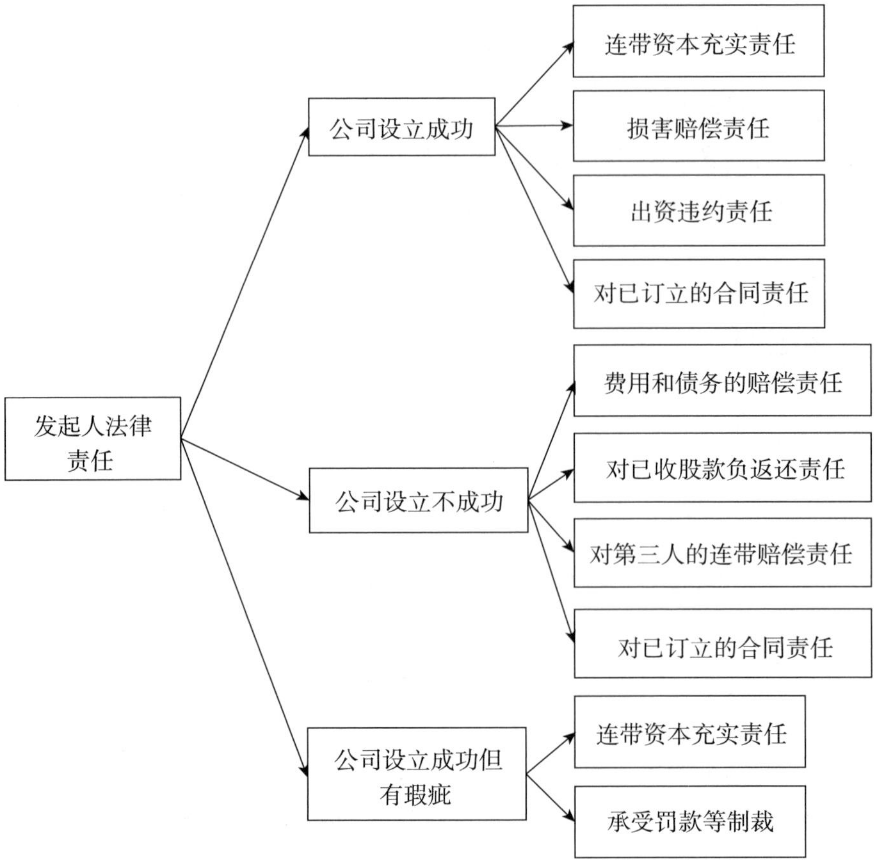

图3-2　公司发起人的法律责任

(一)公司设立成功与发起人责任

大陆法系国家的公司法一般认为,在公司成立的情况下,发起人设立行为的后果应由成立后的公司承受。但为了督促发起人尽心设立公司,并避免其因过错而损害公司、股东及第三人等各方利益,亦同时规定发起人应承担的设立责任。一般而言,在公司成立的情况下,发起人的责任主要包括资本充实责任、损害赔偿责任、出资违约责任以及先公司合同责任。

1. 发起人对公司的连带资本充实责任

发起人的资本充实责任,是指公司发起人共同承担的保证公司成立后的实有资本额与公司章程记载的资本额一致的民事责任。发起人资本充实责任可以担保公司在成立后,其财产的实际价值不得少于其章程所规定的资本额。如果公司成立后发现其财产不能满足章程所规定的数额时,发起人有义务填补这部分差额。因而,这种责任又称为“差额填补责任”或“差额责任”。其他发起人负有连带担保责任。

《公司法》第三十条规定，有限责任公司成立后，发现作为设立公司出资的非货币财产的实际价额显著低于公司章程所定价额的，应当由交付该出资的股东补足其差额；公司设立时的其他股东承担连带责任。第九十三条规定，股份有限公司成立后，发起人未按照公司章程的规定缴足出资的，应当补缴；其他发起人承担连带责任。股份有限公司成立后，发现作为设立公司出资的非货币财产的实际价额显著低于公司章程所定价额的，应当由交付该出资的发起人补足其差额；其他发起人承担连带责任。

根据上述法律规定，发起人的资本充实责任具有如下特点：(1)资本充实责任是公司法上的法定责任，不可以通过发起人的约定而改变，也不可通过公司章程或股东大会决议来免除。(2)资本充实责任的主体限于有限责任公司设立时的股东或股份有限公司的发起人。公司募集设立时认购公司股票的社会公众以及公司成立后新加入的股东均不承担此项责任。(3)发起人的资本充实责任是一种严格责任。只要存在公司成立后实有资本与章程记载存在差别的事实就可以构成，至于行为人的主观过错则在所不问。(4)资本充实责任为连带责任。即由全体发起人对资本不足的部分承担共同连带责任。

2. 发起人对公司的损害赔偿责任

发起人对公司的损害赔偿责任，即在公司设立过程中，由于发起人的过失致使公司利益受到损害的，应当对公司承担赔偿责任。

《公司法》第九十四条规定：“股份有限公司的发起人应当承担下列责任：……(三)在公司设立过程中，由于发起人的过失致使公司利益受到损害的，应当对公司承担赔偿责任。”从该条规定来看，公司发起人是设立中公司的执行机关，对公司的设立进程起着决定性的作用。公司的发起人必须对公司设立事务尽善良管理人的注意义务。若公司发起人在公司设立过程中怠于履行其义务或不当履行其义务，致公司受损失时，公司发起人须向公司承担损害赔偿责任。实践中，公司可能向发起人请求损害赔偿的情形主要有：发起人滥用设立费用而致使公司受损；发起人因设立公司而得到特别利益或报酬，使公司利益减少；发起人用以抵作股款的财产估价过高而令公司受损等。需要注意的是，一是发起人承担损害赔偿责任的基础是过失。即发起人只对因自己的过失行为造成的公司损害承担赔偿责任。亦即损害赔偿责任是一种过错责任，发起人主观上有过错，才对公司承担损害赔偿责任。二是发起人之间不承担连带责任。即只有过错发起人对自己的行为造成的公司损害承担责任，而其他无过错的发起人不与其承担连带责任。

3. 发起人对其他发起人的出资违约责任

出资违约责任是指没有按规定出资的发起人向其他按规定出资的发起人所承担的违约责任。

《公司法》第二十八条规定,股东应当按期足额缴纳公司章程中规定的各自所认缴的出资额。股东以货币出资的,应当将货币出资足额存入有限责任公司在银行开设的账户;以非货币财产出资的,应当依法办理其财产权的转移手续。股东不按照前款规定缴纳出资的,除应当向公司足额缴纳外,还应当向已按期足额缴纳出资的股东承担违约责任。第八十三条规定,以发起设立方式设立股份有限公司的,发起人应当书面认足公司章程规定其认购的股份,并按照公司章程规定缴纳出资。以非货币财产出资的,应当依法办理其财产权的转移手续。发起人不依照前款规定缴纳出资的,应当按照发起人协议承担违约责任。需要注意的是,该责任中的"违约"是指违反合资协议(有限责任公司)或发起人协议(股份有限公司)这一合伙契约。发起人之间以合资协议或发起人协议联结,没有履行合资协议或发起人协议约定义务的发起人,当然应当承担违约责任。因此,出资违约是发起人之间的责任,实际上是在公司成立后,未按照合资协议(公司章程)、发起人协议交纳出资的发起人向已经履行出资义务的发起人承担的违约责任。

4. 发起人的先公司合同责任

如本专题第二部分所述,《公司法》本身并没有对公司设立成功时,发起人对其订立的合同如何承担责任进行明确规定,但《公司法司法解释(三)》对此进行了明确。请读者参阅前文内容,此处不再赘述。

(二)公司设立失败与发起人责任

公司设立失败也称公司不成立,是指由于不符合公司设立的实质性条件而未获得登记注册的情形。实践中导致公司设立失败的原因很多。譬如,因投资环境发生变化,发起人在申请公司注册登记之前决定停止公司设立活动;创立大会未按期召开;创立大会做出不成立公司的决议等。但公司设立失败的最为普遍的原因是公司设立的实质性条件不符合法律规定,公司登记机关因此拒绝为其登记注册。一般在公司设立失败的情况下,应由发起人对其设立行为的后果承担连带责任。我国公司法亦做了类似规定。概括地讲,可以将发起人承担的设立失败后果概括为对设立行为所生费用和债务的连带赔偿责任、对已收股款的连带返还责任、对第三人的连带赔偿责任和对其订立的合同后果承担连带责任四种情况。

1. 发起人对设立行为所生费用和债务负连带赔偿责任

作为公司的筹办人,发起人行为与公司的不能成立一般存在直接的关系,因此公司不能成立时，发起人理应对自己设立行为的后果承担责任，即承受设立不成功所带来的相应后果。按照一般法律原理，发起人之间的关系近似于合伙关系，因此，发起人之间对设立行为所生费用和债务负连带赔偿责任。

《公司法》第九十四条规定，股份有限公司的发起人应当承担下列责任：（一）公司不能成立时，对设立行为所产生的债务和费用负连带责任。《公司法司法解释（三）》第四条规定，公司因故未成立，债权人请求全体或者部分发起人对设立公司行为所产生的费用和债务承担连带清偿责任的，人民法院应予支持。部分发起人依照前款规定承担责任后，请求其他发起人分担的，人民法院应当判令其他发起人按照约定的责任承担比例分担责任；没有约定责任承担比例的，按照约定的出资比例分担责任；没有约定出资比例的，按照均等份额分担责任。因部分发起人的过错导致公司未成立，其他发起人主张其承担设立行为所产生的费用和债务的，人民法院应当根据过错情况，确定过错一方的责任范围。需要注意的是，《公司法》及《公司法司法解释（三）》的规定意味着发起人对债权人承担的应是无过错责任，只要公司不成立，公司设立行为所产生的一切费用和债务，就要由发起人承担，至于发起人对费用、债务的产生是否有过错在所不问。但是，对于发起人之间，则适用的是过错责任，《公司法司法解释（三）》明确如果因部分发起人的过错导致公司未成立，其他发起人主张其承担设立行为所产生的费用和债务的，人民法院应当根据过错情况，确定过错一方的责任范围。

案例3 公司因故未成立，筹备费用应由谁承担？

【案情介绍】

201×年3月，甲、乙、丙三人决定设立公司经营货物运输，该年3月10日公司名称“××有限公司”（以下简称“××公司”）获得工商名称预核准，并刻制了××公司（筹备）公章。由于三人对公司设立和登记的法律程序并不熟悉，经协商由甲出面聘请律师提供法律意见、拟写各种法律文书并代办公司注册登记，约定律师费待公司成立后由公司支付，服务合同加盖××公司（筹备）公章。律师提供了甲乙丙均满意的服务，但在公司注册登记之前，丙拟用作出资的土地厂房被法院查封，公司因此未成立。

问题：该律师费用应由谁承担？

【评析】

1. 律师事务所可以向甲乙丙三人或三人中的任何一人或两人请求支付律师费用。根据《公司法》和《公司法司法解释（三）》的规定，债权人可以请求全体或者部分发起人对设立公司行为所产生的费用和债务承担连带清偿责任。

2. 如果律师事务所向甲请求支付费用的,甲在承担费用之后,可以要求乙、丙分担责任。根据《公司法》和《公司法司法解释(三)》的规定,部分发起人承担责任后,可以请求其他发起人按照约定的责任承担比例分担责任;没有约定责任承担比例的,按照约定的出资比例分担责任;没有约定出资比例的,按照均等份额分担责任。

3. 由于××公司未成立是因为丙的过错导致的,所以如果甲、乙承担责任之后,可以要求丙方承担责任。因为,根据《公司法》和《公司法司法解释(三)》的规定,因部分发起人的过错导致公司未成立,其他发起人主张其承担设立行为所产生的费用和债务的,根据过错情况,确定过错一方的责任范围。

2. 发起人对已收股款负返还责任

需要注意的是,此责任仅仅产生于募集设立股份有限公司的情况下。采取募集方式设立股份有限公司,在公司不成立时,发起人对认股人已缴纳的股款,负有返还股款并加算银行同期存款利息的连带责任。

《公司法》第九十四条规定,股份有限公司的发起人应当承担下列责任:……(二)公司不能成立时,对认股人已缴纳的股款,负返还股款并加算银行同期存款利息的连带责任。这样规定是因为,在公司没有成立之前,募集的股款实际上是由发起人所控制,因此,当公司设立失败时,发起人应当承担股款返还责任;又因为认股人已缴纳的股款在发起人这里停滞了一段时间,由此造成了相应的利益损失,因此,发起人应当承担相应的补偿责任,即返还股款时要加算利息。至于发起人相互之间的责任承担,应按其约定或投资比例进行划分并承担连带责任。

3. 发起人对第三人的连带赔偿责任

发起人对第三人的连带赔偿责任是指,在公司设立失败的情况下,发起人因履行公司设立职责而对第三人造成损害的,发起人对受害人承担连带赔偿责任。

《公司法司法解释(三)》第五条规定,发起人因履行公司设立职责造成他人损害,公司成立后受害人请求公司承担侵权赔偿责任的,人民法院应予支持;公司未成立,受害人请求全体发起人承担连带赔偿责任的,人民法院应予支持。公司或者无过错的发起人承担赔偿责任后,可以向有过错的发起人追偿。事实上,《公司法》本身并没有对发起人因履行设立职责造成他人损害时如何承担法律责任进行明确规定。《公司法司法解释(三)》对此进行了明确,公司设立过程中,发起人因履行职责造成他人损害的,应该比照民法通则中职务行为的原则进行处理:发起人履行职责给第三人造成损害的,由成立后的公司承担责任,公司赔偿后可以向有过错的责任人追偿;如果公司设立失败,全体发起人应向第三人承担连带赔偿责任,但赔偿之后,无过错的发起人可以向有过错的发起人追偿。

4. 发起人的先公司合同责任

如本专题第二部分所述,《公司法》本身并没有对公司设立失败时,发起人对其订立的合同如何承担责任进行明确规定,但《公司法司法解释(三)》对此进行了明确。请读者参阅前文内容,不再赘述。

(三)公司设立瑕疵与发起人责任

公司设立瑕疵,是指设立的公司不完全具备公司法所规定的实质要件或设立程序严重违法但仍然取得公司设立证书的情形。从法律责任上看,主要包括发起人、股东要承担资本充实责任和承受罚款的制裁等。综观各国公司法,对公司设立瑕疵的法律态度有三种,即瑕疵设立有效、瑕疵设立无效和公司设立可撤销。公司瑕疵设立有效理论认为,即便公司设立存在瑕疵,所设立的公司也是完全有效的,无论是公司股东还是公司债权人都不得以公司设立存在瑕疵为由而向法院提起诉讼,要求法院宣告公司设立行为无效,此种原则为日本和英美法系国家所实行;公司瑕疵设立无效理论认为,如果公司设立存在瑕疵,则公司的设立行为是无效的行为,公司股东或董事等可以提起公司设立无效之诉,此种规则为多数大陆法系国家的公司法所实行;瑕疵设立可撤销理论认为,公司设立如果存在瑕疵,则公司的设立行为不应是无效行为而仅仅是可撤销行为,此种原则为我国台湾公司法所采取。

从我国法律规定来看,《公司法》第三十条规定,有限责任公司成立后,发现作为设立公司出资的非货币财产的实际价额显著低于公司章程所定价额的,应当由交付该出资的股东补足其差额;公司设立时的其他股东承担连带责任。第一百九十八条规定,违反本法规定,虚报注册资本、提交虚假材料或者采取其他欺诈手段隐瞒重要事实取得公司登记的,由公司登记机关责令改正,对虚报注册资本的公司,处以虚报注册资本金额百分之五以上百分之十五以下的罚款;对提交虚假材料或者采取其他欺诈手段隐瞒重要事实的公司,处以五万元以上五十万元以下的罚款;情节严重的,撤销公司登记或者吊销营业执照。第一百九十九条规定,公司的发起人、股东虚假出资,未交付或者未按期交付作为出资的货币或者非货币财产的,由公司登记机关责令改正,处以虚假出资金额百分之五以上百分之十五以下的罚款。同时,《公司法司法解释(三)》第十三条规定,股东未履行或者未全面履行出资义务,公司或者其他股东请求其向公司依法全面履行出资义务的,人民法院应予支持。公司债权人请求未履行或者未全面履行出资义务的股东在未出资本息范围内对公司债务不能清偿的部分承担补充赔偿责任的,人民法院应予支持;未履行或者未全面履行出资义务的股东已经承担上述责任,其他债权人提出相同请求的,人民法院不予支持。股东在公司设立时未履行或者未全面履行出资义务,依照本条第一款或者第二款提起诉讼的原告,请求公司的发起人与被告股东承担连带责任的,人民法院应予支持;公司的发起人承担责任后,可以向被告股东追偿。

根据上述规定,公司设立瑕疵包括实质要件欠缺和程序违法两个方面。实质要件欠缺的情形主要包括公司发起人、股东虚假出资,未交付或者未按期交付出资等情形(第三十条、第一百九十九条);程序违法的情形主要包括虚报注册资本、提交虚假材料或者采取其他欺诈手段隐瞒重要事实取得公司登记的情形(第一百九十八条)。对于前述两类情形的设立瑕疵,公司法基本遵循了公司维持原则,即承认公司设立有效,但对于违法行为情节严重者采取了极端严厉的制裁,即撤销已成立的公司。对于实质要件瑕疵,公司法采取了公司维持原则,即公司设立有效。依据《公司法》第三十条和《公司法司法解释(三)》相关规定,公司法认可此种公司的人格独立,无论是公司股东还是公司债权人都不得以公司设立时其资本未足额缴付而主张公司无效或撤销。前述规定肯定了公司维持原则,但公司的发起人、股东必须按要求承担资本充实责任并缴纳一定数额的罚款。这实际就是公司设立瑕疵补正制度。对于设立程序瑕疵,公司法区分情节轻重采取了不同的处理态度,这体现在《公司法》第一百九十八条中。公司法规定了两种处理态度:一种是承认公司设立有效,即公司维持。对于骗取设立登记的行为,由公司登记机关责令改正,并对虚报注册资本的公司处于一定数额的罚款。另一种是撤销公司登记或者吊销营业执照。立法上对于违法情节严重的设立行为采取了严厉的制裁,即撤销公司登记或者吊销营业执照。在此种情况下,公司进入清算程序,清算完结,公司即告消灭。

专题4 公司增资与上市公司配股、增发法律实务

内容提示

公司成立之后，基于经营发展的需要还可能通过增发股权或股份的方式再次募集资金，这就是公司的增资行为。因此，熟悉和掌握公司增资的法律实务也是一名公司律师的必备课程。本专题包含如下内容：

- 有限责任公司增资的法律实务；
- 外商投资企业增资的法律实务；
- 上市公司增资的法律实务；
- 公司留存收益和资本公积转增资本的法律实务。

一、有限责任公司增资的法律实务

对于有限责任公司增资，增资人的出资方式和安排与公司设立时初始出资并无区别，其最主要的法律问题在于增资时，目标公司的价值、增资额及股权比例的确定。实践中，当公司计划引进增资人并募集资金时，增资人往往需要在对被投资公司（以下简称"目标公司"）的价值评估基础上，决定出资金额并商定在目标公司的股权比例或者在商定的股权比例基础之上，确定所需要出资的金额。

（一）增资计价基准日的含义及意义

实务中，增资方与目标公司的原股东之间对目标公司的价值确定需要以一个静态的日期为基准。因为，对于目标公司而言，其价值的确定一般是以某一日期的目标公司所有者权益（净资产）的公允价值为基准来协商确定，而该日目标公司净资产的公允价值会与目标公司的未来收益相关联。那么，如何确定目标公司净资产的公允价值呢？通常采用的方法是资产评估法（基础资产法和未来收益法），即

在各方确定的增资基准日(亦是评估基准日)进行资产和负债的评估来确定。这样协商确定的基准日即是增资计价基准日。它通常是某个会计期末,譬如2015年3月31日。

那么,增资计价基准日的意义何在呢?概括地讲,它是交易双方在目标公司利益和责任的"分水岭"。原则上,基准日以前的目标公司的利益和责任归属于目标公司的原股东,基准日以后的目标公司的利益和责任归目标公司的原股东与增资方共同享有和承担。因此,它被用于计算和确定增资方和目标公司原股东在增资后的目标公司的股权结构和增资金额。实务中通常有如下两种方法:

1. 目标公司原股东和增资方事先协商确定增资后目标公司的股权结构,从而通过双方在基准日确定的目标公司价值来计算增资方需要投入的资本金额。这通常适用于目标公司原股东或增资方在增资后要继续保持或获得目标公司控制权的情形。

2. 目标公司原股东和增资方并不事先协商确定增资后目标公司的股权结构,直接依据双方在基准日确定的目标公司价值和增资方计划投入的资本来计算增资后的股权结构。这种增资方事先确定增资额度的情形在实践中较少一些,因为增资方一般都希望事先明确自己可以在目标公司中享有的权利。

(二)目标公司价值的确定

实践中,对目标公司价值的确定方法很多,一般需要依据不同的公司类型而选择适用。笔者概述如下:

1. 对于有限责任公司及非上市股份有限公司,实务中一般采用"评估作价法"来确定目标公司的价值。所谓"评估作价法",是指以资产和负债评估的价格作为依据计算股权价格的方法。在实务中,评估作价法又可细分为"历史成本法"、"市场法"和"收益法"。

(1)"历史成本法",是指以目标公司净资产价值为基础进行调整的一种方法。通常,公司股权价值 = 净资产评估值 × 溢价倍数,其适用范围主要用于非上市公司的股权价值评估。

(2)"市场法",也称为"相对价值法"、"价格乘数法"或"可比交易价值法",是指利用类似公司的市场定价来估计目标公司价值的一种方法。其基本做法是,首先,寻找一个影响公司价值的关键变量(如净利润);其次,确定一组可以比较的类似公司,计算可比公司的市价/关键变量的平均值(如平均市盈率);最后,根据目标公司的关键变量(如净利润)乘以得到的平均值(平均市盈率),计算目标公司的评估价值。“市场法”可分为两大类型：一类是以股权市值为基础的模型，包括股权市价/净利，股权市价/净资产、股权价值/销售额等比例模型。另一类是以公司实体价值为基础的模型，包括实体价值/息前税收营业利润、实体价值/实体现金流量、实体价值/投资资本、实体价值/销售额等比例模型。最常见的市场法为市盈率法(P/E)和市净率法(P/B)。

①市盈率法(P/E)

目标公司每股价值 = 可比公司平均市盈率 × 目标公司的每股净利润

②市净率法(P/B)

目标公司每股价值 = 可比公司平均市净率 × 目标公司的每股净资产

总体来讲，市场法的运用有两个基本前提：一是要有活跃的股权交易市场；二是市场上要有可比的同类公司。因此，市场法主要适用于上市公司。

(3)“收益法”，又称为“收益现值法”，是指将目标公司的预期收益流通过适当的折现率进行折现，从而转换为目标公司股权价值的一种评估方法。采用收益法进行评估的立足点在于，站在收购方的角度来看，它购买目标资产所付出的代价绝对不会高于该项资产为它带来的预期收益。具体地讲，就是不会高于具有类似风险的同类资产实现的未来收益的现值。收益法确定的目标公司股权 = 该股权资产预期收益现值总额。

2. 对于上市公司，一般以定价基准日之前某段时间的市场平均价来确定标的公司的价值。同时，上述“市场法”也被广泛地用于确定上市公司价值的情形。对于特定的上市公司增发行为，相关法律法规有其特别规定的，应从其规定，这主要体现在上市公司非公开发行股票的情形，笔者将在后文详述。

(三)目标公司股权比例或增资人增资金额的确定

在确定增资计价基准日和目标公司在该基准日的价值之后，下一个核心的问题就是在确定股权比例的前提下，如何确定增资额，或者在确定增资额前提下，如何确定增资人在目标公司的股权比例。实践中，特别是在增资并购的情况下，增资人一般会与目标公司及其原主要股东协商谈判确定增资后增资人将在目标公司所占的股权比例，以保证增资人在增资后可以获得对目标公司的控制权，此时，就需要确定增资人需要投入多少资金；如果在目标公司确定了增资额之后(往往属于非增资并购的情形)，我们也需要在此基础上，计算确定增资人在目标公司所占的股权比例。无论何种情况，其基本的原则都是，按照增资基准日目标公司的价值和股权比例或增资额计算增资额或股权比例。以下例来进行说明：

案例4 有限责任公司增资方增资金额及增资后股权结构如何确定?

1. 假定,X有限公司由A公司和B公司分别持有80%和20%的股权,X注册资本为1000万元。因为需要资金和引进新的管理的原因,A、B以及X计划引进新的合作伙伴C公司。经过协商,各方确定以2014年6月30日作为增资计价基准日并按照基准日的净资产评估价值确定为目标公司价值,各方协商确定增资后A、B和C各自的持股比例为64%、16%和20%。在计价基准日,经评估后的X的净资产价值为1500万元。则,C应当增资多少金额?

2. 假定,基础资料同第1点,除了如下事实:C计划增资500万元。则,增资后,A、B和C在X的股权比例分别为多少?

【评析】

1. 对于情形1,A、B和C以确定的增资计价基准日的净资产评估价值来计算C需要投入的增资金额。计算如下:

增资后X的注册资本=1000/(64%+16%)=1250(万)

C增资金额=1500/(64%+16%)-1500=375(万)

其中,C投入的375万元中的250万元计入X的"实收资本"账户(增加注册资本250万元),剩余的125万元计入"资本公积(资本溢价)"账户。

2. 对于情形2,A、B和C以确定的增资计价基准日的净资产评估价值和C计划增资额为基准来计算各自的持股比例。计算如下:

增资后C股权比例=500/(1500+500)=25%

增资后A股权比例=1500×80%/(1500+500)=60%

增资后B股权比例=1500×20%/(1500+500)=15%

增资后X的注册资本=1000/(1-25%)=1333.33(万)

其中,C投入的500万元中的333.33万元计入X的"实收资本"账户(增加注册资本333.33万元),剩余的166.67万元计入"资本公积(资本溢价)"账户。

二、外商投资企业增资的法律实务

除了前述增资的法律实务要点之外,外商投资企业增资时还需要特别关注如下几个要点:外商投资企业增资的前置审批;外国投资者的出资比例;外商投资企业投资总额和注册资本的比例。

(一)外商投资企业增资的前置审批

外商投资企业增资应遵循《中华人民共和国中外合资经营企业法》(主席令第

四十八号，以下简称《合资企业法》）、《中华人民共和国中外合作经营企业法》（主席令第四十号，以下简称《合作企业法》）和《中华人民共和国外资企业法》（主席令第四十一号，以下简称《外资企业法》）及其实施细则以及《外商投资企业投资者股权变更的若干规定》（〔1997〕外经贸法发第 267 号，以下简称《股权变更若干规定》）的规定。其中，《股权变更若干规定》适用的外商投资企业投资者股权变更，是指依照中国法律在中国境内设立的中外合资经营企业、中外合作经营企业、外资企业（以下统称"三资企业"）的投资者或其在企业的出资（包括提供合作条件）份额发生变化（包括"企业投资者协议调整企业注册资本导致变更各方投资者股权"）。同时，《股权变更若干规定》还要求企业投资者股权变更必须遵守中国有关法律、法规，并要经审批机关和登记机关变更登记，明确了未经审批机关批准的股权变更无效。实务中，其审批机关即是有权审批的商务部门。

（二）外国投资者的投资比例

根据《合资企业法》第四条规定："在合营企业的注册资本中，外国合营者的投资比例一般不低于百分之二十五。"同时，依据《中华人民共和国中外合作经营企业法实施细则》（以下简称《合作企业法实施细则》）第十八条规定："在依法取得中国法人资格的合作企业中，外国合作者的投资一般不低于合作企业注册资本的25%。"《股权变更若干规定》第五条规定："除非外方投资者向中国投资者转让其全部股权，企业投资者股权变更不得导致外方投资者的投资比例低于企业注册资本的 25%。"根据《关于加强外商投资企业审批、登记、外汇及税收管理有关问题的通知》（外经贸法发〔2002〕575 号）第二条规定："外国投资者的出资比例低于 25%的，除法律、行政法规另有规定外，均应按照现行设立外商投资企业的审批登记程序进行审批和登记。通过审批的，颁发加注'外资比例低于 25%'字样的外商投资企业批准证书；取得登记的，颁发在'企业类型'后加注'外资比例低于 25%'字样的外商投资企业营业执照。"该规定意味着，即使外资比例低于 25% 依然按照外商投资企业对待。主要的区别在于不得享受外商投资企业的税收优惠政策而已。但在 2008 年新的企业所得税法统一两税后，再讨论这个问题现实意义已经不大了。

（三）外商投资企业投资总额和注册资本的比例

对于内资的有限责任公司而言，在增资时（当然也适用于新设成立时），仅仅只需要确定增资后公司的注册资本的多少即可。但对于外商投资企业而言，则并非如此。它还涉及一个非常重要的概念，即"投资总额"的概念。

1. 投资总额的概念及其意义

投资总额是外商投资企业法中的特有概念,在内资企业中并不存在投资总额的概念。在组成上,投资总额实际上包括投资者缴付或认缴的注册资本和外商投资企业的借款。这与现在很多项目公司最低自有资金的限制存在相似之处。投资总额的概念出现的历史原因在于对外开放之初,所谓的外商投资企业其实质还是项目公司意义上的企业,并不是一般意义上的市场主体,而是为了一个具体的建设项目而在有效期限内存在的企业。国家在批准设立外商投资企业的同时,就批准了该外商投资企业的规模,这个规模就是外商投资企业投资总额。

在对外资的实际监管中投资总额具有四方面意义:一是依据投资总额确定外商投资企业的注册资本;二是依据投资总额确定外商投资企业免税进口自用设备的额度;三是依据投资总额确定外商投资企业外汇贷款的额度;四是依据投资总额确定外商投资企业的审批权限划分。

2. 投资总额与注册资本之间的关系

投资总额与注册资本之间的关系适用法律规定是《关于中外合资经营企业注册资本与投资总额比例的暂行规定》(工商企字〔1987〕第38号)。笔者总结如表4-1所示:

表4-1 投资总额与注册资本之间的关系

投资总额 X(万美元)		注册资本 Y(万美元)
(X,300)		Y≥X×7/10
(300,1000]	(300,420]	Y≥210
	(420,1000]	Y≥X×1/2
(1000,3000]	(1000,1250]	Y≥500
	(1250,3000]	Y≥X×2/5
(3000,X]	(3000,3600]	Y≥X×1/3
	(3600,X]	Y≥1200

同时,该暂行规定第五条规定:"中外合资经营企业增加投资的,其追加的注册资本与增加的投资额的比例,应按本规定执行。"第六条规定:"中外合作经营企业、外资企业的注册资本与投资总额比例,参照本规定执行。"第七条规定:"香港、澳门及台湾的公司、企业和其他经济组织或者个人投资举办的企业,其注册资本与投资总额的比例适用本规定。"

3. 审批权限

关于外商投资企业的审批权限,一般投资总额在3000万美元以下的可以由省级商务主管部门直接审批,但是根据法律、行政法规和部门规章的规定,属于应由商务部审批的特定类型或行业的外商投资企业,省级审批机关应将相关文件转报商务部,由商务部依法决定批准与否。另外,外商投资企业的登记机关与审批机关相对应。如商务部负责审批的，则申请人取得外商投资企业批准证书后应到国家工商局做企业登记。

案例5 外商投资企业增资时投资总额和注册资本如何确定？

某外商独资企业经批准登记成立后，因新项目建设需要追加投资。追加投资前，该独资企业的投资总额为6000万美元，注册资本为2000万美元。本次追加投资时，因项目建设需要而追加投资2000万美元，则根据暂行规定第三条及第五条的规定，追加的注册资本至少应为800(2000×2/5)万美元，假定确定为800万美元，则增资后该独资企业的注册资本总额为2800万美元(2000+800)，投资总额为8000万美元(6000+2000)。同时，我们可以发现，增资后注册资本和投资总额的比例为35%(2800/8000)>1/3。

三、上市公司增资的法律实务

除了上述的有限责任公司和外商投资企业(有限责任公司)增资实务之外，我们还可能会涉及上市公司增资的法律实务。实践中，上市公司增资主要表现在上市公司配股、公开增发以及非公开发行股票(定向增发)三种类型(有关发行优先股补充资本的内容笔者放在“专题7:优先股法律、财税实务”中介绍)。

在股份有限公司首次公开发行上市之后，上市公司还可以通过公开发行股票或非公开发行股票的方式募集资金。其涉及的主要法规包括《公司法》《证券法》《上市公司证券发行管理办法》(证监会第30号令，以下简称《发行管理办法》)和《上市公司非公开发行股票实施细则》(证监发行字〔2007〕302号，证监会公告〔2017〕5号修订)。所谓“公开发行”，是指《证券法》第十条规定的下列情形之一的，为公开发行：“(一)向不特定对象发行证券的；(二)向特定对象发行证券累计超过二百人的；(三)法律、行政法规规定的其他发行行为。非公开发行证券，不得采用广告、公开劝诱和变相公开方式。”所以，除此之外的发行则为非公开发行。需要特别注意的是，如果向特定对象发行证券，只要累计超过200人的，也视为公开发行。反之，如果累计在200人以下的，则视为非公开发行。

(一)上市公司配股

根据《发行管理办法》的规定，上市公司公开发行股票包括两种类型：一种是针对原股东的配售股份(以下简称配股)；另一种是向不特定对象公开募集股份(以下简称增发，或称为公开增发)。让我们先来介绍配股。

《发行管理办法》第十二条规定:“向原股东配售股份(简称‘配股’),除符合本章第一节规定外,还应当符合下列规定:(一)拟配售股份数量不超过本次配售股份前股本总额的百分之三十;(二)控股股东应当在股东大会召开前公开承诺认配股份的数量;(三)采用证券法规定的代销方式发行。控股股东不履行认配股份的承诺,或者代销期限届满,原股东认购股票的数量未达到拟配售数量百分之七十的,发行人应当按照发行价并加算银行同期存款利息返还已经认购的股东。”

通俗地讲,配股就是上市公司按照公司发展的需要,根据有关的规定和相应程序,向原股东增发新股,进一步筹集资金的行为。依照惯例或公司章程规定,公司配股时原股东有优先认购权。它与送股不同,送股是指上市公司将公司的未分配利润通过股票股利的方式发送给股东。送股后,公司的资产、负债、股东权益的总额结构并没有发生改变,但总股本数增大,同时每股净资产降低,也称为“股票股利”、“转增股本”。

案例6 航天科技(000901)2014年度配股

航天科技控股集团股份有限公司(以下简称航天科技,000901)于2014年10月13日公告了其2014年度的配股发行方案。

一、配股方案

1. 配股发行股票类型:人民币普通股(A股)

2. 每股面值:1.00元

3. 配股比例及数量:本次配股以本次发行股权登记日2014年10月15日(T日)深交所收市后的发行人总股本250,359,122股为基数,向全体股东每10股配售3股,共计可配股份数量75,107,737股。配售股份不足1股的,按深交所的有关规定处理。配股实施前,若因公司送股、转增及其他原因引起总股本变动,配股数量按照总股本变动的比例相应调整。公司实际控制人中国航天科工集团公司、控股股东中国航天科工飞航技术研究院及林泉航天电机有限公司已承诺以现金全额认购其可配股份。

4. 募集资金的用途:本次配股拟募集资金不超过5亿元,扣除发行费用后将全部用于偿还公司借款和补充流动资金,其中不超过2亿元用于偿还公司借款,其余用于补充流动资金。

5. 配股价格:本次配股价格为6.65元/股,配股代码为“080901”,配股简称为“航科A1配”。

6. 发行对象：截至2014年10月15日（T日）下午深交所收市后，在登记公司登记在册的航天科技全体股东。

7. 发行方式：网上定价发行，通过深交所交易系统进行。

8. 承销方式：代销。

二、配股发行结果

本次配股最终的发行结果如下：

1. 向无限售条件流通股股东配售结果。截至股权登记日（2014年10月15日）收市，公司无限售条件流通股股东持股总量为250,359,122股，截至认购缴款结束日（2014年10月22日），公司无限售条件流通股股东有效认购数量为73,265,099股，占本次可配售股份总数75,107,737股的97.55%，认购金额为487,212,908.35元。

2. 承诺认购履行情况。实际控制人中国航天科工集团公司、控股股东中国航天科工飞航技术研究院及林泉航天电机有限公司履行了其全额认购的承诺，合计全额认购了28,630,811股，占本次可配售股份总数75,107,737股的38.12%。

3. 本次配股认购股份数量合计为73,265,099股，占本次可配售股份总数75,107,737股的97.55%，超过了中国证券监督管理委员会《上市公司证券发行管理办法》中关于"原股东认购股票的数量未达到拟配售数量百分之七十"视为发行失败的限制，故本次配股发行成功。

【评析】

按照《发行管理办法》第十二条的规定，上市公司配股需要满足如下条件：一是拟配售股份数量不超过本次配售股份前股本总额的百分之三十。在本次配股中，配股前总股本为250,359,122股，本次可配股票总数量75,107,737股，即按照10股配3股的比例进行，实际配股73,265,099股，不超过配股前股本总额的30%，符合要求；二是航天科技实际控制人中国航天科工集团公司、控股股东中国航天科工飞航技术研究院及林泉航天电机有限公司履行了其全额认购的承诺。符合控股股东应当在股东大会召开前公开承诺认配股份的数量的要求；三是本次配股可配股票总数量75,107,737股，有效认购数量为73,265,099股，占本次可配股份总数的97.55%，满足"原股东认购股票的数量未达到拟配售数量百分之七十"视为发行失败的限制规定；四是本次配股采用代销方式发行。

（二）上市公司公开增发

在第（一）部分中我们介绍了上市公司配股，在本部分我们将接着介绍上市公司公开增发。

《发行管理办法》第十三条规定:“向不特定对象公开募集股份(简称‘增发’),除符合本章第一节规定外,还应当符合下列规定:(一)最近三个会计年度加权平均净资产收益率平均不低于百分之六。扣除非经常性损益后的净利润与扣除前的净利润相比,以低者作为加权平均净资产收益率的计算依据。(二)除金融类企业外,最近一期末不存在持有金额较大的交易性金融资产和可供出售的金融资产、借与他人款项、委托理财等财务性投资的情形。(三)发行价格应不低于公告招股意向书前二十个交易日公司股票均价或前一个交易日的均价。”

公开增发与配股最大的区别在于后者是仅向上市公司现有股东配售股份,前者则属于向不特定对象公开募集股份,不特定对象既包括非上市公司股东,也包括上市公司现有的股东(具有优先购买权)。

案例7 昆药集团(600422)2013年度公开增发A股

昆明制药集团股份有限公司(以下简称昆药集团,600422)2013年7月3日发布公开发行A股招股意向书。

一、公开增发方案

(一)本次发行股票数量

本次发行股票的数量不超过6800万股(含6800万股),最终发行数量和规模由股东大会授权董事会根据相关规定和实际情况与主承销商协商确定。如董事会决议公告日至本次公开增发股票发行日期间,公司发生送红股、资本公积金转增股本等事项,本次发行的数量将按照同比例作相应调整。

(二)定价方式和发行价格

本次发行价格为25.97元/股,发行价格不低于公告招股意向书(2013年7月3日)前20个交易日公司股票均价。

(三)发行方式和发行对象

本次发行为向不特定对象公开发行,采取网上、网下发行相结合的方式。本次发行对象为在上海证券交易所开立人民币普通股(A股)股票账户的境内自然人、法人和证券投资基金以及符合中国证监会规定的其他投资者(国家法律法规禁止者除外)。本次发行不安排向原股东配售股票。

二、发行结果及上市

本次发行数量为26,954,177股,募集资金总额为699,999,976.69元。

本次发行的最终结果如下:

类别	中签率/配售比例(%)	有效申购股数(股)	实际配售股数(股)	占发行总量比例(%)
网下A类申购	3.03823227	761,600,000	23,139,132	85.85
网下B类申购	1.5000000	116,800,000	1,752,000	6.50
网上申购	1.50046185	137,491,000	2,063,000	7.65
主承销商包销	0	0	45	0.00
合计	—	1,015,891,000	26,954,177	100.00

【评析】

按照《发行管理办法》第十三条规定,上市公司公开增发需要满足如下条件:

第一,最近三个会计年度加权平均净资产收益率平均不低于百分之六。据招股意向书披露,昆药集团最近三年及一期净资产收益率和每股收益明细表如下:①

<table>
<tr><th colspan="3">财务指标</th><th>2012年12月31日/2012年度</th><th>2011年12月31日/2011年度</th><th>2010年12月31日/2010年度</th></tr>
<tr><td rowspan="2">加权平均净资产收益率(%)</td><td colspan="2">归属公司普通股股东的净利润</td><td>20.94</td><td>17.01</td><td>12.24</td></tr>
<tr><td colspan="2">扣除非经常性损益后归属普通股股东净利润</td><td>19.17</td><td>15.81</td><td>11.65</td></tr>
<tr><td rowspan="4">每股收益(元/股)</td><td rowspan="2">归属公司普通股股东的净利润</td><td>基本每股收益</td><td>0.5785</td><td>0.4142</td><td>0.2724</td></tr>
<tr><td>稀释每股收益</td><td>0.5785</td><td>0.4142</td><td>0.2724</td></tr>
<tr><td rowspan="2">扣除非经常性损益后归属普通股股东净利润</td><td>基本每股收益</td><td>0.5295</td><td>0.3849</td><td>0.2594</td></tr>
<tr><td>稀释每股收益</td><td>0.5295</td><td>0.3849</td><td>0.2594</td></tr>
</table>

昆药集团2010年度、2011年度和2012年度三年加权平均净资产收益率平均为:(11.65% +15.81% +19.17%)/3 =15.54%(扣除非经常性损益后的净利润与扣除前的净利润相比,以低者作为加权平均净资产收益率的计算依据)。显然满足该条件。

第二,最近一期末不存在持有金额较大的交易性金融资产和可供出售的金融资产、借予他人款项、委托理财等财务性投资的情形。根据招股意向书披露的合并

① 参见《昆药集团公开发行A股招股意向书》,第165~166页。

资产负债表①显示,昆药集团持有的交易性金融资产和可供出售的金融资产、借予他人款项、委托理财等财务性投资为零。显然满足该条件。

第三,发行价格应不低于公告招股意向书前二十个交易日公司股票均价或前一个交易日的均价。根据招股意向书的披露,本次发行的价格不低于公告本招股意向书前二十个交易日公司A股股票均价,为25.97元/股。也符合该条件要求。

(三)上市公司非公开发行股票

涉及上市公司非公开发行股票的规定主要包括《发行管理办法》以及《上市公司非公开发行股票实施细则》(证监发行字〔2007〕302号,证监会公告〔2017〕5号修订,以下简称《非公开发行实施细则》)。②

1. 非公开发行股票的定义

《发行管理办法》第三十六条规定:“本办法规定的非公开发行股票,是指上市公司采用非公开方式,向特定对象发行股票的行为。”理解前述定义需要注意两点:一是采用非公开方式,如前所述,所谓“公开发行”,是指《证券法》第十条的下列情形之一的,(一)向不特定对象发行证券的;(二)向特定对象发行证券累计超过二百人的;(三)法律、行政法规规定的其他发行行为。非公开发行证券,不得采用广告、公开劝诱和变相公开方式。所以,除此之外的发行则为非公开发行;二是向特定对象发行股票,并且根据《发行管理办法》第三十七条的规定:“非公开发行股票的特定对象应当符合下列规定:(一)特定对象符合股东大会决议规定的条件;(二)发行对象不超过十名。发行对象为境外战略投资者的,应当经国务院相关部门事先批准。”那么什么是“发行对象不超过10名”呢?根据《非公开发行实施细则》第八条的规定,《发行管理办法》所称“发行对象不超过10名”,是指认购并获得本次非公开发行股票的法人、自然人或者其他合法投资组织不超过10名。证券投资基金管理公司以其管理的2只以上基金认购的,视为一个发行对象。信托公司作为发行对象,只能以自有资金认购。

需要特别注意的是,如果“向特定对象发行证券累计超过二百人的”属于公开增发,而“发行对象不超过十名”的属于非公开发行,那么超过十名不超过二百人的发行又属于什么呢?从理论上讲,这个时候我们通常称为“定向增发”(当然非公开发行也属于定向增发)。

---

① 参见《昆药集团公开发行A股招股意向书》,第153~154页。

② 2017年2月15日,中国证监会《关于修改〈上市公司非公开发行股票实施细则〉的决定》(证监会公告〔2017〕5号)对非公开发行股票(证监发行字〔2007〕302号)进行了新的修订。

2. 特定类别认购对象的界定

根据监管政策和审查实践，对定增特定类别认购对象还有一些特殊要求，概述如下：

（1）对于控股股东、实际控制人及持股5%以上的股东，参与定增时，应直接认购，不得通过资管产品或有限合伙或合伙基金等间接认购，并且在董事会决议前6个月直至发行后6个月期间内，不得有减持或减持计划，防止涉嫌短线交易。

（2）对于董事、监事和高级管理人员（“董监高”），在董事会决议前6个月直至发行后6个月期间内，不得有减持或减持计划，防止涉嫌短线交易。

（3）对于员工持股计划，计划本身应经董事会、股东大会批准，符合《关于上市公司实施员工持股计划试点的指导意见》（证监会公告〔2014〕33号）的规定。

（4）对于信托公司，如前所述，根据《非公开发行实施细则》第八条的规定，信托公司作为发行对象，只能以自有资金认购。

（5）对于资管产品或有限合伙作为认购对象：①作为认购对象的资管产品或有限合伙等应按照《证券投资基金法》《私募投资基金监督管理暂行办法》和《私募投资基金管理人登记和基金备案办法（试行）》的规定办理备案手续；②资管产品或有限合伙等参与认购应符合《发行管理办法》第三十七条及《非公开发行实施细则》第八条的规定；③委托人或合伙人之间是否存在分级收益等结构化安排，如没有，则需要补充承诺；④申请人、控股股东、实际控制人及其关联方应公开承诺，不会违反《证券发行与承销管理办法》（证监会令第121号）第十七条[①]等有关法规的规定，直接或间接对投资公司、资管产品及其委托人或合伙企业及其合伙人，提供财务资助或者补偿；⑤一年期定向增发：允许结构化产品参与，但是发行人关联方不能通过资管产品等通道认购；三年期定向增发：不允许有结构化产品，即发行对象可以是资管产品，但不能有优先劣后、持有人权利义务不对等的条款。

（6）认购对象“穿透”规则及合并计算。认购对象不超过10名，同一证券/基金公司以其管理的2只以上基金认购的，视为1个发行对象；合伙基金备案后，视为1个发行对象；若投资者涉及资管计划、理财产品等，要求穿透披露至最终出资人（穿透至投资人为股份公司、自然人及国资委为止），所有出资人合计不能超200

---

① 该条规定，发行人和承销商及相关人员不得泄露询价和定价信息；不得以任何方式操纵发行定价；不得劝诱网下投资者抬高报价，不得干扰网下投资者正常报价和申购；不得以提供透支、回扣或者中国证监会认定的其他不正当手段诱使他人申购股票；不得以代持、信托持股等方式谋取不正当利益或向其他相关利益主体输送利益；不得直接或通过其利益相关方向参与认购的投资者提供财务资助或者补偿；不得以自有资金或者变相通过自有资金参与网下配售；不得与网下投资者互相串通，协商报价和配售；不得收取网下投资者回扣或其他相关利益。

人(不适用于员工持股计划参与认购的情形),而且不能分级(结构化)安排。即不能变为变相公开发行,前述主体设立时间及是否为本次定增而设不影响穿透计算。“认购对象的权益架构”一旦在预案阶段披露,则在整个审核阶段不得更改,否则视为方案重大调整。此外,在整个锁定期,产品的出资人不能退伙、转让其份额、减少或增加出资额,有限公司股东结构不能有变化。如果有变化,视为方案重大调整,可能会被要求重新召开董事会;员工持股计划视同为1个发行对象,不穿透。

(7)信息披露要求:资管产品或基金合伙人必须满足“合适格投资人”要求;产品合同/合伙协议还需要具备必备条款。即,资管合同或合伙协议、附条件生效的股份认购合同需要明确约定:①委托人或合伙人的具体身份、人数、资产状况、认购资金来源、与申请人的关联关系等情况;②在非公开发行获得证监会核准后、发行方案于证监会备案前,资管产品或有限合伙资金募集到位;③资管产品或有限合伙无法有效募集成立时的保证措施或者违约责任;④在锁定期内,委托人或合伙人不得转让其持有的产品份额或退出合伙。

3.非公开发行股票的条件

《发行管理办法》第三十八条规定:“上市公司非公开发行股票,应当符合下列规定:(一)发行价格不低于定价基准日前二十个交易日公司股票均价的百分之九十;(二)本次发行的股份自发行结束之日起,十二个月内不得转让;控股股东、实际控制人及其控制的企业认购的股份,三十六个月内不得转让;(三)募集资金使用符合本办法第十条的规定;(四)本次发行将导致上市公司控制权发生变化的,还应当符合中国证监会的其他规定。”

(1)定价基准日和发行定价

《非公开发行实施细则》第七条规定:“《管理办法》所称‘定价基准日’,是指计算发行底价的基准日。定价基准日为本次非公开发行股票发行期的首日。上市公司应按不低于发行底价的价格发行股票。《管理办法》所称‘定价基准日前20个交易日股票交易均价’的计算公式为:定价基准日前20个交易日股票交易均价=定价基准日前20个交易日股票交易总额/定价基准日前20个交易日股票交易总量。”与修订前的《非公开发行实施细则》(证监发行字〔2007〕302号)第七条相比较,最大的修订在于改变了“定价基准日”的确定。原规定的定价基准日可以在“本次非公开发行股票的董事会决议公告日”“股东大会决议公告日”和“本次非公开发行股票发行期的首日”三者之间进行选择;而新细则则固定为“本次非公开发行股票发行期的首日”。所谓“发行期首日”是指公司取得证监会关于本次非公开发行核准批文后(6个月内),由董事会和保荐机构(主承销商)按照相关法律法规和监管部门的要求确定的发行期的第一天。为什么证监会做出这样的修订呢？主要的原因有如下三个：第一，由于非公开发行股票条件宽松，定价时点选择多，发行失败风险小，逐渐成为绝大部分上市公司和保荐机构的首选再融资品种，这导致了部分上市公司存在通过非公开发行的方式过度融资的倾向，如融资过度频繁、为炒作而跨界新兴行业、资金用途脱实向虚等；第二，旧的定增定价机制选择存在较大套利空间。这主要体现在"定价基准日"的选择上面，如实务中最常用的是"董事会决议公告日"，几乎占到了90%以上。① 投资者对发行价格相比市价的折扣的过度偏重造成了资金以短期逐利为目标，不利于资源有效配置和长期资本的形成。这在证监会2015年、2016年多次的窗口指导意见都明确指出鼓励市价发行，鼓励以发行期首日作为定价基准日，"市价审核从宽、定价审核从严"；第三，由于非公开发行的融资门槛远低于其他再融资方式，这导致了再融资方式结构失衡，可转债、优先股等股债结合产品和公开增发方式发展缓慢，明显有被边缘化的趋势。本次修订的主要目的之一就在于重构融资格局。

《发行管理办法》明确了非公开发行股票需要满足四个条件，其中最核心的条件是发行价格不低于定价基准日前二十个交易日公司股票均价的百分之九十，而定价基准日根据新规只能是发行期的首日。这样规定的目的在于：第一，防止实际控制人或控股股东通过低价认购股份从而获取利益，从而保护其他中小股东的利益；第二，防止通过定价基准日的选择获得套利空间，促使发行价格与市价的尽量倾同。但也有市场人士指出，新规也有不够周密的地方，就是发行价格在方案实施前一直未知，由此拟参与定增的机构最终是否参与存在不确定性，不利于保护中小投资者利益。

根据2017年2月18日，中国证监会新闻发言人就并购重组定价等相关事项答记者问（以下简称"《答记者问》"），重大资产重组中发行股份购买资产部分的定价继续执行《上市公司重大资产重组管理办法》（证监会令第127号）的相关规定，即按照本次发行股份购买资产的董事会决议公告日前20个交易日、60个交易日或者120个交易日的公司股票交易均价之一定价。配套融资的定价按照新修订的

---

① 在旧规下，对上市公司最有利的定价基准日，应该是公司股票价格经过连续上涨之后的一两天，正因为如此，在旧规三个可选择的定价基准日中，绝大多数上市公司会选择董事会决议公告日作为基准日，因为这三个日期中，只有董事会决议公告日是最好控制的，从理论上讲，上市公司董事会可以随时召开，上市公司可以在股价连续上涨之后召开董事会并将决议公告。而股东大会的召开日期则必须在至少一个月前就公之于众，发行期首日不便控制。所以，我们可以发现，上市公司在公告董事会有关定向增发预案决议，并将公告日确定为定价其准日之时，其前20个交易日的股价大多有明显的连续上涨现象。

《非公开发行实施细则》执行,即按照发行期首日定价。配套融资规模按《〈上市公司重大资产重组管理办法〉第十四条、第四十四条的适用意见——证券期货法律适用意见第 12 号》(中国证券监督管理委员会公告〔2016〕18 号)执行,且需符合《发行监管问答——关于引导规范上市公司融资行为的监管要求》(以下简称“《发行监管问答》”)①。配套融资期限间隔等还继续执行《上市公司重大资产重组管理办法》等相关规则的规定。②

此外,需要提请注意的是,创业板再融资适用《创业板上市公司证券发行管理暂行办法》(证监会令[第 100 号]),但从《发行监管问答——关于引导规范上市公司融资行为的监管要求》看,“上市公司申请增发、配股、非公开发行股票的,本次发行董事会决议日距离前次募集资金到位日原则上不得少于 18 个月。前次募集资金包括首发、增发、配股、非公开发行股票。上市公司发行可转债、优先股和创业板小额快速融资,不适用本条规定。”显然,其发行间隔排除了创业板小额快速融资,则意味着囊括了创业板的其他再融资,另外《答记者问》提及“需要特别说明的是,本次再融资监管政策的调整属于制度完善,不针对具体企业,所有上市公司统一适用”。根据 2017 年 3 月 31 日的座谈会会议纪要,创业板定价也不例外,应以发行期首日为定价基准。

下面,笔者将资本市场主要的发行定价基准日和发行底价对比如表 4 – 2 所示:

表 4 – 2 定价基准日和发行底价基准比较

	公开发行	发行股份购买资产*	非公开发行股票	
			主板/中小板	创业板
定价基准日	招股说明书公告日	董事会决议公告日	发行期首日	发行期首日
发行底价	前 20 个交易日均价;或前 1 个交易日均价	前 20 个交易日、60 个交易日或 120 个交易日的均价之一	前 20 个交易日均价的 90%	发行期首日前 20 个交易日/前 1 个交易日均价的 90%

* 参见《上市公司重大资产重组管理办法》(证监会令第 127 号)第四十五条,亦可参阅本书“专题 27:公司资产并购与重大资产重组法律实务”之“上市公司重大资产重组的法律实务”的相关内容。

① 来源:http://www.csrc.gov.cn/pub/newsite/fxjgb/gzdt/201702/t20170217_312366.html,2017 年 2 月 17 日。

② 有关上市公司重大资产重组以及配套融资的相关内容,请读者参阅本书“专题 27:公司资产并购与重大资产重组法律实务”。

(2)不得公开发行股票的情形

根据《非公开发行实施细则》第三十九条的规定:“上市公司存在下列情形之一的,不得非公开发行股票:(一)本次发行申请文件有虚假记载、误导性陈述或重大遗漏;(二)上市公司的权益被控股股东或实际控制人严重损害且尚未消除;(三)上市公司及其附属公司违规对外提供担保且尚未解除;(四)现任董事、高级管理人员最近三十六个月内受到过中国证监会的行政处罚,或者最近十二个月内受到过证券交易所公开谴责;(五)上市公司或其现任董事、高级管理人员因涉嫌犯罪正被司法机关立案侦查或涉嫌违法违规正被中国证监会立案调查;(六)最近一年及一期财务报表被注册会计师出具保留意见、否定意见或无法表示意见的审计报告。保留意见、否定意见或无法表示意见所涉及事项的重大影响已经消除或者本次发行涉及重大重组的除外;(七)严重损害投资者合法权益和社会公共利益的其他情形。”

(3)发行规模的限制

根据《发行监管问答》的规定,上市公司申请非公开发行股票的,拟发行的股份数量不得超过本次发行前总股本的20%。本次发行前总股本的确定,包括A股、B股和H股,但是否包括优先股并未提及,从理论上讲以及鼓励优先股的政策取向上看应包括。根据《答记者问》,“配套融资规模按现行规定执行,且需符合《发行监管问答——关于引导规范上市公司融资行为的监管要求》”。因此,重大资产重组涉及配套融资的规模不得使需要发行股份数量超过发行前总股本的20%。这一非公开发行的配比要求比《上市公司监管法律法规常见问题与解答修订汇编》(2015年9月18日)对上市公司发行股份购买资产同时募集部分配套资金的要求“募集配套资金用于补充公司流动资金的比例不应超过交易作价的25%;或者不超过募集配套资金总额的50%,构成借壳上市的,不超过30%”还高。显然,新规对类“借壳”项目影响巨大,意味着以非公开发行改变实际控制人的套利模式几乎不可行了。

(4)董事会定价权限调整

由于《非公开发行实施细则》第七条对定价基准日进行了调整,因而没有会议决议公告日的锁价发行,故就不存在确定的“认购价格”了,因此,《非公开发行实施细则》的其他条款进行了相应的修订,将相关用语调整为“定价原则”,也不再存在“调整发行底价”了。

根据《非公开发行实施细则》第十二条规定:“董事会决议确定具体发行对象的,上市公司应当在召开董事会的当日或者前1日与相应发行对象签订附条件生效的股份认购合同。前款所述认购合同应载明该发行对象拟认购股份的数量或数量区间、*定价原则*、限售期,同时约定本次发行一经上市公司董事会、股东大会批准并经中国证监会核准,该合同即应生效。”该规定意味着,董事会应根据定价基准日、发行底价的要求,确定本次发行的定价原则,定价原则应经上市公司董事会、股东大会批准以及证监会核准。这是因为,根据新规,由于仅保留了发行期首日作为非公开发行股票的唯一定价基准日,因发行期是在股东大会及证监会核准之后,因此召开董事会时无法确定发行的具体价格(即股票的认购价格)。所以,删除了原规定的“认购价格”。类似地,根据2017年3月31日的座谈会会议纪要,创业板定价也不例外,应以发行期首日为定价基准。这意味着创业板公司董事会在召开时也无法确定发行的具体价格。

(5)发行间隔期

根据《发行监管问答》的规定,上市公司申请增发、配股、非公开发行股票的,本次发行董事会决议日距离前次募集资金到位日原则上不得少于18个月。前次募集资金包括首发、增发、配股、非公开发行股票。上市公司发行可转债、优先股和创业板小额快速融资,不适用本条规定。根据该规定,可以明确的是:

首先,前次募集资金是指在本次募集资金之前的一次募集资金,包括首发(IPO)、增发、配股和非公开发行等方式募集资金。本次募集资金是指本次增发、配股和非公开发行募集资金。

其次,18个月间隔期为本次发行董事会决议日距离前次募集资金到位日原则上不得少于18个月。

再次,不适用18个月间隔期的例外情形:(1)前次募集资金是重大资产重组配套融资,本次募集资金是非公开发行;(2)前次募集资金是非公开发行,本次募集资金是重大资产重组配套融资;(3)前次募集资金是H股发行,本次是A/B/H股发行。对于第(1)(2)种例外情形,这是因为《非公开发行实施细则》第六条规定“发行方案涉及中国证监会规定的重大资产重组的,其配套融资按照现行相关规定办理”。以及根据《答记者问》,重大资产重组配套融资期限间隔继续执行《上市公司重大资产重组管理办法》等相关规则的规定,可以理解为重大资产重组中发行股份给交易对方和配套融资的均不受《发行监管问答》的18个月间隔期限制。对于第(3)种情形,由于H股发行系在香港上市,而《发行管理办法》及《非公开发行实施细则》仅适用于上市公司申请在境内发行证券的情形,因此不受18个月间隔期限制。

最后,本次发行属于下列特殊情形的,不适用18个月间隔期限制:(1)发行可转债;(2)发行优先股;(3)创业板小额快速融资。所谓创业板小额快速融资,是指《创业板上市公司证券发行管理暂行办法》(证监会令[第100号])第三十七条规定的“创业板上市公司申请非公开发行股票时融资额不超过人民币五千万元且不超过最近一年末净资产10%,但是最近十二个月内该创业板上市公司非公开发行股票的融资总额不得超过最近一年末净资产10%,该等非公开发行股票申请由中国证监会适用简易程序审核”的融资品种。另外,既然排除了创业板的小额快速融资,也就意味着创业板的其他再融资要适用18个月间隔期限制。

(6)持有“财务性投资”的限制

根据《发行监管问答》的规定,上市公司申请再融资时,除金融类企业外,原则上最近一期末不得存在持有金额较大、期限较长的交易性金融资产和可供出售的金融资产、借予他人款项、委托理财等财务性投资的情形。其实这一要求在《发行管理办法》的其他部分早有类似规定。如在公开发行证券的条件中,第十条第(三)项规定:除金融类企业外,本次募集资金使用项目不得为持有交易性金融资产和可供出售的金融资产、借予他人、委托理财等财务性投资,不得直接或间接投资于以买卖有价证券为主要业务的公司。第十三条第(二)项规定:除金融类企业外,最近一期末不存在持有金额较大的交易性金融资产和可供出售的金融资产、借予他人款项、委托理财等财务性投资的情形。此外,在2014年3月17日发布的《上市公司监管指引第2号——上市公司募集资金管理和使用的监管要求》(以下简称“《监管指引第2号》”)①第六条进一步要求:“上市公司募集资金原则上应当用于主营业务。除金融类企业外,募集资金投资项目不得为持有交易性金融资产和可供出售的金融资产、借予他人、委托理财等财务性投资,不得直接或间接投资于以买卖有价证券为主要业务的公司。”尽管以往有类似的监管要求,但在实践中部分上市公司采取先使用自有资金进行财务性投资或投入类金融业务,然后用募集资金补充流动资金的方式,变相实现投向金融资产的目的。

本次《发行监管问答》新规不再区分是公开发行还是非公开发行,一律要求适用。此外,《关于上市公司监管指引第2号有关财务性投资认定的问答》(2016年3月4日)②对《监管指引第2号》第六条中的“财务性投资”进行了明确。即“财务性投资除监管指引中已明确的持有交易性金融资产和可供出售金融资产、借予他

① 来源:http://www.csrc.gov.cn/pub/shenzhen/xxfw/tzzsyd/ssgs/ssgsrz/ssrzxx/201403/t20140317_245544.htm。

② 来源:http://www.csrc.gov.cn/pub/newsite/ssgsjgb/ssbssgsjgfgzc/ywzx/201603/t20160304_293903.html。

人、委托理财等情形外，对于上市公司投资于产业基金以及其他类似基金或产品的，如同时属于以下情形的，应认定为财务性投资：（1）上市公司为有限合伙人或其投资身份类似于有限合伙人，不具有该基金（产品）的实际管理权或控制权；（2）上市公司以获取该基金（产品）或其投资项目的投资收益为主要目的。上市公司将募集资金用于设立控股或参股子公司，实际资金投向应遵守监管指引第 2 号的相关规定”。

但需要注意的是，新规对持有金融资产的限制的规定是“最近一期末”，从财务报表的角度来审视，只要最近一期末没有持有金额较大、期限较长的“财务性投资”的情形，就满足该要求。这意味着，不排除部分上市公司通过交易将“财务性投资”暂时转变为其他非财务性投资资产的可能，从而规避新规。

4. 非公开发行股票的限售期（“锁定期”）

《非公开发行实施细则》第九条和第十条分别针对不同的发行对象规定了不同的股票限售期间。根据第九条的规定，对于上市公司的控股股东、实际控制人或其控制的关联人、通过认购本次发行的股份取得上市公司实际控制权的投资者以及董事会拟引入的境内外战略投资者规定的限售期更严格，为认购的股份自发行结束之日起 36 个月内不得转让；根据第十条的规定，其他的发行对象认购的股份自发行结束之日起 12 个月内不得转让。这样的规定是为了防止实际控制人或控股股东以及其他发行对象通过认购股份从而变现资产套取利润，维持上市股票价格的稳定，维护其他中小股东的利益。

5. 非公开发行股票的核准和发行

根据《非公开发行实施细则》第四章“核准和发行”的规定，非公开发行股票的核准和发行主要包括：

（1）股东大会批准本次发行后，上市公司向中国证监会提交发行申请（《细则》第十七条）。

（2）证监会按照《发行管理办法》规定的程序审核非公开发行股票申请，并作出予以核准或者不予核准的决定（《细则》第十九条）。

（3）上市公司取得核准批文后，应当在批文的有效期内，按照《证券发行与承销管理办法》（证监会令第 121 号）的有关规定发行股票（《细则》第二十条）；董事会决议确定具体发行对象的，上市公司在取得核准批文后，应当按照本细则第九条的规定和认购合同的约定发行股票（《细则》第二十一条）。董事会决议未确定具体发行对象的，在取得中国证监会的核准批文后，由上市公司及保荐人在批文的有效期内选择发行时间；在发行期起始的前 1 日，保荐人应当向符合条件的特定对象提供认购邀请书(《细则》第二十一条)。同时,《细则》第二十三条还特别规定,“认购邀请书发送对象的名单由上市公司及保荐人共同确定。认购邀请书发送对象的名单除应当包含董事会决议公告后已经提交认购意向书的投资者、公司前20名股东外,还应当包含符合《证券发行与承销管理办法》规定条件的下列询价对象:(一)不少于20家证券投资基金管理公司;(二)不少于10家证券公司;(三)不少于5家保险机构投资者。”

(4)发行结果确定后,上市公司应当与发行对象签订正式认购合同,发行对象应当按照合同约定缴款。发行对象的认购资金应先划入保荐人为本次发行专门开立的账户,验资完毕后,扣除相关费用再划入发行人募集资金专项存储账户(《细则》第二十七条)。

(5)验资完成后的次一交易日,上市公司和保荐人应当向中国证监会提交《证券发行与承销管理办法》备案材料。发行情况报告书应当按照《公开发行证券的公司信息披露内容与格式准则第25号——上市公司非公开发行股票预案和发行情况报告书》的要求编制(《细则》第二十八条)。

根据“新老划断”的政策要求,证监会已受理的再融资项目不受影响,而新受理的再融资申请立即执行新规要求。下面笔者以一个新规下的实例来对上述规定进行说明:

案例8 江南高纤(600527)非公开发行A股

2017年4月28日,江苏江南高纤股份有限公司(以下简称“江南高纤”,600527)发布了《非公开发行A股股票预案(第二次修订稿)》,根据预案的披露,2017年2月20日,公司召开第六届董事会第六次会议,根据股东大会授权审议通过了《关于调整公司非公开发行A股股票方案的议案》,将本次非公开发行股票的定价方式、发行价格及发行数量进行了调整。2017年4月27日,公司召开第六届董事会第七次会议,根据股东大会授权审议通过了《关于二次调整公司非公开发行A股股票方案的议案》,将本次非公开发行股票募集资金总额由不超过86,560.00万元调整为不超过85,000.00万元。该预案的主要内容如下:

(一)本次发行证券的类型:境内上市人民币普通股(A股)。

(二)每股面值:人民币1.00元。

(三)募集资金及投向:本次非公开发行股票募集资金总额不超过85,000.00万元。在扣除发行费用后实际募集资金净额将用于以下项目:

序号	项目名称	投资总额	拟使用募集资金金额
1	新建年产4万吨高性能复合短纤维生产线项目	38,417.52	30,000.00
2	年产8万吨复合短纤维生产线升级改造项目	22,252.71	20,000.00
3	年产4.2万吨差别化涤纶毛条生产线技术改造项目	40,897.50	3,5000.00
合计		101,567.73	85,000.00

对于本次非公开发行股票募集资金不能满足本次募投项目资金需要的部分,公司将通过自筹资金予以解决。在不改变本次募投项目的前提下,公司董事会可根据项目的实际需求,对上述项目的募集资金投入顺序和金额进行适当调整。若公司在本次发行募集资金到位之前根据公司经营状况和发展规划,对项目以自筹资金先行投入,则先行投入部分将在本次发行募集资金到位之后以募集资金予以置换。

(四)发行方式和发行时间:本次发行的股票全部采用向特定对象非公开发行的方式。公司将在中国证监会核准之日起六个月内择机向特定对象发行股票。

(五)发行数量:本次非公开发行股票的发行数量按照募集资金总额除以发行价格确定,同时本次非公开发行股票的发行数量不超过16,000万股,并以中国证券监督管理委员会最终核准发行的股票数量为准。

(六)发行价格和定价原则:本次非公开发行股票的定价基准日为发行期首日,发行价格为不低于定价基准日前20个交易日公司股票交易均价的90%(定价基准日前20个交易日股票交易均价=定价基准日前20个交易日股票交易总额/定价基准日前20个交易日股票交易总量)。在前述发行底价基础上,最终发行价格由发行人董事会根据股东大会的授权,按照《上市公司非公开发行股票实施细则》等规定,根据中国证监会相关规定与保荐机构(主承销商)协商确定。

(七)发行对象及股份认购方式:本次非公开发行股票的发行对象为陶国平,发行对象以现金认购本次发行的股票。

(八)限售期:本次非公开发行完成后,发行对象认购的股份自本次发行结束之日起36个月内不得转让,之后按证监会及上交所的有关规定执行。

(九)本次发行是否导致公司控制权发生变化:本次股票发行前,公司实际控制人为陶国平,持有公司股票94,884,448股,占总股本的比例为11.83%;实际控制人陶国平的一致行动人陶冶,持有公司股票32,600,000股,占总股本的比例为4.06%。本次非公开发行股份完成后,陶国平将持有公司股票不超过254,884,448股,持股比例将不超过26.49%;同时,陶冶仍持有公司股票32,600,000股,持股比例不低于3.39%，两人合计持股比例为不超过29.88%。本次发行后陶国平仍为公司控股股东、公司实际控制人。本次发行不会导致公司实际控制人发生变化。

【评析】

1. 本次非公开发行确定的特定发行对象为公司的控股股东陶国平。符合非公开发行对象为符合法律、法规及中国证监会规定的证券投资基金管理公司、证券公司、信托投资公司、财务公司、保险机构投资者、资产管理公司、合格境外机构投资者、其他境内法人投资者和自然人等不超过10名的特定对象的规定。

2. 发行人本次非公开发行股票的定价基准日为发行期首日，发行价格为不低于定价基准日前20个交易日公司股票交易均价的90%（定价基准日前20个交易日股票交易均价=定价基准日前20个交易日股票交易总额/定价基准日前20个交易日股票交易总量），符合《发行管理办法》第三十八条和《非公开发行实施细则》第七条有关非公开发行股票定价基准日和发行价格的规定。

3. 发行人本次非公开发行股票的拟发行数量不超过16,000万股，发行人江南高纤发行前注册资本：802,089,390元，本次发行数量不超过总股本的20%（802,089,390×20%=160,417,878）。因此，本次发行符合《发行监管问答》上市公司申请非公开发行股票的，拟发行的股份数量不得超过本次发行前总股本的20%的要求。

需要说明的是，在2016年10月20发布的预案中，非公开发行股票的定价基准日为公司第六届董事会第四次会议决议公告日（即2016年10月20日），发行价格为5.41元/股，该价格不低于定价基准日前20个交易日公司股票交易均价的90%。定价基准日前20个交易日股票交易均价=定价基准日前20个交易日股票交易总额/定价基准日前20个交易日股票交易总量。但在新规出台后，2017年2月20日，公司召开第六届董事会第六次会议，根据股东大会授权审议通过了《关于调整公司非公开发行A股股票方案的议案》，将非公开发行股票的定价方式、发行价格及发行数量进行了上述调整。

4. 本次募集的资金85,000.00万元，用于新建年产4万吨高性能复合短纤维生产线项目、年产8万吨复合短纤维生产线升级改造项目、年产4.2万吨差别化涤纶毛条生产线技术改造项目。江南高纤于2017年8月2日出具承诺函承诺：(1)本次非公开发行股票募集的资金不用于持有交易性金融资产和可供出售金融资产、借予他人、委托理财等财务性投资，不直接或间接投资于以买卖有价证券为主要业务的公司或其他类金融投资行为；(2)本次非公开发行股票募集资金到账后24个月内，公司自有资金不用于投资交易性金融资产和可供出售金融资产、借予他人、委托理财等财务性投资，不直接或间接投资于以买卖有价证券为主要业务的公司或其他类金融投资行为；（3）截至本承诺函出具之日，公司持有苏州市相城区永大农村小额贷款有限公司（以下简称“永大小贷”）、苏州市相城区永隆农村小额贷款有限公司（以下简称“永隆小贷”）及江苏金创信用再担保股份有限公司（以下简称“金创担保”）的股权。公司承诺未来不向永大小贷、永隆小贷、金创担保追加投资。因此，本次发行符合《发行管理办法》第十条有关募集资金数额和使用要求和《发行监管问答》有关持有“财务性投资”的限制要求。

需要说明的是，原预案拟募集资金86,560.00万元，超过了项目需要量85,000.00万元，因此，本次预案调整为85,000.00万元，以使募集资金满足《发行管理办法》第十条第（一）项“募集资金数额不超过项目需要量”的规定。

5. 本次发行并未导致公司控制权的变化。实际认购人为公司的控股股东、实际控制人，其股份的限售期限为发行结束之日起36个月内不得转让。

四、公司留存收益和资本公积转增资本的法律实务

公司增加注册资本有两种途径：一是吸收外来新资本，包括增加新股东或者公司原股东追加投资；二是用未分配利润、盈余公积（以下合称为“留存收益”）和资本公积转增资本。前文我们介绍了第一种途径，在此将介绍后一种途径。

（一）留存收益转增资本

公司的留存收益体现为公司的盈余公积和未分配利润，留存收益转增资本主要是指盈余公积转增资本和未分配利润转增资本两种情况。在现行公司法制度下，盈余公积一般分为两种：一是法定盈余公积。公司的法定盈余公积按照税后利润的10%提取，法定盈余公积累计额已达注册资本50%时可以不再提取。二是任意公积金。任意公积金主要是公司按照股东（大）会的决议提取。法定盈余公积和任意公积金的区别就在于其各自计提的依据不同。前者以国家的法律或行政规章为依据提取；后者则由公司自行决定提取。

《公司法》第一百六十六条规定：“公司分配当年税后利润时，应当提取利润的百分之十列入公司法定公积金。公司法定公积金累计额为公司注册资本的百分之五十以上的，可以不再提取。公司的法定公积金不足以弥补以前年度亏损的，在依照前款规定提取法定公积金之前，应当先用当年利润弥补亏损。公司从税后利润中提取法定公积金后，经股东会或者股东大会决议，还可以从税后利润中提取任意公积金。公司弥补亏损和提取公积金后所余税后利润，有限责任公司依照本法第

三十四条的规定分配；股份有限公司按照股东持有的股份比例分配，但股份有限公司章程规定不按持股比例分配的除外。股东会、股东大会或者董事会违反前款规定，在公司弥补亏损和提取法定公积金之前向股东分配利润的，股东必须将违反规定分配的利润退还公司。公司持有的本公司股份不得分配利润。”第一百六十八条规定：“公司的公积金用于弥补公司的亏损、扩大公司生产经营或者转为增加公司资本。但是，资本公积金不得用于弥补公司的亏损。法定公积金转为资本时，所留存的该项公积金不得少于转增前公司注册资本的百分之二十五。”

从上述规定可以看出，未分配利润转增资本的前提条件是弥补亏损和提取公积金之后有剩余可分配利润。盈余公积的作用主要包括以下几种：弥补亏损、扩大公司生产经营和增加公司资本。需要注意的是，法定盈余公积金转增资本时，所留存的该项公积金不得少于转增前公司注册资本的25%。

（二）资本公积转增资本

从《公司法》第一百六十八条规定可以看出，公司法规定的公积金系指法定盈余公积金和资本公积金。其中，法定公积金系指法定盈余公积。同时，《公司法》第一百六十八条禁止用资本公积金弥补亏损，其立法本意在于：资本公积金主要是资本溢价形成，是企业所有者投资的一部分，具有资本的属性；如果用资本公积金直接补亏，实质上是对资本地抽回，而从程序上看，资本公积金弥补亏损仅需要通过股东（大）会审议通过后即可实施，不需通知债权人，势必对债权人权益造成损害。因此，为了保护债权人的合法权益，防止股东通过资本公积补亏形式变相抽回投资，公司法规定“资本公积金不得用于弥补公司的亏损”非常必要。

案例9　金自天正（600560）利润分配及资本公积转增股本案

北京金自天正智能控制股份有限公司（以下简称金自天正，600560）系在上交所上市的股份有限公司。2012年5月10日，金自天正发布《2011年度利润分配实施公告》，宣布了如下的利润分配方案：“本次分配以2011年12月31日公司总股本149,097,000股为基数，向全体股东每10股派发现金红利0.6元（含税），送2股，转增3股……”事实上，该利润分配方案包含了三种类型的利润分配：派息（现金红利、现金股息）、送红股［留存收益（基本是未分配利润）转增股本］以及资本公积转增股本（转股）。金自天正利润分配、转增股本方案简介如下：

2012年4月12日，金自天正2011年度股东大会审议通过了2011年度利润分

配预案和资本公积金转增股本预案,并于2012年5月10日,公布了2011年度利润分配实施公告。该方案的具体内容如下:①

1. 本次分配以2011年12月31日公司总股本149,097,000股为基数,向全体股东每10股派发现金红利0.6元(含税),送2股,转增3股,扣税后每10股派发现金红利0.34元,共计派发股利8,945,820元。实施后总股本为223,645,500股,增加74,548,500股。

2. 股权登记日:2012年5月15日;除权(除息)日:2012年5月16日;新增可流通股份上市流通日:2012年5月17日;现金红利发放日:2012年5月22日。

3. 分派对象:截至2012年5月15日(A股股权登记日)下午上交所收市后,在中国证券登记结算有限责任公司上海分公司登记在册的全体股东。

利润分配及转增完成后的股本情况如下表(单位:股):

	本次变动前		本次变动增减(+、-)				本次变动前	
	数量	比例(%)	送股	公积金转股	其他	小计	数量	比例(%)
一、无限售条件流通股份								
人民币普通股	149,097,000	100	29,819,400	44,729,100		74,548,500	223,645,500	100
无限售条件流通股合计	149,097,000	100	29,819,400	44,729,100		74,548,500	223,645,500	100
二、股份总数	149,097,000	100	29,819,400	44,729,100		74,548,500	223,645,500	100

【评析】

1. 金自天正利润分配、转增股本的法律性质分析:

本方案中的10股送2股实质就是以未分配利润转增股本,也称为“股票股利”,这属于公司利润分配的一部分,视为公司以现金对股东进行利润分配之后,股东再以该现金投资购买公司增发的股份;本方案中的10股转增3股实质就是资本公积转增股本,严格意义上讲,这并不属于公司利润分配的一部分。

2. 金自天正利润分配、转增股本的会计处理:

(1)在2012年5月10日宣告发放现金红利、送股时:

---

① 《北京金自天正智能控制股份有限公司2011年度利润分配实施公告》(2012年5月10日),第1~2页。

借:利润分配——应付现金股利　　8,945,820(149,097,000/10×0.6)

　　贷:应付股利——应付普通股股利　　8,945,820

对于送股(股票股利)不需要作账务处理。

(2)2012年5月16日送股除权日:

借:利润分配——转作股本的普通股股利　29,819,400(149,097,000/10×2)

　　贷:股本　　29,819,400

对股东,收到宣告发放的股票股利,不进行账务处理,但应在备查簿中登记。

(3)2012年5月22日实际派发现金股利时:

借:应付股利——应付普通股股利　　8,945,820

　　贷:银行存款　　5,069,298(149,097,000/10×0.34)

　　　　应交税金——代扣代缴个人所得税　3,876,522

除了上述的留存收益和资本公积转增资本之外,实践中还存在另外一种特殊且较为复杂的转增类型。即有限责任公司整体改制变更为股份有限公司时,还可能涉及净资产转增股本的情形,笔者将在“专题6:有限责任公司整体变更为股份有限公司的特别问题”中介绍。

专题5 外商投资企业设立和增资的特别问题

内容提示

在我国的法律环境下,除了内资企业之外,还存在一类特别的企业类型——外商投资企业(中外合资、中外合作、外商独资,合称“三资企业”)。三资企业在法律适用上既要适用公司法,也要适用三资企业法律、法规、规章等的特别规定。此外,还将特别关注一些涉及外资的新法规:2016年9月全国人大常委会对《中华人民共和国外资企业法》等外资法律的修订(第12届第22次会议通过),商务部《外商投资企业设立及变更备案管理暂行办法》(商务部令2016年第3号),发改委、商务部2016年12月7日发布《外商投资产业指导目录》的修改意见稿(“负面清单”制度)以及《关于外商投资企业设立及变更备案管理有关事项的公告》(商务部公告2017年第37号)等最新动态。本专题包含如下内容:

- 外商投资企业设立和出资的法律适用;
- 外商投资举办投资性公司的特别规定;
- 外商投资设立股份有限公司的特别规定;
- 外商投资企业再投资的特别规定;
- 外国投资者跨境人民币直接投资的特别规定;
- 外商投资企业股权出资的特别规定;
- 外商投资企业外汇资本金结汇管理新规:汇发〔2015〕19号;
- 外商投资企业设立及变更备案制度;
- 《外商投资产业指导目录》修订与“负面清单”制度。

一、外商投资企业设立和出资的法律适用

根据2014年《公司法》第二百一十七条规定:“外商投资的有限责任公司和股

份有限公司适用本法；有关外商投资的法律另有规定的，适用其规定。”《公司登记管理条例》第八十二条规定：“外商投资的公司的登记适用本条例。有关外商投资企业的法律对其登记另有规定的，适用其规定。”《公司注册资本登记管理规定》第二十二条规定：“外商投资的公司注册资本的登记管理适用本规定，法律另有规定的除外。”同时，依据《国家工商行政管理总局、商务部、海关总署、国家外汇管理局关于印发〈关于外商投资的公司审批登记管理法律适用若干问题的执行意见〉的通知》（工商外企字〔2006〕第81号）第一条规定：“外商投资的公司的登记管理适用《公司法》和《公司登记管理条例》；有关外商投资企业的法律另有规定的，适用其规定；《公司法》《公司登记管理条例》、有关外商投资企业的法律没有规定的，适用有关外商投资企业的行政法规、国务院决定和国家有关外商投资的其他规定。”因此，外商投资的有限责任公司和股份有限公司（以下统称三资企业）除了将适用《公司法》及《登记管理条例》的一般规定之外，如果《合资企业法》《合作企业法》和《外资企业法》有特别规定的，适用其特别规定。如果前两者都没有规定的，适用有关外商投资企业的行政法规、国务院决定和国家有关外商投资的其他规定。

二、外商投资举办投资性公司的特别规定

对于外国投资者投资举办投资性公司的法规、规章依据主要是《关于外商投资举办投资性公司的规定》（商务部令2004年第22号，以下简称“22号令”）和《关于外商投资举办投资性公司的补充规定》（商务部令2006年第3号，以下简称“3号令”）。

还需要特别注意的是，2015年10月28日，商务部发布了《商务部关于修改部分规章和规范性文件的决定》（商务部令2015年第2号，以下简称“2号令”），自发布之日生效。2号令对涉及外资的很多规章和规范性文件的部分条款进行了修订。其核心的精神是贯彻《国务院关于印发注册资本登记制度改革方案的通知》（国发〔2014〕7号）和《国务院办公厅关于加快推进落实注册资本登记制度改革有关事项的通知》（国办函〔2015〕14号）的要求，对2014年《公司法》的规定作出响应，取消外商投资领域的最低注册资本、出资期限、首次出资比例和货币出资比例等限制或要求。其中，2号令第八条和第十四条对22号令和3号令的相关条款进行了修订。

（一）外商投资性公司的定义及组织形式

在2号令之前，22号公告第二条规定，投资性公司系指外国投资者在中国以

独资或与中国投资者合资的形式设立的从事直接投资的公司。公司形式为有限责任公司。但是2号令将外商投资性公司的组织形式扩大到股份有限公司。将22号令第二条中的"公司形式为有限责任公司"修改为"公司形式为有限责任公司或股份有限公司"。

(二)申请设立投资性公司的条件

根据22号令第三条规定,"申请设立投资性公司应符合下列条件:(一)1.外国投资者资信良好,拥有举办投资性公司所必需的经济实力,申请前1年该投资者的资产总额不低于4亿美元,且该投资者在中国境内已设立了外商投资企业,其实际缴付的注册资本的出资额超过1000万美元,或者;2.外国投资者资信良好,拥有举办投资性公司所必需的经济实力,该投资者在中国境内已设立了10个以上外商投资企业,其实际缴付的注册资本的出资额超过3000万美元。(二)以合资方式设立投资性公司的,中国投资者应为资信良好,拥有举办投资性公司所必需的经济实力,申请前1年该投资者的资产总额不低于1亿元人民币。申请设立投资性公司的外国投资者应为一家外国的公司、企业或经济组织,若外国投资者为2个以上的,其中应至少有1名占大股权的外国投资者符合本条第一款第(一)项的规定。"同时,第四条还规定:"符合本规定第三条第一款第(一)项规定的条件的外国投资者可以其全资拥有的子公司的名义投资设立投资性公司。"

需要注意的是,2号令将22号令第三条规定条件的第(三)项"投资性公司的注册资本不低于3千万美元"予以删除,以响应公司法的修订。

(三)设立投资性公司的审批及提交资料

根据22号令第六条的规定,外国投资者申请设立投资性公司应经省级商务主管部门审核同意后,报商务部审查批准。同时,在提交资料方面,2号令删除了与2014年新公司法规定冲突的相关验资的要求。删除了22号令第六条第一款第(三)项"和中国注册会计师出具的验资报告(复印件)"的要求;类似地还删除了第十七条第(五)项"和中国注册会计师出具的验资报告"的要求。

(四)投资性公司的出资要求

根据22号令原第七条规定,"外国投资者须以可自由兑换的货币或其在中国境内获得的人民币利润或因转股、清算等活动获得的人民币合法收益作为其向投资性公司注册资本的出资。中国投资者可以人民币出资。外国投资者以其人民币合法收益作为其向投资性公司注册资本出资的，应当提交相关证明文件及税务凭证。出资应在营业执照签发之日起2年内全部缴清。”但2号令删除了其中的“出资应在营业执照签发之日起2年内全部缴清”的规定，以响应公司法的修订。

同时，3号令原第一条规定：“将22号令第七条修改为：‘外国投资者须以可自由兑换的货币或其在中国境内获得的人民币利润或因转股、清算等活动获得的人民币合法收益作为其向投资性公司注册资本的出资。中国投资者可以人民币出资。外国投资者以其人民币合法收益作为其向投资性公司注册资本出资的，应当提交外汇管理部门出具的境内人民币利润或其他人民币合法收益再投资的资本项目外汇业务核准件等相关证明文件及税务凭证。自营业执照签发之日起2年内出资应不低于3000万美元，注册资本中剩余部分出资应在营业执照签发之日起5年内缴清。’”该规定意味着，一是外国投资者须以可自由兑换的货币或其在中国境内获得的人民币利润或因转股、清算等活动获得的人民币合法收益作为其向投资性公司注册资本的出资；二是外国投资者以其人民币合法收益作为其向投资性公司注册资本出资的，应取得人民币利润再投资的资本项目外汇业务核准件；三是自营业执照签发之日起2年内出资应不低于3000万美元，注册资本中剩余部分出资应在营业执照签发之日起5年内缴清。但2号令对3号令进行了重大修订，删除了前述第一条，实质是取消了资本项目外汇业务核准的要求（详见后文）以及有关出资期限的规定。结合2号令对22号令第七条的修订，这实际将22号令第七条的规定恢复为：“外国投资者须以可自由兑换的货币或其在中国境内获得的人民币利润或因转股、清算等活动获得的人民币合法收益作为其向投资性公司注册资本的出资。中国投资者可以人民币出资。外国投资者以其人民币合法收益作为其向投资性公司注册资本出资的，应当提交相关证明文件及税务凭证。”

（五）外国投资者以境内税后人民币利润向投资性公司出资以及投资性公司再投资的外汇核准取消

我们可以发现，在3号令原第一条下，外国投资者可以以其在中国境内获得的人民币利润或因转股、清算等活动获得的人民币合法收益作为其向投资性公司注册资本的出资。同时，3号令目前仍然有效的第七条规定：“外国投资者以其在中国境内获得的人民币利润或因转股、清算等活动获得的人民币合法收益向投资性公司注册资本出资（或增资），投资性公司可将该部分注册资本的全部或部分用于境内投资设立企业。投资性公司以上述注册资本所设企业凭外商投资企业审批机关的批准文件、外汇管理部门核准外国投资者以人民币利润或其他人民币合法收益向投资性公司出资(或增资)的资本项目外汇业务核准件、投资性公司出具的对所投资企业人民币出资来源于上述注册资本的书面说明等文件,即可向所在地外汇管理部门申请办理外商投资企业外汇登记及验资询证相关手续,无需再次办理投资性公司以人民币境内投资的资本项目外汇业务核准件。”也就是说,外国投资者以人民币利润或其他人民币合法收益向投资性公司出资(或增资)时需要办理资本项目外汇业务核准件,但如果投资性公司将该部分注册资本的全部或部分用于境内投资设立企业的,无须再次办理投资性公司以人民币境内投资的资本项目外汇业务核准件。

但依据《国家外汇管理局关于进一步改进和调整直接投资外汇管理政策的通知》(汇发〔2012〕59号)第二条“取消外国投资者境内合法所得再投资核准”的规定:“(一)取消外商投资企业以属于外国投资者的资本公积金、盈余公积金、未分配利润等合法所得以及外商投资企业已登记外债(可含利息)转增企业注册资本核准,会计师事务所可根据被投资企业相关外汇登记信息为其办理验资询证手续。(二)取消外国投资者以境内利润、股权转让、减资、清算、先行回收投资等合法所得再投资核准,会计师事务所可根据被投资企业相关外汇登记信息为其办理验资询证手续。”同时,其第三条“简化外商投资性公司境内再投资外汇管理”规定:“(一)取消外商投资性公司境内再投资企业的外汇登记手续。外商投资性公司与外国投资者共同出资的,被投资企业仍需办理外汇登记手续,外商投资性公司视为中方股东登记。(二)取消外商投资性公司境内投资款划拨核准及外商投资性公司所投资企业将其外汇利润、股息及红利境内划转给外商投资性公司核准,银行按规定审核企业提交的真实性证明材料后,为其办理资金境内划转手续,并在外汇局相关业务系统中及时备案。(三)取消外商投资性公司境内出资的外汇局验资询证手续。外商投资性公司与外国投资者共同出资的,外国投资者的出资仍需在外汇局办理验资询证手续。(四)境内企业接收外商投资性公司以及其他境内主体的外汇出资,应到所在地外汇局办理境内机构接收境内再投资外汇信息登记手续,银行根据外汇局登记信息为其开立境内再投资专用账户,账户内资金参照外商投资企业外汇资本金管理。(五)外商投资创业投资企业、外商投资股权投资企业等以投资为主要业务的外商投资企业上述业务参照外商投资性公司管理。”因此,汇发〔2012〕59号取消了外国投资者再投资的核准要求。结合本次2号令删除3号令第一条,我们可以看出:

第一,外国投资者以人民币利润或其他人民币合法收益向投资性公司出资(或增资)时,无需再办理出资(或增资)的资本项目外汇业务核准件。也就是说,本次

2号令删除3号令第一条实质是对汇发〔2012〕59号的响应,以保持一致。

第二,投资性公司将该部分注册资本的全部或部分用于境内投资设立企业的,无需再次办理投资性公司以人民币境内投资的资本项目外汇业务核准件,也不再需要办理外汇局验资询证手续。也就是说,汇发〔2012〕59号取消了外国投资者再投资的核准要求,而本次2号令对3号文的修订并没有同时删除其第七条有关"外汇管理部门核准外国投资者以人民币利润或其他人民币合法收益向投资性公司出资(或增资)的资本项目外汇业务核准件"的规定,也许是一个"瑕疵"。

三、外商投资设立股份有限公司的特别规定

对于外国投资者投资设立股份有限公司的法规、规章依据主要是《关于设立外商投资股份有限公司若干问题的暂行规定》(外经贸部令1995年第1号,2015年修订,以下简称"1号令")。

(一)外商投资股份有限公司的定义

根据1号令第二条规定,"本规定所称的外商投资股份有限公司是指依本规定设立的,全部资本由等额股份构成,股东以其所认购的股份对公司承担责任,公司以全部财产对公司债务承担责任,中外股东共同持有公司股份。外国股东购买并持有的股份占公司注册资本25%以上的企业法人。"从前述定义可以知道,与一般的外商投资企业不同的是,外商投资股份有限公司首先是一个中外合资企业而不能是外商独资企业,同时,外国股东购买并持有至少25%以上的股份有限公司。

(二)发起人的特别要求

根据1号令第六条的规定,以发起方式设立的公司,除应符合公司法规定的发起人的条件外,其中至少有一个发起人应为外国股东。以募集方式设立的公司,除应符合前述条件外,其中至少有一个发起人还应有募集股份前3年连续盈利的记录,该发起人为中国股东时,应提供其近3年经过中国注册会计师审计的财务会计报告;该发起人为外国股东时,应提供该外国股东居所所在地注册会计师审计的财务报告。

(三)外商投资股份有限公司的审批和设立

根据1号令第十二条规定,发起人设立公司的协议、章程经商务部批准后,发起人应在30日内凭商务部颁发的批准证书到银行开立专用账户。发起人在公司

发行的股份缴足之前应承担连带认缴责任。公司不能设立时,发起人为设立行为所发生的费用和债务负连带责任①。第十三条第一款规定,以发起方式设立公司的,发起人选举董事会和监事会后,由董事会向公司登记机关报送设立公司的批准文件、公司章程等文件,申请设立登记②。以募集方式设立公司的,发行股份的股数缴足后,必须经法定的验资机构验资并出具证明。发起人应当在30日内主持召开公司创立大会,并选举董事会、监事会,董事会应于创立大会结束后30日内,向公司登记机关报送设立公司的批准文件、公司章程、验资证明、创立大会的会议记录等文件,申请设立登记。公司登记机关自接到全部登记文件之日起30天内完成登记注册手续,并颁发营业执照。

(四)外商投资股份有限公司的出资要求

本次2号令对原1号令的出资要求进行了修订。主要包括如下几点:

一是删除了原七条规定:"公司的注册资本应为在登记注册机关登记注册的实收股本总额,公司注册资本的最低限额为人民币3000万元,其中外国股东购买并持有的股份应不低于公司注册资本的25%",即是说不再有最低注册资本限额的要求,但由于第二条依然保留了"外国股东购买并持有的股份占公司注册资本25%以上的企业法人"的规定,所以,依然需要予以遵从。

二是删去原第八条"股东认购的股份的转让应符合本规定第七条所规定的条件。发起人股份的转让,须在公司设立登记3年后进行,并经公司原审批机关批准"中的"股东认购的股份的转让应符合本规定第七条所规定的条件。"

三是删去第十三条中的"发起人应自批准证书签发之日起90日内一次缴足其认购的股份。"

四是删去第十六条、第十九条中的"并缴足其认购的股本金"。

从上述规定可以看出,2号文的修订实质是响应2014年新公司法改革注册资本实缴制度有关。

四、外商投资企业再投资的特别规定

在实务中,外国投资者除了在中国境内直接设立外商投资企业之外,还可以通

① 2号令删去原第十三条中的"发起人应自批准证书签发之日起90日内一次缴足其认购的股份。"——笔者注

② 2号令将原将第十四条第一款修改为:"以发起方式设立公司的,发起人选举董事会和监事会后,由董事会向公司登记机关报送设立公司的批准文件、公司章程等文件,申请设立登记。"——笔者注

过设立的外商投资企业在中国境内再投资。目前,我国有关外商投资企业境内再投资的规定主要为《关于外商投资企业境内投资的暂行规定》(对外贸易经济合作部国家工商行政管理局令2000年第6号,以下简称《暂行规定》)以及有关外商投资性公司再投资的22号令和3号令。

(一)外商投资企业再投资的企业的法律性质

根据《暂行规定》第二条的规定:"规定所称外商投资企业境内投资,是指在中国境内依法设立,采取有限责任公司形式的中外合资经营企业、中外合作经营企业和外资企业以及外商投资股份有限公司,以本企业的名义,在中国境内投资设立企业或购买其他企业(以下简称"被投资公司")投资者股权的行为。"同时,"外商投资举办的投资性公司境内投资,依照国家有关外商投资的法律、法规以及《关于外商投资举办投资性公司的暂行规定》①办理。外国投资者与外商投资企业共同在中国境内投资,按照国家有关外商投资的法律、法规办理,其中外国投资者的出资比例一般不得低于被投资企业注册资本的百分之二十五。"因此,从《暂行规定》的该规定来看,外商投资企业再投资的企业属于内资企业,但是,如果外商投资企业与外国投资者共同出资的,若外资比例达到25%的,则该企业为外资企业。有关的具体规定如下:

1. 外商投资企业境内投资比照执行《指导外商投资方向规定》和《外商投资产业指导目录》的规定。外商投资企业不得在禁止外商投资的领域投资。

2. (1)根据《暂行规定》第七条规定,外商投资企业再投资设立的企业的经营范围如属于鼓励类或允许类领域的,则无需办理审批手续,直接到工商行政部门办理登记手续。根据《暂行规定》第八条规定,工商行政部门发给《企业法人营业执照》,并在企业类别栏目加注"外商投资企业投资"字样;《暂行规定》第十五条第一款亦有类同规定。因此,这种情况下的被投资企业并不经过商务部门审批并办理《外商投资企业批准证书》,不属于外资企业。

(2)根据《暂行规定》第九条、第十五条第二款的规定,如所设立的公司经营范围涉及限制类领域的,外商投资企业应按照规定的程序向省级审批机关办理审批手续,然后再到工商局办理变更登记手续。同样,该企业也不颁发《外商投资企业批准证书》而仅取得批复意见,不属于外资企业。

(3)如果属于外国投资者和该外商投资企业共同投资的,根据《暂行规定》第

① 《关于外商投资举办投资性公司的暂行规定》及其补充规定已经被《关于外商投资举办投资性公司的规定》(商务部令2004年第22号)所废止并替代。——笔者注

十八条的规定,被投资公司注册资本中外资比例不低于25%的,审批机关向申请人下发批准文件,颁发《外商投资企业批准证书》,并加注“外商投资企业投资”字样。因此,若外资比例达不到25%的,则为内资企业;若外资比例达到25%的,则该企业具有《外商投资企业批准证书》,属于外资企业。

对于外商投资性公司设立企业,适用22号令和3号令。根据22号令第二十条规定:“投资性公司投资设立企业,投资性公司中折算出的外国投资者的投资单独或与其他外国投资者一起投资的比例一般不低于其所投资设立企业的注册资本的25%,其投资设立的企业享受外商投资企业待遇,发给外商投资企业批准证书和外商投资企业营业执照;出资比例低于25%的,除法律、行政法规另有规定外,均应按照现行设立外商投资企业的审批登记程序进行审批和登记。”同时,根据《外国投资者并购境内企业的规定》(商务部令2009年第6号,以下简称“6号令”)第五十二条第一款的规定:“外国投资者在中国境内依法设立的投资性公司并购境内企业,适用本规定。”根据6号令的规定,并购后所设外商投资企业注册资本中的出资比例低于25%的,除法律和行政法规另有规定外,该企业不享受外商投资企业待遇,其举借外债按照境内非外商投资企业举借外债的有关规定办理。审批机关向其颁发加注“外资比例低于25%”字样的外商投资企业批准证书。登记管理机关、外汇管理机关分别向其颁发加注“外资比例低于25%”字样的外商投资企业营业执照和外汇登记证。所以,外商投资性公司再投资设立企业或并购境内企业后外资比例不论是否高于25%都按照外商投资企业对待,区别在于是否享受外商投资企业的待遇而已。

(二)外商投资企业境内再投资的审批

根据《暂行规定》原第五条的规定:“外商投资企业应符合下列条件,方可投资:1.注册资本已缴清;2.开始盈利;3.依法经营,无违法经营记录。”原第六条规定:“外商投资企业境内投资,其所累计投资额不得超过自身净资产的百分之五十;投资后,接受被投资公司以利润转增的资本,其增加额不包括在内。”根据原旧规定,外商投资企业境内再投资时,需要工商部门就是否符合前述条件出具证明。符合前述条件和资格的,方可进行再投资。但需要注意的是,根据前述2号令对《暂行规定》的修订,原第五条第1项“注册资本已缴清”被删除。同时,2号令还删除了第六条规定[当然还删除了第七条第(三)项“法定验资机构出具的注册资本已经缴足的验资报告”]。从前述修订可以看出,《暂行规定》原规定的对外商投资企业再投资要求注册资本缴清以及第六条的规定不再执行。

令笔者感到困惑的是，早在2006年4月，国家工商行政管理总局、商务部、海关总署、国家外汇管理局联合发布了《关于外商投资的公司审批登记管理法律适用若干问题的执行意见》（工商外企字〔2006〕81号），其中第七条规定："外商投资的公司设立以后，可以依法开展境内投资。公司登记机关不再出具相应的境内投资资格证明。"随后，国家工商行政管理总局发布了《关于实施〈关于外商投资的公司审批登记管理法律适用若干问题的执行意见〉的通知》（工商外企字〔2006〕第102号），该通知第三条规定"关于外商投资的公司境内投资资格，《执行意见》根据《行政许可法》和《公司法》明确公司登记机关不再审查相应的投资资格证明。《关于外商投资企业境内投资的暂行规定》第五条和第六条不再执行。"从这两个文件就可以看出，《暂行规定》中的对外商投资企业再投资要求注册资本缴清、盈利要求、经营合法性以及再投资占净资产比例的要求早就不再执行。但是，本次2号公告仅仅只删除了第五条的第1项"注册资本已缴清"而没有整体删除第五条，这似乎与后来出台的文件相冲突，可能是修订时并没有考虑到其他文件的衔接。

对于外商投资性公司再投资设立企业的审批而言，根据22号令第十九条规定："投资性公司投资设立企业，按外商投资企业的审批权限及审批程序另行报批。"

（三）外国投资者以外商投资企业税后人民币利润再投资的特别规定

根据外商投资企业法规的规定，外国投资者原则上只能以外币进行投资，不得使用人民币投资，但以来自于境内投资的外商投资企业的人民币利润出资的除外。外国投资者以人民币出资的情形主要包括：（1）投资者从境内举办的其他外资企业获得的人民币利润；（2）投资者从所投资的外资企业清算后分配所得的人民币资金；（3）投资者转让所投资的外资企业的股权转让所得的人民币资金；（4）投资者从所投资的外资企业的先行收回投资所得的人民币资金。

根据对外贸易经济合作部《关于外商以人民币投资有关问题的通知》（〔1998〕外经贸资综函字第492号），投资者从境内其他举办的外资企业所获人民币利润，投资者需要出具其所投资企业的利润分配证明及该企业纳（免、减）税证明。

同时，有关外商投资投资性公司再投资的规定参见前文第二部分，不再赘述。

五、外国投资者跨境人民币直接投资的特别规定

商务部于2013年12月3日发布了《关于跨境人民币直接投资有关问题的公

告》(公告2013年第87号,2014年1月1日起实施),①该文第一条规定:“本公告所称‘跨境人民币直接投资’是指境外投资者(含港澳台投资者,下同)以合法获得的境外人民币来华开展新设企业、增资、参股或并购境内企业等外商直接投资活动。境外投资者依照国家现行外商投资法律、行政法规、规章和有关政策办理跨境人民币直接投资的有关手续。”该规定突破了目前外国投资者只能以外币以及来源于境内外资企业的人民币利润进行投资的法律限制。与商务部2011年10月12日发布的《关于跨境人民币直接投资有关问题的通知》(商资函〔2011〕第889号,已被公告2013年第87号废止)的规定相比较明确了境外投资者还包括我国港澳台地区投资者,同时直接投资活动包括新设企业、增资、参股或并购等活动。

一般而言,可用于跨境直接投资的人民币是指:(1)外国投资者通过跨境贸易人民币结算取得的人民币;(2)外国投资者在境外通过合法渠道取得的人民币,包括但不限于通过境外发行人民币债券、发行人民币股票等方式取得的人民币。但是,外商投资企业不得使用跨境人民币直接投资的资金在中国境内直接或间接投资于有价证券和金融衍生品(战略投资上市公司除外),以及用于委托贷款(该文第三条)。同时,该文第六条规定:“外国投资者以从中国境内所投资的外商投资企业获取但未汇出境外的人民币利润以及转股、减资、清算、先行回收投资所得人民币开展直接投资的,仍按照有关规定执行。”有关规定即是上述第(四)点所述的有关规定。

需要注意的是,根据87号公告第五条的规定:“境外投资者申请将原出资币种由外币变更为人民币的,无需办理合同或章程变更审批,可按照外商投资法律、行政法规和有关规定要求,到有关部门和银行办理登记、开立账户、资金汇兑等手续。”

六、外商投资企业股权出资的特别规定

继2009年3月1日国家工商总局出台了《股权出资登记管理办法》(国家工商总局令第39号,该文已废止)之后,商务部也于2012年10月22日颁布实施了《商务部关于涉及外商投资企业股权出资的暂行规定》(商务部令2012年第8号,以下简称“8号文”),该文就境内外投资者对外商投资企业以股权出资的行为进行了特别规定。

根据8号文第二条的规定:“境内外投资者(以下统称股权出资人)以其持有

---

① 2013年第87号公告废止了《商务部关于跨境人民币直接投资有关问题的通知》(商资函〔2011〕889号)和《商务部办公厅关于商务系统实施跨境人民币直接投资管理相关问题的通知》(商办资函〔2011〕1171号)。

的中国境内企业(以下统称股权企业)的股权作为出资,设立及变更外商投资企业(以下统称被投资企业)的行为适用本规定,包括:(一)以新设公司形式设立外商投资企业;(二)增资使非外商投资企业变更为外商投资企业;(三)增资使外商投资企业股权发生变更。

以上所称企业是指在中国境内依法设立的有限责任公司或股份有限公司。"

所以,外商投资企业股权出资的规定,不能狭隘地理解为只有境外投资者以境内企业的股权作为出资,还包含境内投资者以境内企业的股权对已存在的外商投资企业增资使其股权发生变化的情形。

需要注意的是,前述2号令同样对8号文作出了修订,与2014年公司法的要求保持一致。包括如下三点:

一是删除了8号文第四条第二款第(一)项"股权企业的注册资本未缴足"和第(五)项"未按规定参加或未通过上一年度外商投资企业联合年检的外商投资企业的股权"的规定;

二是删除了8号文"被投资企业全体股东的股权出资金额和以其他非货币财产作价出资金额之和不得高于其注册资本的70%"的规定;

三是删除了8号文第十条第(四)项中的"通过外商投资企业联合年检的相关证明"。

尽管有上述修订,8号文规定的精神与原《股权出资办法》类似。我们在此仅仅讨论不同的地方,主要包括如下几点:

一是股权出资人的股权出资行为需要经过商务部门的前置审批。

二是8号文第四条第二款规定:"属于以下情形的,股权不得用于出资:(一)股权已被设立质权;(二)股权已被依法冻结;(三)股权企业章程(合同)约定不得转让的股权;(四)房地产企业、外商投资性公司、外商投资创业(股权)投资企业的股权;(五)法律、行政法规或者国务院决定规定股权转让应当报经批准而未经批准;(六)法律、行政法规或者国务院决定规定不得转让的其他情形。"①相对于原《股权出资办法》而言,8号文不得用于出资的股权增加了房地产企业、外商投资性公司、外商投资创业(股权)投资企业的股权。

三是股权出资后,被投资企业和股权企业及其直接或间接持股企业应符合《指导外商投资方向规定》、《外商投资产业指导目录》以及其他外商投资相关规定;不符合有关规定的,应在申报股权出资之前剥离相关资产、业务或转让股权。境内外

① 本条款是依据2号令修订后的条款文本,下同。——笔者注

投资者不得以股权出资方式规避外商投资管理。

四是外国投资者以股权企业的股权作为对价参与境内上市公司定向发行或协议转让股份,应同时适用《外国投资者对上市公司战略投资管理办法》(商务部、中国证监会、国家税务总局、国家工商总局、国家外汇局令 2005 年第 28 号,以下简称“28 号令”)。①

五是股权出资涉及《国务院办公厅关于建立外国投资者并购境内企业安全审查制度的通知》(国办发〔2011〕6 号)规定的有关情形的,应由外国投资者按照相关规定提出并购安全审查申请。股权出资属于外国投资者并购境内企业情形的,除适用本规定外,还应遵守前述 6 号令的规定。

实践中,鉴于原《国家外汇管理局综合司关于完善外商投资企业外汇资本金支付结汇管理有关业务操作问题的通知》(汇综发〔2008〕142 号,以下简称“142 号文”)②的规定:“外商投资企业资本金结汇所得人民币资金,应当在政府审批部门批准的经营范围内使用,除另有规定外,结汇所得人民币资金不得用于境内股权投资”,因此,外商投资企业无法以资本金结汇所得人民币资金进行股权投资。在当时,由于 8 号文的出台,实际上可能开辟了一条绕开 142 号文前述规定的路径。

譬如,如果外国投资者原来准备用 3000 万美元设立 WOFE(外商独资企业)收购国内一家内资企业(评估价 3000 万美元),在原来 142 号文下会遇到用于支付股权收购价款的投入资本金 3000 万美元结汇后的人民币不得用于股权投资的障碍。现在可以分两步走来解决结汇后无法使用资金的难题:

第一步:外国投资者先设立一家 WOFE(譬如注册资金 100 万美元,根据具体情况确定),目标公司股东以持有的目标公司股权作为对该 WOFE 的增资,从而将 WOFE 实现增资并变更为中外合资企业。需要注意的是,这个时候中方就成为了该 WOFE 的控股股东了,所以为了后一步的股权收购得以实现,需要目标公司股东与外国投资者之间预先签署一个股权收购的期权合同;

第二步:外国投资者再通过股权收购方式购买目标公司原股东在中外合资企业中的股权,将其重新变为 WOFE,同时收购款可以通过外国投资者结汇直接给目标公司原股东。

需要注意的是,在外管局于 2015 年 3 月 30 日颁布并于 2015 年 6 月 1 日起实施的《国家外汇管理局关于改革外商投资企业外汇资本金结汇管理方式的通

① 2 号令删除了 28 号令第七条第(五)项。——笔者注

② 142 号文已被《国家外汇管理局关于改革外商投资企业外汇资本金结汇管理方式的通知》(汇发〔2015〕19 号)于 2015 年 6 月 1 日废止。——笔者注

知》(汇发〔2015〕19 号,以下简称“19 号文”)之后,由于 19 号文放开了外商投资企业外汇资本金用于股权投资的限制,所以这样的规避路径基本已经失去了现实意义。

七、外商投资企业外汇资本金结汇管理新规:汇发〔2015〕19 号

我国对资本项目的外汇收支一直实施严格的外汇管制,对外商投资企业外汇资本金结汇设定了比较严格的审批手续。国家外汇管理局(以下简称“外管局”)于 2008 年 8 月 29 日发布了 142 号文,该文就资本金结汇以及后续资金利用设定了更为严格的要求。

为了便利外来投资逐步放宽管制,外管局于 2014 年 7 月 15 日发布了《国家外汇管理局关于在部分地区开展外商投资企业外汇资本金结汇管理方式改革试点有关问题的通知》(汇发〔2014〕36 号,以下简称“36 号文”)。36 号文是外管局发布的放松资本项目项下的资本金结汇管制的又一举措。资本项目是指因投资或贷款等引起的资本流入或汇出的交易项目;而经常项目则具有经常移转的性质,如因国际贸易或服务提供产生收益等。36 号文施行后以及 36 号文改革试点区域外,资本金结汇仍然主要适用 142 号文及后续相关规定。36 号文于 2014 年 8 月 4 日起在 16 个区域进行试点,旨在试点区域内施行新政,在一定程度上突破了 142 号文下资本金结汇存在的政策障碍。

在 36 号文试点的基础上,外管局于 2015 年 3 月 30 日颁布并于 2015 年 6 月 1 日起实施的《国家外汇管理局关于改革外商投资企业外汇资本金结汇管理方式的通知》(汇发〔2015〕19 号)。19 号文的出台,是外管局认真贯彻落实国务院关于推广中国(上海)自由贸易试验区可复制改革试点经验相关要求、切实转变外汇管理理念和方式的重要举措。19 号文的主要内容包括如下几个方面的内容:一是外商投资企业外汇资本金实行意愿结汇管理,企业可自由选择资本金结汇时机;二是明确外商投资企业资本金及其结汇资金的使用应符合外汇管理相关规定,对资本金使用实施负面清单管理;三是便利外商投资企业以结汇所得人民币资金开展境内股权投资;四是进一步规范结汇资金的支付管理,明确银行按照“了解客户”、“了解业务”、“尽职审查”的展业三原则承担真实性审核义务;五是明确和简化其他直接投资项下外汇账户资金结汇及使用管理;六是外汇局加强事中事后管理,进一步强化事后监管与违规查处。

限于本书篇幅,笔者仅针对其中与外商投资企业再投资(被投资企业增资)有关的几个方面内容进行介绍如下:

(一)外商投资企业资本金实行意愿结汇制度

根据原142号文的规定,外商投资企业外汇资本金结汇审核实行支付结汇制,意味着外商投资企业仅能在具有以人民币支付其真实交易的需求时,才能提出资本金结汇申请。审核银行需认真核查资本金结汇申请文件,包括结汇后的人民币资金用途证明文件,如商业合同或收款人出具的支付通知、会计师事务所出具的最近一期验资报告及其他所要求的文件等。① 并且,根据原《国家外汇管理局综合司关于完善外商投资企业外汇资本金支付结汇管理有关业务操作问题的补充通知》(汇综发〔2011〕88号,以下简称“88号文”)②的规定,如果企业资本金累计结汇额(含备用金)与该资本金账户已付汇(含境内划转)金额之和达到账户贷方累计发生额95%的(即外商投资企业外汇资本金的95%已经结汇或已付汇的),对于剩余的5%的资本金办理结汇之前,应当审核已结汇或已付汇资金所对应的发票等凭证的真实性③。但19号文改变了前述规定,即外商投资企业可在其选定的任一时点,就其100%资本金向银行申请意愿结汇,前提是其资本金已在当地外管局办理了出资权益确认登记(或经银行办理货币出资入账登记)。

法规链接

《国家外汇管理局关于改革外商投资企业外汇资本金结汇管理方式的通知》(汇发〔2015〕19号)

一、外商投资企业外汇资本金实行意愿结汇

外商投资企业外汇资本金意愿结汇是指外商投资企业资本金账户中经外汇局办理货币出资权益确认(或经银行办理货币出资入账登记)的外汇资本金可根据企业的实际经营需要在银行办理结汇。外商投资企业外汇资本金意愿结汇比例暂定为100%。国家外汇管理局可根据国际收支形势适时对上述比例进行调整。

在实行外汇资本金意愿结汇的同时,外商投资企业仍可选择按照支付结汇制使用其外汇资本金。银行按照支付结汇原则为企业办理每一笔结汇业务时,均应审核企业上一笔结汇(包括意愿结汇和支付结汇)资金使用的真实性与合规性。

外商投资企业外汇资本金境内原币划转以及跨境对外支付按现行外汇管理规定办理。

---

① 142号文第四条。

② 汇综发〔2011〕88号已被汇发〔2015〕19号于2015年6月1日废止。——笔者注

③ 88号文第四条。

【法规解读】

1. 意愿结汇赋予外商投资企业自主结汇、避免汇兑风险的权利

在36号文试点和19号文之前，外管局对外商投资企业资本金结汇的管理主要实行支付结汇制，即只有使用支付时才能结汇，主要目的是为了防止投机性资金兑换，但限制了企业运作结汇资金的自主权。同时，支付结汇制还使得外商投资企业因汇率波动而面临汇兑损失的风险。在2015年6月1日19号文生效实施之后，外商投资企业可以将其100%的资本金在任意时间结汇为人民币，即实行“先结汇、后支付”的制度，不仅提高了资本金结汇的灵活性和便捷度，还赋予了其锁定有利汇率并避免汇兑风险的机会。当然，如果外商投资企业对汇率变化趋势判断有误，则仍有可能面临汇兑风险。

2. 外商投资企业可以选择适用支付结汇制度

同时，对出于管理成本考虑不希望开立结汇待支付账户的外商投资企业，19号文允许其选择继续沿用支付结汇制办理资本金结汇。即在实行外汇资本金意愿结汇的同时，外商投资企业仍可选择按照支付结汇制使用其外汇资本金。银行按照支付结汇原则为企业办理每一笔结汇业务时，均应审核企业上一笔结汇（包括意愿结汇和支付结汇）资金使用的真实性与合规性。

【实务问题16】　什么是结汇待支付账户及其收支范围？

出于对外汇资本金意愿结汇所得人民币资金使用的监管要求（参见后文），外汇资本金结汇所得人民币资金需要转入一个专门的监管账户——“结汇待支付账户”。19号文第二条明确规定，外商投资企业外汇资本金意愿结汇所得人民币资金纳入结汇待支付账户管理。该条同时还规定，外商投资企业原则上应在银行开立一一对应的资本项目——结汇待支付账户，用于存放意愿结汇所得人民币资金，并通过该账户办理各类支付手续。外商投资企业在同一银行网点开立的同名资本金账户、境内资产变现账户和境内再投资账户可共用一个结汇待支付账户。为了有效管理不同性质的结汇资金，该文还规定按支付结汇原则办理的结汇资金，不得通过结汇待支付账户对外支付。

19号文规定的结汇待支付账户收支范围如下：

（1）结汇待支付账户的收入范围包括：由同名或开展境内股权投资企业的资本金账户、境内资产变现账户、境内再投资账户结汇划入的资金，由同名或开展境内股权投资企业的结汇待支付账户划入的资金，由本账户合规划出后划回的资金，因交易撤销退回的资金，人民币利息收入及经外汇局（银行）登记或外汇局核准的其他收入。

（2）结汇待支付账户的支出范围包括：经营范围内的支出，支付境内股权投资资金和人民币保证金，划往资金集中管理专户、同名结汇待支付账户，偿还已使用完毕的人民币贷款，购付汇或直接对外偿还外债，外国投资者减资、撤资资金购付

汇或直接对外支付,购付汇或直接对外支付经常项目支出及经外汇局(银行)登记或外汇局核准的其他资本项目支出。

(3)结汇待支付账户内的人民币资金不得购汇划回资本金账户。由结汇待支付账户划出用于担保或支付其他保证金的人民币资金,除发生担保履约或违约扣款的,均需原路划回结汇待支付账户。

(二)外商投资企业资本金及其结汇所得人民币资金的使用

1. 结汇资金应在企业经营范围内遵循真实、自用原则

根据19号文第二条的规定,外商投资企业资本金意愿结汇所得人民资金应存放在其开立的"结汇待支付账户",而纳入结汇待支付账户的目的,也正是由于19号文延续了原142号文下真实、自用结汇目的的监管要求。但需要注意的是,外商投资企业按支付结汇原则结汇所得人民币资金不得通过结汇待支付账户进行支付。19号文第三条规定,外商投资企业资本金及其结汇所得人民币资金应在企业经营范围内遵循真实、自用原则。即银行在审核结汇待支付账户内人民币资金对外支付时,仍需按照结汇"真实"、"自用"原则进行审核。同时,第三条还规定,外商投资企业资本金及其结汇所得人民币资金不得用于以下用途:(1)不得直接或间接用于企业经营范围之外或国家法律法规禁止的支出;(2)除法律法规另有规定外,不得直接或间接用于证券投资;(3)不得直接或间接用于发放人民币委托贷款(经营范围许可的除外)、偿还企业间借贷(含第三方垫款)以及偿还已转贷予第三方的银行人民币贷款;(4)除外商投资房地产企业外,不得用于支付购买非自用房地产的相关费用。

法规链接

《国家外汇管理局关于改革外商投资企业外汇资本金结汇管理方式的通知》(汇发〔2015〕19号)

三、外商投资企业资本金的使用应在企业经营范围内遵循真实、自用原则

外商投资企业资本金及其结汇所得人民币资金不得用于以下用途:(一)不得直接或间接用于企业经营范围之外或国家法律法规禁止的支出;(二)除法律法规另有规定外,不得直接或间接用于证券投资;(三)不得直接或间接用于发放人民币委托贷款(经营范围许可的除外)、偿还企业间借贷(含第三方垫款)以及偿还已转贷予第三方的银行人民币贷款;(四)除外商投资房地产企业外,不得用于支付购买非自用房地产的相关费用。

【实务问题17】 在意愿结汇制下,结汇是否存在结汇额度限制?

根据现行外资法律法规的规定,除外国投资者直接投资和并购外,外国投资者

参与境内股权投资主要有以下三种途径:(1)设立外商投资性公司;①(2)设立外商投资创业投资企业②;或者(3)设立外商投资股权投资企业。前两种组织形式均对外国投资者的资质及设立条件设定了较高要求。因此,外国投资者(尤其是基金管理者们)都对设立外商投资股权投资基金(例如 Qualified Foreign Limited Partnership,QFLP)很感兴趣。但是,我国目前对外商投资股权投资基金并没有统一规定,而仅在各地出台的试点办法中予以规范。根据各地所试点的 QFLP 规定,外国投资者参与投资、设立的外资股权投资企业或外资股权投资管理企业可申请外汇额度,其外汇资金可在额度内结汇并用于股权投资。

但这种情形在 19 号文出台后发生了变化,根据 19 号文的规定,各地 QFLP 制度的结汇额度已不受限制(100%意愿结汇),银行审核外商投资股权投资企业股权投资的要点在于股权投资项目的"真实"、"合规"性,而不再是结汇的额度。

【实务问题 18】　如何理解和适用在企业经营范围内遵循真实、自用原则?

19 号文在取消股权投资限制的同时,延续了原 142 号文规定的企业经营范围内真实、自用原则,即结汇所得人民币资金不得用于企业经营范围之外的支出。在实践中,产生争议的是,如果非投资性的一般性外商投资企业以结汇所得人民币资金进行股权投资时,面临如下两个问题需要明确:

1. 被投资企业的经营范围是否仍受限于非投资性外商投资企业的经营范围?

2. "投资"字样是否应包含在非投资性外商投资企业的经营范围之内?

这两个问题早在 36 文时期就已存在,但 36 号文并没有进行明确规定。但根据《国家外汇管理局关于在部分地区开展外商投资企业外汇资本金结汇管理方式改革试点有关问题的通知》政策解答的有关规定可以看出外管局的立场和观点:

"问:是否所有的一般性外商投资企业均可以原币划转或结汇资金开展境内股权投资?

答:《通知》第三条规定,外商投资企业资本金及其结汇所得人民币资金不得直接或间接用于企业经营范围之外,因此,开展境内股权投资的一般性外商投资企业,其经营范围需包含'投资'。"

---

① 设立的法规依据是 2004 年 11 月 17 日颁布并于 2004 年 12 月 16 日施行的《商务部关于外商投资举办投资性公司的规定》(商务部令〔2004〕第 22 号)和 2006 年 5 月 26 日颁布并于 2006 年 7 月 1 日起施行的《商务部关于外商投资举办投资性公司的补充规定》(商务部令〔2006〕第 3 号)。——笔者注

② 设立的法规依据是 2003 年 1 月 30 日颁布并于 2003 年 3 月 1 日施行的《外商投资创业投资企业管理规定》(对外贸易经济合作部、科学技术部、国家工商行政管理总局、国家税务总局、国家外汇管理局令第 2 号)。——笔者注

因此,被投资企业的经营范围不需要与非投资性外商投资企业的经营范围一致。同时,非投资性外商投资企业经营范围内必须要有“投资”字样,才可以结汇人民币资金进行股权投资。实践中,非投资性外商投资企业的经营范围通常很难被允许包含“投资”字样。如果外管局在实际操作方面采取如上监管态度,则非投资性外商投资企业开展股权投资将受到很大限制。

在19号文出台后,继续延续了36号文的有关规定,因此,这个问题的争议在实务中依然会存在。

2. 结汇资金可用于股权投资

原142号文规定,外商投资企业资本金结汇所得人民币资金,应当在政府审批部门批准的经营范围内使用;除非另有规定,结汇所得人民币资金不得用于境内股权投资。① 19号文取消了前述限制,并按照外商投资企业是否以投资为主要业务分别进行了股权投资的结汇管理规定。

法规链接

《国家外汇管理局关于改革外商投资企业外汇资本金结汇管理方式的通知》(汇发〔2015〕19号)

四、便利外商投资企业以结汇资金开展境内股权投资

除原币划转股权投资款外,允许以投资为主要业务的外商投资企业(包括外商投资性公司、外商投资创业投资企业和外商投资股权投资企业),在其境内所投资项目真实、合规的前提下,按实际投资规模将外汇资本金直接结汇或将结汇待支付账户中的人民币资金划入被投资企业账户。

上述企业以外的一般性外商投资企业以资本金原币划转开展境内股权投资的,按现行境内再投资规定办理。以结汇资金开展境内股权投资的,应由被投资企业先到注册地外汇局(银行)办理境内再投资登记并开立相应结汇待支付账户,再由开展投资的企业按实际投资规模将结汇所得人民币资金划往被投资企业开立的结汇待支付账户。被投资企业继续开展境内股权投资的,按上述原则办理。

【法规解读】

1. 简化了以投资为主要业务的外商投资企业(以下简称投资性企业)对外股权投资结汇的程序性规定。

根据前述的汇发〔2012〕59号的规定,境内企业接收外商投资性公司以及其他境内主体的外汇出资,应到所在地外汇局办理境内机构接收境内再投资外汇信息登记手续,银行根据外汇局

① 142号文第三条。

登记信息为其开立境内再投资专用账户，账户内资金参照外商投资企业外汇资本金管理。即外汇资金按照原币划转至被投资企业开立的境内再投资专用账户后，被投资企业接收的股权投资款需要按照支付结汇制原则向银行申请结汇才可换汇为人民币使用。而在19号文中，在投资性企业境内所投资项目真实、合规的前提下，按实际投资规模将外汇资本金直接结汇或将结汇待支付账户中的人民币资金划入被投资企业基本账户，而不是被投资企业的结汇待支付账户，便利了投资性企业与其所投资企业之间的资金流动。因为，在19号文下，外汇资本金已经在投资性企业层面直接结汇为人民币或者已先结汇到结汇待支付账户，因此其结汇所得人民币可以进入被投资企业基本账户，无须被投资企业开立再投资专用账户监管。

2. 一般性外商投资企业进行股权投资按照原币和结汇资金分别规定了程序规则。

如果一般性外商投资企业以资本金原币划转开展境内股权投资的，按现行境内再投资规定办理。即先由被投资企业在注册地外管局办理境内再投资登记，并在银行开立相应的境内再投资专用账户。根据汇发〔2012〕59号的规定，取消直接投资项下境内外汇划转核准，即外商投资企业外汇资本金账户资金原币划转至被投资企业的境内再投资专用账户的，银行直接审核相关资料后办理划转手续。外汇资金按照原币划转至被投资企业开立的境内再投资专用账户后，被投资企业接收的股权投资款按照19号文规定进行结汇。但是一般性外商投资企业以结汇资金开展境内股权投资的，应由被投资企业先到注册地外汇局（银行）办理境内再投资登记并开立相应结汇待支付账户，再由开展投资的企业按实际投资规模将结汇所得人民币资金划往被投资企业开立的结汇待支付账户，并进行监管。

【实务问题19】 19号文对“红筹架构”的影响？

在原142号文下，由于它不允许非投资性外商投资企业以结汇资本金进行股权投资，红筹架构下设立的外商投资企业若新设或并购企业，其资金来源渠道有限，大多只能以其经营产生的利润开展境内再投资活动。相比之下，19号文放开了非投资性外商投资企业股权投资的资金来源，有利于红筹架构下外商投资企业将境外融资资金结汇成人民币，开展境内股权投资活动。

但是，19号文并未解决VIE架构下的外商投资企业资本金结汇问题。VIE架构下外商投资企业如何将境外募集到的外币资金调回给境内运营公司使用，是采用VIE架构的公司面临的棘手问题之一。鉴于原142号文对资本金结汇的限制，外商投资企业此前资本金结汇较为常见的方式是外商投资企业（外币持有者以及付款方）与境内运营公司（人民币需求者以及收款方）签订商业合同，外商投资企业便可将款项支付给境内运营公司。但该种方式通常需要有真实商业需求，并且无法避免税负。因此，为了避免税负并且获得更多人民币资金，实务操作中便出现了各种“应对措施”，如分拆结汇（分拆更易于结汇）、虚拟商业交易等。

19号文出台后，VIE架构下存在的资本金结汇问题依旧存在，无法由外商投资企业以借款形式将结汇所得人民币资金提供给境内运营公司，且由于VIE架构下的境内运营公司多处于外商限制类或禁止类行业,外商投资企业也无法直接将结汇资金以股权投资形式汇给境内运营公司。

【实务问题 20】 19 号文对外资 PE/VC 股权投资的影响?

在 2008 年之前,很多外资 PE 和 VC 在中国的投资模式一般都是首先设立 WFOE,然后将巨额的注册资金结汇为人民币,再购买目标公司的股权,这种模式只需要在设立 WFOE 时向有关部门审批即可。但基于防止境外热钱加速进入境内,冲击我国股市和楼市,2008 年 8 月出台的原 142 号文"外商投资企业资本金结汇所得人民币资金,应当在政府审批部门批准的经营范围内使用,除另有规定外,结汇所得人民币资金不得用于境内股权投资"的规定,几乎将外资 PE 和 VC 进入中国的通道完全堵死。

在 19 号文施行之后,根据其规定投资性的外商投资企业(包括外商投资性公司、外商投资创业投资企业和外商投资股权投资企业)可以在境内开展股权投资。对于 PE 和 VC 在境内设立的人民币基金而言,按照现行外资法律法规的规定,外资如果投资允许类、鼓励类的项目,可以不经过商务部门的审批,资本金结汇即可进行投资。这极大地便利了外商投资企业开展境内股权投资。

(三)银行履行展业三原则业务,承担真实性审核责任

根据 19 号文第五条的规定,银行应履行"了解客户"、"了解业务"、"尽职审查"等展业原则,在为外商投资企业办理资本金对外支付及结汇所得人民币资金支付时承担真实性审核责任。在办理每一笔资金支付时,均应审核前一笔支付证明材料的真实性与合规性。银行应留存外商投资企业外汇资本金结汇及使用的相关证明材料 5 年备查。

对于企业确有特殊原因暂时无法提供真实性证明材料的,银行可在履行尽职审查义务、确定交易具备真实交易背景的前提下为企业办理相关支付,并应于办理业务当日通过外汇局相关业务系统向外汇局提交特殊事项备案。银行应在支付完毕后 20 个工作日内收齐并审核企业补交的相关证明材料,并通过相关业务系统向外汇局报告特殊事项备案业务的真实性证明材料补交情况。

(四)强化事中事后管理,实行负面清单制度

根据 19 号文第七条的规定,外管局将加强对银行办理外商投资企业资本金结汇和使用等业务合规性的指导和核查。核查的方式包括要求相关业务主体提供书面说明和业务材料、约谈负责人、现场查阅或复制业务主体相关资料、通报违规情

况等。对于严重、恶意违规的银行可按相关程序暂停其资本项目下外汇业务办理，对于严重、恶意违规的外商投资企业等可取消其意愿结汇资格，且在其提交书面说明函并进行相应整改前，不得为其办理其他资本项下外汇业务。这就是所谓的"负面清单"制度。

对于违反19号文规定办理外商投资企业资本金结汇和使用等业务的外商投资企业和银行，外汇局依据《中华人民共和国外汇管理条例》及有关规定予以查处。

（五）废止相关文件及生效

根据19号文第八条的规定，142号文、88号文以及36号文于19号文生效日2015年6月1日同时废止。

八、外国投资企业设立及变更备案制度

2016年9月3日，十二届全国人大常委会第二十二次会议通过了《全国人民代表大会常务委员会关于修改〈中华人民共和国外资企业法〉等四部法律的决定》（以下简称"《决定》"），将不涉及国家规定实施准入特别管理措施的外商投资企业设立及变更事项，由审批改为备案管理。为确保法律衔接顺畅，做好不涉及国家规定实施准入特别管理措施的外商投资企业设立及变更的备案管理工作，商务部于2016年10月8日发布了《外商投资企业设立及变更备案管理暂行办法》（商务部2016年第3号令，以下简称"《备案暂行办法》"）①，以及于2017年7月30日发布的《关于外商投资企业设立及变更备案管理有关事项的公告》（商务部公告2017年第37号，以下简称"37号公告"）。

（一）《决定》对外商投资企业法的修订

《决定》对《合资企业法》《合作企业法》和《外资企业法》分别新增了一条，其核心是将不涉及国家规定实施准入特别管理措施的审批事项适用备案管理。国家规定的准入特别管理措施由国务院发布或者批准发布。笔者将有关修改总结如表5-1所示：

① 商务部条约法律司于2017年5月26日发布了《外商投资企业设立及变更备案管理办法（征求意见稿）》公开征求意见，目前尚未出台新的规定，请读者密切关注新的修订。

表 5-1　涉及外商投资企业准入的修订

法规	涉及法条	修订条款
合资企业法	第三条(投资协议、合同、章程审批)、第十三条(合营期限及其延长审批)和第十四条(合营合同的终止审批)	增加第十五条:"举办合营企业不涉及国家规定实施准入特别管理措施的,对本法第三条、第十三条、第十四条规定的审批事项,适用备案管理。国家规定的准入特别管理措施由国务院发布或者批准发布。"
合作企业法	第五条(合作协议、合同、章程审批)、第七条(合作协议重大变更审批)、第十条(合作协议转让审批)、第十二条第二款(委托经营管理审批)和第二十四条(合作期限及其延长审判)	增加第二十五条:"举办合作企业不涉及国家规定实施准入特别管理措施的,对本法第五条、第七条、第十条、第十二条第二款、第二十四条规定的审批事项,适用备案管理。国家规定的准入特别管理措施由国务院发布或者批准发布。"
外资企业法	第六条(设立审批)、第十条(分立、合并或其他重要事项变更审批)和第二十条(经营期限及其延长审批)	增加第二十三条:"举办外资企业不涉及国家规定实施准入特别管理措施的,对本法第六条、第十条、第二十条规定的审批事项,适用备案管理。国家规定的准入特别管理措施由国务院发布或者批准发布。"

(二)《备案暂行办法》的有关规定

1. 适用范围和对象

《备案暂行办法》第二条规定,外商投资企业的设立及变更,不涉及国家规定实施准入特别管理措施的,适用本办法。即是说,只有不涉及国家规定实施准入特别管理措施的,才由审批制改为备案制,并非是说取消审批制,而是放开了部分审批范围。

同时,《备案暂行办法》的适用对象包括中外合资企业、中外合作企业、外资企业以及外商投资的股份有限公司。根据《备案暂行办法》第三十二条规定,投资类外商投资企业(包括投资性公司、创业投资企业)视同外国投资者,适用备案管理。根据《备案暂行办法》第三十三条规定,港澳台地区投资者投资不涉及国家规定实施准入特别管理措施的,参照适用备案管理。此外,《备案暂行办法》第三十四条规定,港澳服务提供者备案按照《港澳服务提供者在内地投资备案管理办法(试行)》办理。外商投资企业境内再投资应符合《关于外商投资企业境内投资的暂行规定》的要求。

2. 实施准入特别管理措施的范围

发改委、商务部于 2016 年 10 月 8 日发布的公告 2016 年第 22 号明确:经国务院批准，外商投资准入特别管理措施范围按《外商投资产业指导目录》（2015年修订）[①]中限制类和禁止类，以及鼓励类中有股权要求、高管要求的有关规定（"负面清单"）执行。涉及外资并购设立企业及变更的，按现行有关规定执行。

据此，就外商投资准入特别管理措施范围内的投资，对于涉及《2017年目录》限制类和禁止类以及鼓励类中有股权要求、高管要求的领域，不论金额大小或投资方式（新设、并购）均将继续实行审批管理；对于外国投资者并购境内非外商投资企业，适用《关于外国投资者并购境内企业的规定》（商务部令2009年第6号），其中涉及上市公司的，适用《外国投资者对上市公司战略投资管理办法》（商务部、证监会、税务总局、工商总局、外汇局令2005年第28号）。对于外国投资者投资其他领域或采取其他方式投资的，一律实行备案管理。需要说明的是，外国投资者并购境内非外商投资企业完成后，外商投资企业发生的变更事项，如不涉及国家规定实施准入特别管理措施的，也将实行备案管理。

此外，针对外商投资的上市公司及在全国中小企业股份转让系统挂牌的公司，《备案暂行办法》在第六条中明确，外国投资者可仅在外国投资者持股比例变化累计超过5%以及控股或相对控股地位发生变化时，就投资者基本信息或股份变更事项办理备案手续。

【实务问题21】　《备案暂行办法》中的最终实际控制人如何确定？

《备案暂行办法》第五条规定，全体投资者（发起人）指定的代表或共同委托的代理人在营业执照签发前，或外商投资企业指定的代表或共同委托的代理人在营业执照签发后30日内，通过综合管理系统，在线填报和提交《外商投资企业设立备案申报表》及相关文件，办理设立备案手续。第六条规定，发生规定变更事项的，应由外商投资企业指定的代表或委托的代理人在变更事项发生后30日内通过综合管理系统在线填报和提交《外商投资企业变更备案申报表》及相关文件，办理变更备案手续。《备案暂行办法》所附《外商投资企业设立备案申报表》和《外商投资企业变更备案申报表》要求填报外商投资企业最终实际控制人信息及外商投资企业投资者最终实际控制人信息。其中，外商投资企业最终实际控制人是指通过股份、合同、信托或其他方式最终直接或间接对外商投资企业实现控制的自然人、企业、政府机构或国际组织；投资者最终实际控制人是指通过股份、合同、信托或其他方

① 2016年12月7日，发改委和商务部发布了《外商投资产业指导目录》（修订稿），向社会公开征求意见，此次为目录的第七次修订。新的《外商投资产业指导目录》（中华人民共和国国家发展和改革委员会中华人民共和国商务部令第4号）已于2017年6月28日发布，于2017年7月28日起施行。

式最终直接或间接对外商投资企业投资者实现控制的自然人、企业、政府机构或国际组织。上述实际控制人是境外的,需追溯至境外上市公司、境外自然人、外国政府机构(含政府基金)或国际组织;实际控制人是境内的,需追溯至境内上市公司、境内自然人或国有/集体企业。

此外,根据37号公告的规定,自由贸易试验区内,国家规定实施准入特别管理措施的范围,自2017年7月10日起,依照《自由贸易试验区外商投资准入特别管理措施(负面清单)》(2017年版)的规定执行;自由贸易试验区外,国家规定实施准入特别管理措施的范围,自2017年7月28日起,依照《外商投资产业指导目录》(2017年修订)中《外商投资准入特别管理措施(外商投资准入负面清单)》的规定执行。

3. 备案程序

根据《备案暂行办法》的相关规定,外商投资企业设立及变更备案主要分为如下三步:

首先,外商投资企业或其投资者通过备案系统在线填报和提交备案申请材料(第五条、第六条、第七条);

其次,备案机构对填报信息形式上的完整性和准确性进行核对,并对申报事项是否属于备案范围进行甄别,在3个工作日内完成备案(第十一条);

最后,备案完成后,外商投资企业或其投资者可凭外商投资企业名称预核准材料(复印件)或外商投资企业营业执照(复印件)领取备案回执(第十二条)。

此外,属于备案范围的外商投资企业设立备案需在营业执照签发前或营业执照签发后30日内办理(第五条),外商投资企业变更备案需在变更事项发生后30日内办理(第六条)。对申报事项属于备案范围的,备案机构应在3个工作日内完成备案,并通过外商投资综合管理信息系统发布备案结果并在线通知外商投资企业或其投资者;不属于备案范围的,备案机构应在线通知外商投资企业或其投资者按有关规定办理(第十一条)。

还需要特别说明的是,与行政许可不同,备案管理属于告知性备案,不是企业办理其他手续的前置条件。外商投资企业或其投资者以承诺书形式对填报信息的真实性、准确性和完整性负责,备案机构在备案阶段仅对填报信息进行形式审查,领取备案回执也不是强制性要求。

根据37号公告的规定,外商投资企业设立及变更适用备案管理的,应按照《备案暂行办法》第五条、第六条、第七条的规定,通过外商投资综合管理系统在线填报《外商投资企业设立备案申报表》或《外商投资企业变更备案申报表》。其中,境内非外商投资企业变更为外商投资企业的，应当填报《外商投资企业设立备案申报表》。

4. 监督管理和法律责任

为加强对外商投资企业设立及变更备案的管理，《备案暂行办法》第十四条明确规定，商务主管部门与公安、国有资产、海关、税务、工商、证券、外汇等有关行政管理部门应密切协同配合，加强信息共享。商务主管部门在监督检查的过程中发现外商投资企业或其投资者有不属于本部门管理职责的违法违规行为，应及时通报有关部门。第二十二条规定，商务主管部门和其他主管部门在监督检查中掌握的反映外商投资企业或其投资者诚信状况的信息，应记入商务部外商投资诚信档案系统。其中，对于未按本办法规定进行备案，备案不实，伪造、变造、出租、出借、转让《备案回执》，对监督检查不予配合或拒不履行商务主管部门作出的行政处罚决定的，商务主管部门将相关诚信信息通过商务部外商投资信息公示平台予以公示，接受社会公众监督。除进行公示外，《备案暂行办法》第二十四条至第二十八条还分别对上述情形规定了相应法律责任，并明确违反其他法律法规的，由有关部门追究相应法律责任。其中，第二十四条规定，外商投资企业或其投资者未能按期履行备案义务，或在进行备案时存在重大遗漏的，商务主管部门应责令限期改正；逾期不改正，或情节严重的，处3万元以下罚款。外商投资企业或其投资者逃避履行备案义务，在进行备案时隐瞒真实情况、提供误导性或虚假信息，商务主管部门应责令限期改正，并处3万元以下罚款。违反其他法律法规的，由有关部门追究相应法律责任。

（三）外商投资企业实行备案管理后有关登记程序

为配套《决定》和《备案暂行办法》的实施，国家工商总局发布了《工商总局关于做好外商投资企业实行备案管理后有关登记注册工作的通知》（工商企注字〔2016〕189号，以下简称“《通知》”）。《通知》对有关外商投资企业实行备案管理后有关登记注册工作进行了明确。

1. 外商投资企业登记管辖

国家对外商投资企业实行授权登记管理体制，外商投资企业的登记管理机关（以下简称“登记机关”）是国家工商总局和经国家工商总局授予外商投资企业核准登记权的地方工商和市场监管部门（以下简称“外资被授权局”）。不涉及《负面清单》管理的外商投资企业的设立、变更（备案）和注销登记，原则上实行属地管辖，由外商投资企业所在地最基层一级外资被授权局负责办理。涉及《负面清单》

管理的外商投资企业的设立、变更(备案)和注销登记,仍继续执行级别管辖原则。

已经设立的外商投资企业变更登记不涉及《负面清单》管理的,企业可以自主选择向原登记机关申请登记或者向所在地最基层一级外资被授权局申请登记;已经设立的外商投资企业变更登记涉及《负面清单》管理的,或在本次变更登记中发生审批机关审批权限调整的,企业可以自主选择向原登记机关申请登记或者向与审批机关同级的外资被授权局申请登记,同级没有外资被授权局的,也可向上一级外资被授权局申请登记。

省级登记机关可以根据当地工作实际,对辖区内不同级别外资被授权局的登记管辖范围进行适当调整。法律、行政法规、规章对企业登记管辖有特别规定的按其规定办理。

2. 外商投资企业登记规则

境外投资者在《负面清单》以外产业投资的,可以直接向登记机关申请外商投资企业设立、变更(备案)和注销登记,无需提交商务主管部门出具的备案证明;境外投资者在《负面清单》内投资的,其向登记机关申请外商投资企业设立、变更和注销登记时,依法提交商务主管部门出具的批复和批准证书。《外商投资企业登记提交材料规范》中的“审批机关的批准文件(批复和批准证书副本1)”修改为“审批机关的批准文件(批复和批准证书副本1)(仅限于涉及外商投资准入特别管理措施的企业提供)”。

九、《外商投资产业指导目录》修订与“负面清单”制度

国务院于2015年4月8日印发《自由贸易试验区外商投资准入特别管理措施(负面清单)》(《自贸区负面清单》),在上海、广东、天津、福建四个自由贸易试验区(“自贸区”)试点推行外商投资准入产业的负面清单制度。负面清单制度,即政府以清单的方式明确列出禁止和限制外商投资经营的行业、领域、业务,清单之外的,各类市场主体皆可依法平等进入。

如前所述,2016年9月3日,全国人大常委会表决通过了修订《外资企业法》等四部法律的《决定》,规定不涉及国家规定实施准入特别管理措施(负面清单)的外商投资企业和台胞投资企业的设立和变更,由审批改为备案管理。2016年10月8日,发改委、商务部发布2016年第22号公告,明确外商投资准入特别管理措施范围按《外商投资产业指导目录(2015年修订)》中限制类和禁止类,以及鼓励类中有股权要求、高管要求的有关规定执行。2016年12月7日,发改委、商务部发布了《外商投资产业指导目录》最新修订稿(“2016年修订稿”),向社会公开征求意见。

新的《外商投资产业指导目录(2017 年修订)》(中华人民共和国国家发展和改革委员会、中华人民共和国商务部令第 4 号)已于 2017 年 6 月 28 日发布,于 2017 年 7 月 28 日起施行。

2016 年修订稿在自贸区成功试点《自贸区负面清单》后拟推出在全国范围内适用的负面清单。同时,配合《决定》《备案暂行办法》,将指导目录中限制类和禁止类以及鼓励类中存在外资限制的三类整合成了一份外商投资准入特别管理措施(外商投资准入负面清单),使得相关规定更为清晰明确。《自由贸易试验区外商投资准入特别管理措施(负面清单)(2017 年版)》(国办发〔2017〕51 号)已于 2017 年 6 月 16 日发布,自 2017 年 7 月 10 日起实施。

专题6 有限责任公司整体变更为股份有限公司的特别问题

内容提示

我国公司法明确规定了股份有限公司设立的两种方式:发起设立和募集设立。除此之外,公司法还规定了另外一种股份有限公司设立的特殊途径,即通过有限责任公司整体变更为股份有限公司。在实践中,很多有限责任公司通过这种方式转变为股份有限公司并得以上市。由于公司法对此的规定极其简单,所以在实务中存在很多法律问题需要我们关注和解决。本专题包含如下内容:

- 有限责任公司变更为股份有限公司的法律性质;
- 有限责任公司变更为股份有限公司的条件和要求;
- 有限责任公司整体变更的程序问题;
- 有限责任公司整体变更并发行上市应关注的问题。

一、有限责任公司变更为股份有限公司的法律性质

股份有限公司除发起设立和募集设立之外,还可通过有限责任公司整体变更为股份有限公司。实践中,很多有限责任公司通过这种方式转变为股份有限公司并得以上市。但公司法本身对于有限责任公司变更为股份有限公司的规定相对粗略和简单。

《公司法》第九条规定,有限责任公司变更为股份有限公司,应当符合本法规定的股份有限公司的条件。有限责任公司变更为股份有限公司的,公司变更前的债权、债务由变更后的公司承继。第三十七条规定,股东会行使下列职权:……(九)对公司合并、分立、解散、清算或者变更公司形式作出决议。第四十三条规定,股东会的议事方式和表决程序,除本法有规定的外,由公司章程规定。股东会会议作出修

改公司章程、增加或者减少注册资本的决议，以及公司合并、分立、解散或者变更公司形式的决议，必须经代表三分之二以上表决权的股东通过。第九十五条规定，有限责任公司变更为股份有限公司时，折合的实收股本总额不得高于公司净资产额。有限责任公司变更为股份有限公司，为增加资本公开发行股份时，应当依法办理。《公司登记管理条例》第三十三条规定，公司变更类型的，应当按照拟变更的公司类型的设立条件，在规定的期限内向公司登记机关申请变更登记，并提交有关文件。《注册资本登记规定》第十三条规定，有限责任公司变更为股份有限公司时，折合的实收股本总额不得高于公司净资产额。有限责任公司变更为股份有限公司，为增加资本公开发行股份时，应当依法办理。从前述规定可以看出，《公司法》第九条规定有限责任公司可以转换为股份有限公司，但应符合关于股份有限公司的条件；《公司法》第三十七条规定股东会应就变更公司形式作出决议；《公司法》第四十三条规定作出该等决议应经过代表三分之二以上表决权的股东通过；《公司法》第九十五条、《注册资本登记规定》第十三条规定，有限责任公司变更为股份公司时，折合的实收股本总额不得高于公司净资产额。《公司登记管理条例》第三十三条明确公司变更类型的，应当按照规定向公司登记机关申请变更登记，这意味着有限责任公司变更为股份有限公司并不按照公司设立登记程序进行而只是变更登记程序。

有限责任公司变更为股份有限公司属于公司形式变更，系指有限责任公司不经解散、清算程序，按法律规定的程序和条件，变更为股份有限公司。在学术界，对公司形式变更存在如下两种主要的认识：

1. 组织形式转换说

该学说认为，公司形式变更的性质为公司组织形式变化，包括名称、治理机制和公司章程的改变。变更前后，公司仍保持其法律人格的同一性，体现在公司无须进行解散，有关的资产和债权债务均不发生转移。公司组织形式变更具有以下三个方面的特征：(1)公司法律人格的同一性。在变更前后，公司人格持续统一，公司的权利义务在变更前后，均在同一个主体内存续；(2)变更内容的综合性。变更的内容不仅包括组织形式，还包括名称、治理机制和公司章程；(3)种类和程序法定。不同形式的公司之间是否可以变更由法律规定，法律未明确规定可以进行变更的，不得进行变更。变更的程序也需要由法律作出规定。

2. 股东以净资产出资设立说

该学说认为，公司形式变更是全体股东以有限责任公司的净资产出资重新设立股份有限公司，是股份有限公司的设立行为。公司形式变更前后，法律人格不具有同一性，有限责任公司和股份有限公司并不是同一个主体。在特定情况下，法律将其拟制为同一个主体,变更前的债权、债务由变更后的公司承继。但是出于简化程序的考虑,在具体操作上,并不对有限责任公司进行清算,亦不对有限责任公司作注销登记,而是将有限责任公司变更登记为股份有限公司。

以上两种认识的主要区别在于,是否承认公司变更前后法律人格的同一性,在此基础上,对变更内容以及公司的有关权利义务关系在变更过程中及变更后的处置产生不同的认识。如持第一种认识,则会认为公司形式变更是基于法律相关规定的组织形式变更和相关内容变更,变更前后的公司是同一主体,其权利义务关系自然延续。如持后一种认识,则会认为,变更前后是两个不同的法律主体,理论上存在变更前公司的清算和新设,基于简化程序的考虑,对一部分事项法律上作拟制变更处理,相关的权利义务关系由变更后的公司承继。

笔者认可变更前后公司法律人格的同一性,公司形式变更的性质应为以组织形式转换为核心的相关内容变更,而非股东以有限责任公司的净资产出资设立股份有限公司。

二、有限责任公司变更为股份有限公司的条件和要求

前述《公司法》第九条、第九十五条对有限责任公司整体变更为股份有限公司的有关问题进行了规定,有限责任公司在经营过程中,可能会因为资金需求量的增加或计划将其股票公开发行上市,而必须变更为股份有限公司,以便向社会公众募集更多的资金,但有限责任公司与股份有限公司是两种不同类型的公司,它们的设立、内部组织机构及其对内对外事务的管理都有所不同,所以,在公司组织形式变更的时候,必须遵守《公司法》第七十六条、第七十七条、第七十八条的规定,符合下列条件和要求:

(一)股东人数符合法律要求

有限责任公司原股东应当在 2 人以上 50 人以下,其中须有过半数的股东在中国境内有住所。如果不足 2 人的,应引入新的股东。

(二)原有限责任公司经评估后的净资产额和社会公开募集的股本有符合公司章程规定的全体发起人认购的股本总额或者募集的实收股本总额

根据中国证监会公布并于 2006 年 5 月 18 日开始实施的《首次公开发行股票并上市管理办法》(以下简称《首发管理办法》)规定,公司发行前的注册资本至少达到人民币 3000 万元。

（三）股份发行筹办事项符合法律规定

股份的发行必须遵循公开、公平、公正的原则，必须同股同权、同股同利。同次发行的股份每股发行的条件和发行价格必须相同，任何单位和个人所认购的股份，每股应支付相同的价格。如果采取募集方式公开发行股票，事前经国务院的批准。

（四）原股东必须重新制定公司章程，采取募集方式设立的经创立大会通过

重订或变更公司章程是公司整体变更的必要条件和程序，新的公司章程必须由有限责任公司原股东同意并签名盖章，募集设立的并经创立大会通过。

（五）有公司名称，建立符合股份有限公司要求的组织机构

股份有限公司的名称必须标明“股份有限公司”或“股份公司”字样。股份有限公司必须设立股东大会、董事会、监事会、经理等规范的组织机构。

（六）有公司住所

公司的场所和住所不同，公司的住所仅指公司的主要办事机构所在地，公司的经营场所比住所更广泛，它包括公司的住所和公司从事经营活动的其他地点。

三、有限责任公司整体变更的程序问题

有限责任公司整体变更为股份有限公司一般应遵循以下程序：

（一）董事会拟定公司整体变更方案

有限责任公司整体变更时，首先应当由公司董事会拟定出变更公司形式的方案。公司变更方案一般应当包括下列内容：(1)变更后公司的名称和经营范围；(2)变更的规定和条件；(3)将原有限责任公司公司股东的投资份额转换成股份有限公司股份的方式和依据；(4)变更公司章程的声明；(5)有关公司变更的其他条款。

（二）股东会作出决议

有限责任公司整体变更是公司的重大事宜，根据《公司法》第四十三条第二款的规定，变更公司形式的决议，必须经代表三分之二以上表决权的股东通过。

(三)变更公司章程

变更公司章程是公司组织形式变更的必须程序,《公司法》第四十三条第二款的规定,公司章程的变更必须经代表三分之二以上表决权的股东通过,并经公司登记机关审查登记后,章程的变更才发生法律效力。

(四)折股或募集

有限责任公司在修订公司章程后,应依据章程的规定将原股东的出资额折合成股份有限公司的股份,折合的股份总额不得高于公司净资产额。在将原股东的出资额全部折合成股份后,仍有增资必要的,经国务院批准,可以向社会公开募集股份,但必须严格依照《公司法》有关向社会公开募集股份的规定办理。

(五)变更登记

在上述步骤结束以后,董事会应向公司登记机关申请公司变更登记,经公司登记机关核准登记,取得公司登记机关换发的营业执照。

(六)公告

公司整体变更以后,应当进行公告。公告方式依有关法律规定或公司章程的规定进行。一般情况下,公告采取登报方式公布。

四、有限责任公司整体变更并发行上市应关注的问题

有限责任公司整体改制并上市有很多需要关注的实务问题,主要包括改制前重组、审计和评估、折股、发起人协议和创立大会、会计和税务等问题。

(一)改制前重组问题

实践中,有限责任公司变更为股份有限公司时,可能存在不符合股份有限公司设立一般条件的情形。譬如,股东人数、股东代持股、实际控制人变更、管理层、主营业务变更等问题。因此,需要在变更之前进行重组和整改。下面针对实务中的一些主要问题进行介绍。

【实务问题22】 如何处理一人有限责任公司股东人数的问题?

实践中,如果有限责任公司变更之前其股东人数少于2人,则变更之后将不符合股份有限公司2~200人的要求,此时应该引入新的股东。通常可以采用的方式有两种:一是如果公司净资产已经满足折股后对上市3000万元的注册资本要求,则可以由现有的股东对外转让部分股权;二是如果不能满足前述注册资本要求,可以在变更前采取增资的方式引入新股东。根据《首发管理办法》第九条规定:“发行人自股份有限公司成立后,持续经营时间应当在3年以上,但经国务院批准的除外。有限责任公司按原账面净资产值折股整体变更为股份有限公司的,持续经营时间可以从有限责任公司成立之日起计算。”第十二条规定:“发行人最近3年内主营业务和董事、高级管理人员没有发生重大变化,实际控制人没有发生变更。”因此,无论采取何种方式,新股东的引入都不得导致公司实质控制人发生变更,主营业务、公司管理层不能有重大变化。

【实务问题23】 如何处理有限责任公司代持股问题?

公司法规定有限责任公司股东人数不得超过50人,因此,有些有限责任公司设立时涉及很多员工出资的,由于出资人数超过50人,所以许多职工以委托持股方式由其他股东代持股。在有限责任公司整体变更为股份有限公司时,这些委托持股的隐名股东是否可以成为变更后的股份公司的发起人股东?笔者认为可以采取如下的方式来进行处理:

1. 如果隐名股东转为显名后不会导致总体股东人数超过200人,则显名股东可以以名义价格转让股权给隐名股东或者确权书或者股权赠与的方式来处理,但可能会涉及税务问题;不进行隐显的转换处理,但必须详细披露代持股情况,但至少不要影响实际控制人的认定。如果整体变更是为了上市,则代持股是不允许的,也就是说在变更之前或变更时就必须要进行处理,这是《首发管理办法》第十三条:“发行人的股权清晰,控股股东和受控股股东、实际控制人支配的股东持有的发行人股份不存在重大权属纠纷”所明确要求的。

2. 如果隐名股东转为显名后将导致总体股东人数超过200人,则可以采取职工设立公司或合伙企业的方式来进行处理,从税务角度设立合伙企业的方式更有优势。但证监会对持股公司和合伙企业的审核是非常严格的,不能成为规避200人的工具。

【实务问题24】 有限责任公司改制时是否可以同时增资?

在早期的实践中,主流的观点是有限公司责任整体变更作为一种具有特定组织形式转换行为,不允许在整体变更的同时股东发生变动,但从后期的一些实践案例来看,整体变更的同时其他股东现金增资或者小规模的股权转让还是被允许的。当然,此时的股权调整一定要清晰且不宜过多,以免被质疑股权的清晰性和稳定性。需要说明的是,整体变更时变更股东不能存在规避股东人数的限制,实践中曾探讨整体变更的同时将股东人数增至50人以上的处理是否被允许,尽管目前并没有明确限制的说法,但笔者个人认为这种的处理存在很大的风险。

(二)审计和评估问题

公司法规定,有限责任公司整体变更时实行"净资产折股制",即有限责任公司净资产被用于折合为股份有限公司的股本。公司法并没有明确是采用净资产的账面价值或是评估价值进行折股。但《首发管理办法》第九条明确规定,"发行人自股份有限公司成立后,持续经营时间应当在3年以上","有限责任公司按原账面净资产值折股整体变更为股份有限公司的,持续经营时间可以从有限责任公司成立之日起计算"。① 这是基于业绩连续计算考虑的规定,如果要连续计算,则会计上不能视为新设成立股份有限公司计算而只能延续历史成本原则。因此,在会计处理上,实务中一般均将有限责任公司整体变更基准日账面净资产调整为股份有限公司设定的股本总额,净资产超过股本部分计入资本公积(股本溢价)。当然,如果采取按照评估价值折股则必须重新运营至少3年以上才可以申请发行上市。

【实务问题25】 有限责任公司改制时是否必须进行资产评估?

从近期证监会预披露的首发招股说明书来看,绝大部分整体股改时都进行了评估,并且未按评估值进行折股。但也有个别公司股改时未进行评估,直接以经审计账面净资产折股。从《公司法》《注册资本登记规定》以及证监会的审核实务来看,整体变更时,审计和评估一般都是要做的,且对于要连续计算业绩的公司而言,审计是必需的。但是否一定要进行评估,证监会并没有明确的相关规定。实践中通常认为,评估反映的是市场对公司的估值,审计和评估可以形成对比,具有对外部人的公示效应。因此,实践中,资产评估并不是整体变更的必需条件。

让我们来看一个"新三板"未评估而过会的实际案例:

案例10 万通液压(830839)未经评估整体变更后"新三板"挂牌

1. 2014年3月6日,和信会计所出具和信审字(2014)第012013号《审计报告》,截至2014年2月28日,万通液压有限经审计的所有者权益合计为177,331,710.07元。

---

① 类似的规定可以参见《首次公开发行股票并在创业板上市管理办法》(证监会第99号)第十一条第(一)项、《全国中小企业股份转让系统股票挂牌条件适用基本标准指引(试行)》第一条第(三)项。

2. 2014年3月6日,万通液压有限召开股东会,同意万通液压有限整体变更设立股份公司,整体变更后的股份公司名称确定为“山东万通液压股份有限公司”;同意万通液压有限全体股东作为股份公司的发起人股东,并以截至2014年2月28日经审计的净资产折合为股份公司股本,整体变更设立股份公司,各发起人股东认股比例与原持股比例相同,共计折合股本60,000,000股,每股面值1元,净资产大于股本部分计入股份公司资本公积。万通液压有限整体变更为股份公司的股本为60,000,000元。

在审核过程中,全国中小企业股份转让系统有限责任公司口头提出了新问题:“关于万通液压有限整体变更为股份公司时未履行评估手续对公司本次挂牌的影响问题”,北京德恒律师事务所就该问题出具了补充法律意见(三)就此问题进行了回复。有关回复如下:

“经核查,万通液压有限2014年3月在整体变更为股份公司的过程中未履行资产评估手续。根据相关规定,非货币出资设立公司需要评估作价,但万通液压有限系以净资产折股的方式整体变更为股份公司,根据2014年3月1日起实施的《公司注册资本登记管理规定》(工商总局令第64号)等规定,工商部门对有限公司整体变更为股份公司已不再强制要求提交评估报告等类似文件。经核查,在万通液压有限以净资产折股方式整体变更设立股份公司过程中,当地工商部门亦未要求公司提供评估报告。2014年3月26日,日照市工商局核发了注册号为371121228001949的《营业执照》,核准万通液压有限整体变更设立股份公司,至今当地工商部门亦无任何异议。目前,股份公司的经营状态为存续(在营、开业、在册)。根据万通液压有限发起人股东签署的《发起人协议》以及股份公司设立的其他相关文件,股份公司是以万通液压有限经审计的净资产值177,331,710.07元(以2014年2月28日为基准日)折合成股本60,000,000股而设立的股份公司。经核查,万通液压有限经审计的净资产值远大于股份公司注册资本,股改前后注册资本保持不变,不存在股份公司上述净资产值低于注册资本的情况,亦不存在出资不实的情况。万通液压有限以净资产折股方式整体变更设立股份公司事项已经公司全体股东一致同意,全体股东亦同意股份公司的注册资本及股权结构,且无任何异议。

综上,公司是由万通液压有限以其经审计的净资产值折股而整体变更设立的股份公司,万通液压有限经评估的净资产值仅是公司在整体变更为股份公司时的一个参考值,而非万通液压有限整体变更为股份公司的折股依据,万通液压有限整体变更设立股份公司前后的注册资本一致;万通液压有限整体变更设立股份公司已经全体股东一致同意,至今无任何异议;当地工商部门已核准万通液压有限整体变更设立为股份公司,未要求公司提供评估报告,至今亦未提出任何异议,目前股份公司经营状态为存续(在营、开业、在册)。因此,本所律师认为,万通液压有限没有履行资产评估手续对股份公司的设立和公司本次挂牌均不构成实质性的法律障碍”。

法律意见书的上述观点被股转公司所接受。

【评析】

1. 于2006年1月1日起实施的原《公司注册资本登记管理规定》第十七条规定:“有限责任公司变更为股份有限公司时,原有限责任公司的净资产应当由具有评估资格的资产评估机构评估作价,并由验资机构进行验资。”这一规定与2005年《公司法》第二十七条第二款的规定:“对作为出资的非货币财产应当评估作价,核实财产,不得高估或者低估作价。法律、行政法规对评估作价有规定的,从其规定”保持一致,即非货币出资应当经过评估。但2005年《公司法》第九十六条规定:“有限责任公司变更为股份有限公司时,折合的实收股本总额不得高于公司净资产额。有限责任公司变更为股份有限公司,为增加资本公开发行股份时,应当依法办理。”该规定显示了有限责任公司适用公司变更登记程序不适用设立登记程序。

证监会《首发管理办法》第九条规定:“ 发行人自股份有限公司成立后,持续经营时间应当在3年以上,但经国务院批准的除外。有限责任公司按原账面净资产值折股整体变更为股份有限公司的,持续经营时间可以从有限责任公司成立之日起计算。”《首次公开发行股票并在创业板上市管理办法》(证监会第99号)第十一条第(一)项规定:“发行人是依法设立且持续经营三年以上的股份有限公司。有限责任公司按原账面净资产值折股整体变更为股份有限公司的,持续经营时间可以从有限责任公司成立之日起计算;”即在公司上市的情况下,有限公司整体变更为股份有限公司,应以经审计的账面净资产折股,而非评估作价的净资产折股,否则经营期限无法连续计算。同时,《全国中小企业股份转让系统股票挂牌条件适用基本标准指引(试行)》第一条第(三)项规定:“有限责任公司按原账面净资产值折股整体变更为股份有限公司的,存续时间可以从有限责任公司成立之日起计算。整体变更不应改变历史成本计价原则,不应根据资产评估结果进行账务调整,应以改制基准日经审计的净资产额为依据折合为股份有限公司股本。申报财务报表最近一期截止日不得早于改制基准日。”可见,新三板挂牌的情况下,整体变更为股份公司亦应按审计的账面净资产折股,且不能根据评估结果进行账务调整,否则存续时间无法从有限责任公司成立之日计算。

2. 新《公司注册资本登记管理规定》(工商总局令第64号,2014年3月1日起实施)删除了有限责任公司整体变更为股份公司时须对净资产进行评估的规定。这使公司注册资本登记制度与上述上市制度、挂牌制度协调一致。对于无须上市、挂牌的公司,股改时可以选择按评估的净资产值折股,相当于新设公司、经营期限重新计算;而对于有上市、挂牌需求的公司,股改时选择按经审计的净资产折股,经营期限连续计算。

(三)折股的问题

根据公司法的规定,有限责任公司整体变更为股份有限公司时,折合的实收股本总额不得高于公司净资产额。从实践来看,通常基于各种原因存在如下几种折股的方法,如表6-1所示:

表6-1 净资产折股方式

情形	折股数
账面净资产大于注册资本额	按账面净资产全额折股
	按大于注册资本额的某个金额折股
	按注册资本额折股
账面净资产等于注册资本额	按注册资本额折股
账面净资产小于注册资本额	减资弥补亏损或增资后折股

需要注意的是,在上述方式中,如果账面净资产大于注册资本额时,并且未全额折股的,超过股本部分的净资产金额计入资本公积(股本溢价)。

【实务问题26】 整体变更时,净资产全部折股时的"尾数"如何处理?

当有限责任公司以在审计基准日经审计的账面净资产值全额折股时,由于在该基准日,有限责任公司的净资产往往不会为整数,一般是取整数折为股本,尾数以两种方式解决:一是进行分配,将尾数分配给股东,继续挂在账面作为对股东的负债;二是将尾数计入资本公积金(股本溢价)。实务中,一般都采用后一种方式进行处理,因为这样比较简便。

【实务问题27】 整体变更时,是以合并会计报表净资产折股还是以母公司会计报表净资产折股?

实务中,如果公司有较多的控股子公司,则合并报表和母公司报表的净资产数可能并不一致,当出现这种情况时,实践中以母公司报表的净资产数为折股依据(没有明确规定,或者说以两者较低数为折股依据)。因为有限责任公司作为企业法人是一个独立的法律主体。有限责任公司整体变更为股份有限公司,本质是法律层面上企业法人组织形式的改变,而合并报表反映的对象是由母公司和其下属子公司组成的会计主体的整体财务状况,这个会计主体仅仅是经济意义上的主体,并不是法律意义上的主体,不符合整体变更对法律主体的要求。而且,会计准则对母公司报表和合并报表编制的要求存在重大差异(如子公司长期投资核算),导致母公司会计报表净资产与合并会计报表净资产之间存在较大差异。因此,有限责任公司整体变更时,必须是以其母公司会计报表的净资产数折股或者合并报表净资产数低于母公司净资产数则以较低数折股。

除了上述实务问题之外,在早期的实务案例中,还存在净资产中的"盈余公积"是否可以全部折股以及是否违反公司法规定"法定公积金转为资本时,所留存的该项公积金不得少于注册资本的百分之二十五"等问题。在2004年金发科技股份有限公司(600143)整体变更为股份有限公司并上市之后,该争议得以解决。在该案中,证监会曾在发行审核中质询将盈余公积全部折股是否合适。当时的广东国信联合所认为:(1)依据公司法的规定,金发科技有限公司整体变更为金发科技股份有限公司时,将包括公积金在内的全部净资产转为等额股本的做法符合公司法有关"折合的股份总额应当相等于公司净资产额"(1993年《公司法》第九十九条);(2)并不违反"法定公积金转为资本时,所留存的该项公积金不得少于注册资本的百分之二十五"的规定,因为上述行为属于公司设立行为,而不属于公司增资行为;(3)金发有限公司在本次变更之前是有限责任公司,还不是股份有限公司。在后续的实践中,这已经不再成其为问题了。

同时,一般而言,基于整体变更的"整体性"(即经审计净资产的不可分割性)及股份有限公司的发起设立属性,有限责任公司整体变更为股份有限公司的所有者权益中应仅包括"股本"和"资本公积(股本溢价)"科目,当然如果是变更前原股东决议拟分配利润,则也可能留有未分配利润余额。因留存收益具有"公司在经营过程中所创造的"属性,所以,就新设公司而言,应不存在留存收益科目,这也是为何目前IPO过程中因整体变更而导致自然人股东须缴纳所得税的原因,即将留存收益调整至"股本"(我们将在后面详述这个问题)。

(四)发起人协议和创立大会

由于有限责任公司整体变更为股份有限公司,而根据公司法的规定,股份有限公司的设立方式有两种:发起设立方式和募集设立方式,那么,整体变更由属于何种方式呢?学界和实务界中一般将有限责任公司整体变更作为发起设立股份公司的一种方式,但同时公开募集的,则为募集设立方式。《公司法》第九条也规定,整体变更时应当符合该法关于股份有限公司的条件。让我们分析如下:

【实务问题28】　有限责任公司整体变更时,是属于《公司法》规定的发起设立方式还是募集设立方式?

根据《公司法》第七十七条规定:“股份有限公司的设立,可以采取发起设立或者募集设立的方式”,以及《首发管理办法》第八条规定:“发行人应当是依法设立且合法存续的股份有限公司。经国务院批准,有限责任公司在依法变更为股份有限公司时,可以采取募集设立方式公开发行股票。”因此,有限责任公司整体变更为股份有限公司的方式分两种情况:(1)有限责任公司原股东持有变更后股份有限公司的全部股份时,属于发起设立方式;(2)经国务院批准,股份有限公司的注册资本中除有限责任公司原股东持有的部分股份以外,还有认购公开发行股票的社会公众或特定募集对象持有的股份,则属于募集设立方式。在实践中,几乎都属于前一种方式。

正是基于上述分析,所以在实践中,有限责任公司整体变更为股份有限公司一般都会由有限责任公司原股东签署发起人协议并召开创立大会及第一次股东大会、第一届董事会及第一届监事会。让我们仍然以前述的万通液压(830839)案来进行说明:

案例11　万通液压(830839)股改发起设立程序

2014年3月6日,和信会计师出具和信审字(2014)第012013号《审计报告》:截至审计基准日2014年2月28日,万通有限净资产为177,331,710.07元。

2014年3月6日,万通有限召开临时股东会,同意将有限公司整体变更为股份公司,以2014年2月28日为折股基准日,万通有限原有股东[王万法等12名自然人股东和鲁创创投(有限合伙)股东,合计13名发起人]作为股份有限公司的发起人,按原股东出资比例以经审计的净资产177,331,710.07元折合实收股本总额6000万股,每股面值1元,作为股份公司股本总额,剩余部分计入股份有限公司资本公积。同日,万通有限全体股东签署了《发起人协议》。

2014年3月23日,股份公司召开创立大会暨第一次股东大会,通过了公司章程、三会议事规则及其他相关管理制度,选举了股份公司第一届董事会及第一届监事会成员。

2014年3月23日,公司召开第一届董事会第一次会议,选举产生了公司董事长,聘任了公司总经理、副总经理、财务总监和总经理助理。

2014年3月23日,公司召开第一届监事会第一次会议,选举产生了公司监事会主席。

2014年3月23日,和信会计师事务所出具和信验字(2014)第012001号《验资报告》:截至2014年3月23日,股份公司股本人民币6000万元已经全部到位。

2014年3月26日,日照市工商行政管理局核发了变更后的《营业执照》,注册号为371121228001949,注册资本6000万元。

【评析】

在万通有限整体变更为万通液压股份的过程中,万通有限的全体股东作为股份有限公司的发起人,并签署了《发起人协议》,按照公司法的规定,召开了创立大会及第一次股东大会。也就是说,万通有限整体变更是按照发起设立方式进行并额外遵循募集设立方式下召开创立大会等程序(《公司法》第七十六条)。同时,本案例中,万通有限还进行了股份有限公司的出资验资,当然按照2014年3月1日起实施的新公司法的规定,发起设立的,验资并非工商登记的必要程序,验资报告也并非必需的法定文件。

(五)会计和税务问题

1. 有限责任公司整体变更的会计处理问题

与非公司制企业改制为股份有限公司不同,考虑到会计主体的延续性原则,有限责任公司以净资产整体折股变更为股份有限公司时,不应按评估值对资产、负债的账面价值进行调整。按照《关于企业重组业务企业所得税处理若干问题的通知》(财税〔2009〕59号,以下简称59号文)的规定,笔者认为,有限责任公司变更为股份有限公司的,公司本身当期并不计算缴纳企业所得税。由于不存在按评估值对资产、负债的账面价值进行调整,因此,也就不存在按照公允价值与账面价值之间的差异确认"递延所得税资产"或"递延所得税负债"的问题。

同时,有限责任公司应当按照历史成本原则,以原账面净资产折股,并结转原先的各个股东权益类科目,但是如何结转却存在如下两种方法:

一是重新设置"股本"和"资本公积(股本溢价)"科目,将原有限责任公司的截至基准日止的全部经审计的账面净资产,折合为"股本"和"资本公积(股本溢价)",不再保留留存收益,即将股东权益余额转入新设的"股本"和"资本公积(股本溢价)"科目中。其理由是,有限责任公司整体变更为股份有限公司是公司组织形式的变化。从法律角度,视同为全体发起人以有限责任公司的整体净资产出资设立股份有限公司,所以出资额超过股本的部分都计入股本溢价,留存收益自股份公司设立日开始重新累积。实务中,一般的处理方式就是采用这个方式。譬如,我们前述的万通液压(830839)整体变更上市。在该案中,万通液压有限以2014年2月28日经审计的净资产177,331,710.07元折合为股份公司股本,整体变更设立股份公司,共计折合股本60,000,000股,每股面值1元,净资产大于股本部分117,331,710.07元计入股份公司资本公积。

二是有限责任公司净资产部分按照原实收资本、资本公积(资本溢价)、盈余公积(可转增部分)、未分配利润的顺序进行折股。也就是说,如果折股时确定的股本超过原实收资本的部分,先用资本公积(资本溢价)转股,不足部分再按顺序由可转增的盈余公积、未分配利润进行转股。其理由在于,《公司法》第九十五条仅仅规定:"有限责任公司变更为股份有限公司时,折合的实收股本总额不得高于公司净资产额。有限责任公司变更为股份有限公司,为增加资本公开发行股份时,应当依法办理。"但具体如何变更没有规定,仅是说要符合股份公司成立的条件,其他法律法规也未作规定。所以,有限责任公司整体变更为股份有限公司,仅仅是企业法律形式及公司名称的变更,不视为公司的新设成立。实务支持这种观点最明显的例证就是公司的成立日期还是有限责任公司成立的日期。让我们来看一个实例:

案例12 禾盛新材(002290)整体变更保留盈余公积

根据苏州禾盛2007年5月17日股东会决议,苏州禾盛进行股份制改制、以整体变更的方式设立股份有限公司。2007年5月17日,赵东明等21名股东共同签署了关于出资设立苏州禾盛的《发起人协议》,以截至2007年4月30日为基准日,苏州禾盛经审计后的净资产为人民币96,427,874.31元(其中,实收资本46,060,000元,资本公积溢价16,274,002元,盈余公积2,150,746.11元,未分配利润31,943,126.20元),按各发起人以其原拥有的苏州禾盛的股权所对应的净资产认购禾盛新材的股份,共计认购6000万股,剩余净资产中2,150,746.11元保留为盈余公积,其余净资产34,277,128.20元作为股本溢价转入资本公积。2007年5月25日,天健会计所出具了浙天会验〔2007〕第44号《验资报告》,验证各发起人投入的股本全部到位。2007年6月11日,禾盛新材在江苏省工商行政管理局办理了变更设立登记手续。

【评析】

在本案例中,苏州禾盛变更基准日净资产为96,427,874.31元,其中,实收资本46,060,000元,资本公积溢价16,274,002元,盈余公积2,150,746.11元,未分配利润31,943,126.20元。在净资产折股时,首先用实收资本46,060,000元折股,再用资本公积溢价16,274,002元中的13,940,000元折股,则资本公积溢价还剩余2,334,002元。由于整体变更时,为了规避个人所得税(详见下文介绍),保留了原盈余公积2,150,746.11元,将剩余2,334,002元资本公积溢价与未分配利润31,943,126.20元合计34,277,128.20元作为股本溢价转入资本公积。我们发现,按照这样的折股顺序和方式,实质是将有限责任公司的实收资本和资本公积溢价用于折股,由于两者之和大于折股总数,所以,原盈余公积数得以全部保留,并且剩余的资本公积溢价和原未分配利润全部转入资本公积(股本溢价),这样的操作方式可以起到规避自然人股东在留存收益折股中的个人所得税问题。同时,笔者认为,实务中采取这样的方式进行需要股东会决议明确折股的顺序和方式以支撑后续的折股。

2.有限责任公司整体变更的税务处理问题

对于有限责任公司整体变更涉及的税收问题一直是颇具争议的问题。依据股东是法人股东和自然人股东而可能涉及企业所得税和个人所得税。依据股东是否属于居民企业、非居民企业和境外、境内个人可以分为四种适用情形;依据是资本公积(溢价)转增或是留存收益转增分为两种情形。

(1)整体变更涉及的企业所得税

整体变更涉及的企业所得税的法律法规政策文件主要是《企业所得税法》《企业所得税法实施条例》、《财政部、国家税务总局关于企业所得税若干优惠政策的通知》(财税〔2008〕1号)和2010年2月发布的《国务院税务总局关于贯彻落实企业所得税法若干税收问题的通知》(国税函〔2010〕79号)。

法规链接

《财政部、国家税务总局关于企业所得税若干优惠政策的通知》

第四条　2008年1月1日之前外商投资企业形成的累积未分配利润,在2008年以后分配给外国投资者的,免征企业所得税;2008年及以后年度外商投资企业新增利润分配给外国投资者的,依法缴纳企业所得税。

《国家税务总局关于贯彻落实企业所得税法若干税收问题的通知》

第四条　企业权益性投资取得股息、红利等收入,应以被投资企业股东会或股东大会作出利润分配或转股决定的日期,确定收入的实现。被投资企业将股权(票)溢价所形成的资本公积转为股本的,不作为投资方企业的股息、红利收入,投资方企业也不得增加该项长期投资的计税基础。

《企业所得税法》

第二十六条　企业的下列收入为免税收入：……（二）符合条件的居民企业之间的股息、红利等权益性投资收益……

《企业所得税法实施条例》

第八十三条　企业所得税法第二十六条第（二）项所称符合条件的居民企业之间的股息、红利等权益性投资收益，是指居民企业直接投资于其他居民企业取得的投资收益。企业所得税法第二十六条第（二）项和第（三）项所称股息、红利等权益性投资收益，不包括连续持有居民企业公开发行并上市流通的股票不足12个月取得的投资收益。

【法规解读】

1. 由于新《企业所得税》于2008年1月1日生效实施，而旧的《中华人民共和国外商投资企业和外国企业所得税法》给予外国投资者股息、红利分配免税的政策，根据新法不溯及既往的原则，财税〔2008〕1号第四条给予2008年1月1日之前外商投资企业形成的累积未分配利润，在2008年以后分配给外国投资者的，免征企业所得税；2008年及以后年度外商投资企业新增利润分配给外国投资者的，依法缴纳企业所得税。

2. 对于资本公积（溢价）转赠股本的，按照我国公司法和会计法规的规定，由于其不属于利润分配，其转赠不视同为先利润分配给股东，股东在投资处理，股东不存在股息、红利收入，因此，国税函〔2010〕79号第四条规定，不作为投资方企业的股息、红利收入，投资方企业也不得增加该项长期投资的计税基础。

3. 对于留存收益（盈余公积和未分配利润）转增的，按照税法的一般原理，将该交易分解为企业对股东先进行利润分配，股东取得股息、红利收入，再用该收入转增股本处理。因此，但对于企业股东而言，根据《企业所得税法》及其实施条例的规定，对于居民企业之间的股息、红利等权益性投资收益免于征税；对于自然人股东而言，则将面临个人所得税。

（2）整体变更涉及的个人所得税

整体变更涉及的个人所得税的政策文件主要是《个人所得税法》《个人所得税法实施条例》《财政部、国家税务总局关于个人所得税若干政策问题的通知》（财税字〔1994〕第020号）、《关于征收个人所得税若干问题的规定》（国税发〔1994〕089号）、《国家税务总局关于股份制企业转增股本和派发红股征免个人所得税的通知》（国税发〔1997〕198号）、《国家税务总局关于原城市信用社在转制为城市合作银行过程中个人股增值所得应纳个人所得税的批复》（国税函〔1998〕289号）、《国家税务总局关于盈余公积金转增注册资本征收个人所得税问题的批复》（国税函发〔1998〕333号）、《财政部 国家税务总局关于将国家自主创新示范区有关税收试点政策推广到全国范围实施的通知》（财税〔2015〕116号，以下简称“116号文”）以及《国家税务总局关于股权奖励和转增股本个人所得税征管问题的公告》（国家税务总局公告2015年第80号，以下简称“80号公告”）。

法规链接

《个人所得税法》

第五条 特许权使用费所得,利息、股息、红利所得,财产租赁所得,财产转让所得,偶然所得和其他所得,适用比例税率,税率为百分之二十。

《财政部、国家税务总局关于个人所得税若干政策问题的通知》

第二条 下列所得,暂免征收个人所得税:……(八)外籍个人从外商投资企业取得的股息、红利所得。

《关于征收个人所得税若干问题的规定》

第十一条 股份制企业在分配股息,红利时,以股票形式向股东个人支付应得的股息,红利(即派发红股),应以派发红股的股票票面金额为收入额,按利息,股息,红利项目计征个人所得税。

《国家税务总局关于股份制企业转增股本和派发红股征免个人所得税的通知》

一、股份制企业用资本公积金转增股本不属于股息,红利性质的分配,对个人取得的转增股本数额,不作为个人所得,不征收个人所得税。

二、股份制企业用盈余公积金派发红股属于股息,红利性质的分配,对个人取得的红股数额,应作为个人所得征税。

《国家税务总局关于原城市信用社在转制为城市合作银行过程中个人股增值所得应纳个人所得税的批复》

二、《国家税务总局关于股份制企业转增股本和派发红股征免个人所得税的通知》(国税发〔1997〕198 号)中所表述的“资本公积金”是指股份制企业股票溢价发行收入所形成的资本公积金。将此转增股本由个人取得的数额,不作为应税所得征收个人所得税。而与此不相符合的其他资本公积金分配个人所得部分,应当依法征收个人所得税。

《国家税务总局关于盈余公积金转增注册资本征收个人所得税问题的批复》

青岛路邦石油化工有限公司将从税后利润中提取的法定公积金和任意公积金转增注册资本,实际上是该公司将盈余公积金向股东分配了股息,红利,股东再以分得的股息,红利增加注册资本。

因此,依据《国家税务总局关于股份制企业转增股本和派发红股征免个人所得税的通知》(国税发〔1997〕198 号)精神,对属于个人股东分得再投入公司(转增注册资本)的部分应按照“利息、股息、红利所得”项目征收个人所得税,税款由股份有限公司在有关部门批准增资,公司股东会决议通过后代扣代缴。

《财政部 国家税务总局关于将国家自主创新示范区有关税收试点政策推广到全国范围实施的通知》

第三条“关于企业转增股本个人所得税政策”规定:

1. 自 2016 年 1 月 1 日起,全国范围内的中小高新技术企业以未分配利润、盈余公积、资本公积向个人股东转增股本时,个人股东一次缴纳个人所得税确有困难的,可根据实际情况自行制定分期缴税计划，在不超过5个公历年度内（含）分期缴纳，并将有关资料报主管税务机关备案。

2. 个人股东获得转增的股本，应按照‘利息、股息、红利所得’项目，适用20%税率征收个人所得税。

……

6. 上市中小高新技术企业或在全国中小企业股份转让系统挂牌的中小高新技术企业向个人股东转增股本，股东应纳的个人所得税，继续按照现行有关股息红利差别化个人所得税政策执行，不适用本通知规定的分期纳税政策。

《国家税务总局关于股权奖励和转增股本个人所得税征管问题的公告》

第二条“关于转增股本”规定：

（一）非上市及未在全国中小企业股份转让系统挂牌的中小高新技术企业以未分配利润、盈余公积、资本公积向个人股东转增股本，并符合财税〔2015〕116号文件有关规定的，纳税人可分期缴纳个人所得税；非上市及未在全国中小企业股份转让系统挂牌的其他企业转增股本，应及时代扣代缴个人所得税。

（二）上市公司或在全国中小企业股份转让系统挂牌的企业转增股本（不含以股票发行溢价形成的资本公积转增股本），按现行有关股息红利差别化政策执行。

【法规解读】

根据国税发〔1997〕198号、国税函〔1998〕289号和国税函发〔1998〕333号的规定，公司以股票溢价发行收入所形成的资本公积金转增股本的，个人股东所取得的转增股本数额，不作为个人所得，不征收个人所得税；公司以资本公积中的非股票发行溢价部分、盈余公积和未分配利润部分转增股本的，个人股东所得的转增股本数额，应作为个人所得征收个人所得税。

显然，根据上述规定，如果在公司形式变更时，折股的股本不超过实收资本与资本公积中的股票发行溢价部分之和，自然人股东可以主张无需缴纳个人所得税，因为公司的非股票发行溢价部分、盈余公积和未分配利润部分在公司形式变更时，并未增加为公司的股本。而公司将来以此时形成的资本公积再转增资本时，自然人股东亦无须缴纳个人所得税，因为，此时转增属于以股票发行溢价形成的资本公积转增。但是，如果在公司形式变更时，折股的股本超过实收资本与资本公积中的股票发行溢价部分之和，就超过部分，自然人股东应缴纳相应的个人所得税。不难看出，在净资产折股制情况下，由于折股的方案不同，有的自然人股东可以就资本公积中非股票发行溢价部分、盈余公积和未分配利润永远不缴纳所得税，有的需要在整体变更时缴纳个人所得税，造成税负不公。

案例13　禾盛新材（002290）整体变更涉及的个人所得税问题

基本资料见【案例12】。在本案例中，苏州禾盛变更基准日净资产为96,427,874.31元，其中，实收资本46,060,000元，资本公积溢价16,274,002元，盈余公积2,150,746.11

元,未分配利润31,943,126.20元。在净资产折股时,首先用实收资本46,060,000元折股,再用资本公积溢价16,274,002元中的13,940,000元折股,则资本公积溢价还剩余2,334,002元。保留了原盈余公积2,150,746.11元,将剩余2,334,002元资本公积溢价与未分配利润31,943,126.20元合计34,277,128.20元作为股本溢价转入资本公积。

【评析】

那么,为什么苏州禾盛要这样设计折股方案呢?毫无疑问,其中一个重要的考量因素就是自然人股东的个人所得税问题。如上分析,相关税收法规规定只有非资本公积溢价部分和留存收益部分转增股本时,才产生个人所得税。但是在本案中,股份有限公司的全部股本都来自原有限责任公司的实收资本和资本公积(资本溢价),而保留盈余公积的同时将留存收益直接转入到资本公积(股本溢价),所以,这个时候不会产生个人所得税。

需要注意的是,上述依据相关规则所作的分析,并未成为实践中统一适用的标准。由于不同地方的税务部门的理解不一,实践中的征收掌握的标准则有多种。有的仅就资本公积中非股票发行溢价部分、盈余公积和未分配利润转增实收资本的部分,向自然人征收个人所得税;而有的则无论资本公积中非股票发行溢价部分、盈余公积和未分配利润是否转增实收资本,均就自然人股东所对应的部分,向自然人征收个人所得税;而有的地方税务部门允许公司上市后自然人股东转让股份时一并缴纳(实际上是豁免了就公司形式变更的个人所得税)。以上不同的操作方案,导致个人所得税征收标准不一致,并造成税负不公。

在无视资本公积中非股票发行溢价部分、盈余公积和未分配利润是否转增实收资本,均就全部向自然人征收个人所得税的地方,相关公司的自然人股东对此很难理解,如认为公司形式变更过程中,公司的实收资本并未发生增加(或者并非资本公积中非股票发行溢价部分、盈余公积和未分配利润的全部均转为了实收资本),自然人股东亦未从公司实际获取收益。一些公司的自然人股东因为无能力缴纳个人所得税,就不主动申报,税务部门也视而不见,导致大量税务违法情况的出现。

对于上述税收法规、政策的规定,还需要注意的是,根据国税发〔1997〕198号、国税函〔1998〕289号和国税函发〔1998〕333号的规定,公司以“股票溢价”发行收入所形成的资本公积金转增股本的,个人股东所取得的转增股本数额,不作为个人所得,不征收个人所得税;公司以资本公积中的非股票发行溢价部分、盈余公积和未分配利润部分转增股本的,个人股东所得的转增股本数额,应作为个人所得征收

个人所得税。但从80号公告的规定来看,则显然部分“否定”了前述两个文件的适用,笔者以表6-2来展示:

表6-2　资本公积(溢价)转增涉及的个人所得税政策适用

<table>
<tr><th></th><th>非上市及未挂牌</th><th>已上市或已挂牌</th></tr>
<tr><td>中小高新技术企业</td><td>80号公告第二条第(一)款:资本公积转增,符合116号文规定的,可享受5年分期缴纳优惠政策</td><td rowspan="2">80号公告第二条第(二)款:股票发行溢价形成的资本公积转股不征税</td></tr>
<tr><td>其他企业</td><td>80号公告第二条第(一)款:应及时代扣代缴个人所得税</td></tr>
</table>

因此,对于非上市或未挂牌的股份有限公司,按照80号公告第二条第(一)款的规定,亦应当征收个人所得税。即是说,对于股份公司制的中小高新技术企业,符合116号文规定的,可享受5年税收优惠政策;对于股份公司制的其他企业,应及时代扣代缴个人所得税。但是,我们知道,按照国税发〔1997〕198号和国税函〔1998〕289号的相关规定,股份有限公司资本公积(股票溢价)转股并不应该征收。所以,从80号文件来看,其实质是进一步收紧了资本公积(溢价)转增的个人所得税政策。

最后,笔者将有限责任公司整体变更涉及的企业所得税和个人所得税政策的法规适用整理为表6-3来结束本专题的讨论。

表6-3　有限责任公司整体变更涉及的所得税政策适用

<table>
<tr><th rowspan="2">股东类型</th><th colspan="2">留存收益转增</th><th colspan="2">资本公积转增</th></tr>
<tr><th>法规依据</th><th>税收待遇</th><th>法规依据</th><th>税收待遇</th></tr>
<tr><td>居民企业</td><td>《企业所得税法》第二十六条,《实施条例》第八十三条</td><td>1.免征(如果符合条件的话);
2.股权计税基础按分配金额调增</td><td>《关于贯彻落实企业所得税法若干税收问题的通知》(国税函〔2010〕79号)第四条</td><td rowspan="2">不作为投资方企业的股息、红利收入,投资方企业也不得增加该项长期投资的计税基础</td></tr>
<tr><td>非居民企业</td><td>《企业所得税法》第三条、第二十六条,《实施条例》第八十三条,《财政部 国家税务总局关于企业所得税若干优惠政策的通知》(财税〔2008〕1号)</td><td>1.10%或协定税率;与机构场所有实际联系的,免征;
2.2008年1月1日之前累计未分配利润:免征;2008年及以后新增利润,依《企业所得税法》适用</td><td>《关于贯彻落实企业所得税法若干税收问题的通知》(国税函〔2010〕79号)第四条</td></tr>
</table>

续表

股东类型	留存收益转增		资本公积转增	
	法规依据	税收待遇	法规依据	税收待遇
境内个人	《个人所得税法》第二条,《关于征收个人所得税若干问题的规定》(国税发〔1994〕089号)第十一条,《国家税务总局关于股份制企业转增股本和派发红股征免个人所得税的通知》(国税发〔1997〕198号)第二条,《国家税务总局关于盈余公积金转增注册资本征收个人所得税问题的批复》(国税函发)〔1998〕333号,《财政部 国家税务总局关于将国家自主创新示范区有关税收试点政策推广到全国范围实施的通知》(财税〔2015〕116号)第三条、《国家税务总局关于股权奖励和转增股本个人所得税征管问题的公告》(国家税务总局公告2015年第80号)第二条	按照股票票面金额确认收入	《国家税务总局关于股份制企业转增股本和派发红股征免个人所得税的通知》(国税发〔1997〕198号)第一条,国税函《国家税务总局关于原城市信用社在转制为城市合作银行过程中个人股增值所得应纳个人所得税的批复》(国税函〔1998〕289号),《财政部 国家税务总局关于将国家自主创新示范区有关税收试点政策推广到全国范围实施的通知》(财税〔2015〕116号)第三条、《国家税务总局关于股权奖励和转增股本个人所得税征管问题的公告》(国家税务总局公告2015年第80号)第二条	股份制企业:不确认收入,不缴纳个人所得税;不调整股权的计税基础;有限责任公司适用存在争议。80号公告带来的是非上市或未挂牌的股份制企业是否应税的争议
境外个人	《财政部、国家税务总局关于个人所得税若干政策问题的通知》(财税字〔1994〕第020号)第二条	暂免征收个人所得税		

专题 7　优先股法律、财税实务

内容提示

尽管《公司法》第一百三十一条规定:“国务院可以对公司发行本法规定以外的其他种类的股份,另行作出规定。”但一直没有相关的其他种类的股份法规出台,直到 2013 年 11 月 30 日,国务院出台的《国务院关于开展优先股试点的指导意见》(国发〔2013〕46 号,以下简称《优先股试点指导意见》)为优先股登上历史舞台扫清了法律障碍。2014 年 3 月 21 日,中国证监会出台了《优先股试点管理办法》(证监会令第 97 号)对有关上市公司公开发行优先股和上市公司、非上市公众公司非公开发行优先股试点管理进行了规定。本专题包含如下内容:

- 优先股的概念、类别股及类别权;
- 优先股的分类及主要法律特征;
- 发行优先股的条件和要求;
- 优先股的财税问题。

一、优先股的概念、类别股及类别权

《优先股试点指导意见》第一条第(一)项规定:“优先股是指依照公司法,在一般规定的普通种类股份之外,另行规定的其他种类股份,其股份持有人优先于普通股股东分配公司利润和剩余财产,但参与公司决策管理等权利受到限制。”《优先股试点管理办法》第二条也有完全相同的定义。前述对优先股的定义强调了优先股的两个主要法律特征:一是优先于普通股股东分配公司利润和剩余财产;二是参与公司决策管理等权利受到限制,这也是与普通股的本质区别所在。优先股的定义实质是公司法理论上的类别股以及类别权的体现。

(一)什么是类别股?

类别股(或称种类股)是指在公司的股权设置中,存在两个以上不同种类、不同权利的股份,这些股份因认购时间和价格不同、认购者身份各异、交易场所有别,而在流通性、价格、权利及义务上有所区别。有学者认为,类别股是指在股份公司的股权结构中,设置了两种以上不同种类、不同性质、不同权利义务关系、不同利益效果的股份。类别股并不是泛指不拘分类标准的任何种类的股份,在国外其主要是指在财产权和控制权内容方面有明显区别和差等的不同股份,既涉及自益权,又涉及共益权。这种差等可以是权利的有无、权力范围的大小、权力行使的先后等。具体来说,类别股可以在盈余分配、剩余财产分配、股份消除或股份合并或因合并而分配股份、新股认购、股份转换的选择、权利处分等方面具有不同的权益。

(二)什么是类别权?

类别权是英国法上的概念,美国、日本等其他国家没有对应的术语。股份的类别权,通常是指依附于股份上的权利。英国法虽然规定了类别股和类别权,但并没有明确指出两者的含义和范围。“类别股”被定义为“具有相同权利的股份”,“类别权”被描述为“依附于类别股上的权利”。股份需要以附于其之上的权利来定类别,而权利又需以其所附之股份来定类别。英国法将股份和权利相互对指,事实上是一个循环定义,两者的内涵和外延均未进行界定。

类别权的特征主要包括:(1)类别权不同于自益权、共益权。与其说类别权介乎自益权和共益权之间,不如说类别权与这两个概念没有很大的交集。有些自益权,如果扩展到某几个股东所持有的股份,那么可能构成类别权。有些共益权,如果没有扩展到所有的股东,仅仅涉及一部分股东,也可能构成类别权。(2)类别权不同于股东个人的权利。某些权利如果专属于某一个股东,此时要看该权利是给予该股东个人呢,还是给予该股东所持有的股份。从其本质上来看,类别权是依附于股份的一种权利,而并非依附于股东个人。(3)类别权可以变动或废除。只要享有该类别权的股东通过特定的程序作出有效的决定,就可以对他们自己享有的权利进行变更或放弃。这个特定的程序必须由法律作出规定。

讨论类别权的意义在于,一旦某项权利被认定为类别权,那么该权利的任何变动,必须经过该类别股东的同意。这个规则,对于保护小股东的重要性不言而喻。如果某项权利构成小股东的类别权,那么没有取得小股东的同意,大股东也不能通过控制股东大会的表决结果来否认、撤销小股东的该权利。

二、优先股的分类及主要法律特征

(一)优先股的分类

相对于普通股,优先股是一种典型的类别股。根据优先权内容的不同,优先股可以进行多种分类，各类别的优先股将具有相同的权利和义务，不同类别的优先股将具有不同的权利和义务。由于我国的优先股尚处于试点期间，所以对优先股的权利和义务的设置，《优先股试点指导意见》《优先股试点管理办法》进行了很多规定和限制。

法规链接

《优先股试点指导意见》

第一条第（一）项第二款　除本指导意见另有规定以外，优先股股东的权利、义务以及优先股股份的管理应当符合公司法的规定。试点期间不允许发行在股息分配和剩余财产分配上具有不同优先顺序的优先股，但允许发行在其他条款上具有不同设置的优先股。

《优先股试点管理办法》

第六条　试点期间不允许发行在股息分配和剩余财产分配上具有不同优先顺序的优先股，但允许发行在其他条款上具有不同设置的优先股。同一公司既发行强制分红优先股，又发行不含强制分红条款优先股的，不属于发行在股息分配上具有不同优先顺序的优先股。

第七条　相同条款的优先股应当具有同等权利。同次发行的相同条款优先股，每股发行的条件、价格和票面股息率应当相同；任何单位或者个人认购的股份，每股应当支付相同价额。

【法规解读】

根据优先股的本义，优先权的持有人可以根据公司章程所定比率，在普通股股东之前优先分红。普通股股东享有的分红是不固定的，随公司经营的结果而不同。既有可能股东得到的分红要大于其缴付的股款，也有可能股东因公司经营亏损而什么也得不到。优先股的分红一般是固定的，不受公司经营状况的影响，具有债权的性质。我们知道，股份上的基本权利有三种：投票表决权、分红权和剩余财产索取权，后两种权利是股份上的财产权利。上述规定意味着，在财产权利上不允许发行具有不同优先顺序的优先股，但投票表决权上可以。

根据优先股参与分配的不同，优先股可以分为累积优先股（accumulative preference shares）和非累积优先股（non－ accumulative preference shares），前者是指公司在停止派发股息一段时间后恢复派息时，须清偿停止派息期间积欠优先股股东的股息；后者是指当期的优先股红利只能在当期内分配，不能延迟到下一期间。优先股还可以分为有参与权优先股（participating preference shares）和无参与权优先股（non－participating preference shares），前者是指在优先取得既定红利股息后，仍能同普通股股东一样参加公司盈余分配；后者则只能取得既定的红利股息。在剩余财产分配优先股中，当公司清算时，该类别股股东对剩余财产享有优先于普通股股东予以分配的权利。除此之外，根据优先股是否可以强制转股，可以分为强制转换优先股和非强制转换优先股；根据优先股是否可以回售或赎回，优先股可以分为优先股股东可以要求回售优先股和发行人可以要求赎回优先股。笔者将上述优先股类别总结如图 7－1 所示：

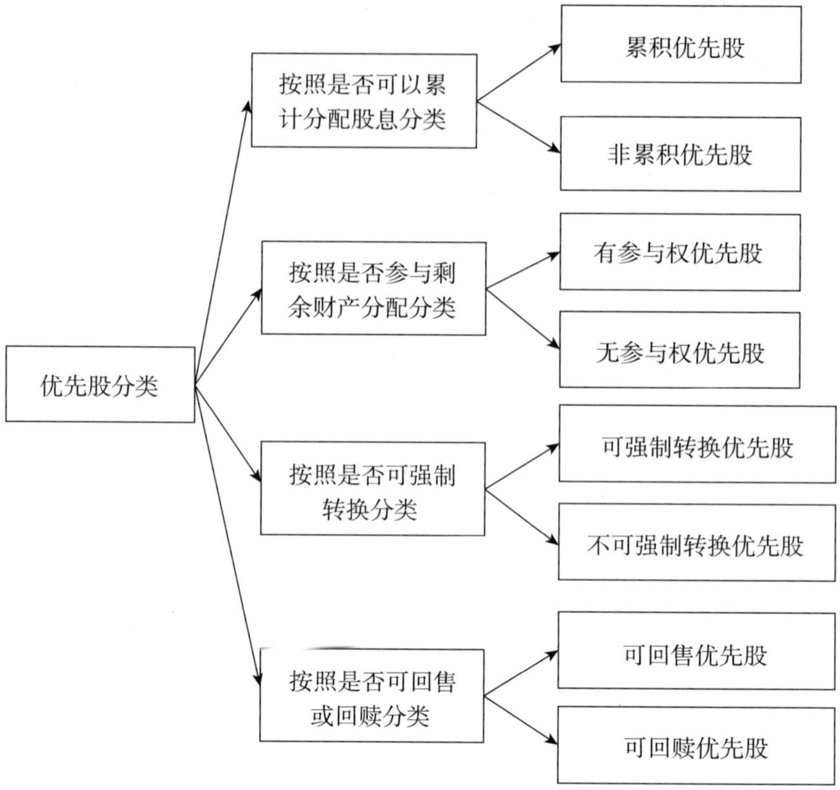

图7-1　优先股的分类

(二)优先股的主要法律特征

如前所述,优先股具有两个最主要的特征:一是优先于普通股股东分配公司利润和剩余财产;二是参与公司决策管理等权利受到限制。前一特征针对股份附属权利中的财产权利,后一特征针对股份附属权利中的非财产权利。前者又可细分为优先分配权或优先分红权和优先清算权;后者主要包括优先股的表决权限制。优先分配权系指优先股股东享有优先于普通股股东分配公司利润的权利。优先清算权系指当公司破产清算时,优先股股东享有优先于普通股股东分配剩余财产的权利。表决权限制系指除特定的情形之外,优先股股东并不参与公司管理决策,不出席股东大会会议,所持股份没有表决权。这些除外的特定情形通常包括:(1)修改公司章程中与优先股相关的内容;(2)一次或累计减少公司注册资本超过百分之十;(3)公司合并、分立、解散或变更公司形式;(4)发行优先股;(5)公司章程规定的其他情形。前述事项的决议,除须经出席会议的普通股股东(含表决权恢复的优先股股东)所持表决权的三分之二以上通过之外,还须经出席会议的优先股股东(不含表决权恢复的优先股股东)所持表决权的三分之二以上通过[《优先股试点指导意见》第一条第(五)项,《优先股试点管理办法》第十条]。

案例14 平安银行(000001)非公开发行优先股类别

根据2014年7月平安银行股份有限公司(以下简称平安银行,000001)非公开发行优先股预案的披露,其非公开发行的优先股具有如下特征:

1. 优先股股东参与分配利润的方式

(1)票面股息率的确定原则

本次优先股计划采取固定股息率,其具体方式和定价水平提请股东大会授权董事会,采取询价方式,与保荐人(主承销商)协商确定。票面股息率不得高于发行前公司最近两个会计年度的年均加权平均净资产收益率。①

(2)股息支付方式

本次优先股每年派发一次现金股息,公司董事会根据股东大会授权决定并办理相关派息事宜。计息本金为届时已发行优先股的票面总金额,计息起始日为届时已发行优先股的发行首日。

(3)股息类型

本次优先股的股息不可累积,即当年度未足额派发优先股股息的差额部分,不会累积到下一计息年度。

(4)剩余利润分配

本次发行的优先股股东除按照发行方案约定获得股息之外,无权同普通股股东一起参加剩余利润分配。

2. 转股条款

根据商业银行资本监管规定,为符合其他一级资本工具的合格标准,本次发行的优先股将在触发事件发生时强制转换为公司普通股。

3. 回购条款

根据商业银行资本监管规定,本次优先股不设置回售条款,但设置有条件赎回条款。本次优先股股东无权要求公司行使赎回权或向公司回售优先股。

【评析】

首先,平安银行发行的优先股属于固定股息且用现金支付的优先股;其次,该

① (加权平均)净资产收益率,是指根据《公开发行证券公司信息披露编报规则第9号——净资产收益率和每股收益的计算及披露(2010年修订)》确定,以归属于公司普通股股东的口径进行计算。

优先股的股息不可累积,所以属于非累积优先股。这是《中国银监会、中国证监会关于商业银行发行优先股补充一级资本的指导意见》(银监发〔2014〕12号)第五条第一款:“根据《商业银行资本管理办法(试行)》的有关规定,商业银行应在发行合约中明确有权取消优先股的股息支付且不构成违约事件;未向优先股股东足额派发的股息不累积到下一计息年度”规定的要求;该优先股无权同普通股股东一起参加剩余利润分配,所以属于无参与权优先股。

银监发〔2014〕12号第七条规定:“商业银行应根据《商业银行资本管理办法(试行)》和《优先股试点管理办法》等规定,设置将优先股强制转换为普通股的条款,即当触发事件发生时,商业银行按合约约定将优先股转换为普通股。商业银行发行包含强制转换为普通股条款的优先股,应采取非公开方式发行。优先股强制转换为普通股的转换价格和转换数量的确定方式,由发行人和投资者在发行合约中约定。”《商业银行资本管理办法(试行)》(银监会令〔2012〕第1号)附件1“资本工具合格标准”之“二、其他一级资本工具的合格标准”规定:“(十)必须含有减记或转股的条款,当触发事件发生时,该资本工具能立即减记或者转为普通股。”因此,本次平安银行采取非公开方式发行可强制转换优先股。

《优先股试点管理办法》第三十三条规定:“上市公司不得发行可转换为普通股的优先股。但商业银行可根据商业银行资本监管规定,非公开发行触发事件发生时强制转换为普通股的优先股,并遵守有关规定。”因此,平安银行根据银监发〔2014〕12号第六条规定:“商业银行不得发行附有回售条款的优先股。商业银行行使赎回权,应遵守《商业银行资本管理办法(试行)》的相关规定。”银监会令〔2012〕第1号附件1“资本工具合格标准”之“二、其他一级资本工具的合格标准”规定:“(五)没有到期日,并且不得含有利率跳升机制及其他赎回激励;(六)自发行之日起,至少5年后方可由发行银行赎回,但发行银行不得形成赎回权将被行使的预期,且行使赎回权应得到银监会的事先批准。……”平安银行本次发行的优先股为发行人可赎回优先股。

三、发行优先股的条件和要求

根据《优先股试点管理办法》的规定,上市公司既可以公开发行优先股,也可以非公开发行优先股,非上市公众公司可以非公开发行优先股,并针对发行条件和要求作出了详细的规定。笔者将上市公司和非上市公众公司有关发行条件和要求总结如表7-1所示:

表 7－1　上市公司及非上市公众公司发行优先股的要求和条件

<table>
<tr><td rowspan="2">项目</td><td colspan="2">公开发行(上市公司)</td><td colspan="2">非公开发行(上市公司及非上市公众公司)</td></tr>
<tr><td>非商业银行</td><td>商业银行</td><td>非商业银行</td><td>商业银行</td></tr>
<tr><td>发行规模</td><td colspan="4">已发行优先股不得超过公司普通股股份总数的 50%，且筹资金额不得超过发行前净资产的 50%，已回购、转换的优先股不纳入计算(《优先股试点管理办法》第二十三条、第四十二条)</td></tr>
<tr><td>发行条件</td><td colspan="2">1. 一般要求
(1)保证独立性：上市公司应当与控股股东或实际控制人的人员、资产、财务分开，机构、业务独立(《优先股试点管理办法》第十七条)；
(2)内控健全：上市公司内部控制制度健全，能够有效保证公司运行效率、合法合规和财务报告的可靠性，内部控制的有效性应当不存在重大缺陷(《优先股试点管理办法》第十八条)；
(3)可分配利润：最近三个会计年度实现的年均可分配利润应当不少于优先股一年的股息(《优先股试点管理办法》第十九条)；
(4)现金分红：最近三年现金分红情况应当符合公司章程及中国证监会的有关监管规定(《优先股试点管理办法》第二十条)；
(5)不存在重大会计违规事项：公开发行优先股，最近三年财务报表被注册会计师出具的审计报告应当为标准审计报告或带强调事项段的无保留意见的审计报告(《优先股试点管理办法》第二十一条)；
(6)募集资金：募集资金用途明确，与业务、规模匹配，符合国家产业政策、环保、土地管理规定(《优先股试点管理办法》第二十二条)。
2. 不得发行优先股的情形(《优先股试点管理办法》第二十五条)
上市公司存在下列情形之一的，不得发行优先股：
(1)本次发行申请文件有虚假记载、误导性陈述或重大遗漏；(2)最近十二个月内受到过中国证监会的行政处罚；(3)因涉嫌犯罪正被司法机关立案侦查或涉嫌违法违规正被中国证监会立案调查；(4)上市公司的权益被控股股东或实际控制人严重损害且尚未消除；(5)上</td><td colspan="2">1. 上市公司非公开发行
(1)遵循上市公司公开发行的一般要求(详见左栏)；
(2)最近一年财务报表被出具的审计报告为非标准审计报告的，所涉及事项对公司无重大不利影响或者在发行前重大不利影响已经消除(《优先股试点管理办法》第二十一条)。
2. 非上市公众公司不得公开发行
(1)合法规范经营；公司治理机制健全；依法履行信息披露义务(《优先股试点管理办法》第四十一条)；
(2)遵循上市公司公开发行的部分要求(《优先股试点管理办法》第四十二条)：
(a)遵从《优先股试点管理办法》第二十三条；
(b)同一次发行的优先股，条款应当相同。每次优先股发行完毕前，不得再次发行优先股(遵从《优先股试点管理办法》第二十四条)；
(c)不得发行优先股的情形(遵从《优先股试点管理办法》第二十五条)；
(d)优先股面值、发行价格、票面股息率的要求(遵从《优先股试点管理办法》第三十二条)；
(e)不得发行可转换为普通股的优先股，但商业银行除外(遵从《优先股试点管理办法》第三十三条)
(3)对盈利能力、现金分红情况和募集资金用途等无具体要求</td></tr>
</table>

续表

<table>
<tr><th rowspan="2">项目</th><th colspan="2">公开发行(上市公司)</th><th colspan="2">非公开发行(上市公司及非上市公众公司)</th></tr>
<tr><th>非商业银行</th><th>商业银行</th><th>非商业银行</th><th>商业银行</th></tr>
<tr><td>发行条件</td><td colspan="2">市公司及其附属公司违规对外提供担保且尚未解除;(6)存在可能严重影响公司持续经营的担保、诉讼、仲裁、市场重大质疑或其他重大事项;(7)其董事和高级管理人员不符合法律、行政法规和规章规定的任职资格;(8)严重损害投资者合法权益和社会公共利益的其他情形。
3. 特别要求
最近三个会计年度应当连续盈利。扣除非经常性损益后的净利润与扣除前的净利润相比,以孰低者作为计算依据。(《优先股试点管理办法》第二十七条)</td><td colspan="2"></td></tr>
<tr><td rowspan="4">利润分配</td><td colspan="2">固定股息率[《优先股试点管理办法》第二十八条第(一)项]</td><td colspan="2">股息率可浮动(《优先股试点管理办法》第十六条)</td></tr>
<tr><td colspan="2">不参与剩余利润分配[《优先股试点管理办法》第二十八条第(四)项]</td><td colspan="2">可参与剩余利润分配(《优先股试点管理办法》第九条)</td></tr>
<tr><td>强制分红[《优先股试点管理办法》第二十八条第(二)项]</td><td>允许不强制分红(补充资本)(《优先股试点管理办法》第二十八条、银监会令〔2012〕第1号附件1“资本工具合格标准”第二条)</td><td colspan="2">允许不强制分红(《优先股试点管理办法》第六条)</td></tr>
<tr><td>累积付息[《优先股试点管理办法》第二十八条第(三)项]</td><td>允许不累积付息(补充资本)(《优先股试点管理办法》第二十八条、银监会令[2012]第1号附件1“资本工具合格标准”第二条)</td><td colspan="2">允许不累积付息[《优先股试点指导意见》第一条第(二)项]</td></tr>
<tr><td>票息率</td><td colspan="2">市场询价或其他公开方式确定(《优先股试点管理办法》第三十二条)</td><td colspan="2">不高于最近两年的年均加权平均净资产收益率(《优先股试点管理办法》第三十二条)</td></tr>
<tr><td>优先股转换</td><td colspan="2">不可转换为普通股(《优先股试点管理办法》第三十三条)</td><td>不可转换为普通股(《优先股试点管理办法》第三十三条)</td><td>可在触发事件发生时强制转换为普通股(《优先股试点管理办法》第三十三条、银监发〔2014〕12号第七条)</td></tr>
</table>

续表

<table>
<tr><td rowspan="2">项目</td><td colspan="2">公开发行(上市公司)</td><td colspan="2">非公开发行(上市公司及非上市公众公司)</td></tr>
<tr><td>非商业银行</td><td>商业银行</td><td>非商业银行</td><td>商业银行</td></tr>
<tr><td rowspan="2">优先股回购</td><td colspan="4">允许发行人要求赎回和投资者要求回售(《优先股试点管理办法》第十三条)</td></tr>
<tr><td>发行人要求赎回之前必须支付所欠股息(《优先股试点管理办法》第十三条)</td><td>补充一级资本不得设回售条款(银监发〔2014〕12 号第六条、银监会令〔2012〕第 1 号附件 1“资本工具合格标准”第二条)</td><td>发行人要求赎回之前必须支付所欠股息(《优先股试点管理办法》第十三条)</td><td>补充一级资本不得设回售条款(银监发〔2014〕12 号第六条、银监会令〔2012〕第 1 号附件 1“资本工具合格标准”第二条)</td></tr>
<tr><td>投资者</td><td colspan="2">既可以向公开市场配售,也可以向原股东配售(《优先股试点管理办法》第四十七条)</td><td colspan="2">仅向合格投资者发行,每次不得超过 200 人,且相同条款优先股的发行对象累计不得超过 200 人(《优先股试点管理办法》第三十四条、第四十三条)</td></tr>
<tr><td>交易场所</td><td colspan="2">证券交易所(《优先股试点管理办法》第四十七条)</td><td colspan="2">上市公司:证券交易所;非上市公众公司:全国中小企业股份转让系统(《优先股试点管理办法》第四十七条)</td></tr>
<tr><td>适用情形</td><td colspan="2">上市公司公开发行优先股,应当符合以下情形之一:
(1)其普通股为上证 50 指数成份股;
(2)以公开发行优先股作为支付手段收购或吸收合并其他上市公司;
(3)以减少注册资本为目的回购普通股的,可以公开发行优先股作为支付手段,或者在回购方案实施完毕后,可公开发行不超过回购减资总额的优先股</td><td colspan="2"></td></tr>
</table>

鉴于目前还没有优先股公开发行的实务案例,基本集中在商业银行非公开发行优先股补充其他一级资本和上市公司非公开发行优先股进行配套融资的案例中。下面,笔者仍然以平安银行(000001)非公开发行优先股补充其他一级资本和中国电建(601669)非公开发行优先股募集配套资金来对非公开发行的要求和条件进行说明。

案例15　平安银行(000001)非公开发行优先股——补充一级资本

根据2014年7月平安银行股份有限公司(以下简称平安银行,000001)非公开发行优先股预案的披露,本次发行的概况如下:

1. 本次优先股的每股票面金额为人民币100元,以票面金额平价发行。

2. 本次发行优先股不超过2亿股(含2亿股),具体数额提请股东大会授权董事会在上述额度范围内确定。

3. 本次发行募集资金不超过人民币200亿元(含200亿元)。募集资金在扣除发行费用后,全部用于补充公司其他一级资本。

4. 本次优先股采取非公开发行的方式,发行对象为包括平安资管在内的符合《优先股试点管理办法》规定的合格投资者,所有发行对象均以现金认购。其中,平安资管承诺以与其他发行对象相同的发行价格和票面股息率参与认购,认购比例为本次发行数量的50%~60%,具体比例以相关监管部门批复为准。平安资管以其受托管理的保险资金参与认购。除平安资管外,公司将根据股东大会授权和中国证监会相关规定,采取询价方式,与保荐人(主承销商)协商确定其他发行对象。本次非公开发行可以采取一次核准、分次发行的方式;不同次发行的优先股除票面股息率外,其他条款均相同;每次发行对象不得超过二百人,且相同条款优先股的发行对象累计不得超过二百人。

5. 本次优先股计划采取固定股息率,其具体方式和定价水平提请股东大会授权董事会,采取询价方式,与保荐人(主承销商)协商确定。票面股息率不得高于发行前公司最近两个会计年度的年均加权平均净资产收益率。

6. 根据商业银行资本监管的相关要求,本次优先股计划补充公司其他一级资本,为符合其他一级资本工具的合格标准,本次优先股有如下特别条款:

(1)本次优先股无到期日。

(2)优先股股东参与利润分配的方式:

①在确保公司资本状况满足商业银行资本监管要求,且有可分配税后利润的情况下,公司可以向本次优先股股东派发股息。股息的支付不与公司自身的评级

挂钩,也不随着评级变化而调整。

②经股东大会批准,公司有权取消本次优先股的派息,且不构成违约事件。公司可以自由支配取消派息的收益用于偿付其他到期债务。取消派息除构成对普通股的收益分配限制以外,不构成对公司的其他限制。

③如果公司全部或部分取消派息,在完全派发约定的优先股股息之前,公司将不会向普通股股东分配股息。

④本次优先股的股息不可累积。

(3)转股条款:根据商业银行资本监管规定,为符合其他一级资本工具的合格标准,本次发行的优先股将在触发事件发生时强制转换为公司普通股。

(4)赎回条款:根据商业银行资本监管规定,本次优先股不设置回售条款,但设置有条件赎回条款,本次优先股股东无权要求公司行使赎回权或向公司回售优先股。自发行之日起5年后,如果得到中国银监会的批准,公司有权赎回全部或部分本次优先股。但根据商业银行资本监管规定,本次优先股无到期日,公司对本次优先股没有行使赎回权的计划,投资者也不应形成赎回权将被行使的预期。

7. 本次优先股的其他条款

(1)表决权限制与恢复条款:优先股股东不出席股东大会会议,所持股份没有表决权,但以下情况除外:修改公司章程中与优先股相关的内容;一次或累计减少公司注册资本超过百分之十;公司合并、分立、解散或变更公司形式;发行优先股;公司章程规定的其他情形。公司累计三个会计年度或者连续两个会计年度未按约定支付优先股股息的,优先股股东有权出席股东大会,每股优先股股份享有公司章程规定的表决权。对于股息可以累积到下一会计年度的优先股,表决权恢复直至公司全额支付所欠股息。本次优先股股息不可累积,表决权恢复直至公司全额支付当年股息。

(2)清偿顺序及清算方法:公司因解散、破产等原因进行清算时,公司财产在按照公司法和破产法有关规定进行清偿后的剩余财产,应当优先向优先股股东支付未派发的股息和公司章程约定的清算金额,不足以全额支付的,按照优先股股东持股比例分配。

8. 本次优先股不设限售期。本次优先股发行后将按相关规定在深交所指定的交易平台进行转让。转让和交易环节的投资者适当性标准与发行环节保持一致,相同条款优先股经转让或交易后,投资者不得超过二百人。

【评析】

1. 优先股具有两个最主要的特征:一是优先于普通股股东分配公司利润和剩

余财产(优先分配权和清算优先权);二是参与公司决策管理等权利受到限制(表决权限制)。

(1)优先分配权

平安优先股属于固定股息率、现金支付、不可累积、非强制性分红优先股,并且在完全派发约定的优先股股息之前,公司将不会向普通股股东分配股息。

(2)清算优先权

平安银行非公开发行优先股中,当公司因解散、破产等原因进行清算时,公司财产在按照公司法和破产法有关规定进行清偿后的剩余财产,应当优先向优先股股东支付未派发的股息和公司章程约定的清算金额,不足以全额支付的,按照优先股股东持股比例分配。这就是优先股的清算优先权或者剩余财产优先索取权。

(3)表决权限制及例外

平安银行优先股的表决权限制及例外完全遵从《优先股试点管理办法》第十条的规定,即优先股不具有表决权,但第十条规定的五种特定事项除外。

2. 平安银行非公开发行优先股遵从有关法规的要求:

(1)可分配利润。根据披露,平安银行2011~2013年度以及截至2014年第一季度末,公司未分配利润为350.17亿元。假设本次发行的200亿元优先股在2013年年初已经存续并在2013年内宣告发放一次股息,假设股息率每年不超过7%,相应2013年度归属于普通股股东的净利润减少不超过14亿元,即由152.31亿元下降为138.31亿元。满足最近三个会计年度实现的年均可分配利润应当不少于优先股一年的股息的规定(《优先股试点管理办法》第十九条)。

(2)现金分红。根据披露,平安银行最近三年现金分红情况符合公司章程及中国证监会的有关监管规定(《优先股试点管理办法》第二十条)。

(3)募集资金用途。本次计划通过发行优先股募集资金不超过人民币200亿元,经中国银监会批准,募集资金在扣除发行费用后,将全部用于补充其他一级资本,以提高公司一级资本充足率。

按照Basel Ⅲ和《商业银行资本管理办法(试行)》等相关法规和资本监管要求,商业银行可以通过发行优先股等补充其他一级资本。本次计划发行优先股融资不超过200亿元,符合《平安银行股份有限公司资本管理规划(2014~2016年)》,也有利于公司进一步优化资本结构。平安银行2011~2013年度实现的归属母公司股东净利润呈逐年上升态势。截至2014年第一季度末,公司未分配利润为350.17亿元。因此,相对于本次发行的200亿元优先股,公司的盈利状况和利润水平为未来优先股股息的支付提供有力支撑。针对普通股股东,公司章程中已经制定了明确的现金分红政策，不得随意调整而降低对股东的回报水平。

3.《中国银监会、中国证监会关于商业银行发行优先股补充一级资本的指导意见》（银监发〔2014〕12号）规定，商业银行应设置将优先股强制转换为普通股的条款，即当触发事件发生时，商业银行按合约约定将优先股转换为普通股。商业银行发行包含强制转换为普通股条款的优先股，应采取非公开方式发行。优先股强制转换为普通股的转换价格和转换数量的确定方式，由发行人和投资者在发行合约中约定。同时，还规定优先股属于其他一级资本工具，没有到期日，并且不得含有利率跳升机制及其他赎回激励；自发行之日起，至少5年后方可由发行银行赎回，且行使赎回权应得到银监会的事先批准。因此，本次平安银行发行可转换、可赎回优先股。需要注意的是，根据披露，本次优先股的初始强制转股价格为审议本次发行方案的董事会决议公告日前二十个交易日的公司普通股股票交易均价的90%。即本次发行的优先股初始强制转股价格为8.85元/股。我们可以发现，转股价格的确定与非公开发行股票的定价机制是一致的。本次优先股的赎回价格为优先股的票面金额加当期应付股息。

4.本次优先股不设限售期。本次优先股发行后将按相关规定在深交所指定的交易平台进行转让（《优先股试点管理办法》第四十七条）。转让和交易环节的投资者适当性标准与发行环节一致，相同条款优先股经交易或转让后，投资者不得超过二百人（《优先股试点管理办法》第四十八条）。

案例16　中国电建（601669）非公开发行优先股——募集配套资金

根据2014年9月30日中国电力建设股份有限公司（以下简称中国电建，601669）公告的《中国电建重大资产购买并发行优先股募集配套资金暨关联交易预案》披露：

本次重组的交易方案为本公司以非公开发行优先股及承接债务的方式购买电建集团持有的顾问集团、北京院、华东院、西北院、中南院、成都院、贵阳院、昆明院8家公司100%股权，同时公司向不超过200名合格投资者非公开发行优先股募集配套资金，募集资金总额不超过20亿元，且不超过本次交易总金额的25%。募集配套资金拟用于补充公司流动资金。

本次交易拟发行优先股募集配套资金，本次优先股向符合《优先股试点管理办法》和其他法律法规规定的合格投资者发行，本次优先股发行对象不超过200人，且相同条款优先股的发行对象累计不超过200人。本次发行不安排向原股东优先配售。本次优先股发行数量不超过2000万股，募集资金总额不超过20亿元，且不超过本次交易总金额的25%,具体发行数量将提请股东大会授权公司董事会与独立财务顾问(主承销商)协商确定。本次募集的配套资金将用于补充公司流动资金。

1. 本次发行的优先股为附单次跳息安排的固定股息、累积、非参与、可赎回但不设回售条款、不可转换的优先股。

2. 股息调整方式:第1~5个计息年度优先股的票面股息率由股东大会授权董事会结合发行时的国家政策、市场状况、公司具体情况以及投资者要求等因素,通过询价方式或监管机构认可的其他方式经公司与独立财务顾问(主承销商)按照有关规定协商确定并保持不变。自第6个计息年度起,如果公司不行使全部赎回权,每股股息率在第1~5个计息年度股息率基础上增加200个基点,第6个计息年度股息率调整之后保持不变。

3. 票面股息率上限:本次非公开发行优先股每一期发行时的票面股息率均将不高于该期优先股发行前公司最近两个会计年度的年均加权平均净资产收益率;跳息调整后的票面股息率将不高于调整前两个会计年度的年均加权平均净资产收益率;如调整时点的票面股息率已高于调整前两个会计年度的年均加权平均净资产收益率,则股息率将不予调整;如增加200个基点后的票面股息率高于调整前两个会计年度的年均加权平均净资产收益率,则调整后的票面股息率为调整前两个会计年度的年均加权平均净资产收益率。

4. 股息发放的条件

(1)公司股东大会有权决定每年优先股是否支付股息。股东大会授权董事会,在股东大会审议通过的框架和原则的情况下,依照发行文件的约定,宣派、调整和支付优先股的股息,宣派日为优先股付息日前的第5个交易日当天;但在全部或部分取消优先股股息支付的情况下,仍需提交股东大会审议,且该决议应在每期优先股股息宣派日前作出。

(2)若公司股东大会决定全部或部分取消当期优先股股息,自股东大会决议通过次日起,直至恢复全额发放累计股息及孳息之前,公司不得向普通股股东发放股息。全部或部分取消优先股股东当期股利分配除构成对普通股股东股利分配限制以外,不构成对公司的其他限制。

(3)强制付息事件是指计息支付日前12个月内发生以下情形之一时,公司须向优先股股东进行本期优先股股息支付:向普通股股东支付股利(包括现金、股票、现金与股票相结合及其他符合法律法规规定的方式);减少注册资本(因股权激励计划导致需要赎回并注销股份的,或通过发行优先股赎回并注销普通股股份的除外)。

5. 赎回条件及赎回期:本次发行优先股赎回期为自首个计息起始日起(分期发行的,自每期首个计息日起)期满5年之日起,至全部赎回之日止。公司有权自首个计息起始日起(分期发行的,自每期首个计息日起)期满5年之日起,于每年的该期优先股股息支付日全部或部分赎回注销本次发行的该期优先股。公司决定执行部分赎回时,应对所有该期优先股股东进行等比例赎回。除法律法规要求外,本次发行优先股的赎回无须满足其他条件。

赎回价格及其确定原则:本次发行的优先股的赎回价格为优先股票面金额加累计未支付股息(包括所有递延支付的股息及其孳息)。

【评析】

1. 与一般的上市公司发行股份购买资产及配套融资不同,中国电建采用的是发行优先股而非普通股来配套融资,并用于补充流动资金。这样处理的好处在于可以防止对控股股东股权的稀释,并且相对于一般的债券融资而言融资成本更低。

2. 与商业银行补充一级资本而非公开发行股份不同,中国电建非公开发行的优先股为不可转换优先股,而前者可在触发事件发生时强制转换为普通股。

3. 与商业银行补充一级资本而非公开发行股份不同,在赎回条款上,中国电建的赎回条款是无触发条件的赎回条款,并且赎回价格为优先股票面金额加累计未支付股息(包括所有递延支付的股息及其孳息)。

4. 在股息政策上面,本次发行为附单次跳息安排的固定股息的优先股。即自第6个计息年度起,如果公司不行使全部赎回权,每股股息率在第1~5个计息年度股息率基础上增加200个基点,第6个计息年度股息率调整之后保持不变。同时,本次发行存在强制付息事件。即计息支付日前12个月内发生以下情形之一时,公司须向优先股股东进行本期优先股股息支付:向普通股股东支付股利(包括现金、股票、现金与股票相结合及其他符合法律法规规定的方式);减少注册资本(因股权激励计划导致需要赎回并注销股份的,或通过发行优先股赎回并注销普通股股份的除外)。

四、优先股的财税问题

从优先股的主要法律特征来分析,显然优先股既具有最基本的股权属性,又具有明显的债权特征,因此被称为“混合证券”。这就决定了对它如何进行会计处理和税务处理是一件比较复杂的事情。

(一)优先股的会计处理

财政部为贯彻落实《优先股试点指导意见》等有关要求,规范优先股、永续债等金融工具的会计处理,2014 年 3 月 21 日发布了《金融负债与权益工具的区分及相关会计处理规定》(财会〔2014〕13 号),并从发布之日起施行。财会〔2014〕13 号与《企业会计准则第 22 号——金融工具确认和计量》(以下简称《金融工具确认和计量准则》)和《企业会计准则第 37 号——金融工具列报》(以下简称《金融工具列报准则》)①一起构成了对优先股会计处理的规范。按照《金融工具确认和计量准则》的规定,"金融工具"是指形成一个企业的金融资产,并形成其他单位的金融负债或权益工具的合同。"权益工具"是指能够证明拥有主体在扣除所有负债后的资产中的剩余权益的合同。"金融负债"是指企业符合下列条件之一的负债:(1)向其他方交付现金或其他金融资产的合同义务;(2)在潜在不利条件下,与其他方交换金融资产或金融负债的合同义务;(3)将来须用或可用企业自身权益工具进行结算的非衍生工具合同,且企业根据该合同将交付可变数量的自身权益工具;(4)将来须用或可用企业自身权益工具进行结算的衍生工具合同,但以固定数量的自身权益工具交换固定金额的现金或其他金融资产的衍生工具合同除外。

金融工具在于经济实质,而不是其法律形式,决定其在发行人资产负债表内的分类。虽然经济实质和法律形式通常是一致的,但情况并不总是如此。譬如,有些金融工具的法定形式表现为权益,但实质上是负债;还有些金融可能既有权益工具的特征,又有金融负债的特征。所以,企业发行的优先股如何认定其性质,归根结底需要根据优先股发行合约的约定,并结合"实质重于形式"来综合判断将其归类于权益工具或金融负债。

1. 优先股可以划分为金融负债和权益工具

根据财会〔2014〕13 号文规定,企业能否将其发行的优先股分类为权益工具,一般来说,需遵从两大基本原则:(1)是否能无条件地避免交付现金或其他金融资产的合同义务;(2)以发行方自身权益工具(如普通股)进行结算的,是否符合"固定对固定"原则。

(1)无条件避免交付现金或其他金融资产的合同义务

---

① 财政部于 2017 年 3 月 31 日、5 月 2 日分别发布了《关于印发修订〈企业会计准则第 22 号——金融工具确认和计量〉的通知》(财会〔2017〕7 号)和《关于印发修订〈企业会计准则第 37 号——金融工具列报〉的通知(2017)》(财会〔2017〕14 号),但并不对本部分的内容构成实质影响。

根据财会〔2014〕13 号文规定，分类为权益工具的金融工具应当不包括交付现金或其他金融资产给其他方，或在潜在不利条件下与其他方交换金融资产或金融负债的合同义务。如果企业不能无条件地避免以交付现金或其他金融资产来履行一项合同义务，则该合同义务符合金融负债的定义。实务中，常见的该类合同义务情形包括：

①金融工具发行方被要求以某一既定金额或某一可确定的金额强制赎回此金融工具。比如，实务中的强制回售优先股。

②金融工具发行方被要求以某一既定金额或某一可确定的金额强制支付利息。比如，《优先股试点管理办法》第二十八条第（二）项规定，上市公司公开发行优先股，在有可分配税后利润的情况下必须向优先股股东分配股息，即强制分红优先股。尽管是否存在可分配税后利润存在不确定性，但一旦存在，则发行人不能避免现金分红，即不能“无条件”地避免支付利息。

换言之，确定金融工具是否为权益的关键在于发行方是否能无条件地避免以交付现金或其他金融资产来履行一项合同义务。例如，对权益工具（如普通股）而言，以股利或其他分配形式支付现金的权利由发行方自主决定，因此不存在向工具持有方交付现金或其他金融资产的义务。如果是否发放股利取决于发行方的意愿，则股利是累积股利还是非累积股利均不会影响该金融工具被分类为权益。

财会〔2014〕13 号文规定很复杂，但归根结底，若发行人存在确定的强制分红义务（即使当期因无盈利不分红，累积到未来某一期分红），即应该确认为金融负债；反之，若公司可以自主决定当期是否分红（即使分红的比率或金额是确定的，而且公司有盈利），若不分红则往后期递延，并且不存在强制赎回条款或回售权条款（暂时不考虑转换条款）时，那么这种优先股应确认为权益工具。

（2）以交付固定数量的自身权益工具结算固定金额（“固定对固定”原则）

根据财会〔2014〕13 号文规定，如果发行的金融工具须用或可用企业自身权益工具结算，需要考虑用于结算该工具的企业自身权益工具，是作为现金或其他金融资产的替代品，还是为了使该工具持有方有权按照比例份额分享在发行方扣除所有负债后的资产中的剩余权益。如果是前者，该工具是金融负债；反之，该工具是权益工具。

对于将来须用或可用企业自身权益工具结算的金融工具的分类，应当区分是衍生工具还是非衍生工具：

①对于非衍生工具而言，如果发行方未来没有义务交付可变数量的自身权益工具进行结算，则该非衍生工具是权益工具；否则，该非衍生工具是金融负债。

②对于衍生工具而言，如果发行方只能通过以固定数量的自身权益工具交换

固定金额的现金或其他金融资产进行结算,则该衍生工具是权益工具;如果发行方以固定数量自身权益工具交换可变金额现金或其他金融资产,或以可变数量自身权益工具交换固定金额现金或其他金融资产,或在转换价格不固定的情况下以可变数量自身权益工具交换可变金额现金或其他金融资产,则该衍生工具应当确认为金融负债或金融资产。

某些金融工具可能包含发行方交付可变数量的自身权益工具的义务,从而根据合同安排交付的主体自身权益的公允价值等于合同义务的金额。此类工具不符合权益工具的定义,因为发行方不过是使用自身股票作为货币替代来履行其义务。

如果发行的金融工具合同条款中包含在一定条件下转换成发行方普通股的约定(例如可转换优先股中的转换条款),该条款将影响发行方是否没有交付可变数量自身权益工具的义务或者是否以固定数量的自身权益工具交换固定金额的现金或其他金融资产("固定对固定"原则)。对于以发行方自身权益工具结算的金融工具,在判断该工具的会计分类时,企业需要运用"固定对固定"的原则。

2. 或有结算条款

或有结算条款,是指是否通过交付现金或其他金融资产进行结算,或者是否以其他导致该金融工具成为金融负债的方式结算,需要由发行方和持有方均不能控制的未来不确定事项(如股价指数、消费价格指数变动,利率或税法变动,发行方未来收入、净收益或债务权益比率等)的发生或不发生(或发行方和持有方均不能控制的未来不确定事项的结果)来确定的条款。

财会〔2014〕13 号文规定,除下列情形外,对于附或有结算条款的金融工具,发行方应将其归类为金融负债:(1)要求以现金、其他金融资产或以其他导致该工具成为金融负债的方式进行结算的或有结算条款几乎不具有可能性,即相关情形极端罕见、显著异常或几乎不可能发生;(2)只有在发行方清算时,才需以现金、其他金融资产或以其他导致该工具成为金融负债的方式进行结算;(3)按照《金融负债与权益工具区分规定》分类为权益工具的可回售工具。

笔者将优先股是否构成权益工具或金融负债决策树总结如图 7－2 所示:

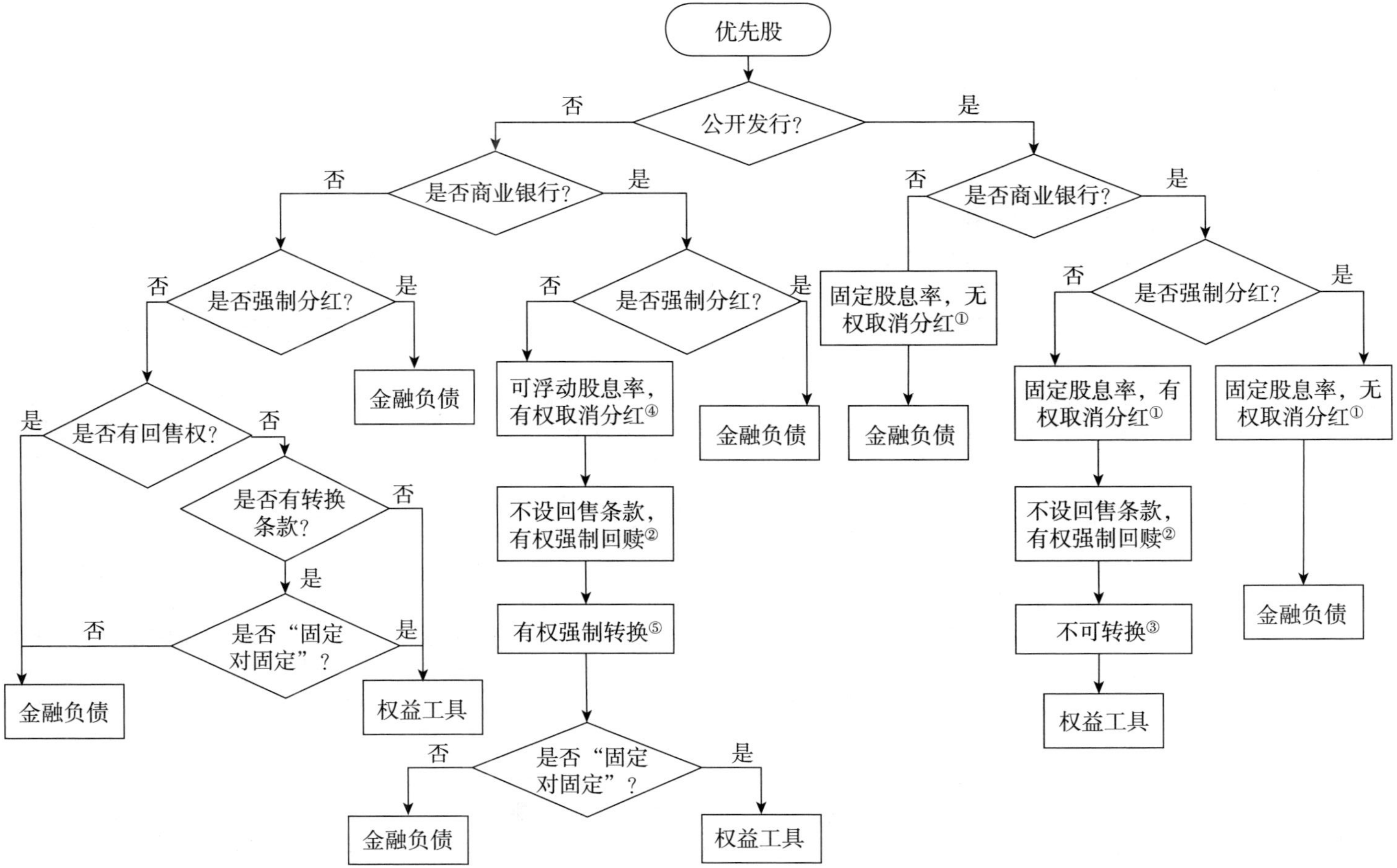

图7–2　优先股是否构成权益工具或金融负债决策树

注：①《优先股试点管理办法办法》第二十八条规定："上市公司公开发行优先股应当在公司章程中规定以下事项：（一）采取固定股息率；（二）在有可分配税后利润的情况下必须向优先股股东分配股息；（三）未向优先股股东足额派发股息的差额部分应当累积到下一会计年度；（四）优先股股东按照约定的股息率分配股息后，不再同普通股股东一起参加剩余利润分配。商业银行发行优先股补充资本的，可就第（二）项和第（三）项事项另行约定。"

《商业银行资本管理办法（试行）》（银监会令〔2012〕第1号）附件1"资本工具合格标准"之"二、其他一级资本工具的合格标准"规定："……（九）任何情况下发行银行都有权取消资本工具的分红或派息，且不构成违约事件。发行银行可以自由支配取消的收益用于偿付其他到期债务。取消分红或派息除构成对普通股的收益分配限制以外，不得构成对发行银行的其他限制。"

②《中国银监会、中国证监会关于商业银行发行优先股补充一级资本的指导意见》（银监发〔2014〕12号）第六条规定："商业银行不得发行附有回售条款的优先股。商业银行行使赎回权，应遵守《商业银行资本管理办法（试行）》的相关规定。"

《商业银行资本管理办法（试行）》（银监会令〔2012〕第1号）附件1"资本工具合格标准"之"二、其他一级资本工具的合格标准"规定："（五）没有到期日，并且不得含有利率跳升机制及其他赎回激励；（六）自发行之日起，至少5年后方可由发行银行赎回，但发行银行不得形成赎回权将被行使的预期，且行使赎回权应得到银监会的事先批准……"

③《优先股试点管理办法办法》第三节"其他规定"第三十三条规定："上市公司不得发行可转换为普通股的优先股。但商业银行可根据商业银行资本监管规定，非公开发行触发事件发生时强制转换为普通股的优先股，并遵守有关规定。"

④《优先股试点管理办法办法》第六条规定："试点期间不允许发行在股息分配和剩余财产分配上具有不同优先顺序的优先股，但允许发行在其他条款上具有不同设置的优先股。同一公司既发行强制分红优先股，又发行不含强制分红条款优先股的，不属于发行在股息分配上具有不同优先顺序的优先股。"

⑤《优先股试点管理办法办法》第三节"其他规定"第三十三条规定："上市公司不得发行可转换为普通股的优先股。但商业银行可根据商业银行资本监管规定，非公开发行触发事件发生时强制转换为普通股的优先股，并遵守有关规定。"

《中国银监会、中国证监会关于商业银行发行优先股补充一级资本的指导意见》（银监发〔2014〕12号）第七条规定："商业银行应根据《商业银行资本管理办法（试行）》和《优先股试点管理办法》等规定，设置将优先股强制转换为普通股的条款，即当触发事件发生时，商业银行按合约约定将优先股转换为普通股。商业银行发行包含强制转换为普通股条款的优先股，应采取非公开方式发行。优先股强制转换为普通股的转换价格和转换数量的确定方式，由发行人和投资者在发行合约中约定。"

《商业银行资本管理办法（试行）》银监会令〔2012〕第1号附件1"资本工具合格标准"之"二、其他一级资本工具的合格标准"规定："……（十）必须含有减记或转股的条款，当触发事件发生时，该资本工具能立即减记或者转为普通股。"

总结起来,判断优先股是否构成权益工具或金融负债需要遵循如下几个步骤来进行判断:

1. 判断发行人是上市公司或是非上市公司;判断发行人是否属于需要遵循特别规定的商业银行。

2. 判断是公开发行或是非公开发行。

3. 判断发行人是否可以无条件避免交付现金或其他金融资产的合同义务。其中,又包括如下两个细的判断:(1)判断发行人是否有强制性分红义务,如果有强制性分红义务,则属于金融负债,反之,进行下一步判断;(2)判断发行人是否有强制赎回义务或者优先股持股东是否有回售权,如果是,则属于金融负债;反之,进行下一步判断。

4. 若优先股包含转换条款,判断该转换条款是否导致发行人以交付固定数量的自身权益工具结算固定金额,如果是则属于权益工具;反之,则属于金融负债。

需要特别注意的是,由于《优先股试点管理办法》第三章"上市公司发行优先股"第二节"公开发行的特别规定"第二十八条第(二)项规定,在有可分配税后利润的情况下必须向优先股股东分配股息,对于上市公司公开发行优先股而言,该等优先股包含有"向其他方交付现金或其他金融资产的合同义务",并且发行人不能"无条件"避免,因此应划分为金融负债。

下面,笔者仍然以平安银行(000001)非公开发行优先股为例来进行展示:

案例17 平安银行(000001)非公开发行优先股——权益工具

根据平安银行发行预案的披露,非公开发行优先股的发行条款摘录和分析如下表所示:

条款	条款具体约定及分析
票面股息率	本次优先股计划采取固定股息率。票面股息率不得高于发行前公司最近两个会计年度的年均加权平均净资产收益率。 【分析】优先股采用固定股息率,但这并不意味着发行人就不能无条件地避免以交付现金或其他金融资产来履行一项合同义务,还需要结合其他股息条款来进行判定。

续表

条款	条款具体约定及分析
股息发放的条件	(1)在确保公司资本状况满足商业银行资本监管要求,且有可分配税后利润的情况下,可以向本次优先股股东派发股息。公司分配当年税后利润时,在弥补以前年度的亏损、提取法定公积金百分之十、提取一般准备后向优先股股东派发股息。本次优先股股东派发股息的顺序在普通股股东之前,股息的支付不与公司自身的评级挂钩,也不随着评级变化而调整。(2)经股东大会批准,公司有权取消本次优先股的派息,且不构成违约事件。公司可以自由支配取消派息的收益用于偿付其他到期债务。取消派息除构成对普通股的收益分配限制以外,不构成对公司的其他限制。(3)如果公司全部或部分取消派息,在完全派发约定的当年优先股股息之前,公司将不会向普通股股东分配股息。 【分析】1. 条款(1)意味着发行人没有强制性分红的义务。是否分红完全取决于发行方的意愿或自主决定,因此不存在向工具持有方交付现金或其他金融资产的义务。 "公司在盈利且现金能够满足公司持续经营和长期发展的前提下,于依法弥补亏损、提取公积金后有可分配利润且累计未分配利润为正的,应当进行现金分红"的约定形成公司的推定义务,但不是公司的合同义务,且公司可以无条件避免(公司股东大会有权决定每年优先股是否支付股息)。 2. 条款(2)表明发行方有权取消优先股分红,且不构成违约。这同样意味着发行人能无条件地避免以交付现金或其他金融资产来履行一项合同义务。 3. 条款(3)属于与普通股股利支付相联结的合同条款中的"股利制动机制"和"股利推动机制"。所谓"股利制动机制"是指该条款要求发行人如果不支付优先股股利的话,则其也不能支付普通股股利。所谓"股利推动机制"是指该条款要求发行人如果支付普通股股利,则其也需支付优先股股利。由于普通股股利的分配取决于发行人,因此其拥有无条件避免以现金支付优先股股利的权利。
回购条款	根据商业银行资本监管规定,本次优先股不设置回售条款,但设置有条件赎回条款。本次优先股股东无权要求公司行使赎回权或向公司回售优先股。 根据商业银行资本监管规定,本次优先股无到期日,公司对本次优先股没有行使赎回权的计划,投资者也不应形成本次优先股的赎回权将被行使的预期。但自发行之日起5年后,如果得到中国银监会的批准,公司有权赎回全部或部分本次优先股。赎回期至本次优先股被全部赎回或转股之日止,赎回日与计息日一致。公司行使赎回权需要符合以下要求:(1)公司计划使用或已经具有同等或更高质量的资本工具替换被赎回的优先股,并且只有在收入能力具备可持续性的条件下才能实施资本工具的替换。(2)公司行使赎回权后的资本水平仍明显高于中国银监会规定的监管资本要求。 本次优先股的赎回价格为优先股的票面金额加当期应付股息。 【分析】本条款约定意味着优先股股东无权要求公司行使赎回权或向公司回售优先股,并且发行人是否赎回全部或部分本次优先股完全取决于发行人的意愿,发行人完全可以不行使赎回权,即发行人能够无条件地避免以交付现金或其他金融资产来履行一项合同义务。同时,赎回选择权的行权价格与摊余成本大致相等,即与主合同紧密相关,无须分拆。

续表

条款	条款具体约定及分析
转换条款	(1)根据商业银行资本监管规定,为符合其他一级资本工具的合格标准,本次发行的优先股将在触发事件发生时强制转换为公司普通股。 强制转股的触发条件:①当其他一级资本工具触发事件发生时,即核心一级资本充足率降至5.125%(或5.125%以下)时,届时尚在存续的本次优先股将全部或部分转为普通股,并使公司的核心一级资本充足率恢复到触发点以上。②当二级资本工具触发事件发生时,本次优先股将全部转为普通股。其中,二级资本工具触发事件是指以下两种情形的较早发生者:(a)中国银监会认定若不进行转股或减记,公司将无法生存。(b)相关部门认定若不进行公共部门注资或提供同等效力的支持,公司将无法生存。 (2)①本次优先股的初始强制转股价格为审议本次发行方案的董事会决议公告日前二十个交易日的公司普通股股票交易均价的90%。即本次发行的优先股初始强制转股价格为8.85元/股。 ②当公司普通股发生送红股(不包括派发现金股利选择权等方式)、转增股本、增发新股[不包括因发行带有可转为普通股条款的融资工具(如优先股、可转换公司债券等)转股而增加的股本]、配股等情况时,公司将按上述条件出现的先后顺序,依次对强制转股价格进行累积调整,但强制转股价格不因公司派发普通股现金股利的行为而进行调整。具体调整办法如下: 送红股或转增股本:$P1 = P0 \times N/(N+n)$; 增发新股或配股:$P1 = P0 \times (N+k)/(N+n)$;$k = n \times A/M$; 其中,P0为调整前有效的强制转股价格,N为该次普通股送红股、转增股本、增发新股或配股前公司普通股总股本数,n为该次普通股送红股、转增股本、增发新股或配股的新增股份数量,A为该次增发新股价或配股价,M为该次增发或配股已经生效且不可撤销的发行结果公告刊登前一个交易日的普通股收盘价,P1为调整后有效的强制转股价格。 如果公司认为可能任何其他情形使公司股份类别、数量和/或股东权益发生变化,从而可能影响优先股和普通股股东的权益时,公司有权视具体情况按照公平、公正、公允的原则以及充分维护和平衡优先股和普通股股东权益的原则调整强制转股价格。 (3)本次优先股股东强制转股时,转股数量的计算方式为:$Q = V/P1$。不足转换为一股的余额,公司将以现金方式偿付。其中,V为强制转股涉及的优先股的票面总金额;P1为届时有效的强制转股价格。 【分析】1.条款(1)意味着当触发事件发生时,本次发行的优先股将强制转股,但触发事件属于发行方和持有方均无法控制的或有事项,即触发事件有可能发生,且可能导致发行人在除其清算之外的时间必须交付现金或其他金融资产,但这并不必然意味着优先股就属于金融负债,但需要判断是否符合"固定对固定"原则。同时,优先股持有人无权要求转股。 2.对于条款(2)—①和条款(3)来说,由于优先股初始强制转股价格为8.85元/股,因此,对于任一优先股股东而言,其在成为优先股股东时,其可转换金额以及普通股股数即是确定的,符合"固定对固定"原则;同时,条款(2)—②属于"反稀释条款"。由于"反稀释条款"会导致转换时将向优先股股东交付的股份数量发生变化,因此须审慎确定此类条款是否能够满足"固定对固定"原则。一般来说,我们需要分析"反稀释条款"对于其普通股股东及可转换优先股股东之间相对利益的影响,来判断该条款是否会违反"固定对固定"原则。如果调整转股价格而使得交付的股份数量发生变化,

续表

条款	条款具体约定及分析
转换条款	若该变化是为了弥补优先股股东相对于现有普通股股东的利益,则该转股价格的调整通常并不视作违反"固定对固定"原则。如果转换价格的调整使普通股股东利益受损而令优先股股东受益,则会有不同的结论。由于,在本条款中,反稀释条款用于在稀释事项发生时,使优先股持有人相对于现有普通股股东的经济地位与之前相同,并且任何时候强制转股价格不因公司派发普通股现金股利的行为而进行调整,不违反"固定换固定"原则。 因此,本次发行的优先股不会因转换条款而导致产生交付可变数量自身权益工具的义务,符合"固定对固定"原则。
【结论】发行人平安银行支付固定股息的义务可以无条件避免;发行人有权(但并非必需)赎回全部或部分优先股,优先股股东无权向发行人回售优先股;转换权满足"固定换固定"原则。即发行人平安银行没有交付现金或其他金融资产或交换金融资产或金融负债结算的合同义务,发行人平安银行可用自身普通股结算且优先股持有人享有剩余权益,公司未来没有义务交付可变数量的自身权益工具进行结算,因此该优先股属于权益工具。	

在实务案例中,除了固定股息率之外,某些优先股条款还存在浮动股息以及利息跳升机制以及递延支付利息条款等约定,这些约定本身并不必然构成发行人强制性分红义务,需要结合其他股息条款、回购条款和转换条款进行具体分析。这样的典型案例可以参见2014年中国建筑(601668)非公开发行优先股和中国电建(601669)非公开发行优先股,在这两个案例中,发行人都将优先股划分为权益工具。

(二)优先股的税务处理

对于优先股的税务处理问题主要涉及两个方面的内容:一是优先股股东的税务处理问题,即发行人分配利润时是否认定为股息、红利或是利息;二是依据《优先股试点管理办法》第二十六条第一款第(二)项的规定,以公开发行优先股作为支付手段收购或吸收合并其他上市公司的,该等优先股是否构成59号文上的"股权支付"对价,因为这将涉及收购或吸收合并是否满足特殊性税务处理的问题。下面笔者分别对这两个问题进行介绍。

1. 优先股股息的税务处理

我国现行有关税收法律、法规尚未有对优先股股息税务处理的明确规定,因此向优先股股东支付股息的税务处理方式尚存在不确定性。截至目前,唯一具有指导意义的规定是《优先股试点指导意见》第三条第(十六)项规定:"企业投资优先股获得的股息、红利等投资收益,符合税法规定条件的,可以作为企业所得税免税收入。"但该规定是否就将优先股股息明确为税法上的"股息、红利"而不是"利息"了呢?应该是尚不明确。笔者分析如下:

【实务问题29】　如何理解和适用《优先股试点指导意见》第三条第(十六)项规定:"企业投资优先股获得的股息、红利等投资收益,符合税法规定条件的,可以作为企业所得税免税收入"?

该条款规定其实隐含了一个前提条件,即"企业投资优先股获得的股息、红利等投资收益",笔者认为,这并非就是对企业投资优先股获得的"股息、红利"的定性,其可能隐含的潜台词是,如何税法上定性为"股息、红利等投资收益"的,才有后面的"符合税法规定条件的,可以作为企业所得税免税收入。"同时,笔者建议税法上对优先股股息性质的界定可以采取与会计处理保持一致的原则。即如果会计上依据经济实质原则确定为权益工具的,则作为股息、红利处理;如果确定为金融负债的,则作为利息处理。

鉴于《优先股试点指导意见》并非税收法规、规章以及规范性意见,所以实务中优先股发行人需要与主管税务机关进行具体协商和沟通以确定优先股股息的相关税务处理。

2. 优先股对价对重组所得税税务处理的影响

《优先股试点管理办法》第二十六条第一款第(二)项明确规定上市公司可以公开发行优先股作为支付手段收购或吸收合并其他上市公司。《优先股试点指导意见》第一条和《优先股试点管理办法》第十三条实际是对优先股的类别的规定。也就是说,按是否可以转换为普通股,优先股可以分为"可转换优先股"和"不可转换优先股"。按是否可以赎回,优先股可以分为"可赎回优先股"和"不可赎回优先股"。同时,转换权或赎回选择权可以由发行人或优先股股东行使。正是这种可赎回、可转换的优先股可能给59号文带来新的挑战。也就是说,如果收购方以发行可赎回、可转换优先股作为支付对价时,我们如何界定它是否构成"股权支付",这直接涉及股东权益是否连续的判定问题。遗憾的是,我国59号文在《优先股试点指导意见》和《优先股试点管理办法》之前出台,所以它也就没有考虑前述问题。笔者的建议是,可以借鉴美国联邦税法的经验,如果收购公司使用的对价是"不适格优先股"("nonqualified preferred stock"),①而换取目标公司的股份不属于不适格优先股的话,则该对价不属于适格对价。② 但是,如果两者使用的对价都是不适格优先股的话,收购公司的不适格优先股则构成适格对价。这样规定的原因在于:

---

① See 26 USC §351(g)(2)."不适格优先股"是指具有如下一个特征的优先股:(1)该优先股持有人有权要求发行公司或其关联人赎回或购买该优先股;(2)该优先股发行公司或其关联人必须赎回或购买该优先股;(3)该优先股发行公司或其关联人有权赎回或购买该优先股,并且从该优先股发行之日起,发行公司或其关联人往往很可能行使这种权利;(4)该优先股的股息率全部或部分地(直接或间接地)参照利息率、商品价格或其他类似指数的变化而变化。

② 26 USC §354(a)(2)(C)(i).此处的适格对价相当于我国59号文中的股权支付对价。

一是根据不适格优先股的定义,优先股的持有人有权出售(或发行公司或其关联人有权赎回)该优先股,这样优先股的持有人(重组后的目标公司股东)有权并将很可能处置该优先股,从而实现其内在价值,应当确认收益或损失;二是收购公司付出的不适格优先股换取了目标公司股东的适格股票,而收购公司赎回或目标公司股东出售该不适格优先股将减少目标公司股东在收购公司或其控股公司的投资利益的持续,这与重组的经济实质理论(股东权益连续规则)的根本要求相违背。

因此,如果发行的优先股属于可赎回的优先股,并且收购公司或目标公司的股东很有可能行使赎回权或回售权,这个时候将不能保证股东权益的连续。实质上,这个时候的可赎回或可回售优先股在实质重于形式原则下,被认定为债务证券而不是权益证券。所以,这种性质的优先股不能视为"股权支付"而应视为"非股权支付"对待。除了可赎回、可回售优先股之外,可转换优先股我们也视为一种嵌入式的衍生金融工具处理,即视为一个看涨期权(call option,即投资者可以在某一特定时间或特定期间行使普通股认购选择权)和一份股权进行处理,该可转换优先股的发行价格是否全部可以认定为股权支付对价呢?即嵌入期权的价值部分是否可以认定为股权支付对价呢?这也是属于我国税法今后需要研究并明确的问题。

尽管目前还没有出现上市公司发行优先股作为支付手段对其他上市公司进行收购或吸收合并的实践案例,但这是一个我国税法需要予以明确的领域,同时对于公司律师而言,如果处理这样的并购重组案例时需要考虑这个因素并及时与主管税务机关沟通予以明确。

专题8 公司投资和增资协议

内容提示

在对外投资和增资时,股东之间需要就公司设立、股东权利和义务、公司治理结构以及运营的事项进行充分协商并写入投资和增资协议中。一般来讲,投资协议和增资协议是对外投资和增资的基本法律文件。可以说,它们是公司章程制定的"蓝本",具有准章程的法律效力。本专题包含如下内容:

- 投资/增资协议的类型和框架结构;
- 投资/增资协议的核心条款和实务要点;
- 投资/增资协议的通用条款。

作为对外投资中最核心的法律文件,投资/增资协议既有类似于其他协议的通用条款,也有区别于其他协议的特定条款。

一、投资/增资协议的类型和框架结构

首先我们需要了解实践中投资/增资协议都有什么类型,并适用于什么样的交易以及投资/增资协议的示范框架结构。

(一)投资/增资协议的类型

1. 投资协议的类型

投资协议一般可以分为两大类型:一是投资者拟在某地进行项目投资或项目建设而设立项目公司与当地政府或部门或开发园区、工业园区等签署的预先安排性质的"投资合作协议";二是投资者之间为共同出资设立公司而签署的约定各方权利和义务以及公司治理、运营的"投资协议"。实践中,我们所指的投资协议系指后一种。

根据设立的公司类型的不同,投资协议具有不同的特点和特定的条款。对于新设有限责任公司而言,一般是投资人之间签署“投资协议”或“合营协议”(适用于中外合资企业的设立);对于股份有限公司而言,一般是公司的发起人之间签署“发起人协议”或“发起协议”。根据股份有限公司设立的方式的不同,又可分为发起设立下的发起人协议、募集设立下的发起人协议以及有限责任公司整体变更为股份有限公司下的发起人协议。尽管这些协议的条款因适用的法律法规的不同或者适用的法律条款的不同而呈现出差异性,但其总体结构基本类似。在本书中,笔者将以设立有限责任公司的投资协议为例来进行说明。

2. 增资协议的类型

依据投资者是否取得或巩固其控制地位的目的,增资可以分为一般性增加资本的增资和取得控制权的增资并购;按照投资者的身份的不同,增资可以分为现有股东对被投资公司的追加投资和第三方对目标公司的增资;依据目标公司的类型的不同,可以分为对有限责任公司的增资和对股份有限公司的增资。其中,对于后者,又可以分为上市公司和非上市股份有限公司的增资。对于上市公司增资,实践中一般又包括非公开发行(定向增发)认购协议、发行股份购买资产协议和发行股份吸收合并协议。

除了上述增资协议之外,实践中,基于PE/VC的特殊性,还存在另外一种特殊的增资协议——PE/VC增资协议。

(二)投资/增资协议的框架结构

限于篇幅,笔者在此仅对新设成立有限责任公司投资协议和有限责任公司增资协议的框架结构进行介绍。

1. 新设有限责任公司投资协议的框架结构

一个典型的设立有限责任公司的投资协议的框架结构如表8-1所示:

表8－1 新设有限责任公司投资协议框架结构

条款标题	解释及说明
1. 术语和释义	本条对术语进行定义和明确解释规则(可选)。
2. 投资(合营)各方 3. 设立(合营)公司 4. 宗旨、经营范围和规模 5.(投资总额和)注册资本	本部分主要是投资主体、被投资主体的相关内容条款。包括:(1)投资各方、设立的新公司及其宗旨、经营范围、注册资本等内容;(2)如果是外商投资合营企业,则一般使用“合营”的描述,同时,还存在“投资总额”的约定
6. 股东会 7. 董事会 8. 监事会(或监事) 9. 经营管理机构	本部分是公司内部治理结构和经营管理机构的条款:包括公司治理的三大组织以及经营管理机构
10. 利润分配和亏损弥补 11. 劳动管理和工会 12. 税务、财务及审计	本部分是有关财务、税务及劳动条款:主要包括有关利润分配和亏损弥补、劳动和工会、税务、财务及审计的条款等
13. 期限及续展 14. 解散与清算 15. 合同的修改、变更与解除	本部分是有关合营公司期限(续展)、解散及清算、合同的修改、变更与解除条款
16. 违约责任、不可抗力、争议的解决、法律适用、通知、合同的生效与履行、文字(语言)以及附则	本部分是通用条款部分。对于外商投资企业、上市公司,部分条款会略有不同。譬如合同的生效等需要加入前置批准或审批条款

2. 有限责任公司增资协议的框架结构

一个典型的有限责任公司增资协议的框架结构如表8－2所示:

表8－2 有限责任公司增资协议框架结构

条款标题	解释及说明
1. 术语和释义	本条对术语进行定义和明确解释规则(可选)
2. 协议各方 3. 目标公司	本部分主要是投资主体、被投资主体的相关内容条款
4. 增资的出资额、出资方式、出资期限及占股比例 5. 增资前后的股权结构	本部分包括增资以及股权结构变化的条款
6. 增资计价基准日	作为目标公司计算注册资本和股权比例的计价基准日
7. 目标公司股东陈述和保证 8. 增资方陈述和保证	主要是增资时目标公司原股东和增资方各自的陈述和保证
9. 目标公司及其股东应尽的披露义务	目标公司及其股东就有关增资并购时向增资方的披露事项
10. 或然负债条款	目标公司股东因目标公司或然负债的赔偿责任
11. 新股东的权利和义务	增资方成为股东后的权利和义务
12. 章程修订及变更登记	根据增资协议修订章程并申请工商变更登记

续表

条款标题	解释及说明
13. 目标公司管理权的交割	当增资取得对目标公司控制权时,约定有关目标公司管理权移交事项
14. 过渡期损益的约定	主要适用于增资人用股权出资时,在过渡期该等股权产生的损益的归属
15. 保密、违约责任、不可抗力、争议的解决、法律适用、通知、合同的生效与履行、文字(语言)以及附则	通用条款部分

二、投资/增资协议的核心条款和实务要点

(一)新设投资协议核心条款和实务要点

1. 注册资本条款

在投资协议中,注册资本条款无疑是最核心的条款之一。该条款主要包括合营公司的注册资本总额(适用于外商投资企业)、投资各方认缴的出资额、出资方式、出资期限等内容。如果涉及多项非货币财产(包括股权、债权)出资的,一般会以财产清单的方式作为协议的附件来处理。

【实务问题30】 2014年《公司法》对投资协议注册资本条款的影响

应该讲,2014年《公司法》对投资协议注册资本条款带来的是更大的灵活性。主要影响包括如下几点:一是注册资本额没有法定最低限额,可以注册"1元"公司;二是注册资本的实缴没有任何限制,可以"零实缴"设立公司,但这并不意味着股东之间就不能自由约定按照分期出资(包括首次出资的要求);三是既不再需要考虑首次出资中的法定最低出资要求,也不再需要考虑需要登记的不动产或商标等其他财产不得用于首次出资的限制;四是不再考虑货币财产出资30%配比的强制性要求。

需要特别注意的是,如果设立的是外商投资企业,则我们不但要确定公司的注册资本,还需要确定投资总额。有关投资总额和注册资本的概念、比例关系等内容,请读者参阅专题4的有关内容,不再赘述。

2. 公司治理结构条款

在投资协议中,投资者之间必须对公司以后管理和运营的治理结构进行明确的约定,以保证股东和公司的利益。该条款一般包括如下四个部分:股东会、董事会、监事会和经营管理机构(经理)。在实务中,需要注意的是,依据《公司法》以及外商投资企业法规定,内资公司和外商投资企业的治理结构和组织机构所有区别。譬如,根据《合资经营企业法》规定,董事会是合资企业的最高权力机构,则在投资

协议中就不应该出现股东(大)会作为权力机构的条款。笔者将其总结如表8-3所示:

表8-3　公司的组织机构

<table>
<tr><th colspan="4">公司类型</th><th>权力机构</th><th>行政机构</th><th>监督机构</th></tr>
<tr><td rowspan="8">有限责任公司</td><td rowspan="3">内资公司</td><td colspan="2">非一人公司</td><td>股东会</td><td>董事会</td><td>监事会(监事)</td></tr>
<tr><td colspan="2">一人公司</td><td>股东</td><td>董事会</td><td>监事会(监事)</td></tr>
<tr><td colspan="2">国有独资公司</td><td>国有资产监督机构</td><td>董事会</td><td>监事会</td></tr>
<tr><td rowspan="5">外商投资企业</td><td colspan="2">合资企业</td><td colspan="2">董事会</td><td>监事会(监事)</td></tr>
<tr><td rowspan="2">合作企业</td><td>法人资格</td><td colspan="2">董事会</td><td>监事会(监事)</td></tr>
<tr><td>非法人资格</td><td colspan="2">联合管理机构</td><td>N/A</td></tr>
<tr><td rowspan="2">外资企业</td><td>外商合资</td><td>股东会</td><td>董事会</td><td>监事会(监事)</td></tr>
<tr><td>外商一人独资</td><td>股东</td><td>董事会</td><td>监事会(监事)</td></tr>
<tr><td rowspan="2">股份有限公司</td><td colspan="3">内资股份有限公司</td><td rowspan="2">股东大会</td><td rowspan="2">董事会</td><td rowspan="2">监事会</td></tr>
<tr><td colspan="3">中外合资股份有限公司</td></tr>
</table>

3. 财务、利润分配和亏损弥补条款

在公司组织机构章节条款中,投资协议(公司章程)解决了公司治理的问题,包括股东会、董事会、监事会的职权、表决权的问题,除此之外。投资协议还有一个非常重要的条款——"财务、利润分配和亏损弥补",该条款直接涉及各股东的投资回报和亏损承担。

(1)财务、会计制度和财务报告编制及公告

根据《公司法》第一百六十三条至第一百六十五条规定,公司必须依法建立财务、会计制度,依法编制财务报告,并依法报告股东,公开发行股票的股份有限公司还必须公告其财务会计报告。因此,在投资协议以及公司章程中,一般在财务和利润分配章节中都会有部分条款来规定这些内容。这往往是构成此部分章节条款的第一大部分。

(2)利润分配及派发

这部分是核心条款。主要包括利润分配的顺序,是否提取任意公积金以及提取比例或确定方法等,以及股息或红利的派发事项等。

(3)公积金的用途及转增

根据《公司法》规定,公司的公积金用于弥补公司的亏损、扩大公司生产经营或者转为增加公司资本。但是,资本公积金不得用于弥补公司的亏损。法定公积金转为资本时,所留存的该项公积金不得少于转增前公司注册资本的25%。在实务中,我们还需要关注的一个事项是在转增资本或股本时,原股东是否必须按照持股比例进行认购转增。依据《公司法》第三十四条规定,"股东按照实缴的出资比例

分取红利;公司新增资本时,股东有权优先按照实缴的出资比例认缴出资。但是,全体股东约定不按照出资比例分取红利或者不按照出资比例优先认缴出资的除外”。实践中一种观点是,如果因为股东认缴资本的未到位或者全体股东约定不按照出资比例优先认缴出资的,在公积金转增资本时,将视为按照实缴的出资比例或全体股东约定的比例进行分红并再由股东投入公司资本中,这个时候就将出现不按照股东的持股比例进行转增的情形。类似地,《公司法》第一百六十六条第四款规定,股份有限公司的章程规定,不按照持股比例进行分红的除外。因此,如果股份有限公司章程另有约定比例进行分红的,公积金转增也将出现不按照股东的持股比例进行转增的情形。当然,实践中另一种观点是,公积金不论是资本公积金或盈余公积金都是全体股东按照持股比例共有的,在转增时只能按照各股东的持股比例进行分配和转增。为了避免前述的争议,因此在财务和利润分配章节条款中,应当明确按什么样的比例或方式进行转增。

4. 解散和清算条款

对一家公司而言,有其投资设立之时,就有其解散、清算之时,从法律视角来看,投资协议应当事先考虑好其解散、清算的事宜,避免到时出现纠纷和障碍。所以,投资协议(公司章程)中的“解散和清算”条款也是非常重要的条款之一。

(1)解散的情形

《公司法》第一百八十条规定:“公司因下列原因解散:(一)公司章程规定的营业期限届满或者公司章程规定的其他解散事由出现;(二)股东会或者股东大会决议解散;(三)因公司合并或者分立需要解散;(四)依法被吊销营业执照、责令关闭或者被撤销;(五)人民法院依照本法第一百八十三条的规定予以解散。”同时,《公司法》第一百八十二条规定:“公司经营管理发生严重困难,继续存续会使股东利益受到重大损失,通过其他途径不能解决的,持有公司全部股东表决权百分之十以上的股东,可以请求人民法院解散公司。”

(2)清算的类型

公司清算有下列不同的分类,参见表 8 - 4 所示:

表8－4　公司清算的分类

分类标准	类型	含义
按照是否属于自愿/强制划分	普通清算	普通清算是指由公司自行组织清算机构依法进行的清算。普通清算一般适用于自愿解散且公司资产能够清偿其债务的情况，比如《公司法》第一百八十条第（一）项（公司章程规定的营业期限届满或者公司章程规定的其他解散事由出现）、第（二）项（股东会或者股东大会决议解散）所规定的解散
	强制清算	特别清算是指公司解散时不能自行组织清算，或者在普通清算过程中发生显著障碍，由有关政府部门或者法院介入进行的清算。特别清算一般适用于强制解散的情况，比如《公司法》第一百八十条第（四）项（依法被吊销营业执照、责令关闭或者被撤销）、第（五）项（人民法院依照本法第一百八十三条的规定予以解散）所规定的解散
按照是否属于法律强制规定划分	任意清算	任意清算是指按照公司章程的规定或者由全体股东确定的清算方案进行的清算
	法定清算	法定清算是指按照法律规定的清算程序进行的清算
按照是否属于处于破产划分	破产清算	破产清算是指在公司不能清偿到期债务的情况下，依照破产法的规定所进行的清算。《公司法》第一百九十条规定："公司被依法宣告破产的，依照有关企业破产的法律实施破产清算。"
	非破产清算	非破产清算则是指在公司解散的情况下，依照公司法的规定所进行的清算

（3）解散和清算的程序

公司解散和清算行为属于公司终止经营并使其法人人格消灭的行为，除了因破产而解散的公司适用破产清算程序之外，其他事由解散后进行清算的，一律按《公司法》规定的程序进行。主要包括如下几个步骤：①成立清算组及清算组的职权（《公司法》第一百八十三条、第一百八十四条）；②通知或公告债权人申报债权（《公司法》第一百八十五条）；③清理公司财产（《公司法》第一百八十六条第一款）；④清偿公司债务（《公司法》第一百八十六条第二款）；⑤分配剩余财产（《公司法》第一百八十六条第二款）；⑥清算终结（《公司法》第一百八十八条）。

（4）清算的分配顺序

根据《公司法》第一百八十六条规定，公司清算分配的顺序如下：①支付清算费用；②支付职工的工资、社会保险费用和法定补偿金；③缴纳所欠税款；④清偿公司债务；⑤减除上述四项之后的剩余财产，有限责任公司按照股东的出资比例分配，股份有限公司按照股东持有的股份比例分配。

同时，在清算期间，公司存续，但不得开展与清算无关的经营活动。公司财产在未依照上述顺序清偿前，不得分配给股东。

在前文我们仅仅讨论新设投资协议的最主要的几个条款，其他的一些条款基本与一般性的协议的条款基本类似。

(二)增资协议核心条款和实务要点

1. 增资计价基准日条款

我们曾经在“专题4:增资的法律实务”中对“增资计价基准日”进行过介绍,为避免争议和纠纷,增资协议中也必须对各方商定的增资计价基准日进行明确约定。在拟定增资协议时,如何拟定“增资计价基准日”条款呢? 实务中一般有如下两种方法:第一,在增资协议的“术语”或“定义”条款定义“增资计价基准日”;第二,在增资协议的“增资”条款或单列“增资计价基准日”条款进行约定。实务中,更为常见的是在按照方法一的方式进行术语定义来确定。

2. 增资条款

在确定增资计价基准日并议定增资方增资金额和增资后各方的股权比例后,我们面临的主要问题就是如何在协议中进行明确和固定,一般是在增资协议中设置“增资”条款来实现。“增资”条款一般包括如下几个方面的内容:(1)增资方的出资额、出资方式、出资期限;(2)增资前后各方股东持股比例(可以资本表格方式列明);(3)目标公司现有股东放弃优先购买权条款;(4)目标公司工商变更登记条款。

3. 新投资者的准入限制条款

实务中,增资人可能会对公司未来引入新的投资人“心存疑虑”,因为这可能会稀释其股权或可能导致其丧失对公司的控制或影响。同时,对于新投资者投资的作价还可能会小于增资人的投资作价,这意味着增资人在增资时对目标公司的估计的偏差或者目标公司的业绩未达到预测或预期,这个时候增资人一般都会要求目标公司或目标公司的原股东作出补偿(包括投资差价返还和原股东无偿转让部分股权),以弥补投资差价,从而保证增资人和新投资人的投资价格的一致。

在拟定“新投资者的准入限制”条款时,一般需要关注如下要点:(1)保持引入的新投资者投资价格不低于增资人的投资价格;(2)增资人对后续的增资享有优先购买权;(3)当后续引入新的投资人时的投资价格低于增资人的投资价格时,采取何种措施进行救济。譬如,目标公司将差价返还给增资人,或者目标公司的原股东将其持有的部分股权无偿转让给增资人等。

保持增资人和后续新投资人享有的权利的一致性。譬如,目标公司和原股东给予新投资人的权利,增资人当然也享有。

4. 或有负债条款

尽管在增资交易中,增资方会进行全面的尽职调查,目标公司和原股东也有配合和披露之义务,但是实践中增资方不可能调查了解清楚所有的目标公司的债务和或有负债,而这些债务一旦支付或发生将导致目标公司利益的损害或减少,从而间接导致增资方的利益损害。因此,实务中增资协议一般都包括“或有负债”条款对此进行处理。

在拟定“或有负债”条款时,需要关注如下要点:(1)或有负债的定义和界定;(2)或然负债的处理原则和内容。包括或然负债的赔偿上限、或然负债的豁免与不豁免、或然负债的责任期限、或然负债金额的计算和扣除以及目标公司原股东对目标公司或然负债赔偿期限等;(3)或有负债的赔付以及担保等。

5. 特别约定条款

与初始投资协议或设立协议或发起人协议类似,在增资协议中也存在各种需要特别约定的事项。这些事项主要包括:(1)目标公司及原股东知识产权的占用和使用;(2)关联交易和同业竞争;(3)首次公开发行股票并上市事宜;(4)目标公司员工的安排等。

这些事项既可以在协议中单列条款进行说明(如果事项复杂需要说明的内容较多的话),也可以在“特别约定”条款中统一进行说明和约定。

三、投资/增资协议的通用条款

从上述投资/增资协议的框架结构我们可以看出,投资/增资协议的正文条款部分相当复杂,其可以分为“特殊条款”和“一般条款”两部分。前者主要是基于不同合同的交易性质、交易标的而对某些特殊事项进行的约定。譬如,合营各方、(投资总额和)注册资本、公司治理结构条款等。后者则主要是一些通用条款,投资各方在实践中对这些条款一般都予以高度认可,如不可抗力条款、争议解决条款、保密条款、放弃及可分割条款等。在本部分,我们将集中介绍通用条款部分。

(一)保密条款

合同方在缔结合同的过程中,往往都需要向合同对方披露信息或接收合同对方披露信息,披露方为了保护自己所披露的信息不被未经许可的任何其他人知悉,或者不希望除合同方以外的第三方知悉有关商业往来信息,通常会选择要求签订保密协议或保密承诺书,或在合同中约定保密条款,保护合同方的权利。通常一个完整的保密条款应包括保密主体、保密客体、保密方式和保密时间四个部分。

在拟定“保密”条款时,一般需要关注如下要点:

1. 保密主体

通常情况下,合同的签约方当然属于保密主体,但是在实践中几乎不可能只有签约方才可能接触到签约对方的保密信息,信息接受方的关联公司、咨询公司以及融资银行等都有可能接触到保密信息。因此,保密主体一般都会扩展到这些主体。概括地讲,只要是保密信息的接受方都应当作为保密主体。但是,根据合同相对性原则,签约方不可能为签约方以外的第三方设定义务。譬如,甲乙双方签订的合同,其条款不可能对甲乙双方之外的第三方,包括甲乙双方的关联公司(控股母公司、子公司、姊妹公司)以及各种咨询公司、银行等具有约束力。

2. 保密客体

所谓保密的客体实际就是保密的范围或者保密的内容。保密范围是保密条款(保密协议或保密承诺书)的核心内容,哪些内容应作为保密信息予以保密,这对于信息披露方和信息接受方来说都极为重要。如果保密信息约定不明,则承担保密义务的一方将无所适从,不知道对哪些信息需要承担保密义务,既不利于后期合同的履行,也不利于保护信息披露方的权益。在实践中,对于保密信息的明确主要有如下两种方式:

(1)保密信息必须明示为"保密"。也就是说,信息披露方提供给信息接受方的任何信息,如果希望予以保密的话,则应该明确标示为秘密。

(2)对希望保密的信息采取列举的方式。在这种方式下,实务中通常还可以采取正向定义和列举的方式,也可采取反向排除的方式。

3. 保密方式

简单地讲,保密方式就是指信息披露方要求信息接受方不得向第三方披露、不得编辑、改写后披露、不得复制或不得将保密信息用于合同之外的目的等。除此之外,保密条款一般还会加上一个兜底的任何其他方式来进行限制。

4. 保密时间

保密时间即是信息接受方需要承担保密义务的期间。当然,信息披露方希望时间越长越好,但信息接受方则持相反态度。实践中,一般都是双方经协商确定一个合理的期间为限,期满后保密义务终止。

一般而言,对于保密协议而言,协议方可以直接约定保密期限是多少年或者以某项事件的发生或不发生为期限。但是,很多时候签订保密协议其主要的目的在于后续签订更为重要的其他主要合同,而在后来签订的这些合同中,基本都会存在保密条款,因此,在实践中也经常将签订了能够涵盖保密协议的保密义务的最终并购合同的签订作为保密协议终止的一个原因。

实务中还需要注意的是,保密期限届满,可能有些信息如果泄露的话,仍然可能对信息披露方造成损害,因此信息披露方可能会要求信息接受方在保密义务结束后，返还或销毁信息披露方提供的各种文件资料，以从根本上杜绝这些保密信息被泄露。

案例18 保密条款示范

X	保密
X.1	信息接受方可以不经信息披露方事先书面同意将保密信息披露给执行本协议的[关联公司]，但信息接受方必须保证[关联公司]遵守本条的保密规定；
X.2	信息接受方有权不经信息披露方事先书面同意向下列人披露保密信息，但应限于这些人为执行合同而明确需要知晓的范围内： （ⅰ）信息接受方的雇员、管理人员和董事；或 （ⅱ）上述信息接受方「关联公司」的雇员、管理人员和董事； （ⅲ）上述信息接受方的「咨询公司」、「供应商」、「承包商」的雇员、管理人员和董事； ……

（二）违约责任条款

合同中关于违约责任的约定是非常重要的条款。归根结底，合同的主要问题可以概括为合同各方的权利、义务以及违反这些义务应承担的责任而已。但在实务中，很多合同起草者并不很重视该条款，经常是复制一些类似的违约责任条款并加以修改即可，并没有按照系统的思维同时根据本合同的具体情况进行拟定。

一般而言，合同中的违约条款主要分为三个部分：违约赔偿的约定、违约责任的限制和其他违约救济。

1. 违约赔偿的约定

实践中，由于具体交易和合同性质的不同，合同的违约责任条款也不尽相同，当然违约赔偿的项目也存在很大的差异，也不可能穷尽所有的损失赔偿或违约行为，合同草拟者应尽量根据实际情况予以详细列举，对那些可能导致违约或因违约导致损失的情形进行详细说明，并且对其可能产生的后果予以明确。

2. 违约责任的限制

实践中，签约方为了能够控制风险，通常会要求免责和限责，承担与自己所得相称的损失，这就是所谓的违约责任限制。违约责任限制其实是合同方在签订合同时，对合同风险的一种商业分配，其目的是保护自己不会因为违反某个合同而导致整个公司破产或遭受超过自己预期的损失，从而在合同中规定的免除自己责任或者限制自己责任的一种自我保护条款。实践中比较常见的能够免责的损失包括：（1）不可抗力的损失免责；（2）间接损失免责。

3. 违约救济措施

合同一方或双方违约,可以采取很多补救措施,包括重做、替换、催告、申请禁令等。需要注意的是,非违约方除了根据合同或法律向法院寻求救济之外,还可以采取自救方式,以防止损失的扩大。这些自救方式包括:终止合同、中止合同、拒收货物、拒绝付款、抵消以及其他一些自救措施。对于非违约方采取的自救措施而言,一定要对其采取这些措施予以适当的限制,否则违约方将可能承担难以预见和/或控制的风险。譬如,守约方可能自己接管或委托第三方接手部分合同工作或全部工作,或者导致产生大量的、不必要的支出和费用,这是需要特别关注的。实践中,一般是非违约方应首先向违约方发出一个违约通知,给予一个合理的补救期间,在合理的补救期间,非违约方不得采取诸如终止合同或要求第三方接管工作等自救措施;对于某些自救措施而言,可以要求在采取之前应当获得违约方同意或者在客观不能的情况下才可以实施这些自救措施。

(三)不可抗力条款

不可抗力是一项免责条款,是指合同签订后,不是由于合同当事方的过失或疏忽,而是由于发生了合同当事方无法预见、无法避免和无法克服的事件,以致不能履行或不能如期履行合同,发生意外事件的一方可以部分或全部免除履行合同的责任或者推迟履行合同。

我们可以发现实务中的不可抗力条款通常包括如下几个方面:(1)不可抗力的定义(范围);(2)遭遇不可抗力的一方通知另一方有关不可抗力事宜;(3)不可抗力导致的损失分配;(4)发生不可抗力后的补救措施,如尽力减少不可抗力影响、延期履行、终止合同等;(5)不可抗力结束后的恢复履行等。

案例19　不可抗力条款示范

X	不可抗力
X.1	本条所指“不可抗力”是指某种异常的事件或情况: (a)一方无法控制的; (b)该方自签订合同前,不能合理地对其加以预防的; (c)发生后,该方不能合理避免或克服的;且 (d)不能主要归因于该合同他方的。 只要满足上述第(a)至(d)项条件,不可抗力包括但不限于下列各种异常事件或情况: (ⅰ)战争、敌对行动(不论是否宣战)、入侵、外敌行为; (ⅱ)叛乱、恐怖主义、革命、暴动、军事政变或篡夺政权或内战;

续表

X	不可抗力
X.1	(ⅲ)承包商人员以及承包商和分包商的其他雇员范围以外的人员的骚动、喧闹、混乱、罢工或停工； (ⅳ)战争军火、爆炸物资、电离辐射或放射性污染，但可能因承包商使用此类军火、辐射或放射性引起的除外； (ⅴ)自然灾害，如地震、飓风、台风或火山活动等。
X.2	受不可抗力事件影响的一方应立即将不可抗力事件的发生通知另一方并提供其所能得到的证据。
X.3	如果一个不可抗力事件发生，任何一方不应对另一方因该等无法或迟延履行而招致的任何损失、增加的成本或损失承担责任，并且该无法或迟延履行并不得被视为对本合同的违反。本合同项下的所有其他义务以及履行时间应当不受影响。
X.4	声称遭受不可抗力而不履行合同义务的一方应采取适当措施减少或排除不可抗力所造成的影响，并在尽可能的最短时间内，尽力恢复履行受到不可抗力影响的合同义务。
X.5	任何不可抗力事件导致的延迟超过连续[90]天的话，合同各方应通过友好协商的方式解决本合同未来履行的事宜，或者任何一方可以通过通知的方式送达另一方终止本合同。

(四)争议的解决条款

在合同的争议解决中，主要通过三种方式进行：调解、仲裁和诉讼。实践中，最常见的方式是通过诉讼方式进行解决，但在商事活动中仲裁也越来越扮演着更重要的角色，本部分我们主要介绍有关仲裁和诉讼的情况。

1. 商事仲裁

简单地讲，商事仲裁是争议双方在争议发生之前或者争议发生之后达成协议，将争议自愿地交给仲裁机构作出裁决，双方有义务自觉履行该裁决的一种争议解决方式。仲裁条款本身是否有效将直接决定该合同双方能否进行有效仲裁。应该说，一个有效的仲裁条款应该具备如下几个要素：(1)仲裁的意思表示。一般而言，合同双方在合同中约定了仲裁条款就意味着双方有仲裁的意思表示；(2)仲裁范围。即合同方在合同中约定的仲裁范围；(3)仲裁机构；譬如我国的中国国际经济贸易仲裁委员会(CIETAC)；(4)仲裁地、仲裁规则和仲裁语言；(5)仲裁效力。

应该讲，在实务中应该注意的是仲裁条款需要约定明确、清晰。在中国法下，应该清晰地约定清楚仲裁机构。比如，如果合同约定由北京的仲裁机构仲裁，则该条款无效，因为北京有两个仲裁机构：中国国际经济贸易仲裁委员会和北京市仲裁委员会。但2006年最高人民法院出台了对《中华人民共和国仲裁法》的司法解释，该解释适当放宽了对仲裁条款效力的条件——对于合同方没有十分准确地或明确地说明是哪一家仲裁机构仲裁，但能够通过推定得出具体是哪个仲裁机构，则该仲裁条款仍然有效。

下面是一个仲裁条款的示例:

案例20　仲裁条款示范

X	仲裁
X.1	因本合同引起、产生于本合同或与本合同有关的任何争议应该通过仲裁予以解决;
X.2	仲裁应当交由[仲裁机构名称]在[管辖地]依据[仲裁规则]仲裁解决;
X.3	仲裁员应有三[3]名。甲方应选出一[1]名仲裁员,乙方亦应选出一[1]名仲裁员,两[2]名仲裁员应于发出或收到仲裁要求后的三十[30]天内选出。第三名仲裁员应由[仲裁机构名称]主席选出,该仲裁员既不应该是[甲方国家]公民,也不应该是[乙方国家]公民。如果在第一名仲裁员选出后的三十[30]天内,一方不能任命一位同意出席仲裁的仲裁员,则有关任命应由[仲裁庭]主席作出。
X.4	仲裁裁决应是终局的,对合同各方均具有约束力,各方不得上诉,仲裁应对仲裁费用问题以及其他相关所有问题予以处理。
X.5	任何管辖权的法院均可就仲裁的裁决作出判决,或者可向该法院申请仲裁裁决的司法承认并发出执行令。

2. 诉讼

在我国司法实践中,可能更常见的争议解决方式是诉讼方式。根据《中华人民共和国民事诉讼法》规定,合同双方当事人可以在书面合同中协议选择被告住所地、合同履行地、合同签订地、原告住所地、标的物所在地人民法院管辖,但不得违背本法对级别管辖和专属管辖的规定。譬如:

"在本协议经甲乙双方签署以后及履行过程中,发生的任何争议应本着友好协商的精神解决,协商不成的任何一方有权向人民法院提起诉讼。诉讼由目标公司所在地人民法院管辖"。

(五)适用法律条款

几乎每个合同在结束部分都会约定"适用法律"条款,指明该合同适用哪个国家或地区的法律、国际条约或国际惯例。适用法律条款是非常重要的条款,它不仅涉及合同效力、合同各方的权利义务,而且涉及合同争议的解决等。

在实务中,我们在拟定法律适用条款时,还需要注意,合同方可以选择适用不同法律,但这种选择并非都是任意性的,有时法律也对此进行了强制性的规定,不得适用其他法律。譬如,对于中外合资、合作经营企业在中国境内履行的,必须适用中国法律。

（六）合同生效和有效期条款

合同的生效和有效期条款是合同的一个非常重要的条款，因为合同约定的权利义务的享有或承担的起始日期都是以合同的生效日作为计算基准日，而以有效期条款来确定合同自然终止日。

在前面我们介绍了合同的生效条款，但这仅仅解决了合同有效期的起始日，并未解决合同的"关闭日"或结束日——这就需要合同的有效期条款来解决。合同有效期条款对于合同管理非常重要。如果合同没有有效期，则合同将一直有效，永远无法关闭，权利义务也永远无法消亡。签约一方头上永远悬着一把达摩克利斯之剑。譬如，在保密协议中，如果没有约定有效期，则视为该保密协议一直有效，信息接受方的保密义务则没有一个可预见穷尽的时间，明显对信息接受方不利。合同有效期的约定方式比较固定，通常包含如下几种：

（1）从生效日到某个具体日期。譬如："本协议的生效日为[　　]年[　]月[　]日，直至被许可专利的有效期结束之日。""本协议的有效期为[　　]年[　]月[　]日至[　　]年[　]月[　]日。"

（2）一个固定期间。譬如："本协议的有效期自「生效日」起[5]年。"

（3）一方可以通过通知随时终止。譬如："本协议应于[　　]年[　]月[　]日起生效，应一直有效至任何一方提前至少[　]日通知另一方终止协议，在此情形下，协议应予[终止日期]终止。"

（七）终止条款

合同终止分为自然终止和人为终止。一般约定的合同有效期到期，合同则自然终止，这并无须特别关注，只需要将合同有效期约定清楚即可，并不会导致太大争议，而人为终止一般指合同一方提前终止合同的情形，这是拟定合同时需要特别关注的情形。

人为终止一般是指合同在履行过程中，由于出现某种特殊情况，合同如果继续履行将导致没有任何过错的合同一方遭受重大损失，因此而赋予该方一个救济的权利——终止合同，以期将合同方遭受这种情况时面临的风险降到最低，这实际上是一种自救方式。无论是固定期限或是没有固定期限的合同，终止条款都是非常重要的条款，因为一般来说，如果想在合同规定的期限之前终止合同，必须符合合同明确约定的终止条件。终止条款一般包括终止时间、终止事件的通知、终止以及终止的后果等内容。

1. 终止事件

简单地讲,终止事件就是触发合同一方能够提前终止合同的特定事件或情况。按照法律规定,通常只有在一方严重违约且未能在合理时间内补救的情形下,守约方才能解除合同。但是,如果你在合同中这样原则性地规定,显然通常并不能满足交易双方的实际需要,因此交易双方需要在合同中进一步约定可以导致合同提前终止的各种具体情形。

2. 终止事件的通知

终止事件的通知包括两个视角的通知:一是有些终止事件发生时,只有当事方一方才会知道,而合同对方很难知道,或者很难及时知晓。比如,丧失清偿能力或者发生控制权变化等。因此,为了保证合同对方能够及时行使其在终止事件发生时的权利,就有必要为当事方设定义务,即在发生终止事件时及时通知对方。二是提前终止的一方应尽到通知义务,该通知义务的目的在于给予对方提出异议的权利。

3. 终止及终止后果

在实务中,合同的约定应该说明清楚终止合同的后果是什么,也就是说,合同因发生终止事件被终止后,如何处理合同双方的权利义务关系。一个普遍的原则是合同的终止不应影响终止之前已经发生的权利和义务。

(八)其他规定

事实上,在合同的其他规定中,根据不同交易性质和合同性质及类型,通常会涉及众多的、繁杂的其他条款。这些条款在合同非常常见,而且基本成为一个制式的语句格式,其意义尽管不如前述的各条款大,但是如果缺少这些(部分)条款,有时也会给合同各方带来不必要的困难和麻烦。这些条款主要包括:“合同方之间的独立关系/不构成代理关系”“ 合同约束力”“ 合同权利人范围”“变更”“ 禁止对外发布”“ 禁止招揽对方雇员”“通知”“弃权”“转让和分包”“ 条款独立性(可分割性)”“全部合同”“ 合同签约份数”“合同语言”“合同附件”等。限于篇幅,本专题不再一一详述,读者可以参阅有关合同、协议方面的书籍。

专题9 公司章程

内容提示

实践中，投资者之间签署投资协议后，需要在投资协议的基础之上协商确定公司章程。我们讲，公司章程是公司的宪法或宪章，是公司、股东、董事、监事、高级管理人员的行事准则，因此，公司章程的谈判和拟定是公司筹备中最主要的工作之一。本专题包含如下内容：

- 公司章程的含义及作用；
- 公司章程与投资协议的联系和区别；
- 公司章程的记载事项；
- 公司章程的框架结构；
- 公司章程的核心条款和实务要点；
- 发行优先股对公司章程的影响。

一、公司章程的含义及作用

（一）公司章程的含义及特点

公司章程是指公司依法制定的、规定公司名称、住所、经营范围、经营管理制度等重大事项的基本文件，也是公司必备的规定公司组织及活动基本规则的书面文件。公司章程是股东共同一致的意思表示，载明了公司组织和活动的基本准则，是公司的宪章。公司章程具有法定性、真实性、自治性和公开性的基本特征。公司章程与《公司法》一起共同肩负调整公司活动的责任。作为公司组织与行为的基本准则，公司章程对公司的成立及运营具有十分重要的意义，它既是公司成立的基础，也是公司赖以生存的灵魂。

概括地讲，公司章程具有如下特点：(1)公司章程是以公司成立为前提的，在公司成立后生效,对股东具有约束力;(2)公司章程是公司设立必备的法律文件,任何公司登记成立都必须提交公司章程;(3)公司章程必须依据公司法制定,以不能违反法律和行政法规为前提;(4)公司章程调整的是股东之间、公司与股东之间、公司与公司的治理结构之间的法律关系,既对原始发起人股东有约束力,也对按照公司章程和公司法规定后加入公司的股东具有约束力。

(二)公司章程的作用

概括地讲,公司章程的作用主要包括如下几点:

1. 公司章程是公司设立的必备文件

我国《公司法》第十一条规定,设立公司必须依法制定公司章程。公司章程对公司、股东、董事、监事、高级管理人员具有约束力。同时,第二十三条、第七十六条明确规定,股东或发起人制定公司章程是设立公司的条件之一。审批机关和登记机关需要对公司章程进行审查,以决定是否给予批准或者给予登记。

2. 公司章程是确定公司权利义务的基本法律文件

公司章程一经有关部门批准,并经公司登记机关核准即对外产生法律效力。公司依公司章程,享有各项权利,并承担各项义务。

3. 公司章程是公司对外交易的基本法律依据

由于公司章程规定了公司的组织和活动原则及其细则,包括经营目的、财产状况、权利与义务关系等,这就为投资者、债权人和第三人与该公司的进行交易提供了条件和资信依据。

4. 公司章程是公司的自治规范

公司章程作为公司的自治规范,是由以下内容所决定的。其一,公司章程作为一种行为规范,不是由国家而是由公司股东依据公司法自行制定的。公司法是公司章程制定的依据,但公司法只能规定公司的普遍性问题,不可能顾及各个公司的特殊性,而每个公司依照公司法制定的公司章程,则能反映本公司的个性,为公司提供行为规范。其二,公司章程是一种法律外的行为规范,由公司自己来执行,无须国家强制力保障实施。当出现违反公司章程的行为时,只要该行为不违反法律、法规,就由公司自行解决。其三,公司章程作为公司内部的行为规范,其效力仅及于公司和相关当事人,而不具有普遍的效力。

【实务问题31】 实践中,如何识别和理解外国公司提供的公司宪章(章程大纲和章程细则)?

实践中,对那些具有涉外交易的公司而言,经常会审阅外国公司的公司宪章,我们会发现特别是英美国家或者某些秉承了英美法律的国家或地区公司的公司宪章实际包含两个部分：章程大纲（Memorandum of Association）和章程细则（Articles of Association）。章程大纲一般规定公司的名称、地址、宗旨目的或业务范围等事项，章程细则通常规定公司内部具体的管理事务。在英美法系下，通常情况下，章程大纲和章程细则产生的法律后果是：（1）在公司和公司成员之间建立一个合同；（2）在公司成员之间建立一个合同；（3）公司、董事会、董事以及公司成员具有公司法赋予的权力、义务和职责，除非法律、章程大纲和章程细则另有规定；（4）公司章程大纲和章程细则不得与公司法相冲突和不一致。章程大纲和细则通常应当由发起人或注册代理人（适用于BVI等离岸公司法）签署，并在至少一个证人在场公证的情况下进行。章程大纲通常情况下必须注册存档。章程细则可以注册存档也可不注册存档，一般也无须供公众查阅。显然，可以看出，我国公司法下的公司章程等同于英美公司法下的公司宪章，并且必须注册核准并依法定程序可以查阅。

二、公司章程与投资协议的联系和区别

在实践中，各投资者为投资设立公司一般都会签署投资协议（也称为设立协议）和签署公司章程，并且我们可以发现投资协议和公司章程具有很多一致性和相同之处，那么这两者有什么联系和区别呢？如果不签署投资协议而直接签署章程是否存在法律风险呢？让我们来做如下介绍：

（一）投资协议和公司章程的联系

投资协议与公司章程的目标是一致的，都以设立公司为目的，两者在内容上也常有类似或相同之处，如都约定公司名称、注册资本、经营范围、股东出资与比例、出资形式、公司的组织机构等。公司章程一般以投资协议为基础进行制定，吸收投资协议的基本内容。

（二）投资协议和公司章程的区别

1. 投资协议和公司章程的性质

公司股东为投资成立公司而签订的协议书，一般被称为“投资协议”（或“设立协议”），是指在公司设立过程中，由出资人为明确各方之间的权利义务以及关于公司设立事项而签署的协议，性质上属于合伙协议。

公司章程是公司的组织以及运行规范。我国《公司法》第十一条规定：“设立公司必须依法制定公司章程。公司章程对公司、股东、董事、监事、高级管理人员具

有约束力。”因此,公司章程是公司的必备文件,并常常被认为是公司的根本法或“公司宪法”或“公司宪章”。

与公司章程的特点进行比较,投资协议具有如下特点:(1)公司设立协议是调整公司设立过程中的法律关系和法律行为,设立协议产生在公司成立前,即在公司的设立阶段,经股东或发起人达成一致签字盖章即具有法律效力。(2)公司设立协议不是公司设立的必要法律文件,《公司法》第七十九条规定:“股份有限公司发起人承担公司筹办事务。发起人应当签订发起人协议,明确各自在公司设立过程中的权利和义务。”可见,股份有限公司规定了发起人必须签订发起人协议。另外,外商投资企业法也要求各投资人之间签署投资协议。(3)公司设立协议非要式法律文件,根据当事人之间的意思表示形成,其内容更多地体现了当事人的意志和要求,属于契约,需要遵守合同法的一般规定。(4)公司设立协议是全体发起人订立的,调整的是发起人之间的关系,在发起人之间具有法律约束力。公司设立过程中产生的权利和义务,发起人按照发起协议的约定承担。

2. 公司章程是公司必备文件,而投资协议则是任意性文件

公司章程是我国公司法强制要求的公司必备文件。没有公司章程,公司就不能成立。而除了外商投资企业要求有投资协议以及股份有限公司要求有发起人协议外,我国《公司法》并没有要求公司必须具有投资协议。所以,对于一般的有限责任公司而言,投资协议是任意性文件。

【实务问题32】 实践中,既然投资协议并非必备法律文件,为何投资人之间还要签署投资协议呢?

如上所述,对于一般的有限责任公司而言,投资人之间签署投资协议并非必备法律文件,但是为什么实践中几乎所有的投资行为中,投资人之间都会先就公司设立事项签订一份投资协议或公司设立协议呢?笔者认为这跟公司设立并非一蹴而就有关系。我们知道,由于公司是否成立带有不确定性,并且在设立中公司阶段可能会发生很多筹备事项,会发生很多需要各投资人决策和办理的事项,还会产生筹备费用,这些现实情况的存在,导致了投资人必须要对公司设立期间以及设立后公司的事项进行明确约定,减少设立期间以及公司设立时的法律风险和避免争议。事实是,投资协议的基本内容也就是公司章程的基本内容。但需要避免的一个认识误区就是,不能认为投资人签署了投资协议就万事大吉了,事实上实际履行才是关键。

3. 公司章程和投资协议的效力期间不同

投资协议主要是在公司设立期间发生法律效力,所调整的是公司设立过程中

的法律关系与法律行为。所以,一般认为投资协议的效力期间是从设立行为开始到公司成立为止。而公司章程的效力则自公司设立开始,包括公司成立后的整个存续过程,直至公司解散并清算终止时。投资协议是调整公司设立过程中的法律关系和法律行为,投资协议产生在公司成立前,公司的设立阶段,经发起人达成一致签字盖章即具有法律效力。公司章程是以公司成立为前提的,在公司成立后才能生效,对股东具有约束力。

【实务问题33】　投资协议的效力期间

探讨投资协议和公司章程的法律效力问题,必须先明确投资协议的效力期间,相对于投资协议的效力范围而言,投资协议的效力期间是个争议较大的问题。学术界主要存在两种观点:一种观点认为,投资协议的效力期间开始于协议生效终止于公司成立。即投资协议的效力终止于公司成立之时,而公司章程则在公司成立后直至公司终止的整个存续期间都发生法律效力,或者投资协议的效力期间是从设立行为开始到设立过程终止,公司的成立即意味着协议的终止。另一种观点则认为,投资协议的效力并不因为公司的成立而当然、绝对、完全的终止。

笔者赞同第二种观点,理由如下:

第一,投资协议不仅仅只调整公司设立过程中的法律关系和法律行为,还可能会约定一些公司章程中没有涉及的但在公司存续期间或解散之后可能发生的其他事项及解决办法。换句话说,就是投资协议的部分内容没有被公司章程吸收,在这种情况下,如果投资协议因公司的成立而效力终止,那么股东或发起人的相关约定将成一纸空文,不利于相关事项的解决。

第二,投资协议中的某些约定与章程的规定不一致,如果投资协议中的约定才是发起人的真实意思表示(且这种约定不属于法律规定的无效情形),那么若因公司成立而否认设立协议的效力致使该类条款无效,则违背了民法真意主义的精神。

第三,对于发起人或股东之间的关系或利益冲突,一般情况下在公司成立之前由设立协议调整,公司成立之后由公司法或公司章程调整。但是,在实践中由于种种原因,还是存在一些章程为满足法律法规规定的需要而与投资协议不一致的情形,譬如,隐名股东与显名股东的法律问题。

根据《公司法司法解释(三)》第二十四条规定:“有限责任公司的实际出资人与名义出资人订立合同,约定由实际出资人出资并享有投资权益,以名义出资人为名义股东,实际出资人与名义股东对该合同效力发生争议的,如无合同法第五十二条规定的情形,人民法院应当认定该合同有效。

前款规定的实际出资人与名义股东因投资权益的归属发生争议,实际出资人以其实际履行了出资义务为由向名义股东主张权利的,人民法院应予支持。名义股东以公司股东名册记载、公司登记机关登记为由否认实际出资人权利的,人民法院不予支持。

实际出资人未经公司其他股东半数以上同意,请求公司变更股东、签发出资证明书、记载于股东名册、记载于公司章程并办理公司登记机关登记的,人民法院不予支持。”

因此,《公司法司法解释(三)》从司法实践的角度已经认同了投资协议在处理实际出资人和名义股东之间对投资协议效力争议时的立场和态度,即如无合同法第五十二条规定的情形,人民法院应当认定该合同有效。实际上,这是贯彻了私法“法不禁止即自由”原则。

综上,投资协议的效力期间不能笼统地认定为从设立行为开始至设立过程终止,而应该根据协议的具体情况来认定,投资协议的效力期间不因公司的成立而当然、绝对、完全的终止。

4 公司章程和投资协议的形式要件要求不同

公司章程必须依据公司法制定,不能违反法律和行政法规为前提。而投资协议是非要式法律文件,根据当事人之间的意思表示形成,其内容更多地体现了当事人的意志和要求,属于契约,需要遵守合同法的一般规则,尽管实务中投资协议与公司章程表现为高度的相似性。

5. 公司章程和投资协议约束的对象不同

根据《公司法》的规定,公司章程对公司、股东、董事、监事、高级管理人员均具有约束力。也就是说,公司章程的作用范围包括股东、公司以及公司内部组织机构与人员。而投资协议仅仅是股东或发起人之间的任意性合同,需遵守合同相对性的原则,其作用范围仅限于签约的主体之间。

(三)投资协议和公司章程冲突时的法律适用

如前所述,正常情况下,公司章程往往是以投资协议为基础而制定。投资协议的主要内容,通常都会被公司章程所吸收。在这种情况下,设立协议与章程之间一般不会发生冲突。但是,如果公司章程与投资协议之间发生了冲突,该如何适用呢?实践中,主要包括两种情形:一是公司章程与投资协议约定发生直接的内容冲突时,如何处理?二是公司章程未明确约定,而投资协议有约定时,如何处理?

1. 公司章程和投资协议直接内容冲突时,原则应以公司章程为准

如前所述,一般地,投资协议的效力期限一般止于公司成立。也就是说,公司

一旦成立，则投资协议的效力即行终止，有关公司设立与经营管理的相关事项，均应由公司章程予以规范。在实践中，公司章程大多是在股东投资协议之后签署。根据法律文件的时间效力判断，也应当以公司章程为准。

但如果存在前述的一些仅涉及股东或发起人之间权利义务争议的特定事项的（譬如，隐名股东与显名股东的法律问题），应根据法律法规以及司法解释的规定和精神具体分析与适用，不能一概否定投资协议的效力。同时，如果仅涉及公司与公司相对人之间的法律关系的，应适用公司章程。对于公司以外的第三人而言，了解公司情况依据的是公司章程而不是股东或发起人之间的投资协议。公司章程是对外公示的文件，具有对外效力，具有登记对外公开的要件要求，而投资协议的内容一般不为外人所知悉。根据公司法的规定，投资协议未经登记或变更登记的，不得对抗第三人。由此，调整公司与第三人之间的关系时，应适用公司章程。

2. 公司章程未规定而投资协议有约定时，投资协议对股东继续有效

实践中，尽管投资协议一般只约定设立过程中的相关权利义务，但也有一些投资协议会对公司的存续甚至今后解散的相关事项做出约定。这些约定，如果公司章程中没有明确规定，又不违反法律的强制性规定的，则可以继续有效。但其法律效力仅局限在签约的股东或发起人之间。

但是，对于《公司法》明确规定“公司章程另有规定的除外”之条款，股东之间如需另行约定的，必须在章程中予以确定，投资协议不具备排除法律适用的效力。譬如，《公司法》第四十三条规定，“股东会会议股东按照出资比例行使表决权；但是，公司章程另有规定的除外”。如公司章程中未做特别规定，则即使股东在投资协议中约定不按出资比例行使表决权，也不能对抗该法律规定，即股东仍应按出资比例行使表决权。

三、公司章程的记载事项

各国公司法对公司章程的内容都有明确的规定，这些规定主要体现在公司章程的记载事项上。公司章程的记载事项根据是否由法律明确规定，分为必要记载事项和任意记载事项。法律明文规定必须载明或选择列举的事项，为必要记载事项。法律未予明确规定，由章程制订人任意选择记载的事项，为任意记载事项。按照法定的必要记载事项对公司章程效力的影响，还可将必要记载事项分为绝对必要记载事项和相对必要记载事项。公司章程前述记载事项的内容在不同的国家、不同的公司中会有某些差异，但不外乎是以下三个方面：公司股东成员的权利与责任、公司的组织规则和公司的权力与行为规则。

(一)公司章程的绝对必要记载事项

公司章程的绝对必要记载事项,是指按照公司法的规定应当在公司章程中载明的事项,这是法律的强制性要求。根据《公司法》的规定,对于有限责任公司和股份有限公司而言,其公司章程的绝对记载事项有所不同。集中显现在《公司法》第二十五条和第八十一条。除这两个条款集中规定之外,其他的一些绝对必要记载事项散见于其他相关条款中。譬如,《公司法》第十六条规定,公司向其他企业投资或者为他人提供担保,依照公司章程的规定,由董事会或者股东会、股东大会决议。诸如这样的条款还很多,读者可以参阅下文的表9-1。

(二)公司章程的相对必要记载事项

公司章程的相对必要记载事项,是指如果未经公司章程载明,则不发生法律效力的一些事项,但公司章程有选择适用的自由。相对必要记载事项又可以分为两类:

一是公司章程规定优先。如果公司章程有规定则以公司章程规定为准,如果无规定则遵从公司法的规定。譬如,《公司法》第七十一条规定:"有限责任公司的股东之间可以相互转让其全部或者部分股权。股东向股东以外的人转让股权,应当经其他股东过半数同意。股东应就其股权转让事项书面通知其他股东征求同意,其他股东自接到书面通知之日起满三十日未答复的,视为同意转让。其他股东半数以上不同意转让的,不同意的股东应当购买该转让的股权;不购买的,视为同意转让。经股东同意转让的股权,在同等条件下,其他股东有优先购买权。两个以上股东主张行使优先购买权的,协商确定各自的购买比例;协商不成的,按照转让时各自的出资比例行使优先购买权。公司章程对股权转让另有规定的,从其规定。"

二是允许公司章程另行规定,但不得与公司法相冲突。譬如,《公司法》第四十四条规定,有限责任公司设董事会,其成员为三人至十三人。因此,公司章程可以在三至十三人之间规定董事会成员数量。再如,《公司法》第四十五条规定,董事任期由公司章程规定,但每届任期不得超过三年。因此,公司章程可以约定董事的任期,但不得超过三年。

(三)公司章程的任意记载事项

公司章程的任意记载事项,是指在公司法规定的必要记载事项之外,股东或发起人认为需要在章程中载明的其他事项,其具体内容可以由当事人自由约定。譬如,公司因实施股权激励计划,股东或发起人在章程中规定在约定期限内(比如授予后3年)被授予人不得行权,或者约定在被授予人欲转让该等股权时,公司控股股东有权以合理价格回购该等股权等。

笔者将有关公司章程必要记载事项及相关公司法规定总结见表9-1所示:

表9-1 公司章程必要记载事项

必要记载事项	有限责任公司	股份有限公司
绝对必要记载事项	集中列举:《公司法》第二十五条,有限责任公司章程应当载明下列事项:(一)公司名称和住所;(二)公司经营范围;(三)公司注册资本;(四)股东的姓名或者名称;(五)股东的出资方式、出资额和出资时间;(六)公司的机构及其产生办法、职权、议事规则;(七)公司法定代表人;(八)股东会会议认为需要规定的其他事项。 疏散列举:《公司法》第十六条、第四十三条、第四十四条、第四十八条、第五十条、第五十一条、第五十五条、第七十条等。	集中列举:《公司法》第八十一条,股份有限公司章程应当载明下列事项:(一)公司名称和住所;(二)公司经营范围;(三)公司设立方式;(四)公司股份总数、每股金额和注册资本;(五)发起人的姓名或者名称、认购的股份数、出资方式和出资时间;(六)董事会的组成、职权和议事规则;(七)公司法定代表人;(八)监事会的组成、职权和议事规则;(九)公司利润分配办法;(十)公司的解散事由与清算办法;(十一)公司的通知和公告办法;(十二)股东大会会议认为需要规定的其他事项。 疏散列举:《公司法》第一百零五条、第一百一十七条、第一百一十九条、第一百六十五条、第一百六十九条等。
相对必要记载事项	《公司法》第三十四条:章程约定不按出资比例分红或优先认缴出资;第四十一条:章程约定股东会会议提前通知时间;第四十二条:章程另行约定不按出资比例行使表决权;第四十五条:章程约定董事任期不超过3年;第七十一条:章程另行约定股权转让不需要遵循同意权和优先购买权;第七十五条:章程另行约定股东资格的继承。	《公司法》第一百零八条:董事的任期适用第四十五条;第一百一十六条:章程约定不按持股比例分配。

除了上表所列示的必要记载事项之外,其实公司法对任意记载事项也多有规定。譬如,《公司法》第三十七对股东(大)会职权的规定,“公司章程规定的其他职权”;《公司法》第一百条对临时股东大会应在两个月内召开情形的规定,“公司章程规定的其他情形”。应该讲,这样的条款很多,不再详细列举。

四、公司章程的框架结构

在对公司章程的记载事项进行了解之后,我们再来介绍公司章程的框架结构就比较容易理解了。一个典型的有限责任公司章程的框架结构如表9－2所示：

表9－2 有限责任公司章程的框架结构

章节条款	解释及说明
前言	前言是指投资设立公司的背景介绍。
第一章 投资各方 第一条 投资各方	本章是对共同投资设立公司的各投资人的规定。包括名称(姓名)、法定住所等内容。
第二章 合营公司 第二条 公司名称、住所 第三条 公司组织形式和股东责任	本章是对合营公司的基本情况的规定。包括公司名称、住所、组织形式以及股东责任的规定。
第三章 经营宗旨和经营范围 第四条 公司经营宗旨 第五条 公司经营范围	本章是对公司经营宗旨(可选,在外商投资企业中通常会规定)和经营范围的规定。
第四章 (投资总额及)注册资本 第六条 (投资总额及)注册资本 第七条 出资额及出资比例 第八条 出资方式及出资期限 [第九条 验资(募集设立)]	本章是对公司注册资本的相关事项进行规定。如果属于外商投资企业的,还需要约定投资总额。主要包括注册资本金额、各股东出资额及出资比例、出资方式及出资期限等。
[第五章 股东权利和义务 第十条 股东知情权 第十一条 股东质询权 第十二条 新股优先购买权 第十三条 异议股回购请求权 ……]	本章属于可选章,一般针对公司法相对必要记载事项以及任意性记载事项,各股需要另行约定的或认为有必要约定的事项进行约定。譬如,对于股东优先买权的另行约定以排除公司法的规定。
[第六章 股权转让 第二十条 股东之间的股权转让 第二十一条 股东向第三人的股权转让 第二十二条 异议股东的股权回购 ……]	本章属于可选章,一般针对公司股权转让事宜进行详细约定。譬如,针对股东向第三人的股权转让另有规定的,或者对异议股东的股权回购规定等。
第七章 公司组织机构及职权 第三十条 股东会 第三十一条 董事会 第三十二条 监事会(或监事) 第三十三条 经理	本章属于必备章,包括公司组织机构的四大部分的规定。各部分一般包括会议的产生、组成、职权、议事规则等内容。如果不设监事会的,应调整为监事。公司法定代表人的委任也可放在本章中。
第八章 财务、税务及审计 第三十四条 会计年度及财务报告 第三十五条 财务报告的审计 第三十六条 税务	本章是对公司会计年度及财务报告、审计和税务事项的规定。还可包括审计、税务机构的聘任、解聘事项、记账本位币、外汇等进行规定。
第九章 利润分配和亏损弥补 第三十七条 公积金及股息分配 第三十八条 亏损弥补	本章是对公司利润分配和亏损弥补的规定。特别是,需要排除按照出资比例或实缴比例进行分配时,显得尤为重要。

续表

章节条款	解释及说明
第十章　公司合并、分立、解散和清算 第三十九条　公司合并、分立 第四十条　公司解散和清算	本章是对公司可能涉及的合并、分立重组以及公司解散、清算事项进行规定。特别是公司陷入僵局时事项等。
第十一章　期限和续展 第四十一条　公司期限 第四十二条　公司续展	本章是对公司期限以及公司续展事项的约定。

上面针对有限责任公司章程的框架结构进行了介绍，但是，对于股份有限公司而言，我国法律法规、规章还有特别的规定。譬如，2014 年 10 月 20 日，中国证券监督管理委员会（以下简称中国证监会）公布的《上市公司章程指引（2014 年修订）》（证监会公告〔2014〕47 号）。该指引自公布之日起施行，《上市公司章程指引（2014 年修订）》（证监会公告〔2014〕19 号）同时废止。该指引针对上市公司章程进行了要求。因此，有关上市公司章程的总体框架结构可以参考该指引的结构。对于非上市股份有限公司章程可以参照上市公司章程指引的规定并依据实际情况进行增减。

五、公司章程的核心条款和实务要点

限于篇幅，本专题将仅仅就公司法未明确规定或规定不明以及需要通过章程排除公司法适用的相对必要记载事项的部分典型条款和实务要点进行分析和介绍，以资借鉴。

（一）异议股东回购请求权

所谓异议股东回购请求权，是指在特定的情形下，对公司股东会议决议持反对意见的股东所享有的一种要求公司以合理公平的价格收购其股权的权利。我国《公司法》第七十四条、第一百四十二条分别针对有限责任公司和股份有限公司进行了规定。

1. 异议股东回购请求权

《公司法》第七十四条以及第一百四十二条第（四）项的规定实质是有关有限责任公司与股份有限公司异议股东股份回购请求权的规定。所谓异议股东股份回购请求权，指的是在特定的情形下，对公司股东（大）会议决议持反对意见的股东所享有的一种“要求公司以合理公平的价格收购自己股份”的权利。我们可以发现的是，对于股份有限公司而言，只规定了“股东因对股东大会作出的公司合并、分立决议持异议，要求公司收购其股份的”。区别规定的原因在于，股份有限公司的股份相对转让要自由一些,尤其是上市公司,如果适用的情形过多会给股东和公司增加成本;而有限责任公司闭锁性更强,有限责任公司股东一般只能通过转让股权或者请求公司解散来回收投资。转让成本高,转让中公平的价值发现机制欠缺,更需要保护。

2. 股份有限公司回购股份

根据《公司法》第一百四十二条的规定,股份公司不仅能依异议股东请求从而被动地回购其股份,还能基于减资、与持有本公司股份的其他公司合并、将股份奖励给本公司职工等情形主动的回购其股份。并且,考虑到公司回购后自我持股后使公司的权利义务与股东的权利义务集于一身,容易产生公司高管控制公司的决策,从而损害其他股东的利益,或者操纵股票价格,扰乱证券市场秩序。因此,《公司法》明确规定,股份有限公司回购后注销或者转让的期限。需要注意的是,仅仅只有第一百四十二条第(一)项的情形是公司必须要减资的情形,第(二)项、第(四)项则可能形成库藏股之后重新发行并转让给新的股东,并非一定减资。

【实务问题 34】 如何确定股份回购的价格?

实务中,如何确定股份回购的交易价格呢?正常状况下应当由公司与异议股东之间进行自由协商。如果双方无法达成一致,异议股东则有权请求人民法院对价格进行裁量。对于有限责任公司而言,一般情况下可以参照股权转让或合并方案或协议中确定的转让或合并对价来确定相应的回购价格。譬如,合并各方协商的合并对价为 3000 万元,而异议股东占股比例为 5%,则该等 5% 的股份则可以在参考 150 万元基础上协商确定。对于股份有限公司(特别是上市公司)而言,由于其股份可以自由流动,具有公开的市场价格,一般会以证券市场某个基准日前某段时间的股票均价为基准来协商确定。比如,上市公司换股吸收合并中有关现金选择权的处理方式。再如,对于上市公司通过要约方式回购社会公众股的定价也有其特定规定。《上市公司回购社会公众股份管理办法(试行)》(证监发〔2005〕51 号)第三十条规定,上市公司以要约方式回购股份的,要约价格不得低于回购报告书公告前 30 个交易日该种股票每日加权平均价的算术平均值。

案例 21 异议股东回购请求权条款示例

第[X]条 异议股东回购请求权
X.1 有下列情形之一的,对股东会该项决议投反对票的股东可以请求公司按照[采用(基础资产法)(收益现值法)评估的价格][不高于最近一期经审计的净资产账面价值按股权比例计算份额(的 110%)]收购其股权:

续表

(一)公司连续五年不向股东分配利润,而公司该五年连续盈利,并且符合公司法规定的分配利润条件的; (二)公司合并、分立、转让主要财产的; (三)公司章程规定的营业期限届满或者章程规定的其他解散事由出现,股东会会议通过决议修改章程使公司存续的; [(四)公司转让主要业务; (五)公司组织形式发生变更; (六)对股权产生实质性影响的公司章程的变更。包括但不限于:限制股权转让、表决权比例变更、股利分配比例变更、增资扩股、增资后导致原股东持股比例变更等; (七)本章程规定的其他情形。] X.2 上述第X.1条第(二)项中的主要财产系指:(1)出售、置换的资产总额达到公司最近一个会计年度经审计的合并报表总资产比例的[30%]以上;(2)出售、置换的资产净额占公司最近一个会计年度经审计的合并报表总资产比例的[20%]以上;(3)出售、置换的资产在最近一个会计年度所产生的主营业务收入占公司最近一个会计年度经审计的合并报表主营业务收入的比例达[30%]以上;(4)出售、置换公司主要业务所必需的土地、房屋、机器设备,对公司运营造成重大影响的;(5)出售、置换公司主要业务所必需的商标、专利等无形资产,对公司运营造成重大影响的;(6)本章程规定的其他情形。 上述第X.1条第(四)项中的主要业务系指:[公司制造和销售××纯净水;……] X.3 如果没有其他股东或者经过[2/3]以上股东同意的第三人收购该股权,公司应及时回购该股权并办理减资手续,异议股东在回购价格范围内对回购前公司的债务承担连带责任。 X.4 异议股东应自股东会作出决议之日起[10]个工作日内,向公司提交书面的股权回购请求申请书,并提交记载其持有股权种类和数量的文件,请求公司回购股份。该申请书一经作出非经公司书面同意不得撤回。公司必须在接到异议股东回购请且申请书后[10]个工作日内,向异议股东发出异议回复通知书,并载明回购价格及确定依据。如异议股东在前述回复期限内没有收到异议回复通知书,则视为公司确认该回购请求权成立。 X.5 如果公司拒绝异议股东的回购请求权或者双方自股东会会议决议通过之日起60日内,不能达成股权收购协议的,异议股东可以自股东会会议决议通过之日起90天内向人民法院提起诉讼。

【评析】

对于上述异议股东回购请求权条款,需要注意如下要点:

1. 第X.1条款规定了除公司法规定的法定情形之外的异议股东可以提出股权回购请求权的情形。需要注意的是,这并不违反公司法的规定,因为它的约定比公司法对异议中小股东的保护力度更大;同时,该条款还对公司法规定的"合理价格"进行了明确或者确定的方法,以避免实践争议。

2. 第X.2条款对公司法并没有明确的"主要财产"进行约定,避免实践中对"转让主要财产"情形适用时的争议;同时,还对增加情形中的"主要业务"进行了约定。

3. 第X.3条款规定了公司回购异议股东股权的另外一条途径。即公司现有的其他股东或经2/3以上股东同意的第三人收购股权。为什么这样规定呢?因为《公司法》第七十四条并没有明确规定公司必须进行减资,为了避免实践中的争议,因此在章程中明确约定,如果采用公司回购股权的话,对于有限责任公司而言将面临减资程序。

4. 第 X.4 条款对公司法没有明确的异议股东回购请求权的实施程序进行了明确约定,以避免实践争议。

(二)股东优先购买权

股东优先购买权,是指有限责任公司的股东向股东之外的第三人转让其股权时,公司其他股东在同等条件下,对该股权享有优先购买的权利。《公司法》第七十一条这样规定是因为有限责任公司系典型的"人合"性质的公司,公司的基础在于股东彼此之间的信赖和合作。股权转让会导致第三人进入公司,进而可能影响股东之间的信赖和合作,因此公司法规定股东优先购买权的目的就在于减少第三人进入公司的机会和可能性,并尽量维持有限责任公司的"人合"性质。

《公司法》第七十一条第一款、第二款的规定实质是有限责任公司其他股东同意权的规定。该两款规定对同意权的实施以及程序规定得比较明确,包括实施时间要求(30 天),但其并没有对不同意转让股东购买股权的价格进行明确规定,按照一般法律理解和司法实践,该价格应当为"合理的价格"。第七十一条第三款实质是有限责任公司其他股东优先购买权的规定。但公司法并没有对什么是"同等条件"以及如何行使优先购买权(包括行权的方式、期限)进行明确的规定,这也导致实践中出现很多纷争。2017 年 8 月 28 日,最高人民法院颁布了《最高人民法院关于适用〈中华人民共和国公司法〉若干问题的规定(四)》(以下简称《公司法司法解释(四)》)对优先购买权的这些问题进行了明确。① 第七十一条第四款实质是通过公司章程排除其他股东同意权和优先购买权的行使的规定。也就是说,除非有限责任公司章程另有规定,否则有限责任公司股东对外转让其股权时,其他股东拥有同意权和优先购买权。

案例 22 股东优先购买权条款示例

第[X]条 股东优先购买权
X.1 股东向股东以外的人转让股权,应经[半数以上][具有 2/3 表决权]的其他股东同意。经同意转让的股权,在同等条件下,其他股东享有优先购买权,两个以上股东主张行使优先购买权的,协商确定各自的购买比例;协商不成的,按照转让时各自的出资比例行使优先购买权。 上款的同等条件系指同等的股权转让合同条件。即同等的股权转让价格、数量、付款条

① 相关内容,请读者参阅本书"专题 39:股权转让纠纷"。

续表

件、履行期限、履行地点和方式、违约责任和解决争议方法等。 X.2　主张优先权的股东应自收到优先购买权通知书之后[30]日内或股东会决议之日起[15]日内，书面回复拟股权转让股东是否行使优先购买权。如果在前述期限届满后未书面回复或者明确表示不行使优先购买权的，拟转让股权的股东可以向非股东的第三方转让股权。[如果其他股明确表示行使优先购买权的，拟转让股权的股东应在收到书面回复之日起(15)日内，予以书面答复是否转让该股权，该期限届满未书面答复的，视为拟转让股东同意转让。][如果其他股东明确表示行使部分优先购买权的，视为其放弃优先购买权。]

【评析】

对于上述股东优先购买权条款，需要注意如下要点：

1. 第X.1条款明确了同意股权转让时其他股东具有优先购买权，并明确了公司法并没有明确规定的“同等条件”的含义，避免实务中仅仅理解为“同等价格”的争议。

2. 第X.2条款主要要解决的问题即是公司法没有明确的优先购买权行使程序的问题。包括约定了行权方式、期限等内容。还需要注意的是，本条款还解决了实践中的两个争议问题：一是如果其他股东明确表示行使优先购买权时，拟转让股权股东是否有权反悔？也就是说对其他股东明确表示行使优先购买权的行为是视为“要约”或是“承诺”的争议问题，《公司法司法解释(四)》第二十条规定：“有限责任公司的转让股东，在其他股东主张优先购买后又不同意转让股权的，对其他股东优先购买的主张，人民法院不予支持，但公司章程另有规定或者全体股东另有约定的除外。其他股东主张转让股东赔偿其损失合理的，人民法院应当予以支持。”该条规定明确了在其他股东主张优先购买时，允许转让股东“不同意”转让，除非公司章程另有规定或者全体股东另有约定。这实质明确赞同了“请求权说”，即其他股东明确表示行使优先购买权视为“要约”，则显然拟转让股权股东当然具有“反悔权”，笔者赞同这个观点。尽管如此，为了避免不必要的争议，由章程对此进行明确约定是恰当的。二是如果其他股东明确表示仅行使部分优先购买权，即仅仅购买部分股权时，拟转让股权股东是否有权拒绝？实质上，此时，没有争议的是，其他股东的行使部分优先购买权的行为构成一个要约，如果拟转让股权股东不同意转让的话，则该合同不成立。从实践来看，如果其他股东仅仅购买部分股权的话，则可能导致第三人因股权比例的减少而放弃购买其他股权或者因为没有控制权而降低股权收购价格，拟转让股权股东的利益不能得到保障。所以，公司章程这样规定是减少争议的恰当做法。《公司法司法解释(四)》第十八条规定：“人民法院在判断是否符合公司法第七十一条第三款及本规定所称的‘同等条件’时，应当考虑转让股权的数量、价格、支付方式及期限等因素。”该条规定明确了在界定“同等条件”

时,应当考虑“转让股权的数量、价格、支付方式及期限”等因素。在考虑因素中的“转让股权的数量”,实质就是否定了部分股权的优先购买权的行使。

(三)利润分配条款

我国公司法仅仅规定了公司提取法定公积金的义务,并没有规定公司必须每年分配股利,而将股利分配自主决定权给予了公司及其股东。但公司是否分配股利、什么情形下必须分配股利等事项需要兼顾股东和公司的利益。《公司法》第一百六十六条第四款规定,在公司有可供分配利润的前提下,经股东(大)会决议通过,可以向股东分配股利。对于有限责任公司而言,依据《公司法》第三十四条的规定,股东按照实缴的出资比例分取红利;公司新增资本时,股东有权优先按照实缴的出资比例认缴出资。但是,全体股东约定不按照出资比例分取红利或者不按照出资比例优先认缴出资的除外。对于股份有限公司而言,除非公司章程另有约定,否则应当按照股东持有的股份比例分配。①

案例23　利润分配条款示例

第[X]条　利润分配
X.1　公司弥补亏损和提取公积金后所余税后利润,经公司股东会决议通过,按照股东[认缴的出资比例][实缴的出资比例][……]进行分配。 X.2　股东分配请求权不能单独转让,但股东根据股东会决议而享有的请求额公司支付特定股利的权利可以转让。

【评析】

对于上述利润分配条款,需要注意如下要点:

1.根据《公司法》第三十四条、第一百六十六条的规定,如果全体股东约定不按照出资比例分取红利的,应当从其约定。该规定的“全体股东约定”可以采取书面协议约定的方式,也可采取公司章程约定的方式进行。如果采取前者的方式,应当对公司章程进行修订并进行公司备案登记。

2.股东股利分配请求权是指股东基于其股东的资格和地位而依法享有的请求公司分配股利的权利。从其法律性质上可以分为抽象的股利分配请求权和具体的股利分配请求权。前者是指股东基于公司股东的资格和地位而享有的一种股利分

① 有关股东利润分配请求权纠纷的内容,请读者参阅本书“专题42:股东利润分配请求权纠纷”。

配的期待权,其只有经过公司股东会决议通过才能转化为现实的、具体的股利分配请求权;而后者是指公司存在可供分配的利润时,股东根据股东会决议而享有的请求公司按照约定向其支付特定股利的权利,该权利属于具体的债权。本示范条款的第X.2条排除了抽象的股利分配请求权分割转让,即只有股权上附属的所有权利一并转让时,股利分配请求权才可一并转让,但是具体的股利分配请求权(债权)可以转让。

(四)公司解散条款

实践中,多数公司章程的解散条款基本采用直接援引《公司法》第一百八十条有关公司解散的规定来拟定,这样的条款并没有考虑公司陷入"僵局"的具体情况的约定,从而导致实践中不好操作而面临争议。《最高人民法院关于适用〈中华人民共和国公司法〉若干问题的规定(二)》(法释〔2014〕2号,以下简称《公司法司法解释(二)》)则为实践提供了指南。

《公司法》第一百八十条规定:"公司因下列原因解散:(一)公司章程规定的营业期限届满或者公司章程规定的其他解散事由出现;(二)股东会或者股东大会决议解散;(三)因公司合并或者分立需要解散;(四)依法被吊销营业执照、责令关闭或者被撤销;(五)人民法院依照本法第一百八十二条的规定予以解散。"第一百八十二条规定:"公司经营管理发生严重困难,继续存续会使股东利益受到重大损失,通过其他途径不能解决的,持有公司全部股东表决权百分之十以上的股东,可以请求人民法院解散公司。"《公司法司法解释(二)》第一条规定:"单独或者合计持有公司全部股东表决权百分之十以上的股东,以下列事由之一提起解散公司诉讼,并符合公司法第一百八十二条规定的,人民法院应予受理:(一)公司持续两年以上无法召开股东会或者股东大会,公司经营管理发生严重困难的;(二)股东表决时无法达到法定或者公司章程规定的比例,持续两年以上不能做出有效的股东会或者股东大会决议,公司经营管理发生严重困难的;(三)公司董事长期冲突,且无法通过股东会或者股东大会解决,公司经营管理发生严重困难的;(四)经营管理发生其他严重困难,公司继续存续会使股东利益受到重大损失的情形。股东以知情权、利润分配请求权等权益受到损害,或者公司亏损、财产不足以偿还全部债务,以及公司被吊销企业法人营业执照未进行清算等为由,提起解散公司诉讼的,人民法院不予受理。"

从上述规定可以看出,《公司法》第一百八十条对公司解散事由进行了明确的规定,其中第(五)项是关于公司陷入"僵局"时的规定,同时其第一百八十二条对公司陷入“僵局”进行了解释,但该条对于什么是“公司经营管理发生严重困难,继续存续会使股东利益受到重大损失”并没有作出更为具体的解释,这也导致实践中很难适用该条的规定。据此,《公司法司法解释(二)》第一条对此进行了明确的规定:一是明确了“单独或合计”持有公司全部股东表决权百分之十以上的股东可以提起诉讼;二是明确了四种具体情形下,前述股东可以有权提起诉讼。第二款排除了股东以知情权、利润分配请求权等权益受到损害,或者公司亏损、财产不足以偿还全部债务,以及公司被吊销企业法人营业执照未进行清算等为由提起解散公司诉讼的情形。

案例24　公司解散条款示例

第[X]条　公司解散
X.1　公司因下列原因解散: (一)公司章程规定的营业期限届满或者公司章程规定的其他解散事由出现; (二)股东会决议解散; (三)因公司合并或者分立需要解散; (四)依法被吊销营业执照、责令关闭或者被撤销; (五)人民法院依照《公司法》第一百八十二条和《最高人民法院关于适用〈中华人民共和国公司法〉若干问题的规定(二)》的规定判令解散。 X.2　股东会决议解散公司的,任一股东有以[经审计的净资产价格]购买其他股东股权继续经营公司的权利,多名股东购买的按照[出资比例]购买。

【评析】

对于上述利润分配条款,我们需要注意如下要点:

1. 第X.1条基本援引了公司法第一百八十条有关公司解散原因的规定,只不过增加了《公司法司法解释(二)》的规定而已,这样就将司法解释规定的具体情形纳入公司章程中来;

2. 第X.2条属于对公司决议解散公司的,赋予公司股东可以按照何种价格购买其他股东股权并继续经营的权利,并且多名股东购买的按照出资比例购买。这样的规定,在保证愿意退出股东的权利的同时,也最大程度上保证了公司延续经营的可能。

除上述条款之外,在实践中,我们通常还需要根据具体情况重点关注股东知情权、股东会议召集请求权、股东表决权、新股优先认购权等条款内容。

六、发行优先股对公司章程的影响

我们在“专题7:优先股法律、财税实务”中对优先股进行了介绍,事实上,任何优先股的发行都会涉及公司章程的修订，这也是公司变更登记的必备法律文件。下面，笔者以《上市公司章程指引（2016 年修订）》（中国证监会公告〔2016〕23 号）①和平安银行（000001）非公开发行优先股为基础来介绍优先股发行对上市公司章程的主要影响。概括地讲，上市公司发行优先股对公司章程的影响主要集中在如下七个方面：

1. 对上市股本结构（普通股、优先股）的影响；

2. 对上市公司股份及股份权利（类别股及类别权）的影响。譬如，是否采用固定股息率、是否强制分红、股息是否可累积、是否参与剩余财产的分配等；

3. 对优先股发行上限的约定以及是否可回购、可转换等；

4. 发行优先股对股东大会、董事会职权以及特别表决事项的影响；

5. 对优先股的表决权限制以及例外、恢复等约定；

6. 对上市公司利润分配的影响（现金支付股息以及分配优先权的规定）；

7. 对上市解散和清算时剩余财产分配的影响，主要是制优先股的清算优先权的规定。

我们可以发现，《上市公司章程指引（2016 年修订）》有关优先股条款的注释修订实际上是依据《公司法》《优先股试点指导意见》《优先股试点管理办法》的相关规定进行调整的。实务中，应当根据这些法律法规、规章以及指引并根据发行优先股的具体情况来对公司章程进行修订。

由于《上市公司章程指引》（2016 年修订）与《上市公司章程指引》（2014 年修订）几乎没有区别，笔者将《上市公司章程指引（2014 年修订）》和平安银行（000001）非公开发行优先股对章程的修订以及适用的法规通过如下案例来进行对比分析。

---

① 与《上市公司章程指引（2014 年修订）》（中国证监会公告〔2014〕47 号）相比较，《上市公司章程指引（2016 年修订）》（中国证监会公告〔2016〕23 号）仅修订了第八十九条的一部分内容。由于以前的“沪港通”变成了现在的“沪港通”“深港通”，因此将把 2014 年版本第八十九条“沪港通股票”修改为“内地与香港股票市场交易互联互通机制股票”。

案例 25 发行优先股对公司章程的影响——以平安银行非公开发行优先股为例

序号	《上市公司章程指引(2014 年修订)》	平安银行公司章程①	解释和说明
1	第一章"总则"第三条增加发行优先股的股数以及在交易所转让的时间。	第一章第四条增加:"本行于【核准日期】经中国证券监督管理委员会核准,发行优先股【股份数额】股,并于【开始转让日期】在深圳证券交易所开始转让。 本章程所称优先股,是指依照《公司法》,在一般规定的普通种类股份之外,另行规定的其他种类股份,其股份持有人优先于普通股股东分配本行利润和剩余财产,但参与本行决策管理等权利受到限制。"	1. 除发行的普通股之外,还需要明确发行的优先股股数以及何时在证券交易所开始上市转让。 2. 依据《优先股试点指导意见》和《优先股试点管理办法》对优先股的定义,在章程中对其进行具体定义。
2	第三章"股份"第一节"股份发行"第十五条注释增加章程应当明确的事项,以及上市公司公开发行优先股章程应当明确的特定事项。	第三章第一节新增第十七条:"本行发行优先股,应当明确以下事项:(1)优先股股息率采用固定股息率或浮动股息率,并相应明确固定股息率水平或浮动股息率的计算方法;(2)本行在有可分配税后利润的情况下是否必须分配利润;(3)如果本行因本会计年度可分配利润不足而未向优先股股东足额派发股息,差额部分是否累积到下一会计年度;(4)优先股股东按照约定的股息率分配股息后,是否有权同普通股股东一起参加剩余利润分配,以及参与剩余利润分配的比例、条件等事项;(5)其他涉及优先股股东参与本行利润分配的事项;(6)除利润分配和剩余财产分配外,优先股是否在其他条款上具有不同的设置;(7)优先股表决权恢复时,每股优先股股份享有表决权的具体计算方法。 本行公开发行优先股时,应当明确:(1)采取固定股息率;(2)在有可分配税后利润的情况下必须向优先股股东分配股息;(3)未向优先股股东足额派发股息的差额部分应当累积到下一会计年度;(4)优先股股东按照约定的股息率分配股息后,不再同普通股股东一起参加剩余利润分配。本行发行优先股补充资本的,可就第(2)项和第(3)项事项另作规定。"	1. 平安银行章程第十七条第一款的规定完全按照章程指引的注释进行规定。其法规依据是《优先股试点指导意见》第一条第(二)项第二款规定[第(一)至(五)项]、《优先股试点管理办法》第六条[第(六)项]和第十条[第(七)项]; 2. 平安银行章程第十七条第一款的规定完全按照章程指引的注释进行规定。其法规依据是《优先股试点管理办法》第 28 条。

① 条款来源于 2014 年 7 月 16 日平安银行公告披露的《公司章程》(2014 年 7 月)。——笔者注

续表

序号	《上市公司章程指引(2014年修订)》	平安银行公司章程	解释和说明
3	第三章“股份”第一节“股份发行”第十九条增加优先股的说明。	第三章第一节第二十条:“本行的股本结构为:普通股11,424,894,787股,优先股【　】股。”	股本结构中增加了优先股的股数。
4	第三章“股份”第二节“股份增加和回购”第二十一条增加优先股两个50%比例限制规定和不得发行可转换优先股。	第三章第一节第二十二条增加:“本行已发行的优先股不得超过本行普通股股份总数的百分之五十,且筹资金额不得超过发行前净资产的百分之五十,已回购、转换的优先股不纳入计算。 本行可以根据商业银行资本监管规定,非公开发行触发事件发生时强制转换为普通股的优先股,并遵守有关规定。 本行发行可转换公司债时,应当对可转换公司债的发行、转股程序和安排以及转股所导致的本行股本变更等事项作出具体规定。”	1. 该条第一款的法规依据是《优先股试点管理办法》第二十三条; 2. 该条第一款的法规依据是《优先股试点管理办法》第三十三条、银监发〔2014〕12号第七条。
5	第三章“股份”第二节“股份增加和回购”第二十三条对优先股回购进行约定。	第三章第一节第二十四条增加:“本行发行优先股时,应当对回购优先股的选择权由本行或股东行使、回购的条件、价格和比例等作出具体规定。本行按章程规定要求回购优先股的,必须完全支付所欠股息,但发行优先股补充资本的除外。”	该条增加第二款的法规依据是《优先股试点管理办法》第十三条、银监发〔2014〕12号第六条、银监会令〔2012〕第1号附件1“资本工具合格标准”第二条。
6	第四章“股东和股东大会”第一节“股份”第三十二条增加优先股股东表决权限制和例外。	第四章第一节第三十四条增加:“优先股股东不出席股东大会会议,所持股份没有表决权,但以下情况除外:(1)修改本行章程中与优先股相关的内容;(2)一次或累计减少本行注册资本超过百分之十;(3)本行合并、分立、解散或变更公司形式;(4)发行优先股;(5)本行章程规定的其他情形。 本行累计三个会计年度或者连续两个会计年度未按约定支付优先股股息的,优先股股东有权出席股东大会,每股优先股股份享有本行章程规定的表决权。对于股息可以累积到下一会计年度的优先股,表决权恢复直至本行全额支付所欠股息。对于股息不可累积的优先股,表决权恢复直至本行全额支付当年股息。本行章程可以规定优先股表决权恢复的其他情形。”	1. 该条第一款的法规依据是《优先股试点管理办法》第十条; 2. 该条第二款的法规依据是《优先股试点管理办法》第十一条。

续表

序号	《上市公司章程指引(2014年修订)》	平安银行公司章程	解释和说明
7	第四章“股东和股东大会”第二节“股份大会的一般规定”第四十条。	第四章第二节第四十四条增加股东大会的职权:“(八)对本行发行优先股作出决议。”	该条的法律依据是《公司法》第九十九条和第三十七条第一款“(七)对公司增加或者减少注册资本作出决议”。
8	第四章“股东和股东大会”第六节“股份大会的表决和决议”第77条就特别决议事项增加优先股股东2/3表决事项。	第四章第六节第八十条增加:“(四)本行发行优先股。”	该条的法规依据是《优先股试点管理办法》第十条第一款第(四)项。但平安银行对股东大会特别决议事项并没有完全按照《优先股试点管理办法》第十条第一款和章程指引注释的5个事项进行约定。
9	第五章“董事会”第二节“董事会”第一百零七条对董事会职权增加发行优先股并可授权董事会支付优先股股息。	第五章第三节第一百二十条增加:“(六)制订本行增加或者减少注册资本、发行优先股、债券或其他证券及上市方案”和“本行股东大会可以授权本行董事会向优先股股东支付股息。”	该条授权支付股息的法规依据是《优先股试点管理办法》第十一条。
10	第八章“财务会计制度、利润分配和审计”第一节“财务会计制度”第一百五十二条注释增加现金支付优先股股息,在完全支付前,不得向普通股股东分配利润。	平安银行章程对应的第八章第一节第一百七十五条未做修订。	平安银行未按照章程指引的要求增加“公司应当以现金的形式向优先股股东支付股息,在完全支付约定的股息之前,不得向普通股股东分配利润。”该规定的依据是《优先股试点指导意见》第一条第(二)项第一款。
11	第十章:“合并、分立、增资、减资、解散和清算”第二节“解散和清算”注释增加优先股的清算优先权。	第十章第二节第二百零六条增加:“本行因解散、破产等原因进行清算时,本行财产在按照公司法和破产法有关规定进行清偿后的剩余财产,应当优先向优先股股东支付未派发的股息和本行章程约定的清算金额,不足以全额支付的,按照优先股股东持股比例分配。”	该条的法规依据是《优先股试点指导意见》第一条第三项、《优先股试点管理办法》第八条。

第二部分

股东权益

综　述

本部分主要对股东出资后股东权益的法律业务进行介绍。主要包括股东资格的取得和确认、股东取得股东资格之后享受何等权利和承担何等义务、股东权利的分割和委托以及中小股东权益保护等内容。本部分共包括四个法律专题:股东资格的确认;股东的权利和责任;股东权利的分割和委托;中小股东权益保护。

专题 10 股东资格的确认

内容提示

发起人签署发起人协议并成立公司后，发起人取得股东资格并享有股东权利和承担股东义务。但实践中，依然存在很多股东资格争议纠纷，譬如隐名股东和显名股东之争、股东瑕疵出资的资格认定等，法律和司法实践如何处理这样的股东资格争议之诉呢？公司律师需要熟悉和掌握。本专题包含如下内容：

- 股东资格和股权的概念及含义；
- 股东资格确认纠纷的类型；
- 股东资格确认的标准；
- 确认股东资格的证据。

一、股东资格和股权的概念及含义

在公司运营过程中，经常会发生股东之间、股东与公司之间、实际投资人与名义出资人及公司之间，以及公司债权人与名义出资人、实际投资人之间发生涉及股东资格有无及股权归属的争议。这些争议对公司的稳定发展及债权人保护和市场交易安全产生了冲击。在解决这些争议问题之前，我们需要先来了解什么是股东资格及其含义。

实践中，尽管"股东资格"一词被频繁地使用，但《公司法》并没有对其作出明确的定义或界定，理论界对什么是股东资格也颇多争议。但一般认为，股东资格是指投资人取得和行使股东权利、承担股东义务的身份，又可称为股东地位。

股东资格存在的法理基础是基于公司是社团法人。社团法人是以社员权为基础的人的集合，称为人的组合。能够成为社员需要具备社员权，而取得社员权需要具备一定的资格或条件。资格往往意味着只有特定的人才能具备资格所要求的条件并进而享受特定的利益，这就决定了资格具有身份的特征。这种资格或条件可能是基于一定的客观事实或者行为,这种资格或者条件就是个体成为团体成员、享有成员特权的前提条件和基础。在公司中,社员资格就是股东资格,社员权就是股东权,投资人要成为公司股东从而对公司享有股权,须先具备股东资格。股东资格是一种身份,是人身权的一种。身份权是民事主体因一定的资格、地位或从事某种活动的结果而发生的,为维护民事主体的特定身份所必需的人身权。

股东权,简称股权,系指股东基于股东资格、依据《公司法》和公司章程规定而享有的、从公司获取经济利益并参与公司治理的权利。由于股东与股东资格两个概念共同指向了股权,没有股东资格即无法成为股东,不能成为股东,则无法向公司主张股权。股权所体现出的财产性利益是股东资格这一概念不可回避的重要方面。股东资格还包含出资人与公司之间的身份关系,身份性利益由此成为股东资格这一概念不可或缺的组成部分。通说认为股东权的内容包括自益权和共益权两方面,并将自益权与财产性权利相对应,而将共益权与人身性权利相对应。

【实务问题35】 取得股东资格是否立即享有股权?

"股东资格"指投资人拥有股东身份、享有股东一切权利的资格。股东资格是行使股东权利(股权)的基础。《公司法》第三十二条第二款规定:"记载于股东名册的股东,可以依股东名册主张行使股东权利",确立了取得股东资格的基本标准。股东资格可以由以下几种方式取得:(1)出资设立公司取得;(2)受让股份取得;(3)接受质押后依照约定取得;(4)继承取得;(5)接受赠与取得;(6)法院强制执行债权取得等。在一般情形下股东资格的取得就等于股权的取得。但特殊情况下,比如公司章程有特别限制性约定,取得股东资格不等于就一定取得股权,要经过一定程序后才能最终确定。譬如,在股权转让合同约定"登记机关办理完毕股权变更登记手续并向目标公司签发核准股权转让变更登记之日,视为股权转让完成之日"。同时,"甲、乙双方确认,交割完成后,由乙方对目标公司独立行使股东权利履行股东义务"。此时,我们可以发现股东一般自取得股东资格之时就拥有股权,但如果股东之间以及和公司之间就股权的取得另有约定的,应从其约定。

二、股东资格确认纠纷的类型

从实践来看,股东资格确认纠纷是指股东与股东之间、股东与公司之间或者股东与债权人之间就股东资格是否存在,或者具体的股权持有数额、比例等发生争议而引起的纠纷。股东资格确认纠纷大致包括下图所示的三种类型:

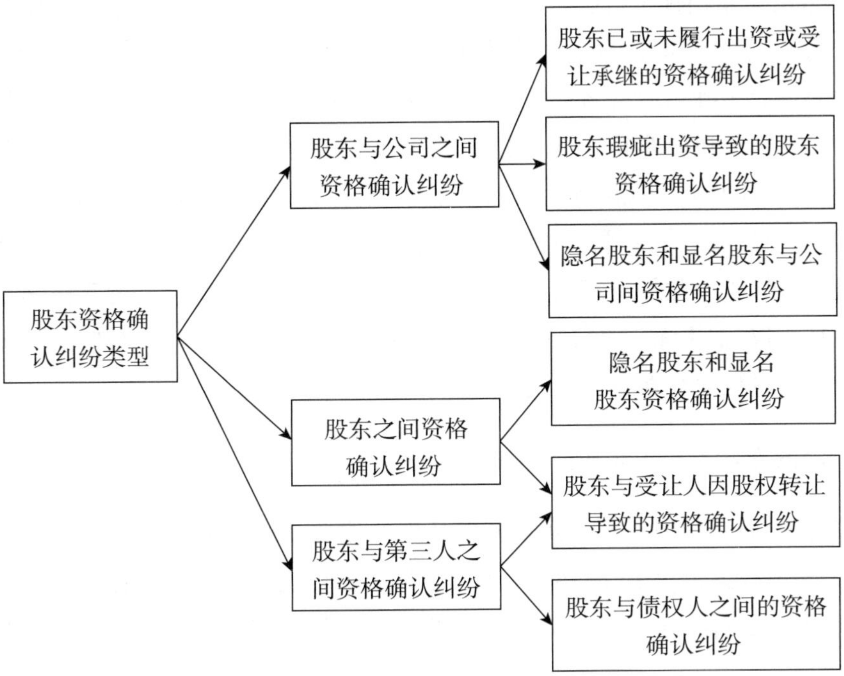

图 10－1 股东资格确认纠纷类型

(一)股东与公司之间资格确认纠纷

实践中,可能股东与他人之间不存在股权归属争议,但公司不承认股东享有股东资格。譬如,隐名出资中公司拒绝隐名股东行使股权,或者股权转让后公司拒绝受让人行使股权,遂产生纠纷。投资人依法履行出资义务或者承继人依法继受取得股权后,公司未按照公司法规定签发出资证明书、记载于股东名册并办理公司登记机关登记,投资人或承继人请求公司履行前述义务,而公司拒绝履行,遂产生纠纷。再如,瑕疵出资股东的资格问题,如果瑕疵股东出资并不导致公司设立无效,一般情况下不宜轻易否定瑕疵股东的资格。

(二)股东与股东之间资格确认纠纷

实践中,股东与股东之间的资格确认纠纷主要集中在两个方面:一是股东与股东之间因出资产生的股东资格确认纠纷。这里通常是指隐名出资的情况,即隐名股东与名义股东之间签订出资协议,隐名股东以他人名义出资,由他人作为名义股东,但实际出资资金来源于该隐名股东,名义股东不享有实际权利,一切权利归隐名股东所有。二是股东与股东之间因股权转让产生的股东资格确认纠纷。依据

《公司法》的规定,有限责任公司的姓名或者名称须记载于股东名册及公司章程,并属于工商登记事项;股份有限公司发起人的姓名或者名称须记载于公司章程,持有记名股票的股东姓名或者名称应记载于股东名册。因此,当有限责任公司股东转让或股份有限公司股东转让记名股票时,应按照前述规定作相应的变更登记。实践中,股权转让双方可能因过失或者其他原因,在股权转让过程中没有履行法定的变更登记手续,或者没有交付股票或出资证明书。如果未变更登记,就可能发生股东资格确认纠纷。此外,股份有限公司的股东可以凭借其所持有的无记名股票向公司主张股权;如果无记名股东转让股权时未向受让人交付无记名股票,则受让人无法证明其股权之存在,从而可能发生股东资格确认纠纷。

(三)股东与债权人之间资格确认纠纷

实践中,股东与债权人之间资格确认纠纷主要出现在名义股东未履行出资义务时,公司债权人请求名义股东就其对公司债务不能清偿的部分在未出资本息范围内承担补充赔偿责任时,名义股东可能以其并非真实股东为由履行抗辩时,纠纷随之产生。

三、股东资格确认的标准

对于股东资格确认的标准,理论界和司法实践中争议很大,主要包括如下三种观点:

观点一,形式主义标准,亦称外观主义、公示主义。该种观点认为,应当以公司对外公示的材料作为确认股东资格的基本标准,即在公司对外公示的材料中记载为公司股东的人,即为公司股东。实践中,又可细分为两种类型:一是以股东名册的记载作为确认股东资格的标准;二是以公司登记机关的登记内容作为股东资格确认的标准。前者主要适用于公司与股东之间的资格确认纠纷,即此时一般以股东名册作为认定股东资格的依据;后者主要适用于第三人对公司股东的认定上,即此时应主要以公司登记机关的登记为判断标准,因为公司登记机关的登记对善意第三人具有宣示股东资格的功能。

观点二,实质主义标准,亦称真意主义、意思主义。该标准是指对表现于外的民事法律行为效力的判断依赖于当事人内心真实意思。按照实质主义要求,在确认股东资格时,应探求公司构建时股东关系的真实意思,而不能以外在表示行为作为判断股东资格的基础。其中,是否履行出资义务作为取得股东资格的实质要件就是该观点的核心思路,这在隐名股东和显名股东股权纠纷中体现得比较明显。

观点三，折中主义标准，亦称区分主义。该种观点主张，在名义股东与实质股东同时存在情况下，应当区分以下三个层次的法律关系而区别对待：一是实际股东与名义股东的法律关系；二是实际股东、名义股东与公司之间的法律关系；三是实际股东、名义股东与第三人之间的法律关系。对于确定公司内部股权权利义务方面，可以分为两个方面。即解决第一层次的法律关系冲突时，应当以实质主义为标准，探求公司实际股东，并以实际股东为公司股东，名义股东不具有公司股东资格；解决第二层次的法律关系冲突时，应以形式主义中的股东名册为准，但若有相反证据的除外（实质主义为辅）；在涉及公司外部法律关系，即解决第三层次的法律关系是应当以形式主义为标准，以名义股东为公司股东，对外承担股东义务。其承担义务后可依据内部法律关系向应当承担义务的主体追偿。

目前《公司法司法解释（三）》对股东资格确认的观点采用了第三种观点。笔者将有关适用标准总结如下表10－1所示：

表10－1 股东资格确认标准

类型		股东资格确认标准
股东与公司之间	现有股东与公司之间	形式主义标准：公司章程、股东名册，相反证据除外 1. 一般原则：现有股东与公司之间因未履行出资义务、瑕疵出资等发生股东资格争议的，以公司章程、股东名册的记载为准； 2. 实际出资并行使股东权利：公司章程、股东名册未记载，但已履行实际出资并以股东身份行使股东权利的，应认定其具有股东资格； 3. 瑕疵股东出资：如果瑕疵股东出资并不导致公司设立无效，一般情况下不宜轻易否定瑕疵股东的资格。
	股权转让人、受让人与公司之间	形式主义标准：股东名册变更登记，实质主义标准为辅 1. 一般原则：股权转让人、受让人与公司之间因股东资格发生争议的，以股东名册的变更登记为认定标准； 2. 实质参与管理并行使股东权利：公司没有办理股东名册变更登记，但受让人已经实际参与公司经营管理，行使股东权利的，应认定受让人为股东，并责令公司将受让人记载于股东名册、公司章程并办理变更登记； 3. 遵从合同约定：如果股权转让合同约定办理工商变更登记或者股名册变更登记手续之后，股权才转移的，未办理之前，仍认定转让人为股东。
股东与股东之间	实际股东与名义股东之间	实质主义标准：隐名持股协议 1. 一般原则：以股东名册记载为准； 2. 但存在实际股东时，应以实质主义为准。即实际出资人与名义出资人之间的合同如无《合同法》第五十二条规定情形的，应认定为有效；因投资权益的归属发生争议的，实际出资人以其实际履行了出资义务为由向名义股东主张权利的，应予支持；名义股东以公司股东名册记载、公司登记机关登记为由否认实际出资人权利的，不予支持。

续表

类型		股东资格确认标准
股东与第三人之间	出让股东与受让人之间	形式主义标准:以股东名册变更登记为准,实质主义标准为辅。 同上述“股权转让人、受让人与公司之间”的处理原则。
	股东与债权人之间	形式主义标准:以公司登记机关登记为准。 以名义股东为公司股东,对外承担股东义务,其承担义务后可依约定向应当承担义务的实质股东追偿。

(一)股东与公司之间资格确认标准

对于公司与股东之间发生的股东资格确认纠纷,一般应以股东名册记载作为认定股东资格的依据。在实践中,该类确认纠纷又可以分为如下三大类别:

1. 已履行或未履行出资义务股东与公司之间的纠纷

此类纠纷一般发生在投资人已履行出资义务时,公司不承认股东享有股东资格。投资人依法履行出资义务或者承继人依法继受取得股权后,公司未按照公司法规定签发出资证明书、记载于股东名册并办理公司登记机关变更登记,投资人或承继人请求公司履行前述义务,而公司拒绝履行。

《公司法》第三十二条规定,记载于股东名册的股东,可以依股东名册主张行使股东权利。公司应当将股东的姓名或者名称向公司登记机关登记;登记事项发生变更的,应当办理变更登记。未经登记或者变更登记的,不得对抗第三人。《公司法司法解释(三)》第二十一条规定,当事人向人民法院起诉请求确认其股东资格的,应当以公司为被告,与案件争议股权有利害关系的人作为第三人参加诉讼。第二十三条规定,当事人之间对股权归属发生争议,一方请求人民法院确认其享有股权的,应当证明以下事实之一:(一)已经依法向公司出资或者认缴出资,且不违反法律法规强制性规定;(二)已经受让或者以其他形式继受公司股权,且不违反法律法规强制性规定。第二十四条规定,当事人依法履行出资义务或者依法继受取得股权后,公司未根据公司法第三十二条、第三十三条的规定签发出资证明书、记载于股东名册并办理公司登记机关登记,当事人请求公司履行上述义务的,人民法院应予支持。

从上述规定可以看出,《公司法》第三十二条第二款秉承的精神是股东资格确认的“形式主义”标准,即以股东名册的记载为依据。《公司法司法解释(三)》第二十三条、第二十四条的规定秉承的是“实质主义”标准,即股东如果可以证明其已经依法向公司出资或者认缴出资,且不违反法律法规强制性规定的,或者已经受让或者以其他形式继受公司股权,且不违反法律法规强制性规定的,应认定其具有股东资格并享有股东权利。

案例26 万家裕诉宏瑞公司其他股东权纠纷案①

【基本案情】

再审申请人(一审原告、二审上诉人):万家裕

被申请人(一审被告、二审被上诉人):丽江宏瑞水电开发有限公司

原审第三人:永胜县六德乡双河电站、北京博尔晟科技发展有限公司、张正云、唐振云

再审申请人万家裕为与被申请人丽江宏瑞水电开发有限公司(以下简称宏瑞公司)、一审第三人永胜县六德乡双河电站(以下简称双河电站)、北京博尔晟科技发展有限公司(以下简称博尔晟公司)、张正云、唐振云股东资格确认纠纷一案,不服云南省高级人民法院(2012)云高民二终字第89号民事判决,向本院申请再审。本院于2013年10月9日作出(2013)民申字第1003号民事裁定提审本案。

一审法院审理查明:2004年5月27日,宏瑞公司经有关部门核准设立,共有博尔晟公司,双河电站两个法人股东,唐振云、张正云两个自然人股东,其中博尔晟公司出资40万元,股权比例40%,双河电站出资32万元,股权比例32%,自然人股东唐振云、张正云各出资14万元,分别占比14%。2007年4月26日,宏瑞公司变更注册资本为1200万元,各股东持股比例不变。在公司运营活动中,经法定代表人唐正良授权,由股东唐振云全权处理公司日常事务,唐振云并有权代表博尔晟公司行使股东权利。2008年6月,为了公司建设的需要,唐振云、张正云拟增资扩股,遂与万家裕协商,由万家裕出资510万元,占公司30%股权。2008年7月29日,万家裕以个人名义向丽江市古城区信用合作社贷款530万元,由宏瑞公司两个股东张正云及双河电站以资产作抵押担保,唐振云作为宏瑞公司的授权代理人也在借款合同上签字,借款用途为"电站投资"。2008年8月4日,万家裕将所借510万元打入了宏瑞公司账户,宏瑞公司会计凭证记载为"实收资本"。2008年8月10日,唐振云、张正云和万家裕签署了一份《丽江宏瑞水电开发有限公司章程》(以下简称《宏瑞公司章程》),其中载明万家裕于2008年8月10日认缴出资510万元,占公司注册资本的30%。2010年1月3日,万家裕、张正云、张光华(双河电站法定代表人)、唐振云作出《股东会决议》,决定将公司股权转让,并约定转让金按当时的出资比例进行分配,还明确了各股东到账股金的比例为:万家裕510万元,占

① 中华人民共和国最高人民法院民事判决书(2014)民提字第00054号。笔者此处做了适度精简。

53%;唐振云、唐正良(博尔晟公司法定代表人)117万元,占17.7%;张正云52万元,占5.4%;双河电站230万元,占23.9%。但因后来未找到受让方,股权没能转让。2010年11月20日,唐振云向万家裕补写了一张《借条》,内容为:"借到万家裕人民币510万元,此款已于2008年8月4日打入公司账户,由公司承担信用社利息和本金归还,期限为一年半,若到期未能偿还作为资本债转为公司股金。"2011年6月20日及6月23日,宏瑞公司作出《宏瑞水电开发有限公司账务自查结论》(以下简称《账务自查结论》),其中注明"实收万家裕资本金510万元"。其间,唐振云于2009年7月26日、2010年5月18日向万家裕账户内打入人民币110万元,2011年3月3日,唐振云又将400万元人民币打入万家裕账户内。

因万家裕要求宏瑞公司将其确认为股东未果,2011年6月22日,万家裕向一审法院提起诉讼,请求:确认其系宏瑞公司股东,出资510万元注册资本金,持有公司53%的股权;判令宏瑞公司配合万家裕办理公司股东变更的工商登记手续;由宏瑞公司承担本案诉讼费。

一审法院认为:万家裕将510万元打入宏瑞公司账户后,万家裕、唐振云、张正云于2008年8月10日签署的《宏瑞公司章程》已明确了万家裕属宏瑞公司股东且占公司30%的股权,《宏瑞公司章程》虽只有原股东唐振云、张正云的签字,但唐振云同时还代表了博尔晟公司,故该章程并未违反《中华人民共和国公司法》(以下简称《公司法》)的规定,应视为各方当事人之间的约定,由此可以认定万家裕的510万元属投资款。但2010年11月20日宏瑞公司出具的《借条》已将万家裕支付的510万元认定为借款,该借条约定还款期限为一年半,超过一年半该借款才能转为公司股金,而还款期限应从出具借条之日,即2010年11月20日起算,宏瑞公司于2011年3月3日归还了万家裕全部借款,故万家裕成为宏瑞公司股东的条件不成就。该案案由应定为"股东资格确认纠纷"。万家裕起诉时虽将宏瑞公司各股东列为被告,但根据《最高人民法院关于适用〈中华人民共和国公司法〉若干问题的规定(三)》第二十二条之规定,宏瑞公司股东应为本案的第三人。该院经审判委员会讨论决定,作出(2011)丽中民二初字第19号民事判决,驳回了万家裕的诉讼请求。

二审法院认为:本案二审争议的焦点问题主要是万家裕能否成为宏瑞公司的股东。对此,二审法院认为:

首先,2008年8月10日新修订的《宏瑞公司章程》虽经三分之二以上表决权的股东通过,但二审庭审中,万家裕认可2010年11月20日唐振云代表宏瑞公司向其出具了《借条》,万家裕持有《借条》原件,表明其接受《借条》,并同意将原来用于出资的510万元变更为借款。《借条》出具之前的2009年7月26日、2010年5月18日，宏瑞公司已归还万家裕110万元，该事实进一步证明，万家裕在《借条》出具前已同意宏瑞公司将其投入的510万元当做借款。《借条》虽约定，还款期限为一年半，若到期不能偿还，510万元借款转化为股本金，但直至2011年3月3日，唐振云代表宏瑞公司归还余款400万元时，万家裕仍未提出异议。故此，应当确认，《借条》是当事人的真实意思表示，合法有效，《借条》已将万家裕与宏瑞公司之间的投资关系变更为借款法律关系，万家裕不应成为宏瑞公司的股东。万家裕关于即便《借条》真实存在，因宏瑞公司未在《借条》约定的还款期限还款，510万元借款转化为公司股本金，其仍应成为宏瑞公司的股东的观点没有事实基础，不能成立。至于借款利息，万家裕可以依据实际发生数额另案要求宏瑞公司承担。

其次，宏瑞公司归还万家裕全部借款本金后，2011年6月22日及23日，其作出的《账务自查结论》虽记载，“实收万家裕资本金510万元”，双河电站、博尔晟公司、唐振云及张正云等公司股东均有签字，但万家裕并未在《账务自查结论》上签字，表明万家裕已最后认可其原先用于投资的510万元款项已转化为借款，借款归还后其不再是宏瑞公司股东，不再行使股东权利，参与公司管理。万家裕关于宏瑞公司《账务自查结论》是对其股东身份的最后确认的观点不能成立。

最后，2007年4月26日的宏瑞公司《企业法人营业执照》记载，宏瑞公司的注册资本为1200万元，虽然2008年8月10日修改的《宏瑞公司章程》第六条记载，“2008年8月增加自然人股东万家裕后为1700万元”，但现有证据证明，宏瑞公司增资至1700万元后并未申请变更工商登记。根据《公司法》第二十六条的规定，“有限责任公司的注册资本为在公司登记机关登记的全体股东认缴的出资额”。万家裕2008年8月4日将510万元转账至宏瑞公司账户，宏瑞公司并未将其登记为公司注册资本，宏瑞公司或者万家裕将先前转入的510万元当作借款，并非抽逃出资，并未违反法律规定，合法有效。万家裕关于将510万元出资款项当做借款归还系抽逃公司资本金的行为，因其违反法律规定而无效的观点没有法律依据，亦不能成立。

综上，该院经审判委员会讨论决定，作出(2012)云高民二终字第89号民事判决，驳回上诉，维持原判。

万家裕不服上述二审判决，向本院申请再审。

本院除对原一、二审查明的事实予以确认外，另查明：万家裕从丽江市古城区信用合作社贷款一年期满后，又展期半年，贷款期限累计一年半。2008年8月10日修订的《宏瑞公司章程》第六十四条规定：“本章程经公司登记机关登记后生效。”第六十六条规定:“本章程于二〇〇八年八月十日订立生效,原公司章程自动失效。”

最高人民法院认为:本案再审争议的焦点问题是:万家裕是否为宏瑞公司的股东。对此,具体分析如下:

一、万家裕是否取得了宏瑞公司的股东身份

股东身份的确认,应根据当事人的出资情况以及股东身份是否以一定的形式为公众所认知等因素进行综合判断。根据本案查明的事实,本院认为万家裕已经取得了宏瑞公司的股东身份。

首先,万家裕已经向宏瑞公司实缴出资,万家裕打入宏瑞公司账户的510万元为出资款而非借款。2008年6月,代表宏瑞公司处理日常事务的唐振云及宏瑞公司股东张正云与万家裕协商,由万家裕向宏瑞公司出资510万元,占30%的股权。由此证明,万家裕在出资之前,已经与宏瑞公司及其股东就出资事宜达成了合意。2008年7月29日,万家裕向云南省丽江市古城区信用合作社贷款530万元,贷款用途明确约定为“电站投资”。2008年8月4日,万家裕将所贷的510万元打入了宏瑞公司的账户,实缴了出资,履行了先前约定的出资义务,宏瑞公司的会计凭证也将该510万元记载为“实收资本”。直至2011年3月15日,唐振云还认可万家裕投入宏瑞公司的510万元是投资款。2011年6月20日及6月23日,宏瑞公司作出的《账务自查结论》仍然注明“实收万家裕资本金510万元”。以上事实足以证明,万家裕已经按认缴的出资额向宏瑞公司实缴了出资,万家裕支付的510万元为出资款而非借款。

其次,万家裕的股东身份已经记载于《宏瑞公司章程》,万家裕也以股东身份实际参与了宏瑞公司的经营管理。2008年8月10日,唐振云、张正云和万家裕共同修订并签署了新的《宏瑞公司章程》。虽然在《宏瑞公司章程》上签字的自然人股东只有唐振云、张正云两人,但由于唐振云同时还代表宏瑞公司的另一法人股东博尔晟公司,故宏瑞公司章程的修改经过了代表三分之二以上表决权的股东通过,符合法定的修改程序,宏瑞公司的另一股东双河电站在本案二审中也明确表示认可修订后的《宏瑞公司章程》,故其应为合法有效。《宏瑞公司章程》中载明,万家裕于2008年8月10日认缴出资510万元,占宏瑞公司注册资本的30%。其后,万家裕以宏瑞公司董事长的身份,出席了双河电站的复工典礼,并多次参加宏瑞公司的股东会,讨论公司经营管理事宜,实际行使了股东权利。

宏瑞公司主张,《宏瑞公司章程》第六十四条规定:“本章程经公司登记机关登记后生效”,但该章程事实上并未在工商部门登记,因而没有生效。本院认为,该章程除第六十四条规定了章程的生效问题外，还在第六十六条同时规定："本章程于二〇〇八年八月十日订立生效。"这就出现了同一章程对其生效时间的规定前后不一致的情形，此时根据章程本身已经无法确定生效的时间，而只能根据相关法律规定和法理，对《宏瑞公司章程》的生效问题作出判断认定。公司章程是股东在协商一致的基础上所签订的法律文件，具有合同的某些属性，在股东对公司章程生效时间约定不明，而公司法又无明确规定的情况下，可以参照适用合同法的相关规定来认定章程的生效问题。参照合同生效的相关规定，本院认为，经法定程序修改的章程，自股东达成修改章程的合意后即发生法律效力，工商登记并非章程的生效要件，这与公司设立时制定的初始章程应报经工商部门登记后才能生效有所不同。本案中，宏瑞公司的股东在2008年8月10日即按法定程序修改了原章程，修订后的《宏瑞公司章程》合法有效，因此应于2008年8月10日开始生效，宏瑞公司关于《宏瑞公司章程》并未生效的主张，本院不予支持。宏瑞公司章程的修改，涉及公司股东的变更，宏瑞公司应依法向工商机关办理变更登记，宏瑞公司未办理变更登记，应承担由此产生的民事及行政责任，但根据《公司法》第三十三条的规定，公司股东变更未办理变更登记的，变更事项并非无效，而仅是不具有对抗第三人的法律效力。综上，宏瑞公司关于《宏瑞公司章程》未生效、无效的主张，无法律及事实依据，本院不予采信。

二、万家裕对宏瑞公司的股权是否转变为债权

宏瑞公司主张其与万家裕之间的投资关系已经因《借条》的出具而转变为借款关系，并且通过唐振云的还款行为而将借款进行了清偿，万家裕对此予以否认。因此，《借条》及唐振云的汇款，是否使万家裕对宏瑞公司的股权转变成了债权，是本案当事人争议的关键问题。根据既有的法律规定，综合考虑案件事实情况，本院认为万家裕对宏瑞公司的股权并未转变为债权。理由是：

第一，股东不得抽逃出资是公司法的一项基本制度和原则，我国《公司法》对此作了明确规定。股东向公司出资后，出资财产即转变为公司的法人财产，其独立于股东个人的财产而构成公司法人格的物质基础。股东从公司抽回出资，则会减少公司资本，动摇公司的独立法人地位，侵害公司、其他股东和公司债权人的利益，因而为法律所严禁。本案中，万家裕打入宏瑞公司账户的510万元性质上为出资款，且为《宏瑞公司章程》所确认，该510万元进入宏瑞公司的账户后，即成为宏瑞公司的法人财产，无论是万家裕主动要求宏瑞公司将其出资转变为借款，还是唐振云代表宏瑞公司向万家裕出具《借条》并将出资作为借款偿还，抑或是万家裕与宏瑞公司协商一致，将出资转变为借款而归还，本质上都是根本改变万家裕对宏瑞公司出

资性质的违法行为,都会导致万家裕抽回出资并退股的法律后果,这是有违公司法的禁止性规定的,因而上述行为均应无效,万家裕的股东身份自然也不应因此种无效行为而改变。本院尤为强调的是,抽逃出资并不限于抽逃注册资本中已经实缴的出资,在公司增资的情况下,股东抽逃尚未经工商部门登记、但已经成为公司法人财产的出资同样属于抽逃出资的范畴,亦在公司法禁止之列。故此,二审法院关于宏瑞公司并未将万家裕出资的510万元登记为公司注册资本,宏瑞公司或者万家裕将510万元转变为借款并非抽逃出资的认定不当,本院予以纠正。

第二,《借条》并不能证明万家裕对宏瑞公司的出资已经转变为借款。即便不考虑前述法律禁止性规定的因素,单纯从《借条》这一证据本身分析,亦不能得出万家裕对宏瑞公司的出资已经转变为借款的结论。《借条》对万家裕打入宏瑞公司账户的510万元规定了一年半的还款期限,在此期限内宏瑞公司如未能归还本息,则该510万元即转为股金。万家裕和宏瑞公司对一年半的借款期限究竟应从何时起算存在争议。本院认为,在当事人没有特别约定的情况下,按照交易惯例,借款期限应从款项实际交付给借款人时起算,具体到本案,即使将万家裕的出资当做借款,借款期限也应从510万元打入宏瑞公司账户的2008年8月4日起算,这与万家裕从丽江市古城区信用合作社贷款一年半的期限正好吻合。宏瑞公司主张借款期限应从《借条》出具的2010年11月20日起算,但此时万家裕已经将该款项打入宏瑞公司两年多,宏瑞公司实际占有和使用此款项却不属于借款,当然也无须支付借款的利息,而万家裕从银行贷款帮助宏瑞公司渡过难关,不但没有获得任何对价,还需要自行承担贷款的利息,这不但违背常理,也有失公平,故本院对宏瑞公司的此项主张不予支持。按2008年8月4日计算借款期限,至2010年2月4日一年半的期限届满,宏瑞公司并未归还全部借款,按《借条》的约定,万家裕支付的510万元也应转为出资而非借款。从另一方面看,《借条》载明应由宏瑞公司承担510万元贷款的利息归还义务,但事实上该项贷款的利息919,820.88元系由万家裕偿还,无论借款期限从何时起算,宏瑞公司均未在《借条》约定的一年半的借款期限内偿付利息,从这一角度考量,万家裕支付的510万元也应属于出资而非借款。因此,原一、二审法院认定《借条》已将万家裕与宏瑞公司之间的投资关系转变为借款关系确有不当,本院予以纠正。在万家裕向宏瑞公司支付的510万元属于出资款,不应作为借款返还的情形下,唐正云可以另行向万家裕主张返还其所支付的510万元。

综上,万家裕已经取得了宏瑞公司的股东身份,《借条》的出具并不能将其对宏瑞公司的股权转变为债权,万家裕有权要求宏瑞公司确认其股东身份并办理股东变更登记。原一、二审判决认定事实不清，适用法律错误，本院予以纠正。判决如下：一、撤销云南省高级人民法院（2012）云高民二终字第89号、云南省丽江市中级人民法院（2011）丽中民二初字第19号民事判决。二、确认万家裕为丽江宏瑞水电开发有限公司的股东，出资510万元，持有30%的股权。三、丽江宏瑞水电开发有限公司应于本判决生效之日起15日内，配合万家裕办理股东变更登记手续。

【评析】

最高人民法院对该案的判决，体现了以下裁判规则：

一、股东资格的确认

股东身份的确认，应根据当事人的出资情况以及股东身份是否以一定的形式为公众所认知等因素进行综合判断。根据《公司法司法解释（三）》第二十三条规定："当事人之间对股权归属发生争议，一方请求人民法院确认其享有股权的，应当证明以下事实之一：（一）已经依法向公司出资或者认缴出资，且不违反法律法规强制性规定；（二）已经受让或者以其他形式继受公司股权，且不违反法律法规强制性规定。"因此，笔者认为，需要靠量的主要因素包括：（1）股东是否有出资合意以及是否依法出资或认缴出资；（2）股东身份是否已经记载于公司章程或者股东名册；（3）是否已经实际参与公司的经营管理。同时，未办理股东变更的工商变更登记的，变更事项并非无效，而仅是不具有对抗第三人的法律效力。

二、公司章程的生效时间

公司设立时，制定的初始章程应报经工商部门登记后才能生效。公司存续期间经法定程序修改的章程，自股东达成修改章程的合意后即发生法律效力，工商登记并非章程的生效要件。

三、抽逃出资行为无效，且不能因此否定股东资格

在本案中，最高人民法院认为：万家裕案中，将出资转变为借款归还，本质上是根本改变万家裕对宏瑞公司出资性质的违法行为，会导致万家裕抽回出资并退股的法律后果，这是有违公司法的禁止性规定的，因而上述行为均应无效，万家裕的股东身份自然也不应因此种无效行为而改变。

抽逃出资并不限于抽逃注册资本中已经实缴的出资，在公司增资的情况下，股东抽逃尚未经工商部门登记，但已经成为公司法人财产的出资同样属于抽逃出资的范畴，亦在公司法禁止之列。

2. 瑕疵出资股东与公司之间的纠纷

此类纠纷实质是瑕疵出资的股东是否能够取得股东资格并享有股权权利。如果股东出资有瑕疵，但并未导致导致公司设立无效，一般情况下不宜轻易否定瑕疵

股东的资格。笔者认为,在股东瑕疵出资情形下,其股东资格可以保留,其利润分配请求权等核心股权应受到限制。理由在于,从公司法的规定来看,股东应当足额缴纳公司章程中规定的各自认缴的出资额,股东未缴纳所认缴的出资,应当向已足额缴纳出资的股东承担违约责任;出资评估不实、虚假出资的股东应当对公司承担差额补缴责任,公司设立时的其他股东承担连带责任;对虚假出资的股东,公司登记机关可给予罚款、责令改正的行政处罚。因此,股东瑕疵出资只会导致相应的民事责任和行政责任,并不必然否定其股东资格。因为瑕疵出资的法律责任,应当由瑕疵出资的股东对公司或其他依约出资的股东承担补足责任或违约责任。

3. 隐名股东、显名股东与公司之间的纠纷

此类纠纷实质就是,隐名股东向公司要求直接拥有股东资格并享有股东权利,要求公司变更股东,签发出资证明书、记载于股东名册、记载于公司章程。一般情况下,公司依据股东名册向股东履行义务,隐名股东以其与他人约定由其出资而以他人名义享有股东权利,请求公司向其履行义务的,人民法院不予支持。但是隐名股东、名义股东和公司另有特别约定的除外。同时,如果隐名股东因投资权益的归属向名义股东主张权利的,如果其已经实际履行出资义务的,应予支持,并且名义股东以公司股东名册记载、公司登记机关登记为由否认实际出资人权利的,不予支持。

《公司法司法解释(三)》第二十五条规定,有限责任公司的实际出资人与名义出资人订立合同,约定由实际出资人出资并享有投资权益,以名义出资人为名义股东,实际出资人与名义股东对该合同效力发生争议的,如无合同法第五十二条规定的情形,人民法院应当认定该合同有效。前款规定的实际出资人与名义股东因投资权益的归属发生争议,实际出资人以其实际履行了出资义务为由向名义股东主张权利的,人民法院应予支持。名义股东以公司股东名册记载、公司登记机关登记为由否认实际出资人权利的,人民法院不予支持。实际出资人未经公司其他股东半数以上同意,请求公司变更股东、签发出资证明书、记载于股东名册、记载于公司章程并办理公司登记机关登记的,人民法院不予支持。第二十六条规定,名义股东将登记于其名下的股权转让、质押或者以其他方式处分,实际出资人以其对于股权享有实际权利为由,请求认定处分股权行为无效的,人民法院可以参照物权法第一百零六条的规定处理。名义股东处分股权造成实际出资人损失,实际出资人请求名义股东承担赔偿责任的,人民法院应予支持。第二十八条规定,股权转让后尚未向公司登记机关办理变更登记,原股东将仍登记于其名下的股权转让、质押或者以其他方式处分,受让股东以其对于股权享有实际权利为由,请求认定处分股权行为

无效的，人民法院可以参照物权法第一百零六条的规定处理。原股东处分股权造成受让股东损失，受让股东请求原股东承担赔偿责任、对于未及时办理变更登记有过错的董事、高级管理人员或者实际控制人承担相应责任的，人民法院应予支持；受让股东对于未及时办理变更登记也有过错的，可以适当减轻上述董事、高级管理人员或者实际控制人的责任。

从上述规定可以看出，《公司法司法解释（三）》第二十五条明确规定，如果有限责任公司存在实际出资人与名义出资人效力争议时，有关出资和名义股东的合同只要不存在合同法第五十二条规定的情形的，人民法院应当认定该合同有效。其中，有关投资权益的归属的争议，如果实际出资人已经履行出资义务的，实际出资人向名义股东主张的，人民法院应予支持。名义股东以公司股东名册记载、公司登记机关登记为由否认实际出资人权利的，人民法院不予支持。这实际意味着，对于公司而言，公司履行义务只针对名义股东，但实际出资人可以向名义股东请求其应得之权益。这实际体现了股东与公司之间的形式主义标准和股东之间的实质主义标准的应用。第二十六条规定的是名义股东将登记于其名下的股权转让、质押或者以其他方式处分，对于受让人而言，可以参照物权法第一百零六条的规定处理，这实质就是按照善意取得原则进行处理。即如果受让人构成善意相对人的话，则取得该股权的所有权，但名义股东处分股权造成实际出资人损失，应当向实际出资人承担赔偿责任。第二十八条规定的是股权转让后尚未向公司登记机关办理变更登记，原股东将仍登记于其名下的股权转让、质押或者以其他方式处分，对于原受让人而言，依然按照善意取得原则和过错划分原则进行处理。

（二）股东与股东之间资格确认标准

对于股东与股东之间发生的股东资格确认纠纷，一般应以股东名册记载作为认定股东资格的依据，但有相反证据证明的除外（实质主义标准）。在实践中，该类确认纠纷又可以分为如下两大类别：

1. 隐名股东和显名股东之间的纠纷

如第（一）部分第3点所述，隐名股东与显名股东之间的协议如果不存在合同法第五十二条规定的情形的，人民法院应当认定该合同有效。其中，有关投资权益的归属的争议，如果实际出资人已经履行出资义务的，实际出资人向名义股东主张的，人民法院应予支持。不再赘述。

案例27　张建中诉杨照春股权确认纠纷案①

【裁判摘要】

有限责任公司的实际出资人与名义出资人订立合同,约定由实际出资人出资并享有投资权益,以名义出资人为名义股东,该合同如无合同法第五十二条规定的情形,应当认定为有效。实际出资人有权依约主张确认投资权益归属。如实际出资人要求变更股东登记名册,须符合《中华人民共和国公司法》第七十一条的有关规定。

人民法院在审理实际出资人与名义出资人之间的股权转让纠纷中,以在所涉公司办公场所张贴通知并向其他股东邮寄通知的方式,要求其他股东提供书面回复意见,公司其他股东过半数表示同意股权转让的,应当认定该股权转让符合《中华人民共和国公司法》第七十一条的规定,名义出资人应依约为实际出资人办理相应的股权变更登记手续。

【基本案情】

原告:张建中。

被告:杨照春。

原告张建中因与被告杨照春发生股权确认纠纷,向上海市静安区人民法院提起诉讼。原告张建中诉称:南京绿洲设备安装工程有限公司(以下简称绿洲公司)原为国有独资公司,于2007年3月改制为民营股份制公司,2007年3月14日,原告和被告杨照春签订合伙出资协议约定:(1)被告出资人民币(下同)877.501万元,原告出资360.499万元,共同持有绿洲公司61.75%的股权;(2)被告持有43.77%股权,原告持有17.98%股权;(3)原告的股权由被告代为持有、行使。后原告按协议将投资款如数支付给被告,并由被告以出资形式缴纳给绿洲公司,被告出具确认书予以确认。2007年3月28日,原、被告签订补充协议约定,被告代为持股自2007年3月28日至2010年3月27日;代为持股期限届满后30日内,被告应根据协议将原告之股权变更至原告名下,并依法办理相关手续,若无法办理登记手续,被告应以市价收购上述股份。2008年11月25日,被告出具承诺书承诺于2009年2月底将股权变更登记至原告名下。截至原告起诉之日,被告仍未依法办理前述股权变更登记事宜。为此,原告请求判令确认原告为绿洲公司之股东,持股比例为17.98%并履行相应的股权变更登记手续;或判令被告向原告支付前述股权

① 本案例来源于《最高人民法院公报》2011年第5期。笔者根据2014年《公司法》进行了部分调整。

等值之金额(暂计)400万元;诉讼费由被告负担。

被告杨照春辩称:原告张建中仅向被告支付200万元,另160万余元未实际出资,应予扣除。原告要求确认绿洲公司股权并变更登记违反法律规定和其他股东优先购买权,被告愿意按市场价值偿还原告出资款。

上海市静安区人民法院一审查明:

2007年3月14日,原告张建中、被告杨照春签订合作出资协议约定,原、被告共同出资1238万元,以被告名义受让绿洲公司61.75%股权,其中被告出资877.501万元,占43.77%;原告出资360.499万元,占17.98%。原告同意所有出资(或股权)登记在被告名下,股东权利由被告代为行使。原告应于2007年3月15日前将出资款360.499万元汇入被告指定账户。

2007年3月28日,原告张建中、被告杨照春签订补充协议约定,被告确认原告已经按约向被告支付360.499万元,实际持有绿洲公司17.98%的股权;双方同意代为持股的期限为三年,自2007年3月28日至2010年3月27日止;代为持股期限届满后30日内,被告应将股权变更登记至原告的名下,相应手续依法办理;若因绿洲公司其他股东提出异议或其他事由导致变更登记无法完成,则被告应以市价受让原告的股权或将代为持有的原告股权转让于第三方并将转让款返还于原告;前述“市价”系指双方依据市场情况就原告的股权协商确定的价格或经会计师事务所等具有评估资质的机构对原告股权依法进行评估的价格。

2007年3月15日、16日,原告张建中将350万元出资款付给上海亚帆钢结构工程有限公司,该公司于次日又将款转入南京中船绿洲机器有限公司。2007年4月15日,被告杨照春出具确认书,确认收到原告张建中的360.499万元出资款。2007年3月23日,江苏纵横会计师事务所有限公司出具验资报告称,绿洲公司申请登记的注册资本2005万元,全体股东于2007年3月21日前一次缴足,其中被告杨照春委托南京中船绿洲机器有限公司向绿洲公司开设的临时存款账户缴存1238万元。2008年11月25日,被告杨照春出具承诺书,承诺于2009年2月底前将原告张建中实际持有绿洲公司17.98%的股权变更登记至原告名下。2009年5月15日,绿洲公司核准登记,绿洲公司股东为被告杨照春、马卫忠、曹兆军(原为陈立春,后经工商变更登记)等十四位自然人和南京中船绿洲机器有限公司。

本案的争议焦点是:原告张建中要求确认绿洲公司股权并变更登记的主张应否支持。

上海市静安区人民法院一审认为:

原告张建中、被告杨照春之间的合作出资协议、补充协议和被告出具的确认书、承诺书,系当事人真实意思表示,无《合同法》第五十二条规定的情形,因此,原、被告的合作出资协议、补充协议等合法有效。根据原、被告的约定,被告代为原告持有绿洲公司股权的期限至2009年2月底,现已逾代为持有的期限,原告有权依约主张自己的权利,故应确认争议股权为原告所有。

本案中,争议股权虽应为原告张建中所有,但原告并不当然成为绿洲公司的股东,被告杨照春在代为持股期限届满后,为原告办理相应的股权变更登记手续,形同股东向股东以外的人转让股权。按照《中华人民共和国公司法》(以下简称公司法)第七十二条第二款、第三款的规定,股东向股东以外的人转让股权,应当经其他股东过半数同意。股东应就其股权转让事项书面通知其他股东征求同意,其他股东自接到书面通知之日起满三十日未答复的,视为同意转让。其他股东半数以上不同意转让的,不同意的股东应当购买该转让的股权;不购买的,视为同意转让。因此,被告为原告办理相应的股权变更登记手续,应当由绿洲公司其他股东过半数表示同意。

审理中,法院在绿洲公司张贴通知,并向绿洲公司部分股东发出通知,说明根据公司法有关规定,如绿洲公司股东对原告张建中、被告杨照春之间的股权变更登记有异议,应按规定收购争议的股权,并于2009年12月31日前回复。嗣后,马卫忠等八位股东(过半数)同意股权变更登记。因此,张建中、杨照春之间股权变更登记的条件已经成就,原告要求被告履行相应股权变更登记手续的诉讼请求,符合事实与法律依据,应予支持。

据此,上海市静安区人民法院依照公司法第七十二条的规定,于2010年1月18日判决如下:一、确认被告杨照春持有的绿洲公司股权中17.98%(价值人民币360.499万元)为原告张建中所有。二、被告杨照春应在本判决生效之日起十日内至工商管理部门将上述股权变更登记至原告张建中的名下。

一审判决宣判后,双方当事人均未上诉,一审判决已经发生法律效力。

【评析】

1.该案件由上海市静安区人民法院于2010年1月18日审结,其裁判摘要的内容与原《公司法司法解释(三)》(原法释〔2011〕3号,于2011年2月16日起施行)第二十五条①的规定基本一样。原法释〔2011〕3号第二十五条规定,有限责任公司的实际出资人与名义出资人订立合同,约定由实际出资人出资并享有投资权益,以名义出资人为名义股东,实际出资人与名义股东对该合同效力发生争议的,

---

① 《公司法司法解释(三)》(2014年修订,法释〔2014〕2号)修订为第二十四条,但内容未变。——笔者注

如无《合同法》第五十二条规定的情形，人民法院应当认定该合同有效。前款规定的实际出资人与名义股东因投资权益的归属发生争议，实际出资人以其实际履行了出资义务为由向名义股东主张权利的，人民法院应予支持。名义股东以公司股东名册记载、公司登记机关登记为由否认实际出资人权利的，人民法院不予支持。实际出资人未经公司其他股东半数以上同意，请求公司变更股东、签发出资证明书、记载于股东名册、记载于公司章程并办理公司登记机关登记的，人民法院不予支持。

2. 本案中，争议股权虽应为原告张建中所有，但原告并不当然成为绿洲公司的股东，被告杨照春在代为持股期限届满后，为原告办理相应的股权变更登记手续，形同股东向股东以外的人转让股权。应当按照《公司法》第七十一条第二款、第三款的规定处理，即经实际出资人经公司其他股东半数以上同意，名义股东可以向实际出资人转让股权。同时，本案例中，以在所涉公司办公场所张贴通知并向其他股东邮寄通知的方式，要求其他股东提供书面回复意见，公司其他股东过半数表示同意股权转让的，应当认定该股权转让符合《公司法》第七十一条的规定，名义出资人应依约为实际出资人办理相应的股权变更登记手续。也就是说，这样的公告通知的方式并取得同意转让并放弃优先购买权的回复意见的，认定为符合《公司法》第七十一条的规定。

2. 股权转让股东和受让人之间的纠纷

此类纠纷的处理由于涉及外部的受让人，所以一般的处理原则是以股东名册的变更登记为认定标准。但是，如果公司没有办理股东名册变更登记，但受让人已经实际参与公司经营管理，行使股东权利的，应认定受让人为股东，并责令公司将受让人记载于股东名册、公司章程并办理变更登记；如果股权转让合同约定办理工商变更登记或者股名册变更登记手续之后，股权才转移的，未办理之前，仍认定转让人为股东。

（三）股东与第三人之间资格确认标准

此类纠纷主要是指股东与公司外部债权人就股东资格确认的纠纷。一般来说，在公司债权人对于公司股东的认定上，应以公司登记机关的登记为准，因为公司登记机关的登记对善意第三人具有宣示股东资格的功能。

《公司法司法解释（三）》第二十七条规定，公司债权人以登记于公司登记机关的股东未履行出资义务为由，请求其对公司债务不能清偿的部分在未出资本息范围内承担补充赔偿责任，股东以其仅为名义股东而非实际出资人为由进行抗辩的，人民法院不予支持。名义股东根据前款规定承担赔偿责任后,向实际出资人追偿的,人民法院应予支持。该条规定,对于公司外部债权人而言,其对股东资格的认定以公司登记机关登记为准,名义股东是对外承担债务的直接责任人,其责任范围为对公司债务不能清偿的部分在未出资本息范围内承担补充赔偿责任。同时,名义股东承担赔偿责任后,可以向实际出资人追偿。

有关股东与受让人之间的资格确认纠纷参见第(二)部分第 2 点,不再赘述。

四、确认股东资格的证据

确认股东资格的证据可以分为源泉证据、推定证据和对抗证据三大类。源泉证据是指证明取得股权的基础法律关系的证据。源泉证据可以分为股东原始取得股权的出资证明书以及继受取得股权的证据等;推定证据是指股东名册等记载,凡是记载于股东名册上的推定为股东,享有股权,但可以被相反证据所推翻;对抗证据是指公司登记机关登记手续(公司章程等)。即如果公司登记机关已经登记为股东的,可以对抗第三人。

实践中,特别是在 2013 年公司修订之前,很多公司并没有股东名册或者即使有也存在严重的瑕疵,但是公司章程、分红记录等可以成为替代性证据。需要注意的是,如果公司章程与股东名册记载的股东不一致时,公司章程的效力优先于股东名册。因为股东名册属于推定性证据,可以被相反的证据所推翻,而公司章程就是这样的证据之一。还需要注意的是,上述三类证据如何运用、哪类证据的证明力比较高,哪类证据应优先适用,应注重证据效力的审查,以优势证据的原则进行妥善处理,不能简单地认为某类证据就一定高于另一类的证据,但通常最需要尊重的是源泉证据的效力。

专题 11 股东的权利和责任

内容提示

投资人或发起人取得股东资格并拥有股权之后，紧接的就是股东享有股东权利和承担股东责任的问题。对此，公司律师需要了解股东权利的含义、股东权利的分类及其特点，以及股东责任都有哪些，违反这些责任都有什么法律后果。2017 年 8 月 28 日，最高人民法院颁布了《最高人民法院关于适用〈中华人民共和国公司法〉若干问题的规定（四）》，该司法解释对股东的优先购买权、利润分配请求权问题进行了明确。本专题包含如下内容：

- 股东权利和责任的含义、特征及分类；
- 股东的自益权（财产权）和共益权（管理权）；
- 公司章程或股东会决议对股东权利的限制和剥夺；
- 股东的责任及其法律后果。

一、股东权利和责任的含义、特征及分类

（一）股东权利的含义和特征

股东权利又称为股东权、股权，是指股东基于其股东资格而享有的从公司获得经济利益并参与公司经营管理的权利。我国《公司法》第四条规定："公司股东依法享有资产收益、参与重大决策和选择管理者等权利。"这即是对股东权利作出的概括性规定。股东权利具有如下基本含义和特征：

第一，股东权利是基于股东出资行为而产生的权利。一般来说，股东的出资行为一方面使公司获得了公司财产的所有权，另一方面使股东获得了股东资格，取得股东权。如果股东未履行出资义务或者未完全履行出资义务的话，则股东取得的股东权利可能将受到限制。

第二,股东权利是具有股东资格的人享有的权利。股东权的主体只能是股东。股东权是基于股东的资格、身份而产生的权利。

第三,股东权是股东对公司的权利,体现为股东与公司的权利义务关系。股东权是股东享有的对公司的请求权,以公司为义务主体。不论是获取收益的自益权或是参加公司管理的共益权,都是向公司行使,都要借助于公司的行为来实现。

第四,股东权是以获取经济利益和参加公司经营管理为内容的权利。股东权首先包括股东从公司获取经济利益的直接财产性权利(财产权)。这类权利既包括股东要求参与利润分配的权利(利润分配权),参加公司剩余财产分配的权利(剩余财产分配权),增资时优先购买股份的权利(优先增资权或者新股优先认购权),对内对外转让股权(份)的权利(股份转让权)以及减资时要求退回股款的权利(减资分配权)等。除此之外,股东权还包括参加公司经营管理的权利(管理权)。这类权利包括出席股东会议并行使表决权的权利(股东表决权)、选举和被选举为董事、监事的权利,对公司经营活动的知情监督权(股东知情权)等。

(二)股东责任的含义和特征

现代公司制度的理论核心是有限责任制理论。公司股东责任承担的一般原则即有限责任。

1. 有限责任制度

我国《公司法》规定的公司为有限责任公司和股份有限公司两种形式。有限责任公司,是指符合法律规定的股东出资组建,股东以其出资额为限对公司承担责任,公司以其全部财产对公司的债务承担责任的企业法人。股份有限公司,是指全部资本分成等额股份,股东以其认购的股份为限对公司承担责任,公司以其全部财产对公司的债务承担责任的企业法人。这集中体现在《公司法》第三条规定中:“公司是企业法人,有独立的法人财产,享有法人财产权。公司以其全部财产对公司的债务承担责任。有限责任公司的股东以其认缴的出资额为限对公司承担责任;股份有限公司的股东以其认购的股份为限对公司承担责任。”股东的有限责任原则,具有以下几方面的含义和特征:

第一,股东的责任是对公司所负的一种出资责任或义务,这一出资责任以其对公司的出资或者他所持有或认缴的股份为限,因而是有限的。如果股东不履行这一义务,则由公司对其提出请求,请求其依约履行出资义务或支付认购公司股份的价款。

第二，公司作为具有独立法人人格的民事主体，具有独立于其成员（股东）的权利能力和行为能力，公司的财产与其成员（股东）的财产相分离。公司以自己的独立的财产对公司的债务承担责任，而股东作为另一独立的民事主体，对公司的债权人不承担履行公司债务的责任（“法人人格否定”的除外）。股东对公司的债权人来说，并无任何责任可言。

第三，股东的有限责任原则与公司具有独立于股东的法人格是密不可分的。股东所拥有的权利只是与其所拥有的股份相对应的股权，即法律所规定的选择管理者、依法定方式作出重大决策、资产受益权等，股东不能以任何方式妨碍公司独立法人格的实现。

第四，股东的有限责任是法定的责任，而不是约定的责任，是公司法律规范的强制性规定。它不像限制责任原则或者排除责任原则那样可以由当事人以约定的方式加以排斥或者改变，任何与此一原则相违背的规定、约定，如股东会的决定、董事会的决定，或者其他此类规定或决定均为无效。

2. 股东责任的主要内容

根据《公司法》的规定，公司股东责任主要包括如下内容：（1）股东出资责任；（2）股东出资派生责任：包括股东出资补缴责任、填补责任、违约责任、股东连带责任、对债权人的补充赔偿责任、抽逃出资的返还责任以及抽逃出资对债权人的补充赔偿责任；（3）滥用股东权利的赔偿责任；（4）滥用公司独立法人格和股东有限责任的连带责任；（5）控股股东利用关联关系损害公司利益的赔偿责任；（6）发起人责任：包括发起人对公司设立费用的连带责任、对为设立公司订立合同的责任以及发起人的损害赔偿责任等；（7）股东依法清算公司的责任：包括股东因逾期清算对债权人的赔偿责任、股东恶意处分财产或者虚假清算对债权人的赔偿责任、未经清算注销公司股东的赔偿责任以及公司清算时未出资股东的连带清偿责任等。

二、股东的自益权（财产权）和共益权（管理权）

从是为自己的利益或是为他人共同的利益的角度分类，公司股东享有的权利，可以分为如下两类：

一是自益权。即股东基于自己的出资而享受利益的权利。主要包括如下财产权利：（1）利润分配请求权；（2）股权（份）转让权；（3）优先购买权；（4）优先增资权；（5）异议股东回购请求权；（6）剩余财产分配权；（7）股权继承权等。这是股东为了自己的利益而行使的权利。

二是共益权。即股东基于自己的出资而享有的参与公司经营管理的权利。主要包括如下管理权:(1)股东表决权;(2)选举或被选举董事、监事权;(3)召集、主持股东会会议权;(4)提议召开临时股东会议权;(5)股份有限公司临时提案权;(6)知情权;(7)股东诉讼权等。这是股东为了公司利益,同时兼为自己利益行使的权利。

笔者将股权权利的有关类别、内容及法律规定总结如表11－1所示:

表11－1 股东权利类型及含义

类型	股东权利	含义	法规条文
自益权	利润分配请求权	利润分配请求权是指股东依法享有从公司分取股息、红利的权利	《公司法》第三十四条、第一百六十六条;《公司法司法解释(四)》第十三条至第十五条
	股权(份)转让权	股权(份)转让权是指股东依法转让其持有的股权(份)收回投资的权利	《公司法》第七十一条、第一百三十七条;《公司法司法解释(四)》第十六条至第二十二条
	优先购买权	优先购买权是指有限责任公司的股东向第三人转让股权时,公司其他股东在同等条件下,享有优先购买的权利	《公司法》第七十一条
	优先增资权	优先增资权是指有限责任公司增加注册资本时,公司股东享有按照实缴出资比例优先认缴出资的权利	《公司法》第三十四条
	异议股东回购请求权	异议股东回购请求权是指在法律规定的特定情形下,对在公司股东(大)会决议持反对意见的股东所享有的要求公司以合理公平的价格收购自己股(权)份的权利	《公司法》第七十四条、第一百四十二条
	剩余财产分配权	剩余财产分配权又称为剩余财产索取权,是指在公司清算时,股东享有按照出资比例或持股比例分配剩余财产的权利	《公司法》第一百八十六条第二款
	股权继承权	股权继承权是指自然人股东死亡后,其合法继承人可以继承股东资格的权利	《公司法》第七十五条
共益权	股东表决权	股东表决权是指股东参加股东会议并对会议事项进行表决的权利	《公司法》第四十二条、第一百零三条
	选举或被选举董事、监事权	选举或被选举董事、监事权是指通过会议程序选举或被选举产生公司董事、监事的权利	《公司法》第四十四条、第四十五条、第五十一条、第一百一十七条、第一百四十六条
	提议召开临时股东会议权	提议召开临时股东会议权是指满足特定数量的股东可以提议召开临时股东会议	《公司法》第三十九条、第一百条

续表

类型	股东权利	含义	法规条文
共益权	召集和主持股东会会议权	召集和主持股东会会议权，是指在公司董事长、副董事长、半数董事（执行董事）以及监事会（监事）不能履行召集和主持股东会会议时，满足特定数量的股东可以自行召集和主持股东会会议的权利	《公司法》第四十条、第一百零一条
	股东临时提案权	股东临时提案权是指股份有限公司的股东在满足特定数量条件时，可以在股东大会召开前规定期限内提出临时提案提交股东大会审议的权利	《公司法》第一百零二条第二款
	提议召开董事会临时会议权	提议召开董事会临时会议权是指股份有限公司的股东在满足特定数量条件时，可以提议召开董事会临时会议的权利	《公司法》第一百一十条
	知情权	知情权是指股东作为公司的出资人享有的对公司章程、决议、经营计划、经营业绩、财务状况、投资方案等知悉事情的权利。知情权可以细分为：股东查阅、复制公司重要文件权，查阅会计账簿权、股东会知情权、特殊人员报酬知情权等	《公司法》第三十三条、第四十一条、第九十七条、第一百零二条、第一百一十六条、第一百六十五条；《公司法司法解释（四）》第七条至第十二条
	股东诉讼权	股东诉讼权是指股东基于其股东资格（身份）而享有的通过诉讼方法维护自己权益的权利。股东诉讼权可以分为直接诉讼权和派生诉讼权。具体包括：对滥用权利股东的诉讼权、对滥用关联关系损害公司利益者的诉讼权、对股东出资违约的诉讼权、确认决议不成立、撤销决议权、对董事、监事和高管人员的诉讼权、解散公司诉讼权等	《公司法》第二十条、第二十一条、第二十二条、第二十八条、第一百五十条、第一百五十一条、第一百八十二条等；《公司法司法解释（四）》第一条至第六条、第二十三条至第二十六条

笔者通过表11－1将公司法对股东权利的主要规定进行了罗列。限于篇幅，下面笔者将选取部分重要的股东权利展开讨论：

（一）股东自益权

1. 利润分配请求权

如前所述，利润分配请求权是指股东依法享有从公司分取股息、红利的权利。它属于典型的股东财产权利。

《公司法》第三十四条、第一百六十六条第四款规定了有限责任公司利润分配权。第三十四条规定：“股东按照实缴的出资比例分取红利；公司新增资本时，股东有权优先按照实缴的出资比例认缴出资。但是,全体股东约定不按照出资比例分取红利或者不按照出资比例优先认缴出资的除外。"该条的规定实际包含了几个方面的内容:一是股东按照实缴的出资比例分取红利。这样的规定表明公司法倡导的是"公平"原则。即如果股东的出资未全部缴付到位,从公平原则的角度上来讲,也只能按"实缴"的出资比例分配利润。二是如果全体股东约定不按照出资比例分取红利的除外。这个地方使用了"全体股东约定",实践中,可以采取两种方式来实施。一种方式是在公司章程中明确约定,另一种方式就是通过全体股东签署书面协议的方式作出,但一般后续会依据该协议对公司章程进行修订,否则不得对抗第三人。

《公司法》第一百六十六条第四款股份有限公司的利润分配权。该款规定:"公司弥补亏损和提取公积金后所余税后利润,有限责任公司依照本法第三十四条的规定分配;股份有限公司按照股东持有的股份比例分配,但股份有限公司章程规定不按持股比例分配的除外。"也就是说,除非公司章程另有约定,股份有限公司按照股东持有的股份比例分配。为什么这样规定呢?这跟股份有限公司(特别是上市公司和非上市公众公司)股东众多并分散有关联,因为让它作出"全体股东约定"实践中很难操作和实施。

【实务问题 36】 股东在认缴出资额或认购股份未实际足额缴付的情形下,如何享有分红等股东权益,承担亏损?

在原 2005 年《公司法》下,在分期缴纳出资期间,特别是各股东缴付出资不一致或未缴付或未完全缴付的情况下,各股东如何享有分红及承担亏损在实务中存在争议。那么在新公司法下,这个问题是否得到解决呢?应该说新公司法除取消了强制性的分次缴付以及首次缴付义务之外,对利润分配享有或亏损承担的规定并没有实质性变化。《公司法》第二十六条规定:"有限责任公司的注册资本为在公司登记机关登记的全体股东认缴的出资额。法律、行政法规以及国务院决定对有限责任公司注册资本实缴、注册资本最低限额另有规定的,从其规定。"《公司法》第三条第二款规定:"有限责任公司的股东以其认缴的出资额为限对公司承担责任;股份有限公司的股东以其认购的股份为限对公司承担责任。"因此,有限责任公司设立、股份公司以发起方式设立,而股东未及时缴纳全部出资时,该股东承担的责任应以其"认缴的出资额"或"认购的股份",而不是以实缴的出资或股款为限。同时,《公司法》第三十四条规定:"股东按照实缴的出资比例分取红利;公司新增资本时,股东有权优先按照实缴的出资比例认缴出资。但是,全体股东约定不按照出资比例分取红利或者不按照出资比例优先认缴出资的除外。"《公司法》第一百六十六条第四款规定:“公司弥补亏损和提取公积金后所余税后利润,有限责任公司依照本法第三十四条的规定分配;股份有限公司按照股东持有的股份比例分配,但股份有限公司章程规定不按持股比例分配的除外。”因此,如果公司章程没有另行约定的话,有限责任公司应当按照股东的实缴的出资比例分享利润,股份有限公司按照持股比例分享利润。但是,《公司法》第三十四条和第一百六十六条第四款只是规定了公司分享利润的办法,未就分担亏损的事宜做出明确,笔者认为也许这并不是一种疏漏,这属于新公司法更大程度的贯彻了当事人意思自治的原则,如何分享利润和分担亏损,这本是股东自己的事情,是应由股东在公司章程中约定的事项,只有在特别的情况下,即股东未在公司章程中约定这类事宜时,才按实缴的出资比例分享利润。并且在这里法律强调,如果股东的出资未全部缴付到位,从公平原则的角度来讲,也只能按“实缴”的出资比例分配利润。分配利润是享受权利,而分担亏损是承担义务,既然《公司法》第三条第二款已经明确规定股东按“认缴的出资额”或“认购的股份”对公司承担责任,这里如果再规定在产生亏损的情况下按认缴的出资额分担亏损,显然就属于重复规定了。

综上所述,笔者认为,如果公司章程没有特别约定的话,股东应当按照实缴的出资或认购的股份分享利润,按照认缴的出资或认购的股份比例分摊亏损。

更多的有关股东利润分配请求诉讼的内容,请读者参阅本书“专题42:股东利润分配请求权纠纷”,在此不再详述。

2. 剩余财产分配权

剩余财产分配权又称为剩余财产索取权,是指在公司清算时,股东享有按照出资比例或持股比例分配剩余财产的权利。《公司法》第一百八十六条第二款规定:“公司财产在分别支付清算费用、职工的工资、社会保险费用和法定补偿金,缴纳所欠税款,清偿公司债务后的剩余财产,有限责任公司按照股东的出资比例分配,股份有限公司按照股东持有的股份比例分配。”该条实际是对清算分配顺序的规定。即公司财产必须首先支付清算费用,其次对涉及职工的义务进行清偿,再次对所欠税款进行清偿,最后对公司债务进行清偿。如果还存在剩余财产的,有限责任公司按照股东的出资比例分配,股份有限公司按照股东持有的股份比例分配。需要注意的是,《公司法》直接采用了“出资比例”和“股份比例”的描述,这意味着在剩余财产分配时,公司和股东并没有自由协商和排除的“空间”。譬如,股东按照约定的比例或方式进行清算分配这是公司法所不允许的。笔者还将在“专题36:公司解散和清算”中详细讨论这个问题。

3. 优先增资权

优先增资权是指有限责任公司增加注册资本时,公司股东享有按照实缴出资比例优先认缴出资的权利。《公司法》第三十四条规定:“……公司新增资本时,股东有权优先按照实缴的出资比例认缴出资。但是,全体股东约定不按照出资比例分取红利或者不按照出资比例优先认缴出资的除外。”该条实质是对有限责任公司增资时,其股东有权优先按照实缴的出资比例认缴出资的规定。需注意的是,是按照“实缴”的出资比例认缴新增资本,同时全体股东约定可以排除适用。对于股份有限公司而言,公司法并没有明确规定新股优先认购权,这是与股份有限公司属于典型的资合公司有关,但《公司法》第一百三十三条规定,公司发行新股,股东大会应对向原有股东发行新股的种类及数额作出决议。根据《公司法》第一百零三条第二款规定,股东大会作出修改公司章程、增加注册资本的决议的,必须经出席会议的股东所持表决权的三分之二以上通过。

案例28 上市公司股东会会议特别决议公开增发时原股东拥有优先认购权——国投电力(600886)公开增发A股

一、公开增发招股方案

国投华靖电力控股股份有限公司(以下简称国投电力,600886)于2011年11月3日发布了公开增发A股股票招股意向书。其主要内容如下:

本次增发发行数量不超过3.5亿股。本次发行募集资金总额预计不超过28亿元。发行人控股股东国家开发投资公司承诺认购不超过本次公开发行A股股票数量20%的股票。本次发行的价格不低于公告本招股意向书前二十个交易日公司A股股票均价,为6.23元/股。本次发行将以每10股优先认购1.75股的比例向股权登记日收市后登记在册的公司全体A股股东优先配售,即最多可优先认购349,142,981股,约占本次公开增发最高数量的99.76%。未获认购部分将向其他有意向认购的投资者发售。

二、本次增发批准情况

本次发行已经本公司于2011年6月13日召开的第八届董事会第七次会议和于2011年6月29日召开的2011年第二次临时股东大会批准。

【评析】

根据《公司法》的规定,股份有限公司股东并没有法定的新股优先认购权,但依据《公司法》第一百三十三条、第一百零三条第二款规定,如果公司股东大会通过特别决议(2/3)对向原有股东发行新股的种类及数额作出决议的话,并且该决议审议通过的新股发行方案给予原股东优先认购权的话，则该新股放行方案应属合法有效的方案，公司原股东因此获得新股的优先认购权。

对于股权(份)转让权、优先购买权，笔者将在“专题26：公司股权并购与上市公司收购法律实务”中进行详细介绍；对于异议股东回购请求权，笔者将在“专题35：公司减资及股(权)份回购”中进行详细介绍。

（二）股东共益权

1. 股东表决权

股东表决权是指股东参加股东会会议并对会议事项进行表决的权利。《公司法》第四十二条规定：“股东会会议由股东按照出资比例行使表决权；但是，公司章程另有规定的除外。”第一百零三条第一款规定：“股东出席股东大会会议，所持每一股份有一表决权。但是，公司持有的本公司股份没有表决权。”因此，对于有限责任公司而言，股东会会议由股东按照出资比例行使表决权。需注意的是，此处强调的是出资比例而不是实缴比例。同时，公司法还给予公司章程另有规定时排除其适用的空间。但是，对于股份有限公司而言，则必须是“一股一票”的原则，并不能通过公司章程予以排除。

2. 召集、主持股东会会议权

召集和主持股东会会议权，是指在公司董事长、副董事长、半数董事(执行董事)以及监事会(监事)不能履行召集和主持股东会会议时，满足特定数量的股东可以自行召集和主持股东会会议的权利。

根据《公司法》第四十条、第一百零一条规定，限责任公司设立董事会的，股东会会议由董事会召集，董事长主持。不设董事会的，股东会会议由执行董事召集和主持。股份有限公司股东大会会议由董事会召集，董事长主持。但是，实践中有时会遇到董事会或董事长不能或不愿履行职责时，股东会会议将面临无法召开的“窘境”，这个时候如何救济呢？根据这两条规定，通常的顺序是，先副董事长、半数以上董事、监事会(或监事)，最后是代表10%以上表决权的股东或者连续90日以上单独或者合计持有公司10%以上股份的股东可以自行召集和主持。我们发现，对于股东而言在行使特定情形下的召集、主持股东会会议权必须满足前述顺序并且需要达到法定的股东数量。

3. 提议召开临时股东会议权

提议召开临时股东会议权是指满足特定数量的股东可以提议召开临时股东会议的权利。《公司法》第三十九条规定：“股东会会议分为定期会议和临时会议。定期会议应当依照公司章程的规定按时召开。代表十分之一以上表决权的股东……提议召开临时会议的,应当召开临时会议。"第一百条规定:"股东大会应当每年召开一次年会。有下列情形之一的,应当在两个月内召开临时股东大会:……(三)单独或者合计持有公司百分之十以上股份的股东请求时……"因此,股东会会议分为定期会议和临时会议两种。有限责任公司定期会议由公司章程规定如何召开,但股份有限公司必须每年至少召开一次,临时会议一般在公司章程规定的特殊情况或重大事件发生或因股东、董事会、监事会的提议而召开。公司法的前述规定明确了什么情况下股东可以提议召开临时会议,而且公司应当召开。

4. 股东知情权

股东知情权是指股东作为公司的出资人享有的对公司章程、决议、组织机构、主要人事安排、经营项目、经营计划、经营业绩、财务状况、投资方案等知悉事情的权利。知情权可以细分为:股东查阅、复制公司重要文件权,查阅会计账簿权、股东会知情权、特殊人员报酬知情权等。股东知情权主要集中在《公司法》的第三十三条和第九十七条。第三十三条规定有限责任公司的股东"有权查阅、复制公司章程、股东会会议记录、董事会会议决议、监事会会议决议和财务会计报告",经书面申请还可要求查阅公司会计账簿;第九十七条规定股份有限公司的股东"有权查阅公司章程、股东名册、公司债券存根、股东大会会议记录、董事会会议决议、监事会会议决议、财务会计报告,对公司的经营提出建议或者质询"。更多的有关股东知情权诉讼的内容,请读者参阅本书"专题41:股东知情权纠纷",在此不再详述。

对于股东诉讼权,笔者将在本书第九部分"公司常见诉讼业务"中进行详细介绍。

三、公司章程或股东会决议对股东权利的限制和剥夺

《公司法》和《公司法司法解释(三)》规定了在一些特定情形下,公司可以通过公司章程或股东会决议的方式对股东资格、股东权利作出限制甚至予以剥夺。主要包括如下几种情形:

(一)公司章程对股权转让权的限制或禁止

对于有限责任公司而言,《公司法》第七十一条规定,股东向股东以外的人转让股权,应当经其他股东过半数同意。经股东同意转让的股权,在同等条件下,其他股东有优先购买权。但公司章程对股权转让另有规定的,从其规定。我们讲,该条

实质是对其他股东同意权和优先购买权的规定,但该条属于法律上的授权性强制性条款(授权性法定限制),即如果公司章程对股权转让另有规定的,应优先适用公司章程的规定,从而排除公司法的规定。

【实务问题37】 公司章程规定股东向非股东转让股权时,不需要经过其他股东同意并且其他股东不具有优先购买权是否有效?

实践中,如何认识这个问题需要厘清公司章程和公司法关于股权转让规定不一致时的关系,再区别情形进行处理。第一,如果公司章程对股权转让条件的规定严于公司法的规定时(比如,股东向非股东转让股权,应经其他股东三分之二以上多数或全体股东一致同意),显然应属有效。因为,公司章程的规定严于公司法规定并不违反公司法的授权性限制条款,同时这属于股东之间的合意。第二,颇具争议的是,如果公司章程的规定低于公司法规定时,是否有效呢?譬如,公司章程规定股东向非股东转让股权,不需要其他股东的同意,并且其他股东也不具有优先购买权。笔者认为,尽管公司法对有限责任公司股权转让的规定体现了保护其人合性的精神,但并不排除股东通过章程规定的方式达成意思自治,并且《公司法》第七十一条第四款明确规定,"公司章程对股权转让另有规定的,从其规定"。即便如此,依据《公司法》第四十三条第二款规定,公司章程的修订仅需要代表2/3以上表决权股东通过即可亦是如此。因为,这是放宽了股东对外转让股权的条件,并不损害公司小股东的利益,与限制或禁止股权转让的规定并不相同。

【实务问题38】 公司章程规定股东不得向非股东转让股权是否有效?

在实践中,有限责任的股东为了维持公司的人合性,往往通过公司章程约定股东不得向非股东转让股权。那么,这样的约定是否有效呢?笔者认为,需要区分具体情况进行分析,不能一概而论。第一,如果公司章程除规定股东不得向非股东转让股权之外,还规定了如果其他股东不购买的,公司应回购该部分股权的话,则这样的规定并没有违反股权自由转让的基本原则,并没有造成禁止股权转让的法律后果,从而剥夺股东转让股权并退出或收回投资的基本权利,这样的规定应属有效;第二,如果仅仅规定股东不得向非股东转让股权,但并未保障股东转让股权的基本权利,且其他股东或公司也不行使回购的话,则转让股东可以请求法院认定公司章程相关规定无效。

(二)投资协议或公司章程对股权的强制转让或收购

实践中,除公司章程限制或禁止股东不得转让股权之外,还存在强制股东转让股权或者规定其他股东或公司具有强制回购股权的权利或义务的情形。那么,这样的规定是否有效呢? 笔者认为,应当具体情况具体分析。

第一,经全体股东一致同意的章程约定,应属有效。在实践中,当股东之间发生争议时,大股东往往通过其控制下的股东会作出特别决议(代表2/3表决权股东通过),由公司或其或第三人(有偿或名义价格)取得小股东持有的股权。笔者认为,如果未经小股东同意,并且不具有正当性的话,大股东不得通过股东会决议并修订公司章程的方式强制股东将其合法拥有的股权转让给其他股东或第三人,这违反了契约自由原则和股权转让自由原则。但如果小股东表决同意或者事先已经签署同意该章程的规定的话,则另当别论,并且这个时候还需要保护小股东退股的财产权利,也就是说股权不得被无故"没收"或者收购的价格不具有合理性。

第二,在公司增资并购或者并购重组中,公司的原股东与增资人之间或者收购方与被收购方之间就增资事宜或者收购事宜达成一致,并签署增资协议或收购协议,该等协议包含公司或其他股东在特定情形下以特定的价格收购或回购增资人(股东)或被收购方(股东)持有的股权时,导致公司召开股东会议决议并修订公司章程的,这样的约定不能一概认定为无效条款。我们可以发现,这实际就是我们通常所说的"对赌协议"或"对赌条款"。一般来讲,如果属于股东之间的对赌而导致股东之间强制转让或收购股权的,在不违反强制性法律规定的情形下,应属有效。

(三)公司法、公司章程或股东会决议对利润分配权等股东权利的限制

根据《公司法》和《公司法司法解释(三)》规定,公司章程或股东会决议对股东利润分配权等股东权利的限制主要包括以下两种情形:

一是根据《公司法》第三十四条规定:"股东按照实缴的出资比例分取红利;公司新增资本时,股东有权优先按照实缴的出资比例认缴出资。但是,全体股东约定不按照出资比例分取红利或者不按照出资比例优先认缴出资的除外。"该条规定意味着,公司法允许有限责任公司全体股东自由约定股东按照何种方式进行红利分配,但是如果公司章程没有特别约定时,只能按照实缴的出资比例分取红利。同样适用的还有股东的优先增资权。《公司法》第一百六十六条第四款规定:"公司弥补亏损和提取公积金后所余税后利润,有限责任公司依照本法第三十四条的规定分配;股份有限公司按照股东持有的股份比例分配,但股份有限公司章程规定不按持股比例分配的除外。"因此,对于股份有限公司而言,只能通过公司章程的规定来排除按照持股比例分配。

实践中,全体股东可以采取书面协议的方式、股东会决议一致通过的方式以及公司章程规定的方式进行。具体的分配方式包括:(1)直接规定某个固定的比例分

配。譬如,规定股东 A 分取股利的比例为 30% ,股东 B 分取股利的比例为 30% ,股东 C 分取股利的比例为 40% ;(2)规定按照股东 A 按照实缴比例分取股利,股东 B 和股东 C 按照出资比例分取股利;(3)规定股东 A 不分取股利,但在这种情形下,需要获得股东 A 的明确同意;(4)规定公司分配的利润的全部或部分直接支付给第三人,这样的约定可能会出现在存在隐名股东的情形下,当然需要获得名义股东形式上的明确同意。

案例 29 股东会决议决定部分股东每年分取固定红利并且不参与经营管理是否有效?

某加油站(有限责任公司)由 A 企业和 B 企业共同投资成立(A 占 60% ,B 占 40%)。2012 年 3 月 30 日,该加油站通过股东会决议作出如下决定:(1)股东 A 企业委托股东 B 企业全权经营管理公司,委托期是 2012 年 1 月 1 日至 2021 年 12 月 31 日;(2)在委托经营期间,股东 B 企业应当本着股东利益最大化的原则经营公司;(3)在委托经营期间,A 企业每年取得固定分红 30 万元(不管加油站是否盈利),其余的利润全部归股东 B 所有;(4)在委托经营期间,A 企业不参与,不干涉公司经营活动。

2013 年,该加油站进行 2012 年度利润分配。2012 年,该加油站税后利润 100 万,A 企业分 30 万元,剩余 70 万元全部分配给 B 企业。

问题:A 企业股东每年分取固定红利且不参与经营管理是否有效?

【评析】

本案例属于一个典型的收取固定利润(分红)实质是“名投资实借贷”的例子。

早在《民法通则》出台之后,我国法律就针对借投资之名而行融资借贷之实的情形作出了法律规定。概括地讲,非金融企业之间的借贷形式总体上分为两类:一是以借款合同的形式直接体现的借贷合同;二是非借款合同方式所形成的变相借贷合同。前者的表现形式是双方以协议形式直接确定借贷关系,协议内容把借款数额、利息、还款期限、违约责任等都加以明确。有的还设定了保证、抵押等担保条款,并有担保人参与签订协议。后者的表现方式则比较模糊和复杂,大致又可以细分为以下几种:联营形式的借贷、投资形式的借贷、存单表现形式的借贷、票据形式的借贷、融资租赁形式的借贷、补偿贸易方式的借贷和委托理财形式的借贷等。在这里我们主要讨论与本案例有关的前两种形式。

1. 联营形式的借贷

《最高人民法院关于审理联营合同纠纷案件若干问题的解答》[法(经)发

〔1990〕27号]第四条第(二)项规定:“企业法人、事业法人作为联营一方向联营体投资,但既不参加共同经营,也不承担联营的风险责任,不论盈亏均按期收回本息,或者按期收取固定利润的,是明为联营,实为借贷,违反了有关金融法规,应当确认合同无效。”中国人民银行(以下简称央行)1996年的《贷款通则》第六十一条规定,企业之间不得违反国家规定办理借贷或者变相借贷融资业务。此后,《贷款通则》以部门规章身份成了禁止企业间拆借的法律依据。但在2015年8月6日,最高人民法院颁布了《最高人民法院关于审理民间借贷案件适用法律若干问题的规定》(法释〔2015〕18号,2015年9月1日起施行)首先明确了“民间借贷”的合法性,该文第一条第一款规定:“本规定所称的民间借贷,是指自然人、法人、其他组织之间及其相互之间进行资金融通的行为。”因此,法(经)发〔1990〕27号所述的借贷合同本身是合法的,只不过对于年利率进行了明确的规定,超过规定利率的部分人民法院不予支持。法释〔2015〕18号第二十六条规定:“借贷双方约定的利率未超过年利率24%,出借人请求借款人按照约定的利率支付利息的,人民法院应予支持。借贷双方约定的利率超过年利率36%,超过部分的利息约定无效。借款人请求出借人返还已支付的超过年利率36%部分的利息的,人民法院应予支持。”

2. 投资形式的借贷

法律上的投资,一般是指取得股权并承担相应的经营风险。但有的投资合同,投资者并不对所投资的项目或对被投资的企业法人承担经营风险,也不以所投入的资金对被投资法人承担民事责任,无论被投资项目盈利或亏损,均要按期收回本息或固定利润。在这种情况下,出资人所投入的资金并非股权而是债权,这种投资关系在司法实践中被认定为借贷关系。在利息处理方面,应按照法释〔2015〕18号第二十六条的规定处理。

综合上述规定,我们可以看出,本案例的情形实际上是A企业股东实际借贷资金给企业(加油站)而收取固定利息,A企业股东既不参与共同经营,也不承担联营的风险责任,不论盈亏均按期收取固定利润的,是明为联营,实为借贷。所以,从法律实质来看,应界定为“借贷融资”的性质。

二是根据《公司法司法解释(三)》第十六条规定:“股东未履行或者未全面履行出资义务或者抽逃出资,公司根据公司章程或者股东会决议对其利润分配请求权、新股优先认购权、剩余财产分配请求权等股东权利作出相应的合理限制,该股东请求认定该限制无效的,人民法院不予支持。”该条实际上是从司法实践上认可了对履行或者未全面履行出资义务或者抽逃出资股东的权利的限制。但需要注意的是,本条主要是针对股东的财产权利进行限制,但一般不涉及表决权、知情权等管理权利。也就是说，对股东的管理权利一般不宜进行限制。

【实务问题 39】　如何理解和适用《公司法司法解释（三）》第十六条规定的对股东权利的“合理限制”？

《公司法司法解释（三）》第十六条规定，股东未履行或者未全面履行出资义务或者抽逃出资，公司可以根据公司章程或者股东会决议对其利润分配请求权、新股优先认购权、剩余财产分配请求权等股东权利作出相应的合理限制。那么，在实践中如何理解和适用“合理限制”呢？笔者认为，在股东未尽出资义务时，如果仅允许公司可以采取诉讼的方式来进行救济的话，并不利于问题的尽快解决，因为，公司法司法解释赋予公司更积极的权利及救济方式，即允许公司对股东的权利（主要是利润分配请求权、新股优先认购权、剩余财产分配请求权等财产权利）进行相应的合理限制，这不可厚非。但是，为了防止公司滥用该权利，有必要加以适当的限制，即必须是相应的“合理限制”。在实践中，“合理限制”应当根据具体情况加以判定。譬如，股东未完全履行出资义务时，一般仅按照其未出资部分对股东利润分配请求权、新股优先认购权进行限制是合理的，如果超过未出资比例部分进行限制，显然则应属不合理。

（四）股东会决议解除股东资格

关于股东除名的制度，《公司法》并没有明确的规定。但在实践中，又出现需要解决部分股东不履行出资义务或不完全履行出资义务的股东问题。因此，《公司法司法解释（三）》从司法实践中予以认可。其第十七条规定：“有限责任公司的股东未履行出资义务或者抽逃全部出资，经公司催告缴纳或者返还，其在合理期间内仍未缴纳或者返还出资，公司以股东会决议解除该股东的股东资格，该股东请求确认该解除行为无效的，人民法院不予支持。在前款规定的情形下，人民法院在判决时应当释明，公司应当及时办理法定减资程序或者由其他股东或者第三人缴纳相应的出资。在办理法定减资程序或者其他股东或者第三人缴纳相应的出资之前，公司债权人依照本规定第十三条或者第十四条请求相关当事人承担相应责任的，人民法院应予支持。”

该条规定实际阐明了人民法院在处理此事情时的三个观点：一是公司可以催告在合理的期限内缴纳或者返还。这是一个司法上的救济补正措施。二是如果在合理期间内仍未缴纳或者返还出资，公司可以股东会决议解除该股东的股东资格。三是在股东被除名之后，公司应当及时办理法定减资程序或者由其他股东或者第三人缴纳相应的出资。如果在此之前，公司债权人仍然可以请求未履行出资义务或抽逃出资的股东承担补充赔偿责任。

四、股东的责任及其法律后果

股东责任制度既是公司制度的重要组成部分,也是股东行使权利的前提。概括地讲,股东责任包括股东出资责任、股东出资派生责任、股东特别责任和清算公司的责任。笔者将股权责任的有关类别、内容及法律规定总结如表 11 －2 所示:

表 11 －2　股东责任类型及含义

类型	股东责任	含义	法规条文
股东出资责任		股东出资责任是指股东或发起人负有按照公司章程约定缴付出资的责任,以及股份有限公司的认股人负有按照认股书缴付股款的责任	《公司法》第二十八条、第八十三条、第八十五条
股东出资派生责任	股东出资违约的补缴责任	股东出资违约的补缴责任是指股东未履行或者未全面履行出资义务时,公司或其他股动可以请求股东向公司依法全面履行出资义务	《公司法司法解释(三)》第十三条第一款
	股东出资违约对债权人的补充赔偿责任	股东出资违约对债权人的补充赔偿责任是指未履行或者未全面履行出资义务的股东在未出资本息范围内对公司债务不能清偿的部分承担补充赔偿责任	《公司法司法解释(三)》第十三条第二款
	股东出资违约的股东连带责任	股东出资违约的股东连带责任是指股东在公司设立时未履行或者未全面履行出资义务,公司或其他股东或债权人可以请且公司的发起人与违约股东承担连带责任	《公司法司法解释(三)》第十三条第三款
	股东出资违约责任	股东出资违约责任是指违约出资人对守约出资人负有的违约责任	《公司法》第二十八条、第八十三条
	股东作价过高的填补责任	股东作价过高的填补责任是指因对非货币财产出资作价过高,在公司实际资本显著低于公司登记资本时,非货币财产出资人所负有的补足责任	《公司法》第三十条、第九十三条第二款
	股东作价过高的连带填补责任	股东作价过高的连带填补责任是指因对非货币财产出资作价过高,在公司实际资本显著低于公司登记资本时,公司其他股东或发起人负有的连带责任	《公司法》第三十条、第九十三条第二款

续表

类型	股东责任	含义	法规条文
股东出资派生责任	股东抽逃出资的返还责任	股东抽逃出资的返还责任是指股东在公司成立之后,采取各种方法将其已投入出资抽逃,该股东应返还抽逃出资本息的责任	《公司法司法解释(三)》第十四条第一款
	股东抽逃出资对债权人的补偿赔偿责任	股东抽逃出资对债权人的补偿赔偿责任是指抽逃出资的股东在抽逃出资本息范围内对公司债务不能清偿的部分承担补充赔偿责任	《公司法司法解释(三)》第十四条第二款
股东特别责任	股东滥用股东权利的赔偿责任	股东滥用股东权利的赔偿责任是指股东滥用其股东权利损害公司或其他股东的利益,应对公司或其他股东承担赔偿责任	《公司法》第二十条第一款、第二款
	股东滥用独立地位和有限责任的连带责任	股东滥用独立地位和有限责任的连带责任是指公司股东滥用公司法人独立地位和股东有限责任,逃避债务,严重损害公司债权人利益的,应当对公司债务承担连带责任	《公司法》第二十条第一款、第三款
	控股股东利用关联关系损害公司利益的赔偿责任	控股股东利用关联关系损害公司利益的赔偿责任是指公司的控股股东利用其关联关系损害公司利益,给公司造成损失的,应当承担赔偿责任	《公司法》第二十一条
	一人公司股东的连带责任	一人公司股东的连带责任是指一人有限责任公司的股东不能证明公司财产独立于股东自己的财产的,应当对公司债务承担连带责任	《公司法》第六十三条
	发起人对公司债务、费用、返还股款的连带责任	发起人对公司债务、费用、返还股款的连带责任是指股份有限公司的发起人应负的如下连带责任:(1)公司不能成立时,对设立行为所产生的债务和费用负连带责任;(2)公司不能成立时,对认股人已缴纳的股款,负返还股款并加算银行同期存款利息的连带责任	《公司法》第九十四条第(一)项、第(二)项
	发起人对公司的损害赔偿责任	发起人对公司的损害赔偿责任是指在公司设立过程中,由于发起人的过失致使公司利益受到损害的,应当对公司承担赔偿责任	《公司法》第九十四条第(三)项
	发起人对设立公司所订合同的责任	发起人对设立公司所订合同的责任是指在公司设立过程中,发起人以自己名义或拟设立公司名义订立合同所负的合同责任	《公司法司法解释(三)》第二条、第三条
	发起人的损害赔偿责任	发起人的损害赔偿责任是指发起人因履行公司设立职责造成他人损害,公司未成立时,全体发起人承担连带赔偿责任	《公司法司法解释(三)》第五条第一款

续表

类型	股东责任	含义	法规条文
股东依法清算公司的责任	股东逾期清算对债权人的赔偿责任	股东逾期清算对债权人的赔偿责任是指有限责任公司的股东、股份有限公司的控股股东未在法定期限内成立清算组开始清算,导致公司财产贬值、流失、毁损或者灭失,其应在造成损失范围内对公司债务承担赔偿责任	《公司法司法解释(二)》第十八条第一款
	股东怠于履行义务导致无法清算的连带清偿责任	股东怠于履行义务导致无法清算的连带清偿责任是指有限责任公司的股东、股份有限公司的控股股东因怠于履行义务,导致公司主要财产、账册、重要文件等灭失,无法进行清算,其对公司债务承担连带清偿责任	《公司法司法解释(二)》第十八条第二款
	股东恶意处置财产或虚假清算对债权人的赔偿责任	股东恶意处置财产或虚假清算对债权人的赔偿责任是指有限责任公司的股东、股份有限公司控股股东,在公司解散后,恶意处置公司财产给债权人造成损失,或者未经依法清算,以虚假的清算报告骗取公司登记机关办理法人注销登记,其对公司债务承担相应赔偿责任的	《公司法司法解释(二)》第十九条
	未经清算注销公司股东的清偿责任	未经清算注销公司股东的清偿责任是指公司未经清算即办理注销登记,导致公司无法进行清算,有限责任公司的股东、股份有限公司控股股东对公司债务承担清偿责任	《公司法司法解释(二)》第二十条第一款
	未出资股东的连带清偿责任	未出资股东的连带清偿责任是指公司财产不足以清偿债务时,未缴出资股东,以及公司设立时的其他股东或者发起人在未缴出资范围内对公司债务承担连带清偿责任	《公司法司法解释(二)》第二十二条第二款

笔者通过表11－2将公司法及其司法解释对股东责任的主要规定进行了罗列。限于篇幅,下面笔者将选取部分重要的股东责任进行讨论:

(一)股东出资派生责任

1. 股东出资违约补缴责任及对债权人的补充赔偿责任、连带责任

如前所述,股东出资违约对债权人的补充赔偿责任,是指未履行或者未全面履行出资义务的股东在未出资本息范围内对公司债务不能清偿的部分承担补充赔偿责任。同时,公司的发起人承担连带责任。

《公司法司法解释(三)》第十三条规定,股东未履行或者未全面履行出资义务,公司或者其他股东请求其向公司依法全面履行出资义务的,人民法院应予支

持。公司债权人请求未履行或者未全面履行出资义务的股东在未出资本息范围内对公司债务不能清偿的部分承担补充赔偿责任的，人民法院应予支持；未履行或者未全面履行出资义务的股东已经承担上述责任，其他债权人提出相同请求的，人民法院不予支持。股东在公司设立时未履行或者未全面履行出资义务，依照本条第一款或者第二款提起诉讼的原告，请求公司的发起人与被告股东承担连带责任的，人民法院应予支持；公司的发起人承担责任后，可以向被告股东追偿。股东在公司增资时未履行或者未全面履行出资义务，依照本条第一款或者第二款提起诉讼的原告，请求未尽公司法第一百四十七条第一款规定的义务而使出资未缴足的董事、高级管理人员承担相应责任的，人民法院应予支持；董事、高级管理人员承担责任后，可以向被告股东追偿。第十六条规定，股东未履行或者未全面履行出资义务或者抽逃出资，公司根据公司章程或者股东会决议对其利润分配请求权、新股优先认购权、剩余财产分配请求权等股东权利作出相应的合理限制，该股东请求认定该限制无效的，人民法院不予支持。

《公司法司法解释（三）》第十三条、第十六条实质是对股东违反出资义务的法律后果的规定。该条规定体现了针对股东的三个法律后果：一是公司可以根据公司章程或者股东会决议对其利润分配请求权、新股优先认购权、剩余财产分配请求权等股东权利作出相应的合理限制；二是公司或者其他股东可以请求其向公司依法全面履行出资义务，其他股东还可以要求其承担违约责任；三是公司债权人可以未履行或者未全面履行出资义务的股东在未出资本息范围内对公司债务不能清偿的部分承担补充赔偿责任。

（1）第十三条第一款实质是股东出资违约的补缴责任的规定。从公司契约学说来看，投资人投资设立公司实质形成了两个契约关系：一是股东之间设立公司或资本投入的契约；二是股东与公司之间的有关财产出资（转移）之契约。这些契约关系主要体现在公司设立协议或发起协议和公司章程。在股东未履行或未全面履行出资义务时，公司本身可以请求其向公司依法全面履行出资义务，这是由设立协议、公司章程约定的股东对公司的义务，所以，公司有权作为直接请求人进行请求。实际上这也是《公司法》规定的法定义务。《公司法》第二十八条第二款规定，股东不按照前款规定缴纳出资的，除应当向公司足额缴纳外，还应当向已按期足额缴纳出资的股东承担违约责任。第八十三条第一款规定，以发起设立方式设立股份有限公司的，发起人应当书面认足公司章程规定其认购的股份，并按照公司章程规定缴纳出资。该条第二款还规定，发起人不依照前款规定缴纳出资的，应当按照发起人协议承担违约责任。第八十五条规定，认股人按照所认购股数缴纳股款。那么，其他股东为什么也有权请求呢？这是由于股东之间有设立协议和公司章程之间的契约性约定。如果股东违反了出资协议和公司章程的约定，其他股东可以依据契约关系而请求违约股东履行出资义务。

(2)第十三条第二款实质就是股东出资违约对债权人的补充赔偿责任的规定。如果股东未履行或者未全面履行出资义务，则必然导致公司对外的财产担保降低，不利于保护外部债权人的利益。因此，《公司法司法解释(三)》规定了该等股东在未出资本息范围内对公司债务不能清偿的部分承担补充赔偿责任。需要注意的是，该责任仅在公司对债务不能清偿的部分才由股东补充赔偿。同时，还必须以未出资本息范围为限。

(3)第十三条第三款实质是公司发起人对股东补缴责任和补充赔偿责任承担连带责任的规定。《公司法》第九十三条规定，股份有限公司成立后，发起人未按照公司章程的规定缴足出资的，应当补缴；其他发起人承担连带责任。股份有限公司成立后，发现作为设立公司出资的非货币财产的实际价额显著低于公司章程所定价额的，应当由交付该出资的发起人补足其差额；其他发起人承担连带责任。本款将其他发起人的连带责任扩展适用到有限责任公司的情形。这属于对公司的发起人提出的更高的要求，即发起人在引入其他股东时，应当尽到谨慎审查的义务以保障这些股东能够履行出资义务，否则发起人将承担连带的法律责任。

2. 股东抽逃出资的返还责任、对债权人的补偿赔偿责任

《公司法司法解释(三)》第十二条规定："公司成立后，公司、股东或者公司债权人以相关股东的行为符合下列情形之一且损害公司权益为由，请求认定该股东抽逃出资的，人民法院应予支持：(一)制作虚假财务会计报表虚增利润进行分配；(二)通过虚构债权债务关系将其出资转出；(三)利用关联交易将出资转出；(四)其他未经法定程序将出资抽回的行为。"第十四条规定："股东抽逃出资，公司或者其他股东请求其向公司返还出资本息、协助抽逃出资的其他股东、董事、高级管理人员或者实际控制人对此承担连带责任的，人民法院应予支持。公司债权人请求抽逃出资的股东在抽逃出资本息范围内对公司债务不能清偿的部分承担补充赔偿责任、协助抽逃出资的其他股东、董事、高级管理人员或者实际控制人对此承担连带责任的，人民法院应予支持；抽逃出资的股东已经承担上述责任，其他债权人提出相同请求的，人民法院不予支持。"从前述规定可以看出：

(1)什么是抽逃出资

对于股东抽逃出资，《公司法》并没有明确界定其定义、形式。只是在第三十五

条规定，公司成立后，股东不得抽逃出资。第二百条规定，公司的发起人、股东在公司成立后，抽逃其出资的，由公司登记机关责令改正，处以所抽逃出资金额百分之五以上百分之十五以下的罚款。一般来讲，抽逃出资是指在公司注册成立后，公司发起人或股东依法履行了出资义务既向公司交付了货币、实物或转移了财产权后，又采取各种方式从公司取回财产，却仍然保留股东身份和原出资额的一种欺诈性违法行为。

(2)抽逃出资的方式

根据《公司法司法解释(三)》第十二条规定，抽逃出资的主要方式包括：(一)制作虚假财务会计报表虚增利润进行分配；(二)通过虚构债权债务关系将其出资转出；(三)利用关联交易将出资转出；(四)其他未经法定程序将出资抽回的行为。

(3)抽逃出资的民事责任

关于抽逃出资的民事责任，包括如下几个方面：一是根据《公司法》第二十八条第二款、第八十三条第二款规定，股东或发起人应对已足额出资的股东承担违约责任；二是公司或者其他股东可以请求其向公司返还出资本息；三是在抽逃出资本息范围内对公司债务不能清偿的部分承担补充赔偿责任。

需要注意的是，对于暂不施行注册资本认缴制度的公司(法律、行政法规以及国务院决定对注册资本实缴、注册资本最低限额另有规定)，如果在公司成立之初尚未正常经营之前，股东或发起人抽逃出资使公司所余净资产达不到法定最低注册资本额的，在公司不能清偿债务时，应由股东或发起人承担无限清偿责任，因为这个时候由于公司资本低于法定最低注册资本限额，尚处于公司设立阶段，尚不具备独立的法人格，各股东或发起人在公司设立过程中的关系视为合伙，所以此期间的抽逃出资行为，应按照合伙关系对共同的债务承担无限连带责任。

有关抽逃出资纠纷，读者还可以参阅“专题38：股东出资纠纷”的相关内容。

(二)股东特别责任

1. 股东滥用独立地位和有限责任的连带责任

《公司法》第二十条规定，公司股东应当遵守法律、行政法规和公司章程，依法行使股东权利，不得滥用股东权利损害公司或者其他股东的利益；不得滥用公司法人独立地位和股东有限责任损害公司债权人的利益。公司股东滥用股东权利给公司或者其他股东造成损失的，应当依法承担赔偿责任。公司股东滥用公司法人独立地位和股东有限责任，逃避债务，严重损害公司债权人利益的，应当对公司债务承担连带责任。该条的规定实质就是公司法人人格否定制度的规定。所谓公司法人人格否认制度,又称“揭开公司面纱”“刺破公司面纱”。意旨在承认公司具有法人人格的前提下,在特定的法律关系中对公司人格及股东有限责任加以否定,以规制股东滥用公司人格及有限责任,保护公司债权人及社会公共利益的一项法律制度。

公司法人人格被否定从而“揭开公司面纱”追究公司股东的责任需要满足以下几个要件:一是公司已合法地取得了法人资格,不然就不存在否定的问题;二是公司的股东滥用了公司人格及股东有限责任;三是逃避债务,严重损害公司债权人利益。从实践来看,股东滥用公司法人人格和股东有限责任主要表现为如下几种情形:一是公司股东(特别是控股股东)利用其股东地位非法分配利润;二是公司股东(特别是控股股东)利用其股东地位以公司为其或其关联公司提供担保,导致公司承担担保责任后股东不偿还债务;三是公司股东利用关联交易转移公司利润或财产;四是公司股东通过虚构债权债务关系转移利润或财产;五是非经法定清算程序,吊销或注销公司逃避债务。

2. 控股股东利用关联关系损害公司利益的赔偿责任

《公司法》第二十一条规定,公司的控股股东、实际控制人、董事、监事、高级管理人员不得利用其关联关系损害公司利益。违反前款规定,给公司造成损失的,应当承担赔偿责任。如何理解和适用该条规定需要注意如下几点:

(1)什么是控股股东、实际控制人和关联关系

根据《公司法》第二百一十六条第(二)项规定,控股股东是指其出资额占有限责任公司资本总额百分之五十以上或者其持有的股份占股份有限公司股本总额百分之五十以上的股东;出资额或者持有股份的比例虽然不足百分之五十,但依其出资额或者持有的股份所享有的表决权已足以对股东会、股东大会的决议产生重大影响的股东。该条第(三)项规定,实际控制人是指虽不是公司的股东,但通过投资关系、协议或者其他安排,能够实际支配公司行为的人。该条第(四)项规定,关联关系是指公司控股股东、实际控制人、董事、监事、高级管理人员与其直接或者间接控制的企业之间的关系,以及可能导致公司利益转移的其他关系。但是,国家控股的企业之间不仅仅是因为同受国家控股而具有关联关系。

(2)损害公司利益的赔偿责任

在实践中,公司的控股股东、实际控制人等利用关联关系,通过人为降低或提交产品价格或资产价格的方法,将公司本应获得的利益或者资产转移到其或其控制的公司名下。应该讲,法律并不禁止关联交易,但反对非独立、公允的关联交易行为。也就是说,关联交易的价格应该是独立企业之间交易的公允价格。因为非法的关联交易可能损害公司的合法利益,间接地损害公司其他股东和外部债权人

人的合法利益。所以,如果公司的控股股东、实际控制人通过关联交易给公司造成损失的,该等人应当对公司承担赔偿责任。

（三）股东依法清算公司的责任

对于股东依法清算公司的责任,笔者将在“专题36:公司解散和清算”和“专题44:公司解散清算纠纷”中进行详细介绍。

专题12　股东权利的分割和委托

内容提示

从公司法规定或实践来看，很多时候股东并不完全地拥有股权上的权利。譬如，股东尽管拥有一定比例的股权，但并非必然按照该等股权比例享有分红权利，而是更小比例的分红权利，这实际就涉及股东权利的分割或放弃的问题。这样的情形在有限责任公司中体现得更为明显。本专题包含如下内容：

- 股东权利的可分割性和可委托性；
- 股东不按股权比例分享利润法律、税务实务问题；
- 股东委托投票权制度。

一、股东权利的可分割性和可委托性

我们讲，股东权利是指股东基于其股东资格而享有的从公司获得经济利益并参与公司经营管理的权利。从是为自己的利益或是为他人共同的利益的角度分类，公司股东享有的权利，可以分为自益权（财产权）和共益权（管理权）。在实践中，特别是有限责任公司，我们经常会发现一些特殊的情形。譬如，股东尽管拥有一定比例的股权，但并未按照该等股权比例享有分红权利，而是更小比例的分红权利，这实际就涉及股东权利的分割或放弃的问题。在本部分，我们将首先从公司法原理上对股东权利的可分割性和可委托性进行分析。

《公司法》第四条规定："公司股东依法享有资产收益、参与重大决策和选择管理者等权利。"因此，"股权"是一种综合性的权利。一方面，股权具有财产权利的性质；另一方面，股权还具有对公司事务进行参与、管理的性质。对前述两方面的权利，我国公司法均有明确规定。其中，财产权利主要包括《公司法》第三十四条规定的分红权以及《公司法》第一百八十六条规定的剩余财产分配权或剩余财产索取权等;而诸如知情权、选举权和被选举权、表决权、救济权以及提议召开、召集、主持股东会的权利等则属于股东对公司事务的参与和管理权。一般而言,股东投资的终极目的是获得回报,是追求经济利益的最大化。因此,前述两方面的权利中,股东对公司事务的参与和管理权是为实现股东的财产权而服务的,是行为权利(或称手段权利),而财产权则是目的权利。

在公司法的实践中,股东往往可以将股东权利的一部分,即对公司事务的参与和管理权让渡或委托给他人实施,诸如指派他人出任公司董事、监事以及担任公司高级管理人员,授权他人出席股东会、董事会,行使表决权等。但是,股东将这一部分权利的让渡或委托实施并不构成股权的实质性转让,而作为股权的重要组成部分股东分红权的转让无疑构成股权的实质性转让。一般来讲,尽管从原理上看,股东的财产权利都可以转让或放弃,但实践中基本都集中在股东分红权、优先增资权的转让或放弃中,而对于剩余财产分配权则不允许转移或放弃。这是因为《公司法》第三十四条规定:"股东按照实缴的出资比例分取红利;公司新增资本时,股东有权优先按照实缴的出资比例认缴出资。但是,全体股东约定不按照出资比例分取红利或者不按照出资比例优先认缴出资的除外。"而《公司法》第一百八十六条第二款则明确规定,"清偿公司债务后的剩余财产,有限责任公司按照股东的出资比例分配,股份有限公司按照股东持有的股份比例分配"。

应该讲《公司法》系一部兼具公法和私法双重属性的法律,是强行法与任意法的统一。《公司法》对股权转让及登记也作出相应规定。《公司法》第七十一条规定,有限责任公司的股东可以向其他股东或股东以外的人转让股权。《公司法》第三十二条同时规定,有限责任公司除应当置备股东名册外,还应当将股东的姓名或者名称及其出资额向公司登记机关登记;登记事项发生变更的,应当办理变更登记。未经登记或者变更登记的,不得对抗第三人。与《物权法》对所有权的规定不同的是,对同样作为综合权利的股权,《公司法》并未作出可以分离并转让的相关规定。正是由于没有法律的相关规定,才会产生股权是否可以在分离后予以转让,其转让是否合法有效等问题。

笔者认为,由于《公司法》并未对股权中的部分权利的转让问题作禁止性规定,因此,股东可以对其享有的股权中的部分权利予以让渡和放弃。这是股东的意思自治,法律并不干预。

二、股东不按股权比例分享利润法律、税务实务问题

根据《公司法》第三十四条规定:"股东按照实缴的出资比例分取红利;公司新

增资本时,股东有权优先按照实缴的出资比例认缴出资。但是,全体股东约定不按照出资比例分取红利或者不按照出资比例优先认缴出资的除外。”该条规定意味着,公司法允许有限责任公司全体股东自由约定股东按照何种方式进行红利分配,但是如果公司章程没有特别约定时,只能按照实缴的出资比例分取红利。同样适用的还有股东的优先增资权。《公司法》第一百六十六条第四款规定:“公司弥补亏损和提取公积金后所余税后利润,有限责任公司依照本法第三十四条的规定分配;股份有限公司按照股东持有的股份比例分配,但股份有限公司章程规定不按持股比例分配的除外。”因此,对于股份有限公司而言,只能通过公司章程的规定来排除按照持股比例分配。

上述规定的实质可以理解为,有限责任公司的全体股东可以通过约定以及股份有限公司的股东可以通过公司章程来进行利润分配权的让渡和转让。我们通过下面一个案例来进行说明:

案例30　不按出资比例分红以及经营管理权的委托

让我们在专题11中的【案例29】基础上进行修订后进行展开:

某加油站(有限责任公司)由A企业和B企业共同投资成立(A占60%,B占40%)。2012年3月30日,该加油站通过股东会决议作出如下决定:(1)股东A企业委托股东B企业全权经营管理公司,委托期是2012年1月1日至2021年12月31日;(2)在委托经营期间,股东B企业应当本着股东利益最大化的原则经营公司;(3)在委托经营期间,A企业和B企业按照50%和50%的比例分配利润;(4)在委托经营期间,A企业不参与,不干涉公司经营活动;2013年,该加油站进行2012年度利润分配。2012年,该加油站税后利润100万元,A企业分50万元,剩余50万元全部分配给B企业。

问题:A企业和B企业按照各50%比例分配利润且A企业委托B企业经营管理是否有效?

【解析】

1. 根据《公司法》第三十四条规定,A企业和B企业通过股东会议决议的方式一致同意将利润分配的比例确定为50%:50%,这属于对公司法原则按照股权比例分配利润的排除,应属有效约定;同时,我们可以看到,这实质是A企业将其10%股权对应的利润分配权放弃并给予B企业;

2. A企业将其参与公司经营管理的权利让渡给B企业,这属于对共益权的一种让渡,也是对非财产性权利的让渡;

3. 需要注意的是，在本例子中，由于A企业并没有收取固定分红，并且对公司经营成果的盈利承担风险，所以不能界定为“名投资实借贷”，这属于对利润分配的意思自治。

【实务问题40】　不按出资比例分红，多分配红利的企业股东是否产生企业所得税纳税义务？

在实践中，我们除了要解决不按出资比例分红的公司法问题之外，还需要注意的是多分配红利的企业股东是否会产生企业所得税的问题。这个问题在实务中尚存在一定争议，主要包括如下几种处理观点：

观点一：“公司法解释说”。根据《公司法》第三十四条、第一百六十六条第四款规定，在公司全体股东或公司章程另有规定不按出资比例分配，且该公司股东（大）会已经通过决议的，股东不按照股权比例取得的股息（哪怕是超过股权比例的股息部分）都可以享受免税待遇。

观点二：“按比例享受免税股息说”。对于超过股权比例分得的股息部分，不属于符合条件的居民企业间的股息红利所得，应当缴纳企业所得税。

观点三：“冲减计税基础说”。类似于江苏省常州地方税务局2012年度企业所得税汇算清缴政策口径所阐述的那样，“实际分得部分和按比例分得部分的差额视同投资成本的收回，减少股东的投资成本”。

观点四：“捐赠说”。实践中还有一种观点和认识。即企业法人股东实际取得的超过出资比例的部分应视为其他股东将应按出资比例收取的部分分红捐赠给该股东，应并入该股东的应税所得计算纳税。

观点五：“股权中分红权转让说”。该观点认为，全体股东约定或公司章程规定不按股权比例进行分红其本后隐藏了股东之间的可能的交易事项。即将不按照股权比例进行分配的约定，视为部分股东将其享有的股权上的财产权利中的“分红权”转让给了另外的股东，这属于“股权”中的部分权利的转让问题。

笔者分析认为，《企业所得税法》第二十六条规定：“企业的下列收入为免税收入：……（二）符合条件的居民企业之间的股息、红利等权益性投资收益；”《企业所得税法实施条例》第八十三条规定：“企业所得税法第二十六条第（二）项所称符合条件的居民企业之间的股息、红利等权益性投资收益，是指居民企业直接投资于其他居民企业取得的投资收益。企业所得税法第二十六条第（二）项和第（三）项所称股息、红利等权益性投资收益，不包括连续持有居民企业公开发行并上市流通的股票不足12个月取得的投资收益。”我们可以看出，企业所得税法及其实施条例对此并不明确——是否超过股权比例部分就不属于免税股息并不明确。根据法无禁止即许可的原则,笔者认为,这实质是股权中分红权的转让或放弃,但《企业所得税法》及其实施条例并没有此种情形下就属于应税行为,同时基于避免重复征税的原则,也应当给予免税待遇,因为从整体上来看国家并没有从中受到损失。如果征税的话,则必然导致部分税后利润被重复征税,从而导致部分免税政策的“落空”。

三、股东委托投票权制度

委托投票权制度是股东投票权与代理制度相结合的产物。随着现代公司规模的不断扩大,股份公司的股东分布越来越分散,对于多数股东而言,出席股东大会的成本大大超过由此带来的利益,因此越来越多的股东不愿意参加股东大会,这种现象直接影响投票权在保障股东实体权利和公司控制方面作用的实现,委托投票权制度正是基于解决这种矛盾而设计产生的一种制度。

(一)股东委托投票权的含义及内容

公司投票权委托制度是上市公司或公众公司股东通过代理人在股东大会上行使投票权的法律制度。其本质是股东对投票表决权的委托,但一般同时保留利润分配权和剩余财产分配权等财产权利。我国《公司法》第一百零六条规定:“股东可以委托代理人出席股东大会会议,代理人应当向公司提交股东授权委托书,并在授权范围内行使表决权。”因此,股东既有亲自出席股东大会进行投票表决的权利,也有委托他人代为投票的权利。也就是公司法上对股东投票权委托制度的一般表述。应该说,股东投票权委托制度主要包括两个方面的内容:一是股东自主委托他人代行投票权,这是公司法描述的基本模式;二是征集投票权委托书。所谓“征集”是指股东或第三人通过各种方式从目标公司的股东手中获得投票表决权。征集投票权委托书与通常的委托投票权不同,后者一般是指股东在不受影响的情况下,主动委托他人代其投票,而在前者中,征集人通常要对股东做大量的宣传和游说工作,股东受到了各种利害关系的影响。本质上讲,征集投票权委托书就是争夺公众持股公司的控制权,就是公司中的各种利益集团力争获得足够的股份的支持从而获得对公司的控制。对被征集投票权委托的广大股东而言,他们实际上是在各个竞争控制权的利益集团之间作出选择,以维护其在公司的权益。

(二)股东委托投票权的现实意义

总体而言,投票代理权制度在公司治理中的现实意义主要体现在两个方面。一方面,投票代理权制度为股东投票权的行使提供了便利,股东不愿参加股东大会与投票权行使间的矛盾得以消解。另一方面，由于投票权是公司控制的一种机制，征集人可以通过集中行使众多股东投票权利而获得对公司的控制权。

(三)上市公司股东委托书征集制度

除《公司法》第一百零六条的原则规定之外，《上市公司章程指引》(中国证监会公告〔2016〕23号，2016年修订)、《上市公司治理准则》(证监发〔2002〕1号)①、《上市公司股东大会规则》(证监会公告〔2016〕22号，2016年修订)以及《上市公司股权激励管理办法》(中国证监会令126号)等对委托书征集制度也有所规制。笔者将有关规定总结如表12－1所示：

表12－1　股东委托书征集制度的规定

法规、规章名称	条款及内容
《上市公司章程指引》(证监会公告〔2016〕23号，2016年修订)	第七十八条第三款："公司董事会、独立董事和符合相关规定条件的股东可以公开征集股东投票权。征集股东投票权应当向被征集人充分披露具体投票意向等信息。禁止以有偿或者变相有偿的方式征集股东投票权。公司不得对征集投票权提出最低持股比例限制。"
《上市公司治理准则》(证监发〔2002〕1号)	第九条："股东既可以亲自到股东大会现场投票也可以委托代理人代为投票两者具有同样的法律效力。" 第十条："上市公司董事会、独立董事和符合有关条件的股东可向上市公司股东征集其在股东大会上的投票权，投票权征集应采取无偿的方式进行并应向被征集人充分披露信息。"
《上市公司股东大会规则》(证监会公告〔2016〕22号，2016年修订)	第二十条第三款："股东可以亲自出席股东大会并行使表决权，也可以委托他人代为出席和在授权范围内行使表决权。" 第三十一条第四款："公司董事会、独立董事和符合相关规定条件的股东可以公开征集股东投票权。征集股东投票权应当向被征集人充分披露具体投票意向等信息。禁止以有偿或者变相有偿的方式征集股东投票权。公司不得对征集投票权提出最低持股比例限制。"
《上市公司股权激励管理办法》(中国证监会令第126号)	第四十条："上市公司召开股东大会审议股权激励计划时，独立董事会应当就股权激励计划向所有的股东征集委托投票权。"

从表12－1中的规定可以看出：

首先，明确委托书征集的主体资格。对于委托书征集的主体资格，我国2016年修订的《上市公司章程指引》第七十八条第三款规定，董事会、独立董事和符合相关条件的股东可以征集股东投票权。这里对主体资格的规定有些狭窄，而且符合

① 目前，中国证监会正汇通上市公司协会开展对《上市公司治理准则》的修订，请读者予以关注。

相关条件的股东也缺乏细化规定。我们知道,在委托书征集制度中,受托人行使表决权的代理主要有两种方式:积极代理(我国《公司法》第一百零六条规定)和消极代理(征集股东投票权方式)。对于消极代理,理论和实务界一般主张受托人不限于股东。因此,随着委托书征集制度的广泛深入,为了维护中小股东和债权人等的利益,对于主体资格的规定,我国可以规定公司利益相关者成为投票代理人,同时对相关主体资格进行严格限定。同时,公司不得对征集投票权提出最低持股比例限制。

其次,完善信息披露制度。委托书征集虽然不发生所有权的转移,但是,同样会对市场造成较大冲击,对上市公司及其股东利益同样会有影响。因此,委托书征集过程中的相关当事人必须履行信息披露义务。与美国、我国台湾地区等委托书法律规则下的信息披露制度相比,我国委托书征集的信息披露不仅缺乏法律的强制性规定,而且实际操作中的信息披露文件过于简略,难以起到约束征集人,保护中小股东利益的作用。为此,可以借鉴美国或台湾地区等相关立法例,完善我国委托书征集的信息披露制度:第一,在委托书规则中规定强制性的信息披露制度,规定披露征集委托书的目的、所拟支持的董事会、监事会候选人的详细资料、征集人与股东大会决议案的利害关系的说明等必须披露的事项;第二,在披露格式文件上,借鉴美国联邦证券法表格 14A 的规定,列明基本的信息披露义务和特定事项的信息披露义务,并由中国证监会制定相应的信息披露文件格式规范;第三,除应当贯彻真实、准确、完整和语言的平易性等信息披露的一般原则之外,还应进一步强调强化有关利益冲突事项和对征集人不利事项的披露,切实贯彻“公开原则”,不得虚假征求;第四,对于公布正确而事后因情势变更已不正确的披露事项,征集者应当及时更正。

再次,规范委托书征集程序和征集费用。对于委托书的征集程序,法律上应当对征集的备案、电子化委托、电话语言委托等方面作出规定。征集文件中涉及财务会计、法律、资产评估等事项的,应要求专业性的中介服务机构审查验证并出具意见。对于征集费用,我国法律都规定是无偿的,由公司负担。这样规定可能会产生委托书征集权的滥用。合理的措施应该原则规定由公司负担,例外情况由个人或机构负担。

最后,强化委托书征集制度的法律责任。当委托书征集者违反征集规范时,应当承担民事责任、行政责任和刑事责任,特别是民事责任。而我国在这方面则基本上是空白。在民事责任方面,法律上应当规定征集人不出席股东大会和违反股东指示行使表决权时承担违约责任;征集人违反信息披露规则,虚假披露信息给相关当事人造成损失时应当承担赔偿责任等。同时规定受到损失的相关当事人可以通过行使撤销权或诉求获得救济。在行政责任方面，对于相关当事人的违法行为，主管部门可以作出停止征集行为、宣告已进行的征集行为无效和罚款等行政处罚等。

案例31　S仪化(600871)董事会征集投票权

2013年6月7日，中国石化仪征化纤股份有限公司(以下简称S仪化，600871)公告了《中国石化仪征化纤股份有限公司董事会征集投票权报告书》，该报告书的主要内容如下：

S仪化拟于2013年7月8日召开审议《中国石化仪征化纤股份有限公司股权分置改革方案》(以下简称《股权分置改革方案》)的A股市场相关股东会议(以下简称相关股东会议)。根据《上市公司股权分置改革管理办法》(以下简称《管理办法》)的有关规定，公司的股权分置改革方案须经参加表决的股东所持表决权的三分之二以上通过，并经参加表决的流通A股股东所持表决权的三分之二以上通过方可实施。为进一步保护流通A股股东利益，积极稳妥解决上市公司股权分置问题，公司董事会根据《管理办法》《上市公司股权分置改革业务操作指引》和《关于加强社会公众股股东权益保护的若干规定》等法规的有关规定，同意作为征集人向公司全体流通A股股东征集相关股东会议的投票权。

一、审议事项

审议《中国石化仪征化纤股份有限公司股权分置改革方案》。本方案需要获得参加表决的全体股东所持表决权的三分之二以上赞成和参加表决的流通A股股东所持表决权的三分之二以上赞成方为通过。

二、征集方案

(1)征集对象：本次投票权征集的对象为截至2013年6月27日(星期四)下午收市后，在中国证券登记结算有限责任公司上海分公司登记在册的公司全体流通A股股东；(2)征集时间：自2013年6月28日至7月5日(每日9:00～17:00)；(3)征集方式：本次征集投票权为公司董事会无偿自愿征集，董事会采用公开方式，在《证券时报》《中国证券报》《上海证券报》和上海证券交易所网站(www.sse.com.cn)上发布公告进行投票权征集行动。

【评析】

1. 根据《上市公司股权分置改革管理办法》第十六条规定："相关股东会议投票表决改革方案，须经参加表决的股东所持表决权的三分之二以上通过，并经参加表决的流通股股东所持表决权的三分之二以上通过。"为了保证公司的股权分置改革方案经参加表决的股东所持表决权的三分之二以上通过,并经参加表决的流通A股股东所持表决权的三分之二以上通过,所以,S仪化决定通过董事会公开征集股东投票权。

2. 根据《上市公司股权分置改革管理办法》第十三条规定:“相关股东会议征集投票委托事宜,由公司董事会负责办理。”因此,在股权分置改革方案表决事项上只能由公司董事会作为主体进行公开征集。

3. 根据《上市公司章程指引》《上市公司治理准则》《上市公司股东大会规则》以及《公司章程》的有关规定,本次征集投票权为公司董事会无偿自愿征集,董事会采用公开方式进行。

4. 同时,本次投票权征集的对象为截至2013年6月27日(星期四)下午收市后,在中国证券登记结算有限责任公司上海分公司登记在册的公司全体流通A股股东,公司并未对征集投票权提出最低持股比例的限制。

案例32 思美传媒(002712)独立董事征集投票权

2015年1月13日,思美传媒股份有限公司(以下简称思美传媒,002712)公告了《思美传媒股份有限公司独立董事公开征集委托投票权报告书》,该报告书的主要内容为:思美传媒独立董事许永斌先生受其他独立董事的委托作为征集人,就公司拟于2015年1月29日召开的2015年第一次临时股东大会审议的相关议案向公司全体股东征集投票权。本次征集投票权行动以无偿方式公开进行。

一、征集事项

由征集人针对公司2015年第一次临时股东大会中审议的以下议案向公司全体股东征集投票权:(1)审议《思美传媒股份有限公司限制性股票激励计划(草案)及其摘要》;(2)审议《思美传媒股份有限公司限制性股票激励计划实施考核管理办法》;(3)审议《关于余欢先生作为本次股权激励计划激励对象的议案》;(4)审议《关于提请股东大会授权董事会办理公司限制性股票激励计划相关事宜的议案》;(5)审议《关于调整独立董事津贴的议案》。

二、本征集委托投票权报告书签署日期为2015年1月13日

三、征集人对征集事项的投票

征集人作为本公司的独立董事,征集人出席了公司于2014年12月16日召开的第三届董事会第十次会议,对《思美传媒股份有限公司限制性股票激励计划(草案)及其摘要》《思美传媒股份有限公司限制性股票激励计划实施考核管理办法》《关于余欢先生作为本次股权激励计划激励对象的议案》及《关于提请股东大会授

权董事会办理公司限制性股票激励计划相关事宜的议案》投了同意票。

四、征集方案

征集人依据我国现行法律法规规范性文件以及公司章程规定制定了本次征集投票权方案,其具体内容如下:(1)征集对象:截至2015年1月23日下午15:00收市后,在中国证券登记结算有限责任公司深圳分公司登记在册并办理了出席会议登记手续的公司全体股东;(2)征集时间:2015年1月26日至27日,上午9:00~12:00,下午14:00~17:00;(3)征集方式:采用公开方式在《中国证券报》《上海证券报》《证券时报》《证券日报》及巨潮资讯网(www.cninfo.com.cn)上发布公告进行委托投票权征集行动。

【评析】

1. 根据《上市公司股权激励管理办法(试行)》第三十六条规定:"独立董事应当就股权激励计划向所有的股东征集委托投票权。"因此,思美传媒独立董事许永斌先生受其他独立董事的委托作为征集人,就公司拟于2015年1月29日召开的2015年第一次临时股东大会审议的相关限制性股票激励计划议案向公司全体股东征集投票权。

2. 根据《上市公司章程指引》《上市公司治理准则》《上市公司股东大会规则》以及思美传媒《公司章程》的有关规定,本次征集投票权行动以无偿方式公开进行,符合"禁止以有偿或者变相有偿的方式征集股东投票权"的要求。

3. 根据上述规定,征集股东投票权应当向被征集人充分披露具体投票意向等信息。根据《思美传媒股份有限公司独立董事公开征集委托投票权报告书》的披露,已经在"征集事项""征集人对征集事项的投票"等事项中向被征集人充分披露了具体投票意向等信息。

4. 在"征集方案"中明确征集对象为截至2015年1月23日下午15:00收市后,在中国证券登记结算有限责任公司深圳分公司登记在册并办理了出席会议登记手续的公司全体股东。符合"公司不得对征集投票权提出最低持股比例限制"的要求。

专题13 中小股东权益保护

内容提示

我们在本部分前面的专题主要讨论了股东资格的确认、股东的权利和义务以及分割转让等内容，在公司法股东权益部分还有一个非常重要的专题就是涉及中小股东权益保护的内容。应该讲，《公司法》及《公司法司法解释（四）》在很多部分和条款都涉及对中小股东的保护问题。本专题包含如下内容：

- 中小股东权益被侵害的主要形式；
- 公司法及其司法解释有关中小股东权益保护的规定；
- 完善中小股东的权益保护的建议。

一、中小股东权益被侵害的主要形式

在实践中，不断发生控股股东或大股东背离其诚信责任，侵害中小股东利益的事件，其突出表现有：

（一）公司控股股东或大股东非法占用公司资金

大股东非法占用公司资金，将公司当作“提款机”，其手法有无偿占用公司资金、拖欠往来账款、直接借款等。公司通过融资得来的资金被大股东无偿或低成本长期占用，许多公司因此连流动资金都发生短缺，正常生产经营受到严重影响，导致财务状况恶化。大股东占用公司资金，损害公司的营运能力，相应地也就损害了中小股东的利益，大股东多占有的利益就是中小股东损失的利益。

（二）公司为控股股东或大股东提供担保

公司为控股股东或大股东作借款担保、抵押担保而承担不正常的风险。过多的关联担保,增加了公司的财务风险。事实上,资本市场的许多上市公司就是由于为控股股东或大股东进行抵押、担保,导致自身陷入险恶境地。

(三)通过关联交易将公司资产或利润转移到控股股东或其关联公司

通过关联交易,将公司资产或利润转移到控股股东或其全资子公司,造成公司资产流失。譬如,相当部分上市公司的控股股东通过不公平的关联交易,将上市公司的资产或利润转移至母公司或其控制的关联企业,如低价向上市公司收购产品再以市场价格出售以获取差价、向上市公司高价提供原材料、无偿或低于正常利率占用上市公司资金、向上市公司高价转让低质量资产等。这实际上是吮吸了上市公司的营运能力、盈利能力和偿债能力,侵蚀了上市公司中小股东的利益。

(四)公司分配不规范,不分红或很少分红

上市公司的分配极不规范,投资者的收益权得不到保证,分红派息很低。我国上市公司股利政策的特点是很少派发现金股利。尽管现在证监会已将派发现金股利作为配股的一个条件,上市公司派现意愿仍然不强,往往是“既派又配”。有的公司即使派了现金,分配的股利在征税之后,投资者也根本得不到现金。之所以会这样,一个重要原因是控制上市公司分配政策的大股东已经通过其他渠道或方式取得了“来自”上市公司的现金。与很低的现金股利形成鲜明对照的是高价配股,一些企业往往以较高价格给予股东配股,这实际上是便于控股股东更多的圈钱。

(五)募集资金被挪用或转做其他用途

在中小股东不知情的情况下,募集资金被转做其他用途。这无疑增大了中小股东的投资风险,侵害了股东的利益。

(六)虚假出资欺骗中小股东

注册资金是衡量一家公司盈利能力和经营能力的基本条件之一,大股东虚假出资误导了投资者的投资决策,影响了投资和交易的安全性。注资不到位的大股东在公司经营中拥有与其他股东相同的权利,包括参与经营权、管理权、利益分配权等,这违反了公平原则。

(七)提供虚假财务报告,操纵股价,误导中小股东

在控股股东和管理当局的控制下,目前上市公司会计信息失真现象十分严重,

投资者无法评价公司的机会和风险,区分上市公司的质量,会计信息的信号传递功能不能充分发挥。虚假的盈利信息误导了中小投资者的投资决策。投资者将资金投到质量低下的公司,一方面是社会资源的浪费,损害了市场资源配置的效率;另一方面也提高了投资者的投资风险,损害了投资者的利益。

二、公司法及其司法解释有关中小股东权益保护的规定

应该讲,投资者保护是公司法价值的核心。公司法本质上是一部保护股东权利的法律。它既是调整财产权利的法律,也应是保护股东权利的法律,但如何实现中小股东合法权益的保护这是我国公司法长期以来的缺陷之一。在中国公司一股独大的股权结构无法及时改变的情况下,为中小股东提供法律保护更是法律正义迫切的要求,也是公司发展的内在动力。公司法应是以股东权益保护为核心的法律,公司法的最终落脚点都是股东权益的保护。应该说原2005年《公司法》以及目前最新的2014年《公司法》及《公司法司法解释(四)》在中小股东保护上进行了很多的规定,在一定程度上实现起保护中小股东权益的目的。主要的举措如表13-1所示:

表13-1 《公司法》及《公司法司法解释》(四)有关中小股东权益保护的规定

序号	制度或举措	《公司法》及《公司法司法解释(四)》条款
1	公司法人人格否认制度	《公司法》第二十条、第六十三条
2	表决权代理制度	《公司法》第一百零六条
3	累积投票制度	《公司法》第一百零五条
4	异议股东股权(份)回购请求权	《公司法》第七十四条、第一百四十二条
5	股东会议召集请求权	《公司法》第四十条第三款、第一百零一条第二款
6	股东提案权制度	《公司法》第一百零二条
7	表决权排除制度	《公司法》第十六条第二款、第三款
8	股东知情权制度	《公司法》第三十三条、第四十一条、第九十七条、第一百零二条、第一百一十六条、第一百六十五条;《公司法司法解释(四)》第七至十二条
9	股东诉讼制度	《公司法》第一百四十九条、第一百五十一条、第一百五十二条;《公司法司法解释(四)》第二十三至二十六条
10	股东解散公司的权利	《公司法》第一百八十二条以及《公司法司法解释(二)》

表13-1列示了公司法对股东权益(当然主要是中小股东权益)的最重要的十项保护制度或保护措施。当然,还包括其他一些制度或措施,譬如,临时股东会或股东大会的召开的权利等。

(一)公司法人人格否认制度

《公司法》第二十条规定,公司股东应当遵守法律、行政法规和公司章程,依法

行使股东权利，不得滥用股东权利损害公司或者其他股东的利益；不得滥用公司法人独立地位和股东有限责任损害公司债权人的利益。公司股东滥用股东权利给公司或者其他股东造成损失的，应当依法承担赔偿责任。公司股东滥用公司法人独立地位和股东有限责任，逃避债务，严重损害公司债权人利益的，应当对公司债务承担连带责任。第六十三条规定，一人有限责任公司的股东不能证明公司财产独立于股东自己的财产的，应当对公司债务承担连带责任。这些规定实质是对公司有限责任制度的必要的补充。我们知道，《公司法》第三条规定，公司作为法人享有独立人格，公司应以全部财产对外承担责任。这样的规定会导致人格独立和有限责任绝对化或推向极致。有些大股东以其股份优势操纵公司，以非法行为获得利润，最终却使公司以其全部财产对外承担责任，而逃脱个人责任，从而侵害了中小股东的权益。但公司法人人格否认则使公司独立法人人格得以被取缔，让逃避债务的股东对公司承担连带责任。这样的法律规定在肯定公司人格独立的同时，不容忍股东滥用公司法人独立地位和股东有限责任来损害公司债权人的利益，保护了中小股东的权益。

（二）表决权代理制度

《公司法》第一百零六条规定，股东可以委托代理人出席股东大会会议，代理人应当向公司提交股东授权委托书，并在授权范围内行使表决权。该条规定实质是针对现代股份公司股东众多，居住地域分散，常常不能亲自参加股东会或参加成本太高，为了保护这些股东的权利，而实行表决权代理机制。分散的一般都是中小股东，因此它主要是针对中小股东不能亲自行使表决权时设计的补救制度，保护了中小股东的投票权。我们已经在上一专题讨论过该制度。

（三）累积投票制度

《公司法》第一百零五条规定，股东大会选举董事、监事，可以依照公司章程的规定或者股东大会的决议，实行累积投票制。本法所称累积投票制，是指股东大会选举董事或者监事时，每一股份拥有与应选董事或者监事人数相同的表决权，股东拥有的表决权可以集中使用。累积投票制在于防止大股东利用表决优势控制董事、监事的选举，弥补"一股一票"表决制度的弊端。它使那些仅持有少量股份的中小股东在董事会上得到发言权，能够使中小股东选出代表自己利益的董事、监事，避免大股东垄断全部董事、监事的选任，增强中小股东在公司治理中的话语权。这一制度在一定程度上平衡了大股东和中小股东的利益，促进了中小股东参与行使公司的经营管理权的积极性。我们将在“专题14:股东会议”中详细讨论该制度。

(四)异议股东股权(份)回购请求权

《公司法》第七十四条、第一百四十二条系对有限责任公司、股份有限公司异议股东股权(份)回购请求权制度的规定。异议股东的股权(份)回购请求权是指公司股东会或股东大会基于资本多数表决就有关公司的重大行动作出决议后,对此持异议的少数股东有权要求公司以合理价格购买其持有股份的权利。该制度既是保护少数股东最有力也是最后一道救济程序。股东一旦加入公司,就可合理地期待公司按其加入时的状态继续运行下去,公司结构、运营方式、章程条款等重大事项,未经其同意不可擅自变更,否则,股东投资时的利益就无法保障,导致该股东期待权落空。在这种情况下,法律赋予该股东以合理的价格请求公司回购其股权,以得到合理补偿。该制度设计的意义就在于对异议股东(少数股东)利益的特别保护。

(五)股东会议召集请求权

《公司法》第四十条第三款规定,有限责任公司的董事会或者执行董事不能履行或者不履行召集股东会会议职责的,由监事会或者不设监事会的公司的监事召集和主持;监事会或者监事不召集和主持的,代表十分之一以上表决权的股东可以自行召集和主持。第一百零一条第二款规定,股份有限公司的董事会不能履行或者不履行召集股东大会会议职责的,监事会应当及时召集和主持;监事会不召集和主持的,连续九十日以上单独或者合计持有公司百分之十以上股份的股东可以自行召集和主持。一般情况下,在公司存在控股股东的情况下,董事会极易被它操纵,由它决定是否召集股东会或股东大会。在控股股东与少数股东出现利益冲突的时候,控股股东滥用控制权,则少数股东的利益不免受损。赋予中小股东此项权利,在利益受损的情况下,如果公司董事会不召集股东大会,提出请求的股东也可自行召集股东大会,这样限制控股股东滥用控制权,保护少数股东的利益。

(六)股东提案权制度

《公司法》第一百零二条第二款规定,单独或者合计持有公司百分之三以上股份的股东,可以在股东大会召开十日前提出临时提案并书面提交董事会;董事会应当在收到提案后二日内通知其他股东,并将该临时提案提交股东大会审议。临时提案的内容应当属于股东大会职权范围,并有明确议题和具体决议事项。事实上,公司的中小股东有了股东会会议的召集权并未享有提案权,提案权仅由董事会享有,这意味着只要董事会不为中小股东提出议案,则中小股东的问题仍无法在股东会会议上讨论和解决。因此,公司法在赋予中小股东召集权的同时还应当赋予其提案权。赋予股东提案权,使其有机会将其意见和建议传达董事会,使其拟定政策时更加谨慎,从而预防控股股东滥用控制权,促使股东法定权利的实现,保护少数股东的利益。

(七)表决权排除制度

《公司法》第十六条第二款规定,公司为公司股东或者实际控制人提供担保的,必须经股东会或者股东大会决议。第三款规定,前款规定的股东或者受前款规定的实际控制人支配的股东,不得参加前款规定事项的表决。该项表决由出席会议的其他股东所持表决权的过半数通过。公司法该两款规定从程序上规定了对相关问题的决议权仅属于股东会或股东大会,排除了由董事会决议的可能性。很多时候,股东个人利益与公司及其他股东利益是相互冲突的,因此,在对特定问题的表决时,要求相关股东回避,限制其表决权是必要的。有利于防止控股股东滥用表决权损害公司或少数股东利益。

(八)股东知情权制度

《公司法》相关条款规定的股东知情权的基本内容包括:查阅权、质询权、核查权和核查人选任请求权。由于控股股东或大股东可能为其商业利益的需要损害中小股东的利益,管理层也可能因其利益而损害公司和股东利益。如果股东的知情权受到侵害,实际上就是使股东的投资行为处于一种盲目和失控的状态,因此才需要加强股东知情权的保护,尤其是对那些对公司几无任何操控能力的中小股东知情权的保护更为重要。另外,股东还可以通过提起知情权诉讼,寻求法律救济。有关内容,请读者参阅本书“专题41:股东知情权纠纷”。

(九)股东诉讼制度

《公司法》第一百四十九条、第一百五十一条是有关股东代表诉讼的规定,第一百五十二条是有关股东直接诉讼的规定。股东诉讼是由股东提出的诉讼,是在控股股东或大股东或公司董事、监事和高级管理人员侵害中小股东利益或公司利益时,他们可以通过诉权的行使,来维护自己的权益。股东诉讼可分为直接诉讼和代表诉讼。直接诉讼是指股东在作为公司成员在公司成立时就享有的股东本身的个体权利受到侵害时所提起的一种诉讼。代表诉讼是指在控股股东或大股东掌控公司的情况下,控股股东或大股东利用其控股优势侵犯公司的利益,在中小股东要求公司起诉大股东时,公司拒绝起诉或怠于起诉,而中小股东直接以自己的名义提起诉讼的情况。与股东直接诉讼相比,股东代表诉讼更能保护中小股东的利益,因为它使中小股东能代表公司向侵害公司利益的公司董事、监事、高级管理人员或他人追究责任。股东诉讼制度是激励股东保护自己合法权益的有效制度,也是切实保护股东特别是小股东的合法权益的有效制度。有关内容,请读者参阅本书“专题43:直接诉讼与股东代表诉讼”。

(十)股东解散公司的权利

《公司法》第一百八十二条规定,公司经营管理发生严重困难,继续存续会使股东利益受到重大损失,通过其他途径不能解决的,持有公司全部股东表决权百分之十以上的股东,可以请求人民法院解散公司。同时,为了实践中更好地适用该条规定,最高人民法院通过《公司法司法解释(二)》的方式对其进行了具体规定。此权利让少数股东在公司运营存续期间发生严重困难又没有其他解决途径时,成为保护自身权益的最后救济手段。有关内容,读者还可以参阅本书“专题44:公司解散清算纠纷”的相关内容。

综上所述,公司法通过以上的制度方式来保护中小股东的合法权益,平衡股东之间、股东与公司之间的利益。

三、完善中小股东的权益保护的建议

尽管《公司法》有诸多的保护中小股东权益的制度安排和措施,但在实践中,仍然存在一些尚待完善的地方。

(一)完善中小股东权益保护立法

1. 扩大中小股东知情权的范围

《公司法》第三十三条、第四十一条、第九十七条、第一百零二条、第一百一十六条、第一百六十五条等条款以及《公司法司法解释(四)》第七条至第十二条对股东的知情权做了较为详细的规定,其中,对有限责任公司的股东知情权做了较为全面的规定,股东不仅可以查阅会议记录和公司财务会计报告,还可以查阅公司会计账簿。如公司拒绝其查阅的,股东可诉请人民法院要求公司提供查阅。而对于股份有限公司而言,《公司法》并没有赋予股份有限公司股东查阅会计账簿的权利,仅允许其查阅会议记录和财务会计报告。但是,财务会计报告有时不能反映公司的真实情况,规模大的公司,大股东更有可能侵害小股东的权益。因此,笔者认为应当赋予股份有限公司股东查阅会计账簿的权利。在查阅的程序上可以比有限责任公司更严格些。另外,中小股东应享有公司经营状况调查请求权,即中小股东有正当理由怀疑公司的经营管理过程中存在违反法律或章程的重大事实时,有权请求法院指定检查人调查公司的业务和经营状况。

2. 引进限制表决权制度

限制表决权制度是指当以股东持有股份数额超过法律规定或者公司章程规定的限额以上时,超过限额部分的股份不再享有表决权。该制度能限制大股东控制股东大会,以适度平衡大股东与小股东的表决权的悬殊。许多国家和地区根据自己的国情确立了限制表决权制度。我国《公司法》没有规定此项制度。笔者认为,我国公司法可以借鉴其他国家的相关规定,引进此项制度。

3. 健全公司会议决议效力诉讼制度

现行《公司法》虽对公司会议决议效力诉讼制度做出了相应的规定,但一些规定表面上看很合理,但其实质上却为会议决议效力诉讼的进行制造了很多的障碍。如《公司法》第二十二条第二款和第三款规定:“股东会或者股东大会、董事会的会议召集程序、表决方式违反法律、行政法规或者公司章程,或者决议内容违反公司章程的,股东可以自决议作出之日起六十日内,请求人民法院撤销。”“股东依照前款规定提起诉讼的,人民法院可以应公司的请求,要求股东提供相应担保。”由于公司股东大会或董事会决议往往涉及的标的巨大,如果法院应公司的请求要求作为原告的中小股东提供相应金额的担保,他们根本无力承担,最后只能放弃诉讼,也就难以达到通过诉讼保护公司利益的目的。对此,笔者觉得应从两方面进行改善:第一,在诉讼费用上,无论诉讼标的大小如何都按统一的标准收费;第二,原告股东的诉讼行为必须是善意的,即股东在提起诉讼是应是真实,慎重和善意地为公司利益提起诉讼,而不是为股东个人谋求不当利益。

(二)完善公司制度建设

对中小股东权益的保护的立法的实现最终要靠公司具体的实施,所以健全和完善公司制度也是保护中小股东权益的重要基础。首先,健全公司的组织机构。一要规范股东大会制度,使中小股东能真正地通过从参加股东大会保障自己的权益;二要规范公司董事会制度,主要是防止不当的关联交易的发生;三要规范公司的治理结构,建立公司内部有效地监事会制度,是监事会的作用真正地发挥出来;

四要完善独立董事制度,增强董事会的独立性和有效性,强化外部监督作用。其次,要健全公司治理机制,协调大股东和中小股东之间的利益分配矛盾。

(三)完善公司信息披露制度

完善上市公司信息披露制度,提高信息披露的及时性、完整性、真实性和透明性。首先,应完善会计准则体系和信息披露规则,以高质量的准则规范公司的披露行为。其次,加大对信息披露违规公司的处罚力度,对于故意隐瞒重大关联交易,给投资者造成损失的,证券监管机构应给予严厉的处罚,并可鼓励投资者对其提出诉讼,追究其民事和刑事责任。最后,应当加强注册会计师对财务报告特别是对关联交易及其披露的审计,确定企业是否在财务报告中充分公允地披露了关联交易的基本要素,尤其是转移价格,审查企业的关联交易是否符合公平原则,看是否存在利用关联交易转移定价来转入或转出利润、操纵利润的现象。对于在验资、审计中舞弊的会计师事务所和注册会计师,也应加大处罚力度。

第三部分

公司治理

综 述

在解决了股东权益的法律业务之后，公司法理论中和实践中非常重要的一部分——公司治理自然而然就浮上了桌面。公司的组织机构既是公司存续和发展的保障，也是公司内部治理的体现。公司组织机构包括股东会或股东大会（或股东、国有资产监督管理机构）、董事会、监事会（或监事）、经理以及根据公司章程设置的其他高级管理人员。公司组织架构在公司法等法律以及公司章程的规范下，各司其职，协作监督，体现了公司内部权利的分配和制衡。股东会或股东大会是公司的权力机构，体现了公司股东与收托经营者之间的关系，公司的其他机构必须服从、服务于公司的权力机构。本部分共包括六个法律专题：股东会议；董事和董事会；监事会议；经理制度；外商投资企业治理结构的特别规定；公司董事、监事、高级管理人员的义务和责任。

专题 14 股东会议

内容提示

公司的组织机构既是公司存续和发展的保障，也是公司内部治理的体现。公司组织机构包括股东会或股东大会(或股东、国有资产监督管理机构)、董事会、监事会(或监事)、经理以及根据公司章程设置的其他高级管理人员。公司组织架构在公司法等法律以及公司章程的规范下，各司其职，协作监督，体现了公司内部权利的分配和制衡。股东会或股东大会是公司的权力机构，体现了公司股东与收托经营者之间的关系，公司的其他机构必须服从、服务于公司的权力机构。本专题包含如下内容：

- 股东会议的性质及不同公司类型的权力机构；
- 股东会议的组成及职权；
- 股东会议的类型；
- 股东会议决议的类型；
- 股东会议的召集和主持；
- 股东会议的程序；
- 关联股东表决回避；
- 累积投票制。

一、股东会议的性质及不同公司类型的权力机构

我国公司法律并没有对什么是股东会议进行定义。按照一般法律理解，公司的股东会议是公司的最高权力机构。股东会议提供给股东参与公司事务并且投票表决的场所。股东会议的决定就是公司的决定。因此，股东会议是作为具有独立法人资格的公司依法行使其权力的象征。依据公司的组织形式、投资者人数、资本性质、来源以及适用法律的不同，公司的组织机构呈现为一定的差异性。譬如，根

据《合资经营企业法》的规定,董事会是合资企业的最高权力机构,因此在实务中就不应该将股东(大)会作为中外合资企业的权力机构处理。有关总结请参见表8-3。

【实务问题41】 一人出席的会议是否构成股东会议?

从英国普通法建立的规则来看,普通法确立的原则是,只有在合理召开的股东会议上多数通过,公司才能行事。有效的股东会议必须要有1名以上的人员出席。如果只有1个持有其他股东授权的人出席,或者只有1个股东出席,那么根本就没有"会议"。① 在Re London Flats案②中,清算人在一个私人公司的自愿清算过程中去世了,于是召集股东会议,以通过任命其继任者的决议。两个股东出席了会议,其中一位建议修改决议,将其名字代替决议上面的名字,而另一位股东离开了会议,并指出会议未到法定人数。最后,第一位股东将其自身任命为清算人。争论的焦点是这个任命是否有效。法院认为,通常的规则是一个股东不能召开"会议",而本案不属于超越这个通常规则的特殊情况,因此股东任命自己为清算人是无效的。当通过正常途径召集会议变得"不可行"时,基于任何董事或者有权在股东会议上投票的股东的申请,法院可以按照其认为合适的方式下令召集股东会议。在特定的情形下,法院可以下令,一名股东或者其代理人出席即可召开会议。那么在什么情况下通过正常途径召集会议变得"不可行"呢?"不可行"强调的是,在实际操作中是否可行。如下几种情况可视为"不可行":

(1)如果股东很多又分散在各地,要把他们聚集起来召开股东会议非常困难,在实际中无法操作,那么法院可以下令,把召开会议的法定人数降低到实际中可行的程度;

(2)由于股东失踪或死亡等原因,导致股东会议的人数不到法定人数,那么法院也可以下令降低法定人数,以使股东会议能顺利召开;

(3)某些股东无故抵制股东会议的召开,导致损害其他股东的合法利益时。③

法院召集股东会议的权力是强大的,因为法院介入后,有权更改章程大纲及章程细则中的一些规定或者股东之间原来存在的协议,但是法院召集股东会议的目的是单一的,那就是去除可行性上的障碍,使股东会议能够召开。

从我国公司法来看,《公司法》第六十一条规定:"一人有限责任公司不设股东会。股东作出本法第三十七条第一款所列决定时,应当采用书面形式,并由股东签

---

① See Sharp v. Dawes (1876) 2 QB 26.

② See Re London Flats (1969) 2 All ER 744, (1969) 1 WLR 711.

③ See Re El Sombrero Ltd. (1958) Ch 900.

名后置备于公司。”同时,《公司法》第六十六条规定:“国有独资公司不设股东会,由国有资产监督管理机构行使股东会职权。国有资产监督管理机构可以授权公司董事会行使股东会的部分职权,决定公司的重大事项,但公司的合并、分立、解散、增加或者减少注册资本和发行公司债券,必须由国有资产监督管理机构决定;其中,重要的国有独资公司合并、分立、解散、申请破产的,应当由国有资产监督管理机构审核后,报本级人民政府批准。”因此,对于一人有限责任公司和国有独资公司而言,不存在股东会,只存在股东决定。

二、股东会议的组成及职权

根据《公司法》第三十六条规定:“有限责任公司股东会由全体股东组成。股东会是公司的权力机构,依照本法行使职权。”第九十八条规定:“股份有限公司股东大会由全体股东组成。股东大会是公司的权力机构,依照本法行使职权。”因此,股东会或股东大会由全体股东组成。

根据《公司法》第三十七条和第九十九条规定,股东会或股东大会行使下列职权:(一)决定公司的经营方针和投资计划;(二)选举和更换非由职工代表担任的董事、监事,决定有关董事、监事的报酬事项;(三)审议批准董事会的报告;(四)审议批准监事会或者监事的报告;(五)审议批准公司的年度财务预算方案、决算方案;(六)审议批准公司的利润分配方案和弥补亏损方案;(七)对公司增加或者减少注册资本作出决议;(八)对发行公司债券作出决议;(九)对公司合并、分立、解散、清算或者变更公司形式作出决议;(十)修改公司章程;(十一)公司章程规定的其他职权。需要注意的是,前面第(一)项至第(十)项规定属于公司法的法定职权,第(十一)项属于公司法给予公司章程意思自治的“空间”,也就是说公司股东可以通过公司章程规定股东(大)会其他的职权。

三、股东会议的类型

股东会议可以按照不同的标准进行分类。但主要的分类如下:

(一)定期会议

对有限责任公司而言,定期会议是指按照公司章程的规定按时召开的会议;对股份有限公司,定期会议是指年会或者年度股东会议(Annual General Meeting, AGM)。年度股东会议也称为“General Meeting”,是指一个通常被法律(或公司章程等)强制要求举行的会议。公司法通常规定,公司必须每年召开一次年度股东会议。① 在该会议上,通常会处理如下事项:审议上年度财务报告、分红方案、董事的更换、监事的任命等,股东也有机会就公司的经营活动提出咨询等。

(二)临时会议

临时股东会议(Extraordinary General Meeting,EGM)是发生于无规律时间的会议,亦是除年度股东会议以外的股东会议。某些时候,也称为特别股东会议(Special General Meeting,SGM)或紧急股东会议(Emergency General Meeting,EGM)。

临时股东会议的召开主要有以下三种情况:一是通常公司的董事在任何时候,只要认为合适就可以召集临时股东会议;二是公司根据股东的提议而召集临时股东会议;三是申请法院召集会议,即在通过正常途径召集会议不可行时,基于董事或有表决权的股东的申请,法院可以按照其认为合适的方式下令召集临时股东会议。②

(三)类别股东会议(Shares Class of Meetings,SCM)

如果公司的股份分成不同的类别,那么该特定类别的股东应当根据法律、公司章程或者股份发行条款的规定召开类别股东会议。尤其是在变更、影响某一类别股份权利时,经常会召开类别股东会议。譬如,优先股类别股东会议、A股股东会议。

根据我国《公司法》第三十九条规定,对有限责任公司,股东会会议分为定期会议和临时会议。定期会议应当依照公司章程的规定按时召开。代表十分之一以上表决权的股东,三分之一以上的董事,监事会或者不设监事会的公司的监事提议召开临时会议的,应当召开临时会议。根据第一百条规定,对股份有限公司,股东大会应当每年召开一次年会。有下列情形之一的,应当在两个月内召开临时股东大会:(一)董事人数不足本法规定人数或者公司章程所定人数的三分之二时;(二)公司未弥补的亏损达实收股本总额三分之一时;(三)单独或者合计持有公司百分之十以上股份的股东请求时;(四)董事会认为必要时;(五)监事会提议召开时;(六)公司章程规定的其他情形。根据《优先股试点管理办法》第十条规定,出现以下情形之

---

① 但也存在例外。比如,英国《2006年公司法》于2007年10月1日生效的条款规定,私人公司可以选择不召开年度股东会议,除非公司章程要求必须召开。再如,某些离岸公司法(BVI和开曼)对离岸公司或豁免公司不要求必须召开年度股东会议。——笔者注

② 应申请法院批准召集法令同样适用于年度股东会议。

一的,公司召开股东大会会议应通知优先股股东,并遵循《公司法》及公司章程通知普通股股东的规定程序。优先股股东有权出席股东大会会议,就以下事项与普通股股东分类表决,其所持每一优先股有一表决权,但公司持有的本公司优先股没有表决权:(一)修改公司章程中与优先股相关的内容;(二)一次或累计减少公司注册资本超过百分之十;(三)公司合并、分立、解散或变更公司形式;(四)发行优先股;(五)公司章程规定的其他情形。前述事项的决议,除须经出席会议的普通股股东(含表决权恢复的优先股股东)所持表决权的三分之二以上通过之外,还须经出席会议的优先股股东(不含表决权恢复的优先股股东)所持表决权的三分之二以上通过。从前述规定可以看出,我国公司股东会议的类型也存在上述三种分类。

四、股东会议决议的类型

一般来讲,股东会议决议可分为普通决议、特别决议、一致决议、临时决议和书面决议。下面分别进行介绍:

(一)普通决议(ordinary resolution)

普通决议要求出席公司股东会议的股东或其委托代理人简单多数(simple or bare majority)而通过的决议。依不同的司法区域而有所不同,但通常是表决权的50%以上或者授权公司章程规定(通常规定亦是50%以上)。

(二)特别决议(special resolution)

特别决议要求出席公司股东会议的股东或其代理人绝大多数(absolute majority)而通过的决议。依不同的司法区域而有所不同,比如英国为表决权的75%以上,而在中国则为三分之二。通常被用于改变公司名称、目的、修订公司章程大纲或细则以及增加、减少公司股本等。

根据我国《公司法》第四十三条第二款规定,股东会会议作出修改公司章程、增加或者减少注册资本的决议,以及公司合并、分立、解散或者变更公司形式的决议,必须经代表三分之二以上表决权的股东通过。根据第一百零三条第二款规定,股东大会作出修改公司章程、增加或者减少注册资本的决议,以及公司合并、分立、解散或者变更公司形式的决议,必须经出席会议的股东所持表决权的三分之二以上通过。同样根据前述《优先股试点管理办法》第十条的规定,优先股股东对其决议事项也须经出席会议的优先股股东(不含表决权恢复的优先股股东)所持表决权的三分之二以上通过。

(三)一致决议(elective resolution)

一致决议是指要求有权参加股东会议并可投票表决的股东或其授权代理人一致表决(100%)通过的决议。一致决议通常被用于豁免召开年度股东会议、省略在股东会议召开前准备账目和报告给股东的义务等或者章程细则的规定其他事项,如转让营业等。在我国公司法实践中,譬如《公司法》第三十四条规定,全体股东约定不按照出资比例分取红利或者不按照出资比例优先认缴出资的,从其约定。

(四)临时决议(extraordinary resolution)

临时决议是通常是指在法律规定的某些特殊的情形或临时紧急的情形下通过的决议,通常要求出席公司股东会议的股东或其授权代理人绝大多数[①]通过。比如,在英国该比例是75%以上。一个典型的临时决议的例子就是,当公司不能正常经营时,公司需要通过一个临时决议来进行自愿清算(voluntary liquidation)。又如,在自愿清算中,通过临时决议授权清算人与特定的债权人进行协商处置债务等。在我国公司法实践中,并没有有关临时决议的特别规定,其实它已经包含在特别决议中了。

(五)书面决议(written resolution)

书面决议是指在不召开股东会议的情况下通过有权参加并投票的所有股东书面签署决议的方式通过的决议。书面决议往往适用于私人公司。[②] 在我国公司法中,对于有限责任公司可以适用书面决议,但股份有限公司则不可以。譬如,《公司法》第三十七条第二款规定:“对前款所列事项股东以书面形式一致表示同意的,可以不召开股东会会议,直接作出决定,并由全体股东在决定文件上签名、盖章。”

按照我国《公司法》的规定,对股东会议决议种类总结如图14-1所示。

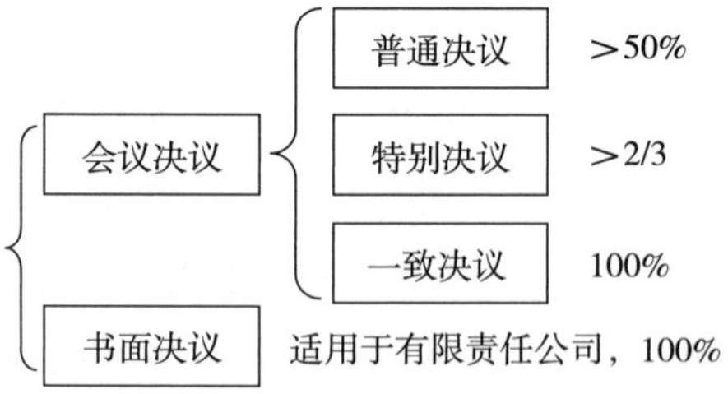

图14-1　股东会议决议类型

---

① 依不同的司法区域而有所不同,但通常是表决权的75%以上。

② 比如,英国公司法允许一个私人公司在不召开股东会议的情况下通过一个书面决议。

五、股东会议的召集和主持

根据我国《公司法》第四十条规定，有限责任公司设立董事会的，股东会会议由董事会召集，董事长主持。董事长不能履行职务或者不履行职务的，由副董事长主持；副董事长不能履行职务或者不履行职务的，由半数以上董事共同推举一名董事主持。有限责任公司不设董事会的，股东会会议由执行董事召集和主持。董事会或者执行董事不能履行或者不履行召集股东会会议职责的，由监事会或者不设监事会的公司的监事召集和主持；监事会或者监事不召集和主持的，代表十分之一以上表决权的股东可以自行召集和主持。

根据我国《公司法》第一百零一条规定，股份有限公司股东大会会议由董事会召集，董事长主持。董事长不能履行职务或者不履行职务的，由副董事长主持；副董事长不能履行职务或者不履行职务的，由半数以上董事共同推举一名董事主持。董事会不能履行或者不履行召集股东大会会议职责的，监事会应当及时召集和主持；监事会不召集和主持的，连续九十日以上单独或者合计持有公司百分之十以上股份的股东可以自行召集和主持。

六、股东会议的程序

（一）会议通知

1. 会议通知的时间要求

对有限责任公司而言，《公司法》第四十一条第一款规定，召开股东会会议，应当于会议召开十五日前通知全体股东；但是，公司章程另有规定或者全体股东另有约定的除外。对股份有限公司而言，《公司法》第一百零二条规定，召开股东大会会议，应当将会议召开的时间、地点和审议的事项于会议召开二十日前通知各股东；临时股东大会应当于会议召开十五日前通知各股东；发行无记名股票的，应当于会议召开三十日前公告会议召开的时间、地点和审议事项。单独或者合计持有公司百分之三以上股份的股东，可以在股东大会召开十日前提出临时提案并书面提交董事会；董事会应当在收到提案后二日内通知其他股东，并将该临时提案提交股东大会审议。临时提案的内容应当属于股东大会职权范围，并有明确议题和具体决议事项。股东大会不得对前两款通知中未列明的事项作出决议。

需要注意的是，对有限责任公司，如果公司章程另有规定或者全体股东另有约定的应遵从其约定，但对股份有限公司而言，公司法的规定则是法定义务，不能通过全体股东约定或者章程规定予以排除。

【实务问题 42】 未收到会议通知的股东参加了股东会议是否意味着股东会议召集有效?

从公司法实践来看,未收到会议通知的股东参加了股东会议是否意味着股东会议召集有效呢?要分两种情形来具体适用:一是如果没有收到通知的股东参加了股东会议并且进行投票,那么这意味着该股东已经放弃了因没有收到通知而主张会议无效的权利。二是如果没有收到通知的股东参加了股东会议,但是在会议上提出因没有收到通知而主张该次会议无效,那么该股东的主张可以成立。

【实务问题 43】 "简短通知"是否意味着股东会议召集无效?

实践中,如果公司股东会议通知已经发出,但在时间上没有达到法律规定的提早天数,该通知又可称为"简短通知"。对于简短通知,股东没有提出异议,反而以一致同意通过了决议,那么这个决议应该是有效的,不受简短通知的影响。

【实务问题 44】 召开普通股股东会议是否必须通知优先股股东?

根据《优先股试点管理办法》第十条的规定,如果出现以下情形之一的公司召开股东大会会议应通知优先股股东,并遵循《公司法》及公司章程通知普通股股东的规定程序:(一)修改公司章程中与优先股相关的内容;(二)一次或累计减少公司注册资本超过百分之十;(三)公司合并、分立、解散或变更公司形式;(四)发行优先股;(五)公司章程规定的其他情形。优先股股东有权出席股东大会会议,就前述事项与普通股股东分类表决而言,其所持每一优先股有一表决权,但公司持有的本公司优先股没有表决权。因此,除前述情形之外的普通股股东会议并不需要通知优先股股东。

2. 会议通知的内容

我国《公司法》对有限责任公司的股东会议通知的内容没有具体规定,但对股份有限公司而言,《公司法》第一百零二条则规定应当将会议召开的时间、地点和审议的事项通知股东。实践中,股份有限公司(特别是上市公司)对股东大会的通知一般都会详细规定其内容。

案例 33 思美传媒(002712)关于股东大会会议通知内容的规定

思美传媒《公司章程》(2014 年 2 月)第五十五条规定,股东大会的通知包括以下内容:(1)会议的时间、地点和会议期限;(2)提交会议审议的事项和提案;(3)以明显的文字说明:全体股东均有权出席股东大会,并可以书面委托代理人出席会议和参加表决,该股东代理人不必是公司的股东;(4)有权出席股东大会股东的股权登记日;(5)会务常设联系人姓名、电话号码。

股东大会通知和补充通知中应当充分、完整披露所有提案的全部具体内容以及为使股东对拟讨论的事项作出合理判断所需的全部资料或解释。拟讨论的事项需要独立董事发表意见的,发布股东大会通知或补充通知时应同时披露独立董事的意见及理由。

股东大会采用网络或其他方式的,应当在股东大会通知中明确载明网络或其他方式的表决时间及表决程序。股东大会网络或其他方式投票的开始时间,不得早于现场股东大会召开前一日下午3:00,并不得迟于现场股东大会召开当日上午9:30,其结束时间不得早于现场股东大会结束当日下午3:00。

股权登记日与会议日期之间的间隔应当不多于7个工作日。股权登记日一旦确认,不得变更。

【评析】

对该章程有关股东大会通知的内容规定,需要注意如下三点:一是思美传媒的股东大会通知满足公司法规定的基本要求,即会议时间、地点和审议事项和提案;二是除此之外,还包括出席会议的股东可以委托代理人,并且明确该股东代理人不必是公司的股东,这意味着在股东投票权委托代理中,可以是非股东作为代理人出席会议;三是明确股东登记日、采用网络或其他表决方式等具体表决时间及表决程序等内容。

3. 会议通知的送达方式

我国《公司法》对于会议送达的方式并没有明确规定,但参照《民事诉讼法》等法律法规的规定,会议通知应当送达给股东,并且按照公司章程规定的方式送达,或者在没有规定时,亲自送达或通过邮件送达。当公司章程规定缺失时,或者如果会议通知不再能够按照公司章程的规定送达的,会议通知在公司主要办事处所在地的报纸上进行公告送达给股东。对于上市公司召开股东大会而言,由于其股东极其分散,所以一般都采用公告送达的方式。

(二)法定人数(Quorum)

法定人数是指使股东会议有效的必须出席会议的最小人数。如前所述,普通法确立的原则是,至少2人以上出席才可召开会议。① 我国《公司法》并没有法定人数的明确规定,而是将该权利保留给了公司章程进行规定。也就是说,如果公司章程有规定,1名股东出席即可召开会议。然而,实际中,如果公司集团的境外架

① See Sharp v. Dawes (1876) 2 QBD 26.

构涉及某些离岸法域公司法的规定时则不尽相同。见下表:

表 14-1　BVI 等三大离岸公司法对法定人数的规定

BVI(英属维尔京群岛)		CI(开曼群岛)	BMD(百慕大群岛)
IBCA①	BCA②		
·章程大纲或细则规定的法定人数; ·如果没有规定,持有有权投票的每个类别或系列股份的50%的股东以及剩余的有权投票的股份的股东的50%亲自出席或通过代理人出席。	·章程大纲或细则规定的法定人数; ·如果没有规定,持有有权投票的每个类别或系列股份的50%的股东以及剩余的有权投票的股份的股东的50%亲自出席或通过代理人出席。	·如果章程细则有规定,1名股东出席或某一类别股东的股东出席即可召开股东会议。③ ·采用表A的,则为3人。④	·若章程细则有规定,1名股东出席即可召开股东会议;如果公司仅有1名股东或者任何类别股仅有1名类别股股东,该名股东出席或其代理人出席即构成会议。⑤

从表 14-1 可以看出,离岸公司法将确定法定人数的权利交给了公司,如果公司章程大纲或细则有规定,1名股东出席即可召开会议。对于 BVI 公司而言,如果没有规定,只要持有的股份超过 50%,则一人也可召开会议。见如下案例:

案例 34　BVI 公司召开股东会议的法定人数

×公司是一家根据 2004 年 BVI 商业公司法合法成立的 BVI 公司,该公司共有三位股东 A、B、C,分别持有该公司股份的 45%,30%,25%,同时 A、B、C 兼任公司董事。根据董事会决议,定于×月×日召开股东会议,并于法定日期内向各位股东发出会议通知,由于种种原因,股东 A 没有收到会议通知,所以未能参加会议。而于原定会议召开日,股东 B 和 C 召开会议,会议决定取消股东 A 的董事身份。股东 A 对此决议不服,他认为自己拥有公司可投票权股份的 45%,作为公司最大的股东他没有参加股东大会,股东大会的参加人数没有达到法定人数,所以此次股东大会不合法,决议内容应属无效。

---

① BVI IBCA,1984,s61。IBCA 是指《国际商业公司法》[The International Business Companies Act(Cap 291),IBCA 已经被 BCA 废止。——笔者注]。

② BVI BCA,2004,s84。BCA 是指《2004 年商业公司法》(The BUI Business Companies Act,2004)。

③ Companies Law of Cayman Islands (2007 Revision),s. 57.

④ Companies Law of Cayman Islands (2007 Revision),First Schedule,Table A,s. 44.

⑤ Companies Act, 1981 of Bermuda,s. 71(5).

【评析】

什么是股东大会的法定人数？依据BVI商业公司法的规定，在会议开始时拥有超过50%可投票股份（不是股东人数）的股东或代表人投票代表出席，此为法定人数。也就是说，一人会议也是合法的，只要拥有50%以上可投票股份。

本案中，因为章程没有对法定人数详加规定，所以根据2004年《商业公司法》第八十四条规定，参加会议的B、C股东共持有55%可投票股份，超过了法定的50%的要求，换言之，此次股东大会的参加人数已达到法定人数，会议为合法，决议符合公司法规定，决议内容有效，也就是说，股东A的董事身份取消，即使大股东A对此不服也无济于事。本案中，如果股东A能如期出席会议，此项决议就不可能这么顺利地通过了。

从上述案例可以看出，如果我国有限责任公司章程规定了股东会议法定人数要求的话，即使是一人但只要持有的表决权超过某个比例（比如50%）的话，则召开的股东会议应属有效。如前所述，如果大股东恶意抵制股东会议或者无故未参加会议导致会议达不到法定人数时如何救济呢？笔者认为，尽管公司法并没有明确规定，但公司法第四十条第三款、第一百零一条第二款赋予了股东自行召集和主持会议的权益。对有限责任公司是代表1/10以上表决权的股东可以自行召集和主持，对股份有限公司是连续90日以上单独或者合计持有公司10%以上股份的股东可以自行召集和主持。当然这样处理的前提条件是，董事会、董事长、副董事长、董事以及监事会或监事不能履行职务或者不履行职务时，符合条件的股东才能行使，并且这个时候公司章程的规定应当遵从公司法的规定。

（三）表决方式

从公司法原理来看，一般来讲，对股份有限公司而言，其表决权是一股一票；对有限责任公司而言，则是一人一票。表决的方法一般分为：(1)举手表决，即同意或反对决议的股东以举手的方式进行表决；(2)投票表决，即有投票权的股东以书面投票的形式进行表决。如果股东委托代理人出席股东会议并且代表本人进行表决，代理人通常只能参与投票表决，而不能参与举手表决，但是公司章程另有规定的除外。如果是举手表决一般是一人一票；如果是投票表决，一般按照投票人所持有的股份数计算票数。

在我国公司法背景下，对有限责任公司而言，《公司法》第四十二条规定："股东会会议由股东按照出资比例行使表决权；但是，公司章程另有规定的除外。"第四十三条规定："股东会的议事方式和表决程序，除本法有规定的外，由公司章程规定。股东会会议作出修改公司章程、增加或者减少注册资本的决议,以及公司合并、分立、解散或者变更公司形式的决议,必须经代表三分之二以上表决权的股东通过。”对股份有限公司而言,《公司法》第一百零三条规定:“股东出席股东大会会议,所持每一股份有一表决权。但是,公司持有的本公司股份没有表决权。股东大会作出决议,必须经出席会议的股东所持表决权过半数通过。但是,股东大会作出修改公司章程、增加或者减少注册资本的决议,以及公司合并、分立、解散或者变更公司形式的决议,必须经出席会议的股东所持表决权的三分之二以上通过。”因此,如果有限责任公司章程没有另行规定,则股东按照出资比例行使表决权;对股份有限公司则只能按照一股一票表决。

七、关联股东表决回避

(一)公司法的一般规定

根据《公司法》第十六条规定,公司向其他企业投资或者为他人提供担保,依照公司章程的规定,由董事会或者股东会、股东大会决议;公司章程对投资或者担保的总额及单项投资或者担保的数额有限额规定的,不得超过规定的限额。公司为公司股东或者实际控制人提供担保的,必须经股东会或者股东大会决议。前款规定的股东或者受前款规定的实际控制人支配的股东,不得参加前款规定事项的表决。该项表决由出席会议的其他股东所持表决权的过半数通过。因此,对于公司为公司股东或者实际控制人提供担保的,在股东会议决议时,被担保的股东或者被担保的实际控制人支配的股东,不得参加担保事项的表决。该款规定了担保情形下股东表决权的排除问题。该规定不仅适用于有限责任公司和非上市的股份有限公司,还适用于上市公司。同时,《公司法》第二十一条规定,公司的控股股东、实际控制人、董事、监事、高级管理人员不得利用其关联关系损害公司利益。但是该条尽管对控股股东等不诚信行为有所规制,但并没有更详细具体的防范措施,不利于实践操作。

(二)上市公司的特别规定

根据《上市公司章程指引》(中国证监会公告〔2016〕23 号,2016 年修订)第七十九条规定,股东大会审议有关关联交易事项时,关联股东不应当参与投票表决,其所代表的有表决权的股份数不计入有效表决总数;股东大会决议的公告应当充分披露非关联股东的表决情况。同时还注释到:公司应当根据具体情况,在章程中制定有关联关系股东的回避和表决程序。《上市公司股东大会规则》(证监会公告

〔2016〕22 号,2016 年修订)第三十一条第一款规定,股东与股东大会拟审议事项有关联关系时,应当回避表决,其所持有表决权的股份不计入出席股东大会有表决权的股份总数。鉴于证监会对公司上市的核准以及监管的地位,所以上述指引和规则一般都会在上市公司章程中得以引入和体现。由于《上市公司章程指引》(2016 年修订)与《上市公司章程指引》(2014 年修订)几乎没有区别。让我们依然以“思美传媒”为例子来进行说明:

案例 35 思美传媒(002712)章程关于关联股东表决回避的规定

思美传媒《公司章程》(2014 年 2 月)第七十九条规定:

“股东大会审议有关关联交易事项时,关联股东不应当参与投票表决,其所代表的有表决权的股份数不计入有效表决总数;股东大会决议的公告应当充分披露非关联股东的表决情况。

审议关联交易事项,有关联关系股东的回避和表决程序如下:(一)股东大会审议的某项与某股东有关联关系,该股东应当在股东大会召开之日前向公司董事会披露其关联关系;(二)股东大会在审议有关关联交易事项时,大会主持人宣布有关关联关系的股东,并解释和说明关联股东与关联交易事项的关联关系;(三)大会主持人宣布关联股东回避,由非关联股东对关联交易事项进行审议、表决;(四)关联事项形成决议,必须由非关联股东有表决权的股份数的半数以上通过;(五)关联股东未就关联事项按上述程序进行关联关系披露或回避,有关该关联事项的决议无效,需重新表决。”

【评析】

对于思美传媒而言,表决权排除的规范对象是关联交易事项,关联股东不应当参与投票表决,其所代表的有表决权的股份数不计入有效表决总数,并且关联事项形成决议,必须由非关联股东有表决权的股份数的半数以上通过。同时,章程对关联关系股东的回避和表决程序进行了详细的规定,明确如果关联股东未就关联事项按上述程序进行关联关系披露或回避,有关该关联事项的决议无效,需重新表决。

显然可以看出,对于上市公司而言关联股东回避制度是针对全部关联交易事项规制的,但对于非上市股份有限公司和有限责任公司而言,则仅仅只适用《公司法》第十六条所规定的关联担保事项(公司章程另有规定的除外),这也是我国《公司法》需要考虑完善的地方。

八、累积投票制

(一)累积投票制的概念和法规要求

根据《公司法》第一百零五条规定,股东大会选举董事、监事,可以依照公司章程的规定或者股东大会的决议,实行累积投票制。所谓累积投票制,是指股东大会选举董事或者监事时,每一股份拥有与应选董事或者监事人数相同的表决权,股东拥有的表决权可以集中使用。也就是说,股东所持的每一股份拥有与待选董事或监事总人数相等的投票权,股东既可用所有的投票权集中投票选举一人,也可分散投票选举数人,最后按得票多少依次决定当选的董事或监事人选。同时,《上市公司章程指引》(2016 年修订)第八十二条规定,董事、监事候选人名单以提案的方式提请股东大会表决。股东大会就选举董事、监事进行表决时,根据本章程的规定或者股东大会的决议,可以实行累积投票制。前款所称累积投票制是指股东大会选举董事或者监事时,每一股份拥有与应选董事或者监事人数相同的表决权,股东拥有的表决权可以集中使用。董事会应当向股东公告候选董事、监事的简历和基本情况。还注释有:公司应当在章程中规定董事、监事提名的方式和程序,以及累积投票制的相关事宜。《上市公司股东大会规则》(2016 年修订)第三十二条规定,股东大会就选举董事、监事进行表决时,根据公司章程的规定或者股东大会的决议,可以实行累积投票制。前款所称累积投票制是指股东大会选举董事或者监事时,每一普通股(含表决权恢复的优先股)股份拥有与应选董事或者监事人数相同的表决权,股东拥有的表决权可以集中使用。

从上述规定可以看出:(1)累积投票制仅适用于股份有限公司,并且前提是公司章程有规定或者股东大会决议实施累积投票制度;(2)累积投票制仅适用于股东大会选举两名及以上董事或者监事时适用;(3)股东持有的每一普通股(含表决权恢复的优先股)股份拥有与应选董事或者监事人数相同的表决权,股东拥有的表决权可以集中使用。

案例 36　思美传媒(002712)章程关于累计投票制的规定

思美传媒《公司章程》(2014 年 2 月)第八十二条规定:

“董事、监事候选人名单以提案的方式提请股东大会表决。

股东大会就选举董事、监事进行表决时,根据本章程的规定或者股东大会的决议,实行累积投票制。股东大会就选举两名以上董事或监事进行表决时,应当实行累积投票制。

前款所称累积投票制是指股东大会选举董事或者监事时，每一股份拥有与应选董事或者监事人数相同的表决权，股东既可以用所有的投票权集中投票选举一人，也可以分散投票选举数人，按得票多少依次决定董事、监事入选的表决权制度。

采用累积投票制选举董事时，独立董事与其他董事应分别选举，以保证独立董事在公司董事会中的比例。

董事会应当向股东提供董事、监事的简历和基本情况。公司董事、监事候选人提名方式和程序如下：（一）董事候选人由董事会、单独或者合并持股3%以上的股东提名推荐，由董事会进行资格审核后，提交股东大会选举；（二）独立董事候选人由单独或者合并持股1%以上的股东向董事会书面提名推荐，由董事会进行资格审核后，提交股东大会选举；（三）非职工代表监事候选人由监事会、单独或者合并持股3%以上的股东向监事会书面提名推荐，由监事会进行资格审核后，提交股东大会选举；（四）职工代表监事候选人由公司工会提名，提请公司职工代表大会决议。”

【评析】

该公司章程有关董事、监事选择的规定包括如下几个要点：

1. 董事、监事候选人名单通过提案的方式通过股东大会表决产生；

2. 明确规定了董事、监事候选人提名方式和程序，分别对董事、独立董事、非职工代表监事以及职工代表监事候选人规定了不同的方式和程序；

3. 规定了选举2名以上董事、监事的选举采用累积投票制，并且规定独立董事与其他董事应分别选举，以保证独立董事在公司董事会中的比例。

（二）选举特定席位数所需的最低股份数

为了获得一定数量的董事或监事席位，中小股东应准确地计算为获得特定数量的席位至少需要持有或者购买或者联合多少的股份，那么，如何计算选举所需的股份数量呢？其计算公式如下：

$$X = (Y \times N_1) \div (N_2 + 1) + 1$$

其中：X代表股东欲选出特定数量的席位所需要的最低股份数；

Y代表股东大会上投票的股份总数；

N_1代表股东拟选出的席位数量；

N_2代表股东大会应选出的席位总数。

需要注意的是，对于公式中的Y而言，只是代表可以在股东大会上投票的股份总数，并不必然等同于发行在外的股份总数，因为发行在外的股份总数还可能包括无表决权的股份数(如优先股股份数)。

案例37　选举特定席位数所需要的最低股份数计算示例

假定,甲公司需要选举5名董事,公司发行在外的普通股股份总数为5000股,股东A公司计划获得2个董事名额,则A公司至少需要持有或者联合的股份总数为:$(5000\times2)\div(5+1)+1=1667.67$(股),因此,A公司至少需要持有或者联合的股份总数应当至少为1668股。

(三)特定股份数可以选得的最多席位数

实践中,当股东持有的股份或者通过收购或联合而控制的表决权一定时,股东最为关心的就是此时他能够保证选出的席位到底有多少。事实上,我们将前述公式进行变换之后就可得出相应的公式如下:

$$N_1=(N_2+1)\times(X-1)\div Y$$

其中:N_1代表股东在持有或控制一定数量股份数时能选出的席位数量;

N_2代表股东大会应选出的席位总数;

X代表股东持有或控制的股份总数;

Y代表股东大会上投票的股份总数。

案例38　特定股份数可以选得的最多席位数计算示例

假定,甲公司需要选举5名董事,公司发行在外的普通股股份总数为5000股,股东共10人,其中1名大股东持有2550股,即拥有公司51%的股份;其他9名股东共计持有2450股,合计拥有公司49%的股份。若按直接投票制度,每一股有一个表决权,则控股51%的大股东就能够使自己推选的5名董事全部当选,其他股东毫无话语权。但若采取累积投票制,表决权的总数就成为$5000\times5=25,000$票,控股股东总计拥有的票数为12,750票,其他9名股东合计拥有12,250票。根据累积投票制,股东可以集中投票给一个或几个董事候选人,并按所得同意票数多少的排序确定当选董事,因此从理论上来说,其他股东至少可以使自己的2名董事当选,而控股比例超过半数的股东也最多只能选上3名自己的董事。有关的计算如下:

$(5+1)\times(12,250-1)\div25,000=2.94$

此时,其他9名股东至少可以获得2名董事席位,如果他们想要获得3名席位,则必须持有或拥有的最少股份数量为:(3 ×5000) ÷(5 +1) +1 =2501 股,因此,他们还需要收购或控制额外的 51(2501 -2450)股。

(四)累计投票制和直线投票制

与累积投票制相对应的概念是直线投票制(Straight Voting System),又称非累积投票制(Non - cumulative voting),也称联选投票制。所谓直线投票制,就是股东将自己的选票平均地投给自己的候选人。一般而言,除非公司章程或者股东会决议实行累积投票制之外,公司在选举董事或者监事时,采用直线投票的方式进行。从这个意义上来讲,在公司选举董事时,直线投票制是原则,累积投票制属例外。作为传统的投票方式,直线投票制的操作极为简便易行,但其缺点亦显而易见,即大股东囊括所有席位,小股东一无所获。累积投票制是直线投票制的一种修正,其意旨在于能够增加中小股东的候选人当选公司董事的机会,而不至于使董事会成为大股东的"一言堂"。而对于大股东而言,也需要谨慎地使用自己的投票权,如果策略和使用不当的话,也可能导致其选举的"滑铁卢"。让我们在【案例 37】的基础上来进行演示。

案例 39　大股东在累积投票制下策略不当导致的董事会"滑铁卢"

基本资料沿用【案例 37】。假定有关投票权运用的情形如下表所示:

大股东的董事候选人	其他 9 名股东的董事候选人
候选人 A:1000 票	候选人 F:820 票
候选人 B:1000 票	候选人 G:820 票
候选人 C:200 票	候选人 H:810 票
候选人 D:200 票	
候选人 E:150 票	
合计:2550 票	合计:2450 票

则前五位的得票顺序为候选人 A、B、F、G 和 H,此时,我们发现其他 9 名股东的 3 名候选人将全部当选,而大股东尽管拥有控股权(51%)则仅仅有 2 名候选人当选。

专题15 董事和董事会议

内容提示

公司的行政机构由公司董事会、经理以及高级管理人员组成。董事会是公司行政管理机构中的决策机构,经理和经理领导下的高级管理人员组成公司行政机构中的执行机构。公司行政机构对公司权力机构负责并报告工作。本专题包含如下内容:

- 董事的含义及分类;
- 董事的提名、选任、解任和辞职;
- 董事会的性质、职权、组成及类型;
- 董事会的召开及程序;
- 上市公司董事会秘书制度;
- 独立董事制度;
- 董事回避制度;
- 上市公司章程指引对上市公司董事会制度的补充。

有关董事的任职资格、任期、权利和义务我们将在“专题19:公司董事、监事、高级管理人员的义务和责任”中集中介绍。

一、董事的含义及分类

(一)董事的含义

尽管公司董事(directors)在公司中处于十分重要的地位,但现代公司法却很少对董事这一术语作出精确的定义。

按照《布莱克法律词典》的解释,“director”是指:“1. One who manages, guides, or orders; a chief administrator. 2. A person appointed or elected to sit on a board that managers the affairs of a corporation or other organization by electing and excising control over its officers. "①

《牛津法律大词典》对董事的定义是:"由公司的股东选举产生以负责公司决策并监督公司业务管理的人。董事可以有执行或管理职能,也可以没有该职能。董事系公司的代理人,在其职权范围内作出的所有行为对公司均有约束力。在严格的意义上,董事并非公司财产或资产的受托人,因为是公司拥有其资产,而股东共同持有公司,但在诚实地行事、为公司和全体股东的利益而行动上,其承担与受托人相似的责任……"②

英国原《1985 年公司法》以及《2006 年公司法》都没有给出董事的明确定义,它们的规定完全相同:"In this Act,'director' includes any person occupying the position of director, by whatever name called. "③(在本法中,"董事"包括处在董事位置上的任何人,不管其称谓如何)。这意味着董事是根据其所起的功能和作用以及其他相关因素来判断,而不管他有没有董事的头衔或对其的称谓如何。

同样,我国《公司法》亦未对董事进行明确的定义。一般来讲,董事是指由公司股东会议选举产生的具有实际权力的管理公司事务的人员,是公司内部治理的主要力量,对内管理公司事务,对外代表公司进行经济活动。占据董事职位的人既可以是自然人,也可以是法人。但法人充当公司董事时,应指定一名有行为能力的自然人为代理人。

(二)董事的分类

按照不同的分类标准,公司法上的董事可以有如下几个主要的分类:

1. 执行董事和非执行董事

执行董事(executive director)是公司的高级管理者或执行官。区别于首席执行官(Chief Executive Officer ,CEO)或管理董事(managing director)。④ 执行董事通常与公司签订一份服务合同,承诺将管理公司作为全职工作。执行董事的角色就是规划、发展和执行公司的战略计划,同时还负责公司的日常运作,包括管理委员会、职员以及与董事会协作发展公司的商业计划等。本质上讲,董事会授权执行董事运作公司。执行董事向董事会主席负责并向董事会报告。董事会可以提供如

---

① Black's Law Dictionary(8th edition),p. 492.

② [英]沃克:《牛津法律大词典》,李双元等译,法律出版社 2003 年版,第 327 页。

③ Companies Act 1985, s. 741(1).

④ 也有翻译为"常务董事"。

何提升公司的建议和意见,但是执行董事通常决定是否以及如何执行这些意见。

非执行董事(non - executive directors)或外部董事(outside director)是董事会的成员之一,但并不构成公司执行管理团队的一部分。他(她)不是公司的雇员或与公司在其他方面没有任何关联。他们不同于内部董事(inside directors),后者既是董事会的成员,也是公司的执行管理者(大多数是公司的官员)。非执行董事的两个主要职责是:(1)战略层面:非执行董事应当建设性地挑战和促进公司的发展战略;(2)执行层面:非执行董事应当详细检查管理层对股东会议批准的目的和目标的执行情况和监管,以及必要时免除高级管理人员以及保持计划的连续性。非执行董事是公司治理制度和程序的管理人。他们并不涉及公司日常业务的运作,但是监管执行情况以及促进公司发展战略。

非执行董事和执行董事具有同样的法定义务和责任,但是法官在具体的案例中,可以适用不同的标准衡量非执行董事的义务大小。

【实务问题45】 非执行董事与外部董事、独立董事的区别和联系?

1. 非执行董事与外部董事的区别

两者基本可以通用,前者是英国的称谓,后者是美国的称谓。但前者强调的是不参与公司具体事务的管理,即不是公司管理层的人员;而后者强调的是目前不被公司全职雇佣的人员。但两者都有可能与公司有一定的关联,比如刚刚从公司退休的财务人员或内部律师担任非执行董事或外部董事。

2. 非执行董事与独立董事的区别

严格地讲,非执行董事和独立董事这两者是有区别的。非执行董事包括一般非执行董事和灰色董事。所谓独立董事是除董事关系外与公司没有任何其他关系的非执行董事。所谓灰色董事,是指那些除了董事关系外与公司还有其他联系的非执行董事。因为他们不是公司的雇员,因此是非执行董事。他们往往是管理当局的亲戚、公司的供应商、为公司提供法律服务的外部律师、退休的公司经理、投资银行家等。因此,非执行董事未必是独立董事,但独立董事一定是非执行董事,准确地讲是独立的非执行董事。

独立董事(非执行董事)具有独立性、专家性和兼职性的特点。本质上讲,区别就在"独立"二字上面。独立性是其最重要的特点。所谓独立性概括起来就是:(1)独立的财产,即独立董事的财产应独立于其任职的公司;(2)独立的人格,即独立董事应独立于公司的股东、董事会和管理层;(3)独立的运作,即独立董事的任职应独立于公司的董事会和经理层。专家性是指公司外聘的独立董事多是财务、经济、法律、金融或人事管理方面的专门人才或是其他在政府或民间有发言权或有一定影响的人士。兼职性是指独立董事一般在公司之外都有自己的事务,他们并不在公司中任职,因而独立董事又被称为公司的兼职董事。

2. 候补董事

候补董事(alternate director)是在董事无法参加会议时被委任而代表该董事参加会议的董事。

3. 事实董事

事实董事(de facto directors)是指那些没有经过有效任命或根本没有被任命而仍然以董事身份从事公司管理活动和执行公司业务活动的人。事实上的董事不是法定董事,因为他们没有被公司适当任命。

在英国普通法判例 Re Hydrodam (Corby) Ltd. 一案①中,Millet 法官对此问题作出了说明,他认为要成为事实上的董事,应当符合下列条件:(1)事实董事没有经过公司的正式任命,否则该董事将是法定董事;(2)事实董事具体参与了公司事务的管理和公司业务的执行,他们履行的职责同法定董事履行的职责完全相同;(3)公司对外宣称此人是公司董事,此人也愿意以公司董事的身份对外行事。事实董事的行为相当于董事的行为。

4. 隐名董事

对一个公司而言,"隐名董事"(shadow director)是指那些虽然名义上不是公司董事但是向公司董事发出指示或指令,而公司董事惯常依据这些指示或指令行事的人。然而,仅仅因为向公司董事提供专业建议的专家不是公司的隐名董事。隐名董事承担的法定义务和责任与普通董事的义务和责任相同,这主要是防止隐名董事实际控制公司的运作,却逃避法定的董事义务和责任。

在 Re Hydrodam (Corby) Ltd. 案中,Millet 法官还对事实董事和隐名董事这两种董事的区别作出了说明,他指出,隐名董事没有对外宣称或希望对外宣称自己是公司董事,相反他们往往宣称自己不是公司董事,他们隐蔽在公司董事的身后,被公司董事的影子所遮盖,公司也不对外宣称他们是董事。为了证明被告是公司的隐名董事,必须证明:(1)谁是公司董事,无论他们是事实上的董事还是法定董事;(2)被告指导公司董事如何管理和指导公司事务或者被告就是管理公司事务的人;(3)被指导的公司董事根据被告的指示行为;(4)被指导的公司董事习惯于根据被告的指示行为。②

如果董事会被控股股东、被担保的债权人或银行等金融机关实际控制,董事会

① Re Hydrodam (Corby) Ltd. (1994) 2 BCLC 180, (1994) BCC 161.

② 张民安:《现代英美董事法律地位研究》(第二版),法律出版社 2007 年版,第6页。

根据这些人的指示或指令而履行职务的话,那么这些人构成隐名董事。

同样在上述案例中,Millet 法官将董事划分为三类:法定董事(de jure director):就是依据公司法、有关公司章程规定的条件和程序被有效任命并担任董事职务的人;事实董事:指未被有效任命却以董事身份行事的人;隐名董事:向公司董事发出指示或指令的人,公司董事习惯性地按照这些指示或指令行事。显然,执行董事、非执行董事和候补董事都是法定董事。

二、董事的提名、选任、解任和辞职

我国《公司法》第三十七条和第九十九条规定,股东会或股东大会选举和更换非由职工代表担任的董事、监事。但是,公司法并没有对董事的提名制度作出任何规定,但是在《上市公司章程指引》(2016 年修订)第八十二条规定,董事、监事候选人名单以提案的方式提请股东大会表决。并注释到:公司应当在章程中规定董事、监事提名的方式和程序,以及累积投票制的相关事宜。因此,对于上市公司而言,其公司章程应当明确董事提名的方式和程序以及选任的累积投票制。

对于董事的更换和解任,《上市公司章程指引》(2016 年修订)第九十六条也作出了明确要求,董事由股东大会选举或更换。同时,第九十九条还规定,董事连续两次未能亲自出席,也不委托其他董事出席董事会会议,视为不能履行职责,董事会应当建议股东大会予以撤换。第一百条规定,董事可以在任期届满以前提出辞职。董事辞职应向董事会提交书面辞职报告。董事会将在 2 日内披露有关情况。如因董事的辞职导致公司董事会低于法定最低人数时,在改选出的董事就任前,原董事仍应当依照法律、行政法规、部门规章和本章程规定,履行董事职务。除前款所列情形外,董事辞职自辞职报告送达董事会时生效。

让我们仍然以思美传媒(002712)为例子来进行说明:

案例 40　思美传媒(002712)章程关于董事选举、更换等的规定

思美传媒《公司章程》(2014 年 2 月)如下条款规定:

第九十六条:“董事由股东大会选举或更换,任期三年。董事任期届满,可连选连任。董事在任期届满以前,股东大会不能无故解除其职务。

董事任期从就任之日起计算,至本届董事会任期届满时为止。董事任期届满未及时改选,在改选出的董事就任前,原董事仍应当依照法律、行政法规、部门规章和本章程的规定,履行董事职务。

董事可以由总经理或者其他高级管理人员兼任,但兼任总经理或者其他高级管理

人员职务的董事以及由职工代表担任的董事,总计不得超过公司董事总数的1/2。”

第九十九条:“董事连续两次未能亲自出席,也不委托其他董事出席董事会会议,视为不能履行职责,董事会应当建议股东大会予以撤换。”

第一百条:“董事可以在任期届满以前提出辞职。董事辞职应向董事会提交书面辞职报告。董事会将在2日内披露有关情况。

如因董事的辞职导致公司董事会低于法定最低人数时,在改选出的董事就任前,原董事仍应当依照法律、行政法规、部门规章和本章程规定,履行董事职务。

除前款所列情形外,董事辞职自辞职报告送达董事会时生效。”

【评析】

对于思美传媒而言,第九十六条规定了董事由股东大会选举或更换,并且可以由总经理或者其他高级管理人员兼任但兼任总经理或者其他高级管理人员职务的董事以及由职工代表担任的董事,总计不得超过公司董事总数的1/2。第九十九条规定了在何种情形下视为董事不能履行职责,并如何进行撤换。第一百条规定了董事的辞职。

三、董事会的性质、职权、组成及类型

(一)董事会的性质和职权

在股东会或股东大会闭会期间,董事会是公司的最高决策机构,是公司的法定代表。可以说,除股东会或股东大会拥有或授予其他机构拥有的权利之外,公司的一切权利皆由公司董事会行使。董事会的重大决策权主要是指董事会有权对公司的经营管理事项作出决定,主要体现在对公司经营的方向、战略、方针以及重大措施的决定权。我国《公司法》第四十六条规定:“董事会对股东会负责,行使下列职权:(一)召集股东会会议,并向股东会报告工作;(二)执行股东会的决议;(三)决定公司的经营计划和投资方案;(四)制订公司的年度财务预算方案、决算方案;(五)制订公司的利润分配方案和弥补亏损方案;(六)制订公司增加或者减少注册资本以及发行公司债券的方案;(七)制订公司合并、分立、解散或者变更公司形式的方案;(八)决定公司内部管理机构的设置;(九)决定聘任或者解聘公司经理及其报酬事项,并根据经理的提名决定聘任或者解聘公司副经理、财务负责人及其报酬事项;(十)制定公司的基本管理制度;(十一)公司章程规定的其他职权。”第一百零八条第四款规定:“本法第四十六条关于有限责任公司董事会职权的规定,适用于股份有限公司董事会。”需要注意的是,前面第(一)项至第(十)项规定属于公司法的法定职权,第(十一)项属于公司法给予公司章程意思自治的“空间”,也就

是说,可以通过公司章程规定董事会其他的职权。

案例41　思美传媒(002712)章程关于董事会职权的规定

思美传媒《公司章程》(2014年2月)第一百零七条规定:

"董事会行使下列职权:(一)召集股东大会,并向股东大会报告工作;(二)执行股东大会的决议;(三)决定公司的经营计划和投资方案;(四)制订公司的年度财务预算方案、决算方案;(五)制订公司的利润分配方案和弥补亏损方案;(六)制订公司增加或者减少注册资本、发行债券或其他证券及上市方案;(七)拟订公司重大收购、收购本公司股票或者合并、分立、解散及变更公司形式的方案;(八)在股东大会授权范围内,决定公司对外投资、收购出售资产、资产抵押、对外担保事项、委托理财、关联交易等事项;(九)决定公司内部管理机构的设置;(十)聘任或者解聘公司总经理、董事会秘书;根据总经理的提名,聘任或者解聘公司副总经理、财务负责人等高级管理人员,并决定其报酬事项和奖惩事项;(十一)制定公司的基本管理制度;(十二)制订本章程的修改方案;(十三)管理公司信息披露事项;(十四)向股东大会提请聘请或更换为公司审计的会计师事务所;(十五)听取公司总经理的工作汇报并检查总经理的工作;(十六)法律、行政法规、部门规章或本章程授予的其他职权。"

【评析】

从思美传媒公司章程对董事会职责的规定来看,其第(一)项至第(七)项基本按照《公司法》第四十六条第(一)项至第(七)项的规定拟定,细微的区别在于第(六)项增加了"或其他证券及上市方案",这跟优先股的法律法规的出台有关系;第(七)项增加了"公司重大收购、收购本公司股票"的内容。第(八)项属于公司法没有规定的事项,但必须经股东大会授权;第(九)项至第(十一)项基本与《公司法》第四十六条第(八)项至第(十)项类似。但第(十二)项至第(十六)项属于公司章程授予给董事会的职权。

(二)董事会的组成

根据《公司法》第四十四条、第五十条、第六十七条以及第一百零八条规定,笔者将公司董事会的组成总结见下表:

表 15－1　公司董事会的组成

项目	有限责任公司	国有独资企业	股份有限公司
人数	3～13 人；股东人数较少或者规模较小的有限责任公司，可以设一名执行董事，不设董事会	3～13 人；董事会成员由国有资产监督管理机构委派	5～19 人
职工代表	可以有职工代表，通过职工代表大会、职工大会或者其他形式民主选举产生	应当有职工代表，由公司职工代表大会选举产生	可以有职工代表，通过职工代表大会、职工大会或者其他形式民主选举产生
任期	董事任期由公司章程规定，但每届任期不得超过三年	董事每届任期不得超过三年	董事任期由公司章程规定，但每届任期不得超过三年
董事长和副董事长	董事会设董事长一人，可以设副董事长。董事长、副董事长的产生办法由公司章程规定	设董事长一人，可以设副董事长。董事长、副董事长由国有资产监督管理机构从董事会成员中指定	设董事长一人，可以设副董事长。董事长和副董事长由董事会以全体董事的过半数选举产生

（三）董事会的类型

我国公司法并没有对有限责任公司的董事会类型作出明确规定，但对股份有限公司则有特定要求。《公司法》第一百一十条规定，董事会每年度至少召开两次会议，每次会议应当于会议召开十日前通知全体董事和监事。代表十分之一以上表决权的股东、三分之一以上董事或者监事会，可以提议召开董事会临时会议。董事长应当自接到提议后十日内，召集和主持董事会会议。董事会召开临时会议，可以另定召集董事会的通知方式和通知时限。

四、董事会的召开及程序

（一）董事会的召集和主持

对有限责任公司，《公司法》第四十七条规定，董事会会议由董事长召集和主持；董事长不能履行职务或者不履行职务的，由副董事长召集和主持；副董事长不能履行职务或者不履行职务的，由半数以上董事共同推举一名董事召集和主持。对股份有限公司，《公司法》第一百零九条第二款规定，董事长召集和主持董事会会议，检查董事会决议的实施情况。副董事长协助董事长工作，董事长不能履行职务或者不履行职务的，由副董事长履行职务；副董事长不能履行职务或者不履行职务的，由半数以上董事共同推举一名董事履行职务。

(二)董事会的会议通知

我国公司法并没有对有限责任公司董事会的通知作出明确规定,只是在第四十八条原则规定,董事会的议事方式和表决程序,除本法有规定的外,由公司章程规定。显然,这是将有关的规则交于公司章程进行约定。但对股份有限公司,《公司法》第一百一十条则明确规定,董事会每次会议应当于会议召开十日前通知全体董事和监事。董事会召开临时会议,可以另定召集董事会的通知方式和通知时限。

(三)董事会的法定人数

我国公司法对有限责任公司董事会的法定人数并没有明确规定,而是原则规定,董事会的议事方式和表决程序,除本法有规定的外,由公司章程规定。显然,这是将有关的规则交于公司章程进行约定。但对股份有限公司,《公司法》第一百一十一条则明确规定,董事会会议应有过半数的董事出席方可举行。

(四)董事会的表决

我国《公司法》第四十八条、第一百一十一条分别对有限责任公司、股份有限公司董事会的表决作出了明确规定,即实行"一人一票"制。也就是说,董事会会议作出的决议需由董事以表决方式通过,不论董事如何产生(选举或委派),不论其所代表的股东持股比例如何,在董事会上,每一董事仅拥有相同的一票的表决权,这是董事会表决机制与股东会议表决机制的重大区别。其原理在于,董事会的"一人一票"制体现了董事作为公司管理人员与股东作为公司投资人身份的不同。同时,对于有限责任公司董事会决议的议事方式和表决程序依然交由公司章程规定,而对股份有限公司则明确规定必须经全体董事的过半数通过。

五、上市公司董事会秘书制度

原2005年《公司法》第一百二十四条规定,上市公司设董事会秘书,负责公司股东大会和董事会会议的筹备、文件保管以及公司股东资料的管理,办理信息披露事务等事宜。2014年《公司法》第一百二十三条保留了该规定并未做任何修订。其实,最早在2002年的《上市公司治理准则》和2004年的《关于加强社会公众股股东权益保护的若干规定》中就已经规定了董事会秘书的法律地位。

董事会秘书向董事会负责,一般来讲,其主要职责包括:一是负责公司股东大会和董事会会议的筹备、文件保管,即按照法定程序筹备股东大会和董事会会议,准备和提交有关会议文件和资料;负责保管公司股东名册、董事名册,大股东及董事、监事和高级管理人员持有本公司股票的资料,股东大会、董事会会议文件和会议记录等。二是负责公司股东资料的管理,如股东名册等资料的管理。三是负责办理信息披露事务。如督促公司制定并执行信息披露管理制度和重大信息的内部报告制度,促使公司和相关当事人依法履行信息披露义务,按照有关规定向有关机构定期报告和临时报告;负责与公司信息披露有关的保密工作,制定保密措施,促使董事、监事和其他高级管理人员以及相关知情人员在信息披露前保守秘密,并在内幕信息泄露时及时采取补救措施。

同时,《上海证券交易所股票上市规则》(2014 年修订,上证发〔2014〕65 号)、《上海证券交易所上市公司董事会秘书管理办法》(2015 年修订,上证发〔2015〕40 号)和《深圳证券交易所股票上市规则》(2014 年修订,深证上〔2014〕378 号)中有关章节都明确了董事会秘书这一职位,要求"上市公司应当设立董事会秘书,作为公司与本所之间的指定联络人",并详细规定了董事会秘书的职责和作用。读者可以参阅,不再详述。

六、独立董事制度

《公司法》第一百二十二条规定,上市公司设立独立董事,具体办法由国务院规定。应该讲独立董事(independent directors)来源于美国公司法实践,其主要目的在于发挥其独立监督的作用,特别是在监事会作用发挥不好时更是如此。《上市公司章程指引》(2014 年修订)第一百零四条明确要求,独立董事应按照法律、行政法规及部门规章的有关规定执行。而《关于在上市公司建立独立董事制度的指导意见》(证监发〔2001〕102 号)则对独立董事的任职资格、要求、人数等进行了明确要求。譬如,该指导意见要求,各境内上市公司应当按照本指导意见的要求修改公司章程,聘任适当人员担任独立董事,其中至少包括一名会计专业人士(会计专业人士是指具有高级职称或注册会计师资格的人士)。在 2002 年 6 月 30 日之前,董事会成员中应当至少包括 2 名独立董事;在 2003 年 6 月 30 日之前,上市公司董事会成员中应当至少包括三分之一独立董事。同时,《上市公司治理准则》(证监发〔2002〕1 号)和《关于加强社会公众股股东权益保护的若干规定》(证监发〔2004〕118 号)也对独立董事进行了一些规定。

同时,《深圳证券交易所主板上市公司规范运作指引》(2015 年修订)第三章第五节"独立董事行为规范"、《上海证券交易所上市公司独立董事备案及培训工作指引》以及《上市公司定期报告工作备忘录第五号——独立董事年度报告期间工作指引》(上证公字〔2010〕60 号)都对独立董事进行了相关规定,读者可以参阅,不再详述。

七、董事回避制度

《公司法》第一百二十四条规定,上市公司董事与董事会会议决议事项所涉及的企业有关联关系的,不得对该项决议行使表决权,也不得代理其他董事行使表决权。该董事会会议由过半数的无关联关系董事出席即可举行,董事会会议所作决议须经无关联关系董事过半数通过。出席董事会的无关联关系董事人数不足三人的,应将该事项提交上市公司股东大会审议。同时,《上市公司章程指引》(2016 年修订)也明确了上述要求。其中,前述规定的"关联关系"应当适用《公司法》第二百一十六条第(四)项的规定,关联关系,是指公司控股股东、实际控制人、董事、监事、高级管理人员与其直接或者间接控制的企业之间的关系,以及可能导致公司利益转移的其他关系。但是,国家控股的企业之间不仅因为同受国家控股而具有关联关系。同时,如果利害关系董事人数众多,导致出席董事会的无关联董事的人数不足 3 人的,由于有权表决董事人数过少,很难对董事会审议事项作出缜密、周全的决策,因此为稳妥起见,也为确保广大股东的利益不受不当决策之苦,公司法规定只能由股东大会取代董事会作出决策。

八、上市公司章程指引对上市公司董事会制度的补充

根据《上市公司章程指引》(2016 年修订)对董事会的指引规定,弥补了《公司法》在这方面的一些"空白",对于上市公司而言具有实质性的约束力。主要包括如下几个方面的内容:

一是指引第一百零七条对董事会的职权进行了补充完善(参见【案例 41】),并且注释强调,公司股东大会可以授权公司董事会按照公司章程的约定向优先股股东支付股息。超过股东大会授权范围的事项,应当提交股东大会审议。

二是指引第一百一十条规定董事会应对投资、收购、抵押担保、关联交易等事项的权限予以明确。

三是指引第一百一十二条明确了董事长的职权。包括:主持股东大会和召集、主持董事会会议;督促、检查董事会决议的执行;董事会授予的其他职权。

四是指引第一百一十六条明确了董事会会议的通知方式和内容。内容包括:会议日期和地点、会议期限、事由及议题和发出通知的日期。

五是指引第一百二十三条明确了董事会会议记录的内容。包括:会议召开的

日期、地点和召集人姓名；出席董事的姓名以及受他人委托出席董事会的董事（代理人）姓名；会议议程；董事发言要点；每一决议事项的表决方式和结果（表决结果应载明赞成、反对或弃权的票数）。

让我们仍然以“思美传媒”对上述第二点的章程规定为例子来进行说明：

案例 42　思美传媒（002712）章程关于董事会对投资、收购、抵押担保、关联交易的审批权限的明确的规定

思美传媒《公司章程》（2014 年 2 月）第一百一十条规定：

“董事会应当确定对外投资、收购出售资产、资产抵押、对外担保事项、委托理财、关联交易的权限，建立严格的审查和决策程序；重大投资项目应当组织有关专家、专业人员进行评审，并报股东大会批准。

董事会对外投资及相关事项的审批权限如下：

（一）对外投资及资产处置

1. 公司在十二个月内的对外投资项目，或者十二个月内购买、出售重大资产等交易累计低于公司最近一期经审计总资产 50% 的，经董事会通过后执行；但单次交易金额（含承担债务和费用）占公司最近一期经审计净资产的 50% 以上，且绝对金额超过五千万元的需提交股东大会审议。

2. 超过上述限额的前述交易，需经董事会决议通过后提交股东大会审议。

（二）对外担保

1. 本章程第四十一条规定应由股东大会审批的对外担保，必须经董事会审议通过后，提交股东大会审议；

2. 董事会决定除股东大会审批之外的其他对外担保事项；

3. 资产抵押的审批权限依照对外担保的权限执行；

4. 董事会审议对外担保事项时，应经董事会三分之二以上董事同意并经全体独立董事三分之二以上同意。

（三）关联交易

1. 公司与关联方之间的单次关联交易金额在人民币 300 万元至 3000 万元或占公司最近经审计净资产值的 0.5% 至 5% 之间的关联交易协议，以及公司与关联方就同一标的或者公司与同一关联方在连续 12 个月内达成的关联交易累计金额符合上述条件的关联交易，经董事会审议批准。

2. 公司与关联方之间的单次关联交易金额在人民币 3000 万元以上且占公司最近经审计净资产值的 5% 以上的关联交易协议，以及公司与关联方就同一标的的

或者公司与同一关联方在连续12个月内达成的关联交易累计金额在人民币3000万元以上且占公司最近经审计净资产值的5%以上的关联交易,由董事会向股东大会提交预案,由股东大会审议批准。

3. 公司为关联人提供担保的,不论数额大小,均应当在董事会审议通过后提交股东大会审议。

(四)融资借款

1. 公司在一年内融资借款金额累计不超过公司最近一期经审计总资产50%的,经董事会通过后执行。公司以自有资产为上述融资借款提供抵押、质押等担保的,参照融资借款决策权限执行。

2. 超过上述限额的融资借款及相应担保,需经董事会决议通过后报股东大会审议。"

【评析】

本条是思美传媒对《上市公司章程指引》(2014年修订)第一百一十条规定:"董事会应当确定对外投资、收购出售资产、资产抵押、对外担保事项、委托理财、关联交易的权限,建立严格的审查和决策程序;重大投资项目应当组织有关专家、专业人员进行评审,并报股东大会批准。注释:公司董事会应当根据相关的法律、法规及公司实际情况,在章程中确定符合公司具体要求的权限范围,以及涉及资金占公司资产的具体比例。"的贯彻和细化。主要包括对外投资及资产处置、对外担保、关联交易和融资借款四个方面的事项进行了明确的规定,其中涉及资金、资产和交易金额的还特别规定了占公司资产的具体比例。

专题16 监事会议

内容提示

监事会是公司的监督机构。监事会受股东委托负责监督公司行政机构及其组成人员遵守法律、法规、公司章程和股东会议决议的执行等,监事会对公司权力机构负责并报告工作。本专题包含如下内容:

- 监事会的性质、职权、组成及类型;
- 监事的提名、选任、解任和辞职;
- 监事会的召开及程序;
- 上市公司章程指引对上市公司监事会制度的补充。

有关监事的任职资格、权利和义务我们将在“专题19:公司董事、监事、高级管理人员的义务和责任”中集中介绍。

一、监事会的性质、职权、组成及类型

(一)监事会的性质和职权

公司监事会是公司的监督机构。监事会受股东委托负责监督公司行政机构及其组成人员遵守法律、法规、公司章程和股东会议决议的执行等,监事会对公司权力机构负责并报告工作。对于监事会或监事的职权而言,《公司法》第五十三条、第一百一十八条规定,监事会、不设监事会的公司的监事行使下列职权:(一)检查公司财务;(二)对董事、高级管理人员执行公司职务的行为进行监督,对违反法律、行政法规、公司章程或者股东会决议的董事、高级管理人员提出罢免的建议;(三)当董事、高级管理人员的行为损害公司的利益时,要求董事、高级管理人员予以纠正;(四)提议召开临时股东会会议,在董事会不履行本法规定的召集和主持股东会会议职责时召集和主持股东会会议;(五)向股东会会议提出提案;(六)依照本法第

一百五十一条的规定,对董事、高级管理人员提起诉讼;(七)公司章程规定的其他职权。同时,《公司法》第五十四条规定,监事可以列席董事会会议,并对董事会决议事项提出质询或者建议。监事会、不设监事会的公司的监事发现公司经营情况异常,可以进行调查;必要时,可以聘请会计师事务所等协助其工作,费用由公司承担。需要注意的是,对于国有独资公司而言,《公司法》第七十条第三款规定,监事会行使《公司法》第五十三条第(一)项至第(三)项规定的职权和国务院规定的其他职权。

(二)监事会的组成

根据《公司法》第五十一条、第五十二条、第七十条以及第一百一十七条规定,笔者将公司监事会的组成总结如表16-1所示:

表16-1 公司监事会的组成

项目	有限责任公司	国有独资企业	股份有限公司
人数	不得少于3人;股东人数较少或者规模较小的有限责任公司,可以设一至二名监事,不设监事会	不得少于5人;监事会成员由国有资产监督管理机构委派	不得少于3人
职工代表	应当包括股东代表和适当比例的公司职工代表,职工代表的比例不得低于三分之一,具体比例由公司章程规定;通过职工代表大会、职工大会或者其他形式民主选举产生	应当有职工代表,职工代表的比例不得低于三分之一,具体比例由公司章程规定; 职工代表由公司职工代表大会选举产生	应当包括股东代表和适当比例的公司职工代表,职工代表的比例不得低于三分之一,具体比例由公司章程规定;通过职工代表大会、职工大会或者其他形式民主选举产生
任期	监事的任期每届为三年。监事任期届满,连选可以连任	董事每届任期不得超过三年	董事任期由公司章程规定,但每届任期不得超过三年
监事会主席、副主席	监事会设主席一人,由全体监事过半数选举产生	监事会主席由国有资产监督管理机构从监事会成员中指定	监事会设主席一人,可以设副主席。监事会主席和副主席由全体监事过半数选举产生

(三)监事会的类型

我国公司法并没有对有限责任公司的监事会类型作出明确规定,但对股份有限公司则有特定要求。《公司法》第一百一十九条规定,监事会每六个月至少召开一次会议。监事可以提议召开临时监事会会议。

二、监事的提名、选任、解任和辞职

公司法对监事的提名、选任、解任以及辞职并没有明确的规定,仅仅是第五十一条第三款规定，有限责任公司的监事会主席由全体监事过半数选举产生。第一百一十七条第三款规定，股份有限公司的监事会主席和副主席由全体监事过半数选举产生。同时还规定，有限责任公司和股份有限公司监事会中的职工代表通过职工代表大会、职工大会或者其他形式民主选举产生。

显然，其他监事的提名、选择、解任和辞职仍然需要我们在公司章程或者监事会规则中予以明确。

三、监事会的召开及程序

（一）监事会的召集和主持

我国《公司法》第五十一条第三款规定，有限责任公司的监事会由监事会主席召集和主持监事会会议；监事会主席不能履行职务或者不履行职务的，由半数以上监事共同推举一名监事召集和主持监事会会议。第一百一十七条第三款规定，监事会主席召集和主持监事会会议；监事会主席不能履行职务或者不履行职务的，由监事会副主席召集和主持监事会会议；监事会副主席不能履行职务或者不履行职务的，由半数以上监事共同推举一名监事召集和主持监事会会议。

（二）监事会会议通知

我国公司法对监事会会议通知并没有明确的规定，依据其第五十五条第二款和第五十五条第二款的规定，监事会的议事方式和表决程序，除本法有规定的外，由公司章程规定。因此，这需要公司章程来对此进行明确的规定，或者单独拟定监事会的议事规则和程序作为公司章程的附件。对于上市公司而言，《上市公司章程指引》（2014 年修订）第一百四十八条对监事会会议通知包括的内容作出了规定，包括举行会议的日期、地点和会议期限；事由及议题；发出通知的日期。

（三）监事会的表决

对于有限责任公司而言，《公司法》第五十五条第二款、第三款规定，监事会的议事方式和表决程序，除本法有规定的外，由公司章程规定。监事会决议应当经半数以上监事通过。对于股份有限公司而言，《公司法》第五十五条第二款、第三款，监事会的议事方式和表决程序，除本法有规定的外，由公司章程规定。监事会决议应当经半数以上监事通过。所以，两种类型公司的规定是一致的。

同时，《上市公司章程指引》（2016 年修订）第一百四十六条规定，“监事会制定监事会议事规则，明确监事会的议事方式和表决程序，以确保监事会的工作效率和科学决策。注释:监事会议事规则规定监事会的召开和表决程序。监事会议事规则应列入公司章程或作为章程的附件,由监事会拟定,股东大会批准。”

四、上市公司章程指引对上市公司监事会制度的补充

《上市公司章程指引》(2016 年修订)的指引要求对上市公司具有实质性的约束力。其对上市公司监事会制度作出了如下的主要补充:

一是对监事会的职权进行了补充。其第一百四十四条第(一)项规定,监事会应当对董事会编制的公司定期报告进行审核并提出书面审核意见;将《公司法》第五十四条第二款的规定整合到监事会职权中,即监事会、不设监事会的公司的监事发现公司经营情况异常,可以进行调查;必要时,可以聘请会计师事务所等协助其工作,费用由公司承担。

二是指引第一百四十六条明确要求监事会应制定监事会议事规则,明确监事会的议事方式和表决程序。

三是指引第一百四十六条明确要求,监事有权要求在记录上对其在会议上的发言作出某种说明性记载。监事会会议记录作为公司档案至少保存 10 年。①

四是指引第一百四十八条明确了监事会会议通知包含的内容:举行会议的日期、地点和会议期限;事由及议题;发出通知的日期。

下面我们依然以思美传媒(002712)为例来进行说明:

案例 43　思美传媒(002712)章程关于监事和监事会的规定

思美传媒《公司章程》(2014 年 2 月)的第七章规定:

第七章　监　事　会

第一节　监　　事

第一百三十五条　本章程第九十五条关于不得担任董事的情形,同时适用于监事。

董事、总经理和其他高级管理人员不得兼任监事。

第一百三十六条　监事应当遵守法律、行政法规和本章程,对公司负有忠实义务和勤勉义务,不得利用职权收受贿赂或者其他非法收入,不得侵占公司的财产。

第一百三十七条　监事的任期每届为 3 年。监事任期届满,连选可以连任。

第一百三十八条　监事任期届满未及时改选,或者监事在任期内辞职导致监

① 公司应当根据具体情况,在章程中规定会议记录的保管期限。

事会成员低于法定人数的，在改选出的监事就任前，原监事仍应当依照法律、行政法规和本章程的规定，履行监事职务。

第一百三十九条 监事应当保证公司披露的信息真实、准确、完整。

第一百四十条 监事可以列席董事会会议，并对董事会决议事项提出质询或者建议。

第一百四十一条 监事不得利用其关联关系损害公司利益，若给公司造成损失的，应当承担赔偿责任。

第一百四十二条 监事执行公司职务时违反法律、行政法规、部门规章或本章程的规定，给公司造成损失的，应当承担赔偿责任。

第二节 监 事 会

第一百四十三条 公司设监事会。监事会由3名监事组成，监事会设主席1人。监事会主席由全体监事过半数选举产生。监事会主席召集和主持监事会会议；监事会主席不能履行职务或者不履行职务的，由半数以上监事共同推举一名监事召集和主持监事会会议。

监事会应当包括股东代表和适当比例的公司职工代表，其中职工代表的比例不低于1/3。监事会中的职工代表由公司职工通过职工代表大会、职工大会或者其他形式民主选举产生。

第一百四十四条 监事会行使下列职权：

（一）应当对董事会编制的公司定期报告进行审核并提出书面审核意见；

（二）检查公司财务；

（三）对董事、高级管理人员执行公司职务的行为进行监督，对违反法律、行政法规、本章程或者股东大会决议的董事、高级管理人员提出罢免的建议；

（四）当董事、高级管理人员的行为损害公司的利益时，要求董事、高级管理人员予以纠正；

（五）提议召开临时股东大会，在董事会不履行《公司法》规定的召集和主持股东大会职责时召集和主持股东大会；

（六）向股东大会提出提案；

（七）依照《公司法》第一百五十一条的规定，对董事、高级管理人员提起诉讼；

（八）发现公司经营情况异常，可以进行调查；必要时可以聘请会计师事务所、律师事务所等专业机构协助其工作，费用由公司承担。

第一百四十五条 监事会每6个月至少召开一次会议。监事可以提议召开临时监事会会议。

监事会决议应当经半数以上监事通过。

第一百四十六条　监事会制定监事会议事规则,明确监事会的议事方式和表决程序,以确保监事会的工作效率和科学决策。

第一百四十七条　监事会应当将所议事项的决定做成会议记录,出席会议的监事应当在会议记录上签名。

监事有权要求在记录上对其在会议上的发言作出某种说明性记载。监事会会议记录作为公司档案至少保存10年。

第一百四十八条　监事会会议通知包括以下内容:

(一)举行会议的日期、地点和会议期限;

(二)事由及议题;

(三)发出通知的日期。

【评析】

就思美传媒公司章程对监事会的规定来看,照搬了《上市公司章程指引》(2014年修订)示范章程有关监事会的条款,最主要的特点就集中在我们前文所述的四点中。唯一的区别在于,思美传媒公司根据实际情况,监事会由3名监事组成,监事会并没有设置副主席一职。

专题 17 经理制度

内容提示

经理(及高级管理人员)是公司行政机构的组成部分。经理和经理领导下的高级管理人员组成公司行政机构中的执行机构,经理对公司董事会负责并报告工作。本专题包含如下内容:

- 经理的性质及职权;
- 经理的聘任和解聘;
- 上市公司章程指引对上市公司经理制度的补充。

有关经理的任职资格、权利和义务我们将在“专题 19:公司董事、监事、高级管理人员的义务和责任”中集中介绍。

一、经理的性质及职权

在公司法传统理论中,对公司经理法律地位的表述最具代表性的理论就是委托代理理论。该理论认为董事会是股东的受托人,负责公司的业务执行,在公司经营中起核心作用;董事会以经营管理知识、经验和创造能力为标准,选择和任命适合公司的经理;经理作为董事会的代理人,也就是公司法人的代理人,在董事会授权范围内从事具体的业务执行和经营管理。在大陆法系国家和英美法系国家,这一理论得到普遍的接受。这一观点根植于所有权与经营权相分离理论,经理的产生被认为是资本权能分化的结果。从这个意义上来讲,经理是公司的日常经营管理和行政事务的实质负责人,由董事会决定聘任或者解聘。经理对董事会负责,既可由董事和自然人股东充任,也可由非股东的职业经理人充任。

经理依照公司法、公司章程和董事会的授权行使公司经营权力,并有任免其他经营管理人员的权力。经理既是公司对内生产经营的领导,也是公司对外活动的代表,其行为就是公司的行为,即使其行为违反了公司章程和董事会授权规定的权限范围,一般也都视为公司行为,后果由公司承受,这就是我国《合同法》规定的表见代理制度的法理实践来源之一。

根据我国《公司法》第四十九条规定,有限责任公司可以设经理,行使下列职权:(一)主持公司的生产经营管理工作,组织实施董事会决议;(二)组织实施公司年度经营计划和投资方案;(三)拟订公司内部管理机构设置方案;(四)拟订公司的基本管理制度;(五)制定公司的具体规章;(六)提请聘任或者解聘公司副经理、财务负责人;(七)决定聘任或者解聘除应由董事会决定聘任或者解聘以外的负责管理人员;(八)董事会授予的其他职权。同时,还规定公司章程对经理职权另有规定的,从其规定。经理列席董事会会议。对于国有独资公司而言,《公司法》第六十八条规定,国有独资公司设经理,由董事会聘任或者解聘。经理依照本法第四十九条规定行使职权。对于股份有限公司而言,《公司法》第一百一十三条规定,股份有限公司设经理,由董事会决定聘任或者解聘。本法第四十九条关于有限责任公司经理职权的规定,适用于股份有限公司经理。从前述规定可以看出,对于有限公司责任公司,经理并非强制设立,但国有独资公司和股份有限公司,则应设立经理。

还需要注意的是,经理作为公司的常设机构,属于公司的雇员,公司章程有权对经理的职权做出不同于法律的规定。因此,《公司法》第四十九条规定,公司章程对经理职权另有规定的,从其规定。例如,有的国家公司法为了保护公司股东的股东权,保证公司的核心财产的安全,对公司经理处分公司不动产的权利进行限制。如德国《商法典》第四十九条第二款规定:“对于不动产的转让与抵押,只有当经理人被专门授予这方面的权限时,他才有权处理该事务。也只有在经理被特别授权时,他才有权出让不动产或在不动产上设定负担。”我国《公司法》虽然没有做出类似限制,但如果公司章程对经理的职权做出了限制性规定,应按照章程的规定执行。当然,公司章程如果将经理法定职权以外的其他权利赋予经理,也是公司法所允许的。

【实务问题46】 公司法中的经理与实践中的“总经理”是一回事吗?

我国《公司法》规定了经理的职权,但对经理的概念并没有做出界定。《公司法》将经理与作为“公司机关”的股东会、董事会并列进行规定,是指对公司日常经营管理工作具体负责的管理人员,实践中我们一般称为“总经理”。总经理可以组建自己的管理团队,比如副总经理和部门经理等,但对于副总经理、部门经理而言,虽然在日常生活中我们也习惯性地称为经理,但在公司法意义上讲,他们只是由总经理提名并任命的协助其工作的副经理或其他管理人员,不是公司法所讲的“经理”,不享有公司法规定的经理职权。从实务工作来看,我们在公司章程中一般的用语习惯是“总经理”及其他高级管理人员，此处的“总经理”即是指公司法意义上的“经理”，我们之所以用“总经理”是为了表明该职位比“其他高级管理人员”更高的意思，因为用“经理”反而不符合我们一般的用语习惯了。这也许是《公司法》应顺应经济生活快速发展变化而应调整的一个地方。

二、经理的聘任和解聘

根据《公司法》第四十九条、第六十八条、第一百一十三条规定，经理由董事会决定聘任或者解聘。其中，对于有限责任公司而言，《公司法》第五十条特别规定，股东人数较少或者规模较小的有限责任公司，可以设一名执行董事，不设董事会。执行董事可以兼任公司经理。执行董事的职权由公司章程规定。对于国有独资公司而言，经国有资产监督管理机构同意，董事会成员可以兼任经理。同时，《公司法》第六十九条规定，国有独资公司的董事长、副董事长、董事、高级管理人员，未经国有资产监督管理机构同意，不得在其他有限责任公司、股份有限公司或者其他经济组织兼职。而高级管理人员根据《公司法》第二百一十六条第(一)项规定，高级管理人员，是指公司的经理、副经理、财务负责人，上市公司董事会秘书和公司章程规定的其他人员。因此，国有独资公司的经理未经国有资产监督管理机构同意，不得在其他有限责任公司、股份有限公司或者其他经济组织兼职。对于股份有限公司而言，《公司法》第一百一十四条规定，公司董事会可以决定由董事会成员兼任经理。根据《公司法》第五十一条第四款、第一百一十七条第四款规定，任何时候，董事、高级管理人员不得兼任监事。也就是说，经理不得兼任监事。

【实务问题47】 经理是否可以担任“法定代表人”？

根据《公司法》第十三条规定，公司法定代表人依照公司章程的规定，由董事长、执行董事或者经理担任，并依法登记。公司法定代表人变更，应当办理变更登记。所谓法定代表人是指代表公司对外表示意思的人，法定代表人的意思表示对外可以代表公司，而无须获得公司的授权，在民事活动中法定代表人的签字与公司公章具有同等的效力。2005年《公司法》改变了原1993年《公司法》只能由公司董事长担任法定代表人的状况，就是说公司的经理亦可担任法定代表人。事实上，法定代表人制度是我国公司法所特有的制度，在英美公司法以及其他大陆法系公司法中并没有法定代表人一说，它们一般是获得公司权力机构授权的董事对外代表公司。尽管公司法如此规定，但在实践中，我们一般还是会在公司章程中规定董事长或执行董事作为公司的法定代表人。

三、上市公司章程指引对上市公司经理制度的补充

《上市公司章程指引》(2016 年修订)的指引要求对上市公司具有实质性的约束力。其对上市公司经理制度作出了如下的主要补充:

一是指引第一百二十六条明确,在公司控股股东、实际控制人单位担任除董事以外其他职务的人员,不得担任公司的高级管理人员。

二是指引第一百二十七条明确经理每届的任期由章程规定以及连聘可以连任。

三是指引第一百二十九条、第一百三十条明确要求总经理应制订总经理工作细则,报董事会批准后实施以及总经理工作细则的具体内容。

四是指引第一百三十一条明确总经理可以在任期届满以前提出辞职。有关总经理辞职的具体程序和办法由总经理与公司之间的劳务合同规定。

下面我们依然以思美传媒(002712)为例来进行展示:

案例 44　思美传媒(002712)章程关于经理的规定

思美传媒《公司章程》(2014 年 2 月)的第六章规定:

第六章　总经理及其他高级管理人员

第一百二十四条　公司设总经理 1 名,由董事会聘任或解聘。

公司设副总经理若干名,由董事会聘任或解聘。

公司总经理、副总经理、董事会秘书、财务负责人为公司高级管理人员。

第一百二十五条　本章程第九十五条关于不得担任董事的情形、同时适用于高级管理人员。

本章程第九十七条关于董事的忠实义务和第九十八条(四)~(六)关于勤勉义务的规定,同时适用于高级管理人员。

第一百二十六条　在公司控股股东、实际控制人单位担任除董事以外其他职务的人员,不得担任公司的高级管理人员。

第一百二十七条　总经理每届任期 3 年,连聘可以连任。

第一百二十八条　总经理对董事会负责,行使下列职权:

(一)主持公司的生产经营管理工作,组织实施董事会决议,并向董事会报告工作;

(二)组织实施公司年度经营计划和投资方案;

(三)拟订公司内部管理机构设置方案;

(四)拟订公司的基本管理制度;

（五）制定公司的具体规章；

（六）提请董事会聘任或者解聘公司副总经理、财务负责人；

（七）决定聘任或者解聘除应由董事会决定聘任或者解聘以外的负责管理人员；

（八）本章程或董事会授予的其他职权。

总经理列席董事会会议。

第一百二十九条　总经理应制定总经理工作细则，报董事会批准后实施。

第一百三十条　总经理工作细则包括下列内容：

（一）总经理会议召开的条件、程序和参加的人员；

（二）总经理及其他高级管理人员各自具体的职责及其分工；

（三）公司资金、资产运用，签订重大合同的权限，以及向董事会、监事会的报告制度；

（四）董事会认为必要的其他事项。

第一百三十一条　总经理可以在任期届满以前提出辞职。有关总经理辞职的具体程序和办法由总经理与公司之间的劳务合同规定。

第一百三十二条　副总经理协助总经理开展工作，各副总经理的分工和职权由总经理决定。

第一百三十三条　公司设董事会秘书，负责公司股东大会和董事会会议的筹备、文件保管以及公司股东资料管理，办理信息披露事务等事宜。

董事会秘书应遵守法律、行政法规、部门规章及本章程的有关规定。

第一百三十四条　高级管理人员执行公司职务时违反法律、行政法规、部门规章或本章程的规定，给公司造成损失的，应当承担赔偿责任。

【评析】

就思美传媒公司章程对经理的规定来看，照搬了《上市公司章程指引》（2014年修订）示范章程有关经理的条款，最主要的特点就集中在我们前文所述的四点中。唯一的区别在于，思美传媒公司根据实践中的习惯用语使用了“总经理及其他高级管理人员”的说法。

专题18 外商投资企业治理结构的特别规定

内容提示

外商投资企业法在我国是一类特别适用的法律,由于其最初的立法目的有所差异,反映在三资企业(中外合资企业、中外合作企业、外资企业)的治理结构上也有其特别之处,集中体现在公司的权力机构上面。本专题包括如下内容:

- 中外合资企业、中外合作企业最高权力机构的特别规定;
- 中外合资企业、中外合作企业董事会或联合管理委员会的特别规定;
- 中外合资企业、中外合作企业总经理制度的特别规定。

一、中外合资企业、中外合作企业最高权力机构的特别规定

《中华人民共和国合资经营企业法》(2016年修订,以下简称《合资企业法》)及《中华人民共和国中外合资经营企业法实施条例》(2014年2月19日修订,以下简称《合资企业法实施条例》)、《中华人民共和国中外合作经营企业法》(2016年修订,以下简称《合作企业法》)及《中华人民共和国中外合作经营企业法实施细则》(2014年2月19日修订,以下简称《合作企业法实施细则》)、《中华人民共和国外资企业法》(2016年修订,以下简称《外资企业法》)及《中华人民共和国外资企业法实施细则》(2014年2月19日修订,以下简称《外资企业法实施细则》)分别对中外合资企业、中外合作企业和外资企业(以下统称三资企业)进行了规制。① 其中特别规定中外合资企业、具有法人人格的中外合作企业的最高权力结构为董事会而不是股东会。

① 参见2016年9月3日,十二届全国人大常委会第二十二次会议通过了《全国人民代表大会常务委员会关于修改〈中华人民共和国外资企业法〉等四部法律的决定》。

法规链接

《合资企业法》

第六条 合营企业设董事会，其人数组成由合营各方协商，在合同、章程中确定，并由合营各方委派和撤换。

《合资企业法实施条例》

第三十条 董事会是合营企业的最高权力机构，决定合营企业的一切重大问题。

《合作企业法》

第十二条 合作企业应当设立董事会或者联合管理机构，依照合作企业合同或者章程的规定，决定合作企业的重大问题。

《合作企业法实施细则》

第二十四条 合作企业设董事会或者联合管理委员会。董事会或者联合管理委员会是合作企业的权力机构，按照合作企业章程的规定，决定合作企业的重大问题。

【法规解读】

上述规定表明，中外合资企业、具有法人人格的中外合作企业的最高权力机构为董事会，决定企业的一切重大问题。包括企业发展规划、生产经营活动方案、收支预算、利润分配、劳动工资计划、停业，以及总经理、副总经理、总工程师、总会计师、审计师的任命或聘请及其职权和待遇等。显然，我们在设立中外合资企业、具有法人人格的中外合作企业时，在拟定它们的投资协议（包括公司章程）时，不应出现股东会的章节条款而应代之以董事会章节。同时，拟定董事会章节条款时，应当考虑《合资企业法》《合作企业法》有关法规的规定。当然，由于《外资企业法》及《外资企业法实施细则》并没有对最高权力机构另有特别约定，所以应适用《公司法》的规定，即为股东会或股东大会。有关内资公司与三资企业治理结构的对比参见表8-3。

二、中外合资企业、中外合作企业董事会或联合管理委员会的特别规定

《合资企业法》《合资企业法实施条例》和《合作企业法》《合作企业法实施细则》对中外合资企业、中外合作企业的董事会或联合管理委员会的职权、人数、任期、董事长或副董事长、法定代表人、召开条件、召集和主持、会议通知以及表决事项等有一些特别的规定，除这些特别之外，还应当适用《公司法》的一般性规定。下面将其中的一些特别规定介绍如下：

（一）董事会或联合管理委员会的职权和组成

笔者将有关法规及其内容总结见表18-1所示：

表 18－1 中外合资、合作企业董事会或联合管理委员会职权及组成

内容	合资企业	合作企业	
		法人资格	非法人资格
职权	《合资企业法》第六条:董事会的职权是按合营企业章程规定,讨论决定合营企业的一切重大问题:企业发展规划、生产经营活动方案、收支预算、利润分配、劳动工资计划、停业,以及总经理、副总经理、总工程师、总会计师、审计师的任命或聘请及其职权和待遇等。	《合作企业法》第十二条:董事会或者联合管理机构按照合作企业章程的规定,决定合作企业的重大问题。	
人数	《合资企业法实施条例》第三十一条:不得少于 3 人。董事名额的分配由合营各方参照出资比例协商确定。	《合作企业法实施细则》第二十五条:不得少于 3 人,其名额的分配由中外合作者参照其投资或者提供的合作条件协商确定。	
任期	《合资企业法实施条例》第三十一条:董事的任期为 4 年,经合营各方继续委派可以连任。	《合作企业法实施细则》第二十七条:董事或者委员的任期由合作企业章程规定;但是,每届任期不得超过 3 年。董事或者委员任期届满,委派方继续委派的,可以连任。	
董事长和副董事长	《合资企业法》第六条:董事长和副董事长由合营各方协商确定或由董事会选举产生。中外合营者的一方担任董事长的,由他方担任副董事长。	《合作企业法》第十二条:中外合作者的一方担任董事会的董事长、联合管理机构的主任的,由他方担任副董事长、副主任。	
法定代表人	董事长	董事长	联合管理委员会主任

从上表的规定可以看出,中外合资企业、中外合作企业与一般的内资公司在有关规定方面存在一些特别规定,主要包括如下几点:一是董事会或联合管理委员会属于最高权力机构,其职权与《公司法》对董事会的职权规定还有所不同,它与股东会议的职权类似;二是董事会或联合管理委员会的人数只规定了下限,但并未规定上限。但在实务中,我们一般会遵循《公司法》的上限规定;三是中外合资企业的董事的任期为 4 年,这与《公司法》规定的不超过 3 年存在差异;四是董事长和副董事长由各方分别担任,并且产生的方法可以由合营各方协商确定并写入公司章程;五是企业的法定代表人确定为董事长或联合管理委员会主任,这跟原 1993 年《公司法》是一致的,但跟目前的《公司法》规定可以由董事长、执行董事或经理担任有所不同。

(二)董事会或联合管理委员会的召开

笔者将有关法规及其内容总结如表 18－2 所示:

表18－2 中外合资、合作企业董事会或联合管理委员会的召开

<table>
<tr><th rowspan="2">内容</th><th rowspan="2">合资企业</th><th colspan="2">合作企业</th></tr>
<tr><th>法人资格</th><th>非法人资格</th></tr>
<tr><td>召开条件</td><td>《合资企业法实施条例》第三十二条：董事会会议应当有2/3以上董事出席方能举行。</td><td colspan="2">《合作企业法实施细则》第二十八条：董事会会议或者联合管理委员会会议应当有2/3以上董事或者委员出席方能举行。</td></tr>
<tr><td>召集和主持</td><td>《合资企业法实施条例》第三十二条：董事会会议每年至少召开1次，由董事长负责召集并主持。董事长不能召集时，由董事长委托副董事长或者其他董事负责召集并主持董事会会议。经1/3以上董事提议，可以由董事长召开董事会临时会议。</td><td colspan="2">《合作企业法实施细则》第二十八条：董事会会议或者联合管理委员会会议每年至少召开1次，由董事长或者主任召集并主持。董事长或者主任因特殊原因不能履行职务时，由董事长或者主任指定副董事长、副主任或者其他董事、委员召集并主持。1/3以上董事或者委员可以提议召开董事会会议或者联合管理委员会会议。</td></tr>
<tr><td>会议通知</td><td>无特别规定</td><td colspan="2">《合作企业法实施细则》第二十八条：召开董事会会议或者联合管理委员会会议，应当在会议召开的10天前通知全体董事或者委员。董事会或者联合管理委员会也可以用通讯的方式作出决议。</td></tr>
<tr><td>表决</td><td>《合资企业法实施条例》第三十三条：下列事项由出席董事会会议的董事一致通过方可作出决议：(1)合营企业章程的修改；(2)合营企业的中止、解散；(3)合营企业注册资本的增加、减少；(4)合营企业的合并、分立。
其他事项，可以根据合营企业章程载明的议事规则作出决议。</td><td colspan="2">《合作企业法实施细则》第二十八条：董事会会议或者联合管理委员会会议作出决议，须经全体董事或者委员的过半数通过。
《合作企业法实施细则》第二十九条：下列事项由出席董事会会议或者联合管理委员会会议的董事或者委员一致通过，方可作出决议：(1)合作企业章程的修改；(2)合作企业注册资本的增加或者减少；(3)合作企业的解散；(4)合作企业的资产抵押；(5)合作企业合并、分立和变更组织形式；(6)合作各方约定由董事会会议或者联合管理委员会会议一致通过方可作出决议的其他事项。</td></tr>
</table>

从上表的规定可以看出，中外合资企业、中外合作企业与一般的内资公司在有关规定方面存在一些特别规定，主要包括如下几点：一是对董事会或联合管理委员会的召开条件或法定人数进行了明确的规定，即必须是2/3以上董事或者委员出席方能举行，而《公司法》对有限责任公司并没有明确规定，将之放由公司章程来规定。对股份有限公司的规定是，股份有限公司董事会会议应有过半数的董事出席方可举行；二是董事会会议或者联合管理委员会会议每年至少召开1次，而《公司法》对有限责任公司并没有明确规定，将之放由公司章程来规定。对股份有限公司的规定是，每年度至少召开两次会议；三是1/3以上董事或者委员可以提议召开董

事会会议或者联合管理委员会会议，而《公司法》对股份有限公司规定是，代表 1/10 以上表决权的股东、1/3 以上董事或者监事会，可以提议召开董事会临时会议；四是《合资企业法实施条例》和《合作企业法实施细则》明确规定了需要一致表决通过的事项，而这些事项基本属于《公司法》规定的特别决议事项。

三、中外合资企业、中外合作企业总经理制度的特别规定

笔者将有关法规及其内容总结如表 18－3 所示：

表 18－3　中外合资、合作企业总经理制度的特别规定

内容	合资企业	合作企业	
		法人资格	非法人资格
设置	《合资企业法实施条例》第三十五条：设总经理 1 人，副总经理若干人。 《合资企业法》第六条：正副总经理(或正副厂长)由合营各方分别担任。	《合作企业法实施细则》第三十二条：设总经理 1 人。	
聘任、解聘	《合资企业法实施条例》第三十七条：总经理、副总经理由合营企业董事会聘请，可以由中国公民担任，也可以由外国公民担任。经董事会聘请，董事长、副董事长、董事可以兼任合营企业的总经理、副总经理或者其他高级管理职务，总经理或者副总经理不得兼任其他经济组织的总经理或者副总经理。 《合资企业法实施条例》第三十八条：总经理、副总经理及其他高级管理人员有营私舞弊或者严重失职行为的，经董事会决议可以随时解聘。	《合作企业法实施细则》第三十二条：总经理由董事会或者联合管理委员会聘任、解聘。 《合作企业法实施细则》第三十三条：总经理及其他高级管理人员可以由中国公民担任，也可以由外国公民担任。经董事会或者联合管理委员会聘任，董事或者委员可以兼任合作企业的总经理或者其他高级管理职务。 《合作企业法实施细则》第三十四条：总经理及其他高级管理人员不胜任工作任务的，或者有营私舞弊或者严重失职行为的，经董事会或者联合管理委员会决议，可以解聘。	

从上表的规定可以看出，中外合资企业、中外合作企业与一般的内资公司在有关规定方面存在一些特别规定，主要包括如下两点：一是对于中外合资企业，明确规定正副总经理(或正副厂长)由合营各方分别担任；二是对于中外合资企业，明确规定总经理或者副总经理不得兼任其他经济组织的总经理或者副总经理。

下面，让我们以一个中外合资企业章程有关公司机构及职权的示范条款来结束本专题的讨论。

案例45　中外合资企业章程的“公司机构及职权”

第[　]章　公司机构及职权	
第[十三]条	合营公司设立董事会,董事会为合营公司的最高权力机构。
第[十四]条	合营公司董事会由[　]人组成,由合营各方委派和撤换,其中甲方委派[　]人,乙方委派[　]人。董事会设董事长1人,由乙方委派。董事会每届任期为4年,董事任期届满,未经委派方撤换或重新委派视为连任。
第[十五]条	在董事长、董事离任或者其他原因出现空缺时,委派方应尽快重新委派,重新委派方须向公司及其他合营方发出书面通知。
第[十六]条	董事长是合营公司的法定代表人,有权代表合营公司签署法律文件。董事长在董事会闭会期间,依照公司章程和董事会决议处理公司的重大问题,负责检查、监督董事会决议的执行。董事长因故不能履行职责的,可以书面委托其他董事代为履行。
第[十七]条	决定下列事项的董事会决议必须经出席董事会会议的全体董事一致通过方为有效: (一)合营公司章程的修改; (二)合营公司的中止、解散; (三)合营公司注册资本的增加、减少; (四)合营企业的合并、分立。
第[十八]条	除第[十七]条规定的事项外,董事会决议由出席董事会议的董事以简单多数票通过为有效。
第[十九]条	董事会会议每年至少召开一次,由董事长负责召集并主持。经董事长决定或三分之一以上董事提议,可由董事长召开董事会临时会议。董事长因故不能主持董事会会议时,可由董事长委托其他董事召集并主持。
第[二十]条	董事会会议应有三分之二以上董事出席方能有效举行。董事会决议的表决,实行一人一票。
第[二十一]条	董事会可以不召开会议而以书面形式作出决议,该等决议生成的程序如下: (一)由公司将董事会决议草案及相关文件送交每位董事; (二)每位董事以在草案上签名的方式表示同意该决议; (三)同意董事会会议草案的董事应将签名后的决议送交公司; (四)当公司收到董事签名后的决议后,按如下方式确定相关董事会决议是否生效: a. 关于本章程第[十七]条规定事项的决议,经全体董事签字生效; b. 关于本章程第[十八]条规定事项的决议,经全体董事半数以上签字生效。
第[二十二]条	合营公司不设监事会,设监事一名,由股东共同选举产生,监事每届任期为3年,未经撤换即为连任。
第[二十三]条	合营公司监事按照《中华人民共和国公司法》的相关规定行使权利、履行义务。
第[二十四]条	合营公司设总经理1人,副总经理及其他高级管理人员若干人。

续表

第[二十五]条	总经理对董事会负责,行使如下职权: (一)负责执行董事会的各项决议; (二)组织和领导合营公司的日常生产经营活动; (三)任免除应由董事会任免的合营公司高级管理人员以外的管理人员; (四)行使董事会授予的其他职权。
第[二十六]条	总经理、副总经理和其他高级管理人员由董事会聘任和解聘,任期由董事会决定,可以连任。
第[二十七]条	经董事会同意,董事长、董事可以兼任合营公司的总经理、副总经理或其他高级职务。
第[二十八]条	总经理、副总经理或其他高级管理人员可以兼任合营公司控股股东所持股的其他企业的总经理、副总经理或其他高级管理人员,但不得兼任除此之外其他公司或经济组织的任何职务。
第[二十九]条	总经理、副总经理或其他高级管理人员必须遵守法律、行政法规和合营公司章程,对合营公司负有忠实、勤勉义务,在任职期间不得参与其他经济组织对合营公司的商业竞争,在任职期间或在离任后不得泄露合营公司的商业秘密。

专题19 公司董事、监事、高级管理人员的义务和责任

内容提示

我们将前面专题分别介绍了公司董事会、监事会和经理制度，但并没有对公司法等法律法规有关董事、监事、高级管理人员的法律义务和责任进行介绍，本专题将介绍此内容。本专题包含如下内容：

- 董事、监事和高级管理人员的任职资格和解除；
- 董事、监事和高级管理人员的忠实和勤勉义务；
- 董事、监事和高级管理人员接受质询和调查的义务；
- 董事、监事和高级管理人员的法律责任；
- 股东诉讼救济制度（对“董监高”损害公司利益的诉讼）。

一、董事、监事和高级管理人员的任职资格和解除

对于公司董事、监事和高级管理人员而言，我们首先需要了解的是什么样的人可以担任这些职务。《公司法》对他们的任职资格进行了明确的规定。同时，《公司法》针对实务中公司不顾法律规定，将公司法规定不得担任董事、监事、高级管理人员职务的人选举、委派或聘任的，明确规定这种选举、委派或聘任无效，并且在任职期间出现不得担任职务情形的，公司应当解除其职务。这集中体现在《公司法》第一百四十六条规定中。该条规定：“有下列情形之一的，不得担任公司的董事、监事、高级管理人员：（一）无民事行为能力或者限制民事行为能力；（二）因贪污、贿赂、侵占财产、挪用财产或者破坏社会主义市场经济秩序，被判处刑罚，执行期满未逾五年，或者因犯罪被剥夺政治权利，执行期满未逾五年；（三）担任破产清算的公司、企业的董事或者厂长、经理，对该公司、企业的破产负有个人责任的，自该公司、企业破产清算完结之日起未逾三年；（四）担任因违法被吊销营业执照、责令关闭的

公司、企业的法定代表人,并负有个人责任的,自该公司、企业被吊销营业执照之日起未逾三年;(五)个人所负数额较大的债务到期未清偿。公司违反前款规定选举、委派董事、监事或者聘任高级管理人员的,该选举、委派或者聘任无效。董事、监事、高级管理人员在任职期间出现本条第一款所列情形的,公司应当解除其职务。”

二、董事、监事和高级管理人员的忠实和勤勉义务

《公司法》第一百四十七条规定,董事、监事、高级管理人员应当遵守法律、行政法规和公司章程,对公司负有忠实义务和勤勉义务。应该说,这是公司法对董事、监事、高级管理人员的诚信义务或信托义务(Fiduciary duty)的规定。其中,忠实义务强调公司高管的道德操守和忠贞不渝,而勤勉义务强调公司高管的专业水平、技能和敬业精神。

(一)董事、监事和高级管理人员的忠实义务

概括地讲,忠实义务是一种基于信任、信赖和依赖的义务,理论上的来源正是董事对公司负有的准信托受托人关系。忠实义务主要包括两方面的内容:一是不得谋利的义务,指董事不能凭借其董事地位从任何机会当中谋取个人利润,即使他是善意地为了公司的利益而在行使权力;二是避免冲突的义务,指董事不得将其自己置于这样的位置,即如果处于这样的位置,将造成董事自己的利益和义务相冲突,或者造成董事对公司的义务和对其他人的义务相冲突。避免冲突的义务又可分为三个方面的内容:与公司之间的交易;利用公司的财产、机会或信息;与公司的竞争。

《公司法》第一百四十七条第二款规定,董事、监事、高级管理人员不得利用职权收受贿赂或者其他非法收入,不得侵占公司的财产。第一百四十八条规定,董事、高级管理人员不得有下列行为:(一)挪用公司资金;(二)将公司资金以其个人名义或者以其他个人名义开立账户存储;(三)违反公司章程的规定,未经股东会、股东大会或者董事会同意,将公司资金借贷给他人或者以公司财产为他人提供担保;(四)违反公司章程的规定或者未经股东会、股东大会同意,与本公司订立合同或者进行交易;(五)未经股东会或者股东大会同意,利用职务便利为自己或者他人谋取属于公司的商业机会,自营或者为他人经营与所任职公司同类的业务;(六)接受他人与公司交易的佣金归为己有;(七)擅自披露公司秘密;(八)违反对公司忠实义务的其他行为。董事、高级管理人员违反前款规定所得的收入应当归公司所有。从前述规定可以看出:

1. 不得谋利的义务

董事、监事、高级管理人员不得基于其身份而获取利益，即使此种获利是善意的，亦应承担返还的责任。《公司法》第一百四十七条第二款，第一百四十八条第一款第（一）项、第（二）项、第（三）项、第（六）项等就属于此类情形。该情形的典型特征是，公司高管人员只有基于其身份才能或才有可能为自己谋取利益。同时，即使在交易中并没有损害公司的利益亦是如此。譬如，董事在他人与公司的交易中，促成了该笔交易，公司也因该交易而获利，但董事收取了他人支付的交易佣金，则该等佣金收入依据第一百四十八条第二款的规定，应当归公司所有。

2. 避免冲突的义务

（1）与公司交易

《公司法》第一百四十八条第一款第（四）项确立了公司高管“不得与公司交易”的义务。该项规定是：“违反公司章程的规定或者未经股东会、股东大会同意，与本公司订立合同或者进行交易。”应该讲，该规定借鉴了普通法确定的规则，当一个董事参与进与公司的一个交易，就会在其个人利益（来源于该交易的利益）和对公司的义务（确保公司在该交易中获取应得的最大利益）之间存在一个冲突。该规则是一个相当严格的规则，即使该利益冲突或义务冲突是纯粹假定的，该董事也应当返还从该交易中获得的所有个人利益。

事实上，在许多司法区域，允许公司的股东追认违反了该义务的交易，当然也接受公司章程排除该规则。譬如，我国公司法就施加了前提条件“违反公司章程的规定或者未经股东会、股东大会同意”，也就是说，如果公司章程规定许可或者事后经公司股东会、股东大会同意追认的话，该交易并不导致董事等高管人员违反其义务。

（2）利用公司的财产、机会或信息

《公司法》第一百四十八条第一款第（五）项确立了“利用公司的财产、机会或信息”规则。该项规定是：“未经股东会或者股东大会同意，利用职务便利为自己或者他人谋取属于公司的商业机会。”事实上，公司高管的行为与公司事务联系密切，以至于他们的行为可以被适当地视为他们在管理过程中、利用他们作为董事、高级管理人员所拥有或享有的财产、机会或信息以及特殊的知识所做出的使其个人获利的行为。相应地，他们被要求返还所获得的利益。当然，如果经股东会或股东大会同意的情形除外。

（3）与公司的竞争

《公司法》第一百四十八条第一款第（五）项确立了公司高管“不得与公司竞

争”的义务。该项规定是:“未经股东会或者股东大会同意……自营或者为他人经营与所任职公司同类的业务。”无疑,董事等高管人员不能直接地与公司竞争以使其不与公司发生利益冲突。类似地,他们不得以其他竞争公司的董事等高管人员身份行事,因为他们对各个公司的义务将导致相互之间的利益冲突。当然,如果经股东会或股东大会同意的情形除外。

(二)董事、监事和高级管理人员的勤勉义务

《公司法》第一百四十七条第一款的规定确立了公司高管的勤勉义务。所谓勤勉义务是指公司高管在从事公司经营管理活动时应当恪尽职守、敬业精进、深思熟虑,尽到普通谨慎的同行在同类公司、同类职务、同类情形下所应具有的经营管理水平。勤勉义务通常又被称为“善意管理人的注意义务”、“勤勉、注意和技能义务”或者“注意和技能义务”。因此,勤勉义务主要包括两个方面的内容:一是善意的注意义务;二是技能义务。应该讲,在司法实践中,如何衡量公司高管是否履行了勤勉义务需要依赖于法院法官根据每个案件的所有事实和情形来综合判断。下面我们从普通法角度来对此进行一些介绍和借鉴。

普通法建立的规则是,董事等高管在履行其职务过程中,必须具备合理的审慎注意以及掌握一定程度的熟练技能。传统上该义务是最小限度的,因为董事仅需要依据他们自身的知识和经验进行判断。普通法上的一个经典案例是 Re City Equitable Fire Insurance Co. Ltd. 案:①

公司董事会主席实施了欺诈,他声称在会计期间结束前将购买库藏债券,并在审计后出售它们。通过这种方法,董事会主席在其享有利益的公司对公司应付的债务通过在资产负债表上增加资产而被减少了。公司的清算人试图让其他董事对未发现该欺诈承担责任(他们完全放弃了对公司的管理,以至于公司完全被该主席所掌控)。但是清算人失败了。

在本案中,Romer J 法官制定了对于一个董事的注意和技能义务的原则:

(a)一个董事不需要按照比与他具有同样知识和经验的人可能被合理期望的技能更高的程度来履行他的义务;

(b)一个董事不需要连续关注公司事务;

(c)如果没有合理的怀疑理由,当董事的义务被适当地委托给其他公司官员,

① Re City Equitable Fire Insurance Co. Ltd. [1925] Ch 407.

一个董事只需要证明信任该官员公正地履行了他的义务是正当的即可。①

Romer J 法官的上述三原则实际上涉及董事注意义务的三个方面，即董事运用技能所要求达到的标准（relative standard of skill），所要求达到的勤勉程度（degree of diligence required）以及董事权力的委托（delegation of functions）。②

1. 第一个勤勉标准属于一个主观性的检验标准，也就是根据董事自身的知识和技能来检验。但是这将导致不公的是，董事自身的知识和技能是有差异的，对于高水平的董事而言，是否应当面临更高标准的要求？而对于选出的一个无能的董事而言，依据其自身的知识和技能，他将无须承担责任，股东将丧失获得救济的权利。更多最近的判例显示了一个更加严格的标准——与承担相同义务的第三人那里能够被合理预期的水平的标准。在 Norman v. Theodore Goddard 案③中：

Quirk 先生是一个特许鉴定人，担任一家财产公司的董事。财产公司的股份是一个被 Theodore Goddard（一个律师公司）所管理的信托的基础资产。律师公司的一个合伙人向 Quirk 提出建议，如果财产公司的盈余现金借贷给一个其合伙人声称被 Theodore Goddard 所控制的公司，财产公司税收将被节省。事实上，该公司被合伙人个人所控制，并且作为他用于从他的公司所管理的信托基金中盗取现金的工具。

法院判决：Quirk 在信赖合伙人的建议上没有过失，但是 Hoffman J 法官认为关注的义务应当比较早案例确立的义务更严格。他谈道，一个董事应当具备与承担相同义务的第三人那里能够被合理预期的技能，“一个承担财产公司管理的董事被期望拥有合理的财产管理的技能，但是不包括离岸税收规避”。

从上述案例可以看出，普通法发展了 Re City Equitable Fire Insurance Co. Ltd. 一案的规则，将单一的主观性标准发展成为客观性和主观性测试相结合的双重标准，即（a）客观性标准是，与承担相同义务的第三人那里能够被合理预期的技能水

---

① Romer J laid down the duties of care and skill to be expected of a director: (a) A director need not exhibit in the performance of his duties a greater degree of skill than may reasonably be expected from someone of his knowledge and experience. (b) A director is not bound to give continuous attention to the affairs of the company. (c) Where duties may properly be left to some other official, a director is justified, in the absence of grounds for suspicion, in trusting that official to perform his duties honestly.

② 张民安：《现代英美董事法律地位研究》（第二版），法律出版社 2007 年版，第 162 页。

③ Norman v. Theodore Goddard [1991] BCLC 1028.

平的标准;(b)主观性标准是董事自身具有的技能水平标准。①

2. 对于第二个勤勉标准,Romer J 法官指出:"董事对其公司的事务并无持续的注意义务,他的义务具有周期性,仅在公司定期的董事会会议上履行或者仅在他刚好被选任的董事委员会会议上履行。原则上讲,董事并无出席所有此类会议的义务,虽然在具体情况下,当他有理由出席董事会或委员会会议时,他应当出席此类会议。"此种问题往往同董事的责任相关联:当公司遭受的损失是由于董事未持续地对公司事业予以注意所导致的时候,董事不得因为他没有出席董事会会议而被责令承担有关责任②。并且,更进一步讲,任何董事不能仅仅因为没有参加董事会会议、未能阻止其他董事作出不明智的,甚至是欺诈性的公司财产处分行为而承担责任。③ 由于此种规则,在 Re Cardiff Savings Bank 一案中,免去了因其他积极从事公司事务管理而导致公司损害的、从未出席董事会会议的董事的法律责任。④但是最近的判例改变了该传统规则。在 Re D'Jan of London Ltd. 案⑤中:

D'Jan 先生对公司的损失负有初步的(prima facie)责任,该损失因为公司的保险人拒绝赔付火灾保险单而产生,原因在于他签署了一份计划提交的保险单时而没有阅读它,但该保险单未准确地进行填列。

法院判决:由于在签署之前没有阅读该保险单而有疏忽,应承担表面上的责任。

在另一个案例 Dorchester Finance 案⑥中:

Dorchester Finance 是一个金融借贷公司,拥有三名董事,仅有其中的一名董事全职参与经营。没有董事会被召开,并且其他两名董事(非执行董事)很少造访公司。所有的三名董事都是有经验的会计师。该全职董事向与他有关联的人发放了贷款,而没有遵循金融借贷法案。贷款因此无法被公司回收。公司向所有的三名董事以疏忽为由提起了诉讼。

---

① 英国《2006 年公司法》关于董事义务的规定已经在普通法判例的基础上将上述双重测试规则法典化了。

② Boyle & Sykes, Gore - Browne on Companies, Vol. 2, Jordons, p. 27, 43.

③ The Marquis of Bute's Case (1892) 2 Ch 100.

④ 张民安:《现代英美董事法律地位研究》(第二版),法律出版社 2007 年版,第 162 页、第 163 页。

⑤ Re D'Jan of London Ltd. [1993] BCC 646.

⑥ Dorchester Finance Co. Ltd. v. Stebbing [1989] BCLC 498. 需要注意的是,该案没有区分执行董事和非执行董事,认为其义务是一样的。

法院判决：所有的三名董事应当承担责任。全职董事已经单独能够作出他所要做出的事情，因为其他董事证明他们在公司事务中没有任何利益，并且已经应他的要求签署了空白支票。

从 Dorchester Finance 一案中，普通法发展了 Equitable Fire 一案的规则，认为该案的规则只适用于技能的标准，而不适用于勤勉。所要求的标准是："... such care as an ordinary man might be expected to take on his own behalf."即必须具备一个普通人被期望的在为自身利益行事所拥有的关注。该案设置了一个更高的标准，而且还是一个双重的主观性和客观性的测试。正如在 Drincqbier v. Wood (1899) 1 Ch 393 一案中，法官所论述的那样："应当明白的是，同意作为公司董事的人，应当处于这样的一种地位上，即他不能靠将公司的一切事务抛弃给他人的方式而逃避自己的义务。"①

3. 第三个规则是关于董事委托的问题。董事对其他董事或高级管理人员的信赖，是公司内部权力分工和公司事务管理对公司法提出的必然要求。否则，公司根本无法正常开展活动。对于可以正确地交托给其他人员的义务来说，董事因相信该人员诚实地履行了义务而被认为尽到义务。

在 Dovey v. Cory (1901) AC 477. 一案中，股份银行的一个董事因相信董事长和总经理的判断、信息和建议同意了从资本中提取红利并且提供不正当担保。但是法院判决认为，根据事实，对于其董事义务，他没有过失，不用在清算中承担责任。但后来的一些案例抛弃了旧的规则而遵循了更为严格的董事义务。② 所有的董事都有义务获取至少是最基本的对业务的理解，并使他们知道公司的经营活动。他们应该定期参加会议。他们必须普遍监管其公司事务和政策，他们的监管职能不能仅仅依靠相信他人而满足。正如法官在 Re Barings Plc. 一案③中总结的那样："（ⅰ）不管是全体还是个人，董事都负有一个获取和维持对公司业务充分知道和了解的持续性义务，以使他们能够恰当地履行作为董事的义务；（ⅱ）当董事有权（根据公司章程）将特定的职责委托给管理层链上的下属，并且有权合理地相信他们的能力和诚实的时候，行使委托的权力并没有免除董事对这些职责的履行进行监管的义务。（ⅲ）对于（ⅱ）所指的义务，并没有一个普遍适用的规则。该义务的范围以及该义务是否被履行的问题，必须依靠每个特定案例的事实，包括董事在公

① 张民安：《现代英美董事法律地位研究》（第二版），法律出版社 2007 年版，第 163 页。

② Daniels v. Anderson (1995) 16 ACSR 607.

③ Re Barings Plc (No. 5) (2000) BCLC 523.

司管理层中的作用。"①

【实务问题 48】 董事的忠实义务与注意义务的区别

董事的忠实义务与注意义务不同。主要表现在以下几方面:其一,注意义务为一种管理性的义务,是参与公司事务管理和公司业务执行的董事所承担的一种义务。因此,在绝大多数场合,此种义务主要由那些内部董事即具体负责公司每天的日常事务的处理和公司日常商事事业经营的董事和高级管理人员所承担;对公司外部董事而言,则很少承担此种义务。而董事的忠实义务是所有董事都承担的义务,无论他是否对公司事务进行管理和对公司商事事业进行经营,只要他一旦承诺作为董事,则必须时刻为公司利益着想,不得利用其职位而获取不当利益。其二,董事的注意义务在现代公司法中已不仅是对公司承担的义务,而且亦是对股东和其他人承担的义务。而董事的忠实义务原则上仅为对公司承担的义务。其三,法律对两种义务的要求不同。董事的注意义务系相对宽松的义务,公司董事会、股东会或法院对董事违反注意义务的行为往往可以豁免其法律责任。而董事忠实义务则为一种严格责任,不以董事有过失为必要,董事只要在客观上取得了个人利益,则要承担返还所取得利益于公司的法律责任。

三、董事、监事和高级管理人员接受质询和调查的义务

(一)接受股东和股东大会质询的义务

《公司法》第一百五十条第一款规定,股东会或者股东大会要求董事、监事、高级管理人员列席会议的,董事、监事、高级管理人员应当列席并接受股东的质询。也就是说,法律规定了高管人员接受质询的法定义务,要求其参加股东大会而不参加,或参加会议而不履行接受质询义务均是违反此规定。此项规定保证了股东尤其是中小股东的知情权,也使股东大会成为名副其实的最高权力机关。

(二)接受监事会调查的义务

《公司法》第一百五十条第二款规定,董事、高级管理人员应当如实向监事会或者不设监事会的有限责任公司的监事提供有关情况和资料,不得妨碍监事会或者监事行使职权。也就是说,董事、高级管理人员不接受监事会调查,妨碍其行使职权都属于违反法律规定行为。

---

① 葛伟军:《英国公司法:原理与判例》,中国法制出版社 2007 年版,第 205 页。

四、董事、监事和高级管理人员的法律责任

如果公司的董事、监事和高级管理人员不履行其义务，则必然应对此承担相应的法律责任。此种法律责任不仅包括行政责任和刑事责任，而且还应包括相应的民事责任。

（一）民事责任

1. 返还财产

《公司法》第一百四十八条第二款规定，董事、高级管理人员违反前款规定所得的收入应当归公司所有。也就是说，如果公司财产被董事等高管人员挪为本人或第三人使用，则其负有返还公司财产的责任。

2. 赔偿责任

如果董事等高管人员的违法或不当行为给公司或股东造成损失或损害的，应该对公司或股东进行赔偿。

（1）利用关联关系损害公司利益对公司的赔偿责任

《公司法》第二十一条规定，公司的董事、监事、高级管理人员不得利用其关联关系损害公司利益。违反前述规定，给公司造成损失的，应当承担赔偿责任。

（2）违法或违反章程给公司造成损失的赔偿责任

《公司法》第一百四十九条规定，董事、监事、高级管理人员执行公司职务时违反法律、行政法规或者公司章程的规定，给公司造成损失的，应当承担赔偿责任。

（3）违法或违反章程给股东造成损害的赔偿责任

《公司法》第一百五十二条规定，董事、高级管理人员违反法律、行政法规或者公司章程的规定，损害股东利益的，股东可以向人民法院提起诉讼。

（二）行政责任

《公司法》规定了董事等高管的行政责任，主要体现在行政处罚上，有以下两个方面的规定：

1.《公司法》第二百零二条规定，公司在依法向有关主管部门提供的财务会计报告等材料上作虚假记载或者隐瞒重要事实的，由有关主管部门对直接负责的主管人员和其他直接责任人员处以三万元以上三十万元以下的罚款。

2.《公司法》第二百零四条第二款规定，公司在进行清算时，隐匿财产，对资产负债表或者财产清单作虚假记载或者在未清偿债务前分配公司财产的，由公司登

记机关责令改正,对公司处以隐匿财产或者未清偿债务前分配公司财产金额百分之五以上百分之十以下的罚款;对直接负责的主管人员和其他直接责任人员处以一万元以上十万元以下的罚款。

显然,上述直接负责的主管人员和其他直接责任人员包括董事、监事和高级管理人员。

(三)刑事责任

《公司法》第二百一十五条仅仅是原则上规定,违反本法规定,构成犯罪的,依法追究刑事责任。而具体的有关董事等高管的刑事责任则需要根据刑法及其修正案、司法解释来梳理。主要包括挪用资金罪、职务侵占罪、非国家机关工作人员受贿罪、逃税罪等。对国有企业的董事等高管还特设了挪用公款罪、贪污罪、受贿罪、非法经营同类营业罪、为亲友非法牟利罪以及签订履行合同失职被骗罪等。限于篇幅,下面仅针对一般企业的部分罪名进行简介。

1. 挪用资金罪

罪名	挪用资金罪
适用主体	一般企业人员
表现形式	公司、企业或者其他单位的工作人员,利用职务上的便利,挪用本单位资金归个人使用或者借贷给他人,数额较大、超过三个月未归还的,或者虽未超过三个月,但数额较大,进行营利活动的,或者进行非法活动的;挪用本单位资金数额巨大的,或者数额加大不退还的。 在国有公司、企业或者其他国有单位中从事公务的人员和国有公司、企业或者其他国有单位委派到非国有公司、企业以及其他单位从事公务的人员有前款行为的,依照挪用公款罪的规定定罪处罚。
立案标准	涉嫌下列情形之一的,应予立案追诉:(1)挪用本单位资金数额在一万元至三万元以上,超过三个月未还的;(2)挪用本单位资金数额在一万元至三万元以上,进行营利活动的;(3)挪用本单位资金数额在五千元至二万元以上,进行非法活动的。 具有下列情形之一的,属于本条规定的"归个人使用":(1)将本单位资金供本人、亲友或者其他自然人使用的;(2)以个人名义将本单位资金供其他单位使用的;(3)个人决定以单位名义将本单位资金供其他单位使用,谋取个人利益的。
量刑标准	1. 挪用本单位资金归个人使用或者借贷给他人,数额较大(一万元至三万元以上的)、超过三个月未归还的,或者虽未超过三个月,但数额较大,进行营利活动的,或者进行非法活动(挪用资金五千元至二万元以上的)的,处三年以下有期徒刑或者拘役; 2. 挪用本单位资金数额巨大(十五万至二十万以上的)的,或者数额加大不退还的,处三年以上十年以下有期徒刑。
法律依据	《刑法》第二百七十二条

2. 职务侵占罪

罪名	职务侵占罪
适用主体	一般企业人员
表现形式	1. 公司、企业或其他单位的人员,利用职务上的便利,将本单位财产非法占位已有,数额较大的。 2. 职务便利:利用自己在本单位所具有职务所产生的方便条件。实践中一般表现为侵吞、盗窃、骗取等非法手段
立案标准	1. 本罪构成:必须达到"数额较大"的标准。即非法占有的数额在五千元至一万元以上的,应予立案追诉。 2. 必须有侵占的行为。本单位财物,是指单位依法占有的全部财产,包括本单位以自己名义拥有或虽不以自己名义拥有但为本单位占有的一切物权、无形财物权和债权。 注:各省市根据经济发展的不同,立案和量刑的数额起点标准有所不同。
量刑标准	数额较大(五千至一万元以上)的,处五年以下有期徒刑或拘役,数额巨大(十万元以上)的,处五年以上有期徒刑,可以并处没收财产。
法律依据	《刑法》第二百七十一条

3. 非国家工作人员受贿罪

罪名	非国家工作人员受贿罪
适用主体	一般企业人员
表现形式	指公司、企业或者其他单位的工作人员利用职务上的便利,索取他人财物或者非法收受他人财物,为他人谋取利益,数额较大的。 公司、企业或者其他单位的工作人员在经济往来中,利用职务上的便利,违反国家规定,收受各种名义的回扣、手续费,归个人所有的。
立案标准	非国有企业或非国有控股的公司、企业或者其他单位的工作人员利用职务上的便利,索取他人财物或者非法收受他人财物,为他人谋取利益,或者在经济往来中,利用职务上的便利,违反国家规定,收受各种名义的回扣、手续费,归个人所有,数额在五千元以上的,应予立案追诉。
量刑标准	公司、企业或者其他单位的工作人员利用职务上的便利,索取他人财物或者非法收受他人财物,为他人谋取利益,数额较大(五千元至二万元)的,处五年以下有期徒刑或者拘役;数额巨大(十万元以上)的,处五年以上有期徒刑,可以并处没收财产。 公司、企业或者其他单位的工作人员在经济往来中,利用职务上的便利,违反国家规定,收受各种名义的回扣、手续费,归个人所有的,依照前款的规定处罚。
法律依据	《刑法》第一百六十三条、《刑法修正案》(六)第七条

4. 逃税罪

罪名	逃税罪
适用主体	一般企业人员

续表

表现形式	纳税人采取欺骗、隐瞒手段进行虚假纳税申报或者不申报,逃避缴纳税款数额较大并且占应纳税额10%以上的;数额巨大并且占应纳税额30%以上的。
立案标准	1. 纳税人采取欺骗、隐瞒手段进行虚假纳税申报或者不申报,逃避缴纳税款,数额在五万元以上并且占各税种应纳税总额百分之十以上,经税务机关依法下达追缴通知后,不补缴应纳税款、不缴纳滞纳金或者不接受行政处罚的; 2. 纳税人五年内因逃避缴纳税款受过刑事处罚或者被税务机关给予二次以上行政处罚,又逃避缴纳税款,数额在五万元以上并且占各税种应纳税总额百分之十以上的; 3. 扣缴义务人采取欺骗、隐瞒手段,不缴或者少缴已扣、已收税款,数额在五万元以上的。
量刑标准	1. 纳税人采取欺骗、隐瞒手段进行虚假纳税申报或者不申报,逃避缴纳税款数额较大(一万元以上)并且占应纳税额百分之十以上的,处三年以下有期徒刑或者拘役,并处罚金;数额巨大(十万元以上)并且占应纳税额百分之三十以上的,处三年以上七年以下有期徒刑,并处罚金。扣缴义务人采取前款所列手段,不缴或者少缴已扣、已收税款,数额较大的,依照前款的规定处罚。对多次实施前两款行为,未经处理的,按照累计数额计算。 2. 有第一款行为,经税务机关依法下达追缴通知后,补缴应纳税款,缴纳滞纳金,已受行政处罚的,不予追究刑事责任;但是,五年内因逃避缴纳税款受过刑事处罚或者被税务机关给予二次以上行政处罚的除外。
法律依据	《刑法》第二百零一条,《刑法修正案》(七)第三条(取消偷税罪罪名)

五、股东诉讼救济制度(对"董监高"损害公司利益的诉讼)

应该讲,在原2005年《公司法》中就已经引入了股东代表诉讼制度,追究公司高管人员损害公司利益的赔偿责任。这些规定在2014年《公司法》中并未进行任何修订。《公司法》第一百五十一条规定:"董事、高级管理人员有本法第一百四十九条规定的情形的,有限责任公司的股东、股份有限公司连续一百八十日以上单独或者合计持有公司百分之一以上股份的股东,可以书面请求监事会或者不设监事会的有限责任公司的监事向人民法院提起诉讼;监事有本法第一百四十九条规定的情形的,前述股东可以书面请求董事会或者不设董事会的有限责任公司的执行董事向人民法院提起诉讼。监事会、不设监事会的有限责任公司的监事,或者董事会、执行董事收到前款规定的股东书面请求后拒绝提起诉讼,或者自收到请求之日起三十日内未提起诉讼,或者情况紧急、不立即提起诉讼将会使公司利益受到难以弥补的损害的,前款规定的股东有权为了公司的利益以自己的名义直接向人民法院提起诉讼。他人侵犯公司合法权益,给公司造成损失的,本条第一款规定的股东可以依照前两款的规定向人民法院提起诉讼。"

上述第一百四十九条、第一百五十一条规定,董事、监事、高级管理人员职务行为违反法律、行政法规或者公司章程的规定,给公司造成损失的,应当承担赔偿责任;在公司未能追究相关高管人员的违法责任并履行赔偿义务时，引入股东代表诉讼制度：（1）可以请求通过诉讼追究赔偿责任的股东资格为，连续 180 日以上单独或者合计持有股份有限公司 1% 以上股份的股东。对这一主体资格的限制，在于防止个别股东滥用请求诉讼权，扰乱公司秩序。（2）由监事会接受书面请求，向法院提起诉讼。若监事应当承担赔偿责任，则由董事会或不设董事会的有限责任公司的执行董事接受书面请求，向法院提起诉讼。（3）上述股东在三种情况下直接向法院提起诉讼：一是监事会/不设监事会的有限责任公司的监事或董事会/执行董事拒绝提起诉讼；二是自收到请求之日起三十日内未提起诉讼；三是情况紧急，避免公司利益受到难以弥补的损害。

实施股东代表诉讼制度的意义在于切实追究公司"董监高"人员违法职务行为责任，以便公司利益损失得到追究补偿；同时起到很好的警示作用，抑制"董监高"人员的非法行为对公司的侵害。

同时，《公司法》第一百五十二条规定，董事、高级管理人员违反法律、行政法规或者公司章程的规定，损害股东利益的，股东可以直接向法院提起诉讼。这里没有对提起诉讼的股东资格进行限制，只要存在因"董监高"人员违反规定行为造成损害股东利益的事实，股东就可以直接提起诉讼。该条完善了我国股东诉讼机制，既是保护中小投资者等市场主体的有效措施，也是公司制度完善的重要体现。

相关内容，读者还可参阅本书"专题 43：直接诉讼与股东代表诉讼"。

第四部分

公司财务会计制度

综 述

除了公司治理机构之外,律师在做公司法业务时还不可避免地会与公司财务会计制度打交道,了解主要的公司财务会计制度是必要的。公司法对公司财务会计制度的规定集中在第八章“公司财务、会计”中。其主要的内容包括公司应当依法建立公司的财务、会计制度,公司应当依法编制财务会计报告并依法审计,公告财务会计报告,公司公积金制度以及亏损弥补和利润分配制度等。本部分共包括三个法律专题:公司法对公司财务会计制度的规定;公积金制度;亏损弥补和利润分配。

专题20 公司法对公司财务会计制度的规定

内容提示

公司法作为基本法律不但对公司的设立、治理、重组以及减资、解散清算等作出了明确的规定,还在对公司的财务会计制度进行了框架、原则性的规定,这是公司法的重要组成部分。本专题包含如下内容:

- 公司法对公司财务会计制度的主要规定;
- 公司法防范虚假财务会计报告的制度安排;
- 公司法明确财务会计报告审计制度。

一、公司法对公司财务会计制度的主要规定

《公司法》对公司财务会计制度的规定集中在第八章"公司财务、会计"中。其主要的内容包括公司应当依法建立公司的财务、会计制度,公司应当依法编制财务会计报告并依法审计,公告财务会计报告,公司公积金制度以及亏损弥补和利润分配制度等。

(一)公司建立财务、会计制度以及依法编制、公告财务会计报告的规定

《公司法》第一百六十三条规定:"公司应当依照法律、行政法规和国务院财政部门的规定建立本公司的财务、会计制度。"该条规定是对公司建立财务、会计制度的规定。公司财务、会计制度是指以货币为主要计量形式,对公司的整个财务活动和经营状况进行记账、算账、报账,为公司管理者和其他利害关系人定期提供公司财务信息而形成的制度。公司财务会计活动的基本内容是编制和提供公司财务经营信息。公司财务会计人员通过对公司生产经营活动中大量的、日常的业务数据进行记录、分类和汇总,定期编制和披露反映公司在一定期间内的经营成果和财务

状况的报表,如资产负债表、损益表、现金流量表,为有关利益主体提供公司的财务经营信息。公司财务、会计制度的基本要求是通过会计凭证、账簿、报表等会计资料,系统、真实、准确、全面地反映公司资金运动信息。公司财务会计的服务对象主要是与公司有利害关系的所有人,包括股东、债权人、潜在投资者、潜在的交易对方、政府财税机关等。与公司有利益关系的各主体通过分析公司财务会计报表,了解公司的基本经营状况,以此作为他们进行投资、交易、监督、管理活动的重要决策依据。因此,公司的财务会计行为就不能单纯被公司管理者所左右,而是必须按照法律、行政法规和财政部门的要求编制。这样财务会计报表才能取信于公司外部人员。公司应当依照《中华人民共和国会计法》及有关的行政法规和国务院财政部门关于会计核算、会计监督、会计机构、会计人员以及会计工作管理的有关规定,建立公司的财务、会计制度。

《公司法》第一百六十四条规定:"公司应当在每一会计年度终了时编制财务会计报告,并依法经会计师事务所审计。财务会计报告应当依照法律、行政法规和国务院财政部门的规定制作。"该条对公司编制年度财务会计报告的规定。公司的财务会计报告是反映公司生产经营的成果和财务状况的总结性书面文件。它由公司的会计报表构成。所谓会计报表,是指以货币形式综合反映公司在一定时期内(即会计期间)生产经营活动和财务状况的书面报告文件。公司的财务会计报告包括资产负债表、损益表、财务状况变动表等财务会计报表以及财务会计报表附属明细表、财务会计报表附注等内容。我国会计年度采用公历年制,即从公历 1 月 1 日起至 12 月 31 日止。公司应在每一会计年度终了时制作财务会计报告。公司制作的财务会计报告必须由公司有关负责人签名或者盖章。公司制作财务会计报告,编制财务报表,应做到数字真实、计算准确、内容完整,前后各期信息应具有可比性,并应及时编报。公司的财务会计报告依照公司法的规定应当由会计师事务所审计,由会计师事务所作为独立第三方,对公司的财务会计报告做出公正客观的评价。

《公司法》第一百六十五条规定:"有限责任公司应当依照公司章程规定的期限将财务会计报告送交各股东。股份有限公司的财务会计报告应当在召开股东大会年会的二十日前置备于本公司,供股东查阅;公开发行股票的股份有限公司必须公告其财务会计报告。"该条规定是保障股东对公司年度财务会计报告知情权的规定。股东作为公司的投资者,有权了解公司的经营情况和经营成果,并依据公司的经营情况和经营成果做出正确的决策。让公司的股东了解作为反映公司的经营情况和经营成果的年度财务会计报告,是公司应尽的义务。依照本条规定,有限责任公司应当将公司的年度财务会计报告直接送交公司的股东。股份有限公司的年度财务会计报告应当在股东大会年会的20日前置备于公司,让股东能在股东大会年会前查阅。公开发行股票的股份有限公司的社会投资者是不特定的,为了让他们了解公司的经营情况和经营成果,公司应当向社会公布公司的年度财务会计报告。

(二)会计师事务所的聘用、解聘以及公司的责任

《公司法》第一百六十九条规定:"公司聘用、解聘承办公司审计业务的会计师事务所,依照公司章程的规定,由股东会、股东大会或者董事会决定。公司股东会、股东大会或者董事会就解聘会计师事务所进行表决时,应当允许会计师事务所陈述意见。"该条是对公司聘用、解聘会计师事务所的规定。依照本条规定,公司聘用或解聘承办公司审计业务的会计师事务所,应当依照公司章程的规定,由股东会、股东大会或者董事会决定。公司经理或其他高级管理人员不得自行决定聘用或者解聘承办公司审计业务的会计师事务所。公司为明确此项决定权由哪个机构行使,应当在章程中对此做出规定。本条规定只适用于承办公司审计业务,即接受公司委托,对公司的财务会计报告进行独立审计,出具审计意见的会计师事务所。不适用于仅为公司提供会计咨询业务的会计师事务所。为了保证会计师事务所独立、客观、公正地进行审计,防止公司随便解聘会计师事务所,本条规定,在公司股东会、股东大会或者董事会就解聘会计师事务所进行表决时,应当允许会计师事务所陈述自己的意见。

《公司法》第一百七十条规定:"公司应当向聘用的会计师事务所提供真实、完整的会计凭证、会计账簿、财务会计报告及其他会计资料,不得拒绝、隐匿、谎报。"该条是对公司向会计师事务所提供会计资料应当履行一定义务的规定。会计师事务所对公司的财务进行审计,并做出审计报告,需要公司提供真实、准确、完整的会计凭证、会计账簿、财务会计报告及其他会计资料。所谓真实,是指会计凭证、会计账簿、财务会计报告及其他会计资料反映了实际情况,没有弄虚作假;所谓准确,是指会计凭证、会计账簿、财务会计报告及其他会计资料的数据应当与实际情况相符或者是合乎逻辑的推测;所谓完整,是指会计凭址、会计账簿、财务会计报告及其他会计资料没有遗漏。如果公司提供的会计资料不真实、不准确、不完整,将影响会计师事务所审计报告的公正性和客观性。为了保证会计师事务所能获得真实、准确、完整的会计资料,本条规定公司向会计师事务所提供会计凭证、会计账簿、财务会计报告及其他会计资料不得拒绝、隐匿、谎报。所谓拒绝,是指拒不提供全部或部分会计凭证、会计账簿、财务会计报告及其他会计资料;所谓隐匿,是指藏而不

报;所谓谎报,是指以假充真、真账假做或假账真做。公司违反本条规定的义务,要受到相应的处罚。

案例46 洋河股份(002304)公司章程有关财务、会计制度以及审计机构的规定

江苏洋河酒厂股份有限公司(以下简称洋河股份,002304)公司章程(2015年1月)对公司财务、会计制度以及审计机构的规定如下:

第八章 财务会计制度、利润分配和审计 第一节 财务会计制度 第一百四十九条 公司依照法律、行政法规和国家有关部门的规定,制定公司的财务会计制度。 第一百五十条 公司在每一会计年度结束之日起4个月内向中国证监会和证券交易所报送年度财务会计报告,在每一会计年度前6个月结束之日起2个月内向中国证监会派出机构和证券交易所报送半年度财务会计报告,在每一会计年度前3个月和前9个月结束之日起的1个月内向中国证监会派出机构和证券交易所报送季度财务会计报告。 上述财务会计报告按照有关法律、行政法规及部门规章的规定进行编制。 第一百五十一条 公司除法定的会计账簿外,将不另立会计账簿。公司的资产,不以任何个人名义开立账户存储。 ……	第一节财务会计制度基本援引了《公司法》第一百六十三条至第一百六十五条、第一百七十一条的规定,但针对上市公司有关财务和披露的需要对财务会计报告部分进行了详细规定。
第三节 会计师事务所的聘任 第一百五十八条 公司聘用取得"从事证券相关业务资格"的会计师事务所进行会计报表审计、净资产验证及其他相关的咨询服务等业务,聘期1年,可以续聘。 第一百五十九条 公司聘用会计师事务所必须由股东大会决定,董事会不得在股东大会决定前委任会计师事务所。 第一百六十条 公司保证向聘用的会计师事务所提供真实、完整的会计凭证、会计账簿、财务会计报告及其他会计资料,不得拒绝、隐匿、谎报。 第一百六十一条 会计师事务所的审计费用由股东大会决定。 第一百六十二条 公司解聘或者不再续聘会计师事务所时,提前三十天事先通知会计师事务所,公司股东大会就解聘会计师事务所进行表决时,允许会计师事务所陈述意见。 会计师事务所提出辞聘的,应当向股东大会说明公司有无不当情形。	第三节主要根据《公司法》第一百六十九条、第一百七十条的规定进行规定。明确了聘用、解聘会计师事务所的权力在于股东大会。

二、公司法防范虚假财务会计报告的制度安排

公司法对防范虚假财务会计报告非常重视,其制度安排主要从公司内部治理制度安排、外部治理制度安排以及法律责任配置制度三个方面进行构筑。内部治理制度安排主要包括财务会计报告查阅与公告制度、董事、监事及高级管理人员保

证制度、监事会审核制度以及上市公司独立董事制度四个方面;外部治理制度安排主要包括会计师审计制度、公司登记机关、证券监督机构监督和证券交易所监督四个方面。法律责任配置制度则包括民事、行政和刑事责任三个方面。

(一)公司内部治理制度安排

1. 财务会计报告查阅与公告制度

对于有限责任公司而言,《公司法》第三十三条规定,股东有权查阅、复制公司章程、股东会会议记录、董事会会议决议、监事会会议决议和财务会计报告。股东可以要求查阅公司会计账簿。股东要求查阅公司会计账簿的,应当向公司提出书面请求,说明目的。公司有合理根据认为股东查阅会计账簿有不正当目的,可能损害公司合法利益的,可以拒绝提供查阅,并应当自股东提出书面请求之日起十五日内书面答复股东并说明理由。公司拒绝提供查阅的,股东可以请求人民法院要求公司提供查阅。

对于股份有限公司而言,《公司法》第一百六十五条规定,有限责任公司应当依照公司章程规定的期限将财务会计报告送交各股东。股份有限公司的财务会计报告应当在召开股东大会年会的二十日前置备于本公司,供股东查阅;公开发行股票的股份有限公司必须公告其财务会计报告。

2. 董事、监事及高级管理人员保证制度

我国《证券法》(2014 年修订)第六十八条第一款规定,上市公司董事、高级管理人员应当对公司定期报告签署书面确认意见。该条第三款规定,上市公司董事、监事、高级管理人员应当保证上市公司所披露的信息真实、准确、完整。

3. 监事会审核制度

《公司法》第五十三条规定,监事会有权检查公司财务。第五十四条规定,监事会、不设监事会的公司的监事发现公司经营情况异常,可以进行调查;必要时,可以聘请会计师事务所等协助其工作,费用由公司承担。同时,《证券法》第六十八条第二款规定,上市公司监事会应当对董事会编制的公司定期报告进行审核并提出书面审核意见。

4. 上市公司独立董事制度

《公司法》第一百二十二条规定,上市公司设立独立董事,具体办法由国务院规定。有关独立董事的内容参见“专题 15:董事和董事会议”的有关内容。

(二)公司外部治理制度安排

1. 会计师审计制度

《公司法》第一百六十四条规定,公司应当在每一会计年度终了时编制财务会计报告,并依法经会计师事务所审计。同时,《证券法》也有类似的规定。

2. 公司登记机关、证券监督机构监督制度

《公司法》第二百零二条规定,公司在依法向有关主管部门提供的财务会计报告等材料上作虚假记载或者隐瞒重要事实的,由有关主管部门对直接负责的主管人员和其他直接责任人员处以三万元以上三十万元以下的罚款。《证券法》第一百七十八条规定,国务院证券监督管理机构依法对证券市场实行监督管理,维护证券市场秩序,保障其合法运行。第一百八十条规定,国务院证券监督管理机构依法履行职责,有权查阅、复制当事人和与被调查事件有关的单位和个人的证券交易记录、登记过户记录、财务会计资料及其他相关文件和资料;对可能被转移、隐匿或者毁损的文件和资料,可以予以封存。

3. 证券交易所监督制度

《证券法》第一百一十五条规定,证券交易所对证券交易实行实时监控,并按照国务院证券监督管理机构的要求,对异常的交易情况提出报告。证券交易所应当对上市公司及相关信息披露义务人披露信息进行监督,督促其依法及时、准确地披露信息。证券交易所根据需要,可以对出现重大异常交易情况的证券账户限制交易,并报国务院证券监督管理机构备案。

(三)法律责任配置制度

《公司法》《证券法》以及《刑法》等法规对公司虚假财务会计报告的法律责任进行了明确的规定。譬如,前述的《公司法》第二百零二条规定。再如,《刑法》第一百六十一条规定的“提供虚假财务报告罪”。该条规定,公司向股东和社会公众提供虚假的或者隐瞒重要事实的财务会计报告,严重损害股东或者其他人利益的,对其直接负责的主管人员和其他直接责任人员,处三年以下有期徒刑或者拘役,并处或者单处二万元以上二十万元以下罚金。

三、公司法明确财务会计报告审计制度

《公司法》对公司财务会计报告进行审计的制度主要可以分为两个大的部分:一是对公司财务报告的审计规定;二是一些特定的审计业务的规定。

(一)对公司财务报告的审计

《公司法》第一百六十四条规定:“公司应当在每一会计年度终了时编制财务会计报告,并依法经会计师事务所审计。”这一规定意味着所有公司的财务会计报告均实行以会计师事务所为审计主体的强制审计制度,从而为提高财务报告的公信力,确保会计信息质量提供了保障。同时,《公司法》第一百六十九条规定:“公司聘用、解聘承办公司审计业务的会计师事务所,依照公司章程的规定,由股东会、股东大会或者董事会决定。公司股东会、股东大会或者董事会就解聘会计师事务所进行表决时,应当允许会计师事务所陈述意见。”本条明确了公司聘用、解聘会计师事务所的权力行使,并赋予了会计师事务所陈述与申辩权,从而保障了会计师事务所的独立性,避免其因受到不必要的干扰而影响其审计质量,真正发挥外部审计的监督作用。《公司法》第一百七十条规定:“公司应当向聘用的会计师事务所提供真实、完整的会计凭证、会计账簿、财务会计报告及其他会计资料,不得拒绝、隐匿、谎报”。该条明确了公司有提交会计资料真实完整的法定责任和义务。《公司法》第二百零七条规定,对中介机构提供虚假材料、因过失提供有重大遗漏的报告情况下的处罚最高可处吊销营业执照,并明确了中介机构在出具评估结果、验资或者验证证明不实情况下给公司债权人造成损失应承担相应的赔偿责任。从而使公司和中介机构各司其职,各承其责。

同时,《公司法》第六十二条特别针对一人有限责任公司进行了规定,“一人有限责任公司应当在每一会计年度终了时编制财务会计报告,并经会计师事务所审计”。这是对一人有限责任公司提出的特别要求,其原因在于一人有限责任公司的财产与其一人股东的财产很容易混同,为了防止这种混同而导致公司责任财产的被不当侵蚀,公司法作出了审计的强制规定,并在第六十三条明确规定,一人有限责任公司的股东不能证明公司财产独立于股东自己的财产的,应当对公司债务承担连带责任。

对于申请股票上市交易的股份有限公司而言,《证券法》第五十二条还特别规定,申请股票上市交易,应当向证券交易所报送依法经会计师事务所审计的公司最近三年的财务会计报告。

(二)特定审计业务

《公司法》及其他法律法规规定的特定审计业务主要包括监事会聘请审计、证券管理部门委托专项审计、公司合并分立审计、公司解散清算审计以及公司债券发行审计等。

1. 监事会聘请审计

《公司法》第五十四条规定,监事会有权检查公司财务。第五十四条规定,监事会、不设监事会的公司的监事发现公司经营情况异常,可以进行调查;必要时,可以聘请会计师事务所等协助其工作,费用由公司承担。

2. 证券管理部门委托专项审计

《证券法》第一百四十九条规定,国务院证券监督管理机构认为有必要时,可以委托会计师事务所、资产评估机构对证券公司的财务状况、内部控制状况、资产价值进行审计或者评估。具体办法由国务院证券监督管理机构会同有关主管部门制定。

3. 公司合并、分立审计

《公司法》第一百七十二条至第一百七十九条对公司合并、分立进行了规定,尽管没有明确提出对财务报告进行审计,但按照一般法律理解以及法律实践来看,公司合并、分立时对公司财务报表应当进行审计。

4. 公司解散、清算审计

《公司法》第一百八十条至第一百九十条对公司解散清算进行了规定,类似地,对其财务报表以及债权、债务、财产清单也应当进行审计。

5. 公司债券发行审计

《证券法》第十六条规定,公开发行公司债券,应当符合下列条件:(一)股份有限公司的净资产不低于人民币三千万元,有限责任公司的净资产不低于人民币六千万元;(二)累计债券余额不超过公司净资产的百分之四十;(三)最近三年平均可分配利润足以支付公司债券一年的利息;(四)筹集的资金投向符合国家产业政策;(五)债券的利率不超过国务院限定的利率水平;(六)国务院规定的其他条件。公开发行公司债券筹集的资金,必须用于核准的用途,不得用于弥补亏损和非生产性支出。上市公司发行可转换为股票的公司债券,除应当符合第一款规定的条件外,还应当符合本法关于公开发行股票的条件,并报国务院证券监督管理机构核准。从法规、规章以及实践来看,对于债券发行条件的确定一般以审计机构出具的审计报告来进行验证,所以也存在对财务报表以及相关数据的审计。

最后,鉴于公司公积金制度以及亏损弥补和利润分配制度的复杂性,笔者将在随后的“专题21:公积金制度”和“专题22:亏损弥补和利润分配”中进行介绍。

专题 21 公积金制度

内容提示

《公司法》单列第八章“公司财务、会计”对公司的有关财务和会计事项进行了纲领性、原则性的规定。其中，专门对公司的公积金制度进行了规定，包括公积金的提取、公积金的用途等。本专题包含如下内容：

- 公司公积金的概念和界定；
- 公司公积金的种类和含义；
- 公司公积金的用途；
- 上市公司公积金的有关规定。

一、公司公积金的概念和界定

应该讲，《公司法》仅仅在第一百六十六条、第一百六十八条规定中使用了“公积金”术语，但并没有对它进行明确的定义。一般地，广义公积金是指公司为巩固其财产基础、加强公司信用，于公司资本之外而保留的金额，其性质属于附加资本或称为准资本。从《公司法》的规定来看，广义公积金可以分为资本公积金和狭义公积金（法定公积金和任意公积金）。

法规链接

《公司法》

第一百六十六条　公司分配当年税后利润时，应当提取利润的百分之十列入公司法定公积金。公司法定公积金累计额为公司注册资本的百分之五十以上的，可以不再提取。

公司的法定公积金不足以弥补以前年度亏损的，在依照前款规定提取法定公积金之前，应当先用当年利润弥补亏损。

公司从税后利润中提取法定公积金后,经股东会或者股东大会决议,还可以从税后利润中提取任意公积金。

公司弥补亏损和提取公积金后所余税后利润,有限责任公司依照本法第三十四条的规定分配;股份有限公司按照股东持有的股份比例分配,但股份有限公司章程规定不按持股比例分配的除外。

股东会、股东大会或者董事会违反前款规定,在公司弥补亏损和提取法定公积金之前向股东分配利润的,股东必须将违反规定分配的利润退还公司。

公司持有的本公司股份不得分配利润。

第一百六十七条　股份有限公司以超过股票票面金额的发行价格发行股份所得的溢价款以及国务院财政部门规定列入资本公积金的其他收入,应当列为公司资本公积金。

第一百六十八条　公司的公积金用于弥补公司的亏损、扩大公司生产经营或者转为增加公司资本。但是,资本公积金不得用于弥补公司的亏损。

法定公积金转为资本时,所留存的该项公积金不得少于转增前公司注册资本的百分之二十五。

【法规解读】

1.《公司法》第一百六十六条第一款的“法定公积金”系指会计上所称的“法定盈余公积金”。其规定“公司法定公积金累计额为公司注册资本的百分之五十以上的,可以不再提取”,使用了“提取”两字,所以根据资本公积金的来源来分析,此处的“法定公积金”属于“法定盈余公积金”而不是资本公积金。

2. 从《公司法》第一百六十六条第三款规定可以看出,公司提取法定公积金之后,经股东会或者股东大会决议,还可以从税后利润中提取任意公积金。根据我国会计法规的规定,此处的“任意公积金”系指会计上的“任意盈余公积金”。

3.《公司法》第一百六十六条第四款规定的“公积金”前面有“提取”二字。因而此处的“公积金”应准确界定为“法定盈余公积金”和“任意盈余公积金”。

4.《公司法》第一百六十八条规定的“公积金”可以用于弥补公司亏损、扩大公司的生产经营或者转为增加公司资本。但是,资本公积金不得用于弥补公司的亏损,因此应该准确界定此处的“公积金”为“法定盈余公积金、任意盈余公积金和资本公积金”。

从上述规定可以看出,《公司法》对“公积金”的规定出现的两处的含义并不一致,但如果前面没有“提取”两字时,公司法中的“公积金”应理解为广义的公积金,即包括狭义的公积金[法定公积金(法定盈余公积金)和任意公积金(任意盈余公积金)]和资本公积金。

二、公司公积金的种类和含义

从《公司法》和我国会计法规的规定来看,广义的公司公积金可以分为资本公积金和盈余公积金。前者可以分为资本公积(溢价)和资本公积(其他资本公积),后者又可分为法定公积金(法定盈余公积金)和任意公积金(任意盈余公积金)。

(一)资本公积金

从资本公积金的来源进行分类,资本公积金可以分为资本或股本溢价和其他资本公积金。《公司法》第一百六十七条规定:"股份有限公司以超过股票票面金额的发行价格发行股份所得的溢价款以及国务院财政部门规定列入资本公积金的其他收入,应当列为公司资本公积金。"财政部制定的《企业会计准则——应用指南》规定"资本公积"科目的核算内容包括两个部分:一是企业收到投资者出资额超出其在注册资本或股本中所占份额的部分;二是直接计入所有者权益的利得和损失。归纳起来,资本公积的构成内容包括"资本或股本溢价"和"其他资本公积"两个部分。

1. 资本公积(资本或股本溢价)

资本或股本溢价主要包括企业接受投资者投入的资本未计入"实收资本"或"股本"的部分、可转换公司债券持有人行使转换权利、将债务转为资本等形成的资本公积以及同一控制下控股合并及吸收合并形成的资本公积部分。

2. 资本公积(其他资本公积)

根据2014年3月13日,财政部颁布《关于印发修订〈企业会计准则第2号——长期股权投资〉的通知》(财会〔2014〕14号,以下简称《长期股权投资准则》)第十一条规定:"投资方对于被投资单位除净损益、其他综合收益和利润分配以外所有者权益的其他变动,应当调整长期股权投资的账面价值并计入所有者权益。"这部分内容属于资本公积(其他资本公积),并不属于其他综合收益。即被投资单位以后会计期间不能重分类进损益的其他综合收益项目[主要包括重新计量设定受益计划净负债或净资产导致的变动、按照权益法核算的在被投资单位以后会计期间不能重分类进损益的其他综合收益中所享有的份额(如股份支付所形成的所有者权益变动、企业发行可转换债券所形成的所有者权益变动)等]导致投资单位长期股权投资账面价值调整的,应当计入资本公积(其他资本公积),以前纳入其他资本公积核算的按照权益法核算的在被投资单位以后会计期间在满足规定条件时将重分类进损益的其他综合收益中所享有的份额、可供出售金融资产公允价值变动形成的利得或损失、持有至到期投资重分类为可供出售金融资产形成的利得或损失、现金流量套期工具产生的利得或损失中属于有效套期的部分、外币财务报表折算差额等将直接计入"其他综合收益"科目核算。

(二)盈余公积金

从《公司法》规定的提取方式的要求的不同,盈余公积金可以分为法定盈余公积金和任意盈余公积金。

1. 法定公积金(法定盈余公积金)

法定公积金亦称“强制公积金”,是指依据法律规定而必须强制提取的公积金。根据《公司法》第一百六十六条第一款规定,公司分配当年税后利润时,应当提取利润的10%列入公司法定公积金。公司法定公积金累计额为公司注册资本的50%以上的,可以不再提取。

2. 任意公积金(任意盈余公积金)

任意公积金是指公司根据公司章程或经股东会或股东大会决议而于法定公积金上自由设置或提取的公积金。所以,任意公积金是否设置及如何提取和使用,全凭公司自由决定,法律不加干涉。

案例47　公司资本公积金的核算

甲公司注册资本为400万元,因经营发展的需要计划引入新的投资者A公司,A公司计划向甲公司投入150万元,以房屋作价110万元和40万元的现金投入,占增资后的甲公司的股权比例为20%。

问题:甲公司在增资时如何进行账务处理?

【评析】

由于A公司增资后占公司股权比例为20%,因此,增资后甲公司的注册资本=400/(1-20%)=500(万元),所以有关账务处理如下:

借:固定资产——房屋	110万元
银行存款	40万元
贷:实收资本——A公司	100万元
资本公积(资本溢价)	50万元

三、公司公积金的用途

根据《公司法》第一百六十八条第一款规定,“公司的公积金用于弥补公司的亏损、扩大公司生产经营或者转为增加公司资本。但是,资本公积金不得用于弥补公司的亏损。”因此,公司的公积金的用途包括弥补公司亏损、扩大公司生产经营或转增公司资本。

(一)弥补公司亏损

公司出现亏损直接影响到公司资本的充实、公司的稳定发展以及公司股东、债权人权益的有效保障,因此,我国有关立法历来强调“亏损必先弥补”。公司法也把弥补亏损作为公积金的首要用途。同时还规定,公司的法定公积金不足以弥补上一年度公司亏损的,在依照规定提取法定公积金之前,应当先用当年利润弥补亏损。

【实务问题49】 公司法为什么规定资本公积金不得用于弥补公司的亏损?

《公司法》第一百六十八条第一款规定:“公司的公积金用于弥补公司的亏损、扩大公司生产经营或者转为增加公司资本。但是资本公积金不得用于弥补公司的亏损。”为什么《公司法》禁止用资本公积金弥补亏损呢?笔者认为:

1. 资本公积金弥补亏损模糊了资本和收益的界限。为了给股东和投资者提供真实的财务会计信息,需要从会计上严格划分资本和收益的界限,收益是企业经营活动产生的结果,可以在弥补以前年度亏损之后分配给股东;而资本公积金属于来自于企业收益之外的资源,其中大部分是股东的投资,具有资本的属性,与企业经营取得的收益无关。目前,企业资本公积金的主要来源为股本溢价,属于股东实缴资本超过股票面值的部分,由于法定注册资本制度的规定而无法以资本的名义出现。因此用资本公积金弥补亏损势必模糊资本与收益的界限,其结果是无法反映企业的真实经营业绩。

2. 资本公积金弥补亏损不利于资本保全和维护债权人利益。用资本公积金弥补亏损,等于将资本公积金转为收益或利润,从而等于用股东投入的股本溢价部分进行利润分配。资本公积金弥补亏损的性质,与股东投入资本弥补亏损的性质相同,因此其结果是将投资者的出资返还给投资者,等于变相抽逃资本或分配资本。既违反了资本保全原则,同时也弱化了公司资本对债权人的担保功能,从而侵犯债权人的利益。

3. 资本公积金弥补亏损可能会损害公司和股东的共同利益。根据我国现行税法规定,企业的亏损可以在连续5年内用以后年度的税前利润弥补。根据这一规定,一个盈利的公司可因其以前年度的未弥补亏损而少交甚至不交当年度的所得税。从这个意义上来说,企业账面上未弥补的亏损,对一个成功实现当年赢利的企业而言,意味着可以获得一笔可以减少纳税的间接收益。而以资本公积金弥补亏损,将会使企业失去以税前利润弥补以前年度亏损的权利及相应的税收节省收益,损害了公司及其全体股东的共同利益。

(二)扩大公司生产经营

公司要扩大生产经营规模,必须增加投资。在不增加注册资本的情况下,可用公积金追加投资。

(三)转增公司资本

用公积金增加公司注册资本,既壮大了公司的实力,又无须股东个人追加投资,故于公司、于股东都有利。但如果将法定公积金全部转为资本,则有违公积金弥补亏损的效用,因此有必要限制其数额。因此,《公司法》第一百六十八条第二款规定,"法定公积金转为资本时,所留存的该项公积金不得少于转增前公司注册资本的百分之二十五"。

【实务问题50】 实务中,资本公积金(其他资本公积)是否可以用于转赠资本?

《公司法》第一百六十八条第一款规定,"公司的公积金用于弥补公司的亏损、扩大公司生产经营或者转为增加公司资本。但是,资本公积金不得用于弥补公司的亏损"。该条规定意味着资本公积金可用于扩大公司生产经营或者转为增加公司资本。也可以进一步理解为,不管是哪一项资本公积金都可用于扩大公司生产经营或者转为增加公司资本。由于《公司法》规定资本公积金可以用于转增股本,但是《企业会计准则——应用指南》并没有提到资本公积(其他资本公积)用于转增股本的会计处理问题。笔者认为,从公司法原理分析,资本(股本)溢价可以用于转增资本(股本),由于"资本公积(资本或股本溢价)"科目的贷方金额是公司收到投资者投资时形成的,资本或股本溢价在形成所对应的资产时完全符合资本的特征,因为形成资本溢价的资产与形成实收资本或股本的资产通常是一体的,比如都是现金、实物、知识产权和土地使用权。完全可以把资本或股本溢价理解为准资本,只不过没有记入实收资本或股本账户而记入了资本公积账户而已。基于此,其他资本公积一般情况下不应用于转增股本。理由在于,从会计核算的角度来看,其他资本公积的增加、减少都有其特定的科目对应关系,特别是当其他资本公积减少时,其特定的科目对应关系中一般没有"实收资本"或"股本"科目(以权益结算的股份支付形成的资本公积在行权日转增"股本"科目除外)。比如,采用权益法核算的长期股权投资针对被投资单位除净损益、其他综合收益和利润分配以外所有者权益的其他变动按照持股比例调整形成的资本公积,在处置该项投资后,一般应将资本公积(其他资本公积)转为投资收益。也就是说,其他资本公积在一般情况下不应用于转增股本。反过来讲,如果一定要将其他资本公积用于转增股本,则会破坏会计核算中应有的科目对应关系,使得会计处理不能反映经济业务的实质。

综上所述,用于转增资本的资本公积仅限于资本/股本溢价部分。按照《企业会计准则—应用指南》附录"会计科目和主要账务处理"的规定,会计处理上,借记

"资本公积"(资本/股本溢价),贷记"实收资本"或"股本"科目。对于投资者而言,不需要做会计处理,只需做备查登记。

【实务问题51】　实务中,盈余公积金是否可用于利润分配?

根据《公司法》第一百六十六条第四款规定,公司弥补亏损和提取公积金后所余税后利润,有限责任公司依照本法第三十四条的规定分配;股份有限公司按照股东持有的股份比例分配,但股份有限公司章程规定不按持股比例分配的除外。同时,《公司法》第一百六十八条第一款明确规定,公司的公积金用于弥补公司的亏损、扩大公司生产经营或者转为增加公司资本。从前述规定来看,公司进行利润分配的是使用弥补亏损和提取公积金(法定盈余公积、任意盈余公积金)之后所余的税后利润进行分配,并且公司法也明确规定公积金的用途仅局限于三种用途:弥补亏损、扩大生产经营或转增资本,所以公司的盈余公积金不得用于利润分配。

从法律原理来分析,盈余公积制度设立的本意是为了巩固公司财产基础、加强公司信用或为了弥补意外亏损从而增强公司的经营积累和抗风险的能力而对公司利润分配作出的限制。如果允许盈余公积用于利润分配的话,则前述目的显然将不能达成。实务中之所以会出现这样的"误解",可能的原因在于,1992年原国家体改委发布的《股份有限公司规范意见》第七十五条曾经规定,"公司当年无利润时,不得分配股利。但公司已用盈余公积金弥补亏损后,公司为维护其股票信誉,经股东会特别决议,可按不超过股票面值百分之六的比率用盈余公积金分配股利,但分配股利后公司法定盈余公积金不得低于注册资本的百分之二十五。公司可供分配的利润不足以按不超过股票面值百分之六的比率支付股利时,亦可按上款办理"。但是该规定并未纳入后来的1993年《公司法》,在后续的2005年《公司法》以及最新的2014年《公司法》中亦未被采纳。所以,实践中,并不能参照该规范意见的规定执行。

四、上市公司公积金的有关规定

中国证监会于2012年3月30日发布了《上市公司监管指引第1号——上市公司实施重大资产重组后存在未弥补亏损情形的监管要求》(证监会公告〔2012〕6号,以下简称《监管指引第1号》),该指引规定:"公司的资本公积金不得用于弥补公司的亏损"、"上市公司不得采用资本公积金转增股本同时缩股以弥补公司亏损的方式规避上述规定"。《监管指引第1号》主要重申两个规定:相关上市公司应当遵守《公司法》规定,资本公积金不得用于弥补亏损;相关上市公司不得采用资本公积金转增股本同时缩股,以弥补亏损的方式规避上述法律规定。

事实上,早在2005年《公司法》出台之前,不少上市公司采用资本公积金弥补累计亏损。最典型的例子就是2001年年初的郑百文(600898.SH,现名三联商社)重组事件。当时,郑百文董事会拟用2.5亿元资本公积金和1822.17万元盈余公积金补亏,再将重组方豁免的14.47亿元债权形成资本公积金,并用该资本公积金冲抵累计亏损,使得公司的巨额亏损迅速清零。在2005年之后,有个别上市公司还采用了资本公积转增股本同时缩股,以弥补亏损的规避方式进行操作。ST飞彩(000887)2007年重大资产重组即使用该方式。当时,ST飞彩累计亏损7亿元以上,这意味着其新主体多年内都无法用利润和公积金补亏。然而,相关重组方通过先资本公积金转增、送股,然后减资补亏,规避法律规定,实现了资本公积金补亏。可见,《监管指引第1号》事实上已经"堵死"了上市公司采取类似于"ST飞彩"这样的规避方式。

其实《监管指引第1号》本身仅仅只是再次强调《公司法》有关资本公积金不得用于弥补亏损的规定;根据《公开发行证券的公司信息披露规范问答第3号——弥补累计亏损的来源、程序及信息披露(2006年修订)》[①]的规定:"公司累计亏损未经全额弥补之前,不得向股东派发股利"。事实上,股利包括股票股利和现金股利。《上市公司发行证券管理办法》(证监会令第30号)第八条第(五)项规定:"最近三年以现金方式累计分配的利润不少于最近三年实现的年均可分配利润的百分之三十",[②]即未进行分红的上市公司不符合公开发行证券(指股票和可转债)的要求。这意味着,重大资产重组后仍存巨额未弥补亏损的公司不可以分红,故不可能通过公开发行股票、配股或可转债等再融资。

① 根据最新的2014年《公司法》,该文应当对其《公司法》条款进行修订,但该规定其他内容并不需要修订。——笔者注

② 《关于修改上市公司现金分红若干规定的决定》(证监会令第57号)第三条修订。——笔者注

专题 22 亏损弥补和利润分配

内容提示

上一专题我们讨论了公司公积金制度，与公积金息息相关的一个非常重要的制度是公司亏损弥补和利润分配制度。在本专题，我们将讨论这个制度。本专题包含如下内容：

- 利润和亏损的概念和内涵；
- 利润分配和亏损弥补的法定程序；
- 违法分配利润的法律后果；
- 外商投资企业法有关利润分配和亏损弥补的特别规定；
- 利润分配的形式和种类；
- 上市公司现金分红制度。

一、利润和亏损的概念和内涵

我国《公司法》尽管在其第八章“公司财务、会计”中多处提及了亏损和利润，但并没有对它们作出明确的定义。我们知道，利润是会计法所确认的会计基本要素之一，在会计实务操作中，被分解为主营业务利润、其他业务利润、营业利润、利润总额(所得税前会计利润)、净利润(所得税后会计利润)、可供分配的利润、可供股东分配的利润、未分配利润(公司累计尚未分配的利润)等不同层次的“子”概念。但公司法并未谨慎使用相关“利润”术语，如新《公司法》第一百六十六条对于提取法定公积金的基数，仅规定了“应当提取利润的……”在弥补亏损问题上，只规定了“应当先用当年利润弥补亏损”，而并未指明此“利润”是什么利润？是利润总额还是税后利润？未将所得税前会计利润和所得税后会计利润加以区分。这就会降低法律的严谨性，产生理解上的歧义，从而影响实际操作。因此，笔者在此处将公认的会计原则以及税法上的“利润”和“亏损”的概念术语引入到公司法中进行介绍。

(一)会计上利润和亏损的概念和内涵

根据《企业会计准则——基本准则》(财政部令第76号,2014年修订)相关条款规定,利润是指企业在一定会计期间的经营成果。利润包括收入减去费用后的净额、直接计入当期利润的利得和损失等。直接计入当期利润的利得和损失是指应当计入当期损益、会导致所有者权益发生增减变动的、与所有者投入资本或者向所有者分配利润无关的利得或者损失。一般地,利润包括营业利润、投资收益和营业外收支净额。至于何谓"亏损",通常是指企业根据会计制度、会计准则核算的结果的亏损,即为企业利润表中的亏损额。

(二)税法上应纳税所得额和可弥补亏损的概念和内涵

《企业所得税法》上并没有明确规定利润的概念,实际是"应纳税所得额"的概念。根据《企业所得税法》第五条规定:"企业每一纳税年度的收入总额,减除不征税收入、免税收入、各项扣除以及允许弥补的以前年度亏损后的余额,为应纳税所得额。"同时,其第十八条规定:"企业纳税年度发生的亏损,准予向以后年度结转,用以后年度的所得弥补,但结转年限最长不得超过五年。"所以,企业所得税允许弥补的"亏损"并不是企业利润表中的亏损额,而是企业利润表中的亏损额按税法规定调整后的余额。企业所得税的应纳税所得额为纳税人每一年度的收入总额减去准予扣除项目后的余额,其计算公式为应纳税所得额等于收入总额减去准予扣除项目金额。会计核算是根据企业财务、会计制度有关规定进行的核算,其财务、会计处理办法同国家有关税收规定抵触的,在企业所得税上,应当依照国家有关税收的规定计算纳税,所以,亏损弥补额是指按照税法规定纳税调整后的亏损额。

二、利润分配和亏损弥补的法定程序

根据《公司法》第三十四条、第一百六十六条、第一百六十八条以及相关会计、税务法规的规定,公司年度利润在分配之前应当按照如下顺序进行:

1. 弥补以前5个年度的税法未弥补亏损。根据《企业所得税法》第十八条的规定,年度税前利润总额可以使用以前5个年度的未弥补亏损进行弥补。弥补亏损之后仍有剩余的,才计算缴纳企业所得税。如果未完全弥补的,则当年度不计算缴纳企业所得税,也不用提取法定公积金(10%的法定盈余公积),也不能进行利润分配。超过税法允许的5个年度未弥补完毕的亏损不得使用税前利润弥补,只能使用税后利润进行弥补；

2. 计算缴纳企业所得税。依据《企业所得税法》的规定，公司年度收入总额，减除不征税收入、免税收入、各项扣除以及允许弥补的以前年度亏损后的余额，为应纳税所得额。该应纳税所得额乘以适用税率得出当年度应纳税额；

3. 弥补税法上不能税前弥补的亏损。依据第1点用税前利润弥补亏损之后尚余不能税前弥补亏损的，该等不能税前弥补亏损只能用税后利润进行弥补。在会计处理上，该弥补并不需要进行任何的账务处理，在利润分配科目进行自动弥补。如果公司账上提取的法定公积金尚有余额的，可以先使用它弥补亏损，但不足以弥补亏损的，应当先使用当年税后利润进行弥补；

4. 提取法定公积金（法定盈余公积）。在上述3点经过之后，如果公司尚有剩余利润的，应当按照税后利润的10%提取法定公积金，但法定公积金累计额为公司注册资本的50%以上的，可以不再提取；

5. 提取任意公积金（任意盈余公积）。任意公积金系指公司自由、自愿提取的公积金，与法定公积金相对应。需要注意的是，公司提取任意公积金需经股东会或或者股东大会决议通过；

6. 分配利润。公司完成上述第1～5（第5项可选）项程序之后，才能够向股东分配利润。根据《公司法》第三十七条、第四十六条、第九十九条和第一百零八条、的规定，公司的利润分配方案由董事会制定并提出，经股东（大）会批准通过。需要特别注意的是，《公司法》第三十四条规定，有限责任公司“股东按照实缴的出资比例分取红利……但是，全体股东约定不按照出资比例分取红利……的除外”；“股份有限公司按照股东持有的股份比例分配，但股份有限公司章程规定不按持股比例分配的除外”。

案例48 公司如何进行亏损弥补？

假定甲公司2008年到2014年的经营情况见下表（单位：万元）：

2008年	2009年	2010年	2011年	2012年	2013年	2014年
-150	-30	20	70	40	-10	55

问题：甲公司如何进行亏损弥补？

【评析】

1. 对于2008年，其亏损的弥补期为2009年至2013年。因此，2008年的亏损可以使用2010年的20万元、2011年的70万元和2012年的40万元进行弥补，则尚余不得税前弥补金额 = -150 + 20 + 70 + 40 = -20（万元）；

2. 对于2009年，其亏损的弥补期为2010年至2014年。因此，2009年度的亏损可以使用2014年的55万元去弥补，则弥补亏损金额为30万元。弥补亏损后，2014年度尚余利润 = -30 + 55 = 25（万元）；

3. 对于2013年，其亏损的弥补期为2014年至2018年。其亏损只能使用2014年尚余的利润25万元去弥补，弥补完毕后，2014年度尚余利润 = -10 + 25 = 15（万元）。因此，甲公司2014年度的应纳税所得税为15万元（假定不考虑其他纳税调整事项）。

三、违法分配利润的法律后果

根据《公司法》第一百六十六条第五款规定："股东会、股东大会或者董事会违反前款规定，在公司弥补亏损和提取法定公积金之前向股东分配利润的，股东必须将违反规定分配的利润退还公司。"

公司违反《公司法》有关利润分配的规定，在弥补亏损和提取法定公积金之前向股东分配利润，实际上是破坏了股东有限责任的规则，相当于抽逃公司资本。所以《公司法》第一百六十六条第五款明确规定必须将违反规定分配的利润退还给公司。这是因为，在公司制度中，股东对公司的投资构成公司责任财产的基础，当公司发生亏损时，公司的资产减少，公司的责任财产也相应地减少，但公司法并没有立即要求股东对公司的亏损进行填补，因此，当公司有盈利时，在公司向股东分配盈利之前，应当首先以公司的利润填补公司责任财产。只有这样，公司的资本才能充实，股东对公司的有限责任才能真正实现。否则，公司有亏损不进行弥补，有利润就进行分配，则公司的资本就会被股东抽空，股东的责任将名存实亡。正是如此，《公司法》才明确规定，股东必须将违反规定分配的利润退还公司。

四、外商投资企业法有关利润分配和亏损弥补的特别规定

根据外商投资企业法以及2014年修订后的实施条例、实施细则的规定，三资企业在利润分配方面存在一些特别规定如下：

1.《合资企业法实施条例》第七十六条规定："合营企业按照《中华人民共和国外商投资企业和外国企业所得税法》①缴纳所得税后的利润分配原则如下：（一）提取储备基金、职工奖励及福利基金、企业发展基金，提取比例由董事会确定；（二）储备基金除用于垫补合营企业亏损外，经审批机构批准也可以用于本企业增加资本，

① 《中华人民共和国外商投资企业和外国企业所得税法》已经被《企业所得税法》于2008年1月1日起废止，因此此处应该修订为适用《企业所得税法》。——笔者注

扩大生产;(三)按照本条第(一)项规定提取三项基金后的可分配利润,董事会确定分配的,应当按合营各方的出资比例进行分配。"

2.《合作企业法实施细则》第四十三条规定:"中外合作者可以采用分配利润、分配产品或者合作各方共同商定的其他方式分配收益。采用分配产品或者其他方式分配收益的,应当按照税法的有关规定,计算应纳税额。"第四十四条规定:"中外合作者在合作企业合同中约定合作期限届满时,合作企业的全部固定资产无偿归中国合作者所有的,外国合作者在合作期限内可以申请按照下列方式先行回收其投资:(一)在按照投资或者提供合作条件进行分配的基础上,在合作企业合同中约定扩大外国合作者的收益分配比例;(二)经财政税务机关按照国家有关税收的规定审查批准,外国合作者在合作企业缴纳所得税前回收投资;(三)经财政税务机关和审查批准机关批准的其他回收投资方式。外国合作者依照前款规定在合作期限内先行回收投资的,中外合作者应当依照有关法律的规定和合作企业合同的约定,对合作企业的债务承担责任。"第四十五条规定:"合作企业的亏损未弥补前,外国合作者不得先行回收投资。"

3.《外资企业法实施细则》第五十六条规定:"外资企业依照中国税法规定缴纳所得税后的利润,应当提取储备基金和职工奖励及福利基金。储备基金的提取比例不得低于税后利润的10%,当累计提取金额达到注册资本的50%时,可以不再提取。职工奖励及福利基金的提取比例由外资企业自行确定。外资企业以往会计年度的亏损未弥补前,不得分配利润;以往会计年度未分配的利润,可与本会计年度可供分配的利润一并分配。"

那么,上述这些特别规定在新公司法下是否还继续适用呢?

笔者认为,根据《公司法》第二百一十七条规定,外商投资的有限责任公司和股份有限公司适用本法;有关外商投资的法律另有规定的,适用其规定。同时,依据《国家工商行政管理总局、商务部、海关总署、国家外汇管理局关于印发〈关于外商投资的公司审批登记管理法律适用若干问题的执行意见〉的通知》(工商外企字〔2006〕第81号)第一条的规定,外商投资的公司的登记管理适用《公司法》和《公司登记管理条例》;有关外商投资企业的法律另有规定的,适用其规定;《公司法》《公司登记管理条例》、有关外商投资企业的法律没有规定的,适用有关外商投资企业的行政法规、国务院决定和国家有关外商投资的其他规定。因此,根据上述法律适用的原则,由于《合资企业法》《合作企业法》以及《外资企业法》等基本法律并没有另行规定,而《合资企业法实施条例》《合作企业法实施细则》以及《外资企业法实施细则》皆属于行政法规,其法律效力低于《公司法》,因此,不管是从法律适用以及实务中,目前的三资企业按照《公司法》和《公司登记管理条例》进行登记。

同时,根据《财政部关于印发〈外商投资企业执行〈企业会计制度〉有关问题的规定〉的通知》(财会〔2001〕第62号)第二条规定:"外商投资企业在执行《企业会计制度》时,其他有关问题的处理,按以下规定执行:(十)'储备基金'、'企业发展基金'、'利润归还投资'科目余额,转入'盈余公积'科目。"

综上,目前外商投资企业按照《公司法》和《公司登记管理条例》进行登记,其财务核算上提取的"储备基金"、"企业发展基金"、"利润归还投资"科目余额,转入"盈余公积"科目进行核算。所以已经与企业会计制度和后来的企业会计准则趋同。

五、利润分配的形式和种类

实务中,公司利润分配一般包括三种类型:现金股利和股票股利以及实物股利。其中,现金股利和股票股利是最常见和普遍的形式,基于实物往往具有不可分割性或不好分割性,实物股利一般比较罕见,但并非没有。

现金股利是指被投资企业以现金的形式向股东支付的股利。这种分配方式是被投资企业股利分配中最常见、最普通的形式。股票股利是指公司以增发股票的方式代替现金,按股东持有股份的比例向股东支付的股利。发放股票股利,对公司而言,资产、负债和股东权益的总额不变,但股东权益的内部结构发生了改变,留存收益(未分配利润和盈余公积)转化为股本;对股东而言,股东持有的股票数量增加,但是持股比例不变。

需要注意的是,还存在一种特殊的情形——资本公积金转增实收资本或股本,它属于资本性账户的内部结转,不具有利润分配的性质。但是,我国公司通常将利润分配方案与资本公积金转增股本方案并列披露。

【实务问题52】 什么是派息、送股、转股?

在资本市场中,我们经常会听到一些专用的术语,譬如"分红"、"派息"、"送红股"、"转股"等,那么,这些术语具有什么含义呢?

我们讲,投资者购买一家上市公司的股票,对该公司进行投资,同时享受公司分红的权利。一般来说,上市公司分红有两种形式;向股东派发现金股利(现金分红也叫派息、分红)和股票股利(送红股、送股)。此外,上市公司还会使用资本公积转增股本,严格来讲,资本公积转增股本(转股)不属于分红范畴,但由于这种行为也会影响公司股票价格予以除权,且实质与送红股类似。因此,一般也将其视为分红的一种,并在上市公司的年报中,与利润分配方案并置表述。上市公司可根据情况选择其中一种形式进行分红,也可以多种形式组合使用。根据《公司法》的规定,上市公司利润分配属于公司自主决策事项,只有股东大会才有权决定是否分红。

案例49　金自天正(600560)利润分配及资本公积转增股本案

北京金自天正智能控制股份有限公司(以下简称金自天正)系在上交所上市的股份有限公司。2012年5月10日,金自天正发布《2011年度利润分配实施公告》,宣布了如下的利润分配方案:"本次分配以2011年12月31日公司总股本149,097,000股为基数,向全体股东每10股派发现金红利0.6元(含税),送2股,转增3股……"事实上,该利润分配方案包含了三种类型的利润分配:派息(现金红利、现金股息)、送红股[留存收益(基本是未分配利润)转增股本]以及资本公积转增股本(转股)。金自天正利润分配、转增股本方案简介如下:

2012年4月12日,金自天正2011年度股东大会审议通过了2011年度利润分配预案和资本公积金转增股本预案,并于2012年5月10日,公布了2011年度利润分配实施公告。该方案的具体内容如下①:

1. 本次分配以2011年12月31日公司总股本149,097,000股为基数,向全体股东每10股派发现金红利0.6元(含税),送2股,转增3股,扣税后每10股派发现金红利0.34元,共计派发股利8,945,820元。实施后总股本为223,645,500股,增加74,548,500股。

2. 股权登记日:2012年5月15日;除权(除息)日:2012年5月16日;新增可流通股份上市流通日:2012年5月17日;现金红利发放日:2012年5月22日。

3. 分派对象:截至2012年5月15日(A股股权登记日)下午上交所收市后,在中国证券登记结算有限责任公司上海分公司登记在册的全体股东。

利润分配及转增完成后的股本情况见下表(单位:股):

① 参见《北京金自天正智能控制股份有限公司2011年度利润分配实施公告》(2012年5月10日),第1~2页。

	本次变动前		本次变动增减(+,-)				本次变动前	
	数量	比例(%)	送股	公积金转股	其他	小计	数量	比例(%)
一、无限售条件流通股份								
人民币普通股	149,097,000	100	29,819,400	44,729,100		74,548,500	223,645,500	100
无限售条件流通股合计	149,097,000	100	29,819,400	44,729,100		74,548,500	223,645,500	100
二、股份总数	149,097,000	100	29,819,400	44,729,100		74,548,500	223,645,500	100

六、上市公司现金分红制度

现金分红作为上市公司股利政策最重要的一种方式,对中国证券市场有着重要的影响。合理的派现不仅可以树立起公司的良好形象,而且能建立起投资者对公司前景的信心,从而为公司创造一个优良的融资环境,使公司获得长期稳定的发展。因此,上市公司现金分红是实现投资者投资回报的重要形式,对于培育资本市场长期投资理念,增强资本市场的吸引力和活力,具有十分重要的作用。为了引导和规范上市公司现金分红,中国证监会于2004年12月7日出台了《关于发布〈关于加强社会公众股股东权益保护的若干规定〉的通知》(证监发〔2004〕118号),于2008年10月9日出台了《关于修改上市公司现金分红若干规定的决定》(证监会令〔2008〕第57号,以下简称《现金分红规定》),并于2013年11月30日,出台了《上市公司监管指引第3号——上市公司现金分红》(证监会公告〔2013〕43号,以下简称《现金分红指引》)。除了证监会层面的部门规章之外,上交所还出台了有关现金分红的指引以及相关的工作备忘录。譬如,上交所的《上海证券交易所上市公司现金分红指引》以及《上市公司定期报告工作备忘录第七号关于年报工作中与现金分红相关的注意事项(2014年1月修订)》。

(一)《现金分红规定》的规定

根据《关于发布〈关于加强社会公众股股东权益保护的若干规定〉的通知》(证监发〔2004〕118号)第四条的规定:"(一)上市公司的利润分配应重视对投资者的合理投资回报。(二)上市公司应当将其利润分配办法载明于公司章程。(三)上市公司董事会未做出现金利润分配预案的,应当在定期报告中披露原因,独立董事应当对此发表独立意见;上市公司最近三年未进行现金利润分配的,不得向社会公众增发新股、发行可转换公司债券或向原有股东配售股份。(四)存在股东违规占用上市公司资金情况的,上市公司应当扣减该股东所分配的现金红利,以偿还其占用的资金。"根据《现金分红规定》第一条的规定:"在《上市公司章程指引(2006年修订)》第一百五十五条增加一款,作为第二款:'注释:公司应当在章程中明确现金分红政策,利润分配政策应保持连续性和稳定性。'"其第二条规定,"在《关于加强社会公众股股东权益保护的若干规定》第四条第(一)项增加规定:'上市公司可以进行中期现金分红。'"其第三条规定:"将《上市公司证券发行管理办法》第八条第(五)项'最近三年以现金或股票方式累计分配的利润不少于最近三年实现的年均可分配利润的20%'修改为:'最近三年以现金方式累计分配的利润不少于最近三年实现的年均可分配利润的30%'。"①

案例50　雷鸣科化(600985)换股吸收合并西部民爆——发行新股之前的利润分配

根据合并方案披露,本换股吸收合并案中雷鸣科化合并重组前(合并基准日2011年9月30日)的股利分配政策如下:

经雷鸣科化于2011年6月24日召开的2011年第一次临时股东大会审议通过的现行有效的《公司章程》规定,公司的利润分配政策如下:

"第一百五十二条　公司分配当年税后利润时,应当提取利润的10%列入公司法定公积金。公司法定公积金累计额为公司注册资本的50%以上的,可以不再提取。

公司的法定公积金不足以弥补以前年度亏损的,在依照前款规定提取法定公积金之前,应当先用当年利润弥补亏损。

公司从税后利润中提取法定公积金后,经股东大会决议,还可以从税后利润中提取任意公积金。

公司弥补亏损和提取公积金后所余税后利润,按照股东持有的股份比例分配,但本章程规定不按持股比例分配的除外。

股东大会违反前款规定,在公司弥补亏损和提取法定公积金之前向股东分配利润的,股东必须将违反规定分配的利润退还公司。公司持有的本公司股份不参与分配利润。

第一百五十五条　公司应实施积极的利润分配政策:(一)公司的利润分配应

① 该要求是针对上市公司公开发行股票再融资的分配要求。——笔者注

重视对投资者的合理投资回报,利润分配政策应保持连续性和稳定性。(二)公司可以采取现金、股票或者以资本公积转增股本及其他符合法律、行政法规的合理方式分配股利。公司可以进行中期现金分红。公司如申请再融资,最近三年以现金累计分配的利润不少于最近三年实现的年均可分配利润的百分之三十,确因特殊原因不能达到上述比例的,董事会应当向股东大会作特别说明。(三)存在公司股东违规占用公司资金情况的,公司应当扣减该股东所分配的现金股利,以偿还其占用的资金。(四)公司董事会做出现金利润分配预案,应当在定期报告中披露。"

雷鸣科化近三年现金分红情况(单位:万元):

项目	2008 年度	2009 年度	2010 年度	三年合计
合并报表中归属于母公司所有者的净利润	2154.71	5375.88	5433.09	12,973.68
当年分配现金股利	900.00	1080.00	1296.00	3276.00
占合并报表中归属于母公司所有者的净利润的比率(%)	41.77%	20.09%	23.81%	25.25%

【评析】

1. 雷鸣科化按照《关于分布〈关于加强社会公众股股东权益保护的若干规定〉的通知》(证监发〔2004〕118 号)第四条第(二)项的规定,将其利润分配办法载明于公司章程中;

2. 雷鸣科化《公司章程》载明,"公司可以进行中期现金分红。公司如申请再融资,最近三年以现金累计分配的利润不少于最近三年实现的年均可分配利润的百分之三十,确因特殊原因不能达到上述比例的,董事会应当向股东大会作特别说明。"并在吸收合并报告书中披露了最近三年的现金分红情况,既满足了证监发〔2004〕118 号第四条第(三)项的规定:"……上市公司最近三年未进行现金利润分配的,不得向社会公众增发新股、发行可转换公司债券或向原有股东配售股份。"而且,同时还满足了《公司章程》第一百五十五条规定的"最近三年以现金累计分配的利润不少于最近三年实现的年均可分配利润的百分之三十"的要求。

【实务问题 53】 上市公司利润分配采取母公司利润口径或者合并报表利润口径

在实务中,上市公司一般都持有诸多的子公司,因此,在上市公司层面存在上市母公司层面的利润表,还存在合并利润表,那么上市公司进行利润分配时以何者为准呢?或者说上市公司利润分配的口径如何呢?根据会计法规以及证券交易所的有关规定,上市公司在确定可供分配利润时应当以母公司口径为基础。特别是上交所《上市公司定期报告工作备忘录 第七号 关于年报工作中与现金分红相关的注意事项(2014年1月修订)》第四条“关于利润分配基础及其相关事项”对此进行了明确规定:“上市公司在确定可供分配利润时应当以母公司口径为基础。上市公司本年度拟进行利润分配的,需提前做好下属子公司对母公司利润分配的准备工作,避免出现因母公司报表与合并报表利润差异过大而无法满足现金分红需求的情况。”其原理在于,如果不以母公司为基础,则可能导致因合并报表利润大于母公司利润时,导致母公司超额分配或者没足够的现金进行利润分配。

(二)《现金分红指引》的规定

《现金分红指引》第四条规定:“ 上市公司应当在章程中明确现金分红相对于股票股利在利润分配方式中的优先顺序。具备现金分红条件的,应当采用现金分红进行利润分配。采用股票股利进行利润分配的,应当具有公司成长性、每股净资产的摊薄等真实合理因素。”

其第五条规定:“上市公司董事会应当综合考虑所处行业特点、发展阶段、自身经营模式、盈利水平以及是否有重大资金支出安排等因素,区分下列情形,并按照公司章程规定的程序,提出差异化的现金分红政策:(一)公司发展阶段属成熟期且无重大资金支出安排的,进行利润分配时,现金分红在本次利润分配中所占比例最低应达到80%。(二)公司发展阶段属成熟期且有重大资金支出安排的,进行利润分配时,现金分红在本次利润分配中所占比例最低应达到40%。(三)公司发展阶段属成长期且有重大资金支出安排的,进行利润分配时,现金分红在本次利润分配中所占比例最低应达到20%;公司发展阶段不易区分但有重大资金支出安排的,可以按照前项规定处理。”

其第六条规定:“上市公司在制定现金分红具体方案时,董事会应当认真研究和论证公司现金分红的时机、条件和最低比例、调整的条件及其决策程序要求等事宜,独立董事应当发表明确意见。独立董事可以征集中小股东的意见,提出分红提案,并直接提交董事会审议。股东大会对现金分红具体方案进行审议前,上市公司应当通过多种渠道主动与股东特别是中小股东进行沟通和交流,充分听取中小股东的意见和诉求,及时答复中小股东关心的问题。”

其第十三条规定:“上市公司有下列情形的,证券监管机构应采取相应的监管措施:(一)未按规定制定明确的股东回报规划;(二)未针对现金分红等利润分配政策制定并履行必要的决策程序;(三)未在定期报告或其他报告中详细披露现金分红政策的制定及执行情况;(四)章程有明确规定但未按照规定分红;(五)现金分红监管中发现的其他违法违规情形。上市公司在有关利润分配政策的陈述或者说明中有虚假或重大遗漏的,证券监管机构应当采取相应的监管措施;依法应当行政处罚的,依照《证券法》第一百九十三条予以处罚。”

其第十四条规定:“证券监管机构应当将现金分红监管中的监管措施实施情况按照规定记入上市公司诚信档案。上市公司涉及再融资、资产重组事项时,其诚信状况应当在审核中予以重点关注。”

从上述规定可以看出,《现金分红指引》重点从以下几个方面加强上市公司现金分红监管工作:

一是督促上市公司规范和完善利润分配的内部决策程序和机制,增强现金分红的透明度。鼓励上市公司在章程中明确现金分红在利润分配方式中的优先顺序,要求上市公司在进行分红决策时充分听取独立董事和中小股东的意见和诉求。督促上市公司进一步强化现金分红政策的合理性、稳定性和透明度,形成稳定回报预期。

二是支持上市公司采取差异化、多元化方式回报投资者。支持上市公司结合自身发展阶段并考虑其是否有重大资本支出安排等因素制定差异化的现金分红政策。公司发展阶段属成熟期且无重大资金支出安排的,现金分红在本次利润分配中所占比例最低应达到80%;公司发展阶段属成熟期且有重大资金支出安排的,现金分红在本次利润分配中所占比例最低应达到40%;公司发展阶段属成长期且有重大资金支出安排的,现金分红在本次利润分配中所占比例最低应达到20%。公司发展阶段不易区分但有重大资金支出安排的,可以按照前项规定处理。

三是完善分红监管规定,加大监督检查力度。加大对未按章程规定分红和有能力但长期不分红公司的监管约束,依法采取相应监管措施。

案例51　韶山松钢(000717)公司章程有关利润分配的规定

广东韶钢松山股份有限公司(以下简称韶山松钢,000717)2014年5月修订后的公司章程对利润分配的有关规定如下表:

公司章程规定	法规规定	说明和解释
第一百五十二条 公司分配当年税后利润时,应当提取利润的10%列入公司法定公积金。公司法定公积金累计额为公司注册资本的50%以上的,可以不再提取。 公司的法定公积金不足以弥补以前年度亏损的,在依照前款规定提取法定公积金之前,应当先用当年利润弥补亏损。 公司从税后利润中提取法定公积金后,经股东大会决议,还可以从税后利润中提取任意公积金。 公司弥补亏损和提取公积金后所余税后利润,按照股东持有的股份比例分配。 股东大会违反前款规定,在公司弥补亏损和提取法定公积金之前向股东分配利润的,股东必须将违反规定分配的利润退还公司。 公司持有的本公司股份不参与分配利润。	《公司法》第一百六十六条	与《公司法》第一百六十六条的规定一致,但明确了按照股东持有的股份比例分配,排除了其他分配方式。
第一百五十三条 公司的公积金用于弥补公司的亏损、扩大公司生产经营或者转为增加公司资本。但是,资本公积金将不用于弥补公司的亏损。 法定公积金转为资本时,所留存的该项公积金将不少于转增前公司注册资本的25%。	《公司法》第一百六十八条	与《公司法》第一百六十八条的规定一致。
第一百五十四条 公司股东大会对利润分配方案作出决议后,公司董事会须在股东大会召开后2个月内完成股利(或股份)的派发事项。		明确了股利的派发时间。
第一百五十五条 (一)公司优先采用现金分红的利润分配方式,同时可采取股票或者现金与股票相结合的方式分配股利。 (二)公司利润分配不得超过累计可分配利润的范围。 (三)在满足公司现金分红条件情况下,公司原则上每年度进行一次现金分红。公司可以进行中期现金分红。 (四)公司当年盈利,董事会未做出现金利润分配预案的,在当年的定期报告中披露未进行现金分红的原因、未用于现金分红的资金留存公司的用途和使用计划,独立董事对此发表独立意见并公开披露。 (五)公司最近三年以现金方式累计分配的利润原则上不少于最近三年实现的年均可分配利润的30%。 (六)公司董事会应当综合考虑公司所处行业特点、发展阶段、自身经营模式、盈利水平以及是否有重大资金支出安排等因素,区分下列情形确定公司每年以现金方式分配的利润的最低比例: 1. 公司发展阶段属成熟期且无重大资金支出安排的,进行利润分配时,现金分红在本次利润分配中所占比例最低应达到80%; 2. 公司发展阶段属成熟期且有重大资金支出安排的,进行利润分配时,现金分红在本次利润分配中所占比例最低应达到40%; 3. 公司发展阶段属成长期且有重大资金支出安排的,进	《现金分红指引》第四条 《现金分红指引》第四条、《现金分红规定》第二条 《现金分红规定》第三条、《现金分红指引》第五条	明确了分配股利的方式以及现金分红的优先顺序。 明确满足现金分红条件时,应每年分红1次,并且可以中期现金分红。 明确公司现金分红的差异化政策。

续表

公司章程规定	法规规定	说明和解释
行利润分配时,现金分红在本次利润分配中所占比例最低应达到20%。 重大资金支出安排是指公司未来十二个月内拟对外投资、收购资产或购买设备累计支出达到或超过公司最近一期经审计净资产的10%。 上述重大现金支出须经董事会批准,报股东大会审议通过后方可实施。		明确什么是重大资产支出安排以及实施程序。
(七)公司现金分红条件。 除特殊情况外,公司在当年盈利且累计未分配利润为正的情况下,优先采取现金方式分配股利,实施现金分红后不影响公司后续持续经营。 特殊情况是指: 1. 审计机构不能对公司的该年度财务报告出具标准无保留意见的审计报告; 2. 公司未来十二个月内拟对外投资、收购资产或购买设备累计支出达到或超过公司最近一期经审计净资产的10%; 3. 公司当年产生的经营活动现金流量为负数时。	《现金分红指引》第六条	明确现金分红的条件:当年盈利且累计未分配利润为正。 明确除外的特殊情形。
(八)股票股利分配条件。 公司在经营情况良好,并且董事会认为公司股票价格与公司股本规模不匹配、发放股票股利有利于公司全体股东整体利益时,可以在满足上述现金分红的条件下,提出股票股利分配预案,具体分配比例由公司董事会审议通过,独立董事发表意见后,提交股东大会审议决定。		
(九)公司应以每10股表述分红派息、转增股本的比例,股本基数应当以方案实施前的实际股本为准。 (十)公司利润分配具体比例由董事会根据中国证监会的有关规定和公司经营状况拟定,独立董事发表意见,由股东大会审议决定。公司切实保障社会公众股股东参与股东大会的权利,董事会、独立董事和符合一定条件的股东可以向上市公司股东征集其在股东大会上的投票权,但不得采取有偿或变相有偿方式进行征集。独立董事行使上述职权应当取得全体独立董事的1/2以上同意。		明确派息和转股的表述方式以及股本基数。 明确独立董事可以征集投票权,但应取得全体独立董事的1/2以上同意。
(十一)独立董事可以征集中小股东的意见,提出分红提案,并直接提交董事会审议。		独立董事可以提出分红预案。
(十二)存在股东违规占用公司资金情况的,公司扣减该股东所分配的现金红利,以偿还其占用的资金。		
(十三)公司根据生产经营情况、投资规划和长期发展等需要确需调整利润分配政策的,调整后的利润分配政策不得违反中国证监会和深圳证券交易所的有关规定,有关调整利润分配政策的议案应事先征求独立董事及监事会意见并经公司董事会审议后提交公司股东大会审议,由出席股东大会的股东所持表决权的2/3以上通过方可实施。	《现金分红指引》第六条第二款	调整利润分配政策的,应事先征求独立董事及监事会意见,由出席股东大会的股东所持表决权的2/3以上通过。
(十四)公司股东大会对现金分红具体方案进行审议前,充分听取中小股东的意见和诉求,除安排在股东大会上听取股东的意见外,还通过股东热线电话、投资者关系互动平台等方式主动与股东特别是中小股东进行沟通和交流,及时答复中小股东关心的问题。	《现金分红指引》第七条 《现金分红指引》第六条第三款	明确应充分听取中小股东的意见和诉求,以及方式和途径。

第五部分

公司并购重组业务

综　述

公司可以通过正常的生产经营的内向型方式得以发展壮大,但更多的公司则通过公司投资并购重组的外向型扩张方式进行。公司投资并购重组业务对于一名公司律师而言,也属于非常重要的一块业务领域。本部分共包括六个法律专题:公司并购重组的概念、类型、流程及要点;公司合并法律实务;公司分立法律实务;公司股权并购与上市公司收购法律实务;公司资产并购与重大资产重组法律实务;离案公司及其在跨境并购中的应用。

专题 23　公司并购重组的概念、类型、流程及要点

内容提示

公司可以通过正常的生产经营的内向型方式得以发展壮大,但更多的公司则通过公司投资并购重组的外向型扩张方式进行。公司投资并购重组业务对于一名公司律师而言,也属于重要的且较为“高端的业务”。本专题包含如下内容:

- 公司并购重组的概念及类型;
- 公司投资并购重组流程及其关注要点。

一、公司并购重组的概念及类型

在中国法上几乎没有法规对“并购”(Merger and Acquisition,M& A)做出过一个明确的、清晰的定义。一般地讲,并购是“兼并”(merger)与“收购”(acquisition)的合称。从法律视角看,兼并与收购通常是指一家公司为获得另一家公司(即目标公司)的部分或全部控制权,而利用自身可支配的现金、证券及有形资产、无形资产或以承担债务的形式为对价购买目标公司的股权或有形资产、无形资产等,导致目标公司经营性资产实质性变化或其控制性股东发生变化甚或丧失法人资格等的行为。因此,通常意思上的兼并与收购往往是指公司扩张性的重组行为,譬如公司合并、股权收购、资产收购等,而不包括公司分立、股份回购、资产剥离等“公司收缩”型的公司重组行为。因此,在国内公司法的语境中,兼并、收购、并购等说法,一般是根据不同的语境在特定的项目案例中予以恰当的表述,而并没有严格的立法区分。以下将结合具体案例,分析各类型的特定描述。

(一)兼并

“兼并”蕴含着“吸收、合并、包容、吞并”之意。从英美法系对兼并的一般理解

来看,狭义的兼并与我国《公司法》第一百七十二条规定的“吸收合并”一致。也就是说,狭义的兼并仅仅指两个或两个以上的公司合并成为一个单一的公司,其中一个公司保留法人资格,其他公司的法人资格随着合并而消灭。广义的兼并还包括“合并”(consolidation),合并通常是指两个或两个以上的公司依法联合组成一家新的公司,参与合并的所有公司都解散并不再保留独立法律人格,与我国《公司法》第一百七十二条所规定的“新设合并”具有同等的含义。

从我国立法情况来看,我国《公司法》并没有对兼并、收购做出明确的定义和解释,而其他法规、规章对于“兼并”的法律定义则显得更为宽泛。主要包括:1989 年 2 月国家体改委、国家计委、财政部、国家国有资产管理局联合颁布的《关于企业兼并的暂行办法》(以下简称《暂行办法》)、1992 年 7 月国有资产管理局发布的《国有资产评估管理办法施行细则》(以下简称《施行细则》)、1996 年 8 月财政部颁布的《企业兼并有关财务问题的暂行规定》(以下简称《暂行规定》)。

早在 1989 年 2 月 19 日,国家体改委、国家计委、财政部、国家国有资产管理局联合颁布的《暂行办法》规定:“本办法所称的企业兼并,是指一个企业购买其他企业的产权,使其他企业失去法人资格或改变法人实体的一种行为,不通过购买办法实行的企业之间的合并,不属于本办法规范。”①“企业兼并主要有以下几种形式:承担债务式,即在资产和负债等价的情况下,兼并方以承担被兼并方债务为条件接受其资产;购买式,即兼并方出资购买被兼并方企业的资产;吸收股份式,即被兼并企业的所有者将被兼并企业的净资产作为股金投入兼并方,成为兼并方企业的一个股东;控股,即一个企业通过购买企业的股权,达到控股,实现兼并。”②

从上述规定来看,企业“兼并”是一种“购买”其他企业“产权”,并使其丧失法人资格或改变法人实体的一种交易行为。从该办法列举的企业兼并的四种形式来看,我们可以发现:(1)“承担债务式”无疑相当于“零对价”收购,那么为什么这样说呢?原因很简单,因为“资产和负债等价”,目标企业已经没有“收购价值”;(2)对于“购买式”而言,这只是一个单纯的“资产”收购交易,即收购企业以现金、非现金财产、股权等为对价收购目标企业的资产而不承担目标企业的任何债务;(3)“吸收股份式”严格地讲属于目标企业以净资产作为对收购企业或新设企业的出资,这是一个资本投入行为,并且出资以后该目标企业仅仅作为收购方或新设企业的一个股东而存续,除持有股权或股份资产之外,其并没有任何其他实质经营性资产,也不从事任何实质性的经营业务(投资性公司除外);(4)“控股”方式实质上

---

① 《暂行办法》第一条。

② 《暂行办法》第四条。

是一个股权收购交易行为。收购方从被收购企业的股东手中收购被收购企业的股权,从而取得对被收购企业的控制。收购完成后,收购企业和被收购企业形成母子公司关系。从这些兼并方式来看,《暂行办法》的兼并既可能涉及资产收购,也可能涉及股权收购,甚至还涉及出资行为,从这个意义上讲,与英美法上广义的并购几乎没有区别。

1992年7月18日,国有资产管理局发布的《施行细则》第六条规定:"企业兼并是指一个企业以承担债务、购买、股份化和控股等形式有偿接收其他企业的产权,使被兼并方丧失法人资格或改变法人实体。"这个定义与《暂行规定》的定义基本类似。1996年8月20日,财政部颁布的《暂行规定》再次对兼并的含义做出解释:"兼并指一个企业通过购买等有偿方式取得其他企业的产权,使其失去法人资格或虽保留法人资格,但变更投资主体的一种行为。"前述《施行细则》和《暂行规定》延续了《暂行办法》有关定义的思路,实质上没有更多的改进,只不过强调了"有偿"的方式而已,这似乎明确了《暂行办法》并未明确的什么是"购买办法"——即"购买办法"必须是"有偿"的。总之,无论是《暂行办法》还是《施行细则》和《暂行规定》似乎都采用了广义的并购的概念。即既包含"有偿购买"合并(吸收合并和新设合并),又包括资产收购、股权收购甚至投资等交易行为。

在这个阶段,我国企业兼并主要体现在国有企业改制过程中,特别是上市公司对非上市公司的兼并重组中。让我们以如下实例来对此进行说明:

案例52 亚泰集团(600881)"承债式"兼并长春双阳水泥集团①

吉林亚泰(集团)股份有限公司(以下简称亚泰集团)成立于1986年,组建于1993年,1995年在上交所挂牌上市(600881)。长春双阳水泥(集团)有限责任公司(以下简称长春双阳水泥)是国有独资公司,长春双阳水泥下辖4家全资子公司:长春双阳水泥集团春城水泥有限责任公司(以下简称春城水泥)、长春双阳水泥集团包装制品有限责任公司(以下简称双阳包装)、长春双阳水泥集团运输有限责任公司(以下简称双阳运输)以及长春双阳水泥集团综合服务有限责任公司(以下简称双阳服务)。长春双阳水泥及其4家子公司现有职工2423人,离退休员工89人。截至1997年10月31日,双阳水泥集团总资产为96,618.01万元,总负债为113,768.74万元,扣除少数股东权益64.12万元,净资产为-17,214.84万元。

① 《吉林亚泰(集团)股份有限公司关于兼并长春双阳水泥(集团)有限责任公司的公告》(1998年1月5日)。

1997年,亚泰集团采取“承担债务式”兼并长春双阳水泥,长春双阳水泥的全部资产归亚泰集团所有,全部债权债务由亚泰集团接收,水泥集团在册的员工(含离休员工)由亚泰集团全部接收和安置。本次兼并实行整体兼并,即亚泰集团兼并长春双阳水泥及其下辖的4家全资子公司。兼并后,长春双阳水泥规范为亚泰集团的子公司,更名为“吉林亚泰双阳水泥集团有限公司”(以下简称双阳水泥集团),为独立法人。交易完成后的股权架构图如下:

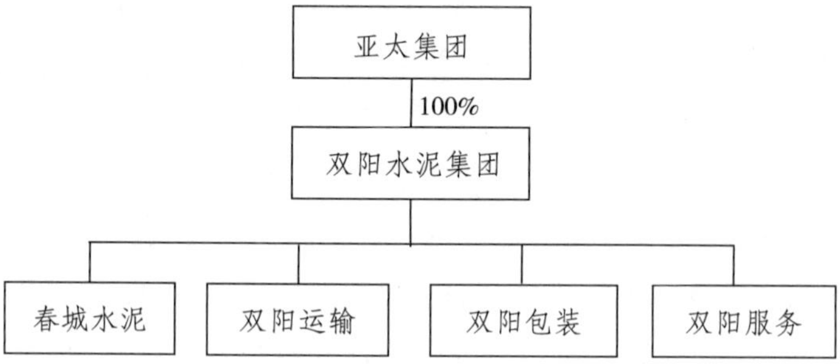

【评析】

1.“承债式兼并”一般针对目标公司的资产和负债几乎相等或净资产为负的情形,收购方在兼并过程中除承担目标公司的债务之外,不另行支付其他的任何对价。在实务中,“承债式兼并”一般体现为两种操作方式:一是目标公司的全部资产和负债转移给收购公司,目标公司注销,收购公司以接受的资产和负债设立分公司,即类似于现在的吸收合并重组;二是目标公司成为收购方的子公司,保持独立法人资格,即现在的股权收购重组。亚太集团承债式兼并长春双阳水泥采取的方式即是后一种方式;

2.按照对价学说,事实上,亚太集团在兼并中获得96,618.01万元的资产而支付的对价是承担113,768.74万元负债,那么亚太集团岂不是做了“亏本的买卖”?但是我们注意到,兼并的作价是对账面资产和负债的审计报告基础上作出的,并没有对资产和负债进行评估,而亚太集团尽管在账面资产上吃了亏,但除了长春市政府以及银行给予本金、利息减免并给予展期之外,它更看重的是扩大经营规模和拓展市场以及长春双阳水泥的客户资源和渠道资源等,这正是采取负净资产兼并的原因所在。

案例53 “吸收股份式”兼并某国有独资啤酒公司成立中外合资企业①

某国有独资公司X公司因管理不善、财务困难和市场竞争势态恶化,导致连年亏损。截至1998年10月,经评估的总资产为12,375.80万元,总负债为12,225.80万元,净资产评估价为150万元。为了盘活X公司的国有资产,解决X公司的经营问题,经政府和X公司的努力,与收购方Y公司(某民营集团)以及Z公司(香港公司)经过多次协商,最终达成Y公司和Z公司采取“吸收股份式”兼并的方式收购X公司。因此,Y公司、Z公司和X公司签订合资经营合同和章程,约定X公司以其全部净资产评估作价150万元出资,占拟设立的甲公司(中外合资企业,注册资本1500万元)股权的10%,Y公司以现金出资975万元,占股权的65%,Z公司出资375万元,占股权的25%。新的甲公司承接X公司的所有员工并妥善安置。交易完成后的股权架构图如下:

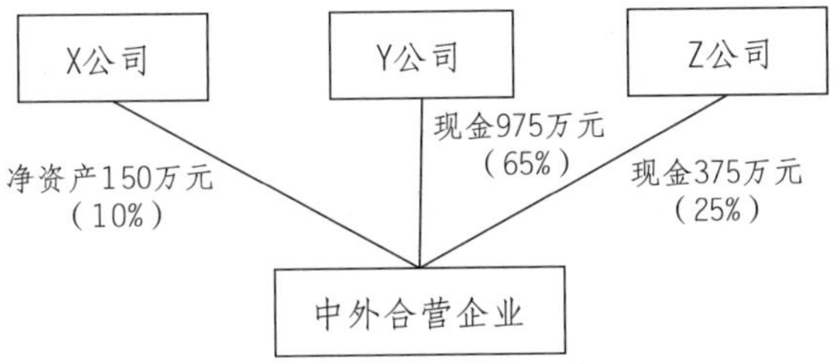

【评析】

“吸收股份式”兼并的最主要特点就是被“兼并”的目标公司并不消亡,而是作为收购公司或新设公司的股东存续,其实质可以理解为被兼并公司以净资产作价进行投资。如果是对收购公司增资的话,类似于目前的收购公司增发股权收购目标公司的净资产的资产收购重组,对于上市公司而言,则属于定向增发;如果是投资新设公司的话(本例即属于此),则按照合资各方协商确定的作价和股权比例在新公司中享有权益。

(二)收购

收购(acquisition)同样具有狭义和广义之分。狭义的收购是指一家公司通过购买另一家公司的股权或资产从而获得该家公司本身或其资产的实际控制权的行为。收购强调控制权的转移,而目标公司的法人实体地位并不消灭。收购的结果可能是拥有目标公司全部或几乎全部的股份或资产(全资或绝对控股),也可能是

① 本案例根据笔者亲历某真实案例整理改编。——笔者注

拥有大多数股份或资产(控股),还可能是仅拥有较少部分的股份或资产(参股)。狭义的收购按照被收购的标的的不同,通常还可以分为资产收购和股权收购两大类型。广义的收购通常包含狭义的兼并(吸收合并)、新设合并和狭义的收购。让我们以如下案例来对收购的含义进行理解:

案例 54　广州药业(600332)定向增发 A 股收购广药集团资产案

2012 年,广州药业股份有限公司(以下简称广州药业,600332)向广州医药集团有限公司(以下简称广药集团)定向增发 A 股股份作为支付对价,收购广药集团拥有或有权处置的资产包括:(1)广药集团拥有或有权处置的与医药主业相关的生产经营用 21 项房屋建筑物;(2)广药集团拥有的 388 项商标;(3)广药集团持有的保联拓展有限公司(以下简称保联拓展)100% 股权;(4)广药集团持有的广州百特医疗用品有限公司(以下简称百特医疗)12.50% 股权。交易完成后的股权架构图如下:

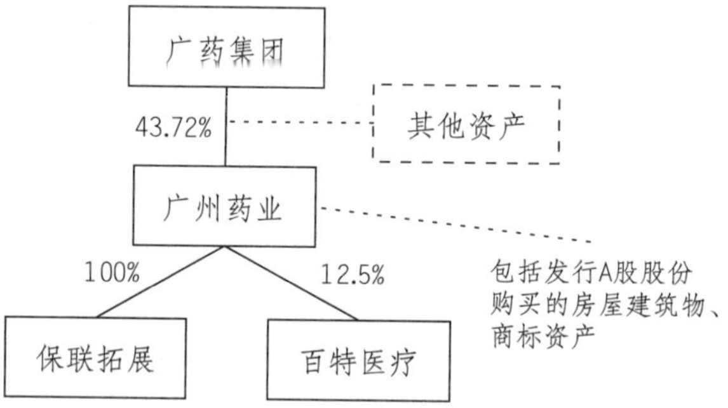

【评析】

1. 资产收购重组交易属于收购公司与目标公司之间的交易,并不涉及目标公司股东层面。在本案例中,广州药业是收购公司,目标公司是广药集团,它们之间签署资产转让协议,广州药业以增发的 A 股股份作为对价支付资产转让价款。广药集团持有的房屋建筑物、商标资产以及投资性股权资产被直接转让给广州药业,广药集团在收购完成后依然存续,并持有剩余的其他资产;

2. 在实务中,资产收购重组中的"资产"有时属于广义的含义,它还可能包括目标公司对外的"投资性资产"(包括长期股权投资和债权投资等)。在本案例中,我们可以注意到,被收购的资产还包括广药集团持有的对外长期股权投资。单独来看,这两个股权的收购也可以被视为股权收购,但站在整体交易层面,它们仅仅是广药集团整体出售资产的一部分。

案例55　美菱电器(200521)收购四川长虹(600839)和中山长虹股权案

2009年11月,四川长虹电器股份有限公司(以下简称四川长虹,600839)通过产权交易所挂牌公开转让持有的四川长虹空调有限公司(以下简称长虹空调)100%股权[含直接持有的99%股权和控股子公司四川长虹创新投资有限公司(以下简称长虹创投)持有的1%股权]和中山长虹电器有限公司(以下简称中山长虹)90%股权,合计约3.93亿元。合肥美菱股份有限公司(以下简称美菱电器,200521)宣称,参与竞买四川长虹及其子公司持有的空调相关股权,有利于丰富公司产品线,为公司拓展新的盈利增长点,进一步大作做强白电产业。同时,彻底解决公司与控股股东之间的潜在同业竞争问题,进一步完善公司治理结构。12月9日,美菱电器以3.9356亿元成功竞买母公司持有的长虹空调100%股权和中山长虹90%股权。该等股权受让的工商变更登记手续已分别于2009年12月25日和12月31日办理完毕,本次股权过户完成后,美菱电器持有长虹空调100%股权和中山长虹90%股权。交易完成后的股权架构图如下:

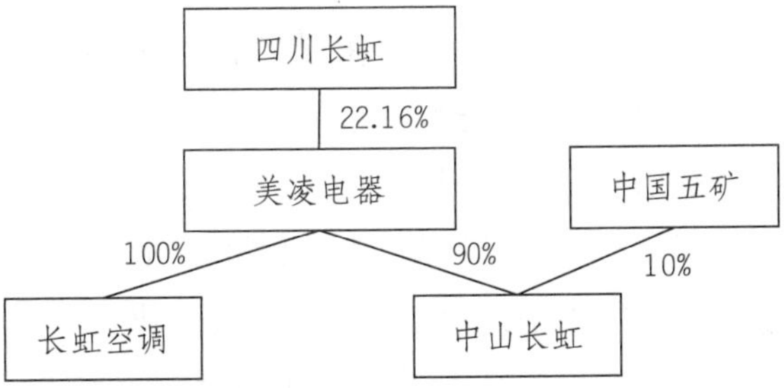

【评析】

1. 股权收购重组属于收购方与目标公司的股东之间的交易。在本案例中,2009年12月10日,四川长虹、长虹创投与美菱电器签署了《产权交易合同》,四川长虹将所持有的长虹空调99%股权和中山长虹90%股权以人民币39,065万元转让给美菱电器,长虹创投将所持有的长虹空调1%股权以人民币291万元转让给美菱电器;

2. 收购完成后,美菱电器获得了长虹空调100%的股权和中山长虹90%股权,同时减少了现金资产39,356万元,但增加了长期股权投资资产39,356万元,相当于资产形态的转换。同时,长虹空调和中山长虹继续存续,只不过其股东变为美菱电器,其自身成为了美菱电器的受控子公司。

(三)并购的分类

根据前述两个部分的论述,我们将狭义的并购的组成和关系总结如下:

1. 并购包括兼并和收购。兼并和收购的主要区别在于,前者经导致目标公司丧失法人主体资格,而后者则目标公司的法人主体资格依然存续,收购方仅仅是取得了对目标公司的控制而已;

2. 狭义的兼并通常是指吸收合并,广义的兼并除了包括吸收合并之外,还包括新设合并;

3. 狭义的收购通常包括资产收购和股权收购,广义的收购除了包括狭义的收购之外,通常还包括广义的兼并。从这个意义上讲,广义的兼并与并购并没有区别。

事实上,《暂行办法》中的“兼并”实质上等同于广义的收购和狭义的并购。

(四)重组的概念及分类

严格地讲,企业“重组”(reorganization)并不属于一个法律术语,但是它在我国经济生活中是出现频率很高的一个用语。在现实中,“重组”的概念、用语的使用十分混乱,与“重组”有关的概念还有“资产重组”“资本经营”“资本重组”“资本运营”等。概念之多、之混乱由此可见一斑。

从我国经济生活实践来归纳总结,所谓企业重组,就是通过兼并、合并、收购、出售等方式,实现资产主体的重新选择和组合,优化企业资产结构,提高企业资产的总体质量,最终建立起符合市场经济要求的,更富有竞争力的资产组织体系。从法律角度来看,企业重组是指改变企业结构(包括法律结构和经济结构)的过程,系创设、改变或清算法人实体的形式之一。重组可以表现为兼并、合并、收购、分立甚或自愿清算等形式。从这个意义上说,企业重组是一个比狭义的并购范畴更广的概念。

按照企业重组对企业规模影响的角度进行分类,企业重组可以分为“扩张性重组”、“收缩性重组”和“其他重组行为”三大类型。所谓扩张性重组,即企业的扩张,通常是指扩大企业经营规模和资产规模的重组行为,包括兼并、合并、收购等重组行为。这时,扩张性重组通常与广义的收购等同。所谓收缩性重组,是指企业通过剥离(或直接出售)、分立、股份回购、自愿清算等方式使企业在一定时间内所掌握的经营资本规模绝对或相对减小,以达到资源优化配置、资本增值最大化或资本损失最小化的一种行之有效的重组行为。企业收缩重组可以收缩一点点,可以大量收缩,在绝对意义上讲也可以收缩至零(如自愿清算)。其他重组行为往往是指那些不影响企业所有权总量，或不在资产报表上反映，但将导致企业控制权变化或不变化的行为。其具体形式包括资产置换、股权托管和公司托管、表决权信托与委托书收购、企业法律形式改变、债务重组等。

为了更好地理解上述概念，现将有关关系总结见下图 23－1 所示：

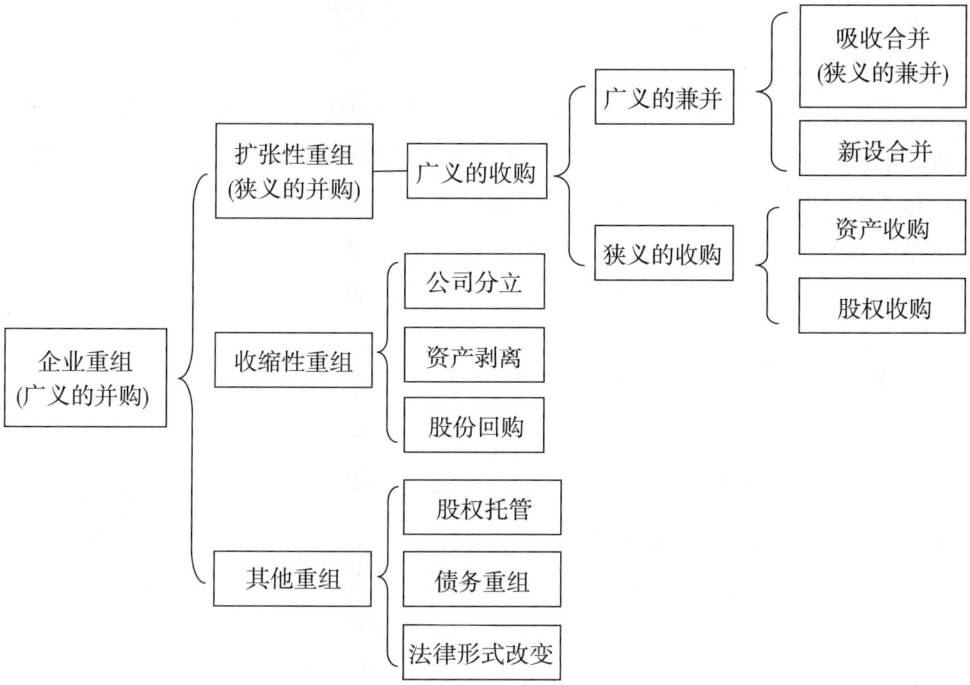

图 23－1　企业重组（广义的并购）的分类

在实践中，如果不作细微的法律区分，诸如"并购"、"收购"、"重组"等概念经常会混用，均可用以指称任何形式的公司兼并、合并、收购以及其他形式的重组行为。但是，本书若无特别说明，均采用狭义的概念，即"兼并"指吸收合并，"合并"指新设合并，"收购"指狭义的收购，"并购"指狭义的并购。

二、公司投资并购重组流程及其关注要点

实践中，从事公司投资并购重组业务首先需要了解其一般的流程和步骤。总体上讲，公司投资并购重组流程及其关注要点如下：

（一）并购决策阶段关注要点

1. 并购战略和并购计划

在并购决策阶段，收购方一般会制订并购战略和并购计划、选择并购目标。并

购战略一般是指公司根据其总体战略，在其所在行业状况、自身资产、经营状况等确定自身的定位，形成并购战略。并购计划是指在并购战略之下形成的具体并购计划，包括年度并购计划、专项并购计划或临时并购计划等。并购计划的信息一般来源于公司总体战略发展目标及并购战略、公司各部门提出的并购建议、公司投资部门通过行业、市场研究后提出的并购计划以及目标公司主动的联系等。

2. 并购目标的选择

事实上，公司投资发展部门会根据公司发展战略和并购战略以及并购计划的安排，初步选定目标公司并提交《并购项目申请报告》。一般情况是，投资发展部门的负债人及分管负责人对《并购项目申请报告》进行符合性、合规性和可行性的初步审核。在初步审核通过之后，该并购项目可以上报至公司总经理复核并进一步报公司董事会或股东会议批准通过。

(二)初步谈判(意向)阶段关注要点

1. 初步接触

在并购项目获得批复之后，公司一般会安排项目投资经理与目标公司进行初步接触，征询合作意向，初步确定并购项目推进计划、聘请中介机构对目标公司进行初步的尽职调查、资产评估等事宜。公司法律顾问在合作意向书签订前对条款内容进行审核。

2. 签订合作意向协议和保密协议

在并购双方达成初步共识的基础上，签署并购意向性的文件或者形成意向性的备忘录和保密协议等。

(三)尽职调查阶段关注要点

1. 成立尽职调查小组

一般情况下，由公司投资发展部门或法律部门牵头，组织公司财务部门、税务部门、营销和市场部门、生产和业务部门、基础建设部门、法律部门、人力资源部门以及中介结构人员等组成尽职调查小组。尽职调查小组应由公司制定负责人并进行小组分工。一般可分为商业尽职调查小组、财务(税务)尽职调查小组、法律尽职调查小组和人力资源尽职调查小组。

2. 开展尽职调查

尽职调查小组按照尽职调查提纲、指引以及审核工作底稿开展尽职调查工作，并对并购目标公司进行初步评价和判断，必要时应由律师事务所、会计师事务所等中介机构出具独立意见。

3. 进行并购可行性分析

在《并购尽职调查报告》的基础上，由公司投资发展部门进行并购可行性的最终分析。其中，公司律师或法律顾问不仅需要负责对法律法规、国家政策等进行分析并提出法律建议，同时还需要关注历史沿革、出资情况、管理架构等方面的具体问题。

4. 并购项目决策

公司投资发展部门组织管理人员及各相关部门人员组成并购项目评审委员会，召开并购项目可行性评审会议，对《并购尽职调查报告》和《并购项目可行性分析报告》进行论证。若未通过评审，则终止该项目；反之，则形成最终评审报告报公司董事会审议批准。

（四）正式谈判和签约阶段关注要点

1. 制定正式的并购项目商业计划书

公司投资发展部门依据审批后的《并购项目可行性分析报告》及评审会的论证意见修正并购项目的财务预测数据并编制《并购项目商业计划书》并提报集团公司董事会核准。

2. 组成正式谈判小组

收购方一般将根据尽职调查的情况，组成专门的谈判小组，谈判小组一般由业务人员、法务人员、财务人员、技术人员、税务以及人力资源人员等相关方面的人士组成。谈判小组应该指定负责人或者由公司指定的谈判首席代表担任。

3. 审计和评估

收购方与目标公司协商并共同聘请双方均认可的中介机构（审计与评估机构），对目标公司进行审计。在审计的基础上，对资产质量与结构进行实地评估。

4. 协商谈判及确定并购方案

在审计评估的基础上，并购双方可以就并购形式的选择、并购交易价格、并购价款支付安排、并购整合的工作程序以及并购整合的主要内容等进行正式谈判，并初步确定并购方案和并购协议草案。

5. 签约

一般情况下，由公司法律顾问或公司律师（有时会聘请外部律师）负责起草正式的并购合同文本并经双方确认后签署。

(五)并购实施阶段关注要点

1. 获得内外部有权部门或机构的批准

并购合同签署成立后,如果需要有权部门或机构审批才能生效的,应当履行相应的审批手续使其生效。

2. 资产交割

实务中,一般由并购小组依据正式的并购协议制定资产交割方案,并实施对标的资产的交割并签署资产移交或交割协议或确认书等。

(六)并购整合阶段关注要点

1. 并购后整合

在这个阶段,由收购方委派的标的公司相关负责人进行并购后整合方案的实施,包括对并购后公司的业务活动、组织机构、管理制度及企业文化、有效资产、人员安置等要素的整体系统性安排,从而使并购后公司按照特定的并购目标、方针和战略组织营运。

2. 并购效果评价

在实践中,很多公司并不对并购效果进行评价,只管并购而不管评价,事实是并购后效果评价是非常重要的一项工作。一般而言,由集团公司财务和审计部门会同投资发展部门等按照《并购项目投资评价考核体系》的相关规定,对并购项目实效进行全程监控考评,并向并购项目决策人上报各阶段的考评报告。

专题 24 公司合并法律实务

内容提示

公司合并是的一种非常常见的重组方式。公司法将公司合并视为一种特定的重组交易行为，而不是将其视为新公司的设立和旧公司的解散清算行为。本专题包含如下内容：

- 公司合并的概念及类型；
- 公司合并的法定程序；
- 公司合并中的异议股东保护制度；
- 公司合并中的债权人保护制度；
- 公司合并中的法律实务要点；
- 上市公司换股吸收合并。

一、公司合并的概念及类型

我国《公司法》并没有对公司合并作出明确的定义，其仅在第一百七十二条规定，公司合并可以采取吸收合并或者新设合并。一个公司吸收其他公司为吸收合并，被吸收的公司解散。两个以上公司合并设立一个新的公司为新设合并，合并各方解散。通常地讲，公司合并是指一家或多家公司（以下简称被合并公司）将其全部资产和负债转让给另一家现存或新设公司（以下简称合并公司），被合并公司股东换取合并公司的股权或非股权支付，实现两个或两个以上公司的依法合并。

按照交易方式/模式的不同，公司合并可以分为吸收合并和新设合并两大类型。吸收合并是指两个以上的公司合并时，其中一个公司吸收了其他公司而存续，被吸收的公司解散注销。新设合并是指两个以上公司合并为一个新公司，参与合并各方解散注销。这两种方式的区别在于，吸收合并中参与合并的一方继续存续，而新设合并则是所有参与合并方都注销的同时设立一个新的公司在承继。按照交易主体是否受同一控制,可以分为同一控制下的合并和非同一控制下的合并。按照交易主体的性质的不同,可以分为非上市公司的合并和上市公司的吸收合并;按照合并对价支付形式的不同,还可以分为换股合并和非换股合并;按照交易方向的不同,可以分为纵向合并、横向合并。对于纵向合并又可分为纵向的向上吸收合并(一般是母公司吸收合并子公司)和纵向的向下吸收合并(一般是子公司吸收合并母公司)。

【实务问题54】 实务中,公司合并协议由谁签订?

《公司法》第一百七十二条规定,公司合并应当由合并各方签订合并协议。从合并的实质来看,合并可以视为合并公司收购被合并公司全部资产并承担其全部债务的资产收购交易,合并公司支付合并对价(包括承担被合并公司的全部债务)给被合并公司,被合并公司在解散注销中将收取的合并对价分配给其股东并收回其股份予以注销。所以,实务中,合并协议的当事方是合并公司和被合并公司,合并协议也应由它们之间签订。

二、公司合并的法定程序

公司合并是公司的重大事项,不仅涉及股东的利益,还涉及债权人的利益,因此必须严格的依照法律程序进行。一般程序如下:

(一)公司董事会拟定合并方案

在公司合并方案中,应当对公司合并的原因、目的、合并后各股东的权益、合并后公司章程和财产及债务承继等问题做出安排。

(二)公司权力机关作出关于公司合并的决议

根据《公司法》和公司章程的有关规定,公司合并应先由公司董事会拟定合并方案,然后提请股东(大)会批准。公司合并是公司的重大决策,必须经公司的权力机构批准,否则不能合并。

(三)编制资产负债表和财产清单

根据《公司法》第一百七十三条规定,公司合并要求参加合并的各公司编制资产负债表和财产清单,这既是签订合并协议的基础,也是对合并后的公司主张自己的财产权利和管理合并后的公司资产的依据。

（四）签订合并协议

合并协议是公司合并过程中的核心法律文件，主要包括参与合并各公司的基本情况，合并后存续公司或新设公司的名称、性质、住所，合并各方的资产状况及其处置方法，合并各方债权债务的处理，新设公司或存续公司股份总数、种类及各股份数额或股份增加数额，股份的转换方式，新设公司或存续公司的股东，公司章程的拟定或修改，不同意参与合并的股东的退股和收购，以及合并以后新公司或存续公司的组织机构产生办法等事项。

（五）通知债权人和合并公告

根据《公司法》第一百七十三条规定，公司应当自作出合并决议之日起10日内通知债权人，并于30日内在报纸上公告。

（六）根据债权人的要求偿还债务或提供担保

根据《公司法》第一百七十三条规定，合并公司通知债权人或债权人通过公告得知合并的，债权人有权要求合并公司清偿债务或提供担保，如果合并公司不能清偿债务或提供担保的，公司则不能合并。

（七）公司注销登记

在公司合并情况下，无论是采取存续合并还是新设合并，必然会有公司因解散而注销。这需要根据《公司法》第一百七十九条和《公司登记管理条例》的规定进行公司注销登记，且该注销还包括公司的组织机构、税务、银行、海关、外汇等内容。

（八）变更登记或新设登记

根据《公司法》第一百七十九条和《公司登记管理条例》有关规定，在公司合并的情况下，如果采取存续合并的方式需要对存续公司完成变更登记，如果采取新设方式合并需要完成新公司的设立登记。变更登记或新设登记都需要依据公司登记主管部门的要求提供完备的材料。

以上是公司合并的法律程序，由于公司的合并涉及多方的主体利益和资产变动，需要签订各种协议，例如因为公司合并导致债权债务的主体变更，应该根据《公司法》和《合同法》签订相关协议，再如公司合并后的税务、财务会计等必须符合相关法律法规和规章制度的要求，因此公司合并需要做大量而细致的法律工作。

【实务问题55】 公司合并中,被合并公司是否需要清算?

根据《公司法》第一百八十条规定,公司因下列原因解散:……(三)因公司合并或者分立需要解散。第一百八十三条规定,公司因合并或分立并不需要成立清算组进行清算。所以,在公司法实务中,公司合并时,被合并公司并不需要进入清算程序,但必须进行解散注销程序。需要注意的是,这仅仅是公司法的规定,在税法上,根据《关于企业重组业务企业所得税处理若干问题的通知》(财税〔2009〕59号,以下简称59号文)和《国家税务总局关于发布〈企业重组业务企业所得税管理办法〉的公告》(国家税务总局公告2010年第4号)的规定,如果企业合并不符合特殊性税务处理条件的,应当按照一般性税务处理进行。根据59号文第四条第(四)项的规定"被合并企业及其股东都应按清算进行所得税处理",也就是说,应当按照《财政部、国家税务总局关于企业清算业务企业所得税处理若干问题的通知》(财税〔2009〕60号)有关清算的规定执行。

三、公司合并中的异议股东保护制度

(一)异议股东股份回购请求权

《公司法》第七十四条规定,对有限责任公司关于合并的决议投反对票的股东(以下简称异议股东)可以请求公司按照合理的价格收购其股权,并且自股东会会议决议通过之日起六十日内,股东与公司不能达成股权收购协议的,股东可以自股东会会议决议通过之日起九十日内向人民法院提起诉讼。第一百四十二条的规定,股份有限公司合并,股东因对股东大会作出的公司合并决议持异议,要求公司收购其股份的,公司可以收购本公司股份,并且公司回购股份之后,应当在六个月内转让或者注销。

上述两条规定实质是分别规定了有限责任公司与股份有限公司的异议股东股份回购请求权(又称股份收买请求权)。所谓异议股东股份回购请求权,指的是在特定的情形下,对公司股东(大)会决议持反对意见的股东所享有的一种"要求公司以合理公平的价格收购自己股份"的权利。其含义通常有广义与狭义之分,狭义上的概念仅指股份有限公司中异议股东的股份回购请求权,而广义上的概念则还包括有限责任公司异议股东的股份回购请求权。新公司法基本上坚持了广义说,以立法的形式认可了有限责任公司与股份有限公司的异议股东均享有请求公司回购其股份的权利。异议股东股份回购请求权渊源于普通法国家,该制度旨在公司结构发生重大变化时赋予异议股东在获得合理的补偿后退出结构业已发生重大变化的公司的权利。该制度是对少数异议股东利益保护的一种有效机制,它蕴含了英美法系对不同利益之间达到平衡的追求。

(二)异议股东股份回购请求权行权条件

异议股东股份回购请求权行权条件包含以下几个方面:

1. 主体条件。从法律的制度设计来看,无论是有限责任公司的股东还是股份有限公司的股东,无论是上市公司的股东还是非上市公司的股东均可以成为请求权主体,法律并未作特别限定;

2. 法定事由。根据大陆法系各国的普遍做法,考虑到允许股东随意行使股份回购请求权可能会对公司的资本确定构成威胁,并最终影响债权人利益的保护,所以对于股份回购请求权的事由均有严格限定。那么,在我国立法中,发生了什么样的情形,股东才能行使股份回购请求权呢?《公司法》对有限责任公司与股份有限公司作了区别处理。根据第七十四条的规定,有下列情形之一的,有限责任公司的异议股东可以请求公司按照合理的价格收购其股权:(1)公司连续五年不向股东分配利润,而公司该五年连续盈利,并且符合本法规定的分配利润条件的;(2)公司合并、分立、转让主要财产的;(3)公司章程规定的营业期限届满或者章程规定的其他解散事由出现,股东(大)会通过决议修改章程使公司存续的。而对股份有限公司,第一百四十二条则仅仅规定了股东因对股东大会作出的公司合并、分立决议持异议,才可以要求公司收购其股份。

3. 行使请求权的股东必须已经对股东会(大会)会议决议表示明确的反对。如果股东对决议并无异议,便不能行使回购股份的请求权。

(三)异议股东行使请求权受阻时的救济措施

仅仅通过正面地赋予权利,常常很难达到法律追求的效果。异议股东向公司提出请求时,如果公司百般刁难,不与其达成协议,则异议股东股份回购请求权制度的立法目的就无法顺利实现。对此,我国《公司法》第七十四条对有限责任公司异议股东无法与公司达成协议时应如何救济作了规定:自股东会会议决议通过之日起六十日内,股东与公司不能达成股权收购协议的,股东可以自股东会会议决议通过之日起九十日内向人民法院提起诉讼。但由于股份有限公司的股份自由流动可以较为方便的变现,所以,《公司法》并没有特别规定股份有限公司异议股东行使请求权受阻时的救济措施。

(四)行使请求权后公司收购股份后对股份的处理

根据公司法原理,法律一般不允许公司持有自己的股份。因而在收购股份后,应当及时地处理所收购的股份。对于有限责任公司而言,尽管《公司法》并没有明确规定,但应当做减资处理;对于股份有限公司而言,《公司法》第一百四十二条规定,股份有限公司应在六个月内注销或者转让其收购的股份。需要注意的是转让其收购股份的规定,这意味着股份有限公司在六个月内可以持有“库藏股”,并为股份有限公司以后重新发行转让该股份以及上市公司合并的现金选择权的涉及提供了法律依据。

【实务问题56】 公司合并中,异议股东行使回购请求权时,公司回购股份的合理价格如何确定?

究竟如何去确定交易的价格呢?正常状况下应当由公司与异议股东之间进行自由协商。如果双方无法达成一致,异议股东则有权请求人民法院对价格进行裁量。对于有限责任公司而言,一般情况下可以参照合并方案或协议中确定的合并对价来确定相应的回购价格。譬如,合并各方协商的合并对价为3000万元,而异议股东占股比例为5%,则该等5%的股份则可以在参考150万元基础上协商确定。对于股份有限公司(特别是上市公司)而言,由于其股份可以自由流动,具有公开的市场价格,一般会以证券市场某个基准日前某段时间的股票均价为基准来协商确定。比如,上市公司换股吸收合并中有关现金选择权的处理方式。

有关公司合并中,异议股东的诉讼保护的有关内容,笔者将在本书第九部分“公司常见诉讼业务”中详细介绍。

四、公司合并中的债权人保护制度

在公司合并中,我国《公司法》也非常注重对债权人的保护。主要体现在两个方面:

一是《公司法》第一百七十三条规定,公司应当自作出合并决议之日起十日内通知债权人,并于三十日内在报纸上公告。债权人自接到通知书之日起三十日内,未接到通知书的自公告之日起四十五日内,可以要求公司清偿债务或者提供相应的担保。需要注意的是,只要公司清偿了债务或者提供了相应的担保,债权人并不能阻止合并的进行;

二是《公司法》第一百七十四条规定,公司合并时,合并各方的债权、债务,应当由合并后存续的公司或者新设的公司承继。该条意味着公司对没有要求清偿债务或者提供相应的担保的债权人的债务将由合并后存续的公司或者新设的公司承继。

五、公司合并中的法律实务要点

公司合并是一个比较复杂的并购重组交易,在实务中,存在很多需要特别关注的法律实务要点。主要包括：合并后存续公司或新设公司的注册资本、股权比例的确定、合并基准日的确定、过渡期损益归属的确定以及合并中或然负债的处理等。下面，笔者针对这些内容进行介绍：

（一）存续公司或新设公司注册资本、股权比例的确定

《国家工商总局关于做好公司合并分立登记支持企业兼并重组的意见》（工商企字〔2011〕226号，以下简称《意见》）第二条第（五）项规定："支持公司自主约定注册资本数额。因合并而存续或者新设的公司，其注册资本、实收资本数额由合并协议约定，但不得高于合并前各公司的注册资本之和、实收资本之和。合并各方之间存在投资关系的，计算合并前各公司的注册资本之和、实收资本之和时，应当扣除投资所对应的注册资本、实收资本数额。"《意见》第二条第（六）项规定："支持公司自主约定股东出资份额。因合并、分立而存续或者新设的公司，其股东（发起人）的出资比例、认缴或者实缴的出资额，由合并协议、分立决议或者决定约定。法律、行政法规或者国务院决定规定公司合并、分立涉及出资比例、认缴或者实缴的出资额必须报经批准的，应当经过批准。合并、分立前注册资本未足额缴纳的公司，合并、分立后存续或者新设公司的注册资本应当根据合并协议、分立决议或者决定的约定，按照合并、分立前规定的出资期限缴足。"《关于外商投资企业合并与分立的规定》（〔1999〕外经贸法发第395号，2015年修订）①第十条规定："股份有限公司之间合并或者公司合并后为有限责任公司的，合并后公司的注册资本为原公司注册资本额之和。有限责任公司与股份有限公司合并后为股份有限公司的，合并后公司的注册资本为原有限责任公司净资产额根据拟合并的股份有限公司每股所含净资产额折成的股份额与原股份有限公司股份总额之和。"因此，无论是内资企业还是外商投资企业，我国的法律环境都不允许合并后公司注册资本高于合并前公司的注册资本之和，但显然并不禁止内资企业可以小于合并前各公司的注册资本之和。

如果属于同一控制下的吸收合并时，一般情况下都按照合并各方的净资产的账面价值进行作价，并且一般情况下参与合并的各公司的股东及股东的持股比例在合并后的公司的持股比例将按照享有的净资产的账面价值加总后计算。同一控制下的公司合并从最终控制方的角度来看，该项交易仅是其原本已经控制的资产、负债空间位置的转移，其所能够实施控制的净资产没有发生变化，原则上不应影响所涉及资产、负债的计价基础变化。与同一控制下的公司合并不同，非同一控制下

① 《商务部关于修改部分规章和规范性文件的决定》（商务部令2015年第2号）对该文本进行了新修订，本书采用的文本为修订后的文本。——笔者注

的公司合并由于参与合并各方的股东不尽相同,并且参与合并的各公司的资产状况、财务状况等也不相同,所以,不能简单地按照参与各方账面净资产的价值来确定各股东在合并后公司的股权比例。在实务中,应当对参与各方的资产和负债进行评估,在评估结果的基础上,由合并各方协商确定参与各方的股东拥有的权益额以及股权比例。

案例56 公司合并注册资本和股权比例的确定

甲公司和乙公司都从事啤酒制造和销售业务,A公司和B公司各自持有甲公司80%和20%的股权,C公司和D公司各自持有乙公司60%和40%的股权。为了整合业务运营以及提升市场竞争力,A和B公司决定拟由甲公司吸收合并乙公司。在合并基准日2011年6月30日,甲公司的注册资本为1000万元,净资产账面价值为1500万元,净资产的评估价为2000万元。乙公司的注册资本为500万元,净资产账面价值为800万元,净资产的评估价为1200万元。经甲乙双方协商一致,拟定合并后甲公司的注册资本为1500万元,甲乙公司价值按照评估值进行确定。因此,合并之后的存续甲公司的总体价值为3200万元。A和B公司合计拥有权益价值为2000万元,占股权比例为62.5%(2000/3200);C和D公司合计拥有权益价值为1200万元,占股权比例为37.5%(1200/3200)。可见,吸收合并是合并公司和被合并公司之间资本和公司价值之间的合并,各股东在合并后公司的股权比例应当按照它们各自应享有的权益金额在合并之后总体的权益金额中所占比例确定。

(二)合并基准日、交割日的确定

在实务中合并基准日一般由合并各方经协商后在合并协议中进行明确,并且有关资产的确定和计价都按照该日进行,所以过渡期的起始日一般从合并基准日的次日开始,这比较清楚并无争议。在实务中如何确定合并购买日/交割日则是一个颇具争议的问题,这需要合并各方在合并协议中予以明确。在实务中,一般以“控制权转移”作为确定原则,合并购买日/交割日是指合并方或购买方实际取得对被合并方或被购买方控制权的日期,即被合并方或被购买方的净资产或生产经营决策的控制权转移给合并方或购买方的日期。公司在实务操作中,应当结合合并合同或协议的约定及其他有关的影响因素,按照实质重于形式的原则进行判断。同时满足下列条件的,通常可认为实现了控制权的转移:

1. 公司合并合同或协议已获股东大会等通过。公司合并一般涉及的交易规模较大，无论是合并当期还是合并以后期间，均会对公司的生产经营产生重大影响，在能够对公司合并进行确认，形成实质性的交易前，该交易或事项应经过公司的内部权力机构批准，如对于股份有限公司，其内部权力机构一般指股东大会。

2. 公司合并事项需要经过国家有关主管部门审批的，已获得批准。按照国家有关规定，公司购并需要经过国家有关部门批准的，取得相关批准文件是对公司合并交易或事项进行会计处理的前提之一。譬如，外商投资企业的合并就需要获得商务部门的批文。

3. 参与合并各方已办理了必要的财产权转移手续。作为购买方，其通过公司合并取得被购买方的全部净资产，能够形成与取得净资产相关的风险和报酬的转移，一般需办理相关的财产权交接手续，从而从法律上保障有关风险和报酬的转移。

4. 合并方或购买方已支付了合并价款的大部分（一般应超过50%），并且有能力、有计划支付剩余款项。购买方要取得与被购买方净资产相关的风险和报酬，其前提是必须支付一定的对价，一般在形成购买日之前，购买方应当已经支付了购买价款的大部分，并且从其目前财务状况判断，有能力支付剩余款项。

5. 合并方或购买方实际上已经控制了被合并方或被购买方的财务和经营政策，并享有相应的利益、承担相应的风险。

针对上述实际控制权的转移条件，在实务中通常会选择在合并协议中约定监管期间结束日作为交割日或者完成工商变更日为交割日（参见【案例57】）。

（三）过渡期/监管期损益归属的确定

在实务中关于过渡期/监管期损益的归属约定通常有如下三种：一是监管期为合并基准日次日至交割日。监管期间内，被合并公司在监管期间内产生的损益归属于合并公司；二是监管期间内，被合并公司在监管期间内产生的损益归属于被合并公司；三是监管期间内，被合并公司在监管期间内产生的收益归属于合并公司，亏损归属于被合并公司。

至于交割日，实务中一般确定为合并公司办理完毕工商变更登记之日。

事实上，对于第一种方式主要适用于收益法评估时采用，即将合并基准日作为损益归属的分水岭，由于收益法已经考虑了未来被收购净资产的收益能力，所以在过渡期间的损益由合并方享有或承担。对于第二种方式主要适用于成本法评估时，第三种方式主要在上市公司合并中被采用，这样的方式主要是因为证监会监管部门出于对上市公司以及小股东的保护之目的而被采用（参见【案例57】）。

案例57 ST太光(000555)换股吸收合并神州信息有关过渡期损益归属的约定

深圳市太光电信股份有限公司(以下简称ST太光或太光电信,000555)于2013年8月换股吸收合并了神州数码信息服务股份有限公司(以下简称神州信息)。在其换股吸收合并方案以及《换股吸收合并协议》中对过渡期损益的约定是:

"过渡期间指自评估基准日(不含评估基准日当日)至交割日(含交割日当日)的期间。"

"评估基准日指2013年4月30日";

"交割日指神州信息的全部资产、负债、业务及人员转由太光电信享有及承担之日,初步定为本次吸收合并获得中国证监会核准通过后的第60日或太光电信与神州信息协商确定的其他日期。"

"神州信息在过渡期间产生的收益由本次吸收合并完成后的存续方太光电信享有或承担;神州信息在过渡期间产生的损失由神州信息股东按其在神州信息的持股比例承担,并于本次吸收合并完成后以现金方式对太光电信予以补偿。"

【评析】

在本换股吸收合并中,ST太光和神州信息协商确定的合并基准日(亦是评估基准日)为2013年4月30日,但吸收合并并不能立即完成,等到合并完成或股份交割之时,时间已经过去很长时间了,因此双方约定交割日初步确定为本次吸收合并获得中国证监会核准通过后的第60日或太光电信与神州信息协商确定的其他日期。评估基准日至交割日之间的期间即是过渡期间,在过渡期间之内,标的公司神州信息的损益无时不在发生变化,可能盈利,也可能亏损。为了保障上市公司中小股东的权益,并为了顺利通过证监会核准,双方约定过渡期间神州信息的收益归合并完成后的存续方太光电信享有,损失由神州信息股东按其在神州信息的持股比例承担,并于本次吸收合并完成后以现金方式对太光电信予以补偿。

(四)合并中或然负债的处理

一般地讲,合并中的或然负债是指因参与合并的各公司在合并计价基准日以前的原因引起的参与合并的各公司在计价基准日以后或合并后承担的给付义务,且该义务未登记在参与合并的公司的财务账面之上,或虽载于财务账面之上但支付的数额大于记载的金额的部分。

1. 或然负债赔偿责任人的确定

与股权并购不同,不论是在理论上或是在实务中,如何确定公司合并中或然负债赔偿责任人都是一个颇具争议的问题。主要存在三种观点：一是或然负债的赔偿责任人只能是合并后的公司（存续公司或新设公司），其理由在于被合并公司的资产已经投入到合并后的公司中，由于被合并公司已经解散注销，只能由合并后的公司对遭受损失的股东进行赔偿，因为合并各方的资产都属于合并后的公司的法人财产；二是由于合并前各公司的股东都成为了合并后公司的股东，由合并后的公司进行赔偿显然有“自己赔偿自己”的嫌疑，所以应当由在合并后受益的股东或者引起或然负债发生的股东对遭受损失的股东进行赔偿；三是根据引发或然负债的主体的不同而区别确定赔偿责任人。如果或然负债是由于被合并方的原因而发生，但被合并方已经解散注销，应当由被合并方的股东承担赔偿责任；如果或然负债是由于合并方的原因而发生，合并方继续存续的，由合并后存续公司承担，但同时应对被合并方的股东作出补偿。

笔者赞同第三种观点区别分析的观点，但并不完全赞同其结论。主要的理由在于需要依据合同法的有关原理来进行分析，具体理由如下：

其一，合并协议由合并方与被合并方进行签订，且公司合并属于这两者之间的资产交易行为，被合并方在合并完成之后将依法解散注销，而获得对价的则是被合并方的股东。从合同法原理来看，被合并公司的股东获得了合并对价是由于合同法上的转移支付的原因所导致的，被合并公司的股东支付的对价是放弃了其持有的被合并公司的股权资产，使被合并公司可以解散注销。在任何时候，合并方和被合并方的股东都不是合并协议的合同当事人，那么在合并协议中约定这些股东对合并各方的或然负债的赔偿责任，这显然找不到法理依据，当然作为担保人的除外。这跟股权并购中或然负债的赔偿责任人属于股东并不相同，因为后者本身就是交易的当事人。

其二，尽管《公司法》第一百七十四条规定：“公司合并时，合并各方的债权、债务，应当由合并后存续的公司或者新设的公司承继。”从这个意义上讲，或然负债可以视同为由合并后存续公司或新设公司承继，所以或然负债对外的支付义务人显然是合并后存续公司或新设公司，但这并非合并后存续公司或新设公司作为或然负债赔偿责任人的法律规定。需要注意的是，如果合并方支付的合并对价属于其股份的话，原合并方的或然负债会导致该股份的价值“贬值”从而损害了原被合并方股东的利益，原被合并方的或然负债也会导致该股份的价值“贬值” 从而损害了原合并方股东的利益，前者因转移支付的原因应当由原合并方向被合并方的股东进行赔偿，后者应当由被合并方的股东向原合并方（合并后存续公司或新设公司）返还受益部分。

其三,如果从视同投资的角度来分析,原合并方的或然负债导致股份的价值"贬值"的,需要合并后存续公司或新设公司返还给被合并方股东;由于原被合并方的或然负债导致股份的价值"贬值"的,需要被合并方股东向原合并方(合并后存续公司或新设公司)返还受益部分。

由于我国法律在理论和规定上对合并中或然负债的问题并不清晰,所以在实务中为了规避这些风险,我们通常会在合并协议中约定参与合并的各公司股东相互的声明与保证以及或然负债赔偿条款,笔者认为这样的声明与保证以及或然负债赔偿条款实质上属于一个合并协议的从合同,属于一个担保合同。即如果出现这样的情形(或然负债)的话,有责任的股东将承担相应的赔偿责任。从这个意义上讲,在实务中,应当在合并协议中设计股东相互担保条款,并促使各股东或股东代表在担保人处签章,这也可以解决合并中或然负债赔偿责任人确定以及合同相对性上的理论难题。

综上,实务中如何确定或然负债责任人呢?通常采取两个步骤来进行确定:

第一步,如果合并协议中约定有各股东对或然负债的担保条款,则可以依据担保法的规定,明确股东作为赔偿责任人,受偿人为合并后存续的公司或新设公司或者是遭受损失的股东。

第二步,如果合并协议中未约定有各股东对或然负债的担保条款,或者有类似条款,但各股东并没有签章,这个时候就需要依据如下两种情形进行判断:

(1)在吸收合并下,如果或然负债是由于原合并方的原因而发生,由合并后存续公司承担赔偿责任,受偿人为原被合并方的股东;如果或然负债是由于原被合并方的原因而发生,但原被合并方已经解散注销,应当由合并后存续公司承担赔偿责任,受偿人为原合并方的股东;

(2)在新设合并下,如果或然负债是由被合并一方造成的,则赔偿人为新设公司,受偿人为该被合并一方原股东之外的其他股东。

归纳如表24-1所示:

表24-1　合并中或然负债赔偿责任及赔偿金额

合并类型	合并协议是否约定股东责任	引发或然负债的主体	赔偿人	受偿人	赔偿金额
吸收合并	是	原合并方	原合并方股东	原被合并方股东	参见赔偿公式二
		原被合并方	原被合并方股东	原合并方股东	参见赔偿公式二
	否	原合并方	存续公司	原被合并方股东	参见赔偿公式一
		原被合并方	存续公司	原合并方股东	参见赔偿公式一
新设合并	是	原被合并一方	原被合并一方股东	其他股东	参见赔偿公式二
	否	原被合并一方	新设公司	其他股东	参见赔偿公式一

2. 或然负债赔偿金额的确定

在解决了或然负债赔偿责任人的问题之后,另一个核心的问题就是如何确定或然负债赔偿金额的问题。这个问题其实相对比较复杂,根据赔偿责任人和受偿人的不同,可以分为两种计算方法:

方法一:合并后存续/新设公司作为赔偿责任人,股东作为受偿人

公式一:赔偿金额 = 或然负债 ×(受偿人在合并后公司的股权比例 ÷ 赔偿人原股东在合并后公司的股权比例)

方法一公式的原理在于,按照扣除或然负债金额的公司价值并按照已经确定的股权比例计算新的合并后公司的价值总额,再用该价值总额乘以另一股东的持股比例从而计算得出另一公司需要投入的价值额,并与实际合并投入价值额进行比较,其差额即是赔偿金额。根据这一原理可以推导出上述公式。

方法二:受益股东作为赔偿责任人,受损股东作为受偿人

公式二:赔偿金额 = 或然负债 × 受偿人在合并后公司的股权比例

方法二公式的原理在于,由于受偿人和赔偿人都是合并后公司的股东,因为合并后公司支付了或然负债金额,从而导致不应承担损失的受偿人承担了其按照持股比例计算的相应部分,所以这部分金额应当由赔偿人支付给受偿人。

六、上市公司换股吸收合并

涉及上市公司的合并交易几乎都属于“换股”吸收合并。由于上市公司公众公司的特点以及监督法规的要求,其具有特定的法规规定和交易特性。本部分将对其主要的法律实务要点进行介绍。

(一)被合并公司价值的确定

在实务中,如果被合并公司属于非上市公司的话,则一般按照被合并公司在评估基准日的评估价格为基准协商确定;如果被合并公司属于上市公司的话,则可以采用《上市公司重大资产重组管理办法》(证监会令第127号,2016年修订,以下简称“《重组管理办法》”)发行股份的规定来进行确定。

案例58 ST太光(000555)换股吸收合并神州信息交易价格的确定

根据ST太光换股吸收合并神州信息报告书的披露:

双方同意,被合并方神州信息的交易价格以北京中同华资产评估有限公司出具的、并经江苏省国资委核准的评估报告的评估结果为依据,由双方协商确定。

根据中同华出具的中同华评报字(2013)第260号《资产评估报告》,截至2013年4月30日,神州信息全部股东权益评估结果为301,700.00万元。鉴于上述《资产评估报告》的评估结果尚未取得江苏省国资委核准,双方一致同意被合并公司的交易价格暂定为301,700.00万元。双方同意,如经江苏省国资委核准的评估结果与前述被合并公司的交易价格存在差异,应以经江苏省国资委核准后的评估结果作为依据,对交易价格进行调整,届时协议双方将签署补充协议,对交易价格的差异金额以现金或股份方式予以调整。

(二)换股股份的价格和换股比例的确定

在换股合并中,需要明确的是合并方增发的新股和被合并方股东持有的被合并方股份如何作价以及如何确定换股比例的问题。实质上,对于合并方(上市公司)而言,属于非公开发行股份(定向增发)给被合并方股东,属于《重组管理办法》(证监会令第109号,以下简称《重组管理办法》)规定的发行股份吸收合并,其应当适用《重组管理办法》有关发行股份吸收合并的规定。

法规链接

《重组管理办法》

第四十五条　上市公司发行股份的价格不得低于市场参考价的90%。市场参考价为本次发行股份购买资产的董事会决议公告日前20个交易日、60个交易日或者120个交易日的公司股票交易均价之一。本次发行股份购买资产的董事会决议应当说明市场参考价的选择依据。

前款所称交易均价的计算公式为:董事会决议公告日前若干个交易日公司股票交易均价=决议公告日前若干个交易日公司股票交易总额/决议公告日前若干个交易日公司股票交易总量。

第五十条　换股吸收合并涉及上市公司的,上市公司的股份定价及发行按照本章规定执行。

上市公司发行优先股用于购买资产或者与其他公司合并,中国证监会另有规定的,从其规定。

上市公司可以向特定对象发行可转换为股票的公司债券、定向权证用于购买资产或者与其他公司合并。

【法规解读】

《重组管理办法》明确了换股吸收合并涉及上市公司的,上市公司的股份定价及发行按照《重组管理办法》发行股份购买资产的规定执行。需要注意的是,涉及的上市公司可能是合并方,也可能是被合并方,或者两方都是上市公司。无论是何者,其股份的定价都适用。需要注意的是,该规定与《上市公司证券发行管理办法》(证监会令第30号,以下简称《发行管理办法》)

和《上市公司非公开发行股票实施细则》(证监发行字〔2007〕302号,以下简称《发行实施细则》)有关非公开发行股票的定价规定“发行价格不低于定价基准日前二十个交易日公司股票均价的百分之九十”保持一致了,这也是《重组管理办法》2014年修订时的一个重大变化。

在确定了收购的标的公司的价值和合并方发行股份的价格之后,则被合并公司股东股份的换股比例自然就出来了。即:

取得新股数量=被合并公司的交易价格÷新增股份发行价格×各股东在被合并公司的持股比例

换股比例=取得新股数量÷被合并公司的股份数量

案例59 ST太光(000555)换股吸收合并神州信息的换股价格和换股比例的确定

根据ST太光换股吸收合并神州信息报告书的披露:

1. ST太光新增股份的发行价格

本次吸收合并涉及的新增股份的发行价格以太光电信首次审议并同意本次吸收合并方案的董事会决议公告日前20个交易日太光电信股票交易均价为准,新增股份的发行价格为9.44元/股。

2. 换股对价

神州信息股东将按照其所持的神州信息股份数量确定本次吸收合并中换取的太光电信的股份数量,神州信息股东取得新增股份数量的计算公式如下:

取得新增股份数量=被合并公司的交易价格÷新增股份发行价格×各股东在神州信息的持股比例

(三)异议股东的保护机制——现金选择权(异议股东回购请求权)

如前所述,《公司法》第一百四十二条规定,股东因对股东大会作出的公司合并、分立决议持异议,要求公司收购其股份的,公司可以收购其股份,收购的股份应当在六个月内转让或者注销。由于注销将涉及减资,所以实务中一般情况下公司主张合并的大股东或控股股东或者指定的第三方都会以一个相对公平合理的价格对异议股东的股份进行收购。这正是上市公司合并中“现金选择权”的由来。有关现金选择权的有关规范性文章主要集中在深圳证券交易所《上市公司现金选择权业务指引(2011年修订)》[以下简称《深指引》(2011)]、《上市公司重大资产重组信息披露工作备忘录第六号 上市公司现金选择权业务指引(试行)(2012年8月修订)》[以下简称《沪指引》(2012)]。

根据《深指引》的规定,现金选择权包括如下内容:

一是现金选择权适用于重大资产重组、合并、分立等重大事项。因此,现金选择权也可以适用于上市公司收购。本部分我们并不讨论有关上市公司收购中现金选择权的法律适用问题。

二是现金选择权是相关股东按照事先约定的价格在规定期限内将其所持有的上市公司股份出售给第三方或者上市公司的权利,因此,现金选择权在功能上是为在重大资产重组、吸收合并、分立等事项中持异议的股东提供一个出售股份取得现金,退出公司的机会;但是,《深指引》并没有对第三条的“相关股东”作出明确的界定,但是从该指引第二条的规定来看,似乎只适用于在深交所的上市公司的股东,而不能适用于其他公司的异议股东。

三是现金选择权的实施是股东出售股份的权利,但同时也依赖于第三方或者上市公司。第三方是指除上市公司和异议股东之外的法律实体。第三方一般由上市公司负责联系,可能与上市公司存在关联关系,也可能不存在关联关系,但以后者居多。

从《深指引》的定义来看,深交所所定义的现金选择权还包括上市公司的股份回购,即同时还适用于公司法所规定的异议股东的回购请求权。从《沪指引》的定义来看,与《深指引》的定义基本类似,唯一重大的区别在于,《沪指引》明确现金选择权仅仅适用于“该上市公司的股东”。

现金选择权制度的价值在于,为异议股东多提供一种退出的方式,从而加快并购重组的进程。这与异议股东收购请求权的制度价值非常类似。从现金选择权的定义来看,现金选择权的含义比异议股东股份回购权似乎更广,或者说前者包含后者。理由在于,现金选择权提供的是一个异议股东退出的机制,既可以是由上市公司作为现金选择权提供方作出的股份回购,也可以是由非上市公司的第三方(可以是上市公司的关联方,也可不是)作为现金选择权提供方作出的股份收购(对于异议股东而言就是股份转让或出售)。

案例60　ST太光(000555)换股吸收合并神州信息的现金选择权

根据ST太光换股吸收合并神州信息报告书的披露以及《换股吸收合并协议》的约定:

1.为充分保护太光电信异议股东的利益,在本次合并过程中将由现金选择权提供方向太光电信的异议股东提供现金选择权。现金选择权提供方将在太光电信审议本次交易临时股东大会召开前确定。

2. 在本次吸收合并方案获得中国证监会核准后，太光电信将确定实施本次现金选择权的股权登记日。太光电信将向在太光电信股东大会表决本次合并方案时投出有效反对票，并且持续持有代表该反对权利的股票直至现金选择权股权登记日的异议股东派发现金选择权。取得现金选择权的异议股东在现金选择权申报期内可以进行申报行权。在股东大会股权登记日之后买入或者先卖出后又买入的股东，太光电信将不向其派发现金选择权。

3. 获得现金选择权的异议股东在现金选择权申报期内有权以9.44元/股的价格将其持有的全部或部分有权行使现金选择权的股份申报现金选择权。对于太光电信异议股东持有的已经设定了质押、其他第三方权利或被司法冻结的股份，未经合法程序取得质权人、第三方或有权机关相关的书面同意或批准，不得行使现金选择权。

如在太光电信审议本次合并方案的首次董事会决议公告日至太光电信异议股东现金选择权实施日期间发生除权、除息的事项，则现金选择权价格将作相应调整。

4. 太光电信将在本次交易获得中国证监会核准后另行公告异议股东现金选择权方案的实施细则(包括但不限于申报方式、申报期等)。

5. 在本协议生效后，现金选择权提供方应当于现金选择权实施日受让成功申报行使现金选择权的异议股东所持有的太光电信股份，并按照9.44元/股的价格向异议股东支付相应的现金对价。

【评析】

在本换股吸收合并中，对异议股东的保护机制实质涉及合并公司的异议股东和被合并公司异议股东的保护两个方面。本例子仅仅列举了上市公司(合并公司)异议股东的现金选择权保护。需要注意的是，现金选择权的行权价格为9.44元/股，与ST太光发行股份的价格的确定机制是一致的。

(四)滚存利润的处理

简单地讲，“滚存利润”(accumulated profit)一般是指上市公司以往经营年份中逐渐积累起来未分配的利润，与会计上的累积利润基本等同，细微的区别在于滚存利润一般是指累积的未分配利润，通常不包括盈余公积。为什么叫“滚存利润”只是翻译的缘故而已。对于上市公司发行新股合并之前历年滚存的利润如何处理，一般采用如下方式进行：约定换股吸收合并完成前的滚存未分配利润由换股吸收合并完成后的新老股东按各自持股比例共享。譬如，2009年的东航吸收合并上航案、2013年的中国医药换股吸收合并天方药业案以及我们前述的ST太光(000555)换股吸收合并神州信息案。

专题 25 公司分立法律实务

内容提示

公司分立是一种收缩性的公司重组业务，通常在公司剥离亏损或负担等非主营业务、分业经营以及为满足 IPO 等特定目的而进行的主辅业剥离时出现。实践中，通过公司分立在保持股东权益持续的情况下，可以避免直接资产并购的一些劣势（比如税负等）。本专题包含如下内容：

- 公司分立的概念和类型；
- 公司分立的法定程序；
- 公司分立中异议股东保护制度；
- 公司分立中债权人保护制度；
- 公司分立的法律实务要点。

一、公司分立的概念和类型

我国《公司法》并没有对公司分立作出明确的定义。通常地讲，公司分立是指一家公司（以下称为被分立公司）将其部分或全部资产分离转让给现存或新设的公司（以下简称分立公司），被分立公司股东换取分立公司的股权或非股权支付，实现公司的依法分立。

根据《公司法》第一百七十五条规定，公司分立，其财产作相应的分割。公司分立，应当编制资产负债表及财产清单。公司应当自作出分立决议之日起十日内通知债权人，并于三十日内在报纸上公告。第一百七十六条规定，公司分立前的债务由分立后的公司承担连带责任。但是，公司在分立前与债权人就债务清偿达成的书面协议另有约定的除外。同时，《关于做好公司合并分立登记支持企业兼并重组的意见》（工商企字〔2011〕226 号）第二条第（一）项规定，公司分立可以采取两种形式：一种是存续分立，指一个公司分出一个或者一个以上新公司，原公司存续；另一种是解散分立,指一个公司分为两个或者两个以上新公司,原公司解散。《关于外商投资企业合并与分立的规定》(〔1999〕外经贸法字第395号,2015年修订)①第四条规定,本规定所称分立,是指一个公司依照公司法有关规定,通过公司最高权力机构决议分成两个以上的公司。公司分立可以采取存续分立和解散分立两种形式。存续分立,是指一个公司分离成两个以上公司,本公司继续存在并设立一个以上新的公司。解散分立,是指一个公司分解为两个以上公司,本公司解散并设立两个以上新的公司。

根据上述规定,公司分立按照被分立公司是否解散,可以分为存续分立和新设分立(解散分立)两大类型。存续分立是指被分立公司存续,而其一部分资产分出设立为一个或数个新的公司或者分立到一个或数个现存的公司。存续分立按照是否按比例取得分立公司的股份和是否放弃被分立公司的股份,可以分为"让产分股式"分立(Spin off)和"让产赎股式"分立(Split off)。所谓"让产分股式"分立(Spin off)是指被分立公司将其持有的已存在受控公司的股份,或将其拥有的某一营业或部分财产移转至新设立的受控公司而获得的该受控公司发行的股份按照其股东持有的股权比例分配给股东,分配完毕后,被分立公司的股东成为分立公司的股东。"让产赎股式"分立(Spit off)与"让产分股式"分立(Spin off)相比较基本相同,除了如下两点区别:(1)被分立公司按照某个比率(并不一定是按被分立公司股东的股权比例)分配给其股东,而其股东须将自身所持有之被分立公司部分或全部股份作为对价返还于被分立公司;(2)被分立公司应就收回的自身股份办理减资。新设分立是指被分立公司解散,分立出的资产被分别用于设立新的公司或分立到现存公司,它又被称为"股本分割式"分立(Split up)。

二、公司分立的法定程序

公司分立是公司的重大事项,不仅涉及股东的利益,还涉及债权人的利益,因此必须严格的依照法律程序进行。一般的程序如下:

(一)公司董事会拟定公司分立方案

在公司分立方案中,应当对公司分立的原因、目的、分立后各公司的地位、分立后公司章程和财产及债务分割等问题做出安排。

① 《商务部关于修改部分规章和规范性文件的规定》(商务部令2015年第2号)对该文进行了最新修订,本书采用的文本为修订后的文本。——笔者注

(二)公司股东(大)会关于分立方案作出决议

根据《公司法》第四十三条的规定,股东会会议作出公司分立的决议,必须经代表三分之二以上表决权的股东通过。股东会决议通过方案时,特别要通过公司债务的分担协议,即由未来两家或多家公司分担原公司债务的协议。为了保证分立方案的顺利执行,应当同时授权董事会具体实施分立方案。该授权包括向国家主管机关提出分立申请、编制其他相关文件等事项。

(三)公司编制资产负债表及财产清单

根据《公司法》第一百七十五条第一款的规定,公司分立时应当进行财产分割。为妥善处理财产分割,应当依照第二款规定编制资产负债表及财产清单。经股东会授权后,应当由董事会负责实施。

(四)签订分立协议

分立协议是公司分立过程中的核心法律文件,基本应当包括被分立公司、分立公司的基本情况,分立后存续公司或新设公司的名称、性质、住所,分立各方的资产状况及其处置方法,分立时债权债务的处理,新设公司或存续公司股份总数、种类及各股东股份数额,新设公司或存续公司的股东,公司章程的拟定或修改,不同意分立的股东的处理等事项。

(五)履行债权人保护程序

根据《公司法》第一百七十五条第二款规定,公司应当自作出分立决议之日起十日内通知债权人,并于三十日内在报纸上公告。

(六)公司登记程序

分立登记分为注销登记、变更登记和新设登记。公司分立以后,解散的公司应当到工商登记关办理注销登记手续;存续公司应当到登记机关办理变更登记手续;新成立的公司应当到登记机关办理设立登记手续。

三、公司分立中异议股东保护制度

与公司合并类似,我国《公司法》还规定了公司分立中异议股东的保护制度。即《公司法》第七十四条和第一百四十二条的规定。有关内容读者可以参阅上一专题的相关内容,此处不再赘述。

四、公司分立中债权人保护制度

在公司分立中,我国《公司法》也非常注重对债权人的保护。主要体现在两个方面:

一是《公司法》第一百七十五条第二款规定,公司应当自作出分立决议之日起十日内通知债权人,并于三十日内在报纸上公告。需要注意的是,与公司合并不同,在公司分立中,《公司法》并没有规定公司的债权人可以要求公司清偿债务或者提供相应的担保。其原理在于如下的第二点。

二是《公司法》第一百七十六条规定,公司分立前的债务由分立后的公司承担连带责任。但是,公司在分立前与债权人就债务清偿达成的书面协议另有约定的除外。除非公司与债权人另有书面约定,否则公司分立前的债务由分立后的公司承担连带责任。正是这个原因,所以公司法并没有给予公司的债权人可以要求公司清偿债务或者提供相应的担保的权力。

五、公司分立的法律实务要点

实务中,公司分立存在很多需要特别关注的法律实务要点。主要包括:分立中注册资本、股权比例的确定、分立基准日的确定、过渡期损益归属的确定等。

(一)分立中注册资本、股权比例的确定

《意见》第二条第(五)项规定:“支持公司自主约定注册资本数额。……因分立而存续或者新设的公司,其注册资本、实收资本数额由分立决议或者决定约定,但分立后公司注册资本之和、实收资本之和不得高于分立前公司的注册资本、实收资本。”395号文第十二条规定:“分立后公司的注册资本额,由分立前公司的最高权力机构,依照有关外商投资企业法律、法规和登记机关的有关规定确定,但分立后各公司的注册资本额之和应为分立前公司的注册资本额。”因此,无论是内资企业还是外商投资企业,我国的法律环境都不允许分立后各公司注册资本高于分立前公司的注册资本之和,但显然并不禁止内资企业可以小于分立前公司的注册资本之和。

成比例公司分立从理论上应当包含两种情形:一是“让产分股式”分立(Spin off),在“让产分股式”分立中,由于被分立公司的股东并没有放弃其持有的被分立公司的股权,因此,被分立公司的资本(股本)并没有减少。在中国法下,这样的分

立并不符合有关的公司法律规定,所以在实务中并不可能出现。二是成比例放弃原股份的“让产赎股式”分立(Split off),在“让产赎股式”分立后,被分立公司的资本(股本)将减少,这种分立是实务中最常见的一种分立方式。与成比例公司分立不同,不成比例的分立由于存在部分股东放弃被分立公司股权,部分不放弃的情形,或者全部股东不成比例的放弃被分立公司股权的情形,导致各股东在被分立公司和/或分立公司的股权比例并不相等,如果不存在额外补价的话,则这些股权的权益金额应当与分立之前有所区别,如果存在其他对价的话,则加上该等对价后应当与分立之前并没有区别。

总之,公司分立中最核心的问题就是被分立公司各股东所拥有权益如何作价,在作价确定之后,可以在该作价的基础上计算得出分立之前各自所持股份所代表的权益金额,如果协商确定的是成比例分立,即分立前后股权比例不变,各股东之间并不需要支付额外对价。如果协商确定了一个与分立之前的股权比例不一致的股权比例,则额外获得股权比例的一方股东需要向另一方股东支付相当于该额外股权比例对应的权益价值的对价(一般采用现金对价),以平衡利益。

案例61　不成比例分配的公司分立中各方股权比例的确定

1. 假定,甲和乙合资设立A公司,注册资本400万元,各占股50%。后甲乙决定对A公司进行分立,分立基准日A公司资产总值2000万元,负债1000万元,所有者权益1000万元。分立后A公司存续,甲持有A公司100%的股权,同时设立B公司,乙持有B公司100%的股权。在评估的基础上经双方协商A公司的全部资产作价4000万元,从而所有者权益拟为3000万元。双方同意A公司分割给B公司一套产品生产线,包括机器设备、厂房和土地使用权。分割资产在A公司财务账面的净值为1000万元,在评估的基础上经双方协商作价为1500万元。这样A公司的股东甲和乙之间并不需要为分立而支付额外对价。

我们可以发现,分立前A公司享有的总权益金额为1500万元(3000×50%),同时B公司也享有1500万元。分立之后,A持有甲公司100%股权,该股权代表的权益总额等于1500万元,B持有乙公司100%股权,该股权代表的权益总额也等于1500万元。

2. 假定,上述第1点中的资料不变,除了A公司的全部资产并不是作价4000万元,而是3000万元,所有者权益2000万元之外,而A公司分割给B公司的资产仍作价为1500万元,乙股东就需要向甲股东支付对价500万元(视为A公司先按照各1000万元的股权成比例分配,然后甲公司将接受的部分B公司股权作价500

万元转让给乙公司），否则乙股东就侵害了甲股东的权益。

我们可以发现，分立前A公司享有的总权益金额为1000万元（2000×50%），同时B公司也享有1000万元。分立之后，A持有甲公司100%股权，该股权代表的权益总额等于500万元，B持有乙公司100%股权，该股权代表的权益总额等于1500万元。这样的分立结果导致A公司的权益减少了500万元，B公司的权益增加了500万元，这也正是B公司需要向A公司支付500万元额外现金对价的原因。

（二）分立基准日、交割日及过渡期损益归属的确定

与其他并购交易一样，公司分立也需要确定一个分立计价基准日，该基准日实际上也属于被分立公司的审计基准日和评估基准日。在实务中，通常会以该基准日的评估值作为基准进行资产和负债的分割。如前所述，被分立公司各股东在分立后各公司的股权比例正是在分离资产的评估价值基础上进行协商确定的。被分立公司通常会在分立协议中约定一个分立基准日，并按照该基准日准备资产负债表、财务明细表、负债明细表等资料，所以一般情况下该基准日都会是某期（月）的期末。在实务中如何处理分立基准日与分立完成日之间的过渡期损益的归属是最需要关注的问题。对于成比例的公司分立而言，这并不成其为问题，因为这并不会影响股东分立前后的权益，因为分立前后各股东的股权比例并没有发生变化，但是在不成比例的公司分立中，这就成为了非常重要的一个问题。

在实务中分立基准日一般由被分立公司各股东经协商后以股东（大）会决议的方式表决通过，并在分立协议中进行明确，并且有关资产范围和计价都按照该日进行，所以过渡期的起始日一般从分立基准日的次日开始，这比较清楚并无争议。对于分立完成日的确定，一般应当以存续公司或新设公司完成工商变更或注册登记之日确定。

实务中，对过渡期间损益的归属的约定一般是按照分立前各股东的股权比例进行分配。事实上，分立过渡期的损益的归属是一个比较复杂的问题。从理论上讲，分立基准日之后各资产或负债产生的损益应当严格按照分立资产和负债的清单进行分别计算，但在实务中，你很难能够真正做到这一点，所以一般都会大致按照分立前各股东的持股比例在净资产的评估价值基础上进行计算。不论是否存在分立额外对价的情形，过渡期的损益的归属都可以按照分立前各股东的持股比例进行分配。

案例62　公司分立过渡期损益的归属

1. 假定，甲和乙合资设立A公司，注册资本400万元，各占股50%。后甲乙决

定对A公司进行分立,分立基准日为2011年12月31日,该日A公司资产总值2000万元,负债1000万元,所有者权益1000万元。分立后A公司存续,甲持有A公司100%的股权,同时设立B公司,乙持有B公司100%的股权。在评估的基础上经双方协商A公司的全部资产作价4000万元,从而所有者权益拟为3000万元。双方同意A公司分割给B公司一套产品生产线,包括机器设备、厂房和土地使用权。分割资产在A公司财务账面的净值为1000万元,在评估的基础上经双方协商作价为1500万元。甲公司和乙公司在2012年3月31日完成工商变更登记。在2012年1月1日至2012年3月31日期间,甲公司产生了100万元的利润。分立协议约定过渡期损益按照分立的净资产评估值比例进行分配。

【评析】

本分立属于不成比例的存续分立,但并不存在股东之间支付额外对价的情形。所以,将过渡期损益100万元按照分立前各股东的持股比例进行分配后,其中的50万元将归属于存续的甲公司,剩余的50万元将归属于乙公司。

2. 假定,上述第1点中的资料不变,除了A公司的全部资产并不是作价4000万元,而是3000万元,所有者权益2000万元之外,而A公司分割给B公司的资产仍作价为1500万元,乙股东就需要向甲股东支付对价500万元(视为A公司先按照各1000万元的股权成比例分配,然后甲公司将接受的部分B公司股权作价500万元转让给乙公司),否则乙股东就侵害了甲股东的权益。有关过渡期损益同上。这个时候如何约定过渡期损益的归属?

我们知道,在分立基准日时,在考虑额外对价的基础上,分立后各股东的权益与分立前是相等的,对于过渡期的损益的分配按照分立前各股东的持股比例进行分配也不会导致这个权益总额的相对变化。譬如在本例中,按照股权比例甲、乙公司将各自分得50万元的利润,分配后甲公司享有的权益总额为1050万元(500+500+50),乙公司享有的权益总额为1050万元(1500-500+50)。相当于将该过渡期损益按照分立之前各股东的持股比例进行分配,将不会导致各股东权益的变化。

案例63　亏损公司是否可以进行公司分立,如果可以,如何进行公司分立?

让我们以一个来对此进行说明。假定,截至2014年12月31日,甲公司的所有者权益为:实收资本500万元,资本公积100万元,盈余公积100万元,未分配利润-300万元(全部为税法上可弥补亏损)。甲公司的股权结构为:A公司出资400万元,持股80%;B公司出资200万元,持股20%。甲公司经营饮料销售和机械加工，由于A和B对于营业的发展出现差异，遂决定对甲公司进行业务分拆，分拆后A公司继续从事饮料销售业务，B公司继续从事机械加工业务。经A和B协商的分立方案如下：

1. 分立基准日为2014年12月31日。

2. 分立方式：存续分立。即甲公司分立为存续的甲公司和新设的乙公司。

3. 分立业务和财产：甲公司分立前的饮料销售业务继续保留在存续的甲公司，机械加工业务分离到新设的乙公司。在业务分拆的基础上，与饮料销售业务有关的资产和负债以及人员保留在甲公司，与机械加工的资产和负债以及人员分立到乙公司。有关的分离的资产和负债如下：

甲公司	分立前账面价值	分立前评估价值	分立后账面价值	分立后评估价值
资产	1000	1400	600	840
负债	600	600	400	400
所有者权益	400	800	200	440
其中： 实收资本 累积盈余公积和未分配利润	500 （200）		300 （100）	

分立公司Y的资产负债情况如下：

乙公司	账面价值	评估价值
资产	400	560
负债	200	200
所有者权益	200	360

4. 分立后公司注册资本及股权结构：分立后存续的甲公司注册资本为300万元，由A公司100%持股；新设的乙公司的注册资本为200万元，由B公司100%持股。同时，B公司支付200万元现金给A公司。

【评析】

1. 分立的注册资本问题

在甲公司分立中，甲公司需要减资200万元，减资后存续的甲公司注册资本为300万元；新设的乙公司注册资本拟定为200万元，两者注册资本合计等于500万元，与分立前甲公司的注册资本保持一致，符合有关规定。

2. 分立的现金对价问题

尽管在甲公司分立中，甲公司处于亏损（未分配利润为－300万元），但并不意味着甲公司就不能进行分立。我们可以发现分立前后，甲公司公允价值分别为

800 万元和 440 万元,分立后 A 公司拥有的权益价值为 440 万元,比分立前其拥有的权益 640 万元(800 ×80%)减少了 200 万元,而 B 公司在分立公司乙公司中拥有的权益为 360 万元,比分立前其拥有的权益 160 万元(800 ×20%)增加了 200 万元,因此,在分立中,B 公司需要支付现金补价 200 万元给 A 公司。

3. 分立的会计处理问题

对于甲公司,其会计处理如下:

借:实收资本——B	200 万元
负债	200 万元
资本公积(资本溢价)	160 万元
贷:资产	400 万元
营业外收入等科目	160 万元

对于乙公司,其会计处理如下:

借:资产	560 万元
贷:负债	200 万元
实收资本——B	200 万元
资本公积(资本溢价)	160 万元

需要注意的是,公司分立的会计处理我国目前并没有明确的会计准则或者会计制度进行明确,上面的会计处理是按照被分立公司对外投资以及分立公司新设成立按照评估价值进行的账务处理。

4. 分立的所得税税务处理问题

根据 59 号文的规定,本分立重组由于属于不成比例分立,即分立前后股权机构发生了变化,因此,适用一般性税务处理。

(1)甲公司分立前亏损 300 万元,根据 59 号文的规定,企业分立相关企业的亏损不得相互结转弥补。因此,该 300 万元亏损只能由甲公司在以后可弥补年限内依法弥补。

(2)在甲公司层面,由于对外投资处置资产实现了所得 160 万元,因此应将 160 万元计入应纳税所得额。

(3)在 A 公司和 B 公司层面,A 公司确认所得 =200 万元;B 公司确认所得 = 360 -200(股权投资成本) -200(支付现金补价) = -40 万元。

专题 26 公司股权并购与上市公司收购法律实务

内容提示

公司股权并购可能是实务中最常见的并购交易方式之一。其特点在于交易的双方仅仅是标的公司的股东与收购方之间的交易而并不直接涉及标的公司本身,这也使得其具有一般资产并购所不具有的一些优势(比如税负)。本专题包含如下内容:

- 股权并购的含义及类型;
- 股权并购的程序;
- 目标公司标的股权的作价;
- 股权并购中其他股东的同意权和优先购买权;
- 股权并购中债权、债务及或然负债的处理;
- 股权转让基准日、交割日、过渡期及监管事项;
- 上市公司收购的法律实务。

一、股权并购的含义及类型

通常地讲,股权并购是指一家公司(以下简称收购公司)购买另一家公司(以下称为被收购公司或目标公司)的股权,一般以实现对被收购公司的控制为目的的交易。从前述定义可以看出,公司股权并购主要的特征在于:一是公司股权并购是收购公司与目标公司的股东之间的交易;二是公司股权并购一般以实现对目标公司的控制为目的。

在实务中,公司股权并购通常的目的在于对目标公司实施控制。那么什么是"控制"呢?按照《公司法》第二百一十六条的规定,控股股东,是指其出资额占有限责任公司资本总额50%以上或者其持有的股份占股份有限公司股本总额50%

以上的股东;出资额或者持有股份的比例虽然不足50%,但依其出资额或者持有的股份所享有的表决权已足以对股东会、股东大会的决议产生重大影响的股东。以及“实际控制人,是指虽不是公司的股东,但通过投资关系、协议或者其他安排,能够实际支配公司行为的人。”因此,一般地讲,所谓“控制”是指一个企业对另一企业在股份、资金、经营、购销等方面构成实质控制。其中,股份控制通常是指一个企业直接或间接地持有另一企业50%以上的表决权股份或虽未达到50%的表决权股份但对该另一企业具有实质的表决权控制。

实践中,以股权作为支付对价的公司股权并购交易可以通俗地称为“换股收购”,它通常包含三种类型:一是以自身股份作为支付对价的“增发型”收购;二是以其持有的其他公司的股份作为支付对价的“控股公司换股型”收购;三是除了上述两种股权收购之外,还有一种特殊的股权收购——同一公司现有股东之间的“股权转让型”收购,这种方式与前两种方式的区别在于:在收购时,收购公司已经是目标公司的股东。

公司股权并购与公司合并的最大的区别在于:首先,股权并购是收购公司与目标公司的股东之间的交易,不直接涉及目标公司;其次,交易完成后,目标公司并不解散注销;最后,它并不要求目标公司在收购完成后必须持有几乎全部历史资产。因此,目标公司在并购之前可以进行资产剥离或者分立重组,将不需要的资产进行处理。

二、股权并购的程序

应该讲,公司股权并购的程序与一般的公司并购重组程序基本类似。主要包括如下基本流程:

1. 收购方与目标公司和/或其股东进行洽谈,初步了解情况,进而达成收购意向,签订收购意向协议;

2. 收购方在目标公司的协助下对目标公司的资产、债权、债务等进行清理,进行资产评估,对目标公司的运营情况进行详尽调查,对职工情况进行清理;

3. 收购双方组成谈判工作小组,草拟并通过收购实施预案;

4. 收购双方正式谈判,协商签订收购合同;

5. 收购双方根据公司章程或法律法规的规定,提交各自的权力机构(如股东会)就收购事宜进行审议表决;

6. 收购双方根据法律法规的要求,将收购合同提交有关部门进行批准或备案;

7. 收购合同生效后,双方按照合同约定履行资产转移、管理权转移手续,除法律法规另有规定之外，应当依法办理包括股东变更登记在内的工商、税务登记变更手续。

三、目标公司标的股权的作价

在公司股权并购交易中，无疑最重要的事项就是标的股权的作价问题。实务中，标的股权最主要的作价方法包括净资产作价法和评估作价法，而后者一般又包括历史成本法（基础资产法）、市场法和收益法。

当前，我国公司法及相关法律除了对国有股权和上市公司股份的转让估价作了限制性规定外，对于一般性的股权转让价格的确定并未作出具体的限制性规定。根据意思自治原则，只要当事人不违反法律的强制性规定，不损害国家和第三人的合法权益，法律允许股东自由确定股权转让价格。在实务中，公司股权的转让作价采用的最主要的方法有两种：

（一）净资产作价法

所谓净资产作价法，是指以目标公司净资产额为基准确定股权转让价格的方法。它将股权的价格与目标公司的净资产联系起来，反映了一定时期公司的生产经营情况。但是，它的缺点在于并没有反映公司的未来成长性等因素。尽管如此，净资产作价法在实务中是应用非常普遍的一种方法。在实务中，往往具体采用如下两种具体方式：

1. 固定价格法

所谓固定价格法，是指在目标公司净资产的基础上，商定股权转让的价格，除非合同中事先约定的价格调整情形出现，否则该价格不得被调整。这种方法在实务中并不多见。

2. 预约价格法

所谓预约价格法，是指在目标公司净资产的基础上，谈判双方先仅仅约定一个初步价格，并约定生成最终交易价格的一个调整方法或调整公式，并将其固定在合同中，待合同生效之后通过对目标公司资产和负债以及经营利润、税后利润等因素进行审核，再按照该方法或该公式计算得出最终的交易价格。在实务中，预约价格法是应用更普遍的方法。

（二）评估作价法

所谓评估作价法，是指以资产和负债评估的价格作为依据计算股权转让价格的方法。在实务中,评估作价法又可细分为历史成本法、市场法和收益法。

1. 历史成本法

历史成本法,是指以目标公司净资产价值为基础进行调整的一种方法。通常,公司股权价值 = 净资产评估值 × 溢价倍数,其适用范围主要用于非上市公司的股权价值评估。

2. 市场法

市场法也称为相对价值法、价格乘数法或可比交易价值法,是指利用类似企业的市场定价来估计目标公司价值的一种方法。其基本做法是:首先,寻找一个影响企业价值的关键变量(如净利润);其次,确定一组可以比较的类似企业,计算可比企业的市价/关键变量的平均值(如平均市盈率);最后,根据目标公司的关键变量(如净利润)乘以得到的平均值(平均市盈率),计算目标公司的评估价值。市场法可分为两大类型,一类是以股权市值为基础的模型,包括股权市价/净利,股权市价/净资产、股权价值/销售额等比例模型。另一类是以企业实体价值为基础的模型,包括实体价值/息前税收营业利润、实体价值/实体现金流量、实体价值/投资资本、实体价值/销售额等比例模型。最常见的市场法为市盈率法(P/E)和市净率法(P/B)。

(1)市盈率法(P/E)

目标公司每股价值 = 可比公司平均市盈率 × 目标公司的每股净利润

(2)市净率法(P/B)

目标公司每股价值 = 可比公司平均市净率 × 目标公司的每股净资产

总体来讲,市场法的运用有两个基本前提:一是要有活跃的股权交易市场;二是市场上要有可比的同类公司。因此,市场法主要适用于上市公司。

3. 收益法

收益法又称为收益现值法,是指将目标公司的预期收益流通过适当的折现率进行折现,从而转换为目标公司股权价值的一种评估方法。采用收益法进行评估的立足点在于,站在收购方的角度来看,它购买目标资产所付出的代价绝对不会高于该项资产为它带来的预期收益。具体地讲,就是不会高于具有类似风险的同类资产实现的未来收益的现值。收益法确定的目标公司股权 = 该股权资产预期收益现值总额。

对于净资产作价法,可以细分为两种情形:固定作价和预约作价。对于前者一般是在合同中约定一个基准日的固定价格即可;对于后者一般就会存在初始基准日下的“初始对价”(“预约对价”)和经过“过渡期”损益调整后的“最终对价”,即

最终对价 = 初始对价 + 过渡期损益。我们可以发现，与前述的公司合并、分立类似，在股权并购中也存在过渡期损益归属的谈判和约定问题。

案例 64① 公司股权并购中的“预约作价法”

甲公司欲收购乙公司和丙公司合计持有 100% 的目标公司 T 公司的股权。乙公司初始出资额为 3500 万元，乙公司持有 60% 股权，出资 2100 万元；丙公司持有 40% 股权，出资 1400 万元。在股权收购基准日 2012 年 9 月 30 日，T 公司的资产和负债情况为：资产为 45,000 万元，负债为 25,000 万元，净资产为 20,000 万元。

经过交易各方协商后，股权收购作价采取“初始对价” + “过渡期调整”的模式进行。初始对价为 65,000 万元，但应进行过渡期调整。其调整规则是：由交易各方共同确定的会计师事务所对基准日至交割日之间的 T 公司的财务报表进行审核，标的股权的对价按照净资产值进行调整。如果 T 公司在过渡期的净资产值高于基准日的净资产值（差额部分为“新增净资产值”），则最终对价 = 初始对价 + 新增净资产值；如果 T 公司在过渡期的净资产值小于基准日的净资产值（差额部分为“减少净资产值”），则最终对价 = 初始对价 - 减少净资产值。

本交易在 2013 年 10 月进入交割，确认的交割日为 2013 年 10 月 15 日。经会计师事务所审核的 T 公司净资产价值为 18,500 万元，则减少净资产价值为 1500 万元，因此最终对价 = 初始对价 - 减少净资产值 = 65,000 - 1500 = 63,500（万元）。

【评析】

1. 对于本案例中的初始对价而言，显然属于在目标公司净资产的基础上，谈判双方先仅仅约定的一个初步价格，而且该价格是一个溢价的价格（议价倍数大致为 65,000/20,000 = 3.25）。需要注意的是，我们在净资产价值基础上谈判溢价倍数的时候，一般会参考净资产的评估价值，并且会剔除不产生溢价的货币资金部分，即货币资金不产生溢价效应。

2. 对于初始对价的调整机制采用的是聘请会计师事务所对过渡期目标公司的损益及净资产变化情况进行调整的机制。但是，读者可能会问那为什么调增或调减部分不乘以溢价倍数呢？笔者只能解释的原因是，股权作价是从目标公司整体协同产生的未来收益能力来进行判断的，对于过渡期损益而言，是否会从理论上就

① 本案例根据笔者亲历的真实案例进行简化改编。——笔者注

产生相应的溢价倍数的调增或调减呢?我们并不能得出这样的推论。在实践中,这往往取决于谈判双方的地位、需求、谈判技能等诸多因素的制约而达成一致,本案例中的调整机制就是这样的结果。当然,如果可达成一致,按照溢价倍数来对初始对价进行调整而并无不可。

四、股权并购中其他股东的同意权和优先购买权

在公司股权并购实务中,我们需要非常注意的一个法律问题就是其他股东的同意权和有限购买权。根据《公司法》第七十一条规定:"有限责任公司的股东之间可以相互转让其全部或者部分股权。股东向股东以外的人转让股权,应当经其他股东过半数同意。股东应就其股权转让事项书面通知其他股东征求同意,其他股东自接到书面通知之日起满三十日未答复的,视为同意转让。其他股东半数以上不同意转让的,不同意的股东应当购买该转让的股权;不购买的,视为同意转让。经股东同意转让的股权,在同等条件下,其他股东有优先购买权。两个以上股东主张行使优先购买权的,协商确定各自的购买比例;协商不成的,按照转让时各自的出资比例行使优先购买权。公司章程对股权转让另有规定的,从其规定。"

(一)其他股东的同意权和优先购买权只适用于有限责任公司的股东

1. 仅有限责任公司的股东拥有同意权和优先购买权,股份有限公司的股东则不存在此权力。这是因为:其一,从公司法原理来看,《公司法》第七十一条的规定体现了有限责任公司属于"人合"公司的特质,而股份有限公司属于典型的"资合"公司,这决定了股份有限公司的股份可以自由转让而没有限制,法律另有规定限制转让的除外;其二,《公司法》有关股份有限公司的法条规定中没有任何有关股东同意权和优先购买权的规定。

【实务问题 57】 外商投资企业的股东是否拥有同意权、优先购买权?

《中外合资经营企业法实施条例》(以下简称《合资企业法实施条例》)第十六条第一款规定:"合营企业为有限责任公司。"第二十条规定:"合营一方向第三者转让其全部或者部分股权的,须经合营他方同意,并报审批机构批准,向登记管理机构办理变更登记手续。合营一方转让其全部或者部分股权时,合营他方有优先购买权。合营一方向第三者转让股权的条件,不得比向合营他方转让的条件优惠。违反上述规定的,其转让无效。"

《合作企业法实施细则》第四条第一款规定:"合作企业包括依法取得中国法人资格的合作企业和不具有法人资格的合作企业。"第十四条规定,合作企业依法

取得中国法人资格的，为有限责任公司。第二十三条规定：“合作各方之间相互转让或者合作一方向合作他方以外的他人转让属于其在合作企业合同中全部或者部分权利的，须经合作他方书面同意，并报审查批准机关批准。审查批准机关应当自收到有关转让文件之日起30天内决定批准或者不批准。”

根据上述法律规定，对于中外合资企业或取得中国法人资格的中外合作企业的其他股东拥有同意权和优先购买权，只不过此处的同意权是其他股东的一致同意才可转让。

2.《公司法》第七十一条属于建议性条款。因为该条第四款的规定“公司章程对股权转让另有规定的，从其规定”赋予了公司股东通过公司章程排除其他股东同意权和优先购买权的权力。因此，实务中在股权并购（转让）交易时，应首先关注目标公司公司章程是如何约定的。如果公司章程没有相关约定或者参照《公司法》该条进行约定，则其他股东拥有同意权和优先购买权；如果公司章程作出了相反约定，则其他股东没有同意权和优先购买权。

3. 公司股东之间转让全部或部分股权，其他股东不具有同意权和优先购买权。《公司法》第七十一条第一款对此进行了明确规定：“有限责任公司的股东之间可以相互转让其全部或者部分股权。”其公司法原理在于，有限责任公司股东内部之间股权的转让并不会破坏公司的“人合”性。

【实务问题58】　其他股东的同意权并非等同于优先购买权

其他股东同意权的行使是优先购买权行使的先行程序。为什么这样理解？其理由在于：《公司法》第七十一条第三款规定“经股东同意转让的股权”，“在同等条件下，其他股东有优先购买权”。简单地讲，也就是说，其他股东股东同意股权转让的，这个时候才“触发”并产生其他股东在同等条件下的优先购买权。还需要注意的是，同意权并非等同于优先购买权，因为其他股东不同意股权转让的，公司法规定其他股东必须购买该股权，不购买的，视为同意转让。

（二）“其他股东过半数同意”是指按“人头”过半数

《公司法》第七十一条第二款规定的“其他股东过半数同意”是指按股东“人头”过半数同意。即是说，此时并不按照股东的持股比例过半数来决定。其理由有两点：一是该条规定体现了有限责任公司人合的特质，即是说要保护的是公司股东之间人的信赖关系而不是资本的关系；二是尽管《公司法》第四十二条规定，股东会会议由股东按照出资比例行使表决权；但是，公司章程另有规定的除外。但是，股权并购（转让）中的其他股东过半数同意并非基于所有股东的共益权而需要按照股东出资比例来行使表决权，其仅仅保护其他股东享有的维持公司股东稳定的权利。

（三）不同意的股东购买该转让的股权的价格的确定

《公司法》第七十一条第二款的规定看似合理，但却隐含着一个问题："应当购买"时的购买条件（特别是价格）如何确定？该条件必须与股东拟向他人转让的条件一致吗？《公司法》对此没有明确规定，这给时务操作带来了问题。笔者认为，此时购买的价格按照《公司法》的立法本意应当是"合理的价格"。即是说，应按公司的资产计算的股权的价值确定，可以协商确定，协商不成的应当经过评估。因为，此时立法的本意是维系公司的人合性，既然其他股东半数以上不同意转让，其他股东就应该以股权的合理的价格购买。

（四）优先购买权的含义及程序

概括地讲，优先购买权又称先买权，是指特定人依照法律规定或合同约定，在出卖人出卖标的物于第三人时，享有的在同等条件优先于第三人购买的权利。优先购买权是民商法上较为重要的一项制度。《公司法》第七十一条对有限责任公司的股东向股东以外的人转让其出资时，必须经全体股东过半数同意；不同意转让的股东应当购买该转让的出资，如果不购买该转让的出资，视为同意转让。经股东同意转让的出资，在同等条件下，其他股东对该出资有优先购买权。在理解前述优先购买权时应把握如下几个要点：

1. 什么是"同等的条件"

优先购买权制度是法律在保障出卖人合法利益不受侵害的前提下，赋予特殊主体以特殊利益的一种制度。而出卖人合法利益的保障则体现在法律对优先购买权行使的"同等条件"的规定。法律规定在同等条件下先买权人有优先于他人购买的权利，但对"同等条件"却没有做出具体规定。而在审判实践中，历来有两种不同的观点。一种观点主张"绝对等同说"，即先买权人与其他买受人购买条件完全相同和一致，即视为同等条件。即"同等的条件"应当是"同等的股权转让合同条件"。对同等条件既不能仅限于同等的价格，也不能对其作扩大解释，如包括向公司注资、业务关系等。结合我国《合同法》的相关法律规定，同等条件属于合同法中的要约，其他股东同意购买属于合同法中的承诺。根据《合同法》第十二条和第三十条的规定，要约的实质性内容包括：合同的标的、数量、质量、价款或者报酬、履行期限、履行地点和方式、违约责任、解决争议方法。因此，同等条件应当，是指同等的股权转让的价格、数量、付款条件、履行期限、履行地点和方式、违约责任、解决争议方法。这样,既能有利于转让股东向外转让股权,有利于转让股东及时得到股权转让款,使受让方受到不仅仅是股权转让价款的约束,而且也同时受到股权转让数量、付款条件、履行期限、履行地点和方式、违约责任、和解决争议方法的限制,及时向转让方支付股权转让款。另一种观点主张“相对等同说”,即认为两者购买条件大致相等便视为同等条件。在该观点下,同等条件首先主要指价格条件相同;其次,除价格外,衡量“同等条件”还应当考虑付款期限、付款方式。因为付款期限、付款方式将会涉及出卖人的期限利益、价款受偿的风险;最后,在特殊情况下还要具体问题具体分析来确定“同等条件”。

笔者认为,上述观点均有一定局限性。对于前者而言,条件过于苛刻,在市场经济迅速发展的今天,难以行得通,要求双方在价格、履行期限、履行地点、交付方式等各个方面绝对等同难以做到,也不利于弱势群体的保护,尤其是其他买受人所提供的条件如提供某种机会,而先买权人不能做到,如果就此剥夺先买权人的权利不免不妥,例如如果先买权人用多付金钱的办法来弥补这些附加条件的不足时,则不适合苛求先买权人提出的条件必须与其他买受人的条件完全一致,否则可能会造成出卖人与第三人恶意串通,故意创设某些条件,妨害优先购买权的行使;对后者而言,具体把握“同等”条件弹性过大,法官享有很大的自由裁量权,会因个人观点、标准的不同做出千差万别的判决,不利于当事人利益的保护,也不利于维护法律尊严。股权转让合同条款的确定受到众多因素的影响,对“同等条件”应当具体问题具体分析,才能保证优先购买权制度的可操作性。在2017年8月28日,最高人民法院颁布了《最高人民法院关于适用〈中华人民共和国公司法〉若干问题的规定(四)》(以下简称“《公司法司法解释(四)》”)。《公司法司法解释(四)》第十八条对什么是“同等条件”予以了明确。该条规定:“人民法院在判断是否符合公司法第七十一条第三款及本规定所称的‘同等条件’时,应当考虑转让股权的数量、价格、支付方式及期限等因素。”该条规定明确了在界定“同等条件”时,应当考虑“转让股权的数量、价格、支付方式及期限”等因素。更为详尽的讨论,请读者参阅本书“专题39:股权转让纠纷”。

2. 其他股东优先购买权行使期限的确定

我国《公司法》对其他股东行使同意权有着比较明确的程序和期限的要求,但是对于优先购买权则并没有明确规定。在实践中到底如何来处理优先购买权的期限问题呢?笔者认为可以按照如下方式来进行操作:一般情况下,对于拟对外转让股权的股东,可以通过通知方式或股东会决议方式履行《公司法》第七十一条的程序。

(1)股东书面通知方式

以通知方式进行,应当起草非常明确的书面通知,内容应当包括:

①就拟转让股权事项,要求内部股东就是否同意购买予以明确答复;就拟对外转让股权事项,约定如同意对外转让的,签发同意回执。如不同意对外转让的,签发购买的回执;如三十日内未发出回执的,视为同意对外转让。

②就对外转让的股权,注明转让价格、支付方式以及与第三方确定的其他具体意向标准,限期(如收到之日起三十日内或更长期限)签发是否放弃优先购买权的回执或声明。否则,自通知收到之日起××日(如收到之日起十五日内、三十日内或更长期限)内均未取得任何放弃回执或购买声明的,视为同意转让给第三方并放弃优先购买权。

我们知道,同意对外转让与是否放弃优先购买权是两个并不重合的期限,在一个书面通知进行设定,是否会容易引起误解?实际上,在同一通知中既明确了对外转让的事宜,也提供了具体的转让条件和期限,可以提高通知方的效率,也间接地为对方决策留有更多的时间。这样的思路同样在上海市高级人民法院的审判指导意见中得到体现。2014年《公司法》颁布后,上海市高级人民法院民二厅于2008年作出的《关于审理涉及有限责任公司优先购买权案件若干问题的意见》(沪高法民二〔2008〕1号)规定:"股东依照公司法第七十一条①第二款规定,向股东以外的人转让股权,就股权转让事项征求其他股东同意的书面通知,应当包括拟受让人的有关情况,拟转让股权的数量,价格及履行方式等主要转让条件"依然可以参照适用。

当然,为避免被恶意不回复任何通知的股东突然以其并未明示放弃"优先购买权"而挑战《公司法》第七十一条,通知中的两个事项应当各自独立。

《公司法司法解释(四)》对这一问题予以了明确。其第十七条规定:"有限责任公司的股东向股东以外的人转让股权,应就其股权转让事项以书面或者其他能够确认收悉的合理方式通知其他股东征求同意。其他股东半数以上不同意转让,不同意的股东不购买的,人民法院应当认定视为同意转让。经股东同意转让的股权,其他股东主张转让股东应当向其以书面或者其他能够确认收悉的合理方式通知转让股权的同等条件的,人民法院应当予以支持。经股东同意转让的股权,在同等条件下,转让股东以外的其他股东主张优先购买的,人民法院应当予以支持,但转让股东依据本规定第二十条放弃转让的除外。"

---

① 该条系指2013年12月23日第十二届全国人民代表大会常务委员会第六次会议通过的修改公司法的决定后重新发布的《公司法》第七十一条。——笔者注

更为详尽的讨论，请读者参阅本书“专题39：股权转让纠纷”。

（2）股东会决议方式

由于股东会召集前都需要进行通知，因此将类似通知事项作为股东议案提前发出，在实际操作中将最为有效。一方面股东会决议的效力有保证，另一方面也节省了股东之间往来磋商、等待答复和反馈的时间成本。由于股东会应当就股东对外转让股权、是否放弃或履行优先购买权等事项进行决议，因此也需要在会议召开通知及议案中进行明确的规定。通知内容可参照上文。

事实上，为了避免这些问题，笔者提倡依据《公司法》第七十一条第四款的规定，在公司章程中对股权对外转让股权的流程、通知方式、通知期限、行使期限等细节问题进行约定，可以有利于股东在后期转让股权时有章可循，以避免不必要的纠纷。

【实务问题59】　股权并购交易中如何应对优先购买权？

在实践中，有限责任公司章程一般都会规定股东向公司股东之外的第三人转让股权时，其他股东具有同意权和优先购买权。那么，如何在股权转让交易中处理该等同意权和优先购买权呢？一般而言，可以采取如下几种方式来进行处理：一是先征求意见，后签订股权转让合同；二是先签订股权转让合同，后征求意见；三是通过间接股权收购的方式回避优先购买权；四是先参股后收购的方式。

1. 对于第一种方式，需要注意的是在其他股东要求行使优先购买权后，原股权转让股东是否可以“反悔”从而终止股权转让？在实务中，公司的股东与第三人达成股权转让意向之后，公司的其他股东同意股权转让之后要求行使优先购买权后，原股权转让股东反悔了，并不愿意将股权转让给公司的其他股东，这个时候争议和纠纷产生了。那么，原股权转让股东是否有权反悔呢？笔者认为，这个问题需要从合同法的角度来进行分析，目标公司的其他股东按照原股权转让股东与第三人之间达成的一系列股权转让的条件（包括但不限于价格条款）构成向原股权转让股东发出的一个收购要约，而如果原股权转让股东明确表示接受这些条件则构成一个承诺，这样的要约和承诺导致原股权转让股东与其他股东之间的股权转让合同成立，所以如果原股权转让股东反悔而不签署股权转让合同的，将按照原股权转让股东与第三人之间达成的一系列股权转让的条件（包括违约责任条款）追究违约责任。如果原股权转让股东明确表示不同意这样的要约时，合同当然就不成立了。所以，从合同法的原理来分析，原股权转让股东具有“反悔”的权利。但我们注意到，在司法实践中，这样的司法判例几乎没有，通常的结果是原股权转让股东放弃向第三人转让股权，而公司的其他股东也放弃收购股权的要求。

2. 对于第二种方式,需要注意的是出让股东与第三人签订的股权转让合同的效力问题。实践中,出让股东在没有满足或没有完全满足程序条件时,即在股东向第三人转让股份的初步意向经全体股东过半数同意后,与第三人签订了股权转让合同,该合同的性质如何认定,此种情况下签订的合同与股东没有通知其他股东而径直与第三人签订股权转让合同的性质有何不同,由于《公司法》未作明确规定,学界有不同的意见。主要包括无效论、可撤销论、效力未定论等三种观点。笔者认为,首先股东有权处分自己的股权,其与第三人签订的合同内容也没有违反法律、行政法规的强制性规定,也不违反社会公共利益,转让股权的合同如直接归于无效,而其他股东又无意行使优先购买权,则给欲转让股权的股东和第三人造成不必要、不合理的限制,造成社会财富的极大浪费,同时也会挫伤第三人从事类似交易的积极性。事实上,为了避免不必要的违约责任,我们通常会在股权转让协议中约定合同生效的前置条件之一就是取得其他股东的放弃优先购买权的声明。这种情况下,受让方和出让方并不阻止其他股东在同等条件下行使优先购买权,公司的其他股东是否行使该等权利将取决于它是否认可股权转让协议中约定的主要合同条款。

3. 对于第三种方式,需要注意的是公平、公正法律审查的风险。在股权转让交易实践中,无论是通过前面两种方法中的任一种,对于交易双方而言都将面临的风险就是,如果股权转让的条件(主要是价格及其支付条款)对于公司的其他股东而言并不具有抵抗性的话,其他股东行使优先购买权的可能性就很大,这并不是交易双方的初衷和目的。在这种情况下,是否有方法来绕开这种风险呢?在实务中,经常被采取的一种方法就是——采用间接股权收购的方式。即收购方并不直接与目标公司的股东进行交易,而是与目标公司的股东的股东进行交易,将目标公司的控股母公司收购下来,从而间接持有目标公司的股权。这种方法可以使得目标公司的其他股东无法行使优先购买权,但是带来的新的问题是,目标公司的控股母公司的其他股东依然享有对其股权转让的优先购买权,当然在采取这种方案进行操作之前一定会与其他股东协商达成一致才可以实际操作,不然这种方案就没有任何意义。同时,这种操作方式在收购完成之后,可能还会面临进一步的对目标公司的整合重组。除了上述的操作关注点以及风险之外,在实践中,还可能面临"实质重于形式"以及公平、公正法律审查的风险。在复星商业诉SOHO中国股权纠纷案[(2012)沪一中民四(商)初字第23号]一案中,上海市第一中级人民法院就依据实质重于形式以及公平、公正的原则判决SOHO中国间接股权收购无效。

4. 通过上述间接股权收购模式的分析之后,我们发现这种方式也并非尽善尽美，实际上，我们从《公司法》第七十一条本身"股东向股东以外的人转让股权"的描述就可以发现可能存在另一种处理的方式：即先寻找机会先取得目标公司的少量股权，这样并不会马上导致目标公司控制股东的警惕从而招致优先购买权的行使，待成为目标公司的股东之后，再向目标公司的其他股东收购股权，这个时候就不属于第七十一条规定的向股东以外的人转让股权的前提条件，也就不存在所谓的其他股东的优先购买权的问题。

（五）法院强制执行时其他股东的优先购买权

法院强制性执行股权时其他股东拥有优先购买权。《公司法》第七十二条规定了其他在同等条件下有优先购买权。其他股东自人民法院通知之日起满20日不行使优先购买权的，视为放弃优先购买权。这属于法院强制执行程序和其他股东优先购买权的衔接。需要注意的是，如果其他股东自收到通知之日起满20日不行使优先购买权的，视为放弃该权利。

五、股权并购中债权、债务及或然负债的处理

尽管股权转让交易属于收购方与目标公司股东之间的交易，似乎与目标公司并无直接联系，但依据前述我们知道，股东的股权转让所牵涉的不只是单纯的目标公司股东身份的变化和/或股权比例变动的内部问题，还涉及目标公司对外债权持有以及对外债务偿还的外部问题。对于目标公司对外债权，并购方通常关注的是债权的真实性、可靠性以及可回收性；对于目标公司对外债务，并购方通常关注的债务的真实性以及债务金额和偿还义务的确认和评估，尤其是有关目标公司或然负债及出让方赔偿责任的问题更是并购谈判的重点和难点。

（一）目标公司的债权、债务的处理

一般情况下，按照并购双方确定的股权转让基准日，目标公司的债权、债务可以划分为两个部分：股权转让基准日之前的债权、债务（以下简称基准日前债权债务）归属于转让前的目标公司及最终归属于出让方股东；股权转让基准日之后的债权、债务（以下简称基准日后债权债务）归属于转让后的目标公司及最终归属于受让方。在实务中，还会因不同的股权计价方法而会对目标公司的债权债务的不同处理方式，下面我们来讨论这个问题。

1. 固定价格法下目标公司的债权、债务的处理

在固定价格法下，并购双方会确定一个股权转让基准日，在以该日为审计、评

估的基准日进行审计、评估,在审计、评估的基础上,协商作价确定一个固定的股权转让价格。这种方法下,一般将股权转让基准日之前的债权债务以及盈利划分给出让方,将之后的划分给受让方。因此,如何确定截至股权转让基准日的目标公司的债权、债务的真实性、准确性就显得至关重要了。在实务中,并购的操作要点如下:

(1)制作明确的债权债务清单

收购方可要求目标企业的原股东及目标公司的管理层全力配合其进行目标公司的债权债务清查工作,并制作债权债务清单,以明确目标公司对外负债的总数额、类型、账龄等。同时,为了防止目标公司还有其他未予披露的对外负债,收购方可要求目标公司及其原股东出具承诺书,以保证目标公司除债权债务清单中列明的负债之外再无其他负债。

(2)要求目标公司披露所有的贷款及担保情况

作为并购目标的公司可能会存在银行贷款及对外担保。目标公司是否予以适当披露并在账务处理上体现,因为这样的贷款往往伴随的是公司资产(如土地使用权、房产或机器设备等)的抵押等,并且对外担保往往可能给目标公司带来潜在的债务,从而间接地影响到收购方的利益,严重地甚至有可能影响并购后企业的正常运营。因而收购方有必要在并购前通过各种途径详细了解目标公司贷款及对外提供担保的情况,包括担保的种类、数额和担保对象,以便准确地确定收购价格。

(3)在固定价格法下,明确"股权过渡期"的债权、债务及收益或亏损的处理

在固定价格法下,并购双方可以约定股权转让过渡期间新发生的债权、债务以及收益等的归属,这也是并购谈判中经常遇到的问题。请读者参阅后文相关内容,在此不再详述。

2. 预约定价法下目标公司的债权、债务的处理

如前所述,在预约定价法下,目标公司在预约股权转让基准日的真实性、准确性只需要具有审计报告的一般性保障即可,因为这仅仅是预约定价而已。只有在股权转让协议约定的最终股权转让基准日时,需要核定目标公司的资产、负债的真实性和准确性,因为这将作为股权转让最终交易价格的调整依据。

(二)目标公司或然负债的处理及出让方的赔偿责任

在股权转让交易中,收购方最大的风险在于目标公司遭受或然负债所致的损失。在实务中,引起目标公司或然负债的情况很多,有因为出让方刻意隐瞒目标公司负债或责任的,有因为目标公司管理不善而不知情而未披露的,有因怀有侥幸心

理认为不会被追究而未披露的等。在股权转让协议中载明出让方因目标公司遭受或然负债所致受让方损失的赔偿责任，对受让方防范并购风险具有重要的实际价值。

1. 或然负债的定义和出让方的赔偿责任

既然或然负债对收购方的最终利益具有如此大的影响，那么在并购谈判中明确或然负债的处理方法就显得非常重要了，首先就应当明确界定或然负债的定义和范围。

概括地讲，目标公司的或然负债是指因股权转让基准日之前的原因引起的、在股权转让基准日之后由目标公司承担的、未列入目标公司负债明细表中的负债，或者虽列入目标公司的负债明细表，但目标公司承担的负债大于负债明细表列明的数额的那一部分负债。也就是说，股权转让基准日是划分目标公司债务责任的分水岭，因此以前原因发生的负债由出让方承担目标公司权益减少的责任。如果未将其列于目标公司负债明细表中，就意味着出让方披露的目标公司的权益有虚增，而目标公司的权益是交易作价的基础和依据。因此，要求股权出让方对目标公司的或然负债向受让方承担赔偿责任是合理、合法的。

2. 或然负债的处理原则

在股权转让交易中，对于目标公司的或然负债出让方的赔偿责任一般遵循如下原则进行处理：

(1)或然负债的赔偿上限

按照交易惯例以及是否获利原则，在实务中一般都会约定出让方赔偿责任的最高额(上限)，这个上限并不仅仅只针对或然负债的赔偿责任，还可能包括其他赔偿责任。一般约定的上限是出让方在股权转让中因转让股权而实际收到的价款，这样约定是有其道理的，因为在公司制下，股东仅就其出资为限承担有限责任。当然实务中，也有约定对该价款更低的上限，只不过并不多见而已。

(2)或然负债的豁免与不豁免

在实务中，交易双方一般会基于诚信、谅解的精神，对目标公司的或然负债的赔偿责任给予一个豁免额度。在豁免额度内，出让方不承担赔偿责任。豁免额度的确定，可以是某一类型的或然负债需要遵循单笔额度，也可以是累加额度，还可以针对单笔额度不达某一数额不计入累加额度范围。但是，我们需要注意的是，对于或然负债的赔偿责任我们并非一定给予豁免，在实务中也经常约定在规定的或然负债索赔期限内，对实际发生额予以赔偿。

(3)或然负债的责任期限

或然负债的责任期限是指出让方在多长的期限内需要对目标公司的或然负债

承担赔偿责任。即只有在约定的责任期限内或然负债转变为目标公司的现实债务并导致目标公司损失,出让方才承担赔偿责任。期限届满之后转化为现实债务的,出让方并不承担赔偿责任。责任期限对于出让方而言实质是一种期限上的豁免,它的确定往往与民事诉讼法中的诉讼时效相关联,所以在实务中一般都会约定自公司股权转让交割日之后24个月止的责任期间,也有更长或更短的期间,比如36个月或12个月等。还有约定更为严格的条件,譬如,在有关或然负债变为实质负债或受让方知道有关实质负债之日起36个月等。

但是,需要注意的是,有两种或然负债的赔偿责任不得适用责任期限的规定:一是因目标公司为他人提供担保而发生的或然负债,因为这种负债的发生期间由主债务期间决定,无法事先预测,所以一般无法作出期限上的约定;二是因目标公司面临政府有权部门的责任追偿。如目标公司因偷、逃税款而产生的或然负债,这种负债从税法角度并无追缴的时效限制,所以在协议不能约定责任期间;再如,目标公司因违反劳动法规而尽到缴纳社保及公积金的义务或者目标公司员工存在国有企业改制职工身份转换而未予支付经济补偿金的情形时,这种情况下,也不能约定责任期间。

关于或然负债的责任期间,我们需要与受让方对目标公司或然负债的赔偿期限区别开来,后者是指对目标公司在实际赔付之后,或者在确定目标公司有赔付义务之后多长时间内,出让方应当向受让方或目标公司履行赔偿义务。

(4)或然负债金额的计算和扣除

或然负债金额的计算应当按照目标公司遭受的索赔或损失的金额乘以出让方转让的股权比例计算确定。但是,在实务中经常会出现的一个疑难问题是,如果股权转让作价是在净资产基础上溢价收购时,而或然负债又是因出让方未披露或未计入公司账簿导致的,那么目标公司可以仅仅要求出让方弥补或补足资产即可,但是对于受让方而言,是否可以要求返还相应的溢价部分呢?从理论上讲,受让方可以这样要求,因为原用于作价的净资产虚增了相当于或然负债部分,但是,我们注意到如果受让方向目标公司补足了该部分净资产之后,受让方股权资产对应的实体净资产部分已经消除了或然负债导致的影响,其金额已经恢复到原股权转让时双方确定的净资产状态,就不能需要寻求相应的溢价部分的赔偿了,因为如果寻求的话则将导致原谈判确定的部分股权没有实现溢价收购。

(5)目标公司是否可以对或然负债进行和解

从合同法以及债权法的角度,目标公司的债权人只能向目标公司进行索赔,而可以行使抗辩权的主体也毫无疑问只有目标公司。在实务中,我们经常会在股权转让协议中看到类似的目标公司不得在未经出让方同意的情况下行使和解。那么,为什么出让方要这样要求呢?理由很简单,在股权转让交易完成后,受让方成为了目标公司的控制人,目标公司已经脱离了出让方的控制,如果目标公司擅自对或然负债行使和解,有可能导致本不应赔偿的案件变为赔偿的案件,或者本应少赔偿的案件变为多赔偿的案件了,目标公司和受让方赔偿后还可以找出让方进行赔偿,这可能会导致目标公司和受让方的"不尽职",正是出于这种因素的考虑,有必要对出让方的或然负债赔偿责任建立一个保护机制——那就是在股权转让协议或然负债赔偿责任条款中加入目标公司未经出让方同意或除非被外部债权人主张抵消权之外,目标公司不得擅自和解,以保护可能的对出让方或然负债赔偿责任的扩大。对于受让方和目标公司而言,从顺利获得出让方以后的赔偿之目的,减少受让方行使对出让方和目标公司的抗辩权,建立这样的机制也可以减少纠纷,避免或然负债不能获得赔偿或减少赔偿的风险。在实务中,如果目标公司一旦面临外部债权人的索赔,就应当及时的通知出让方,以便与出让方协商是否进行抗辩或是否实施和解。

(6)出让方对目标公司或然负债赔偿期限

如前所述,出让方对目标公司或然负债责任期间解决的是什么期间内目标公司实际因或然负债转变为现实负债而"触发"出让方的赔偿责任,而出让方对目标公司或然负债赔偿期限则是指目标公司在实际支付赔偿或在确定赔偿义务之后,出让方在多长时间内向受让方或目标公司履行赔偿义务。让我们以如下示例来进行说明。

(7)出让方对目标公司或然负债赔偿责任的担保及连带赔偿责任

在实务中,尽管交易双方在股权转让协议中约定了出让方对目标公司或然负债的赔偿责任,但是有时候也很难从出让方处获得赔偿,特别是出让方由诸多自然人构成或者由部分自然人、部分法人构成时,由于股权可能比较分散、自然人难以赔付等原因,受让方将很难保护自己的利益。那么,如何来使受让方的权益得到保护呢?在实践中,通常可以采取如下几种处理方法:

①如果出让方仅仅转让了部分股权依然持有部分股权时,可以采取出让方以继续持有的股权质押给受让方的方式进行担保。

②如果出让方不再继续持有目标公司的股权时,可以采取保留部分股权价款到或然负债责任期间届满时,并在股权转让协议中明确,如果发生出让方对受让方的赔偿责任的话,受让方可以直接在股权价款中予以扣除。

③如果保留股权价款的保证金方式不能达成一致时,可以寻求出让方的关联

公司或其他第三人提供担保,担保期间可以是或然负债责任期间届满后1~2年。

④如果出让方存在部分法人、部分自然人的情况时,可以采取所有的出让人相互负有无限连带赔偿责任,同时,由于有部分法人承担无限连带赔偿责任,针对自然人难以实现的索赔可以转化到该法人身上。如果出让人全部都是自然人的话,除了要求互负无限连带赔偿责任之外,还最好寻求一家有偿付能力的法人单位提供连带担保责任为宜。

案例65　股权转让协议中的或然负债条款

1	定义和释义
	在本协议中下列词语的含义如下,任何一方不得另外解释和使用:
…	……
1.8	目标公司或然负债:指因目标公司交割日前的各种原因引起的在目标公司交割日后,应由目标公司承担的各种债务或义务。包括但不限于出让方未列入目标公司负债明细表的负债,或虽列入目标公司的负债明细表,但目标公司承担的债务大于负债明细表列明的数额的部分。
…	……
X	目标公司或然负债及出让方的赔偿责任
X.1	凡是符合本协议第X.X条款规定的目标公司的或然负债均应由出让方向目标公司按或然负债的数额给予赔偿。
X.2	除本协议第X.X条款规定的出让方责任额外,出让方的其他赔偿及弥补责任合计最高额不得超过出让方根据本协议就出售股权而实际收取的款项。
…	……
X.5	除非本协议另有规定,出让方对目标公司的或然负债的赔偿或弥补责任受限如下: (a)如果仅单一宗出让方对受让方赔偿责任的金额小于人民币500,000元,则给予豁免; (b)如果在假设本协议第X.5(a)条款不存在的情况下,出让方对受让方的赔偿责任的金额累加至大于人民币1,000,000元,则出让方应按实际金额(但不高于第X.2条款所述最高额)向受让方承担赔偿责任。但每笔或然负债赔偿责任的金额小于100,000元的,不计入累加额度。
X.6	出让方须对由于以下情形或与之有关的情形所招致的受让方和目标公司的任何损失作出赔偿、补偿、弥补并使受让方和目标公司免受损失: (1)…… (2)任何政府机关就目标公司于股权转让交割完成之前所进行的营业,向目标公司要求支付或索偿: (a)因目标公司违反中国税法而偷、逃税款,或因与出让方其他关联公司之间的关联交易产生的转移定价税务责任,或因目标公司未缴清税款,以及目标公司其他违反税法规定而产生的目标公司或然负债; (b)目标公司的员工存在国有企业改制职工身份转换未按照中国法律法规支付经济补偿金; (c)就目标公司的员工而言,未按照中国法律法规缴纳社会保险及住房公积金; (d)目标公司的建设项目未能取得竣工、环境保护验收合格等。 (3)因目标公司对外或其子公司、关联公司提供担保而产生的目标公司或然负债。

续表

X.7	或然负债的责任期限： (1)除非适用本协议第X.6条款的情形，否则出让方对目标公司及受让方承担弥补、赔偿责任的期间自股权转让交割完成之日起24个月； (2)受让方和/或目标公司自履行本协议第X.7(3)条款规定的义务之后，本协议第X.7(1)条款规定的期间中断并重新计算； (3)受让方和/或目标公司在第X.7(1)条款规定的期间已经就任何索赔向出让方发出书面通知，而该通知符合本协议第X.7(4)条款的规定，否则出让方毋须承担弥补、赔偿、补偿之责任； (4)受让方和/或目标公司就出让方对本协议的任何违反而给予受让方的索赔通知须说明(包括有关合理详情)引起违反或责任的事项、违反的性质及有关估计索赔金额。

(三)目标公司的出让方股东借款的处理

如前所述，目标公司的债务(借款)中还存在一类特殊的债务(借款)——目标公司对出让方的股东借款，即出让方此时具有股东和债权人的双重身份。那么，如何在股权转让交易中处理这样的股东借款呢？实务中，一般可以采取如下几种方式来进行处理：

1. 在股权转让中将目标公司对出让方的债务计入目标公司的净资产中，在股权转让计价中一并考虑，并不需要单独对该债务进行剥离或清偿处理。在股权转让完成之后，由受让方促使或安排目标公司予以偿还。

2. 在股权转让的同时，将该债务一并转让给受让方，并在股权转让协议中约定，受让方可以主张抵消权。这种方式通常在目标公司并没有充足的资金提前进行清偿时采用。

3. 在股权转让之前，要求目标公司对该债务进行清偿或提前进行清偿，这时，目标公司的净资产并不会减少，并不会影响股权转让的作价。这种情况主要适用于目标公司有充足的现金资产用于清偿债务。

从实践来看，采用何种方式进行处理，需要交易双方根据具体情况谈判来确定，并不存在何种方案更优的问题，即使不对该等借款进行处理也未尝不可。

六、股权转让基准日、交割日、过渡期及监管事项

(一)股权转让基准日的确定

在实务中，根据股权计价的方法的不同，非上市公司的股权转让基准日的确定通常有两种方法：一是并购双方直接商定某一日期为股权转让基准日，但该日期通常为某一会计期间的期末；二是如果采用预约定价的方法，则通常在目标公司资产和负债的盘点计价日为股权转让基准日。对于上市公司收购的基准日的确定我们

将在本专题第七部分中进行介绍。

(二)股权转让交割日的确定

在股权转让交易中,并购双方签署了股权转让协议之后,并不是即时就可以完成目标股权的转让交付,所以在股权转让协议中,我们一般都会约定有关股权交割的前提条件和交割日。概括地讲,“股权交割”又称“股权交付”,是指在股权转让交易中,转让人将股权实际的交付给受让人,从而使受让人真正取得股权并成为公司股东的行为。股权交割是在履行股权转让协议过程中最重要的履行内容之一,它既是股权变动的基本条件,也是股权变动发生法律效力的标志,它直接关系到股权转让中受让人是否已实际取得股东资格并开始享有股东权利的问题。因此,如何确定股权交割的时间结点对于认定股权变动是否发生法律效力起着至关重要的作用。

实践中,对于股权转让,有很多公司并未进行内部股东名册的记载变更或签发新的出资证明书以及其他方式来对受让人的股东资格进行认可,而是直接办理工商变更登记。那么笔者认为,这应当视为公司以外部登记来代替内部登记,将内外部登记合二为一,因此实践中一般都采用工商变更登记作为股权交割的时间结点。

(三)过渡期及监管事项

在公司股权转让交易中,股权转让基准日的作用主要在于划分收购方和被收购方的权利、义务和风险边界,股权转让交割日其作用主要在于确定收购方什么时候可以取得股东资格从而可以有权行使股东的权利。但是,股权转让交割日并非意味着收购方就事实上真正可以行使其股东的权利了,只有直到管理权移交日,收购方才算真正可以行使其股东的权利。在股权转让交易中,除非另有特别约定,股权转让基准日之前目标公司的经营成果为被收购方享有,并作价转让给收购方,而基准日之后目标公司的经营成果将由受让方享有。那么,从股权转让基准日至管理权移交日之间的期间(以下简称过渡期),目标公司的实际控制人和管理人依然为被收购方服务,但是,目标公司的任何经营活动以及收益盈利情况都将关系到收购方的利益,因此收购方在目标公司上的利益是否得到有效的保障在某种程度上将取决于被收购方是否勤勉、诚信地行使管理义务。从交易设计和组织的角度来看,收购方显然不希望将自己的利益“寄托”在这上面,所以对被收购方和目标公司在过渡期的行为有必要加以明确和监督。

对于股权转让过渡期的监管事项和监管措施,依据股权并购双方商定的股权计价方式、转让股权的比例以及目标公司是否属于上市公司等因素的不同而有所不同。笔者将其总结如表 26 - 1 所示：

表 26 - 1　股权转让过渡期监管事项

序号	监管事项	监管内容
1	对目标公司注册资本变更的监管	不得变更目标公司注册资本。该监管事项不仅采取固定价格的计价方法适用，还适用于预约定价方式。原因在于，对于后者，对目标公司的净资产进行稽核时该等注册资本的变化将反映到计价中。
2	对目标公司利润分配的监管	目标公司不得分配利润和储备。因为，目标公司对出让方分配了利润和储备的话，则将导致目标公司的净资产的总额减少，并影响总体股权转让计价。
3	对目标公司资产的监管	目标公司不得在资产上设置任何权利负担和在先权利，以及不得非正常处置任何重大资产或投资。因为标的股权对应的财产权益其实质是对应的目标公司的基础资产的权益。因此，对目标公司在过渡期内对其资产的设置任何权利负担和在先权利的行为都应当进行监管。
4	对目标公司借、贷事项的监管	目标公司不得向任何第三方发放贷款或提供信用或提供担保等，以及不得订立任何贷款协议或借入任何款项。因为如果目标公司向任何第三方发放贷款或提供信用（其按照商业惯例条款及在其通常业务经营中向客户提供的信用除外）或担保、保证或其他担保权益的话，将可能对目标公司的资产导致损失，从而影响受让方的利益。
5	对目标公司合同事项的监管	目标公司合同不得任意订立、变更及转让合同。对于目标公司合同的监管事项，主要的原则是目标公司不得订立有损受让方和目标公司利益的合同。同时，对于任何重大合同（一般会约定什么金额和/或性质的合同属于重大）的作出需要受到监控。最后，出让或承接任何合同项下的任何权利（通常业务经营中所产生的合同除外）也需要进行监管。
6	对目标公司合资合同、章程的监管	目标公司不得修订公司合资合同和公司章程。因为一旦调整的话，可能会影响整个目标公司的管理和决策现状，也可能会影响股东之间权利和义务的分配，所以对此监管显得很有必要，但是因股权转让交易本身的需要而修订合资合同和公司章程的除外。
7	对目标公司人力资源事项的监管	目标公司不得任意非正常人员变动、调薪、晋职、调增竞业限制补偿金、经济补偿金以及职业保险等。因为，如果不监管的话，可能给目标公司带来潜在的负担或损失。譬如，目标公司在过渡期间，非正常地增加各级人员、对员工采取普遍调薪、对部分人员非正常晋职、调高各种保险、公积金的标准、调增员工的竞业限制补偿金、经济补偿金标准以及职业保险等，都会加重目标公司现实或未来的义务，这将间接地损害收购方的利益。
8	对目标公司财务事项的监管	目标公司不得任意变更会计政策或替换公司的会计师及事务所等。因为，会计政策和会计师的变更，可能会对目标公司的财务状况产生影响，也不利于对目标公司的资产负债状况进行审计和稽核。
9	对目标公司法律诉讼事项的监管	目标公司不得在非正常业务运作中的诉讼等法律程序中作出任何妥协等。因为，这样将可能使目标公司的利益受到损害从而间接损害收购方的利益。

续表

序号	监管事项	监管内容
10	对目标公司营业、渠道、品牌、其他无形资产的监管	目标公司应对其资产、营业、渠道、品牌等尽善意管理的义务。因为这些资产(包括作价商誉对应的渠道等无形资产)的任何毁损、损失或者贬值都将对收购方的利益造成损害。

除了上表所述的十项带有共性的过渡期监管事项之外,在实践中,可能还需要根据具体的并购交易、交易目标对象、交易的影响因素等而制定其他需要监管的事项和监管措施。

(四)过渡期损益的归属

除了上述过渡期监管事项之外,还有一个非常重要的过渡期事项就是目标公司过渡期损益的归属问题。我们知道,股权转让并非一蹴而就,在过渡期中,目标公司作为一个独立的法人实体依然持续存在并经营,目标公司的资产负债状况或对外的权利义务关系一直在动态的变化,目标公司的盈利也在动态的变化。那么,股权转让过渡期间新发生的债权、债务以及损益等是否必然就归属于出让方呢?笔者认为也不尽然,因为这段期间依然在出让方和其委派的目标公司管理层的运营之下,目标公司发生的债权债务,特别是收益或亏损等,在并购谈判中经常会作为一个问题而加以协商。

实质上,过渡期间损益的安排的核心就是其归属原则,通常是并购协议中必备的条款。说简单点,约定标的资产(股权)对应的目标公司在过渡期间盈亏由谁来享有或者承担,就好比卖一只母鸡,过渡期间要是下了个蛋,到底是归卖方还是归买方?归根结底,并购的标的资产是最终对应的经营性资产或者经营实体,损益只是目标公司某个阶段的动态的经营成果,并不像一个鸡蛋那样可以完全量化到具体资产范畴,其本质上是个会计核算的概念,所以,过渡期间的损益的归属本质上属于交易作价的调整机制。这正如我们在股权转让作价中介绍的预约定价加价格调整机制一样。所以,预约定价法的实质就是"预约确定"一个股权转让基准日并作出预约定价,出让方承担过渡期间损益带来的不确定性,即在股权转让协议中约定过渡期间损益均由出让方享有或者承担。事实上,在预约定价法下,我们并不一定非要在股权转让协议中明确预定过渡期间损益的享有或承担,因为后续的资产盘点计价或核准计价重新确定了最终的股权转让基准日条款就已经明确了其应由出让方享有或承担。对于固定价格法而言,其实质就是,"事先锁定"一个股权转让基准日并作出固定价格,过渡期间损益均由收购方享有或者承担。那么,无论目标公司在过渡期间是否盈亏,收购方均需要支付在股权转让基准日确定的固定的股权转让价款。相当于锁定基准日定价，收购方承担过渡期间损益带来的不确定性。

但对于上市公司而言，为了满足监管对于上市公司中小股东利益的保护原则，迎合上市公司在交易中“不占便宜不罢休”的监管取向。很多案例在过渡期间损益上完全倾向于上市公司的“一刀切”，不分原则的“甘做雷锋”。无论估值作价是否是收益法，无论支付方式是否是增发股份，均约定过渡期间的收益归上市公司，若亏损由交易对方承担或补足。反之，在上市公司出售股权或资产的，过渡期间盈利归属上市公司，亏损由交易对方承担。

案例 66 北部港湾（000582）收购防城港兴港 100%股权的“过渡期损益归属及安排”条款

北部湾港股份有限公司（以下简称北部湾港），2014 年 9 月 22 日与防城港务集团有限公司（以下简称防城港务集团）签署《股权转让协议》。北部湾港以非公开发行股份方式募集资金，用于收购防城港务集团持有的城港兴港码头有限公司（以下简称防城港兴港或标的公司）100% 的股权。该《股权转让协议》中的第六条“过渡期损益归属及安排”约定如下：

“本次转让过程中标的公司自评估基准日（2014 年 8 月 31 日）至交割日所产生的收益由受让方享有，亏损由转让方补偿给受让方。”

七、上市公司收购的法律实务

根据《上市公司收购管理办法》（证监会令第 108 号，以下简称《收购办法》）的规定，收购人对上市公司的股份收购以及上市公司相关股份权益变动活动适用《收购办法》，即是说适用于收购人对境内证券交易所上市交易的上市公司的收购行为，不适用于收购仅在境外发行并上市的 H 股、N 股等公司。在内地和香港地区两地上市的 A 股加 H 股公司适用于《收购办法》。所谓“相关股份权益变动活动”，是指除了收购股份之外，还有行政划转或者变更、执行法院裁定、继承、赠与等方式引起的股份权益变动均适用该办法。

（一）上市公司收购的方式

根据《收购办法》第五条第一款的规定，收购人可以通过如下三种方式进行收购：（1）通过收购上市公司股份的方式成为上市公司的控股股东；（2）通过投资关系、协议、其他安排的途径成为上市公司的实际控制人；（3）同时采取前述（1）和（2）的方式和途径取得上市公司控制权。因此，上市公司收购包括直接股份收购和间接收购两大类。其中,前者又包括要约收购和协议收购,要约收购又可细分为自愿要约收购和强制要约收购。按照是否向被收购公司所有股东发出收购其所持有的全部或部分股份,要约收购还可细分全面要约收购和部分要约收购。后者即是,收购人虽不是上市公司的股东,但通过投资关系、协议、其他安排导致其拥有上市公司的股份。

1. 要约收购

要约收购是上市公司直接股份收购两种基本收购方式之一。要约收购是指投资者依照相关法律法规的规定公开向上市公司的全体股东发出收购要约,收购全部或部分上市公司股份,从而达到获得或巩固上市公司控制权的目的。根据投资者发出要约是因受到法律强制要求或是出于自愿,要约收购可分为自愿要约收购和强制要约收购。

(1)自愿要约收购

根据《收购管理办法》第二十三条的规定,投资者自愿选择以要约方式收购上市公司股份的,可以向被收购公司所有股东发出收购其所持有的全部股份的要约(全面要约),也可以向被收购公司所有股东发出收购其所持有的部分股份的要约(部分要约)。需要注意的是,不论投资者是否收购全部或部分股份,都应当一视同仁地向所有股东发出要约,不得只向部分股东发出,而不向另一部分股东发出。

(2)强制要约收购

所谓强制要约收购,是指根据法律法规、规章的要求,在某些特定情形下,收购人需要向所有股东发出收购其所持全部或部分股份的收购。根据《收购管理办法》的规定,强制要约收购可以在如表 26-2 所示的三种情形下被"触发":

表 26-2　强制要约收购的情形

《收购管理办法》条款	收购类型	触发条件	要约类型
第二十四条	要约收购	收购人达到已发行股份的 30% 时,继续增持股份	全面要约或部分要约
第四十七条	协议收购	该条第二款:收购人拥有权益的股份达到已发行股份的 30% 的,继续进行收购	全面要约或部分要约
		该条第三款:收购人拟通过协议方式收购一个上市公司的股份超过 30% 的	全面要约
第五十六条	间接收购	收购人拥有权益的股份超过已发行股份的 30% 的	全面要约

在理解和适用上述强制性要约的规定时,需要注意如下几点:

①在前两种情形下,既可以发出全面要约,也可以发出部分要约。在间接收购

下，不能发出部分要约，只能发出全面要约。

②在协议收购时，如果收购人拟通过协议方式收购一个上市公司的股份超过30%的，应当改以要约方式进行；但符合规定情形的，收购人可以向中国证监会申请免除发出要约。收购人在取得中国证监会豁免后，履行其收购协议；未取得中国证监会豁免且拟继续履行其收购协议的，或者不申请豁免的，在履行其收购协议前，应当发出全面要约。

③在间接收购时，收购人拥有权益的股份超过该公司已发行股份的30%的，应当向该公司所有股东发出全面要约；收购人预计无法在事实发生之日起30日内发出全面要约的，应当在前述30日内促使其控制的股东将所持有的上市公司股份减持至30%或者30%以下，并自减持之日起2个工作日内予以公告；其后收购人或者其控制的股东拟继续增持的，应当采取要约方式，但是符合规定的可以申请豁免。

需要注意的是，无论是全面要约收购还是部分要约收购，都必须向上市公司的全部股东发出。收购期限届满，发出部分要约的收购人应当按照收购要约约定的条件购买被收购公司股东预受的股份，预受要约股份的数量超过预定收购数量时，收购人应当按照同等比例收购预受要约的股份。根据《收购管理办法》第二十五条的规定，部分要约的下限是上市公司已发行股份的5%。

2. 协议收购

协议收购是指投资者在证券交易所之外与目标公司的股东就股票的交易价格、数量、交付条件等进行私下协商并达成收购协议的收购方式。协议收购是上市公司两种基本收购方式之一。协议收购的对象主要是上市公司的控股股东或其他股东持有的大额股份。根据《收购管理办法》第四十七条的规定，协议收购可能会产生三种法律后果：

(1)《收购管理办法》第四十七条第一款规定，“收购人通过协议方式在一个上市公司中拥有权益的股份达到或者超过该公司已发行股份的5%，但未超过30%的，按照本办法第二章的规定办理”。即①如果协议收购的股份未达到或者超过该公司已发行股份的5%的，则收购人和上市公司并不需要履行披露义务；②如果协议收购的股份达到或者超过该公司已发行股份的5%，但未超过30%的，需要履行《收购管理办法》规定的披露义务。

(2)《收购管理办法》第四十七条第二款规定，“收购人拥有权益的股份达到该公司已发行股份的30%时，继续进行收购的，应当依法向该上市公司的股东发出全面要约或者部分要约。符合本办法第六章规定情形的，收购人可以向中国证监会申请免除发出要约”。即如果收购人持有上市公司的股份已达到或超过30%的,继续进行协议收购的,需要发出全面要约或部分要约。

(3)《收购管理办法》第四十七条第三款规定,“收购人拟通过协议方式收购一个上市公司的股份超过30%的,超过30%的部分,应当改以要约方式进行;但符合本办法第六章规定情形的,收购人可以向中国证监会申请免除发出要约。收购人在取得中国证监会豁免后,履行其收购协议;未取得中国证监会豁免且拟继续履行其收购协议的,或者不申请豁免的,在履行其收购协议前,应当发出全面要约”。即如果收购人一次性协议收购超过30%的,超过30%的部分,需要发出要约收购。如果未取得证监会豁免或者不申请豁免的,应当发出全面要约。

3. 间接收购

间接收购是指收购人虽不是上市公司的股东,但通过投资关系、协议、其他安排从而拥有上市公司的股份的收购方式。通常,它采取控制上市公司的控股母公司而达到间接控制上市公司的目的。收购人既可以通过取得上市公司控股股东股权的方式达到对上市公司的间接控制,也可以通过对上市公司控股股东增资成立合资公司,并在该合资公司中占控股地位的方式达到间接控制上市公司的目的。实质上,间接收购属于协议收购中的一种特殊类型。它并不直接收购上市公司的股东持有的上市公司的股份,而是对上市公司股东的股东的股权进行收购,从而达到间接持有上市公司股份的目的。

(二)上市公司收购的要约豁免

根据2014年3月24日国务院发布的《国务院关于进一步优化企业兼并重组市场环境的意见》(国发〔2014〕14号)第二条的要求,对上市公司要约收购义务豁免的部分情形,取消审批。按照国务院的要求,证监会于2014年10月23日颁布了新的《收购管理办法》(证监会令第108号),并从2014年11月23日实施。《收购管理办法》对上市公司要约收购义务豁免的规定进行了修订。

总体上讲,要约豁免的情形可以分为如下三大类别:

1. 要约豁免的“普通程序”

所谓要约豁免的“普通程序”,即《收购管理办法》第六十二条规定的“提出免于以要约方式增持股份的申请”。适用普通程序的情形,按照规定包括如下三种情形:

表 26-3 适用“普通程序”的情形

条款	情形		修订说明
第六十二条第一款第(一)项	同一控制下转股	收购人与出让人能够证明本次股份转让是在同一实际控制人控制的不同主体之间进行,未导致上市公司的实际控制人发生变化。	无变化,增加“在同一实际控制人控制的不同主体之间进行”。
第六十二条第一款第(二)项	财务困难重组	上市公司面临严重财务困难,收购人提出的挽救公司的重组方案取得该公司股东大会批准,且收购人承诺3年内不转让其在该公司中所拥有的权益。	无变化。
第六十二条第一款第(三)项	其他情形	中国证监会为适应证券市场发展变化和保护投资者合法权益的需要而认定的其他情形。	该项规定系原35号令第六十二条第一款第(四)项,无变化。

需要注意的是,108号令对原35号令普通程序的修订包括如下两点:

一是原35号令第六十二条第一款第(三)项规定“经上市公司股东大会非关联股东批准,收购人取得上市公司向其发行的新股,导致其在该公司拥有权益的股份超过该公司已发行股份的30%,收购人承诺3年内不转让本次向其发行的新股,且公司股东大会同意收购人免于发出要约”(“增持新股超30%”)转移增加到修订后的第六十三条第二款第(一)项中(即适用后文所述的“免于申请”程序)。

二是原35号令第六十二条第二款规定“收购人有前款第(三)项规定情形,但在其取得上市公司发行的新股前已经拥有该公司控制权的,可以免于按照前款规定提交豁免申请,律师就收购人有关行为发表符合该项规定的专项核查意见并经上市公司信息披露后,收购人凭发行股份的行政许可决定,按照证券登记结算机构的规定办理相关事宜”被删除,即是说针对“增持新股超30%”不再区分发行新股前是否已经拥有该公司控制权而分别适用“普通程序”和“免于申请”程序,将其统一适用“免于申请”程序。

对于第六十二条第一款第(一)项规定:“收购人与出让人能够证明本次股份转让是在同一实际控制人控制的不同主体之间进行,未导致上市公司的实际控制人发生变化”,根据《上市公司监管法律法规常见问题与解答修订汇编》(2015年9月18日),应作如下理解:“(一)存在以下情形之一的,属于股权转让完成后上市公司的实际控制人未发生变化:(1)收购人与出让人在同一控股集团内,受同一自然人或法人控制。(2)收购人与出让人属于同一出资人出资且控制。对于国有控股的,同一出资人系指同属于国务院国资委或者同属于同一省、自治区、直辖市地方人民政府。(二)上市公司国有股在不同省、自治区、直辖市的国有企业之间,国务院国资委和地方国有企业之间进行转让时，视为实际控制人发生变化。”

2. 要约豁免的“简易程序”

所谓要约豁免的“简易程序”，即《收购管理办法》第六十三条第一款规定的“提出免于发出要约的申请”。“普通程序”和“简易程序”的细微区别在于普通程序需要在证监会正式受理并作出是否豁免的决定，取得豁免的，收购人可以完成本次增持行为；而简易程序只要证监会在规定的时间(自收到符合规定的申请文件之日起10个工作日内)未提出异议的，相关投资者可以向证券交易所和证券登记结算机构申请办理股份转让和过户登记手续。适用简易程序的情形，按照规定包括如下三种情形：

表26-4　适用“简易程序”的情形

条款	情形		修订说明
第六十三条第一款第(一)项	国有资产无偿划转、变更、合并	经政府或者国有资产管理部门批准进行国有资产无偿划转、变更、合并，导致投资者在一个上市公司中拥有权益的股份占该公司已发行股份的比例超过30%。	无变化。
第六十三条第一款第(二)项	回购股份而超30%	因上市公司按照股东大会批准的确定价格向特定股东回购股份而减少股本，导致投资者在该公司中拥有权益的股份超过该公司已发行股份的30%。	无变化。
第六十三条第一款第(三)项	其他情形	中国证监会为适应证券市场发展变化和保护投资者合法权益的需要而认定的其他情形。	该项规定系原35号令第六十三条第一款第(四)项，无变化。

需要注意的是，108号令对原35号令简易程序的修订如下：

将原35号令第六十三条第一款第(三)项规定“证券公司、银行等金融机构在其经营范围内依法从事承销、贷款等业务导致其持有一个上市公司已发行股份超过30%，没有实际控制该公司的行为或者意图，并且提出在合理期限内向非关联方转让相关股份的解决方案”(“金融机构承销、贷款持股超30%”)转移增加到修订后的第六十三条第二款第(四)项中(即适用后文所述的“免于申请”程序)。

3. 要约豁免的“免于申请程序”

所谓“免于申请程序”，即《收购管理办法》第六十三条第二款规定“免于按照前款规定提出豁免申请”的情形。这种情况实质是不需要向证监会履行申报程序，直接交易并履行披露义务，同时中介机构发布意见即可。不履行申报程序的情形，按照规定包括如下七种情形：

表 26－5　“免于提交豁免申请”的情形

条款	情形		修订说明
第六十三条第二款第(一)项	增持新股超30%	经上市公司股东大会非关联股东批准,投资者取得上市公司向其发行的新股,导致其在该公司拥有权益的股份超过该公司已发行股份的30%,投资者承诺3年内不转让本次向其发行的新股,且公司股东大会同意投资者免于发出要约。	该情形属于原35号令第六十二条第一款第(三)项,系“普通程序”的一种,现将其变更到“免于申请”中。
第六十三条第二款第(二)项	“爬行增持”	在一个上市公司中拥有权益的股份达到或者超过该公司已发行股份的30%的,自上述事实发生之日起一年后,每12个月内增持不超过该公司已发行的2%的股份。	该情形属于原35号令第六十三条第二款第(一)项,无变化。
第六十三条第二款第(三)项	超过50%继续增持	在一个上市公司中拥有权益的股份达到或者超过该公司已发行股份的50%的,继续增加其在该公司拥有的权益不影响该公司的上市地位。	该情形属于原35号令第六十三条第二款第(二)项,无变化。
第六十三条第二款第(四)项	金融机构承销、贷款持股超30%	证券公司、银行等金融机构在其经营范围内依法从事承销、贷款等业务导致其持有一个上市公司已发行股份超过30%,没有实际控制该公司的行为或者意图,并且提出在合理期限内向非关联方转让相关股份的解决方案。	该情形属于原35号令第六十三条第一款第(三)项,系“简易程序”的一种,现将其变更到“免于申请”中。
第六十三条第二款第(五)项	继承持股超30%	因继承导致在一个上市公司中拥有权益的股份超过该公司已发行股份的30%。	该情形属于原35号令第六十三条第二款第(三)项,无变化。
第六十三条第二款第(六)项	购回股份而超30%	因履行约定购回式证券交易协议购回上市公司股份导致投资者在一个上市公司中拥有权益的股份超过该公司已发行股份的30%,并且能够证明标的股份的表决权在协议期间未发生转移。	该情形属于新增的“免于申请”情形。
第六十三条第二款第(七)项	优先股表决权恢复而超30%	因所持优先股表决权依法恢复导致投资者在一个上市公司中拥有权益的股份超过该公司已发行股份的30%。	该情形属于新增的“免于申请”情形。

需要注意的是,108号令对原35号令免于申请程序的修订如下:

1. 将原35号令下适用普通程序的“增持新股超30%”[原第六十二条第一款第(三)项]转变为适用“免于申请程序”[现第六十三条第二款第(一)项];

2. 将原35号令下适用简易程序的“金融机构承销、贷款持股超30%”[原第六十三条第一款第(三)项]转变为适用“免于申请程序”[现第六十三条第二款第

(四)项];

3. 现第六十三条第二款中新增加第(六)项、第(七)项。针对"因履行约定购回式证券交易协议购回上市公司股份"以及"因所持优先股表决权依法恢复"导致在一个上市公司中拥有权益的股份超过该公司已发行股份的30%等新业务类型(如针对优先股的新法规出台)的新规定。

(三)上市公司收购的权益披露义务

1. 上市公司收购的权益披露义务概述

《证券法》第八十六条对上市公司收购的披露义务进行了规定:

"通过证券交易所的证券交易,投资者持有或者通过协议、其他安排与他人共同持有一个上市公司已发行的股份达到百分之五时,应当在该事实发生之日起三日内,向国务院证券监督管理机构、证券交易所作出书面报告,通知该上市公司,并予公告;在上述期限内,不得再行买卖该上市公司的股票。

投资者持有或者通过协议、其他安排与他人共同持有一个上市公司已发行的股份达到百分之五后,其所持该上市公司已发行的股份比例每增加或者减少百分之五,应当依照前款规定进行报告和公告。在报告期限内和作出报告、公告后二日内,不得再行买卖该上市公司的股票。"

《证券法》这样规定的原因在于,持股5%以上的股东在上市公司中拥有举足轻重的话语权。各国均实行大宗持股信息披露制度,以起到收购预警作用。《证券法》规定以5%作为收购的预警线,主要是让公司股东和市场注意到公司控制权发生变化的可能性,在了解大宗持股人进入上市公司的目的和下一步拟采取的行动的基础上做出投资决策。同时,这样可以避免突发性收购对公司稳定运营带来负面影响,有利于防范内幕交易和市场操纵,保护中小投资者的合法权益。

同时,依据《上市公司信息披露管理办法》(证监会令第40号,以下简称《信息披露办法》)第三十四条规定,"涉及上市公司的收购、合并、分立、发行股份、回购股份等行为导致上市公司股本总额、股东、实际控制人等发生重大变化的,信息披露义务人应当依法履行报告、公告义务,披露权益变动情况"。

2.《收购管理办法》有关上市公司收购的权益披露义务的规定

《收购管理办法》开辟专章("第二章　权益披露")对上市公司收购的权益披露义务进行了详细的规定。主要内容如下:

(1)持股比例未达到已发行股份的5%——披露临界点

按照《证券法》的立法精神以及规定,如果收购人持有或共同持有的股份未达到上市公司已发行股份的5%，则收购人并不需要就该次收购按照《证券法》《信息披露办法》以及《收购管理办法》有关信息披露的要求进行披露。事实上，法律认为未达到5%的临界点的话，则不需要履行披露义务。

(2)持股比例达到已发行股份的5%，未达到30%

按照《证券法》的规定，如果持有或共同持有的上市公司已发行股份的5%的，收购人将触发披露义务。《收购管理办法》对《证券法》的有关规定进行了细化。

①持股比例达到5%时的初始披露义务

(a)通过证券交易所的证券交易——集中竞价

根据《收购管理办法》第十三条第一款的规定，通过证券交易所的证券交易，投资者及其一致行动人拥有权益的股份达到一个上市公司已发行股份的5%时，应当履行如下义务：在该事实发生之日起3日内编制权益变动报告书，向中国证监会、证券交易所提交书面报告；通知该上市公司；公告该权益变动报告书及相关文件；在上述3日期限内，不得再行买卖该上市公司的股票。

(b)通过协议转让(含间接收购)方式

根据《收购管理办法》第十四条第一款的规定，通过协议转让方式，投资者及其一致行动人在一个上市公司中拥有权益的股份拟达到或者超过一个上市公司已发行股份的5%时，应当在该事实发生之日起3日内编制权益变动报告书，向中国证监会、证券交易所提交书面报告，通知该上市公司，并予公告。

根据《上市公司监管法律法规常见问题与解答修订汇编》(2015年9月18日)，上述的“事实发生之日”是指，“(1)协议收购的，在达成收购协议之日起3日内，其中共同出资设立新公司的，在达成出资协议之日起3日内；(2)以协议等方式一致行动的，在达成一致行动协议或者其他安排之日起3日内；(3)行政划转的，在获得上市公司所在地国资部门批准之日起3日内；(4)司法裁决的，在收到法院就公开拍卖结果裁定之日起3日内；(5)继承、赠与的，在法律事实发生之日起3日内；(6)认购上市公司发行新股的，在上市公司董事会作出向收购人发行新股的具体发行方案的决议之日起3日内”。

同时，根据《收购管理办法》第十四条第三款的规定，投资者及其一致行动人在作出报告、公告前，不得再行买卖该上市公司的股票。

综上，无论是通过证券交易所的证券交易还是协议收购、间接收购方式，在初始披露义务方面完全一致。

②持股比例变动(增减5%)的持续披露义务

(a)通过证券交易所的证券交易——集中竞价

根据《收购管理办法》第十三条第二款的规定,投资者及其一致行动人拥有权益的股份达到一个上市公司已发行股份的5%后,通过证券交易所的证券交易,其拥有权益的股份占该上市公司已发行股份的比例每增加或者减少5%,应当依照第十三条第一款的规定进行报告和公告。在报告期限内和作出报告、公告后2日内,不得再行买卖该上市公司的股票。

根据《上市公司监管法律法规常见问题与解答修订汇编》(2015年9月18日):第一,第十三条第二款规定的"占该上市公司已发行股份的比例每增加或者减少5%"是指通过证券交易所的证券交易,投资者及其一致行动人拥有权益的股份"变动数量"达到上市公司已发行股份的5%时(如从11%降至9%,虽然跨越10%刻度,也不触发相关义务),应当依照相关规定进行公告。在公告后2日内,不得再行买卖该上市公司的股票;第二,根据《证券法》第八十六条规定,如通过证券交易所的证券交易,投资者及其一致行动人拥有权益的股份降至5%以下时,即使"变动数量"未达到上市公司已发行股份的5%(如从5.5%降至4%),也应当披露权益变动报告书、履行相关限售义务。但上市公司披露的上市公告书中已包含权益变动信息的,可不再单独披露权益变动报告书。对于因增发股份等原因导致持股比例被动降至5%以下后又主动减持股份的,应当披露权益变动报告书、履行相关限售义务;第三,该条中"3日""2日"是指交易日,不含公告日当天。

(b)通过协议转让(含间接收购)方式

根据《收购管理办法》第十四条第二款的规定,投资者及其一致行动人拥有权益的股份达到一个上市公司已发行股份的5%后,其拥有权益的股份占该上市公司已发行股份的比例每增加或者减少达到或者超过5%的,应当依照第十四条第一款的规定履行报告、公告义务。

同时,根据《收购管理办法》第十四条第三款的规定,投资者及其一致行动人在作出报告、公告前,不得再行买卖该上市公司的股票。

综上,无论是通过证券交易所的证券交易还是协议收购、间接收购方式,在持续披露义务方面完全一致。

③持股比例达到或超过5%,未达到20%

(a)收购人不属于第一大股东或实际控制人

根据《收购管理办法》第十六条第一款规定,如果投资者及其一致行动人不是上市公司的第一大股东或者实际控制人,其拥有权益的股份达到或者超过该公司已发行股份的5%,但未达到20%的,应当编制包括下列内容的简式权益变动报告书:投资者及其一致行动人的姓名、住所;投资者及其一致行动人为法人的,其名称、注册地及法定代表人;持股目的,是否有意在未来12个月内继续增加其在上市公司中拥有的权益;上市公司的名称、股票的种类、数量、比例;在上市公司中拥有权益的股份达到或者超过上市公司已发行股份的5%或者拥有权益的股份增减变化达到5%的时间及方式;权益变动事实发生之日前6个月内通过证券交易所的证券交易买卖该公司股票的简要情况;中国证监会、证券交易所要求披露的其他内容。

(b)收购人属于第一大股东或实际控制人

根据《收购管理办法》第十六条第二款规定,第十六条第一款所述的投资者及其一致行动人为上市公司第一大股东或者实际控制人,其拥有权益的股份达到或者超过一个上市公司已发行股份的5%,但未达到20%的,还应当披露《收购办法》第十七条第一款规定的内容(详式权益变动报告书)。

④持股比例达到或超过20%,未达到30%

(a)收购人不属于第一大股东或实际控制人

根据《收购管理办法》第十七条第一款规定,投资者及其一致行动人拥有权益的股份达到或者超过一个上市公司已发行股份的20%但未超过30%的,应当编制详式权益变动报告书,除须披露《收购办法》第十六条规定的信息外,还应当披露以下内容:投资者及其一致行动人的控股股东、实际控制人及其股权控制关系结构图;取得相关股份的价格、所需资金额、资金来源,或者其他支付安排;投资者、一致行动人及其控股股东、实际控制人所从事的业务与上市公司的业务是否存在同业竞争或者潜在的同业竞争,是否存在持续关联交易;存在同业竞争或者持续关联交易的,是否已做出相应的安排,确保投资者、一致行动人及其关联方与上市公司之间避免同业竞争以及保持上市公司的独立性;未来12个月内对上市公司资产、业务、人员、组织结构、公司章程等进行调整的后续计划;前24个月内投资者及其一致行动人与上市公司之间的重大交易;不存在本办法第六条规定的情形;[①]能够按照本办法第五十条[②]的规定提供相关文件。

(b)收购人属于第一大股东或实际控制人

根据《收购管理办法》第十七条第二款规定,第十七条第一款所述的投资者及其一致行动人为上市公司第一大股东或者实际控制人的,还应当聘请财务顾问对上述权益变动报告书所披露的内容出具核查意见,但国有股行政划转或者变更、股

① 《收购办法》第六条规定,任何人不得利用上市公司的收购损害被收购公司及其股东的合法权益,以及收购人的资格条件。——笔者注

② 《收购办法》第五十条规定的是收购人公告上市公司收购报告书时,应当提交的备案文件清单。——笔者注

份转让在同一实际控制人控制的不同主体之间进行、因继承取得股份的除外。投资者及其一致行动人承诺至少3年放弃行使相关股份表决权的,可免于聘请财务顾问和提供前款“能够按照本办法第五十条的规定提供相关文件”规定的文件。

(3)持股比例达到已发行股份的30%

如前所述,当持股比例达到30%时,继续增持股份的,应当采取要约方式进行,发出全面要约或者部分要约。所以,持股比例30%就是权益披露义务的又一个临界点,由于进入了要约收购流程,所以这个时候的披露义务又有所不同。同时,对于因协议收购(间接收购)触发要约收购以及免于申请或申请豁免的披露义务,请读者参阅前述第(二)部分的内容。在此不再赘述。

(四)上市公司股份的锁定期

在上市公司股份转让中,还存在一个特别的问题,就是有关股份限制转让的问题,这即是我们通常所说的股份的锁定期或者限售期。笔者将有关锁定期的规定总结如表26-6所示:

表26-6 股份锁定期规定

情形	锁定对象	锁定期	法规链接
IPO	控股股东、实际控制人及其关联方	自上市之日起36个月内不得转让	《上海证券交易所股票上市规则》《深圳证券交易所股票上市规则》
	其他股东	自上市之日起12个月内不得转让	《公司法》第一百四十一条第一款
	董事、监事、高级管理人员	自上市之日起1年内不得转让;任职期间每年不得超过25%;离职后半年内不得转让	《公司法》第一百四十一第二款
	发起人	发起人股份的转让,须在公司设立登记3年后进行,并经公司原审批机关批准	《关于设立外商投资股份有限公司若干问题的暂行规定》第八条
定向增发	控股股东、实际控制人或其控制的关联人;通过认购本次发行的股份取得上市公司实际控制权的投资者;境内外战略投资者	发行的股份自发行结束之日起,36个月内不得转让	《证券发行管理办法》第三十八条、《非公开发行实施细则》第九条、第十条
	其他对象	发行的股份自发行结束之日起,12个月内不得转让	

续表

情形	锁定对象	锁定期	法规链接
股权激励	控股股东、实际控制人(股票的来源是增量)	自股票授予之日起 36 个内不得转让	《上市公司股权激励管理办法(试行)》(证监会令〔2016〕126 号)、《国有控股上市公司(境外)实施股权激励试行办法》(国资发分配〔2006〕8 号)和《国有控股上市公司(境内)实施股权激励试行办法》(国资发分配〔2006〕175 号)
	其他激励对象(股票的来源是增量)	自股票授予之日起 12 个内不得转让	
	境内上市的国有控股上市公司	1. 在股权激励计划有效期内,每期授予的限制性股票,其禁售期不得低于 2 年。禁售期满,根据股权激励计划和业绩目标完成情况确定激励对象可解锁(转让、出售)的股票数量。解锁期不得低于 3 年,在解锁期内原则上采取匀速解锁办法。 2. 高级管理人员转让、出售其通过股权激励计划所得的股票,应符合有关法律、行政法规的相关规定。	
股权分置改革	改革后公司原非流通股股份	自改革方案实施之日起,在 12 个月内不得上市交易或者转让;持有上市公司股份总数 5% 以上的原非流通股股东,在前项规定期满后,通过证券交易所挂牌交易出售原非流通股股份,出售数量占该公司股份总数的比例在 12 个月内不得超过 5%,在 24 个月内不得超过 10%。	《上市公司股权分置改革管理办法》(证监发〔2005〕第 86 号)第二十七条

(五)上市公司收购的法律实务要点

1. 要约收购中的法律实务要点

(1)有关要约收购价格的规定

《收购管理办法》第三十五条明确规定:“收购人按照本办法规定进行要约收购的,对同一种类股票的要约价格,不得低于要约收购提示性公告日前 6 个月内收购人取得该种股票所支付的最高价格。要约价格低于提示性公告日前 30 个交易日该种股票的每日加权平均价格的算术平均值的,收购人聘请的财务顾问应当就该种股票前 6 个月的交易情况进行分析,说明是否存在股价被操纵、收购人是否有未披露的一致行动人、收购人前 6 个月取得公司股份是否存在其他支付安排、要约价格的合理性等。”

也就是说,要约收购价格的下限是要约收购提示性公告日前 6 个月内收购人取得该种股票所支付的最高价格,并且如果由此确定的要约价格低于提示性公告日前 30 个交易日该种股票的每日加权平均价格的算术平均值的,收购人聘请的财务顾问应当就该种股票前6个月的交易情况进行分析并说明。

(2)有关要约收购支付方式的规定

根据《收购管理办法》第三十六条第一款规定,"收购人可以采用现金、证券、现金与证券相结合等合法方式支付收购上市公司的价款。收购人聘请的财务顾问应当说明收购人具备要约收购的能力"。因此,收购人可以采取现金、证券、现金与证券相结合等方式进行收购对价支付。其中,证券包括在证券交易所上市交易的证券(含债券)和非在证券交易所上市交易的证券。针对不同的支付方式,《收购办法》规定了不同的要求,参见表26-7:

表26-7　要约收购对价的支付方式

支付方式		《收购办法》	要求
现金		第三十六条第二款第(一)项	以现金支付收购价款的,将不少于收购价款总额的20%作为履约保证金存入证券登记结算机构指定的银行。
证券	在证券交易所上市交易的证券(含债券)	第三十六条第一款、第二款第(一)项	1. 收购人以证券支付收购价款的,应当提供该证券的发行人最近3年经审计的财务会计报告、证券估值报告,并配合被收购公司聘请的独立财务顾问的尽职调查工作。 2. 收购人以在证券交易所上市的债券支付收购价款的,该债券的可上市交易时间应当不少于1个月。 3. 收购人以在证券交易所上市交易的证券支付收购价款的,将用于支付的全部证券交由证券登记结算机构保管,但上市公司发行新股的除外。
	非在证券交易所上市交易的证券	第三十六条第一款	1. 同在证券交易所上市交易的证券(含债券)中的1。 2. 收购人以未在证券交易所上市交易的证券支付收购价款的,必须同时提供现金方式供被收购公司的股东选择,并详细披露相关证券的保管、送达被收购公司股东的方式和程序安排。

需要注意的是,第三十六条第二款还明确规定,收购人应当在作出要约收购提示性公告的同时,提供以下至少一项安排保证其具备履约能力:(一)以现金支付收购价款的,将不少于收购价款总额的20%作为履约保证金存入证券登记结算机构指定的银行;收购人以在证券交易所上市交易的证券支付收购价款的,将用于支付的全部证券交由证券登记结算机构保管,但上市公司发行新股的除外;(二)银行对要约收购所需价款出具保函;(三)财务顾问出具承担连带保证责任的书面承诺,明确如要约期满收购人不支付收购价款,财务顾问进行支付。

(3)要约收购中的有效期限、要约撤销、变更以及竞争要约

根据《收购管理办法》第三十七条的规定,"收购要约约定的收购期限不得少

于 30 日,并不得超过 60 日;但是出现竞争要约的除外。在收购要约约定的承诺期限内,收购人不得撤销其收购要约。”因此,要约收购的有效期限一般在 30 日至 60 日之间,并且在要约约定的承诺期限内不得撤销。同时,根据《收购管理办法》第四十条规定:“收购要约期限届满前 15 日内,收购人不得变更收购要约;但是出现竞争要约的除外。出现竞争要约时,发出初始要约的收购人变更收购要约距初始要约收购期限届满不足 15 日的,应当延长收购期限,延长后的要约期应当不少于 15 日,不得超过最后一个竞争要约的期满日,并按规定比例追加履约保证。发出竞争要约的收购人最迟不得晚于初始要约收购期限届满前 15 日发出要约收购的提示性公告,并应当根据本办法第二十八条和第二十九条的规定履行公告义务。”

因此,如果出现竞争性要约并且初始要约在距初始要约收购期限届满不足 15 日进行变更时,要约期限应当延长,延长后的要约期应当不少于 15 日,但不得超过最后一个竞争要约的期满日。需要注意的是,新的《收购办法》与原 35 号令第四十条比较,删除了“以证券支付收购价款的,应当追加相应数量的证券,交由证券登记结算机构保管”的规定。

(4)预受要约的临时保管以及撤回

根据《收购管理办法》第四十二条规定:“同意接受收购要约的股东(以下简称预受股东),应当委托证券公司办理预受要约的相关手续。收购人应当委托证券公司向证券登记结算机构申请办理预受要约股票的临时保管。证券登记结算机构临时保管的预受要约的股票,在要约收购期间不得转让。前款所称预受,是指被收购公司股东同意接受要约的初步意思表示,在要约收购期限内不可撤回之前不构成承诺。在要约收购期限届满 3 个交易日前,预受股东可以委托证券公司办理撤回预受要约的手续,证券登记结算机构根据预受要约股东的撤回申请解除对预受要约股票的临时保管。在要约收购期限届满前 3 个交易日内,预受股东不得撤回其对要约的接受。在要约收购期限内,收购人应当每日在证券交易所网站上公告已预受收购要约的股份数量。出现竞争要约时,接受初始要约的预受股东撤回全部或者部分预受的股份,并将撤回的股份售予竞争要约人的,应当委托证券公司办理撤回预受初始要约的手续和预受竞争要约的相关手续。”

从上述规定可以看出,预受股东接受的预受要约股票应当在证券登记结算机构进行临时保管,并且在要约收购期间不得转让。同时,预受股东可以撤回预受的最后期限为要约收购期限届满 3 个交易日前。

(5)(不以终止上市地位为目的的)全面要约收购可能导致上市地位丧失的后

续安排

我们知道在不以终止上市公司地位为目的的全面要约收购中,可能会出现因上市公司股权分布发生变化等原因导致上市公司不再满足上市的条件,将可能面临终止上市的风险。那么,在这样的全面要约收购中如何来处理这样的风险呢?通常的方法就是,收购人及其一致行动人将通过市场竞价交易、大宗交易或其他合法方式出售超比例持有的流通股份,使上市公司的股权分布重新符合上市条件。

(6)要约收购期间的限制性规定

根据《收购管理办法》第三十三条规定,"收购人作出提示性公告后至要约收购完成前,被收购公司除继续从事正常的经营活动或者执行股东大会已经作出的决议外,未经股东大会批准,被收购公司董事会不得通过处置公司资产、对外投资、调整公司主要业务、担保、贷款等方式,对公司的资产、负债、权益或者经营成果造成重大影响。"第三十四条规定,"在要约收购期间,被收购公司董事不得辞职。"第三十八条规定,"采取要约收购方式的,收购人作出公告后至收购期限届满前,不得卖出被收购公司的股票,也不得采取要约规定以外的形式和超出要约的条件买入被收购公司的股票。"

2. 协议收购中的法律实务要点

在本部分中,我们将对协议收购中的一些核心实务问题进行分析,主要包括:股权转让协议的成立及生效、协议收购中控股股东的特别义务、协议收购的过渡期特别规定等、管理层收购的特别规定等。

(1)股份转让协议的成立和生效

事实上,上市公司股份转让协议的核心问题基本与有限责任公司的股权转让协议相同。在此,笔者仅就一些特别的要求进行介绍:

①首先上市公司的股份转让必须满足可转让的要求,《公司法》《证券法》以及其他具有锁定期间的股份不得作为转让的标的;

②涉及国有股份或外资并购时,需要获得国资委或商务部分的审批甚至反垄断审查,这是股份转让协议生效的前提条件;

③有些股份转让协议往往约定取得中国证监会的审批同意(如有关要约收购的核准或豁免)之后,股权协议才生效。尽管中国证监会的审批并非法律上规定的强制生效要件,但基于当事人意思自治的原则,也无可厚非。

(2)协议收购中控股股东的特别义务

理论上,协议收购既可以在收购人与上市公司的非控股股东之间进行,也可以在收购人与控股股东间进行。但由于与众多非控股股东的缔约成本之和大于或远大于与一家控股股东的缔约成本，实践中收购人基本是选择与控股股东订立股权转让协议。为了防止控股股东利用协议转让损害上市公司及广大公众投资者的利益，《收购管理办法》特别规定了控股股东的尽职调查义务。根据《收购管理办法》第五十三条第一款规定："上市公司控股股东向收购人协议转让其所持有的上市公司股份的，应当对收购人的主体资格、诚信情况及收购意图进行调查，并在其权益变动报告书中披露有关调查情况。"同时，该条第二款还规定："控股股东及其关联方未清偿其对公司的负债，未解除公司为其负债提供的担保，或者存在损害公司利益的其他情形的，被收购公司董事会应当对前述情形及时予以披露，并采取有效措施维护公司利益。"

（3）协议收购的过渡期特别规定

根据公司法、合同法基本原理，股份转让协议生效后，受让方并不能马上行使股东权利，须转让方将股份交付给受让方后，受让方才能以股东身份行使权利。对于上市公司来说，股份交付必须由中国证券登记结算公司完成过户登记才能视为交付。由于签署协议至股份过户完成之间有一定的时间差，为了防止在这个时间段内控股股东、被收购公司、收购人三方或两方合谋损害上市公司及社会公众投资者利益，《收购管理办法》对这一过渡期作出了特别规定。根据《收购管理办法》第五十二条规定："以协议方式进行上市公司收购的，自签订收购协议起至相关股份完成过户的期间为上市公司收购过渡期（以下简称过渡期）。在过渡期内，收购人不得通过控股股东提议改选上市公司董事会，确有充分理由改选董事会的，来自收购人的董事不得超过董事会成员的1/3；被收购公司不得为收购人及其关联方提供担保；被收购公司不得公开发行股份募集资金，不得进行重大购买、出售资产及重大投资行为或者与收购人及其关联方进行其他关联交易，但收购人为挽救陷入危机或者面临严重财务困难的上市公司的情形除外。"

由此可见，《收购管理办法》第五十二条与前述的第三十三条的规定，事实上已经否定了在协议收购和要约收购中"焦土政策"等严重损害公司利益和股东权益的反收购措施。

案例67　德力西集团协议收购江门资管局持有的广东甘化（000576）19.82%股份的"过渡期安排"条款

德力西集团有限公司（以下简称德力西集团，协议乙方）于2011年3月12日与江门市资产管理局（以下简称江门资管局，协议甲方）签署了《股份转让协议》。德力西集团以现金收购江门资管局持有的江门市甘蔗化工厂（集团）股份有限公司

(以下简称广东甘化)的19.82%股份。该《股份转让协议》的“过渡期安排”等相关条款约定如下:

“定义

过渡期指自本协议签署之日起至拟转让股份于证券登记结算机构过户至乙方名下前的期间。”

“第八条 过渡期安排

8.1 双方同意,于过渡期内,甲方应促使广东甘化涉及经营管理的重大决策严格按照法律及广东甘化公司章程作出,并且,甲方应促使广东甘化的经营管理层按照广东甘化公司章程及其他相关规定赋予的权利行使职责并履行相应的义务。

8.2 双方同意,于过渡期内,双方以及广东甘化应严格遵守有关法律对股份转让方、受让方及广东甘化等相关主体的有关行为规范和要求,履行股份转让、上市公司监管和信息披露等方面的义务。

8.3 双方同意,于过渡期内,除双方书面另行共同同意外,甲方应确保甲方及甲方向广东甘化推荐并当选的非独立董事不会提议、不会赞同广东甘化及广东甘化控股子公司开展如下事项:(1) 任何重大资产(以需提交董事会批准为准)购置或处置;(2) 对外进行投资或处置对外投资;(3) 分配广东甘化利润;(4) 除维持正常的日常经营所需外,向金融机构或非金融机构新增借款或就原有借款进行展期;(5) 除维持正常的日常经营所需外,为任何方提供担保;(6) 除维持正常的日常经营所需与广东甘化控股子公司之间的往来款外,向任何方提供借款;(7) 增加或减少广东甘化的注册资本;(8) 对广东甘化发行公司债券作出决议;(9) 对广东甘化合并、分立、解散、清算或者变更公司形式作出决议;(10) 修改广东甘化公司章程;(11) 其他可能导致广东甘化资产或负债发生重大变化的交易或行为。

8.4 双方同意,自本协议签署后,乙方可向甲方发出通知,并在通知中载明乙方拟提名担任广东甘化董事、监事以及高级管理人员的人选,在有关法律、法规以及规范性文件允许的范围内,甲方及原甲方提名的广东甘化的相关非独立董事、监事应善意并积极配合乙方并根据乙方的指示完成对广东甘化董事会、监事会以及高级管理人员中相关非独立董事、监事以及高级管理人员的改选及更换,甲方及原甲方提名的广东甘化的相关董事、监事应配合并履行的事项包括但不限于:在有关法律、法规以及规范性文件允许的范围内及时召集召开并出席更换广东甘化董事、监事及高级管理人员的相关董事会会议、监事会会议以及股东大会会议,并在前述会议中就乙方提名担任广东甘化董事、监事及高级管理人员的相关事项积极行使其全部投票权并全部表决赞成。于交割日前,乙方提名的董事候选人正式当选广东甘化董事(包括一名独立董事)不超过三名;另外,乙方可以推举一名人士出任广东甘化的常务副总裁,推举一名人士出任广东甘化的财务副总监。若本次股权转让未能获得相关部门审核通过,乙方推荐的有关董事(含独立董事)、常务副总裁、财务副总监及其他有关人员均需无条件在三个工作日内辞去所担任的职务。”

(4)管理层收购的特别规定

有时上市公司管理层会采取协议收购方式收购本公司,以获取本公司的控制权。由于管理层所处的特殊地位,为了防止管理层在协议收购本公司过程中利用职务便利损害上市公司利益,《收购管理办法》针对管理层收购作出了特别的规定。根据《收购管理办法》第五十一条规定,“上市公司董事、监事、高级管理人员、员工或者其所控制或者委托的法人或者其他组织,拟对本公司进行收购或者通过本办法第五章①规定的方式取得本公司控制权(以下简称管理层收购)的,该上市公司应当具备健全且运行良好的组织机构以及有效的内部控制制度,公司董事会成员中独立董事的比例应当达到或者超过 1/2。公司应当聘请具有证券、期货从业资格的资产评估机构提供公司资产评估报告,本次收购应当经董事会非关联董事作出决议,且取得 2/3 以上的独立董事同意后,提交公司股东大会审议,经出席股东大会的非关联股东所持表决权过半数通过。独立董事发表意见前,应当聘请独立财务顾问就本次收购出具专业意见,独立董事及独立财务顾问的意见应当一并予以公告。上市公司董事、监事、高级管理人员存在《公司法》第一百四十八条规定情形,或者最近 3 年有证券市场不良诚信记录的,不得收购本公司。”

上述规定对上市公司管理层收购中独立董事的监督制衡作用寄予厚望。但如果管理层将独立董事一起拉为收购主体,则独立董事的监督制衡将名存实亡。为此,笔者认为,《收购办法》应明确规定独立董事不得以自己或其他任何组织、个人名义成为管理层收购的主体。

3. 间接收购中的实务要点及疑难问题剖析

如前所述,间接收购从本质上属于协议收购的一种特殊类型。所以,通常情况下协议收购的一些实务要点与间接收购并没有区别,比如有关前置审批的要求等。但是,作为一种特殊类型的上市公司协议收购必然存在其特殊性——主要是导致上市公司实际控制人发生变化,集中体现在上市公司实际控制人及受其支配的股东、上市公司及其董事会的披露、监督义务上,主要包括:

(1)间接收购中有关实际控制人及受其支配的股东的义务——配合上市公司

---

① 《收购管理办法》第五章规定的是间接收购。——笔者注

披露的义务

《收购管理办法》第五十八条规定,“上市公司实际控制人及受其支配的股东,负有配合上市公司真实、准确、完整披露有关实际控制人发生变化的信息的义务;实际控制人及受其支配的股东拒不履行上述配合义务,导致上市公司无法履行法定信息披露义务而承担民事、行政责任的,上市公司有权对其提起诉讼。实际控制人、控股股东指使上市公司及其有关人员不依法履行信息披露义务的,中国证监会依法进行查处。”

该条规定实际是对上市公司实际控制人及受其支配的股东规定的配合上市公司披露的义务,这是因为上市公司实际控制人及受其支配的股东是最知道其自身的信息(如股权变更、投资关系变更、协议安排等)的人,它们当然负有向上市公司通知并配合上市公司向公众进行披露的义务。

(2)间接收购中有关上市公司的义务——上市公司对实际控制人及受其支配的股东配合履行披露义务的监督义务

《收购管理办法》第五十九条规定,“上市公司实际控制人及受其支配的股东未履行报告、公告义务的,上市公司应当自知悉之日起立即作出报告和公告。上市公司就实际控制人发生变化的情况予以公告后,实际控制人仍未披露的,上市公司董事会应当向实际控制人和受其支配的股东查询,必要时可以聘请财务顾问进行查询,并将查询情况向中国证监会、上市公司所在地的中国证监会派出机构(以下简称派出机构)和证券交易所报告;中国证监会依法对拒不履行报告、公告义务的实际控制人进行查处。上市公司知悉实际控制人发生较大变化而未能将有关实际控制人的变化情况及时予以报告和公告的,中国证监会责令改正,情节严重的,认定上市公司负有责任的董事为不适当人选”。

该条规定实际是上市公司对其实际控制人及受其支配的股东未履行报告、公告义务时的监督义务的规定。主要包括:知悉未履行后应当立即作出报告和公告;自身公告后,实际控制人仍未披露的,上市公司董事会应当向实际控制人和受其支配的股东查询,必要时可以聘请财务顾问进行查询,并将查询情况向中国证监会、派出机构和证券交易所报告。同时,还规定不履行监督义务时的法律后果和责任。

(3)间接收购中有关上市公司董事会的义务——对实际控制人及受其支配的股东配合履行披露义务的监督义务

除了上述第五十九条规定的上市公司董事会的查询并报告的义务之外,《收购管理办法》第六十条还规定,“上市公司实际控制人及受其支配的股东未履行报告、公告义务,拒不履行第五十八条规定的配合义务,或者实际控制人存在不得收购上市公司情形的，上市公司董事会应当拒绝接受受实际控制人支配的股东向董事会提交的提案或者临时议案，并向中国证监会、派出机构和证券交易所报告。中国证监会责令实际控制人改正，可以认定实际控制人通过受其支配的股东所提名的董事为不适当人选。改正前，受实际控制人支配的股东不得行使其持有股份的表决权。上市公司董事会未拒绝接受实际控制人及受其支配的股东所提出的提案的，中国证监会可以认定负有责任的董事为不适当人选”。

该条规定规定了上市公司董事会拒绝接受受实际控制人支配的股东向董事会提交的提案或者临时议案，并向中国证监会、派出机构和证券交易所报告的义务。同时还规定不履行该义务时，中国证监会可以认定负有责任的董事为不适当人选。

专题27 公司资产并购与重大资产重组法律实务

内容提示

公司资产并购是除股权并购之外实务中最常见的并购交易方式。其特点在于交易的双方系目标公司与收购方之间的交易，这决定了其标的资产系目标公司拥有的资产而并非其股东持有的股权（份），这也使其在税负上并不具有优势，但在“破产隔离”以及资产的选择收购上具有优势。本专题还将关注中国证监会于2016年9月8日发布的《关于修改〈上市公司重大资产重组管理办法〉的决定》，该决定对《上市公司重大资产重组管理办法》（2014年修订）的部分条文进行修订，以及后续的一些法规和监管政策的变化。本专题包含如下内容：

- 资产并购的含义及类型；
- 资产并购的程序；
- 标的资产范围的确定以及作价；
- 资产并购中债权、债务及合同转让的处理；
- 上市公司重大资产重组的法律实务。

一、资产并购的含义及类型

通常地讲，资产收购是指一家公司（以下简称为收购公司）购买另一家公司（以下简称为目标公司）实质经营性资产的交易。资产收购的主要目的在于获得目标公司全部或几乎全部实质经营性资产。从前述定义可以看出，公司资产并购主要的特征在于：一是公司资产并购是收购公司与目标公司之间的交易；二是公司资产并购一般以获取目标公司全部或几乎全部实质经营性资产为目的。

在实践中，资产并购通常包含两种类型：一种是以自身股份作为支付对价的“增发型”收购，另一种是以其持有的控股公司的股份作为支付对价的“子公司换股型”收购。除了这两种股权收购之外,还有一种特殊的资产收购——股东和公司之间的“资产转让型”收购,这种方式与前两种方式的区别在于:在收购时,收购公司已经是目标公司的股东。

资产并购与合并重组的最大区别在于:资产并购不涉及法律主体资格的变更或者法律权利义务的概括承受,可以有效避免被收购公司向收购公司转嫁债务。资产并购与股权并购的最大区别在于:前者是收购公司与被收购公司之间的交易行为,而后者则是收购公司与被收购公司股东之间的交易行为。从交易的后果看,前者的被收购公司可能成为收购公司或其控股公司的股东,而后者的被收购公司则成为收购公司的控股子公司。

二、资产并购的程序

公司资产并购的程序与公司股权并购程序基本类似。但还包括如下程序上的注意事项:

1. 目标公司董事会就资产出售召开董事会表决通过。《公司法》对于该事项并没有明确规定属于董事会的职权,如公司章程也没有特别规定,经董事半数以上通过即可;

2. 召开股东会议,对资产并购事项进行表决通过。根据《公司法》第七十四条的规定,主要或全部资产的出售需要经过股东会议表决通过,但并没有明确规定表决程序,这需要根据公司章程的规定来处理,因为一般情况下可按照过半数通过即可;

3. 目标公司的股东不同意出售主要或全部资产的,公司应购买该股东的股权。根据《公司法》第七十四条的规定,不同意出售主要或全部资产的股东可以要求公司按合理的价格收购股份。自股东会会议决议通过之日起六十日内,股东与公司不能达成股权收购协议的,股东可以自股东会会议决议通过之日起九十日内向人民法院提起诉讼;

4. 双方签订并购协议应仔细斟酌。收购前应对标的资产进行详尽调查,确认有无权利瑕疵,有无设定担保物权,对资产收购尽量做到价格公正,以避免被并购公司的债权人事后(或资产担保权人)以并购协议违反合同法规定要求确认无效为由提出异议,引发诉讼;

5. 在履行协议前,应要求目标公司将原公司住所地先进行变更,重新登记新的公司住所地。因为并购公司收购的资产可能主要是不动产以及依附于其上的固定资产等,一般是要在原地重新注册新的公司或另有他用,如果目标公司没有将住所地变更,并购公司注册时会出现公司注册地冲突,工商部门不予注册。

三、标的资产范围的确定以及作价

(一)标的资产范围的确定

我们知道,在公司资产并购交易中,收购公司收购的标的资产是目标公司拥有的法人资产,一般包括房屋、建筑物、设备等固定资产,商标、专利、土地使用权等无形资产以及用于生产经营的原材料、在产品、产成品等流动资产等。因此,谈判中如何协商确定纳入收购范围的目标公司的资产就是第一步也是最重要的核心问题之一。

在实务中,收购公司收购的标的资产一般不会包括目标公司的现金、应收债权等,但通常会包括固定资产、无形资产以及土地使用权等资产,有时还包括目标公司持有的长期股权投资的权益性资产(往往与收购的实质经营性资产有关,或与欲从事的营业有关)。如何确定纳入收购范围的资产范围一般需要遵循如下几个原则:

1. 剔除与收购目的或营业无关的资产

收购公司收购目标公司的资产的主要原因在于,与目标公司处于同一行业或类似行业,需要目标公司的与生产经营活动有关的资产,但是,我们知道目标公司除了这些收购方需要的资产之外,往往还存在一些从事其他营业的资产或企业福利性资产(比如,职工宿舍、工会福利设施等),显然这些资产并不是收购方想要的,所以,首先应当将这些与营业或收购目的无关的非实质经营性资产剔除。特别需要关注的是有关职工宿舍、生活区的用水、用电、用气等并没有与目标公司实质分立的情况,还应当安排特别处理方案。

2. 剔除欲报废、处于闲置状态等不良资产

在剔除与收购目的或营业无关的资产之后,针对剩余的准备纳入收购范围的资产还需要进一步明确,欲报废、处于闲置状态等不良资产也需要剔除出去。这些不良资产要么是因为已经紧接报废期,实质几无价值;要么尽管有一定残值,但实际使用价值不大或几乎不会再在以后经营活动中使用,已经没有使用价值;要么对于目标公司而言具有使用价值,但是对于收购方而言,与其经营产品、品种规划等相冲突,以后使用的可能性极小;要么某些资产的质量、状况不佳,发生了全部或实质减值,但目标公司并没有提足减值准备。基于前述这些原因,在实务中,收购方一般都会与目标公司协商争取将这些资产剔除出去或计价打折,以避免“不良资产”被“打包出售”。

3. 明确纳入收购范围的固定资产(含在建工程等)、无形资产、土地使用权等资产

由于目标公司的固定资产、无形资产、土地使用权等资产(以下简称三项资产)的资产形态一般不会轻易变动,相对比较稳定,所以,在资产并购中,一般会在谈判中协商确定并编制资产明细清单,并谈妥转让价格,在资产转让合同签署并生效后移交。而对于存货等流动资产,由于公司在持续经营中不断的流转使用,除非目标公司停止生产经营并静态盘点,否则无法准确地确定其数量和状态。

在确定固定资产的范围时,我们可能会涉及目标公司的在建工程的情形。在实务中,我们一般分两种情况进行处理:一是如果就该在建工程已经实际竣工验收使用,只不过没有转入固定资产核算而言,这种情况下,需要将该在建工程作为转让固定资产对待并纳入固定资产的统一计价;二是该工程的确处于在建状态,这个时候就需要目标公司将该在建工程的合同项下的权利和义务概括转让给收购方。

在确定无形资产的范围时,除了一般意义上的商标、专利、著作权、专有技术等之外,目标公司的特许经营权、各种排污指标、用电指标、取水指标、用水指标等虽非法定知识产权,但依然统一作为目标公司的无形资产处理。

在确定土地使用权范围时,我们一般会以土地使用权证为依据进行核定,但需要注意的是,最好列明土地使用权的各项详细内容于资产附件中。

4. 明确纳入收购范围的存货等流动资产的预计数量

尽管存货等流动资产在签署资产转让协议时并不能准确地确定其数量,但是,我们还是需要协商确定一个分类型、分品种的预计数量。理由主要有如下三个:一是可以方便以后分类型、分品种确定存货的作价单价;二是通过预计数量以估算整个资产收购的总对价,以便安排资产收购资金的筹措;三是可以通过预计数量来约束和防范目标公司突击采购大量生产经营活动并不必需的原材料、备品备件等,防止对收购后的经营造成不利的影响。

在确定存货等流动资产范围时,我们通常还应当特别关注目标公司抵押、借用在外的包装物等流动资产的确定。如属抵押的,需要特别关注抵押是否足额,是否存在低押的情形;如属借用的,需要落实借用手续是否齐备等。这些因素都将影响这些资产如何纳入以及如何计价。

在实务中,库存存货的数量一般是通过目标公司在盘点基准日进行静态盘点来进行确定,加上双方协商确定的抵押资产(主要是指包装物)和借用资产数量,将构成总的流动资产的数量。

5. 明确与收购目的相关的必要的应收债权的范围

如前所述,一般情况下,收购方不会收购目标公司的应收债权。但是,在实务

中,目标公司的应收债权往往与其经营业务密切相关,并且这也是收购方计划收购的业务,所以,在这种情况下,收购方就需要承接这些应收债权。譬如,目标公司因生产经营销售给经销商产品而产生的应收债权,基于接受目标公司整个销售网络和渠道的考虑,收购方一般都会承接这些应收债权。再如,涉及在建工程或物资、设备采购预付款项等,应当作为目标公司的资产随相关的合同一并转让。

需要注意的是,尽管这样的应收债权原则需要接受,但是,如果这些债权超过时效或因对方无偿还能力或久已不经营的情况下,收购方通常会将这样的债权剔除在外,或在计价中打折。

6. 目标资产的兜底条款

在实务中,为了防范固定资产等明细清单的局限或遗漏可能导致的收购方的损失,一般还会协商确定一个有关目标资产的兜底条款。该条款通常采用概述的方式将与目标公司被收购的营业或业务有关的一切资产包含进来。

(二)标的资产的作价

在实务中,我们可以根据资产的流动性而将标的资产(股权资产除外)分为两大类别来分别进行定价。即固定资产、无形资产及土地使用权(以下简称三项资产)的作价和存货等流动资产的作价。

1. 固定资产、无形资产以及土地使用权的计价方法及调整机制

(1)固定资产、无形资产以及土地使用权的计价方法

在资产并购中,如何对固定资产、无形资产以及土地使用权进行计价是在确定目标资产范围以及计价方式之后的核心事项。实务中,通常有如下几种计价方法:

①账面净值法

所谓账面净值法,是指交易双方按照上述三项资产的账面净值作为并购价格的计价方法。由于固定资产(房屋建筑物等)、土地使用权、无形资产等通常都会存在增值,在这种计价模式中,一般都会附加一个溢价比例作为最终的作价。至于该比例是多少,视具体和双方谈判协商而定,并无成例。譬如,三项资产的账面净值为6000万元,溢价50%进行收购,则最终的作价为9000万元。这种方法的优点在于简单,缺点在于无法准确的评价资产的增值或贬值,对于并购双方而言都存在风险,溢价部分到底为多少也缺乏判断标准和依据。所以,在实务中已经很少单独地采用该方法了。

②评估基准法

所谓评估基准法,是指交易双方在目标资产的评估价值的基础上来协商作价

的方法。一般都会在评估价值的基础上，考虑目标公司潜在的商誉等价值，商定一个溢价比例作为最终的并购价格。譬如，前例中的三项资产的账面净值为 6000 万元，评估作价为 8000 万元，溢价 30% 进行收购，则最终的作价为 10,400 万元。这种方法的优点在于解决了账面净值法的缺点，其缺点在于评估报告具有有效期间（12 个月），需要双方该期间内完成资产的交易，否则将重新对资产进行评估作价。同时，如果采取不同的评估方法可能会对作价造成较大的差异，这也是交易时需要特别关注的问题。本方法也是实务中采用最普遍的方法。

③重置成本法

所谓重置成本法，是指公司重新购置同样资产或重新制造同样产品所需的全部成本，或者是指公司重新取得与其所拥有的某项资产相同或与其功能相当的资产需要支付的现金或现金等价物。因此，重置成本表示当时取得同一资产或其等价物需要的交换价格。这种交换价格应该是从资产或劳务市场获得的成本价格，而不是从企业正常经营过程中通常出售其资产或劳务的市场中的销售价格。在重置成本法下，尤其需要考虑的是收购资产的成新程度。该种方法的优点是考虑了相同或功能相当的资产当前的市场价值，能够更真实地反映资产的价值。缺点是由于市场信息的局限性和不充分性，可能导致重置成本的偏差。所以，在实务中，该种方法一般很少单独使用，它通常会与其他评估作价方法结合起来使用。

④清算价格法

所谓清算价格法，是指根据公司清算时其资产可变现的价值，评定重估价值。它通常适用于依照破产法的规定，经人民法院宣告破产的公司。严格地说，按照国际惯例，资产评估方法不外乎三种方法：重置成本法、收益现值法、现行市价法。清算价格法不能称之为一种独立的评估方法。在我国，只是由于《国有资产评估管理办法》（国务院第 91 号令）规定清算价格法是一种独立的评估方法，才使人们普遍认为它也是国际通行的评估方法之一。其实，这是一种误解。由于清算价格法通常适用于企业已经整体上不进行经营的情况或进入破产清算程序的企业，所以，在资产并购中很少会适用该方法，除非目标企业就是濒临破产的状态。

在实务中，对三项资产进行作价时，我们一般采用固定总价的方式进行。即在资产的计价基准日（评估基准日或审计基准日），对列入并购清单的三项资产分别列明作价金额，加总之后得出总价款。这样做的好处在于：一是如果后期资产移交时发现资产有遗失或损坏的话，便于从总价款中扣除；二是列明了明细价格，便于财务确定资产的初始入账成本；三是便于企业建立有关资产的计税基础的备查账簿，收购方以后处置该等资产时才有依据计算税负。

(2)固定资产、无形资产以及土地使用权的计价调整机制

尽管我们说三项资产一般采用固定总价的方式,但是,在资产交易中,我们依然需要考虑有关的计价调整机制。在实务中,计价调整的情况主要有如下两种:一是在目标资产计价之前,三项资产(主要是固定资产)存在遗失、毁损的情形,这种情形下,需要依据交割日盘点的数量和约定的价格进行扣减;二是按照固定资产约定的质量标准或条件,出现不符合的情形下,对总价款进行扣减。

2. 存货等流动资产的计价方法及调整机制

(1)存货等流动资产的计价方法

通常情况下,对于目标公司的存货等流动资产(包括但不限于原材料、燃料、低值易耗品、备品备件、包装物、在产品、半成品以及产成品等不属于固定资产的有形资产),由于其处于企业流转经营中,故不能采用固定作价的方法,只能采取确定一个盘点基准日并在该日静态盘点验收的方式进行。这样,在盘点日确定数量,并乘以事先确定的各品种单价,从而得出存货等流动资产的并购价款。在实务中,我们还需要注意如下三点:

一是如何处理抵押在外的包装物等资产的数量。我们知道,盘点基准日静态盘点只能解决目标公司厂区内或控制的库房内的存货等流动资产的数量,但并不能解决抵押在外的包装物等流动资产的数量,特别是在抵押值不足包装物净值的情况下,收购方按照抵押在外的包装物的账面数量确定的话,可能面临包装物以后不能足额回收导致的资产损失。在实务中,我们通常会在目标公司提供的财务数据的基础上测算包装物等的回收率,并在此基础上协商谈判进行数量的确定,通常情况下会在回收率之上100%之下确定一个比例作为数量确定之用。如果抵押值足够,则可以按照账面数量确定。

二是如何处理借用在外的包装物等资产的数量。这种情况一般不会涉及较大的资产数量,在实务中,收购方一般会需要目标公司提供借用方有关的资产借用确认手续进行确定。如果确实无法确认的,一般也会根据以前的借用协议或手续并结合该等借用人是否还与目标公司之间进行正常的经营活动的情况进行综合判断,并确定数量。

三是如何处理目标公司代保管的包装物等资产的数量。在实务中,我们经常会遇到目标公司并未上账的代保管的客户的包装物等流动资产,这些资产如果已经与目标公司自身的资产进行混同了的话,盘点时将混入目标公司资产进入计价范围,所以,收购方一般会要求目标公司作出承诺的声明,其厂区或控制的库房中不存在代保管的资产,同时将这种情况写入或然负债条款中。如果目标公司披露

了有关代保管台账的话,盘点时就应当一并进入盘点清单并在计价时予以剔除。

(2)存货等流动资产的计价调整机制

如上所述,存货等流动资产采取盘点数量乘以约定单价法进行计价,一般不存在计价调整的情况。但是,存货本身并不仅仅是清点数量就足够的,还涉及存货的质量、使用状态等问题。如果目标公司存在大量的闲置、报废、变质、过期、无用的存货资产的话,这些资产早就应当作出财务处理计提减值准备或予以报废,但是目标公司出于虚增资产的目的一直未予处理,收购方如果不加区别地全盘接受的话,必然会带来损失。所以,实务中,一般都会在资产转让协议中约定存货的盘点验收标准和质量标准以及如何扣除的条款。但由于存货等流动资产品种、数量繁多,直接约定其验收和质量标准并不现实,所以一般采取排除法进行约定。譬如,主机已经报废或不存在的,其备品备件不转让、不计价,由出让方自行处理;具有保质期的存货,凡保质期经过的不转让、不计价;品牌早已不再上市销售的商标标识、包装物等不转让、不计价等。

四、资产并购中债权、债务及合同转让的处理

在资产并购交易中,一般情况下不涉及目标公司的债权、债务以及合同事项,这些事项都应当由出让方自行处理。但是,在实务中还是会存在一些特定的债权、债务及合同需要由受让方来承接。主要包括如下一些情形:

一是前述的在建工程,如果还未最后完工,则有关的建造合同项下的权利和义务需要概括转让给受让方。同时,如果目标公司已经支付的工程价款及相关款项应当作为一种特别的资产并入固定资产进行作价;

二是目标公司已经签署生效尚未履行或尚未履行完毕的销售合同、采购合同等,这些合同经收购方判断和与出让方协商后可以基于收购目的需要进行转让;

三是目标公司签署的与知识产权有关的合同或协议,一般都需要转让。特别是有关供电合同、用水合同、特许权许可合同等。

凡是拟转让的合同项下的债权,包括预付款、价款、押金、保证金等都应当与合同一并转让。拟转让的合同可以在资产转让协议签署前办理合同转让手续,但应当在合同转让的协议中明确合同的转让以资产转让协议的签署生效为前提条件。合同的转让也可以在资产转让协议签署后再在规定的时间内办理相关转让手续,使合同转让发生相应的法律效力。

除了拟转让的合同之外,其他的合同或协议都应当由目标公司自行处理。在实务中,我们通常会在资产转让协议中明确,凡是未明确转让并履行转让手续的目标公司的合同、债权、债务一概与收购方无关,由目标公司自行处理。

五、上市公司重大资产重组的法律实务

对于上市公司重大资产重组而言,最核心的部门规章毫无疑问是中国证监会颁布实施的《上市公司重大资产重组管理办法》[证监会令第127号,以下简称《重组管理办法》或《重组管理办法》(2016年修订)]。① 除此之外,还可能涉及《发行管理办法》②《非公开发行实施细则》③以及《收购管理办法》等。

(一)重大资产重组的定义、原则和标准

1. 重大资产重组的定义

根据《重组管理办法》第二条第一款的规定,《重组管理办法》适用于"上市公司及其控股或者控制的公司在日常经营活动之外购买、出售资产或者通过其他方式进行资产交易达到规定的比例,导致上市公司的主营业务、资产、收入发生重大变化的资产交易行为(以下简称重大资产重组)"。同时,该条第二款规定,"上市公司发行股份购买资产应当符合本办法的规定"。但是,该条第三款还规定,"上市公司按照经中国证券监督管理委员会(以下简称中国证监会)核准的发行证券文件披露的募集资金用途,使用募集资金购买资产、对外投资的行为,不适用本办法。"在理解前述有关定义时需要关注如下要点:

(1)适用主体

《重组管理办法》适用的主体既包括上市公司本身,还包括上市公司控股或控制的子公司。也就是说,如果以上市公司控股或控制的子公司为主体进行的符合标准的资产重组交易亦受该办法的调整。

(2)适用情形

在理解和适用重大资产重组适用的情形时,需要注意如下三点:

①在日常经营活动之外的资产交易行为

---

① 2016年9月8日,中国证监会发布《关于修改〈上市公司重大资产重组管理办法〉的决定》,对《上市公司重大资产重组管理办法》(2014年11月23日起施行)的部分条文进行修订。需要特别说明的是,中国证监会在2016年《关于修改〈上市公司重大资产重组管理办法〉的起草说明》中明确指出,本次修订是因为"新的交易模式不断出现,规避监管套利的现象也有所增加,需要进一步完善上市公司并购重组监管政策,优化对重组上市的监管,维护市场正常秩序"。

② 中国证券监督管理委员会令第30号,2006年5月6日发布,2006年5月8日起施行。

③ 证监发行字〔2007〕302号,2007年9月17日发布并实施。该文被证监会公告〔2017〕5号所修订并于2017年2月15日重新发布并于该日起施行。

也就是说，如果上市公司及其控股或控制的公司基于日常经营活动而进行的资产购买、出售或其他方式的资产交易不构成《重组管理办法》所规定的资产重组交易。譬如，上市公司基于生产经营的需要购买的机器设备、生产线等。

②上市公司发行股份购买资产应当符合《重组管理办法》的规定

对于这样的交易行为，还应当适用的法规、规章为《发行管理办法》《非公开发行实施细则》以及《收购管理办法》等。同时，《重组管理办法》第四十四条明确规定，“上市公司发行股份购买资产的，可以同时募集部分配套资金，其定价方式按照现行相关规定办理”。这实际上意味着，上市公司发行股份购买资产的，可以同时通过定向发行股份募集部分配套资金，其定价方式按照现行相关规定办理。《重组管理办法》允许上市公司发行股份购买资产与通过定向发行股份募集配套资金同步操作，实现一次受理，一次核准，有利于上市公司拓宽兼并重组融资渠道，有利于减少并购重组审核环节，有利于提高并购重组的市场效率。同时，根据《〈上市公司重大资产重组管理办法〉第十四条、第四十四条的适用意见——证券期货法律适用意见第 12 号》（中国证券监督委员会公告〔2016〕18 号①，以下简称《证券期货法律适用意见第 12 号》）第二条的规定：“《重组办法》第四十四条第一款规定：‘上市公司发行股份购买资产的，除属于本办法第十三条第一款规定的交易情形外，可以同时募集部分配套资金，其定价方式按照现行相关规定办理。”现就该规定中发行股份购买资产项目配套融资提出适用意见如下：

上市公司发行股份购买资产同时募集配套资金，所配套资金比例不超过拟购买资产交易价格 100% 的，一并由并购重组审核委员会予以审核；超过 100% 的，一并由发行审核委员会予以审核。不属于发行股份购买资产项目配套融资的上市公司再融资，仍按现行规定办理。

修订后的《证券期货法律适用意见第 12 号》相对于原《适用意见》证监会公告〔2011〕17 号主要的区别在于：

（a）扩大募集配套资金比例。原《适用意见》规定，上市公司发行股份购买资产同时募集配套资金的比例不超过交易总金额 25% 的，一并由并购重组审核委员会予以审核。本次修订将募集配套资金比例从 25% 扩大至不超过拟购买资产交易价格的 100%，即上市公司发行股份购买资产同时募集配套资金比例不超过拟购买资产交易价格 100% 的，一并由并购重组审核委员会予以审核；超过 100% 的，一并由发行审核委员会予以审核。作这样的调整，主要是便利企业报审募集配套

① 中国证券监督管理委员会公告〔2016〕18 号，于 2016 年 9 月 8 日修订后发布并执行，该公告废止了原证监会公告〔2015〕10 号。

资金,过去对配套资金超过25%的,需由发行审核委员会审核,现在由并购重组审核委员会一并审核。根据《关于上市公司发行股份购买资产同时募集配套资金的相关问题与解答》(2016年6月17日),“拟购买资产交易价格”指本次交易中以发行股份方式购买资产的交易价格,但不包括交易对方在本次交易停牌前六个月内及停牌期间以现金增资入股标的资产部分对应的交易价格。在实践中,“购买资产交易价格”指发行股份收购资产时,以股份支付作为对价的部分,而非标的资产总价格,即需要扣除现金支付的部分。

(b)明确募集配套资金的用途。证监会《上市公司监管法律法规常见问题与解答修订汇编》(2015年9月18日)明确募集配套资金的用途应当符合《上市公司发行管理办法》《创业板上市公司证券发行管理暂行办法》的相关规定。考虑并购重组的特殊性,募集配套资金还可用于:支付本次并购交易中的现金对价;支付本次并购交易税费、人员安置费用等并购整合费用;标的资产在建项目建设等。募集配套资金用于补充流动资金的比例不超过募集配套资金的50%;并购重组方案构成借壳上市的,比例不超过30%。根据《关于上市公司发行股份购买资产同时募集配套资金的相关问题与解答》(2016年6月17日),考虑到募集资金的配套性,所募资金仅可用于:支付本次并购交易中的现金对价;支付本次并购交易税费、人员安置费用等并购整合费用;投入标的资产在建项目建设。募集配套资金不能用于补充上市公司和标的资产流动资金、偿还债务。根据2017年2月18日,中国证监会新闻发言人就并购重组定价等相关事项答记者问(以下简称《答记者问》),“配套融资规模按现行规定执行,且需符合《发行监管问答—关于引导规范上市公司融资行为的监管要求》”。根据《发行监管问答》的规定,上市公司申请非公开发行股票的,拟发行的股份数量不得超过本次发行前总股本的20%。因此,重大资产重组涉及配套融资的规模不得使需要发行股份数量超过发行前总股本的20%。

2014年3月17日发布的《上市公司监管指引第2号——上市公司募集资金管理和使用的监管要求》(以下简称《监管指引第2号》)第六条要求:“上市公司募集资金原则上应当用于主营业务。除金融类企业外,募集资金投资项目不得为持有交易性金融资产和可供出售的金融资产、借予他人、委托理财等财务性投资,不得直接或间接投资于以买卖有价证券为主要业务的公司。”根据《发行监管问答》进一步规定,上市公司申请再融资时,除金融类企业外,原则上最近一期末不得存在持有金额较大、期限较长的交易性金融资产和可供出售的金融资产、借予他人款项、委托理财等财务性投资的情形。此外,《关于上市公司监管指引第2号有关财务性投资认定的问答》(2016年3月4日)对《监管指引第2号》第六条中的“财务性投资”进行了明确。即“财务性投资除监管指引中已明确的持有交易性金融资产和可供出售金融资产、借予他人、委托理财等情形外，对于上市公司投资于产业基金以及其他类似基金或产品的，如同时属于以下情形的，应认定为财务性投资：(1)上市公司为有限合伙人或其投资身份类似于有限合伙人，不具有该基金(产品)的实际管理权或控制权；(2)上市公司以获取该基金(产品)或其投资项目的投资收益为主要目的。上市公司将募集资金用于设立控股或参股子公司，实际资金投向应遵守监管指引第2号的相关规定。”

(c)《上市公司监管法律法规常见问题与解答修订汇编》(2015年9月18日)明确募集配套资金部分与购买资产部分应当分别定价，视为两次发行。

(d)《上市公司监管法律法规常见问题与解答修订汇编》(2015年9月18日)细化了《公开发行证券的公司信息披露内容与格式准则第26号——上市公司重大资产重组(2014年修订)》(证监会公告〔2014〕53号)中关于募集配套资金必要性的披露要求。即：

“上市公司在披露募集配套资金的必要性时，应结合以下方面进行说明：上市公司前次募集资金金额、使用进度、效益及剩余资金安排；上市公司、标的资产报告期末货币资金金额及用途；上市公司资产负债率等财务状况与同行业的比较；本次募集配套资金金额是否与上市公司及标的资产现有生产经营规模、财务状况相匹配等。

上市公司还应披露募集配套资金选取询价或锁价方式的原因。如采用锁价方式，锁价发行的可行性，锁价发行对象与上市公司、标的资产之间的关系，锁价发行对象认购本次募集配套资金的资金来源，放弃认购的违约责任，以及发行失败对上市公司可能造成的影响。”

对于不属于发行股份购买资产项目配套资金的上市公司再融资仍然将按照《发行管理办法》以及《非公开发行实施细则》的有关规定执行。

同时，根据《重组管理办法》第四十三条第三款的规定，“特定对象以现金或者资产认购上市公司非公开发行的股份后，上市公司用同一次非公开发行所募集的资金向该特定对象购买资产的，视同上市公司发行股份购买资产”。这种方式的实质其实与向特定对象直接发行股份购买资产并无区别，只不过分为两步走而已。

③上市公司按照中国证监会核准的发行证券文件披露的募集资金用途，使用募集资金购买资产、对外投资的行为，不适用本办法。

这条规定要阐述的是，通过公开或非公开发行证券募集资金之后，再使用该募集资金购买资产或对外投资的行为,不视为资产重组,不适用《重组管理办法》。但是,需要注意的是,如果属于《重组管理办法》第四十三条第三款规定的“特定对象以现金或者资产认购上市公司非公开发行的股份后,上市公司用同一次非公开发行所募集的资金向该特定对象购买资产的,视同上市公司发行股份购买资产”情形的,即上市公司通过向特定对象非公开发行股份募集现金或资产之后,再用募集的资金向该特定对象购买资产的,视同为发行股份购买资产。如果募集资金并非向该特定对象购买资金,而是向其他方购买资产的,即属于本处所指的不适用《重组管理办法》的情形。

(3)适用方式

《重组管理办法》适用的资产交易的方式包括购买、出售资产或者通过其他方式进行资产交易。那么什么是“其他方式”呢?根据《重组管理办法》第十五条的规定,通过其他方式进行资产交易包括如下四种情形:①与他人新设企业、对已设立的企业增资或者减资;②受托经营、租赁其他企业资产或者将经营性资产委托他人经营、租赁;③接受附义务的资产赠与或者对外捐赠资产;④中国证监会根据审慎监管原则认定的其他情形。前述资产交易实质上构成购买、出售资产,且按照本办法规定的标准计算的相关比例达到50%以上的,应当按照本办法的规定履行信息披露等相关义务并报送申请文件。

(4)适用标准

在该定义中,对于资产交易设定必须“达到规定的比例”的要求。有关该比例的要求详细规定在《重组办法》第十二条、第十三条以及第十四条中,我们将在下面对此进行详细的介绍。

(5)资产的范围

《重组管理办法》所规范的重大资产重组中的“资产”与有限责任公司一般意义上的资产收购重组并不完全一致。后者通常意义上是指对非股权资产的收购,而前者不但包括非股权资产的收购,还包括股权资产的收购(这实质上即是一般意义上的股权收购)。所以,《重组管理办法》所规范重大资产重组是一个广义上的资产重组。

2. 重大资产重组的原则

按照《重组管理办法》第十一条的规定,上市公司实施重大资产重组,应当符合下列要求:“(一)符合国家产业政策和有关环境保护、土地管理、反垄断等法律和行政法规的规定;(二)不会导致上市公司不符合股票上市条件;(三)重大资产重组所涉及的资产定价公允,不存在损害上市公司和股东合法权益的情形;(四)重大资产重组所涉及的资产权属清晰，资产过户或者转移不存在法律障碍，相关债权债务处理合法；（五）有利于上市公司增强持续经营能力，不存在可能导致上市公司重组后主要资产为现金或者无具体经营业务的情形；（六）有利于上市公司在业务、资产、财务、人员、机构等方面与实际控制人及其关联人保持独立，符合中国证监会关于上市公司独立性的相关规定；（七）有利于上市公司形成或者保持健全有效的法人治理结构。”

3. 重大资产重组的标准

根据《重组管理办法》第十二条、第十四条的规定，重大资产重组的判定标准和计算规则总结如下：

（1）判定标准（《重组管理办法》第十二条）

根据《重组办法》第十二条的规定，上市公司及其控股或者控制的公司购买、出售资产，达到下列标准之一的，构成重大资产重组（参见表27－1）：

表27－1　重大资产重组判断标准

购买或出售的资产	上市公司最近一个会计年度经审计的合并财务会计报告	比例	其他标准
资产总额	资产总额/上市公司期末资产总额	≥50%	N/A
最近一个会计年度所产生的营业收入	营业收入/上市公司同期营业收入		N/A
资产净额	资产净额/上市公司期末净资产额		≥5000万元

注：购买、出售资产未达到上述标准，但中国证监会发现存在可能损害上市公司或者投资者合法权益的重大问题的，可以根据审慎监管原则责令上市公司按照本办法的规定补充披露相关信息、暂停交易并报送申请文件。

（2）标准的计算规则——（《重组管理办法》第十四条）

《重组管理办法》第十二条规定了重大资产重组的判定标准，而第十四条对该标准的计算规则进行了细化的规定（参见表27－2）：

表27－2　重大资产重组比例计算规则

<table>
<tr><th colspan="2" rowspan="2">是否为股权资产
判断标准</th><th colspan="2">股权资产</th><th rowspan="2">非股权资产</th></tr>
<tr><th>未取得/未丧失控股权</th><th>取得/丧失控股权</th></tr>
<tr><td rowspan="2">资产总额</td><td>购买</td><td>被投资企业资产总额×股权比例与成交金额较高者</td><td>被投资企业资产总额与成交金额较高者</td><td>资产账面值与成交金额较高者</td></tr>
<tr><td>出售</td><td>被投资企业的资产总额×股权比例</td><td>被投资企业资产总额</td><td>资产账面值</td></tr>
</table>

续表

判断标准 \ 是否为股权资产		股权资产：未取得/未丧失控股权	股权资产：取得/丧失控股权	非股权资产
产生的营业收入/净利润	购买	被投资企业营业收入×股权比例	被投资企业营业收入/以被投资企业扣除非经常性损益前后的净利润的较高者	N/A
	出售	被投资企业营业收入×股权比例	被投资企业营业收入	N/A
资产净额	购买	被投资企业净资产额×股权比例与成交金额较高者	被投资企业净资产额与成交金额较高者	资产与负债的账面差额和成交金额较高者
	出售	被投资企业的净资产额×股权比例	被投资企业净资产额	资产与负债的账面差额

注:(1)第十四条第一款第(二)项规定,该非股权资产不涉及负债的,不适用第十二条第一款第(三)项规定的资产净额标准。

(2)第十四条第一款第(三)项规定,上市公司同时购买、出售资产的,应当分别计算购买、出售资产的相关比例,并以二者中比例较高者为准。

(3)第十四条第一款第(四)项规定,上市公司在12个月内连续对同一或者相关资产进行购买、出售的,以其累计数分别计算相应数额。已按照本办法的规定报经中国证监会核准的资产交易行为,无须纳入累计计算的范围。中国证监会对本办法第十三条第一款规定的重大资产重组的累计期限和范围另有规定的,从其规定。

(二)借壳上市的界定标准

应该讲,《重组管理办法》(证监会令第127号,2016年修订)根据新的交易模式不断出现,规避监管套利的现象也有所增加的情况,对原《重组管理办法》(证监会令第109号,2014年修订)的借壳上市界定标准又进行了重大的修订。主要内容如下:

1. 新《重组管理办法》对借壳上市界定标准修订概述

《重组管理办法》(2016年修订)第十三条对非上市公司反向收购上市公司("借壳上市")界定标准进行了重大修订。笔者将新旧管理办法有关借壳上市界定标准的规定对比如下表27-3所示:

表27-3 新旧《重组管理办法》"借壳上市"界定标准规定的对比

旧重组管理办法(2014年修订)	新重组管理办法(2016年修订)
第十三条 自控制权发生变更之日	第十三条 上市公司自控制权发生变更之日起60个月内,向收购人及其关联人购买资产,导致上市公司发生以下根本变化情形之一的,构成重大资产

续表

旧重组管理办法（2014 年修订）	新重组管理办法（2016 年修订）
起，上市公司向收购人及其关联人购买的资产总额，占上市公司控制权发生变更的前一个会计年度经审计的合并财务会计报告期末资产总额的比例达到 100% 以上的，除符合本办法第十一条、第四十三条规定的要求外，主板（含中小板）上市公司购买的资产对应的经营实体应当是股份有限公司或者有限责任公司，且符合《首次公开发行股票并上市管理办法》（证监会令第 32 号）规定的其他发行条件；上市公司购买的资产属于金融、创业投资等特定行业的，由中国证监会另行规定。 创业板上市公司不得实施前款规定的交易行为。	重组，应当按照本办法的规定报经中国证监会核准： （一）购买的资产总额占上市公司控制权发生变更的前一个会计年度经审计的合并财务会计报告期末资产总额的比例达到 100% 以上； （二）购买的资产在最近一个会计年度所产生的营业收入占上市公司控制权发生变更的前一个会计年度经审计的合并财务会计报告营业收入的比例达到 100% 以上； （三）购买的资产在最近一个会计年度所产生的净利润占上市公司控制权发生变更的前一个会计年度经审计的合并财务会计报告净利润的比例达到 100% 以上； （四）购买的资产净额占上市公司控制权发生变更的前一个会计年度经审计的合并财务会计报告期末净资产额的比例达到 100% 以上； （五）为购买资产发行的股份占上市公司首次向收购人及其关联人购买资产的董事会决议前一个交易日的股份的比例达到 100% 以上； （六）上市公司向收购人及其关联人购买资产虽未达到本款第（一）至第（五）项标准，但可能导致上市公司主营业务发生根本变化； （七）中国证监会认定的可能导致上市公司发生根本变化的其他情形。 上市公司实施前款规定的重大资产重组，应当符合下列规定： （一）符合本办法第十一条、第四十三条规定的要求； （二）上市公司购买的资产对应的经营实体应当是股份有限公司或者有限责任公司，且符合《首次公开发行股票并上市管理办法》规定的其他发行条件； （三）上市公司及其最近 3 年内的控股股东、实际控制人不存在因涉嫌犯罪正被司法机关立案侦查或涉嫌违法违规正被中国证监会立案调查的情形，但是，涉嫌犯罪或违法违规的行为已经终止满 3 年，交易方案能够消除该行为可能造成的不良后果，且不影响对相关行为人追究责任的除外； （四）上市公司及其控股股东、实际控制人最近 12 个月内未受到证券交易所公开谴责，不存在其他重大失信行为； （五）本次重大资产重组不存在中国证监会认定的可能损害投资者合法权益，或者违背公开、公平、公正原则的其他情形。 上市公司通过发行股份购买资产进行重大资产重组的，适用《证券法》和中国证监会的相关规定。 本条第一款所称控制权，按照《上市公司收购管理办法》第八十四条的规定进行认定。上市公司股权分散，董事、高级管理人员可以支配公司重大的财务和经营决策的，视为具有上市公司控制权。交易标的资产属于同一交易方所有或者控制，或者属于相同或者相近的业务范围，或者中国证监会认定的其他情形下，可以认定为同一或者相关资产。 创业板上市公司自控制权发生变更之日起，向收购人及其关联人购买资产，不得导致本条第一款规定的任一情形。 上市公司自控制权发生变更之日起，向收购人及其关联人购买的资产属于金融、创业投资等特定行业的，由中国证监会另行规定。

从上表可以看出，在《重组管理办法》（2014 年修订）对原《重组管理办法》（2011 年修订）修订基础上，《重组管理办法》（2016 年修订）进一步明确了借壳上市的新认定标准、累计首次原则的累计期限“上市公司控制权”的认定标准以及增

加对上市公司及控股股东、实际控制人以及本次重组的合规性要求等。

2. 明确借壳方为“收购人及其关联人”

《重组管理办法》(2014 年修订)将借壳方进一步明确为“收购人及其关联人”,进一步防止规避行为。从最近三年的借壳案例来看,购买资产并不仅仅是向收购人,大多数案例是向收购人及其关联人一同购买,虽然实践中已将关联人一并视为借壳方,但规则上没有明确,存在模糊地带。为防止收购人在取得控制权后通过其关联人注入资产而规避监管,将借壳方明确为“收购人及其关联人”。

那么,如何理解“收购人”呢? 事实上,上述收购人包括两种情况:一是本次重组后将成为上市公司新的实际控制人的收购人;二是上市公司首次上市至本次重组前,已通过收购、无偿划拨等方式成为上市公司实际控制人的收购人。

从“借壳上市”或“借壳重组”的本意而言,往往是上市公司的控股股东或者其他收购人将优质资产注入上市公司中,并置换出上市公司自身的资产和负债,来实现上市公司新的资产和主营业务,这是一种利用现有上市公司上市资格“壳”资源从而间接上市的方式。通常采取的操作方式包括两种:一是对于上市公司的控股股东或实际控制人而言,控股股东或实际控制人通过上市公司人比例的配股筹集资金,将其的主要资产注入上市公司中去,实现“借壳上市”(狭义借壳上市);二是对于非控股股东的收购人而言,首先收购上市公司控股股东的股权从而取得对上市公司的控制权,在将自己的资产与上市公司的资产进行置换,通常也被称为“买壳上市”(广义借壳上市的一种)。

与借壳上市略有不同,买壳上市可分为“买壳—借壳”两步走,即先收购控股一家上市公司,然后利用这家上市公司,将买壳者的其他资产通过配股、收购等机会注入进去。

所以,上述的两种收购人分别对应于狭义“借壳上市”的系上市公司实际控制人的收购人和“买壳上市”的新成为上市公司实际控制人的收购人。对应的控制权发生变更之日就是本次控制权变更之日和首次上市至本次重组前,收购人成为上市公司实际控制人的那次变更之日。

《重组管理办法》(2016 年修订)继续保留了“收购人及其关联人”的规定。

3. 借壳上市界定的具体标准

按照《重组管理办法》(2016 年修订)第十三条的规定,“借壳上市”需要符合如下六个标准要件:

(1)“控制权发生变更”要件

如前所述,我们可以发现,《重组管理办法》第十三条强调“自控制权发生变更之日起”正是因为借壳上市这种资产重组模式所必然伴随的条件。对于狭义的借壳上市，只要不是上市公司首次公开发行股票时的实际控制人，哪怕是首次上市至本次重组前，控制权变更为目前借壳上市的实际控制人的，在随后的注入资产进行“借壳”中，也存在其成为控制权发生变更的情形，只不过向前“延伸”到其成为实际控制人之日，而不是在注入资产即将发生之前发生而已；对于买壳上市，显然这样的控制权变更与资产注入发生的时间间隔较相对较短，从而更容易被我们所理解。

《重组管理办法》(2016年修订)第十三条第四款明确了“上市公司控制权”系按照《上市公司收购管理办法》第八十四条的规定进行认定，即“有下列情形之一的，为拥有上市公司控制权：(一)投资者为上市公司持股50%以上的控股股东；(二)投资者可以实际支配上市公司股份表决权超过30%；(三)投资者通过实际支配上市公司股份表决权能够决定公司董事会半数以上成员选任；(四)投资者依其可实际支配的上市公司股份表决权足以对公司股东大会的决议产生重大影响；(五)中国证监会认定的其他情形”。此外，新规还对上市公司股权分散情况下管理层控制的情况进行了界定，即“上市公司股权分散，董事、高级管理人员可以支配公司重大的财务和经营决策的，视为具有上市公司控制权”，上述规定是在原有法规关于认定“上市公司控制权”的进一步延伸和完善。对于之前市场上曾出现的通过认定上市公司由有实际控制人变成没有实际控制人的情形从而认为不适用借壳上市要求的案例，根据新规定，这样的思路就必须要慎重使用了。

(2)五项“100%”比例或“主营业务发生根本变化”及兜底要求(“5+2”要求)

根据原《重组管理办法》(2014年修订)第十三条的规定，构成借壳上市仅设置了一个“100%资产比例”要求：“上市公司向收购人购买的资产总额，占上市公司控制权发生变更的前一个会计年度经审计的合并财务会计报告期末资产总额的比例达到100%以上”。但《重组管理办法》(2016年修订)从原有的资产总额单项指标扩充为资产总额、营业收入、净利润、净资产额、发行股份数量五个量化指标。按照其规定，在上市公司发生控制权变更后的60个月之内，只要其中任一项指标达到或超过100%，即构成重组上市。此外，需要注意的是，即使上述五个量化指标均未达到100%，但只要上市公司向收购人及其关联人购买资产“可能导致上市公司主营业务发生根本变化”，也将构成重组上市。“主营业务发生根本变化”这一特殊指标的设置意味着，即使前述五个量化指标均未达到100%，但是倘若重组方案同时涉及资产置入和资产置出，或者由于其他商业安排导致资产注入后上市公司的原有主营业务发生根本变化，则也可能构成重组上市。最后，重组新规对于是否构成重组上市还设置了一个兜底条款,即第十三条第一款第(七)项"中国证监会认定的可能导致上市公司发生根本变化的其他情形"。这即是新规所谓的"5+2"要求。

(3)累计首次原则及其期限与预期合并原则

根据《证券期货法律适用意见第12号》的规定:

《重组办法》第十四条第一款第(四)项规定:"上市公司在12个月内连续对同一或者相关资产进行购买、出售的,以其累计数分别计算相应数额。已按照本办法的规定编制并披露重大资产重组报告书的资产交易行为,无须纳入累计计算的范围。中国证监会对本办法第十三条第一款规定的重大资产重组的累计期限和范围另有规定的,从其规定。"考虑到《重组办法》第十三条规定的重组行为的特殊性,为防止化整为零规避监管,严格执行拟注入资产须符合首次公开发行股票有关条件的要求,现就该规定中相关计算原则提出适用意见如下:

①执行累计首次原则,即上市公司控制权发生变更之日起60个月内(含上市公司控制权发生变更的同时),向收购人及其关联人购买的资产所对应的资产总额、资产净额、营业收入或净利润,占上市公司控制权发生变更的前一个会计年度经审计的合并财务会计报告的相应指标的比例累计首次达到100%以上的,或者所对应的发行股份的数量,占上市公司首次向收购人及其关联人购买资产的董事会决议前一个交易日的股份比例累计首次达到100%以上的,合并视为一次重大资产重组,应当按规定申报核准;前述60个月内分次购买资产的,每次所购买资产对应的资产总额、资产净额、营业收入、净利润,以该购买事项首次公告日的前一个会计年度经审计的相应指标为准。

②执行预期合并原则,即上市公司按累计首次原则申报重大资产重组方案时,如存在同业竞争或非正常关联交易等问题,则对于收购人及其关联人为解决该等问题所制定的承诺方案,涉及未来向上市公司注入资产的,也将合并计算。

从预期合并原则来看,其主要目的在于解决同业竞争和关联交易问题,将涉及的未来向上市公司注入的资产合并计算是题中应有之义。需要注意的是,如果存在拟注入的资产属于在建工程或拟建工程的,需要合理预测其资产价值并进行合并。

需要特别注意的是,上述"100%比例"要求仅仅是用于判断是否构成"借壳上市"或"借壳重组"而使用,而不是代替计算确定是否构成"重大资产重组",为了判断是否构成"重大资产重组"仍然需要按照《重组管理办法》第十二条确定的三个指标进行综合判断。既然如此,进行"借壳上市"或"借壳重组"判定的意义何在呢？其意义就在于，《重组管理办法》将“借壳上市”或“借壳重组”界定为一种特殊的重大资产交易行为，对上市公司和其投资者而言具有非常重要的意义，所以《重组管理办法》在第二十九条规定，符合《重组管理办法》第十三条的规定的，应当提交并购重组委审核。

还需要注意的是，与原《重组管理办法》（2014 年修订）不同的是，《重组管理办法》（2016 年修订）首次明确了执行累计首次原则的累计期限问题。新规第十三条第一款将累计首次原则的累计期限明确界定为“上市公司自控制权发生变更之日起 60 个月内”，从而给所有市场参与方一个明确预期。即是说，按照重组新规，如果控制权发生变更已经超过 60 个月，新控制人在该等期限届满后才向上市公司注入资产，或之前 60 个月内注入的资产的几项量化指标均未超过 100%（也未导致上市公司主营业务发生根本变化），那么在 60 个月届满之后的资产注入行为的五项量化指标之一无论单次（或是与前期的资产注入合并）或是累计超过 100%，也都不再视为借壳上市，即便该等 60 个月期满之后的资产注入行为将导致上市公司主营业务发生根本变化。对于该等资产注入行为，按照普通的资产重组或发行股份购买资产的审核标准审核即可（而不是按照重组上市所适用的与 IPO 等同的标准）。

（4）满足《重组管理办法》第十一条、第四十三条的基本要求

根据《重组管理办法》第十三条的规定，除了满足前述的两个条件之外，被界定为借壳重组还需要满足《重组管理办法》第十一条、第四十三条的要求。第十一条规定的是重大资产重组适用的七项基本原则以及第四十三条所规定的“上市公司发行股份购买资产”应满足的五项要求以及其他要求。《重组管理办法》第十一条的规定，参见前文。

《重组管理办法》第四十三条规定：“上市公司发行股份购买资产，应当符合下列规定：（一）充分说明并披露本次交易有利于提高上市公司资产质量、改善财务状况和增强持续盈利能力，有利于上市公司减少关联交易、避免同业竞争、增强独立性；（二）上市公司最近一年及一期财务会计报告被注册会计师出具无保留意见审计报告；被出具保留意见、否定意见或者无法表示意见的审计报告的，须经注册会计师专项核查确认，该保留意见、否定意见或者无法表示意见所涉及事项的重大影响已经消除或者将通过本次交易予以消除；（三）上市公司及其现任董事、高级管理人员不存在因涉嫌犯罪正被司法机关立案侦查或涉嫌违法违规正被中国证监会立案调查的情形，但是，涉嫌犯罪或违法违规的行为已经终止满 3 年，交易方案有助于消除该行为可能造成的不良后果，且不影响对相关行为人追究责任的除外；

(四)充分说明并披露上市公司发行股份所购买的资产为权属清晰的经营性资产,并能在约定期限内办理完毕权属转移手续;(五)中国证监会规定的其他条件。

上市公司为促进行业的整合、转型升级,在其控制权不发生变更的情况下,可以向控股股东、实际控制人或者其控制的关联人之外的特定对象发行股份购买资产。所购买资产与现有主营业务没有显著协同效应的,应当充分说明并披露本次交易后的经营发展战略和业务管理模式,以及业务转型升级可能面临的风险和应对措施。

特定对象以现金或者资产认购上市公司非公开发行的股份后,上市公司用同一次非公开发行所募集的资金向该特定对象购买资产的,视同上市公司发行股份购买资产。”

(5)满足《首发重组办法》的其他发行条件

原《重组管理办法》(2014 年修订)在规章层面明确借壳上市审核标准与 IPO 等同(适用《首发管理办法》)。实际上,这一要求证监会早已在 2013 年 11 月 30 日发布的《关于在借壳上市审核中严格执行首次公开发行股票上市标准的通知》(证监发〔2013〕61 号)中予以明确。譬如,依据《首发管理办法》(证监会令第 31 号)的有关规定,发行人自股份有限公司成立后,持续经营时间应当在 3 年以上;最近 3 个会计年度净利润均为正数且累计超过人民币 3000 万元,净利润以扣除非经常性损益前后较低者为计算依据;最近 3 个会计年度经营活动产生的现金流量净额累计超过人民币 5000 万元;或者最近 3 个会计年度营业收入累计超过人民币 3 亿元;最近一期末无形资产(扣除土地使用权、水面养殖权和采矿权等后)占净资产的比例不高于 20%;最近一期末不存在未弥补亏损。

那么,为什么证监会考虑将借壳上市的条件与 IPO 标准等同呢?主要有以下几点考虑:

一是提高借壳上市门槛,抑制市场炒作。目前借壳上市条件低于 IPO 标准,投资者对绩差公司被借壳预期强烈,市场对绩差公司的炒作成风,内幕交易时有发生,绩差公司通过卖壳成为股市“不死鸟”,难以形成有效的退市制度。借壳上市条件与 IPO 标准等同,有利于遏制市场对绩差股的投机炒作,从根本上减少内幕交易的动机,形成有效的退市制度;

二是借壳上市条件与 IPO 标准等同,防止市场监管套利。目前部分 IPO 终止审查或不予核准企业转道借壳上市,通过借壳上市规避 IPO 审查,引发了市场质疑。统一借壳上市与 IPO 的审核标准,可以防止审核标准不一致带来的监管套利;

三是借壳上市条件与 IPO 标准等同,引导资本等市场资源和监管资源向规范运作程度高的绩优公司集中，有利于优化资本市场资源配置功能，促进产业结构优化升级，服务于国民经济调结构、转方式的总体大局。

《重组管理办法》(2016 年修订)继续保留这一要求。根据其第十三条的规定，上市公司购买的资产对应的经营实体应当是股份有限公司或者有限责任公司，且符合《首次公开发行股票并上市管理办法》(证监会令第 32 号)规定的其他发行条件，这实质就是我们前述的与 IPO 标准等同的要求。譬如，依据《首发管理办法》(证监会令第 31 号)的有关规定，发行人自股份有限公司成立后，持续经营时间应当在 3 年以上；最近 3 个会计年度净利润均为正数且累计超过人民币 3000 万元，净利润以扣除非经常性损益前后较低者为计算依据；最近 3 个会计年度经营活动产生的现金流量净额累计超过人民币 5000 万元；或者最近 3 个会计年度营业收入累计超过人民币 3 亿元；最近一期末无形资产(扣除土地使用权、水面养殖权和采矿权等后)占净资产的比例不高于 20%；最近一期末不存在未弥补亏损。

(6)对上市公司及其控股股东、实际控制人以及本次重组的合规性要求

《重组管理办法》(2016 年修订)第十三条第二款第(三)、(四)、(五)项还增加了重组报批时对上市公司及其控股股东、实际控制人以及本次重组的合规性要求。具体规定为：

①上市公司及其最近 3 年内的控股股东、实际控制人不存在因涉嫌犯罪正被司法机关立案侦查或涉嫌违法违规正被中国证监会立案调查的情形，但是，涉嫌犯罪或违法违规的行为已经终止满 3 年，交易方案能够消除该行为可能造成的不良后果，且不影响对相关行为人追究责任的除外；

②上市公司及其控股股东、实际控制人最近 12 个月内未受到证券交易所公开谴责，不存在其他重大失信行为；

③本次重大资产重组不存在中国证监会认定的可能损害投资者合法权益，或者违背公开、公平、公正原则的其他情形。

上述规定无疑限制了在合规性上存在法律瑕疵的上市公司及控股股东、实际控制人寻求重组上市的通路。

4. 明确禁止创业板公司借壳上市

原《重组管理办法》(2014 年修订)就已经明确禁止创业板公司借壳上市。那么，为什么不允许创业板借壳上市呢？主要有以下几点考虑：

一是允许在创业板借壳上市，与创业板市场定位不符。创业板定位于服务创新型、成长型小微企业，具有高风险、高收益特征，其准入、退市制度应当与主板、中小板有所区分。从现有主板借壳案例来看，多数借壳企业与创业板企业的特点不

同,如果允许在创业板借壳上市,此类企业将登陆创业板市场,弱化创业板市场对创新、创业型企业的服务功能,扭曲创业板市场的定位;

二是允许在创业板借壳上市,与创业板监管政策相悖。创业板启动伊始,就一直向市场传递创业板不支持借壳上市的理念,且深交所《创业板股票上市规则》也不支持暂停上市阶段的上市公司,通过借壳式重组恢复上市;

同时,由于创业板目前存在“三高”问题,如果允许在创业板借壳上市,将加剧对创业板上市公司二级市场炒作,还易引发内幕交易、市场操纵等违法违规行为。

《重组管理办法》(2016 年修订)仍保留了对创业板公司借壳上市的禁止性规定,即“创业板上市公司自控制权发生变更之日起,向收购人及其关联人购买资产,不得导致本条第一款规定的任一情形”。这意味着创业板上市公司自控制权发生变更之日起(无论是控制权变更之后的 60 个月之内还是满 60 个月以后),向收购人及其关联人购买的资产不得在资产总额、营业收入、净利润、资产净额、发行股份数量五个量化指标达到 100% 的比例,并且也不得导致上市公司主营业务发生根本变化。

5. 对规避“借壳上市”的追责条款

《重组管理办法》(2016 年修订)第五十三条第二款新设了一项对规避“借壳上市”的追责条款。该款规定为:“未经中国证监会核准擅自实施本办法第十三条第一款规定的重大资产重组,或者规避本办法第十三条规定,交易尚未完成的,中国证监会责令上市公司补充披露相关信息、暂停交易并按照本办法第十三条的规定报送申请文件;交易已经完成的,可以处以警告、罚款,并对有关责任人员采取市场禁入的措施。构成犯罪的,依法移送司法机关”。该新增条款强化了对相关主体的追责力度,有助于各方以更加严格的合规标准慎重推进“借壳上市”重组交易。

案例 68 顺风控股借壳鼎泰新材(002352)——重大资产置换 + 发行股份购买资产 + 募集配套资金

2017 年 1 月,深圳顺丰泰森控股(集团)有限公司(以下简称“顺风控股”)借壳马鞍山鼎泰稀土新材料股份有限公司(以下简称“鼎泰新材”或“本公司”,002352)发布《重大资产置换及发行股份购买资产并募集配套资金暨关联交易报告书》。

该报告书披露,本次重大资产重组方案包括重大资产置换、发行股份购买资产和募集配套资金。

一、重大资产置换

鼎泰新材以截至拟置出资产评估基准日(2015 年 12 月 31 日)全部资产及负

债与顺丰控股全体股东持有的顺丰控股100%股权的等值部分进行置换。

本次交易的拟置出资产评估值为81,153.03万元。考虑2015年度现金分红1634.45万元的影响,根据《重大资产置换及发行股份购买资产协议》,经交易各方友好协商,以拟置出资产评估值为基础并扣减上述已实施的现金股利分配,本次交易拟置出资产最终作价79,600.00万元。

本次交易的拟购买资产顺丰控股100%股权的评估值为4,483,000.00万元,评估增值3,035,842.50万元,增值率209.78%。2016年5月3日,顺丰控股召开股东大会,决议以现金分红150,000.00万元。根据《重大资产置换及发行股份购买资产协议》,经交易各方友好协商,以拟购买资产评估值为基础并扣减上述拟实施的现金股利分配,本次交易顺丰控股100%股权的最终作价为4,330,000.00万元。

二、发行股份购买资产

经交易各方协商一致,本次交易中拟置出资产最终作价79,600.00万元,拟购买资产最终作价4,330,000.00万元,两者差额为4,250,400.00万元。购买资产与置出资产的差额部分由公司以发行股份的方式自顺丰控股全体股东处购买。

本次发行股份购买资产的定价基准日为公司第三届董事会第十三次会议决议公告日,本次发行股份购买资产的股份发行价格为21.66元/股,不低于定价基准日前60个交易日股票均价的90%。

前述交易均价的计算公式为:定价基准日前60个交易日上市公司股票交易均价=定价基准日前60个交易日上市公司股票交易总额/定价基准日前60个交易日上市公司股票交易总量。

2016年5月17日,公司召开2015年年度股东大会,审议通过《关于2015年度利润分配预案的议案》,公司向2016年5月25日深交所收市后中登公司登记在册的全体股东每10股派发现金红利1.40元(含税),现金分红总额为1,634.45万元,同时以资本公积向全体股东每10股转增10股。经除权、除息调整后,本次购买资产的股份发行价格为10.76元/股。据此计算,公司向顺丰控股全体股东发行股份的数量为3,950,185,873股。

三、置出资产转让

上市公司拟采用询价发行方式向不超过10名符合条件的特定对象非公开发行股份募集配套资金,总金额不超过800,000万元。本次募集配套资金扣除中介费用及相关税费后将用于标的公司航材购置及飞行支持项目、冷运车辆与温控设备采购项目、信息服务平台建设及下一代物流信息化技术研发项目、中转场建设项目。本次非公开发行股份募集配套资金总额不超过拟购买资产交易价格的100%,未用于补充流动资金。

本次配套融资发行股份的定价基准日为公司第三届董事会第十三次会议决议公告日,发行价格不低于定价基准日前20个交易日公司股票交易均价的90%,即不低于22.19元/股,经除权除息调整后发行价格为不低于11.03元/股。根据募集配套资金上限和发行底价计算,本次交易募集配套资金所发行股份数量不超过725,294,650股。

前述交易均价的计算公式为:定价基准日前20个交易日上市公司股票交易均价=定价基准日前20个交易日上市公司股票交易总额/定价基准日前20个交易日上市公司股票交易总量。

【评析】

1. 本次交易构成重大资产重组

本次交易拟购买资产经审计的最近一年末资产总额、资产净额及最近一年的营业收入占上市公司最近一个会计年度经审计的合并财务报表相关指标的比例如下(单位:万元):

项目	鼎泰新材	顺风控股	交易价格	计算依据	指标占比
资产总额	88,541.15	3,471,657.33	4,330,000.00	4,330,000.00	4890.38%
资产净额	70,800.22	1,369,573.62	4,330,000.00	4,330,000.00	6115.80%
营业收入	66,846.55	4,810,115.48	—	4,810,115.48	7195.76%

根据《重组管理办法》第十二条规定,上市公司拟置入资产总额、资产净额以及营业收入指标占上市公司2015年会计年度经审计的合并财务会计报告期末对应指标的比例达到100%以上,本次交易构成重大资产重组。同时,本次交易涉及向特定对象发行股份购买资产,根据《重组管理办法》第四十七条的规定,本次交易需提交中国证监会上市公司并购重组审核委员会审核并经中国证监会核准后方可实施。

2. 本次交易构成借壳上市

本次交易完成后,上市公司实际控制人变更为王卫先生。本次交易中,拟购买资产的资产总额与交易金额孰高值为4,330,000.00万元,占上市公司2015年年末资产总额88,541.15万元的比例为4890.38%,超过100%;按照《重组管理办法》第十三条的规定,本次交易构成借壳上市,需提交中国证监会上市公司并购重组审核委员会审核并经中国证监会核准后方可实施。

(三)重大资产重组(借壳上市)的证监会核准

1.《重组管理办法》对借壳上市审核的规定

根据《重组管理办法》第二十七条规定:“中国证监会依照法定条件和程序,对上市公司属于本办法第十三条规定情形的交易申请作出予以核准或者不予核准的决定。中国证监会在审核期间提出反馈意见要求上市公司作出书面解释、说明的,上市公司应当自收到反馈意见之日起30日内提供书面回复意见,独立财务顾问应当配合上市公司提供书面回复意见。逾期未提供的,上市公司应当在到期日的次日就本次交易的进展情况及未能及时提供回复意见的具体原因等予以公告。”第二十九条规定:“上市公司重大资产重组属于本办法第十三条规定的交易情形的,应当提交并购重组委审核。”

上述规定实际就是新《重组管理办法》为了贯彻《国务院关于进一步优化企业兼并重组市场环境的意见》(国发〔2014〕14号,以下简称14号文)和《国务院关于进一步促进资本市场健康发展的若干意见》(国发〔2014〕17号,以下简称17号文)的要求作出的修订。主要内容如下:

新《重组管理办法》取消除借壳上市以外的重大资产重组行政审批,即取消了原《重组管理办法》(2008年版)第二十八条有关“强制审核”和“自愿审核”的规定。“上市公司重大资产购买、出售、置换行为审批”是《国务院关于确需保留行政审批的项目设定行政许可的决定》(国务院412号令)第(三百九十五)项明确的行政许可事项。新《重组管理办法》根据14号文的要求,对不构成借壳上市的上市公司重大资产购买、出售、置换行为,全部取消审批。需要说明的是,“上市公司发行股份购买资产核准”行政许可也是《国务院关于确需保留行政审批的项目设定行政许可的决定》第(四百)项明确的行政许可事项,根据《证券法》现行规定,上市公司发行新股用于并购重组的,因涉及发行股票行为,不论是否达到重大标准,仍须报经核准。本次修订大幅减少对上述资产重组行为的行政审批,主要考虑在于:一是这类资产重组行为交易形式相对简单,通过强化信息披露和中介机构核查把关,能够充分揭示交易影响和风险,取消审批有助于进一步提高交易效率;二是如购买资产达到一定数额构成借壳上市,基于从严监管借壳上市的理念,仍保留审批,除此之外的购买、出售、置换资产均不再审批。

2.借壳上市审核的具体程序

为了贯彻机构职能转变的精神,加大行政审批制度改革力度,切实将监管重心从事前审核向事中、事后监管转移之目的,自2013年10月8日起,中国证监会正式实施并购重组审核分道制(2013 年 10 月 8 日前已经中国证监会受理的并购重组项目仍按现有流程审核)。

并购重组审核分道制是指中国证监会对上市公司重大资产重组(含发行股份购买资产、重大资产购买或出售、合并分立等)行政许可申请审核时,根据上市公司信息披露和规范运作状况、财务顾问执业能力以及中介机构及经办人员的诚信记录,结合国家产业政策和交易类型,对符合标准的并购重组申请,有条件地淡化行政审核和减少审核环节,实行差异化审核制度安排。

在并购重组审核分道制中,将按照"先分后合、一票否决、差别审核"原则,证券交易所和证监局、证券业协会、财务顾问分别对上市公司合规情况、中介机构执业能力、产业政策及交易类型三个分项进行评价,之后根据分项评价的汇总结果,将并购重组申请划入"豁免/快速"、"正常"、"审慎"三条审核通道。其中,进入豁免/快速通道、不涉及发行股份的项目,豁免审核,由证券会直接核准;涉及发行股份的,实行快速审核,取消预审环节,直接提请并购重组审核委员会(以下简称重组委)审议。进入审慎通道的项目,依据《证券期货市场诚信监督管理暂行办法》,综合考虑诚信状况等相关因素,审慎审核申请人提出的并购重组申请事项,必要时加大核查力度。进入正常通道的项目,按照现有流程审核。

总之,在 2013 年 10 月 8 日实施并购重组审核分道制后,有关并购重组的审核将实行"豁免/快速"、"正常"和"审慎审核"三条通道的制度。鉴于《重组管理办法》修订后仅仅只有"借壳上市"属于正常审核通道的范围,在此我们仅仅介绍正常审核通道的程序如下:

所谓正常审核通道,是指审核分道制度中"豁免/快速"和"审慎"审核通道之外的、适用现行审核办法和程序的通道。主要包括如下步骤:

(1)申报程序

依据《上市公司重大资产重组申报工作指引》第一条的规定,上市公司在股东大会作出重大资产重组决议并公告后 3 个工作日内,按照《公开发行证券的公司信息披露内容与格式准则第 26 号——上市公司重大资产重组申请文件(2014 年修订)》的要求编制申请文件,并委托独立财务顾问向证监会,同时抄报派出机构。

(2)申报接受、受理及材料补正程序(预审环节)

根据《重组管理办法》第二十七条第一款规定,中国证监会依照法定条件和法定程序对重大资产重组申请作出予以核准或者不予核准的决定。同时,依据《上市公司重大资产重组申报工作指引》第二条的规定,证监会办公厅受理处统一负责接收申报材料，对上市公司申报材料进行形式审查。证监会上市部接到受理处转来申报材料后5个工作日内作出是否受理或发出补正通知。

根据《重组管理办法》第二十七条第二款规定，中国证监会在审核期间提出反馈意见要求上市公司作出书面解释、说明的，上市公司应当自收到反馈意见之日起30日内提供书面回复意见，独立财务顾问应当配合上市公司提供书面回复意见。逾期未提供的，上市公司应当在到期日的次日就本次交易的进展情况及未能及时提供回复意见的具体原因等予以公告。依据《上市公司重大资产重组申报工作指引》第二条的规定，收到上市公司的补正回复后，证监会上市部应在2个工作日内作出是否受理的决定，出具书面通知。受理后，涉及发行股份的适用《证券法》关于审核期限的规定。

为保证审核人员独立完成对书面申报材料的审核，证监会上市部自接收材料至反馈意见发出这段时间实行"静默期"制度，不接待申报人的来访。

(3)审核程序

证监会上市部由并购一处和并购二处分别按各自职责对重大资产重组中法律问题和财务问题的审核，形成初审报告并提交部门专题会进行复核，经专题会研究，形成反馈意见。

(4)反馈和反馈回复程序

在发出反馈意见后，证监会上市部可以就反馈意见中的有关问题与申报人和中介机构进行当面问询沟通。问询沟通由并购一处和并购二处两名以上审核员同时参加。反馈意见要求上市公司作出解释、说明的，上市公司应当自收到反馈意见之日起30个工作日内提供书面回复，独立财务顾问应当配合上市公司提供书面回复意见。逾期不能提供完整合规回复的，上市公司应当在到期日次日就本次重大资产重组的进展情况及未能及时提供回复的具体原因等予以公告。

(5)证监会审核程序(复审环节)

①应当提交重组委审核的程序

根据《重组管理办法》第二十九条的规定，"上市公司重大资产重组属于本办法第十三条规定的交易情形的，应当提交并购重组委审核。"前述规定中提及的"本办法第十三条的规定"即是指属于"借壳上市"或"借壳重组"的情形。依据《重组管理办法》第四十六条的规定，"上市公司申请发行股份购买资产，应当提交并购重组委审核。"

同时，依据《中国证券监督管理委员会上市公司并购重组审核委员会工作规程》(2014年修订)[证监会公告〔2014〕15号，以下简称《并购重组委工作规程》

(2014 年修订)]第二条的规定,上市公司实施合并、分立的,也需要经过并购重组审核委员会审核。

②证监会针对提交重组委审核的项目的工作程序

有关程序如下:

(a)提交重组委审议程序:需提交并购重组委审议的,证监会上市部将安排并购重组委工作会议审议。并购重组委审核的具体程序按照《重组管理办法》和《并购重组委工作规程》(2014 年修订)的规定进行。

(b)重组委通过方案的审结程序:并购重组委工作会后,上市公司重大资产重组方案经并购重组委表决通过的,证监会上市部将以部门函的形式向上市公司出具并购重组委反馈意见。公司应将完整合规的落实重组委意见的回复上报证监会上市部。落实重组委意见完整合规的,予以审结,并向上市公司出具相关批准文件。

(c)重组委否决方案的审结程序:并购重组委否决的,予以审结,并向上市公司出具不予批准文件,同时证监会上市部将以部门函的形式向上市公司出具并购重组委反馈意见。上市公司拟重新上报的,应当召开董事会或股东大会进行表决。

(6)上市公司公告、申请复牌

根据《重组管理办法》第三十条的规定,上市公司在收到中国证监会关于召开并购重组委工作会议审核其重大资产重组申请的通知后,应当立即予以公告,并申请办理并购重组委工作会议期间直至其表决结果披露前的停牌事宜。上市公司在收到并购重组委关于其重大资产重组申请的表决结果后,应当在次一工作日公告表决结果并申请复牌。公告应当说明,公司在收到中国证监会作出的予以核准或者不予核准的决定后将再行公告。

(7)收到决定后公告及披露

根据《重组管理办法》第三十一条的规定,上市公司收到中国证监会就其重大资产重组申请作出的予以核准或者不予核准的决定后,应当在次一工作日予以公告。中国证监会予以核准的,上市公司应当在公告核准决定的同时,按照相关信息披露准则的规定补充披露相关文件。

(四)发行股份购买资产的特别规定

1. 发行股份购买资产的条件

《重组管理办法》第四十三条规定,“上市公司发行股份购买资产,应当符合下列规定:(一)充分说明并披露本次交易有利于提高上市公司资产质量、改善财务状况和增强持续盈利能力，有利于上市公司减少关联交易、避免同业竞争、增强独立性；(二)上市公司最近一年及一期财务会计报告被注册会计师出具无保留意见审计报告；被出具保留意见、否定意见或者无法表示意见的审计报告的，须经注册会计师专项核查确认，该保留意见、否定意见或者无法表示意见所涉及事项的重大影响已经消除或者将通过本次交易予以消除；(三)上市公司及其现任董事、高级管理人员不存在因涉嫌犯罪正被司法机关立案侦查或涉嫌违法违规正被中国证监会立案调查的情形，但是，涉嫌犯罪或违法违规的行为已经终止满3年，交易方案有助于消除该行为可能造成的不良后果，且不影响对相关行为人追究责任的除外；(四)充分说明并披露上市公司发行股份所购买的资产为权属清晰的经营性资产，并能在约定期限内办理完毕权属转移手续；(五)中国证监会规定的其他条件。

上市公司为促进行业的整合、转型升级，在其控制权不发生变更的情况下，可以向控股股东、实际控制人或者其控制的关联人之外的特定对象发行股份购买资产。所购买资产与现有主营业务没有显著协同效应的，应当充分说明并披露本次交易后的经营发展战略和业务管理模式，以及业务转型升级可能面临的风险和应对措施。

特定对象以现金或者资产认购上市公司非公开发行的股份后，上市公司用同一次非公开发行所募集的资金向该特定对象购买资产的，视同上市公司发行股份购买资产。"

在上述规定中，我们要特别注意的是，在其控制权不发生变更的情况下，可以向控股股东、实际控制人或者其控制的关联人之外的特定对象发行股份购买资产，该规定强调了必须保证控制权不发生变更(即使持股比例会有所下降)。需要注意的是，新办法删除了"发行股份数量不低于发行后上市公司总股本的5%；发行股份数量低于发行后上市公司总股本的5%的，主板、中小板上市公司拟购买资产的交易金额不低于1亿元人民币，创业板上市公司拟购买资产的交易金额不低于5000万元人民币"的规定，其目的是为鼓励中小规模的上市公司采用发行股份的方式并购，取消向非关联第三方发行股份购买资产的门槛限制。

根据《重组管理办法》第四十三条第三款的规定以及《重组管理办法》第二条第二款规定："上市公司发行股份购买资产应当符合本办法的规定。"第二条第三款还规定，"上市公司按照经中国证券监督管理委员会(以下简称中国证监会)核准的发行证券文件披露的募集资金用途，使用募集资金购买资产、对外投资的行为，不适用本办法。"

《重组管理办法》第二条第三款规定要阐述的是,通过公开或非公开发行证券募集资金之后,再使用该募集资金购买资产或对外投资的行为,不视为资产重组,不适用《重组管理办法》。但需要注意的是,如果属于《重组管理办法》第四十三条第三款规定情形的,即上市公司通过向特定对象非公开发行股份募集现金或资产之后,再用募集的资金向该特定对象购买资产的,视同为发行股份购买资产。如果募集资金并非向该特定对象购买资金,而是向其他方购买资产的,即属于本处所指的不适用《重组管理办法》的情形。

那么,《重组管理办法》为什么要这样规定呢？笔者认为应该是出于如下两个方面的原因:

(1)目的之一在于防止上市公司通过先非公开发行募集资金后再向募集对象购买资产这样的两步骤操作模式,从而可以享受非公开发行中"发行价格不低于定价基准日前二十个交易日公司股票均价的百分之九十"的认购价格"九折"的优惠。有关具体分析详见第三部分内容。

(2)目的之二在于防止上市公司通过先非公开发行募集资金后再向该募集资金对象购买资产这样的两步骤操作模式,从而可以规避发行股份购买资产的并购重组委审核程序,而直接由发审委按照非公开发行股票进行核准。

2. 发行股份购买资产的同时,可以募集部分配套资金

原《重组管理办法》(2014 年修订)第四十四条第一款规定:"上市公司发行股份购买资产的,可以同时募集部分配套资金,其定价方式按照现行相关规定办理。"同时,根据原《证券期货法律适用意见第 12 号》(证监会公告〔2015〕10 号)第二条的规定,"上市公司发行股份购买资产同时募集的部分配套资金,所配套资金比例不超过拟购买资产交易价格 100% 的,一并由并购重组审核委员会予以审核;超过 100% 的,一并由发行审核委员会予以审核"。新《证券期货法律适用意见第 12 号》(证监会公告〔2016〕18 号)第二条的规定类似:"上市公司发行股份购买资产同时募集配套资金,所配套资金比例不超过拟购买资产交易价格 100% 的,一并由并购重组审核委员会予以审核;超过 100% 的,一并由发行审核委员会予以审核。不属于发行股份购买资产项目配套融资的上市公司再融资,仍按现行规定办理。"

但《重组管理办法》(2016 年修订)将第四十四条第一款修订为:"上市公司发行股份购买资产的,除属于本办法第十三条第一款规定的交易情形外,可以同时募集部分配套资金,其定价方式按照现行相关规定办理"。据此,若上市公司发行股份购买资产被认定为构成"借壳上市"的,则不得募集配套资金。这一新规对重组方的自身实力提出了更高的要求,提高了借壳上市的门槛,同时有助于避免重组方

及其关联人通过配套融资进行利益输送。另一方面，由于对重组相关资金的需求仍然客观存在，前述对重组上市交易中的配套融资的限制也可能会刺激重组方对其他融资渠道（如债券、资管产品、定向权证或并购贷款等）的需求。

3. 发行股份购买资产的股份发行价格的特别规定

根据《重组管理办法》第四十五条规定，“上市公司发行股份的价格不得低于市场参考价的90%。市场参考价为本次发行股份购买资产的董事会决议公告日前20个交易日、60个交易日或者120个交易日的公司股票交易均价之一。本次发行股份购买资产的董事会决议应当说明市场参考价的选择依据。

前款所称交易均价的计算公式为：董事会决议公告日前若干个交易日公司股票交易均价=决议公告日前若干个交易日公司股票交易总额/决议公告日前若干个交易日公司股票交易总量。

本次发行股份购买资产的董事会决议可以明确，在中国证监会核准前，上市公司的股票价格相比最初确定的发行价格发生重大变化的，董事会可以按照已经设定的调整方案对发行价格进行一次调整。

前款规定的发行价格调整方案应当明确、具体、可操作，详细说明是否相应调整拟购买资产的定价、发行股份数量及其理由，在首次董事会决议公告时充分披露，并按照规定提交股东大会审议。股东大会作出决议后，董事会按照已经设定的方案调整发行价格的，上市公司无须按照本办法第二十八条的规定向中国证监会重新提出申请。”

需要注意的是，在2014年证监会以第109号令对《重组管理办法》修订之前，原《重组管理办法》（证监会令第73号）规定的发行股份购买资产的定价依据与一般的非公开发行股份的定价依据有所区别。主要体现在两个方面：一是前者的定价基准日只能是董事会决议公告日，而后者可以为关于本次非公开发行股票的董事会决议公告日、股东大会决议公告日，也可以为发行期的首日；二是发行底价前者是董事会决议公告日前20个交易日公司股票交易均价，而后者则为发行价格不低于定价基准日前20个交易日公司股票均价的90%。新《重组管理办法》放宽了定价的范围，增加了灵活性。即市场参考价可以是“本次发行股份购买资产的董事会决议公告日前20个交易日、60个交易日或者120个交易日的公司股票交易均价之一”；同时，明确“上市公司发行股份的价格不得低于市场参考价的90%”，与非公开发行股份的定价规定保持了一致。这个问题在新《重组管理办法》下已经得到了解决。

还需要注意的是，如前所述，在《上市公司非公开发行股票实施细则》（证监发行字〔2007〕302号,证监会公告〔2017〕5号修订)新规出台后,根据2017年2月18日中国证监会新闻发言人就并购重组定价等相关事项答记者问,重大资产重组中发行股份购买资产部分的定价继续执行《上市公司重大资产重组管理办法》(证监会令第127号)的相关规定,即按照本次发行股份购买资产的董事会决议公告日前20个交易日、60个交易日或者120个交易日的公司股票交易均价之一定价。

4. 股份锁定期

《重组管理办法》第四十六条第一款规定:"特定对象以资产认购而取得的上市公司股份,自股份发行结束之日起12个月内不得转让;属于下列情形之一的,36个月内不得转让:(一)特定对象为上市公司控股股东、实际控制人或者其控制的关联人;(二)特定对象通过认购本次发行的股份取得上市公司的实际控制权;(三)特定对象取得本次发行的股份时,对其用于认购股份的资产持续拥有权益的时间不足12个月。"

需要注意的是,《重组管理办法》(2016年修订)增加了第二款规定:"属于本办法第十三条第一款规定的交易情形的,上市公司原控股股东、原实际控制人及其控制的关联人,以及在交易过程中从该等主体直接或间接受让该上市公司股份的特定对象应当公开承诺,在本次交易完成后36个月内不转让其在该上市公司中拥有权益的股份;除收购人及其关联人以外的特定对象应当公开承诺,其以资产认购而取得的上市公司股份自股份发行结束之日起24个月内不得转让。"该新增规定意味着,如果交易构成"借壳上市"的话,则上市公司原控股股东、原实际控制人及其控制的关联人以及在交易过程中从该等主体直接或间接受让该上市公司股份的特定对象,需承诺交易完成后36个月内不转让股份;除收购人及关联人以外的特定对象(即拟注入的资产中的其他股东),其以资产认购而取得的上市公司股份自股份发行结束之日起24个月内不得转让。上述规定的主要目的是限制原控股股东、从原控股股东受让老股的新进小股东通过重组上市进行短期套利变现退出,以及延长对资产注入方中机构投资人或其他股东的锁定期(之前通常为12个月),进而督促重组各相关方关注重组资产质量,形成新老股东相互约束的市场化机制。通过这些措施,对于无实际业绩支撑、以炒概念为主的重组方而言,上述规定很可能会极大地提高了其寻找上市公司壳标的难度以及相关方的博弈成本。

5. 发行股份购买资产触发收购的处理

根据《重组办法》第四十八条规定,"上市公司发行股份购买资产导致特定对象持有或者控制的股份达到法定比例的,应当按照《上市公司收购管理办法》(证监会令第108号)的规定履行相关义务。

上市公司向控股股东、实际控制人或者其控制的关联人发行股份购买资产，或者发行股份购买资产将导致上市公司实际控制权发生变更的，认购股份的特定对象应当在发行股份购买资产报告书中公开承诺：本次交易完成后6个月内如上市公司股票连续20个交易日的收盘价低于发行价，或者交易完成后6个月期末收盘价低于发行价的，其持有公司股票的锁定期自动延长至少6个月。

前款规定的特定对象还应当在发行股份购买资产报告书中公开承诺：如本次交易因涉嫌所提供或披露的信息存在虚假记载、误导性陈述或者重大遗漏，被司法机关立案侦查或者被中国证监会立案调查的，在案件调查结论明确以前，不转让其在该上市公司拥有权益的股份。”

该条第一款实际是讲，特定对象应当按照《收购管理办法》履行相关的公告、报告以及披露义务，请读者详见本书专题26的有关内容，在此不再赘述。

对于该条第二款而言，这实际是本次修订中新增的控股股东、实际控制人或者其控制的关联人公开承诺的额外的6个月锁定期义务以及公开承诺的内容。

案例69　赛为智能（300044）发行股份及支付现金购买资产及配套融资

2016年12月，深圳市赛为智能股份有限公司（以下简称赛为智能，300044）发布了《深圳市赛为智能股份有限公司发行股份及支付现金购买资产并募集配套资金暨关联交易报告书》，根据该报告书披露：

1. 本次交易包括发行股份及支付现金购买资产与募集配套资金。上市公司拟通过发行股份及支付现金相结合的方式，购买新余北岸、周斌、程炳皓、嘉乐投资、嘉志投资、福鹏宏祥持有的开心人信息100%股权。同时，上市公司拟向不超过5名（含5名）符合条件的特定对象发行股份募集配套资金。

2. 本次拟购买资产的交易价格参考评估报告的评估结果，由本次重组交易各方协商确定为108,500万元。本次交易对价由上市公司以发行股份及支付现金方式支付。其中，交易对价的70.32%，共计76,300万元以发行股份方式支付，共计发行股份58,288,766股；交易对价的29.68%，共计32,200万元以现金方式支付。新余北岸、周斌、程炳皓取得的交易对价中40%以现金方式支付，其余60%以发行股份方式支付；嘉乐投资、嘉志投资、福鹏宏祥等取得的交易对价全部以发行股份方式支付。

3. 本次发行股份购买资产定价基准日为上市公司第三届董事会第二十九次会议决议公告日，定价基准日之前60个交易日的上市公司股票交易均价为14.54元/股（已考虑权益分派影响），本次发行股份购买资产的股票发行价格确定为市场参考价(定价基准日之前60个交易日的上市公司股票交易均价)的90%,即13.09元/股。根据本次交易方案,本次发行股份购买资产的发行股份数量为58,288,766股。

4.上市公司拟向不超过5名(含5名)符合条件的特定投资者发行股份募集配套资金,募集配套资金总额不超过54,000万元。

根据本次重组交易各方商定,本次交易中以发行股份方式购买资产的交易价格为76,300万元,剔除交易对方在本次交易停牌前六个月内及停牌期间以现金增资入股标的资产部分对应的交易价格22,300万元后,拟购买资产交易价格为54,000万元,本次募集配套资金总额不超过拟购买资产交易价格的100%。

【评析】

1.本次交易构成重大资产重组

本次交易的标的资产为开心人信息100%股权。本次交易完成后上市公司将拥有开心人信息控制权。根据开心人信息的2015年度经审计的财务数据、开心人信息100%股权的交易价格以及上市公司的2015年度《审计报告》,本次交易相关财务比例计算如下:

项目		标的公司	上市公司	比值
资产总额	资产总额	21,589.59	126,108.53	86.04%
	交易价格	108,500.00		
营业收入		18,060.34	66,494.36	27.16%
资产净值	资产净值	16,922.62	75,950.57	142.86%
	交易价格	108,500.00		

注:与上市公司资产总额和资产净额相比较的指标,取标的公司相关财务数据与本次交易价格孰高值。

由上表可见,根据《重组管理办法》的规定,本次交易构成上市公司重大资产重组行为。同时,本次交易涉及发行股份购买资产并募集配套资金,需提交中国证监会并购重组审核委员会审核,并在取得中国证监会核准后方可实施。

2.本次交易不导致上市公司控制权变化,不构成借壳上市

根据《重组管理办法》第十三条规定,构成重组上市指:上市公司自控制权发生变更之日起60个月内,向收购人及其关联人购买资产,导致上市公司发生以下根本变化情形之一的:(一)购买的资产总额占上市公司控制权发生变更的前一个会计年度经审计的合并财务会计报告期末资产总额的比例达到100%以上;(二)购买的资产在最近一个会计年度所产生的营业收入占上市公司控制权发生变更的前一个会计年度经审计的合并财务会计报告营业收入的比例达到100%以上;

(三)购买的资产在最近一个会计年度所产生的净利润占上市公司控制权发生变更的前一个会计年度经审计的合并财务会计报告净利润的比例达到100%以上;(四)购买的资产净额占上市公司控制权发生变更的前一个会计年度经审计的合并财务会计报告期末净资产额的比例达到100%以上;(五)为购买资产发行的股份占上市公司首次向收购人及其关联人购买资产的董事会决议前一个交易日的股份的比例达到100%以上;(六)上市公司向收购人及其关联人购买资产虽未达到本款第(一)项至第(五)项标准,但可能导致上市公司主营业务发生根本变化;(七)中国证监会认定的可能导致上市公司发生根本变化的其他情形。

本次交易完成前后,上市公司控股股东、实际控制人均为自然人周勇,上市公司控制权没有发生变更:

1. 周勇为赛为智能的创始人,自赛为智能上市以来,周勇一直为其第一大股东并始终担任赛为智能的董事长,对赛为智能董事会能够施加重大影响,始终为赛为智能的实际控制人,对上市公司具有较强的控制力。

2. 本次交易完成后,周勇直接持股比例在考虑配套融资前后分别为16.11%和14.64%,仍为赛为智能第一大股东,周斌和新余北岸合计持股比例在考虑配套融资前后分别为8.00%和7.27%,双方持股比例具有一定差距,分别为8.11%和7.37%。

3. 根据《资产购买协议》,本次交易完成后,交易对方仅周斌将被提名为赛为智能第四届董事会董事候选人,目前赛为智能共有9名董事(其中3名为独立董事),周斌仅将取得赛为智能9个董事会席位中其中1席的提名,对赛为智能董事会影响较小。

4. 为进一步保证周勇对赛为智能的实际控制地位,周斌和新余北岸签署了《关于不谋求深圳市赛为智能股份有限公司控制权的承诺书》,承诺不谋求上市公司的控制权,具体内容如下:(1)在本次交易完成后36个月内,本承诺人不直接或间接增持赛为智能股份,也不通过关联方或者其他一致行动人直接或间接增持赛为智能股份,不谋求赛为智能实际控制人地位;(2)在本次交易完成后36个月内,本承诺人及本承诺人控制的公司,不与其他投资人签订一致行动协议以谋求对赛为智能的实际控制。

5. 考虑到本次交易完成后上市公司股权相对较为分散,而周勇作为上市公司创始股东、董事长、总经理,对赛为智能的智慧城市投资、建设、运营综合服务业务的发展具有重要影响。赛为智能董事周新宏为赛为智能的创始股东之一,与周勇长期共事并在上市公司担任重要职务,周勇与周新宏有良好的一致行动基础,为加强周勇对赛为智能的控股地位,经协商一致,周勇与周新宏签署了《一致行动协议》,双方就作为赛为智能的股东行使股东权利以及作为赛为智能的董事行使决策权的相关事宜,达成以下协议:(1)双方承诺并同意,自本次交易所发行的股份登记至开心人信息全体股东名下之日起36个月内,周新宏同意将其在赛为智能的股东大会上的全部表决权授权给周勇行使;(2)双方承诺并同意,自本次交易所发行的股份登记至开心人信息全体股东名下之日起36个月内,以及双方均担任赛为智能董事期间,双方应确保在赛为智能董事会审议议案行使表决权时协商一致,形成一致意见。如双方对董事会审议的议案的表决有不同意见时,以周勇的意见作为一致意见,周新宏须按该一致意见行使董事权利;(3)除非法律、法规或规范性文件另有要求,双方承诺并同意赛为智能可在公开性的文件中披露双方为赛为智能的一致行动人;(4)本协议的双方均应切实履行约定的义务,任何一方违反约定的,应就其违约给守约方造成的损失承担赔偿责任。

通过以上安排,考虑配套融资前后,周勇实际控制的上市公司股权比例将达到22.90%和20.82%,与周斌和新余北岸合计持股比例的差距进一步拉大到14.90%和13.54%,进一步巩固了其对赛为智能的控制权。

6. 发行股份换股吸收合并

根据《重组管理办法》第五十条规定:“换股吸收合并涉及上市公司的,上市公司的股份定价及发行按照本章规定执行。上市公司发行优先股用于购买资产或者与其他公司合并,中国证监会另有规定的,从其规定。上市公司可以向特定对象发行可转换为股票的公司债券、定向权证用于购买资产或者与其他公司合并。”

上述规定明确了原办法下发行股份换股吸收合并股份如何定价以及如何履行程序等未明确的事项。即明确规定要求按照发行股份购买资产的股份定价及规定执行。

案例70 宝钢股份(600019)换股吸收合并武钢股份(600005)——发行股份换股吸收合并

根据2016年12月宝山钢铁股份有限公司(以下简称宝钢股份,600019)换股吸收合并武汉钢铁股份有限公司(以下简称武钢股份,600005)暨关联交易报告书(修订稿)的披露:

1. 宝钢股份向武钢股份全体换股股东发行A股股票,换股吸收合并武钢股份。宝钢股份为本次合并的合并方暨存续方,武钢股份为本次合并的被合并方暨非存续方。武钢股份现有的全部资产、负债、业务、人员、合同、资质及其他一切权利与义务由武钢有限承接与承继，自交割日起，武钢有限的100%股权由宝钢股份控制。

2. 本次吸收合并中，换股对象为于换股实施股权登记日收市后登记在册的武钢股份全体股东，包括未申报、无权申报或无效申报行使现金选择权的武钢股份股东以及武钢股份异议股东的现金选择权提供方。换股实施股权登记日将由合并双方另行协商确定并公告。

3. 宝钢股份本次换股吸收合并武钢股份的换股价格以宝钢股份审议本次换股吸收合并事项的董事会决议公告日前20个交易日的股票交易均价为市场参考价，并以不低于市场参考价的90%作为定价原则，换股价格确定为4.60元/股；武钢股份的换股价格以武钢股份审议本次换股吸收合并事项的董事会决议公告日前20个交易日的股票交易均价为市场参考价，并以不低于市场参考价的90%作为定价原则，换股价格确定为2.58元/股；由此确定武钢股份与宝钢股份的换股比例为1:0.56，即每1股武钢股份的股份可以换取0.56股宝钢股份的股份。

【评析】

1. 本次交易不构成重大资产重组

根据《重组管理办法》，本次交易相关财务指标计算如下：

项目	2015年末资产总额	2015年末资产净额	2015年度营业收入
武钢股份	9,336,447.64	2,719,214.78	5,833,803.99
交易对价	2,600,157.68	2,600,157.68	—
孰高值	9,336,447.64	2,719,214.78	5,833,803.99
宝钢股份	23,412,314.70	11,280,324.38	16,378,954.85
占比	39.88%	24.11%	35.62%

注：上市公司资产净额使用经审计截至2015年12月31日归属于母公司所有者权益合计数。数据来源：立信出具的武钢股份的《审计报告》（信会师报字〔2016〕第711962号）；德勤出具的宝钢股份的《审计报告》（德师报（审）字〔2016〕第P0996号）。

根据《重组办法》的相关规定，本次交易不构成上市公司重大资产重组。

2. 本次吸收合并不构成借壳上市

宝钢股份自上市以来，实际控制人未发生过变更。本次吸收合并实施完毕后，宝钢股份的控股股东仍为中国宝武集团，中国宝武集团系国务院国资委监管的国有企业，本次交易不会导致宝钢股份控股股东或实际控制人发生变化。因此，本次合并不构成《重组管理办法》第十三条规定的交易情形，即不构成借壳上市。

专题28 离案公司及其在跨境并购中的应用

内容提示

对于从事跨境重组业务的律师而言，除了了解中国公司法律之外，对于跨国并购、投融资业务也需要熟悉，在进行公司集团的跨境架构的规划和设计时，往往出于公司法律规制、外汇管制、税收考虑等因素，需要选择在离岸法域成立海外离岸公司进行操作，因此，有必要了解和熟悉离岸公司在跨境并购中的运用，在本专题我们将主要通过加勒比海的BVI、开曼以及百慕大展开。本专题包含如下内容：

- 离岸法域的含义、分类及主要特征；
- 离岸公司的含义、分类及主要法律特征；
- 离岸公司在跨境并购中的应用；
- 跨境换股交易与实践发展。

一、离岸法域的含义、分类及主要特征

"offshore"（"离岸"）在英文里用作形容词时作"Located at a distance from the shore"解，意为"离开海岸一段距离"，引申到法律领域的意思就是指投资人①的公司注册在离岸法域（offshore jurisdictions），但投资人不用亲临当地，其业务运作可在世界各地的任何地方直接开展。那么什么又是离案法域呢？应该说离案法域没有一个精确的定义。从20世纪中后期起，一些国家和地区为了吸引外国资本的流入，繁荣本国或本地区的经济，弥补自身资本的不足和改善国际收支状况，或者引进国外先进技术提高本国或本地区的技术水平，吸引国际民间投资，纷纷以立法的形式，培育出一些特别宽松的经济区域，允许非本国的居民或者法人在这些经

① 此处的投资人是指非离岸法域本地的居民或法人，从这个意义上讲，离案公司有时也被称为非居民公司。

济区域内成立公司,并在其领土之外的地区经营运作,这些区域被称为离岸法域。这些地区以低负税、管制宽松、完善的公司、商业基础设施以及金融业发达而闻名,正是由于前述的特征,也被称为离岸金融中心(Offshore Financial Centre,OFC)。① 国际货币基金组织站在金融的角度,认为一个离案金融中心具有如下特点:(1)拥有相对大量的主要从事非本地业务的金融机构的区域;(2)拥有的国外的资产和负债与为国内金融经济而设计的国内金融中介不相称的金融系统;(3)提供某些或所有下列服务的中心:低或零税负;适度的或宽松的金融监管;银行保密和匿名。

世界上公认的离岸法域很多,从地理位置上划分,主要包括以下几大区域:

1. 欧洲地区。欧洲地区的离岸法域主要有安道尔(Andorra)、塞浦路斯(Cyprus)、直布罗陀(Gibraltar)、泽西岛(Jersey)、马恩岛(Isle of Man)、根西岛(Guernsey)、② 马耳他(Malta)、卢森堡(Luxembourg)、瑞士(Switzerland)、联合王国(UK)、荷兰(Netherlands)等。

2. 加勒比海(Caribbean)地区③。应该说加勒比海作为离岸金融中心更名声在外。主要包括英属维尔京群岛(British Virgin Islands,BVI)、开曼群岛(Cayman Islands)、百慕大(Bermuda)、蒙特塞拉特(Montserrat)、安圭拉岛(Anguilla)、塞舌尔群岛(Seychelles)、巴哈马(Bahamas)、巴拿马(Panama)、伯利兹(Belize)、荷属安的列斯群岛(Netherlands Antilles)、尼维斯岛(Nevis)等。

3. 其他地区。库克群岛(Cook Islands)、迪拜(Dubai)、中国香港(Hong Kong)、中国澳门(Macao)、新加坡(Singapore)、纳闽岛(Labuan)、毛里求斯(Mauritius)、西萨摩亚(Western Samoa)、美国特拉华州(USA, Delaware)、美国内华达州(USA, Nevada)、澳大利亚(Australia)、新西兰(New Zealand)等。

从国际税收的角度考虑,离岸法域最突出的政策特色表现在税收的豁免或者优惠上,因此它们又被称为"避税港"(Tax Haven)。④ 这也就是我们通常意义上所

---

① 离岸法域的称谓主要是从立法和法律环境的角度来称谓的,而OFC则是从这些地区一般共性的商业和金融环境来称谓。

② 泽西岛(Jersey)、马恩岛(Isle of Man)、根西岛(Guernsey)属于联合王国(UK)的皇家属地(Crown Dependency),但是不属于联合王国(UK)的组成部分。

③ 本专题将主要围绕加勒比海地区英属维尔京群岛、开曼群岛、百慕大群岛等离岸金融中心展开。

④ 其实早先人们根据很多离岸金融中心的普遍特征,称呼这些地方为"避税港"(Tax Haven),后来有人误把港口(Haven)和天堂(Heaven)混淆,于是"避税港"就变成"避税天堂"了。在经合组织(OECD)等国际压力影响下,大部分离岸司法区,都以离岸金融中心自居,并尽量避免使用"避税港"的称号。

说的离岸法域。我们可以对避税港按照税负高低进行划分,分为如下三类:(1)零税负区域。比如,英属维尔京群岛、巴哈马、西萨摩亚等。(2)低税负区域(税收优惠制度)。比如,香港、新加坡、毛里求斯等。(3)高税负区域。比如,美国、英国、澳大利亚、荷兰、新西兰、瑞士等。

需要注意的是,并非所有的避税港都是独立国家。比如,纳闽岛就是马来西亚疆域中的一个小岛,而香港、澳门只是中华人民共和国的特别行政区而已。

二、离岸公司的含义、分类及主要法律特征

(一)离岸公司的含义、主要法律特征

应该说"离岸公司"(offshore company)没有一个精确的定义,通常指为非本地投资者在离岸法域依本地离岸公司法成立的仅能在离岸区以外区域进行营业活动的公司。比如,一个英国的个人或公司依据 BVI《商业公司法》在 BVI 注册了一家股份有限公司,该公司可以从中国购买货物,再转售到美国,但却不得在 BVI 从事类似的贸易活动。

最多最普遍的离岸公司类型是国际商业公司(International Business Company,IBC),这种类型的公司相当简单,通常只需要一个股东和一个董事就可以创设。公司一旦设立后,要保持税收豁免,通常只需要满足两个要求即可:其一是公司不得在设立地从事任何实质性的营业活动(法律另有规定的除外);其二是公司不得在设立地拥有任何资产(法律另有规定的除外)。需要注意的是,对离岸公司的具体称谓因离岸法域的不同而有所不同。比如,在 BVI,2005 年 1 月 1 日以前,设立的离案公司称为国际商业公司(IBC),该日期以后新设立的公司称为商业公司(Business Company,BC);而在开曼群岛、百慕大群岛,离岸公司则被称为豁免公司(Exempted Company,EC)。当然这样的称谓是从离岸公司设立所依据的公司法衍生出来的,也是我们通常的称谓。然而,从公司法本身的规定所赋予公司的类型来看,在 BVI,2005 年 1 月 1 日以前,BVI 离岸公司只有一种类型,那就是股份有限公司,该日期以后设立的公司则有六种之多,增加了保证有限公司(有股本的和无股本的)、无限公司(有股本的和无股本的)、限制目的或独立投资组合公司。开曼群岛、百慕大群岛公司类型与 BVI 类似,但又有所区别。从前述对离岸公司的定义来看,离岸公司具有如下几个基本特征:

1. 地域性。离案公司带有明显的地域性,植根于离岸法域特殊的法律环境中。而各离岸法域无不例外地通过立法为离岸公司创造了低税负、松监管、运作简便、严格保密的环境。

2. 资本的外来性。由于离岸法域大多是资源匮乏的发展中微型岛国，主要依靠低税收政策大力发展离岸金融业来大量吸引逃避本国税收的外国资本，以增加收入，振兴经济。因此，离岸公司就是它们创设出来的专门针对非本地居民或非本地外来投资的特殊载体，它区别于本地普通公司。

3. 法律依据的特殊性。离岸法域为了明确离岸公司的法律地位，规范离岸公司的经营管理，往往专门立法或者在普通公司法中设专章对离岸公司的设立、经营管理、解散清算、管辖等问题做出规定。有的离案法域通过单独的立法来规范，如2005年前的BVI《国际商业公司法》、库克群岛的《国际公司法》①（International Business Company 1981 -2），而有的离岸法域则在普通公司法中专章规定，如《开曼群岛公司法》（Companies Law of the Cayman Islands）辟出第七章及相关章节对豁免公司做出专门规定。

4. 经营的非本土化。由于离岸法域对离岸公司的设立和运营的法律限制很少，政府当局对离岸公司的监管几乎处于"真空"状态，这在给离岸公司运作带来巨大便利的同时，也给离岸法域的经济安全带来了威胁。因此，为了保障离岸法域的经济安全，离岸法域的离岸公司法一般禁止离岸公司在本地区开展经营活动②；如果要开展本地业务，必须纳入本地公司范围接受监管，其在离岸法域的许多税收优惠也就不再享有。因而，离岸公司具有彻底的非本土化的特点，相对于离岸公司的注册地离岸法域本身而言，离岸公司虽在离岸本土设立，其对离岸本土只有形式意义，没有实质意义。因而，离岸公司也被称为"信箱公司"（Box Company）。

（二）离岸公司的主要类型

按照不同的标准，离岸公司可以分为：

1. 按照股东承担法律责任的方式不同，可以分为有限公司（Company limited by shares）和无限公司（Unlimited company）两种类型。

---

① 库克群岛的普通公司法为：Companies Act 1971 -2。

② 比如，原BVI国际商业公司法（1984年修订版）第五条第一款规定国际商业公司（即离岸公司）不得进行下列活动：(1) 与维尔京群岛的居民进行商务往来；(2) 对位于维尔京群岛的不动产享有权益，除了第（二）款的e项提到的租借物；(3) 开展银行和信托业务，除非根据1990年的银行和信托公司法获得许可；(4) 开展保险或再保险业务，不充当保险代理人或保险经纪人，除非依法获得许可；(5) 开展公司管理方面的业务，除非根据1990年的公司管理法获得许可；(6) 开展为在维尔京群岛成立的公司提供注册办事处或注册代理人的业务。又如，开曼群岛公司法明确，拟按照本法规定申请注册的公司主要在群岛外开展业务的，才可以申请注册为豁免公司（第一百八十二条）；豁免公司不能在群岛内同任何自然人、合伙商号或公司进行交易，但为促进豁免公司在岛外开展业务的除外（第一百九十三条）。

2. 按照是否可以授权发行股份,保证有限公司[①](Companies limited by guarantee)可以分为有股本的保证有限公司(Companies limited by guarantee authorized to issue shares)和无股本的保证有限公司(Companies limited by guarantee not authorized to issue shares)。有股本的保证有限公司是指公司的成员(Members of company)承诺(保证)当公司进入破产清算时(按照公司章程载明的固定数额向公司承担缴付责任)而成立的有限公司。这类公司一般不以营利为目的。无股本的保证有限公司是一种"混合型"公司形式,它兼具保证和资本的双重特性,为公司构筑交易提供了更大的灵活性,它是由承担保证责任的部分成员和承担资本责任的部分成员组成。类似地,无限公司可以分为有股本的无限公司(Unlimited companies authorized to issue shares)和无股本的无限公司(Unlimited companies not authorized to issue shares)。

3. 按照公司设立的目的、用途等不同,可以分为一般形式的公司和特殊形式的公司[②]。前者一般是指传统的股份有限公司。后者主要是包括保证有限公司、无限公司、有限永续公司(Limited duration companies)、限制目的公司(Restricted Purposes Companies)、独立投资组合公司[③](Segregated Portfolio Companies)以及各种混合型公司[④]等。限制目的公司非常适用用于结构性金融交易(Structured finance transactions),而独立投资组合公司通常被限制于共同基金(mutual funds)和保险公司等。

4. 按公司成立方式的不同,可以分为新设离岸公司和存续离岸公司。新设离岸公司是域外投资者在离岸法域遵照离岸公司法对离岸公司设立程序和条件的要求成立的公司,该类公司因为在离岸法域的注册而"诞生"。存续离岸公司则是在离岸法域外已经依据域外公司法成立的公司在经过离岸法域公司登记官的批准之后而在离岸法域获得离岸公司身份的公司。这是一类设立程序非常特殊的离岸公

---

① 由于大多数离岸法域,特别是加勒比海地区,秉承了英美普通法系的法律文化,在公司法领域,英国公司法(无论是普通法还是制定法)规定了保证有限公司这样一种公司形式,与某些英国海外领地(如BVI)不同的是英国《2006年公司法》(Companies Act 2006)规定保证有限公司是没有股本的。可见,离岸公司法中延续了这种特色也就不足为奇了。

② 不同的离案法域都有各自不同的特殊类型公司,比如在百慕大,就规定了互惠基金公司(mutual fund companies)、互助公司(mutual companies)或独立账目公司(segregated accounts companies)等。

③ 独立投资组合公司另译为"隔离投资组合公司",有时也称为"被保护的细胞公司"(Protected cell companies)。

④ 混合型公司,比如前述的有股本的保证有限公司以及有限责任合伙(limited liability partnerships,LLP)、私人基金(foundations)等。

司,不管原来的公司成立在何地,也不管适用的法律是离岸法域之外的法律还是离岸法域的普通公司法,只要向当地公司登记官办理了相关的手续,都可以以离岸公司身份存续。

5. 按行业的不同可以有更详细的划分。(1)以控制为目的,拥有一个或者若干个子公司大部分股权的控股公司(Holding Company);(2)以从事有价证券投资为目的,主要持有其他公司优先股、债券或其他公司的投资公司(Investment Company);(3)为跨国公司内部的借贷充当中介人或向第三方提供贷款和投资的金融公司(Finance Company);(4)以获得各种专利权,并以提供和转让这些专利为主要经营内容的专利持有公司(Patent Holding Company);(5)专门从事货物和劳务贸易及租赁业务的贸易公司(Trading Company);(6)跨国公司内部的,为包括其自身在内的公司集团的成员提供保险和分保险的受控保险公司(Captive Insurance Company);(7)此外还有离岸航运公司、离岸基金、离岸银行等。

(三)离岸公司的普遍法律特征

尽管离岸法域的不同导致了离岸公司及其特征有所不同,但它们作为一种整体的公司类型,除去前述的基本法律特征以外,还具有很多共同的普遍特征:

1. 公司宪章(Constitution)

公司宪章是指导和规范公司行为的基本文件,号称公司的"内部宪法"。公司宪章包括章程大纲(Memorandum)① 和章程细则(Articles of association or by - law)②两个部分。③ 这些文件是任何公司(当然也包括离岸公司)设立并存在的基础,章程大纲记载的是公司的外部特征,如公司名称、地址、目的、性质等,而章程细则关注的则是公司内部管理事务和公司业务,如股份转让、股东会议和董事会议的召集、召开、对董事的任命、罢免和薪酬支付等。

2. 设立证书(Certificate of Incorporation)

设立证书由公司注册登记官(Registrar of Companies)签发,是公司已经存在的

---

① 也译为备忘录,但笔者认为在此译为章程大纲似乎更能反映其本质。

② 在英国公司法系中,使用的是"articles of association"来表示章程细则,而在美国公司法系中,使用的则是"by - law"。

③ 与大陆法系只有一个公司章程("articles of association")不同,英美公司法的公司宪章包括章程大纲和章程细则两个部分,这与英美公司法的演变是分不开的。在英国公司法的历史上,1856年合资股份公司法(the Joint Stock Companies Act 1856)之前只有一个设定契约(deed of settlement),之后才出现两者的划分,立法者的意图是考虑到小股东及债权人的利益,章程大纲不能被修改,而章程细则则可以在股东会议上自由地修改。当然,随着现代英国公司法的发展,章程大纲同样可以修改。

最终证明。

3. 注册的代理人(Registered Agent)

通常情况下,离岸公司的发起人不能直接向离岸法域申请注册登记离岸公司,如BVI,发起人需要任命一个已在离岸法域注册登记的、合格的注册代理人,通过后者进行申请。注册代理人充当的是一个中介和桥梁的作用,它通常负责与注册登记官员进行正式沟通。

4. 注册办公室(Registered Office)

这是公司的官方地址,官方的各种文件被寄送到此,也是接受法律通知的地方。通常注册代理人会提供一个位于离岸法域本地的已注册的办事处以便公司设立。当然,一个离岸公司还可以拥有其他的商业和通信地址。

5. 股东或成员(Shareholders or Members)

股东(或成员)是公司的法定所有人。不同的离岸法域对股东的要求是不一样的,但通常要求的都很低——至少拥有一名股东,允许存在名义股东(Nominees)。① 名义股东的使用主要是为了管理的简单或者为了匿名性、保密性的考虑,公司注册代理人可以提供代表受益所有权人②而持有股份并依照其指示行事的名义股东。

6. 董事/高级管理人员(Directors/Managers)

董事和高级管理人员都是从事公司管理工作、处理日常公司事务的人。不同的离岸法域对此的要求也不完全相同,但多数要求至少一名董事,也不要求任何一名董事为本地居民,并且董事可由公司出任,③但也有更高要求者。④ 注册代理人通常可以提供董事和高级管理人员的人选,倘若他们能够被控制并满足公司运营的需要。

---

① 例如,BVI、Cayman Islands、Bermuda 都是这样的低门槛规定。

② 受益所有权人是英美公司法、信托法上特有的概念。在这里,本人(principal)即投资人与受益所有权人是同一人,而名义股东则是(信托)受托人(trustee)。"双重所有权"理论在此彰显无疑,名义股东作为(信托)受托人是普通法上的所有权人,而投资人则是衡平法上的受益所有权人,前者为后者衡平法上的利益而持有股份,这与大陆法系"绝对所有权"或"单一所有权"理论是迥然不同的。

③ 例如,BVI 和 Cayman Islands。

④ 例如,Bermuda 公司法要求更高:公司至少应有两名董事。另外,豁免公司(exempt companies)必须满足百慕大常驻要求的其中一项,即委任(i)两名董事,或(ii)一名秘书及一名董事,或(iii)一名秘书及一名常驻代表,以上均须为通常居住于百慕大的个人。而上市公司则只需要任命公司或个人作为常驻代表。董事不可由公司出任。

7. 公司秘书(Company Secretary)

公司秘书①通常是指负责确保公司符合其法定义务的人。公司秘书是所有离岸公司不可或缺的职位。公司注册代理人通常提供这项服务。

8. 法定记录/账簿(Statutory Records/ Bookkeeping)

离岸公司有义务保留与公司商业活动有关的记录和反映其财务状况的账簿。该强制性的记录/账簿以及公众获得保留记录/账簿的程度因离岸区域不同而有所不同,并且可能依赖于公司活动的性质。比如,所有的银行需要准备已审计的账目,反之一个私人公司则可能不用。许多离岸区域通常要求记录保存在注册办事处或董事会决定的其他地点,若保留在境外,也必须在本地保留有足够的记录。被要求的其他记录还可能包括会议记录、成员、董事、官员名录及抵押登记簿等。

9. 股本(Capital Shares)

由于大多数离岸法域秉承的是英美公司法体系,因此对公司股本的要求很低,通常都对法定股本或已发行股本没有最低要求。②

三、离岸公司在跨境并购中的应用③

离岸公司在跨境并购中的应用主要包括几个方面:一是作为投融资平台的应用,特别是“红筹上市”中的应用;二是离岸公司用于资产保护的应用;三是离岸公司在跨境税务筹划中的应用;四是离岸公司在结构化金融中的应用;五是离岸公司在自我保险业中的应用等。在此,我们仅仅简要介绍其在第一个方面的运用。

(一)红筹上市的含义

通常所说的红筹上市,从法律意义上讲,就是境内居民设立离岸公司(通常在开曼、百慕大或 BVI 等地),然后,通过外资增资并购将境内公司的资产或股权转移到离岸公司名下,境内公司变成外商独资企业或中外合资企业,或者由离岸公司和境内公司签订以实际控制为核心内容的一系列协议,将境内公司的控制权、收入、利润全部转移到境外的立案公司,进而在境外上市融资的操作,但公司的主要

---

① 公司秘书是英美公司法的特色。我国2005年《公司法》首次明确提出公司秘书的法律地位,并确认其系公司高级管理人员,但我国公司秘书的概念和含义与英美公司法是不一样的。

② 几乎所有的离岸公司法采用的都是授权资本制,一般可以发行零碎股和无面值股,有些区域禁止发行不记名股份(如 BVI、Bermuda);有些区域规定股份的股款必须全额缴付(如 BVI),有些则规定可以全额、部分缴付,甚至也可不缴付(如 Cayman Islands、Bermuda)。

③ 参见雷霆:《公司并购重组原理、实务及疑难问题诠释》(第一版),中国法制出版社 2014 年版,第 637 ~ 644 页,笔者进行了精简和改写。

业务资产依然在大陆。

(二)红筹上市的路径以及离岸公司的运用

一个典型的境外红筹上市重组包含以下五个大步骤:

1. 境内投资者对境内实业或产业进行资产重组整合

首先境内实业公司应进行资产重组(合并、分立、出售以及剥离等),包括设立境内控股公司,以达到上市经营主业明确或满足外资产业政策以及达到离岸控股公司合并权益的要求等。

2. 境内投资者构建离岸 SPV 控股架构

(1)境内创始股东在离岸法域(如 BVI)设立一层或多层离岸 SPV,然后由这些离岸 SPV 按照国内权益的相同的比例(通常是这样)在计划上市的司法区域法律认可的离岸法域设立离岸控股 SPV,或者由境内创始股东在设立一层或多层离岸 SPV 的同时并行设立离岸控股 SPV,离岸控股 SPV 与一层或多层离岸 SPV 进行发行(认购)新股或者股权交换等一系列交易后,形成离岸控股公司 SPV 成为下级子公司的架构。

(2)作为上市平台的离岸控股 SPV 构建一层或多层中间控股离岸 SPV。通常的做法是,离岸控股 SPV 先在 BVI 等离岸法域设立一层或多层离岸 SPV,再由最下层的离岸 SPV 在与我国签署有双重税收协定的国家或地区(比如中国香港)设立离岸公司(香港公司),作为收购境内实业公司或境内控股公司的平台。

在实务中,是否选择中国香港等司法区域,应当根据需要投资或控股的实业公司所在国是否与其签订有税收协定、是否对来源于境外的所得征税等以及是否具有完善的法律、金融环境等因素综合考虑确定。

3. 中间控股公司并购境内实业公司或境内控股公司

在这个步骤中,离案控股 SPV 直接或间接按照境内实业公司地的并购法规,收购境内实业公司或者境内控股公司①的股权。如果是收购中国境内非外商投资企业,则应当遵循商务部、国家外汇管理局等六部委于 2006 年联合发布的 10 号令的规定。由于反垄断法的颁布实施以及与《国务院关于经营者集中申报标准的规定》保持一致,商务部以 2009 年 6 号令的方式对 10 号令进行了修订(以下简称 6 号令)。在实务中,通常采取“换股”交易进行。

4. 在作为上市的离岸控股 SPV 平台引入财务或战略投资者

在完成上述 1 ~ 3 步后,有关境外上市的股权架构已经基本完成。通常需要做

① 当然也可以在以后再通过股权转让的方式或以股权注资的方式设立该控股公司。

的事情就是引入财务或战略投资者。在实务中，一般在完成收购境内企业之后（领取外商投资企业批准证书和营业执照后），财务/战略投资者才会进入离岸控股SPV，进入的方式要么是受让股东的股份，要么是认购增资，要么是两者皆具。

5. 离岸控股SPV上市

在完成第4步骤之后，毫无疑问就是按照上市地的证券监管法规的要求，按照上市的程序和步骤，离岸控股SPV在资本市场上市交易。

图28－1显示了一个境外红筹上市的完整的操作路径图：

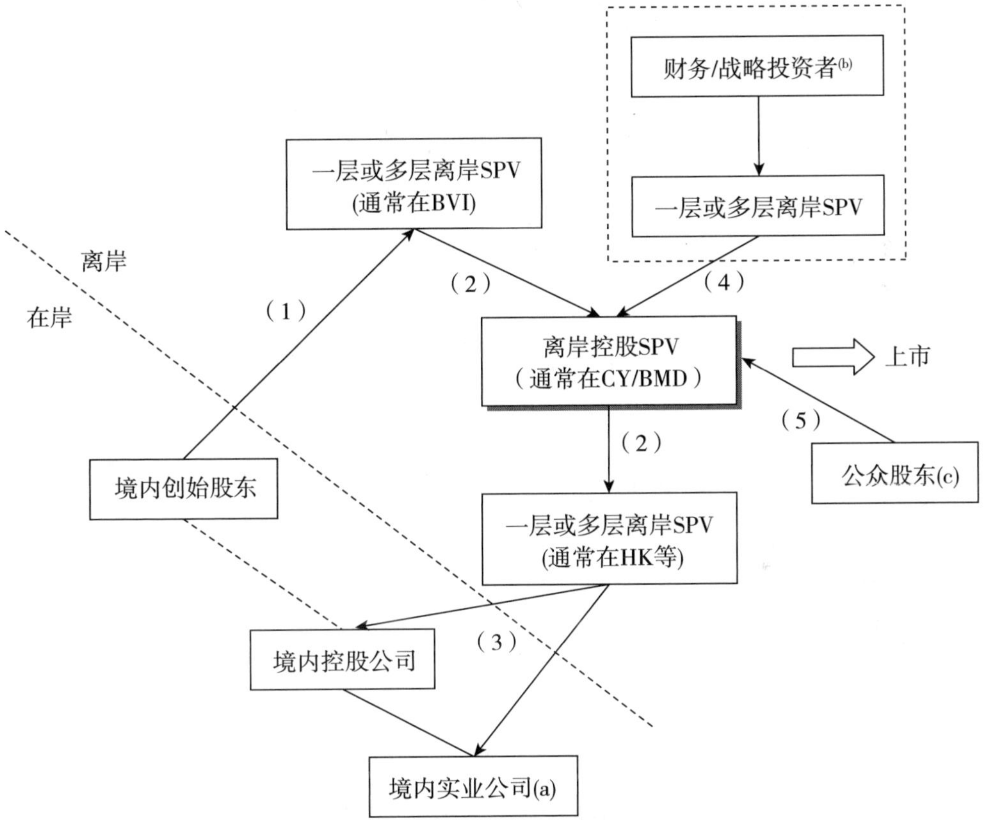

图28－1 境外红筹上市操作路径图

注：(1)境内创始股东在离岸法域（通常在BVI）设立一层或多层离岸SPV；

(2)一层或多层离岸SPV在其他离岸法域（通常是交易所认可的区域，比如开曼、百慕大等）设立离岸控股SPV，作为以后上市的平台；同时，离岸控股SPV在与我国签署有双重税收协定的国家或地区（比如中国香港）设立一层或多层离岸SPV，作为收购境内实业公司或境内控股公司的平台；

(3)离岸SPV收购境内控股公司或境内实业公司；

(4)通过一轮或多轮融资引入财务或战略投资者；

(5)在境外交易所上市，并引入公众股东。

其中：(a)"境内实业公司"是指所有的境内进行实体经营的公司；

(b)财务投资者通常是各种私募股权基金、风险投资基金或者过桥基金；战略投资者通常是原境内实业

公司的上下游战略或者业务合作伙伴,特别是行业内著名的技术、营销团体;

(c)在离岸控股公司上市公开发售股份时,按照上市地要求比例的公众持股股东。

在重组完成之后,一个典型的股权架构图见图28－2。

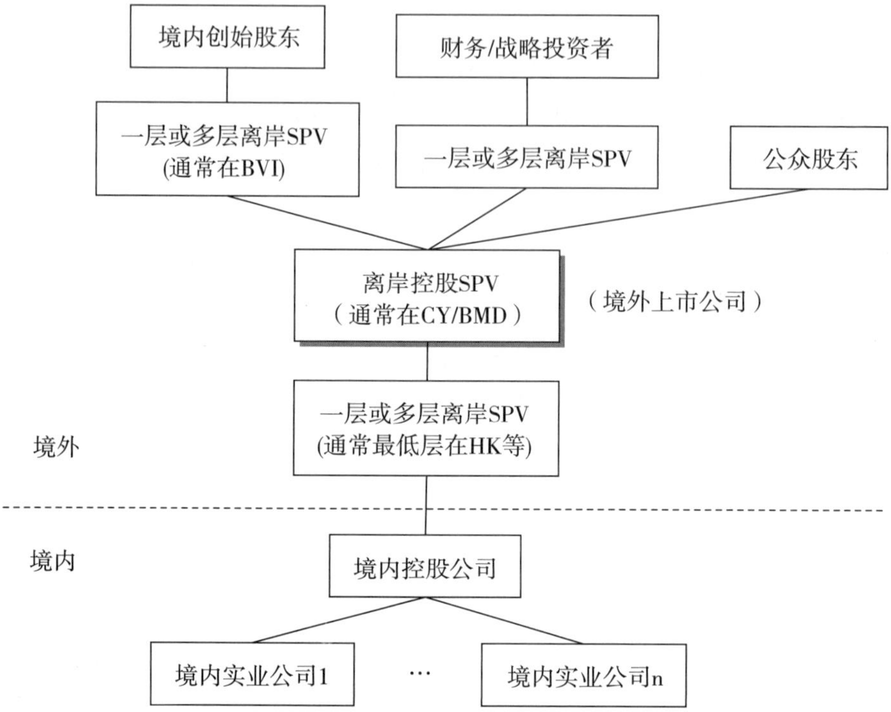

图28－2 境外红筹上市完成后架构图

(三)境外上市重组路径的注意事项

1.构建离岸SPV控股架构的注意事项

在图28－1第(1)、(2)步骤中,首先,境内创始股东通常按照境内公司的出资比例设立一层或多层离岸SPV。然后设立离岸控股SPV,离岸控股SPV与一层或多层离岸SPV进行发行(认购)新股或者股权交换等一系列交易后,形成离岸控股公司SPV成为下级子公司的架构。同时,在离岸控股公司SPV的下面,往往还根据需要(也许是基于税收等因素考虑)设立一层或多层离岸SPV,它们可以是在最初设计架构时就设立,也可以在后期根据情况通过换股操作方式设立。出于政府规费、监管力度等考虑,境内创始股东往往在BVI设立第一层的离岸SPV,同时在设立该BVI SPV时,往往还结合运用离岸公司、离岸信托、离岸合伙等结构载体。

对于离岸控股公司SPV而言,则通常不会选择在BVI,因为BVI的商业公司法以及监管力度不能符合某些境外上市地的监管的要求,比如在 2009 年 12 月 15 之前,香港联交所承认的离岸上市司法区域就只有开曼群岛、百慕大群岛。[①] 但香港联合交易所有限公司于 2009 年 12 月 15 日修正其"获接纳的海外司法地区列表",以容许 BVI 注册公司于香港上市。截至 2013 年 4 月 29 日修订的"获接纳的海外司法地区列表",令香港认可的境外司法区增加到 26 个。在规则放宽后,除了原中国香港、百慕大、开曼以及中国大陆之外,新增获得认可的国家和地区还包括库克群岛、澳大利亚、巴西、BVI、加拿大不列颠哥伦比亚省、加拿大安大略省、加拿大阿尔伯达省、塞浦路斯、法国、德国、格恩西、马恩岛、意大利、日本、泽西岛、韩国、纳闽、卢森堡、新加坡、英国以及美国加州、特拉华州。[②] 作为上市平台的离岸控股公司 SPV 的注册地通常会选择在开曼和百慕大,因为这两个离岸司法区域的公司法(基本继承了英国公司法的内容,并不像 BVI 几乎是英国公司法的最精简版)和监管力度通常可以满足大多数境外上市地的监管要求。

那么,读者可能会问,为什么要构建这么复杂的上市离岸控股公司的上层和下层离岸公司架构呢?其可能的考虑因不同的情形而有所不同,但通常包括如下几个原因:

一是设立上市离岸控股公司的上层离岸公司架构可以避免境内股东直接持有上市公司的股份,便于它们今后通过上层公司转股退出,而不用去转让持有的上市公司股份,因为转让后者将面临更严格的法律监管;同样,上市公司要剥离或转让某些营业或资产时,可以在其下层离岸公司层级进行操作,而不用上市公司作为主体进行。

二是基于不同的股东可能有不同的计划安排。比如某些股东可能会涉及遗产继承或私密性的考虑,通过离岸信托的方式代名持有股权,或者某些股东属于一致行动人,他们可以在一个离岸公司持有的上市公司股权的情形下一致行动,他们内部的事务只需要在上层公司内部进行解决,而不用放在上市公司层面进行。

三是对于上市离岸控股公司而言,它所在的司法区域可能便于上市,但可能在其他方面则并不具有优势,比如政府规费高昂、法律监管严格、与其他国家或地区并未签署有税收协定从而不能享受税收优惠政策等,在它之下选择设立下层离岸

① 按照香港 2006 年前的《上市规则》规定,香港主板只接受在四个司法地区注册成立的公司,包括我国香港地区、百慕大、开曼群岛及中国大陆。

② http://sc. hkex. com. hk/TuniS/www. hkex. com. hk/chi/rulesreg/listrules/listsptop/listoc/list_of_aoj_c. htm,香港联交所网站,"获接纳的海外司法地区列表"(2013 年 4 月 29 日修订)。

公司架构,可以减少或避免这些问题的出现。比如,我们上面提到的 HK1 公司设立可能就是基于税收因素的考虑,因为开曼并没有与中国政府签署有关的税收协定,仅仅是签署了税收信息交换协议。

2. 财务或战略投资者进入离岸控股 SPV

在图 28－1 第(4)步骤中,一般在收购完成境内企业之后(领取外商投资企业批准证书和营业执照后),财务或战略投资者才会进入离岸控股 SPV,要么是受让股东的股份,要么是认股增资,要么是两者皆具。财务或战略投资者通常采取一轮或多轮融资的机制,最常用的方式通常是优先股①或者可转换债。② 优先股通常是财务/战略投资者介入离岸 SPV 的最重要的方式。通过优先股,投资人可以获得足够的保障而又不会影响创设股东对公司的控制力。可以说,几乎所有的投资者都会选择可转换优先股的投资方式,而可转换优先股的最重要的一个特性就是拥有优先分红权和清算优先权。可转债是一种介于债务融资和股权融资之间的融资方式。顾名思义,它首先是"债",可转债投资人是以债务协议的方式将钱借给公司,"可转"就是给予投资人可以将"债"转换成公司股份的权利,投资人暂时是公司的债权人而非股东。在特定条件下(通常是"A"轮股权融资时),投资人将可转债的本金和利息转换成公司的优先股,所以,可转债通常又被称为是后续股权融资的过桥贷款(bridge loan)。

3. 离岸控股公司上市,财务投资者退出

在图 28－1 第(5)步骤中,离岸控股公司可以选择上市地进行上市。离岸控股公司可以进一步获得融资以用于公司集团的使用;同时,财务投资者也可以通过资本市场上股票的良好表现以获得回报后退出。

让我们来看一个有关离岸公司在跨境控股架构搭建中应用的例子。

---

① 在 2013 年 11 月 30 日国务院出台的《国务院关于开展优先股试点的指导意见》(国发〔2013〕46 号)之前,我国公司法并不存在"优先股"的概念,但原 2005 年《公司法》第一百三十二条规定"国务院可以对公司发行本法规定以外的其他种类股份,另行作出规定"。这里"其他种类的股份"应该为以后条件成熟时制定颁布"优先股" 条例提供了法律依据。因此这也是国际私募股权基金/风险投资基金在境外运作的原因所在,因为在中国法的环境下很难实现优先权利。但是,随着国发〔2013〕46 号的出台,在法律法规层面已经扫清了优先股出台的法律障碍。2014 年 3 月 21 日,中国证监会发布了《优先股试点管理办法》(证监会令第 97 号),对上市公司和非上市公司试点发行优先股进行了规定。

② 在我国,可转债被严格限制在上市公司公开发行中,很难在中国法下非公开(私募)的情形下实现。

案例71 旭辉控股(00884.HK)——离岸控股架构

根据2012年11月13日旭辉控股(集团)有限公司(以下简称旭辉控股或本公司)招股说明书的披露,在香港联交所上市采用的是在开曼注册登记的离岸公司旭辉控股。

在本案例中,旭辉集团股份有限公司(以下简称旭辉中国)系一家于2000年8月15日在中国成立的股份有限公司。旭辉中国及其附属子公司从事房地产开发、房地产投资及物业管理业务。其实际控制人是林中、林伟、林峰等一致行动人。经过十余年的发展,旭辉中国已由地方区域性地产公司发展成为全国性房地产开发商,现在长江三角区域、环渤海经济圈、中西部三个地理区域的11个城市拥有41个物业项目,拥有总建筑面积约616万平方米的土地储备。为谋求进一步发展,实际控制人拟将旭辉中国的所属产业于香港红筹上市。

一、境内业务及架构重组

1. 上海旭辉投资咨询有限公司(以下简称上海旭辉投资)系一家于2006年11月9日在中国成立的有限责任公司。旭凯(上海)投资顾问有限公司(以下简称旭凯上海投资)系一家于2005年4月8日在中国成立的有限责任公司。上海旭辉投资及旭凯上海投资收购旭辉集团股份有限公司(以下简称旭辉中国)的少数股东权益。

自2007年9月10日以来,旭辉中国的股权一直由30名股东持有。上海旭辉投资、旭凯上海投资、林中先生、林伟先生及林峰先生分别持有旭辉中国的63.6%、7.95%、4.77%、2.39%及0.8%直接股权。另外25名股东(包括八名主要人士、叶一方先生及16名被动投资者)持有旭辉中国合共20.49%直接股权。上海旭辉投资及旭凯上海投资各自由林中先生、林伟先生及林峰先生分别持有60%、30%及10%。因此,林中先生、林伟先生及林峰先生合共拥有旭辉中国的79.51%直接及间接股权。前述股权架构图见图28-3。

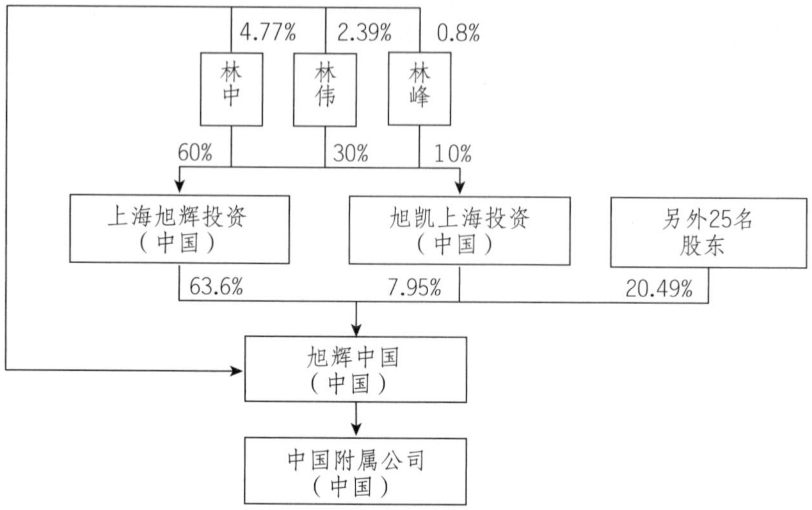

图 28－3　转股前股权架构图

2. 于2011年4月17日至2011年5月11日期间，上海旭辉投资及旭凯上海投资收购林中先生、林伟先生及林峰先生于旭辉中国持有的全部直接股权及当时少数股东(深圳中科除外)持有的其他直接股权。上海旭辉投资收购旭辉中国合共16.07%的直接股权，总代价为人民币409,387,800元。每股股份的售价为人民币4.245元。旭凯上海投资收购旭辉中国合共10.33%的直接股权，总代价为人民币73,112,800元。每股股份的售价为人民币1.18元。于上述股份转让后，旭辉中国由上海旭辉投资、旭凯上海投资及深圳中科(除其于旭辉中国的少数投资外，为独立第三方)分别拥有79.67%、18.28%及2.05%。前述转股完成后的股权架构图见图28－4。

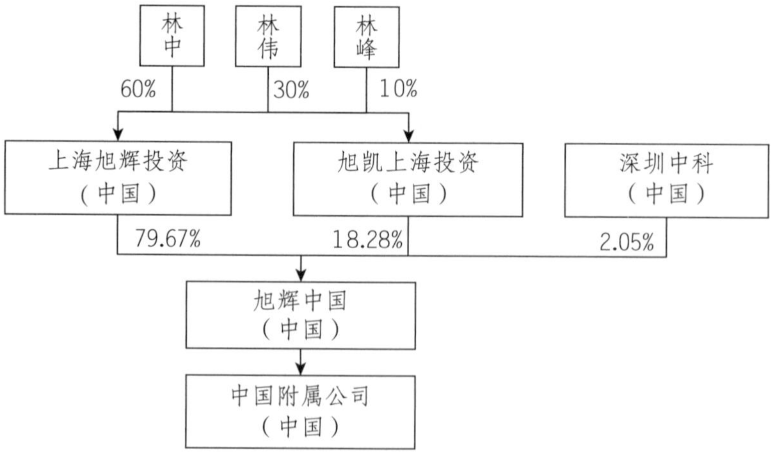

图 28－4　转股后股权架构图

二、境外架构构建

1. 旭辉企发有限公司(以下简称旭辉企发)系一家于2011年5月12日在香港注册成立的有限公司,法定股本为10,000港元,分为10,000股每股面值1.00港元的股份。一股股份于注册成立时发行予林中先生。

2. 旭辉控股于2011年5月20日在开曼群岛注册成立,法定股本1,000,000,000港元,分为10,000,000,000股每股面值0.1港元的股份。一股股份发行予初始认购人Mapcal Limited,其后于2011年5月20日以0.1港元转让予林中先生的全资BVI公司鼎昌。

3. 旭升于2011年5月9日在BVI注册成立,法定股本为50,000美元,分为50,000股每股面值1.00美元的股份。旭辉控股于2011年5月20日收购旭升的一股已发行股份。于2011年5月23日,旭升以1.00港元向林中先生收购旭辉企发的一股已发行股份。旭辉企发成为旭升的全资附属公司。

上述步骤完成之后的境外架构见图28－5。①

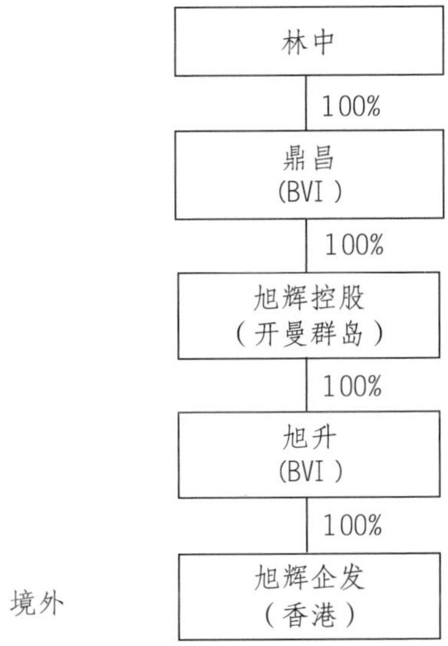

图28－5 旭辉控股配发股份前股权架构图

4. 向林中先生、林伟先生及林峰先生、八名主要人士及满福信托配发旭辉控股股份。配发对象有鼎昌(BVI)、卓骏(BVI)、Rain－Mountain(BVI)、满福信托及Idea Magic等。配发完成后的股权架构图见图28－6。②

① 来源于旭辉控股招股说明书第113页。——笔者注

② 来源于旭辉控股招股说明书第118页,笔者做了适度的精简。——笔者注

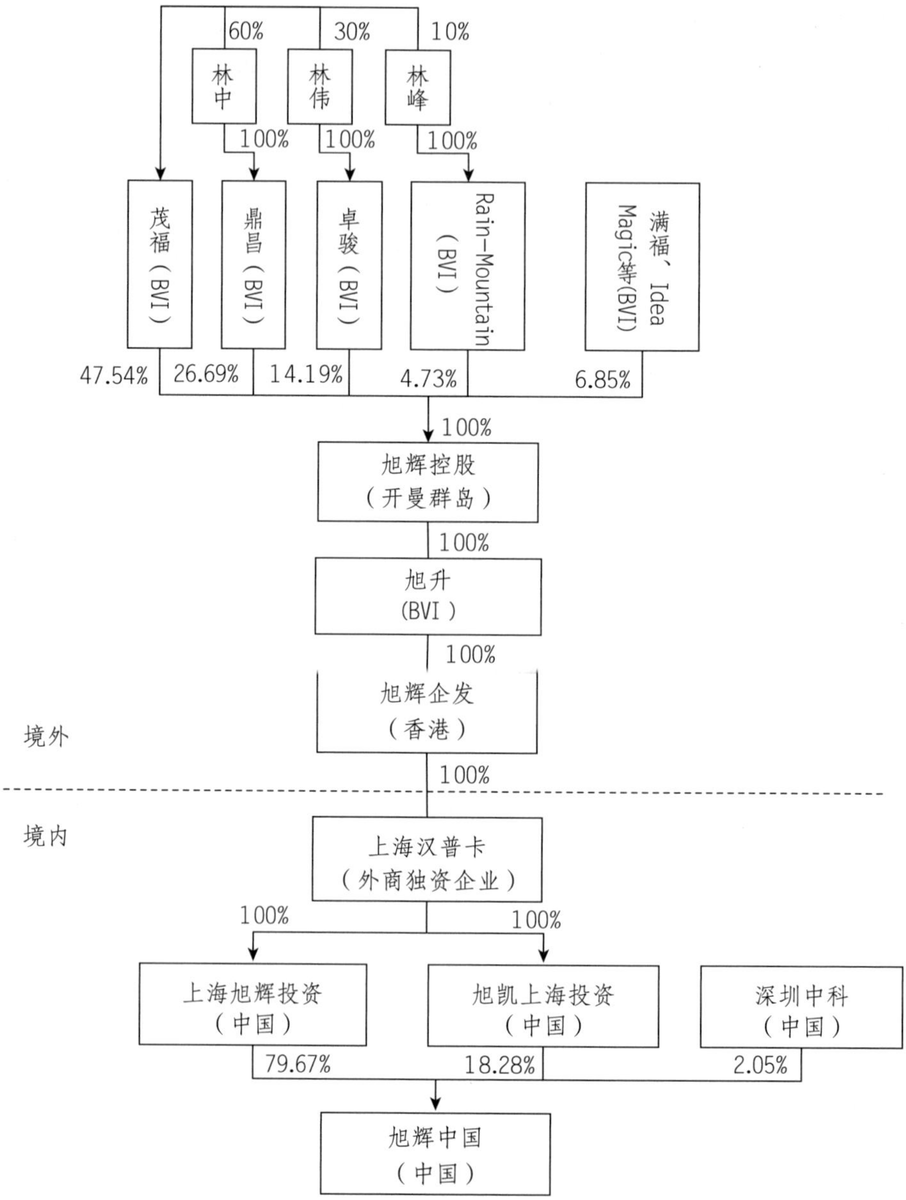

图 28－6　旭辉控股配发股份后股权架构图

三、境内权益注入

旭辉企发(香港)成立上海汉普卡及收购上海旭辉投资及旭凯上海投资:

1. 于2011年8月17日,旭辉企发于中国上海成立外商独资企业上海汉普卡,注册资本为10,000,000美元。由林中等个人控股股东间接控制的旭辉企发成立上海汉普卡根据《国家外汇管理局关于境内居民通过境外特殊目的公司融资及返程投资外汇管理有关问题的通知》(汇发〔2005〕75号)①必须办理的登记已经完成。

2. 于2011年9月9日,上海汉普卡向林中先生、林伟先生及林峰先生收购上海旭辉投资及旭凯上海投资的全部股权,总代价为人民币186,716,300元(上海旭辉投资为人民币165,884,800元及旭凯上海投资为人民币20,831,500元),代价乃参考上海旭辉投资及旭凯上海投资于2011年6月30日的资产净值(由上海旭辉投资及旭凯上海投资委聘的独立估值师评估)厘定。收购后,旭辉控股间接持有旭辉中国的97.95%股权,而深圳中科则持有2.05%的少数股权。

【评析】

1. 红筹海外架构通常包含三个层面的架构:最上面是投资层,主要是最终投资人或最终受益人;中间是中间控股层,主要是一层或多层中间控股公司架构;最下面是实体营运层,主要是实际经营业务的实体公司。

(1)投资层

概括地讲,投资层解决投资者或股东的权益安排的层级,主要由股东之间的投资协议以及公司章程来进行规范。需要特别注意的是要避免一个认识上的"误区"——即投资层就只有投资者或股东一层。事实上,基于股东私密性、税收、遗产继承等因素考虑,最终投资人或最终受益人往往在中间层之间还设立一些离岸公司或离岸信托公司/离岸信托用于持有中间控股公司的股权,特别最终投资人或股东较多或者系自然人时,往往会这样来构建投资层。比如,在本案例中:①林中、林伟、林峰三兄弟在BVI分别设立了茂福(BVI)、鼎昌(BVI)、卓骏(BVI)和Rain - Mountain(BVI),并通过这些BVI的中间控股公司间接持有旭辉控股的股份,这样可以方便以后间接转让上市公司旭辉控股的股份,而不必直接转让上市公司旭辉控股的股份,因为转让后者的股权将遵循更加严格的法律规制;②根据旭辉控股首次公开发售前股份奖励计划以信托方式(离岸信托:满福信托)为其106名雇员代持股份,并以离岸信托公司满福(BVI)作为名义持有人持有人持有旭辉控股的股份,这样可以在一定程度上保有实际受益人的私密性,同时委托人还可以间接保有对公司的参与权。

需要注意的是,投资层的离岸公司一般选择在BVI注册成立,其原因在于BVI的公司法相对简单,公司注册登记要求较低,成立程序快捷、维续成本低廉、保密性

① 在当时适用75号文的规定。但2014年7月14日颁布并实施的《国家外汇管理局关于境内居民通过特殊目的公司境外投融资及返程投资外汇管理有关问题的通知》(汇发〔2014〕37号)废止了75号文。——笔者注

高;几乎无外汇管制且几乎无须缴付任何税负。

(2)中间控股层

总体上讲,中间控股层主要用于投资者与实体运营层之间的协调架构。从架构上看,又可以分为两个层次。一是作为上市主体的离岸控股公司;二是上市公司与境内公司之间的中间控股公司。

①上市主体的离岸控股公司

应该说,选择的上市离岸控股公司的设立地必须是上市地法规所认可的海外上市司法区域。在早期的境外投资架构中,BVI 并不是很好的选择,比如,BVI 就不是香港联交所上市规则所认可的海外上市司法区域,也不被美国资本市场所认可,因而 BVI 离岸 SPV 通常并不能用于香港或美国上市离岸控股平台,但目前这种情况已经有所改变,但更多的、可能也是更好地选择地几乎都是开曼或百慕大离岸法域。因为这两个离岸司法区域的公司法(基本继承了英国公司法的内容,并不像 BVI 几乎是英国公司法的最精简版)和监管力度通常可以满足大多数境外上市地的监管要求。比如,本例中,就选择了开曼作为上市的控股公司的注册地。

②与境内公司之间的中间控股公司

如果设置上市控股公司与境内公司之间的控股公司呢?实质需要考虑如下几个方面的因素:

一是基于分业经营的考虑。如果未来上市公司有新的业务,可在开曼公司下另设 BVI 公司,使从事不同业务的公司间彼此独立,不会彼此牵累。

二是基于税务因素的考虑。在设计中间控股公司时,在中间控股层的最下层级,即与境内实体公司之间的层级时,往往需要考虑税务因素,主要包含如下两个方面:(a)选择与实体公司所在国签署有避免双重征税的税收协定(DTT)的国家或地区设立控股公司。比如,在中国投资时,往往可以选择香港作为设立地,因为香港与中国政府之间签署有税收安排,可以享受5%的股息预提所得税优惠税率,同时,香港就来源于境外的所得免于征税。本例子的架构即是如此。(b)设立多层中间控股公司,可以便于转让股权的交易。比如,本案例中,如果要转让境内权益,可以不通过旭辉企发(香港)直接转股,而可以在旭升(BVI)层面进行间接转股,以避免中国境内严格且复杂的审批程序。

但需要注意的是,近年来,中国税务机关对香港公司申请享受协定待遇的审批越来越严格,不仅要求申请人注册地在中国香港,而且申请人须为对所得或所得据以产生的权利或财产具有所有权和支配权的"受益所有人"。因此,即使海外架构中加设香港公司,如该香港公司仅为导管,并不代表必然会享受到中港协定优惠税率待遇,但毕竟搭建香港夹层公司为股息红利享受协定优惠税率创造了可能性。

三是基于隔离风险的考虑。对于隔离风险而言,如果实体经营企业发生了大量的负债或纠纷,从而导致其官司缠身,或者需要破产清算的,基于公司独立法人人格的需要往往不会涉及其股东层面的事宜。即使基于揭开"公司的面纱"而涉及,一般而不会再向上波及。同时,由于采用分别的中间控股持有实体经营企业,也不会波及其他的产业,可以一定程度上起到隔离风险的效果。比如,在本案例中,如果实体企业集团上海汉普卡清盘,则一般情况下,仅仅局限于该实体企业。如果因为其股东旭辉企发(香港)存在资本填补责任的原因而导致其需要承担责任的话,则旭辉企发(香港)也可能导致在香港法下清盘,或者适用"集团公司"的观点一直向上追诉,但这种情形很难会发生,即使发生域外执行很非常困难。

(3)境内实体层

对于境内实体运营层而言,通常有两种方式来安排架构:通过中间控股公司直接持有运营层的股权;以及通过投资人之授权,通过"协议控制"(VIE)。对于前者,又可以细分为两种类型:一是直接由境外中间控股公司持有实体经营企业本身的股权;二是在投资地先设立一个本地的投资控股平台,并通过该平台持有实体经营企业的股权。比如,在中国,外国投资者还可以申请设立一个外商投资的投资性公司作为在中国境内的投资控股平台,并通过它再投资设立或并购一系列的外商投资企业(实体经营企业)。对于后者,是一种受到外商投资产业限制时的变通处理方式。

在本案例中,旭辉控股就是通过旭辉企发(香港)先在境内成立了一家外商独资企业上海汉普卡作为控股平台来控制境内实体企业。

2. 境内权益注入海外架构

在这个环节,主要包括如下两个步骤:

(1)旭辉企发(香港)以美元外汇设立外商投资企业上海汉普卡;

(2)将林中、林伟、林峰三兄弟控制的境内权益通过股权转让交易置入旭辉企发(香港),即将其持有的上海旭辉投资、旭凯上海投资股权全部转让给外商独资企业上海汉普卡,总对价为人民币186,716,300元。

需要注意的是,境内权益注入并没有采用10号令所规定的换股交易进行,也就不需要走特定的商务部审批程序。同时,我们还注意到,假定其采用换股交易,由于其股权注入的时间是在2011年9月9日,并不违反2012年10月22日出台的《商务部关于涉及外商投资企业股权出资的暂行规定》(商务部令2012年第8号,以下简称8号文)第四条第二款第(六)项不得用"房地产企业、外商投资性公司、外商投资创业(股权)投资企业的股权”出资的规定。

同时,还需要注意的是,原《国家外汇管理局综合司关于完善外商投资企业外汇资本金支付结汇管理有关业务操作问题的通知》(汇综发〔2008〕142号,以下简称142号文)规定:“外商投资企业资本金结汇所得人民币资金,应当在政府审批部门批准的经营范围内使用,除另有规定外,结汇所得人民币资金不得用于境内股权投资。”但2015年3月30日颁布实施的《国家外汇管理局关于改革外商投资企业外汇资本金结汇管理方式的通知》(汇发〔2015〕19号,以下简称19号文)废止了142号文,并放开了外商投资企业资本金结汇人民币用于境内股权投资的限制。19号文第四条“便利外商投资企业以结汇资金开展境内股权投资”规定:“除原币划转股权投资款外,允许以投资为主要业务的外商投资企业(包括外商投资性公司、外商投资创业投资企业和外商投资股权投资企业),在其境内所投资项目真实、合规的前提下,按实际投资规模将外汇资本金直接结汇或将结汇待支付账户中的人民币资金划入被投资企业账户。上述企业以外的一般性外商投资企业以资本金原币划转开展境内股权投资的,按现行境内再投资规定办理。以结汇资金开展境内股权投资的,应由被投资企业先到注册地外汇局(银行)办理境内再投资登记并开立相应结汇待支付账户,再由开展投资的企业按实际投资规模将结汇所得人民币资金划往被投资企业开立的结汇待支付账户。被投资企业继续开展境内股权投资的,按上述原则办理。”

因此,在本案中,由于股权收购时的时间点为2011年9月9日,需要按照142号文进行处理,其股权收购对价人民币186,716,300元就是一个法律障碍,只能采取借债的方式解决或者暂时挂账进行处理。但在19号文下面,这已经不存在问题了。

四、跨境换股交易与实践发展

(一)跨境换股交易的概念及其条件

根据6号令第四章(外国投资者以股权作为支付手段并购境内公司)第一节(以股权并购的条件)第二十七条规定:“本章所称外国投资者以股权作为支付手段并购境内公司,系指境外公司的股东以其持有的境外公司股权,或者境外公司以其增发的股份,作为支付手段,购买境内公司股东的股权或者境内公司增发股份的行为。”这即是所谓的“跨境换股交易”,在交易中,支付对价的手段包括境外公司的股东以其持有的境外公司股权或者境外公司以其增发的股份,交易的标的资产是境内公司股东的股权或者境内公司增发的股份。

根据第二十八条规定:“本章所称的境外公司应合法设立并且其注册地具有完

善的公司法律制度，且公司及其管理层最近3年未受到监管机构的处罚；除本章第三节所规定的特殊目的公司外，境外公司应为上市公司，其上市所在地应具有完善的证券交易制度。”因此，合资格的境外公司包括两类：特殊目的公司（Special Purpose Vehicle ，SPV）和境外上市公司。根据第三十九条第一款规定，特殊目的公司系指中国境内公司或自然人为实现以其实际拥有的境内公司权益在境外上市而直接或间接控制的境外公司。

根据第二十九条规定：“外国投资者以股权并购境内公司所涉及的境内外公司的股权，应符合以下条件：（一）股东合法持有并依法可以转让；（二）无所有权争议且没有设定质押及任何其他权利限制；（三）境外公司的股权应在境外公开合法证券交易市场（柜台交易市场除外）挂牌交易；（四）境外公司的股权最近1年交易价格稳定。前款第（三）、（四）项不适用于本章第三节所规定的特殊目的公司。”

（二）跨境换股交易的实践发展

在目前的实践中，针对6号令（实质是以前的10号令）施行以来，对于境外公司为特殊目的公司的情况，尚未有跨境换股案例的审批先例。对于境外公司为上市公司且满足6号令规定的条件的，已经批复的案例基本具有国资背景或集团内部重组，民营背景取得商务部战略投资批复的案例尚未出现。比如，2016年取得商务部战略投资批复和证监会批复的“首旅酒店”（600258）收购“如家酒店”的交易（涉及跨境换股安排）。再如，“航天科技”（000901）收购海外资产也涉及跨境换股安排。这样的案例通过发行股份收购海外资产，避免了现金收购的资金成本以及外汇收支的影响，无疑是中国企业海外并购的更好的方式。但是鉴于目前已经批复的案例数目很少（已公布的不超过10家），且已批复的案件基本具有国资背景或集团内部重组，特别是目前“中概股”已经实际暂缓受理或审核以及海外注册公司不能与A股进行借壳交易的背景下，因此对市场的参考价值还存在很大的不确定性。最为重要的是，从笔者对相关案例的分析来看，这样的中国企业海外投资或者并购海外企业，其目的并非是境外公司的股权作为收购方进行的主导，而是境内股东将其海外资产注入境内上市公司或者收购海外资产注入上市公司[遵从国家发改委《境外投资项目核准和备案管理办法》（发改委2014年第9号令）、商务部《境外投资管理办法》（商务部令2014年第3号）和《境内机构境外直接投资外汇管理规定》（汇发〔2009〕30号）等以及《外国投资者对上市公司战略投资管理办法》]，更多地应认定为上市公司发行股份购买资产的重大资产重组交易，而不是将境内资产注入境外SPV或者境外上市公司。严格地讲，并不符合6号令“跨境换股交易”的定义。下面笔者以“首旅酒店”(600258)收购“如家酒店”的交易来予以说明：

案例72 “首旅酒店”(600258)跨境换股收购海外资产

【案例背景】

本次交易方案包括:(一)重大现金购买;(二)发行股份购买资产;(三)募集配套资金。上述重大现金购买、发行股份购买资产交易不互为前提,任何一项交易无法付诸实施,包括但不限于未能获得股东大会审议通过或监管机构批准,不影响另一项交易的实施。募集配套资金以发行股份购买资产交易的成功实施为前提,但不构成前两项交易的实施前提,其成功与否不影响前两项交易的实施。

一、重大现金购买

首旅酒店(600258)拟通过设立境外子公司,以合并方式向如家酒店集团(Nasdaq Global Market 上市公司)非主要股东支付现金对价,获得如家酒店集团65.13%股权,实现如家酒店集团的私有化。首旅酒店通过在境外新设的两层特殊目的公司首旅酒店(香港)及首旅酒店(开曼)执行本次私有化交易。根据首旅酒店、首旅酒店(香港)、首旅酒店(开曼)及如家酒店集团签署的《合并协议》,首旅酒店拟以每股普通股17.90美元及每股ADS(每股ADS为两股普通股)35.80美元的价格向如家酒店集团非主要股东支付现金对价。

在《合并协议》规定的全部交割条件满足后,重大现金购买交易将进行交割。首旅酒店(开曼)与如家酒店集团将向开曼群岛公司登记处递交合并计划等相关文件。合并将在合并计划中指明的日期正式生效。在生效时,如家酒店集团将作为存续公司继续存续,首旅酒店(开曼)将终止存续。为实现如家酒店集团从 Nasdaq Global Market 退市,根据相关美国证券法规,在合并生效后,如家酒店集团将不再满足维持其证券在 Nasdaq Global Market 上市的条件,并需将此情况通知 Nasdaq Global Market。

首旅酒店在香港设立全资子公司首旅酒店(香港),并由首旅酒店(香港)在开曼设立全资子公司首旅酒店(开曼)作为收购主体,由其与如家酒店集团合并,获得如家酒店集团65.13%股权。《合并协议》交割时,如家酒店集团非主要股东持有的如家酒店集团65.13%的股权将被注销登记,首旅酒店(香港)将向如家酒店集团非主要股东提供现金对价。首旅酒店(开曼)将被如家酒店集团吸收合并并停止存续,由如家酒店集团作为存续公司。本次重大现金购买交易架构及交易示意图如下：

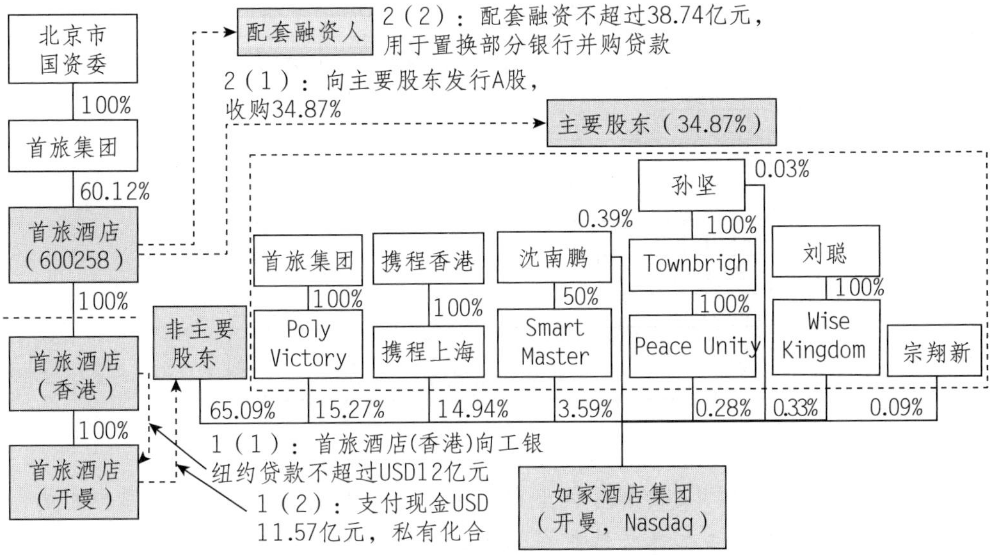

重大现金购买交易完成后的架构图如下：

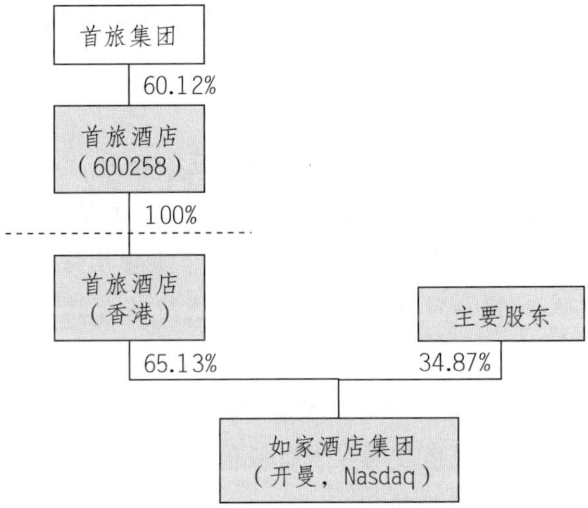

二、发行股份购买资产

首旅酒店(600528)拟向首旅集团等 8 名交易对方发行股份购买 Poly Victory 100% 股权和如家酒店集团 19.60% 股权，包括向首旅集团发行股份购买其持有的 Poly Victory 100% 股权，以及向携程上海、Wise Kingdom、沈南鹏(Nanpeng Shen)、Smart Master、孙坚、Peace Unity、宗翔新等首旅集团外的其他发行对象购买其合计持有的如家酒店集团 19.60% 的股权。由于 Poly Victory 主要资产为如家酒店集团 15.27% 股权，因此本次发行股份购买资产交易完成后，首旅酒店将通过直接及间接方式持有如家酒店集团 34.87% 股权。发行股份购买资产交易完成后的架构

图如下:

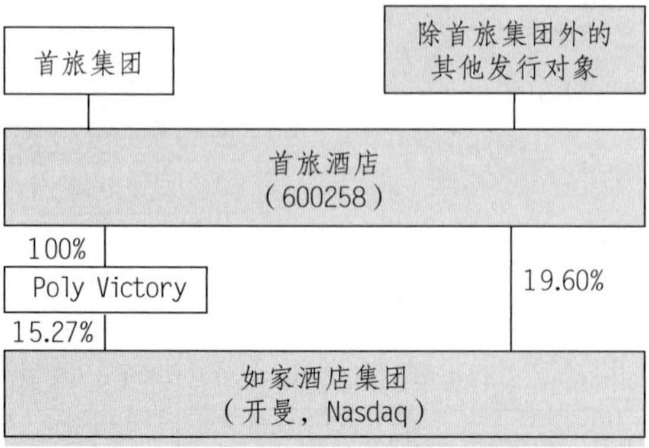

三、募集配套资金

为提高本次重组效率,缓解后续上市公司偿债压力,首旅酒店拟采用询价发行方式向不超过10名符合条件的特定对象非公开发行股份募集配套资金,总金额不超过3,873,273,518元,扣除本次重组中介机构费用及相关税费后将用于收购如家酒店集团股权或置换本次交易中预先投入的部分银行贷款,为本次募集配套资金的募投项目。

【评析】

1.如家酒店集团私有化交易:境外三角反向吸收合并

如家酒店集团公司是美国Nasdaq的上市公司,为了私有化,需要将发行在外的公众股份(非主要股东)65.13%收购。首旅酒店采用的方式是在境外设立两层离岸公司作为收购平台,采用反向吸收合并的方式进行收购。即首旅酒店(开曼)作为收购子公司反向吸收合并在如家酒店集团公司中,向非主要股东支付现金11.57亿美元为对价换取后者持有的如家酒店的65.13股份。

2.重大资产重组交易:现金收购+发行股份购买资产+配套融资

(1)本次交易构成重大资产重组

本次重大现金购买交易前,根据上市公司和如家酒店集团最近一期资产总额、资产净额及最近一年的营业收入计算的相关指标结果如下(单位:万元)。

项目	如家酒店集团财务数据	上市公司2104年年报数据	比例
资产总额及交易额孰高	961,788.1	222,914.32	431.46%
营业收入	668,274.8	279,062.24	239.47%
资产净额及交易额孰高	717,758.9	114,575.61	626.45%

注:本次重大现金购买交易中,如家酒店集团资产总额、资产净额指标根据《重组管理办法》的相关规定分别确定为如家酒店集团截至2015年9月30日的资产总额及本次如家酒店集团65.13%股权的交易金额,营业收入指标为如家酒店集团2014年度的营业收入。

由上表可以看出,根据《重组管理办法》的规定,本次重大现金购买交易构成重大资产重组。

(2)本次发行股份购买资产构成重大资产重组

本次发行股份购买资产交易前,根据上市公司和如家酒店集团、Poly Victory最近一期资产总额、资产净额及最近一年的营业收入计算的相关指标结果如下(单位:万元)。

项目	如家酒店集团财务数据	Poly Victory财务数据	合计	上市公司2104年年报数据	比例
资产总额及交易额孰高	215,963.11	171,364.24	387,327.35	222,914.32	173.76%
营业收入	130,981.86	—	130,981.86	279,062.24	46.94%
资产净额及交易额孰高	215,963.11	171,364.24	387,327.35	114,575.61	338.05%

注:本次发行股份购买资产交易中,如家酒店集团资产总额、资产净额指标根据《重组管理办法》的相关规定确定为本次如家酒店集团19.60%股权的交易金额,营业收入指标为如家酒店集团2014年度的营业收入与19.60%的乘积;Poly Victory资产总额、资产净额指标根据《重组管理办法》的相关规定确定为本次Poly Victory 100%股权的交易金额,营业收入指标为Poly Victory 2014年度的营业收入。

由上表可以看出,根据《重组管理办法》的规定,本次发行股份购买资产交易构成重大资产重组。此外,本次发行股份购买资产交易涉及上市公司发行股份购买资产,需提交中国证监会并购重组委审核并取得中国证监会核准后方可实施。

(3)本次交易不会导致公司控制权发生变化,不构成借壳上市

①本次重大现金购买不会导致公司控制权发生变化,不构成借壳上市

本次重大现金购买不涉及本公司股权变动。本次重大现金购买交易完成后,首旅集团仍持有本公司股份139,108,056股,占本公司股本总额的60.12%,为本公司的控股股东,北京市国资委仍为本公司的实际控制人。因此,本次重大现金购买不会导致公司控制权发生变化。本公司自上市之日起实际控制人未发生变更,本次重大现金购买交易亦不会导致公司实际控制权变更,不属于《重组管理办法》第十三条规定的借壳上市情形。

②本次发行股份购买资产不会导致公司控制权发生变化,不构成借壳上市

截至本报告书签署之日,首旅集团持有本公司股份139,108,056股,占本公司股本总额的60.12%,为本公司的控股股东;北京市国资委持有首旅集团100%股权,为本公司的实际控制人。本次发行股份购买资产交易完成后(募集配套资金发股数量按上限即249,245,400股计算),首旅集团持有的本公司股份数量为248,326,817股,占本公司股本总额的34.13%,仍为本公司的控股股东,北京市国资委仍为本公

司的实际控制人。因此,本次发行股份购买资产交易不会导致公司控制权发生变化。本公司自上市之日起实际控制人未发生变更,本次发行股份购买资产交易亦不会导致公司实际控制权变更,不属于《重组管理办法》第十三条规定的借壳上市情形。

3. 本次交易不构成“跨境换股交易”

(1)履行的审批程序

①国家发改委境外投资项目备案

根据披露,2015 年 9 月 8 日,本公司取得国家发改委对本次交易境外投资的确认函。2016 年 1 月 22 日,国家发改委颁发《项目备案通知书》(发改办外资备〔2016〕30 号)。根据国家发展和改革委员会《境外投资项目核准和备案管理办法》(发改委 2014 年第 9 号令)的规定,“本办法适用于中华人民共和国境内各类法人(以下简称‘投资主体’)以新建、并购、参股、增资和注资等方式进行的境外投资项目,以及投资主体以提供融资或担保等方式通过其境外企业或机构实施的境外投资项目”。首旅酒店以现金和发行股份收购如家酒店集团的股份,适用该规定。9 号令第七条规定:“中方投资额 10 亿美元及以上的境外投资项目,由国家发展改革委核准。涉及敏感国家和地区、敏感行业的境外投资项目不分限额,由国家发展改革委核准。其中,中方投资额 20 亿美元及以上,并涉及敏感国家和地区、敏感行业的境外投资项目,由国家发展改革委提出审核意见报国务院核准。本办法所称敏感国家和地区包括:未建交和受国际制裁的国家,发生战争、内乱等国家和地区。本办法所称敏感行业包括:基础电信运营,跨境水资源开发利用,大规模土地开发,输电干线、电网,新闻传媒等行业。”同时,9 号令第七条第一款已被《国家发展改革委关于修改〈境外投资项目核准和备案管理办法〉和〈外商投资项目核准和备案管理办法〉有关条款的决定》(发改委 2014 年第 20 号令,下称“20 号令”)修改为“涉及敏感国家和地区、敏感行业的境外投资项目不分限额,由国家发展改革委核准。其中,中方投资额 20 亿美元及以上的,由国家发展改革委提出审核意见报国务院核准”。由于,本交易不涉及敏感国家和地区、敏感行业的境外投资项目,境外投资金额低于 20 亿美元,因此需要在国家发改委申请备案。

②商务部经营者集中事项审查

根据披露,首旅酒店已经按照国家《反垄断法》、国务院《国务院关于经营者集中申报标准的规定》及商务部《关于外国投资者并购境内企业的规定》的要求准备经营者集中事项的申报文件,并将向商务部主管部门进行申报。2016 年 3 月 8 日,商务部出具《不实施进一步审查通知》(商反垄初审函〔2016〕第 70 号),本次交易涉及的经营者集中事项已获商务部审批通过。

③商务部外国投资者对上市公司战略投资审批

根据披露,2016年9月28日,商务部出具《商务部关于原则同意Smart Master International Limited等战略投资北京首旅酒店(集团)股份有限公司的批复》(商资批〔2016〕894号),原则上同意首旅酒店向Smart Master等境外机构非公开发行股份事项。本次交易符合《外国投资者对上市公司战略投资管理办法》第五条投资者进行战略投资应符合的相关规定。该第五条规定:“投资者进行战略投资应符合以下要求:(一)以协议转让、上市公司定向发行新股方式以及国家法律法规规定的其他方式取得上市公司A股股份;(二)投资可分期进行,首次投资完成后取得的股份比例不低于该公司已发行股份的百分之十,但特殊行业有特别规定或经相关主管部门批准的除外;(三)取得的上市公司A股股份三年内不得转让;(四)法律法规对外商投资持股比例有明确规定的行业,投资者持有上述行业股份比例应符合相关规定;属法律法规禁止外商投资的领域,投资者不得对上述领域的上市公司进行投资;(五)涉及上市公司国有股股东的,应符合国有资产管理的相关规定。”

(2)本次交易实质不属于《关于外国投资者并购境内企业的规定》(下称“6号令”)所监管及规范的“跨境换股”

从本次重组交易各方的控制机构来看,本次重组的标的公司是如家集团酒店(开曼,Nasdaq),它并非特殊目的公司,而是一家上市公司。首旅集团持有首旅酒店股本总额的60.12%,为本公司的控股股东;北京市国资委持有首旅集团100%股权,为本公司的实际控制人。本次发行股份购买资产交易完成后,首旅集团持有的本公司股份数量为248,326,817股,占本公司股本总额的34.13%,仍为本公司的控股股东,北京市国资委仍为本公司的实际控制人。其中,向首旅集团所属的境外上市公司如家酒店集团发行股份购买其所拥有的境外资产,实际是首旅集团作为控股股东向上市公司实施的大股东注入资产行为;此外,对于其他主要股东,也应视为向上市公司注入资产。因此,尽管如家集团酒店是一家Nasdaq上市公司,但首旅集团、携程上海、Wise Kingdom、沈南鹏(Nanpeng Shen)、Smart Master、孙坚、Peace Unity、宗翔新8名交易对方并不是以收购境内股权或增发股份的收购方,其实质目的不是为了控制而是进行战略投资或者讲是对上市公司的注入资产行为(首旅就酒店的发行股份购买资产加配套融资),再加上如家集团酒店本身从美国Nasdaq的私有化退市,可以认为并非6号令第而十七条所定义的“外国投资者”,与6号令涉及需要商务部门批准的外国投资者以境外股权并购境内公司的情形并不完全相符。此外,从商务部仅仅进行经营者集中事项审查和外国投资者对上市公司战略投资审批亦可验证这一点。

第六部分

公司债券

综　述

对于公司而言,除了权益性(资本性)融资之外,另外一种非常重要的融资途径就是债务性融资。在债务性融资中,公司发行各种债券进行融资就是现代公司最主要的途径之一。除了传统的债务融资工具之外,实践中还发展出了很多混合型的新型的融资工具,譬如,可转换/可交换债券以及永续债等。本部分包括三个法律专题:债券法律实务;可转换、可交换公司债券法律实务;永续债法律、财税实务。

专题29 债券法律实务

内容提示

除了股权融资之外,债务融资是另外一种公司重要的融资途径。债务融资通常包括商业票据、短期融资券、中期票据、企业(公司)债券和银行贷款。在实践中,如果满足发行规模、资产、盈利等要求,发行企业(公司)债券融资是经常采用的一种方式。本专题包含如下内容:

- 债券的含义及种类;
- 企业债券的发行条件和程序;
- 公司债券的发行主体和发行方式;
- 公司债券的发行及上市条件和程序;
- 公司债券的投资者适当性制度和证券交易所分类管理;
- 短期融资券和中期票据;
- 中小企业集合票据和集合债券;
- 中小企业私募债券。

一、债券的含义及种类

(一)债券的概念及主要特点

概括地讲,债券是债券发行人按照法定程序发行的约定在一定期限还本付息的有价证券。债券具有如下主要特点:一是债券具有规定的偿还期限,债券发行人(债务人)必须按期向债券持有人(债权人)还本付息;二是债券持有人可根据其需要和市场情况转让债券,以提前收回本金及一定的投资收益;三是相对于股票等资本性投资而言,债券持有人的收益相对稳定,不随发行人经营情况的变动而变动,而且当发行人发生破产清算等情况时,债券持有人的债权的受偿顺序在股票持有人的受偿顺序之前;四是债券投资具有投资收益的性质。主要表现为债券利息收入以及债权人到期收回本金与中途卖出债券所获取的价差等资本损益。

(二)债券的种类

从我国实践来看,根据发行主体以及适用法规、监管机构的不同,债券可以分为企业债券、公司债券、债务融资工具以及政府公债。详见表29-1。

表29-1 债券的分类

种类	含义	适用法规
企业债券	指企业(国有企业或有限责任公司或非上市的股份有限公司)依照法定程序公开发行,并约定在一定期限内还本付息的有价证券	企业债券发行的法规: 《公司法》《证券法》《企业债券管理条例》(国务院令第121号,2011年修订)、《关于进一步改进和加强企业债券管理工作的通知》(发改财金〔2004〕1134号)、《政府核准投资项目管理办法》(发改委第11号令)、《关于推进企业债券市场发展、简化发行核准程序有关事项的通知》(发改财金〔2008〕7号)、《中央企业债券发行管理暂行办法》(国资发产权〔2008〕70号) 企业债券上市的法规: 《上海证券交易所公司债券上市规则》(2015年修订)(上证发〔2015〕49号)、①《深圳证券交易所公司债券上市规则》(2015年修订)、②《全国银行间债券市场债券交易流通审核规则》(中国人民银行公告〔2014〕第19号)、《银行间债券市场公司债券发行、登记托管、交易流通操作细则》(中国人民银行公告〔2009〕第1号)

① 根据中国证监会《公司债券发行与交易管理办法》(证监会令第113号),2015年5月29日,上交所发布了《上海证券交易所公司债券上市规则(2015年修订)》(上证发〔2015〕49号)。该文废止了《关于〈上海证券交易所公司债券上市规则〉修订的通知》(上证债字〔2009〕186号)、《关于调整公司债券上市交易分类标准的通知》(上证债字〔2012〕55号)、《关于商业银行发行公司债券补充资本及其上市交易、转让相关事项的通知》(上证发〔2014〕4号)、《关于对公司债券实施风险警示相关事项的通知》(上证发〔2014〕39号)、《关于调整公司债券发行、上市、交易有关事项的通知》(上证债字〔2009〕187号)。

② 根据中国证监会《公司债券发行与交易管理办法》(证监会令第113号),2015年5月29日,深交所发布了《深圳证券交易所公司债券上市规则(2015年修订)》,《深圳证券交易所公司债券上市规则(2012年修订)》(深证上〔2012〕156号)、《关于为创业板上市公司非公开发行公司债券提供转让服务有关事项的通知》(深证上〔2011〕364号)、《关于对公司债券交易实行风险警示等相关事项的通知》(深证会〔2014〕92号)同时废止。

续表

种类	含义	适用法规
公司债券	公司作为发行主体，按照法定程序发行，并约定在一定期限还本付息的有价证券	《公司法》《证券法》《公司债券发行与交易管理办法》(证监会令第 113 号)、①《上海证券交易所公司债券上市规则》(2015 年修订)、《深圳证券交易所公司债券上市规则》(2015 年修订)
债务融资工具	特指短期融资券和中期票据	《银行间债券市场非金融企业债务融资工具管理办法》(中国人民银行令〔2008〕第 1 号)、《银行间债券市场非金融企业中期票据业务指引》(NAFMII 指引 0004)
政府公债	国债、政府机构债券以及地方政权债券	非本书关注内容，相关适用法规省略

【实务问题 60】 企业债券与公司债券的联系和区别

公司债券也是广义企业债券的一种，广义上我国目前的企业债券包括以下几类：短期融资券、中期票据、企业债券和公司债券。短期融资券和中期票据的发行目前已基本上完全市场化，由中国银行间市场交易商协会实行备案制，并在全国银行间债券市场上市交易，前者期限为 365 天，后者期限一般为 1 年以上 10 年以下。

企业债券是企业依照法定程序发行，约定在一定期限内还本付息的有价证券。企业债券在国外通常称为公司债券，其原因在于国外企业法人多为公司形式，公司是发行债券的主体，而我国则存在大量具有法人资格而未采用公司形态的企业和少数虽采用公司名称但并非依照《公司法》规范设立与运作的企业，这些企业也可发行债券。依据我国《公司法》第一百五十三条规定，公司债券特指根据公司法设立的公司依该法发行的约定在一定期限内还本付息的有价证券。在我国，公司债券与企业债券主要有以下区别：

1. 发行依据不同。公司债券由《公司法》第七章“公司债券”专门规定，同时也受《证券法》规制。其发行、交易适用《公司法》《证券法》《公司债券发行与交易管理办法》(证监会令第 113 号)的相关规定；企业债券的发行、交易主要适用《企业债券管理条例》(国务院令第 121 号，2011 年修订)、《国家发展改革委关于进一步

① 该文于 2015 年 1 月 15 日发布并于发布之日施行，《证券公司债券管理暂行办法》(证监会令第 15 号)、《关于修订〈证券公司债券管理暂行办法〉的决定》(证监会令第 25 号)、《关于发布〈证券公司债券管理暂行办法〉五个配套文件的通知》(证监发行字〔2003〕106 号)、《公司债券发行试点办法》(证监会令第 49 号)、《关于实施〈公司债券发行试点办法〉有关事项的通知》(证监发〔2007〕112 号)、《关于创业板上市公司非公开发行债券有关事项的公告》(证监会公告〔2011〕29 号)同时废止。

改进和加强企业债券管理工作的通知》(发改财金〔2004〕1134 号)、《国家发展改革委关于推进企业债券市场发展、简化发行核准程序有关事项的通知》(发改财金〔2008〕7 号)的规定。

2. 发行主体不同。公司债券的发行主体为依照《公司法》设立的有限公司和股份公司;企业债券的发行主体主要为我国境内具有法人资格的非公司制企业,但从长期实践来看,我国企业债券主要是以一些大型的(国有)企业为发行主体而发行。而公司债券则不仅限于大型企业,而是所有公司制法人。

3. 发行条件不同。依照《证券法》第十六条规定,公开发行公司债券应当符合下列条件:股份有限公司的净资产不低于人民币 3000 万元,有限责任公司的净资产不低于人民币 6000 元;累计债券余额不超过公司净资产的 40%;最近三年平均可分配利润足以支付公司债券 1 年的利息;筹集的资金投向符合国家产业政策;债券的利率不超过国务院限定的利率水平;国务院规定的其他条件。而依照《企业债券管理条例》的规定,企业发行企业债券必须符合下列条件:遵守国务院批准的全国企业债券发行的年度规模和规模内的各项指标要求;企业规模达到国家规定的要求;企业财务会计制度符合国家规定;具有偿债能力;企业经济效益良好,发行企业债券前连续 3 年盈利;所筹资金用途符合国家产业政策;企业债券的总面额不得大于该企业的自有资产净值;债券利率不得高于银行相同期限居民储蓄定期存款利率的 40%;企业发行企业债券用于固定资产投资的,依照国家有关固定资产投资的规定办理。

4. 发行程序不同。依照《证券法》第十七条规定,申请公开发行公司债券应当报经中国证监会或者国务院授权的部门核准,实行的是核准制;而依照有关规定,发行企业债券应当报经发改委、中国人民银行以及证监会等有关部门审批,实行的是审批制。

【实务问题 61】 《公司债券发行与交易管理办法》(证监会令第 113 号)的主要修订

为贯彻落实国务院《关于进一步促进资本市场健康发展的若干意见》(国发〔2014〕17 号)关于规范发展债券市场的总体目标,中国证监会于 2015 年 1 月 15 日发布了《公司债券发行与交易管理办法》(以下简称《管理办法》),对原《公司债券发行试点办法》(证监会令第 49 号)进行了修订。主要修订内容包括:一是扩大发行主体范围。《管理办法》将原来限于境内证券交易所上市公司、发行境外上市外资股的境内股份有限公司、证券公司的发行范围扩大至所有公司制法人。二是丰富债券发行方式。《管理办法》在总结中小企业私募债试点经验的基础上,对非公开发行以专门章节作出规定，全面建立非公开发行制度。三是增加债券交易场所。《管理办法》将公开发行公司债券的交易场所由上海、深圳证券交易所拓展至全国中小企业股份转让系统；非公开发行公司债券的交易场所由上海、深圳证券交易所拓展至全国中小企业股份转让系统、机构间私募产品报价与服务系统和证券公司柜台。四是简化发行审核流程。《管理办法》取消公司债券公开发行的保荐制和发审委制度，以简化审核流程。五是实施分类管理。《管理办法》将公司债券公开发行区分为面向公众投资者的公开发行和面向合格投资者的公开发行两类，并完善相关投资者适当性管理安排。六是加强债券市场监管。《管理办法》强化了信息披露、承销、评级、募集资金使用等重点环节监管要求，并对私募债的行政监管作出安排。七是强化持有人权益保护。《管理办法》完善了债券受托管理人和债券持有人会议制度，并对契约条款、增信措施作出引导性规定。

二、企业债券的发行条件和程序

（一）企业债券的发行条件

根据《企业债券管理条例》（国务院令第121号，2011年修订）等有关规定，笔者将企业债券的发行条件总结见表29－2。

表29－2　企业债券的发行条件

条件	具体要求	适用法规条款
发行主体	境内具有法人资格的企业（包括有限责任公司和非上市股份有限公司）	《企业债券管理条例》第2条
财务条件	1. 净资产 （1）股份有限公司的净资产不低于人民币3000万元；有限责任公司和其他类型企业的净资产不低于人民币6000万元； （2）累计债券余额不超过企业净资产（不包括少数股东权益）的40%； （3）企业发行企业债券的总面额不得大于该企业的自有资产净值。 2. 净利润 最近三年连续盈利，且平均可分配利润（净利润）足以支付企业债券1年的利息； 3. 企业财务会计制度符合国家规定	《关于推进企业债券市场发展、简化发行核准程序有关事项的通知》（发改财金〔2008〕7号）第二条第（一）项、第（二）项和第（三）项；《企业债券管理条例》第十二条第（二）项、第（三）项、第（四）项和第十六条

续表

条件	具体要求	适用法规条款
募投项目	1. 筹集资金的投向符合国家产业政策和行业发展方向,所需相关手续齐全; 2. 用于固定资产投资项目的,应符合固定资产投资项目资本金制度的要求,原则上累计发行额不得超过该项目总投资的 60%; 3. 用于收购产权(股权)的,比照该比例执行; 4. 用于调整债务结构的,不受该比例限制,但企业应提供银行同意以债还贷的证明; 5. 用于补充营运资金的,不超过发债总额的 20%	《国务院关于固定资产投资项目试行资本金制度的通知》(国发〔1996〕35 号)、《国务院关于调整固定资产投资项目资本金比例的通知》(国发〔2009〕27 号)、《关于推进企业债券市场发展、简化发行核准程序有关事项的通知》(发改财金〔2008〕7 号)第二条第(四)项
利率水平	债券的利率由企业根据市场情况确定,但不得超过国务院限定的利率水平;企业债券的利率不得高于银行相同期限居民储蓄定期存款利率的 40%;债券的利率由发行人和主承销商根据市场情况协商确定,报有关部门备案	《关于推进企业债券市场发展、简化发行核准程序有关事项的通知》(发改财金〔2008〕7 号)第二条第(五)项、《企业债券管理条例》第十八条、《关于进一步改进和加强企业债券管理工作的通知》(发改财金〔2004〕1134 号)第八条
其他条件	1. 已发行的企业债券或者其他债务未处于违约或者延迟支付本息的状态; 2. 最近三年没有重大违法违规行为	《关于推进企业债券市场发展、简化发行核准程序有关事项的通知》(发改财金〔2008〕7 号)第二条第(六)项、第(七)项

(二)企业债券发行核准主要程序

1. 申报阶段

按照《证券法》《公司法》《企业债券管理条例》等法律法规及有关文件规定的条件和程序,编制公开发行企业债券申请材料,报国家发改委核准。根据发改财金〔2008〕7 号第四条的规定:(1)中央直接管理企业的申请材料直接申报;(2)国务院行业管理部门所属企业的申请材料由行业管理部门转报;(3)地方企业申请材料由所在省、自治区、直辖市、计划单列市发展改革部门转报。

2. 初审阶段

国家发改委受理企业发债申请后,依据法律法规及有关文件规定,对申请材料进行审核(初审)。

3. 反馈意见及修改材料阶段

财金司根据初审意见,对申请材料存在不足或需要补充修改有关材料的,向发行人和主承销商提出反馈意见。发行人和主承销商根据反馈意见对申请材料进行补充、修改和完善,重要问题应专门出具文件进行说明。符合发债条件、申请材料齐全的直接予以核准。

4. 核准阶段

国家发改委自受理申请之日起3个月内(发行人及主承销商根据反馈意见补充和修改申报材料的时间除外)作出核准或者不予核准的决定,不予核准的,应说明理由。同时,在核准之前需要会签人民银行和证监会。

三、公司债券的发行主体和发行方式

(一)公司债券的发行主体

根据《公司债券发行与交易管理办法》(证监会令第113号)第二条第一款的规定:"在中华人民共和国境内,公开发行公司债券并在证券交易所、全国中小企业股份转让系统交易或转让,非公开发行公司债券并按照本办法规定承销或自行销售、或在证券交易所、全国中小企业股份转让系统、机构间私募产品报价与服务系统、证券公司柜台转让的,适用本办法。"应该讲,新的证监会令第113号废止了原《公司债券发行试点办法》(证监会令第49号)的规定,扩大了发行主体范围和放宽了发行条件。证监会令第113号将原来限于境内证券交易所上市公司、发行境外上市外资股的境内股份有限公司、证券公司的发行范围扩大至所有公司制法人,这是新管理办法的最大突破。其发行主体甚至包括商业银行,这宣告证监会将全面介入中国企业发行债券融资的市场,其与发改委和人民银行的竞争则更加走到台前和更白热化。对于广大企业来说,则是增加了一个在交易所融资的机会。由于政府融资平台公司暂时不能被包括在内,因此直接受益的将是那些大量发行中期票据的企业和目前少数发行企业债券的大型国有企业。

(二)公司债券的发行方式

根据《公司债券发行与交易管理办法》第三条的规定:"公司债券可以公开发行,也可以非公开发行。"同时办法还专门对公开发行和非公开发行进行了专门的规定(第二节"公开发行及交易"和第三节"非公开发行及转让")。根据办法第十八条的规定,公司债券公开发行区分为面向公众投资者的公开发行和面向合格投资者的公开发行两类。根据办法第二十六条规定,非公开发行的公司债券应当向合格投资者发行,不得采用广告、公开劝诱和变相公开方式,每次发行对象不得超过二百人。根据第二十九条规定,非公开发行的公司债券只需在发行结束后5个工作日内向中国证券业协会备案即可,流程方便快捷。美中不足的是非公开发行部分只能在交易所固定收益证券综合电子平台转让交易,使流动性受到较大限制,增加发行成本。实践操作中,对于面向合格投资者的发行,是否公开信息披露并不重要,因此区分公开与非公开发行意义不大,如果能合并两种方式则更加合理和有效。

【实务问题62】　公司债券公开发行的"储架发行"制度

《公司债券发行与交易管理办法》第二十二条规定:"公开发行公司债券,可以申请一次核准,分期发行。自中国证监会核准发行之日起,发行人应当在十二个月内完成首期发行,剩余数量应当在二十四个月内发行完毕。公开发行公司债券的募集说明书自最后签署之日起六个月内有效。采用分期发行方式的,发行人应当在后续发行中及时披露更新后的债券募集说明书,并在每期发行完成后五个工作日内报中国证监会备案。"

这就是公司债券公开发行的"储架发行"制度。所谓"储架发行"制度即是"一次核准、多次发行"的再融资制度。储架发行制度源于美国,是一项关于公众公司再融资行为的特殊流程规定,随着市场的发展而不断完善,已被越来越多的国家和地区采用。储架发行是相对于传统发行的概念。一般是指证券发行实行注册制的基础上,发行人一次注册、多次发行的机制。国内文献翻译为"储架注册"或"橱柜登记"。与传统发行机制比较,这种发行机制不是每次发行都要重新注册,因此该机制可以简化注册程序,提高融资灵活性,降低融资成本,提升市场效率。

四、公司债券的发行及上市条件和程序

(一)公司债券的发行及上市条件

根据《公司法》《证券法》《公司债券发行与交易管理办法》(证监会令第113号)等有关规定,笔者将公司债券的发行条件总结见表29-3。

表29-3　公司债券的发行及上市条件

条件	具体要求	适用法规条款
发行主体	依据《公司法》成立的公司	《公司法》第一百五十三条、《公司债券发行与交易管理办法》第二条
财务条件	1. 股份有限公司的净资产不低于人民币3000万元,有限责任公司的净资产不低于人民币6000万元; 2. 累计债券余额不超过公司净资产的40%; 3. 最近三年平均可分配利润足以支付公司债券1年的利息; 4. 如果发行债券申请在证券交易所上市交易,债券发行规模不低于人民币5000万元;在银行间债券市场申请上市交易,实际发行规模须不少于人民币5亿元	《证券法》第十六条第一款第(一)项、第(二)项和第(三)项,第五十七条;《上海证券交易所公司债券上市规则》(2015年修订)第2.1.1条、《深圳证券交易所公司债券上市规则》(2015年修订)第3.1.1条

续表

条件	具体要求	适用法规条款
募投项目	筹集的资金投向符合国家产业政策	《证券法》第十六条第一款第(四)项
利率水平	债券的利率不超过国务院限定的利率水平	《证券法》第十六条第一款第(五)项
其他条件	1. 公开发行公司债券筹集的资金,必须用于核准的用途,不得用于弥补亏损和非生产性支出; 2. 上市公司发行可转换为股票的公司债券,除应当符合证券法第十六条第一款规定的条件外,还应当符合本法关于公开发行股票的条件,并报国务院证券监督管理机构核准; 3. 如果发行债券申请在证券交易所上市交易,债券发行期限为1年以上	《证券法》第十六条第二款、第三款,第五十七条;《上海证券交易所公司债券上市规则》(2015年修订)第2.1.1条;《深圳证券交易所公司债券上市规则》(2015年修订)第3.1.1条

对于可转换债券和分离交易可转债的发行及上市条件,我们将在"专题31:可转换、可分离公司债法律实务"中详细介绍。

不论何种类型的公司债,根据《证券法》第十八条规定,有下列情形之一的,不得再次公开发行公司债券:(一)前一次公开发行的公司债券尚未募足;(二)对已公开发行的公司债券或者其他债务有违约或者延迟支付本息的事实,仍处于继续状态;(三)违反本法规定,改变公开发行公司债券所募资金的用途。

【实务问题63】　如何理解和适用公司债券发行及上市条件?

1. 对于公司规模的要求。公司最近一期末经审计的净资产额应符合法律、行政法规和中国证监会的有关规定,股份有限公司的净资产不低于人民币3000万元,有限责任公司的净资产不低于人民币6000万元。如果发行人是集团公司或持有对外投资的公司,这里的"净资产",应当是母公司合并资产负债表里的"归属于母公司所有者权益"数额。

2. 对于发行规模的要求。法律对公司债券的发行规模没有强制要求,但依照证券法公司债券上市有关规定,发行人申请公司债券上市,公司债券实际发行额须不少于人民币5000万元,而在银行间债券市场申请上市交易,实际发行规模须不少于人民币5亿元。

3. 对于净利润的要求。发行人最近三个会计年度实现的年均可分配利润不少于公司债券一年的利息。这里的"最近三个会计年度实现的年均可分配利润"一般取发行前三年发行人年度连续审计报告中的净利润数的平均值。

4. 对于债券期限的要求。《证券法》第五十七条规定,公司申请公司债券上市交易,公司债券的期限应当为一年以上。同时,公司债在发行制度上采用国际上通行的橱架发行制度,允许上市公司一次核准,分次发行。

5. 对于发行利率的要求。《证券法》第十六条规定,公司债券的利率须不超过国务院限定的利率水平。公司债券的发行利率一般由发行人和保荐人(主承销商)通过市场询价协商确定。债券票面利率在债券存续期内可以固定不变,也可以在发行文件中约定发行人有权根据债券市场行情、发行人的经营状况等影响债券价格的因素随机调整债券的票面利率。

6. 对于募集资金投向的要求。根据《证券法》第十六条规定,公司债券筹集的资金投向应符合国家产业政策。公司债在募集资金投向管理上更加市场化了一步,募集资金用途不再要求与固定资产投资项目挂钩。所以只要在国家产业政策允许的范围内,发行人可以根据发行文件的约定自由支配募集的资金,比如配比或补充项目资本金、用于资产(股权)收购、补充营运资金、偿还银行贷款、改善财务结构等经股东大会核准的用途。但是一般不得用于弥补亏损和非生产性支出,也不得用于房地产买卖、股票买卖以及期货等高风险投资,也不得为持有交易性金融资产和可供出售的金融资产、借予他人、委托理财等财务性投资,不得直接或者间接投资于以买卖有价证券为主要业务的公司。

7. 不得公开发行公司债券的规定。《公司债券发行与交易管理办法》第十七条规定:"存在下列情形之一的,不得公开发行公司债券:(一)最近三十六个月内公司财务会计文件存在虚假记载,或公司存在其他重大违法行为;(二)本次发行申请文件存在虚假记载、误导性陈述或者重大遗漏;(三)对已发行的公司债券或者其他债务有违约或者迟延支付本息的事实,仍处于继续状态;(四)严重损害投资者合法权益和社会公共利益的其他情形。"

(二)公司债券的发行及上市程序

《公司债券发行与交易管理办法》简化了发行审核流程,取消公司债券公开发行的保荐制和发审委制度。同时,对于发行人拟面向合格投资者公开发行公司债券的,由交易所对公开发行并上市申请材料是否符合上市条件进行预审,证监会以交易所预审意见为基础简化核准程序。上交所和深交所分别于2015年5月20日《上海证券交易所公司债券上市预审核工作流程》和《深圳证券交易所公司债券上市预审核工作流程》。有关预审核流程请读者参阅签署工作流程,限于篇幅不再详述。笔者后文将以舟山港集团有限公司2015年向合格投资者公开发行公司债券来进行说明。

五、公司债券的投资者适当性制度和证券交易所分类管理

根据《公司债券发行与交易管理办法》第十八条规定:"资信状况符合以下标

准的公司债券可以向公众投资者公开发行,也可以自主选择仅面向合格投资者公开发行:(一)发行人最近三年无债务违约或者迟延支付本息的事实;(二)发行人最近三个会计年度实现的年均可分配利润不少于债券一年利息的 1.5 倍;(三)债券信用评级达到 AAA 级;(四)中国证监会根据投资者保护的需要规定的其他条件。未达到前款规定标准的公司债券公开发行应当面向合格投资者;仅面向合格投资者公开发行的,中国证监会简化核准程序。"

《公司债券发行与交易管理办法》第十四条规定:"本办法所称合格投资者,应当具备相应的风险识别和承担能力,知悉并自行承担公司债券的投资风险,并符合下列资质条件:(一)经有关金融监管部门批准设立的金融机构,包括证券公司、基金管理公司及其子公司、期货公司、商业银行、保险公司和信托公司等,以及经中国证券投资基金业协会(以下简称基金业协会)登记的私募基金管理人;(二)上述金融机构面向投资者发行的理财产品,包括但不限于证券公司资产管理产品、基金及基金子公司产品、期货公司资产管理产品、银行理财产品、保险产品、信托产品以及经基金业协会备案的私募基金;(三)净资产不低于人民币一千万元的企事业单位法人、合伙企业;(四)合格境外机构投资者(QFII)、人民币合格境外机构投资者(RQFII);(五)社会保障基金、企业年金等养老基金,慈善基金等社会公益基金;(六)名下金融资产不低于人民币三百万元的个人投资者;(七)经中国证监会认可的其他合格投资者。前款所称金融资产包括银行存款、股票、债券、基金份额、资产管理计划、银行理财产品、信托计划、保险产品、期货权益等;理财产品、合伙企业拟将主要资产投向单一债券,需要穿透核查最终投资者是否为合格投资者并合并计算投资者人数,具体标准由基金业协会规定。证券自律组织可以在本办法规定的基础上,设定更为严格的合格投资者资质条件。"

因此,只有评级在 AAA 级且平均三年可分配利润可以覆盖 1.5 倍债券利息以上的公司才有资格面向社会公众发行,否则将只能面向合格投资者发行。这一点很好的对债券发行做了分类管理,使个人投资者既有机会参与债券市场,又不会因为缺乏专业判断力而盲目购买债券。这种管理方式跟国际是接轨的。面向合格投资者的债券发行也可以分为公开和非公开两种方式,给了企业和承销机构以更多灵活性的选择权。

同时,以上交所为例,根据《上海证券交易所公司债券上市规则》(2015 年修订)第 2.1.2 条的规定:"债券符合第 2.1.1 条规定上市条件的,本所根据其资信状况实行分类管理。债券符合下列条件且面向公众投资者公开发行的,公众投资者和符合本所规定的合格投资者可以参与交易:(一)发行人最近三年无债务违约或者延迟支付本息的事实;(二)发行人最近三个会计年度实现的年均可分配利润不少于债券一年利息的1.5倍;(三)债券信用评级达到AAA级;(四)中国证监会及本所根据投资者保护的需要规定的其他条件。债券不符合上述条件,或者符合上述条件但发行人自主选择仅面向合格投资者公开发行的,仅限合格投资者参与交易。"

根据《深圳证券交易所公司债券上市规则》(2015年修订)第2.2条规定:"债券符合下列条件且面向公众投资者和合格投资者公开发行的,公众投资者和合格投资者可以参与交易:(一)发行人最近三年无债务违约或者延迟支付本息的事实;(二)债券信用评级达到AAA级;(三)发行人申请上市时最近三个会计年度经审计的年均可分配利润不少于债券一年利息的1.5倍,以集合形式发行的债券,上市时所有发行人最近三个会计年度经审计的加总年均可分配利润不少于债券一年利息的1.5倍;(四)中国证监会及本所根据投资者保护的需要规定的其他条件。债券不符合上述条件,或者符合上述条件但发行人自主选择仅面向合格投资者公开发行的,仅本所规定的合格投资者可以参与交易。"

从上述规定可以看出,《公司债券发行与交易管理办法》和交易所公司债券上市规则完善了投资者适当性安排。《公司债券发行与交易管理办法》将公司债券公开发行区分为面向公众投资者的公开发行和面向合格投资者的公开发行两类,并完善相关投资者适当性管理安排。合格投资者除包括传统的金融机构、私募基金、社保基金等,还明确包括了以下几类:QFII和RQFII;金融机构发行的金融产品;企事业单位法人合伙企业必须满足净资产不低于人民币1000万元;个人投资者必须满足名下金融资产不低于人民币300万元。并且,《公司债券发行与交易管理办法》虽然规定了对投资者穿透核查,但对于金融机构发行的金融产品如"理财产品""信托计划"等将按产品计算,并不计算该金融产品背后实际认购人数。《公司债券发行与交易管理办法》和交易所公司债券上市规则对于债券转让和交易也做出分类管理,实施差异化的交易制度,并根据债券资信做调整。应该说,对投资者的分类管理更加切合多层次资本市场的需要,使得债券的发行和交易的层次更加合理。

案例73　全国首单非上市公司公开发行公司债
——舟山港集团有限公司2015年公司债券发行

2015年5月20日,舟山港集团有限公司(以下简称舟山集团)发布了《公开发行公司债券募集说明书》;5月22日发布了《舟山港集团有限公司2015年公司债

券发行公告》,根据该说明书和发行公告披露,本次公司债发行情况如下:

一、发行批准和核准

(一)公司债券发行批准情况

2015年3月2日,公司董事会(2015)第1号会议审议通过了《关于公司符合发行公司债券条件的议案》《关于发行公司债券方案的议案》,前述议案2015年3月25日经公司控股股东舟山国资审批通过,出具了《舟山市国有资产监督管理委员会关于舟山港集团有限公司申请公开发行公司债券的批复》(舟国资委〔2015〕14号)和《舟山港集团有限公司股东决定书》(2015年第1号)。

(二)核准情况及核准规模

2015年5月14日,经中国证监会〔2015〕898号文核准,公司获准公开发行不超过人民币7.0亿元(含7.0亿元)的公司债券。

二、债券基本条款

1. 债券名称:舟山港集团有限公司2015年公司债券;

2. 发行规模:本期债券发行总规模不超过人民币7.0亿元;

3. 票面金额及发行价格:本期债券面值为100元,按面值平价发行;

4. 债券期限:本期债券的期限为5年;

5. 债券利率或其确定方式:本期公司债券票面利率通过簿记建档方式确定,在债券存续期内固定不变;

6. 债券形式:实名制记账式公司债券,投资者认购的本期债券在债券登记机构开立的托管账户托管记载;本期债券发行结束后,债券持有人可按照有关主管机构的规定进行债券的转让、质押等操作;

7. 发行方式:本次债券采取一次性发行的方式;

8. 发行对象及配售安排:面向合格投资者公开发行;

9. 担保情况:本期债券为无担保债券;

10. 信用级别及资信评级机构:经新世纪综合评定,本期债券信用等级为AA+,发行人主体长期信用等级为AA+;

11. 募集资金用途:本次发行公司债券的募集资金拟用于偿还银行借款,剩余部分拟用于补充公司营运资金;

12. 主承销商、簿记管理人、债券受托管理人:浙商证券股份有限公司;

13. 承销方式:由主承销商组织承销团,对最终认购不足7亿元的部分采取余额包销的方式承销;

14. 拟上市地:上海证券交易所。

【评析】

舟山集团2015年公司债券发行系《公司债券发行与交易管理办法》发布后首单面向合格投资者公开发行的公司债券,也是首单由非上市公司公开发行的公司债券。其发行的主要特点如下:

1. 上交所预审核和中国证监会核准。舟山集团债券发行时间在2015年5月20日之前,经中国证监会核准发行。如果发行日是在2015年5月20日之后,根据中国证监会和上交所《上海证券交易所公司债券上市预审核工作流程》的规定,舟山集团应当在发行前委托主承销商浙商证券股份有限公司向上交所提交申请文件,由上交所进行上市预审核,并报证监会核准。

2. 发行条件。本次债券评级为AA+,主体信用等级为AA+;本次债券上市前,发行人截至2014年12月31日合并报表中所有者权益(包含少数股东权益)为367,742.57万元;合并报表口径的资产负债率为68.23%(母公司口径资产负债率为58.81%);本次债券上市前,发行人最近三个会计年度实现的年均可分配利润为9391.46万元(取自2012年、2013年及2014年合并报表中归属于母公司所有者的净利润平均值),预计不少于本次债券一年利息的1.5倍。发行人在本次发行前的财务指标符合相关规定。募集资金拟用于偿还银行借款,剩余部分拟用于补充公司营运资金,符合相关规定。

3. 发行申购和配售。本次债券发行仅采取网下面向合格投资者申购和配售的方式。网下申购采取发行人与主承销商根据簿记建档情况进行配售。网下发行仅面向合格投资者。合格投资者通过向主承销商提交《舟山港集团有限公司2015年公司债券网下申购申请表》的方式参与申购。每个申购利率上的申购总金额均不得少于100万元(含100万元),并为100万元(1000手)。

4. 利率簿记建档区间及票面利率确定方法。本次债券票面利率簿记建档区间为4.39%~5.39%,最终票面利率由发行人和主承销商根据簿记建档结果在上述利率区间范围内确定,在债券存续期限内固定不变。本次债券采用单利按年计息,不计复利。发行利率确认原则:(1)簿记管理人按照合格投资者的申购利率从低到高进行簿记建档,按照申购利率从低至高的原则,对合规申购金额逐笔累计,当累计金额超过或等于本次债券发行总额时所对应的最高申购利率确认为发行利率。(2)若合规申购的累计金额未能达到本次债券发行总额,则簿记建档区间的上限即为发行利率。

六、短期融资券和中期票据

从理论上讲,票据或债券融资都属债务融资的范畴。按照融资期限的长短来划分,债务融资可以分为短期商业票据融资(短期融资券)、中期票据融资、公司(企业)债券融资和银行贷款。

(一)短期融资券

短期融资券是指中华人民共和国境内具有法人资格的非金融企业,依照《银行间债券市场非金融企业债务融资工具管理办法》(中国人民银行令〔2008〕1号)规定的条件和程序,在银行间债券市场①发行和交易并约定在一定期限内还本付息的有价证券。企业短期融资券本质上是一种商业票据,是在银行间债券市场面向投资人发行的直接融资工具,具有固定收益,到期偿还,发行期限在1年以内的货币市场产品。

(二)中期票据

根据《银行间债券市场非金融企业中期票据业务指引》(NAFMII指引0004)的有关规定,中期票据(Medium Term Note,MTN)是指具有法人资格的非金融企业在银行间债券市场按照计划分期发行的,约定在一定期限还本付息的债务融资工具。期限一般为3~5年,可以一次注册额度、分期发行;募集资金可用于满足发行人多种资金需求,包括补充流动资金、调整债务结构、固定资产投资等,具有期限结构合理、发行便利、资金用途灵活等优点。

短期融资券及中期票据在银行间债券市场发行实行注册制。企业发行中期票据通过中国银行间市场交易商协会(以下简称交易商协会)进行注册即可。交易商协会接受注册申请采取了没有试点、没有批次、不预设规模的开放式姿态,只要市场投资者接受,符合人民银行的办法和协会注册规则的要求,符合国家宏观经济管理的需要,一般都会接受注册。在发行额度上,规定了中期票据待偿还余额不得超过企业净资产的40%。

七、中小企业集合票据和集合债券

(一)中小企业集合票据和集合债券的概念及特点

根据《银行间债券市场中小非金融企业集合票据业务指引》第二条的规定:“本指引所称集合票据,是指2个(含)以上10个(含)以下具有法人资格的企业,

① 所谓银行间债券市场,是指依托于中国外汇交易中心暨全国银行间同业拆借中心和中央国债登记结算公司,包括商业银行、农村信用联社、保险公司、证券公司等金融机构进行债券买卖和回购的市场。

在银行间债券市场以统一产品设计、统一券种冠名、统一信用增进、统一发行注册方式共同发行的,约定在一定期限还本付息的债务融资工具。”

中小企业集合债券是通过牵头人(一般为政府部门,或有政府背景的相关机构)组织,以多个中小企业所构成的集合为发债主体,若干个中小企业各自确定债券发行额度,采用集合债券的形式,使用统一的债券名称,形成一个总发行额度而向投资人发行的约定到期还本付息的一种企业债券形式,它一般以证券机构作为承销商,需由担保机构担保,评级机构、会计师事务所、法律事务所等中介机构参与,由发改委审批的新型企业债券方式。中小企业集合债券发行的依据《国务院关于进一步促进中小企业发展的若干意见》(国发〔2009〕36 号)关于“稳步扩大中小企业集合债券和短期融资券的发行规模”。

为什么会出台中小企业集合票据或集合债券业务?其原因在于,单个中小企业因信用、规模等制约,难以获得较高的信用评级、不能通过在债券市场直接发行债券进行融资的情况下,运用信用增级的原理,使若干个中小企业各自作为债券发行主体,确定债券发行额度,形成一个统一名称、统一组织、集合发行的企业票据或债券。其主要特点在于:一是分散风险。中小企业集合票据、债券中每个中小企业各自作为票据、债券发行主体,确定票据、债券发行额度,承担融资风险,互不承担连带责任。中小企业集合票据、债券均有担保,担保机构可以适当的分散风险。二是融资成本低。中小企业集合票据、债券的利率低于银行同期贷款利率。三是发行难度低。中小企业集合票据的发行对单个企业的规模、盈利能力、偿债能力没有要求,而中小企业集合债券比一般的企业债券的要求都要低。因此,可以大大地降低发行难度。四是单个企业信用要求低。集合票据、债券有统一的担保,虽然单个企业的信用低,但由担保机构对统一的集合票据、债券担保后,整个集合票据、债券的评级会提高很多。

(二)中小企业集合票据、债券发行条件

根据《银行间债券市场中小非金融企业集合票据业务指引》的规定,笔者将中小企业集合票据发行条件总结见表 29 - 4。

表 29 - 4　中小企业集合票据的发行条件

条件	具体要求	适用法规条款
发行主体	2 ~ 10 家具有法人资格的中小非金融企业	《银行间债券市场中小非金融企业集合票据业务指引》第二条、《中小企业划型标准规定》(工信部联企业〔2011〕300 号)

续表

条件	具体要求	适用法规条款
募集资金	任一企业集合票据待偿还余额不得超过该企业净资产的40%。任一企业集合票据募集资金额不超过2亿元,单支集合票据注册金额不超过10亿元	《银行间债券市场中小非金融企业集合票据业务指引》第五条
财务条件	无资产规模、净资产规模、盈利和偿债指标要求	—
募集投向	企业发行集合票据所募集的资金应用于符合国家相关法律法规及政策要求的企业生产经营活动	《银行间债券市场中小非金融企业集合票据业务指引》第六条

根据《关于推进企业债券市场发展、简化发行核准程序有关事项的通知》的规定,笔者将中小企业集合债券发行条件总结见表29-5。

表29-5 中小企业集合债券的发行条件

条件	具体要求	适用法规条款
发行主体	具有法人资格的中小非金融企业	《关于推进企业债券市场发展、简化发行核准程序有关事项的通知》(发改财金〔2008〕7号)
募集资金	单个企业累计债券余额不超过净资产额的40%	
财务条件	1.股份有限公司净资产不低于3000万元、有限责任公司和其他类型企业净资产不低于6000万元; 2.最近3年平均可分配利润足以支付公司债券1年利息	
募集投向	企业所属行业、投资项目必须符合国家产业政策	
其他条件	1.企业管理规范、治理结构完善、经营具有一定竞争力和可持续发展潜力; 2.主体在行业或地域上具有相关性	

【实务问题64】 中小企业集合债券和集合票据的异同

从概念上看,中小企业集合票据是指2个(含)以上10个(含)以下具有企业法人资格的企业,在银行间债券市场以统一产品设计、统一券种冠名、统一信用增进、统一发行注册方式共同发行的、约定在一定期限内还本付息的债务融资工具。中小企业集合债券是通过牵头人(一般为政府部门或有政府背景的相关机构)组织,以多个中小企业所构成的集合为发债主体,若干个中小企业各自确定债券发行额度,采用集合债券的形式,使用统一的债券名称,形成一个总发行额度而向投资人发行的约定到期还本付息的一种企业债券形式。

相同点:两者都是中小企业通过发行债券进行融资的方式,中小企业都可以"打包"、"捆绑"等集体发债的形式进行融资。

不同点:(1)主管单位不同。中小企业集合票据的监管机构是中国人民银行和银行间市场交易商协会,而中小企业集合债券属于国家发改委监管。(2)主承销商不同。中小企业集合票据的主承销商以商业银行为主,而中小企业企业集合债券则以证券公司为主。(3)募集资金用途限制不同。中小企业集合票据募集资金一般限制较少,而中小企业集合债券则限制较多。(4)审批机制不同。中小企业集合票据采用在交易商协会注册制,而中小企业集合债券则采用发改委审批制。(5)对企业资质、财务指标要求不同。中小企业集合票据无资产规模、净资产规模、盈利和偿债指标要求,而中小企业集合债券有净资产最低要求,偿债能力要求,盈利能力要求等。(6)融资期限不同。中小企业集合票据一般为短期或中长期,而中小企业集合债券一般为中长期。

八、中小企业私募债券

有关中小企业私募债券的规范性文件主要是《上海证券交易所中小企业私募债券业务试点办法》(上证债字〔2012〕177号)、《上海证券交易所中小企业私募债券业务指引(试行)》和《深圳证券交易所中小企业私募债券业务试点办法》(深证上〔2012〕130号)、《深圳证券交易所中小企业私募债券试点业务指南》。

(一)中小企业私募债券的概念

《上海证券交易所中小企业私募债券业务试点办法》和《深圳证券交易所中小企业私募债券业务试点办法》对中小企业私募债券的定义完全一致。即"本办法所称中小企业私募债券(以下简称私募债券),是指中小微型企业在中国境内以非公开方式发行和转让,约定在一定期限还本付息的公司债券。"中小企业私募债属企业债范畴。每期私募债券的投资者合计不得超过200人。

(二)中小企业私募债券的发行和审核制度

根据两个试点办法的规定,备案发行的私募债券必须满足下述条件:(1)发行人是中国境内注册的有限责任公司或股份有限公司;(2)发行利率不得超过同期银行贷款基准利率的3倍;(3)期限在一年(含)以上;(4)本所规定的其他条件。同时,《上海证券交易所中小企业私募债券业务指引(试行)》第六条还规定:"试点期间,在本所备案的私募债券除符合《试点办法》规定的条件外,还应当符合下列条件:(一)发行人不属于房地产企业和金融企业;(二)发行人所在地省级人民政府或省级政府有关部门已与本所签订合作备忘录;(三)期限在3年以下;(四)发行人对还本付息的资金安排有明确方案。

试点期间,鼓励发行人为私募债券提供适当比例的内外部增信措施。本所可根据试点业务的开展情况调整私募债券的备案条件。"

《深圳证券交易所中小企业私募债券试点业务指南》第一章规定:"试点期间,私募债券发行人范围仅限符合《关于印发中小企业划型标准规定的通知》[工信部联企业〔2011〕300 号〕(详见附件 9)规定的,未在上海、深圳证券交易所上市的中小微型企业,但暂不包括房地产企业和金融企业。"

两个或两个以上的发行人可以采取集合方式发行私募债券。中小企业私募债采取备案制发行,由证券公司承销、证券公司和相关中介机构为私募债券相关业务提供服务。此外,发行人可以为私募债设置附认股权或可转股条款。

专题30 可转换、可交换公司债券法律实务

内容提示

笔者在上一专题中对债券的含义和类型进行了介绍，特别对公司债券进行了详细的介绍，但并没有介绍两种特殊的带有混合性质的债券，即可转换公司债和可交换公司债。本专题包含如下内容：

- 可转换公司债券的概念、性质及主要特点；
- 分离交易的可转换公司债券的概念、性质及主要特点；
- 可交换公司债券的概念、性质及主要特点；
- 可转换公司债券的发行条件及程序；
- 分离交易的可转换公司债券的发行条件及程序；
- 可交换公司债券的发行条件及程序。

一、可转换公司债券的概念、性质及主要特点

《发行管理办法》第十四条对可转换公司债的定义进行了明确。即可转换公司债是指，发行公司依法发行、在一定期间内依据约定的条件可以转换成股份的公司债券。债券持有人对转换股票或不转换股票有选择权。从性质看，可转换债实际上是债券和转股看涨期权的混合体。因此，它具有两个基本属性，即债券性和期权性。其主要特点如下：

一是债权性。与其他债券一样，可转换债券也有规定的利率和期限，投资者可以选择持有债券到期，收取本息。

二是股权性(期权性)。可转换债券在转换成股票之前是纯粹的债券，但在转换成股票之后，原债券持有人就由债权人变成了公司的股东，可参与企业的经营决策和红利分配，也在一定程度上影响公司的股本结构。

三是可转换性和双重选择权。可转换性是可转换债券的重要标志，债券持有

人可以按约定的条件将债券转换成股票。转股权是投资者享有的、一般债券所没有的选择权。可转换债券在发行时就明确约定,债券持有人可按照发行时约定的条件将债券转换成公司的股票。如果债券持有人不想转换,则可以继续持有债券,直到偿还期满时收取本金和利息,或者在流通市场出售变现。如果持有人看好发债公司股票增值潜力,在宽限期之后可以行使转换权,按照预定转换价格将债券转换成为股票,发债公司不得拒绝。正因为具有可转换性,可转换债券利率一般低于普通公司债券利率,公司发行可转换债券可以降低筹资成本。《发行管理办法》第二十一条规定:“可转换公司债券自发行结束之日起六个月后方可转换为公司股票,转股期限由公司根据可转换公司债券的存续期限及公司财务状况确定。债券持有人对转换股票或者不转换股票有选择权,并于转股的次日成为发行公司的股东。”

四是回售和回赎特性。依条款约定,可转换债券持有人还享有在一定条件下将债券回售给发行人的权利,发行人在一定条件下拥有强制赎回债券的权利。《发行管理办法》第二十三条规定:“募集说明书可以约定赎回条款,规定上市公司可按事先约定的条件和价格赎回尚未转股的可转换公司债券。”第二十四条规定:“募集说明书可以约定回售条款,规定债券持有人可按事先约定的条件和价格将所持债券回售给上市公司。募集说明书应当约定,上市公司改变公告的募集资金用途的,赋予债券持有人一次回售的权利。”

二、分离交易的可转换公司债券的概念、性质及主要特点

根据《发行管理办法》第二十七条规定,上市公司可以公开发行认股权和债券分离交易的可转换公司债券(以下简称分离交易的可转换公司债券)。从概念上说,分离交易的可转换公司债券属于附认股权证公司债的范围。附认股权证公司债指公司债券附有认股权证,持有人依法享有在一定期间内按约定价格(执行价格)认购公司股票的权利,也就是债券加上认股权证的产品组合。

分离交易的可转换公司债券由两大部分组成:一是可转换债券,二是股票权证。可转换债券是上市公司发行的一种特殊的债券,债券在发行的时候规定了到期转换的价格,债权人可以根据市场行情把债券转换成股票,也可以把债券持有到期归还本金并获得利息。股票权证是指在未来规定的期限内,按照规定的协议价买卖股票的选择权证明,根据买或卖的不同权利,可分为认购权证和认沽权证。因此,对于分离交易的可转换公司债券可以简单地理解成“买债券送权证”的创新品种。

【实务问题65】 分离交易的可转换公司债券与普通可转换公司债券的区别

分离交易的可转换公司债券与普通可转换公司债券的本质区别在于债券与期权可分离交易。也就是说,分离交易的可转换公司债券的投资者在行使了认股权利后,其债权依然存在,仍可持有到期归还本金并获得利息;而普通可转换公司债券的投资者一旦行使了认股权利,则其债权就不复存在了。

此外,分离交易的可转换公司债券不设重设和赎回条款,有利于发挥发行公司通过业绩增长来促成转股的正面作用,避免了普通可转换公司债券发行人往往不是通过提高公司经营业绩而是以不断向下修正转股价或强制赎回方式促成转股而带给投资人的损害。同时,分离交易的可转换公司债券持有人与普通可转换公司债券持有人同样被赋予一次回售的权利,从而极大地保护了投资人的利益。

再者,普通可转换公司债券中的认股权一般是与债券同步到期的,分离交易的可转换公司债券则并非一定如此。《发行管理办法》第三十三条规定,分离交易的可转换公司债券"认股权证的存续期间不超过公司债券的期限,自发行结束之日起不少于六个月。募集说明书公告的权证存续期限不得调整",因为认股权证分离交易导致市场风险加大,缩短权证存续期有助于减少投机。

三、可交换公司债券的概念、性质及主要特点

根据《上市公司股东发行可交换债券试行规定》(证监会公告〔2008〕41 号)① 第一条规定,"可交换公司债券是指上市公司的股东依法发行、在一定期限内依据约定的条件可以交换成该股东所持有的上市公司股份的公司债券"。因此,可交换公司债券本质上仍然属于可转换公司债券的范畴,其也具有可转换公司债券的基本特征,但它也与可转换公司债券具有明显的区别。

【实务问题66】 可交换公司债券与可转换公司债券的区别

可交换公司债券与可转换公司债券有着类似的要素,包括票面利率、期限、换股价格和换股期等。二者投资价值均与上市公司业绩相关,且在约定期限内可以约定的价格转换为标的股票。然而,可交换公司债券尽管与可转换公司债券只有一字之差,但它们在很多方面具有不同的特点。主要包括:第一,发债主体和偿债主体不同。可交换公司债券是上市公司的股东(通常是大股东),而可转换公司债券则是上市公司本身。第二,适用法规不同。发行可交换公司债券的适用法规是

① 证监会公告〔2008〕41 号的制定依据是原已被废止的《公司债券发行试点办法》(证监会令第 49 号),现在应该根据《公司债券发行与交易管理办法》(证监会令第 113 号)进行修订,但依然具有适用性。——笔者注

《公司债券发行与交易管理办法》(证监会令第113号)和《上市公司股东发行可交换债券试行规定》(证监会公告〔2008〕41号),发行可转换公司债券的适用法规是《发行管理办法》,前者侧重于债券融资,后者更接近于股权融资(增发)。第三,发行目的不同。可交换公司债券的发行目的不一定用于投资项目,还包括投资退出、市值管理、资产流动性管理等。可转换公司债券和其他债券的发债目的一般是将募集资金用于投资项目。第四,所换股份的来源不同。可交换公司债券是发行人持有的其他公司的股份(存量股份),可转换公司债券则是发行人未来发行的新股(增发股份)。第五,股权稀释效应不同。可交换公司债券转股不会导致目标公司的总股本发生变化,也不会摊薄每股收益。而可转换公司债券会使发行人的总股本扩大,摊薄每股收益。第六,交割方式不同。可交换公司债券在国外实践中有股票、现金及其混合三种交割方式,无减持意愿的发行人可选择现金交割。现金交割对股价的冲击较小。但当股价大幅上涨时,发行人也面临一定的风险。《上市公司股东发行可交换债券试行规定》中并未提到交割方式,但笔者认为应当给发行人更多的选择权。可转换公司债券一般采用股票交割。第七,条款设置不同。在条款的设置上,可交换公司债券和可转换公司债券最大的不同就在于转股价向下修正条款。前者一般不设置转股价向下修正条款,后者一般附有转股价向下修正条款。在可转换公司债券约定转股价向下修正条款时,当正股股价大幅下调时,为避免触发回售条款,上市公司一般会修正转股价。而对于可交换公司债券而言,如果在正股股价大幅下调时向下修正换股价,则意味着发行人要追加股份。如果后市继续下跌,发行人还得继续修正并追加股份。这将使发行人陷入极为不利的境地,结果是"逢低抛售",与发行人的初衷背道而驰。显然,可交换公司债券触发回售条款时,发行人最明智的做法就是让持有人回售而不是向下修正转股价。

四、可转换公司债券的发行条件及程序

(一)可转换公司债券的发行条件

根据《发行管理办法》第十四条第一款的规定,"公开发行可转换公司债券的公司,除应当符合本章第一节规定外,还应当符合下列规定:(一)最近三个会计年度加权平均净资产收益率平均不低于百分之六。扣除非经常性损益后的净利润与扣除前的净利润相比,以低者作为加权平均净资产收益率的计算依据;(二)本次发行后累计公司债券余额不超过最近一期末净资产额的百分之四十;(三)最近三个会计年度实现的年均可分配利润不少于公司债券一年的利息。"其中的"本章第一节规定"是指公开发行证券的条件中的一般规定。主要包括"上市公司的组织机构

健全、运行良好"(第六条)、"上市公司的盈利能力具有可持续性"(第七条)、"上市公司的财务状况良好"(第八条)、"上市公司最近三十六个月内财务会计文件无虚假记载,且不存在下列重大违法行为……"(第九条)、"上市公司募集资金的数额和使用应当符合下列规定"(第十条)以及不存在第十一条所述的不得公开发行证券的情形。限于篇幅,在此不再详述。

《发行管理办法》第十五条规定:"可转换公司债券的期限最短为一年,最长为六年。"

(二)可转换公司债券的发行程序

可转换公司债券的发行程序主要包括如下步骤:

1. 董事会决议并公告。上市公司申请发行可转换债券,应当在发行议案经董事会表决通过后,在两个工作日内报告证券交易所,公告召开股东大会的通知。

2. 股东大会批准。申请发行可转换债券,应由发行人的股东大会作出决议。

3. 申报文件编制。主承销商、注册会计师和律师等有关中介机构认真履行各自的义务和职责,按照中国证监会的有关规定制作申请文件,为发行人发行可转换债券提供服务,并承担相应的法律责任。

4. 主承销商推荐和保荐机构保荐。上市公司发行可转换公司债券,应当由主承销商负责向中国证监会推荐,出具推荐意见,并负责报送发行申请文件;保荐机构和保荐代表人出具保荐文件。

5. 提交可转换债券的发行申请文件。公司债券发行申请人应提出发行申请,即可转换债券的发行人按照《公开发行证券的公司信息披露内容与格式准则第12号——上市公司发行可转换公司债券申请文件》的要求向中国证监会提交发行申请文件。

6. 受理申请文件。中国证监会收到申请文件后,在3个工作日内作出是否受理的决定。

7. 初审。中国证监会受理申请文件后,对发行人申请文件的合法性进行初审,并在30日内将初审意见函告发行人及其主承销商、保荐机构。

8. 发行审核委员会审核。中国证监会对按初审意见补充完善的申请文件进一步审核,并在受理申请文件后60日内,将初审报告和申请文件提交"发审委"审核。"发审委"以投票方式对发行申请进行表决,提出审核意见。

9. 核准发行。中国证监会依据"发审委"的审核意见,对发行人的发行申请作出核准或不予核准的决定。予以核准的,中国证监会出具核准公开发行的文件;不予核准的，中国证监会出具书面意见，说明不予核准的理由。中国证监会自受理申请文件之日起到作出决定的期限为3个月。

10. 复议。发行申请未被核准的公司，自接到中国证监会的书面决定之日起60日内，可提出复议申请。中国证监会收到复议申请后60日内，对复议申请作出决定。

11. 公告募集说明书并公开发行可转换债券。发行申请被核准的可转换债券的发行人必须在发行日前2~5个交易日公布可转换债券募集说明书。

五、分离交易的可转换公司债券的发行条件及程序

对于分离交易的可转换公司债券，《发行管理办法》第二十七条规定："……发行分离交易的可转换公司债券，除符合本章第一节规定外，还应当符合下列规定：(一)公司最近一期末经审计的净资产不低于人民币十五亿元；(二)最近三个会计年度实现的年均可分配利润不少于公司债券一年的利息；(三)最近三个会计年度经营活动产生的现金流量净额平均不少于公司债券一年的利息，符合本办法第十四条第(一)项规定的公司除外；(四)本次发行后累计公司债券余额不超过最近一期末净资产额的百分之四十，预计所附认股权全部行权后募集的资金总量不超过拟发行公司债券金额。"第二十八条规定："分离交易的可转换公司债券应当申请在上市公司股票上市的证券交易所上市交易。分离交易的可转换公司债券中的公司债券和认股权分别符合证券交易所上市条件的，应当分别上市交易。"第二十九条规定："分离交易的可转换公司债券的期限最短为一年。"第三十三条规定："认股权证的存续期间不超过公司债券的期限，自发行结束之日起不少于六个月。"第三十四条规定："认股权证自发行结束至少已满六个月起方可行权，行权期间为存续期限届满前的一段期间，或者是存续期限内的特定交易日。"

分离交易的可转换公司债券的发行程序基本与普通的可转换公司债券的程序类似，区别在于如果公司债券和认股权分别上市的，应当分别适用公司债券和认股权证上市的程序执行。

案例74 四川长虹股份(600839)发行分离交易的可转换公司债券

2009年8月，四川长虹电器股份有限公司(以下简称长虹股份，600839)发行分离交易的可转换公司债券，并就债券和认股权证两个部分分别上市交易。有关具体情况如下：

1. 发行种类：认股权和债券分离交易的可转换公司债券(以下简称分离交易的

可转换公司债券、分离交易可转债)。

2. 发行总额、票面金额及发行数量:300,000 万元;100 元/张;300 万手(3000 万张)。

3. 发行价格:按票面金额平价发行,债券所附认股权证按比例向债券的认购人派发。

4. 债券期限:6 年,自 2009 年 7 月 31 日到 2015 年 7 月 30 日。

5. 还本付息的期限和方式:每年付息一次,债券到期日之后的 5 个交易日内,四川长虹按照面值加上最后一年的应计利息偿还所有债券。

6. 票面利率和付息日期:按票面金额计息,计息起始日为分离交易可转债发行日(即 2009 年 7 月 31 日)。票面利率询价区间 0.80% ~2.00%。最终票面利率将由发行人与保荐人(主承销商)根据簿记建档结果及网上、网下申购情况在上述询价区间范围内协商确定。

7. 到期日及兑付日期:到期日为 2015 年 7 月 30 日,兑付日期为到期日 2015 年 7 月 30 日之后的 5 个工作日。

8. 认股权证情况:(1)权证发行数量:每手四川长虹分离交易可转债的最终认购人可以同时获得发行人派发的 191 份认股权证;(2)权证的存续期:自认股权证上市之日起 24 个月;(3)行权期间:认股权证存续期最后 5 个交易日;(4)行权比例:本次发行所附认股权证的行权比例为 1:1,即每 1 份认股权证代表 1 股发行人发行的股票的认购权利;(5)行权价格:本次发行所附每张权证的初始行权价格为人民币 5.23 元/股。在认股权证存续期间,若四川长虹股票除权、除息,将对本次权证的行权价格、行权比例作相应调整:(A)四川长虹股票除权时,认股权证的行权价格和行权比例分别按下列公式进行调整:新行权价格 = 原行权价格 ×(四川长虹股票除权日参考价/除权前 - 交易日四川长虹股票收盘价);新行权比例 = 原行权比例 ×(除权前 - 交易日四川长虹股票收盘价/四川长虹股票除权日参考价);(B)四川长虹股票除息时,认股权证的行权比例不变,行权价格按下列公式调整:新行权价格 = 原行权价格 ×(四川长虹股票除息日参考价/除息前 - 交易日四川长虹股票收盘价)。

9. 债券回售条款:四川长虹若改变公告的本次分离交易可转债募集资金用途,将赋予债券持有人一次回售的权利,回售价为面值加上当期应计利息。

10. 分离交易可转债资信评级情况:中诚信证券评估有限公司评定公司债券信用等级为 AA,授予四川长虹主体信用等级为 AA -。

11. 担保事项:绵阳市投资控股(集团)有限公司为本次发行的分离交易可转债提供全额不可撤销的连带责任保证担保。

12. 本次发行对象:(1)向原股东优先配售:发行公告公布的股权登记日收市后登记在册的发行人原股东;(2)网下发行:符合法律法规规定的机构投资者(法律法规禁止购买者除外);(3)网上发行:在上交所开立证券账户的自然人、法人、证券投资基金以及符合法律法规规定的其他投资者(法律法规禁止购买者除外)。

13. 发行方式:本次发行分离交易可转债向原股东优先配售,配售数量为本次发行总额的80%。原股东优先配售后剩余部分采取网下向机构投资者利率询价配售与网上资金申购相结合的方式进行。

原股东可优先认购的数量上限为其在本次发行股权登记日收市后登记在册的发行人股份数乘以1.264元,再按1000元1手转换成手数。网上优先配售不足1手部分按照精确算法原则取整,网下优先配售不足1手部分按照四舍五入的原则取整。四川长虹现有总股数为1,898,211,418股,原股东可优先认购的数量上限约为2,399,339手,约占本次发行规模的80.00%。其中,有限售条件流通股股东(持股数量为4,396,577股)可优先认购约5557手,约占本次发行的分离交易可转债总额的0.20%;无限售条件流通股股东(持股数量为1,893,814,841股)优先认购约2,393,782手,约占本次发行的分离交易可转债总额的79.80%。

发行人控股股东四川长虹电子集团有限公司(以下简称长虹集团)本次发行前已承诺参与行使优先认购权。

发行人原股东除可参加优先配售外,还可参加优先配售后剩余部分四川长虹分离交易可转债的申购。

【评析】

1. 分别上市。根据《四川长虹认股权证上市公告书》和《四川长虹公司债券上市公告书》的披露,由于公司债券和认股权部分符合上市交易的条件,因此,根据《发行管理办法》第二十八条规定,分离交易的可转换公司债券应当申请在上市公司股票上市的证券交易所上市交易。分离交易的可转换公司债券中的公司债券和认股权分别符合证券交易所上市条件的,应当分别上市交易。所以,这两个部分皆在上交所上市交易。

2. 期限。本分离交易的可转换公司债券的期限为6年,符合《发行管理办法》第二十九条规定分离交易的可转换公司债券的期限最短为1年的要求。

3. 权证条款。认股权证的行权价格为为人民币5.23元/股。该行权价格不低于本次发行的募集说明书公告日前20个交易日公司股票的均价和前1个交易日公司股票的均价。在认股权证存续期间,若四川长虹股票除权、除息,将对本次权证的行权价格、行权比例作相应调整,符合《发行管理办法》第三十二条的规定;认股权证的存续期间为自认股权证上市之日起24个月。符合《发行管理办法》第三十三条有关认股权证的存续期间不超过公司债券的期限,自发行结束之日起不少于六个月的规定;行权期间为认股权证存续期最后5个交易日,符合《发行管理办法》第三十四条有关认股权证自发行结束至少已满六个月起方可行权,行权期间为存续期限届满前的一段期间,或者是存续期限内的特定交易日的规定。

4. 回售条款。四川长虹若改变公告的分离交易可转债募集资金用途,将赋予债券持有人一次回售的权利,回售价为面值加上当期应计利息。符合《发行管理办法》第三十五条有关分离交易的可转换公司债券募集说明书应当约定,上市公司改变公告的募集资金用途的,赋予债券持有人一次回售的权利的规定。

5. 担保。根据《发行管理办法》第二十条规定,公开发行可转换公司债券,应当提供担保,但最近一期末经审计的净资产不低于人民币十五亿元的公司除外。提供担保的,应当为全额担保,担保范围包括债券的本金及利息、违约金、损害赔偿金和实现债权的费用。以保证方式提供担保的,应当为连带责任担保,且保证人最近一期经审计的净资产额应不低于其累计对外担保的金额。证券公司或上市公司不得作为发行可转债的担保人,但上市商业银行除外。设定抵押或质押的,抵押或质押财产的估值应不低于担保金额。估值应经有资格的资产评估机构评估。本发行中,绵阳市投资控股(集团)有限公司为本次发行的分离交易可转债提供全额不可撤销的连带责任保证担保,符合该规定。

6. 内外部批准和证监会核准。根据披露,本次发行经公司2008年6月12日召开的第七届董事会第二次会议审议通过,并经于2008年6月30日召开的2008年第一次临时股东大会审议通过。2009年7月10日,公司召开2009年第一次临时股东大会审议通过将发行分离交易可转债决议有效期延长一年至2010年6月30日。2009年7月10日,公司召开第七届董事会第二十六次会议决议同意由绵阳市投资控股(集团)有限公司对公司本次发行的30亿分离交易可转债提供全额连带责任保证担保。本次发行已经中国证监会证监许可〔2009〕663号文核准。

7. 原股东的优先配售权。本次发行分离交易可转债,原股东享有优先认购权,本次发行向原股东优先配售。余额及原股东放弃部分采取网下向机构投资者利率询价配售与网上资金申购相结合的方式进行。

六、可交换公司债券的发行条件及程序

可交换公司债券发行适用的基本规定是《公司债券发行与交易管理办法》(证监会令第113号)、《上市公司股东发行可交换债券试行规定》(证监会公告〔2008〕

41 号)以及《上海证券交易所可交换公司债券业务实施细则》(上证发〔2014〕41 号)和《深圳证券交易所可交换公司债券业务实施细则》(深证上〔2014〕282 号)。

(一)可交换公司债券的发行条件

根据《公司债券发行与交易管理办法》第十二条规定,“……上市公司、股票公开转让的非上市公众公司股东可以发行附可交换成上市公司或非上市公众公司股票条款的公司债券。……”这是证监会规章层面的原则规定。该规定明确了上市公司、股票公开转让的非上市公众公司股东可以发行可交换公司债券。

对于上市公司股东而言,应遵循《上市公司股东发行可交换债券试行规定》(证监会公告〔2008〕41 号)的有关规定。笔者总结如表 30－1 所示。

表 30－1 上市公司股东发行可交换公司债券条件

条件	具体要求	适用法规条款
发行主体	依法成立的有限责任公司或股份有限公司(通常是上市公司的大股东)	《上市公司股东发行可交换债券试行规定》第二条第(一)项
财务条件	1. 公司最近一期末的净资产额不少于人民币 3 亿元; 2. 公司最近 3 个会计年度实现的年均可分配利润不少于公司债券一年的利息; 3. 本次发行后累计公司债券余额不超过最近一期末净资产额的 40%	《上市公司股东发行可交换债券试行规定》第二条第(三)项、第(四)项、第(五)项
募集资金	本次发行债券的金额不超过预备用于交换的股票按募集说明书公告日前 20 个交易日均价计算的市值的 70%,且应当将预备用于交换的股票设定为本次发行的公司债券的担保物	《上市公司股东发行可交换债券试行规定》第二条第(六)项
期限和面值要求	可交换公司债券的期限最短为 1 年,最长为 6 年,面值每张人民币 100 元	《上市公司股东发行可交换债券试行规定》第四条
其他条件	1. 公司组织机构健全,运行良好,内部控制制度不存在重大缺陷; 2. 经资信评级机构评级,债券信用级别良好; 3. 不存在《公司债券发行试点办法》第八条[①]规定的不得发行公司债券的情形	《上市公司股东发行可交换债券试行规定》第二条第(二)项、第(七)项、第(八)项

续表

条件	具体要求	适用法规条款
上市公司及用于交换股票的要求	1. 该上市公司最近一期末的净资产不低于人民币 15 亿元,或者最近 3 个会计年度加权平均净资产收益率平均不低于 6%。扣除非经常性损益后的净利润与扣除前的净利润相比,以低者作为加权平均净资产收益率的计算依据; 2. 用于交换的股票在提出发行申请时应当为无限售条件股份,且股东在约定的换股期间转让该部分股票不违反其对上市公司或者其他股东的承诺; 3. 用于交换的股票在本次可交换公司债券发行前,不存在被查封、扣押、冻结等财产权利被限制的情形,也不存在权属争议或者依法不得转让或设定担保的其他情形; 4. 可交换公司债券自发行结束之日起 12 个月后方可交换为预备交换的股票,债券持有人对交换股票或者不交换股票有选择权; 5. 公司债券交换为每股股份的价格应当不低于公告募集说明书日前 20 个交易日公司股票均价和前一个交易日的均价。募集说明书应当事先约定交换价格及其调整、修正原则。若调整或修正交换价格,将造成预备用于交换的股票数量少于未偿还可交换公司债券全部换股所需股票的,公司必须事先补充提供预备用于交换的股票,并就该等股票设定担保,办理相关登记手续	《上市公司股东发行可交换债券试行规定》第三条、第五条

注:原《公司债券发行试点办法》第八条规定:"存在下列情形之一的,不得发行公司债券:(一)最近三十六月内公司财务会计文件存在虚假记载,或公司存在其他重大违法行为;(二)本次发行申请文件存在虚假记载、误导性陈述或者重大遗漏;(三)对已发行的公司债券或者其他债务有违约或者迟延支付本息的事实,仍处于继续状态;(四)严重损害投资者合法权益和社会公共利益的其他情形。"该规定与《公司债券发行与交易管理办法》(证监会令第 113 号)第二章"发行和交易转让"第二节"公开发行及交易"中的第十七条的规定一致。

(二)可交换公司债券的上市条件

《上海证券交易所可交换公司债券业务实施细则》(上证发〔2014〕41 号)和《深圳证券交易所可交换公司债券业务实施细则》(深证上〔2014〕282 号)分别规定了可交换债券上市的条件。其各自的第 2.1 条规定,"发行人申请可交换债券在本所上市,应当符合下列条件:(一)经中国证监会核准并公开发行;(二)债券的期限为一年以上;(三)实际发行额不少于人民币 5000 万元;(四)申请上市时仍符合法定的可交换债券发行条件;(五)本所规定的其他条件。"

(三)可交换公司债券的发行程序

根据《上市公司股东发行可交换债券试行规定》(证监会公告〔2008〕41 号)第

六条第一款规定:“可交换公司债券的发行程序,按照《公司债券发行试点办法》第三章的规定办理。”由于《公司债券发行试点办法》已经被《公司债券发行与交易管理办法》(证监会令第113号)所废止,因此有关发行程序的规定应当适用后者有关发行的程序规定,请读者参阅公司债券发行程序的相关内容,此处不再赘述。

案例75 宝钢集团(132001)发行可交换公司债券(新华股份,601336)

2014年12月,宝钢集团有限公司(以下简称宝钢集团,132001)发行可交换公司债券。有关情况如下:

1. 发行证券的种类:发行种类为可交换为公司所持新华人寿保险股份有限公司(以下简称新华保险,601336)A股股票的可交换债。该可交换债将在上交所上市,未来经可交换债交换的新华保险A股股票将继续在上交所交易流通。

2. 发行主体:宝钢集团有限公司。

3. 发行规模:本次发行的可交换债总额人民币40亿元。

4. 票面金额和发行价格:每张面值100元人民币,按面值发行。

5. 债券期限:为发行首日起三年。

6. 票面利率:本次债券为固定利率,在债券存续期内固定不变。本次债券采取网上与网下相结合的发行方式,票面利率将由本公司与主承销商根据网下利率询价结果在预设利率区间内协商确定。

7. 付息的期限和方式

(1)计息年度的利息计算

计息年度的利息(以下简称年利息)指可交换债持有人按持有的可交换债票面总金额自本次债券发行首日起每满一年可享受的当期利息。

年利息的计算公式为:$I = B \times i$

I:指年利息额;B:指本次发行的可交换债持有人持有的可交换债票面总金额;i:指可交换债当年票面利率。

(2)付息方式

①本次发行的可交换债采用每年付息一次的付息方式,计息起始日为本次债券发行首日。②付息日:每年的付息日为本次发行的可交换债发行首日起每满一年的当日,如该日为法定节假日或休息日,则顺延至下一个交易日,顺延期间不另付息。每相邻的两个付息日之间为一个计息年度。③付息债权登记日:每年的付息债权登记日为每年付息日的前一交易日,公司将在每年付息日之后的五个交易

日内支付当年利息。在付息债权登记日前(包括付息债权登记日)申请交换成新华保险A股股票的可交换债,公司不再向其持有人支付本计息年度及以后计息年度的利息。④可交换债持有人所获得利息收入的应付税项由持有人承担。

8. 换股期限:自可交换债发行结束日满12个月后的第一个交易日起至可交换债到期日止,即2015年12月12日至2017年12月9日止。如为法定节假日或休息日,则顺延至下一个交易日。

9. 换股价格的确定及其调整

(1)初始换股价格的确定依据

本次发行可交换债的初始换股价格为43.28元/股,不低于公告募集说明书日前一个交易日、前二十个交易日、前三十个交易日新华保险A股股票均价中的最高者(若在前述交易日内发生过因除权、除息引起股价调整的情形,则对调整前交易日的交易价格按经过相应除权、除息调整后的价格计算)。

(2)换股价格的调整方式及计算公式

在本次发行可交换债之后,当新华保险A股股票因派送股票股利、转增股本、增发新股、配股、派送现金股利等情况使新华保险A股股票发生变化时,将按下述公式进行换股价格的调整:

派送股票股利或转增股本:$P1 = P0/(1 + n)$;

增发新股或配股:$P1 = (P0 + A \times k)/(1 + k)$;

上述两项同时进行:$P1 = (P0 + A \times k)/(1 + n + k)$;

派送现金股利:$P1 = P0 - D$;

上述三项同时进行:$P1 = (P0 - D + A \times k)/(1 + n + k)$。

其中:P0为初始换股价,n为送股或转增股本率,k为增发新股或配股率,A为增发新股价或配股价,D为每股派送现金股利,P1为调整后换股价。

当新华保险出现上述股份和/或股东权益情况变化时,将依次进行换股价格调整。当换股价格调整日为本次发行的可交换债持有人换股申请日或之后,交换股票登记日之前,则该持有人的换股申请按公司调整后的换股价格执行。

若调整换股价格从而造成预备用于交换的股票数量少于未偿还可交换公司债券全部换股所需股票的,本公司将事先补充提供预备用于交换的股票。

10. 换股股数确定方式

本次发行的可交换债持有人在换股期内申请换股时,换股数量的计算方式为:$Q = V/P$,并以去尾法取一股的整数倍。

其中:V为可交换债持有人申请换股的可交换债票面总金额;P为申请换股当

日有效的换股价。换股时不足交换为一股的可交换债余额,公司将按照上交所、证券登记机构等部门的有关规定,在可交换债持有人换股当日后的五个交易日内以现金兑付该可交换债余额。该不足交换为一股的可交换债余额对应当期应计利息的支付将根据证券登记机构等部门的有关规定办理。

11. 赎回条款

在本次发行的可交换债期满后五个交易日内,公司将以本次发行的可交换债的票面面值的101.5%(不含最后一期年度利息)的价格向投资者赎回全部未换股的可交换债。具体上浮比率由公司董事会(或由董事会授权的人士)在本次发行可交换债前根据市场情况与保荐机构及主承销商协商确定。

此外,当本次发行的可交换债未换股余额不足人民币3000万元(如适用的上市规则另有规定,则适用相应规定)时,公司董事会有权决定按面值加当期应计利息的价格赎回全部未换股的可交换债。

当期应计利息的计算公式为:$IA = B \times i \times t / 365$

IA:指当期应计利息;B:指本次发行的可交换债持有人持有的可交换债票面总金额;i:指可交换债的票面利率;t:指计息天数,即从上一个付息日起至本计息年度赎回日止的实际日历天数(算头不算尾)。

12. 本次债券的信用评级情况:经中诚信综合评定,公司的主体长期信用等级为AAA,评级展望为稳定,本次债券的信用等级为AAA。

13. 本次债券的托管:在本次债券存续期限内,发行人聘请中金公司作为本次债券的债券受托管理人,双方于2014年8月在上海市签署了《债券受托管理协议》,中金公司将根据相关法律法规、部门规章的规定、本次债券《债券受托管理协议》的约定以及债券持有人会议的授权行使。

【评析】

1. 法律适用。宝钢集团在2014年12月发行可交换公司债券适用的法律规定应为证监会颁布的《公司债券发行试点办法》(证监会令第49号)、《上市公司股东发行可交换公司债券试行规定》(证监会公告〔2008〕41号)、国资委颁布的《关于规范上市公司国有股东发行可交换公司债券及国有控股上市公司发行证券有关事项的通知》(国资发产权〔2009〕125号)等有关法规,以及上海证券交易所颁布的《上海证券交易所可交换公司债券业务实施细则》和中国证券登记结算有限责任公司颁布的《中国证券登记结算有限责任公司可交换公司债券登记结算业务细则》等相关规定组织实施可交换公司债券发行。

2. 发行主体和标的股票。发行主体为宝钢集团,标的股票为新华保险在上交所上市交易的A股股票。与可转换公司债券相比较,后者的发行主体应该是新华保险,并且如果是后者,其转股股票应当为增发的新股,而前者则为宝钢集团持有的新华保险的存量股票。

3. 面值、发行期限。根据证监会公告〔2008〕41号第四条规定,可交换公司债券发行期限为1~6年,面值为100元。宝钢集团发行可交换公司债券符合此规定。

4. 转换期限及转换选择权。根据证监会公告〔2008〕41号第五条第一款规定,可交换公司债券自发行结束之日起12个月后方可交换为预备交换的股票,债券持有人对交换股票或者不交换股票有选择权。宝钢集团发行可交换公司债券符合此规定。

5. 转换价格、修正及补充。根据《发行管理办法》第二十二条规定,转股价格应不低于募集说明书公告日前二十个交易日该公司股票交易均价和前一交易日的均价。前款所称转股价格,是指募集说明书事先约定的可转换公司债券转换为每股股份所支付的价格。《发行管理办法》第二十五条规定,募集说明书应当约定转股价格调整的原则及方式。发行可转换公司债券后,因配股、增发、送股、派息、分立及其他原因引起上市公司股份变动的,应当同时调整转股价格。《发行管理办法》第二十六条规定,募集说明书约定转股价格向下修正条款的,应当同时约定:(一)转股价格修正方案须提交公司股东大会表决,且须经出席会议的股东所持表决权的三分之二以上同意。股东大会进行表决时,持有公司可转换债券的股东应当回避;(二)修正后的转股价格不低于前项规定的股东大会召开日前二十个交易日该公司股票交易均价和前一交易日的均价。同时,证监会公告〔2008〕41号第五条第二款规定,公司债券交换为每股股份的价格应当不低于公告募集说明书日前20个交易日公司股票均价和前一个交易日的均价。募集说明书应当事先约定交换价格及其调整、修正原则。若调整或修正交换价格,将造成预备用于交换的股票数量少于未偿还可交换公司债券全部换股所需股票的,公司必须事先补充提供预备用于交换的股票,并就该等股票设定担保,办理相关登记手续。宝钢集团发行可交换公司债券符合前述规定。

6. 赎回条款。根据《发行管理办法》第二十三条规定,募集说明书可以约定赎回条款,规定上市公司可按事先约定的条件和价格赎回尚未转股的可转换公司债券。证监会公告〔2008〕41号第四条第二款也有类似规定,即是说,可交换公司债券是否约定赎回条款应由发行人自由决定,但应当在募集说明书中进行明确。类似的原则也适用于回售条款,但需要注意的是,根据《发行管理办法》第二十四条第二款规定，募集说明书应当约定，上市公司改变公告的募集资金用途的，赋予债券持有人一次回售的权利。

7. 内外部审批和发行核准。根据国资发产权〔2009〕125号第五条的规定，国有股东发行可交换公司债券，该股东单位为国有独资公司的，由公司董事会负责制订债券发行方案，并由国有资产监督管理机构依照法定程序作出决定；国有股东为其他类型公司制企业的，债券发行方案在董事会审议后，应当在公司股东会（股东大会）召开前不少于20个工作日，按照规定程序将发行方案报省级或省级以上国有资产监督管理机构审核，国有资产监督管理机构应在公司股东会（股东大会）召开前5个工作日出具批复意见。国有股东为中央单位的，由中央单位通过集团母公司报国务院国有资产监督管理机构审核；国有股东为地方单位的，由地方单位通过集团母公司报省级国有资产监督管理机构审核。

根据披露，宝钢集团拟发行总规模不超过40亿元可交换公司债券事项于2014年3月18日经第三届董事会第十一次临时会议审议通过，并于2014年4月19日经国资委“国资产权〔2014〕195号”文核准。证监会于2014年10月23日以“证监许可〔2014〕1106号”文核准宝钢集团向社会公开发行总额不超过40亿元的可交换公司债券。

8. 发行条件。根据披露，发行人长期主体信用等级为AAA，本次债券信用等级为AAA；发行人最近一期末净资产（含少数股东权益）为2785.29亿元人民币（2014年9月30日合并报表中所有者权益合计）；本次债券上市前，发行人最近三个会计年度实现的年均可分配利润为78.51亿元（2011年、2012年及2013年合并报表中归属于母公司所有者的净利润），预计不少于本次债券一年利息的1.5倍。发行人在本次发行前的财务指标符合相关规定。

9. 信用评级情况。对于本案例，根据证监会公告〔2008〕41号以及原《公司债券发行试点办法》第十条的规定，公司债券的信用评级，应当委托经中国证监会认定、具有从事证券服务业务资格的资信评级机构进行。当然，依据现在的《公司债券发行与交易管理办法》（证监会令第113号）第十九条规定，公开发行公司债券，应当委托具有从事证券服务业务资格的资信评级机构进行信用评级。

10. 根据证监会公告〔2008〕41号第六条第二款的规定，债券受托管理和债券持有人权益保护事项，按照《公司债券发行试点办法》第四章的规定办理。因此，宝钢集团按照规定聘请中金公司作为本次债券的债券受托管理人，双方于2014年8月在上海市签署了《债券受托管理协议》。

专题31 永续债法律、财税实务

内容提示

前面两个专题分别介绍了公司(企业)债券和可转换、可交换公司债券的有关法律实务,其中笔者简要介绍了中期票据(系永续债出现的基础)。应该讲,永续债与优先股类似,属于一种混合性质的证券,首次在我国登上历史舞台的是2013年的武汉地铁、国电电力的永续中票。本专题包含如下内容:

- 永续债的含义及主要特征;
- 永续债的发行条件和程序;
- 永续债的财税法实务。

一、永续债的含义及主要特征

(一)永续债的含义及主要作用

永续债历史悠久。世界上第一只永续债券起源于18世纪的拿破仑时代。当时的英国财政部为筹备英法战争所需要的资金而发行了一只没有到期期限的债券,开创了永续债券的先河。直到今天,英国政府仍在发行永续国债(British Consul Bonds)以满足日常的财政需要。国际市场上永续债券的大规模发行则主要集中在最近十年内。

永续债(perpetual bond)也称无期债券,指的是不规定到期期限,债权人不能要求清偿,但可按期取得利息的一种有价证券。在国际上永续债券作为混合债务工具的一种,介于传统债务工具和股票之间,集两者的主要优势于一身,发行永续债券的主要目的是扩充中长期资金需求,有助提高资本比率,降低资产负债率。永续债可以作为权益工具进行处理,其偿还顺序与公司股票一致,均低于一般债券,从而既提高股本水平又不摊薄股东权益。

永续债的主要作用在于如下几点:(1)降低发行人公司的负债率,美化财务报表;(2)增加公司现金流(融资功能);(3)在资金用途上比开发贷款或者传统的债券融资更灵活;(4)增加了再融资能力,降低了再融资的成本。

(二)永续债的主要特征

1.长期性或永续性

永续债作为一种对利率风险非常敏感的具有超长久期性的债券,为市场提供了一种方便调节组合久期的工具。如果投资者希望延长投资组合的久期,可以通过购买永续债达到灵活调整的目标。

2.具有一定权益属性的债务工具

永续债券又被称为"债券中的股票"。从国际实践来看,银行等金融企业一般将永续债视做可计入非核心一级资本的混合资本工具;非金融企业发行的永续债在满足一定条件下可以在财务报表中体现为权益工具而非债务工具。虽然永续债具有一定的权益属性,但是其投资者并不能像普通股股东一样参与企业经营管理和利润分配。永续债券持有者除公司破产等原因外,一般不能要求公司偿还本金,而只能定期获取利息,因而也被市场称为"最彻底的公司债"。如果发行方出现破产重组等情形,从债务偿还顺序来看,大部分永续债券偿还顺序在一般债券之后普通股之前。

3.附加赎回及利率调整条款

大多数永续债均设有赎回或利率调整条款。首次赎回期一般设定在发行5年后。伴随赎回条款通常会设置利率调整条款,以应对赎回日后永续债未被赎回的情形。利率调整条款一般有两种形式:第一种是将固定利率调整为浮动利率,浮动利率基准通常参考LIBOR等;第二种是设置票息率"跳升"机制。永续债券的票息通常较高,主要分布在6%~9%。永续债的高票息使其颇具吸引力。

【实务问题67】　永续债、可转债和优先股的区别

混合型证券是具有股权和债务双重特点组合的证券形式。市场中的股债混合产品目前主要有可转债、永续债和优先股等产品。

可转债是在一定期限内依据一定条件可以转换成公司股票的债券。转股权是可转债投资者享有的、一般债券所没有的选择权。可转换债券在发行时就明确约定,债券持有人可按照发行时约定的价格将债券转换成公司的普通股票。如果债券持有人不想转换,则可以继续持有债券,直到偿还期满时收取本金和利息,或者在流通市场出售变现。如果持有人看好可转债发行人股票增值潜力,则在转换股期内可以行使转换权,按照预定转换价格将债券转换成为股票。正因为具有可转换性,可转债利率一般低于普通公司债券利率,企业发行可转债可以降低筹资成本。可转债投资者还享有在一定条件下将债券回售给发行人的权利,发行人在一定条件下拥有强制赎回债券的权利。永续债是没有到期日的债券,一般由主权国家、金融机构、大型企业发行,持有人不能要求清偿本金,但可以按期取得利息,是偏好超长期高回报的投资者青睐的投资工具。永续债特点体现在高票息、长久期、附加赎回条款并伴随利率调整条款等。优先股是指依照公司法,在一般规定的普通种类股份之外,另行规定的其他种类股份,其股份持有人优先于普通股股东分配公司利润和剩余财产,但参与公司决策管理等权利受到限制。

与可转债相比,优先股没有固定期限,且未必含有转股条款。可转债一般期限不超过六年,其投资者转股前作为债券持有人、转股后作为普通股股东在股东表决权、利润分配及剩余财产分配上均不同于优先股投资者。与永续债相比,优先股投资者具有在一定条件下恢复表决权的权利,而永续债一般不具有这一特点;从破产清算时剩余财产的清偿顺序来看,永续债券的偿还顺序先于优先股;从发行人角度,支付的永续债利息可在税前扣除,而优先股股息不能在税前扣除。优先股在附有转股条款时,类似于含可预期股息(固定或浮动)的可转债,在没有转股条款并股息可预期时,又类似于永续债。但由于优先股介于永续债和可转债之间,赋予了发行人根据具体情况设计条款的权利,因此更加灵活。

二、永续债的发行条件和程序

永续债在我国属于一种创新的金融工具,系银行间市场交易商协会(以下简称交易商协会)在原中期票据的产品框架下推出的境内永续债产品,即“长期限含权中期票据”。注册机构为交易商协会,界定为中期票据产品(长期限含权品种);发行方式采用一次注册,可分期发行;发行规模按照经审计净资产40%的要求独立核算可注册额度;流通市场为银行间债券市场;托管人为上海清算所。

(一)永续债的发行条件

鉴于我国的境内永续债是指在中期票据基础上发展起来的长久期的金融工具,因此通常意义上讲应当符合中期票据的发行条件。其主要的依据是《银行间债券市场非金融企业债务融资工具管理办法》(中国人民银行令〔2008〕第1号)、《银行间债券市场非金融企业债务融资工具注册规则》(NAFMII规则0001)、《银行间债券市场非金融企业中期票据业务指引》(NAFMII指引0004)以及《银行间债券市场非金融企业债务融资工具信息披露规则》(2012 年修订)的相关规定。其发行条件如表 31 -1 所示。

表 31 -1　永续债的发行条件

条件	具体要求	适用法规条款
发行主体	具有法人资格的非金融企业	中国人民银行令〔2008〕1 号第二条、NAFMII 规则 0001 第二条、NAFMII 指引 0004 第二条
发行规模	发行规模不超过最近一期末经审计净资产的 40%,且与其他品种独立核算;待偿还余额不得超过企业净资产的 40%	NAFMII 指引 0004 第四条
募集投向	募集的资金应用于符合国家法律法规及政策要求的企业生产经营活动	NAFMII 指引 0004 第五条
财务条件	无资产规模、净资产规模、盈利和偿债指标等特别要求	—
其他条件	公司治理结构完善、运营良好	—

(二)永续债的发行程序

根据《银行间债券市场非金融企业债务融资工具注册规则》(NAFMII 规则 0001)的规定,永续债(长期限含权中期票据)在银行间债券市场发行实行注册制。企业通过主承销商将根据《非金融企业债务融资工具注册文件表格体系》(中国银行间市场交易商协会公告〔2012〕12 号)准备的注册文件提交给交易商协会注册委员会下设的办公室,办公室在初审过程中可建议企业解释、补充注册文件内容,还可调阅主承销商及相关中介机构的工作报告、工作底稿或其他有关资料。注册会议原则上每周召开一次。注册会议由 5 名注册委员会委员参加。参会委员从注册委员会全体委员中抽取。注册会议召开前,办公室应至少提前 2 个工作日,将经过初审的企业注册文件和初审意见送达参会委员。参会委员应对是否接受债务融资工具的发行注册做出独立判断。2 名以上(含 2 名)委员认为企业没有真实、准确、完整、及时披露信息,或中介机构没有勤勉尽责的,交易商协会不接受发行注册。交易商协会向接受注册的企业出具《接受注册通知书》,注册有效期 2 年。企业在注册有效期内可一次发行或分期发行。企业应在注册后 2 个月内完成首期发行。企业如分期发行,后续发行应提前 2 个工作日向交易商协会备案。企业在注册有效期内需更换主承销商或变更注册金额的,应重新注册。交易商协会不接受注册的,企业可于 6 个月后重新提交注册文件。永续债在债权债务登记日次一工作日即可在全国银行间债券市场机构投资者之间流通转让。

案例 76 国电电力(600795)发行“13 国电 MTN001”永续中票——发行条件和程序要求

国电电力发展股份有限公司(以下简称国电电力,600795)2014 年 12 月 18 日发行了 2013 年度第一期中期票据(债券名称“13 国电 MTN001”)。有关发行条件和程序的情况如下:

1. 发行程序

(1)内部批准:2013 年 3 月 29 日,发行人召开七届六次董事会会议,会议审议通过《关于公司发行中票的议案》,同意发行人发行规模不超过 30 亿元(含 30 亿元)的中期票据;2013 年 4 月 19 日,发行人召开 2012 年度股东大会,会议审议通过了《关于公司发行中票的议案》,同意发行人发行规模不超过 30 亿元(含 30 亿元)的中期票据。

(2)申请注册:依据《银行间债券市场非金融企业债务融资工具管理办法》(中国人民银行令〔2008〕1 号)、《银行间债券市场非金融企业债务融资工具注册规则》(NAFMII 规则 0001)的规定,发行人于 2013 年 9 月 22 日,取得中国银行间市场交易商协会《接受注册通知书》(中市协注〔2013〕MTN258 号)。

(3)信用评级:经大公国际资信评估有限公司(以下简称“大公国际”)评定,本期中期票据信用等级为 AAA 级,发行人的企业主体长期信用等级为 AAA 级。

(4)法律意见书:北京国枫凯文律师事务所为本次发行出具法律意见书。

(5)审计报告:中瑞岳华会计师事务所为本次发行的审计机构,为发行人出具了“中瑞岳华专审字〔2012〕1213 号”专项审计报告(2009 年度、2010 年度和 2011 年度)和“中瑞岳华审字〔2013〕2255 号”审计报告(2012 年度)。

(6)承销:根据募集说明书的披露,发行人本次发行的联席主承销商为中国农业银行股份有限、中国国际金融有限公司,两者皆已取得从事中期票据主承销业务的资格。

2. 发行条件

(1)主体资格:发行人国电电力成立于 1992 年 12 月 31 日,系上交所上市公司(600795),发行人注册资本 17,229,761,285 元,实收资本 17,229,761,285 元。经营范围为电力、热力生产、销售;电网经营等,发行人为非金融企业。

(2)发行条款:根据募集说明书的披露,发行人本期中期票据的发行条款包括注册总额度、本期发行金额、本期中期票据期限、赎回权、面值、发行价格、利率确定方式、发行对象、递延支付利息条款、付息方式、强制付息时间、利息递延下的限制事项、赎回方式、持有人救济等条款。

(3)发行金额:根据募集说明书的披露,发行人本期中期票据发行金额为 10 亿元。根据中瑞岳华出具的《审计报告》(中瑞岳华审字〔2013〕第2255号),截至2012年12月31日,发行人净资产(含少数股东权益)为51,402,571,990.81元。截至募集说明书签署日,发行人不存在迟延支付债券本息的情形。本次发行完成后,发行人代偿还中期票据余额不超过发行人净资产的40%。符合《银行间债券市场非金融企业中期票据业务指引》(NAFMII指引0004)第四条的规定。

(4)募集资金用途:根据募集说明书的披露,发行人本次发行募集资金全部用于补充营运资金,符合国家产业政策以及相关法律、法规以及《银行间债券市场非金融企业中期票据业务指引》(NAFMII指引0004)第五条的规定。

(5)公司治理情况:发行人设置了股东大会、董事会、监事会以及相关职能部门,制定并实施了相关议事规则和内部管理制度;发行人现任董事、监事和高级管理人员的任职符合公司法等相关法律、法规及发行人的公司章程的规定。

【评析】

1.从发行程序上看,国电电力经过内部董事会、股东大会对中票发行议案的决议程序;从外部来看,向交易商协会申请注册并取得了《接受注册通知书》(中市协注〔2013〕MTN258号)。同时,按照《银行间债券市场非金融企业中期票据业务指引》(NAFMII指引0004)的有关规定,聘请大公国际为发行进行了信用评级;北京国枫凯文律师事务所、中瑞岳华会计师事务所为本次发行分别出具了法律意见书和审计报告;本次发行的联席主承销商为中国农业银行股份有限、中国国际金融有限公司,两者皆已取得从事中期票据主承销业务的资格。

2.从发行条件上。国电电力为合法存续的非金融企业;中票发行条款齐备、完善,符合监管规定;发行规模不超过最近一期末(2012年度)经审计净资产的40%;募集资金投向全部用于补充营运资金,符合国家产业政策以及相关法律、法规以及《银行间债券市场非金融企业中期票据业务指引》(NAFMII指引0004)第五条的规定;公司治理结构完善且运行良好。

三、永续债的财税法实务

在2013年度,我国内部市场尝试永续债发行时,比如,我国首单可续期企业债券——"13武汉地铁可续期债"①于2013年10月25日获国家发改委批复,并于

① "13武汉地铁可续期债"实质上是国家发改委审批发行的企业债券。"13武汉地铁可续期债"发行总额23亿元,采用浮动利率形式,规定在本期债券每5个计息年度末,发行人有权选择将本期债券期限延续5年,或选择在该计息年度末到期全额兑付本期债券。该债券可认为是一种变相的永续债券。——笔者注

2013 年 10 月 28 日发行,以及前述的国电电力 2013 年度的“13 国电 MTN001”等,其会计和税务处理,发行时尚存较大争议。直至 2014 年 3 月 17 日,财政部颁布了《金融负债与权益工具的区分及相关会计处理规定》(财会〔2014〕13 号),对永续债、优先股等混合型金融工具的会计处理才有了明确的规定。但从税务处理来看,我国对永续债、优先股的政策尚不明晰。

(一)永续债的会计处理——符合条件的永续债可计入权益工具

财会〔2014〕13 号定义的“权益工具”是指能证明拥有某个企业在扣除所有负债后的资产中剩余权益的合同。同时满足下列条件的,发行方应当将发行的金融工具分类为权益工具:

1. 该金融工具不包括交付现金或其他金融资产给其他方,或在潜在不利条件下与其他方交换金融资产或金融负债的合同义务(实质是“无条件避免交付现金或其他金融资产的合同义务”)。

2. 将来须用或可用企业自身权益工具结算该金融工具的,如该金融工具为非衍生工具,不包括交付可变数量的自身权益工具进行结算的合同义务;如为衍生工具,企业只能通过以固定数量的自身权益工具交换固定金额的现金或其他金融资产结算该金融工具[实质是“以交付固定数量的自身权益工具结算固定金额”(“固定对固定”原则)]。

主要账务处理规则如下:

1. 如果发行方发行的金融工具归类为权益工具的,应按实际收到的金额,借记“银行存款”或“存放中央银行款项”等科目,贷记“其他权益工具——优先股、永续债等”科目;

2. 分类为权益工具的金融工具,在存续期间分派股利(含分类为权益工具的工具所产生的利息,下同)的,作为利润分配处理。发行方应根据经批准的股利分配方案,按应分配给金融工具持有者的股利金额,借记“利润分配——应付优先股股利、应付永续债利息等”科目,贷记“应付股利——优先股股利、永续债利息等”科目。

(二)永续债的税务处理

1. 企业所得税——符合条件的永续债利息可税前扣除

对于永续债,由于其发行对象为全国银行间债券市场的机构投资者,所以,我们一般会考虑适用国家税务总局于 2013 年 7 月 15 日发布的《关于企业混合性投资业务企业所得税处理问题的公告》(国家税务总局公告2013年第41号,以下简称41号公告)的相关规定。如果满足41号公告规定条件的混合性投资业务,则应被认定为债务工具,被投资企业支付给投资者的利息具备税前抵扣的作用。

根据41号公告第一条的规定,企业混合性投资业务,是指兼具权益和债权双重特性的投资业务。同时符合下列条件的混合性投资业务,按本公告进行企业所得税处理:(一)被投资企业接受投资后,需要按投资合同或协议约定的利率定期支付利息(或定期支付保底利息、固定利润、固定股息,下同);(二)有明确的投资期限或特定的投资条件,并在投资期满或者满足特定投资条件后,被投资企业需要赎回投资或偿还本金;(三)投资企业对被投资企业净资产不拥有所有权;(四)投资企业不具有选举权和被选举权;(五)投资企业不参与被投资企业日常生产经营活动。因此,如果发行永续债满足前述条件的话,则根据41号公告第二条的规定,符合本公告第一条规定的混合性投资业务,按下列规定进行企业所得税处理:(一)对于被投资企业支付的利息,投资企业应于被投资企业应付利息的日期,确认收入的实现并计入当期应纳税所得额;被投资企业应于应付利息的日期,确认利息支出,并按税法和《国家税务总局关于企业所得税若干问题的公告》(2011年第34号)第一条的规定,进行税前扣除。(二)对于被投资企业赎回的投资,投资双方应于赎回时将赎价与投资成本之间的差额确认为债务重组损益,分别计入当期应纳税所得额。

需要说明的是,如果永续债的发行条款的约定不能完全满足41号公告第一条对混合性投资业务的条件的话,而会计上又按照权益工具进行核算处理的话,则税法上应当按照税后利润分配进行处理,则支付的利息应视为股息分配处理,并不具有税前扣除的效应。鉴于这块业务实践中尚存争议,所以应及时地与主管税务机构进行沟通。

2. 营业税

根据《中华人民共和国营业税暂行条例》及其实施细则的规定,纳税人从事有价证券业务应以卖出价减去买入价后的余额作为营业额,缴纳营业税。

3. 印花税

根据《中华人民共和国印花税暂行条例》及其实施细则的规定,在我国境内买卖、继承、赠与、交换、分割等所书立的产权转移书据,均应缴纳印花税。但对中期票据在银行间市场进行的交易,我国目前还没有有关的具体规定。因此,截至目前,实务界一般认为投资者买卖、赠与或继承中期票据而书立转让书据时,应不需要缴纳印花税。但是否如此,尚存争议,所以应及时地与主管税务机构进行沟通。

案例77 国电电力(600795)发行"13国电MTN001"永续中票——财税处理评析

根据国电电力募集说明书的披露,国电电力发行的"13国电MTN001"的主要发行条款及分析如下:

条款	条款具体约定及分析
中期票据名称	国电电力发展股份有限公司2013年度第一期中期票据 【分析】尽管名称是中期票,但根据后面期限、利息条款的分析,其实质是"永续债"
发行人全称	国电电力发展股份有限公司
待偿还债务融资工具余额	截至募集说明书签署日,发行人及其下属子公司各种中期票据、债券余额合计300.97亿元
接受注册通知书文号	中国银行间市场交易商协会《接受注册通知书》(中市协注〔2013〕MTN258号) 【分析】永续债实际是长久期带权的中期票,属于银行间市场交易商协会采用注册制管理
注册总额度	27亿元
本期发行金额	10亿元 【分析】根据NAFMII指引0001的规定,注册有效期为2年。企业在注册有效期内可一次发行或分期发行,企业应在注册后2个月内完成首期发行。企业如分期发行,后续发行应提前2个工作日向交易商协会备案
中期票据期限	于发行人依照发行条款的约定赎回之前长期存续,并在发行人依照发行条款的约定赎回时到期 【分析】长期存续,具有"长久期",符合"永续债"的基本特征
中期票据面值	100元
发行价格	按面值平价发行,发行价格为100元
发行对象	全国银行间债券市场的机构投资者(国家法律、法规禁止购买者除外)
发行首日/簿记建档日	2013年12月18日
利率确定方式	本期中期票据采用固定利率计息; ——本期中期票据前5个计息年度的票面利率将通过簿记建档、集中配售方式确定,在前5个计息年度内保持不变。自第6个计息年度起,每5年重置一次票面利率; ——前5个计息年度的票面利率为初始基准利率加上初始利差,其中初始基准利率为簿记建档日前5个工作日中国债券信息网(www.chinabond.com.cn)(或中央国债登记结算有限责任公司认可的其他网站)公布的中债银行间固定利率国债收益率曲线中,待偿期为5年的国债收益率算术平均值(四舍五入计算到0.01%);初始利差为票面利率与初始基准利率之间的差值; ——如果发行人不行使赎回权,则从第6个计息年度开始票面利率调整为当期基准利率加上初始利差再加上300个基点,在第6个计息年度至第10个计息年

续表

条款	条款具体约定及分析
利率确定方式	度内保持不变。当期基准利率为票面利率重置日前5个工作日中国债券信息网(www.chinabond.com.cn)(或中央国债登记结算有限责任公司认可的其他网站)公布的中债银行间固定利率国债收益率曲线中,待偿期为5年的国债收益率算术平均值(四舍五入计算到0.01%)。此后每5年重置票面利率以当期基准利率加上初始利差再加上300个基点确定; ——票面利率公式为:当期票面利率=当期基准利率+初始利差+300BPs; ——如果未来因宏观经济及政策变化等因素影响导致当期基准利率在利率重置日不可得,票面利率将采用票面利率重置日之前一期基准利率加上初始利差再加上300个基点确定。 【分析】附利率跳升机制的固定股息率
起息日	2013年12月20日
付息日	自发行日起,每年的12月20日(如遇法定节假日,则顺延至下一工作日)
付息方式	本期中期票据每个付息日前5个工作日,由发行人按照有关规定在主管部门指定的信息披露媒体上刊登《付息公告》,并在付息日按票面利率由上海清算所代理完成付息工作;如发行人决定递延支付利息的,发行人及相关中介机构应在付息日前5个工作日披露《递延支付利息公告》 【分析】发行人具有按照约定支付交付现金的合同义务,需分析是否可以无条件地避免
强制付息事件	付息日前12个月内,发生以下事件的,发行人不得递延当期利息以及按照本条款已经递延的所有利息及其孳息:(1)向普通股股东分红;(2)减少注册资本 【分析】尽管公司在向普通股股东进行了分红就需支付优先股的股息,但对普通股的股利支付是自主决定的,进而对中票的利息支付也是自主决定的。公司减少注册资本时须支付利息的义务是否构成或有结算事项取决于公司是否能控制减资事项,由于减资需要公司股东大会同意,因此属于公司控制的范围。减少注册资本不是或有结算事项,进而也就不形成公司的合同义务
递延支付利息条款	除非发生强制付息事件,本期中期票据的每个付息日,发行人可自行选择将当期利息以及按照本条款已经递延的所有利息及其孳息推迟至下一个付息日支付,且不受到任何递延支付利息次数的限制;前述利息递延不构成发行人未能按照约定足额支付利息。每笔递延利息在递延期间应按当期票面利率累计计息 【分析】利息累积,但是公司可以无限期地递延且没有任何支付被递延的利息的合同义务,只要可以自主决定是否支付,经济压力本身并不会导致一项金融工具被划分为负债
利息递延下的限制事项	发行人有递延支付利息的情形时,直至已递延利息及其孳息全部清偿完毕,不得从事下列行为:(1)向普通股股东分红;(2)减少注册资本 【分析】属于与永续债递延利息支付相联结的合同条款中的"股利制动机制"
赎回权	于本期中期票据第5个和其后每个付息日,发行人有权按面值加应付利息(包括所有递延支付的利息)赎回本期中期票据 【分析】赎回权决定了永续债的发行期限属于"5+N"机制。同时,条款约定仅发行方有权选择赎回,不构成合同义务;赎回选择权的行权价格与摊余成本大致相等,即与主合同紧密相关,无须分拆

续表

条款	条款具体约定及分析
赎回方式	如在前述赎回权条款规定的时间,发行人决定行使赎回权,则于赎回日前一个月,由发行人按照有关规定在主管部门指定的信息披露媒体上刊登《提前赎回公告》,并由上海清算所代理完成赎回工作
偿付顺序	本期中期票据的本金和利息在破产清算时的清偿顺序等同于发行人所有其他待偿还债务融资工具 【分析】只有在发行人清算时才需要对永续债进行结算,不影响构成权益工具的判断
担保情况	本期中期票据无担保
信用评级结果	经大公国际综合评定,发行人的主体长期信用级别为AAA,本期中期票据的信用级别为AAA

一、会计处理

【结论】虽然利息累积,但发行人可自行选择将当期利息以及已经递延的所有利息及其孳息推迟至下一个付息日支付,且不受到任何递延支付利息次数的限制;利息递延不构成发行人未能按照约定足额支付利息,即不构成公司违约。另外无强制性回售条款,而是公司有权选择赎回。

尽管公司在向普通股股东进行了分红就需支付优先股的股息,但对普通股的股利支付是自主决定的,进而对中票的利息支付也是自主决定的。

公司减少注册资本时须向支付利息的义务是否构成或有结算事项取决于公司是否能控制减资事项,由于减资需要公司股东大会同意,因此属于公司控制的范围。减少注册资本不是或有结算事项,进而也就不形成公司的合同义务。

由于永续中票中没有任何支付利息的合同义务且没有义务偿还本金,也不存在或有结算事项。即公司没有交付现金或其他金融资产或交换金融资产或金融负债结算的合同义务。另外,没有转股条款,即无须用企业自身权益工具结算。因此,该永续中票属于一项权益工具。

【评注】国电电力在2013年末资产负债表中将发行本期永续中票所募集资金在扣除发行费用后计入“资本公积”科目。其会计处理是在2014年3月17日《金融负债与权益工具的区分及相关会计处理规定》(财会〔2014〕13号)出台之前进行的处理,而根据财会〔2014〕13号的规定,“本规定发布前企业对金融工具的处理与本规定不一致的,应当采用追溯调整法”。因此,财会〔2014〕13号并不改变对该永续中票计入权益工具的基本判断,但在后期编制财务报告时,应进行必要的调整,将永续中票由“资本公积”调整至“其他权益工具——永续债”科目并进行相应的列报,并相应地修正前期比较数据的列报和披露方式。

二、税务处理

根据41号公告的相关规定,本永续中票在会计处理上划分为权益工具,同时其并不完全满足41号公告第一条界定为债务工具的条件:

1. 附利率跳升机制的固定股息率,但发行人可以自行选择将当期利息以及按照本条款已经递延的所有利息及其孳息推迟至下一个付息日支付,且不受到任何递延支付利息次数的限制,因此不符合41号公告第一条第(一)项规定的“定期支付”其“固定”或“保底”的要求;

2. 发行人具有赎回选择权。因此,并不构成41号公告第一条第(二)项规定的“在投资期满或者满足特定投资条件后,被投资企业需要赎回投资或偿还本金”要求;

3. 投资者对发行人的净资产不拥有所有权,符合41号公告第一条第(三)项规定;

4. 投资者不具有选举权和被选举权,符合41号公告第一条第(四)项规定;

5. 投资者不参与被投资企业日常生产经营活动,符合41号公告第一条第(五)项规定。

因此,笔者认为,本永续中票应界定为权益工具,发行人支付利息应视为税后利润分配而不得税前扣除。

第七部分

公司分支机构

综　述

在现代公司经营中,除了公司本部之外,基于业务拓展的需要,公司往往还在本部之外的其他区域设立公司的分支机构,不论是否从事生产经营活动。譬如,公司的分公司、办事处等。本部分包括三个法律专题:分公司;外国公司的分支机构;外商投资企业的分支机构。

专题 32 分公司

内容提示

公司除了对外投资设立子公司或合资设立公司或参股其他公司从事经营活动之外，公司还可以通过设立分支机构进行经营活动，最主要的分支机构就是分公司。本专题包含如下内容：

- 分公司的含义及主要特征；
- 分公司的设立条件和程序；
- 设立分公司的优势；
- 分公司是否可以再设立分支机构；
- 分公司是否可以对外提供保证；
- 分公司是否可以原被告身份参与诉讼。

一、分公司的含义及主要特征

《公司法》本身并没有对分公司进行明确的定义，其第十四条仅规定，“公司可以设立分公司。设立分公司，应当向公司登记机关申请登记，领取营业执照。分公司不具有法人资格，其民事责任由公司承担。公司可以设立子公司，子公司具有法人资格，依法独立承担民事责任”。但《公司登记管理条例》设立第五章“分公司的登记”对分公司的概念、登记事项、登记程序等进行了明确。《公司登记管理条例》第四十五条规定，分公司是指公司在其住所以外设立的从事经营活动的机构。分公司的特征具体表现为：(1)分公司没有自己的独立财产，其实际占有、使用的财产是本公司财产的一部分，列入本公司的资产负债表中；(2)分公司不独立承担民事责任；(3)分公司不是公司，它的设立不须依照公司设立程序，只要履行简单的登记和营业手续后即可成立；(4)分公司没有自己的章程，没有董事会等形式的公司经营决策和业务执行机关；(5)分公司名称，只要在本公司名称后加上分公司字样即可。

【实务问题 68】 子公司与分公司的区别

子公司与分公司是现代公司经营组织的两种重要形式。子公司和分公司的主要区别如下:

1. 子公司是独立的法人,拥有自己独立的名称、章程和组织机构,对外以自己的名义进行活动,在经营过程中发生的债权债务由自己独立承担,能以自己名义对外承担民事责任,子公司有自己的股东、注册资本、法定代表人,但分公司则都没有。分公司不具备企业法人资格,没有独立的名称,其名称应冠以隶属公司的名称,由隶属公司依法设立,只是公司的一个分支机构,不能以自己的名义对外独立承担民事责任,必须以本公司的名义承担。

2. 母公司对子公司的控制必须符合一定的法律条件。母公司对子公司的控制一般不是采取直接控制,更多的是采用间接控制方式,即通过任免子公司董事会成员和投资决策来影响子公司的生产经营决策。而分公司则不同,其人事、业务、财产受隶属公司直接控制,在隶属公司的经营范围内从事经营活动。母公司和子公司都是独立的企业法人,应该独立核算,股东分别从两家公司获得收益,不能合并计算。子公司有自己的注册资金,分公司的财产属于本公司所有。

3. 承担债务的责任方式不同。母公司作为子公司的最大股东,仅以其对子公司的出资额为限对子公司在经营活动中的债务承担责任;子公司作为独立的法人,以子公司自身的全部财产为限对其经营负债承担责任。分公司由于没有自己独立的财产,与隶属公司在经济上统一核算,因此其经营活动中的负债由隶属公司最终负责清偿,即由隶属公司以其全部资产为限对分公司在经营中的债务承担责任。

【实务问题 69】 分公司与分支机构的联系和区别

实践中,我们经常会提及分公司和分支机构,但这两到底有什么区别呢?大多数人并不清楚。笔者分析如下:

我国《公司法》并没有对我国公司设立分支机构进行任何规定(外国公司的分支机构除外),仅仅是《中华人民共和国企业法人登记管理条例》第三十五条第一款规定:“企业法人设立不能独立承担民事责任的分支机构,由该企业法人申请登记,经登记主管机关核准,领取《营业执照》,在核准登记的经营范围内从事经营活动。”同时,《公司登记管理条例》第七章对分公司的登记作了明确而细致的规定,其第四十五条规定:“分公司是指公司在其住所以外设立的从事经营活动的机构。”因此,概括地讲,“分公司”是相对本公司而言的,是按照公司内部管辖关系所作分类,是指在公司经营过程中,因为业务需要依法设立的相对独立的分支机构,是在业务、资金、人事等方面受本公司管辖,但是不具有法人资格的分支机构。“分支机构”是相对企业整体而言的，是指由企业法人为实现其职能而在总部之外设立的，可以自己的名义进行民事活动，但是不能独立承担民事责任的非法人组织，如分公司、分行、营业部、门市部、办事处等。

综上所述，分公司和分支机构的区别在于：由公司设立的不具有企业法人资格的经营机构，只能称为“分公司”而不能称之为“分支机构”。从广义定义的角度，企业法人的分支机构概念应包含分公司，除此之外还包括从事经营活动的分行、营业部、门市部以及不从事经营活动的办事处等。

二、分公司的设立条件和程序

（一）分公司设立条件

根据《公司登记管理条例》第四十六条规定，分公司的登记事项包括：名称、营业场所、负责人、经营范围。分公司的名称应当符合国家有关规定。分公司的经营范围不得超出公司的经营范围。因此，分公司包含四个方面的基本条件：一是分公司名称；二是分公司住所或营业场所；三是分公司负责人；四是分公司经营范围。

（二）分公司设立程序

根据《公司登记管理条例》的有关规定，设立分公司的主要程序如下：

1. 公司股东会议作出设立分公司的决议。

2. 法律、行政法规或者国务院决定规定必须报经有关部门批准的，向有关部门取得批准。

3. 自决议作出之日起30日内向分公司所在地的公司登记机关申请登记；法律、行政法规或者国务院决定规定必须报经有关部门批准的，应当自批准之日起30日内向公司登记机关申请登记。

设立分公司，应当向公司登记机关提交下列文件：（1）公司法定代表人签署的设立分公司的登记申请书；（2）公司章程以及加盖公司印章的《企业法人营业执照》复印件；（3）营业场所使用证明；（4）分公司负责人任职文件和身份证明；（5）国家工商行政管理总局规定要求提交的其他文件。

法律、行政法规或者国务院决定规定设立分公司必须报经批准，或者分公司经营范围中属于法律、行政法规或者国务院决定规定在登记前须经批准的项目的，还应当提交有关批准文件。

4. 公司登记机关注册登记，办法分公司营业执照。

5. 办理组织机构代码、税务登记等。

三、设立分公司的优势

子公司与分公司是现代公司经营组织的两种重要形式。相对于子公司而言,分公司还是具有一些优势。主要包括如下几点:

1. 分公司一般便于经营,财务会计制度的要求也比较简单;

2. 分公司承担成本费用可能要比子公司节省;

3. 分公司不是独立法人,其流转税在所在地缴纳,所得税则由本公司合并缴纳。在经营初期,分公司往往出现亏损,但其亏损可以冲抵本公司的利润,减轻税收负担;同时,分公司交付给本公司的利润通常不必缴纳预提税;分公司与本公司之间的资本转移,因不涉及所有权变动,不必负担税收。

例如,某公司在经营初期,下属分支机构出现亏损,分公司亏损可与本公司合并计算,于是公司总部开始时选择了建立分公司的组织形式。经营几年后,分公司转亏为盈,为了享受税收递延的好处,决定把分公司的生产经营业务逐步转移到另一家子公司去,或者干脆把分公司兼并到子公司中去,或者分立设立子公司。

四、分公司是否可以再设立分支机构

在实践中,我们经常会遇到一个问题,即是公司的分公司是否可以再设立分支机构?应该说,我国法律法规并没有对此进行明确规定。笔者分析认为:

《公司法》第十四条仅仅规定,公司可以设立分公司,并没有使用分支机构一词,但对于外国公司则使用了分支机构一词。同时,《公司登记管理条例》第四十八条第二款规定设立分公司应向公司登记机关提交的文件第(一)项明确规定“公司法定代表人签署的设立分公司的登记申请书”,因此,从这些规定来看,《公司法》及《公司登记管理条例》只规定了对公司和分公司的登记,未规定分公司设立分支机构的登记。根据国家工商行政管理局1997年《关于〈中华人民共和国企业法人登记管理条例〉第三十五条第一款中分支机构含义界定的答复》规定,《企业法人登记管理条例》第三十五条第一款所称“分支机构”是指企业法人投资设立的、有固定经营场所、以自己名义直接对外从事经营活动的、不具有法人资格,其民事责任由其隶属企业法人承担的经济组织。据前述规定,如果不开展经营活动,只是联络和办事的机构,既不属于分公司,也不属于分支机构。同时,从法律上分析,分公司本身没有独立的财产以及不独立承担民事责任,其并不具备财产和权利再设立分公司。但经本公司授权之后,应可设立不从事经营活动,仅仅是联络功能的办事处。

五、分公司是否可以对外提供保证

根据《最高人民法院关于适用〈中华人民共和国担保法〉若干问题的解释》(法释〔2000〕44号,以下简称《担保法司法解释》)第十七条规定:

1. 企业法人的分支机构未经法人书面授权提供保证的,保证合同无效。因此给债权人造成损失的,应当根据担保法第五条第二款的规定处理。担保法第五条第二款规定,担保合同被确认无效后,债务人、担保人、债权人有过错的,应当根据其过错各自承担相应的民事责任。

2. 企业法人的分支机构经法人书面授权提供保证的,如果法人的书面授权范围不明,法人的分支机构应当对保证合同约定的全部债务承担保证责任。

3. 企业法人的分支机构经营管理的财产不足以承担保证责任的,由企业法人承担民事责任。

4. 企业法人的分支机构提供的保证无效后应当承担赔偿责任的,由分支机构经营管理的财产承担。企业法人有过错的,按照担保法第二十九条的规定处理。担保法第二十九条规定,企业法人的分支机构未经法人书面授权或者超出授权范围与债权人订立保证合同的,该合同无效或者超出授权范围的部分无效,债权人和企业法人有过错的,应当根据其过错各自承担相应的民事责任;债权人无过错的,由企业法人承担民事责任。

六、分公司是否可以原被告身份参与诉讼

根据《中华人民共和国民事诉讼法》(2012年修订,以下简称《民事诉讼法》)第四十八条规定,公民、法人和其他组织可以作为民事诉讼的当事人。法人由其法定代表人进行诉讼。其他组织由其主要负责人进行诉讼。而《最高人民法院关于适用〈中华人民共和国民事诉讼法〉的解释》(法释〔2015〕5号,以下简称《民事诉讼法司法解释》)第五十二条规定:"民事诉讼法第四十八条规定的其他组织是指合法成立、有一定的组织机构和财产,但又不具备法人资格的组织,包括:(一)依法登记领取营业执照的个人独资企业;(二)依法登记领取营业执照的合伙企业;(三)依法登记领取我国营业执照的中外合作经营企业、外资企业;(四)依法成立的社会团体的分支机构、代表机构;(五)依法设立并领取营业执照的法人的分支机构;(六)依法设立并领取营业执照的商业银行、政策性银行和非银行金融机构的分支机构;(七)经依法登记领取营业执照的乡镇企业、街道企业;(八)其他符合本条规定条件的组织。"因此,分公司只要依法登记并领取了营业执照,就有当事人资

格,可以参加诉讼。

分公司可以单独作为原告起诉,没有疑义。由于《公司法》第十四条规定,分公司不具有法人资格,其民事责任由公司承担。对分公司能否作被告,实践中存有争议:一是否认分公司的被告资格,涉及分公司民事责任时,一律以本公司为被告;二是只以分公司为被告,却判决由本公司承担民事责任,具体操作由本公司授权分公司参加诉讼;三是以分公司、本公司为共同被告,判决分公司承担民事责任,本公司承担连带责任或补充责任。

实践中,不能以公司法第十四条之规定为由,一概否认分公司的责任承担能力。分公司一般都有一定的财产,有一定的民事责任承担能力,有的分公司(如金融、证券、电信等)的民事责任承担能力还很强,相关司法解释也确认分公司有责任承担能力,如前述的《担保法司法解释》第十七条就规定,企业法人的分支机构经法人书面授权提供保证的,如果法人的书面授权范围不明,法人的分支机构应当对保证合同约定的全部债务承担保证责任。企业法人的分支机构经营管理的财产不足以承担保证责任的,由企业法人承担民事责任。因此,应根据分公司的偿付能力和当事人意思自治,对涉及分公司的诉讼地位和民事责任承担,具体问题具体分析:

1. 分公司有较强的偿付能力的,应只以分公司为被告,民事责任由分公司承担。根据《担保法司法解释》第一百二十四条规定和《最高人民法院、中国人民银行关于依法规范人民法院执行和金融机构协助执行的通知》第八条之精神,涉及商业银行、保险公司的分支机构承担民事责任时,只能以该分支机构为被告。若分公司有偿付能力,仍一律以本公司为被告,既不便于当事人参加诉讼,也不便于法院审判,故原告坚持以本公司为原告的,也不予准许。原告在起诉时,只选择分公司为被告的,只要分公司仍存续的,应予准许。只以分公司为被告时,虽然最终民事责任由本公司承担,但本公司是案外第三人,人民法院不能裁定保全本公司的其他财产,也不能判决本公司承担民事责任。裁判生效后,执行过程中发现分公司的财产不足清偿债务的,可依《最高人民法院关于人民法院执行工作若干问题的规定(试行)》第七十八条的规定,执行本公司的其他财产,债权人的权利仍能得到保护。

2. 分公司存续但其偿付能力较差或没有偿付能力的,原告可以分公司和本公司为共同被告或只以本公司为被告。根据《公司法》第十四条之规定,分公司的民事责任似乎都应由本公司承担。但笔者认为,分公司经依法登记,领取了营业执照后,虽不具有法人资格,但仍有相对独立性,有一定的民事责任承担能力。因此,应判决由分公司承担民事责任,由本公司承担补充责任,即分公司财产不足承担民事责任时,由本公司承担。分公司的财产也是本公司的财产,这与《公司法》第十四条之规定并不矛盾。在公司内部,分公司与本公司不是平等主体,故不能判决本公司承担连带责任。当然,本公司在诉讼中要求直接承担分公司民事责任,应予准许。

3. 分公司已关闭,或被撤销的,应以本公司为被告,原分公司的民事责任由本公司承担。原告起诉时,分公司已关闭,或被撤销的分,其民事责任承担能力消亡,不能享有诉讼主体资格,其权利义务应由本公司直接承担。

专题33 外国公司的分支机构

内容提示

如果你是一个跨国公司集团的法律顾问，而恰好你的外国公司需要在中国设立分支机构进行活动，而如何设立分支机构、其具有什么样的作用和法律责任就是你必须要了解和掌握的问题。本专题包含如下内容：

- 外国公司分支机构的含义及主要法律特征；
- 外国公司分支机构的设立、撤销和清算；
- 外国公司常驻代表机构的含义及主要法律特征。

一、外国公司分支机构的含义及主要法律特征

在公司法上，外国公司所涉及的问题主要有两个：一是东道国是否赋予外国公司以一定的法律地位，承认其具有与东道国公司相应的主体资格；二是是否允许外国公司在东道国开展营业，对其营业采取何种监督管理措施。对于第一个问题，国际惯例一般均承认外国公司在东道国也具有主体资格，仅在个别权利能力方面，依特别法加以必要的限制。第二个问题实际上属于外国公司在东道国进行营业性活动的问题，通常在公司法中明确加以规定。我国《公司法》即以专章第十一章“外国公司的分支机构”对有关法律问题作出规定，作为外国公司在中国进行营业性活动的具体规则。

（一）公司法上外国公司的概念及主要特征

1. 外国公司国籍的确定

外国公司是相对于本国公司而言的，两者的区别主要在于公司的国籍不同。公司的国籍始终是公司从事跨国交易需要逾越的法律障碍。对于公司国籍的确定，各国或地区公司立法的做法不尽相同，理论上也有不同的学说，主要有设立行

为地主义、设立准据法主义、股东国籍主义、住所地主义等。其中,以设立准据法主义为通说。我国《公司法》第一百九十一条规定:“本法所称外国公司是指依照外国法律在中国境外设立的公司。”依据该规定,我国公司法对外国公司的确定采设立准据法主义兼设立行为地主义的双重标准。

2. 外国公司的法律特征

我国《公司法》所规范的外国公司分支机构中的“外国公司”,具有下列特征:一是按照外国法律在中国境外组建、注册。由于我国在香港、澳门地区实行特别行政区特有的法律制度,台湾地区尚未实现统一,故而在以上三个地区依当地“公司法”设立的公司,在管理上也视同为外国公司。二是外国公司具有外国国籍。依据我国《公司法》所采用的有关公司国籍的判定原则,只要外国公司具有与其设立时所依据的法律及注册地国相同的国籍,即具有外国国籍。三是经申请获准在中国取得直接的经营资格。我国《公司法》所规范的外国公司必须符合两个条件:(1)该外国公司须在中国设立代表该外国公司的分支经营机构;(2)该分支经营机构不具有法人资格。

(二)外国公司的分支机构的概念及主要特征

1. 外国公司的分支机构的概念

外国公司的分支机构,是指外国公司依照东道国法律规定的条件和程序,在东道国境内设立的从事生产经营活动的场所或者办事机构。

2. 外国公司的分支机构的主要特征

外国公司分支机构的法律特征主要包括如下几点:一是外国公司的分支机构以外国公司的存在为前提。依我国公司法规定,外国公司要想在中国境内设立分支机构,其本身必须取得所在国公司法人资格。二是外国公司的分支机构必须经东道国政府批准设立。《公司法》第一百九十二条规定:“外国公司在中国境内设立分支机构,必须向中国主管机关提出申请,并提交其公司章程、所属国的公司登记证书等有关文件,经批准后,向公司登记机关依法办理登记,领取营业执照。外国公司分支机构的审批办法由国务院另行规定。”三是外国公司分支机构在东道国境内的业务活动必须以营利为目的,并在东道国境内营业,这是由外国公司作为公司本身所决定的。

(三)外国公司分支机构的性质及法律地位

外国公司的分支机构既不同于外国公司在我国的常驻代表机构,也不同于外

国公司在我国独资设立的外商独资企业。外国公司的分支机构的性质和法律地位可以概括为:

1.外国公司分支机构是其所属的外国公司的一个组成部分,它不属于也不同于外国公司依我国法律在我国境内单独登记注册的子公司法人。

2.外国公司分支机构不具有独立的财产,其开展经营活动所需要之资金由外国公司拨付。《公司法》第一百九十三条规定:“外国公司在中国境内设立分支机构,必须在中国境内指定负责该分支机构的代表人或者代理人,并向该分支机构拨付与其所从事的经营活动相适应的资金。对外国公司分支机构的经营资金需要规定最低限额的,由国务院另行规定。”

3.外国公司分支机构不具有独立的公司法人的内部组织机构;其内部不设股东会、董事会等机构,不具备法人治理结构。

4.外国公司分支机构没有自己独立的公司名称和公司章程,而只能以其所属的外国公司的名义进行业务活动。外国公司在中国境内申请设立分支机构,必须提交包括公司章程、所属国的公司登记证书等足以反映该公司真实情况和合法资格的证明文件。其公司章程,还应当置备于该分支机构,供随时查阅。《公司法》第一百九十四条就明确规定:“外国公司的分支机构应当在其名称中标明该外国公司的国籍及责任形式。外国公司的分支机构应当在本机构中置备该外国公司章程。”

5.外国公司分支机构对其经营活动不独立承担民事责任,其业务活动结果由所属外国公司承受。《公司法》第一百九十五条就明确规定:“外国公司在中国境内设立的分支机构不具有中国法人资格。外国公司对其分支机构在中国境内进行经营活动承担民事责任。”

二、外国公司分支机构的设立、撤销和清算

(一)外国公司分支机构的设立

外国公司分支机构的设立,是指外国公司依东道国法律规定的条件和程序,在东道国境内为其分支机构取得生产经营资格的法律行为。

1.外国公司分支机构设立的条件

根据我国《公司法》及相关法律的规定,外国公司在中国设立分支机构须符合以下基本条件:(1)须在中国境内指定负责该分支机构的代表人或代理人(《公司法》第一百九十三条);(2)须向该分支机构拨付与其所从事的经营活动相适应的资金(《公司法》第一百九十三条);(3)外国公司的分支机构应当在其名称中标明该外国公司的国籍及责任形式,并应当在本机构中置备该外国公司章程(《公司

法》第一百九十四条）。

2. 外国公司分支机构设立的程序

依我国《公司法》第一百九十二条规定："外国公司在中国境内设立分支机构，必须向中国主管机关提出申请，并提交其公司章程、所属国的公司登记证书等有关文件，经批准后，向公司登记机关依法办理登记，领取营业执照。"因此，其设立的程序包括：

(1)进行准备。外国公司到我国开办分支机构首先要进行可行性论证。要了解中国的经营环境、法律政策环境，进行技术的、财务的、人事的分析，选择经营项目和经营场所，做好必要的进入准备工作。

(2)申请批准。外国公司在中国境内设立分支机构，必须向中国主管机构提出申请。这里所说"中国主管机关"主要是指我国政府有关外资的管理机关，即商务部门。如果是经营特种行业的业务，主管机关则是指特种行业的管理机关。如外国金融企业来我国开办分支机构，则须向中国人民银行提出申请。

(3)审批。主管机关受理外国公司申请后，应对其设立分支机构的有关事项、文件从速逐一进行审核。凡设立符合国家需要，符合法律规定的，即予以批准。否则不予批准。

(4)登记发照。外国公司设立分支机构的申请被批准后，向我国公司登记机关依法办理登记，领取营业执照。营业执照签发之日，为外国公司分支机构成立之日。

(5)公告。外国公司分支机构成立后，应当进行公告。

(二)外国公司分支机构的撤销和清算

1. 外国公司分支机构的撤销

外国公司分支机构的撤销，是指依法使已经设立的外国公司分支机构归于消灭，结束其在东道国境内的生产经营活动。我国《公司法》并未明确规定外国公司分支机构的撤销原因，但依其他有关法律的规定，一般包括下列几种情形：外国公司被依法撤销或解散；外国公司分支机构违法经营；外国公司分支机构无故歇业；外国公司分支机构的经营期限届满；外国公司自行决定撤销；其他导致分支机构撤销的原因。

2. 外国公司分支机构的清算

外国公司分支机构的清算，是指分支机构被撤销后，为了终结其现存的各种法律关系，而对分支机构所生的债权债务等进行清理的行为。根据我国《公司法》第一百九十七条规定:“外国公司撤销其在中国境内的分支机构时,必须依法清偿债务,依照本法有关公司清算程序的规定进行清算。未清偿债务之前,不得将其分支机构的财产移至中国境外。”

外国公司分支机构在撤销以后至清算结束这段时间,在清算范围内仍视为未撤销,但其权利能力受到限制,不得从事与清算无关的经营活动。为保护债权人的利益,我国公司法规定,对于外国公司分支机构的所有清算未了的债务,仍由其所属外国公司予以清偿。

三、外国公司常驻代表机构的含义及主要法律特征

根据《外国企业常驻代表机构登记管理条例》(国务院令第 584 号)第二条规定:“本条例所称外国企业常驻代表机构(以下简称代表机构),是指外国企业依照本条例规定,在中国境内设立的从事与该外国企业业务有关的非营利性活动的办事机构。代表机构不具有法人资格。”从该规定可以看出,常驻代表机构主要从事信息收集、市场开拓、业务联络、维系客户、贸易投资先导等非营业性活动的组织机构。

【实务问题 70】 外国公司分支机构与常驻代表机构的区别和联系

如前所述,外国公司分支机构是指外国公司依照东道国法律规定的条件和程序,在东道国境内设立的从事生产经营活动的场所或者办事机构。其一个显著的特征是从事生产经营活动并与营利为目的。而常驻代表机构是指外国企业依照中国法律规定,在中国境内设立的从事与该外国企业业务有关的非营利性活动的办事机构。因此,它们两者之间的根本区别在于外国公司分支机构经批准可以从事其生产经营活动,而常驻代表机构不得从事营利性活动。《外国企业常驻代表机构登记管理条例》第十三条规定:“代表机构不得从事营利性活动。中国缔结或者参加的国际条约、协定另有规定的,从其规定,但是中国声明保留的条款除外。”第十四条规定:“代表机构可以从事与外国企业业务有关的下列活动:(一)与外国企业产品或者服务有关的市场调查、展示、宣传活动;(二)与外国企业产品销售、服务提供、境内采购、境内投资有关的联络活动。法律、行政法规或者国务院规定代表机构从事前款规定的业务活动须经批准的,应当取得批准。”从前述规定也可以看出。当然,两者的共同点在于它们都不具有独立的法人资格,属于外国公司(企业)的附属机构,外国公司(企业)对其分支机构(常驻代表机构)在中国境内进行经营活动或非营利性活动承担民事责任。

【实务问题 71】 外国企业常驻代表机构的前置审批

根据《中华人民共和国国务院关于管理外国企业常驻代表机构的暂行规定》

《关于审批和管理外国企业在华常驻代表机构的实施细则》(对外贸易经济合作部令〔1995〕年第3号)、《外国航空运输企业常驻代表机构审批管理办法》(中国民航空总局令第165号)等相关规定,外国企业在中国设立特定行业的常驻代表机构施行审批制度:

1. 外国国际道路运输经营者在中国境内设立常驻代表机构,经国务院交通主管部门批准;外国国际船舶运输经营者以及外国国际海运辅助企业在华设立常驻代表机构,经国务院交通主管部门批准;

2. 外国会计师事务所在中国境内设立常驻代表处,报国务院财政部门批准;

3. 外国检验鉴定机构在华设立常驻代表机构,经国家商检部门许可;

4. 外资金融机构设立驻华代表处(含外国银行关闭分行并在同城设立代表处),经国务院银行业监督管理部门审批;

5. 境外版权组织和权利人在华设立代表机构,经国务院著作权行政管理部门审批;

6. 外国及中国港澳台地区新闻出版机构在内地设立办事处,经新闻出版署会同国务院新闻办公室审批;

7. 外国保险机构设立驻华代表机构,经中国保监会审批;

8. 设立境外认证机构的代表机构,由国家认监委批准;

9. 外航驻华常设机构由民航总局审批;

10. 外国旅行社常驻代表机构由国家旅游局审批;

11. 境外广播电影机构在华设立办事机构由广播电影电视总局会同国务院新闻办公室审批;

12. 外国证券类机构设立驻华代表处由中国证监会批准。外国贸易商、制造厂商、货运代理商申请设立常驻代表机构,由工商部门直接核准登记;

13. 外国贸易商、制造厂商、货运代理商、承包商、咨询公司、广告公司、投资公司、租赁公司和其他经济贸易组织在华设立常驻代表机构由商务部批准。

专题 34 外商投资企业的分支机构

内容提示

从我国法律规定来看，除了分公司、外国公司的分支机构、常设代表机构之外，外商投资企业本身还可以依法设立分支机构。本专题包含如下内容：

- 外商投资企业分支机构的含义及类型；
- 外商投资的公司的分公司；
- 外商投资的公司的办事处；
- (非公司)外商投资企业分支(办事)机构。

一、外商投资企业分支机构的含义及类型

按照《公司法》第二百一十七条的规定："外商投资的有限责任公司和股份有限公司适用本法；有关外商投资的法律另有规定的，适用其规定。"《公司登记管理条例》第八十二条规定："外商投资的公司的登记适用本条例。有关外商投资企业的法律对其登记另有规定的，适用其规定。"《公司注册资本登记管理规定》第二十二条规定："外商投资的公司注册资本的登记管理适用本规定，法律另有规定的除外。"同时，依据《国家工商行政管理总局、商务部、海关总署、国家外汇管理局关于印发〈关于外商投资的公司审批登记管理法律适用若干问题的执行意见〉的通知》(工商外企字〔2006〕第81号，以下简称《执行意见》)第一条的规定："外商投资的公司的登记管理适用《公司法》和《公司登记管理条例》；有关外商投资企业的法律另有规定的，适用其规定；《公司法》《公司登记管理条例》、有关外商投资企业的法律没有规定的，适用有关外商投资企业的行政法规、国务院决定和国家有关外商投资的其他规定。" 因此，外商投资的有限责任公司和股份有限公司除了将适用《公司法》及《登记管理条例》的一般规定之外，如果《中华人民共和国中外合资经营企

业法》(主席令第四十八号,以下简称《合资企业法》)《中华人民共和国中外合作经营企业法》(主席令第四十号,以下简称《合作企业法》)和《中华人民共和国外资企业法》(主席令第四十一号,以下简称《外资企业法》)有特别规定的,适用其特别规定。如果前两者都没有规定的,适用有关外商投资企业的行政法规、国务院决定和国家有关外商投资的其他规定。

从上述规定可以得出,外商投资企业如果适用《公司法》和《公司登记管理条例》登记设立为公司制的,其只能依照《公司法》和《公司登记管理条例》有关分公司的规定设立分公司;外商投资企业如果适用外商投资企业的法律规定设立为非公司制的企业时,譬如,依据《合作企业法》设立的不具有法人资格的合作企业时,其只能依据《中华人民共和国企业法人登记管理条例》(国务院令第648号,2014年修订)和《中华人民共和国企业法人登记管理条例施行细则》(国家工商行政管理总局令第63号,2014年修订)有关不具备企业法人条件的登记规定执行。《中华人民共和国企业法人登记管理条例施行细则》第四条规定:“不具备企业法人条件的下列企业和经营单位,应当申请营业登记:(一)联营企业;(二)企业法人所属的分支机构;(三)外商投资企业设立的分支机构;(四)其他从事经营活动的单位。”第五条规定:“外商投资企业设立的办事机构应当申请登记。”(有关办事处的内容详见后文)

在实践中,国家工商总局分别针对这两种分支机构的情形设定了设立登记、变更及注销登记表。比如,分为“外商投资的公司分公司设立登记申请书”和“(非公司)外商投资企业分支(办事)机构设立登记申请书”。前者适用外商投资的公司分公司的设立,后者适用非公司制的外商投资企业分支机构设立。需要注意的是,目前外商投资的公司不但可以依法设立分公司,还可以自由设立办事处而不再需要设立登记(详见后文),但非公司制的外商投资企业设立办事处等机构仍然需要办理设立登记。

二、外商投资的公司的分公司

由于《执行意见》已经明确外商投资的公司适用《公司法》和《公司登记管理条例》,有关外商投资的法律另有规定的,从其规定。所以,外商投资的公司设立分公司应当按照《公司法》和《公司登记管理条例》有关设立分公司的规定执行,请读者参阅本书“专题32:分公司”的有关内容,此处不再赘述。需要说明的是,外商投资的公司设立分公司需要经过商务部门的批准。

三、外商投资的公司的办事处

根据《公司法》第十四条规定:“公司可以设立分公司。设立分公司,应当向公司登记机关申请登记,领取营业执照。分公司不具有法人资格,其民事责任由公司承担。”但对于以前外商投资企业办事处的设立,实际是根据《中华人民共和国企业法人登记管理条例》和《中华人民共和国企业法人登记管理条例施行细则》的规定,外商投资企业设立的办事机构应当申请登记。但根据前述《执行意见》的规定,公司性质的外商投资企业的登记事宜应当适用《公司法》及《公司登记管理条例》,但这两者都没有规定办事处的设立。因此,从根本上来说,公司性质的外商投资企业设立办事处并没有法律依据。依据《行政许可法》,只有法律和行政法规才可以设定行政许可。《公司法》和《公司登记管理条例》没有提到办事处应当申请设立登记,则公司性质的外商投资企业办事处的成立就不需要办理设立登记。

《执行意见》第二十五条明确规定:“公司登记机关不再办理外商投资的公司办事机构的登记。原已登记的办事机构,不再办理变更或者延期手续。期限届满以后,应当办理注销登记或根据需要申请设立分公司。外商投资的公司的分公司可以从事公司经营范围内的联络、咨询等业务。以办事机构名义从事经营活动的,由公司登记机关依法查处。”《执行意见》明确了法律的适用原则,即外商投资的公司适用《公司法》和《公司登记管理条例》,有关外商投资的法律另有规定的,从其规定;而对于《公司法》《公司登记管理条例》和有关外商投资企业的法律都没有规定的,仍然需要适用有关外商投资企业的行政法规、国务院决定和其他规定。同时,《执行意见》明确规定公司登记机关不再办理外商投资的公司办事机构的登记,即外商投资公司的办事机构不需要进行登记。

与此相关的,就有两种观点,一种观点认为可以由公司自由设立办事处,而不需要进行办事处的设立登记;另一种观点认为既然不进行设立登记,那么公司就不得设立办事处。笔者认为第一种理解是正确的。因为从民事主体来说,法无禁止即自由,民事主体有从事某种行为的自由;从行政主体来看,法无授权即禁止,工商行政管理机关对公司设立办事处的行为也没有处罚的依据;从实践中来看,如果不允许公司设立办事处,那么能否设立办公室、联络处之类的呢?只要不从事经营行为,行政机关都找不到处罚的依据。

针对此问题,国家工商行政管理总局外资局负责同志组织了《关于外商投资的公司审批登记管理法律适用若干问题的执行意见》的答记者问。记者提问:“《执行意见》明确,外商投资的公司的办事处不再进行工商登记。办事处以后是否还可以合法存在？现存的办事处怎么处理?”回答是:“法律上并没有禁止办事处的存在。外商投资企业可以根据需要直接设立从事业务联络性质的办事机构,不再到工商机关登记,这是为了更加方便企业。关于已经登记的办事机构,《执行意见》明确了处理办法:原已登记的办事机构,不再办理变更或者延期手续;期限届满以后,办理注销登记或根据需要申请设立分公司。需要说明的是,办事处不再纳入工商登记后,工商机关要根据法定职责一如既往地监管,禁止其从事经营活动。”国家工商行政管理总局外资局负责同志的回答明确了办事处存在的合法性。

《关于实施〈关于外商投资的公司审批登记管理法律适用若干问题的执行意见〉的通知》(工商外企字〔2006〕102 号,以下简称《实施意见的通知》)第二条第(四)项规定:“关于办事机构的登记问题,《执行意见》明确了处理办法,即原已登记的办事机构,不再办理延期手续;期限届满以后,应当办理注销登记或根据需要申请设立分公司。需要说明的是,法律并未禁止公司办事机构的存在,外商投资企业可根据业务需要直接设立从事业务联络的办事机构,无须办理工商登记。外商投资的公司的办事机构不再纳入工商登记后,外资登记管理机关应当继续对其监管,禁止其从事经营活动。各被授权局以及从事属地监管的基层工商所在监管执法过程中,对于办事机构从事经营活动的查处应当突出重点,注意把握执法尺度。对于以办事机构名义直接从事商品生产经营或者直接从事服务提供的,依法严格查处;对于情节轻微,危害不大的,应以疏导、规范为主。”国家工商行政管理总局更是明确了办事处存在的合法性;而且明确办事处不需要办理登记;同时要对办事处从事经营行为进行监管。

四、(非公司)外商投资企业分支(办事)机构

如前所述,非公司制的外商投资企业可以设立分支(办事)机构,但都需要经过商务部门的审批以及办理工商设立登记。其法律依据是《中华人民共和国企业法人登记管理条例》及其《施行细则》的有关规定。从实践来看,此类分支(办事)机构可以分为两类:一是从事生产经营活动的分支机构;二是不能从事营利性活动的办事处。

第八部分

公司减资、解散和清算

综 述

公司设立之后,因公司预定资本过多而形成大量的过剩资本时,为避免资本的浪费而由公司将多余的资本返还给股东,或者由于公司经营不佳,亏损过多,造成公司实有资产大大低于公司注册资本总额时,公司以减少注册资本总额的方法来弥补亏损。无论何种情况,都会涉及公司减资。同时,公司基于股东的决定或者公司经营期限届满或者公司严重亏损需要解散时,公司还将面临解散和清算的法律义务。本部分包括两个法律专题:公司减资及股(权)份回购;公司解散和清算。

专题35 公司减资及股(权)份回购

内容提示

公司设立之后,因公司预定资本过多而形成大量的过剩资本时,为避免资本的浪费而由公司将多余的资本返还给股东,或者由于公司经营不佳,亏损过多,造成公司实有资产大大低于公司注册资本总额时,公司以减少注册资本总额的方法来弥补亏损。无论何种情况,都会涉及公司减资。本专题包含如下内容:

- 公司减资的概念及类型;
- 公司股(权)份回购;
- 公司减资的法定程序;
- 公司如何进行减资分配;
- 公司减资的税务处理。

一、公司减资的概念及类型

(一)公司减资的概念

我国《公司法》及其相关的法规并没有对公司减资进行明确的定义,《公司法》只是在第一百七十七条中规定:"公司需要减少注册资本时,必须编制资产负债表及财产清单。公司应当自作出减少注册资本决议之日起十日内通知债权人,并于三十日内在报纸上公告。债权人自接到通知书之日起三十日内,未接到通知书的自公告之日起四十五日内,有权要求公司清偿债务或者提供相应的担保。"我们知道依据不同的公司资本制度,减资将具有不同的含义。在我国,施行的是法定资本制度,因此在该制度下,按照一般法律理解,公司减资是指公司因资本过剩或亏损严重,根据经营业务的实际情况,依法减少注册资本的行为。

(二)公司减资的类型

我国《公司法》没有明确规定公司减资的形式。在实践中,根据不同的分类标准,公司减资可以分为不同的类型。笔者总结如表35-1和表35-2所示。

表35-1 公司减资类型

分类标准	类型	含义
按照公司资产是否实际减少	实质减资	实质减资是因为公司预定资本过多而形成大量的过剩资本时,为避免资本的浪费而由公司将多余的资本返还给股东的行为
	形式减资(名义减资)	形式减资一般是由于公司经营不佳,亏损过多,造成公司实有资产大大低于公司注册资本总额时,公司以减少注册资本总额的方法来弥补亏损的行为
根据公司减资是否导致公司股东股权比例的变化	同比例减资	同比例减资是指,各股东按照原出资比例或持股比例同步减少出资,减资后各股东的股权比例或持股比例不变
	不同比例减资	不同比例减资,是各股东改变原出资比例或持股比例而减少出资,也可能是部分股东不减少出资,部分股东减少出资,因而减资后各股东的股权比例或持股比例将发生变化
根据减资后资产返还给股东的方式的不同	返还出资的减资	返还出资的减资是指,对已缴足出资的股权或股份,将部分出资额返还给股东,此种减资的结果既减少公司的注册资本,也减少公司的资产或运营资金,属于实质减资
	免除出资义务的减资	免除出资义务的减资是指,对尚未缴足出资的股份或股权,免除股东全部或部分缴纳出资的义务。该种减资方式尽管没有实际资产的流出,但实际上是公司放弃了对股东的催缴股款的债权,使本应增加的公司资产无法增加,是消极意义上的资产减少,也属于实质减资
	股份或股权销除的减资	股份或股权销除的减资是指,公司因亏损而减资时,直接注销部分股权或股份,或者直接减少每股股份的金额,并抵消本应弥补的公司亏损。此方式既没有公司资产的流出,也没有公司对于债权的放弃,只是会计上账目的变动而已,属于形式减资

表35－2 股份有限公司减资类型

<table>
<tr><th>分类标准</th><th colspan="2">类型</th><th colspan="2">含义</th></tr>
<tr><td rowspan="4">依据减资方式的不同(股份有限公司所特有)</td><td rowspan="2">减少股份金额</td><td>返还股东已缴股款</td><td colspan="2" rowspan="2">减少股份金额是指,不改变股份总数,仅仅减少每股的金额</td></tr>
<tr><td>免除股东应缴股款</td></tr>
<tr><td rowspan="2">减少股份总数</td><td>股份注销</td><td>注销股份是指使已发行股份所代表的股东权绝对消灭,并使股票失其效力</td><td rowspan="2">减少股份总数是指,保持每股的金额不变,只减少股份总数</td></tr>
<tr><td>股份合并</td><td>股份合并是指将两个或多个股份合并为一股,此方法,适用于形式上减资的情形,比如上市公司中的“缩股减资”</td></tr>
</table>

【实务问题72】 已认缴尚未实际缴付的出资是否可以减资?

笔者认为,无疑,这是可以的,但是必须以履行法定减资程序为前提,这实质就是“免除出资义务的减资”。因为这种情况下,股东变更对公司认缴的出资额与撤回已经缴纳的出资并无本质上的区别,应当是允许的。需要指出的是,允许此类减资并不排斥出资守约股东向出资违约股东要求承担出资违约责任的权利(如果已到实际缴付期限的话),但这是公司股东之间的私事,与是否允许此类减资并无直接关系。

【实务问题73】 公司减资是否不得低于法定注册资本最低限额?

2013年公司法修订案唯一涉及公司减资的修订条款就是删除了原2005年《公司法》第一百七十八条第三款的规定:“公司减资后的注册资本不得低于法定的最低限额。”这与修订案取消法定最低注册资本限额的规定保持一致。因此,从2014年3月1日起,公司减资不再受法定注册资本最低限额的限制。

二、公司股(权)份回购

从我国《公司法》的规定来看,对于有限责任公司,股份回购通常表现为实收资本的减少或称为“公司减资”,适用《公司法》第九章有关减资的规定;对于股份有限公司,《公司法》第一百四十二条明确提出了股份回购的概念。

《公司法》第七十四条规定,“当公司连续五年不向股东分配利润,而公司该五年连续盈利,并且符合本法规定的利润分配条件的”,“公司合并、分立、转让主要财产的”,“公司章程规定的营业期限届满或者章程规定的其他解散事由出现,股东会议通过决议修改章程使公司存续的”,在股东会议上“投反对票的股东可以请求公司按照合理的价格收购其股权”。这实际是针对有限责任公司可能因股权回购并被动减资的三种情形的新规定。同时,针对股份有限公司,《公司法》第一百四十二条的规定:“公司不得收购本公司股份。但是,有下列情形之一的除外:(一)减少公司注册资本;(二)与持有本公司股份的其他公司合并;(三)将股份奖励给本公司职工;(四)股东因对股东大会作出的公司合并、分立决议持异议,要求公司收购其股份的。公司因前款第(一)项至第(三)项的原因收购本公司股份的,应当经股东大会决议。公司依照前款规定收购本公司股份后,属于第(一)项情形的,应当自收购之日起十日内注销;属于第(二)项、第(四)项情形的,应当在六个月内转让或者注销。公司依照第一款第(三)项规定收购的本公司股份,不得超过本公司已发行股份总额的百分之五;用于收购的资金应当从公司的税后利润中支出;所收购的股份应当在一年内转让给职工。公司不得接受本公司的股票作为质押权的标的。"

因此,在上述情况下,公司通过股(权)份的回购从而导致公司减资。

三、公司减资的法定程序

依据《公司法》及其相关登记法规的规定,在实践中,公司减资的法定程序一般按照如下程序进行:

(一)公司召开股东会或股东大会,并作出减资决议

按照《公司法》的有关规定,公司减资事项属于公司股东会或股东大会的权力范畴,因此,公司需要召开股东会或股东大会并作出减资决议并通过。减资决议一般包含如下内容:(1)减资后的公司注册资本;(2)减资后的股东利益、债权人利益安排;(3)有关修订章程的事项;(4)股东出资及其比例的变化等。

同时,对于有限责任公司,《公司法》第四十三条第二款规定:"股东会会议作出修改公司章程、增加或者减少注册资本的决议,以及公司合并、分立、解散或者变更公司形式的决议,必须经代表三分之二以上表决权的股东通过。"对于股份有限公司,《公司法》第一百零三条第二款规定:"股东大会作出决议,必须经出席会议的股东所持表决权过半数通过。但是,股东大会作出修改公司章程、增加或者减少注册资本的决议,以及公司合并、分立、解散或者变更公司形式的决议,必须经出席会议的股东所持表决权的三分之二以上通过。"因此,股东会或股东大会作出的减资决议必须经代表三分之二以上表决权的股东通过,或者必须经出席会议的股东所持表决权的三分之二以上通过。

(二)编制资本负债表及财产清单

按照《公司法》第一百七十七条第一款的规定:"公司需要减少注册资本时,必须编制资产负债表及财产清单。"因此,在股东会或股东大会并作出减资决议并通

过后,公司应当编制资产负债表及财产清单。

(三)通知和公告债权人

按照《公司法》第一百七十七条第二款的规定:"公司应当自作出减少注册资本决议之日起十日内通知债权人,并于三十日内在报纸上公告。债权人自接到通知书之日起三十日内,未接到通知书的自公告之日起四十五日内,有权要求公司清偿债务或者提供相应的担保。"《公司登记管理条例》第三十一条第二款规定:"公司减少注册资本的,应当自公告之日起45日后申请变更登记,并应当提交公司在报纸上登载公司减少注册资本公告的有关证明和公司债务清偿或者债务担保情况的说明。"因此,公司需要在作出减资决议后,通知债权人和进行公告。

需要注意的是,债权人并没有权力阻止公司减资,但有权要求公司清偿债务或者提供相应的担保。

(四)公司变更登记

按照《公司登记管理条例》规定,公司应当自公告之日起45日后申请变更登记,在办理变更登记时,一般需要公司提供:

1. 公司法定代表人签署的变更登记申请书;
2. 股东会或股东大会作出的公司减资的决议;
3. 股东各方关于减资的协议(独资公司为减资决定);
4. 股东签署的合同、章程修订案(独资公司为章程修订决定);
5. 审计报告(内附资产负债表、财产清单、债权人名单等);
6. 公司法定代表人签署的债务清偿或债务担保情况的说明;
7. 省级以上报纸的减资公告;
8. 审批机关需要的其他材料等。

由此可见,公司减资是受到严格限制的,限制公司减资的目的是为了保证交易的安全,保护股东和债权人的利益。因此在减资的程序中,企业必须履行法定的义务,保证交易的合法、有效、安全。

四、公司如何进行减资分配

在实务中,经常会出现一种情形——公司减资时不知道如何进行减资分配,是按照股东投入的注册资本额进行减资分配,或是按照公司净资产进行减资分配,或是按照高于公司净资产进行减资分配?应该说,《公司法》《公司登记管理条例》以及《公司注册资本登记管理规定》等法律、法规并没有对公司如何进行减资分配作出明确规定。但是,基于公平、公正和股东利益保护的原则,公司和股东应当在净资产公允价值基础上协商确定并进行减资分配,如果不如此将对减资的股东或其他股东的投资权益造成损害。公司在进行减资分配时,需要注意如下两个问题:

(一)公司减资分配需要股东协商一致

按照《公司法》的有关规定,公司减资事项属于公司股东会或股东大会的权力范畴。因此,公司需要召开股东会或股东大会并作出减资决议并通过。这样,对于减资股东和存续股东将协商一致,以保障各自的权益。

(二)公司减资分配金额的确定

我们知道,公司在股东投入资产并进行运营后,公司的净资产往往会增加并大于股东的初始投入,这个时候,如果某个股东要减资或完全撤资应当如何确认公司对其的减资分配金额呢?按照公司法原理,公司减资可以视同为公司按照回购股权(份)的公允价值对股东持有的股权(份)进行回购并注销。因此,公司减资分配金额应当按照减资或撤资的股权(份)的公允价值进行确认。那么,如何确定股权(份)的公允价值呢?在我国公司法实践中,通常按照公司对净资产的评估价进行确定,特别是部分股东进行减资时更是如此。如果所有股东都等比例减资,可以按照注册资本的比例进行减资分配,并不需要额外进行其他资产的分配,当然也可以按照净资产的账面价值进行减资分配,因为这个时候并不会导致股东在公司的投资权益的变化。

五、公司减资的税务处理

在《国家税务总局关于企业所得税若干问题的公告》(国家税务总局公告2011年第34号,以下简称34号公告)出台之前,税法并没有明确规定投资企业撤资、减资收回投资(股份回购,也是撤回或减少投资)时是否可以扣减留存收益(未分配利润和盈余公积),而34号公告则明确规定比照企业清算的规则处理。34号公告第五条"投资企业撤回或减少投资的税务处理"规定:"投资企业从被投资企业撤回或减少投资,其取得的资产中,相当于初始出资的部分,应确认为投资收回;相当于被投资企业累计未分配利润和累计盈余公积按减少实收资本比例计算的部分,应确认为股息所得;其余部分确认为投资资产转让所得。被投资企业发生的经营亏损,由被投资企业按规定结转弥补;投资企业不得调整减低其投资成本,也不得将其确认为投资损失。”

34 号公告明确将投资企业在撤回或减少投资中从被投资企业所取得的资产划分为三个部分:一是相当于初始出资的部分,应确认为投资收回;二是相当于被投资企业累计未分配利润和累计盈余公积按减少实收资本比例计算的部分,应确认为股息所得;三是其余部分确认为投资资产转让所得,即财产(股权)转让收益。对于第一部分,如果投资者为居民企业,由于初始出资部分在企业所得税前可以扣除,因此,该部分不计入投资者应纳税所得额;如果投资者为非居民企业,依据《国家税务总局关于加强非居民企业股权转让所得企业所得税管理的通知》(国税函〔2009〕698 号)第三条的规定,非居民企业的初始投资在计算预提所得税时是可以税前扣除的,因此,该部分不计入投资者应纳税所得额;对于第二部分,如果投资者为居民企业,根据《企业所得税法》第二十六条第二款的规定,居民企业从另一居民企业取得的股息所得为免税收入,因此,这部分收益无须计入投资者应纳税所得额;如果投资者为非居民企业,依据《企业所得税法实施条例》第六条的规定,非居民企业应就其从居民企业取得的股息缴纳预提所得税。因此,这部分所得应计入投资者应纳税所得额。但是,某些税收协定在满足一定条件的情况下,可能给予减低的预提所得税税率;对于第三部分,如果投资者为居民企业,根据《企业所得税法实施条例》第十六条的规定,该部分应计入投资者应纳税所得额。如果发生财产转让损失,则投资者可以在计算应纳税所得额时扣除这部分损失;如果投资者为非居民企业,同样依据《企业所得税法实施条例》第十六条的规定,该部分应计入投资者应纳税所得额。但是,某些税收协定在满足一定条件的情况下,对股权转让所得免征预提所得税税率。① 有关投资者撤回或减资的所得税处理规则见表 35 -3。

表 35 -3 投资者撤回或减资的所得税处理规则

撤回或减资取得的资产类别	居民企业投资者	非居民企业投资者
投资成本的收回	不计入应纳税所得额(所得税前扣除)	不计入应纳税所得额(所得税前扣除)
股息所得	不计入应纳税所得额(免征所得税)	计入应纳税所得额(预提所得税)
投资资产转让所得	计入应纳税所得额,等于取得资产的公允价值减去股息所得减去投资成本	计入应纳税所得额,等于取得资产的公允价值减去股息所得减去投资成本

① 但是,关于税收协定优惠待遇是否适用于投资者在撤回或减资而非股权转让的情形中所取得的财产转让收益,目前尚不明确。

专题36 公司解散和清算

内容提示

股东投入财产到公司的目的在于获得投资回报。股东获得投资回报的方式通常有三种方式:一是通过股权转让给他人收回投资;二是公司回购股份收回投资;三是公司解散和清算收回投资。第三种方式就是本专题要讨论的内容。此外,我们还特别关注从2017年3月1日起在全国范围内全面实行的简易注销登记改革有关内容。本专题包含如下内容:

- 公司解散和清算的概念及分类;
- 公司解散和清算的法定程序;
- 企业简易注销登记改革;
- 公司清算的税务处理。

有关公司解散、清算诉讼的内容,请读者参阅本书“专题44:公司解散清算纠纷”。

一、公司解散和清算的概念及分类

(一)公司解散的概念及情形

我国《公司法》及其相关的法规并没有对公司解散进行明确的定义,但按照一般法律理解,公司解散,是指基于法定事由,将使公司的法人资格归于消灭的法律行为。公司解散只是公司法人资格消灭的原因,在解散过程中,公司丧失的只是从事营业活动的行为能力,其法人资格并未真正消灭。能够引起公司解散的事由很多,依据《公司法》第一百八十条的规定:“公司因下列原因解散:(一)公司章程规定的营业期限届满或者公司章程规定的其他解散事由出现;(二)股东会或者股东大会决议解散;(三)因公司合并或者分立需要解散;(四)依法被吊销营业执照、责令关闭或者被撤销;(五)人民法院依照本法第一百八十三条的规定予以解散。”

同时,《公司法》第一百八十二条规定:“公司经营管理发生严重困难,继续存续会使股东利益受到重大损失,通过其他途径不能解决的,持有公司全部股东表决权百分之十以上的股东,可以请求人民法院解散公司。”

公司解散的法律后果主要体现在以下三个方面:(1)因合并或分立而解散的,其法人资格消灭,其权利义务由存续公司或新设公司继受。其他原因的解散,公司进入清算阶段,此时法人资格仍然存在。(2)公司解散后,其行为能力受到限制,只能从事与清算目的有关的活动,不得开展营业活动。(3)公司解散后,公司的机关停止行使权利,其与公司的权利义务关系也终止,将由清算组对外代表公司。

(二)公司清算的概念及分类

同样,我国《公司法》及其相关的法规也没有对公司清算进行明确的定义,但按照一般法律理解,公司清算,是指公司解散后,清结公司债权债务,分配公司剩余财产,最终向公司登记机关申请注销登记,使公司法人资格归于消灭的法律行为。

根据《公司法》第一百八十三条规定:“公司因本法第一百八十条第(一)项、第(二)项、第(四)项、第(五)项规定而解散的,应当在解散事由出现之日起十五日内成立清算组,开始清算。……”从该条规定可以看出,在公司法上,企业合并或分立并不需要成立清算组进行清算,即不需要走公司清算程序。同时,依据《公司法》第一百七十九条的规定:“公司合并或者分立,登记事项发生变更的,应当依法向公司登记机关办理变更登记;公司解散的,应当依法办理公司注销登记;设立新公司的,应当依法办理公司设立登记。”所以,被合并公司或被分立公司依然需要收回自身股份并办理公司注销登记,以使其最终归于消灭。公司清算不同的分类参见表8-4。

对于破产清算和非破产清算而言,实践中也存在一种情况,即公司终止时,由于尚未进行清算,对其资产负债情况并不十分清楚,可能首先启动的是非破产清算,但经清理公司的财产和债权债务关系,发现其财产不足以偿还全部债务时,这时,非破产清算程序将无法进行下去。这就需要清算组织或者债权人按照破产法的有关规定向人民法院提起破产清算程序,从而由非破产清算程序转入破产清算程序。对此《公司法》第一百八十七条规定:“清算组在清理公司财产、编制资产负债表和财产清单后,发现公司财产不足清偿债务的,应当依法向人民法院申请宣告破产。公司经人民法院裁定宣告破产后,清算组应当将清算事务移交给人民法院。”

二、公司解散和清算的法定程序

公司解散和清算行为属于公司终止经营并使其法人人格消灭的行为,除了因破产而解散的公司适用破产清算程序之外,其他事由解散后进行清算的,一律按《公司法》规定的程序进行。

(一)成立清算组及清算组的职权

按照《公司法》第一百八十三条的规定:"公司因本法第一百八十条第(一)项、第(二)项、第(四)项、第(五)项规定而解散的,应当在解散事由出现之日起十五日内成立清算组,开始清算。有限责任公司的清算组由股东组成,股份有限公司的清算组由董事或者股东大会确定的人员组成。逾期不成立清算组进行清算的,债权人可以申请人民法院指定有关人员组成清算组进行清算。人民法院应当受理该申请,并及时组织清算组进行清算。"

按照《公司法》第一百八十四条的规定:"清算组在清算期间行使下列职权:(一)清理公司财产,分别编制资产负债表和财产清单;(二)通知、公告债权人;(三)处理与清算有关的公司未了结的业务;(四)清缴所欠税款以及清算过程中产生的税款;(五)清理债权、债务;(六)处理公司清偿债务后的剩余财产;(七)代表公司参与民事诉讼活动。"

(二)通知或公告债权人申报债权

按照《公司法》第一百八十五条第一款的规定:"清算组应当自成立之日起10日内通知债权人,并于60日内在报纸上公告。债权人应当自接到通知书之日起30日内,未接到通知书的自第一次公告之日45日内,向清算组申报其债权。"

(三)清理公司财产

按照《公司法》第一百八十六条第一款的规定:"清算组在清理公司财产、编制资产负债表和财产清单后,应当制定清算方案,并报股东会、股东大会或者人民法院确认。"同时,《公司法》第一百八十七条规定:"清算组在清理公司财产、编制资产负债表和财产清单后,发现公司财产不足清偿债务的,应当依法向人民法院申请宣告破产。公司经人民法院裁定宣告破产后,清算组应当将清算事务移交给人民法院。"

(四)清偿公司债务

依据《公司法》第一百八十六条第二款的规定,公司财产能够清偿公司债务的,清算组应当先拨付清算费用,然后按下列顺序进行清偿:

(1)支付职工工资、社会保险费用和法定补偿金;

(2)缴纳所欠税款;

(3)清偿公司债务。

同时,《公司法》第一百八十五条第三款的规定,在申报债权期间,清算组不得对债权人进行清偿。

(五)分配剩余财产

依据《公司法》第一百八十六条第二款的规定,在支付清算费用和清偿公司债务后,清算组应将剩余的公司财产分配给股东。有限责任公司按照出资比例进行分配;股份有限公司按照持有的股份比例进行分配。

(六)清算终结

依据《公司法》第一百八十八条规定:"公司清算结束后,清算组应当制作清算报告,报股东会、股东大会或者人民法院确认,并报送公司登记机关,申请注销公司登记,公告公司终止。"同时,《公司登记管理条例》第四十二条规定,"公司清算组应当自公司清算结束之日起 30 日内向原公司登记机关申请注销登记"。

三、企业简易注销登记改革

为进一步深化商事制度改革,完善市场主体退出机制,根据《国务院关于促进市场公平竞争维护市场正常秩序的若干意见》(国发〔2014〕20 号)、《国务院关于印发 2016 年推进简政放权放管结合优化服务改革工作要点的通知》(国发〔2016〕30 号)文件精神,国家工商总局在 2015 年在上海开展简易注销改革试点的基础上,于 2016 年 12 月 26 日发布了《企业简易注销登记改革的指导意见》(工商企注字〔2016〕253 号,以下简称《指导意见》)。《指导意见》规定从 2017 年 3 月 1 日起在全国范围内全面实行简易注销登记改革。简易注销登记改革的实施意味着现在的企业注销登记程序被划分为一般注销登记程序和简易注销登记程序。企业简易注销登记实行企业自主选择原则,即符合条件的企业可以自主选择一般注销登记程序或简易注销登记程序。现将后者的主要内容介绍如下:

（一）适用主体和情形

根据《指导意见》的规定，适用简易注销登记程序包括有限责任公司、非公司企业法人、个人独资企业和合伙企业四类企业，且必须属于后述两种情形之一：领取营业执照后未开展经营活动，即“未开业”；申请注销登记前未发生债权债务或已将债权债务清算完结的，即“无债权债务”。但企业有下列情形之一的，不适用简易注销程序：(1)涉及国家规定实施准入特别管理措施的外商投资企业；(2)被列入企业经营异常名录或严重违法失信企业名单的；(3)存在股权(投资权益)被冻结、出质或动产抵押等情形；(4)有正在被立案调查或采取行政强制、司法协助、被予以行政处罚等情形的；(5)企业所属的非法人分支机构未办理注销登记的；(6)曾被终止简易注销程序的；(7)法律、行政法规或者国务院决定规定在注销登记前需经批准的；(8)不适用企业简易注销登记的其他情形。

需要说明的是，因企业合并、分立而导致企业被注销的，符合条件的，也可以选择适用简易注销程序。

（二）简易注销登记的基本程序

根据《指导意见》的规定，简易注销登记的基本程序包括如下步骤：

1. 企业依法进行清算，确保本企业未发生债权债务或已将债权债务清算完结，不存在未结清清算费用、职工工资、社会保险费用、法定补偿金和未交清的应缴纳税款及其他未了结事务，清算工作已全面完结。

2. 企业先登录“国家企业信用信息公示系统”，进入“企业信息填报——简易注销公告”专栏，主动向社会公告拟申请简易注销登记及全体投资人承诺等信息(强制清算终结和破产程序终结的企业除外)，公告期为45日。

3. 登记机关同时通过国家企业信用信息公示系统将企业拟申请简易注销登记的相关信息推送至同级税务、人力资源和社会保障等部门，涉及外商投资企业的还要推送至同级商务主管部门。

4. 公告期内，有关利害关系人及相关政府部门可以通过国家企业信用信息公示系统“简易注销公告”专栏“异议留言”功能提出异议并简要陈述理由。

5. 公告期满30日内，若无相关企业或者个人申请简易注销异议，企业方可向登记机关提出简易注销登记申请。

6. 企业准备《申请书》《授权书》《全体投资人承诺书》、营业执照正副本即可，不再提交清算报告、投资人决议、清税证明、清算组备案证明、刊登公告的报纸样张等材料。

7. 登记机关对申请材料进行形式审查，也可利用国家企业信用信息公示系统对申请简易注销登记企业进行检索检查，对于不适用简易注销登记限制条件的申请，书面（电子或其他方式）告知申请人不符合简易注销条件；对于公告期内被提出异议的企业，登记机关在3个工作日内依法作出不予简易注销登记的决定；对于公告期内未被提出异议的企业，登记机关在3个工作日内依法作出准予简易注销登记的决定。

此外，人民法院裁定强制清算或裁定宣告破产的，有关企业清算组、企业管理人可持人民法院终结强制清算程序的裁定或终结破产程序的裁定，向被强制清算人或破产人的原登记机关申请办理简易注销登记。

（三）简易注销登记程序与一般注销登记程序的比较

与一般注销登记程序比较，简易注销登记程序主要存在如下区别：

1. 简化了注销程序。企业不需要再向登记机关申请办理清算组及负责人备案。但这并不免除企业的清算责任，企业申请登记前应确保已将债权债务清算完结。

2. 简化了公告方式。企业注销公告由原先一般通过报纸公告，现改变为通过国家企业信用信息公示系统“简易注销公告”专栏公告，公告方式简便，且无须任何公告费用，降低了企业注销成本。

3. 简化了登记材料。将全体投资人作出解散的决议（决定）、成立清算组、经其确认的清算报告等文书合并简化为全体投资人签署的《全体投资人承诺书》。该承诺书包含全体投资人决定企业解散注销、组织并完成清算工作等内容。企业无须再向登记机关提交清算报告、投资人决议、清税证明、清算组备案证明、刊登公告的报纸样张等材料。

4. 简化了申请环节。简化了企业到税务部门办理清税证明的中间环节（由登记机关自行推送）。

5. 缩短了登记期限。登记期限由一般注销程序的7个工作日缩短至3个工作日内。

（四）实行简易注销的法律风险

企业应当对其公告的拟申请简易注销登记和全体投资人承诺、向登记机关提交材料的真实性、合法性负责。《全体投资人承诺书》是实施监督管理的依据。企业在简易注销登记中隐瞒真实情况、弄虚作假的,登记机关可以依法做出撤销注销登记等处理,在恢复企业主体资格的同时将该企业列入严重违法失信企业名单,并通过国家企业信用信息公示系统公示,有关利害关系人可以通过民事诉讼主张其相应权利。对恶意利用企业简易注销程序逃避债务或侵害他人合法权利的,有关利害关系人可以通过民事诉讼,向投资人主张其相应民事责任,投资人违反法律、法规规定,构成犯罪的,依法追究刑事责任。

企业清算所面临的员工安置风险。按照《劳动合同法》规定,公司决定提前解散的,劳动合同终止但需要支付经济补偿金,对解除劳动关系的员工,应当依法办理解除手续,足额支付经济补偿金,避免因不规范而引起的诉讼法律风险;对需要继续任用的员工,则需及时签订新的劳动合同,及时办理社保及公积金的转移手续,妥善疏导职工情绪。

四、公司清算的税务处理

在《企业所得税法》以及《实施条例》下,企业清算业务的企业所得税处理一直是大家非常关心的问题。尽管《企业所得税法》第五十三条、第五十五条和《实施条例》第十一条对企业所得税清算中涉及的事项做出了规定,但对于什么情况下应进行企业所得税清算,如何计算企业清算所得等具体问题规定得并不是很明确,而60号文对企业清算业务企业所得税的处理中的很多具体操作事项给出了非常明确的意见,初步构筑了我国企业清算的企业所得税税法框架和规则。应该说60号文是我国税法有关企业清算的所得税问题的处理的里程碑式的规范性文件,它澄清了以前税收立法中对企业清算的错误的认识和思路。

60号文第四条规定:“企业的全部资产可变现价值或交易价格,减除资产的计税基础、清算费用、相关税费,加上债务清偿损益等后的余额,为清算所得。企业应将整个清算期作为一个独立的纳税年度计算清算所得。”第五条规定:“企业全部资产的可变现价值或交易价格减除清算费用,职工的工资、社会保险费用和法定补偿金,结清清算所得税、以前年度欠税等税款,清偿企业债务,按规定计算可以向所有者分配的剩余资产。被清算企业的股东分得的剩余资产的金额,其中相当于被清算企业累计未分配利润和累计盈余公积中按该股东所占股份比例计算的部分,应确认为股息所得;剩余资产减除股息所得后的余额,超过或低于股东投资成本的部分,应确认为股东的投资转让所得或损失。被清算企业的股东从被清算企业分得的资产应按可变现价值或实际交易价格确定计税基础。”

从上述规定可以得出,“企业清算业务企业所得税处理”实际包含的是两个层面企业所得税清算处理的规定：一是在企业层面，企业在清算时的企业所得税处理；二是在股东层面，其股息所得以及投资在清算时的企业所得税处理。

事实上，上述两个层面的所得税清算的规定的法理依据在于两个方面：企业和股东的独立税务主体资格和企业清算的交易架构。就此而言，企业的清算通常可以分解为两个方面的交易行为：一是企业对自身资产和负债的处置行为；二是企业将处置收益以及留存收益等分配给股东的交易行为。就第一个交易行为而言，基于企业作为一个独立的主体的资产和负债的处置行为，企业本身将成为税法上的义务主体，将产生企业所得税；就第二个交易行为而言，企业和其股东之间的财产分配行为构成一个股息分配和财产交换行为，即企业首先将企业的留存收益视同为股息分配给股东，若有剩余财产则视同为对股东的投资回报（即分配财产与股东的股权之间的交换行为）。当然，在实务中，对某些资产而言，也可能只涉及第二个交易行为，比如直接对股东进行实物分配，这个时候，通常将被视为以公允市场价值向股东出售/处置资产。

第九部分

公司常见诉讼业务

综 述

前述八个部分主要介绍了公司法的非诉讼业务,在本部分将介绍公司律师主要涉及的常见的公司法诉讼业务。首先,对公司法诉讼业务进行概述;其次,分别针对常见股东出资、股权转让、公司会议决议效力、股东知情权、股东利润分配请求权、股东优先购买权、直接诉讼和股东代表诉讼以及公司解散和清算等诉讼业务进行介绍。本部分包括八个法律专题:公司诉讼业务概述;股东出资纠纷;股权转让纠纷;公司决议效力诉讼;股东知情权纠纷;股东利润分配请求权纠纷;直接诉讼与股东代表诉讼以及公司解散清算纠纷。

专题37 公司诉讼业务概述

内容提示

在前面的专题，笔者主要介绍了公司律师的非诉讼业务。但在现实中，公司、股东以及其他权利人并不总能通过非诉讼的手段来保护自己的权益，有时也不得不拿起法律诉讼的武器进行维权。因此，对于一名公司律师而言，了解公司诉讼业务的基本内容以及诉讼实务显得非常重要和必要。2017年8月28日，最高人民法院颁布了《最高人民法院关于适用〈中华人民共和国公司法〉若干问题的规定(四)》，该司法解释明确了决议效力、股东知情权、利润分配请求权、优先购买权以及提起诉讼时的诉讼主体资格等方面的法律适用问题。在本专题我们将关注其中的提起诉讼时的诉讼主体资格问题。本专题包含如下内容：

- 公司诉讼的含义及类型综述；
- 股东对公司的诉讼；
- 公司对股东或高管的诉讼；
- 股东对股东提起的诉讼；
- 公司债权人提起的诉讼；
- 直接诉讼和股东代表诉讼。

一、公司诉讼的含义及类型综述

(一)公司诉讼的含义

公司诉讼是因公司制度下的特定主体违反有关公司法律制度规定的义务而引发的一类特殊的民事诉讼，其建立在公司相关制度基础上，没有公司一系列组合制度的存在，也就不会产生公司诉讼。因此，公司诉讼可以界定为，法院在当事人和其他诉讼参与人的参加下，为审理和解决因违反公司法律制度规定的权利义务而引发的公司纠纷而进行的各种活动以及因此而产生的各种诉讼法律关系的总称。

(二)公司诉讼的类型概述

从上述公司诉讼的含义来看,公司诉讼可按提起诉讼的权利主体的不同来进行分类。大致可分为以下六类:一是股东对公司的诉讼;二是公司对股东或高级管理人员的诉讼;三是股东对股东的诉讼;四是股东代表诉讼;五是公司债权人提起的诉讼;六是其他公司诉讼。笔者将公司诉讼的类型及主要细分类型总结如表37-1所示。

表37-1　公司诉讼类型

公司诉讼分类	具体诉讼名称
股东对公司的诉讼	股东确权诉讼、股东权行使诉讼、公司设立无效或撤销诉讼、公司解散诉讼
公司对股东或“董监高”的诉讼	虚假出资之诉、抽逃出资之诉、维护公司自身权益之诉、对清算组成员损害赔偿之诉
股东对股东的诉讼	股权转让纠纷之诉、瑕疵出资而致之出资违约之诉、隐名股东与名义股东权益争议诉讼
股东代表(派生)诉讼	股东对侵害人损害赔偿之讼、股东对债务人清偿债务之诉
公司债权人提起的诉讼	瑕疵出资股东补偿赔偿之诉、公司法人人格否认诉讼、公司董事、高管赔偿责任诉讼
其他公司诉讼类型	确认公司章程条款效力诉讼、公司承包经营纠纷诉讼

二、股东对公司的诉讼

股东对公司的诉讼主要包括股东确权之诉、股东权行使诉讼、公司设立无效或撤销之诉、公司解散诉讼等。笔者根据《公司法》及其司法解释等相关规定将股东对公司的诉讼总结如表37-2所示。

表37-2　股东对公司的诉讼及法律适用

<table>
<tr><th colspan="2">股东对公司的诉讼</th><th>法规条款</th></tr>
<tr><td rowspan="4">股东确权诉讼</td><td>1. 股东资格确认纠纷诉讼</td><td>《公司法》第三十二条、第一百二十九条、第一百三十条;《公司法司法解释(三)》第二十一条、第二十二条</td></tr>
<tr><td>2. 签发出资证明或股票的诉讼</td><td rowspan="2">《公司法》第三十一条、第三十二条、第一百三十二条;《公司法司法解释(三)》第二十三条</td></tr>
<tr><td>3. 要求股东名册记载为股东的诉讼</td></tr>
<tr><td>4. 隐名股东确认股东资格诉讼</td><td>《公司法司法解释(三)》第二十四条</td></tr>
</table>

续表

股东对公司的诉讼		法规条款
股东权行使诉讼	1. 股东知情权诉讼	《公司法》第三十三条、第九十七条、第九十八条、第一百一十七条、第一百六十五条；《公司法司法解释（四）》第七条至第十二条
	2. 股东会议决议效力之诉（不设立、撤销或确认无效之诉）	《公司法》第二十二条；《公司法司法解释（四）》第一条至第六条
	3. 股利分配请求权诉讼	《公司法》第四条、第三十四条、第一百六十六条；《公司法司法解释（四）》第十三条至第十五条
	4. 剩余财产分配请求权诉讼	《公司法》第四条、第一百八十六条；《公司法司法解释（二）》
	5. 召开股东会议的诉讼	《公司法》第四十条、第一百零一条
	6. 异议股东股份回购请求权诉讼	《公司法》第七十四条
公司设立无效或撤销诉讼	1. 公司设立无效之诉	《公司法》未明确规定
	2. 公司设立撤销之诉	《公司法》未明确规定
公司解散诉讼	1. 股东请求强制解散公司之诉	《公司法司法解释（二）》第一条、第四条
	2. 股东或债权人要求法院指令成立清算组之诉	《公司法司法解释（二）》第七条

股东确权诉讼中的股东资格确认诉讼、隐名股东确认股东资格诉讼的有关内容，读者可以参阅本书“专题 10：股东资格的确认”。股东会议瑕疵决议之诉将在“专题 40：公司决议效力诉讼”中介绍，公司解散诉讼将在“专题 44：公司解散清算纠纷”中介绍。

三、公司对股东或高管的诉讼

公司对股东或“董监高”的诉讼主要包括股东虚假出资之诉、股东抽逃出资之诉、公司维护自身权益之诉、公司对清算组成员提起的损害赔偿之诉等。笔者根据《公司法》及其司法解释等相关规定将其总结如表 37－3 所示。

表 37－3　公司对股东或“董监高”的诉讼及法律适用

公司对股东或高管的诉讼		法规条款
股东虚假出资之诉	因股东虚假出资而引起的公司向股东提起的履行出资义务的诉讼	《公司法》第二十八条第二款；《公司法司法解释（三）》第十三条
股东抽逃出资之诉	因股东抽逃出资而引起的公司要求股东承担返还出资责任的诉讼	《公司法司法解释（三）》第十二条、第十四条

续表

公司对股东或高管的诉讼		法规条款
公司维护自身权益之诉	1. 公司要求撤销有关损害公司利益的关联交易的诉讼	《公司法》第二十一条
	2. 公司要求公司董事、监事从事竞业禁止业务所得收益归入公司的诉讼	《公司法》第一百四十八条
	3. 公司因董事、监事及高级管理人员违反勤勉或忠实义务致公司损失而提起的损害赔偿诉讼	《公司法》第一百四十九条、第一百五十一条第一款
	4. 公司请求相关人员返还公司印章、财务账簿的诉讼	《公司法》第一百四十七条
公司对清算组成员提起的损害赔偿之诉		《公司法司法解释(二)》第二十三条

公司对股东或高管的诉讼中的股东虚假出资之诉和抽逃出资之诉笔者将在“专题38:股东出资纠纷”中介绍。公司对清算组成员提起的损害赔偿之诉笔者将在“专题44:公司解散清算纠纷”中介绍。

四、股东对股东提起的诉讼

股东对股东提起的诉讼主要包括股权转让(优先购买权)纠纷之诉和瑕疵出资而致的出资违约之诉。笔者根据《公司法》及其司法解释等相关规定将其总结如表37－4所示。

表37－4　股东对股东的诉讼及法律适用

股东对股东提起的诉讼		法规条款
股权转让(优先购买权)纠纷之诉	股权转让纠纷是指股东之间、股东与非股东之间进行股权转让而发生的纠纷。它包括有限责任公司的股权转让纠纷和股份有限公司的股权转让纠纷(即股份转让纠纷)两种情况	《公司法》第七十一条、第七十二条、第七十五条,第一百三十七条至一百四十一条;《公司法司法解释(三)》第十八条、第二十五条、第二十七条;《公司法司法解释(四)》第十六条至第二十二条
瑕疵出资而致的出资违约之诉	股东未按期足额缴纳出资的,除应当向公司足额缴纳外,还应当向已按期足额缴纳出资的股东承担违约责任	《公司法》第二十八条第二款

股权转让纠纷之诉笔者将在“专题39:股权转让纠纷”中介绍,“瑕疵出资而致的出资违约之诉”笔者将在“专题38:股东出资纠纷”中介绍。

五、公司债权人提起的诉讼

公司债权人提起的诉讼主要包括债权人对瑕疵出资的股东提起的补充赔偿责

任之诉、公司法人人格否认之诉和债权人对公司董事、高管提起的连带赔偿责任诉讼。笔者根据《公司法》及其司法解释等相关规定将其总结如表37－5所示。

表37－5　公司债权人提起的诉讼及法律适用

公司债权人提起的诉讼		法规条款
债权人对瑕疵出资的股东提起的补充赔偿责任之诉	公司债权人请求未履行或者未全面履行出资义务的股东在未出资本息范围内对公司债务不能清偿的部分承担补充赔偿责任的，人民法院应予支持；未履行或者未全面履行出资义务的股东已经承担上述责任，其他债权人提出相同请求的，人民法院不予支持	《公司法司法解释(三)》第十三条第二款、第二十六条
公司法人人格否认之诉	公司股东滥用公司法人独立地位和股东有限责任，逃避债务，严重损害公司债权人利益的，应当对公司债务承担连带责任	《公司法》第二十条第三款；《公司法司法解释(三)》第十三条第三款
债权人对公司董事、高管提起的连带赔偿责任诉讼	股东在公司增资时未履行或者未全面履行出资义务，依照本条第一款或者第二款提起诉讼的原告，请求未尽公司法第一百四十七条第一款规定的义务而使出资未缴足的董事、高级管理人员承担相应责任的，人民法院应予支持；董事、高级管理人员承担责任后，可以向被告股东追偿。 公司债权人请求抽逃出资的股东在抽逃出资本息范围内对公司债务不能清偿的部分承担补充赔偿责任、协助抽逃出资的其他股东、董事、高级管理人员或者实际控制人对此承担连带责任的，人民法院应予支持；抽逃出资的股东已经承担上述责任，其他债权人提出相同请求的，人民法院不予支持	《公司法司法解释(三)》第十三条第四款、第十四条第二款
债权人请求公司清算义务人承担违反清算义务的民事责任的诉讼	清算组成员从事清算事务时，违反法律、行政法规或者公司章程给公司或者债权人造成损失，公司或者债权人主张其承担赔偿责任的，人民法院应依法予以支持	《公司法司法解释(二)》第二十三条第一款
公司解散后债权人要求清算义务人承担民事责任的诉讼	公司已经清算完毕注销，上述股东参照公司法第一百五十一条第三款的规定，直接以清算组成员为被告、其他股东为第三人向人民法院提起诉讼的，人民法院应予受理	《公司法司法解释(二)》第二十三条第三款

限于篇幅，笔者在此仅针对债权人对瑕疵出资的股东提起的补充赔偿责任之诉和公司法人人格否认之诉进行简要介绍：

(一)债权人对瑕疵出资的股东提起的补充赔偿责任之诉

根据《公司法司法解释(三)》第十三条第一款、第二款规定："股东未履行或者未全面履行出资义务,公司或者其他股东请求其向公司依法全面履行出资义务的,人民法院应予支持。公司债权人请求未履行或者未全面履行出资义务的股东在未出资本息范围内对公司债务不能清偿的部分承担补充赔偿责任的,人民法院应予支持;未履行或者未全面履行出资义务的股东已经承担上述责任,其他债权人提出相同请求的,人民法院不予支持。”此时,未履行或者未全面履行出资义务的股东应当在未出资本息范围内对公司债务不能清偿的部分承担补充赔偿责任。需要注意的是,该责任存在一个前提就是公司债务不能清偿。

(二)公司法人人格否认之诉

《公司法》第二十条第三款规定:“公司股东滥用公司法人独立地位和股东有限责任,逃避债务,严重损害公司债权人利益的,应当对公司债务承担连带责任。”该条规定即是有关公司法人人格否认的法律规定。与一般侵权或违约之诉不同,公司法人格否认之诉的股东对债权人和其他利益相关人的侵害是间接的,是以公司作为工具完成的。股东既没有直接侵害债权人或其他利害关系人的债权或利益,也不是公司与侵权或利益相关人的债权债务相关人。

1. 适格原告和被告

公司法人人格否认之诉中原告应为公司股东滥用公司法人人格而受损害的债权人及其他利益相关者。公司法人人格否认诉讼被告应限于实施滥用公司法人人格的股东(一般是积极股东或控股股东)。

2. 公司法人人格否认之诉的范围

公司法人人格否认之诉的范围为公司人格利用者实施了滥用公司人格和股东有限责任的行为。主要包括以下内容:

(1)公司资本不充足。公司资本是公司独立承担民事责任的物质基础,也是公司人格否认中需要考量的重要因素。如公司缺乏充足资本或只具有名义资本,因其违背资本充实的原则,可能导致公司人格否认,实践中公司法人人格的利用者常采取虚假出资与抽逃出资的方式滥用公司人格,损害债权人利益,从司法实践来看,法院通常就前述两种情形适用公司法人格否认,直索股东责任。

(2)利用公司法人人格规避合同义务。实践中,公司股东滥用公司法人人格,以公司名义承担与公司并不相称的风险,造成股东享受利益,公司独立承担风险的状况。表现为:以逃避债务为目的,转移资产;终止原公司,另设新公司实现逃债目的,属典型的滥用公司法人人格的行为;利用债权人对公司人格的信赖,以公司为工具,在交易中骗取利益;规避契约上的不作为义务。

(3)利用公司法人人格规避法律义务。利用公司法人资格规避法律义务主要表现为:为规避竞业禁止义务而作为控股股东另设公司从事竞业交易;利用公司法人资格规避税法。比如,控股股东滥用公司人格,通过利润价格转移,恶意破产等手段达到逃避税收目的;利用公司法人资格规避执行法,为逃避执行而新设公司,将个人财产转移至该公司。

(4)公司法人人格形骸化。主要表现为:公司人格混同。公司与股东或公司与其他公司之间已混为一体,如实践中"一套人马,两块牌子"情形属人格混同,以及组织机构重合统一;公司财产混同。公司营业场所、主要设施、公司资本、公司财产利益一体化,互相混合使用无法分开;公司业务混同。公司与股东或公司与其他公司从事相同业务,公司的交易行为及交易价格无法独立掌控;交易资金、公司业务无真实或连续记录,公司在外观上丧失独立性。但如以下情形则不能适用公司法人人格否认制度:公司之间有共同的经理与董事;公司合并财务或税务报表;母公司维持集中现金管理;母公司为子公司提供集中会计与法律管理,并收取合理费用;母公司与子公司共同办公,但保持独立身份。

3. 公司法人人格否认之诉的前提条件和结果要件

否认公司人格仅在公司资产不足以清偿债务时适用。因为公司具有足够资产的情况下,债权人的损失可获得赔偿,故无须要求股东承担责任。同时,滥用公司法人格的行为必须给公司债权人造成严重的损害,若公司股东的行为虽有悖于公司人格独立和股东有限责任原则,但未造成任何第三人利益或社会公共利益的损失,则不能适用公司人格否认。只要通过行政的甚至刑事的手段去追究行为人的责任即可,不必以民事责任形式来处理。

六、直接诉讼和股东代表诉讼

股东的权利可以分成两大类:股东的自益权利和股东的共益权利。因此,股东诉讼可以按照股权的两大类别而分为股东直接诉讼(《公司法》第一百五十二条)和股东派生诉讼(《公司法》第一百五十一条第二款、第三款)。同时,公司因董事、监事及高级管理人员执行公司职务时违反法律、行政法规或者公司章程的规定给公司造成损失的,也可以自己名义提起损害赔偿的直接诉讼(公司直接诉讼,《公司法》第一百五十一条第一款)。有关《公司法司法解释(四)》涉及的直接诉讼和股东代表诉讼的更多内容,请读者参阅本书"专题43:直接诉讼与股东代表诉讼"。

专题38 股东出资纠纷

内容提示

在本专题，笔者将对公司与股东、股东与股东之间的出资纠纷诉讼进行介绍。在实践中，股东出资的纠纷是复杂多样的，除了股东虚假出资、抽逃出资之外，还存在瑕疵出资、是否构成公司借贷及非法集资的问题。本专题包含如下内容：

- 股东出资诉讼及法律实务要点；
- 股东虚假出资纠纷；
- 股东抽逃出资纠纷；
- 股东瑕疵出资纠纷。

一、股东出资诉讼及法律实务要点

实践中，股东出资纠纷的法律实务集中在以下几个方面：一是出资人以无处分权财产出资的法律问题；二是出资人以未依法评估作价的非货币财产出资的问题；三是以需要办理过户等手续的财产出资但未办理过户的法律问题；四是以国有划拨土地使用权或者设定权利负担的土地使用权出资的问题；五是出资人以股权出资的问题；六是有限责任公司股东出资比例和持股比例不一致的约定的法律效力问题。

（一）出资人以无处分权财产出资的法律问题

《公司法司法解释（三）》第七条规定，出资人以不享有处分权的财产出资，当事人之间对于出资行为效力产生争议的，人民法院可以参照物权法第一百零六条的规定予以认定。《物权法》第一百零六条的规定实质是有关善意取得的规定。因此，当出资人以不享有处分权的财产出资时，人民法院将参照有关善意取得的原则来确认出资行为的效力问题。也就是说，如果被投资公司受让该等财产是善意的，并且满足第一百零六条规定的三项条件（受让人受让该不动产或者动产时是善意的、以合理的价格转让、转让的不动产或者动产依照法律规定应当登记的已经登记，不需要登记的已经交付给受让人）的话，则视为被投资公司取得该等财产的所有权，该等财产的所有权人无权追回。

（二）出资人以未依法评估作价的非货币财产出资的问题

《公司法》第二十七条第二款规定："对作为出资的非货币财产应当评估作价，核实财产，不得高估或者低估作价。法律、行政法规对评估作价有规定的，从其规定。"因此，以非货币财产出资应当依法进行资产评估，以防止投入财产被高估或低估。资产评估应当由有资质的评估机构进行，并出具资产评估报告。各股东在资产评估的基础上对投资资产作价进行协商确定。同时，《公司法司法解释（三）》第九条规定："出资人以非货币财产出资，未依法评估作价，公司、其他股东或者公司债权人请求认定出资人未履行出资义务的，人民法院应当委托具有合法资格的评估机构对该财产评估作价。评估确定的价额显著低于公司章程所定价额的，人民法院应当认定出资人未依法全面履行出资义务。"所以，公司法并没有取消对非货币性财产应当评估作价的要求。

（三）以需要办理过户等手续的财产出资但未办理过户的法律问题

《公司法》第二十八条第一款、第八十三条第一款分别对有限责任公司、股份有限公司做出规定："以非货币财产出资的，应当依法办理其财产权的转移手续。"因此，股东以非货币财产出资时，应当将非货币财产的财产权转移到公司。同时，《公司法司法解释（三）》第十条规定，出资人以房屋、土地使用权或者需要办理权属登记的知识产权等财产出资，已经交付公司使用但未办理权属变更手续，公司、其他股东或者公司债权人主张认定出资人未履行出资义务的，人民法院应当责令当事人在指定的合理期间内办理权属变更手续；在前述期间内办理了权属变更手续的，人民法院应当认定其已经履行了出资义务；出资人主张自其实际交付财产给公司使用时享有相应股东权利的，人民法院应予支持。出资人以前款规定的财产出资，已经办理权属变更手续但未交付给公司使用，公司或者其他股东主张其向公司交付并在实际交付之前不享有相应股东权利的，人民法院应予支持。因此，司法实践采用的是补正主义原则，即如果已经交付但未办理权属变更手续的，在指定的合理期间内办理权属变更手续的，可以认定其已经履行了出资义务并取得股东资格享有股东权利;反之,则未取得股东资格,也不享有股东权利。如果已经办理权属变更手续但未交付给公司使用,公司或者其他股东主张其向公司交付、并在实际交付之前不享有相应的股东权利。

(四)以国有划拨土地使用权或者设定权利负担的土地使用权出资的问题

《公司登记管理条例》第十四条、《注册资本登记管理规定》第五条第二款规定,股东的出资方式应当符合《公司法》第二十七条的规定,但是,股东不得以劳务、信用、自然人姓名、商誉、特许经营权或者设定担保的财产等作价出资。因此,原则上国有划拨土地使用权或设定权利负担的土地使用权不得用于出资,但在司法实践中,为了保护公司的稳定性和延续性,公司法司法解释采用了补正主义原则。《公司法司法解释(三)》第八条规定:"出资人以划拨土地使用权出资,或者以设定权利负担的土地使用权出资,公司、其他股东或者公司债权人主张认定出资人未履行出资义务的,人民法院应当责令当事人在指定的合理期间内办理土地变更手续或者解除权利负担;逾期未办理或者未解除的,人民法院应当认定出资人未依法全面履行出资义务。"因此,如果出资人在指定的合理期间内补交土地出让金并办理土地变更手续或者解除权利负担的,应认定出资人依法全面履行出资义务,并取得股东资格;逾期未办理或者未解除的,人民法院应当认定出资人未依法全面履行出资义务,其不能取得股东资格。

(五)出资人以股权出资的问题

《公司法司法解释(三)》第十一条规定,出资人以其他公司股权出资,符合下列条件的,人民法院应当认定出资人已履行出资义务:(一)出资的股权由出资人合法持有并依法可以转让;(二)出资的股权无权利瑕疵或者权利负担;(三)出资人已履行关于股权转让的法定手续;(四)出资的股权已依法进行了价值评估。股权出资不符合前款第(一)项、第(二)项、第(三)项的规定,公司、其他股东或者公司债权人请求认定出资人未履行出资义务的,人民法院应当责令该出资人在指定的合理期间内采取补正措施,以符合上述条件;逾期未补正的,人民法院应当认定其未依法全面履行出资义务。股权出资不符合本条第一款第(四)项的规定,公司、其他股东或者公司债权人请求认定出资人未履行出资义务的,人民法院应当按照本规定第九条的规定处理。从前述规定可以看出,司法实践仍然采用补正主义原则来进行处理。

（六）有限责任公司股东出资比例和持股比例不一致的约定的法律效力问题

《公司法》第三十四条规定："股东按照实缴的出资比例分取红利；公司新增资本时，股东有权优先按照实缴的出资比例认缴出资。但是，全体股东约定不按照出资比例分取红利或者不按照出资比例优先认缴出资的除外。"实际上这是公司法对股东可以自由约定分红比例的约定。但实践中，还出现了另一种特别的情形，即有限责任公司的股东约定不按实际出资比例持有股权的情形。这个时候公司法并没有进行明确的规定，那么，如何认定这样的约定的法律效力呢？让我们以如下最高人民法院的指导案例来进行分析。

案例78　深圳市启迪信息技术有限公司与郑州国华投资有限公司等股权确认纠纷案①——有限责任公司股东约定不按实际出资比例持有股权的效力

【裁判摘要】

在公司注册资本符合法定要求的情况下，各股东的实际出资数额和持有股权比例应属于公司股东意思自治的范畴。股东持有股权的比例一般与其实际出资比例一致，但有限责任公司的全体股东内部也可以约定不按实际出资比例持有股权，这样的约定并不影响公司资本对公司债权担保等对外基本功能实现。如该约定是各方当事人的真实意思表示，且未损害他人的利益，不违反法律和行政法规的规定，应属有效，股东按照约定持有的股权应当受到法律的保护。

【案情介绍】

申请再审人（一审被告、二审上诉人）：深圳市启迪信息技术有限公司

被申请人（一审原告、二审被上诉人）：郑州国华投资有限公司

原审被告：开封市豫信企业管理咨询有限公司

原审第三人：珠海科美教育投资有限公司

申请再审人深圳市启迪信息技术有限公司（以下简称启迪公司）为与被申请人郑州国华投资有限公司（以下简称国华公司）、原审被告开封市豫信企业管理咨询有限公司（以下简称豫信公司）、原审第三人珠海科美教育投资有限公司（以下简称科美投资公司）股权确认纠纷一案，不服河南省高级人民法院（2009）豫法民二

① 案例选自《最高人民法院公报》2012年第1期，最高人民法院民事判决书（2011）民提字第6号。

终字第20号民事判决,向本院申请再审。

2007年7月18日,国华公司向河南省开封市中级人民法院提起诉讼称,2006年10月26日,国华公司与启迪公司、豫信公司签订了《关于组建珠海科美教育投资有限公司投资协议》(以下简称《10·26协议》),约定三方组建科美投资公司,并约定了三方的出资额、股份比例等事项。《10·26协议》签订后,国华公司履行了出资义务,启迪公司与豫信公司未出资却滥用股东权利,损害了国华公司的权益。故请求判令:(1)科美投资公司的全部股权归国华公司所有。(2)如果国华公司的第一项请求不能得到支持,请依法判决解散科美投资公司,并进行清算。豫信公司提出管辖异议,经审理,一审法院驳回了豫信公司的异议申请,豫信公司上诉后,二审法院维持一审的驳回裁定。

本院再审查明:

1.《10·26协议》第十四条约定:"利润分配:(1)在上述乙方(即国华公司)7000万元资金没有收回完毕之前,公司交纳所得税并依法提取公积金、公益金后的利润,三方股东按照约定分配,即甲方(即启迪公司)享有分配公司利润的16%,乙方享有80%,丙方(即豫信公司)享有4%。(2)在上述乙方7000万元资金收回完毕后,公司交纳所得税并依法提取公积金、公益金后的利润,三方股东按照三方出资比例予以分配,即甲方享有分配公司利润的55%,乙方享有30%,丙方享有15%。"

2.《9·18协议》列明:协议的甲方为珠海分校工程学院项目策划和运营方,乙方为张军等。本院对原审查明的其他事实予以确认。

再审中,国华公司明确表示,放弃原审第二项即解散并清算科美投资公司的诉讼请求。

本院认为,本案当事人争议的焦点是,以启迪公司名义对科美投资公司500万元出资形成的股权应属于国华公司还是启迪公司。

根据再审查明的事实,《9·18协议》是珠海分校工程学院项目策划和运营方为甲方,张军等人为乙方,刘继军、张军分别代表甲乙方签订的双方成立科美咨询公司以合作建设珠海分校工程学院的协议书,而《10·26协议》是启迪公司、国华公司、豫信公司三方以各自名义签订的关于组建科美投资公司的协议书,两个协议在签订动机上确有一定的联系,但是,两个协议的签订主体和合作内容完全不同,两个协议彼此独立,其间并不存在从属关系,即使《9·18协议》无效,也不影响《10·26协议》的效力,原审以《9·18协议》的效力否定《10·26协议》的效力系适用法律错误。本案是启迪公司、国华公司、豫信公司因履行《10·26协议》组建科美投资公司发生的纠纷。科美投资公司系由科美咨询公司变更而来:公司名称变更,股东由娄宏涛、刘继军、赵升云变更为国华公司、启迪公司和豫信公司,公司注册资金由50万元变更为1000万元。《10·26协议》约定该1000万元以货币出资,是各方当事人真实意思的表示,符合公司法第二十七条关于股东可以用货币出资的规定,故该约定有效。

股东认缴的注册资本是构成公司资本的基础,但公司的有效经营有时还需要其他条件或资源,因此,在注册资本符合法定要求的情况下,我国法律并未禁止股东内部对各自的实际出资数额和占有股权比例做出约定,这样的约定并不影响公司资本对公司债权担保等对外基本功能实现,并非规避法律的行为,应属于公司股东意思自治的范畴。《10·26协议》约定科美投资公司1000万元的注册资本全部由国华公司负责投入,而该协议和科美投资公司的章程均约定股权按照启迪公司55%、国华公司35%、豫信公司15%的比例持有。《10·26协议》第十四条约定,国华公司7000万元资金收回完毕之前,公司利润按照启迪公司16%,国华公司80%,豫信公司4%分配,国华公司7000万元资金收回完毕之后,公司利润按照启迪公司55%,国华公司30%,豫信公司15%分配。根据上述内容,启迪公司、国华公司、豫信公司约定对科美投资公司的全部注册资本由国华公司投入,而各股东分别占有科美投资公司约定份额的股权,对公司盈利分配也做出特别约定。这是各方对各自掌握的经营资源、投入成本及预期收入进行综合判断的结果,是各方当事人的真实意思表示,并未损害他人的利益,不违反法律和行政法规的规定,属有效约定,当事人应按照约定履行。该1000万元已经根据《10·26协议》约定足额出资,依法进行了验资,且与其他变更事项一并经工商行政机关核准登记,故该1000万元系有效出资。以启迪公司名义对科美投资公司的500万元出资最初是作为保证金打入科美咨询公司账户,并非注册资金,后转入启迪公司账户,又作为投资进入科美投资公司账户完成增资,当时各股东均未提出任何异议,该500万元作为1000万元有效出资的组成部分,也属有效出资。按照《10·26协议》的约定,该500万元出资形成的股权应属于启迪公司。启迪公司作为科美投资公司的股东按照《10·26协议》和科美投资公司章程的约定持有的科美投资公司55%股权应当受到法律的保护。

启迪公司认为公司股东之间因出资、权益分配等问题出现纠纷均应由公司住所地人民法院受理。但启迪公司在原审中并未提出管辖异议。启迪公司也未申请对二审法院关于管辖的裁定进行再审,故本院对启迪公司认为原审地域管辖错误的理由不再审查。

股权确认之诉与公司解散、清算之诉是相互独立的诉讼,不具有诉讼关联性,不应合并审理,且国华公司在再审中明确表示放弃解散并清算科美投资公司的诉讼请求,故本院对该诉讼请求不予审理。

综上,原审判决认定以启迪公司名义对科美投资公司的500万元出资违反法律禁止性规定缺乏法律依据,启迪公司申请再审的主要理由成立,本院予以支持。本院判决如下:一、撤销河南省高级人民法院(2009)豫法民二终字第20号民事判决,撤销河南省开封市中级人民法院(2007)汴民初字第69号民事判决;二、驳回郑州国华投资有限公司的诉讼请求。

【评析】

本案争议的焦点问题有两个:一是在本案中,如何适用《9·18协议》和《10·26协议》的问题,即是适用何者来确定本案当事人的权利和义务问题;二是《10·26协议》约定不按实际出资比例持有股权的效力问题。

1. 如何适用《9·18协议》和《10·26协议》的问题

最高人民法院在审理中认为,《9·18协议》和《10·26协议》最大的区别在于主体和合作内容差异。《9·18协议》是珠海分校工程学院项目策划和运营方为甲方(姑且不论该主体是否协议的合法当事方),张军等人为乙方,刘继军、张军分别代表甲乙方签订的双方成立科美咨询公司以合作建设珠海分校工程学院的协议书,而《10·26协议》是启迪公司、国华公司、豫信公司三方以各自名义签订的关于组建科美投资公司的协议书,两个协议在签订动机上确有一定的联系,但是,两个协议的签订主体和合作内容完全不同,两个协议彼此独立,其间并不存在从属关系。并认定本案是启迪公司、国华公司、豫信公司因履行《10·26协议》组建科美投资公司发生的纠纷。

2. 《10·26协议》约定不按实际出资比例持有股权的效力问题

最高人民法院在审理中认为,有限责任公司各股东之间对出资比例和持股比例的约定,对公司资本是否充足和公司债权人并没有影响,仅对公司股东的权利和义务有影响,属于公司股东意思自治的范畴。股权是股东享有的权利,一般情况下,股东按出资比例持有股权。我国《公司法》对股东出资作出明确规定的同时,却并没有规定股东必须按照出资比例持有股权。在本案中,国华公司关于《10·26协议》的约定无效的主要理由有两点:一是启迪公司以教育资源作为出资违反公司法关于出资的强制性规定;二是《10·26协议》约定的以货币出资系以合法形式掩盖非法目的。最高人民法院认为这两点理由并不成立。理由在于:第一,启迪公司以教育资源作为其与国华公司合作的条件,而非作为其对科美投资公司的出资,而出资则是采取货币资金的方式进行;第二,以教育资源出资的确存在对公司债权人的担保难以实现的问题,所以公司法也禁止以该种方式出资,但用货币代替教育资源出资并不影响公司资本担保功能的实现,符合公司法的规定,这并非以合法形式掩盖非法目的。

二、股东虚假出资纠纷

虚假出资,是指公司发起人或者股东不履行出资义务或者违反出资规定,未交付货币、实物或者未转移财产权等,欺骗债权人和社会公众,骗取公司登记的行为。虚假出资和未缴出资或瑕疵出资不同,区别在于前者是无代价而取得股份,行为性质为欺诈。后者是未缴付出资款或瑕疵出资也未取得股份或未全部取得股份,其行为性质为违约。虚假出资实践中往往有以下表现形式:(1)以无实际现金或高于实际现金的虚假银行进账单、对账单骗取公司登记;(2)以虚假的实物投资手续骗取公司登记;(3)以实物、工业产权、非专利技术、土地使用权出资,但并未办理财产权转移手续;(4)作为出资的实物、工业产权、非专利技术、土地使用权的实际价额显著低于公司章程所定价额。

审查认定股东虚假出资必然涉及一个重要问题是举证责任的分配,债权人主张公司股东出资不到位,当然应承担相应的举证责任,但由于出资的主要证据材料应当保存在公司或出资人手中,债权人取证在事实上存在困难。根据《最高人民法院关于民事诉讼证据的若干规定》第七十五条“有证据证明一方当事人持有证据无正当理由拒不提供,如果对方当事人主张该证据的内容不利于证据持有人,可以推定该主张成立”的规定,对于股东出资是否到位,原则上应当由债务人(包括公司和股东)负举证责任。因此对债权人的举证责任要求不宜严苛,只要能举出使人对股东出资虚假产生合理怀疑的表面证据或者证据线索,法院应要求债务人提供相关证据证明其不存在虚假出资。

股东虚假出资并不必然影响其股东资格,但必然会对其股东权利产生影响。《公司法》第二十八条规定,股东应当按期足额缴纳公司章程中规定的各自所认缴的出资额。股东以货币出资的,应当将货币出资足额存入有限责任公司在银行开设的账户;以非货币财产出资的,应当依法办理其财产权的转移手续。一般情况下,股东只要在公司章程载明和在工商登记机关登记就取得了股东资格,且这种取得具有公示力和公信力。但是,这种股东又不是公司法中完全意义上的股东,对此种股东和其他依约履行出资义务的股东要有所区别。这就是股东资格和股东权利的区别。根据《公司法司法解释(三)》第十六条规定,股东未履行或者未全面履行出资义务或者抽逃出资,公司根据公司章程或者股东会决议对其利润分配请求权、新股优先认购权、剩余财产分配请求权等股东权利作出相应的合理限制,该股东请求认定该限制无效的,人民法院不予支持。此处的合理限制一般与股东的实际出资的比例相关联。

三、股东抽逃出资纠纷

抽逃出资是指在公司成立后,股东将所缴出资暗中撤回,却仍保留股东身份和原有出资数额的一种欺诈性违法行为。根据《公司法司法解释(三)》第十二条规定,“公司成立后,公司、股东或者公司债权人以相关股东的行为符合下列情形之一且损害公司权益为由,请求认定该股东抽逃出资的,人民法院应予支持:(一)制作虚假财务会计报表虚增利润进行分配;(二)通过虚构债权债务关系将其出资转出;(三)利用关联交易将出资转出;(四)其他未经法定程序将出资抽回的行为。”第十七条还规定,有限责任公司的股东未履行出资义务或者抽逃全部出资,经公司催告缴纳或者返还,其在合理期间内仍未缴纳或者返还出资,公司以股东会决议解除该股东的股东资格,该股东请求确认该解除行为无效的,人民法院不予支持。在前款规定的情形下,人民法院在判决时应当释明,公司应当及时办理法定减资程序或者由其他股东或者第三人缴纳相应的出资。在办理法定减资程序或者其他股东或者第三人缴纳相应的出资之前,公司债权人依照本规定第十三条或者第十四条请求相关当事人承担相应责任的,人民法院应予支持。前述规定表明:

(一)抽逃出资的股东对公司承担的民事责任

股东出资是公司资产的重要组成部分,抽逃出资行为侵犯了公司财产权,公司依法享有返还财产请求权,抽逃出资的股东应当向公司承担返还所抽逃出资,并支付按其抽逃出资的数额和时间计付利息的侵权责任。如果抽逃出资的行为直接造成了公司其他损失,行为人应当承担相应的损害赔偿责任。

(二)抽逃出资的股东对已足额履行出资义务股东的违约责任

根据《公司法》第二十八条第二款规定,股东不按照前款规定缴纳出资的,除应当向公司足额缴纳外,还应当向已按期足额缴纳出资的股东承担违约责任。公司设立协议或公司章程是发起人或股东之间的合同,发起人、股东具有按时足额向公司缴纳出资的合同义务,抽逃出资影响了合同的适当履行,违反了合同义务,已足额缴纳出资的股东依法享有请求违约行为人承担违约责任的合同权利。

（三）抽逃出资的股东对公司债权人的民事责任

抽逃出资行为非法减少了公司资产，削弱了公司的偿债能力，如果公司债权人的债权因此不能实现，抽逃出资的股东应当对公司债务承担补充赔偿责任。

根据《公司法司法解释（三）》第十四条第二款的规定，公司债权人请求抽逃出资的股东在抽逃出资本息范围内对公司债务不能清偿的部分承担补充赔偿责任、协助抽逃出资的其他股东、董事、高级管理人员或者实际控制人对此承担连带责任的，人民法院应予支持；抽逃出资的股东已经承担上述责任，其他债权人提出相同请求的，人民法院不予支持。

此规定在坚持公司独立责任和股东承担有限责任的同时，在公司不能清偿的情况下，赋予公司债权人请求抽逃出资的股东承担赔偿责任的权利，平衡了各方利益。诉讼中，如果公司债权人主张公司资不抵债，法院一般允许追加抽逃出资股东为共同被告，并判决其在抽逃出资及其利息范围内承补充赔偿责任，以减少诉讼成本，有效地保护公司债权人的权利。

（四）为抽逃出资提供帮助或者负有直接管理责任的股东、董事、经理的连带责任

根据上述《公司法司法解释（三）》第十四条第二款的规定，协助抽逃出资的其他股东、董事、高级管理人员或者实际控制人对抽逃出资的股东在抽逃出资本息范围内对公司债务不能清偿的部分承担连带责任。

案例79　胡元中与汤敏股权纠纷上诉案①——股东抽逃出资的民事法律后果

【裁判要旨】

公司成立后，股东不得抽逃出资，这是公司法规定的基本原则之一。股东出资是公司赖以存在和运营的基础，因此，抽逃出资行为，被公司法严格禁止并严厉惩处。股东出资后，随即将出资转走而用于非公司经营，是抽逃出资的典型情形。其民事法律后果有：一是出资人对公司继续履行出资义务，并承担相应责任；二是如不履行该项出资义务，则不享有基于该项出资而享有的资产收益、参与重大决策和选择管理者等权利。

---

① 本案例选自《人民司法·案例》2013年第2期，作者：马胜军，河南省高级人民法院。笔者做了精简和增补。

【案情介绍】

原告:汤敏,河南金汇通投资发展有限公司股东

被告:胡元中,河南金汇通投资发展有限公司股东

第三人:河南金汇通投资发展有限公司(以下简称金汇通公司)

原告汤敏诉称:2004 年 10 月 18 日,金汇通公司申请注册资本由 1500 万元变更为 5500 万元,新增资 4000 万元。虽然变更登记申请表、股东会决议、公司章程修正案中 4000 万元记载在胡元中名下,但该次增资过程中,胡元中一手操纵,虚假增资。请求法院依法判令确认胡元中在金汇通公司不享有 4000 万元人民币股权。

被告胡元中辩称:其持有金汇通公司 4020 万元股权,系在 20 万元股权基础上增资 4000 万元股权,手续齐备,程序合法,真实有效。汤敏存在恶意滥诉的嫌疑。请求法院查明事实,驳回原告的诉讼请求。

河南省郑州市中级人民法院一审查明:

金汇通公司原名称为河南马迪尔商贸有限公司,系自然人股东苏占军、孙维明、胡元中共同出资组建,注册资本金 100 万元。其中苏占军出资 60 万元,孙维明出资 20 万元,胡元中出资 20 万元。1998 年 1 月 5 日取得企业法人营业执照。2003 年 6 月,河南马迪尔商贸有限公司召开股东会,形成以下决议:(1)变更公司名称。原名称变更为金汇通公司,名称变更前公司债权债务由名称变更后的公司承担。(2)变更经营范围。公司经营范围变更为:实业投资、股权投资、企业并购、投资顾问。(3)变更公司注册资本。公司注册资本 100 万元增加至 1500 万元,新增注册资本由新进股东汤敏全部认缴。公司注册资本变更后,公司股东及出资情况为:苏占军出资 60 万元,孙维明出资 20 万元,胡元中出资 20 万元,汤敏出资 1400万元。(4)免去孙维明公司董事职务,增选汤敏为公司董事,成立新董事会,由苏占军、胡元中、汤敏三位董事组成,由董事会选举董事长和法定代表人。选举胡元中为公司董事长、法定代表人,免去苏占军的原董事长、法定代表人职务。随后,汤敏出资 1400 万元,公司注册资本实收金额为 1500 万元。河南马迪尔商贸有限公司换发了金汇通公司的企业法人营业执照。

2004 年 10 月 16 日,金汇通公司形成股东会决议:公司注册资本由 1500 万元变更为 5500 万元,新增注册资本 4000 万元由股东胡元中全部认缴。注册资本变更后,公司股东出资情况为:苏占军出资 60 万元,孙维明出资 20 万元,胡元中出资 4020 万元,汤敏出资 1400 万元。金汇通公司委托胡元中办理公司变更业务。关于胡元中增资 4000 万元的有关情况是:2004 年 10 月 18 日河南久远会计师事务所有限公司作出豫久远内验字〔2004〕第 186 号验资报告,验资报告载明:截至 2004 年

10月18日,金汇通公司已收到股东胡元中缴纳的新增注册资本人民币4000万元。胡元中于2004年10月18日缴存中国建设银行郑州市金水支行商城路分理处人民币账户4000万元。2004年10月17日至10月30日金汇通公司在中国建设银行郑州市金水支行商城路分理处人民币账户资金往来明细显示:2004年10月18日该账户转入4000万元,2004年10月19日该账户转出4000万元。没有证据表明金汇通公司实际使用了该项资金。

2004年10月18日,金汇通公司向河南省工商行政管理局申请公司变更登记,变更事项为注册资本由1500万元变更为5500万元。河南省工商行政管理局依据金汇通公司提交的相关材料,依法对金汇通公司注册资本进行了变更。

另查明:金汇通公司全体股东没有约定不按照出资比例分取红利,金汇通公司的公司章程中也没有规定股东表决权不按照出资比例行使。

一审审判:

河南省郑州市中级人民法院经审理认为:公司增加注册资本是扩张经营规模、增强责任能力的行为,与公司设立时的初始出资是没有区别的。公司股东若有增资瑕疵,应承担与公司设立时出资瑕疵相同的责任。本案的焦点问题是金汇通公司股东胡元中在履行增加4000万元资本过程中是否存在瑕疵。关于胡元中增资4000万元,2004年10月18日河南久远会计师事务所有限公司作出豫久远内验字〔2004〕186号验资报告,验资报告载明:截至2004年10月18日,金汇通公司已收到股东胡元中缴纳的新增注册资本人民币4000万元。而胡元中已于2004年10月18日缴存中国建设银行郑州市金水支行商城路分理处人民币账户4000万元;但从金汇通公司在中国建设银行郑州市金水支行商城路分理处人民币账户资金往来明细可以看出:该4000万元于2004年10月18日转入,于2004年10月19日转出。即该4000万元仅是用于验资,验资后即从公司账户转出,并未用于公司经营。胡元中称4000万元验资后,转入了金汇通公司用于经营,但未提交相应证据予以支持,对此不予支持。公司成立后,公司股东将出资款项转入公司账户验资后又转出,应认定为股东抽逃出资。股东抽逃出资系股东增资瑕疵的一种表现形式。虽然股东出资不到位并不影响其股东资格的取得,但其享有股东权利的前提是承担股东义务,违反出资义务,也就不应享有股东的相应权利,这是民法中权利与义务统一、利益与风险一致原则的体现。本案中胡元中4000万元增资存在瑕疵,则其股权的行使应受到相应的限制,这种限制应根据具体股东权利的性质来决定,即出资义务相对应的股东权利只能按出资比例来行使。如胡元中不能补足4000万元出资,则其不享有对金汇通公司4000万元的股权。汤敏的诉讼请求事实清楚、证据充分,应予以支持。一审法院判决如下:一、胡元中于该判决生效之日起10日内履行对金汇通公司4000万元人民币的增资义务;二、胡元中如不能按时履行上述义务,则其不享有对金汇通公司4000万元的资产收益、参与重大决策和选择管理者等权利。

胡元中不服一审判决,提起上诉。

二审审判:

二审法院归纳本案争议焦点为胡元中是否在金汇通公司享有4000万元人民币股权,是否存在抽逃出资行为。

除一审法院查明的事实外,二审法院另查明:1. 金汇通公司工商登记档案显示,该公司于2007年1月8日召开股东会并作出决议:胡元中将其在公司出资的4020万元中的2950万元转让给新股东陈金构,将920万元转让给另一新股东朱金虎。股权转让后,公司股东的出资情况为,胡元中出资150万元,朱军虎出资1000万元,汤敏出资1400万元,陈金构出资2950万元。截至2011年12月7日,金汇通公司工商登记中显示的股东信息亦为上述情况。2. 胡元中提交的河南平正高速公路发展有限公司工商档案材料中的驻永会事验字〔2004〕209号验资报告显示,根据有关协议、章程的规定,河南平正高速公路发展有限公司申请登记的注册资本为人民币20,000万元,由中国铁路工程总公司、金汇通公司于2004年10月14日之前缴足。经审验,截至2004年10月14日止,河南平正高速公路发展有限公司已收到全体股东缴纳的注册资本合计人民币2亿元。各股东以货币出资15,000万元;预付款出资5000万元。另,该验资报告所附的验资事项说明中显示,金汇通公司缴纳人民币4000万元,于2004年10月14日投入已缴入河南省驻马店市人民政府高速公路建设指挥部保证金4250万元,经全体股东确认为投资款4000万元。

河南省高级人民法院二审认为:

关于胡元中是否存在抽逃出资行为。根据查明的事实,胡元中于2004年10月18日缴存中国建设银行郑州市金水支行商城路分理处人民币账户4000万元,但该款于次日即2004年10月19日转出。该4000万元仅是用于验资,验资后即从该公司账户转出,并未用于公司经营。胡元中上诉主张该4000万元增资用于金汇通公司对河南平正高速公路发展有限公司的投资,而其提交证据中的验资报告显示,金汇通公司于2004年10月14日即已缴入驻马店市人民政府高速公路建设指挥部保证金4250万元,并经全体股东确认为投资款4000万元;胡元中亦不能提交相应的转款凭证,其提交的现有证据不能证明其增资的4000万元是用于金汇通公司的对外投资。故胡元中上诉认为其4000万元增资不存在瑕疵的理由不能成立。至于胡元中上诉提出的一审判决与金汇通公司现有工商登记所显示的股东出资情况不符的问题,因为金汇通公司现有的公司持股情况系2007年公司股东持股变更所致,所以和2004年公司增资中胡元中是否出资到位没有关系;在2004年金汇通公司增资中,新增注册资本4000万元由胡元中全部认缴,而一审认定该4000万元增资存在瑕疵并无不当。

综上,一审判决认定事实清楚,适用法律正确,实体处理适当。二审法院判决驳回上诉,维持原判。

【评析】

本案争议的焦点涉及三个问题:一是股东抽逃出资的认定;二是抽逃出资股东的民事责任;三是抽逃出资股东的股东资格与股东权利。

1. 股东抽逃出资的认定

我国《公司法》对股东抽逃出资行为未明确定义,但一般认为抽逃出资是指股东已出资,但在出资后非法将与其所缴纳出资相应的出资额部分或全部抽回,从而达到不出资或少出资但保有股东身份目的的行为。根据该概念,构成抽逃出资须符合以下要件:抽逃出资的主体是公司股东;抽逃出资股东具有欺诈的故意;抽逃出资行为是发生在公司成立后,且损害公司权益。根据原2011年2月16日施行的《公司法司法解释(三)》(法释〔2011〕3号)第十二条规定:"公司成立后,公司、股东或者公司债权人以相关股东的行为符合下列情形之一且损害公司权益为由,请求认定该股东抽逃出资的,人民法院应予支持:(一)将出资款项转入公司账户验资后又转出;……"①因此,司法实践认为"将出资款项转入公司账户验资后又转出"属于抽逃出资的典型行为。在本案中,公司增资时认缴股东同样对公司负有出资义务,胡元中将出资款4000万元于2004年10月18日转入公司验资账户,而于2004年10月19日转出,该4000万元仅是用于验资,并未用于公司经营,明显违反了出资义务,是一种变相逃避出资义务的情形,损害公司权益,应认定为股东抽逃出资。

2. 抽逃出资股东的民事责任

《公司法司法解释(三)》(法释〔2011〕3号)第十四条②规定,股东抽逃出资,公司或者其他股东请求其向公司返还出资本息、协助抽逃出资的其他股东、董事、

---

① 《公司法司法解释(三)》(法释〔2014〕2号)第十二条删除了原规定的第(一)项"将出资款项转入公司账户验资后又转出"的情形,其原因在于2014年《公司法》删除了要求验资的规定。——笔者注

② 《公司法司法解释(三)》(法释〔2011〕3号)第十四条与《公司法司法解释(三)》(法释〔2014〕2号)第十四条的规定一致。——笔者注

高级管理人员或者实际控制人对此承担连带责任的,人民法院应予支持。在本案中,胡元中将出资款项转入公司账户验资后又转出,法院判决其履行对公司的增资义务,其实是要求抽逃出资的股东再次履行出资义务。这也符合公司法的一般原理。

3. 抽逃出资股东的股东资格与股东权利

违反出资义务的股东能否取得股东资格、享有股东权利?按照目前的司法实践来看,《公司法司法解释(三)》(法释〔2011〕3号)第十七条①还规定,股东未履行或者未全面履行出资义务或者抽逃出资,公司根据公司章程或者股东会决议对其利润分配请求权、新股优先认购权、剩余财产分配请求权等股东权利作出相应的合理限制,该股东请求认定该限制无效的,人民法院不予支持。这就是"有限资格说"。该学说认为,股东只要在公司章程、股东名册记载,以及取得公司登记机关的登记即取得了股东资格,这种股东身份记载和/或登记具有公示力和公信力,应予以肯定,因此未出资股东具有股东资格,但是这种股东又不是完全意义上的股东,其享有的权利要受到限制。从保护交易秩序、维护第三人信赖的角度考虑,股东未出资但在公司章程、股东名册或工商登记中已有出资记载,其股东资格应予以肯定。因此,二审法院判决胡元中如不能按时履行出资义务,则其不享有对公司相应的资产收益、参与重大决策和选择管理者等权利。

四、股东瑕疵出资纠纷

(一)瑕疵出资的含义

广义的瑕疵出资,是指股东不按照法律或公司章程规定的出资要求,在出资方式以及对出资的处分等方面存在不完全符合法律或公司章程规定的行为。其典型表现形式为股东不适当出资、虚假出资、抽逃出资、未足额出资等。

不适当出资,是指股东未按照协议约定或公司章程的规定履行全部出资义务,或者股东出资的时间、出资的方式或出资的手续不符合公司登记机关核准登记事项规定的行为。如公司成立后,以货币出资的股东在公司成立一段时间后才将货币缴付给公司;以实物、知识产权、土地使用权等作价出资的股东在公司成立半年内未办理财产权转移手续;以实物等形式出资的用货币代替出资或以货币出资的用实物等其他财产代替出资等。

---

① 《公司法司法解释(三)》(法释〔2011〕3号)第十七条调整为《公司法司法解释(三)》(法释〔2014〕2号)第十六条,内容并未作出修订。——笔者注

虚假出资，是指股东表面上出资而实际上并未出资的行为。如银行等金融机构与股东恶意串通，在股东未提供任何货币、实物等的情况下，为其提供虚假的资金信用证明，取得公司营业执照；股东以不属于自己所有的财产如机器设备、房屋等作价出资，导致在公司成立后，不能办理财产权转移手续；股东以实物出资，而公司成立后，根本未将实物交付公司实际占有、使用等。

有关抽逃出资、未足额出资的内容请参见前文，此处不再赘述。

(二)瑕疵出资股东的股权

股东瑕疵出资，虽取得股东资格，但其享有的股东权是不完整的，或者说不是公司法意义上的完整股东权。依据权利义务相一致原则，应按其实际出资分取红利和行使表决权等权利，即在未补足出资差额前，按其实际出资额行使股东权。对此，理论界及司法实务中均已取得共识。

(三)瑕疵出资股东的法律责任

对瑕疵出资股东的民事责任的追偿，主要由该公司、其他股东以及相对人来进行，对此民事责任的追究。有关内容可以参阅前文，此处不再赘述。

专题39 股权转让纠纷

内容提示

在公司纠纷中，股权转让纠纷可能是最常见的纠纷之一。按照受让对象的不同，股权转让纠纷可以分为股东之间的股权转让纠纷和股东与第三人之间的股权转让纠纷。如何处理股权转让纠纷可能是公司律师最主要的公司诉讼业务。2017年8月28日，最高人民法院颁布了《最高人民法院关于适用〈中华人民共和国公司法〉若干问题的规定（四）》对股东优先购买权诉讼的相关问题进行了明确。本专题包含如下内容：

- 股权转让纠纷的含义及主要特点；
- 股权转让纠纷的主要形式；
- 未出资或未完全出资股东股权转让纠纷；
- 瑕疵出资股权转让纠纷；
- 限制性股权转让纠纷；
- 侵害同意权/优先购买权的股权转让纠纷；
- 瑕疵决议无效或被撤销的股权转让纠纷；
- 隐名出资下的股权转让纠纷；
- 外商投资企业股权转让纠纷；
- 国有股权转让纠纷；
- 股权转让纠纷案例的共性问题。

一、股权转让纠纷的含义及主要特点

股权转让纠纷是指股东之间、股东与第三人之间进行股权转让而发生的纠纷。它包括有限责任公司的股权转让纠纷和股份有限公司的股份转让纠纷(以下简称股权转让纠纷)两种情况。股权转让纠纷的主要特点如下:

1. 股权转让纠纷涉及诸多主体间的利益博弈。股权转让不仅涉及股权出让方及受让方,还涉及目标公司及其他股东等利害关系主体。

2. 股权转让纠纷涉及诸多法律关系。既涉及公司内部法律关系,又涉及公司外部法律关系。多数股权转让纠纷伴随着股东资格的确认、股权转让前债权债务的承担、股东会决议的效力等法律关系。

3. 股权转让纠纷的类型具有多样性。股权转让纠纷大体上分为两类:一类是股权转让行为是否具有法律效力而产生的纠纷,此类纠纷常伴随着请求确认股东资格以及认定股东会决议的效力。争议最多的问题是公司股东违反公司法的限制性规定,侵犯其他股东优先购买权,与第三人签订股权转让合同,效力如何认定。另一类是履行股权转让协议而发生的争议,这是传统的股权转让纠纷案件,一般表现为要求支付转让款等。

4. 股权转让纠纷案件审判的特征。股权转让纠纷案件潜在的复杂法律关系日益显现,审理难度相对增大,表现在审判程序上,均适用普通程序。

二、股权转让纠纷的主要形式

有限责任公司兼具人合和资合特性,股权转让分为对内转让和对外转让两种情况,对内转让是指股权在股东内部进行转让,对外转让是指股东将其股权向股东以外的人进行转让,《公司法》第七十一条对有限责任公司股东对外转让股权作出了相应的限制性规定。股份有限公司作为典型的资合公司,其股权以自由转让为基本特征。在实践中,股权转让纠纷较多,影响公司的正常经营,如何通过司法途径解决纠纷,是司法实践中的一个重要问题。尤其是《公司法》对有限责任公司股东对外转让股权作出了限制性规定,如转让时需经其他股东过半数同意、其他股东享有优先购买权等,造成此等股权转让引发的纠纷不断。大致来看,股权转让纠纷案大致包括两大类:一是股权转让合同或协议是否具有法律效力的纠纷;二是股权转让合同或协议履行的纠纷。笔者总结如表39-1所示。

表 39－1　股权转让纠纷的形式

股权转让合同或协议效力纠纷	未出资或未完全出资股东股权转让纠纷
	瑕疵出资股东股权转让纠纷
	限制性股权转让纠纷
	侵害同意权/优先购买权的股权转让纠纷
	瑕疵决议无效或被撤销的股权转让纠纷
	隐名出资下的股权转让纠纷
	股权继承纠纷、股权分割、股权赠与
	中外合资企业股权转让纠纷
	国有股权转让纠纷
股权转让合同或协议履行纠纷	股权作价纠纷
	股权变更登记纠纷
	股权价款支付纠纷

当然,实践中,除了上述主要的股权转让纠纷之外,还存在其他一些股权转让纠纷案件。比如,股权遗赠、股权质押执行转让等。

三、未出资或未完全出资股东股权转让纠纷

根据公司法原理,未履行或未完全履行出资义务,股东取得股东资格一般并无争议,但其取得的股权应属不完整股权,其权利将依法或者依公司章程或股东会议决议受到合理限制。那么,如果未履行或未完全履行出资义务的股东将其股权对外转让其法律效力如何呢?这也是此类纠纷最核心的问题。

从公司法和合同法的原理和规定来看,即使股东未履行或未完全履行出资义务,但其依然取得了股东资格,其对外转让股权只要符合公司法第七十一条有关对外转让股权的限制性规定或者公司章程的相关规定即应视为有效。

在解决了股权转让合同有效性之后,还需要解决的是,对出让股东未履行或未完全履行的出资义务如何处理的问题。根据《公司法司法解释(三)》第十八条规定,有限责任公司的股东未履行或者未全面履行出资义务即转让股权,受让人对此知道或者应当知道,公司请求该股东履行出资义务、受让人对此承担连带责任的,人民法院应予支持;公司债权人依照本规定第十三条第二款向该股东提起在未出资本息范围内对公司债务不能清偿的部分承担补充赔偿责任诉讼,同时请求前述受让人对此承担连带责任的,人民法院应予支持。受让人根据前款规定承担责任后,向该未履行或者未全面履行出资义务的股东追偿的,人民法院应予支持。但

是,当事人另有约定的除外。因此,如果出让人将未履行或者未全面履行出资义务披露给受让人,或者未披露但受让人对此知道或者应当知道的,受让人对此承担连带责任。需要注意的是,在2014年《公司法》下,前述未履行或者未全面履行出资义务仅仅限于公司已经催缴而股权转让股东未缴付的出资额部分。对于未要求缴付的出资额部分,股权转让当事方在股权实际转让作价时应予以考虑。

四、瑕疵出资股权转让纠纷

如上一专题所述,瑕疵出资从广义的角度包括股东不适当出资、虚假出资、抽逃出资、未足额出资等主要形式。有关的结论类似于上述第三部分未出资或未完全出资股东股权转让,此处不再赘述。

五、限制性股权转让纠纷

在实践中,对于股份有限公司(特别是上市公司)股东股份转让有很多限制性规定,这些规定属于强制性的法律法规的规定。因此,违反这些规定的限制性股权转让合同被视为违反法律法规的强制性规定,属于无效合同。除此之外,有限责任公司的公司章程还可以约定限制股权转让,这是实践中争议颇大的一个问题,即公司章程限制股权转让的效力问题。

(一)公司章程限制股权转让条款效力的一般认定

公司章程是公司的组织和行为规则,是发起设立公司的投资者就公司的重要事务及公司的组织和活动做出的长期安排,这种安排体现了自治性。公司章程经登记而达到公示之目的,具有对抗第三人的效力。在判定公司章程限制股权转让的效力问题上,一个不能回避的问题就是,可以通过公司章程变更的公司法规范是强制性规范还是任意性规范。其实就公司法中的强制性规范和任意性规范,立法者有时也未对强制性条款和任意性条款作出非常明确的界分,我们单单从法律条文的对比中去推导立法者对该条文强制性或任意性的认识是不恰当的。从公司法原理及其规定来看,这实质涉及的是法律有关限制股权转让的分类:法定限制和意定限制。

1. 法定限制按法律规范的效力不同又可分为禁止性法定限制和授权性法定限制。

禁止性法定限制是指法律法规明确规定的限制股权转让的情形,并且不允许当事人通过合同、章程等意定的方式加以排除适用。比如,《公司法》第一百四十一条规定："发起人持有的本公司股份，自公司成立之日起一年内不得转让。公司公开发行股份前已发行的股份，自公司股票在证券交易所上市交易之日起一年内不得转让。公司董事、监事、高级管理人员应当向公司申报所持有的本公司的股份及其变动情况，在任职期间每年转让的股份不得超过其所持有本公司股份总数的百分之二十五；所持本公司股份自公司股票上市交易之日起一年内不得转让。上述人员离职后半年内，不得转让其所持有的本公司股份。公司章程可以对公司董事、监事、高级管理人员转让其所持有的本公司股份作出其他限制性规定。"

授权性法定限制是指法律法规对于股权转让规定了明确的限制转让的情形，但是如果当事人通过协议或章程等意定的方式作出了另外的规定，则当事人的约定的效力优先于该法定限制，即在当事人没有约定的情况下，才适用该法定限制。比如，《公司法》第七十一条规定："有限责任公司的股东之间可以相互转让其全部或者部分股权。股东向股东以外的人转让股权，应当经其他股东过半数同意。股东应就其股权转让事项书面通知其他股东征求同意，其他股东自接到书面通知之日起满三十日未答复的，视为同意转让。其他股东半数以上不同意转让的，不同意的股东应当购买该转让的股权；不购买的，视为同意转让。经股东同意转让的股权，在同等条件下，其他股东有优先购买权。两个以上股东主张行使优先购买权的，协商确定各自的购买比例；协商不成的，按照转让时各自的出资比例行使优先购买权。公司章程对股权转让另有规定的，从其规定。"

2. 意定限制是指股东通过股东会决议或公司章程等协商一致的方式对股权转让所作的限制定规定。比如，公司实施的股权激励计划在章程中规定在约定期限内（如行权后 3 年）被授予人不得对外转让股权，或者约定在被授予人欲转让该等股权时，公司控股股东有权以合理价格回购该等股权。

因此，从法理层次上作出分析，主流的、较有说服力的一个判别标准是：当某个规范所规定的问题属于公司内部问题时，通常可以作为任意性规范；当某个规范所规定的问题属于公司外部问题时，涉及公司之外的第三人时，则作为强制性规范。对于任意性规范，公司章程可以予以变更；对于强制性规范，公司章程不能变更。总的来讲，有限责任公司的任意性规范较多，强制性规范有限。比如《公司法》第七十一条第一款规定，"有限责任公司的股东之间可以相互转让其全部或者部分股权"。依该规定，股东之间可以自由转让股权，未对有限责任公司股东间股权转让加以限制。同时，该条第四款规定，"公司章程对股权转让另有规定的，从其规定"。依该规定，允许章程作出例外规定，这属于授权性法定限制条款，股东可以基于该规定对股权内部转让进行限制。因此，对于公司章程中的特别规定，各方应当尊重。从公司合同理论的视角分析，在公司法规定之外对股东转让股权设定特定的条件，是符合合同自由原则的。实践中，一些公司股东基于对公司控制权之争往往对股权转让另加限制，如在章程中约定，"公司股权在股东间转让时，必须经其他股东过半数同意。经同意可以转让的股份，各股东按照持股比例在同等条件下享有优先购买权"。这样规定的目的，是为了保持各股东间利益的平衡，防止恶意股东借股权转让之机拥有多数股权，达到控制公司、损害其他股东的情形发生。基于有限责任公司人合性、封闭性的特性，对上述情形中关于公司法任意性条款的变更应得到充分的尊重，其对股权转让的限定条件是有效的，违反该限定条件的股权转让是无效的。

（二）公司章程限制股权转让条款效力的例外

公司章程可以对股权转让作出限制性的约定，这种约定相比公司法关于股权转让的一般性规定，提出了更为苛刻的条件，是章程制定者为了维护自身及公司利益达成合意的体现。在肯定章程可以对股权转让作出限制性约定的同时，必须明确，这一限制性约定是受到制约的，对于违法的或者违反公司法原理的限制性条款，不应认定其效力。具体而言：

1. 公司章程对股权转让的限制性条款与法律和行政法规的强制性规定相抵触的，应确认该公司章程条款无效，对股东没有法律约束力，股东违反章程该限制性条款转让股权而签订的股权转让合同有效；

2. 公司章程的限制性条款造成禁止股权转让的后果。这种约定违反股权自由转让的基本原则，剥夺了股东的基本权利，应属无效，股权转让不因违反这些限制性约定而无效。

这一点在原《解释（四）意见稿》第二十九条得以体现。该条规定："有限责任公司章程条款过度限制股东转让股权，导致股权实质上不能转让，股东请求确认该条款无效的，应予支持。"对于该条是否有必要，也存在不同的观点。该观点认为，该规定明显超出了司法解释的授权范围，与《公司法》第七十一条的规定相悖，缺乏法律依据。首先，《公司法》第七十一条第四款规定："公司章程对股权转让另有规定的，从其规定。"《公司法》本身并未对什么是"另有规定"作出任何限制性要求；其次，从有限责任公司的"人合性"来看，只要股东之间达成合意，完全可以在章程条款中作出如此的约定；最后，"过度限制股东转让股权，导致股权实质上不能转让"在司法实践中可能难以界定。显然，《解释（四）意见稿》第二十九条是以违反股权自由转让的基本原则为出发点，保护股东的基本权利。需要说明的是，基于上述考虑,特别是最后一点原因,《公司法司法解释(四)》删除了上述第二十九条规定。

六、侵害同意权/优先购买权的股权转让纠纷

《公司法》第七十一条第二款规定,股东向股东以外的人转让股权,应当经其他股东过半数同意。股东应就其股权转让事项书面通知其他股东征求同意,其他股东自接到书面通知之日起满三十日未答复的,视为同意转让。其他股东半数以上不同意转让的,不同意的股东应当购买该转让的股权;不购买的,视为同意转让。第三款规定,经股东同意转让的股权,在同等条件下,其他股东有优先购买权。两个以上股东主张行使优先购买权的,协商确定各自的购买比例;协商不成的,按照转让时各自的出资比例行使优先购买权。对于有限责任公司股东转让股权而言,还存在其他股东同意权和优先购买权行使的问题。在实践中,这样的股权转让纠纷屡见不鲜。

在司法实践的基础上,《公司法司法解释(四)》第十六条至第二十二条对有限责任公司股东同意权和优先购买权的适用和限制进行了更为详细的规定。

(一)优先购买权的适用限制

《公司法司法解释(四)》第十六条规定:“有限责任公司的自然人股东因继承发生变化时,其他股东主张依据公司法第七十一条第三款规定行使优先购买权的,人民法院不予支持,但公司章程另有规定或者全体股东另有约定的除外。”该条表明,股东优先购买权只适用于股权因交易行为发生继受取得的情形,而不适用股权因继承等非交易行为而取得情形。该条也符合《公司法》第七十五条“自然人股东死亡后,其合法继承人可以继承股东资格;但是,公司章程另有规定的除外”的规定。就此而言,因继承导致股权发生变化并不是一种股权转让,更不是一种《公司法》第七十一条第二款所规定的需要“经股东同意”的股权转让。这是因为根据《继承法》的有关规定,“继承”属于对遗产的一种法定处置方式,或者说属于由于法定事实(即原股东的死亡)出现后而依法形成的法定后果,不存在原已死亡的股东有股权转让的意图或合意。因此,根据《公司法》第七十一条的规定,该等情形下不应存在优先购买权的问题。此外,根据因为《公司法》第七十五条规定,公司股东对某股东死亡后,继承人可以继承该股东资格是有预见的。优先购买权是为了保护有限责任公司的“人合性”,因为股东们对某股东死亡,其继承人继承股权有预见,因此,如果其认为继承会损害公司的“人合性”,则可以在章程中作出排除继承

的规定。如果其没有这样做，就应合理地认定他们不认为继承会损害“人合性”。因此，在继承的场合，也就无权主张优先购买权。而在股东依据法律行为转让股权时，因为没有可预见性，为了保护公司的“人合性”，所以规定了股东的优先购买权。

此外，从此意义上讲，普通的赠与（包括婚内赠与）、离婚析产①皆可能也可适用优先购买权规定。但也有观点认为，普通的赠与、离婚析产与遗赠最大的区别不在于无偿获得股份，而是自然人股东已经死亡，无法保护自己的财产权。因此，不能等同视之。笔者赞同这一观点。同时，该条但书部分还明确“公司章程另有规定或者全体股东另有约定的除外。”这实质是对公司章程或全体股东意思自治的充分尊重。

与《解释（四）意见稿》第二十二条（不适用优先购买权的情形）“有限责任公司的股东因继承、遗赠等原因发生变化时，其他股东主张优先购买该股权的，不予支持，但公司章程另有规定的除外。”相比较，存在如下两个方面的差异：

一是正式稿删除了“遗赠”。这是因为《公司法》第七十五条规定：“自然人股东死亡后，其合法继承人可以继承股东资格；但是，公司章程另有规定的除外。”该条规定仅规定了“继续”而没有“遗赠”。可能的原因在于：首先，司法解释不能超越《公司法》的规定；其次，“遗赠”可能导致新加入的股东缺乏与原股东的人身关系上的紧密性，不利于维持有限责任公司的“人合性”特征以及维护原股东之间的信任关系。需要说明的是，在司法解释征求意见时，有观点认为，将“遗赠”加入进来有利于保护自然人股东的权益，因为自然人股东也可能没有继承人。当然，如下所述，股东可以通过公司章程或全体股东的约定方式将“遗赠”加入进来。

二是正式稿但书部分增加“或全体股东另有约定的”除外情形。这一规定显然属于对《公司法》第七十一条第四款“公司章程对股权转让另有规定的，从其规定”规定的重大突破。如此修订的理由是显然的，因为全体股东另有约定与公司章程

---

① 需要特别说明的是，对于离婚财产分割所导致的股东变更，最高人民法院在其2003年12月发布的《最高人民法院关于适用〈中华人民共和国婚姻法〉若干问题的解释（二）》中予以了明确。该解释第十六条规定：“人民法院审理离婚案件，涉及分割夫妻共同财产中以一方名义在有限责任公司的出资额，另一方不是该公司股东的，按以下情形分别处理：（一）夫妻双方协商一致将出资额部分或者全部转让给该股东的配偶，过半数股东同意、其他股东明确表示放弃优先购买权的，该股东的配偶可以成为该公司股东；（二）夫妻双方就出资额转让份额和转让价格等事项协商一致后，过半数股东不同意转让，但愿意以同等价格购买该出资额的，人民法院可以对转让出资所得财产进行分割。过半数股东不同意转让，也不愿意以同等价格购买该出资额的，视为其同意转让，该股东的配偶可以成为该公司股东。用于证明前款规定的过半数股东同意的证据，可以是股东会决议，也可以是当事人通过其他合法途径取得的股东的书面声明材料。”这一解释意味着，在离婚财产分割中，对于其他股东的优先购买权主张，法院予以支持。

另有规定的除外对内具有等同效应,但这可能存在涉嫌越法解释。

此外,还需要说明的是,《解释(四)意见稿》第二十三条(股东之间转让股权时不得主张优先购买权)规定:“有限责任公司的股东之间相互转让其全部或者部分股权,其他股东主张优先购买的,不予支持,但公司章程另有规定的除外。”该条明确了股东之间的转让,其他股东不享有优先购买权。这一规定从《公司法》第七十一条各款规定的内在逻辑可以得以印证。同时,该条也重申了公司章程自治的基本原则。但在正式稿中,该条规定被予以删除,其原因正如前述,因为《公司法》第七十一条已经对此予以了明确,不必在司法解释在重申。

(二)间接股权转让和股权出资时的优先购买权问题

除此之外,实践中还可能引发优先购买权争议的情形主要包括以下两种:一是间接转让股权的优先购买权争议;二是以股权作出财产出资时优先购买权争议。

对于间接转让股权的优先购买权争议,实践中的典型案例是“复星商业与SOHO中国股权转让合同纠纷案”。有关案情介绍如下:

案例80 复星商业与SOHO中国股权转让合同纠纷案①

【案情介绍】

被告“上海证大置业有限公司”(以下简称证大置业公司)设立“上海证大外滩国际金融服务中心置业有限公司”(以下简称项目公司),并持有项目公司100%股权。2010年2月1日,项目公司通过公开竞买方式竞得外滩8－1地块,负责对外滩8－1地块进行开发。项目公司取得外滩8－1地块土地使用权后,被告证大置业公司与原告“浙江复星商业发展有限公司”(以下简称复星商业)、被告绿城公司、上海磐石投资管理有限公司(以下简称磐石投资)达成了建立合资公司,并通过合资公司控股项目公司开发外滩8－1地块的合意。2010年4月25日,上海证大房地产有限公司(以下简称证大房地产)分别与复地(集团)股份有限公司(以下简称复地集团)、磐石投资、被告绿城公司签署《合作投资协议》,约定以上四方共同在上海投资设立合资公司,并对四方对合资公司的出资和股东贷款进行了约定。其中第11.2条、第10.2条皆有如下约定:“11.2(10.2)除非本协议另有规定,未经对方事先书面同意,任何一方均不得全部或部分转让其在本协议项下的任何权利和义务。但是,任何一方均可指定其位于中国境内的下属公司行使和履行其在本

① 本案例来源于中国裁判文书网,(2012)沪一中民四(商)初字第23号。

协议项下的权利、责任和义务”。合资公司——上海海之门房地产投资管理有限公司(以下简称海之门公司)于2010年4月26日成立,其中复星商业持有海之门公司50%股权,被告绿城公司、被告证大五道口公司、磐石投资合计持有海之门公司50%股权。

2011年12月29日,SOHO中国有限公司(以下简称SOHO中国)全资附属公司——上海长烨投资管理咨询有限公司(以下简称长烨公司)与嘉和公司和证大置业订立股权及债权转让框架协议(《框架协议》),以收购证大五道口公司及绿城公司的全部股权及该等股东贷款的所有权利及拥有权,对价人民币40亿元。完成后,长烨公司将通过证大五道口公司及绿城公司间接拥有海之门公司50%股权,另于完成项目公司转让协议后,海之门公司将成为项目公司的唯一股东,而项目公司拥有外滩8-1项目地块的土地使用权,而长烨公司将间接拥有项目公司及外滩8-1地块50%权益。

2012年1月9日,被告长烨公司与被告嘉和公司、被告证大置业公司签署了《框架协议之补充协议》,对被告证大置业公司出让被告证大五道口公司100%股权和债权的对价分配进行了调整,即股权转让价款为人民币624,216,511元,债权转让价款为人民币1,357,025,494元,并对受让被告绿城公司、被告证大五道口公司100%股权的主体作出了如下变更约定:“长烨公司有权指定第三方适格主体分别自证大置业公司和嘉和公司处受让证大五道口公司100%股权和相关债权和绿城公司100%股权和相关债权。本补充协议签署之前长烨公司分别与证大置业公司和嘉和公司就证大五道口公司100%股权和相关债权、绿城公司100%股权和相关债权已经签订的股权转让协议和债权转让协议项下的长烨公司权利与义务,自本补充协议签署之日起一并概括转让予长烨公司指定的第三方适格主体,证大置业公司与嘉和公司同意在本补充协议签署之日与长烨公司指定的第三方适格主体重新签署相关股权和债权转让协议。”

2011年12月29日,被告证大置业公司与被告上海长昇投资管理咨询有限公司(以下简称长昇公司)签署了《股权转让协议》,约定由被告长昇公司受让被告证大置业公司持有的被告证大五道口公司100%股权,转让价款人民币624,216,511元。2012年1月12日,被告嘉和公司与被告长昇公司签署了《股权转让协议》,约定由被告长昇公司受让被告嘉和公司持有的被告绿城公司100%股权,转让价款人民币1500万元。2012年1月12日,杭州市工商行政管理局核准将被告绿城公司的股东变更为被告长昇公司。2012年1月17日,上海市工商行政管理局浦东分局核准被告证大五道口公司的股东变更为被告长昇公司。

原告诉求:这个结果令复星集团和复星商业很难接受,并最终诉诸法律,诉称:以上交易的安排及日后的履行,已导致被告证大五道口公司及被告绿城公司的股东及实际控制人发生了重大变化,导致被告证大五道口公司及被告绿城公司在日后对海之门公司未来运行过程中做出的商业决策发生变化,影响了有限责任公司股东之间的信赖,违反了各方在成立海之门公司时的初衷,破坏了海之门公司作为有限责任公司的人合性,从而将导致海之门公司拥有的上海外滩8-1地块权益受到重大影响。根据中华人民共和国法律及海之门公司章程,原告对其他股东转让海之门公司股权具有优先购买权,贵方对以上交易的安排明显旨在规避法律的强制性规定(包括立法本意)及章程约定,已经涉嫌违反法律规定及侵害原告及其关联公司的合法权益。

一审法院判决:

上海市第一中级人民法院审查认为:

1.综观本案被告间交易行为的目的,旨在控制海之门公司50%的权益。交易前,海之门公司的原有股权结构实际由三方核心利益集团构成,即原告所属方持有50%,被告绿城公司所属方持有10%,被告证大五道口公司所属方持有40%,原告处于相对控股地位,海之门公司内部的人合性、股权结构的合理性、股东之间的信赖关系相对稳定,经营管理相对正常。交易发生后,仅从形式上研判,被告嘉和公司、被告证大置业公司、被告长昇公司作为股权交易的主体,与海之门公司并无直接关联,原告与上述交易主体亦不具有同一阶梯的关联关系。但是,从交易行为的实质上判断,上述交易行为结果具有一致性,且最终结果直接损害了原告的利益,即原告对于海之门公司的相对控股权益受到了实质性地影响和损害,海之门公司股东之间最初设立的人合性和内部信赖关系遭到了根本性地颠覆。

2.有限公司的稳定性决定了公司的发展,也决定了公司股东权益和社会公众利益的实现。为了确保有限公司的人合性和封闭性,《中华人民共和国公司法》第七十一条第二款、第三款明确规定:“股东向股东以外的人转让股权,应当经其他股东过半数同意。股东应就其股权转让事项书面通知其他股东征求同意,其他股东自接到书面通知之日起满三十日未答复的,视为同意转让。其他股东半数以上不同意转让的,不同意的股东应当购买该转让的股权;不购买的,视为同意转让。经股东同意转让的股权,在同等条件下,其他股东有优先购买权。两个以上股东主张行使优先购买权的,应协商确定各自的购买比例;协商不成的,按照转让时各自的出资比例行使优先购买权”。换言之,股东优先购买权具有法定性、专属性、是一种附条件的形成权和期待权。六被告对于上述法律规定应当是明知的,本案中,被告绿城公司、被告证大五道口公司共同出让其合计持有的海之门公司50%股权的意思表示是清晰完整的,并由被告证大置业公司代表被告绿城公司、被告证大五道口公司作为联合方发函询问原告是否决定购买之事实,亦充分证明了被告绿城公司、被告证大五道口公司明知法律赋予股东优先购买权的履行条件和法律地位。但嗣后,被告绿城公司和被告证大五道口公司并未据此继续执行相关股东优先购买的法定程序,而是有悖于海之门公司的章程、合作协议等有关股权转让和股东优先购买的特别约定,完全规避了法律赋予原告享有股东优先购买权的设定要件,通过实施间接出让的交易模式,达到了与直接出让相同的交易目的。据此,本院认为,被告绿城公司和被告证大五道口公司实施上述交易行为具有主观恶意,应当承担主要的过错责任。上述交易模式的最终结果,虽然形式上没有直接损害原告对于海之门公司目前维系的50%权益,但是经过交易后,海之门公司另50%的权益已经归于被告长烨公司、被告长昇公司所属的同一利益方,客观上确实剥夺了原告对于海之门公司另50%股权的优先购买权。目前双方对于海之门公司的董事会成员改组事宜已经发生争议,各持50%的股权结构的不利因素已经初见端倪,海之门公司未来的经营管理和内部自治的僵局情形也在所难免。显然,上述交易后果的发生,不利于海之门公司以及项目公司的实际经营和运作,也难以保障外滩8－1地块项目的正常开发。

3.《中华人民共和国合同法》第五十二条规定:“有下列情形之一的,合同无效:……(三)以合法形式掩盖非法目的”。依据上述法律规定并结合本案基本法律事实,本院认为,被告绿城公司、被告证大五道口公司系海之门公司的直接股东,被告嘉和公司、被告证大置业公司又系被告绿城公司、被告证大五道口公司的唯一出资人,被告嘉和公司、被告证大置业公司与被告长昇公司之间实际实施的关于被告嘉和公司、被告证大置业公司持有的被告绿城公司、被告证大五道口公司股权的转让行为,旨在实现一个直接的、共同的商业目的,即由被告长烨公司、被告长昇公司所归属的同一利益方,通过上述股权收购的模式,完成了对被告绿城公司、被告证大五道口公司的间接控股,从而实现对海之门公司享有50%的权益,最终实现对项目公司享有50%的权益。综上所述,被告之间关于股权交易的实质,属于明显规避了《中华人民共和国公司法》第七十一条之规定,符合《中华人民共和国合同法》第五十二条第(三)项规定之无效情形,应当依法确认为无效,相应的《框架协议》及《框架协议之补充协议》中关于被告嘉和公司、被告证大置业公司向被告长烨公司转让被告绿城公司、被告证大五道口公司100%股权的约定为无效,被告嘉和公司与被告长昇公司、被告证大置业公司与被告长昇公司签署的《股权转让协议》亦为无效。同时,基于《中华人民共和国合同法》第五十八条之规定:“合同无效或者被撤销后,因该合同取得的财产,应当予以返还……”上述交易行为亦应当予以恢复原状。被告之间因无效而产生的财产返还事宜,可自行协商解决。据此,原告的诉讼请求,具有事实和法律依据,应当依法予以支持。

在一审判决之后,SOHO 中国不服判决上诉至上海市高级人民法院。

该案截至目前已经二审开庭,但并未最终宣判。

【评析】

SOHO 中国在直接收购目标公司股权未果的情况下,通过间接收购的方式来规避目标公司其他股东的优先购买权,可以说在最大限度地挑战了立法精神的底线,但却难以找到其违背具体规范的痕迹。SOHO 中国间接收购的核心思路就在于:SOHO 中国通过其附属全资子公司分别收购嘉和公司和证大置业持有的目标公司股东绿城公司和证大五道口的 100% 股权,该步交易旨在使 SOHO 中国成为绿城公司和证大五道口两家公司的全资持股人,而绿城公司和证大五道口则合计持有海之门 50% 的股东权益。这样,在不需要征求海之门相对控股股东复星商业的同意及优先购买权的情形下,间接实现了对目标项目公司和地产权益的控制。

按照《公司法》第七十一条的文义,其他股东优先购买权行使的前提是“股东向股东以外的人转让股权”,而本案中,海之门的原有股东并未发生变化,而真正发生改变的是原有股东的实际控制人,因而并不符合公司法字面所述的先决条件。而 SOHO 中国通过间接持股的方式,虽无股东之名,却行股东之实,迂回实现控制海之门的夙愿。毫无疑问,之所以能形成这番景象,概因《公司法》立法文本存在固有的“疏漏”。可能是当时的立法者只注意到了对于直接股东股权转让的规制,却没能考虑到实际控制人改变如何处理的层面。

但令人感慨的是,上海市第一中级人民法院抛开了《公司法》第七十一条之书面文义以及交易的法律形式,从交易的实质正义的角度进行了分析。它认为,被告之间关于股权交易的实质,属于明显规避了《中华人民共和国公司法》第七十一条之规定,符合《合同法》第五十二条第(三)项“以合法形式掩盖非法目的”规定之无效情形,应当依法确认为无效。笔者认为,法院在综合所有事实,特别是前期绿城公司和证大五道口已经实际进行了征求同意以及优先购买权的程序并后续终止的情形下,从而适用合同法第五十二条第(三)项“以合法形式掩盖非法目的”而作出股权转让合同无效的判决,笔者是赞同这样的判决的。但是,需要注意的是,并非所有的间接股权转让行为都必然“触发”股东优先购买权的保护问题,这需要在实践中，根据所有的事实和情况进行综合判断。这也许是本案带给我们更深层次的思考的地方——似乎所谓的间接股权收购天然可以规避股东优先购买权的筹划方案是否需要慎重考虑了？

对于以股权作出财产出资时优先购买权争议，实践中，这样的股权出资方式越来越多地出现在公司并购重组交易中，包括非上市公司的并购重组以及上市公司的发行股份购买资产等。对于此种情形下，是否有必要给予标的股权公司的其他股东优先购买权，理论界和实务界都存在一些争议。

尽管严格地讲，股权出资也是一种股权转让行为，但笔者赞同应将股权出资与股权转让行为区别对待。理由在于：第一，股权出资包括新设出资和增资两种类型。如果说增资还可以视为有明确的转让合意的话，则新设出资在公司成立前很难说存在股权转让的合意，至少存在争议；第二，股权转让的法律后果是，交易完成后，转让方不再持有所转让的股权，属于完全的退出；而股权出资的法律后果则是，交易完成后，股权出资方仍通过被投资公司间接享有对标的股权公司的权益，并非完全的退出。此时，如果给予标的股权公司其他股东优先购买权的话，则将根本改变转让方对其股权处置的真实意愿。即这意味着股权出资方必须将股权转让给其他股东，而导致股权出资方必须退出变现。但事实上，股权出资方之所以同意以股权出资，其真实意图并非是要退出，而是看重了被投资公司的未来增长价值，以现有标的股权公司股权去换取被投资公司的股权。这将对股权出资方的权益造成实质损害；第三，从实践来看，无论是内资公司还是外商投资企业股权出资时，商务部门及工商局均未要求股权出资方需要提交其他股东的放弃优先购买权的函或同意书。但遗憾的是《公司法司法解释（四）》对实践中的这一问题并未涉及。

当然，这样的规定也可能带来某些情形下规避优先购买权的情况出现，特别是与间接股权转让结合在一起的时候。比如，标的股权的转让方先通过股权出资新设一家公司来间接持有标的股权，在这一意图实现之后，转让方再通过转让该新设公司的股权来实现对标的股权的间接转让。笔者认为，这样的方案且不论其商业目的和税收成本的考虑，就优先购买权而言，完全可以通过公司章程进行约定的方式来予以解决。

（三）“同等条件”的认定

股东行使优先权是在“同等条件”下的优先。《公司法》明确规定了股东行使优先购买权应当以“同等条件”为前提。换言之，“优先”并非指受让条件上的优惠，而仅仅是指同等条件下股东在受让顺序上的占先。但何谓“同等条件”在实践中却争议很大。在以往的理论和实践中,主流的观点认为“同等条件”并非仅指相同的转让价格,而应指实质性的“同等的股权转让合同条件”。对同等条件既不能仅限于同等的价格,也不能对其作扩大解释,如包括向公司注资、业务关系等。概括地讲,应包括标的股权类型、数量、转让价格、付款方式及履行期限等因素。例如,最高人民法院在丁祥明等诉瞿斐建优先购买权纠纷案[(2012)民抗字第32号]中指出,“同等条件”不仅包含转让价格,还包括付款期限、违约条款等其他对出让方股东有利或不利的条款,未明确股权对外转让条件及对象的,不能成立“同等条件”,优先购买权尚无实现基础。

这一主流观点在《公司法司法解释(四)》第十八条中得以明确。该条规定:“人民法院在判断是否符合公司法第七十一条第三款及本规定所称的‘同等条件’时,应当考虑转让股权的数量、价格、支付方式及期限等因素。”该条规定明确了在界定“同等条件”时,应当考虑“转让股权的数量、价格、支付方式及期限”等因素。与原《解释(四)意见稿》第二十四条(同等条件的含义)“公司法第七十一条第三款所称的‘同等条件’,应当综合股权的转让价格、付款方式及期限等因素确定。有限责任公司的股东向股东以外的人转让股权,其他股东主张优先购买部分股权的,不予支持,但公司章程另有规定的除外”。相比较,主要存在以下两个重要的区别:

首先,正式稿增加了“转让股权的数量”的考虑因素。相较于征求意见稿这是一个看似简单但实则非常重要的变化。因为,转让股权的数量是一个实质的因素,并且在股权转让中被转让股权的数量有时候具有“控制权溢价”因素,特别是涉及公司股权控制权转移的情况下。简单地讲,所谓“控制权溢价”是指,其他股东主张优先购买权从而受让股权之后,如果该股东原持有股权加上新受让股权后的持股数量达到了对公司的控制程度,其他股东在同等条件上还应承受比第三人受让股权更多的溢价。也就是说,尽管出让人可能没有对公司的控制权,但如果出让给其他股东时将导致其他股东能够行使控制权,而出让给第三人则不会导致该第三人能够行使控制权,显然,在这种情况下,出让给其他股东和第三人将导致两种截然不同的结果。因此,在认定“同等条件”时,应当考虑“转让股权的数量”的影响。

其次,正式稿删除了“有限责任公司的股东向股东以外的人转让股权,其他股东主张优先购买部分股权的,不予支持,但公司章程另有规定的除外”的规定。在征求意见时,对此规定的争议颇大。主流的观点是持赞同的观点。该观点认为:(1)如果允许股东就部分标的股权行使优先购买权,则有可能导致剩余股权价值受损;且如果同等条件允许部分股权转让,就不是真正的"同等",而且如果出让人与行使优先购买权的股东协商同意部分转让的话,就不是优先权的正常行使,是非同等条件下的买卖双方的让步;(2)但书"公司章程另有规定的除外"的规定意味着公司章程可以规定股东优先购买权的部分行使,事实上承认了公司章程可以在法定的股权转让程序限制之外,自行设定更为严格的转让程序限制。但正式稿删除了该规定,是否意味着最高人民法院就认同了股东可以主张优先购买部分股权呢?笔者认为并非如此,因为在考虑因素中增加了"转让股权的数量",实质就是否定了部分股权的优先购买权的行使。

当然,如果仅仅是从文字上进行的界定,实践中对于"同等条件"的认定远远没有如此简单,比如就"付款方式"而言,当出让股东与第三人签订的股权转让协议中有其他优先购买权股东无法履行的其他"特别付款"条款时,如第三人是以"股权置换"的方式获取标的股权,该如何认定"同等条件"。由于其他股东并不持有作为对价的被置换公司的股权,若坚持固定化思维,显然无法达到"同等条件"的要求。但笔者认为,此种认定可能会为股东恶意规避其他股东的优先购买权提供便利,为达公平,应秉持该"特别付款"条款是否能够用货币估价的原则来判断"同等条件":若该"特别付款"可以用货币估价,而优先购买权股东亦同意以金钱方式替代的,则应视为"同等条件",允许优先权股东行使优先购买权;若该"特别付款"无法用货币估价,则视为条件不同等,其他股东不能行使优先购买权。

(四)书面通知的内容和优先购买权的行使期间

尽管我国《公司法》对其他股东行使同意权有着比较明确的程序(书面通知)和期限(30日)的要求,但对于优先购买权的行使则没有明确规定,这在实务中给如何履行法定程序带来了适用难题。

《公司法司法解释(四)》第十七条规定:"有限责任公司的股东向股东以外的人转让股权,应就其股权转让事项以书面或者其他能够确认收悉的合理方式通知其他股东征求同意。其他股东半数以上不同意转让,不同意的股东不购买的,人民法院应当认定视为同意转让。经股东同意转让的股权,其他股东主张转让股东应当向其以书面或者其他能够确认收悉的合理方式通知转让股权的同等条件的,人民法院应当予以支持。经股东同意转让的股权,在同等条件下,转让股东以外的其他股东主张优先购买的,人民法院应当予以支持,但转让股东依据本规定第二十条放弃转让的除外。"

本条规定实质明确了两个方面的内容:一是对《公司法》第七十一条第二款

"股东向股东以外的人转让股权,应当经其他股东过半数同意。股东应就其股权转让事项书面通知其他股东征求同意,其他股东自接到书面通知之日起满三十日未答复的,视为同意转让。其他股东半数以上不同意转让的,不同意的股东应当购买该转让的股权;不购买的,视为同意转让"的规定进行了扩大化解释,将该款规定的同意权行使时必须就"其股权转让事项"采用"书面通知"("股权转让事项通知")其他股东征求同意扩大到还可以采用"其他能够确认收悉的合理方式"其他股东征求同意;二是对经股东同意转让的股权,转让股东应当向其他股东以书面或者其他能够确认收悉的合理方式通知转让股权的同等条件("同等条件通知")。

与原《解释(四)意见稿》第二十五条(书面通知的内容和优先购买权的行使期间)"有限责任公司的股东向股东以外的人转让股权,书面通知其他股东,通知中已经包括受让人的姓名或名称、转让股权的类型、数量、价格、履行期限及方式等股权转让合同主要内容的,其他股东在收到通知后,应当在公司章程规定的行使期间内主张优先购买;公司章程没有规定或者规定不明的,按照下列情形确定:(一)通知中载明行使期间的,以该期间为准;(二)通知中未载明行使期间,或者载明的期间短于通知送达之日起三十日的,为三十日。其他股东没有在前款规定的行使期间内主张优先购买的,或者主张优先购买,但是不符合公司法和司法解释规定的同等条件的,视为同意转让并放弃优先购买权"规定相比较,我们可以发现,主要存在如下几个方面的差异:

首先,征求意见稿对于优先购买权的行使,应由转让标的股权的股东向其他股东发出书面通知,并无"其他能够确认收悉的合理方式"的规定。正式稿新增这一规定是考虑到实践中还可能通过包括股东会、董事会等方式予以通知的合理方式。

其次,征求意见稿对该书面通知的内容进行了明确。即必须包括"受让人的姓名或名称、转让股权的类型、数量、价格、履行期限及方式等股权转让合同主要内容"。我们可以发现,除了没有违约责任、解决争议的方法外,囊括了《合同法》第十二条合同条款的所有内容。但正式稿删除了这一明细化规定。但笔者认为,无论是从理论和实践来看,这一要求通常应予以遵从,以避免"同等条件通知"义务履行的争议。此外,正式稿区分规定了"股权转让事项通知"和"同等条件通知",而不是征求意见稿将两个通知合一,这体现了《公司法》第七十一条对"同意权"和"优先购买权"两个权利的区分对待。

再次,征求意见稿明确了优先购买权行使的期限确定规则。即先以公司章程规定的行使期间为准;如果公司章程未规定的,则以通知中载明行使期间为准;如果通知中未载明行使期间,或者载明的期间短于通知送达之日起三十日的,为三十日。尽管正式稿在第十七条中并未规定,但其单列为第十九条进行规定:“有限责任公司的股东主张优先购买转让股权的,应当在收到通知后,在公司章程规定的行使期间内提出购买请求。公司章程没有规定行使期间或者规定不明确的,以通知确定的期间为准,通知确定的期间短于三十日或者未明确行使期间的,行使期间为三十日”。我们可以发现,两者完全一致。

最后,征求意见稿明确了其他股东未在行使期间内主张优先购买权或者虽主张但不符合同等条件的,视为同意转让并放弃优先购买权。但正式稿删除了这一规定。其原因在于,在已经规定优先购买权行使期限的情况下,其他股东未未在行使期间内主张优先购买权,显属放弃优先购买权;如果其他股东在行权期间内,已经主张了优先购买权但不符合同等条件的,由于《公司法司法解释(四)》第十七条第三款已经规定“经股东同意转让的股权,在同等条件下,转让股东以外的其他股东主张优先购买的,人民法院应当予以支持”;反之则不应支持。因此,前述规定并无必要。

(五)转让的“不同意”

《公司法司法解释(四)》第二十条规定:“有限责任公司的转让股东,在其他股东主张优先购买后又不同意转让股权的,对其他股东优先购买的主张,人民法院不予支持,但公司章程另有规定或者全体股东另有约定的除外。其他股东主张转让股东赔偿其损失合理的,人民法院应当予以支持。”该条规定明确了在其他股东主张优先购买时,允许转让股东“不同意”转让,除非公司章程另有规定或者全体股东另有约定。

与原《解释(四)意见稿》第二十六条(股东放弃转让)规定:“有限责任公司的股东向股东以外的人转让股权,其他股东主张优先购买,股东明确表示放弃转让的,对其他股东的主张不予支持,但是双方已经达成股权转让协议或者公司章程另有规定的除外。股东在诉讼中明确表示放弃转让的,诉讼费用由其负担。”相比较,存在三个主要的区别:一是将征求意见稿的“股东明确表示放弃转让的”修订为在其他股东主张优先购买后“又不同意转让股权的”;二是将征求意见稿的“但是双方已经达成股权转让协议……的除外”修订为“全体股东另有约定的除外”;三是将“股东在诉讼中明确表示放弃转让的,诉讼费用由其负担”修订为“其他股东主张转让股东赔偿其损失合理的,人民法院应当予以支持”。这样修订的背后的法理在于:

(1)该条规定明确了理论和实践中一直存在的争议问题。即在其他股东主张优先购买后,转让股东是否可以"反悔"从而不同意/放弃股权转让,或者说其他股东主张优先购买是否属于一种形成权,或者转让股东发出通知以及其他股东主张优先购买是否构成合同缔结的"要约"和"承诺"(或"要约邀请"和"要约")。在原《解释(四)意见稿》第二十六条(股东放弃转让)和第二十七条(损害优先购买权合同的效力)第二款规定"转让合同被认定无效后,其他股东同时请求按照实际交易条件购买该股权的,应予支持"下,征求意见稿的规定似乎采用了主流的关于优先购买权从性质上讲是一种"形成权"的学界观点——即主张优先购买的其他股东单方意思表示而使股权转让法律关系发生变化。但根据《公司法司法解释(四)》第二十一条第二款规定:"前款规定的其他股东仅提出确认股权转让合同及股权变动效力等请求,未同时主张按照同等条件购买转让股权的,人民法院不予支持,但其他股东非因自身原因导致无法行使优先购买权,请求损害赔偿的除外。"以及第三款规定:"股东以外的股权受让人,因股东行使优先购买权而不能实现合同目的的,可以依法请求转让股东承担相应民事责任。"可以得出,正式稿实际采纳了"请求权说"的学界观点——即优先购买权是权利人得请求出卖人与自己订立买卖合同的权利。在"请求权说"下,当优先购买权的行使条件具备时,优先购买权人需要向股权出让人发出类似合同的订立合同的意思表示,出卖人承诺时合同始得成立。

(2)从公司法理论来看,《公司法》第七十一条规定的优先购买权实质上更接近于英美法下的"优先受让权"/"先买权"(right of first refusal)。按《布莱克法律词典》的解释,该等权利是一种与第三方出价进行配对(match/meet)的权利,而不是一种"优先报价权"(right of first offer)。显然,在现有《公司法》第七十一条规定下,除非公司章程另有规定,在股东转让股权时,优先购买权并不是要求必须先通知其他股东而给该股东一个优先报价权,而是指当第三方出价后再通知其他股东,以给其他股东一个按第三方报价的同等条件进行出价购买的机会。从此意义上看,此处的"同等条件"实际上是在第三方出价时由拟行使优先购买权的"其他股东"提出的配对条件,而不是反过来由拟转让方向其他股东主动来提出。从合同法理论来看,笔者更赞同,尽管书面通知具备实质性的内容,但它毕竟是转让方和第三人之间达成的合意条款,并非转让方与其他股东之间达成的合意条款,将它界定为一个要约邀请(或者是一个提示性通知,提示其他股东有主张优先购买权的权利)更为恰当,因为交易中仅存在转让方与第三方达成了交易的合意而转让方并没有与其他股东提出达成交易的合意,因此其实质是通知其他股东你有发出要约的权利。如果其他股东同意该通知的内容,则视为他以相同的条件向转让方发出要约。此时,因为不存在转让方提出要约的情形,转让方可以不承诺,并不违反维护交易安全的禁止反言(equitable estoppel)原则。基于此,第三方可以有权发出更高的价格或更优惠的合同条件,也就是说,第三方的竞价与优先购买权没有本质的冲突。

(3)在原《解释(四)意见稿》第二十六条(股东放弃转让)下,该条规定明确转让方可以放弃股权转让实质是对其财产处置权的充分尊重。但《解释(四)意见稿》第二十七条第二款规定"转让合同被认定无效后,其他股东同时请求按照实际交易条件购买该股权的,应予支持"则与本条规定自相矛盾。既然转让方与第三人的"转让合同被认定无效",则转让方理应有权自由处置自己的财产或者说股权转让行为本身已经不存在的情形下,其他股东何来优先购买权?这颇有"强买强卖"的嫌疑。同理,这个时候也不存在违反禁止反言原则的问题。

(4)对于正式稿将征求意见稿的"但是双方已经达成股权转让协议……的除外"修订为"全体股东另有约定的除外",其原因有两点:一是由于正式稿采用了"请求权说",在"有限责任公司的转让股东,在其他股东主张优先购买后又不同意转让股权的",这实质意味着股权出让方和行使优先购买权的其他股东双方之间尚未达成达成股权转让协议,也就不存在征求意见稿所谓的"双方已经达成股权转让协议"的情形;二是基于维护有限责任公司的"人合性"的要求,授予全体股东另行约定的权利是恰当的。

(5)对于正式稿将征求意见稿的"股东在诉讼中明确表示放弃转让的,诉讼费用由其负担"修订为"其他股东主张转让股东赔偿其损失合理的,人民法院应当予以支持",其原因有两个:一是有关诉讼费用的负担在有关民事诉讼法律中已有明确规定,在此并无规定的必要;二是征求意见稿有关诉讼费用负担的规定,并未表明在当股权转让人不同意股权转让时,对作为优先购买权人的其他股东的合理保护。因为,其他股东为了行使优先购买权,可能已经作出了必要的筹备或准备,并可能花费了成本(如融资成本)。转让股东虽然可以说不卖了,但是也要负缔约过失责任,赔偿其他股东的合理损失。

(六)损害优先购买权合同的效力

在实践中,在其他股东行使优先购买权之后,转让方和第三人还可能因双方串通降低交易价格或者实质改变"同等条件"等达成交易以及其他种种原因未实际履行股权转让合同的情形,这个时候其他股东是否可以请求认定该股权转让合同无效一直是一个充满争议的问题。《公司法司法解释(四)》第二十一条对此进行了

明确。该条规定:

“有限责任公司的股东向股东以外的人转让股权,未就其股权转让事项征求其他股东意见,或者以欺诈、恶意串通等手段,损害其他股东优先购买权,其他股东主张按照同等条件购买该转让股权的,人民法院应当予以支持,但其他股东自知道或者应当知道行使优先购买权的同等条件之日起三十日内没有主张,或者自股权变更登记之日起超过一年的除外。

前款规定的其他股东仅提出确认股权转让合同及股权变动效力等请求,未同时主张按照同等条件购买转让股权的,人民法院不予支持,但其他股东非因自身原因导致无法行使优先购买权,请求损害赔偿的除外。

股东以外的股权受让人,因股东行使优先购买权而不能实现合同目的的,可以依法请求转让股东承担相应民事责任。”

对本条的理解和适用需要注意如下几个方面的内容:

首先,本条第一款明确规定,出让股东如果未就其股权转让事项征求其他股东意见,或者以欺诈、恶意串通等手段,损害其他股东优先购买权,其他股东主张按照同等条件购买该转让股权的,人民法院应当予以支持。与原《解释(四)意见稿》(损害优先购买权合同的效力)第一款“有限责任公司的股东向股东以外的人转让股权,有下列损害其他股东优先购买权的情形之一,其他股东请求确认转让合同无效的,应予支持:(一)未履行公司法和司法解释规定的程序订立股权转让合同;(二)其他股东放弃优先购买权后,股东采取减少转让价款等方式实质改变公司法和司法解释规定的同等条件向股东以外的人转让股权;(三)股东与股东以外的人恶意串通,采取虚报高价等方式违反公司法和司法解释规定的同等条件,导致其他股东放弃优先购买权,但是双方的实际交易条件低于书面通知的条件”相比较,正式稿的规定发生了根本性的转变:股权转让方与第三方的股权转让合同属有效合同。其背后的学理在于:

股东优先购买权是以转让方与第三方就股权转让主要交易条件达成协议为基础而行使的权利,因而,优先购买权行使不仅导致转让方与其他股东之间合同的成立,而且会直接决定和影响转让方此前与第三人进行的交易,由此,形成了优先购买权之下股权转让合同的特殊效力状态。在学理界,就“对外效力”而言,优先购买权的行使,必然会在转让人、第三人、优先购买权人之间成立两个合同,形成在同一股权之上的“一股二卖”局面。如何确定这两个合同之间的效力及协调它们之间的冲突,尤其是是否承认向第三人转让股权合同的法律效力,是在股权优先购买权问题上最令人困惑和最具争议的尖锐问题。对此,公司法学界亦众说纷纭,有

代表性的主张包括:“无效说”①“附法定生效条件说”②“效力待定说”③“可撤销

---

① “无效说”认为《公司法》第七十一条属于强行性规范,转让股东违反该条规定与第三人签订的股权转让合同应当归于无效。该说从法律规范的性质入手,试图从现行法中找到转让人与第三人之间合同无效的根据,然而,批评的观点却指出,公司法第七十一条第二款和第三款之规定并非法律的强制性规定,而系选择适用和推定适用的任意性规范。有学者还进一步指出,即便将其认定为强制性规范,该条规定也属于强制性规定中的赋权性规定,而非禁止性规定,在股东违反法定规则与第三人签订转让合同的情形下,股东的优先购买权并未丧失仍可以行使,这并不能说是已经侵犯了股东的优先购买权而应当使合同归于无效。而该类合同显然又不符合《合同法》规定的其他合同无效的情形。因而,得出该类合同无效的结论理由并不十分充分。此外,股东是否行使优先购买权具有不确定性,如果只要违反《公司法》第七十一条就一概认定无效,并且是合同的自始、当然、确定无效,将导致优先购买权人在放弃优先购买权后,转让人和第三人将必须重新缔结合同的不合理结论,违背经济、效率的商事法则。例如江苏省高级人民法院《关于审理适用公司法案件若干问题的意见(试行)》第六十二条规定:“有限责任公司股东向公司以外的人转让股权,未履行《公司法》第三十五条规定的同意手续的,应认定合同未生效。诉讼中,人民法院可以要求当事人在一定期限内征求其他股东的意见,期限届满后其他股东不作相反意思表示的,视为同意转让,可以认定合同有效。该期限内有其他股东表示以同等条件购买股权的,应认定合同无效,受让人只能要求出让人赔偿损失。”再如《人民司法·案例》2014年第24期所载的覃世松诉林山股权转让协议纠纷案中指出,股东向股东以外的第三人转让股权,未将转让股权的条件通知公司其他股东,并给其他股东必要的时间行使优先购买权,侵害了股东的优先购买权,所签订的股权转让协议无效。

② “附法定生效条件说”,是指虽然《公司法》并未规定,“公司同意”和股东“不行使优先购买权”是该类股权转让合同的生效要件,但是从《公司法》的规定来看,第三人要想取得股权必须满足这两个条件,否则,只要股东表示要购买股权第三人的预期就将落空,因而,这两个条件应为法律规定的该类合同的法定生效条件,该类行为应为附法定生效条件的行为。并且因条件法定,股东向第三人转让出资时,无须声明已满足这两个条件,如果没有满足这两个条件,除非转让人承诺已满足,其无须向第三人承担交易不能的责任。该说并非从现有关于合同效力的法律规定来论证此类合同的效力,而是从贯彻立法目的的角度出发,推理得出结论。

③ “效力待定说”又具体分为两类观点:一类观点认为股东在此种情况下对股份之处分类似于无权处分。公司法赋予全体股东以同意权,类似于在共有情况下共有人处分共有物必须经过其他共有人之同意,如未同意则对其他共有人不生效力之规定。此种规定与无限公司中相关规定是基于同一法理。而无限公司股东拥有的股权具有共有性质。因此,未经股东会同意且其他股东未放弃优先购买权的股权转让合同的效力处于未定状态,且依照《合同法》第五十一条之规定,应当允许股东会事后追认。另一类观点认为该类合同不属于《合同法》规定的无权处分情形,但是可以类推适用“限制行为能力人订立的合同”的规定。这两种观点无疑也是从实现股东优先购买的立法目的出发,从《合同法》上找到确定该类合同效力的法律依据。

说”①“有效说”。显然,《公司法司法解释(四)》第二十一条否定了征求意见稿的“无效说”而采“有效说”。在“有效说”下,股东优先购买权的行使目的在于通过保障其他股东优先获得拟转让股份而维护公司内部信赖关系,因此法律所要否定的是非股东第三人优先于公司其他股东取得公司股份的行为,而不是转让股东与第三人间成立转让协议的行为,并不是只有撤销股权转让合同或否定合同效力才能保护其他股东的优先购买权。事实上,基于合同的“相对性”,合同只约束当事人双方,合同的效力是可以与权利变动的结果相区分,法律可通过在权利变动领域施以控制以保护相关利害关系人的权益,而不必在合同效力领域加以干涉。因而,未经其他股东放弃优先购买权的股权转让要么不能履行从而不能发生权利变动,要么履行后(如通过故意抬高价格使其他股东放弃优先购买权,因而使相关登记得以进行)不发生股权变动的结果或者使股权变动的结果对其他股东不发生效力。但是,并不影响转让股东与第三人之间的股权转让协议。优先权人行使优先购买权使第三人与转让人的合同不能履行时,第三人可以寻求债务不履行的救济。该观点主张,只阻碍或者否定股权变动的效果发生,而不否定股权转让合同的效力,借此,既可以保护优先购买权的实现,又能最大限度地保护第三人的利益。例如,最高人民法院在其终审的“北京新奥特集团等诉华融公司股权转让合同纠纷案”[(2003)民二终字第143号]中认为,当股东行使优先购买权时,转让股东与非股东第三人间股权转让协议是否生效,应当按照该协议自身的内容根据《合同法》关于合同效力的规定认定其效力,即便优先权股东未行使股东优先购买权,只要该协议本身符合《合同法》的合同生效要件,则协议仍为有效。再如,上海市高级人民法院民二庭

---

① “可撤销说”认为,此种合同有别于绝对有效合同,否则,老股东优先购买权势必落空。此种合同也有别于绝对无效合同,因为出让股东是享有股权的主体,老股东也未必反对该合同。鉴于此种股权转让违反了《公司法》有关出让股东行使处分权的法定限制条款,侵害了老股东的法定优先购买权;又鉴于老股东是否有意、是否具有财力行使优先购买权并不确定,此类股权转让合同应界定为可撤销合同。例如,2010年8月16日起施行的《最高人民法院关于审理外商投资企业纠纷案件若干问题的规定(一)》第十二条规定:“外商投资企业一方股东将股权全部或部分转让给股东之外的第三人,其他股东以该股权转让侵害了其优先购买权为由请求撤销股权转让合同的,人民法院应予支持。其他股东在知道或者应当知道股权转让合同签订之日起一年内未主张优先购买权的除外。前款规定的转让方、受让方以侵害其他股东优先购买权为由请求认定股权转让合同无效的,人民法院不予支持”。再如,江西省高级人民法院《关于审理公司纠纷案件若干问题的指导意见》(赣高法〔2008〕4号)第三十期条规定:“股东经其他股东过半数同意转让股权,但未向其他股东告知转让价格等主要内容而与非股东订立股权转让合同,或者股权实际转让价格低于告知其他股东的价格的,其他股东可以申请人民法院撤销股权转让合同”,《山东省高级人民法院关于审理公司纠纷案件若干问题的意见(试行)》(鲁高法发〔2007〕3号)第四十七条也作出同样规定。

《关于审理涉及有限责任公司股东优先购买权案件若干问题的意见》(沪高法民二〔2008〕1号)第十二条规定:“股东向股东以外的第三人转让股权,其他股东行使优先购买权或因不同意对外转让而购买拟转让股权,其他股东或公司请求法院撤销股权转让合同或确认股权转让合同无效的,法院不予支持。”类似的,还可以参照《物权法司法解释一》第十二条规定:“第十二条按份共有人向共有人之外的人转让其份额,其他按份共有人根据法律、司法解释规定,请求按照同等条件购买该共有份额的,应予支持。其他按份共有人的请求具有下列情形之一的,不予支持:(一)未在本解释第十一条规定的期间内主张优先购买,或者虽主张优先购买,但提出减少转让价款、增加转让人负担等实质性变更要求;(二)以其优先购买权受到侵害为由,仅请求撤销共有份额转让合同或者认定该合同无效。”

基于上述“有效说”的原理,在第一款中还规定,其他股东自知道或者应当知道行使优先购买权的同等条件之日起三十日内没有主张,或者自股权变更登记之日起超过一年的除外。显然,这一规定为优先购买权行使规定了“除斥期间”。

其次,在本条第一款的基础上,本条第二款明确规定了两层含义:一是其他股东仅提出确认股权转让合同及股权变动效力等请求,未同时主张按照同等条件购买转让股权的,人民法院不予支持。但如果其他股东同时提出主张股权转让合同无效、股权变动无效、主张优先购买权三个请求,主张股权转让合同无效不应得到法院的支持,而后两者则可得到支持。这一规定意味着,即使第三人已经进行了股权的过户登记,在优先购买权人主张优先购买权并得到法院支持后,仍然可以将已经过户的股权取回,此时无论该第三人是否属于善意第三人,就此而言,司法解释更为看重对有限责任公司“人合性”以及其他股东优先购买权的保护,这与传统民法理论中看重善意第三人的保护有所不同;二是删除了原《解释(四)意见稿》(损害优先购买权合同的效力)第二款“转让合同被认定无效后,其他股东同时请求按照实际交易条件购买该股权的,应予支持。受让人交易时善意无过失,请求股东承担赔偿责任的,应予支持。”的规定,明确“其他股东非因自身原因导致无法行使优先购买权,请求损害赔偿的除外。”该规定意味着,在尊重“有效说”的基础上,其他股东非因自身原因导致无法行使优先购买权的,可以基于优先购买权提出损害赔偿,法院应予支持。

最后,本条第三款明确,在尊重股权转让人和第三人之间的股权转让合同有效的基础上,第三人因其他股东行使优先购买权而不能实现前述合同目的的,可以依法请求转让股东承担相应民事责任(违约责任)。这与原《解释(四)意见稿》“受让人交易时善意无过失,请求股东承担赔偿责任的,应予支持”的规定有所不同,因为征求意见稿的规定是建立在确认“转让合同无效”的基础之上,此时的赔偿责任只能是缔约过失责任。

(七)拍卖股权和经产权交易所转让国有股权的特殊规定

《公司法司法解释(四)》第二十二条规定:

“通过拍卖向股东以外的人转让有限责任公司股权的,适用公司法第七十一条第二款、第三款或者第七十二条规定的‘书面通知’‘通知’‘同等条件’时,根据相关法律、司法解释确定。

在依法设立的产权交易场所转让有限责任公司国有股权的,适用公司法第七十一条第二款、第三款或者第七十二条规定的‘书面通知’‘通知’‘同等条件’时,可以参照产权交易场所的交易规则。”

本条规定与原《解释(四)意见稿》第二十八条(国有股权转让的特殊规定)“依据国有资产管理法律、行政法规在依法设立的产权交易场所转让国有股权的,适用公司法第七十一条第二款和第三款规定的‘书面通知’‘同等条件’时,应当参照产权交易场所的交易规则”的规定相比较,主要存在如下两点差异:

首先,新增了第一款。该款明确规定,通过拍卖向股东以外的人转让有限责任公司股权的,在适用“书面通知”“通知”和“同等条件”时,应根据相关法律、司法解释确定。

其次,在针对通过依法设立的产权交易场所转让有限责任公司国有股权的,在适用“书面通知”“通知”和“同等条件”时,可以参照产权交易场所的交易规则。该款规定的目的实质是为了考虑产权交易转让国有股权的特殊情况而设定。最主要的区别在于将征求意见稿的“应当”修订为“可以”,以避免如下的争议:尽管原征求意见稿该条使用的是“参照”,但该条的问题在于两个方面:一是司法解释将国有股权转让优先购买权的“书面通知”和“同等条件”的确定交给产权交易所的交易规则制定并不合适,因为产权交易所的规则并不算是“法”;二是各地产权交易所的交易规则可能根本就没有这方面的规定,或者规定存在差异,也不完善,司法解释引致条款将导致各地法律适用的不统一。

七、瑕疵决议无效或被撤销的股权转让纠纷

一项公司决议被判决无效、撤销或不存在后,对公司、公司内部人员如股东、董事、监事和高级管理人员、公司外部的第三人将会产生何种影响,这就是公司决议被判决无效、撤销或不存在后的法律后果。法律后果体现在的判决的既判力和溯

及力方面。既判力即一项公司决议被判决无效、撤销或不存在,其效力及于撤销权人、公司及第三人,即判决具有对世效力。溯及力即根据公司决议产生的法律关系是否要回归到决议产生之前的状态。人民法院判决瑕疵决议无效、被撤销或不存在后,最核心的难点在于如何确定判决的溯及力。

由于公司决议具有团体法上行为的性质,判决的对世效力必须符合公司法律关系的整体性、稳定性的基本要求。也就是说,公司决议无效、撤销或不存在的判决之溯及力,不能简单适用民法上法律行为被判决撤销、无效而具有溯及既往的效力。因为以公司决议为基础的公司行为如被溯及无效,将产生公司法律关系的混乱,不利于对善意第三人的保护。因此,公司法在对待以瑕疵决议为基础的行为时,不必当然将瑕疵决议的效力溯及既往,而应视具体情形尊重既成事实,承认其对善意第三人的法律效力,维护交易的安全。

在股权转让交易中,我们认为应区分股东内部转让与外部转让,内外有别予以处理。如果转让行为发生在公司内部,公司关于股权转让的决议被判决无效、撤销或不存在后,股权转让合同丧失效力,股权回归到转让前的状态。对决议瑕疵负有责任的股东应向无过错的股东承担损害赔偿责任。如果股权转让给公司以外的第三人,应尽量适用代表权、表见代理等法则保护因信赖公司决议有效而交易的善意第三人的利益,股权转让不必然回归到转让前的状态:当第三人为善意时,必须保护第三人合理信赖利益,股权转让的结果不受影响;当第三人明知公司关于股权转让的决议存在瑕疵而受让股权的,则股权转让的结果不应被确认。①

这一问题在《公司法司法解释(四)》出台后已经予以了明确,《公司法司法解释(四)》第六条规定:“股东会或者股东大会、董事会决议被人民法院判决确认无效或者撤销的,公司依据该决议与善意相对人形成的民事法律关系不受影响。”有关内容,请读者参阅本书“专题40:公司决议效力诉讼。”

八、隐名出资下的股权转让纠纷

(一)隐名出资涉及的法律关系

隐名出资涉及的法律关系按照其性质不同,可分为公司内部法律关系和公司外部法律关系。公司内部的法律关系是指隐名出资人与显名股东之间、隐名股东与其他股东之间和隐名股东与公司之间的股东资格纠纷。公司的外部法律关系是

① 最高人民法院民事审判第二庭编:《公司案件审判指导》,法律出版社2014年版,第380~381页。

指隐名出资人、显名股东与第三人之间的法律关系。第三人主要是股权受让人、股权质权人、股东的债权人、公司的债权人等。在隐名出资纠纷处理中,应当遵守"双重标准,内外有别"的原则,区别公司内部关系和外部关系。在处理内部关系时,应坚持民法规则优先适用,以公平正义原则为准绳。在处理外部关系时,则应优先适用商法规则,要侧重于保护交易安全和流转秩序,促进效率与效益。

(二)隐名出资下的股权转让

根据《公司法司法解释(三)》第二十五条规定,名义股东将登记于其名下的股权转让、质押或者以其他方式处分,实际出资人以其对于股权享有实际权利为由,请求认定处分股权行为无效的,人民法院可以参照物权法第一百零六条的规定处理。名义股东处分股权造成实际出资人损失,实际出资人请求名义股东承担赔偿责任的,人民法院应予支持。第二十六条规定,公司债权人以登记于公司登记机关的股东未履行出资义务为由,请求其对公司债务不能清偿的部分在未出资本息范围内承担补充赔偿责任,股东以其仅为名义股东而非实际出资人为由进行抗辩的,人民法院不予支持。名义股东根据前款规定承担赔偿责任后,向实际出资人追偿的,人民法院应予支持。从前述规定可以看出,司法实践对此种情形采取善意相对人原则。实践中需要把握的要点主要包括如下两点:

1. 如果受让人属于善意相对人,则显名股东将其名下股权转让、质押或者以其他方式处分等行为,属于合法有效的行为,受让人取得股权并成为公司的股东。名义股东处分股权造成实际出资人损失或者因显名股东自身的债务导致其名下股权被执行,从而损害隐名出资人利益的,隐名出资人可以根据其与显名股东之间的合法协议主张权利。

2. 隐名出资人与第三人约定,将其出资及与显名股东之间约定的收取投资回报的权利转让给第三人的协议,笔者认为,该协议因不符合股权转让协议的主体和客体的要求,不属股权转让协议,属于债权转让协议,该协议的效力不受《公司法》第七十一条的约束。但是,隐名出资人与第三人之间的股权转让、质押行为无效,其债权人也不能要求执行相关股权。

九、外商投资企业股权转让纠纷

(一)外商投资企业股权转让的特别审批程序

与公司法有关股权转让的规定不同,我国外商投资企业法对于外商投资的股权转让规定了特别的生效程序。

根据《合资企业法实施条例》第二十条规定:“合营一方向第三者转让其全部或者部分股权的,须经合营他方同意,并报审批机构批准,向登记管理机构办理变更登记手续。合营一方转让其全部或者部分股权时,合营他方有优先购买权。合营一方向第三者转让股权的条件,不得比向合营他方转让的条件优惠。违反上述规定的,其转让无效。”《合作企业法实施细则》第二十三条规定:“合作各方之间相互转让或者合作一方向合作他方以外的他人转让属于其在合作企业合同中全部或者部分权利的,须经合作他方书面同意,并报审查批准机关批准。审查批准机关应当自收到有关转让文件之日起30天内决定批准或者不批准。”《外资企业法实施细则》第二十二条规定:“外资企业注册资本的增加、转让,须经审批机关批准,并向工商行政管理机关办理变更登记手续。”

综上所述,外商投资企业股权转让行为大致需要经过如下四个步骤:

(1)交易双方签署股权转让协议并履行内部批准手续;

(2)取得合营/合作他方的同意(外资企业不存在这个步骤);

(3)取得商务部门审批同意;

(4)向工商行政管理机关办理变更登记手续。

这四个步骤缺一不可。总体上看,外商投资企业股权转让相对于内资企业的股权转让而言更为严格,体现在以下两个方面:一是必须取得合营/合作他方的一致同意;二是取得商务部门的审批同意。

如何办理股权转让以及变更登记的具体适用法规是《外商投资企业投资者股权变更的若干规定》(〔1997〕外经贸法发第267号,以下简称《股权变更若干规定》),《股权变更若干规定》适用的外商投资企业投资者股权变更,是指依照中国法律在中国境内设立的中外合资经营企业、中外合作经营企业、外资企业(以下统称三资企业)的投资者或其在企业的出资(包括提供合作条件)份额发生变化。在这里需要注意的是,如果非法人的中外合作企业中合作权益、条件的变化也视为股权转让对待处理。同时,《股权变更若干规定》还对三资企业投资者的股权转让均适用,要求企业投资者股权转让必须遵守中国有关法律、法规,并要经审批机关和登记机关变更登记,明确了未经审批机关批准的股权变更无效。

(二)外商投资企业股权转让合同的效力问题

根据《合资企业法实施条例》第二十条规定,违反审批程序的股权“转让无效”。但是依据《合同法》第四十四条的规定:“依法成立的合同,自成立时生效。法律、行政法规规定应当办理批准、登记等手续生效的,依照其规定。”同时,《最高人民法院关于适用〈中华人民共和国合同法〉若干问题的解释(一)》(以下简称《合同法司法解释(一)》)第九条规定:“依照合同法第四十四条第二款的规定,法律、行政法规规定合同应当办理批准手续,或者办理批准、登记等手续才生效,在一审法庭辩论终结前当事人仍未办理批准手续的,或者仍未办理批准、登记等手续的,人民法院应当认定该合同未生效。”因此,对于未经审批机关审批的外商投资企业股权转让合同成立但未生效,只有经过审批机关批准之后才生效,而不是“无效”。

2010年8月16日,《最高人民法院关于审理外商投资企业纠纷案件若干问题的规定(一)》(以下简称《规定(一)》)出台后,对该问题作出了进一步的明确。《规定(一)》第一条规定:“当事人在外商投资企业设立、变更等过程中订立的合同,依法律、行政法规的规定应当经外商投资企业审批机关批准后才生效的,自批准之日起生效;未经批准的,人民法院应当认定该合同未生效。当事人请求确认该合同无效的,人民法院不予支持。”同时,第三条还规定:“人民法院在审理案件中,发现经外商投资企业审批机关批准的外商投资企业合同具有法律、行政法规规定的无效情形的,应当认定合同无效;该合同具有法律、行政法规规定的可撤销情形,当事人请求撤销的,人民法院应予支持。”由此可见,审批机构审批后的股权转让合同也并不必然有效。

在实务中,还存在一种特殊的情况,那就是股权转让双方对原股权转让协议达成了补充协议,主要包括以下两种情形:一是在报请审批机关审批时,只提交了股权转让的主协议,而未提交补充协议;二是在报请审批后,达成了补充协议,但未将其报请审批。那么如何判断这些补充未经审批的补充协议的效力呢?目前司法审判采取的标准是——对已批准的合同是否构成“重大或实质性变更”。

根据《规定(一)》第二条的规定:“当事人就外商投资企业相关事项达成的补充协议对已获批准的合同不构成重大或实质性变更的,人民法院不应以未经外商投资企业审批机关批准为由认定该补充协议未生效。前款规定的重大或实质性变更包括注册资本、公司类型、经营范围、营业期限、股东认缴的出资额、出资方式的变更以及公司合并、公司分立、股权转让等。”在适用到股权转让协议的补充协议时,如果补充协议可能导致公司的类型发生变化(如外方从部分转让股权转变为全部转让股权从而使公司类型从外商投资企业转变为内资企业)、导致新的股权变化(如重新拟定新的转股比例)、导致违反外商投资企业的准入政策等时,这样的未经审批的补充协议将属未生效。

案例81 天津市顺通化工机械贸易有限公司与天津市津热供热集团有限公司股权转让合同纠纷上诉案[①]——外商投资企业股权转让对价的变更不属于重大或实质性变更

【裁判要旨】

中外合资经营企业股权转让合同已获批准后,当事人协议变更股权转让对价的,不属于《最高人民法院关于审理外商投资企业纠纷案件若干问题的规定(一)》中规定的“重大或实质性变更”,无须另行报批。

【案情介绍】

原告(上诉人):天津市顺通化工机械贸易有限公司(以下简称顺通公司)

被告(上诉人):天津市津热供热集团有限公司(以下简称津热公司)

第三人:中晨能源仓储有限公司(以下简称中晨公司)

2007年1月16日,津热公司与顺通公司及案外人国际金融公司、港联亚洲集团有限公司共同签订股权转让协议,约定顺通公司将持有的中晨公司75%股权分别转让给津热公司60%、港联亚洲集团有限公司15%,国际金融公司将持有的中晨公司25%股权全部转让给港联亚洲集团有限公司。其中顺通公司向津热公司转让股权的对价为1980万美元,办理完工商变更手续后3个月内受让方付清股权转让款。

2007年1月18日,顺通公司、津热公司签订了股权转让补充协议(以下简称《补充协议》),变更股权转让对价为人民币6亿元,同时变更了给付方式。《补充协议》还约定顺通公司负责办理成品油进口、批发经营资质、津热公司负责组织目标公司34万立方米成品油项目的建设及所需建设资金等合同义务,以对应津热公司付款义务的履行,并约定签订之日起三年内完成全部合同内容。

2007年7月6日,国家商务部作出《关于同意中晨能源仓储有限公司股权变更的批复》,同意2007年1月16日签订的合同、公司章程。2007年7月26日,顺通公司办理完毕股权转让工商变更登记手续。2006年年底至2007年1月,津热公司共向顺通公司支付股权转让价款人民币5000万元。

2007年8月13日,津热公司向顺通公司出具《承诺书》,承诺履行付款义务,如有违约行为按日万分之二的标准赔偿违约金。

2007年12月19日,津热公司就中晨公司股权转让事宜向顺通公司发函,称因资金出现缺口,要求终止有关中晨公司股权转让协议的履行,顺通公司未予回复。

另外,津热公司曾就股权转让协议提起撤销权诉讼,法院以超过除斥期间为

---

① 本案例选自《人民司法·案例》2012年第4期,作者:施皓毅,天津市高级人民法院。

由,驳回了津热公司的诉讼请求,该判决已经发生法律效力;顺通公司曾以股权转让纠纷为由起诉津热公司,后撤诉。

现顺通公司请求法院判令解除股权转让协议及《补充协议》,津热公司向指定的第三方办理股权行政审批、工商部门的变更登记手续并承担违约责任等。

【审判】

天津市第二中级人民法院经审理认为:股权转让协议中顺通公司与津热公司有关中晨公司股权转让的约定,是双方真实意思表示,不违反法律禁止性规定,且经案外人国际金融公司同意,并履行了相关的审批手续,合法有效。2007 年 1 月 18 日《补充协议》对股权转让价格进行的重新约定,是顺通公司与津热公司意思自治范畴,不影响股权转让协议其他各方当事人的利益,也不违反法律规定,不属于《最高人民法院关于审理外商投资企业纠纷案件若干问题的规定(一)》第二条中的"重大或实质性变更",不属于商务部审查审批范围,故《补充协议》亦合法有效。双方当事人应按照股权转让协议和《补充协议》约定履行各自义务。2007 年 7 月,顺通公司已完成中晨公司的股权变更登记,津热公司应依约给付股权转让对价。2007 年 12 月,津热公司向顺通公司发函表明不再履行合同,违约行为明显,顺通公司依法主张解除股权转让协议及《补充协议》,应得到支持。顺通公司依据津热公司 2007 年 8 月 13 日出具的《承诺书》,主张津热公司给付违约金 2730 万元亦应得到支持。津热公司未先予履行成品油库的建设义务并明确要求终止合同,故顺通公司没有办理成品油批发资质不构成违约。顺通公司主张以同期银行贷款利率计算 2010 年 1 月 19 日至 6 月 30 日期间本金 4 亿元的利息损失 958.68 万元,应予支持。据此,一审法院判决解除股权转让协议及《补充协议》;顺通公司返还津热公司 5000 万元人民币;津热公司返还顺通公司中晨公司 60% 的股权,并协助顺通公司办理相应的工商、行政审批手续;津热公司给付顺通公司违约损失 36,886,800 元;驳回顺通公司其他诉讼请求。

津热公司及顺通公司均不服一审判决,向天津市高级人民法院提起上诉。

天津市高级人民法院经审理认为:一审判决基本正确,仅对顺通公司关于由津热公司给付其 2010 年 6 月 30 日至工商行政管理部门实际变更登记完毕之日的违约赔偿金的主张未予支持欠妥,应予纠正,故终审判决加判津热公司给付顺通公司自 2010 年 7 月 1 日至返还股权工商、行政审批手续完毕之日止的违约赔偿金;驳回津热公司的上诉请求。

【评析】

合资经营企业合营一方向第三者转让股权时,依照中外合资经营企业法实施条例须报审批机构批准,双方当事人对于股权转让对价及付款方式等内容再行变更的,不属于对股权转让合同的“重大或实质性变更”,依照《最高人民法院关于审理外商投资企业纠纷案件若干问题的规定(一)》,无须再次报批,该变更不影响已获审批的合同效力。

一、合同法中重大或实质性变更的通常理解

合同法是典型的商事法律规范,通过对商人之间的商行为进行规范和调整,以达到保护营利、促进交易的目的,所以在维护交易自由、安全的同时,合同法更讲求交易的高效性。反映在合同订立过程中即表现在:不要求合同条款全面详细,只要具备足以确定合同内容的基本要素,即可认定合同成立。《合同法》第十二条合同内容、第十四条要约定义、第三十条变更承诺等相关规定均表明,合同标的、数量、价款、履行方式等均属于合同基本要素,一旦固定便可确定双方当事人的主要权利、义务,反之基本要素发生变化,双方当事人的主要合同权利义务关系也要随之变化。对于合同的其他内容,双方当事人可以在履行过程中进一步协商补足,即使不能补足,《合同法》第六十一条、第六十二条等亦针对不同情况做出了相应规定。这种法律设定的主要目的旨在最大限度地鼓励和促进商事交易,并尽可能的维护交易稳定,正是由商事交易特点决定的。

可见,合同法中对于合同价款、履行方式等的约定,均视为合同基本内容,通常情况下对于这些基本内容的变更往往被视为合同内容的重大或实质性变更。

二、重大或实质性变更在外商投资企业合同中的特别指向

(一)有关外商投资企业现行立法的特殊性

中外合资经营企业、中外合作经营企业和外商独资企业是我国外商投资企业的三种主要形式。

与国际上通行的“单轨制”立法模式不同,我国现行法律采取的仍是“复合双轨制”立法模式,针对上述企业投资主体国籍状况的不同,制定内外有别的两套法律法规对企业所参与的民事法律关系进行调整。外商投资企业的有关法律规范主要涉及以下几方面:企业形式规范,如中外合资经营企业法及实施条例;企业登记规范,如《关于中外合资经营企业的登记审批程序》;税收规范,如个人所得税法以及优惠待遇规范、外汇贷款规范等。

虽然随着法治的不断发展、法律规定的不断完善,规制内外资企业的法律规范正逐步统一,但针对外商投资企业的立法在行业准入、经营管理、特殊优惠及外资管制等诸多方面还存在许多特殊性。较为典型的是外商投资企业享有税收上的种种优惠,即学界通称的“超国民待遇”,但更为突出的是对外资企业“投资范围的限

制,即国家出于安全或者控制经济命脉的考量,禁止企业涉足某些领域”。国家发改委和商务部发布的《外商投资产业指导目录》对外资准入仍做出鼓励、限制、禁止三种分类,其中明确规定外资不能进入的行业包括采矿业、制造业、医药制造业、教育、文化等12种行业,此外交通运输、金融、房地产等部分行业也限制设立外资企业。所以现行立法对于外商投资企业采取严格的审查和批准制度,可以一定程度上保护国内行业,更为重要的是着眼于国家政治文化经济的全面安全。

(二)现行立法对合资经营企业审查的目的和内容

从中外合资经营企业法等法律、法规可以看出,对于合资经营企业的审批主要存在于企业设立及变更阶段,设立阶段的审批主要针对股东资信,商业立项以及合营协议,合同、章程等,变更阶段的审批则遵循重大原则,只有重大事项的变更才需进行审批。

与变更阶段审批相比,设立阶段的审批属于基础性审批,我国对此实行严格审批制度,即实质审查。这种“实质上的审查是指审查投资的经济效益对东道国经济发展目标和国家利益的关系。引进的外国资本和技术,是否有损于国家主权,是否有利于国家经济和技术的发展,是否有利于改善国际收支平衡,是否符合国家目前和长远的经济规划,是外资审查的关键和主要内容”。依据《外商投资产业指导目录》《商务部关于外国投资者并购境内企业的规定》等相关法律、法规、政策规定,合资经营企业的实质审查主要涉及以下方面:“产业政策审查”,“经济安全审查”、“反垄断审查”,如前所述区别鼓励类、限制类,禁止类三种不同的投资领域,对设立企业的股东资信与身份状况、各方持股比例等内容也要一并给予严格审查,以此杜绝有损国家安全和公共利益的行为发生,防止资本非法流失。由此可见,合资经营各方在合营协议、合同及章程等中约定的契约性商业条款,由于对国家产业政策和社会公共利益通常不会产生实质性影响,一般情况下不属于实质性审批的内容,属于当事人契约自由和商业判断范围,仅作形式审查。

相应地,企业变更阶段的审批目的主要在于保证合资经营企业实质审批内容的确定性以及稳定性,避免已经过设立阶段实质性审批的合资企业利用股权转让等手段,规避国家强制性法律和行政法规的规定,重新进入上述可能关乎国家公共安全及社会公共利益的敏感领域,损害国家利益。

(三)对司法解释中“重大或实质性变更”的理解

《最高人民法院关于审理外商投资企业纠纷案件若干问题的规定(一)》第二条规定:“当事人就外商投资企业相关事宜达成的补充协议对已获批准的合同不构成重大或实质性变更的,人民法院不应以未经外商投资企业审批机关批准为由认定该补充协议未生效。前款规定的重大或实质性变更包括注册资本、公司类型、经营范围、营业期限、股东认缴的出资额、出资方式的变更以及公司合并、公司分立、股权转让等。”可见司法解释中对补充协议变更的审批,专指公司变更阶段的审批,作为设立阶段审批的延伸,其目的仍旧是为维护国家公共利益及安全。合同履行方式、履行时间、对价支付、利润分配方法等合同细节,由于关系到当事人最终利润的实现,是合同当事人的关注重点,但并非商务部门的审核内容,除非有证据表明上述条款严重损害国家利益。司法解释的列举条目也进一步说明诸如合同价款、履行方式等内容的变更并非对合资经营企业合同的“重大或实质性变更”。

因此,本案双方当事人在《补充协议》中对股权转让对价及付款方式进行了变更,虽然属于合同法中重大合同内容的变更,但是在合资经营企业的报批环节中并不属于法律规定的“重大或实质性变更”,故双方所签订的《补充协议》依法不需再次报批即可生效,津热公司的上诉理由不能得到支持。

十、国有股权转让纠纷

国有法人股属于国家财产,未经国家授权的具有管理职权的财政部以及国有资产管理部门的批准不得转让,股权转让条款未生效但并不影响合同其他条款的效力。也就是说,在仅系股权转让条款未经批准才生效的情形下,未经批准,股权转让条款未生效。根据《最高人民法院关于适用〈中华人民共和国合同法〉若干问题的解释(二)》(法释〔2009〕5 号,以下简称《合同法司法解释(二)》)第八条规定,依照法律、行政法规的规定经批准或者登记才能生效的合同成立后,有义务办理申请批准或者申请登记等手续的一方当事人未按照法律规定或者合同约定办理申请批准或者未申请登记的,属于《合同法》第四十二条第(三)项规定的“其他违背诚实信用原则的行为”,人民法院可以根据案件的具体情况和相对人的请求,判决相对人自己办理有关手续;对方当事人对由此产生的费用和给相对人造成的实际损失,应当承担损害赔偿责任。

十一、股权转让纠纷案例的共性问题

在股权转让纠纷案件审判实务中,还存在一些共性的问题需要注意,主要包括如下几点:

1. 股权转让对价如何确定。转让对价本是交易双方协商确定的,但在实践中却出现股权转让协议价与工商登记的协议价不一致的情形,工商登记的价格一般低于交易双方协议价,还有股权转让难以形成对价的情形,转让价格如何确定,司法应否介入,介入的深度又应如何掌握,这是一个需要研究的实践难题。

2. 股权转让协议确认有效后,如何准确表述所转让的股权、转让价款的支付、所占公司股份的比例以及是否确定先后履行顺序等问题。例如,有的判决主文中表述:“姚某在本判决生效后三十日内将持有的×有限公司60%的股权转让给李某,转让价××万元。”这种表述给判决执行带来很多问题。例如,履行的先后顺序不易确定,一方主张先给付股权转让款,另一方往往主张先办理股权转让变更手续;工商行政管理部门应在何种期限内办理变更手续;出让方作为控股股东实际控制公司时,不予配合办理股权变更手续,判决如何履行。

3. 股权转让纠纷中涉及公司决议无效或撤销,当事人起诉时往往只起诉相对人,不起诉公司。比如,陕西省高级人民法院在2009年12月16日《关于审理公司纠纷案件有关问题的指导意见》第一条第三款作出了明确规定:“当事人起诉请求确认股东会或者股东大会、董事会决议无效或者请求撤销上述决议的,应当列公司为被告,对决议涉及的相对利害关系人,可以列为共同被告或者第三人。”但在实践中,还是有因为漏列公司为被告而导致案件二审发回重审的问题。这一问题在《公司法司法解释(四)》出台后也予以了明确,即公司为被告,有关内容,请读者参阅本书“专题40:公司决议效力诉讼”。

4. 公司股东违反公司法的限制性规定,侵犯其他股东优先购买权,与非股东签订股权转让合同的效力如何认定。以往的审判实务有的认定无效,有的认定效力待定,有的认定可撤销。存在用传统的民法思维方式特别是传统的合同法来判断合同效力的问题,使法院陷入不能兼顾合同相对方及公司、股东利益的两难境地。如前文所述,这一问题在新的《公司法司法解释(四)》出台后得以明确,即认可该条合同的有效性。

5. 工商行政管理机关在办理股权变更登记时应尽何种审查义务。在股权转让纠纷中,工商机关作了股东变更登记,公司其他股东又以股东会决议签名虚假、伪造;股东会决议虚假为由申请确认转让协议无效。工商机关是否应对变更登记进行审查,是否应承担相应责任都是需要解决的问题。

案例82 北京恒拓远博高科技发展有限公司与薛辉股权转让纠纷上诉案①——股权转让价格的确定及股权转让协议的成立

【裁判要旨】

股权转让价格的确定是股权转让的重要内容之一,而股权的价值与有形财产

① 本案例选自《人民司法·案例》2008年第20期,作者:阴虹,北京市第一中级人民法院。

不同，其价值由多种因素构成。在当事人提举的证据无法证明双方就股权转让价格达成一致时，人民法院不应依据股东出资额、审计报告、公司净资产额以及《合同法》第六十一条、第六十二条的规定确定股权转让价格。同时，未约定股权转让价格的股权转让合同因欠缺必备条款而不具有可履行性，应认定该类合同未成立。

【案情介绍】

原告(上诉人)：北京恒拓远博高科技发展有限公司(以下简称远博公司)

原告(上诉人)：薛辉

被告(被上诉人)：于天相

一审情况

一审诉辩主张：

原告远博公司、薛辉诉称：2005年4月21日，远博公司各股东包括薛辉、于天相在内共同签署了《关于股东股份转让的协议》。根据该协议，于天相将其持有的公司26%的股权全部转让给薛辉，薛辉于2005年8月向于天相支付股权转让的对价30万元，该协议于签署当日生效。后薛辉多次通知于天相履行此协议，于天相反悔并声称该协议没有合法生效，导致薛辉不能依照此协议受让于天相的股权，远博公司无法进行工商变更登记。故诉至法院，要求确认《关于股东股份转让的协议》合法有效。

被告于天相辩称：远博公司是独立法人，其股东的纠纷和改变不影响公司的实际利益，公司是诉争协议的一方主体，文件有效与否与公司没有法律关系，故远博公司作为本案原告主体错误；诉争文件是多方协议，其有效与否，于天相作为多方之一，无权确认，于天相作为被告主体错误：诉争文件是股东会决议，文件题目写成协议是笔误造成的，不能改变文件的性质。依据文件第七条约定说明正式的股份转让协议还没有签署；薛辉和于天相之间没有签订股权转让协议，会议决议里没有股份转让的价格，不具有协议成立的要件，没有可履行性。因为公司没有分过红，所以诉争文件第四条约定公司给予天相30万元报偿，即补偿。薛辉与于天相还没有就股份转让价格的事情达成一致；辛卫亚还是公司法定代表人，这说明原来股东还在行使股东权利。故不同意远博公司和薛辉的诉讼请求。

一审事实和证据：

北京市海淀区人民法院经公开审理查明：远博公司于2002年10月18日依法注册成立，公司注册资金1000万元，其中辛卫亚出资300万元、贺明出资260万元、于天相出资260万元、薛辉出资105万元、宋健出资75万元。2005年4月21日，辛卫亚、贺明、于天相、薛辉、宋健签署一份《关于股东股份转让的协议》，内容是:2005年4月21日,远博公司召开股东大会,参会人员是辛卫亚、贺明、于天相、薛辉、宋健。会议通过如下决议:(1)贺明转让其在本公司26%股份给薛辉。(2)辛卫亚转让其在本公司30%股份给宋健。(3)于天相转让其在本公司26%股份给薛辉。(4)贺明、辛卫亚、于天相转让股份所得到的报偿各为人民币30万元整。(5)股份转让后,远博公司的股份分配为薛辉占公司62.5%的股份、宋健占公司37.5%的股份。(6)贺明、辛卫亚、于天相所应得的30万元,于2005年8月兑现。(7)参加股东大会的5个人必须在合适的时间按薛辉通知参加公司的股份转让及公司章程变更的正式签字仪式。(8)本协议自上述5人签字之日起生效,在完成公司的股份转让及公司章程变更的正式签字仪式及贺明、辛卫亚、于天相各人所得的30万元兑现后,此协议终止。

远博公司2004年度审计报告表明截至2004年12月31日,公司所有者权益合计为11,976,764.56元。

庭审中,远博公司、薛辉、于天相对《关于股东股份转让的协议》文件本身的真实性均不持异议。但远博公司、薛辉称《关于股东股份转让的协议》的性质是股东会决议中包含股权转让的内容,远博公司2005年初经营产生困难,30万元是股权转让的对价款;于天相称《关于股东股份转让的协议》的性质是股东会决议,作为股东会决议是合法有效的,公司不存在经营困难,因其与股东之间产生矛盾,才产生退出公司的意向,30万元是在260万元股份原值之外另行支付的,30万元是公司利润的分配。远博公司、薛辉向一审法院提交了一份由贺明、辛卫亚、薛辉、宋健签字证明的《远博公司2005年4月21日前状况说明》,称2005年4月是公司成立以来经营最困难的阶段,公司主要的三个工程(阿钢、鞍钢、新抚钢)均出现重大问题,为此,公司于2005年4月20日召集全体股东开会,达成一致意见,形成协议。同时,提交证人贺明、辛卫亚到庭作证,在询问证人贺明当时公司出现什么状况时,贺明却称由于对方想赖账,导致公司许多工程款收不回来。

一审判案理由:

北京市海淀区人民法院根据上述事实和证据认为:鉴于远博公司、薛辉以于天相为被告提起诉讼,其所诉股权转让争议仅涉及与于天相有关的部分,故该院对《关于股东股份转让的协议》中该部分内容的性质与效力进行确认。该案双方当事人对2005年4月21日股东会议的召开、股东的签字不持异议,即双方当事人对于《关于股东股份转让的协议》这份文件本身的客观真实性不持异议,该案的实际争议是文件所产生法律关系的合法有效性。对此,该院认为,《关于股东股份转让的协议》由远博公司股东在股东大会上作出,具有股东会决议的法律性质,但因参会股东与该份文件所涉股权转让的股东身份重叠,故同时可以认定薛辉与于天相之间存在股权转让的意思表示。但是,转让款是股权转让合同的必要条款,在该份文件中却未明确股权转让的对价,而是约定了于天相转让股份所得到的报偿为30万元,现当事人对此约定各执一词,该文件亦未明确30万元的给付主体是公司还是受让方,同时,依据现有证据该院亦无法对此价格的合理性予以判断。故依据《关于股东股份转让的协议》不能认定薛辉与于天相之间就股权转让的价款达成了一致意见,股权转让不具有可履行性,不能认定双方的股权转让协议已成立。现远博公司、薛辉以《关于股东股份转让的协议》亦属薛辉与于天相之间的股权转让协议为由,要求确认该份文件合法有效的诉讼请求,该院不能予以支持。

一审定案结论:驳回远博公司、薛辉的诉讼请求。

二审情况

二审诉辩主张:

上诉人(原审原告)远博公司、薛辉诉称:一审判决认定事实不清,证据不足。(1)《关于股东股份转让的协议》明确约定"贺明、辛卫亚、于天相转让股份所得到的报偿各为人民币30万元整",该30万元即为股权转让的对价。贺明与薛辉出具的《出资转让协议书》及2005年8月28日的收条,足以证明30万元就是股份转让的对价以及《关于股东股份转让的协议》是可以履行的。于天相并无证据证明30万元是公司分配给其的利润,不是股权转让的对价,于天相不履行协议的根本原因是其在公司经营状况有所好转后便反悔,其行为损害了远博公司的利益。一审判决认定《关于股东股份转让的协议》未明确股权转让的对价不当。(2)《关于股东股份转让的协议》约定了转让的股份数额、转让的对价、支付对价的时间、股份转让的履行程序及协议生效时间,因此该协议是一份权利义务明确、具备履行条件、合法有效的股份转让协议,其内容不违反法律、行政法规的规定,应属有效。一审判决认定该协议未成立及不具有可履行性不当。上诉请求:撤销一审判决,改判确认《关于股东股份转让的协议》合法有效。

被上诉人(原审被告)于天相辩称:《关于股东股份转让的协议》是一份股东会决议,不是股权转让协议,远博公司以往股权转让的情况可以证实此点。远博公司和薛辉上诉所称该协议约定的30万元是股权转让的对价,符合公司当时的经营情况,与证人证言存在矛盾。此外,远博公司并非本案当事人,其不享有确认《关于股东股份转让的协议》效力的权利。故请求驳回远博公司和薛辉的上诉请求,维持一审判决。

二审判案理由:

北京市第一中级人民法院认为:远博公司和薛辉上诉称30万元就是股份转让的对价,一审判决认定《关于股东股份转让的协议》未明确股权转让的对价不当,对此,二审法院认为,首先,辛卫亚和贺明在一审出具证言时,均明确表示对其他股东转让股份的情况不清楚,故辛卫亚和贺明虽以30万元转让自己持有的股份,但并不能得出于天相亦承诺以30万元转让其股份的结论;其次,于天相虽在《关于股东股份转让的协议》中作出股权转让的意思表示,约定了向薛辉转让股份的比例,但该协议仅约定于天相转让股份所得的报偿为人民币30万元整,现远博公司、薛辉称该价款即为股权转让的对价,而于天相对此予以否认,为此,远博公司和薛辉向一审法院提交了《关于股东股份转让的协议》、该协议的执行情况备忘录、公司章程及辛卫亚、贺明出具的证言等证据材料,但上述证据均不足以证明于天相与薛辉就股权转让的对价达成一致意见。《中华人民共和国合同法》第六十一条、第六十二条虽然规定了当事人就价款没有约定或约定不明的,可以协议补充,不能达成补充协议的,按照合同有关条款或交易习惯确定,仍不能确定的,按照订立合同时履行地的市场价格履行。但公司股份的价值由多种因素构成,其价值不可能按照交易习惯和订立合同时履行地的市场价格来确定。故因远博公司及薛辉并无证据证明于天相以30万元转让自己持有的股份系于天相的真实意思表示,本案于天相与薛辉之间就转让股权的对价并未达成合意,一审法院认定《关于股东股份转让的协议》未明确股权转让的对价并无不当,本院对远博公司、薛辉的该项上诉理由不予采信。

远博公司和薛辉上诉称一审判决否认《关于股东股份转让的协议》合法有效不当,对此,本院认为,股份转让协议属于有偿合同,转让标的的对价应是该类合同的必备条款,缺少该内容,合同则无法履行。在本案中,于天相与薛辉在《关于股东股份转让的协议》中未就股权转让的对价达成合意,故该协议中关于于天相向薛辉转让股权的约定因欠缺股权转让协议的必备条款而不具有可履行性,不能认定于天相与薛辉因《关于股东股份转让的协议》而成立了股权转让合同。而合同生效与否、有无约束力均应以合同成立为前提。故一审法院以于天相与薛辉之间并未成立股权转让协议为由,驳回远博公司和薛辉要求确认《关于股东股份转让的协议》合法有效的诉讼请求并无不当,本院对远博公司、薛辉的该项上诉理由亦不予采信。

二审定案结论:

北京市第一中级人民法院依照《中华人民共和国民事诉讼法》第一百五十三条

第一款第(一)项之规定,判决:驳回上诉,维持原判。

【评析】

本案涉及以下几个关键问题:

一、本案所涉股权转让合同是否约定了股权转让的价格

股权转让价格的确定是股权转让的一个重要内容。根据意思自治原则,股权转让双方经协商一致确定的转让价格,只要未损害国家和第三人的合法权益,应受法律保护。但在实践中,仍然存在许多因股权转让对价引发的纠纷,在此类纠纷中,如何确定股权转让的价格即成为案件审理的焦点。本案中,远博公司、薛辉以于天相签字确认的《关于股东股份转让的协议》中明确约定"贺明、辛卫亚、于天相转让股份所得到的报偿各为人民币30万元整"为由,要求于天相履行该股权转让协议,将其持有的股份以30万元的对价转让给受让人。而于天相则称该约定并非股权转让对价的约定,而是远博公司给予其的补偿。于天相进一步提交远博公司2004年度审计报告证明2004年远博公司所有者权益为1000万余元,其不可能将260万元出资持有的远博公司26%的股份以30万元的价格转让。远博公司、薛辉又以其他在《关于股东股份转让的协议》中签字的股东均以30万元的价格转让各自持有的股份以及2005年4月是远博公司成立以来经营最困难的阶段,当时有许多工程款收不回来为由,反驳于天相的上述理由。

从本案事实来看,首先,本案所涉股权转让协议约定"于天相转让股份所得的报偿为人民币30万元整",其他股东如辛卫亚、贺明虽然以30万元转让自己持有的股份,但他们均表示对其他股东转让股份的情况不清楚,故不能依据股权转让协议的字面含义及其他股东转让股权的行为即得出于天相亦承诺以30万元的价格转让其持有的股份。其次,在双方当事人就股权转让价格存在争议且无法就股权转让价格达成补充协议的情况下,法院能否依据股东出资额、审计报告、公司净资产额等确定股权转让的对价?笔者认为,因公司的生产经营活动受市场因素影响较大,公司的资产状况并非处于固定状态,而是不断变化,故股东出资额与股权的价值并非处于等值状态,若以股东出资额作为股权转让价格,无疑混淆了股权与出资的概念,故本案不应依据于天相对远博公司的260万元出资确定股权转让的价格;审计报告虽然能够反映公司的财产状况,也能对公司运作的情况进行大致估算,但却不能体现公司发展前景等对股权价值产生重要影响的因素,因此审计结论可以作为股权转让价格的参考,但不能作为股权转让价格的确定依据,故本案不应依据远博公司2004年度审计报告确定股权转让的价格。公司净资产额虽然在一定程度上反映了公司的财务状况,但由于其不能体现公司资金的流转等公司运作

的重要指数,因而也不能反映公司经营的实际情况,用公司净资产额除以股份数额所得价值与股权转让价格亦非等值。故本案亦不应依据远博公司所称公司2005年4月的经营状况确定股权转让的价格。最后,《中华人民共和国合同法》第六十一条、第六十二条规定了当事人就价款没有约定或约定不明的,可以协议补充,不能达成补充协议的,按照合同有关条款或交易习惯确定,仍不能确定的,按照订立合同时履行地的市场价格履行。那么,股权转让价格能否依据上述规定确定?因公司股份的价值由多种因素构成,包括固定资产、流动资金、知识产权或专有技术、产品竞争能力以及人员素质等多方面因素,故股权作为公司法规定的一种具有独立内涵的包括财产权等多种权利在内的综合性的新型权利形态,具有不同于普通商品的性质。因此,在双方当事人对股权转让价格存在争议的情况下,公司股份的价值不能按照交易习惯和订立合同时履行地的市场价格来确定。综上所述,因远博公司、薛辉未能证明与于天相达成30万元转让股权的协议,且股权转让的价格无法依据上述办法确定,故一审法院、二审法院均认定于天相与薛辉未就股权转让对价达成合意。

二、未约定股权转让价格的股权转让合同是否成立

在二审法院审理本案的过程中,有一种意见认为,根据《中华人民共和国合同法》关于承诺生效时合同成立、依法成立的合同自成立时生效,以及当事人就合同主要条款没有约定或者约定不明的可以依据《中华人民共和国合同法》第六十一条、第六十二条确定的规定,本案所涉股权转让协议虽未就股权转让对价达成一致意见,但并不影响股权转让协议的成立。因该协议内容并未违反法律、法规的强制性规定,故该协议应为有效协议。远博公司、薛辉要求确认股权协议有效的诉讼请求成立。

笔者认为,股份转让协议属于有偿合同,转让标的的对价应是该类合同的必备条款,缺少该内容,合同则无法履行。因此,股权转让协议除应符合公司法的规定及一般合同必须满足的当事人意思表示一致、缔约人就合同主要条款达成合意以及合同内容不违反法律、法规的强制性规定之外,还应当对协议的核心条款——股权转让对价达成一致。否则,因股权转让协议无法依据有关法律规定对其实质内容——股权转让价格进行补充,使股权转让协议因欠缺必备条款而无法履行,这样的股权转让协议亦因当事人未就合同主要条款达成合意而不成立。在本案中,于天相与薛辉在本案所涉股权转让协议中未就股权转让的对价达成合意,故该协议中关于于天相向薛辉转让股权的约定因欠缺股权转让协议的必备条款而不具有可履行性,不能认定于天相与薛辉因《关于股东股份转让的协议》而成立了股权转让

合同。而合同生效与否、有无约束力均应以合同成立为前提。故远博公司、薛辉要求确认股权转让协议有效的诉讼请求不能成立。

三、关于本案的法律适用问题

本案虽然涉及合同法及公司法相关法律条文,但就本案案情而言,这些条文均系否定适用本案案情条款,故一审法院在驳回远博公司、薛辉的诉讼请求时未引用相关法律条文。但是,法律适用的公开是裁判文书公开的重要内容之一,在法律规定与案件事实之间缺乏直接联系的情况下,法官可引用法律规定的原则条款作出判决。因此,本案一审法院适用《中华人民共和国民法通则》第四条民事活动应当遵循诚实信用原则及《中华人民共和国合同法》第十二条关于合同内容的一般条款的规定作出判决为宜。

案例83 赵国良与崇仁县工商行政管理局股权变更登记纠纷上诉案①
——工商行政机关股东变更登记审慎审查义务的确定

【裁判要旨】

工商行政机关办理股权转让登记过程中,不仅要审查申报材料是否完备并符合法定形式,而且应以行政法一般原则中的合理行政原则为依据、以登记机关判断与识别能力为限度、在专业范围内对申报材料中的签字盖章等内容的真实性负审查责任。

【案情介绍】

原告:赵国良

被告:崇仁县工商行政管理局(以下简称县工商局)

第三人:江西省崇仁县福星实业发展有限公司(以下简称福星公司)、张福星、林宝玉、杨凡帆、沈端波

一审法院认定:

2007年4月19日,县工商局核准设立登记福星公司,股东为张福星、林宝玉、杨凡帆,张福星为法定代表人。2008年11月24日,县工商局对福星公司股东进行了变更登记,股东变更登记为张福星、林宝玉、杨凡帆、赵国良。2009年4月14日,县工商局根据福星公司提交的2009年4月5日江西省崇仁县福星实业发展有限公司股东会决议、三份2009年4月10日赵国良将所持有福星公司的30%股权分别转让给张福星15%、杨凡帆5%、林宝玉10%的股权转让协议,及承诺对提交材

① 本案例选自《人民司法·案例》2013年第6期,作者:万进福,江西省高级人民法院。

料的真实性承担责任的公司变更登记申请书,将股东变更登记为张福星、林宝玉、杨凡帆。经司法鉴定,福星公司提交的上述股东会决议和三份股权转让协议上的赵国良的签名均为虚假签名。另查明,福星公司分别于2009年4月23日、6月5日、11月17日在县工商局就股东、法定代表人等事项又进行了三次变更登记。

原告诉称,原告2008年12月向福星公司投资,成为公司合法登记股东,后因公司长期未向原告披露有关经营及财务状况等,原告于2010年8月24日向县工商局查询,突然发现公司股东名单上已没有自己的名字。而原告从未将其所持福星公司股权转让他人,县工商局于2009年4月5日股东变更登记所依据的江西省崇仁县福星实业发展有限公司股东会决议内赵国良的签名,及三份2009年4月10日股权转让协议内转让方赵国良的签名,均为虚假签名,不是原告本人所写。原告认为县工商局没有依法履行审查的法定职责,故请求法院判令:(1)撤销县工商局于2009年4月14日为福星公司办理的股东变更登记;(2)县工商局恢复原告在福星公司的原股权登记。

被告辩称,福星公司于2009年4月14日向被告提交了股东变更登记所需全部合法有效证明材料,被告在依法进行了法定的审查后,依法当场作出了准予变更登记的决定,完全符合法律规定,并无不当之处。被告不对申请人提交的材料的真实性负责,该责任应由申请人自行承担,且申请人在申请办理变更登记时已承诺对提交材料的真实性承担责任,被告为福星公司办理股权变更登记时不存在过错。

第三人福星公司述称,福星公司在变更股权过程中无任何过错,赵国良的起诉也已过时效。赵国良就此股权变更已向公安机关报案,根据先刑后行原则,应等公安机关作出决定后再起诉,本案应先中止。第三人张福星、林宝玉、杨凡帆、沈端波未提出答辩意见。

审判:

一审法院认为,赵国良未将持有福星公司的股权转让给他人,也未订立任何形式的股权转让协议,福星公司提交的2009年4月5日江西省崇仁县福星实业发展有限公司股东会决议及三份2009年4月10日股权转让协议内赵国良的签名,均为虚假签名,不是赵国良本人所写,系虚假申请登记材料。此申请登记材料是县工商局于2009年4月14日对福星公司作出的变更公司股东(股权)登记的重要证据之一,因此县工商局作出的此具体行政行为事实不清、主要证据不足。虽然福星公司在申请变更登记时,承诺对提交材料的真实性承担责任,但县工商局对股东签名的真实性未予以核实,未尽审慎审查的义务,存在一定的过错。由于此次变更登记已被此后的变更登记行为所取代,应予确认为违法,由此对赵国良要求撤销变更登记或确认变更登记行为无效的请求,应予以驳回;赵国良要求县工商局为其恢复原股权登记,因公司变更登记行为系应申请的行为,公司登记主管机关不能依职权主动作出,赵国良在福星公司的股东权益可通过其他途径解决,故对赵国良此项诉讼请求予以驳回。县工商局于 2009 年 4 月 14 日作出变更登记时未告知赵国良诉权或者起诉期限,原告于 2010 年 9 月 1 日起诉未过 2 年的起诉期限;由于本案审理中所认定行政法律关系具有相对的独立性,与赵国良就此股权变更已向公安机关报案所涉及的刑事法律关系并不存在因果关系,因此本案不需中止审理,故对福星公司的辩护意见不予支持。据此,根据《最高人民法院关于执行〈中华人民共和国行政诉讼法〉若干问题的解释》第五十七条第二款第(二)项,判决:确认被告崇仁县工商行政管理局于 2009 年 4 月 14 日对第三人江西省崇仁县福星实业发展有限公司作出的股东(股权)的变更登记违法;驳回原告赵国良的其他诉讼请求。

宣判后,原、被告双方均不服,向江西省抚州市中级人民法院提起上诉。二审法院终审判决认为,一审判决认定事实清楚,证据确实充分,适用法律法规正确,审判程序合法,判决驳回上诉,维持原判。

【评析】

近年来,因申请人提交虚假证明材料或者采取虚假签名等其他欺诈手段取得公司股东变更登记而引起的纠纷、诉讼越来越多,由此引发了学界和实务界对登记机关在办理公司股东变更登记过程中应承担何种审查责任的讨论和思考。

由于《公司法》《公司登记管理条例》等法律、法规并未对公司股东变更登记的审查标准作出明确规定,因此,对登记机关应采取何种方式对股东变更登记进行审查存在较大争议,审判实践中对此也未形成统一的认识和司法审查标准。因而,为公司股东变更登记确立统一的审查标准,成为不可回避的现实问题。这不仅有利于登记机关正确地履行职责,也有利于司法机关正确地作出裁决。

本案的焦点问题是被告崇仁县工商行政管理局作出股东变更登记时是否尽到了审慎审查义务,该股东变更登记是否合法。对该问题合议庭存在两种不同意见。第一种意见认为,被告崇仁县工商行政管理局未尽到审慎审查义务,作出的公司股东变更登记违法。因为工商行政机关不仅要审查申报材料是否完整齐全并符合法定形式,而且应以行政法一般原则中的合理行政原则为依据、以登记机关判断与识别能力为限度、在专业范围内对申报材料的签字盖章等内容的真实性尽到审慎审查责任。而在本案中,被告对第三人提交的伪造赵国良签名的虚假公司股东会决议和股权转让协议未尽到审慎审查职责,导致公司股东变更登记错误,应予确认违法。第二种意见认为,被告崇仁县工商行政管理局尽了法定职责,作出的股东变更登记合法有效。理由是:登记机关仅对申请材料的形式要件进行审查,即审查材料是否完整齐全、是否符合法定形式,对于申请材料的真实性不作审查,实行严格的形式审查标准。因为工商企字〔2001〕第67号答复指出,登记主管机关的责任是对申请人提交的有关申请材料和证明文件是否齐全,以及申请材料和证明文件及其所记载的事项是否符合有关登记管理法律法规的规定进行审查。因申请材料和证明文件不真实所引起的后果,登记主管机关不承担相应的责任。这便是形式审查说的重要依据。

合议庭采纳了第一种意见。理由如下:

第一,关于登记机关在公司股东变更登记过程中应对申请材料的签字盖章等内容的真实性承担审慎审查义务的法律依据问题。一是尽管目前《公司法》《公司登记管理条例》等法律法规未对公司股东变更登记的审查标准作出明确规定,但作为一种具体行政行为应遵循行政法的一般原则,而合理行政原则即为其法律依据。合理行政原则其中一项重要内容就是行政行为应建立在正当考虑的基础之上。该原则要求行政机关在依法作为的同时应尽到应有的、合理的注意义务,以防止有可能损害行政相对人或其他利害关系人合法权益的危害结果的发生,否则可以认为是行政机关怠于履行必要的行政义务,应当承担相应的法律责任。因此,行政法的合理行政原则便是审慎审查义务法律依据的一个来源。二是根据《最高人民法院关于审理公司登记行政案件若干问题的座谈会纪要》第二条有关"登记机关进一步核实申请材料的问题"的规定可以看出,登记机关有权也有义务对申请材料中签字或者盖章的真伪进行核实确认。此外,《公司登记管理条例》第五十四条第二款也赋予了登记机关对提交的申请材料核实的权力,根据行政法权责相统一原则,既然享有核实材料真实性的权力,就应当承担相应的审慎审查义务。在本案中,被告对第三人提交的伪造赵国良签名的虚假公司股东会决议和股权转让协议均未进行必要的确认与核实,未能尽到必要的审慎审查义务,应当承担登记违法的法律后果。

第二,关于公司股东变更登记中登记机关的审慎审查义务的把握与运用问题。针对当前在股东变更登记工作中容易引起纠纷的几个方面,登记机关在履行审慎审查义务时应作如下审查:

1. 关于公司股东会决议的审查。主要应审查以下几方面:一是会议时间、地点、性质等情况;二是会议通知、股东到会和弃权等情况;三是会议主持情况;四是会议决议情况;五是股东签字盖章情况。通过以上审查确保决议符合公司法的有关规定,确保决议程序合法、内容真实,以充分保护股东合法权益。

2. 关于股权转让合同效力的审查。对公司股权转让合同效力的审查主要涉及以下两方面：一是保护优先购买权问题，《公司法》第七十二条第三款作了关于股东优先购买权的规定，登记机关在办理涉及股东有优先购买权的股权变更登记时，应审查提交材料是否体现和保护了其他股东的优先购买权，未体现的不能办理股权变更登记；二是遵从章程规定的问题，公司法对有限公司股权转让有遵从章程的规定，因此，登记机关在办理股权变更登记时，应审查提交材料反映的股权变更行为是否符合公司章程的规定，不符合的不得办理变更登记。

3. 关于股东签字盖章的审查。股东签字盖章是办理登记所提交的各种材料中最常用的法律手续，也是最容易被人利用骗取登记的环节。因此，在登记审查中必须严格核实股东签名盖章，要求做到以下几方面：一是对股东人数较少的尽可能要求全体股东亲自到场，特别是要求原股东和新股东到场；二是如果未亲自到场，应责令到场人出具原股东的授权委托书及身份证原件；三是对以公司名义提出申请需加盖公章的，应出具公司股东会决议或其他经全体股东一致认可的证明材料；四是对经核实仍存有疑点的签名盖章应与档案中的签章进行比照；五是对经观察、询问、比照等仍有疑点的，应要求原股东亲自到场或与其取得直接联系进行确认核实。本案中，登记机关并未履行以上审慎审查之责，致使股东变更登记错误，属失职行为。

需要强调的是，首先，履行审慎审查义务应以严于形式审查的标准进行要求。虽然随着经济的发展，公司的数量越来越多，严格的实质审查观念已无法适应市场经济发展的要求，但目前我国法律法规赋予登记机关的职责总体上应当是以尽到审慎审查义务为标准的形式审查与实质审查相结合的要求。其次，在形式审查中履行审慎审查义务不同于实质审查标准，二者的审查方式、要求等都不尽相同，后者要明显严于前者。最后，审慎审查义务应以登记机关判断与识别能力为限度、在专业范围内履行。主观上，登记机关在履行职责时应负有比一般人更高要求的审慎义务，应当以更加专业化的标准合理预见申请材料中可能存在的法律风险，否则属于存在过错；客观上，登记机关对可能的风险应当采取必要的措施以防止损害结果的发生，应尽合理谨慎之注意义务，通过一定方法和手段如核对笔迹、印章、就疑点询问申请人等，来发现申请材料内容可能存在的真实性问题，否则为失职行为。

需要说明的是，本案除焦点问题之外还涉及两个问题：一是原告的起诉是否已过时效的问题。县工商局作出的变更登记具体行政行为的时间是2009年4月14日，且未告知原告诉权或者起诉期限，所以应适用起诉期限从原告知道或者应当知道具体行政行为内容之日起最长不得超过2年的规定。赵国良的起诉时间是2010年9月1日，未过起诉期限。二是本案应判决撤销变更登记还是确认变更登记违法的问题。《最高人民法院关于审理公司登记行政案件若干问题的座谈会纪要》第一条有关“以虚假材料获取公司登记的问题”的规定,对以虚假签名为由请求确认违法或撤销的,人民法院可以根据具体情况判决撤销登记行为或确认登记行为违法。本案中赵国良起诉的是第二次变更登记行为,而该变更登记行为后又进行了三次变更,赵国良起诉的变更登记行为已经被后面的变更登记行为所取代,已无可撤销内容,因此判决确认变更登记违法正确、合法。

专题 40 公司决议效力诉讼

内容提示

在实践中，因公司治理导致的公司与股东、股东与股东之间的纠纷越来越多。公司股东会或股东大会、董事会决议不成立，或者决议内容或程序违反法律规定或公司章程的规定而导致无效或被撤销，从而导致与决议有关的事项的法律效力产生争议的纠纷就是其中之一。2017 年 8 月 28 日，最高人民法院颁布了《最高人民法院关于适用〈中华人民共和国公司法〉若干问题的规定（四）》，该司法解释对公司的决议效力问题进行了明确。本专题包含如下内容：

- 公司决议效力的含义及种类；
- 公司决议效力之诉；
- 对无效和撤销决议所涉及的其他法律关系的溯及力；
- 公司决议效力诉讼中的诉讼担保制度；
- 公司决议效力诉讼制度的几个疑难问题。

一、公司决议效力的含义及种类

(一)公司法对公司决议效力的规定

公司决议是公司机关代表公司做出的意思表示,如果公司决议形成过程中存在程序上和内容上瑕疵则将严重影响公司、股东的利益和第三人的合法权益。因此,在法律上对股东(大)会或董事会决议的瑕疵进行司法救济具有不可或缺的重要性。我国《公司法》第二十二条对公司决议瑕疵的诉讼救济制度作出了规定,该司法救济规定的出台对保护小股东的合法权益具有突出的意义。该条规定:"公司股东会或者股东大会、董事会的决议内容违反法律、行政法规的无效。股东会或者股东大会、董事会的会议召集程序、表决方式违反法律、行政法规或者公司章程,或者决议内容违反公司章程的,股东可以自决议作出之日起六十日内,请求人民法院撤销。股东依照前款规定提起诉讼的,人民法院可以应公司的请求,要求股东提供相应担保。公司根据股东会或者股东大会、董事会决议已办理变更登记的,人民法院宣告该决议无效或者撤销该决议后,公司应当向公司登记机关申请撤销变更登记。"从前述规定可以看出,公司决议瑕疵是指由于公司决议违反法律、行政法规或公司章程的规定,导致公司决议不能体现所有股东的真实意思。公司法将公司决议瑕疵分为股东会或股东大会决议瑕疵和董事会决议瑕疵。此外,公司法上决议的司法介入是以公司决议的程序(会议召集程序和表决方式)以及决议内容存在瑕疵为前提。公司决议不仅内容要合法,程序更应该严谨公正,因此,按照瑕疵的程度与类型不同,公司决议的瑕疵又分为实体瑕疵(内容瑕疵)和程序瑕疵两个方面,并分别采取不同的救济途径。

1. 公司决议实体瑕疵

实体瑕疵主要是由于公司决议的内容违反法律、法规和公司章程的规定。将公司决议违反法律法规的强制性规定作为构成决议瑕疵的前提之一,这是各国公司法的普遍现象。由于在各种瑕疵的公司决议中,实体瑕疵属于本质上的瑕疵,后果具有不可逆转性,为"不能容忍的缺陷",因此,大多数国家认定违反法律法规的公司决议无效。

但在对于违反公司章程的公司决议是否无效的问题上,不同国家及地区的公司法规定不尽相同。公司章程是公司组织与活动的基本准则,对公司的组织、运营、解散以及公司与股东之间、股东与股东之间权利义务关系作出明确规定的公共性质的法律文件。因此,公司章程对股东具有约束力。我国台湾地区"公司法"将章程的效力等同于法令,股东会决议内容如违反法令或章程者无效;而日本、德国、韩国将违反章程的股东大会决议界定为可撤销。我国公司法并没有将公司决议违反公司章程认定为违法,《公司法》第二十二条明确了违法与违反章程的不同后果,内容违反章程的公司决议仅属于可撤销的决议。

2. 公司决议程序瑕疵

程序瑕疵是指公司的会议召集和决议方法在程序上存在违反法律、行政法规或者公司章程的问题。召集程序瑕疵主要有以下几种情形:一是没有通知有表决权的股东或董事参加会议;二是没有在规定的期限内通知,影响部分股东或董事参加会议的机会;三是召集人违反程序擅自召开会议;四是会议记录有瑕疵,比如记录有遗漏,影响到股东或董事的判断与选择等。股东会决议方法瑕疵的情形主要有:一是决议的表决方法和表决权的计算不符合法律或章程规定,如股东会参会股东所持表决权未超过半数,有特别利害关系的股东或董事参与表决,参与表决者欠缺表决资格,代理人欠缺代理资格;二是决议过程不公正。

通常,与实体瑕疵相比,程序瑕疵的程度比较轻微,对公司和股东利益损害后果不那么严重,属于“可以容忍的缺陷”,只要相对人能容忍,就可以保留。因此,对于公司决议存在程序瑕疵的,《公司法》第二十二条规定,股东可以自决议作出之日起60日内,向人民法院提起撤销之诉。

(二)《公司法司法解释(四)》对公司决议不成立的规定

《公司法司法解释(四)》对《公司法》作出了重大的“突破”,这主要体现在其第一条、第五条规定中。其第一条规定:“公司股东、董事、监事等请求确认股东会或者股东大会、董事会决议无效或者不成立的,人民法院应当依法予以受理。”其第五条规定:“股东会或者股东大会、董事会决议存在下列情形之一,当事人主张决议不成立的,人民法院应当予以支持:(一)公司未召开会议的,但依据公司法第三十七条第二款或者公司章程规定可以不召开股东会或者股东大会而直接作出决定,并由全体股东在决定文件上签名、盖章的除外;(二)会议未对决议事项进行表决的;(三)出席会议的人数或者股东所持表决权不符合公司法或者公司章程规定的;(四)会议的表决结果未达到公司法或者公司章程规定的通过比例的;(五)导致决议不成立的其他情形。”从这两条规定可以看出,《公司法司法解释(四)》显然采用了公司决议学理上的“三分法”:“决议无效”“决议不存在”和“决议撤销”。

而我国《公司法》第二十二条则采用的是“两分法”:“决议无效”和“决议撤销”。与最高人民法院于2016年4月发布的《最高人民法院关于适用〈中华人民共和国公司法〉若干问题的规定(四)》(征求意见稿)(以下简称《解释(四)征求意见稿》)相比较,可以发现《解释(四)征求意见稿》采用的是"四分法":"决议无效""决议不存在""未形成有效决议"和"决议撤销"。①

笔者将公司决议效力的有关规定总结如表40-1所示:

表40-1 公司决议效力的类型

法规依据	类型	原告	法定情形
《公司法司法解释(四)》第一条、第五条	决议不成立	股东、董事、监事等	1.未召开会议;2.未表决;3.出席人数或表决权不足;4.表决结果未达通过比例;5.其他情形
《公司法》第二十二条、《公司法司法解释(四)》第一条	决议无效	股东、董事、监事等	决议内容违反法律、行政法规
《公司法》第二十二条、《公司法司法解释(四)》第四条	决议撤销	股东	1.会议召集程序、表决方式违反法律、行政法规或者公司章程;2.决议内容违反公司章程

从"三分法"的法理来看,公司决议作为法律行为的一种,就如同《合同法》规定的合同分为不成立、无效、可撤销以及《中华人民共和国民法总则》(以下简称《民法总则》)规定的民事行为分为无效、可撤销和确定不发生效力一样,公司决议也存在"不成立"的情形。尽管《公司法》没有规定决议不成立,但本次司法解释对其作出了补充,规定了决议不成立的情形。

二、公司决议效力之诉

公司决议无效之诉为确认之诉。确认之诉是指当事人要求人民法院确认某种法律关系存在或不存在的诉讼。与形成之诉不同,确认之诉的目的是请求法院对某种法律关系存在与否给予明确的认定,而不是谋求法律关系的变动。因此,决议无效之诉不因当事人是否提起诉讼而影响决议的效力,一旦决议无效之诉得到支持即决议被确定为无效,就会产生决议自做出之时起自始无效的法律后果。② 同样,公司决议不成立之诉亦为确认之诉。

公司决议撤销之诉为形成之诉。形成之诉是指形成权的行使需要提起诉讼,由法院作出判决才能使法律关系发生、内容变更或消灭。形成之诉的显著特征是

---

① 参见《解释(四)征求意见稿》第一条、第三条至第六条。

② 《公司法司法解释(四)》删除了《解释(四)征求意见稿》第十一条"人民法院判决股东会或者股东大会、董事会决议不存在、未形成有效决议、决议无效或者撤销决议的,该决议自始没有法律约束力"的规定,并以新的第六条"股东会或者股东大会、董事会决议被人民法院判决确认无效或者撤销的,公司依据该决议与善意相对人形成的民事法律关系不受影响"予以代替,详见后文介绍。

当事人对于现存民事法律关系的客观存在并无异议,只是对是否应当变更或消灭该民事法律关系产生了争议。形成之诉依赖于权利人通过诉的方式的形式来达到法律关系产生变动的目的,如果权利人不通过诉的方式来提出主张,则原有法律关系并不发生变化。因此,决议撤销之诉在确定之前,公司决议应为有效。

(一)公司决议效力诉讼的原告

公司决议的内容关系到股东自身的利益,因此公司决议存在效力问题的情况下公司股东作为原告本不应该产生争议。尽管《公司法》第二十二条并没有明文规定可以提起公司决议效力确认之诉的主体,但根据其本意以及以往的司法实践,只要具有股东身份就享有决议瑕疵诉讼的原告主体资格,股东是不受所持股份比例的多少、所持股份时间的长短、所持股份是否记名和所持股份是否有表决权等因素的限制,这与公司决议瑕疵诉讼的司法救济制度的目的在于保护小股东的利益是一致的。

1. 决议无效或不成立确认之诉的原告

《公司法司法解释(四)》第一条对无效确认之诉的原告主体范围予以了明确。该条规定:"公司股东、董事、监事等请求确认股东会或者股东大会、董事会决议无效或者不成立的,人民法院应当依法予以受理。"显然,本条规定吸纳了以往司法实践中的主体范围,即公司股东、董事、监事有关提起决议无效或不成立确认之诉。

需要说明的是,相比于《解释(四)征求意见稿》第一条"公司股东、董事、监事及与股东会或者股东大会、董事会决议内容有直接利害关系的公司高级管理人员、职工、债权人等,依据公司法第二十二条第一款起诉请求确认决议无效或者有效的,应当依法受理"的规定,正式稿减少了公司高级管理人员、职工、债权人。之所以取消这些人员的原告资格,是基于如下原因:

首先,在《解释(四)征求意见稿》出台后,赞成的观点认为,公司决议不具有对世效力,但公司决议违反法律法规规定或公司决议不成立并侵害公司利害关系人(第三人)的利益时,公司利害关系人若没有起诉的资格其利益就无法得到有效的保护。从诉的利益角度进行区分,诉的利害关系人可以成为诉的适格原告。当然,诉的利害关系是针对公司决议与第三人的利害关系而言的,公司决议的实质内容才对第三人产生利害关系的后果,而公司决议形成的程序是否合法并不对第三人产生任何影响。因此,在公司决议内容存在瑕疵或者公司决议不成立的情况下,公司的利害关系人可以作为原告提起公司决议无效或不成立确认之诉。显然,《解释(四)意见稿》如此规定正是出于这种考量。反对的观点持有的理由主要包括:第一，公司意思自治是《公司法》的基本精神，公司决议是公司的内部文件，是公司意思自治的体现，并非公司对外的法律行为。债权人作为公司治理体系之外的第三方，不应介入到公司内部治理结构中。因此，司法权力不应因保护债权人的利益而干预公司意思自治。如果债权人利益受到损害，其应可以通过《合同法》或者《公司法》其他条款等途径得到救济，比如依据《公司法》第二十条之规定，在发生公司人格否认情形时主张股东对公司的债务承担连带责任；第二，非高级管理人员的职工一般也不位于公司治理体系中，如果决议内容侵害员工权利的问题，应由劳动法或其他法律予以调整①，而不需要法律授予职工直接干涉公司决议的权利；侵害债权人权利的问题，应由合同法予以调整或者公司法的其他条款予以救济；第三，职工、债权人与决议内容是否有直接利害关系的判断标准很难把握，法院受理案件时很难判断是否存在直接利害关系。因此，没有必要专门规定职工、债权人有资格提起公司决议效力确认之诉，否则有可能造成债权人就相同情形以不同案由起诉的情况，从而造成司法资源的浪费。正是基于这个原因，《公司法司法解释(四)》删除了职工和债权人是恰当的。

其次，尽管《公司法》第六章对高级管理人员的忠实和勤勉义务予以了规定，有观点认为基于此，似乎应赋予其主张决议无效或不成立的权利。但笔者认为，公司法的规定是法律对他们施加的义务而不是给予权利，不能等同比之；而且，高级管理人员并未实际参与股东会议、董事会议，也不像监事具有法律赋予的监督的权力，因此不给予其主张决议无效或不成立的权利是恰当的。

此外，在《解释(四)征求意见稿》第一条中还明确了可以提起确认决议有效之诉，但在正式稿中予以了删除。其原因在于确认决议有效之诉有越法之嫌疑。因为，《公司法》第二十二条仅规定可以提起公司决议无效之诉，并未明确规定可以确认决议有效。此外，确认决议有效并无必要而且可能带来其他问题。因为，在没有违反相关法律法规规定的情况下，决议一经作出即应有效。如果授予法院认定公司决议有效的权利，则可能存在“过度干预”之嫌，而且由于确认了决议有效，必然会影响其他适格主体提起确认决议无效之诉。

需要注意的是，本条并没有明确，股东享有原告的资格是否也不受决议做出之

---

① 类似的观点可以在最高人民法院指导性案例第10号“李建军诉上海佳动力环保科技有限公司公司决议撤销纠纷案”。最高人民法院在该案中认为，人民法院在审理公司决议撤销纠纷案件中应当审查：会议召集程序、表决方式是否违反法律、行政法规或者公司章程，以及决议内容是否违反公司章程。在未违反上述规定的前提下，解聘总经理职务的决议所依据的事实是否属实，理由是否成立，不属于司法审查范围。

时实际股东身份(隐名股东)的限制,只要在起诉时享有股东身份就具有原告资格,笔者赞同应不受相应的限制,因为法院受理时无法区分是否存在所谓的“隐名股东”。此外,在公司决议形成过程中投票赞成或弃权的股东应当视为其对决议内容的认可和程序合法的认同,其是否可以“出尔反尔”,以原告身份提起公司决议诉讼也未明确。笔者认为,只要股东决议存在的事实存在,不论其以前对存在的决议持何种态度,其仍享有原告资格。

2. 决议撤销之诉的原告

在以往的理论界和实践中,在撤销权的行使主体上存在争议,如原告是否在“决议时”和“起诉时”都必须具有股东资格?缺席股东会的股东是否享有撤销权?无表决权股东是否享有撤销权?有观点认为,解决争议的根源在于弄清撤销权的基础。股东之所以享有对决议的撤销权不在于其是否有表决权、是否出席了股东会,而在于其股东资格,而此股东资格在“决议时”就拥有还是在“起诉时”才取得也不是关键性因素,关键在于决议是否影响了其利益。因此,原则上应认定决议时具有股东资格的人享有撤销权,决议后继受取得股东资格的人视为决议时具有股东资格,决议后原始取得股东资格的人,若决议影响了其利益亦应承认其撤销权。至于缺席股东会的股东及无表决权的股东,只要对决议存在诉益,均可成为撤销权人。

《公司法司法解释(四)》采用了“起诉时”的认定标准。其第二条规定:“依据公司法第二十二条第二款请求撤销股东会或者股东大会、董事会决议的原告,应当在起诉时具有公司股东资格。”这意味着,在起诉时具有公司股东资格的股东就属于适格原告。还需要注意的是,该条规定并未限制缺席股东会的股东和无表决权股东的原告主体资格,只要其在“起诉时” 具有公司股东资格即可。

与《解释(四)征求意见稿》相比较,存在两个方面的差异:

一是删除了后者“案件受理后不再具有公司股东身份的,应当驳回起诉”的规定。尽管从以往的实践来看,一般认为,原告股东资格必须贯穿于诉讼始终,如果在诉讼期间原告出让了其拥有的全部股份,其不再具有股东资格,随之其原告资格也应当丧失。但正式稿并未采纳这一观点,其理由在于,尽管如此,但只要在起诉时存在决议影响了其利益的事实,就具有了原告资格,即使其在案件受理后丧失了股东资格,但影响其利益的事实并不发生改变,应保证新的承继股东具有适格的诉益。例如,在诉讼过程中如果发生股权转让,受让权利的新股东,应当有权利变更诉讼主体,继续诉讼。再如,一种极端的情况下,在诉讼过程中,公司减资导致原本为原告的人或主体丧失了股东资格是否仍具有原告资格,笔者认为不应继续给予这类人或主体原告资格,因为他们已经丧失了股东资格,公司决议不再对其产生直接约束作用,而不再继续产生影响其利益的可能。

二是正式稿将"股东身份"修改为"股东资格"。尽管通常情况是"股东身份"与"股东资格"应是同义语,但严格地讲"股东身份"又不同于"股东资格",股东身份意味着具有完整真实的身份,这一完整性包含了出资、股东名册和工商登记,如果要同时具备这三个要件,过于严苛且容易与股东资格确认案件相混淆。通常地,股东资格确认是对于有瑕疵或争议的股东资格进行司法确认,法院应依据折中主义标准(亦称区分主义)进行认定。[①] 笔者认为,在确定本条决议无效确认之诉的原告资格时,应首先以形式主义标准(亦称外观主义、公示主义)确定股东资格,即原则以股东名册的记载和/或公司登记机关的登记内容为准;如果存在股东资格确认诉讼的,应在法院予以判决确认之后才根据本条提起撤销之诉。

3. 决议效力诉讼的共同原告

《公司法司法解释(四)》第三条第二款规定:"一审法庭辩论终结前,其他有原告资格的人以相同的诉讼请求申请参加前款规定诉讼的,可以列为共同原告。"该款规定明确了"其他人"具有"原告资格"的,可以列为共同原告。"其他人"应理解为原诉讼的当事人之外的人,但必须满足具有"原告资格"的前提条件。与《解释(四)意见稿》第三条(当事人的诉讼地位)第二款"他人在一审法庭辩论结束前以与原告相同的诉讼请求申请参加诉讼,其诉讼主体资格符合民事诉讼法、公司法规定的,应当列为共同原告"。相比较,我们可以发现正式稿更为简洁,两者并无实质区别。

在实践中,主张公司决议不成立、无效、可撤销的主体可能不止一人,为了节约司法资源,当然应在一个案件中合并处理为宜。因此,上述第二款规定以相同诉讼请求的人申请参加诉讼的,可以列为共同原告。然而,如果该主体不申请参加诉讼而是另行起诉的,法院是否应该受理,笔者认为应告知其参加已进行的诉讼,因为其诉讼请求相同;而对于主张决议不成立的原告,由于与主张决议无效的原告的诉讼请求并不相同,则法院应支持另行起诉。

(二)公司决议效力诉讼的被告和第三人

公司决议是公司机关通过"资本多数决"原则或"董事多数决"原则做出的,其体现的是公司的意志,法律后果只能归属于公司本身。公司机关形成的决议是代

---

① 有关"股东资格确认纠纷"的有关内容,读者可以参阅本书"专题10:股东资格的确认"。

表公司进行意思表示的体现，其不能视为公司机关的意思表示，更不是公司股东或董事的个人意思表示的简单累加。因此，做出决议的公司机关和行使表决权的股东或董事个人不能成为被告，公司是唯一适格的被告。

对此，《公司法司法解释（四）》第三条第一款予以了明确。该条第一款规定：“原告请求确认股东会或者股东大会、董事会决议不成立、无效或者撤销决议的案件，应当列公司为被告。对决议涉及的其他利害关系人，可以依法列为第三人。”与《解释（四）意见稿》第三条（当事人的诉讼地位）第一款“原告起诉请求确认本规定第四条规定的决议不存在、本规定第五条规定的未形成有效决议，以及确认决议无效、有效或者撤销决议案件，应当列公司为被告”的规定比较，除由于正式稿删除了“未形成有效决议”“确认决议有效”以及相应地将“不存在”修订为“不成立”之外，增加了“对决议涉及的其他利害关系人，可以依法列为第三人”的规定。这一新增规定应当是指那些认为决议成立并有效或放弃表决或缺席以及无表决权的其他股东、董事和监事等可以列为第三人。

（三）明确“决议不存在”的情形

如前所述，决议不存在确认之诉属于本次司法解释对《公司法》作出的重大“突破”，这体现在《公司法司法解释（四）》第五条中。该条规定：“股东会或者股东大会、董事会决议存在下列情形之一，当事人主张决议不成立的，人民法院应当予以支持：（一）公司未召开会议的，但依据公司法第三十七条第二款或者公司章程规定可以不召开股东会或者股东大会而直接作出决定，并由全体股东在决定文件上签名、盖章的除外；（二）会议未对决议事项进行表决的；（三）出席会议的人数或者股东所持表决权不符合公司法或者公司章程规定的；（四）会议的表决结果未达到公司法或者公司章程规定的通过比例的；（五）导致决议不成立的其他情形。”

与《解释（四）意见稿》第四条（决议不存在）、第五条（未形成有效决议）相比较，我们可以发现：第一，征求意见稿第四条（决议不存在）的两种情形被吸纳在正式稿第五条（决议不成立）的第（一）种、第（二）种情形中；第二，征求意见稿第五条（未形成有效决议）的第（一）种、第（二）种情形被吸纳在正式稿第五条（决议不成立）的第（三）种、第（四）种情形中；第三，征求意见稿第五条（未形成有效决议）的第（三）种、第（四）种情形被正式稿予以删除，并以第（五）种情形“导致决议不成立的其他情形”所取代。这显然属于一个兜底条款，以避免列举情形不能完全涵盖决议不存在的情况。

对上述条款进行调整的原因在于，正式稿采用了“三分法”，将“决议不存在”

“未形成有效协议”合并为“决议不成立”,因为实践中有时很难对“决议不存在”“未形成有效协议”进行区分。此外,这一规定也与《民法总则》的规定相契合。《民法总则》第一百三十四条第二款规定,法人、非法人组织依照法律或者章程规定的议事方式和表决程序作出决议的,该决议行为成立。因此,未依照法律或者章程规定的议事方式和表决程序作出的决议就是不成立的。但是不成立事由也不能无限扩大,本条就是对不成立事由的具体规定,可以作为《民法总则》第一百三十四条第二款的补充解释。

此外,将征求意见稿中的决议的部分“伪造签名”以及决议内容“超越职权”等需要进一步细分明确且存在一定争议的情形①,留给司法机关在个案中予以确定。比如,对于决议的部分“伪造签名”,正如征求意见稿有两种观点一样,其观点二可以区分真实意思表示的表决,特别是在存在一致行动人的情形下,可以避免因一个签章的伪造导致其他股东跟随时“一刀切”的情形出现。再如,对于决议内容“超越职权”,就可以对其做重新分类表述,以使其分别归入“决议无效”或“决议撤销”的分类中。

最后需要说明的是,第五条的规定明确提出了“决议不存在”的具体情形,旨在解决司法实践中遇到的此类问题。但存在的问题是,在《公司法》没有规定“决议不存在”这一细分的情况下,司法解释直接规定了该情形似乎有越法之嫌。此外,有观点认为,从“决议不成立”系确认之诉以及其一经法院判决确认为不成立,就会产生决议自始无法律约束力的后果来看,决议不成立之诉类似于“决议无效”之诉,正式稿第五条前三项规定应都可以归为召集程序、表决方式违反法律、行政法规或者公司章程的情形,第(四)项规定属于决议内容违反法律、行政法规或公司章程的情形。对于前三项似乎可以将其归为“决议撤销”事由比较合适,对于第四项则似乎可以根据情形将其归为“决议无效”和“决议撤销”事由比较合适。笔者认为,尽管这些事由通常都属于程序瑕疵,但都属于比较严重的程序瑕疵,甚至包括第(一)项“公司未召开会议的”情形和第(二)项“会议未对决议事项进行表决的”情形(“决议不存在”),由于决议本身“不成立”的事实和状态,将其细分为“决议不存在”之诉亦无可厚非。

① 《解释(四)意见稿》第五条(未形成有效决议)第(三)(四)项规定:“(三)决议上的部分签名系伪造,且被伪造签名的股东或者董事不予认可;另一种观点:决议上的部分签名系伪造,且被伪造签名的股东或者董事不予认可,在去除伪造签名后通过比例不符合公司法或者公司章程的规定;(四)决议内容超越股东会或者股东大会、董事会的职权。”

（四）明确决议程序轻微瑕疵时的处理

《公司法司法解释（四）》第四条规定："股东请求撤销股东会或者股东大会、董事会决议，符合公司法第二十二条第二款规定的，人民法院应当予以支持，但会议召集程序或者表决方式仅有轻微瑕疵，且对决议未产生实质影响的，人民法院不予支持。"本条是对决议程序轻微瑕疵，且对决议未产生实质影响的情形的处理，即法院不予支持撤销。其背后的逻辑在于，由于未对决议产生实质影响，因此也对原告的利益没有产生实质影响，导致原告并不存在撤销决议的诉益。

（五）删除了征求意见稿的部分条款

1. 删除有关决议无效和决议撤销的事由的规定

在《解释（四）意见稿》中，第六条、第七条分别对决议无效事由和决议撤销事由进行了明确，但正式稿删除了有关决议无效事由和决议撤销事由的规定，其主要的理由在于《公司法》及其他法律、法规已有原则规定，在司法解释中予以重复规定应无必要。概述如下：

（1）就决议无效事由，《解释（四）意见稿》第六条规定："股东会或者股东大会、董事会决议存在下列情形之一的，应当认定无效：（一）股东滥用股东权利通过决议损害公司或者其他股东的利益；（二）决议过度分配利润、进行重大不当关联交易等导致公司债权人的利益受到损害；（三）决议内容违反法律、行政法规强制性规定的其他情形。"首先，针对第（一）项规定的情形，《公司法》已在第二十条、第一百四十九条、第一百五十一条、第一百五十二条等多处进行了规制，根据《公司法》第二十二条第一款"公司股东会或者股东大会、董事会的决议内容违反法律、行政法规的无效"的规定已经可以推知，无另做明确解释；出现该种情形时，公司和相关股东也完全可以依据上述条款提起诉讼，维护自身合法权益；此外，《公司法》第二十条的规定更为广泛，足以保护公司和股东的相关利益。其次，针对第（二）项规定的情形，其中的"重大不当关联交易"已经在《公司法》第二十一条中进行了规制。对于"过度分配利润"，存在两个方面的问题：一是何谓"过度分配利润"并不明确。因为根据《公司法》第一百六十六条以及会计法规的规定，公司利润分配不得超过未分配利润。"过度分配利润"是指超未分配利润进行分配，还是指在《公司法》第一百六十六条第五款所指的"未弥补亏损和提取法定公积金之前向股东分配利润"或是不符合公司经营现状而分配（比如严重亏损而分配利润）；二是从法律责任来看，《公司法》第一百六十六条第五款仅规定："股东会、股东大会或者董事会违反前款规定,在公司弥补亏损和提取法定公积金之前向股东分配利润的,股东必须将违反规定分配的利润退还公司。”尽管该规定并没有明确约定出现超留存收益分配时的法律责任,但出现超未分配利润分配时亦可依其精神参照执行。最后,如果将前述两项都删除的话,保留第(三)项并无价值。不如将本条整体修改为“决议内容违反法律、行政法规强制性规定的无效”,这也与《公司法》第二十二条“决议内容违反法律、行政法规的无效”的规定的立法本意和精神相吻合。

(2)就决议撤销事由,《解释(四)意见稿》第七条规定:“公司法第二十二条第二款所称的‘召集程序’和‘表决方式’,包括股东会或者股东大会、董事会会议的通知、股权登记、提案和议程的确定、主持、投票、计票、表决结果的宣布、决议的形成、会议记录及签署等事项。修改公司章程的有效决议不属于公司法第二十二条第二款所规定的‘决议内容违反公司章程’。”本条规定实质对《公司法》第二十二条第二款所称的“召集程序”和“表决方式”进行了具体的解释。该规定应是借鉴了上市公司的一些规定,对“召集程序”和“表决方式”的具体内容予以列举,但该列举似乎过于宽泛,甚至包括“会议记录”等事项,尽管对于上市公司而言,这是必备文件,但对于其他公司则并非如此。鉴于此,正式稿删除了该条规定,将有关具体情形的认定留给司法个案确定。

2. 删除事后同意决议条款

《解释(四)意见稿》第八条规定:“股东起诉请求撤销股东会或者股东大会、董事会决议,公司有证据证明存在下列情形之一的,应当驳回诉讼请求:(一)决议作出后,股东明确表示同意决议内容;(二)决议作出后,股东以自己的行为明确表示接受决议内容;(三)作出新的决议,实质认可股东诉讼请求的内容。”笔者认为本条规定显属必然之义,因为这是因股东的明示[第(一)项]或默示[第(二)项]表示对决议的认可或者公司作出新决议,对诉讼请求的内容予以实质认可。因此,没有必要在司法解释中予以明确规定,故正式稿删除了该规定。

3. 删除了“原告诉请与法院认定不一致时,法院如何处理”条款

《解释(四)意见稿》第九条规定:“原告起诉请求确认股东会或者股东大会、董事会决议不存在、未形成有效决议、决议无效或者撤销决议,与人民法院根据案件事实作出的认定不一致的,应当直接作出判决。另一种观点:原告起诉请求确认股东会或者股东大会、董事会决议不存在、未形成有效决议、决议无效或者撤销决议,与人民法院根据案件事实依法认定的决议效力情形不一致的,应当告知原告可以变更诉讼请求。原告不变更的,应当驳回诉讼请求。”笔者认为,由于《解释(四)意见稿》整体上采用了“四分法”理论,因此本条的规定就显得有其必要性。即在“决

议无效”“决议不存在”“未形成有效决议”及“决议撤销”分类上，原告主张与法院认定出现不一致时，法院该如何处理的问题。但正如前述，由于《公司法》仅采用“决议无效”和“决议撤销”的“两分法”理论，由于这两者的原告范围存在显著差异，实践中出现认定不一致的可能性并不大，因此该条规定的价值可能并不大。此外，就本条本身而言，笔者赞同另一种观点，理由在于应给予原告变更诉讼请求的权利，以尽力保护其诉讼权利和利益，但似乎将“驳回诉讼请求”改为“直接作出判决”为宜。

在《公司法司法解释（四）》中由于采用了“决议无效”“决议不成立”及“决议撤销”的“三分法”，并且第一条、第二条对原告的范围进行了明确约定，一般不会出现认定不一致的情况，没有必要专门来进行约定，可以直接依据《民事诉讼法》的规定直接作出判决，因此删除了上述条款规定。

4. 删除了“行为保全”的规定

《解释（四）意见稿》第十条规定：“股东会或者股东大会、董事会决议存在实施后不能恢复原状或者使当事人、利害关系人的合法权益受到难以弥补的损害等情形的，可以依据原告的申请禁止实施有关决议。人民法院采取前款规定的行为保全措施，可以根据公司的申请或者依职权责令原告提供相应担保。原告提供相应担保的，应当禁止实施有关决议。人民法院经审查认为，原告的申请存在恶意干扰或拖延决议实施情形的，应当驳回申请。”本条实质是借鉴了民事诉讼法有关行为保全的规定，符合司法实践的需要，有其必要。但存在如下一些细微的问题：首先，似乎应将“禁止实施有关决议”修改为“中止实施有关决议”。理由在于，民事诉讼法规定行为保全的本意应是中止实施有关决议。待法院审查完毕，如决议不存在无效或撤销的情形，则应允许公司继续实施；其次，第二款规定和第三款规定存在冲突。第二款规定“原告提供相应担保的，应当禁止实施有关决议”。而第三款规定“原告的申请存在恶意干扰或拖延决议实施情形的，应当驳回申请”。因此，如果原告存在恶意干扰或拖延决议实施情形的，即使其提供相应担保的，也不“应当禁止实施有关决议。”实质应该是，将第二款修订为“原告提供相应担保的，可以中止实施有关决议。原告不提供相应担保的，裁定驳回申请”。

从上述讨论可以看出，这一规定实质在《民事诉讼法》中已经有相关的行为保全的规定，并无必要单独予以明确，所以正式稿删除了该规定。

5. 删除了“一人有限公司和国有独资企业的参照适用”的规定

《解释（四）意见稿》第十二条规定：“人民法院审理因一人有限责任公司依据公司法第六十一条作出的决定、国有资产监督管理机构依据公司法第六十六条行使股东会职权作出的决定效力发生争议的案件,可以参照适用本规定第一条至第十一条有关规定。”这一规定显然是因为一人有限责任公司和国有独资公司本身不设立股东会的原因而专门予以明确参照适用。

但根据《公司法》第五十七条第一款的规定:“一人有限责任公司的设立和组织机构,适用本节规定;本节没有规定的,适用本章第一节、第二节的规定。”第六十四条第一款规定:“国有独资公司的设立和组织机构,适用本节规定;本节没有规定的,适用本章第一节、第二节的规定。”而本章第二节是有关有限责任公司“组织机构”的规定。此外,结合《公司法》第二十二条位于“总则”部分,因此,司法解释没有必要专门予以规定参照适用,因为《公司法》已经予以了明确。

(六)公司决议效力诉讼的期间

对于公司决议存在内容瑕疵而提起的确认决议无效之诉,只要未超过法律关于诉讼时效的规定,法院都应当予以受理。而基于公司决议存在程序瑕疵而提起的撤销之诉,一般对提起诉讼的时间做出限制。我国《公司法》第二十二条规定的是“自决议作出之日起六十日内”提起诉讼。法律做出此规定是因为撤销权是形成权,如果长期不行使会导致股东会决议的效力长期处于不稳定的状态,不利于公司经营的安全与稳定。该期间为除斥期间,不适用诉讼时效的中断、终止和延长,在该期间内没有股东行使撤销权的,实体权利消灭。根据《最高人民法院关于适用〈中华人民共和国公司法〉若干问题的规定(一)》(以下简称《公司法司法解释(一)》)第三条的规定,“原告以公司法第二十二条第二款、第七十四条第二款规定事由,向人民法院提起诉讼时,超过公司法规定期限的,人民法院不予受理”。

三、对无效和撤销决议所涉及的其他法律关系的溯及力

公司瑕疵决议作出后,在履行决议事项过程中,往往会导致产生、变更或消灭其他法律关系,若该决议本身被认定为无效或被撤销的,如何处理其所影响到的其他法律关系?譬如,董事会通过决议,决定为其他公司提供担保,而该提供担保行为超越了公司章程规定的权限或限额,被股东诉至法院请求撤销,那么该担保行为的效力及法律后果如何?如果该决议被人民法院撤销后,公司对外担保行为因失去了法律基础而导致自始无效,那么根据《担保法》的有关规定,担保人有过错的,公司应当承担什么样的法律责任?公司承担了担保责任或赔偿责任后,对作出该超越权限的决议负有责任的董事应当如何承担赔偿责任?人民法院如何确定撤销决议的判决对其他法律关系的溯及力?

公司决议瑕疵诉讼的判决具有对世效力，判决不仅在当事人双方产生效力，其效力也及于第三人。对于判决的溯及力问题，在理论界存在较大争议。法院判决瑕疵决议无效或撤销后，最核心的难点在于如何确定判决的溯及力。对于无效决议而言，被人民法院确认无效后，自始即不具有法律效力。如判决有溯及力，则因履行该决议而涉及的其他法律关系是否应予以全部恢复？对于可撤销决议而言，被人民法院撤销后，同样是自始即不具有法律效力，但被撤销之前仍然是具有法律效力的，那么如判决有溯及力的情况下，对被撤销之前（即决议仍然有效时）所影响的其他法律关系是否同样要予以否定？显然，对如何判决瑕疵决议的溯及效力是一个需要慎重对待的问题。

《解释（四）意见稿》第十一条（判决的溯及力）规定："人民法院判决股东会或者股东大会、董事会决议不存在、未形成有效决议、决议无效或者撤销决议的，该决议自始没有法律约束力。"该条采用的观点是不区分判决决议的类型，一律归于自始没有法律约束力。但笔者认为，其一，对判决的溯及力应当根据公司决议瑕疵诉讼诉的种类不同而加以区别：对于因公司决议存在程序瑕疵而提起的撤销之诉因属于形成之诉，判决应当不具有溯及力，在公司决议撤销之前而产生的法律关系归于有效；对于因公司决议存在内容瑕疵而提起的无效之诉因属于确认之诉，判决应当具有溯及力，公司决议被确定无效之前而产生的法律关系归于无效。其二，是否赋予判决的溯及力应当考虑善意第三人的利益，对公司产生信赖并与之交易的善意第三人的利益应当得到保护。只要第三人是出于善意，判决的溯及力问题应当对其适用最为有利的模式。

基于上述考虑，《公司法司法解释（四）》第六条规定："股东会或者股东大会、董事会决议被人民法院判决确认无效或者撤销的，公司依据该决议与善意相对人形成的民事法律关系不受影响。"显然，司法解释遵从了"公司内外有别"的原则。公司决议不论效力如何，公司依据该决议与善意相对人之间形成的法律关系，不应受到影响，应予以优先保护。公司决议是公司的"内"，公司依据决议与第三人的法律关系是公司的"外"，公司不能因为"内"而影响到"外"，这是保护交易安全所必需的。本条规定与《民法总则》第八十五条规定相吻合。《民法总则》第八十五条规定，营利法人的权力机构、执行机构作出决议的会议召集程序、表决方式违反法律、行政法规、法人章程，或者决议内容违反法人章程的，营利法人的出资人可以请求人民法院撤销该决议，但是营利法人依据该决议与善意相对人形成的民事法律关系不受影响。

四、公司决议效力诉讼中的诉讼担保制度

公司决议效力诉讼中的诉讼担保制度有些类似于诉讼财产保全中的担保,都是为了避免股东滥用诉讼,损害他人利益而采取的预防措施。《公司法》第二十二条第三款规定:“股东依照前款规定提起诉讼的,人民法院可以应公司的请求,要求股东提供相应担保。”从法条来分析,这种诉讼担保不是必须提供的,而是由公司主体申请的担保。对于要求原告股东提供合理担保的条件,只有当作为被告的公司能够证明股东为恶意时才有权提供法院责令原告股东提供合理担保,法院才能裁定原告股东提供相当担保。“恶意”,是指并非追求股东正当利益,主观上明知会危害公司利益仍提起诉讼。如果原告股东出于恶意或重大过失而败诉,应承担对公司损害赔偿责任。当然,对于股东是否存在恶意,被告公司应当承担举证责任。

诉讼担保制度适用于撤销之诉,也适用于无效确认之诉。该制度的价值在于能够使原告股东提起诉讼时,会对利益损失的程度及担保的金额进行比较,从而做出理性的选择。另外,对于一些假借瑕疵之名而进行恶意诉讼的股东,尽可能地阻止了其行动,避免了诉讼资源的浪费。但是,该法条中没有说明担保的金额,这是需要加以解释的。担保的范围只限于公司可能发生的合理诉讼费用,而与争议项下的公司决议所涉及的标的额没有关系。

五、公司决议效力诉讼制度的几个疑难问题

尽管我国《公司法》第二十二条引入了公司决议效力诉讼制度,但在实践中,该制度依然存在一些适用疑难问题有待完善和解决。主要包括如下几点:

(一)对有特别利害关系的股东行使表决权所形成的不当决议,是否可成为瑕疵决议而撤销

我国《公司法》仅对一种情形排除了利害关系股东的表决权,即《公司法》第十六条规定:“公司为公司股东或者实际控制人提供担保的,必须经股东会或者股东大会决议。前款规定的股东或者受前款规定的实际控制人支配的股东,不得参加前款规定事项的表决。”结合整个公司法,似乎可以得出这样的结论:当违反第十六条的情形发生时,则构成股东大会表决方式违反法律规定,成为决议可撤销的理由;而在其他情形下,即使发生利害关系股东行使表决权形成不当决议,也不构成决议撤销的理由。显然,这是一个立法上的欠缺。笔者认为,法律应明确排除特别

利害关系股东的表决权,至于利害关系的认定可交由章程规定。

(二)撤销之诉滥用的防止

1. 裁量驳回制度

当撤销权人向法院提起撤销之诉时,法院可以权衡决议瑕疵与决议所生利益之利弊,对撤销请求予以驳回。这就是裁量驳回制度。有学者认为,我国《公司法》未引入裁量驳回制度,《公司法》第二十二条在适用上会过于刚性,从而影响公司法律关系的稳定,可通过司法解释弥补公司立法上的不足。笔者认为,我国目前不适合赋予法院如此大的裁量权,通过担保制度来防止滥诉足矣。

2. 诉讼担保制度

与日本、韩国相比,我国《公司法》第二十二条的诉讼担保制度有两点不同:一是没有规定行使撤销权的股东系董事或监事时,免除担保义务;二是没有将提起撤销之诉为恶意作为提出担保请求的前提。对本条的解释和适用,应作两方面的思考:一是法院判断和决定是否要求股东提供担保时,应要求被告公司举证证明股东提起撤销之诉存在恶意;二是股东胜诉情形下,对于股东因诉讼而支付的合理费用,应当由公司或者对瑕疵决议负有责任的人承担。

3. 股东异议制度

我国公司法对于行使撤销权的股东并无任何限制,在解释上是否应借鉴国外立法和司法经验,认为应当以出席会议的股东当场表示异议为前提?笔者认为,可以借鉴,但应有限制。即要求股东当场表示异议应仅限于对该股东自己程序上的瑕疵,股东出席股东会并在决议时没有表示异议的,视为瑕疵得到治愈,该股东不得反悔而于事后提出撤销主张。

(三)和解

一般认为,由于股东会决议瑕疵诉讼关系着各方面的利益,一旦提起即不得和解,否则容易导致原告与公司合谋损害第三者利益的情况。但我国公司法对于不得和解没有明文规定,应在司法解释中予以补充。

下面我们以三个最高人民法院公报案例和指导案例来结束本专题的讨论。

案例84 南京安盛财务顾问有限公司诉祝鹏股东会决议罚款纠纷案①
——股东会在没有明确标准、幅度的情况下处罚股东的决议无效

【裁判摘要】

公司章程关于股东会对股东处以罚款的规定,系公司全体股东所预设的对违反公司章程股东的一种制裁措施,符合公司的整体利益,体现了有限公司的人合性特征,不违反公司法的禁止性规定,应合法有效。但公司章程在赋予股东会对股东处以罚款职权时,应明确规定罚款的标准、幅度,股东会在没有明确标准、幅度的情况下处罚股东,属法定依据不足,相应决议无效。

【案情介绍】

原告(反诉被告):南京安盛财务顾问有限公司

被告(反诉原告):祝鹏

南京安盛财务顾问有限公司(以下简称安盛公司)因与祝鹏发生股东会决议罚款纠纷,向江苏省南京市鼓楼区人民法院提起诉讼。

原告安盛公司诉称:被告祝鹏原系安盛公司的股东,并在公司审核岗位从事审核会计工作。2008年7月23日,祝鹏向安盛公司提出辞职申请,同月24日下午办完了交接手续,同月25日双方解除了劳动关系。经查,祝鹏在公司经营过程中,存有严重地违反公司章程规定的行为,具体表现为:(1)祝鹏作为新股东,不满三年即离开公司;(2)祝鹏具有主观故意侵占或损害公司利益、利用在公司的地位和职权为自己牟私利、违反公司同业禁止约定的行为。鉴于上述,安盛公司为维护公司正常的经营管理秩序,于2009年1月5日依法律及公司章程规定召开股东会,并依据公司章程之规定,经全体股东表决一致通过对祝鹏处以50,000元罚款的股东会决议。该决议作出后,安盛公司多次要求祝鹏履行决议,均被祝鹏拒绝。故诉至法院请求判令祝鹏立即给付安盛公司罚款人民币50,000元。审理中,安盛公司将诉讼请求变更为要求祝鹏立即给付安盛公司人民币25,893元。

被告祝鹏辩称、诉称:原告安盛公司曾于2009年7月以劳动争议纠纷起诉祝鹏,后经法院审理双方以调解方式一次性了结纠纷,现安盛公司诉讼的主要事实与劳动争议纠纷案件一致,属重复诉讼,违反了一事不再理原则,应予裁定驳回。安盛公司2009年1月5日作出的对祝鹏处以50,000元罚款的股东会决议,缺乏事实与规范依据,且内容、目的违法,对祝鹏不具有法律约束力,安盛公司据此股东会决议要求祝鹏给付25,893元不能成立,亦应驳回。公司与股东是平等的民事主

① 本案例来源于《最高人民法院公报》2012年第10期。

体,安盛公司通过股东会决议形式对祝鹃处以罚款,不仅违反了民事主体平等原则,也侵害了祝鹃的财产权,故反诉要求确认安盛公司2009年1月5日所作股东会决议中关于罚款内容部分无效。

原告安盛公司针对反诉辩称:安盛公司的公司章程中明确载明了股东会可对股东处以罚款,安盛公司根据公司章程的记载对被告祝鹃处以罚款具有事实依据,不违反法律、行政法规的强制性规定,应属有效决议。请求法院驳回祝鹃的反诉请求。

江苏省南京市鼓楼区人民法院一审查明:

原告安盛公司成立于2002年11月18日,注册资本180万元。2004年8月,被告祝鹃成为安盛公司员工,在审核岗位从事审核会计工作。2006年1月1日,祝鹃向安盛公司出资2万元,占注册资本的1.11%,安盛公司据此向祝鹃出具了股权证书。2007年1月1日,安盛公司对公司章程进行了修订,修订后的公司章程将祝鹃记载为股东。公司章程第十四条载明:安盛股份实行"股东身份必须首先是员工身份"的原则。第十六条载明:新加入的股东若三年内离开公司,其股份由公司强行回购,回购价格按上年(自总经理批准离职之日起算)账面每股净资产扣除约定风险金比例后的余额确定,回购款项的支付时间为年度股东大会通过利润分配方案以后90日内。第三十六条载明:股东退出分为自愿退出和强制退出。任何股东有下列行为之一出现时,必须全部转让其在公司的股份,由股东会强制取消其股东身份:(一)主观故意侵占或损害公司利益者;(二)利用在公司的地位和职权为自己牟私利者;(三)利用职权收受贿赂或者其他非法收入者;(四)私自动用公司资金或者将公司资金借贷给他人或者用本公司资产为个人债务提供担保者;(五)不按本章程的议事规则和国家有关法律、法规解决股东间有关公司发展和公司治理的分歧,而采取非法手段者;(六)违反公司同业禁止约定者;(七)受公司除名处分者;(八)其他有损公司利益,董事会决议强制退出者。此种情况下转让股份的价值按当时公司账面净值折算后扣除给公司造成的损失及股东会决议的罚款后的余额计算。祝鹃作为股东在上述公司章程上进行了签名,但该章程中未明确记载罚款的标准及幅度。

2008年12月31日,原告安盛公司的董事会以群发短信形式通知公司股东(含被告祝鹃),决定于2009年1月5日下午17:00在公司会议室召开临时股东会。2009年1月5日,安盛公司如期召开股东会,并形成关于对祝鹃股份处置和违反公司公章处理决定的股东会决议。决议载明:祝鹃股东身份在公司不满三年即离职,经调查发现,祝鹃在职期间以个人名义为曾与公司存有业务关系的南京瑞派尔机电工程有限公司(以下简称瑞派尔公司)、南京帝涛科技实业有限公司(以下简称帝涛公司)、南京茂研科技有限公司(以下简称茂研公司)提供私下服务,利用职务之便为与公司没有任何服务协议的南京乐安保险代理有限公司(以下简称乐安公司)等企业提供过相同类型的服务业务,根据公司章程第十四条、第十六条、第三十六条第(一)项、第(二)项、第(六)项及第二款之规定,决定如下:1. 由公司强行回购祝鹃在公司的全部股份。2. 对祝鹃处以人民币50,000元的罚款;公司应付回购股份的金额(股本和红利)24,107元抵减罚款,不足25,893元由祝鹃于2009年2月28日前将款项送达本公司财务;如果祝鹃在2009年2月28日前已认识到自己的问题,希望通过和谈解决,股东会授权董事会进行协商减轻处罚,但最低罚款不得低于24,107元,否则公司将通过法律途径追诉。3. 公司保留对祝鹃给公司造成损失的追偿权利。出席会议的毛友俊等13位股东在同意股东签字一栏进行了签名。嗣后,安盛公司将上述股东会决议以特快专递方式邮寄给了祝鹃。

原告在庭审中证明了被告有违反公司章程约定的行为和事项。

本案一审的争议焦点是:2009年1月5日,原告安盛公司临时股东会对被告祝鹃罚款5万元的决议内容是否有效。

江苏省南京市鼓楼区人民法院一审认为:

一、有限公司的股东会无权对股东处以罚款,除非公司章程另有约定

《中华人民共和国公司法》(以下简称《公司法》)第三十七条规定,有限责任公司股东会由全体股东组成,股东会是公司的权力机构,依照本法行使职权。第三十八条规定,股东会行使下列职权:(一)决定公司的经营方针和投资计划;(二)选举和更换非由职工代表担任的董事、监事,决定有关董事、监事的报酬事项:……(十)修改公司章程;(十一)公司章程规定的其他职权。由上可见,有限公司的股东会作为权力机构,其依法对公司事项所作出决议或决定是代表公司的行为,对公司具有法律约束力。股东履行出资义务后,其与公司之间是平等的民事主体,相互之间具有独立的人格,不存在管理与被管理的关系,公司的股东会原则上无权对股东施以任何处罚。这从《公司法》第三十八条第(一)项至第(十)项所规定的股东会职权中并不包含对股东处以罚款的内容中亦能得到体现。因此,在公司章程未作另行约定的情况下,有限公司的股东会并无对股东处以罚款的法定职权,如股东会据此对股东作出处以罚款的决议,则属超越法定职权,决议无效。

《公司法》第十一条规定,设立公司必须依法制定公司章程。公司章程对公司、股东、董事、监事、高级管理人员具有约束力。第二十条规定,公司股东应当遵守法律、行政法规和公司章程,依法行使股东权利。由此可见,公司章程是公司自治的

载体,既赋予股东权利,亦使股东承担义务,是股东在公司的行为准则,股东必须遵守公司章程的规定。在本案中,原告安盛公司章程第三十六条虽主要是关于取消股东身份的规定,但该条第二款明确记载有“股东会决议罚款”,根据章程本身所使用的文义进行解释,能够得出在出现该条第一款所列的八种情形下,安盛公司的股东会可以对当事股东进行罚款。鉴于上述约定是安盛公司的全体股东所预设的对违反公司章程股东的一种制裁措施,符合公司的整体利益,体现了有限公司的人合性特征,不违反公司法的禁止性规定,被告祝鹃亦在章程上签字予以认可,故包括祝鹃在内的所有股东都应当遵守。据此,安盛公司的股东会依照《公司法》第三十八条第(十一)项之规定,享有对违反公司章程的股东处以罚款的职权。

二、有限公司的公司章程在赋予股东会对股东处以罚款职权的同时,应明确规定罚款的标准和幅度,股东会在没有明确标准和幅度的情况下处罚股东,属法定依据不足,相应决议无效

被告祝鹃在原告安盛公司和瑞派尔公司委托记账合同关系停止后,仍作为瑞派尔公司的经办人向税务部门申请取消一般纳税人资格业务,该行为属于《安盛同业禁止规定》第一条及公司章程第三十六条第一款第(六)项的约定范畴,应认定祝鹃违反了公司章程,安盛公司股东会可以对祝鹃处以罚款。本案中,安盛公司在修订公司章程时,虽规定了股东在出现第三十六条第一款的八种情形时,股东会有权对股东处以罚款,但却未在公司章程中明确记载罚款的标准及幅度,使祝鹃对违反公司章程行为的后果无法做出事先预料,况且,安盛公司实行“股东身份必须首先是员工身份”的原则,而《安盛员工手册》的《奖惩条例》第七条所规定的五种处罚种类中,最高的罚款数额仅为2000元,而安盛公司股东会对祝鹃处以5万元的罚款已明显超出了祝鹃的可预见范围。故安盛公司临时股东会所作出对祝鹃罚款的决议明显属法定依据不足,应认定为无效。

三、原告安盛公司提起本案诉讼不属重复诉讼

原告安盛公司章程第三十六条第二款规定,此种情况下转让股份的价值按当时公司账面净值折算后扣除给公司造成的损失及股东会决议的罚款后的余额计算。这表明,当股东出现第一款所列的八种情形时,安盛公司既可要求当事股东承担赔偿损失的民事责任,又可对当事股东进行纯惩罚性制裁。安盛公司在此前提起劳动争议纠纷时,所提供的主要证据材料虽与本案基本一致,但两案的具体诉讼请求并不相同,且相互不能替代或涵盖,因此,安盛公司提起本案诉讼,并不违反一事不再理的民事诉讼原则。被告祝鹃关于本案属重复诉讼,应裁定驳回起诉的抗辩意见,无法律依据,不予采纳。

综上所述,被告祝鹃要求确认2009年1月5日安盛公司临时股东会罚款决议内容无效的反诉请求,予以支持。原告安盛公司基于上述无效决议内容要求祝鹃支付25,893元的诉讼请求,没有法律依据,不予支持。

一审宣判后,双方当事人在法定期间内均未提出上诉,一审判决已经发生法律效力。

案例85　张艳娟诉江苏万华工贸发展有限公司、万华、吴亮亮、毛建伟股权纠纷案[①]——实际控制公司的股东虚构的公司股东会议及其决议无效

【裁判摘要】

一、有限责任公司召开股东会议并作出会议决议,应当依照法律及公司章程的相关规定进行。未经依法召开股东会议并作出会议决议,而是由实际控制公司的股东虚构公司股东会议及其会议决议的,即使该股东实际享有公司绝大多数的股份及相应的表决权,其个人决策亦不能代替股东会决议的效力。在此情况下,其他股东申请确认虚构的股东会议及其决议无效的,人民法院应当支持。

二、修订后的《公司法》第二十二条关于"股东会或者股东大会、董事会的会议召集程序、表决方式违反法律、行政法规或者公司章程,或者决议内容违反公司章程的,股东可以自决议作出之日起60日内,请求人民法院撤销"的规定,是针对实际召开的公司股东会议及其作出的会议决议作出的规定,即在此情况下股东必须在股东会决议作出之日起六十日内请求人民法院撤销,逾期则不予支持。而对于上述虚构的股东会议及其决议,只要其他股东在知道或者应当知道自己的股东权利被侵犯后,在法律规定的诉讼时效内提起诉讼,人民法院即应依法受理,不受修订后《公司法》第二十二条关于股东申请撤销股东会决议的六十日期限的规定限制。

【案情介绍】

原告:张艳娟

被告:江苏万华工贸发展有限公司、万华、吴亮亮、毛建伟

原告张艳娟因与被告江苏万华工贸发展有限公司(以下简称万华工贸公司)、万华、吴亮亮、毛建伟发生股东权纠纷,向江苏省南京市玄武区人民法院提起诉讼。

原告张艳娟诉称:被告万华工贸公司成立于1995年,注册资本为106万元,发起人为被告万华(原告的丈夫)、原告张艳娟及另外两名股东朱玉前、沈龙。其中万

① 本案例来源于《最高人民法院公报》2007年第9期。

华出资100万元,张艳娟等三名股东各出资2万元。2006年6月,原告因故查询工商登记时发现万华工贸公司的股东、法定代表人均已于2004年4月发生了变更,原告及朱玉前、沈龙都已不再是该公司股东,原告的股权已经转让给了被告毛建伟,万华也将其100万元出资中的80万元所对应的公司股权转让给了被告吴亮亮,公司法定代表人由万华变更为吴亮亮。万华工贸公司做出上述变更的依据是2004年4月6日召开的万华工贸公司股东会会议决议,但原告作为该公司股东,从未被通知参加该次股东会议,从未转让自己的股权,也未见到过该次会议的决议。该次股东会议决议以及出资转让协议中原告的签名并非原告本人书写。因此,原告认为该次股东会议实际并未召开,会议决议及出资转让协议均属虚假无效,侵犯了原告的合法股东权益。原告既没有转让过自己的股权,也不同意万华向公司股东以外的人转让股权。万华系原告的丈夫,却与吴亮亮同居,二人间的股权转让实为转移夫妻共同财产,并无真实的交易。万华与吴亮亮之间的股权转让行为也违反了万华工贸公司章程中关于"股东不得向股东之外的人转让股权"的规定,并且未依照万华工贸公司章程告知其他股东,未征得其他股东的同意。故原告请求法院确认所谓的2004年4月6日万华工贸公司股东会决议无效,确认原告与毛建伟之间的股权转让协议无效,确认万华与吴亮亮之间的股权转让协议无效,或者撤销上述股东会议决议和股权转让协议。

被告万华工贸公司辩称:万华工贸公司于2004年4月6日通过的股东会决议内容并无违反法律之处,万华工贸公司原股东朱玉前、沈龙均知道该次股东会决议内容及股权转让的事实,因而该决议是合法有效的。原告张艳娟认为其本人未收到会议通知,没有参加该次股东会议,即便其主张成立,也只能说明2004年4月6日的万华工贸公司股东会会议程序不符合法律和该公司章程的规定。修订后的《中华人民共和国公司法》(以下简称《公司法》)第二十二条规定,股东会或者股东大会、董事会的会议召集程序、表决方式违反法律、行政法规或者公司章程,或者决议内容违反公司章程的,股东可以自决议作出之日起60日内,请求人民法院撤销。原告起诉时已超过申请撤销决议的60天法定期限,故2004年4月6日的万华工贸公司股东会决议已然生效。原告无权否定该次股东会决议的效力。此外,原告不是本案的适格原告,因为2004年4月6日原告的全部股权已转让给了被告毛建伟,原告已不再具有股东资格,故无权提起本案诉讼。请求法院驳回原告的诉讼请求。

被告万华辩称:万华工贸公司于2004年4月6日召开的股东会是合法的,本人享有万华工贸公司的全部表决权,经本人表决同意的股东会决议应为有效。本人将 80 万元个人出资对应的公司股权转让给被告吴亮亮,征得了公司所有股东的同意,该转让行为也是有效的。原告张艳娟诉称其未参加股东会、也未在相应文件中签字属实,但因本人与原告系夫妻关系,财产是混同的,且双方曾约定公司股权归本人所有,因此本人代原告参加股东会并在股东会决议和股权转让协议中代为签字,均是合法有效的。自 2004 年 4 月 6 日起原告已不再是万华工贸公司股东,其无权提起本案诉讼。

被告吴亮亮辩称:本人作为股权的受让方不应当成为本案的被告,其受让股权的程序是合法的。原告张艳娟与被告万华系夫妻关系,本人有理由相信万华可以代表原告作出放弃对于万华股权的优先购买权的表示。即便原告没有授权万华表达放弃优先购买权的意思,本人作为善意购买人,其合法权益亦应受到保护。原告与万华之间的夫妻矛盾应依据婚姻法进行处理,与本人无关。万华工贸公司 2004 年 4 月 6 日股东会决议和出资转让协议均应认定为有效。本人受让股权并被选任为万华工贸公司董事长已经两年多,该公司经营正常,在此期间原告从未提出过股东会决议违法或侵权等主张。2004 年 4 月 6 日本人以 80 万元对价购买了万华在万华工贸公司的部分股权,现原告或万华如以同样的价格受让,本人同意将股权再转让给原告或万华。

被告毛建伟辩称:被告万华工贸公司曾借用过本人的身份证,但本人根本不知道自己已经受让了原告张艳娟等人在万华工贸公司的股权,从未参加过 2004 年 4 月 6 日的万华工贸公司股东会,也不认识该公司股东沈龙、朱玉前等人。万华工贸公司章程、2004 年 4 月 6 日的股东会决议及股权转让协议中的毛建伟签名也非本人所签。

南京市玄武区人民法院一审查明:

被告万华工贸公司成立于 1995 年 12 月 21 日,发起人为被告万华、原告张艳娟和其他两名股东朱玉前、沈龙,注册资本为 106 万元,其中万华出资 100 万元,朱玉前、沈龙、张艳娟各出资 2 万元。1995 年 11 月 23 日,万华、朱玉前、沈龙、张艳娟签订了万华工贸公司章程,该章程规定:公司股东不得向股东以外的人转让其股权,只能在股东内部相互转让,但必须经全体股东同意;股东有权优先购买其他股东转让的股权;股东会由股东按照出资比例行使表决权,每 10 万元为一个表决权;股东会议分为定期会议和临时会议,并应于会议召开五日前通知全体股东;定期股东会议应一个月召开一次;股东出席股东会议也可书面委托他人参加,行使委托书载明的权力;股东会议应当对所议事项作出决议,决议应当由代表二分之一以上表决权的股东表决通过;股东会对公司增加或减少注册资本、股东转让股权及公司的合并、分立、变更公司形式、解散、清算等事项作出的决议,应由代表三分之二以上表决权的股东表决通过;股东会议应当对所议事项的决定做出会议记录,出席会议的股东应当在会议记录上签名,等等。

被告万华工贸公司成立后,由被告万华负责公司的经营管理。

2004年4月12日,被告万华工贸公司向公司登记机关申请变更登记,具体事项为:(1)将公司名称变更为江苏办公伙伴贸易发展有限公司(以下简称伙伴贸易公司);(2)法定代表人变更为被告吴亮亮,股东变更为被告万华、吴亮亮、毛建伟及股东邢小英四人;(3)变更了公司章程的部分内容。

另查明,原告张艳娟与被告万华于1988年结婚,现为夫妻。

本案的争议焦点问题是:(1)被告万华工贸公司于2004年4月6日作出的股东会决议以及涉案股权转让协议是否有效;(2)原告张艳娟对上述股东会决议和股权转让协议申请确认无效或者申请撤销,应否支持。

南京市玄武区人民法院一审认为:

有限责任公司的股东会议,应当由符合法律规定的召集人依照法律或公司章程规定的程序,召集全体股东出席,并由符合法律规定的主持人主持会议。股东会议需要对相关事项作出决议时,应由股东依照法律、公司章程规定的议事方式、表决程序进行议决,达到法律、公司章程规定的表决权比例时方可形成股东会决议。有限责任公司通过股东会对变更公司章程内容、决定股权转让等事项作出决议,其实质是公司股东通过参加股东会议行使股东权利、决定变更其自身与公司的民事法律关系的过程,因此公司股东实际参与股东会议并作出真实意思表示,是股东会议及其决议有效的必要条件。在本案中,虽然被告万华享有被告万华工贸公司的绝对多数的表决权,但并不意味着万华个人利用控制公司的便利作出的个人决策过程就等同于召开了公司股东会议,也不意味着万华个人的意志即可代替股东会决议的效力。根据本案事实,不能认定2004年4月6日万华工贸公司实际召开了股东会,更不能认定就该次会议形成了真实有效的股东会决议。万华工贸公司据以决定办理公司变更登记、股权转让等事项的所谓"股东会决议",是当时该公司的控制人万华所虚构,实际上并不存在,因而当然不能产生法律效力。

被告万华工贸公司、万华、吴亮亮主张原告张艳娟的起诉超过了修订后《公司法》第二十二条规定的申请撤销股东会决议的期限,故其诉讼请求不应支持。对此法院认为,本案发生于公司法修订前,应当适用当时的法律规定。鉴于修订后的《公司法》第二十二条规定股东可以对股东会决议提起确认无效之诉或者申请撤销之诉,而修订前的公司法未对相关问题作出明确规定,因此根据《最高人民法院关于适用〈中华人民共和国公司法〉若干问题的规定(一)》第二条的规定,本案可以参照适用修订后公司法第二十二条的规定。但是,修订后《公司法》第二十二条关于"股东会或者股东大会、董事会的会议召集程序、表决方式违反法律、行政法规或者公司章程,或者决议内容违反公司章程的,股东可以自决议作出之日起六十日内,请求人民法院撤销"的规定,是针对实际召开的公司股东会议及其作出的会议决议作出的规定,即在此情况下股东必须在股东会决议作出之日起六十日内请求人民法院撤销,逾期则不予支持。而在本案中,2004 年 4 月 6 日的万华工贸公司股东会及其决议实际上并不存在,只要原告在知道或者应当知道自己的股东权利被侵犯后,在法律规定的诉讼时效内提起诉讼,人民法院即应依法受理,不受修订后《公司法》第二十二条关于股东申请撤销股东会决议的 60 日期限的规定限制。

股东向其他股东或股东之外的其他人转让其股权,系股东(股权转让方)与股权受让方协商一致的民事合同行为,该合同成立的前提之一是合同双方具有转让、受让股权的真实意思表示。在本案中,不能认定原告张艳娟与被告毛建伟之间实际签署了股权转让协议,亦不能认定被告万华有权代理张艳娟转让股权,毛建伟既未实际支付受让张艳娟股权的对价,也没有受让张艳娟股权的意愿,甚至根本不知道自己已受让了张艳娟等人的股权,诉讼中也明确表示对此事实不予追认,因此该股权转让协议依法不能成立。据此,被告万华工贸公司、万华、吴亮亮关于张艳娟已非万华工贸公司股东,不能提起本案诉讼的主张不能成立,依法不予支持。

关于被告万华与吴亮亮签订的股权转让协议,根据修订前公司法及万华工贸公司章程的相关规定,股东向股东以外的人转让股权的,须经全体股东过半数同意。在本案中,万华向吴亮亮转让股权既未通知其他股东,更未经过全体股东过半数同意,因此该股权转让行为无效。

综上所述,南京市玄武区人民法院于 2007 年 4 月 2 日判决如下:一、2004 年 4 月 6 日的被告万华工贸公司股东会决议不成立。二、2004 年 4 月 6 日原告张艳娟与被告毛建伟的股权转让协议不成立。三、2004 年 4 月 6 日被告万华与被告吴亮亮签订的股权转让协议无效。

一审宣判后,各方当事人在法定期间内均未提出上诉,一审判决已发生法律效力。

【评析】

1.《公司法》第二十二条规定,公司股东会或者股东大会、董事会的决议内容违反法律、行政法规的无效。股东会或者股东大会、董事会的会议召集程序、表决方式违反法律、行政法规或者公司章程,或者决议内容违反公司章程的,股东可以自决议作出之日起六十日内,请求人民法院撤销。股东依照前款规定提起诉讼的,人民法院可以应公司的请求,要求股东提供相应担保。公司根据股东会或者股东大会、董事会决议已办理变更登记的,人民法院宣告该决议无效或者撤销该决议后,公司应当向公司登记机关申请撤变更登记。

南京市玄武区人民法院在本案中南阐明,在占有公司股份的大股东的个人表决不能代替股东会决议的效力的法律规则。认为:"有限责任公司召开股东会议并作出会议决议,应当依照法律及公司章程的相关规定进行。未经依法召开股东会议并作出会议决议,而是由实际控制公司的股东虚构公司股东会议及其会议决议的,即使该股东实际享有公司绝大多数的股份及相应的表决权,其个人决策亦不能代替股东会决议的效力。在此情况下,其他股东申请确认虚构的股东会议及其决议无效的,人民法院应当支持。"

2. 未实际召开的股东会议不适用《公司法》第二十二条第二款的规定。

《公司法》第二十二条第二款规定:"股东会或者股东大会、董事会的会议召集程序、表决方式违反法律、行政法规或者公司章程,或者决议内容违反公司章程的,股东可以自决议作出之日起六十日内,请求人民法院撤销。"

本案发生在2005年《公司法》修订前,应该适用1993年《公司法》的规定,然而1993年《公司法》并无相关规定,依据《最高人民法院关于适用〈中华人民共和国公司法〉若干问题的规定(一)》参照2005年《公司法》第二十二条的规定。

南京市玄武区人民法院阐明了对于虚构的股东会议及其决议,只要其他股东在知道或者应当知道自己的股东权利被侵犯后,在法律规定的诉讼时效内提起诉讼,人民法院即应依法受理,不受修订后《公司法》第二十二条关于股东申请撤销股东会决议的六十日期限的规定限制的法律规则。

案例86 李建军诉上海佳动力环保科技有限公司决议撤销纠纷案[①]

【裁判要点】

人民法院在审理公司决议撤销纠纷案件中应当审查:会议召集程序、表决方式是否违反法律、行政法规或者公司章程,以及决议内容是否违反公司章程。在未违反上述规定的前提下,解聘总经理职务的决议所依据的事实是否属实,理由是否成立,不属于司法审查范围。

---

① 《最高人民法院关于发布第三批指导性案例的通知》(2012年9月19日,法〔2012〕227号),指导案例第10号。

【基本案情】

原告李建军诉称:被告上海佳动力环保科技有限公司(以下简称佳动力公司)免除其总经理职务的决议所依据的事实和理由不成立,且董事会的召集程序、表决方式及决议内容均违反了公司法的规定,请求法院依法撤销该董事会决议。

被告佳动力公司辩称:董事会的召集程序、表决方式及决议内容均符合法律和章程的规定,故董事会决议有效。

法院经审理查明:

原告李建军系被告佳动力公司的股东,并担任总经理。佳动力公司股权结构为:葛永乐持股40%,李建军持股46%,王泰胜持股14%。三位股东共同组成董事会,由葛永乐担任董事长,另两人为董事。公司章程规定:董事会行使包括聘任或者解聘公司经理等职权;董事会须由三分之二以上的董事出席方才有效;董事会对所议事项作出的决定应由占全体股东三分之二以上的董事表决通过方才有效。2009年7月18日,佳动力公司董事长葛永乐召集并主持董事会,三位董事均出席,会议形成了"鉴于总经理李建军不经董事会同意私自动用公司资金在二级市场炒股,造成巨大损失,现免去其总经理职务,即日生效"等内容的决议。该决议由葛永乐、王泰胜及监事签名,李建军未在该决议上签名。

【裁判结果】

上海市黄浦区人民法院于2010年2月5日作出(2009)黄民二(商)初字第4569号民事判决:撤销被告佳动力公司于2009年7月18日形成的董事会决议。

宣判后,佳动力公司提出上诉。

上海市第二中级人民法院于2010年6月4日作出(2010)沪二中民四(商)终字第436号民事判决:一、撤销上海市黄浦区人民法院(2009)黄民二(商)初字第4569号民事判决;二、驳回李建军的诉讼请求。

【裁判理由】

法院生效裁判认为:根据《中华人民共和国公司法》第二十二条第二款的规定,董事会决议可撤销的事由包括:一、召集程序违反法律、行政法规或公司章程;二、表决方式违反法律、行政法规或公司章程;三、决议内容违反公司章程。从召集程序看,佳动力公司于2009年7月18日召开的董事会由董事长葛永乐召集,三位董事均出席董事会,该次董事会的召集程序未违反法律、行政法规或公司章程的规定。从表决方式看,根据佳动力公司章程规定,对所议事项作出的决定应由占全体股东三分之二以上的董事表决通过方才有效,上述董事会决议由三位股东(兼董事)中的两名表决通过,故在表决方式上未违反法律、行政法规或公司章程的规定。

从决议内容来看,佳动力公司章程规定董事会有权解聘公司经理,董事会决议内容中"总经理李建军不经董事会同意私自动用公司资金在二级市场炒股,造成巨大损失"的陈述,仅是董事会解聘李建军总经理职务的原因,而解聘李建军总经理职务的决议内容本身并不违反公司章程。

董事会决议解聘李建军总经理职务的原因如果不存在,并不导致董事会决议撤销。首先,公司法尊重公司自治,公司内部法律关系原则上由公司自治机制调整,司法机关原则上不介入公司内部事务;其次,佳动力公司的章程中未对董事会解聘公司经理的职权作出限制,并未规定董事会解聘公司经理必须要有一定原因,该章程内容未违反公司法的强制性规定,应认定有效,因此佳动力公司董事会可以行使公司章程赋予的权力作出解聘公司经理的决定。故法院应当尊重公司自治,无须审查佳动力公司董事会解聘公司经理的原因是否存在,即无须审查决议所依据的事实是否属实,理由是否成立。综上,原告李建军请求撤销董事会决议的诉讼请求不成立,依法予以驳回。

【评析】

在公司决议撤销纠纷中,法院应当依据《中华人民共和国公司法》第二十二条第二款规定进行审查,即审查会议召集程序、表决方式是否违反法律、行政法规或者公司章程,以及决议内容是否违反公司章程。该案例还明确,在未违反上述规定的前提下,解聘总经理职务的决议所依据的事实是否属实,理由是否成立,属于公司自治的范围,不属于司法审查内容。公司自治是现代公司法的灵魂,也是私法自治和市场经济的要求。公司自治精神的核心是要求法官尊重公司的商业判断,尊重公司、股东、董事依法作出的自主选择。只有当公司自治机制被滥用或失灵时,司法程序才能启动。

专题41 股东知情权纠纷

内容提示

股东基于自己的出资而享有参与公司经营管理的权利，这即是通常所称的“共益权”，其中股东知情权就是共益权之一。知情权是指股东作为公司的出资人享有的对公司章程、决议、经营计划、经营业绩、财务状况、投资方案等知悉事情的权利。知情权可以细分为：股东查阅、复制公司重要文件权，查阅会计账簿权、股东会知情权、特殊人员报酬知情权等。在实践中，因信息的不对称，股东知情权纠纷也越来越多。2017年8月28日，最高人民法院颁布了《最高人民法院关于适用〈中华人民共和国公司法〉若干问题的规定（四）》对股东知情权诉讼的相关问题进行了明确。专题包含如下内容：

- 《公司法》有关股东知情权的规定
- 有关股东知情权的司法实践
- 《公司法司法解释（四）》有关股东知情权的规定

一、《公司法》有关股东知情权的规定

股东知情权是指股东作为公司的出资人享有的对公司章程、决议、组织机构、主要人事安排、经营项目、经营计划、经营业绩、财务状况、投资方案等知悉事情的权利。知情权可以细分为：股东查阅、复制公司重要文件权，查阅会计账簿权、股东会知情权、特殊人员报酬知情权等。下面笔者将《公司法》有关股东知情权的规定总结如下表：

表 41－1　股东知情权

类型	股东权利	《公司法》条文
股东知情权	股东查阅、复制公司重要文件权、查阅会计账簿权	第 33 条　股东有权查阅、复制公司章程、股东会会议记录、董事会会议决议、监事会会议决议和财务会计报告。 股东可以要求查阅公司会计账簿。股东要求查阅公司会计账簿的，应当向公司提出书面请求，说明目的。公司有合理根据认为股东查阅会计账簿有不正当目的，可能损害公司合法利益的，可以拒绝提供查阅，并应当自股东提出书面请求之日起十五日内书面答复股东并说明理由。公司拒绝提供查阅的，股东可以请求人民法院要求公司提供查阅。 第 97 条　股东有权查阅公司章程、股东名册、公司债券存根、股东大会会议记录、董事会会议决议、监事会会议决议、财务会计报告，对公司的经营提出建议或者质询。 第 165 条　有限责任公司应当依照公司章程规定的期限将财务会计报告送交各股东。 股份有限公司的财务会计报告应当在召开股东大会年会的二十日前置备于本公司，供股东查阅；公开发行股票的股份有限公司必须公告其财务会计报告。
	股东会知情权	第 41 条　召开股东会会议，应当于会议召开十五日前通知全体股东；但是，公司章程另有规定或者全体股东另有约定的除外。 第 102 条　召开股东大会会议，应当将会议召开的时间、地点和审议的事项于会议召开二十日前通知各股东；临时股东大会应当于会议召开十五日前通知各股东；发行无记名股票的，应当于会议召开三十日前公告会议召开的时间、地点和审议事项。
	特殊人员报酬知情权	第 116 条　公司应当定期向股东披露董事、监事、高级管理人员从公司获得报酬的情况。

从上表可以看出，股东知情权主要集中在《公司法》的第三十三条和第九十七条。第三十三条规定有限责任公司的股东“有权查阅、复制公司章程、股东会会议记录、董事会会议决议、监事会会议决议和财务会计报告”，经书面申请还可要求查阅公司会计账簿；第九十七条规定股份有限公司的股东“有权查阅公司章程、股东名册、公司债券存根、股东大会会议记录、董事会会议决议、监事会会议决议、财务会计报告，对公司的经营提出建议或者质询”。

二、有关股东知情权的司法实践

尽管相比于 1993 年《公司法》，2005 年公司法的修订对股东知情权的保护力度更趋于强化，但最高人民法院前三部司法解释并未对股东知情权的保护做出进一步的指引，在司法实践中，也存在各地法院保护力度和范围参差不齐，主要表现在立案受理、保护范围和判决执行等方面。

首先，在立案受理阶段，存在的典型问题包括非股东、前股东是否有权提起知情权诉讼、股东立案时未提供要求查阅公司账簿的书面记录是否受理以及股东要求查阅公司记账凭证和原始凭证是否受理等。

其次,在保护范围方面,争议最大的是股东查阅公司会计账簿是否包括记账凭证和原始凭证的问题。由于公司法仅规定“股东可以要求查阅公司会计账簿”,但并未规定股东有权查阅会计凭证。从各法院的判决案例来看,部分法院(如北京、上海、浙江等)倾向于这样的立场,即股东无法查阅会计凭证就无法核实会计账簿的真伪,将使股东知情权流于形式;部分法院(如广东)则倾向于限制对对会计账簿的扩大解释,拒绝支持股东查阅会计凭证的诉求。但在“李淑君等诉江苏佳德置业发展有限公司股东知情权纠纷案”中,最高人民法院明确指出股东“查阅权行使的范围应当包括会计账簿(含总账、明细账、日记账和其他辅助性账簿)和会计凭证(含记账凭证、相关原始凭证及作为原始凭证附件入账备查的有关资料)”(具体案件介绍详见下文)。

最后,在判决执行方面,股东知情权诉讼很难真正的执行。由于提起股东知情权诉讼的主体往往是小股东或无法实际参与公司经营的股东,所以其尽管获得了胜诉,但往往难以得到执行。主要表现为判决不具有可执行性,执行时尺度不容易把握、公司提供部分非重点材料在形式上应付执行、股东是否有权指派律师、会计师等代理人查阅材料等。

案例87 李淑君等诉江苏佳德置业发展有限公司股东知情权纠纷案①

【裁判摘要】

股东知情权是指股东享有了解和掌握公司经营管理等重要信息的权利,是股东依法行使资产收益、参与重大决策和选择管理者等权利的重要基础。账簿查阅权是股东知情权的重要内容。《中华人民共和国公司法》第三十三条第二款规定:“股东可以要求查阅公司会计账簿。股东要求查阅公司会计账簿的,应当向公司提出书面请求,说明目的。公司有合理根据认为股东查阅会计账簿有不正当目的,可能损害公司合法利益的,可以拒绝提供查阅,并应当自股东提出书面请求之日起十五日内书面答复股东并说明理由。公司拒绝提供查阅的,股东可以请求人民法院要求公司提供查阅。”

股东要求查阅公司会计账簿,但公司怀疑股东查阅会计账簿的目的是为公司

① 本案例来源于《最高人民法院公报》2011年第8期。笔者根据2014年《公司法》进行了部分调整、精简。

涉及的其他案件的对方当事人收集证据，并以此为由拒绝提供查阅的，不属于上述规定中股东具有不正当目的、可能损害公司合法利益的情形。

【基本案情】

原告：李淑君、吴湘、孙杰、王国兴。

被告：江苏佳德置业发展有限公司。

原告李淑君、吴湘、孙杰、王国兴（以下统称李淑君等）因与被告江苏佳德置业发展有限公司（以下简称佳德公司）发生股东知情权纠纷，向江苏省宿迁市宿城区人民法院提起诉讼。

原告李淑君等诉称：四人为被告佳德公司合法股东。因佳德公司在经营形势大好的情况下却拖欠大量债务，四人作为股东对佳德公司情况无法知悉，故依法要求行使股东知情权，了解公司的实际情况，但佳德公司对此非法阻挠，严重侵犯了四人作为股东的合法权益。请求判令四人对佳德公司依法行使知情权，查阅、复制佳德公司的会计账簿、议事录、契约书、通信、纳税申报书等（含会计原始凭证、传票、电传、书信、电话记录、电文等）所有公司资料。

被告佳德公司辩称：佳德公司从未不同意四原告查阅、复制公司章程、股东会会议记录和财务会计报告，但鉴于四原告具有不正当目的，请求驳回其要求查阅、复制佳德公司会计账簿的诉讼请求。

江苏省宿迁市宿城区人民法院一审查明：

被告佳德公司是成立于2003年10月15日的从事房地产开发的有限责任公司。截至2004年8月7日，该公司的股东持股情况为：施允生460万元、王国兴250万元、张育林160万元、孙杰65万元、吴湘65万元。2007年9月7日，张育林将其持有的全部股份转让给李淑君。

2009年4月8日，四原告向被告佳德公司递交申请书，称："申请人李淑君、吴湘、孙杰、王国兴作为江苏佳德置业发展有限公司（以下简称公司）股东，对公司经营现状一无所知。公司经营至今没有发过一次红利，并对外拖欠大量债务，使四申请人的股东权益受到了严重侵害。四申请人为了解公司实际情况，维护自己合法权益，现依据《中华人民共和国公司法》（以下简称公司法），依法行使股东对公司的知情权。现四申请人准备于2009年4月23日前，在公司住所地依据公司法的规定查阅或复制公司的所有资料（含公司所有会计账簿、原始凭证、契约、通信、传票、通知等），特对公司提出书面申请。望公司准备好所有资料，以书面形式答复四申请人的委托代理人江苏联创伟业律师事务所方昉律师。申请人：王国兴、孙杰、吴湘、张育林（代）"。

2009年4月20日,被告佳德公司函复四原告:"本公司已于2009年4月8日收到……《申请书》以及《授权委托书》。对于《申请书》以及《授权委托书》中所述事项,因涉及较多法律问题,我公司已授权委托江苏世纪同仁律师事务所王凡律师、万巍律师,代表我公司依法予以处理。请你直接与王凡、万巍律师联系。"

被告佳德公司复函之前,2009年4月14日,四原告诉至法院,并提出上述诉求。同日,法院受理该案。2009年4月27日,法院向佳德公司送达应诉材料。

另查明:被告佳德公司和广厦建设集团有限责任公司(以下简称广厦公司)于2005年5月26日签订《宿迁市"颐景华庭"住宅工程建设工程施工合同》,广厦公司派驻管理工程的项目经理为张育林。2009年2月18日,广厦公司以佳德公司拖欠其19,954,940.05元工程款为由,向宿迁仲裁委员会提请裁决。

本案一审争议的争议焦点是:一、四原告行使知情权的范围是否有法律依据,二、四原告要求查阅、复制公司会计账簿是否具有不正当目的。

宿迁市宿城区人民法院一审认为:

公司法第三十四条规定:"股东有权查阅、复制公司章程、股东会会议记录、董事会会议决议、监事会会议决议和财务会计报告。股东可以要求查阅公司会计账簿……"。因此,除会计账簿及用于制作会计账簿的相关原始凭证之外,四原告的诉讼请求已超出法律规定的股东行使知情权的范围,对超出范围的部分不予审理。

根据公司法第三十四条第二款的规定,股东可以要求查阅公司会计账簿。股东要求查阅公司会计账簿的,应当向公司提出书面请求,说明目的。公司有合理根据认为股东查阅会计账簿有不正当目的,可能损害公司合法利益的,可以拒绝提供查阅,并应当自提出书面请求之日起十五日内答复股东并说明理由。公司拒绝提供查阅的,股东可以请求人民法院要求公司提供查阅。该条规定明确股东对公司会计账簿行使知情权的范围仅为查阅,且不能有不正当目的。但被告佳德公司原股东张育林现为"颐景华庭"工程承包人广厦公司派驻管理工程的项目经理,因佳德公司和广厦公司之间涉及巨额工程款的仲裁案件未决,与佳德公司之间存在重大利害关系。申请书和四原告的民事起诉状及授权委托书上均有张育林签字,四原告对此不能做出合理解释,证明张育林与本案知情权纠纷的发动具有直接的关联性,也证明四原告在诉讼前后与张育林之间一直保持密切交往,其提起知情权诉讼程序不能排除受人利用,为公司的重大利害关系人刺探公司秘密,进而图谋自己或第三人的不正当利益的重大嫌疑。

固然股东调查公司的财务状况是其正当权利,然而一方面从被告佳德公司的工商登记材料来看,四原告声称“对公司经营现状一无所知”显然不属实;另一方面,即便四原告查阅会计账簿具有了解公司经营状况的正当目的,但同时四原告的查阅很可能具有放任损害公司正当利益的主观故意,而目前正在审理的佳德公司的仲裁案件,标的额巨大,对比四股东的知情权,在二者发生冲突时,两者相害取其轻,应优先保护公司的权益。四原告可以在仲裁案件结案后或者在证明已经排除查阅会计账簿与张育林的关联性之后,再行主张自己对会计账簿的知情权。

此外,公司法第三十四条第二款还规定股东提起知情权诉讼的前置程序,即股东必须有证据证明公司在其提出书面请求并说明目的后,公司明确拒绝其查询会计账簿,或在法定的期间内(15日)未予答复,方能提起知情权诉讼。具体到本案而言,四原告在2009年4月8日递交公司的《申请书》中称“四申请人准备于2009年4月23日前”至公司行使知情权,但2009年4月14日四原告即至法院起诉,期间仅六天时间,因此,四原告的起诉不符合法定的前置要件。

综上所述,四原告要求行使知情权不仅超出法定范围,且其关于查阅会计账簿的起诉违反法定前置程序,同时被告佳德公司有合理根据表明四原告行使该权利可能损害公司合法利益,故对四原告的诉讼请求不予支持。

李淑君等不服一审判决,向江苏省宿迁市中级人民法院提起上诉,请求撤销一审判决,判令四上诉人依法查阅或复制被上诉人佳德公司的所有资料(含公司所有会计账簿、原始凭证、契约、通信、传票、通知等)。

江苏省宿迁市中级人民法院经二审,确认了一审查明的事实。

本案二审的争议焦点是:一、四上诉人提起知情权诉讼是否符合法律规定的前置条件;二、四上诉人要求行使知情权是否具有不正当目的;三、四上诉人主张行使知情权的范围是否符合法律规定。

宿迁市中级人民法院二审认为:

关于四上诉人起诉要求行使知情权是否符合公司法规定的前置条件。股东知情权是指法律赋予股东通过查阅公司的财务会计报告、会计账簿等有关公司经营、管理、决策的相关资料,实现了解公司的经营状况和监督公司高管人员活动的权利。股东知情权分为查阅权、检查人选任请求权和质询权。本案中,四上诉人诉请的性质为查阅权。

公司法第三十四条第二款规定:“股东可以要求查阅公司会计账簿。股东要求查阅公司会计账簿的,应当向公司提出书面请求,说明目的。公司有合理根据认为股东查阅会计账簿有不正当目的的,可能损害公司合法利益的,可以拒绝提供查阅,并应当自股东提出书面请求之日起十五日内书面答复股东并说明理由。公司拒绝提供查阅的,股东可以请求人民法院要求公司提供查阅。”依据上述法律规定,股东提起账簿查阅权诉讼的前置条件是股东向公司提出了查阅的书面请求且公司拒绝提供查阅。这一前置条件设定的目的在于既保障股东在其查阅权受侵犯时有相应的救济途径,也防止股东滥用诉权,维护公司正常的经营。本案中,四上诉人于2009年4月8日向佳德公司提出要求查阅或复制公司的所有资料(含公司会计账簿、原始凭证、契约、通信、传票、通知等)以了解公司实际财务状况的书面请求,虽然4月14日四上诉人至一审法院起诉时佳德公司尚未作出书面回复,但佳德公司在4月20日的复函中并未对四上诉人的申请事项予以准许,且在庭审答辩中亦明确表明拒绝四上诉人查阅、复制申请书及诉状中所列明的各项资料。至此,四上诉人有理由认为其查阅权受到侵犯进而寻求相应的法律救济途径,此时不宜再以四上诉人起诉时十五天答复期未满而裁定驳回其起诉,而应对本案做出实体处理,以免增加当事人不必要的讼累。

关于四上诉人要求行使知情权是否具有不正当目的。由于股东的知情权涉及股东和公司之间的利益冲突,在保护股东利益的同时也应适当照顾公司的利益,使双方利益衡平,故知情权的行使应当符合一定的条件并受有一定的限制。本案中,四上诉人向被上诉人佳德公司提出书面请求说明其行使知情权的目的是了解公司实际经营现状,显属其作为有限责任公司股东应享有的知情权。佳德公司以四上诉人具有不正当目的为由拒绝其查阅,则应对四上诉人是否具有不正当目的并可能损害其合法利益承担举证责任。

被上诉人佳德公司认为四上诉人查阅会计账簿的目的是为了收集并向广厦公司提供工程款纠纷仲裁一案中对佳德公司不利的证据,损害佳德公司及其他股东的合法利益,其主要证据是四上诉人提交的申请书、诉状及授权委托书中均有张育林代李淑君签名,而张育林的身份系广厦公司派驻佳德公司工程的项目经理,且直接参与了广厦公司与佳德公司的仲裁一案。佳德公司所举证据不足以证明四上诉人查阅公司会计账簿具有不正当的目的,且可能损害佳德公司合法利益。理由如下:1.因李淑君的股份系受让自张育林,故其临时委托张育林代为签名也在情理之中。其后李淑君本人在诉状及授权委托书上亲自签名,表明提起知情权诉讼系其真实意思表示。张育林之前受李淑君委托在诉状及授权委托书中代为签名,其法律效力及法律后果应由李淑君承担,张育林本身不是本案主张行使知情权的主体,并非如佳德公司所主张的系代替李淑君行使知情权。最终能够实际行使知情权的也只能是佳德公司股东李淑君,而非张育林。2.四上诉人合计持有佳德公司54%的股权,其与佳德公司的利益从根本上是一致的。佳德公司如在与广厦公司仲裁一案中失利,客观上将对四上诉人的股东收益权造成不利影响。且提起本案诉讼的系上诉人李淑君、吴湘、孙杰、王国兴四名股东,而非李淑君一名股东,佳德公司仅以张育林代李淑君签名,而认为四上诉人提起本案诉讼的目的在于为其利益冲突方广厦公司收集仲裁一案的不利证据,显然依据不足。3. 佳德公司主张四上诉人在查阅公司会计账簿后可能会为广厦公司收集到直接导致佳德公司在仲裁一案中多支付工程款的相关证据,但未明确证据的具体指向。法院认为,公司法第三十四条规定的公司拒绝查阅权所保护的是公司的合法利益,而不是一切利益。基于诚实信用原则,案件当事人理应对法庭或仲裁庭如实陈述,并按法庭或仲裁庭要求提供自己掌握的真实证据,以拒不出示不利于己的证据为手段而获得不当利益为法律所禁止。如佳德公司持有在仲裁一案中应当提供而未提供相关证据,则不能认定股东查阅公司账簿可能损害其合法利益。综上,股东知情权是股东固有的、法定的基础性权利,无合理根据证明股东具有不正当目的,则不应限制其行使。佳德公司拒绝四上诉人对公司会计账簿行使查阅权的理由和依据不足,不予采信。

关于四上诉人主张行使知情权的范围是否符合法律规定。四上诉人请求查阅、复制被上诉人佳德公司的会计账簿、议事录、契约书、通信、纳税申报书等(含会计原始凭证、传票、电传、书信、电话记录、电文等)所有公司资料。被上诉人佳德公司辩称其已向四上诉人提交了自公司成立起的全部工商设立、变更、年检登记文件及审计报告等资料,履行了配合股东行使知情权的法定义务。对此,法院认为,股东知情权是股东享有对公司经营管理等重要情况或信息真实了解和掌握的权利,是股东依法行使资产收益、参与重大决策和选择管理者等权利的基础性权利。从立法价值取向上看,其关键在于保护中小股东合法权益。公司法第三十四条第二款规定,“股东可以要求查阅公司会计账簿。”账簿查阅权是股东知情权的重要内容。股东对公司经营状况的知悉,最重要的内容之一就是通过查阅公司账簿了解公司财务状况。《中华人民共和国会计法》第九条规定:“各单位必须根据实际发生的经济业务事项进行会计核算,填制会计凭证,登记会计账簿,编制财务会计报告。”第十四条规定:“会计凭证包括原始凭证和记账凭证。办理本法第十条所列的各项经济业务事务,必须填制或者取得原始凭证并及时送交会计机构。……记账凭证应当根据经过审核的原始凭证及有关资料编制。”第十五条第一款规定:“会计账簿登记,必须以经过审核的会计凭证为依据,并符合有关法律、行政法规和国家统一的会计制度的规定。”因此,公司的具体经营活动只有通过查阅原始凭证才能知晓,不查阅原始凭证,中小股东可能无法准确了解公司真正的经营状况。根据会计准则,相关契约等有关资料也是编制记账凭证的依据,应当作为原始凭证的附件入账备查。据此,四上诉人查阅权行使的范围应当包括会计账簿(含总账、明细账、日记账和其他辅助性账簿)和会计凭证(含记账凭证、相关原始凭证及作为原始凭证附件入账备查的有关资料)。对于四上诉人要求查阅其他公司资料的诉请,因超出了公司法第三十四条规定的股东行使知情权的查阅范围,不予支持。关于查阅时间和地点,公司法赋予股东知情权的目的和价值在于保障股东权利的充分行使,但这一权利的行使也应在权利平衡的机制下进行,即对于经营效率、经营秩序等公司权益未形成不利影响。因此,四上诉人查阅的应当是和其欲知情的事项相互关联的材料,而并非对公司财务的全面审计,故查阅应当在公司正常的业务时间内且不超过10个工作日,查阅的方便地点应在佳德公司。

关于四上诉人要求复制被上诉人佳德公司会计账簿及其他公司资料的诉讼请求,法院认为,公司法赋予了股东获知公司运营状况、经营信息的权利,但同时也规定了股东行使知情权的范围。公司法第三十四条第一款将股东有权复制的文件限定于公司章程、股东会会议记录、董事会会议决议、监事会会议决议和财务会计报告。第二款仅规定股东可以要求查阅公司财务会计账簿,但并未规定可以复制,而佳德公司章程亦无相关规定,因此四上诉人要求复制佳德公司会计账簿及其他公司资料的诉讼请求既无法律上的规定,又超出了公司章程的约定,不予支持。

综上,一审判决认定四上诉人行使股东知情权具有不正当目的错误,导致实体处理不当,依法应予纠正。判决如下:一、撤销宿迁市宿城区人民法院(2009)宿城民二初字第00448号民事判决;二、被上诉人佳德公司于本判决生效之日起十日内提供自公司成立以来的公司会计账簿(含总账、明细账、日记账、其他辅助性账簿)和会计凭证(含记账凭证、相关原始凭证及作为原始凭证附件入账备查的有关资料)供上诉人李淑君、吴湘、孙杰、王国兴查阅。上述材料由四上诉人在佳德公司正常营业时间内查阅,查阅时间不得超过十个工作日;三、驳回上诉人李淑君、吴湘、孙杰、王国兴的其他诉讼请求。

【评析】

1. 股东知情权诉讼行使的前置条件

根据2014年《公司法》第三十三条第二款规定:"股东可以要求查阅公司会计账簿。股东要求查阅公司会计账簿的,应当向公司提出书面请求,说明目的。公司有合理根据认为股东查阅会计账簿有不正当目的的,可能损害公司合法利益的,可以拒绝提供查阅,并应当自股东提出书面请求之日起十五日内书面答复股东并说明理由。公司拒绝提供查阅的,股东可以请求人民法院要求公司提供查阅。"依据该规定,股东提起账簿查阅权诉讼的前置条件是股东向公司提出了查阅的书面请求且公司拒绝提供查阅。这一前置条件设定的目的在于既保障股东在其查阅权受侵犯时有相应的救济途径,也防止股东滥用诉权,维护公司正常的经营。

2. 股东知情权行使是否具有不正当目的?

我国《公司法》对股东知情权的行使的限制是"不正当目的"原则,但公司法并没有对什么是"不正当目的"进行解释和界定。在实践中,笔者认为这需要从正反两个方面进行综合考虑。即,股东行使知情权是否具有正当目的。譬如,是否与维护善意的股东的利益直接相关。在本案例中,佳德公司经营至今没有发过一次红利,并对外拖欠大量债务,使四上诉人的股东权益受到了严重侵害,因此四上诉人向被上诉人佳德公司提出书面请求说明其行使知情权的目的是了解公司实际经营现状,这属于正当的目的;另外,是否具有不正当目的。即是否具有股东保护自身或公司合法利益之外的其他一切目的。在本案例中,没有确切的证据表明四上诉人是为了广厦公司与佳德公司之间的工程合同纠纷而收集证据,并且如果是的话,由于佳德公司的仲裁败诉的话,也将直接影响四上诉人的利益,因此,最高法院认为在本案例中无法证明其具有不正当目的。

3. 股东知情权的范围

我国公司法规定的股东知情权包括两个方面的内容:一是公司章程、股东会会议记录、董事会会议记录、监事会会议记录和财务会计报告;二是公司会计账簿。对于前者,股东有权查阅和复制;对于后者,股东仅可以要求查阅。在实践中,对于查阅会计账簿的争议颇大,主要集中在查阅会计账簿是否包含会计原始凭证上面。最高法院在本案中认为,公司的具体经营活动只有通过查阅原始凭证才能知晓,不查阅原始凭证,中小股东可能无法准确了解公司真正的经营状况。根据会计准则,相关契约等有关资料也是编制记账凭证的依据,应当作为原始凭证的附件入账备查。据此,四上诉人查阅权行使的范围应当包括会计账簿(含总账、明细账、日记账和其他辅助性账簿)和会计凭证(含记账凭证、相关原始凭证及作为原始凭证附件入账备查的有关资料)。而对于四上诉人要求查阅其他公司资料的诉请,因超出了公司法第三十三条规定的股东行使知情权的查阅范围,不予支持。

三、《公司法司法解释(四)》有关股东知情权的规定

《公司法司法解释(四)》针对股东知情权进行了更为细化的规定。主要包括六个方面的内容:行使知情权应具备股东身份、固有权、判决主文和知情权的代理行使、查阅原始凭证、不正当目的、无法查询的赔偿责任。

(一)行使知情权在起诉时原则应具备股东资格

《公司法司法解释(四)》第七条规定:

"股东依据公司法第三十三条、第九十七条或者公司章程的规定,起诉请求查阅或者复制公司特定文件材料的,人民法院应当依法予以受理。

公司有证据证明前款规定的原告在起诉时不具有公司股东资格的,人民法院应当驳回起诉,但原告有初步证据证明在持股期间其合法权益受到损害,请求依法查阅或者复制其持股期间的公司特定文件材料的除外。"

本条规定明确了在知情权诉讼中,原告在起诉时应具有股东资格。在以往的司法实践中,就原告在起诉时或诉讼中丧失股东资格的情况下如何处理,各地法院的处理方式不尽相同,且缺少统一的指引。《公司法司法解释(四)》对此予以了明确。笔者认为,尽管该条第二款"公司有证据证明前款规定的原告在起诉时不具有公司股东资格的,人民法院应当驳回起诉"的规定将举证责任完全转移给被告公司一方,但如果在庭审中股东自认或法院查明原告不再具有公司股东身份的,也应当驳回起诉。此外,与《解释(四)意见稿》的规定不同的是,正式稿删除了"在诉讼中"的规定而新增了但书部分的规定"但原告有初步证据证明在持股期间其合法权益受到损害,请求依法查阅或者复制其持股期间的公司特定文件材料的除外。"这表明司法解释赋予原股东对持股期间享有"有限诉权",即原告有初步证据证明在持股期间其合法权益受到损害,请求依法查阅或者复制其持股期间的公司特定文件材料的除外。

(二)明确了"不正当目的"的具体情形

《公司法司法解释(四)》第八条规定:"有限责任公司有证据证明股东存在下列情形之一的,人民法院应当认定股东有公司法第三十三条第二款规定的'不正当目的':(一)股东自营或者为他人经营与公司主营业务有实质性竞争关系业务的,但公司章程另有规定或者全体股东另有约定的除外;(二)股东为了向他人通报有关信息查阅公司会计账簿,可能损害公司合法利益的;(三)股东在向公司提出查阅请求之日前的三年内,曾通过查阅公司会计账簿,向他人通报有关信息损害公司合法利益的;(四)股东有不正当目的的其他情形。"

本条规定明确了有限责任公司有证据证明存在四种情形之一的,应当认定股东有不正当目的。其目的是基于防范的思路,减少以往司法实践中对"不正当目的"的理解和判决尺度不统一的问题。概括地讲,该规定划定了公司拒绝提供查阅的边界，包括“自营竞争性业务”、“为向他人通报信息”、“三年内曾向他人通报过信息”以及有不正当目的的其他情形。

与《解释（四）意见稿》第十七条规定：“有限责任公司有证据证明存在下列情形之一的，应当依据公司法第三十三条第二款认定股东有不正当目的：（一）股东自营或者为他人经营与公司主营业务有实质性竞争关系的业务；（二）股东为了向第三人通报得知的事实以获取利益；（三）在过去的两年内，股东曾通过查阅、复制公司文件材料，向第三人通报得知的事实以获取利益；（四）能够证明股东以妨碍公司业务开展、损害公司利益或者股东共同利益为目的的其他事实。”相比较，主要存在如下差异：

第一，第（一）项增加了“但公司章程另有规定或者全体股东另有约定的除外”的规定。这一规定表明为限制原征求意见稿可能存在的对股东知情权的过度限制，授予了公司章程或全体股东另有约定排除的权力。其考虑在于如下几点：

（1）现实生活中，企业投资其他同类型企业的情形比比皆是，而对某一行业或领域较为熟悉的企业往往更倾向于持股该行业或领域的企业。例如，一家啤酒企业往往不会投资于汽车制造企业，而很可能投资于其他啤酒企业。如按照征求意见稿的规定，则该被持股啤酒企业就很可能仅以二者之间的业务存在实质性竞争关系、可能损害公司利益为由拒绝其股东查阅公司账簿的要求，似有不妥。

（2）此外，法律并不禁止股东开设两家及以上经营范围相同的公司，《公司法》也仅在第一百四十八条第一款第（五）项规定，董事、高级管理人员未经股东会或者股东大会同意，利用职务便利为自己或者他人谋取属于公司的商业机会，自营或者为他人经营与所任职公司同类的业务。因此，《公司法》有关竞业禁止业务不及于股东，仅及于董事和高级管理人员，且并非绝对禁止，如果经股东会或者股东大会同意的，亦可自营或者为他人经营与所任职公司同类的业务。从此意义上看，征求意见稿的规定与《公司法》的规定相冲突。

（3）股东与公司主营业务有实质性竞争关系，在司法实践中如何进行界定无疑也会带来极大的争议。

为了解决之一过度限制的问题，正式稿参照《公司法》第一百四十八条第一款第（五）项规定，增加了但书部分，赋予通过公司章程或全体股东约定来予以排除的权力。

第二，将第（二）项“股东为了向第三人通报得知的事实以获取利益”的规定修订为“股东为了向他人通报有关信息查阅公司会计账簿，可能损害公司合法利益的”，这是因为“得知的事实”表述并不准确，因为它可能并非通过“查阅公司会计账簿”而得知,并且公司可能较容易证明股东向第三人通报,但很难证明“以获取利益”,这就使得现实的可操作性不强。新的规定将其限制在“查阅公司会计账簿,可能损害公司合法利益的”范围内,增加了严谨性和实践中的可操作性。

第三,将第(三)项“在过去的两年内,股东曾通过查阅、复制公司文件材料,向第三人通报得知的事实以获取利益”修订为“股东在向公司提出查阅请求之日前的三年内,曾通过查阅公司会计账簿,向他人通报有关信息损害公司合法利益的”,这是因为基于上述第二点的理由予以了调整。此外,将“两年内”修订为“三年内”,加大了惩罚的力度。但亦有观点认为,此规定存在的问题在于,不能用股东过去的查阅有“不正当目的”的事实来推定现在或未来的查阅有“不正当目的”,这属于“事前做有罪推定”,有剥夺股东法定知情权的嫌疑,且为什么规定是“三年内”,而不是其他期限。

第四,将第(四)项“能够证明股东以妨碍公司业务开展、损害公司利益或者股东共同利益为目的的其他事实”修订为“股东有不正当目的的其他情形。”本质上,本项规定是一个兜底性的条款,但征求意见稿的规定带来的问题是什么情形下构成“妨碍”公司业务开展,需要达到何种程度才构成“妨碍”?基于这些考虑以及本项本身就属于兜底性的条款的性质,正式稿删除了这些列举性质的前置条件表述,直接笼统表述为“股东有不正当目的”,留待法院在个案中予以确定。

(三)股东知情权的固有权属性

《公司法司法解释(四)》第九条规定:“公司章程、股东之间的协议等实质性剥夺股东依据公司法第三十三条、第九十七条规定查阅或者复制公司文件材料的权利,公司以此为由拒绝股东查阅或者复制的,人民法院不予支持。”本条规定明确了公司章程、股东之间的协议等不得实质性剥夺股东的知情权。它表明,知情权与表决权一样,属于法律赋予股东的固有权,不应被股东协议或公司张章程的约定所剥夺。

与《解释(四)意见稿》第十四条规定:“公司以存在下列情形之一为由进行抗辩,拒绝股东依据《公司法》第三十三条、第九十七条或者司法解释规定查阅、复制公司文件材料的,不予支持:(一)股东出资存在瑕疵;(二)公司章程限制股东查阅、复制公司文件材料;(三)股东间协议约定限制股东查阅、复制公司文件材料。”相比较,主要存在如下差异:第一,删除了征求意见稿规定的第(一)项规定“股东出资存在瑕疵”;第二,将征求意见稿的“限制”修订为“实质性剥夺”,这表明“合理的限制”并非属于禁止的情形。正式稿这样规定的理由如下:

征求意见稿明确了不得限制股东知情权行使的三种情形。这样规定的来源在于两个方面的原因:一是,实践中,公司大股东可能利用公司章程或股东协议限制为借口,排除小股东查阅、复制公司文件材料;二是,根据《公司法司法解释(三)》第十七条规定:“股东未履行或者未全面履行出资义务或者抽逃出资,公司根据公司章程或者股东会决议对其利润分配请求权、新股优先认购权、剩余财产分配请求权等股东权利作出相应的合理限制,该股东请求认定该限制无效的,人民法院不予支持。”第十八条“有限责任公司的股东未履行出资义务或者抽逃全部出资,经公司催告缴纳或者返还,其在合理期间内仍未缴纳或者返还出资,公司以股东会决议解除该股东的股东资格”的规定,部分专家学者认为,针对未履行出资义务或者抽逃全部出资的股东,其股东资格存在瑕疵,因而其知情权也应受到相应的限制。正式稿对此予以了明确:“股东出资存在瑕疵”被予以删除,表明股东出资存在瑕疵可能会构成对股东知情权的限制,实质是与《公司法司法解释(三)》的规定精神保持一致。因为,虽然股东瑕疵出资,其依然可以取得股东资格,但其享有的股东权是不完整的,或者说不是公司法意义上的完整股东权。依据权利义务相一致原则,应按其实际出资分取红利和行使表决权等权利,即在未补足出资差额前,按其实际出资额行使股东权。对此,理论界及司法实务中均取得共识。如果公司章程对瑕疵出资的股东的知情权作出了合理的限制而并非实质性的剥夺(比如,在其适当履行出资义务后可以享有知情权),在这种情况下公司以“股东出资存在瑕疵”为由拒绝提供查阅,并不属于对公司法法定知情权的实质性的剥夺。此外,如果“股东出资存在瑕疵”且公司以股东会决议解除该股东的股东资格的,则其将不具有享有股东知情权的前提条件,此时,公司以“股东出资存在瑕疵”为由拒绝提供查阅,其实质还是因其不具有股东资格。

最后,再次强调的是,正式稿仅规定了公司章程、股东之间的协议等实质性剥夺股东知情权的情形,法院不予支持。这表明,公司通过股东会决议或者公司与股东签订协议等方式合理限制股东知情权而非实质性剥夺的,法律并非完全予以禁止。

(四)强化股东知情权的可执行性:判决主文和知情权的辅助行使

《公司法司法解释(四)》第十条规定:

“人民法院审理股东请求查阅或者复制公司特定文件材料的案件,对原告诉讼请求予以支持的,应当在判决中明确查阅或者复制公司特定文件材料的时间、地点和特定文件材料的名录。

股东依据人民法院生效判决查阅公司文件材料的,在该股东在场的情况下,可以由会计师、律师等依法或者依据执业行为规范负有保密义务的中介机构执业人员辅助进行。”

本条规定实质是在解决以往司法实践中出现的执行难的问题。与《解释(四)意见稿》第十五条规定:“人民法院经审查认为原告的诉讼请求符合《公司法》规定的,应当判决在确定的时间、在公司住所地或者原告与公司协商确定的其他地点,由公司提供有关文件材料供股东查阅或者复制。股东可以委托代理人查阅、复制公司文件材料。”相比较,主要存在如下差异:

首先,本条第一款将“在公司住所地或者原告与公司协商确定的其他地点”修订为“地点”;将“由公司提供有关文件材料供股东查阅或者复制”修订为在判决中明确查阅或者复制的“特定文件材料的名录”。

正如在“李淑君等诉江苏佳德置业发展有限公司股东知情权纠纷案”中,最高人民法院就明确判决“被上诉人佳德公司于本判决生效之日起十日内提供自公司成立以来的公司会计账簿(含总账、明细账、日记账、其他辅助性账簿)和会计凭证(含记账凭证、相关原始凭证及作为原始凭证附件入账备查的有关资料)供上诉人李淑君、吴湘、孙杰、王国兴查阅。上述材料由四上诉人在佳德公司正常营业时间内查阅,查阅时间不得超过十个工作日”。本条规定从司法解释层面统一了知情权判决主文应将股东知情权行使的时间、地点和特定文件材料的目录写进裁判文书,无疑是前述案例的成文法化。特别是将“特定文件材料的名录”写入正文解决了以前司法实践中公司提供部分非重点材料在形式上应付执行的情形。

其次,本条第二款将征求意见稿第一款“股东可以委托代理人查阅、复制公司文件材料。”的规定修订为“股东依据人民法院生效判决查阅公司文件材料的,在该股东在场的情况下,可以由会计师、律师等依法或者依据执业行为规范负有保密义务的中介机构执业人员辅助进行。”这一修订明确了三个方面的问题:一是,委托代理人查阅、复制公司文件材料的,股东必须在场;二是,被委托对象必须是会计师、律师等依法或者依据执业行为规范负有保密义务的中介机构执业人员;三是,受托人仅仅是“辅助进行”。与征求意见稿比较,这一规定更为严格,并且显然否定了前者“知情权的代理行使”的规定,而仅仅是“辅助进行”。笔者认为,这一规定尽管解决了股东本身可能不具备查阅的专业知识和技能的问题,也对辅助人设定了“门槛”,即仅限于会计师、律师等依法或者依据执业行为规范负有保密义务的中介机构执业人员,避免引发泄密等其他争议,但是在实践中可能增加股东知情权行使的难度和成本。因为,股东可能不具备或不完全具备在规定时间、地点在场的条件,这无疑会带来新的执行难题。笔者认为,既然司法解释已经对受托人设置了“门槛”解决了所谓的保密的问题,就应该放开股东委托代理人行使知情权的权利。

(五)增加了股东和辅助人泄密的赔偿责任

《公司法司法解释(四)》第十一条规定:

“股东行使知情权后泄露公司商业秘密导致公司合法利益受到损害,公司请求该股东赔偿相关损失的,人民法院应当予以支持。

根据本规定第十条辅助股东查阅公司文件材料的会计师、律师等泄露公司商业秘密导致公司合法利益受到损害,公司请求其赔偿相关损失的,人民法院应当予以支持。”

本条规定是在第十条的基础上,进一步明确了股东行使知情权后泄露公司商业秘密导致公司合法利益受到损害,或者辅助人泄露公司商业秘密导致公司合法利益受到损害的,公司请求其赔偿相关损失的,人民法院应当予以支持。

(六)删除了可以查阅与会计账簿记载内容有关的记账凭证或者原始凭证的规定

原《解释(四)意见稿》第十六条规定:“有限责任公司的股东起诉请求查阅公司会计账簿及与会计账簿记载内容有关的记账凭证或者原始凭证等材料的,应当依法受理。公司提供证据证明股东查阅记账凭证或者原始凭证等有不正当目的,可能损害公司合法利益的,应当驳回诉讼请求。”笔者认为,该条规定明确了“与会计账簿记载内容有关的记账凭证或者原始凭证等材料”属于有限责任公司股东知情权范围,这显然亦是最高人民法院在“李淑君等诉江苏佳德置业发展有限公司股东知情权纠纷案”中的立场的体现,统一了司法实践中各地法院对此的不同立场。同时,该条还规定,除非公司能够举证证明股东查阅记账凭证或者原始凭证等有不正当目的,且可能损害公司合法利益的,否则股东要求查阅记账凭证或者原始凭证等材料也应归入股东知情权范围之内。但需要注意的是,该条第二款采用了“股东查阅记账凭证或者原始凭证等有不正当目的”的表述,排除了“公司会计账簿及与会计账簿记载内容有关的”的描述,这似乎意味着查阅“公司会计账簿”不需要正当目的,而且对于记账凭证或者原始凭证等材料没有施加“与会计账簿记载内容有关”的限制。笔者认为,根据《公司法》第三十三条第二款的规定,股东查阅公司会计账簿明确有正当目的的要求,司法解释无权修订《公司法》的规定。因此,这两款的规定表述应予以统一。

《公司法司法解释(四)》删除了上述规定,可能是基于这样的考虑:实践中,与会计账簿记载内容有关的记账凭证或者原始凭证等材料的范围难以确定,且《公司法》明确规定的是股东有权查阅公司会计账簿,并未扩大到与之有关的记账凭证或者原始凭证。从严格意义上讲,如果可以如此扩大的话,公司所有的记账凭证或者原始凭证都可以认为"与会计账簿载内容有关",这无疑将无限地扩大股东知情权的范围。从此意义上讲,《公司法司法解释(四)》生效实施后,"李淑君等诉江苏佳德置业发展有限公司股东知情权纠纷案"将不再具有指导意义。

(七)股东无法查询时,董事和高级管理人员的民事赔偿责任

《公司法司法解释(四)》第十二条规定:"公司董事、高级管理人员等未依法履行职责,导致公司未依法制作或者保存公司法第三十三条、第九十七条规定的公司文件材料,给股东造成损失,股东依法请求负有相应责任的公司董事、高级管理人员承担民事赔偿责任的,人民法院应当予以支持。"该条规定对公司未依法制作相关材料,导致股东知情权不能实现状态下股东的追责权利进行了更为明确的指引,进一步强调了对股东知情权的保护力度。

原《解释(四)意见稿》第十八条规定:"公司未依法制作和保存公司法第三十三条或者第九十七条规定的公司文件材料,股东起诉请求公司董事、高级管理人员承担民事赔偿责任的,应予支持。"但征求意见稿的规定存在如下两个方面的问题:第一,公司董事、高级管理人员承担民事赔偿责任应明确是过错责任或是无过错责任。如果是承担无过错责任,则无过错的董事、高级管理人员承担赔偿责任后,应可向有过错的董事、高管追偿。第二,司法实践中,如何证明公司董事、高级管理人员与股东的损失之间有因果关系,且如何确定公司董事、高级管理人员赔偿责任的标准及范围,都是负有难度且争议较大的问题。

因此,本次正式稿对上述问题予以了明确:首先,增加了"公司董事、高级管理人员等未依法履行职责"和"负有相应责任的"的表述,实质是明确了董事和高级管理人员的过错责任;其次,还明确了必须"给股东造成损失"的前提条件,这也是题中应有之义;最后,还必须是导致股东知情权不能实现。

专题42 股东利润分配请求权纠纷

内容提示

股东基于自己的出资而享受利益的权利，这即是通常所称的“自益权”，其中股东利润分配请求权就是自益权之一。利润分配请求权是指股东依法享有从公司分取股息、红利的权利。2017年8月28日，最高人民法院颁布了《最高人民法院关于适用〈中华人民共和国公司法〉若干问题的规定（四）》对股东利润分配请求权诉讼的相关问题进行了明确。专题包含如下内容：

- 《公司法》有关股东利润分配请求权的规定
- 有关股东利润分配请求权的司法实践
- 《公司法司法解释（四）》有关股东利润分配请求权的规定

一、《公司法》有关股东利润分配请求权的规定

（一）股东利润分配权的概念

股东利润分配请求权是《公司法》赋予股东的法定权利。《公司法》第四条规定：“公司股东依法享有资产收益、参与重大决策和选择管理者等权利。”该规定赋予了股东分享资产收益的财产权和参与重大决策和选择管理者的管理权，而股东的利润分配请求权则是股东财产权的一部分。概括地讲，股东利润分配请求权是指股东基于其公司股东的资格和地位依法享有的请求公司向自己分配股息、红利的权利。

《公司法》第三十四条、第一百六十六条第四款规定了有限责任公司股东利润分配请求权。第三十四条规定：“股东按照实缴的出资比例分取红利；公司新增资本时，股东有权优先按照实缴的出资比例认缴出资。但是，全体股东约定不按照出资比例分取红利或者不按照出资比例优先认缴出资的除外。”该条的规定实际包含

了几个方面的内容:一是,股东按照实缴的出资比例分取红利。这样的规定表明公司法倡导的是“公平”原则。即,如果股东的出资未全部缴付到位,从公平原则的角度上讲,也只能按“实缴”的出资比例分配利润;二是,如果全体股东约定不按照出资比例分取红利的除外。这个地方使用了“全体股东约定”,实践中,可以采取两种方式来实施。一种方式是在公司章程中明确约定,另一种方式就是通过全体股东签署书面协议的方式作出,但一般后续会依据该协议对公司章程进行修订,否则不得对抗第三人。

《公司法》第一百六十六条第四款规定了股份有限公司的利润分配权。该款规定:“公司弥补亏损和提取公积金后所余税后利润,有限责任公司依照本法第三十四条的规定分配;股份有限公司按照股东持有的股份比例分配,但股份有限公司章程规定不按持股比例分配的除外。”也就是说,除非公司章程另有约定,股份有限公司按照股东持有的股份比例分配。为什么这样规定呢?这跟股份有限公司(特别是上市公司和非上市公众公司)股东众多并分散有关联,因为让它作出“全体股东约定”实践中很难操作和实施。

(二)股东利润分配请求权的类型

从法律性质上看,股东利润分配请求权可以分为“抽象利润分配请求权”和“具体利润分配请求权”两个层面。前者指股东基于公司股东的身份而享有的一种股东权能,后者指当公司存在可供分配的利润时,且公司股东会议通过分配之决议后,股东请求公司按其持股类别和比例向其支付特定股息的权利。抽象利润分配请求权是一种期待权,利润分配方案经股东会或股东大会决议通过后才能转化为具体的利润分配请求权(即债权)。此时,具体的利润分配请求权才是股东对经股东会议决议认可的真实的可分配金融享有的给付请求权。

根据公司法的规定,公司对股东分配股息需要满足实体和程序上两个条件:一是,公司有实际可供分配的利润;二是,公司的利润分配方案得到公司股东会议的表决通过。对于第一点实体条件而言,公司有实际可供分配的利润,但这并不意味着股东就能获得股息,其还停留在股息的抽象请求权层面,这一抽象请求权要转换为针对公司的具体请求权,还必须经过股东会议的专门决议表决通过。实践中,又可根据股东会议决议通过的利润分配方案是否附支付期间约束分为两种情形:一是,公司已宣告到期未支付股息属于具体的利润分配请求权,属于股东对公司的完全债权,于宣告股息、实际支付时因支付而消灭;二是,公司已宣告未到支付期股息属于具体的利润分配请求权,属于股东对公司的不完全债权(给付请求权暂未形成,亦无保护请求权),至支付期限届至日形成完全债权,于宣告股息、实际支付时因支付而消灭。

二、有关股东利润分配请求权的司法实践

根据《公司法》,利润分配请求权是股东对公司享有的一项重要权利。但在公司拒不向股东分配利润的情况下,股东是否有权直接起诉公司要求分配利润,《公司法》及现有司法解释中并没有作出明确规定。而在以往的司法实践中,绝大部分司法裁判均认为股东起诉公司要求分配利润必须要有公司分配利润的决议作为依据。在公司没有分配利润决议的情况下,法院将不支持股东要求分配利益的诉讼请求。这一判决思路是基于,法院介入公司内部法律关系时,应当审慎而为,给公司自治留有足够的空间。法院不能以司法权取代公司正常的商业行为。对于公司内部的事务主要应由公司根据公司章程等进行公司自治,只要公司自治的内容无碍于交易安全、社会稳定,即应尊重其依据商业考虑独立决定自己的事务,尊重他们的意思表示自由和民事行为自由,承认公司自治的效力。公司股息分配取决于公司是否有可分配的利润,其具体数额则取决于股东在股东会上的自由判断。这种判断往往受股东近期财富最大化和远期财富最大化两种分配理念的支配,其本身并无合法与违法之别。可见,公司股息分配的时间、数额,原则上属于公司自治和股东自治的范围,人民法院不宜越俎代庖,造成司法干预过度。

案例88 河南思维自动化设备有限公司与胡克盈余分配纠纷二审案①
——未经股东会决议同意,股东无权请求公司分配红利

【裁判摘要】

公司是否分配利润以及分配多少利润属公司董事会、股东会决策权范畴,法院不予干预。在公司董事会、股东会未就公司利润分配方案进行决议之前,公司股东直接向人民法院起诉请求判令公司向股东分配利润缺乏法律依据,法院不予支持。

河南省高级人民法院一审认为:思维公司成立以来,盈利丰厚,截至2004年年底,思维公司未分配利润已有1亿元以上,但公司成立以来至今没有向股东分红。思维公司有巨额利润而长期拒不向股东分配,违反了公司法规定,特别是在股东之间发生纠纷时,长期不分配利润损害了占股比例小的股东的利益。故公司股东胡

① 本案例来源于河南思维自动化设备有限公司与胡克公司盈余分配纠纷案[审理法院:最高人民法院;案号:(2006)民二终字第110号]。

克可以通过诉讼要求公司分配利润,思维公司依法应向股东胡克分红。

最高人民法院二审认为:

在公司董事会、股东会未就公司利润分配方案进行决议之前,公司股东直接向人民法院起诉请求判令公司向股东分配利润缺乏法律依据。因此,本案中在思维公司董事会、股东会未就公司利润分配作出决议之前,胡克以股东身份直接向人民法院起诉请求分配公司利润,其诉讼请求本院不予支持。由于公司是否分配利润以及分配多少利润属公司董事会、股东会决策权范畴,原审判决认定思维公司有巨额利润而长期拒不向股东分配损害了占股比例较小的股东的利益,并据此径行判决公司向股东分配利润,不符合公司利润分配的法律规定,应当予以纠正。

案例89　袁煜飞诉北京华新电工设备有限公司公司盈余分配纠纷案①——股东会通过利润分配决议,股东才拥有具体的利润分配请求权

【案情简介】

华新公司于1998年9月25日注册成立,袁某于2007年4月成为华新公司股东。2007年9月华新公司增资到1500万元,袁某出资75万元,占华新公司股份的5%,其中25万元为货币,另外50万元为无形资产。华新公司于2009年12月23日召开股东会,通过2008年未分配利润300万元作为2008年现金红利,对2008年在职在股的股东进行分配,2009年利润作为增资款不再进行现金红利的分配的决议。2009年12月30日起华新公司将红利发放给其他股东。袁某按其所占华新公司股份应得税前红利15万元,但至今华新公司尚未将红利发放给袁某。故诉至法院,请求判令华新公司按袁某所占股份比例发放2008年红利12万元。

法院审理认为:袁某作为华新公司的股东有权取得其所占股份的红利。华新公司股东会于2009年12月23日作出决议对2008年未分配利润进行分配,华新公司理应按袁某所占公司股份比例及时给付其相应的红利,而不能以其他理由拖延给付,因此袁某要求华新公司给付2008年红利12万元及利息损失合理部分的请求,本院予以支持,判决被告华新公司于本判决生效后15日内给付原告袁某2008年红利12万元及利息损失。

【评析】

股东作为公司的投资人,其投资的目的就是获取投资回报,而利润分配就是途

① 本案例来源于袁煜飞诉北京华新电工设备有限公司公司盈余分配纠纷案[审理法院:北京市石景山区人民法院;案号:(2010)石民初字第5553号]。

径之一。公司的利润,在缴纳各种税款及依法提取法定公积金、法定公益金之后的盈余,可以向股东分配红利。股东应当按照实缴的出资比例分取红利的权利,任何人都不得非法限制或剥夺。但股东并不具有确定性的股息分配请求权,只有股东会决议批准分配方案后,才能使得抽象的股东利润分配请求权转化为具体的利润分配请求权,其股息分配才能得到法院的支持。

除了司法裁判之外,部分法院对利润分配请求权诉讼还颁布了司法指导意见。例如,北京市高级人民法院《关于审理公司纠纷案件若干问题的指导意见》(京高法发〔2008〕127号)第二十一条规定,公司未就是否利润分配做出有关决议,股东起诉请求分配利润的,人民法院应裁定不予受理。上海市高级人民法院《关于审理涉及公司诉讼案件若干问题的处理意见(一)》(沪高法〔2003〕216号)第一条第二款规定,股东起诉公司要求分配利润的,应视情况分别处理:对于已有分配方案的,可以根据股东出资的具体条件予以判决;对于是否分配及分配比例公司未作决议的,法院不宜直接裁判。

三、《公司法司法解释(四)》有关股东利润分配请求权的规定

2017年8月28日,最高人民法院发布了《最高人民法院关于适用〈中华人民共和国公司法〉若干问题的规定(四)》(以下简称《公司法司法解释(四)》)。《公司法司法解释(四)》对股东利润分配请求权的相关问题进行了明确。

(一)股东利润分配权纠纷当事人的诉讼地位

《公司法司法解释(四)》第十三条规定:

"股东请求公司分配利润案件,应当列公司为被告。

一审法庭辩论终结前,其他股东基于同一分配方案请求分配利润并申请参加诉讼的,应当列为共同原告。"

本条规定明确了利润分配请求权诉讼的当事人,即公司为被告,而对于其他股东而言,基于同一分配方案请求分配利润并申请参加诉讼的,应当以共同原告的身份参加诉讼。与《解释(四)意见稿》第十九条(当事人的诉讼地位)规定:"原告请求分配公司利润纠纷案件,应当列公司为被告。其他股东在一审法庭辩论结束前以相同的诉讼请求申请参加诉讼的,应当列为共同原告;不同意分配利润的股东,可以列为第三人。"相比较,主要存在如下两个方面的差异:一是,将"以相同的诉讼请求"修改为"基于同一分配方案请求分配利润";二是,删除了"不同意分配利润的股东,可以列为第三人。"的规定。

首先,在利润分配请求权诉讼中,原告与其他股东之间不是必要的共同诉讼当事人,但是案件结果会对其他股东产生影响。如果其他股东与原告持有相同的要求利润分配的意见,同时基于同一分配方案请求分配利润并申请参加到诉讼中,由于两者的诉讼标的均对应于公司的同一分配方案的应分配利润,根据《中华人民共和国民事诉讼法》(以下简称《民事诉讼法》)第五十二条第一款"当事人一方或者双方为二人以上,其诉讼标的是共同的,或者诉讼标的是同一种类、人民法院认为可以合并审理并经当事人同意的,为共同诉讼。"的规定,其他股东的诉讼地位应属于共同原告。相对于征求意见稿,正式稿之所以将"以相同的诉讼请求"修改为"基于同一分配方案请求分配利润"是因为,在共同诉讼中,其他股东和原告的诉讼标的属于对应于公司的同一分配方案的应分配利润,属于同一种类,但并非完全相同的诉讼请求,这样的修订表述更为准确。

其次,对于不同意原告诉讼请求的股东,案件的处理结果同样也会对其产生影响。根据《民事诉讼法》第五十六条第二款"对当事人双方的诉讼标的,第三人虽然没有独立请求权,但案件处理结果同他有法律上的利害关系的,可以申请参加诉讼,或者由人民法院通知他参加诉讼。人民法院判决承担民事责任的第三人,有当事人的诉讼权利义务。"的规定,其诉讼地位应属于无独立请求权第三人。鉴于不同意分配利润的股东可以申请参加诉讼,或者由人民法院通知他参加诉讼,因此,正式稿删除了"不同意分配利润的股东,可以列为第三人。"的规定。

(二)以股东提交"载明具体分配方案的股东会或者股东大会有效决议"为审查标准

《公司法司法解释(四)》第十四条规定:"股东提交载明具体分配方案的股东会或者股东大会的有效决议,请求公司分配利润,公司拒绝分配利润且其关于无法执行决议的抗辩理由不成立的,人民法院应当判决公司按照决议载明的具体分配方案向股东分配利润。"

本条款明确了人民法院判断是否应当支持分红请求的标准,即公司是否存在"载明具体分配方案的股东会或者股东大会有效决议"。如前所述,利润分配请求权是股东对公司享有的一项重要权利,但在公司拒不向股东分配利润的情况下,股东是否有权直接起诉公司要求分配利润,《公司法》及现有司法解释中并未作出明确规定。根据以往的司法实践,绝大部分司法裁判均认为股东起诉公司要求分配利润必须要有公司分配利润的有效决议作为依据。在公司没有有效分配利润决议的情况下,法院将不支持股东要求分配利益的诉讼请求。例如,最高人民法院"河南思维自动化设备有限公司与胡克盈余分配纠纷二审案"[(2006)民二终字第110号]。因此,本次司法解释对此进行了明确。即,公司是否对利润进行分配以及应当分配多少,应当由公司根据商业上的判断自主作出决定,该决定属于公司自治的范畴,而法院不应予以干预。

在原《解释(四)意见稿》中,其第二十条(股东会或者股东大会决议分配方案)规定:"股东提交载明具体分配方案的股东会或者股东大会有效决议,起诉请求公司分配利润的,应当判决公司在一定期限内根据决议确定的方案向股东支付红利。判决对未参加诉讼的有利润分配请求权的股东发生法律效力。股东起诉请求公司分配利润,未提交载明具体分配方案的股东会或者股东大会决议的,应当驳回诉讼请求,但有限责任公司的股东有证据证明其他股东滥用股东权利或董事、高级管理人员存在欺诈行为导致公司不分配利润的除外。"正式稿与之相比较,存在如下三个主要区别:首先,增加了"公司拒绝分配利润且其关于无法执行决议的抗辩理由不成立的"前置条件要求;其次,最重要的区别在于删除了"判决对未参加诉讼的有利润分配请求权的股东发生法律效力。"最后,将"股东起诉请求公司分配利润,未提交载明具体分配方案的股东会或者股东大会决议的,应当驳回诉讼请求,但有限责任公司的股东有证据证明其他股东滥用股东权利或董事、高级管理人员存在欺诈行为导致公司不分配利润的除外。"纳入单独的第十五条规定:"股东未提交载明具体分配方案的股东会或者股东大会决议,请求公司分配利润的,人民法院应当驳回其诉讼请求,但违反法律规定滥用股东权利导致公司不分配利润,给其他股东造成损失的除外。"中。

(三)利润分配请求权诉讼的判决效力

如上所述,《公司法司法解释(四)》第十四条删除了原《解释(四)意见稿》第二十条(股东会或者股东大会决议分配方案)"判决对未参加诉讼的有利润分配请求权的股东发生法律效力。"的规定。同时还删除了原《解释(四)意见稿》第二十一条(未参加诉讼股东申请强制执行的权利)规定:"人民法院审理股东请求公司分配利润案件,驳回股东诉讼请求后,未参加诉讼的股东以相同的诉讼请求、事实和理由另行起诉的,应当不予受理。人民法院作出公司分配利润的判决后,未参加诉讼的有利润分配请求权的股东,可以据此申请强制执行。"征求意见稿被删除的这些规定实际是明确了利润分配请求权诉讼的判决效力,即判决的效力及于公司的所有股东。一方面,如果判决支持了股东的诉讼请求,则未参加诉讼的股东也有权向法院申请强制执行;另一方面,如果判决驳回了股东的诉讼请求,则未参加诉讼的股东也不能再依据同一事实和理由向法院提起相同的诉讼请求。但这些的条款规定存在较大的争议:一般地,在给付之诉中,法院判决的效力仅及于案件的当事人。在公司法司法解释(四)征求意见时,对于利润分配请求权诉讼的判决是否及于其他股东,显然存在两种不同的意见:一是判决应及于其他股东。其理由在于,在利润分配请求诉讼中,全体股东均享有利润分配的权利。如果判决的效力不及于除原告之外的其他股东,无论判决结果是否支持原告,该等股东都有可能另行对公司提起相同的诉讼。如此,将导致司法资源的浪费,并且有可能造成法院对同一争议的不同判决,产生对当事人不公平的问题;二是判决及于其他股东将损害其他股东的权利(诉权)。其理由在于,在利润分配请求诉讼中,如果法院判决公司按照决议方案向原告股东分配利润,但未参加诉讼的其他股东对该分配利润的决议效力有异议,其有权提起决议撤销或无效诉讼。如果简单规定法院分配利润的判决"对未参加诉讼的有利润分配请求权的股东发生法律效力",相当于剥夺了其他股东的诉权。显然,《解释(四)意见稿》采纳了第一种观点。

但是,这一情况在《公司法司法解释(四)》中发生了转变,后者遵从了在给付之诉中,法院判决的效力仅及于案件的当事人的一般原则,采纳了第二种观点。此外,如果"一刀切"地规定"判决对未参加诉讼的有利润分配请求权的股东发生法律效力",对于没有参与诉讼的其他股东,如果最终判决不利于原告,而该判决的效力及于他们,则也有可能导致其权利受到损害,亦将剥夺其诉权:根据《民事诉讼法》第五十六条第三款"前两款规定的第三人,因不能归责于本人的事由未参加诉讼,但有证据证明发生法律效力的判决、裁定、调解书的部分或者全部内容错误,损害其民事权益的,可以自知道或者应当知道其民事权益受到损害之日起六个月内,向作出该判决、裁定、调解书的人民法院提起诉讼。人民法院经审理,诉讼请求成立的,应当改变或者撤销原判决、裁定、调解书;诉讼请求不成立的,驳回诉讼请求。"的规定,其他未参加诉讼的股东如果有证据证明判决存在错误,损害其民事权益的,可以依据前述规定提起撤销之诉。因此,《公司法司法解释(四)》删除了前述效力及于其他参加诉讼的有利润分配请求权的股东的规定;相应地,《解释(四)意见稿》第二十一条(未参加诉讼股东申请强制执行的权利)规定由于不存在了前述的效力及于基础,删除应是当然之义。

(四)滥用股东权利阻止利润分配时的司法介入权

根据《公司法司法解释(四)》第十四条有关审查标准的规定,如果股东能够提交载明具体分配方案的股东会或者股东大会的有效决议,且公司拒绝分配利润且其关于无法执行决议的抗辩理由不成立的，则法院将会判决公司按照决议确定的方案支付红利。反之，则法院将会驳回股东的诉讼请求。但这一原则规定可能带来的问题是，实践中，股东因利润分配发生纠纷的主要原因是公司盈利但不分红或者少分红。此时，公司因受大股东控制完全可以不作出分红决议。在这种情况下，小股东的利益显然会受到损害。根据《公司法》目前的规定，小股东只能采取其他途径来予以救济。比如，根据《公司法》第七十四条规定："有下列情形之一的，对股东会该项决议投反对票的股东可以请求公司按照合理的价格收购其股权：（一）公司连续五年不向股东分配利润，而公司该五年连续盈利，并且符合本法规定的分配利润条件的；"但在实践中，这一救济途径的效果很不理想，原因在于：第一，该途径的实现需要遵从严格的实体和程序要求。比如，"公司连续五年不向股东分配利润，而公司该五年连续盈利"可能不容易满足且易于规避；提起诉讼的股东需要在股东会决议投反对票，而对于公司不召开股东会、未作出利润分配股东会决议或者仅作出了少分配利润的决议的情况，该条款可能难以得到适用；第二，如何确定公司回购股权的"合理的价格"，也存在一定难度；第三，股东本身并不愿意退股而仅仅是希望公司分红，特别是在公司连续盈利的情况下，《公司法》第七十四条的规定只能迫使股东以退股的方式来予以救济是否公平。

基于上述考虑，《公司法司法解释（四）》规定："股东未提交载明具体分配方案的股东会或者股东大会决议，请求公司分配利润的，人民法院应当驳回其诉讼请求，但违反法律规定滥用股东权利导致公司不分配利润，给其他股东造成损失的除外。"这一规定明确了在特定情形下，即违反法律规定滥用股东权利导致不分配利润，给其他股东造成损失的情形下，司法应予以介入分配。

与在原《解释（四）意见稿》第二十条（股东会或者股东大会决议分配方案）第二款的但书部分规定："但有限责任公司的股东有证据证明其他股东滥用股东权利或董事、高级管理人员存在欺诈行为导致公司不分配利润的除外。"相比较，正式稿进行了重大的修订，主要体现在：第一，删除了"有限责任公司"的限制；第二，删除了股东"有证据证明其他股东滥用股东权利或董事、高级管理人员存在欺诈行为导致公司不分配利润"的规定；第三，增加了"给其他股东造成损失的"要求。为什么作出这样的修订，主要基于如下理由：

首先，征求意见稿仅规定但书部分适用于有限责任公司的股东，其原因在于考虑到股份有限公司的"资合"性质，其股份更容易流动或转让，如果公司不分配利润，股东完全可以直接选择转让其股份来保护自己的权利。但如前所述，股东可能本身并不愿意退股而仅仅是希望公司分红，特别是在公司连续盈利的情况下，这样排除股份有限公司的股东将导致不公平,且也与征求意见稿“股东未提交载明具体分配方案的股东会或者股东大会决议”中包含“股东大会决议”不相匹配。因此,正式稿删除了“有限责任公司”的限制。

其次,征求意见稿规定股东必须“有证据证明其他股东滥用股东权利或董事、高级管理人员存在欺诈行为导致公司不分配利润”,这对于股东而言,极大地增加了股东的举证难度和证明标准。因为在实践中,往往是小股东提起这样的利润分配的诉讼,但小股东基于其地位,一般对公司的经营状况、利润情况并不了解,除非其聘请专门的律师事务所或审计机构来予以评估或审计,否则无法证明其他股东存在滥用股权权利或董事、高级管理人员存在欺诈行为导致公司不分配利润的事实,而且如果公司因受大股东或董事、高级管理人员的把控,不予以配合的话,还可能涉及股东知情权诉讼。另一方面,要证明“滥用”股东权利或董事、高级管理人员存在“欺诈”行为,从法律上并非易事。最后,即使这些都得以证明,但由于不存在载明具体分配方案的股东会或者股东大会的有效决议,而公司章程一般都不涉及更为具体的利润分配的条款,法院对如何进行利润分配(分配多少、如何分配、采用何种形式分配等)也难以确定,这不光涉及法院不具有相应的专业储备和对相关行业背景的了解,更多重要的是法院对企业的具体的经营现状等均不可能有深入的了解。基于这些考虑,正式稿删除了征求意见稿这一规定,修订为“但违反法律规定滥用股东权利导致公司不分配利润,给其他股东造成损失的除外。”

尽管如此,在笔者看来,这一但书规定可能在实践中更具有宣誓意义。一个似乎可行的解决思路是,可以考虑修订《公司法》第七十四条股权回购的条件,改变其实践几乎不可能用到的现状,或者对有限责任公司的股东会议召集、会议程序、议事规则上面保证小股东可以有权利提起利润分配的决议,并通过累积投票制或征集投票权等方式来解决小股东的表决权问题。

最后,正式稿增加了“给其他股东造成损失的”要求。这一要求表明,提起利润分配请求权诉讼的原告股东应证明滥用股东权利导致公司不分配利润,需要给其自身造成了损失,因为无损失,则其并不存在所谓的诉益。

专题 43 直接诉讼与股东代表诉讼

内容提示

股东的权利可以分成两大类:股东的自益权利和股东的共益权利。因此,股东诉讼可以按照股权的两大类别而分为股东直接诉讼和股东派生诉讼。2017年8月28日,最高人民法院颁布了《最高人民法院关于适用〈中华人民共和国公司法〉若干问题的规定(四)》对股东代表诉讼的相关问题进行了明确。专题包含如下内容:

- 直接诉讼和股东代表诉讼的概念与分类
- 直接诉讼与股东代表诉讼的当事人
- 公司直接诉讼和股东代表诉讼的适用范围
- 提起公司直接诉讼和股东代表诉讼的前置程序
- 股东代表诉讼的调解机制
- 股东代表诉讼胜诉利益的归属和诉讼成本的承担

一、直接诉讼和股东代表诉讼的概念与分类

我国公司法在2005年修订后,首次引入直接诉讼制度与股东代表诉讼制度,为保护股东利益尤其是保护中小股东利益提供了有效的司法救济途径。股东的权利可以分成两大类:股东的自益权利和股东的共益权利。因此,股东诉讼可以按照股权的两大类别而分为公司/股东直接诉讼和股东代表诉讼。

(一)直接诉讼:公司直接诉讼和股东直接诉讼

直接诉讼制度可以细分为公司直接诉讼和股东直接诉讼两类。公司直接诉讼,是指符合法律要求的股东可以书面请求监事会或者不设监事会的有限责任公

司的监事向人民法院提起诉讼;监事执行职务有违反法律法规或公司章程的情形的,前述股东可以书面请求董事会或者不设董事会的有限责任公司的执行董事向人民法院提起诉讼;股东直接诉讼,是指股东为了自己的利益而基于股份所有人地位向其他侵犯自己利益的人提起的诉讼。此处侵犯自己利益的人包括股东所在的公司及董事、高管或其他股东。股东直接诉讼的情形主要有:利润分配请求权诉讼;股东知情权诉讼;新股认购优先权诉讼;股东决议效力诉讼(决议不成立、无效、撤销之诉);股东之间的出资违约诉讼;股权转让诉讼、剩余财产分配请求权诉讼等。

1. 公司直接诉讼

公司直接诉讼体现在《公司法》第一百五十一条第一款规定中:“董事、高级管理人员有本法第一百四十九条规定的情形的,有限责任公司的股东、股份有限公司连续一百八十日以上单独或者合计持有公司百分之一以上股份的股东,可以书面请求监事会或者不设监事会的有限责任公司的监事向人民法院提起诉讼;监事有本法第一百四十九条规定的情形的,前述股东可以书面请求董事会或者不设董事会的有限责任公司的执行董事向人民法院提起诉讼。”其中,《公司法》第一百四十九条规定:“董事、监事、高级管理人员执行公司职务时违反法律、行政法规或者公司章程的规定,给公司造成损失的,应当承担赔偿责任。”因此,如果公司监事会或者不设监事会的有限责任公司的监事,董事会或者不设董事会的有限责任公司的执行董事接受股东的请求向人民法院提起诉讼的,则该类诉讼为公司以自己名义提起的直接诉讼,这就是所谓的公司直接诉讼。

2. 股东直接诉讼

股东直接诉讼主要体现在《公司法》第一百五十二条中:“董事、高级管理人员违反法律、行政法规或者公司章程的规定,损害股东利益的,股东可以向人民法院提起诉讼。”因此,如果公司董事、高级管理人员违反法律、行政法规或者公司章程的规定,损害股东利益的,股东可以以自己名义提起损害赔偿的直接诉讼。

(二)间接诉讼:股东代表诉讼(股东派生诉讼)

股东代表诉讼(间接诉讼)是指公司的正当权益受到侵害,而公司(监事会、监事或董事会、执行董事)怠于或拒绝追究侵害人的责任时,股东为了公司的利益以自己的名义替代公司对侵害人提起的诉讼。因为股东代表诉讼是从公司直接诉讼中派生出来的,因此理论上又称为股东派生诉讼。

股东代表诉讼体现在《公司法》第一百五十一条第二、三款中:

“……

监事会、不设监事会的有限责任公司的监事，或者董事会、执行董事收到前款规定的股东书面请求后拒绝提起诉讼，或者自收到请求之日起三十日内未提起诉讼，或者情况紧急、不立即提起诉讼将会使公司利益受到难以弥补的损害的，前款规定的股东有权为了公司的利益以自己的名义直接向人民法院提起诉讼。

他人侵犯公司合法权益，给公司造成损失的，本条第一款规定的股东可以依照前两款的规定向人民法院提起诉讼。”

为便于分类和理解，笔者将直接诉讼和间接诉讼总结如下图 43－1：

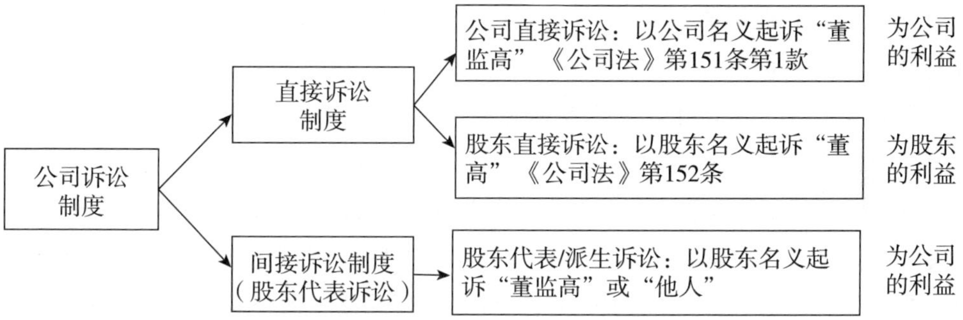

图 43－1　直接诉讼和间接诉讼

【实务问题 74】　股东直接诉讼和代表诉讼的区别和联系

实践中，当股东的权益受到侵害时，可以通过两种诉讼途径的补救措施来保护其在公司的利益：一是股东直接诉讼，二是股东代表诉讼。股东直接诉讼是指，股东纯为维护自身的利益而基于其股份所有人的地位而向公司或其他人提起的诉讼。而股东代表诉讼则是指公司的正当权益受到侵害，而公司怠于或拒绝追究侵害人的责任时，股东为了公司的利益以自己的名义替代公司对侵害人提起的诉讼。两者的主要区别在于如下几点：

1. 产生原因不同。股东的权利可以分成两大类：股东的自益权和股东的共益权。股东代表诉讼是股东共益权因公司本身遭受到侵犯而间接受到损害，只有当公司因法定原因未起诉时，才可以由股东以自己的名义提起诉讼，而股东直接诉讼的起因则是因为股东自益权受到侵犯，股东以自己的名义提起诉讼。

2. 诉讼性质不同。股东代表诉讼提起权是股东监督、纠正公司不适或违法行为的一种权利，应为共益权，而股东直接诉讼是股东为了自己的利益而提起的诉讼，即便该种诉讼成功，股东通过该种诉讼所取得的利益亦不归于公司。因而，该诉权从本质上说是一种自益权。

3. 诉权根据不同。提起代表诉讼的根据具有二元性，即：一是代表诉讼提起权源于股东作为股份所有人即出资人的地位;二是代表诉讼提起权源于股东作为公司代表人的地位。此二者缺一不可。其中,前者是每一个股东所享有的股东权的应有之义,而后者只有在公司法规定的条件和程序得以满足之后方可发生。而提起直接诉讼的根据仅具有一元性,即直接诉讼提起权仅源于股东作为股份所有人即出资人的地位。

4. 诉讼目的不同。在股东代表诉讼中,虽然公司和股东个人都是侵害行为的受害者,但公司是直接受害者,股东个人是间接受害者,原告股东提起诉权的目的是为了公司的利益,但也间接地维护了自己的利益;而在股东直接诉讼中,股东个人是侵害行为的直接受害者,原告股东行使诉权的目的是纯粹为了自身的利益,而非整个公司的利益。

5. 诉讼归属不同。在股东代表诉讼中,原告股东仅享有形式意义上的诉权,至于实质意义上的诉权则属于公司,即形式意义上的诉权与实质意义上的诉权是互相分离的。因此,即使原告股东在代表诉讼中胜诉,则胜诉的利益应当归于公司,而非原告股东。倘若原告股东败诉,则不仅由原告股东负担该案的诉讼费用,而且该案的判决对于公司产生既判力,不仅其他股东不得就同一理由再次提起代表诉讼,公司的机关亦不得再就同一理由为公司提起直接诉讼;而在股东直接诉讼中,原告股东所享有的形式意义上的诉权与实质意义上的诉权是合一的,无论原告股东胜诉抑或败诉,一切利益和不利益均归属于原告股东,而非其所持股份的公司。

二、直接诉讼与股东代表诉讼的当事人

(一)股东直接诉讼的当事人

根据《公司法》第一百五十二条的规定,在股东直接诉讼中,适格股东为原告,侵害人(董事或高级管理人员)为被告。这在法律中已经予以明确,且在司法实践中并无争议。

(二)公司直接诉讼与股东代表诉讼的当事人

《公司法司法解释(四)》第二十三条规定:

“监事会或者不设监事会的有限责任公司的监事依据公司法第一百五十一条第一款规定对董事、高级管理人员提起诉讼的,应当列公司为原告,依法由监事会主席或者不设监事会的有限责任公司的监事代表公司进行诉讼。

董事会或者不设董事会的有限责任公司的执行董事依据公司法第一百五十一条第一款规定对监事提起诉讼的,或者依据公司法第一百五十一条第三款规定对

他人提起诉讼的，应当列公司为原告，依法由董事长或者执行董事代表公司进行诉讼。”

第二十四条规定：

“符合公司法第一百五十一条第一款规定条件的股东，依据公司法第一百五十一条第二款、第三款规定，直接对董事、监事、高级管理人员或者他人提起诉讼的，应当列公司为第三人参加诉讼。

一审法庭辩论终结前，符合公司法第一百五十一条第一款规定条件的其他股东，以相同的诉讼请求申请参加诉讼的，应当列为共同原告。”

上述两条规定分别明确了公司直接诉讼和股东代表诉讼中公司的不同诉讼地位。根据第二十三条的规定，在公司直接诉讼中，应当将公司列为原告，由监事会主席或者不设监事会的有限责任公司的监事或者董事长或执行董事担任诉讼代表人。根据第二十四条的规定，在股东代表诉讼中，应当将股东列为原告，同时应当将公司列为第三人参加诉讼。此外，第二十四条还明确了适格的其他股东在一审法庭辩论终结前，以相同的诉讼请求申请参加诉讼的，应当列为共同原告。

与原《解释（四）意见稿》第三十条（诉讼地位）第一款“监事会、监事或者董事会、执行董事依据公司法第一百五十一条第一款起诉的，应当列公司为原告，由监事会负责人、监事或者董事长、执行董事担任诉讼代表人。人民法院受理股东依据公司法第一百五十一条第二款、第三款的规定提起诉讼的案件后，应当通知公司作为第三人参加诉讼。”第三十二条（其他股东参加诉讼）“人民法院审理股东依据公司法第一百五十一条第二款、第三款规定提起诉讼的案件，其他股东在一审法庭辩论结束前以相同的诉讼请求申请参加诉讼的，应当列为共同原告。已经进行的诉讼程序，对参加诉讼的其他股东发生法律效力。判决对未参加诉讼的股东发生法律效力。”规定相比较，主要存在如下几点区别：

第一，正式稿将征求意见稿第三十条拆分为两条（第二十三条和第二十四条）分别对公司直接诉讼和股东代表诉讼进行明确，层级和逻辑感更强；

第二，将征求意见稿的“监事会负责人”修订为“监事会主席”，以保持与《公司法》的表述一致；

第三，删除了征求意见稿第三十二条（其他股东参加诉讼）“已经进行的诉讼程序，对参加诉讼的其他股东发生法律效力。判决对未参加诉讼的股东发生法律效力。”的规定。征求意见稿前述规定实质是明确了其他股东参加诉讼以及判决效力扩张的问题。股东代表诉讼中，原告股东仅作为形式原告，其行使的是本属于公司的诉权，因此在股东代表诉讼中存在虚假诉讼的可能。以高级管理人员损害公司利益为例,高级管理人员可以操纵关系友好型股东提起代表诉讼,然后原告股东故意准备证据不足,与高级管理人员合谋取得败诉判决。因股东代表诉讼中,原告股东作为形式原告,其行使的是公司的诉权,因此,一旦判决确定,对公司也就当然产生拘束力。根据"一事不再理"的原则,公司就相关争议已经无权再行提起诉讼。因此,其他股东也就无权另行提起股东代表诉讼。未提起诉讼的其他股东以相同的事实和理由参与诉讼,可以作为共同原告,当然也可以行使公司的诉权,与高级管理人员形成实质性对抗,从而有利于防止虚假诉讼的发生。存在的问题是,其他股东事后发现当时提起股东代表诉讼系原告股东与被告(比如高级管理人员损害公司利益纠纷案件中的公司高级管理人员)恶意串通,合谋取得的败诉判决,此种情况如何处理?司法解释并未给出明确答案。笔者认为,可以通过启动第三人撤销之诉来解决相关争议。司法实践中,一些法院也明确支持提起第三人撤销之诉。如深圳市中级人民法院《关于审理股东代表诉讼案件的裁判指引》(2015 年 10 月 15 日深圳市中级人民法院审判委员会民事行政执行专业委员会第 14 次会议讨论通过)第十七条规定:"人民法院对股东代表诉讼案件作出的判决、裁定、调解书生效后,持股时间和比例符合公司法第一百五十一条第一款规定的公司股东依照民事诉讼法第五十六条第三款规定提起诉讼的,人民法院应予受理。"但正式稿删除了上述规定,其理由在于,如前所述,股东代表诉讼属于间接诉讼,系股东代表公司行使公司的诉权,一旦原告股东提起的诉讼经法院判决生效之后,当然对公司产生拘束力。因此,其他股东也就无权另行提起股东代表诉讼,司法解释再规定"判决对未参加诉讼的股东发生法律效力"并无必要。另外,对于"已经进行的诉讼程序,对参加诉讼的其他股东发生法律效力",由于司法解释已经将其他股东列为共同原告,已经进行的诉讼程序,当然对参加诉讼的其他股东发生法律效力,亦无规定的必要。

需要注意的是,在理解正式稿上述两条规定时,还需要注意如下几点:

首先,根据《公司法》第一百五十一条第一款提起的诉讼,属于公司直接诉讼。根据《公司法》第一百五十一条第一款规定,当作为执行机构的董事、高级管理人员有损害公司利益的情形的,适格股东可以请求公司监事会(或者不设监事会的有限责任公司的监事)提起诉讼;反之,作为监督机关的监事会(或者不设监事会的有限责任公司的监事)实施损害公司利益的行为的,适格股东可以请求公司董事会(或者不设董事会的有限责任公司执行董事)提起诉讼。根据《公司法》第一百五十一条第一款提起的诉讼,仍属于公司机关(无论是执行机关抑或监督机关)提起诉讼,因此本质上仍应属于公司直接诉讼的范畴;只不过这种直接诉讼,相较于公司自身提起的直接诉讼仍有所区别。比如在公司自身直接提起诉讼的情况下，公司法定代表人可以委托律师作为公司的诉讼代理人，而根据《公司法》第一百五十一条第一款提起的诉讼，尽管仍列公司作为原告，但在诉讼过程中需要增列公司的诉讼代表人。代表公司进行诉讼的，并不当然是公司的法定代表人。甚至法定代表人本身实施损害公司利益的行为，此时监事会或者不设监事会的有限责任公司的监事应适格股东的请求代表公司提起诉讼，在判决书诉讼主体列明部分，应当在公司法定代表人后增列诉讼代表人。此时，公司诉讼权利应由诉讼代表人行使。

其次，根据《公司法》第一百五十一条第二款、第三款提起的诉讼，属于股东代表诉讼。在股东履行书面请求的前置程序（情况紧急需要立即起诉的可以豁免前置程序）的情况下，公司机关仍拒不提起诉讼，股东作为形式原告，代公司提起诉讼的，属于股东代表诉讼。因股东代表诉讼中，股东行使的诉权原本属于公司，并且在原告股东胜诉后，公司将成为胜诉利益的接收主体（参见后文相关内容），因此公司应参与股东代表诉讼程序之中。鉴于公司的诉权已经由原告股东具体行使，因此应当列公司为第三人。实践中，公司作为第三人参诉，有可能协助原告股东，也有可能偏袒被告，但公司在诉讼中的意见并不重要。因为原告股东代为行使公司的诉权，此时形成实质对抗的是原告股东与被告。公司更多表现为胜诉利益的被动接收方。当然，公司可以提出相应证据，辅助查明案件事实。

最后，无论是在英美法系，还是在大陆法系，股东代表诉讼的原告都是享有代表诉讼提起权的股东，所不同的是各国公司法对原告股东的资格要求宽严不一，具体说来主要体现在持股期间和持股数量上。我国《公司法》将提起股东代表诉讼的原告限定为有限责任公司的股东及连续180日以上单独或者合计持有百分之一以上股份的股份有限公司的股东；另外，股东代表诉讼的被告是以不当行为侵害公司利益而应对公司承担赔偿责任的当事人。我国立法对代表诉讼的被告的规定类似于美国，不仅规定董事、监事、高级管理人员可以作为代表诉讼的被告；同时也规定董事、监事、高级管理人员以外的其他人侵犯公司合法权益，给公司造成损失的，同样也能作为代表诉讼的被告。即，代表诉讼的对象十分广泛，与公司自身有权提起的诉讼范围相同。凡是侵害公司利益的人，不管是公司内部的人，还是公司外部的人，只要是公司有权对其提出诉讼请求权的人，都可以成为股东代表诉讼的被告；在股东代表诉讼中，明确了公司作为第三人的诉讼地位。

在原《解释（四）意见稿》的公司直接诉讼规定中，规定由监事会主席、监事或者董事长、执行董事担任“诉讼代表人”，显然存在瑕疵。我们知道，根据民事诉讼法关于诉讼代表人的基本理论，诉讼代表人制度是指为了便于进行诉讼，提高诉讼效率,由人数众多的一方当事人推选出来,代表其利益实施诉讼行为的人。诉讼代表人,一方面是诉讼当事人,对诉讼标的享有诉讼利益;另一方面是代表其他相关诉讼主体的代表人,其实施的诉讼行为对其代表的全体利害关系人具有法律效力。在公司直接诉讼中,监事会主席、监事或者董事长、执行董事通常情况下对遭受损害的公司利益不享有直接的诉讼利益,因此,不属于诉讼当事人。在直接诉讼中,监事会主席、监事或者董事长、执行董事仍然属于代理人的身份,系基于履行公司职责的法定义务而提起的诉讼。此时,依法由他们代表公司诉讼是恰当的。因此,《公司法司法解释(四)》做出了这样的修订。

(三)《公司法司法解释(四)》删除了征求意见稿“公司替代原告”的规定

需要特别说明的是,原《解释(四)意见稿》第三十三条(公司替代原告)规定:“人民法院审理股东依据公司法第一百五十一条第二款、第三款规定提起诉讼的案件后,公司申请替代股东诉讼的,应当征得股东的同意。股东同意的,其已实施的诉讼行为有效·另行提起诉讼的,不予受理或者驳回起诉。”该条规定明确了股东代表诉讼与公司直接诉讼的转换。在股东代表诉讼中,作为形式原告的股东,行使的是公司的诉权。一旦公司改变此前怠于行使诉权的状况,主动要求作为原告提起诉讼,原则上应当准许。但实践中,如追究公司高级管理人员责任的案件,股东提起代表诉讼后,高级管理人员很有可能操纵公司要求提起直接诉讼。如果对于此种请求一概无条件准许,则在后续的公司直接诉讼中,高级管理人员又可能操纵公司,共同谋取败诉判决。而公司直接诉讼案件判决一旦确定,股东也无权再行提起代表诉讼。为防止恶意诉讼,对于公司申请将股东代表诉讼转为公司直接诉讼的,征求意见稿规定必须取得提起代表诉讼的股东的同意。问题在于,此时原告股东是否必须退出诉讼,征求意见稿未作明确规定。笔者认为,原告股东在诉讼中可以作为第三人参加诉讼。一旦原先提起代表诉讼的股东,能够证明公司在直接诉讼中与被告合谋,实施虚假诉讼,应当允许其在诉讼中对被告进行实质性抗辩,甚至将公司直接诉讼再行转换为股东代表诉讼。

此外,对于公司申请替代股东完成诉讼的,股东有权拒绝该等申请。对该条最大的争议在于“应当征得股东的同意”中“股东”的界定。即,此处的“股东”是否应包括其他未参加诉讼的股东,甚至还要考虑股东代表诉讼中被告一方既是公司董监高又是公司股东的情况。笔者认为,根据《解释(四)意见稿》第三十二条关于其他股东诉讼地位的规定,应包括其他未参考诉讼的股东,但应排除属于股东的被告一方。只有这样才能形成股东整体合意。

但在《公司法司法解释(四)》中,有关“公司替代原告”的规定被予以删除。主要的原因有两点:一是,正式稿第二十四条已经将公司列为第三人(其实征求意见稿第三十条第二款也有类似规定),就不再存在“公司替代股东”的问题了;二是,基于上述的考虑,为了防止可能的“虚假诉讼”、诉讼的稳定性以及原告股东是否必须退出诉讼等问题,不宜认可股东代表诉讼与公司直接诉讼的转换。

三、公司直接诉讼和股东代表诉讼的适用范围

(一)《公司法》有关公司直接诉讼和股东代表诉讼适用范围的规定

公司直接诉讼和股东代表诉讼的适用范围事实上包括相互联系的两个方面:一是上文提及的诉讼的被告(董事、监事、高级管理人员或他人);二是原告可就被告的哪些行为提起诉讼。各国和地区的立法例对此规定不一。我国的股东代表诉讼制度对于可提起代表诉讼的行为的界定,同美国模式基本一致,不仅仅局限于董事对公司的责任;同时对监事、高级管理人员执行公司职务时违反法律、行政法规或者公司章程的规定,给公司造成损失的行为,以及他人侵犯公司合法权益,给公司造成损失的行为,都可依法提诉讼。具体而言,我国公司直接诉讼和股东代表诉讼的适用范围如下:

- 董事、监事、高级管理人员执行公司职务时违反法律、行政法规或者公司章程的规定,给公司造成损失的;
- 他人侵犯公司合法权益,给公司造成损失的。

(二)《公司法司法解释(四)》删除了征求意见稿“双重代表诉讼”的规定

需要特别说明的是,原《解释(四)意见稿》第三十一条(董事、高级管理人员、监事会、监事、他人的含义)扩大了公司直接诉讼和股东代表诉讼的适用范围。该条规定:

“公司法第一百五十一条第一款、第二款所称的‘董事、高级管理人员’、‘监事会’、‘监事’包括全资子公司的董事、高级管理人员、监事会、监事。

公司法第一百五十一条第三款所称的‘他人’,是指除公司或者全资子公司的董事、监事、高级管理人员以外的其他人。”

该条规定对公司直接诉讼和股东代表诉讼的适用范围作出了扩大解释,不仅适用于公司本身的董监高,而且还适用于公司全资子公司的董监高。这样,母公司的股东可以直接监督其全资子公司董监高执行公司职务的行为,并且可以突破全资子公司的独立法人人格,通过公司直接诉讼或者股东代表诉讼的方式维护股东

权益。

从更深层次来分析,该条实质上有限度地确立了“双重代表诉讼”,是对股东代表诉讼的扩大解释。从股东代表诉讼的立法目的可以合理地引申出双重代表诉讼的概念。在母子公司或者存在控制与被控制关系的企业集团之间,双重代表诉讼有其存在的合理性。在子公司(被控制公司)利益受到损害的情况下,有权提起公司直接诉讼的应该是子公司(被控制公司)本身,有权提起股东代表诉讼的,则应该是包括母公司(控制公司)在内的所有子公司(被控制公司)的股东。此时如果母公司(控制公司)不愿意提起股东代表诉讼,则基于股东代表诉讼的立法目的,母公司(控制公司)的股东即有权提起第二层次的股东代表诉讼(因为启动股东代表诉讼的前提是公司不行使诉权),此即是所谓的“双重代表诉讼”。双重代表诉讼可以形象地表述为“股东的股东”提起的代表诉讼。双重代表诉讼是企业集团法的重要制度设计之一,美国和日本等国家都明确支持双重代表诉讼,甚至一些国家有条件地允许提出更多层次的股东代表诉讼。

美国法律研究院通过并发布的《公司治理原则:分析与建议》一书指出,“在判例法下,单个原告不仅可以代表自己直接拥有股份的公司提起代表诉讼,而且还可以代表该公司拥有重大投资股份的子公司提起代表诉讼……对于上述规则是否仅适用于两个公司之间构成实质上的子公司与母公司的关系的情况,还是只要有投资即已足够,判例之间存在分歧。法院通常要求原告股东的公司至少持有受损害的公司实质上的股权,这是比较合理的做法……根据判决,即使母公司对子公司的控制是通过一家中间公司的子公司实现的,母公司的股东仍可代表子公司诉讼,这样实质上构成了‘三重代表诉讼’。”

征求意见稿将双重代表诉讼仅限于全资母子公司之间,存在严重的局限性。这种局限性与《公司法》修订前强制有限公司必须由 2 人以上股东设立的规定一样,在实践中很容易被规避。只要不是全资母子公司,双重代表诉讼就失去了存在的空间。而事实上母公司对于子公司的绝对控制并不以 100% 持股为必要。只要控制公司象征性地拿出一部分股权(比如 5% 甚至 1%)给其他主体,双重代表诉讼就变得不可能,因此征求意见稿对于双重代表诉讼的范围规定失之过窄。《公司法》第二百一十六条第(二)项对于“控股股东”给出了立法定义。即,控股股东,是指其出资额占有限责任公司资本总额百分之五十以上或者其持有的股份占股份有限公司股本总额百分之五十以上的股东;出资额或者持有股份的比例虽然不足百分之五十,但依其出资额或者持有的股份所享有的表决权已足以对股东会、股东大会的决议产生重大影响的股东。笔者认为,就征求意见稿的“双重代表诉讼”应当予以适当的“放宽”和“限制”:(1)“放宽”,是指降低提起双重代表诉讼主体资格的限制,即降低控股股东的持股要求,从100%的全资子公司降低为实际具有控制与被控制关系的公司;(2)“限制”,是指为了防止在第一层次股东代表诉讼(子公司层面股东代表诉讼)与第二层次股东代表诉讼(母公司层面股东代表诉讼)主体上的混乱,应当优先允许提起第一层次的股东代表诉讼,对于第二层次股东代表诉讼的提起在前置程序上应加以限制。笔者以下例来进行说明:

案例90　“双重代表诉讼”的前置程序

事实:假定甲公司由A、B、C三个股东出资设立,A为法人股东,持股比例为70%,B、C均为自然人股东,持股比例均为15%。A公司有三名股东,分别为自然人D、E和F。由于乙公司结欠甲公司货款,而甲公司怠于起诉。参见下图:

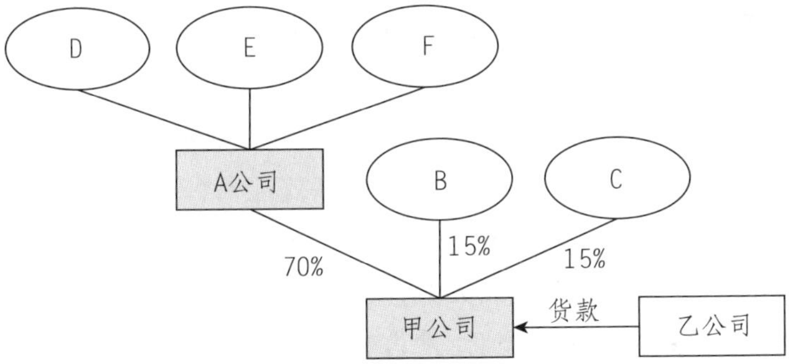

分析:就第一层次股东代表诉讼(即甲公司层面股东代表诉讼)而言,有权提起代表诉讼的应当是甲公司的股东,即A公司、自然人B和C。如果A公司不愿意提起第一层次的股东代表诉讼,则A公司的自然人股东D、E和F有权提起第二层次的股东代表诉讼;此时将产生有权提起第一层次股东代表诉讼的自然人股东B、C与有权提起第二层次股东代表诉讼的自然人股东D、E和F并存的局面。此时,应对D、E和F增设提起第二层次股东代表诉讼的前置条件。即,必须同时满足:(1)甲公司不提起公司直接诉讼;(2)A公司、B、C均不提起第一层次股东代表诉讼(可通过书面催告程序予以证明),此时,D、E和F才有权提起第二层次的股东代表诉讼。换言之,D、E和F如欲提起第二层次的股东代表诉讼,必须同时书面催告甲公司(怠于提起直接诉讼)以及A公司、B、C(怠于提起第一层次股东代表诉讼),在上述主体均拒绝起诉时,第二层次的股东代表诉讼才应允许。

还需要注意的是,征求意见稿出台后,有观点指出,该规定尚不明确的是,该规定是否意味着允许母子公司董监高交叉诉讼,或者仅指母公司董监高或股东可以对子公司董监高提起诉讼。笔者认为，根据股东代表诉讼的立法本意，系上级层面的适格股东可以提起代表诉讼，显然子公司的董监高无权代表公司对母公司的董监高提起诉讼，因为子公司并非母公司的股东。反之，则成立。此外，结合《解释（四）意见稿》第三十五条（胜诉利益的处置）第二款“股东因公司的全资子公司利益受到损害，依据公司法第一百五十一条提起诉讼，请求被告向全资子公司承担民事责任的，应予支持；请求被告向公司承担民事责任的，不予支持。”的规定，亦可证明，母公司董监高怠于行使其对全资子公司的监督责任时，此时由于全资子公司并无其他股东可以提起救济程序，应允许母公司的股东可以直接监督其全资子公司董监高执行公司职务的行为，并且可以突破全资子公司的独立法人人格，通过直接诉讼或者股东代表诉讼的方式维护股东权益。

鉴于征求意见稿上述“双重代表诉讼”的一些不完善甚至是“缺陷”，再考虑到有关理论尚不完善、立法（《公司法》、《民事诉讼法》）尚不支持“突破全资子公司的独立法人人格”，因此，正式稿删除了征求意见稿第三十一条（董事、高级管理人员、监事会、监事、他人的含义）和第三十五条（胜诉利益的处置）第二款的规定。这一思路可以在以往的司法实践中找到裁判。例如，在“黄少联、黄惠珍与中山市惠振制衣有限公司、黄英伟公司有关纠纷案”（民事裁定书（2013）粤高法立民终字第439号）中，原告诉请和诉由为：自己为惠振厂股东，惠振厂名下有一全资子公司惠振公司。受惠振公司时任法定代表人操控，惠振公司在没有经惠振厂授权或通过董事会决议的情况下，违反公司章程，擅自转让惠振公司名下土地房产，从而损害了惠振厂和两黄姓股东利益，故请求法院判决惠振公司和黄英伟停止土地转让行为，并确认该转让无效。二审法院广东省高级人民法院以两黄姓原告并非惠振公司的执行董事或股东，而仅仅是惠振厂的董事和股东的股东，故无权依据《公司法》提起股东直接诉讼或股东代表诉讼为由，维持驳回起诉的原判。

四、提起公司直接诉讼和股东代表诉讼的前置程序

（一）公司直接诉讼的前置程序

根据《公司法》的规定，针对董事、高级管理人员董事、监事、高级管理人员执行公司职务时违反法律、行政法规或者公司章程的规定，给公司造成损失的行为，以及他人侵犯公司合法权益的行为，有限责任公司的股东、股份有限公司连续180日以上单独或者合计持有公司1%以上股份的股东，可以书面请求监事会或者不设监事会的有限责任公司的监事向人民法院提起诉讼；针对监事执行公司职务时违反法律、行政法规或者公司章程的规定，给公司造成损失的行为，以及他人侵犯公

司合法权益的行为，前述股东可以书面请求董事会或者不设董事会的有限责任公司的执行董事向人民法院提起诉讼。如果公司监事会或者不设监事会的有限责任公司的监事，董事会或者执行董事接受股东的上述请求向人民法院提起诉讼的，则该类诉讼为公司以自己名义提起的直接诉讼。

（二）股东代表诉讼的前置程序

股东具备了提起代表诉讼的原告资格，并不等于股东在公司遭受不当行为侵害时可立即代表公司提起代表诉讼。公司法的一个基本理念是公司具有独立于股东的法律人格。因此公司一旦受到损害，就应由公司决定是否及如何追究侵害人的责任。只有公司拒绝或怠于行使其诉权来维护自己的利益时，才允许股东提起代表诉讼，即原告股东在起诉前，必须首先请求公司机关采取措施，否则不得提起代表诉讼。股东请求公司机关采取措施的行为就是股东代表诉讼的前置程序。

我国公司法亦对股东代表诉讼附加了一定的前置条件。依据《公司法》第一百五十一条的规定，当董事、高级管理人员执行公司职务时违反法律、行政法规或者公司章程的规定，给公司造成损失时，或他人侵犯公司合法权益，给公司造成损失时，具备了提起代表诉讼的原告资格的股东，可以书面请求监事会或者不设监事会的有限责任公司的监事向人民法院提起诉讼（监事有执行公司职务时违反法律、行政法规或者公司章程的规定，给公司造成损失情形的，前述股东可以书面请求董事会或者不设董事会的有限责任公司的执行董事向人民法院提起诉讼）。监事会、不设监事会的有限责任公司的监事，或者董事会、执行董事收到股东书面请求后拒绝提起诉讼，或者自收到请求之日起30日内未提起诉讼，或者情况紧急、不立即提起诉讼将会使公司利益受到难以弥补的损害的，适格股东有权为了公司的利益以自己的名义直接向人民法院提起诉讼。

有关案例可以参见下文的最高人民法院公报案例“和信公司、大兴公司与通和置业等损害公司权益纠纷案”。

五、股东代表诉讼的调解机制

在以往的司法实践中，最高人民法院在如下的“和信公司、大兴公司与通和置业等损害公司权益纠纷案”中，对股东代表诉讼的前置程序和调解明确了自己的立场。

案例91　和信公司、大兴公司与通和置业等损害公司权益纠纷案①
——股东代表诉讼的前置程序和调解

【裁判摘要】

有限责任公司的股东依照《中华人民共和国公司法》第一百五十一条的规定，向公司的董事、监事、高管人员或者他人提起股东代表诉讼后，经人民法院主持，诉讼各方达成调解协议的，该调解协议不仅要经过诉讼各方一致同意，还必须经过提起股东代表诉讼的股东所在的公司和该公司未参与诉讼的其他股东同意后，人民法院才能最终确认该调解协议的法律效力。

【基本案情】

上诉人(原审原告):浙江和信电力开发有限公司、金华市大兴物资有限公司、通和置业投资有限公司、广厦控股创业投资有限公司。

原审被告:上海富沃企业发展有限公司。

原审第三人:通和投资控股有限公司。

上诉人浙江和信电力开发有限公司(以下简称和信公司)、金华市大兴物资有限公司(以下简称大兴公司)为与上诉人通和置业投资有限公司(以下简称通和置业)、广厦控股创业投资有限公司(以下简称广厦创业)、原审被告上海富沃企业发展有限公司(以下简称富沃公司)、原审第三人通和投资控股有限公司(以下简称通和控股)损害公司权益纠纷一案，不服浙江省高级人民法院(2007)浙民二初字第5号民事判决，向本院提起上诉。

原审法院查明：

通和控股成立于1999年4月30日，注册资本金为68,000万元。其中和信公司出资5000万元，占7.35%，大兴公司出资1830万元，占2.69%，深圳市恒信德威实业发展有限公司(以下简称恒信公司)出资34,824万元，占51.21%，浙江广厦股份有限公司(以下简称广厦股份)出资12,500万元，占18.38%。通和置业系2002年6月13日设立的有限责任公司，其中通和控股持有95%股权，金华市金威产权管理服务有限公司(即恒信公司的前身)持有5%的股权。

2004年9月15日，通和控股分别与上海城市房地产有限公司(以下简称上海房地产)、恒信公司签订股权转让协议，通和控股将其持有的通和置业35%、30%的股权出让。同年9月17日通和置业办理了股权变更登记手续，恒信公司、上海

① 笔者注:案例来源于《最高人民法院公报》2009年第6期(最高人民法院民事调解书(2008)民二终字第123号)。笔者对本案例进行了精简、增补。

房地产持有通和置业各35%股权，通和控股持有30%股权。2004年12月21日，以恒信公司、上海房地产、通和控股为股权出让方，富沃公司、浙江金科实业有限公司（以下简称金科公司）为股权受让方，通和置业为第三人签订通和置业股权转让框架协议，约定：股权出让方同意将其持有通和置业的全部股权转让给股权受让方，其中恒信公司将其持有的35%股权转让给富沃公司，上海房地产将其持有的5%股权转让给富沃公司、30%股权转让给金科公司，通和控股将其持有的30%股权转让给金科公司。转让完成后，通和置业的股权结构和股东名册变更为：富沃公司持有40%股权，金科公司持有60%股权。股权出让方出让通和置业股权应获得的总收益款为6亿元，收益款由两部分组成，股权出让方向股权受让方出让股权的股权转让金为3.5亿元，股权出让方自通和置业获得项目利润补偿款为2.5亿元。其中富沃公司应支付股权转让金1.4亿元，即应付通和控股1.225亿元，应付恒信公司1750万元。同日，通和控股分别与上海房地产、恒信公司签订解除股权转让协议，均约定由于上海房地产、恒信公司未按股权转让协议约定支付股权转让款，各方同意解除股权转让协议，该股权标的的权利义务均由通和控股承担，上海房地产、恒信公司不再享有该股权的权利和义务，上海房地产、恒信公司承诺在通和控股找到受让方后，按照通和控股的书面授权，与通和控股指定的受让方签订股权转让协议，将股权以通和控股指定的价格、付款方式全部划入通和控股指定的银行账户。同日，按照通和控股的书面授权，上海房地产分别与邦联科技、富沃公司签订股权转让协议，将通和置业30%股权转让给邦联科技，将5%的股权转让给富沃公司，其中富沃公司的受让价为1750万元。恒信公司与富沃公司签订股权转让协议，将35%股权转让给富沃公司，转让价为12,250万元。通和控股分别与金科公司、邦联科技签订股权转让协议，将其持有的10%、20%股权转让给两公司。协议签订当天，上海房地产、恒信公司分别给受让人出具付款委托书，要求将股权转让款划入通和控股账户。协议签订后，富沃公司于2004年12月24日向通和控股支付4500万元。2005年6月23日，通和控股、富沃公司、恒信公司签订还款协议约定，三方确认富沃公司需向通和控股支付的债务本金数额为9500万元，其中富沃公司应付通和控股而未付的股权转让款7750万元，通过调账方式应由富沃公司支付给通和控股的债务1750万元。三方同意富沃公司应付而未付的1750万元由富沃公司直接支付给通和控股，通和控股同时冲减富沃公司所欠通和控股相同数额的债务。2005年6月22日、同年6月29日，富沃公司先后支付通和控股500万元。

2006年1月，通和置业经工商行政管理部门核准变更登记，公司股权依法变更为广厦创业持有50%股权,东阳市江南置业有限公司(以下简称江南置业)持有40%股权,金科公司持有10%股权。2006年2月28日,通和控股作出2006年临时股东会决议,通过了《关于委托广厦创业代公司追回部分应收账款的议案》,同意广厦创业全权行使通和控股的债权人权利,代为追回通和置业利润补偿款15,912.5万元以及富沃公司受让通和置业股权的欠款7250万元及利息,通和控股不再行使该项权利。2006年10月,通和置业又经变更登记,广厦创业持有通和置业100%股权。2006年11月7日,通和控股向广厦创业出具委托付款书,要求广厦创业将收回的富沃公司股权转让款5112万元直接支付给浙江大学生物科技股份有限公司。同年11月10日,广厦创业作为付款人,向该公司支付5112万元。2007年1月12日、3月2日,广厦创业先后向通和置业发出催款函,要求通和置业支付通和控股项目利润补偿款15,912.5万元。2007年3月12日、4月16日,和信公司、大兴公司等通和控股股东先后给通和控股发出《关于要求公司立即通过诉讼追回被违法占用资金和转移项目的函》和《关于要求公司立即通过诉讼追索应收债权,切实维护公司及其股东合法权益的紧急催告函》,要求公司通过诉讼向广厦创业、通和置业、富沃公司追回公司的巨额应收债权,追回被广厦创业侵吞的蚌埠新区发展股份有限公司股权转让款和分红等。2007年4月17日,通和控股总裁徐泉函复和信公司、大兴公司等,称基于公司当时的状况及用章的审批程序,公司无法根据股东的要求提起诉讼、向通和置业、富沃公司和广厦创业追索公司的巨额应收债权。2007年4月25日,和信公司、大兴公司共同向原审法院提起诉讼,请求:(1)通和置业立即向通和控股支付利润补偿款23,750万元及利息1049.71万元;(2)富沃公司立即向通和控股支付股权转让款9000万元及利息1419.5万元;(3)撤销通和控股对广厦创业的委托代收的授权;若广厦创业已经收取部分债权,则应返还通和控股;(4)通和置业、富沃公司、广厦创业承担诉讼费用。

另查明,2007年10月,广厦创业将其持有的全部股权转让给广厦股份,现广厦股份持有通和置业100%股权。根据通和置业2006年财产表报,截至2006年12月31日,通和置业处于亏损状态。但广厦股份2007年半年度报告载明,通和置业在报告期内,为公司贡献净利润136,926,503.08元。

原审法院认为:

和信公司、大兴公司作为通和控股的股东,在公司怠于行使权利的情况下,依照《中华人民共和国公司法》第一百五十二条的规定,有权提起股东派生诉讼,其具备原告的主体资格。和信公司、大兴公司在本案中提起的诉讼分别涉及利润补偿款、股权转让款的支付以及解除委托关系等三项请求,而请求的对象虽涉及三个不同的主体,但由于原告的请求是以实现股权转让款这一同一标的作为其事实上的牵连而构成了必要的共同诉讼,该案可以合并审理。

通和置业未按股权转让框架协议的约定在公司取得盈利的情况下,向通和控股支付补偿款,应就其盈利的部分承担支付补偿款的民事责任。富沃公司未按股权转让协议及还款协议的约定,如数向通和控股支付股权转让款,应按实际欠款额承担付款并赔偿损失的民事责任。广厦创业在接受通和控股委托当时,未如实告知其与通和置业之间存在的关联关系,且在接受委托后,也未积极履行委托人的义务,原告在通和控股怠于行使任意解除权的情况下,提起代位诉讼,理由正当。故判决:一、通和置业投资有限公司于该判决生效之日起10日内支付通和投资控股有限公司补偿款130,080,177.93元;二、上海富沃企业发展有限公司于该判决生效之日起10日内支付通和投资控股有限公司股权转让款3888万元及利息(从2005年7月1日至2006年11月10日止,款项为9000万元按还款协议约定的年利率8.5%计付;2006年11月11日至付清之日止,款项为3888万元按还款协议约定的年利率8.5%计付);三、撤销通和投资控股有限公司对广厦控股创业投资有限公司的委托代收债权的授权;四、驳回原告浙江和信电力开发有限公司、金华市大兴物资有限公司的其他诉讼请求。如果未按该判决指定的期间履行金钱给付义务,应当按照《中华人民共和国民事诉讼法》第二百二十九条之规定,加倍支付迟延履行期间的债务利息。

二审审理和调解:

二审审理期间,经本院主持调解,本案各方当事人基于自愿、合法原则,经友好协商,于2009年3月17日达成调解协议(内容略)。

本院经审查认为,以上调解协议是各方当事人在自愿基础上的真实意思表示,不违反法律、行政法规的禁止性规定。调解协议的内容不仅经过了提起代表诉讼的股东即和信公司、大兴公司以及作为诉讼第三人的公司即通和控股的同意,而且也已经经过了通和控股中的其他所有股东的书面同意,所以调解协议没有损害通和控股及其股东的利益。本院对以上调解协议予以确认。本调解书与判决书具有同等法律效力。

【评析】

本案件实际集中反映了股东代表诉讼的两个主要问题:一是股东代表诉讼的前置程序;二是股东代表诉讼的调解。

1. 股东代表诉讼的前置程序

《公司法》第一百五十一条第一款规定"董事、高级管理人员有本法第一百四十九条规定的情形的"和"监事有本法第一百四十九条规定的情形的",因此,如果董事、高级管理人员不履行对公司的责任,股东可以请求监事会(或监事)代表公司提起诉讼;如果监事不履行对公司的责任,股东可以请求董事会(或执行董事)代表公司提起诉讼。根据第一百五十一条第二款规定,如果监事会或董事会不提起诉讼或者情况紧急、不立即提起诉讼将会使公司利益受到难以弥补的损害的,股东可以以自己名义直接提起诉讼。

当公司利益受到第三人侵害时,其救济程序体现在《公司法》第一百五十一条第三款规定中——"本条第一款规定的股东可以依照前两款的规定向人民法院提起诉讼。"在本案中,通和置业、广厦创业是通和控股之外的第三人,其不履行到期债务侵害了通和控股的利益,通和控股的股东和信公司、大兴公司向通和控股董事会请求其提起诉讼,董事会成员和相关高管人员认为受客观原因限制其无法提起诉讼,并书面函告股东,此时应认定股东履行了相应的前置程序,股东无须再向通和控股监事会请求提起诉讼。

2. 股东代表诉讼的调解

根据《民事诉讼法》(2012 年修订)第九十六条规定:"调解达成协议,必须双方自愿,不得强迫。调解协议的内容不得违反法律规定。"因此,调解协议原则上属于合同,只要调解双方自愿并且不违反法律规定,不损害第三人的利益,则应属有效。但在股东代表诉讼中,提起诉讼的股东在与对方达成的调解协议中处分的不是股东自己的利益,而是公司的利益,这样的调解协议就有可能损害公司的利益,甚至损害其他股东的利益。因此,人民法院应当审查调解协议是否损害公司利益,只有不损害时该协议才予以确认。在审查时,是否损害公司利益,应交由公司来确认。在本案中,通和控股的董事会代表公司对和信公司、大兴公司与通和置业、广厦创业间的调解协议予以认可,同时通和控股的其他股东也书面同意调解协议,所以二审法院确认了调解协议的合法性。

需要说明的是,在以往司法实践的基础上,《解释(四)意见稿》第三十四条(诉讼中的调解)规定:"人民法院审理股东依据公司法第一百五十一条第二款、第三款规定提起诉讼的案件,当事人达成调解协议的,应提交股东会或者股东大会通过调解协议的决议。有限责任公司未提交股东会决议的,全体股东应当在调解协议书上签名、盖章或者向人民法院出具同意调解协议的书面意见。"该条规定实质为股东代表诉讼案件的调解程序设定了一个前提条件,即当事人达成调解协议的,应当经过股东会或者股东大会表决通过。这是因为股东代表诉讼的判决结果将对其他股东同样具有法律效力,所以在达成调解协议时,需要考虑全体股东的整体意志。

需要注意的是,本条并未明确被告一方既是公司董监高又是公司股东时或者对于与被告有利害关系的股东,在股东会或者股东大会表决时是否应予以回避,笔者认为这是题中应有之义。因为,不增加回避表决的规定,这样的被告股东或者与被告有利害关系的股东(往往持股比例较高)可能操纵股东会或者股东大会作出决议,相当于利用其控制公司的便利自我和解,谋取败诉判决。由于最高人民法院在"和信公司、大兴公司与通和置业等损害公司权益纠纷案"中的民事调解书中公布的裁判要旨规定必须经公司和其他股东一致同意才予以认可,条件过于严苛。征求意见稿采纳了"应提交股东会或者股东大会通过调解协议的决议"的规定。

遗憾的是,《公司法司法解释(四)》删除了《解释(四)意见稿》第三十四条(诉讼中的调解)的规定。尽管如此,但是《解释(四)意见稿》的规定还是具有一定的参考价值。

六、股东代表诉讼胜诉利益的归属和诉讼成本的承担

《公司法司法解释(四)》第二十五条规定:"股东依据公司法第一百五十一条第二款、第三款规定直接提起诉讼的案件,胜诉利益归属于公司。股东请求被告直接向其承担民事责任的,人民法院不予支持。"第二十六条规定:"股东依据公司法第一百五十一条第二款、第三款规定直接提起诉讼的案件,其诉讼请求部分或者全部得到人民法院支持的,公司应当承担股东因参加诉讼支付的合理费用。"这两条规定分别明确了股东代表诉讼胜诉利益归属于公司,且如果股东代表诉讼的诉讼请求部分或者全部得到人民法院支持的,公司应当承担股东因参加诉讼支付的合理费用。对于股东代表诉讼利益的归属而言,股东代表诉讼是基于法律特殊规定而产生的一种派生诉讼。尽管股东是提起诉讼的主体,但该诉讼本质上是为了维护公司利益,所以最终判决确定的利益归属也应当由公司享有和承担。因此,股东代表诉讼的被告应当向股东所代表的公司承担民事责任,而不是向原告即股东本身承担民事责任。同时,公司作为受益方,应当承担股东为公司利益提起股东代表诉讼而发生的合理费用。

与原《解释(四)意见稿》第三十五条(胜诉利益处置)"股东依据公司法第一百五十一条第二款、第三款规定请求被告直接向其承担民事责任的,不予支持。股东因公司的全资子公司利益受到损害,依据公司法第一百五十一条提起诉讼,请求被告向全资子公司承担民事责任的,应予支持;请求被告向公司承担民事责任的,不予支持。股东胜诉后,请求公司承担合理的律师费以及为诉讼支出的调查费、

评估费、公证费等合理费用的,应予支持。”的规定相比较,正式稿进行了适当的精简,主要的两个实质修订是:(1)正式稿因为其删除了征求意见稿的第三十一条(董事、高级管理人员、监事会、监事、他人的含义)规定,所以相应地删除了征求意见稿第三十五条(胜诉利益的处置)第二款的规定;(2)正式稿对公司承担股东代表诉讼而发生的合理费用设置了合理的前置条件,将征求意见稿的“胜诉”修改为“部分或者全部得到人民法院支持的”,其中“部分”的加入表明,股东提起代表诉讼是善意的而非滥诉。显然,设置这样的条件的目的在于防止股东滥用诉讼权力。

此外,笔者认为对于股东代表诉讼存在的诉讼主体与利益归属主体错位的情况,司法解释应当对执行阶段的诉讼主体地位作出进一步明确。当被告拒绝主动履行判决结果时,股东并不是最终利益归属主体。此时股东是否具有启动执行程序的主体地位仍缺乏相应的法律依据。

最后,尽管司法解释有上述规定,还需要特别强调的两点是:

首先,胜诉利益归于公司看似没有任何问题。但细究起来,仍存商榷之余地。自《公司法》概括确立股东代表诉讼制度以来,该种代表之诉的法律性质为何,一直存在较大的争议(包括其为共益权还是自益权)。从学理上考量,股东代表诉讼自然有共益性质,因为它鼓励并保护并非公司机关的股东,在公司怠于或无法行使诉权的情况下,为保护公司整体利益提起诉讼。但之所以该特别诉权只有股东而非其他主体可享,系因公司的损失可能意味着股东权益的间接损失。而从股东代表诉讼在全球法律领域的历史发端及各国立法意图看,该诉的核心保护对象,其实是少数股东,该诉权的设立目的,旨在防止大股东、管理层或第三人侵害公司和中小股东权益,并向中小股东提供维护公司权益和自身权益的特别救济通道。所以,股东代表之诉不可避免兼具自益性。由此,承认股东代表诉讼的自益性,并承认股东代表诉讼所反映的是股东间、股东和管理层间天生、持续存在的利益对立,则在必要时,应当允许被告对起诉股东直接受偿。它的作用在于,避免制造进一步纷争、激励股东提起善意代表诉讼、节省司法资源。比如,被告的赔偿款项本就可确认为中小股东所应享有的利润分配或其对公司的借款;再如,有文件可证明公司曾或已经同意胜诉利益可按比例归属于起诉股东。从立法技术上,彻底否定股东代表之诉中股东的自利请求权,可能诱发实务界的机械适用,并在无意间又陷入了“胜诉利益来自侵害人又回到侵害人控制下”的不良循环中,徒增风险。

其次,鉴于公司董监高特殊的身份,其本应对公司负有忠实和勤勉信义义务。

而股东代表之诉，往往与董监高对勤勉尽责义务的违反有关，且还可能涉嫌其绑架公司意志阻挠公司及时起诉维护自身利益。因此，在理论上，一旦法院判决被告败诉，往往可视作对其勤勉尽责义务违反的确认，公司可考虑凭借股东代表权利胜诉的判决，就其对起诉股东的费用补偿，请求董监高基于过错责任给予相应赔偿。当然这一观点，尚有待未来实践的进一步探索和明晰。

最后，笔者将有关直接诉讼和股东代表诉讼制度总结如下表43－1作为本专题的结束：

表43－1　直接诉讼和股东代表诉讼总结表

诉讼类型	适用范围	公司诉讼地位	代表公司诉讼	其他
公司直接诉讼	监事会或监事诉董事、高管	列公司为原告	监事会或监事	
	董事会或执行董事诉监事		董事长或执行董事	
股东代表诉讼	有限责任公司股东或股份有限公司连续180日以上单独或合计持有1%以上股份的股东诉“董监高”或他人	列公司为第三人		胜诉利益归属于公司；股东全部或部分诉讼请求得到支持的，公司向股东支付合理费用
股东直接诉讼	股东诉董事或高管			

专题44 公司解散清算纠纷

内容提示

实践中,公司股东之间往往发生争议或分歧从而导致公司无法正常地召开股东会议或董事会议,为解决公司治理的僵局,法律或司法实践有必要创设相关的解决机制。同时,公司因解散而清算,为保护债权人、股东的权益,对清算程序中清算人、股东、高级管理人员的清算义务和责任也有必要进行明确。本专题包含如下内容:

- 公司僵局的含义及主要情形;
- 打破公司僵局——公司解散诉讼;
- 公司清算诉讼概述;
- 公司清算的类型以及清算组的组建、更换;
- 清算中公司的诉讼主体地位;
- 公司清算义务人的范畴及民事责任;
- 未适当履行出资义务股东的填补责任;
- 公司清算人的民事责任及股东派生诉讼。

一、公司僵局的含义及主要情形

"公司僵局"(corporate deadlock)的概念来源于美国的《示范公司法》,虽然这一概念并没有被我国《公司法》及相关司法解释所明确采用,但其已逐渐被我们理论界和司法实践所接受。"公司僵局"是指公司在存续运行中由于股东、董事之间矛盾激化而处于僵持状况,导致股东会、董事会等公司机关不能按照法定程序作出决策,从而使公司陷入无法正常运转,甚至瘫痪的状态。公司僵局在我国法律实践中,通常包括如下三种情况:

（一）股东会议僵局

股东之间存在严重分歧，在涉及公司经营的决议上无法达成一致。具体可分为表决权均等僵局和否决权僵局。前者是指相互对立的股东双方拥有相等的表决权，在表决时互不相让，使任一决议均无法获得过半数的投票而通过，从而导致公司无法正常运转；后者是指对立一方拥有行使否决权的票数（或者是一票否决权），对对方支持的任一决议均行使否决权，从而导致公司陷入僵局。后者主要表现为大股东控制公司，股东会功能被过滤，小股东的权益受到损害。

（二）董事会议僵局

董事之间存在严重分歧，在涉及公司经营的决议上无法达成一致，而股东会又无法打破这种僵局。董事会僵局在中外合资企业中比较常见，尤其是在只有两方或三方的合资企业中，因为合资企业不设股东会，其最高权力机构是董事会，董事会对合资企业的所有重大问题享有最终的决定权。当合营各方发生冲突，导致董事会长期无法召集或者无法通过决议时，就会造成董事会僵局。

（三）因单纯的商业意见分歧或者个人因素而导致的公司僵局

单纯的商业意见分歧并不必然会导致公司僵局，因为此时公司的人合性尚未被破坏，但是如果双方因此长期无法就公司经营的决策达成一致，导致公司的正常经营陷于停顿，就会引起公司僵局。因个人因素而导致的公司僵局通常发生在股东具有家庭等亲密关系的有限责任公司中，亲密关系的恶化会导致人合性的丧失，从而使公司陷入僵局。

二、打破公司僵局——公司解散诉讼

我国 1993 年《公司法》没有关于公司僵局的任何规定。2005 年修订的《公司法》在第一百八十三条规定："公司经营管理发生严重困难，继续存续会使股东利益受到重大损失，通过其他途径不能解决的，持有公司全部股东表决权百分之十以上的股东，可以请求人民法院解散公司。"这是我国第一次通过立法的形式确认了公司的司法解散制度，为公司僵局的有效解决提供了司法救济途径。但因该法律条文规定较为简单，如何界定公司经营管理严重困难等问题均未作出明确规定。在审判实践中，法院不能形成统一认识。《最高人民法院关于适用〈中华人民共和国公司法〉若干问题的规定（二）》（2008 年 5 月 19 日实施，2014 年修订，法释

〔2014〕2 号,以下简称《公司法司法解释(二)》)的出台,对公司解散的事由、股东的资格等问题做出了较为明确具体的规定,使股东解散公司更具可操作性和实用性。

(一)提起公司解散的事由

《公司法司法解释(二)》第一条规定:"单独或者合计持有公司全部股东表决权百分之十以上的股东,以下列事由之一提起解散公司诉讼,并符合公司法第一百八十二条规定的,人民法院应予受理:(一)公司持续两年以上无法召开股东会或者股东大会,公司经营管理发生严重困难的;(二)股东表决时无法达到法定或者公司章程规定的比例,持续两年以上不能做出有效的股东会或者股东大会决议,公司经营管理发生严重困难的;(三)公司董事长期冲突,且无法通过股东会或者股东大会解决,公司经营管理发生严重困难的;(四)经营管理发生其他严重困难,公司继续存续会使股东利益受到重大损失的情形。股东以知情权、利润分配请求权等权益受到损害,或者公司亏损、财产不足以偿还全部债务,以及公司被吊销企业法人营业执照未进行清算等为由,提起解散公司诉讼的,人民法院不予受理。"

《公司法司法解释(二)》的上述规定结合我国的实际,采用列举与概括相结合的方式,规定了公司僵局的具体事由,既易于司法实践操作,也排除因公司压迫和权力滥用而提起解散公司诉讼的可能性,既忠实了公司法的立法精神,又增强了公司法可操作性。但需要注意的是,尽管司法解释对股东提起公司解散的事由进行了列举,但仍然没有对什么是"公司经营管理发生严重困难"进行明确的界定,最高人民法院所发布的指导案件第 8 号为完整理解《公司法》第一百八十二条、准确判断公司经营管理的困难程度、妥善处理公司僵局的问题提供了明确而有力的指引。让我们来看该指导案例:

案例 92　林方清诉常熟市凯莱实业有限公司、戴小明公司解散纠纷案①

【裁判要点】

《公司法》第一百八十三条将"公司经营管理发生严重困难"作为股东提起解散公司之诉的条件之一。判断"公司经营管理是否发生严重困难",应从公司组织机构的运行状态进行综合分析。公司虽处于盈利状态,但其股东会机制长期失灵,

① 《最高人民法院关于发布第二批指导性案例的通知》(2012 年 4 月 14 日,法〔2012〕172 号),指导案例第 8 号。

内部管理有严重障碍,已陷入僵局状态,可以认定为公司经营管理发生严重困难。对于符合公司法及相关司法解释规定的其他条件的,人民法院可以依法判决公司解散。

【基本案情】

原告林方清诉称:常熟市凯莱实业有限公司(以下简称凯莱公司)经营管理发生严重困难,陷入公司僵局且无法通过其他方法解决,其权益遭受重大损害,请求解散凯莱公司。

被告凯莱公司及戴小明辩称:凯莱公司及其下属分公司运营状态良好,不符合公司解散的条件,戴小明与林方清的矛盾有其他解决途径,不应通过司法程序强制解散公司。

法院经审理查明:凯莱公司成立于2002年1月,林方清与戴小明系该公司股东,各占50%的股份,戴小明任公司法定代表人及执行董事,林方清任公司总经理兼公司监事。凯莱公司章程明确规定:股东会的决议须经代表二分之一以上表决权的股东通过,但对公司增加或减少注册资本、合并、解散、变更公司形式、修改公司章程作出决议时,必须经代表三分之二以上表决权的股东通过。股东会会议由股东按照出资比例行使表决权。2006年起,林方清与戴小明两人之间的矛盾逐渐显现。同年5月9日,林方清提议并通知召开股东会,由于戴小明认为林方清没有召集会议的权利,会议未能召开。同年6月6日、8月8日、9月16日、10月10日、10月17日,林方清委托律师向凯莱公司和戴小明发函称,因股东权益受到严重侵害,林方清作为享有公司股东会二分之一表决权的股东,已按公司章程规定的程序表决并通过了解散凯莱公司的决议,要求戴小明提供凯莱公司的财务账册等资料,并对凯莱公司进行清算。同年6月17日、9月7日、10月13日,戴小明回函称,林方清作出的股东会决议没有合法依据,戴小明不同意解散公司,并要求林方清交出公司财务资料。同年11月15日、25日,林方清再次向凯莱公司和戴小明发函,要求凯莱公司和戴小明提供公司财务账册等供其查阅、分配公司收入、解散公司。

江苏常熟服装城管理委员会(以下简称服装城管委会)证明凯莱公司目前经营尚正常,且愿意组织林方清和戴小明进行调解。

另查明,凯莱公司章程载明监事行使下列权利:(1)检查公司财务;(2)对执行董事、经理执行公司职务时违反法律、法规或者公司章程的行为进行监督;(3)当董事和经理的行为损害公司的利益时,要求董事和经理予以纠正;(4)提议召开临时股东会。从2006年6月1日至今,凯莱公司未召开过股东会。服装城管委会调解委员会于2009年12月15日、16日两次组织双方进行调解,但均未成功。

【裁判结果】

江苏省苏州市中级人民法院于2009年12月8日以(2006)苏中民二初字第0277号民事判决,驳回林方清的诉讼请求。宣判后,林方清提起上诉。江苏省高级人民法院于2010年10月19日以(2010)苏商终字第0043号民事判决,撤销一审判决,依法改判解散凯莱公司。

【裁判理由】

法院裁判认为:首先,凯莱公司的经营管理已发生严重困难。根据《公司法》第一百八十三条和《最高人民法院关于适用〈中华人民共和国公司法〉若干问题的规定(二)》(以下简称《公司法司法解释(二)》)第一条的规定,判断公司的经营管理是否出现严重困难,应当从公司的股东会、董事会或执行董事及监事会或监事的运行现状进行综合分析。"公司经营管理发生严重困难"的侧重点在于公司管理方面存有严重内部障碍,如股东会机制失灵、无法就公司的经营管理进行决策等,不应片面理解为公司资金缺乏、严重亏损等经营性困难。在本案中,凯莱公司仅有戴小明与林方清两名股东,两人各占50%的股份,凯莱公司章程规定"股东会的决议须经代表二分之一以上表决权的股东通过",且各方当事人一致认可该"二分之一以上"不包括本数。因此,只要两名股东的意见存有分歧、互不配合,就无法形成有效表决,显然影响公司的运营。凯莱公司已持续4年未召开股东会,无法形成有效股东会决议,也就无法通过股东会决议的方式管理公司,股东会机制已经失灵。执行董事戴小明作为互有矛盾的两名股东之一,其管理公司的行为,已无法贯彻股东会的决议。林方清作为公司监事不能正常行使监事职权,无法发挥监督作用。由于凯莱公司的内部机制已无法正常运行、无法对公司的经营作出决策,即使尚未处于亏损状况,也不能改变该公司的经营管理已发生严重困难的事实。其次,由于凯莱公司的内部运营机制早已失灵,林方清的股东权、监事权长期处于无法行使的状态,其投资凯莱公司的目的无法实现,利益受到重大损失,且凯莱公司的僵局通过其他途径长期无法解决。《公司法司法解释(二)》第五条明确规定了"当事人不能协商一致使公司存续的,人民法院应当及时判决"。本案中,林方清在提起公司解散诉讼之前,已通过其他途径试图化解与戴小明之间的矛盾,服装城管委会也曾组织双方当事人调解,但双方仍不能达成一致意见。两审法院也基于慎用司法手段强制解散公司的考虑,积极进行调解,但均未成功。此外,林方清持有凯莱公司50%的股份,也符合公司法关于提起公司解散诉讼的股东须持有公司10%以上股份的条件。

综上所述,凯莱公司已符合公司法及《公司法司法解释(二)》所规定的股东提起解散公司之诉的条件。二审法院从充分保护股东合法权益,合理规范公司治理结构,促进市场经济健康有序发展的角度出发,依法作出了上述判决。

【评析】

该指导性案例的裁判要点确认:《公司法》第一百八十三条将公司经营管理发生严重困难作为股东提起解散公司之诉的条件之一,判断公司经营管理是否发生严重困难,应从公司组织机构的运行状态进行综合分析。公司虽处于盈利状态,但其股东会机制长期失灵,内部管理有严重障碍,已陷入僵局状态,可以认定为公司经营管理发生严重困难。对于符合公司法及相关司法解释规定的其他条件的,人民法院可以依法判决公司解散。

该指导性案例主要解决的是如何判断《公司法》第一百八十三条规定的公司经营管理发生严重困难及依法妥善处理公司僵局状态的问题。公司经营管理发生严重困难是认定公司是否处于僵局状态的重要因素,但对于如何进行具体判断,在司法实务中存在认识上的不统一。该指导性案例的裁判要点结合公司法及有关司法解释的规定,对此作了明确,能够对类似案件的处理提供指导和参考。现结合有关案情对公司经营管理发生严重困难如何认定及公司僵局案件处理的问题分析说明如下:

1. 对公司经营管理发生严重困难的认定

通常而言,公司经营管理发生严重困难,可以分为公司外部的经营困难和公司内部的管理困难。经营困难,即公司的生产经营状况发生严重亏损的情形;管理困难,则是指公司的股东会、董事会等公司机关处于僵持状态,有关经营决策无法作出,公司日常运作陷入停顿与瘫痪状态。综上所述,《公司法》第一百八十三条并未规定公司经营管理发生严重困难的认定标准,《公司法司法解释(二)》第一条虽列举了四种公司经营管理发生严重困难的情形,但是司法实践中对如何具体认定公司经营管理发生严重困难仍存在不同认识。一种意见认为,公司持续两年以上无法召开股东会或者股东大会、公司董事长期冲突且无法通过股东会或者股东大会解决等情形本身就是公司经营管理发生严重困难的表现形式,公司存在这些情形,就可以认定公司经营管理发生严重困难。另一种意见认为,上述公司持续两年以上无法召开股东会或者股东大会等情形仅是公司经营管理发生严重困难的原因,认定公司经营管理发生严重困难还需要从公司经营状况本身进行判断。

该指导性案例的裁判要点确认了判断公司的经营管理是否出现严重困难,应当从公司的股东会、董事会或执行董事及监事会或监事的运行现状进行综合分析的规则,公司是否处于盈利状况并非判断公司经营管理发生严重困难的必要条件。

公司经营管理发生严重困难的侧重点在于公司管理方面存有严重内部障碍,如股东会机制失灵、无法就公司的经营管理进行决策等,不应片面理解为公司资金缺乏、严重亏损等经营性困难。

在该指导性案例中,林方清与戴小明系凯莱公司的股东,各占50%的股份,戴小明任公司法定代表人及执行董事,林方清任公司总经理兼公司监事。凯莱公司章程明确规定:股东会的决议须经代表二分之一以上表决权的股东通过,但对公司增加或减少注册资本、合并、解散、变更公司形式、修改公司章程作出决议时,必须经代表三分之二以上表决权的股东通过。股东会会议由股东按照出资比例行使表决权。自2006年起,林方清与戴小明两人之间的矛盾逐渐突出。同年5月9日。林方清提议并通知召开股东会,由于戴小明认为林方清没有召集会议的权利,会议未能召开。此后,林方清多次委托律师向凯莱公司和戴小明发函称,因股东权益受到严重侵害,林方清作为享有公司股东会二分之一表决权的股东,已按公司章程规定的程序表决并通过了解散凯莱公司的决议,要求戴小明提供凯莱公司的财务账册等资料,并对凯莱公司进行清算。戴小明也多次回函称,林方清作出的股东会决议没有合法依据,戴小明不同意解散公司,并要求林方清交出公司财务资料。由于林方清与戴小明之间的矛盾不可调和,从2006年6月1日至诉讼时,凯莱公司未召开过股东会。从法理上讲,由于凯莱公司仅有戴小明与林方清两名股东,两人各占50%的股份,凯莱公司章程规定"股东会的决议须经代表二分之一以上表决权的股东通过",且各方当事人一致认可该"二分之一以上"不包括本数。因此,只要两名股东的意见存有分歧、互不配合。就无法形成有效表决,显然影响公司的运营。凯莱公司已持续4年未召开股东会,无法形成有效的股东会决议,也就无法通过股东会决议的方式管理公司,股东会机制已经失灵。执行董事戴小明作为互有矛盾的两名股东之一,其管理公司的行为已无法贯彻股东会的决议。林方清作为公司监事不能正常行使监事职权,无法发挥监督作用。由于凯莱公司的内部机制已无法正常运行,无法对公司的经营作出决策,即使尚未处于亏损状况,也不能改变该公司的经营管理已发生严重困难的事实。

2. 对股东申请人民法院解散公司其他要件的认定

依照《公司法》第一百八十三条及《公司法司法解释(二)》第一条第一款的规定,股东申请人民法院解散公司,除了要满足公司经营管理发生严重困难的要求外,还应同时符合以下条件:

(1)公司僵局状态的继续存续会使股东利益遭受重大损失。在该指导性案例中,由于凯莱公司的内部运营机制早已失灵,林方清的股东权、监事权长期处于无法行使的状态，其投资凯莱公司的目的也无法实现，可以认定凯莱公司的僵局状态已经使林方清的利益受到重大损失，若这种状态持续下去，必然会使其遭受更大损失。

(2)公司僵局状态无法通过其他途径解决。从立法目的的角度考虑，《公司法》第一百八十三条规定的通过其他途径不能解决其目的是防止中小股东滥用司法解散制度，鼓励当事人通过其他非诉讼途径解决僵局，同时也是使法院审慎适用强制解散公司的手段。但这并非是要求对于公司僵局的处理必须以穷尽其他救济途径为前提。正因如此，《公司法司法解释(二)》第五条明确规定："当事人不能协商一致使公司存续的，人民法院应当及时判决"。在该指导性案例中，林方清在提起公司解散诉讼之前，已通过其他途径试图化解与戴小明之间的矛盾，江苏常熟服装城管理委员会调解委员会两次组织双方进行调解但仍不能达成一致意见。审理该案件的苏州市中级人民法院、江苏省高级人民法院也基于慎用司法手段强制解散公司的考虑，积极进行调解，但均未成功。由此可以认定，凯莱公司的僵局状态已经无法通过其他途径解决。

(3)申请解散公司的股东持有股权比例达到法定要求。在该指导性案例中，林方清持有凯莱公司50%的股份，符合《公司法》第一百八十三条关于提起公司解散诉讼的股东须持有公司10%以上股份的条件。

(二)提起公司解散的股东资格问题

《公司法》第一百八十二条明确规定提起解散公司的股东应为单独或合计持有公司全部股东表决权10%以上的股东。公司法之所以做出此规定主要防止个别股东恶意诉讼的目的，以期通过对股东所持股份比例的限制，在起诉股东和其他股东之间寻求一种利益上的平衡。

(三)公司解散诉讼的被告问题

根据《公司法司法解释(二)》第四条的规定，股东提起解散公司诉讼应当以公司为被告。原告以其他股东为被告一并提起诉讼的，人民法院应当告知原告将其他股东变更为第三人；原告坚持不予变更的，人民法院应当驳回原告对其他股东的起诉。原告提起解散公司诉讼应当告知其他股东，或者由人民法院通知其参加诉讼。其他股东或者有关利害关系人申请以共同原告或者第三人身份参加诉讼的，人民法院应予准许。因此，公司解散诉讼的被告为公司，其他股东或者有关利害关系人可以申请作为共同被告或者以第三人身份参加诉讼。

(四)公司解散诉讼的调解制度

根据《公司法司法解释(二)》第五条规定,人民法院审理解散公司诉讼案件,应当注重调解。当事人协商同意由公司或者股东收购股份,或者以减资等方式使公司存续,且不违反法律、行政法规强制性规定的,人民法院应予支持。当事人不能协商一致使公司存续的,人民法院应当及时判决。经人民法院调解公司收购原告股份的,公司应当自调解书生效之日起六个月内将股份转让或者注销。股份转让或者注销之前,原告不得以公司收购其股份为由对抗公司债权人。

(五)公司解散诉讼判决的效力

根据《公司法司法解释(二)》第六条规定,人民法院关于解散公司诉讼作出的判决,对公司全体股东具有法律约束力。人民法院判决驳回解散公司诉讼请求后,提起该诉讼的股东或者其他股东又以同一事实和理由提起解散公司诉讼的,人民法院不予受理。该条第一款的规定表明,公司解散诉讼的判决对全体股东具有约束力,这是因为《公司法司法解释(二)》第四条已经规定,原告提起解散公司诉讼应当告知其他股东,或者由人民法院通知其参加诉讼。其他股东或者有关利害关系人申请以共同原告或者第三人身份参加诉讼的,人民法院应予准许。这样的诉讼制度安排已经保障其他股东作为共同原告或者第三人参与诉讼的权利,因此该等判决对全体股东具有法律约束力,这也有利于法院判决的执行以及司法资源的节约。同时,该条第二款的规定体现了“一事不再理”的司法原则。

【实务问题75】 实务中,股东提起解散公司诉讼的同时能否提起公司清算

根据《公司法司法解释(二)》第二条的规定,“股东提起解散公司诉讼,同时又申请人民法院对公司进行清算的,人民法院对其提出的清算申请不予受理。人民法院可以告知原告,在人民法院判决解散公司后,依据公司法第一百八十三条和本规定第七条的规定,自行组织清算或者另行申请人民法院对公司进行清算。”而《公司法》第一百八十三条规定:“公司因本法第一百八十条第(一)项、第(二)项、第(四)项、第(五)项规定而解散的,应当在解散事由出现之日起十五日内成立清算组,开始清算。有限责任公司的清算组由股东组成,股份有限公司的清算组由董事或者股东大会确定的人员组成。逾期不成立清算组进行清算的,债权人可以申请人民法院指定有关人员组成清算组进行清算。人民法院应当受理该申请,并及时组织清算组进行清算。”从前述规定可以看出,公司法及其司法解释是将公司解散和公司清算明确进行区分的。公司法人的终止,是指公司法人资格的消灭。公司法人终止后,其民事权利能力和民事行为能力丧失，民事主体资格消灭，是公司法人在实体上的消灭。而公司法人的解散是指终止的前奏，公司法人解散事由出现时，只是说明公司法人即将终止，此时公司法人的民事主体资格依法存续，或者说公司解散只是公司法人资格消灭的原因，在解散过程中，公司丧失的只是从事营业活动的行为能力，其法人资格并未真正消灭。而公司清算是指，公司解散后，清结公司债权债务，分配公司剩余财产，最终向公司登记机关申请注销登记，使公司法人资格归于消灭的法律行为。可见，《公司法司法解释（二）》第二条正是基于这样的公司法原理作出了规定。

三、公司清算诉讼概述

如前所述，根据《公司法》第一百八十条至第一百八十三条的规定，公司在营业期限届满或决议解散等自愿解散或者被吊销营业执照、被责令关闭、被撤销、被司法判决解散等强制解散情况下，应当进行清算。实践中，由于社会诚信制度和公司法律制度不健全等原因，公司在解散后怠于清算、不进行清算或者违反法定程序进行清算的现象大量存在，公司股东、董事等清算义务人在公司解散后“人间蒸发”或者拒不履行清算义务，置公司账册及公司资产流失于不顾，甚至故意毁损公司账册，隐匿、私分、转移公司财产，恶意逃避债务；有的公司股东虚构公司已经清算的事实，变造清算报告骗取注销登记。这些违法行为，不仅严重损害了公司利益相关人的合法权益，也对市场经济秩序构成了威胁与破坏。因此，《公司法司法解释（二）》在《公司法》规定的基础上，对长期以来我国理论界和实务界对于公司清算等问题的适用争议进行了明确。其主要的内容包括：(1)公司自行清算和强制清算清算组的选任、更换；(2)清算中公司的诉讼主体地位；(3)清算筹备阶段债权的申报、审核与确认；(4)清算阶段及完成阶段的问题；(5)清算义务人的范畴及其民事责任等；(6)未适当履行出资义务股东的填补责任；(7)公司清算人的民事责任及股东派生诉讼。限于篇幅，笔者在此仅针对上述的第(1)、(2)、(5)、(6)和(7)点进行介绍。

四、公司清算的类型以及清算组的组建、更换

根据《公司法》第一百八十三条的规定，有限责任公司的清算组由股东组成，股份有限公司的清算组由董事或者股东大会确定的人员组成。逾期不成立清算组进行清算的，债权人可以申请人民法院指定有关人员组成清算组进行清算。人民法院应当受理该申请，并及时组织清算组进行清算。同时，《公司法司法解释（二）》第七条规定，公司应当依照公司法第一百八十三条的规定，在解散事由出现之日起十五日内成立清算组，开始自行清算。有下列情形之一，债权人申请人民法院指定

清算组进行清算的,人民法院应予受理:(一)公司解散逾期不成立清算组进行清算的;(二)虽然成立清算组但故意拖延清算的;(三)违法清算可能严重损害债权人或者股东利益的。具有本条第二款所列情形,而债权人未提起清算申请,公司股东申请人民法院指定清算组对公司进行清算的,人民法院应予受理。

从上述规定可以看出,公司清算可以分为自行清算和强制清算。公司以自行清算为原则,即公司解散事由出现后,公司首先应当按照公司法规定的程序、方式等自行组织清算,因为公司清算本应属于公司意思自治的范畴,在公司资本充足的情况下,了结债权债务、分配公司剩余财产是公司股东的权利,无须外力介入。但是,当公司自行清算无法启动时,基于对相关权利人的利益保护以及出于对经济秩序的考虑,强制清算程序因当事人的申请而启动,按照上述规定,主要是通过人民法院指定清算组开始进行清算。需要注意的是,《公司法司法解释(二)》第七条规定了强制清算启动申请的主体可以是债权人也可以是公司股东,同时必须满足的前提条件为该条第二款列举的三种情形之一。

根据《公司法司法解释(二)》第八条规定,人民法院受理公司清算案件,应当及时指定有关人员组成清算组。清算组成员可以从下列人员或者机构中产生:(一)公司股东、董事、监事、高级管理人员;(二)依法设立的律师事务所、会计师事务所、破产清算事务所等社会中介机构;(三)依法设立的律师事务所、会计师事务所、破产清算事务所等社会中介机构中具备相关专业知识并取得执业资格的人员。在实践中,如何适用前述规定呢?根据《最高人民法院关于审理公司强制清算案件工作座谈会纪要》第十"关于强制清算清算组的指定"中第二十二条的规定,人民法院受理强制清算案件后,应当及时指定清算组成员。公司股东、董事、监事、高级管理人员能够而且愿意参加清算的,人民法院可优先考虑指定上述人员组成清算组;上述人员不能、不愿进行清算,或者由其负责清算不利于清算依法进行的,人民法院可以指定《人民法院中介机构管理人员名册》和《人民法院个人管理人名册》中的中介机构或者个人组成清算组;人民法院也可根据实际需要,指定公司股东、董事、监事、高级管理人员,与管理人名册中的中介机构或者个人共同组成清算组。人民法院指定管理人名册中的中介机构或者个人组成清算组,或者担任清算组成员的,应当参照适用《最高人民法院关于审理企业破产案件指定管理人的规定》。该纪要第二十三条还规定,强制清算清算组成员的人数应当为单数。人民法院指定清算组成员的同时,应当根据清算组成员的推选,或者依职权,指定清算组负责人。清算组负责人代行清算中公司诉讼代表人职权。清算组成员未依法履行职责的,人民法院应当依据利害关系人的申请,或者依职权及时予以更换。对于清算组成员的更换,《公司法司法解释(二)》第九条也进行明确规定,该条规定,人民法院指定的清算组成员有下列情形之一的,人民法院可以根据债权人、股东的申请,或者依职权更换清算组成员:(一)有违反法律或者行政法规的行为;(二)丧失执业能力或者民事行为能力;(三)有严重损害公司或者债权人利益的行为。

五、清算中公司的诉讼主体地位

公司解散后应当进行清算。清算中的公司包括应当清算而未清算的公司的诉讼地位,公司清算组的法律属性以及能否作为诉讼案件的当事人等问题,公司清算诉讼主体如何确定是我们经常遇到的问题。

《公司法司法解释(二)》第十条规定,公司依法清算结束并办理注销登记前,有关公司的民事诉讼,应当以公司的名义进行。公司成立清算组的,由清算组负责人代表公司参加诉讼;尚未成立清算组的,由原法定代表人代表公司参加诉讼。第二十条规定,公司解散应当在依法清算完毕后,申请办理注销登记。公司未经清算即办理注销登记,导致公司无法进行清算,债权人主张有限责任公司的股东、股份有限公司的董事和控股股东,以及公司的实际控制人对公司债务承担清偿责任的,人民法院应依法予以支持。公司未经依法清算即办理注销登记,股东或者第三人在公司登记机关办理注销登记时承诺对公司债务承担责任,债权人主张其对公司债务承担相应民事责任的,人民法院应依法予以支持。从前述规定我们可以看出:

1. 公司进入清算程序后,清算组的法律属性如何,对此,理论界和实务界亦有不同的观点。一种观点认为,非依破产程序进行的清算,其清算组织的地位应是清算法人的代表及执行机关,对内执行清算义务,对外代表公司法人了结债权债务,在清算目的范围内,与解散前公司法人的机关(董事)具有同等的法律地位,关于董事之规定,于不违反清算目的之限度,应准用于清算人。只不过清算组织的任务是清理公司法人的债权债务,而解散前公司法人机关的任务是管理公司法人事务从事经营活动,二者虽然在行为内容上不同,但其身份是相同的。故对解散公司法人已依法成立清算组织的,清算组织在诉讼中应作为清算法人的机关(相当于法定代表人)代表公司法人进行诉讼,在承担责任上,应是判决清算法人承担责任。这种观点的立足点是解散公司法人的同一人格兼拟制说,即公司法人解散至清算完结前,其民事主体资格依然存续,但其民事行为能力受到限制,为清算目的设立的清算组织性质上为清算法人的机关,由其代表清算法人进行清算活动。另一种观点认为,公司法人解散成立清算组织的,该清算组织系因原公司法人解散主体资格消灭后,法律专为公司法人的清算目的而设立的清算法人,是独立于原公司法人的,其享有的是对原公司法人的债权债务进行清算的权利能力和行为能力,故在诉讼中清算组织应作为诉讼主体参加诉讼,但又仅以原公司法人的财产为限承担民事责任。在涉及解散的公司法人的民事诉讼中,一方面将清算组织作为诉讼主体,另一方面又判决其以原公司法人的财产为限承担民事责任(如其不以自己财产承担责任,则不应作为诉讼主体,至多是代表或者代理原企业法人参加诉讼),这既与合同相对性原则不一致,又不能自圆其说。

笔者认为,基于公司法人在清算阶段其民事主体资格依法存续的基本观点,为清理解散公司法人的债权债务成立的清算组织,在性质上应确定为解散公司法人在清算阶段的法人机关,而非原公司法人的延续,在具体诉讼中,由清算组织的负责人代表清算法人参加诉讼。企业法人因歇业或吊销营业执照而解散后,只要其未经依法清算并办理注销登记,其民事主体资格依法存续,仍应作为案件的当事人参加诉讼,并根据法人制度理论独立承担民事责任。清算组是清算中公司的代表机关,其只能以清算中公司的名义从事清算目的范围内的有关民事行为和诉讼行为。因此,在诉讼程序上,仍应将清算中公司列为诉讼主体。清算组则只能作为清算中公司的代表机关参加诉讼,其参加诉讼的后果应由公司承担。

2. 在公司应当清算而未清算的情况下,债权人可以主张有限责任公司的股东、股份有限公司的董事和控股股东,以及公司的实际控制人为被告对公司债务承担清偿责任。

六、公司清算义务人的范畴及民事责任

(一)清算义务人的概念、范畴及责任种类

公司清算义务人是指基于其与公司之间的特定法律关系而在公司解散时对公司负有依法组织清算义务的主体。根据《公司法》第一百八十三条的规定,有限责任公司的清算义务人是全体股东,股份有限公司的清算义务人为公司董事或股东大会确认的人员。公司解散后,成立清算组进行清算是清算义务人的法定义务,清算义务人未履行清算义务的,应承担清算责任。清算责任属于行为责任而非财产责任。清算义务人应履行的是在一定期限内组织清算的行为,最终是以公司清算后的财产对外承担债务,而非以清算义务人的自身财产对公司债务承担清偿责任。但是,我们注意到,清算责任实质是很难予以执行的一种责任形式,为了解决清算责任的这个困境,《公司法司法解释(二)》确立了清算义务人的清算赔偿责任,扩展了清算义务人的责任形式,更有利于保护公司债权人的利益。

(二)清算义务人的清算赔偿责任

所谓清算赔偿责任,是指在公司清算义务人未履行清算义务,致使公司财产毁

损、灭失或者无法查清给债权人造成损失的,应当对债权人承担赔偿责任。与清算责任不同,清算赔偿责任是清算责任的转换,是一种财产责任,清算义务人应当以自己的财产对公司股东或债权人进行赔偿。根据司法解释的规定,清算赔偿责任可以分为两种:一是清算义务人消极不履行义务的赔偿责任,即清算义务人未在法定期限内成立清算组开始清算导致公司财产贬值、流失、毁损或者灭失或者怠于履行义务导致无法进行清算时应承担的赔偿责任;二是清算义务人积极不履行的赔偿责任,即恶意处置公司财产给债权人造成损失,或者未经依法清算,以虚假的清算报告骗取公司登记机关办理法人注销登记,以及未经依法清算即办理注销登记时应承担的赔偿责任。前者必须以清算义务人的消极行为造成公司的财产贬值、流失、毁损或者灭失或者无法进行清算为前提,又可以分为补充赔偿责任和连带清偿责任。在后者中,清算义务人的主观具有恶意,因此,只要清算义务人恶意处置公司财产给债权人造成损失或未经依法清算骗取或办理注销登记给债权人造成损失的,清算义务人即应承担赔偿责任。

1. 消极不履行义务的赔偿责任——补充赔偿责任和连带清偿责任

消极不履行义务的赔偿责任的规定体现在《公司法司法解释(二)》第十八条规定中。该条规定,有限责任公司的股东、股份有限公司的董事和控股股东未在法定期限内成立清算组开始清算,导致公司财产贬值、流失、毁损或者灭失,债权人主张其在造成损失范围内对公司债务承担赔偿责任的,人民法院应依法予以支持。有限责任公司的股东、股份有限公司的董事和控股股东因怠于履行义务,导致公司主要财产、账册、重要文件等灭失,无法进行清算,债权人主张其对公司债务承担连带清偿责任的,人民法院应依法予以支持。上述情形系实际控制人原因造成,债权人主张实际控制人对公司债务承担相应民事责任的,人民法院应依法予以支持。从前述规定可以看出:

(1)未依法组建清算组导致公司财产损失时的补充赔偿责任

首先,《公司法司法解释(二)》第十八条第一款规定,清算义务人主体是有限责任公司的股东和股份有限公司的董事和控股股东。其次,清算义务人"未在法定期限内成立清算组开始清算,导致公司财产贬值、流失、毁损或者灭失"并非意味着公司就不能进行清算,而仅仅是导致公司财产贬值、流失、毁损或者灭失。只要公司还可以进行清算,公司就应该进行清算,并在清算完毕之后因财产贬值、流失、毁损或者灭失而在造成损失范围内对公司债务承担补充赔偿责任。

(2)清算义务人怠于履行义务导致公司无法进行清算时的连带清偿责任

《公司法司法解释(二)》第十八条第二款规定的是清算义务人因"怠于履行义

务，导致公司主要财产、账册、重要文件等灭失，无法进行清算”时的连带清偿责任。需注意的是，其适用的前提条件是“无法进行清算”，如果公司还可以进行清算则不能直接适用本款规定，而只能视情形而适用前述第一款或者《公司法司法解释（二）》第二十三条的规定。

（3）公司实际控制人的相应民事责任

同时，《公司法司法解释（二）》第十八条第三款明确规定了公司实际控制人的民事责任，即如果上述两款的情形系实际控制人原因造成，债权人可以主张实际控制人对公司债务承担相应民事责任（即补充赔偿责任或连带清偿责任）。

案例93　上海存亮贸易有限公司诉蒋志东、王卫明等买卖合同纠纷案①——如何认定公司的清算义务人

【裁判要点】

有限责任公司的股东、股份有限公司的董事和控股股东，应当依法在公司被吊销营业执照后履行清算义务，不能以其不是实际控制人或者未实际参加公司经营管理为由，免除清算义务。

【基本案情】

原告上海存亮贸易有限公司（以下简称存亮公司）诉称：其向被告常州拓恒机械设备有限公司（以下简称拓恒公司）供应钢材，拓恒公司尚欠货款1,395,228.6元。被告房恒福、蒋志东和王卫明为拓恒公司的股东，拓恒公司未年检，被工商部门吊销营业执照，至今未组织清算。因其怠于履行清算义务，导致公司财产流失、灭失，存亮公司的债权得不到清偿。根据公司法及相关司法解释规定，房恒福、蒋志东和王卫明应对拓恒公司的债务承担连带责任。故请求判令拓恒公司偿还存亮公司货款1,395,228.6元及违约金，房恒福、蒋志东和王卫明对拓恒公司的债务承担连带清偿责任。

被告蒋志东、王卫明辩称：（1）两人从未参与过拓恒公司的经营管理；（2）拓恒公司实际由大股东房恒福控制，两人无法对其进行清算；（3）拓恒公司由于经营不善，在被吊销营业执照前已背负了大量债务，资不抵债，并非由于蒋志东、王卫明怠于履行清算义务而导致拓恒公司财产灭失；（4）蒋志东、王卫明也曾委托律师对拓恒公司进行清算，但由于拓恒公司财物多次被债权人哄抢，导致无法清算，因此蒋

① 《最高人民法院关于发布第三批指导性案例的通知》（2012年9月19日，法〔2012〕227号），指导案例第9号。

志东、王卫明不存在怠于履行清算义务的情况。故请求驳回存亮公司对蒋志东、王卫明的诉讼请求。

被告拓恒公司、房恒福未到庭参加诉讼,亦未作答辩。

法院经审理查明:2007年6月28日,存亮公司与拓恒公司建立钢材买卖合同关系。存亮公司履行了7,095,006.6元的供货义务,拓恒公司已付货款5,699,778元,尚欠货款1,395,228.6元。另,房恒福、蒋志东和王卫明为拓恒公司的股东,所占股份分别为40%、30%、30%。拓恒公司因未进行年检,2008年12月25日被工商部门吊销营业执照,至今股东未组织清算。现拓恒公司无办公经营地,账册及财产均下落不明。拓恒公司在其他案件中因无财产可供执行被中止执行。

【裁判结果】

上海市松江区人民法院于2009年12月8日作出(2009)松民二(商)初字第1052号民事判决:一、拓恒公司偿付存亮公司货款1,395,228.6元及相应的违约金;二、房恒福、蒋志东和王卫明对拓恒公司的上述债务承担连带清偿责任。宣判后,蒋志东、王卫明提出上诉。上海市第一中级人民法院于2010年9月1日作出(2010)沪一中民四(商)终字第1302号民事判决:驳回上诉,维持原判。

【裁判理由】

法院裁判认为:存亮公司按约供货后,拓恒公司未能按约付清货款,应当承担相应的付款责任及违约责任。房恒福、蒋志东和王卫明作为拓恒公司的股东,应在拓恒公司被吊销营业执照后及时组织清算。因房恒福、蒋志东和王卫明怠于履行清算义务,导致拓恒公司的主要财产、账册等均已灭失,无法进行清算,房恒福、蒋志东和王卫明怠于履行清算义务的行为,违反了公司法及其司法解释的相关规定,应当对拓恒公司的债务承担连带清偿责任。拓恒公司作为有限责任公司,其全体股东在法律上应一体成为公司的清算义务人。公司法及其相关司法解释并未规定蒋志东、王卫明所辩称的例外条款,因此无论蒋志东、王卫明在拓恒公司中所占的股份为多少,是否实际参与了公司的经营管理,两人在拓恒公司被吊销营业执照后,都有义务在法定期限内依法对拓恒公司进行清算。

关于蒋志东、王卫明辩称拓恒公司在被吊销营业执照前已背负大量债务,即使其怠于履行清算义务,也与拓恒公司财产灭失之间没有关联性。根据查明的事实,拓恒公司在其他案件中因无财产可供执行被中止执行的情况,只能证明人民法院在执行中未查找到拓恒公司的财产,不能证明拓恒公司的财产在被吊销营业执照前已全部灭失。拓恒公司的三名股东怠于履行清算义务与拓恒公司的财产、账册灭失之间具有因果联系,蒋志东、王卫明的该项抗辩理由不成立。蒋志东、王卫明委托律师进行清算的委托代理合同及律师的证明,仅能证明蒋志东、王卫明欲对拓恒公司进行清算,但事实上对拓恒公司的清算并未进行。据此,不能认定蒋志东、王卫明依法履行了清算义务,故对蒋志东、王卫明的该项抗辩理由不予采纳。

【评析】

该案例明确,有限责任公司的股东、股份有限公司的董事和控股股东,是法定的清算义务人,不能以其不是实际控制人或者未实际参加公司经营管理为由,免除清算义务。目前,大量存在公司解散后应当清算而不清算,甚至故意借解散之机逃废债务的情形,严重损害债权人利益并危害市场经济秩序。《中华人民共和国公司法》第二十条对股东滥用权利的责任作出了规定,《最高人民法院关于适用〈中华人民共和国公司法〉若干问题的规定(二)》第十八条,对股东怠于履行清算义务所导致的侵权民事责任作出了规定。在审判实践中,有的有限责任公司的股东、股份有限公司的董事和控股股东,以不是实际控制人或者未参加实际经营管理为由进行抗辩,各地对此认识不一,处理也不尽一致。该案例统一了法律适用标准,对于构建合理有序的公司清算程序有良好的示范意义,且可以督促小股东在大股东不积极履行清算义务的情况下依法申请人民法院对公司进行清算,对于保护债权人利益,形成良好的市场经济秩序,倡导诚实守信经营具有重要意义。

2. 积极不履行义务的赔偿责任

积极不履行义务的赔偿责任的规定体现在《公司法司法解释(二)》第十九条、第二十条规定中。第十九条规定,有限责任公司的股东、股份有限公司的董事和控股股东,以及公司的实际控制人在公司解散后,恶意处置公司财产给债权人造成损失,或者未经依法清算,以虚假的清算报告骗取公司登记机关办理法人注销登记,债权人主张其对公司债务承担相应赔偿责任的,人民法院应依法予以支持。第二十条规定,公司解散应当在依法清算完毕后,申请办理注销登记。公司未经清算即办理注销登记,导致公司无法进行清算,债权人主张有限责任公司的股东、股份有限公司的董事和控股股东,以及公司的实际控制人对公司债务承担清偿责任的,人民法院应依法予以支持。公司未经依法清算即办理注销登记,股东或者第三人在公司登记机关办理注销登记时承诺对公司债务承担责任,债权人主张其对公司债务承担相应民事责任的,人民法院应依法予以支持。我们可以看出:

(1)恶意处置公司财产或以虚假清算报告骗取注销登记时的赔偿责任

《公司法司法解释(二)》第十九条实质规定了两种情形:一是清算义务人在公司解散后,恶意处置公司财产给债权人造成损失的情形;二是未经依法清算,以虚假的清算报告骗取公司登记机关办理法人注销登记的情形。这两种情形下,清算义务人主观上具有恶意且具有过错，因此，只要出现前述两种情形，债权人主张其对公司债务承担相应赔偿责任的，人民法院应依法予以支持。

(2)未经依法清算即办理注销登记时的清偿责任

《公司法司法解释(二)》第二十条第一款规定公司未经清算即办理注销登记，导致公司无法进行清算的，债权人可以主张清算义务人以及公司的实际控制人对公司债务承担清偿责任。该款适用的前提是未经清算即办理注销，并且还导致公司无法进行清算。

(3)公司保结人的保结责任

《公司法司法解释(二)》第二十条第二款还规定了公司保结人的保结责任。所谓公司保结人是指在公司登记机关办理注销登记时承诺处理或承担公司债务的承诺人。公司保结人基于保结承诺所应承担的责任即保结责任。保结承诺即可以由股东(亦属于清算义务人)作出，也可以由股东之外的第三人作出。由于保结承诺是保结人的单方意思表示，并非是与公司债权人合意的结果，因此，保结责任的存在并不能免除清算义务人的责任。公司债权人可以根据有利于债务清偿的原则选择适用追究保结人的责任还是清算义务人的责任。《公司法司法解释(二)》第二十条第二款的规定明确了公司债权人的选择的权利，也是对实践中公司登记机关在未经依法清算而由有关主体出具负责清理债权债务的承诺即予以注销登记的情况的司法实践处理。

七、未适当履行出资义务股东的填补责任

在实践中，还存在一种情形就是，在公司解散清算时，公司的股东未履行或未完全履行出资义务时，该等股东应当承担何种责任的问题。公司法司法解释对此进行了明确。《公司法司法解释(二)》第二十二条规定，公司解散时，股东尚未缴纳的出资均应作为清算财产。股东尚未缴纳的出资，包括到期应缴未缴的出资，以及依照公司法第二十六条和第八十条的规定分期缴纳尚未届满缴纳期限的出资。公司财产不足以清偿债务时，债权人主张未缴出资股东，以及公司设立时的其他股东或者发起人在未缴出资范围内对公司债务承担连带清偿责任的，人民法院应依法予以支持。从该条第一款规定可以看出，公司解散时，股东尚未缴纳的出资均应作为清算财产。其尚未缴纳的出资包括到期应缴未缴的出资以及分期缴纳尚未届满缴纳期限的出资。对于前者，其是股东对公司的到期出资义务，而后者则因为公司解散而自动视为到期出资义务而纳入清算财产范畴。同时，该条第二款还规定，公司未缴出资股东，以及公司设立时的其他股东或者发起人在未缴出资范围内对

公司债务承担连带清偿责任,这充分保护了公司债权人的利益。因为,公司未缴出资股东很可能并没有履行出资义务的能力,参照《公司法》第三十条的规定精神,公司设立时的其他股东或者发起人在未缴出资范围内承担连带清偿责任更有利于对债权人的利益保护。

八、公司清算人的民事责任及股东派生诉讼

《公司法司法解释(二)》第二十三条明确规定了公司清算人的民事责任以及股东派生诉讼的权利。该条规定,清算组成员从事清算事务时,违反法律、行政法规或者公司章程给公司或者债权人造成损失,公司或者债权人主张其承担赔偿责任的,人民法院应依法予以支持。有限责任公司的股东、股份有限公司连续180日以上单独或者合计持有公司1%以上股份的股东,依据《公司法》第一百五十一条第三款的规定,以清算组成员有前款所述行为为由向人民法院提起诉讼的,人民法院应予受理。公司已经清算完毕注销,上述股东参照《公司法》第一百五十一条第三款的规定,直接以清算组成员为被告、其他股东为第三人向人民法院提起诉讼的,人民法院应予受理。从前述规定可以看出:

(1)第二十三条第一款实质规定清算组成员从事清算实务时,因故意或者重大过失给公司或者债权人造成损失的,应当承担赔偿责任。其规定制定的依据来源于《公司法》第一百八十九条第三款“清算组成员因故意或者重大过失给公司或者债权人造成损失的,应当承担赔偿责任”。应该说,司法解释规定“违反法律、行政法规或者公司章程”实质是“故意或者重大过失”的明确体现。

(2)根据《公司法》第一百五十一条的规定,公司股东拥有提起派生诉讼的权利。其第三款规定,“他人侵犯公司合法权益,给公司造成损失的,本条第一款规定的股东可以依照前两款的规定向人民法院提起诉讼”。这成为公司清算中,因清算组成员(公司清算人)给公司造成损失的,适格股东可以代表公司提起派生诉讼的制定依据。《公司法司法解释(二)》第二十三条第二款的规定明确,其一,有限责任公司的股东、股份有限公司连续180日以上单独或者合计持有公司1%以上股份的股东可以提起派生诉讼。其二,如果公司已经清算完毕注销的,上述股东依然可以参照公司法第一百五十一条第三款的规定,直接以清算组成员为被告、其他股东为第三人向人民法院提起派生诉讼。

【实务问题76】 公司清算义务人和公司清算人的区别

根据《公司法司法解释(二)》建立的清算制度,其分别区分了公司清算义务人和清算人的制度。概括地讲,公司清算义务人是指公司解散后,负有组织公司清算

组,启动公司清算程序义务的主体。而公司清算人(清算组成员)是指公司解散后具体执行公司清算事务的主体。二者的人员构成、义务内容和义务性质不尽相同。前者承担的是组织公司清算的行为责任或者在不履行以及不能履行清算义务时的赔偿责任,而后者承担的是因在具体执行清算过程中违反忠实和勤勉义务给公司或者债权人造成损失时的赔偿责任。

第十部分

律师公司法业务职业素质与执业技能

综 述

前述九个部分主要站在一名律师的视角,对公司法的非诉讼业务和诉讼业务进行了集中介绍,主要涉及的是公司律师的法律专业素质和专业技能的要求。在本部分,笔者将介绍公司律师从事公司法业务所需要的职业素质与执业技能要求。首先,对律师需要具备的基本职业素质进行介绍;其次,对公司律师需要掌握的公司法业务的框架与类型进行详细的阐述;最后,对公司律师需要具备的执业技能要求方面进行介绍(主要包括财税法律技能要求、法律风险管控技能要求以及商业和金融技能要求)。

专题 45 律师职业素质要求与公司法业务框架及类型

内容提示

在本书前九个部分中，笔者站在一名律师从事公司法业务的视角，从公司筹备设立开始，逐步介绍了公司股东权益、治理结构、财务会计制度、公司并购重组、公司债券、公司分支机构、公司减资、解散和清算、公司法常见诉讼业务等九大业务领域共计 44 个法律专题。从本专题开始，为律师能够更好地从事公司法业务，对律师的职业素质要求与其需要掌握的公司法业务框架及类型进行介绍，以便于他们知晓从哪些方面及如何去提升公司法业务的执业水平。本专题包括如下内容：

- 律师需要具备的基本职业素质；
- 律师需要掌握的公司法业务框架与类型。

一、律师需要具备的基本职业素质

总体上讲，一名律师要称职地处理法律事务，必须具有一定的素质，而且不同时期、不同业务要求律师具有不同的素质，但是在基本素质方面律师必须具备起码的要求。一般而言，律师的基本素质包括律师的业务素质和职业道德素质。律师的业务素质主要是指律师对与业务有关的知识加以综合运用的能力。职业道德素质是指律师在从事法律业务活动中所形成的道德观念、行为规范的总和。

（一）良好的业务素质

所谓律师的业务素质，是指律师进行业务活动的基础和条件。律师的业务素质主要由以下两个方面构成：

1. 掌握法学的基本理论和基础知识

对于法学理论和法学基础知识，每一名律师都必须熟练掌握并能实践运用，这是律师执业的基础和根本。概括地讲,法学理论和基础知识主要包括法理学、宪法学、民商法学、经济法学、诉讼法学、国际法学等基础知识。只有掌握了法学的理论和基础知识,才能在法律服务的过程中准确地认定事实,正确地运用法律。同时,在实践中出现法律法规没有规定的情形下,才能按照法学理论和有关立法的精神加以处理。

当然,律师在业务素质上的称职,并不是要求律师样样精通。在特定的事务中,决定律师是否具备称职地处理该事务的法律知识和技能的相关因素,包括事务的相对复杂程度和专业化的性质、律师在相关领域的训练和经验、律师能够对事务进行的准备和研究工作等。在大多数情况下,律师一般可以称职地处理某法律事务,但是在某些情况下,还可能需要在特定法律领域的专业知识。比如,在公司律师处理离岸红筹架构业务时,就需要了解境外离岸司法区域的公司法、税法以及外汇法规等专业知识。

2. 不断提升能力素质

除法律执业所必备之法学基本理论和基础知识外,现代法律业务对律师的能力素质也提出了很高的要求。主要包括以下几项:

(1)必须具备良好的沟通和表达能力。一名律师在执业过程中始终离不开与他人进行沟通和交流。无论是法律咨询、商务谈判或是诉讼、仲裁,都需要律师进行充分的说理和严谨的表达。

(2)必须具备缜密的逻辑思维能力和灵活的应变能力。逻辑思维能力,是指律师在从事法律事务中,借助于概念、判断、推理而反映对事务的认识能力。同时,律师的活动不可避免的涉及种种变化的事物,这就要求律师具有一定的应变能力。提高应变能力的关键在于对法律、政策的理解和运用,以及对事物真相的掌握。律师在业务活动中,如果没有较高的理论水平,缺乏应当具备的法律知识,对案情了解、认识得不深不透,在遇到新情况、新问题时,势必会束手无策。

(3)必须具备良好的法律文书阅读、分析和撰写能力。律师的大量工作都是案牍工作。无论是作为辩护人还是代理人,无论是诉讼业务还是非诉讼业务,律师的工作都要涉及各种法律文书,而这些法律文书都要求达到准确、精练、严谨的标准。因此,律师必须提高自己的文学修养,提高自己语言文字的表达能力。

(4)具备健康的心理素质。律师工作是一项重要的社会活动,其对象是形形色色的人和错综复杂的事。律师在各种法律事务中,必然会面对很大的心理压力。如果在法律事务中出现心理失误,就会违背法律与事实,导致社会正义毁损的恶果。所以,树立健康的心理品质,克服不良的心理障碍对于律师是至关重要的。

(5)具备良好的外语水平,掌握丰富的经济、金融和科技知识。随着社会经济的发展及律师业务范围的拓展,越来越需要懂法律、懂外语、懂经济、懂金融、懂科技的高层次法律人才。因此,律师除要掌握法学专业知识外,还需要不断提高外语水平,对于经济、金融和科技知识也要有所了解。当然,这并不是要求律师必须成为经济学、金融学方面的专家。对于特定的案件,律师应当虚心求教于有关的专家、学者。但律师掌握基本的经济、金融等知识对律师开拓业务范围、增强竞争力具有重要意义。

(6)具备良好的公关和人际交往能力。律师在处理具体法律事务中,要参与企业经济活动,提供法律咨询,在不同的利益主体中进行斡旋调解等。律师的业务活动几乎囊括了社会各行各业各个领域,涉及社会各个层次、不同性格、不同品位、不同素质的人。如果人际关系处理得当,当事人就愿意找你排忧解难,政法部门和企事业单位也乐于听取你的意见和建议。

(二)优秀的职业道德素质

《中华人民共和国律师法》明确规定,律师执业必须遵守宪法和法律,恪守律师职业道德和执业纪律。如果律师道德离轨、行为不端,就会践踏法律的尊严,玷污律师职业的荣誉。因此,做律师首先要做人。优良的职业道德、高尚的情操是律师职业的宪法和生命线。律师的职业道德素质主要包括如下几个方面内容:

一是忠于法律,忠于事实。事实和法律是法制的生命,律师执业的过程就是将国家法律运用于具体事实的过程,其本身就体现着法律的威严和事实的客观。律师的一切活动必须严格遵守"以事实为依据,以法律为准绳"的执业准则,维护法律的威信和当事人的合法权益,同时也不迁就当事人的非分要求而规避法律。

二是敬业勤业,恪尽职守。律师不同于法官,检察官,不代表国家利益,而是在当事人对其进行委托、授权的前提之下,依据事实和法律为当事人提供服务,律师是社会生活和法律的桥梁,当事人求助于律师是出于对律师人品、业务水平的信任,律师一旦接受了委托就应想当事人之所想,急当事人之所急,全力以赴,尽职尽责,勤奋工作,在法律允许的范围内尽最大努力为当事人争取最大限度的合法权益。

三是廉洁自律,遵守规范。作为律师必须加强自我道德修养,不断提升道德境界,完善道德人格。在社会活动中,珍惜职业声誉,处处用律师职业道德规范自己,用执业纪律约束自己。

四是谦虚谨慎,诚信待人。律师的业务活动往往与社会各界人士打交道,这就要求律师必须以诚信为本,摆正自己在社交中的地位,注意处处谦虚谨慎,礼貌特人,既不自卑自贱,也不傲视人间。

二、律师需要掌握的公司法业务框架与类型

在现代经济生活中,尽管存在诸如合伙企业、个人独资企业、信托等其他经济组织和运营模式,但不容置疑的是,公司依然是整个市场经济的主体组织形式,特别是在当前跨国资本流动中,集团公司模式更是市场经济主流。如果你是一名公司集团模式下的公司律师,那么,你首先需要明白的是,你所在公司集团模式下的公司法业务的主要体系和都有哪些内容。在实践中,我们通常可以按照不同的标准对公司法业务进行分类。

(一)按公司法的内容和体系进行分类

按照公司法的内容和体系进行划分,公司法业务可以分为公司设立和增资、股东权益、公司治理、公司财务制度、公司并购重组、公司债券、公司分支机构、公司减资和解散清算、公司诉讼等(本书的体例也以此为主线展开)。笔者将其总结如图 45 -1 所示。

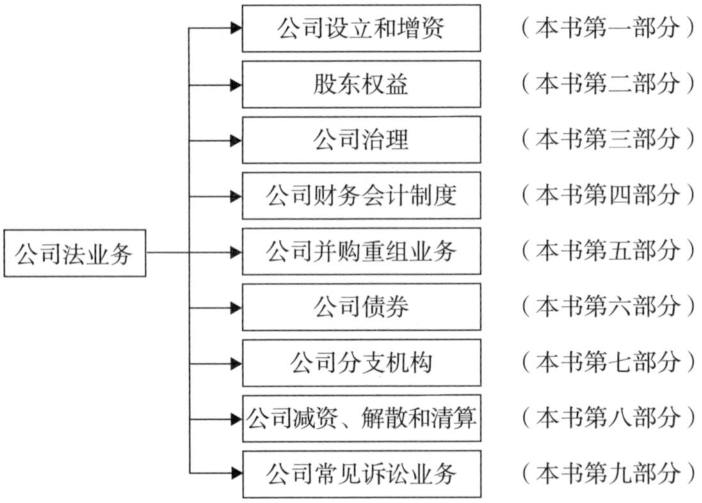

图 45 -1　公司法业务的分类(按公司法内容和体系分类)

此外,笔者还将从公司的投资关系、治理结构以及与债权人、交易对方等视角来对公司法业务进行诠释。参见图 45 -2。

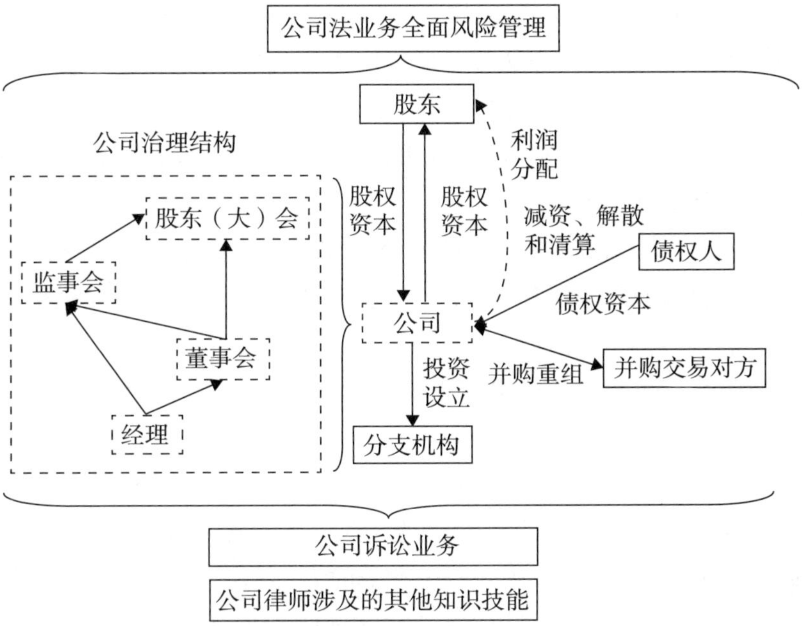

图 45－2 公司法业务体系和内容

从图 45－2 可以看出，一名公司律师需要掌握的公司法业务框架可以总结如下：

1. 框图中的“股权资本”包括“公司设立和增资”“公司投资协议和公司章程”和“股东权益”。主要包括：(1)“公司设立和增资”：主要包括 2014 年新《公司法》注册资本认缴登记制度、公司设立的出资方式及出资安排、投资协议和公司章程、公司股权和债权出资、公司设立发起人制度、公司增资以及外商投资企业和股份有限公司(上市公司)的特别规定等内容；(2)“股东权益”：主要包括股东的资格确认、股东的权利和义务、股东权利的分割和转让、股东权益纠纷等内容。

2. 框图中的“公司治理结构”意味着公司律师需要关注公司的内部运营和治理。主要包括股东会及股东、董事会及董事、监事会及监事、经理、外商投资企业治理结构的特别规定以及公司董事、监事、高级管理人员的法律责任等内容。

3. 框图中的“利润分配”意味着公司律师需要关注公司的财务会计制度。主要包括公积金制度、利润分配和亏损承担以及外商投资企业财务制度的特别规定。

4. 框图中的“并购重组”意味着公司律师需要关注公司并购重组的流程及要点、公司法律尽职调查、公司合并、公司分立、公司股权并购、公司资产并购、优先股法律实务等内容。

5. 框图中的“债权资本”意味着公司律师需要关注公司债权融资的制度和机

制。主要包括公司债券、可转换(可交换)债券以及永续债等法律实务。

6. 框图中的“分支机构”意味着公司律师需要关注分公司、外国公司的分支机构以及外商投资企业的分支机构等。

7. 框图中的“减资、解散和清算”意味着公司律师需要关注公司减资及股份回购、公司解散和清算法律实务。

8. 框图中的“公司诉讼业务”意味着公司律师需要关注公司诉讼的类型和途径、股东出资/公司借贷/非法集资纠纷、股东股权转让纠纷、公司瑕疵决议纠纷以及公司对经营者的诉讼等内容。

除上述内容外,公司律师还需要掌握与之密切相关的一些会计、税务、外汇、金融等相关法规和知识。同时,从公司全面法律风险管理的视角,公司律师需要特别关注公司法业务方面的法律风险基础知识、体系以及如何建立风险防范、预警机制等(有关内容详见“专题46:律师公司法业务执业技能要求”)。

综上所述,我们可以发现,从公司法本身的内容和体系来看,公司律师需要掌握的公司法业务体系是繁多和复杂的,需要律师从各个方面进行全面的积累和丰富,才能适应公司集团法律工作的需要。

(二)按不同的法律适用进行分类

按照不同的法律适用进行划分,公司法业务可以分为内资公司、外商投资企业以及上市公司的公司法业务。对于内资公司,又可细分为有限责任公司和股份有限公司(包括一般非上市公司和非上市公众公司)的公司法业务;对于外资公司的公司业务,包括外商合资企业、外商合作企业、外商独资企业以及外商投资性公司的公司法业务;对于上市公司,又可以分为主板、创业板、中小企业板以及“新三板”等的公司法业务(本书的体例也以此为辅线展开)。

特别地,如果一个公司集团属于跨境架构的话,则对于一名服务于跨国公司集团的公司法律师而言,需要了解和掌握的领域将基本涵盖前述所有三个板块的法律专业知识。让我们以如图45-3所示的公司集团架构为例来进行说明。

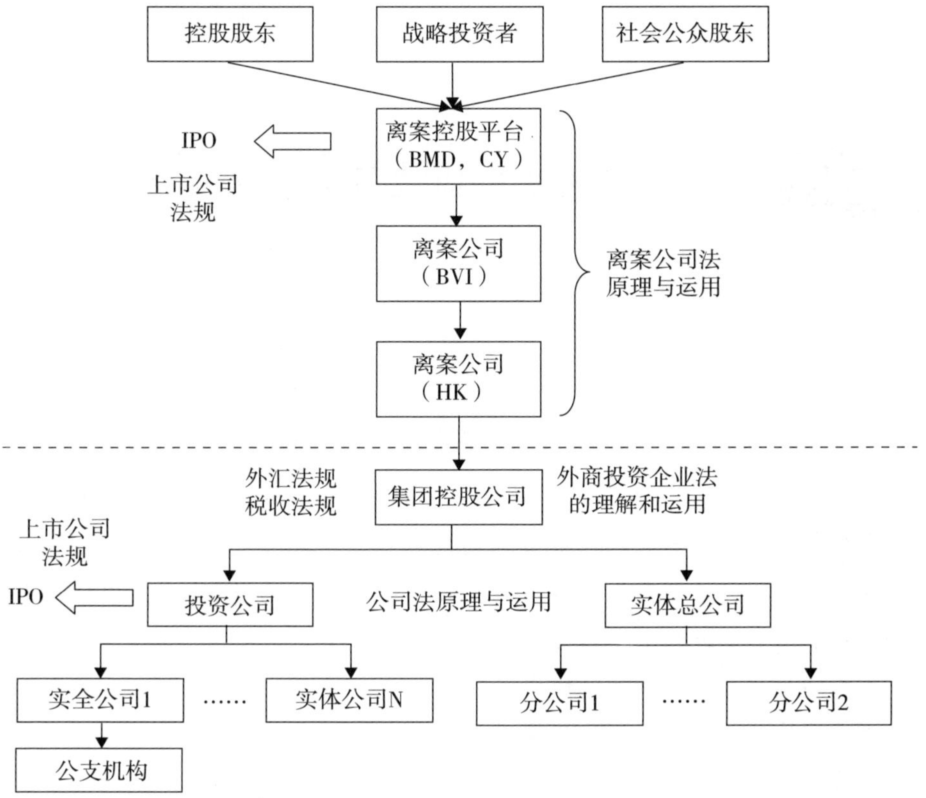

图45－3 跨境公司集团股权架构及法律适用

在图45－3中，公司律师需要关注以下几个方面的内容：

1. 境外架构：需要了解和熟悉离岸公司法原理及其基本应用。特别是在图45－3中典型的离岸架构下，需要了解主要离岸法域（如BVI、开曼群岛、百慕大群岛等）的法律、经济、金融环境、公司法、税法等；

2. 境内架构：需要了解和熟悉外商投资企业法、公司法原理及运用以及相应的外汇法规、税收法规等；

3. 跨境衔接部分：通常需要关注跨境并购重组的法规，主要是公司跨境并购的规定、税法协定、跨境重组税收规则以及外汇法规等；

4. 上市部分：对于境外和境内的IPO，需要遵循上市地有关首次公开发行上市以及上市后对上市公司监管的法律法规。

跨境公司架构业务属于比较复杂的公司法业务，而且属于跨境并购重组的范畴，需要公司律师具有综合的、复合的知识结构和储备。当然，需要注意的是，这并不意味着公司律师需要精通所有领域的法律，实践中，这往往是境内、境外的律师、会计师、税务师以及财务顾问等咨询机构的通力合作才行。

专题 46 律师公司法业务执业技能要求

内容提示

在前一专题中，笔者从律师能更好地从事公司法业务出发，对律师的职业素质要求与其需要掌握的公司法业务框架及内容进行了介绍。在本专题，笔者还将从律师从事公司法业务需要具备的执业技能要求方面进行介绍，以便于其丰富和补强。本专题包括如下内容：

- 律师公司法业务执业技能要求概述；
- 公司律师必备的财税法律技能要求；
- 公司律师必备的法律风险管控技能要求；
- 公司律师必备的商业和金融技能要求。

一、律师公司法业务执业技能要求概述

在介绍了公司律师需要熟练掌握的公司法业务的主要框架、业务类型之后，面临的问题是如何才能成长为一名合格的、优秀的公司律师呢？依笔者的经验，公司法业务执业技能往往需要我们逐步学习和积累，而不能“一蹴而就”。

从律师本身的执业技能进行划分，公司法业务可以分为公司法基本理论和基础知识及其应用（包括法律文书阅读、分析和撰写能力）、公司律师应具备的其他法律技能（包括必要的财税法知识）、公司律师应具备的必要的法律风险管控技能、公司律师应具备的必要的商业和金融技能等。笔者总结如图 46 - 1 所示。

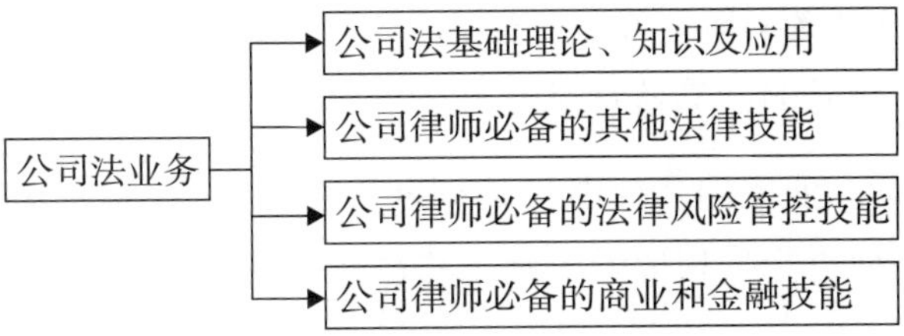

图46－1　公司法业务的分类(按执业技能分类)

笔者认为,上述框架体系为我们如何成长为一名合格的、优秀的公司律师提供了学习和成长的路径。首先,成为一名合格的公司律师最起码的要求就是具备法律专业素质。也就是说,必须掌握公司法的基础理论和知识,并能够在实践中适当地应用(参见“专题45:律师职业素质要求与公司法业务框架及类型”第二部分相关内容)。其次,在此基础上,为应对更复杂业务的需要,公司律师必须是复合型的律师人才,还需要掌握必要的相关财税法律知识。再次,从某种程度上讲,公司律师从事公司法业务已经不仅仅局限于“法律事务”,而是需要更多地介入到公司的商业模式、管理运营中,这就给公司律师提出了更高的要求,即必须熟悉必要的商业和金融知识,并能与具体法律事务相结合。最后,公司律师不能仅仅站在“事后”律师的角度来从事公司法业务,还应该更多地站在法律风险事先防范(预警)、事中控制的角度,为当事人“出谋划策”,将法律风险和潜在的隐患“消灭”在事前和事中。所以,公司律师了解必要的内部控制基础理论、法律风险识别、评价的方法、流程等相关风险管理知识是必要和有益的。

二、公司律师必备的财税法律技能要求

在现在的公司法律业务中,如果律师仅仅懂公司法是远远不够的,甚至于在某些业务中,衡量一名律师的专业素养和专业能力以及服务质量的标准已经更多地倾向于其复合性,比如他/她是否能够同时综合地提供有关财务、税务方面的建议和法律意见,这也是未来一名公司律师职业发展和素质提升的方向。

从公司所处的各阶段来看,其设立、运营直至解散清算都伴随着不同的业务活动,这些业务活动从会计和税法上如何进行处理,从现在及未来的公司法律业务的发展趋势来看,尽管公司律师可以利用财税专家的意见,但依然有必要了解这方面的知识。笔者根据自己的实践经验,公司律师需要了解必要的财税知识如下:

- 公司对外投资业务的财税处理;
- 公司资产划转的财税处理;
- 公司并购重组的财税处理;

- 公司利润分配的财税处理;
- 公司减资/撤资和清算的财税处理。

公司律师对这些业务的具体财税处理并不需要细究,但的确需要进行总体的了解,大致知道如何进行处理以及对整个法律事务的影响。

(一)公司律师需要了解的投资业务的财税规定概述

公司投资业务主要包括公司的设立及增资两个大的方面的股权投资业务。

在会计处理方面,公司律师需要知道,股份有限公司以超过股票票面金额的发行价格发行股份所得的溢价款以及国务院财政部门规定列入资本公积金的其他收入,应当列为公司资本公积金。因此,如果公司设立以及对外增资时,属于溢价投入时,对于被投资公司而言,超过确定的注册资本的部分将列为公司资本公积(资本溢价或股本溢价)。对于投资公司而言,则计入长期股权投资科目。

在税务处理上,公司律师需要知道,公司可能会涉及企业所得税、增值税、土地增值税、契税和印花税等。需要关注的是以非货币性资产进行投资的税务处理规定。主要包括:(1)所得税:《财政部、国家税务总局关于非货币性资产投资企业所得税政策问题的通知》(财税〔2014〕116号)、《财政部、国家税务总局关于个人非货币性资产投资有关个人所得税政策的通知》(财税〔2015〕41号);(2)增值税和营业税:《增值税暂行条例》及《增值税实施细则》《财政部、国家税务总局关于全国实施增值税转型改革若干问题的通知》(财税〔2008〕170号)、《财政部、国家税务总局关于部分货物适用增值税低税率和简易办法征收增值税政策的通知》(财税〔2009〕9号)、《国家税务总局关于增值税简易征收政策有关管理问题的通知》(国税函〔2009〕90号)、《财政部、国家税务总局关于简并增值税征收率政策的通知》(财税〔2014〕57号)以及《关于将铁路运输和邮政业纳入营业税改征增值税试点的通知》(财税〔2013〕106号)等;(3)土地增值税:在《财政部、国家税务总局关于企业改制重组有关土地增值税政策的通知》(财税〔2015〕5号);(4)契税和印花税:《财政部、国家税务总局关于进一步支持企业事业单位改制重组有关契税政策的通知》(财税〔2015〕37号)、《印花税暂行条例》及其实施细则。

(二)公司律师需要了解的资产划转业务的财税规定概述

公司资产划转业务主要包括公司股东对被投资公司的单方资产划入业务和基于直接100%控制的集团公司内部资产(股权)划转业务。

在会计处理方面,公司律师需要知道,基本应该按照会计原则中的“权益性交易”进行处理,一般不应该产生公司的损益,而应计入所有者权益。

在税务处理方面,公司律师需要知道,满足条件的资产划转业务不会导致当期应税的一般性税务处理,而可以适用递延纳税的特殊性税务处理。主要关注:(1)所得税:《国家税务总局关于企业所得税应纳税所得额若干问题的公告》(国家税务总局公告2014年第29号)、《财政部、国家税务总局关于促进企业重组有关企业所得税处理问题的通知》(财税〔2014〕109号);(2)增值税:同投资业务;(3)营业税:尚存争议。一般理解为,资产(土地、房屋)无偿划转属于同一投资主体内部的行为,不属于无偿赠送给其他单位或个人,资产权属没有发生实质性的转移,不属于营业税的征收范围;(4)土地增值税:在国家层面颁布的土地增值税政策中,并没有一个普遍适用的关于无偿划转房地产可以免征(不征)土地增值税的文件,实际操作中,只能是参考《土地增值税暂行条例实施细则》和相关的规范性文件;(5)契税和印花税:同投资业务。

(三)公司律师需要了解的并购重组业务的财税规定概述

应该讲,无论是从并购重组的会计处理或是税务处理来讲,这都是其各自领域里面最复杂的一块,从公司律师的角度来看,需要了解最基本的会计和税务处理的基本概念和原则以及法规适用即可。从公司并购重组的类型来看,主要包括公司股权并购、资产并购、公司合并、分立以及公司债务重组等。

在会计处理方面,主要适用:《企业会计准则第2号——长期股权投资》(财会〔2014〕14号)、《企业会计准则第22号——金融工具确认和计量》《企业会计准则第20号——企业合并》《企业会计准则第7号——非货币性资产交换》《企业会计准则第12号——债务重组》《企业会计准则第40号——合营安排》(财会〔2014〕11号)以及《企业会计准则第33号——合并财务报表》(财会〔2014〕10号)等。

在税务处理方面,主要关注:(1)所得税:《财政部、国家税务总局关于企业重组业务企业所得税处理若干问题的通知》(财税〔2009〕59号)、《国家税务总局关于发布〈企业重组业务企业所得税管理办法〉的公告》(国家税务总局公告2010年第4号)、《国家税务总局关于企业重组业务企业所得税征收管理若干问题的公告》(国家税务总局公告2015年第48号)以及《财政部、国家税务总局关于促进企业重组有关企业所得税处理问题的通知》(财税〔2014〕109号)等;(2)增值税:《关于纳税人资产重组有关增值税问题的公告》(国家税务总局2011年第13号公告);(3)营业税:《国家税务总局关于纳税人资产重组有关营业税问题的公告》(国家税务总局公告2011年第51号);(4)土地增值税:《财政部、国家税务总局关于企业改制重组有关土地增值税政策的通知》(财税〔2015〕5号);(5)契税和印花税:《财政部、国家税务总局关于进一步支持企业事业单位改制重组有关契税政策的通知》(财税〔2015〕37号)和《财政部、国家税务总局关于企业改制过程中有关印花税政策的通知》(财税〔2003〕183号)。

(四)公司律师需要了解的利润分配业务的财税规定概述

公司利润分配一般包括三种类型:现金股利、股票股利以及实物股利。现金股利是指被投资企业以现金的形式向股东支付的股利。这种分配方式是被投资企业股利分配中最常见、最普通的形式。股票股利是指公司以增发股票的方式代替现金,按股东持有股份的比例向股东支付的股利。发放股票股利,对公司而言,资产、负债和股东权益的总额不变,但股东权益的内部结构发生了改变,留存收益(未分配利润和盈余公积)转化为股本;对股东而言,股东持有的股票数量增加,但是持股比例不变。还存在一种特殊的情形——资本公积金转增实收资本或股本,它属于资本性账户的内部结转,不具有利润分配的性质。但是,我国公司通常将利润分配方案与资本公积金转增股本方案并列披露。

在会计处理方面,公司律师需要知道,会计处理主要适用《企业会计准则——应用指南》附录"会计科目和主要账务处理"即可。

在税务处理方面,需要关注资本公积、留存收益转增涉及的所得税法律法规和政策文件。主要包括:(1)企业所得税:《财政部、国家税务总局关于企业所得税若干优惠政策的通知》(财税〔2008〕1号)、《关于贯彻落实企业所得税法若干税收问题的通知》(国税函〔2010〕79号);(2)个人所得税:《财政部、国家税务总局关于个人所得税若干政策问题的通知》(财税字〔1994〕020号)、《关于征收个人所得税若干问题的规定》(国税发〔1994〕089号)、《国家税务总局关于股份制企业转增股本和派发红股征免个人所得税的通知》(国税发〔1997〕198号)、《国家税务总局关于原城市信用社在转制为城市合作银行过程中个人股增值所得应纳个人所得税的批复》(国税函〔1998〕289号)、《国家税务总局关于盈余公积金转增注册资本征收个人所得税问题的批复》(国税函发〔1998〕333号)、《财政部、国家税务总局关于将国家自主创新示范区有关税收试点政策推广到全国范围实施的通知》(财税〔2015〕116号)以及《国家税务总局关于股权奖励和转增股本个人所得税征管问题的公告》(国家税务总局公告2015年第80号)。

(五)公司律师需要了解的减资/撤资和清算业务的财税规定概述

公司减资属于形式减资的,公司按照股东协商确定的减资金额借记"实收资本”或“股本”，贷记“利润分配——未分配利润”。公司减资属于实质减资的，则分别两种情形进行：一是如果属于免除出资义务的减资的话，则公司不需要进行任何账务处理，只需要履行减资程序即可；二是如果属于返还出资的减资的话，并且股东协商确定的减资分配金额小于或等于“实收资本”或“股本”，则公司借记“实收资本”或“股本”，贷记“银行存款”等资产类科目即可。如果减资分配金额超过“实收资本”或“股本”的话，则公司借记“实收资本”或“股本”，减资分配金额超过“实收资本”或“股本”的部分，要依次冲减“资本公积（资本溢价）”、“盈余公积”和“未分配利润”，贷记“银行存款”等资产类科目。

企业清算，是指企业因为特定原因终止时，清算企业财产、收回债权、清偿债务并分配剩余财产的行为。应进行清算的企业包括按《公司法》《企业破产法》等规定需要进行清算的企业以及企业重组中需要按清算处理的企业。企业只要进入清算，会计核算的四大基本前提之一的持续经营假设将不复存在，会计核算及应税所得额的计算应以清算期间作为独立纳税年度进行处理。限于篇幅，不再详细介绍，公司律师只需要了解其基本原理和规则即可。

需要注意的是，除了所得税之外，实质上，公司减资或清算还可能会涉及实物分配时的增值税、营业税、土地增值税、契税和印花税等税种。

三、公司律师必备的法律风险管控技能要求

所谓法律风险管理，是指在对法律风险主体的自身目标、状况及其所处环境进行充分了解的基础上，围绕企业的总目标、结合企业及所处行业的特点、企业外部因素等，采取综合、系统的手段充分利用法律所赋予的权利，以事前控制为主避免或降低企业法律风险不利后果的法律事务处理全过程。企业法律风险管理体系，主要可以分为法律风险识别、法律风险控制和法律风险评估等不同模块。

那么，公司究竟存在哪些法律风险？公司律师究竟应当关注哪些主要法律风险呢？从笔者长期从事集团公司法律风险管控的经验来看，站在公司职能模式的视角来分析，公司法律风险主要存在于如图46-2所示九大模块。

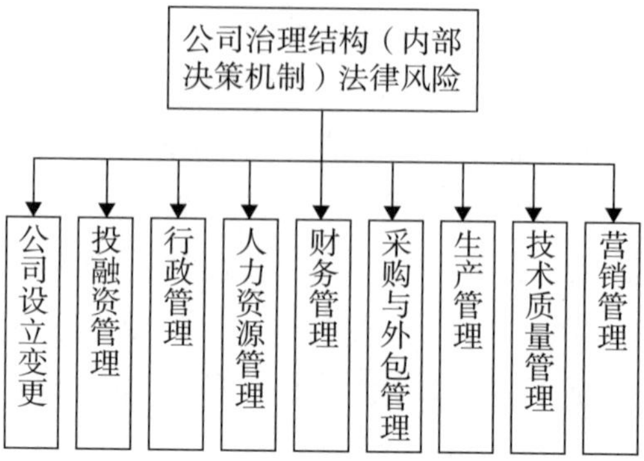

图46-2 公司法律风险分类框架

这样的分类只是法律风险传统和简单的分类方法,它还可以分解为其他的法律风险分类。比如,营销管理就可分解为合同管理(经销合同、销售协议等)、反不正当竞争(垄断)管理(强制交易、商业贿赂等)、知识产权(商标品牌、专利等)管理等;再比如,行政法律风险反映在外部就是合同风险、公司主体法律风险等。基于本书的主旨,笔者仅仅介绍上述框图中与公司法业务有关的部分:

1. 公司设立、变更、合并分立、解散中的法律风险:在设立公司的过程中,公司的发起人是否对拟设立的公司进行充分的法律设计,是否对公司设立过程有了充分的认识和计划,是否完全履行了设立公司的义务,以及发起人本人是否具有相应的法律资格,这些都直接关系到拟设立公司能否具有一个合法、规范、良好的设立过程。而对于公司的后续变更、合并、分立以及解散等,同样涉及公司方方面面的工作,也蕴涵着许多的法律风险,需要按照事先设计的合法可操作的方案进行。

2. 公司治理结构的法律风险:公司拥有一个良好的法人治理结构是公司能够正常有序运转的基石,公司律师尽管在该机制中并不起到决定性的作用,但审慎发现该机制存在的隐患是其专业素质和职业道德的起码要求,这将从基本架构层面防止公司运转失灵的法律风险。实质上这是一个内部决策机制的问题。

3. 企业投融资及并购法律风险:公司投融资是公司重大的决策行为,主要表现在股权投资和债权投资两个方面,而融资决策主要是指企业的对外融取资金,涉及合同、金融、公司等法规;企业并购的法律风险主要涉及公司法、竞争法、税收法、知识产权法等法律法规,且操作复杂,潜在的法律风险较高。

4. 企业财税法律风险:指企业的财务涉税行为因为不能正确有效遵守税收法规而导致企业未来利益的可能损失或不利的法律后果,具体表现为企业涉税行为影响纳税准确性的不确定因素,结果就是企业多交了税或少交了税,或者因为涉税行为而承担了相应的法律责任。

同时，公司律师不但要关注公司法律风险，而且还要协助公司高管人员致力于建立法律风险的防范机制和体系，切实做到事前预防、事中控制，事后救济。一个完整的公司法律风险防范体系由三个层面组成：一是核心层面。毫无疑问，公司治理结构、内部决策机制、内部管理体系、员工（包括高管）法律思维（意识）是核心层面的东西；二是中间层面。公司法律风险诊断和评估机制、公司法律风险预警机制、公司法律风险救济机制、公司法律培训体系构成了紧密联系核心层面的内容；三是外部层面。显然，体现在公司日常经营管理过程中的具体的法律风险构成了外部层面。主要包括公司设立、变更、解散等法律风险、公司合同风险防范体系、公司知识产权保护及反不正当竞争（垄断）体系、公司人力资源法律保障体系、公司重大投融资及并购项目风险防范体系、公司财务税收法律风险等。参见图 46－3。

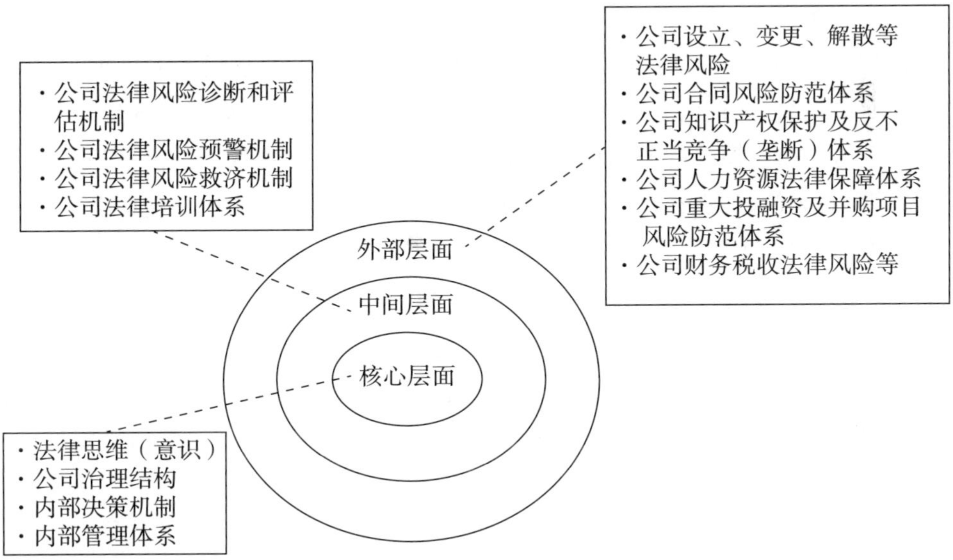

图 46－3　公司法律风险防范体系

四、公司律师必备的商业和金融技能要求

如前所述，公司律师从事公司法业务以及从公司全面法律风险管控的角度来看，公司律师除了具备我们前述的一些专业技能之外，现代社会对他们还提出了更高的要求，即需要站在当事人的商业模式、经营管理及金融业务的角度，提供额外的"增值"服务。笔者从自己的实践经历来看，一名"卓越"的公司律师还需要从如下两个大的方面不断地丰富和充实自己。

（一）熟悉现代企业的商业思维、商业模式以及经营管理

对于现代企业，日常经营管控固然重要，但我们处在一个“知识经济”爆炸的时代，也许某刻的“闪光”就可能迸发出一个新的商业模式，也将影响一个企业甚至一个行业的未来。特别是对于创业者和风险投资者，商业模式基本属于挂在嘴边的一个名词。几乎每个人都确信，有了一个好的商业模式，就成功了一半。

那么，到底什么是商业模式呢？用最直白的话讲，商业模式就是公司通过什么途径或方式来赚钱？比如，啤酒、饮料公司通过卖啤酒、饮料来赚钱；快递公司通过送快递来赚钱；网络公司通过点击率来赚钱；通信公司通过收话费赚钱等等。商业模式实质就是一种包含了一系列要素及其关系的概念性工具，用以阐明某个特定实体的商业逻辑。

比如，制造业领域的商业模式主要包括直供商业模式、总代理制商业模式、联销体商业模式、仓储式商业模式、联销体商业模式以及复合式商业模式等。如果你是服务于这些商业模式的公司律师，你会发现你必须对这些行业的商业思维、商业模式的内涵、运作方式、经营策略有足够的了解和理解，你才能更好地服务。比如，在联销体商业模式中，随着中国市场渠道终端资源越来越稀缺，越来越多的中国消费品企业选择专卖或专销形式的商业模式。如 TCL 幸福村专卖系统，五粮液提出的全国两千家专卖店计划，蒙牛乳业提出的蒙牛专卖店加盟计划等。那么，在这些模式下，你如何构筑公司组织架构（包括但不限于总公司、分公司、办事处以及特许经营等），如何设定你的营销合同架构体系，如何建立公司的内部治理机制以适应它们呢？如果你没有对商业模式的足够的理解，你设计的东西不可能获得公司的充分认可。

（二）熟悉现代企业的金融业务

从某种意义上讲，现代企业的商业模式已经不再是一个纯粹的“业务模式”而是一个“金融模式”。放在 10 年前，我们几乎不敢去想象现在的优先股、永续债等创新金融工具，更不敢想象“互联网 +”时代下“互联网金融”的蓬勃发展。现在“P2P 网贷”“P2B 网贷”“众筹”融资、“微信”以及“大数据金融”等事物已经是“家喻户晓”，甚至于说某些业务已经远远“超越”了传统公司法理论和规定也不为过。

比如，实践中的“P2P 网贷”主要包括三种模式：纯中介平台模式、债权转让模式和担保模式。笔者以纯中介平台模式来进行说明。在这种模式下，P2P 网络平台仅为借款人与出借人提供相关信息并促成借款交易的达成，平台只收取相应的

服务费用，其本身并不经手资金。实践中，纯中介平台模式的典型代表是“拍拍贷”。① 其有关的运营模式、当事人及法律关系如图46－4所示。

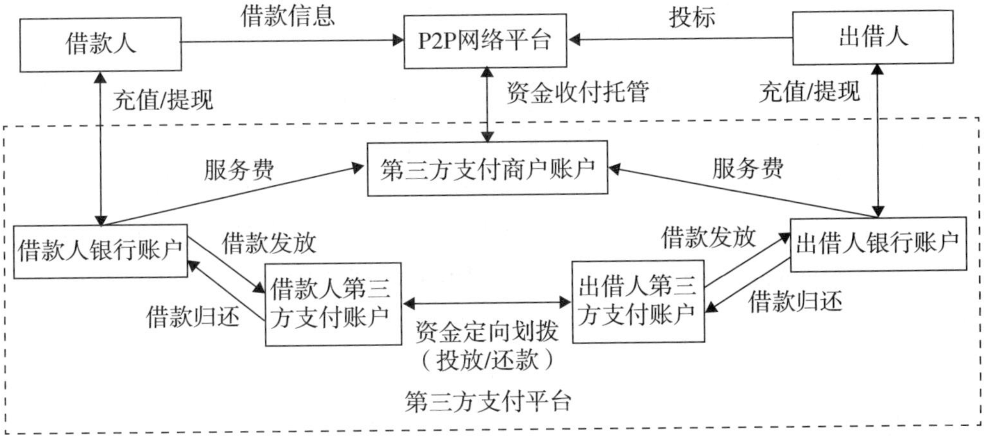

图46－4 纯中介平台模式及其当事人与法律关系

我们可以看出，在上述交易模式中，涉及借款人、P2P网络平台、出借人以及第三方支付平台等四方交易当事人。其交易流程包括信息流和资金流两个方面。

1. 信息流流程如下：(1)借款人注册拍拍贷虚拟账户，并在其网络平台发布借款标，包括借款原因、借款金融、预期年利率、借款期限等信息。(2)出借人参与竞标，利率低者中标。一般多个出借人出借很小的资金给一个借款人，以分散风险。(3)根据网页显示的该借款人借款进度以及完成投标笔数的显示，如果资金筹措期内，投标资金总额达到借款人的需求，则本次借款宣告成功，网站自动生成电子借条；若未能在筹措期内集齐所需资金，则该项借款宣告流标。

2. 在本交易模式中，为了客户资金的安全以及与P2P平台自有资金分离等原因，引入了第三方支付平台系统。资金流流程如下：(1)在借款宣告成功之后，出借人从在第三方支付平台开设的二级账户“出借人第三方支付账户”中划出出借资金支付到借款人在第三方支付平台开设的二级账户“借款人第三方支付账户”中，完成借款发放；(2)到期还款及支付利息时，借款人从“借款人第三方支付账户”中划出资金支付到出借人“出借人第三方支付账户”中还款；(3)P2P平台通过在第三方支付平台开设的二级账户“第三方支付商户账户”向出借人(目前一般只向出借人或投资人收取服务费或佣金)和借款人收取服务费或佣金。

这种第三方支付账户介入资金结算的模式被称为“资金托管模式”，与传统的

① 参见http://invest.ppdai.com。

P2P平台自己直接充当资金结算人的模式以及第三方支付平台介入的“通道模式”①相比较,具有资金安全以及区分平台自有资金的优点,可以解决出借人与借款人之间一一对应的借贷关系,同时还可以解决P2P平台信息流和资金流相分离的问题。

3. 从法律关系来进行分析:(1)P2P平台与借款人、出借人之间属于“居间服务”合同的法律关系。因为P2P平台同时接受借款人、出借人的委托,为他们提供发布借款信息、促成交易以及提供出借(理财)机会与相关咨询服务等,根据《合同法》第四百二十四条的规定:“居间合同是居间人向委托人报告订立合同的机会或者提供订立合同的媒介服务,委托人支付报酬的合同。”P2P平台在不经手资金的前提下,接受委托为借款人提供定理合同的机会或提供订立合同的媒介服务,且从借款标额度中收取一定比例服务费用,因此,属于居间法律关系。(2)当然,借款人和出借人之间的法律关系比较清晰,就是借贷法律关系。

从上述分析我们可以看出,如果你是一名服务于“互联网金融”的公司律师,首先应该了解和熟悉该模式的运作方式,才能为模式中的平台搭建(譬如,P2P网络平台、第三方支付平台)提供合适的法律意见和方案。当然,对于这些参与者之间的法律关系如何用合同体系来予以实现和规范,也是非常重要的事宜。

在本专题及本书结束之际,笔者最后特别强调的一点是,前述笔者介绍的公司律师从事公司法业务所需要的执业技能要求体系仅仅是自己的一些体会和理解,并非是一个完备的体系,公司律师也可能不会涉及上述所有的业务领域,也可能会涉及上述未涉及的业务领域。在笔者看来,这都不是问题的核心和关键,最重要的是公司律师(其实是所有的律师)都应该保持一个最基本的素质能力——那就是持续“学习”的能力。

① 简单地讲,“通道模式”是指P2P平台在第三方支付平台中仅仅开设一个账户,出借人、借款人以及平台之间的资金划转均在该同一账户内流动的模式。该模式下,该账户属于一个资金混同账户,为了区分平台自身和客户资金,还需要建立二级账户系统来进行管理。此种模式下,“资金池”保留在平台处。

附录1 本书主要参考文献

1. 刘俊海:《新公司法的制度创新:立法争点与解释难点》,法律出版社 2006 年版。

2. 张民安:《现代英美董事法律地位研究》(第二版),法律出版社 2007 年版。

3. 张远堂:《公司资本行动并购策划与流程指引》,法律出版社 2012 年版。

4. 张远堂:《公司法疑难问题解决之道:412 个实务要点深度释解》(第二版),法律出版社 2014 年版。

5. 李占英:《公司章程制定实务与条款设计指引》(修订版),法律出版社 2014 年版。

6. 最高人民法院民二庭编:《公司案件审判指导》,法律出版社 2014 年版。

7. 雷霆:《公司并购重组原理、实务及疑难问题诠释》,中国法制出版社 2014 年版。

8. 江必新、何东宁等:《最高人民法院指导性案例裁判规则理解与适用·公司卷》(第二版),中国法制出版社 2015 年版。

9. 林少伟:《英国现代公司法》,中国法制出版社 2015 年版。

10. 雷霆:《公司法律文书精要详解及实务指南》,法律出版社 2015 年版。

11. Black's Law Dictionary(8th edition),Bryan A. Garner Editor in Chief,West Publishing,2004.

附录 2 相关法规指引

一、公司(企业)、金融法规

序号	文号	发文机关	法规/文件名称	发布时间	实施时间
1	[89]体改经 38 号	国家体改委、国家计委、财政部、国家国有资产管理局	国家体改委、国家计委、财政部、国家国有资产管理局关于企业兼并的暂行办法	1989-02-19	1989-02-19
2	国务院令第 91 号	国务院	国有资产评估管理办法	1991-11-16	1991-11-16
3	国资办发〔1992〕36 号	国有资产管理局	国有资产评估管理办法施行细则	1992-07-18	1992-07-18
4	国务院令第 152 号	国务院	中华人民共和国矿产资源法实施细则	1994-03-26	1994-03-26
5	中国人民银行令〔1996〕第 2 号	中国人民银行	中国人民银行贷款通则	1996-08-01	1996-08-01
6	国发〔1996〕35 号	国务院	国务院关于固定资产投资项目试行资本金制度的通知	1996-08-23	1996-08-23
7	国务院令第 242 号	国务院	探矿权、采矿权转让管理办法	1998-02-12	1998-02-12
8	法释〔1998〕15 号	最高人民法院	最高人民法院关于人民法院执行工作若干问题的规定(试行)》	1998-07-08	1998-07-08
9	法释〔1999〕19 号	最高人民法院	《最高人民法院关于适用〈中华人民共和国合同法〉若干问题的解释(一)》	1999-12-19	1999-12-19

续表

序号	文号	发文机关	法规/文件名称	发布时间	实施时间
10	法释〔2000〕44 号	最高人民法院	《最高人民法院关于适用〈中华人民共和国担保法〉若干问题的解释》	2000 – 09 – 29	2000 – 12 – 31
11	发改财金〔2004〕第 1134 号	发改委	关于进一步改进和加强企业债券管理工作的通知	2004 – 06 – 21	2004 – 06 – 21
12	中国人民银行公告〔2004〕第 19 号	中国人民银行	全国银行间债券市场债券交易流通审核规则	2004 – 12 – 07	2004 – 12 – 07
13	工商外企字〔2006〕第 102 号	工商总局	《关于实施〈关于外商投资的公司审批登记管理法律适用若干问题的执行意见〉的通知》	2006 – 05 – 26	2006 – 05 – 26
14	法释〔2006〕3 号	最高人民法院	《最高人民法院关于适用〈中华人民共和国公司法〉若干问题的规定(一)》	2006 – 04 – 28	2006 – 04 – 28
15	法释〔2006〕7 号	最高人民法院	《最高人民法院关于适用〈中华人民共和国仲裁法〉若干问题的解释》	2006 – 08 – 23	2006 – 09 – 08
16	主席令第 62 号	全国人民代表大会	中华人民共和国物权法	2007 – 03 – 16	2007 – 10 – 01
17	发改财金〔2008〕7 号	发改委	关于推进企业债券市场发展、简化发行核准程序有关事项的通知	2008 – 01 – 02	2008 – 01 – 02
18	国资发产权〔2008〕70 号	国资委	中央企业债券发行管理暂行办法	2008 – 04 – 03	2008 – 04 – 03
19	中国人民银行令〔2008〕年第 1 号	中国人民银行	银行间债券市场非金融企业债务融资工具管理办法	2008 – 04 – 09	2008 – 04 – 15
20	NAFMII 指引 0004	中国银行间市场交易商协会	银行间债券市场非金融企业中期票据业务指引	2008 – 04 – 15	2008 – 04 – 15
21	法释〔2008〕6 号	最高人民法院	《最高人民法院关于适用〈中华人民共和国公司法〉若干问题的规定(二)》	2008 – 05 – 12	2008 – 05 – 19
22	证监会公告〔2008〕41 号	证监会	上市公司股东发行可交换债券试行规定	2008 – 10 – 17	2008 – 10 – 17

续表

序号	文号	发文机关	法规/文件名称	发布时间	实施时间
23	中国人民银行公告〔2009〕第1号	中国人民银行	银行间债券市场公司债券发行、登记托管、交易流通操作细则	2009-01-07	2009-01-07
24	法释〔2009〕5号	最高人民法院	《最高人民法院关于适用〈中华人民共和国合同法〉若干问题的解释(二)》	2009-04-24	2009-05-13
25	国发〔2009〕27号	国务院	国务院关于调整固定资产投资项目资本金比例的通知	2009-05-25	2009-05-25
26	NAFMII规则0001	中国银行间市场交易商协会	银行间债券市场非金融企业债务融资工具注册规则	2009-07-17	2009-07-17
27	主席令第74号	全国人大常委会	中华人民共和国矿产资源法(2009年修订)	2009-08-27	2009-08-27
28	〔2009〕第15号	中国银行间市场交易商协会	银行间债券市场中小非金融企业集合票据业务指引	2009-11-09	2009-11-09
29	法释〔2010〕9号	最高人民法院	最高人民法院关于审理外商投资企业纠纷案件若干问题的规定(一)	2010-08-05	2010-08-16
30	国务院令第121号	国务院	企业债券管理条例(2011年修订)	2011-01-08	2011-01-08
31	法释〔2011〕3号	最高人民法院	《最高人民法院关于适用〈中华人民共和国公司法〉若干问题的规定(三)》	2011-01-17	2011-02-16
32	工信部联企业〔2011〕300号	工信部	中小企业划型标准规定	2011-06-28	2011-06-28
33	工商企字〔2011〕226号	国家工商总局	关于做好公司合并分立登记支持企业兼并重组的意见	2011-11-28	2011-11-28
34	—	中国银行间市场交易商协会	银行间债券市场非金融企业债务融资工具信息披露规则(2012年修订)	2012-05-21	2012-05-21
35	上证债字〔2012〕177号	上交所	上海证券交易所中小企业私募债券业务试点办法	2012-05-23	2012-05-23
36	—	上交所	上海证券交易所中小企业私募债券业务指引(试行)	2012-05-23	2012-05-23
37	深证上〔2012〕130号	深交所	深圳证券交易所中小企业私募债券业务试点办法	2012-05-23	2012-05-23

续表

序号	文号	发文机关	法规/文件名称	发布时间	实施时间
38	—	深交所	深圳证券交易所中小企业私募债券试点业务指南	2012－05－23	2012－05－23
39	银监会令〔2012〕第1号	银监会	商业银行资本管理办法（试行）	2012－06－07	2013－01－01
40	中国银行间市场交易商协会公告〔2012〕12号	中国银行间市场交易商协会	非金融企业债务融资工具注册文件表格体系	2012－08－01	2012－09－01
41	主席令第59号	全国人大常委会	中华人民共和国民事诉讼法（2012年修订）	2012－08－31	2013－01－01
42	银监发〔2012〕56号	银监会	中国银监会关于商业银行资本工具创新的指导意见	2012－11－29	2012－11－29
43	国发〔2013〕46号	国务院	国务院关于开展优先股试点的指导意见	2013－11－30	2013－11－30
44	主席令第八号①	全国人大常委会	《全国人民代表大会常务委员会关于修改〈中华人民共和国海洋环境保护法〉等七部法律的决定》	2013－12－18	2014－03－01
45	国发〔2014〕7号	国务院	国务院关于印发注册资本登记制度改革方案的通知	2014－02－07	2014－02－07
46	国务院令第648号②	国务院	《国务院关于废止和修改部分行政法规的决定》：中华人民共和国公司登记管理条例	2014－02－19	2014－03－01
47	国家工商总局令第64号	国家工商总局	公司注册资本登记管理规定	2014－02－20	2014－03－01
48	法释〔2014〕第2号③	最高人民法院	《最高人民法院关于修改关于适用〈中华人民共和国公司法〉若干问题的规定的决定》	2014－03－01	2014－03－01
49	国发〔2014〕14号	国务院	国务院关于进一步优化企业兼并重组市场环境的意见	2014－03－24	2014－03－24
50	银监发〔2014〕12号	银监会	中国银监会　中国证监会关于商业银行发行优先股补充一级资本的指导意见	2014－04－03	2014－04－03
51	发改委第11号令	发改委	政府核准投资项目管理办法	2014－05－14	2014－06－14
52	上证发〔2014〕41号	上交所	上海证券交易所可交换公司债券业务实施细则	2014－06－17	2014－06－17
53	深证上〔2014〕282号	深交所	深圳证券交易所可交换公司债券业务实施细则	2014－08－11	2014－08－11

续表

序号	文号	发文机关	法规/文件名称	发布时间	实施时间
54	国家工商总局令第67号	国家工商总局	企业公示信息抽查暂行办法	2014-08-19	2014-10-01
55	国家工商总局令第68号	国家工商总局	企业经营异常名录管理暂行办法	2014-08-19	2014-10-01
56	国家工商总局令第69号	国家工商总局	个体工商户年度报告暂行办法	2014-08-19	2014-10-01
57	国家工商总局令第70号	国家工商总局	农民专业合作社年度报告公示暂行办法	2014-08-19	2014-10-01
58	国家工商总局令第71号	国家工商总局	工商行政管理行政处罚信息公示暂行规定	2014-08-19	2014-10-01
59	国务院令第654号	国务院	企业信息公示暂行条例	2014-08-23	2014-10-01
60	证监会令第113号	证监会	公司债券发行与交易管理办法	2015-01-15	2015-01-15
61	法释〔2015〕5号	最高人民法院	《最高人民法院关于适用〈中华人民共和国民事诉讼法〉的解释》	2015-01-30	2015-02-04
62	上证发〔2015〕49号	上交所	《上海证券交易所公司债券上市规则》(2015年修订)	2015-05-29	2015-05-29
63	—	深交所	《深圳证券交易所公司债券上市规则》(2015年修订)	2015-05-29	2015-05-29
64	法释〔2015〕18号	最高人民法院	最高人民法院关于审理民间借贷案件适用法律若干问题的规定	2015-08-06	2015-09-01
65	工商企注字〔2016〕253号	国家工商总局	工商总局关于全面推进企业简易注销登记改革的指导意见	2016-12-26	2017-03-01
66	法释〔2017〕16号	最高人民法院	最高人民法院关于适用《中华人民共和国公司法》若干问题的规定(四)	2017-08-28	2017-09-01

注:①主席令第八号第七条即2013年《公司法》修订案。

②国务院令第648号包含了对原公司登记管理条例的修订案,即包含了新的《公司登记管理条例》。

③法释〔2014〕第2号即依据2013年《公司法》修订案对公司法司法解释(一)至(三)进行了修订。

二、外资、外汇法规

序号	文号	发文机关	法规/文件名称	发布时间	实施时间
1	工商企字〔1987〕第38号	国家工商总局	关于中外合资经营企业注册资本与投资总额比例的暂行规定	1987－01－01	1987－01－01
2	〔1997〕外经贸法发第267号	对外贸易经济合作部、国家工商行政管理局	外商投资企业投资者股权变更的若干规定	1997－05－28	1997－05－28
3	〔1999〕外经贸法发第395号[①]	对外贸易经济合作部	关于外商投资企业合并与分立的规定	1999－09－23	1999－11－01
4	对外贸易经济合作部国家工商行政管理局令2000年第6号[②]	对外贸易经济合作部、国家工商行政管理局	关于外商投资企业境内投资的暂行规定	2000－07－25	2000－09－01
5	主席令第四十号	全国人大常委会	中华人民共和国中外合作经营企业法	2000－10－31	2000－10－31
6	主席令第四十一号	全国人大常委会	中华人民共和国外资企业法	2000－10－31	2000－10－31
7	主席令第四十八号	全国人民代表大会	中华人民共和国中外合资经营企业法	2001－03－15	2001－03－15
8	国务院令第301号	国务院	中华人民共和国外资企业法实施细则	2001－04－12	2001－04－12
9	国务院令第311号	国务院	中华人民共和国中外合资经营企业法实施条例	2001－07－22	2001－07－22
10	商务部令2004年第22号[③]	商务部	关于外商投资举办投资性公司的规定	2004－11－17	2004－12－17
11	商务部、中国证监会、国家税务总局、国家工商总局、国家外汇局令2005年第28号	商务部、中国证监会、国家税务总局、国家工商总局、国家外汇局	外国投资者对上市公司战略投资管理办法	2005－12－31	2006－02－01
12	工商外企字〔2006〕第81号[④]	国家工商行政管理总局、商务部、海关总署、国家外汇管理局	国家工商行政管理总局、商务部、海关总署、国家外汇管理局关于印发《关于外商投资的公司审批登记管理法律适用若干问题的执行意见》的通知	2006－04－24	2006－04－24

续表

序号	文号	发文机关	法规/文件名称	发布时间	实施时间
13	工商外企字〔2006〕第102号	国家工商行政管理局	关于实施《关于外商投资的公司审批登记管理法律适用若干问题的执行意见》的通知	2006－05－26	2006－05－26
14	商务部令2009年第6号[5]	商务部	外国投资者并购境内企业的规定	2009－06－22	2009－06－22
15	商务部令2006年第3号	商务部	关于外商投资举办投资性公司的补充规定	2006－05－26	2006－07－01
16	外经贸部令第6号[6]	外经贸部	中华人民共和国中外合作经营企业法实施细则	2011－01－08	2011－01－08
17	国办发〔2011〕6号	国务院	国务院办公厅关于建立外国投资者并购境内企业安全审查制度的通知	2011－02－30	2011－03－30
18	汇资函〔2011〕7号	国家外汇管理局	国家外汇管理局资本项目管理司关于外商投资性公司再投资所涉验资询证有关问题操作指引的通知	2011－03－29	2011－03－29
19	商资函〔2011〕1078号	商务部、国家外汇管理局	进一步完善外商投资性公司有关管理措施的通知	2011－12－08	2011－12－08
20	商务部令2012年第8号	商务部	商务部关于涉及外商投资企业股权出资的暂行规定	2012－09－01	2012－10－22
21	汇发〔2012〕59号	国家外汇管理局	国家外汇管理局关于进一步改进和调整直接投资外汇管理政策的通知	2012－11－19	2012－12－17
22	商资函〔2014〕314号	商务部	商务部关于改进外资审核管理工作的通知	2014－06－17	2014－06－17
23	汇发〔2014〕37号[7]	国家外汇管理局	国家外汇管理局关于境内居民通过特殊目的公司境外投融资及返程投资外汇管理有关问题的通知	2014－07－14	2014－07－14
24	汇发〔2015〕19号	国家外汇管理局	国家外汇管理局关于改革外商投资企业外汇资本金结汇管理方式的通知	2015－03－30	2015－06－01
25	商务部令2015年第2号[8]	商务部	商务部关于修改部分规章和规范性文件的决定	2015－10－28	2015－10－28

续表

序号	文号	发文机关	法规/文件名称	发布时间	实施时间
26	主席令 12 届第 51 号	全国人民代表大会常务委员会	关于修改《中华人民共和国外资企业法》等四部法律的决定	2016－09－03	2016－10－01
27	商务部令 2016 年第 3 号	商务部	外商投资企业设立及变更备案管理暂行办法	2016－10－08	2016－10－08
28	商务部公告 2017 年第 37 号	商务部	关于外商投资企业设立及变更备案管理有关事项的公告	2017－07－30	2017－07－30

注：①《对外贸易经济合作部和国家工商行政管理总局关于修改〈关于外商投资企业合并与分立的规定〉的决定》（对外贸易经济合作部、国家工商行政管理总局令 2001 年第 8 号）于 2001 年 11 月 22 日进行了修订并于该日施行。

②《中华人民共和国对外贸易经济合作部、国家工商行政管理局关于外商投资企业境内投资的暂行规定》第五条、第六条已被：国家工商行政管理总局关于实施《关于外商投资的公司审批登记管理法律适用若干问题的执行意见》的通知于 2006 年 5 月 26 日宣布不再执行。

③《商务部关于外商投资举办投资性公司的规定》（2004 二次修订）已被《关于外商投资举办投资性公司的补充规定》于 2006 年 7 月 1 日修改。

④根据 2014 年 6 月 17 日商务部发布的《商务部关于改进外资审核管理工作的通知》（商资函〔2014〕314 号）的规定，“取消对外商投资（含台、港、澳投资）的公司首次出资比例、货币出资比例和出资期限的限制或规定”，“除法律、行政法规以及国务院决定对特定行业注册资本最低限额另有规定外，取消公司最低注册资本的限制。”

⑤商务部令 2009 年第 6 号是商务部依据反垄断法等新法规的出台对 2006 年六部委局出台的 10 号令的修订。

⑥《中华人民共和国中外合作经营企业法实施细则》在此后经过了四次修订，在 2014 年修订之前的最后一次修订是 2011 年 1 月 8 日《国务院关于废止和修改部分行政法规的决定》第四次修订。目前最新的修订是国务院令第 648 号根据 2013 年《公司法》修订案对《中华人民共和国中外合资经营企业法实施条例》、《中华人民共和国中外合作经营企业法实施细则》、《中华人民共和国外资企业法实施细则》作出了修订。

⑦汇发〔2014〕37 号废止了《国家外汇管理局关于境内居民通过境外特殊目的公司融资及返程投资外汇管理有关问题的通知》（汇发〔2005〕75 号）。

⑧该文对《关于设立外商投资股份有限公司若干问题的暂行规定》（外经贸部令 1995 年第 1 号）、《关于外商投资企业境内投资的暂行规定》（外经贸部、工商总局令 2000 年第 6 号）、《关于外商投资企业合并与分立的规定》（外经贸部、工商总局令 2001 年第 8 号）、《关于外商投资举办投资性公司的规定》（商务部令 2004 年第 22 号）、《外国投资者对上市公司战略投资管理办法》（商务部令 2005 年第 28 号）、《关于外商投资举办投资性公司的补充规定》（商务部令 2006 年第 3 号）、《商务部关于涉及外商投资企业股权出资的暂行规定》（商务部令 2012 年第 8 号）做出了修订。

三、上市公司法规

序号	文号	发文机关	法规/文件名称	发布时间	实施时间
1	主席令第 43 号[①]	全国人大常委会	中华人民共和国证券法	2000－10－31	2000－10－31
2	证监发〔2001〕102 号	证监会	关于在上市公司建立独立董事制度的指导意见	2001－08－16	2001－08－16
3	证监发〔2002〕1 号	证监会	上市公司治理准则	2002－01－07	2002－01－07
4	证监发〔2004〕118 号	证监会	《关于分布〈关于加强社会公众股股东权益保护的若干规定〉的通知》	2004－12－07	2004－12－07
5	证监发〔2005〕第 86 号	证监会	上市公司股权分置改革管理办法	2005－09－04	2005－09－04
6	国资发分配〔2006〕8 号	国资委	国有控股上市公司（境外）实施股权激励试行办法	2006－01－01	2006－01－01
7	证监会计字〔2006〕8 号	证监会	公开发行证券的公司信息披露规范问答第 3 号——弥补累计亏损的来源、程序及信息披露（2006 年修订）	2006－04－10	2006－04－10
8	证监会令第 30 号[②]	证监会	上市公司证券发行管理办法	2006－05－08	2006－05－08
9	证监会令第 32 号	证监会	首次公开发行股票并上市管理办法	2006－05－17	2006－05－17
10	国资发分配〔2006〕175 号	国资委	国有控股上市公司（境内）实施股权激励试行办法	2006－09－30	2006－09－30
11	证监会令第 40 号	证监会	上市公司信息披露管理办法	2007－01－30	2007－01－30
12	上证发〔2015〕40 号	上交所	上海证券交易所上市公司董事会秘书管理办法（2015 年修订）	2007－01－30	2007－01－30
13	证监发行字〔2007〕302 号	证监会	上市公司非公开发行股票实施细则	2007－09－17	2007－09－17
14	证监会令第 57 号	证监会	关于修改上市公司现金分红若干规定的决定	2008－10－09	2008－10－09
15	上证公字〔2010〕60 号	上交所	上海证券交易所上市公司独立董事备案及培训工作指引	2010－10－28	2010－10－28

续表

序号	文号	发文机关	法规/文件名称	发布时间	实施时间
16	—	深圳证券交易所	上市公司现金选择权业务指引(2011 年修订)	2011 -09 -06	2011 -09 -06
17	证监会公告〔2012〕6 号	证监会	上市公司监管指引第 1 号——上市公司实施重大资产重组后存在未弥补亏损情形的监管要求	2012 -03 -23	2012 -03 -23
18	—	上海证券交易所	上市公司重大资产重组信息披露工作备忘录第六号 上市公司现金选择权业务指引(试行)(2012 年 8 月修订)	2012 -08 -03	2012 -08 -03
19	—	上交所	上海证券交易所上市公司现金分红指引	2013 -01 -07	2013 -01 -07
20	股转系统公告〔2013〕18 号	全国中小企业股份转让系统有限责任公司	全国中小企业股份转让系统股票挂牌条件适用基本标准指引(试行)	2013 -06 -17	2013 -06 -17
21	证监会公告〔2013〕43 号	证监会	上市公司监管指引第 3 号——上市公司现金分红	2013 -11 -30	2013 -11 -30
22	—	上交所	上市公司定期报告工作备忘录 第七号 关于年报工作中与现金分红相关的注意事项(2014 年 1 月修订)	2014 -01 -10	2014 -01 -10
23	证监会令第 98 号	证监会	《关于修改〈证券发行与承销管理办法〉的决定》	2014 -03 -21	2014 -03 -21
24	证监会令第 97 号	证监会	优先股试点管理办法	2014 -03 -21	2014 -03 -21
25	证监会公告〔2014〕14 号	证监会	公开发行证券的公司信息披露内容与格式准则第 34 号——发行优先股募集说明书	2014 -04 -01	2014 -04 -01
26	证监会公告〔2014〕15 号	证监会	《中国证券监督管理委员会上市公司并购重组审核委员会工作规程》(2014 年修订)	2014 -04 -20	2014 -04 -20
27	证监会第 99 号		首次公开发行股票并在创业板上市管理办法	2014 -05 -14	2014 -05 -14
28	证监会公告〔2014〕27 号	证监会	《上市公司重大资产重组申请文件——信息披露内容与格式准则 26 号》	2014 -05 -28	2014 -05 -28
29	上证发〔2014〕65 号	上交所	上海证券交易所股票上市规则(2014 年修订)	2014 -10 -17	2014 -11 -16
30	深证上〔2014〕378 号	深交所	深圳证券交易所股票上市规则(2014 年修订)	2014 -10 -17	2014 -11 -16

续表

序号	文号	发文机关	法规/文件名称	发布时间	实施时间
31	证监会公告〔2014〕47号	证监会	上市公司章程指引(2014 年修订)	2014－10－20	2014－10－20
32	证监会公告〔2014〕46号	证监会	上市公司股东大会规则(2014 年修订)	2014－10－20	2014－10－20
33	证监会令第 109 号	证监会	上市公司重大资产重组管理办法	2014－10－23	2014－11－23
34	证监会令第 108 号	证监会	上市公司收购管理办法	2014－10－23	2014－11－23
35	证监会公告〔2014〕53号	证监会	公开发行证券的公司信息披露内容与格式准则第 26 号——上市公司重大资产重组(2014 年修订)	2014－12－24	2014－12－24
36	深证上〔2015〕65 号	深交所	深圳证券交易所主板上市公司规范运作指引(2015 年修订)	2015－02－11	2015－03－20
37	—	证监会	上市公司监管法律法规常见问题与解答修订汇编	2015－09－18	2015－09－18
38	—	证监会	关于上市公司发行股份购买资产同时募集配套资金的相关问题与解答	2016－06－17	2016－06－17
39	证监会令第 126 号	证监会	上市公司股权激励管理办法	2016－07－13	2016－08－13
40	证监会令第 127 号	证监会	关于修改《上市公司重大资产重组管理办法》的决定	2016－09－08	2016－09－08
41	证监会公告〔2016〕18号	证监会	《〈上市公司重大资产重组管理办法〉第十四条、第四十四条的适用意见——证券期货法律适用意见第 12 号》	2016－09－08	2016－09－08
42	证监会公告〔2017〕5号	证监会	市公司非公开发行股票实施细则	2017－02－15	2017－02－15
43	—	证监会	发行监管问答——关于引导规范上市公司融资行为的监管要求	2017－02－17	2017－02－17

注:①根据 2013 年《全国人民代表大会常务委员会关于修改〈中华人民共和国文物保护法〉等十二部法律的决定》(主席令第五号)进行修正,于 2013 年 6 月 29 日颁布并施行。

②《上市公司证券发行管理办法》已被《中国证券监督管理委员会关于修改上市公司现金分红若干规定的决定》(证监会令第 57 号)于 2008 年 10 月 9 日对相关内容作出修改。

四、财税法规

序号	文号	发文机关	法规/文件名称	发布时间	实施时间
1	国税发〔1994〕089号[①]	国家税务总局	国家税务总局关于印发《征收个人所得税若干问题的规定》的通知	1994-03-31	1994-01-01
2	财税字〔1994〕20号[②]	财政部、国家税务总局	财政部、国家税务总局关于个人所得税若干政策问题的通知	1994-05-13	1994-05-13
3	财工字〔1996〕224号	财政部	企业兼并有关财务问题的暂行规定	1996-08-20	1996-08-20
4	国税发〔1997〕198号	国家税务总局	国家税务总局关于股份制企业转增股本和派发红股征免个人所得税的通知	1997-12-25	1997-12-25
5	国税函〔1998〕289号	国家税务总局	国家税务总局关于原城市信用社在转制为城市合作银行过程中个人股增值所得应纳个人所得税的批复	1998-05-15	1998-05-15
6	国税函发〔1998〕333号	国家税务总局	国家税务总局关于盈余公积金转增注册资本征收个人所得税问题的批复	1998-06-04	1998-06-04
7	财会〔2001〕第62号	财政部	《财政部关于印发〈外商投资企业执行〈企业会计制度〉有关问题的规定〉的通知》	2001-11-29	2002-01-01
8	财税〔2002〕191号	财政部、国家税务总局	财政部 国家税务总局关于股权转让有关营业税问题的通知	2002-12-10	2003-01-01
9	财会〔2006〕3号	财政部	企业会计准则第22号——金融工具确认和计量	2006-02-15	2006-02-15
10	主席令第63号	人民代表大会	中华人民共和国企业所得税法	2007-03-18	2008-01-01
11	国务院令第512号	国务院	中华人民共和国企业所得税法实施条例	2007-12-06	2008-01-01
12	财税〔2008〕001号[③]	财政部、国家税务总局	财政部国家税务总局关于企业所得税若干优惠政策的通知	2008-02-22	2008-02-22
13	国务院令第540号	国务院	中华人民共和国营业税暂行条例	2008-11-10	2009-01-01
14	财政部、国家税务总局令第52号	财政部、国家税务总局	中华人民共和国营业税暂行条例实施细则	2008-12-18	2009-01-01

续表

序号	文号	发文机关	法规/文件名称	发布时间	实施时间
15	国税函〔2009〕698号[④]	国家税务总局	国家税务总局关于加强非居民企业股权转让所得企业所得税管理的通知	2009－12－10	2008－01－01
16	财税〔2009〕59号	财政部、国家税务总局	财政部、国家税务总局关于企业重组业务企业所得税处理若干问题的通知	2009－04－30	2008－01－01
17	财税〔2009〕60号	财政部、国家税务总局	财政部、国家税务总局关于企业清算业务企业所得税处理若干问题的通知	2009－04－30	2008－01－01
18	国税函〔2010〕79号	国家税务总局	关于贯彻落实企业所得税法若干税收问题的通知	2010－02－22	2010－02－22
19	国家税务总局公告2010年第4号[⑤]	国家税务总局	国家税务总局关于发布《企业重组业务企业所得税管理办法》的公告	2010－07－26	2010－01－01
20	国家税务总局公告2011年第13号	国家税务总局	国家税务总局关于纳税人资产重组有关增值税问题的公告	2011－02－18	2011－03－01
21	国家税务总局公告2011年第34号	国家税务总局	国家税务总局关于企业所得税若干问题的公告	2011－06－09	2011－07－01
22	主席令第48号	人大常委会	中华人民共和国个人所得税法	2011－06－30	2011－06－30
23	国务院令第600号	国务院	中华人民共和国个人所得税法实施条例	2011－07－19	2011－09－01
24	国家税务总局公告2011年第51号	国家税务总局	国家税务总局关于纳税人资产重组有关营业税问题的公告	2011－09－26	2011－10－01
25	国家税务总局公告2013年第23号	国家税务总局	国家税务总局关于个人投资者收购企业股权后将原盈余积累转增股本个人所得税问题的公告	2013－05－07	2013－06－07
26	国家税务总局公告2013年第41号	国家税务总局	关于企业混合性投资业务企业所得税处理问题的公告	2013－07－15	2013－09－01
27	国家税务总局公告2013年第66号	国家税务总局	国家税务总局关于纳税人资产重组有关增值税问题的公告	2013－11－19	2013－12－01

续表

序号	文号	发文机关	法规/文件名称	发布时间	实施时间
28	国家税务总局公告2013年第72号	国家税务总局	国家税务总局关于非居民企业股权转让适用特殊性税务处理有关问题的公告	2013-12-12	2013-12-12
29	财会〔2014〕14号	财政部	关于印发修订《企业会计准则第2号——长期股权投资》的通知	2014-3-13	2014-07-01
30	财会〔2014〕13号	财政部	金融负债与权益工具的区分及相关会计处理规定	2014-03-21	2014-03-21
31	国家税务总局公告2014年第29号	国家税务总局	国家税务总局关于企业所得税应纳税所得额若干问题的公告	2014-05-23	2014-05-23
32	财会〔2014〕23号	财政部	关于印发修订《企业会计准则第37号——金融工具列报》的通知	2014-06-20	2014-07-01
33	财税〔2014〕57号[⑥]	财政部、国家税务总局	《财政部、国家税务总局关于简并增值税征收率政策的通知》	2014-06-13	2014-07-01
34	财税〔2014〕116号	财政部、国家税务总局	财政部、国家税务总局关于非货币性资产投资企业所得税政策问题的通知	2014-12-31	2015-01-01
35	国家税务总局公告2015年第7号	国家税务总局	国家税务总局关于非居民企业间接转让财产企业所得税若干问题的公告	2015-02-03	2015-02-03
36	财税〔2015〕41号	财政部、国家税务总局	财政部国家税务总局关于个人非货币性资产投资有关个人所得税政策的通知	2015-03-30	2015-04-01
37	国家税务总局公告2015年第48号	国家税务总局	国家税务总局关于企业重组业务企业所得税征收管理若干问题的公告	2015-06-24	2015-06-24
38	国家税务总局公告2015年第80号	国家税务总局	国家税务总局关于股权奖励和转增股本个人所得税征管问题的公告	2015-11-16	2016-01-01

注:①国家税务总局关于印发《征收个人所得税若干问题的规定》的通知本篇法规中关于“外籍纳税人固定在一地申报缴纳个人所得税审批”的行政审批项目已被:《国务院关于第三批取消和调整行政审批项目的决定》于2004年5月19日废止。所附“税率表一”和“税率表二”已被《国家税务总局公

告2011年第46号——国家税务总局关于贯彻执行修改后的个人所得税法有关问题的公告》于2011年9月1日废止。

②《财政部、国家税务总局关于个人所得税若干政策问题的通知》中关于“对外籍个人住房补贴、伙食补贴、洗衣费、搬迁费、出差补贴、探亲费、语言训练费、子女教育费补贴免征个人所得税审批”的行政审批项目已被《国务院关于第三批取消和调整行政审批项目的决定》于2004年5月19日取消。

③《财政部、国家税务总局关于企业所得税若干优惠政策的通知》规定中的“第一条第(一)项至第(九)项”已被《财政部、国家税务总局关于进一步鼓励软件产业和集成电路产业发展企业所得税政策的通知》于2011年1月1日停止执行。

④国家税务总局公告2015年第7号将698号文有关境外间接股权转让的相关条款废止,并按照7号公告的有关规定执行。

⑤该文已经被国家税务总局公告2015年第48号对相关的重组方、重组日等内容作出了修订。

⑥《关于一般纳税人销售自己使用过的固定资产增值税有关问题的公告》(国家税务总局公告2012年第1号)等文件已被《国家税务总局关于简并增值税征收率有关问题的公告》于2014年7月1日修改。

附录3 公司法司法解释(四)与征求意见稿对比

征求意见稿	正式发布版
第一条　公司股东、董事、监事**及与股东会或者股东大会、董事会决议内容有直接利害关系的公司高级管理人员、职工、债权人等**,依据公司法第二十二条第一款起诉请求确认决议无效或者**有效**的,应当依法受理。	第一条　公司股东、董事、监事等请求确认股东会或者股东大会、董事会决议无效或者不成立的,人民法院应当依法予以受理。
第二条　依据公司法第二十二条第二款起诉请求撤销股东会或者股东大会、董事会决议的原告,应当在起诉时具有公司股东身份。**案件受理后不再具有公司股东身份的,应当驳回起诉。**	第二条　依据公司法第二十二条第二款请求撤销股东会或者股东大会、董事会决议的原告,应当在起诉时具有公司股东资格。
第三条　原告起诉请求确认本规定第四条规定的决议**不存在**、本规定第五条规定的**未形成有效决议**,以及确认决议无效、**有效**或者撤销决议案件,应当列公司为被告。 他人在一审法庭辩论结束前以与原告相同的诉讼请求申请参加诉讼,其诉讼主体资格符合民事诉讼法、公司法规定的,应当列为共同原告。	第三条　原告请求确认股东会或者股东大会、董事会决议不成立、无效或者撤销决议的案件,应当列公司为被告。**对决议涉及的其他利害关系人,可以依法列为第三人。** 一审法庭辩论终结前,**其他有原告资格的人**以相同的诉讼请求申请参加前款规定诉讼的,可以列为共同原告。
第七条　公司法第二十二条第二款所称的"召集程序"和"表决方式",包括股东会或者股东大会、董事会会议的通知、股权登记、提案和议程的确定、主持、投票、计票、表决结果的宣布、决议的形成、会议记录及签署等事项。 修改公司章程的有效决议不属于公司法第二十二条第二款所规定的"决议内容违反公司章程"。	**第四条　股东请求撤销股东会或者股东大会、董事会决议,符合公司法第二十二条第二款规定的,人民法院应当予以支持,但会议召集程序或者表决方式仅有轻微瑕疵,且对决议未产生实质影响的,人民法院不予支持。**

续表

<table>
<tr><th>征求意见稿</th><th>正式发布版</th></tr>
<tr><td>第四条　本规定第一条规定的原告有证据证明系争决议存在下列情形之一,请求确认决议不存在的,应予支持:
(一)公司未召开股东会或者股东大会、董事会,但是公司按照公司法第三十七条第二款或者公司章程的规定不召开股东会或者股东大会而直接作出决定,并由全体股东在决定文件上签名、盖章的除外;
(二)公司召开股东会或者股东大会、董事会,但是未对决议进行表决。</td><td rowspan="2">第五条　股东会或者股东大会、董事会决议存在下列情形之一,当事人主张决议不成立的,人民法院应当予以支持:
(一)公司未召开会议的,但依据公司法第三十七条第二款或者公司章程规定可以不召开股东会或者股东大会而直接作出决定,并由全体股东在决定文件上签名、盖章的除外;
(二)会议未对决议事项进行表决的;
(三)出席会议的人数或者股东所持表决权不符合公司法或者公司章程规定的;
(四)会议的表决结果未达到公司法或者公司章程规定的通过比例的;
(五)导致决议不成立的其他情形。</td></tr>
<tr><td>第五条　公司召开股东会或者股东大会、董事会并作出决议,但是本规定第一条规定的原告有证据证明存在下列情形之一,请求确认未形成有效决议的,应予支持:
(一)出席会议的人数或者股东所持表决权不符合公司章程的规定;
(二)决议通过比例不符合公司法或者公司章程的规定;
(三)决议上的部分签名系伪造,且被伪造签名的股东或者董事不予认可;
另一种观点:决议上的部分签名系伪造,且被伪造签名的股东或者董事不予认可,在去除伪造签名后通过比例不符合公司法或者公司章程的规定;
(四)决议内容超越股东会或者股东大会、董事会的职权。</td></tr>
<tr><td></td><td>第六条　股东会或者股东大会、董事会决议被人民法院判决确认无效或者撤销的,公司依据该决议与善意相对人形成的民事法律关系不受影响。</td></tr>
<tr><td>第六条　股东会或者股东大会、董事会决议存在下列情形之一的,应当认定无效:
(一)股东滥用股东权利通过决议损害公司或者其他股东的利益;
(二)决议过度分配利润、进行重大不当关联交易等导致公司债权人的利益受到损害;
(三)决议内容违反法律、行政法规强制性规定的其他情形。</td><td></td></tr>
</table>

续表

征求意见稿	正式发布版
第八条　股东起诉请求撤销股东会或者股东大会、董事会决议，公司有证据证明存在下列情形之一的，应当驳回诉讼请求： （一）决议作出后，股东明确表示同意决议内容； （二）决议作出后，股东以自己的行为明确表示接受决议内容； （三）作出新的决议，实质认可股东诉讼请求的内容。	
第九条　原告起诉请求确认股东会或者股东大会、董事会决议不存在、未形成有效决议、决议无效或者撤销决议，与人民法院根据案件事实作出的认定不一致的，应当直接作出判决。 另一种观点：原告起诉请求确认股东会或者股东大会、董事会决议不存在、未形成有效决议、决议无效或者撤销决议，与人民法院根据案件事实依法认定的决议效力情形不一致的，应当告知原告可以变更诉讼请求。原告不变更的，应当驳回诉讼请求。	
第十条　股东会或者股东大会、董事会决议存在实施后不能恢复原状或者使当事人、利害关系人的合法权益受到难以弥补的损害等情形的，可以依据原告的申请禁止实施有关决议。 人民法院采取前款规定的行为保全措施，可以根据公司的申请或者依职权责令原告提供相应担保。原告提供相应担保的，应当禁止实施有关决议。 人民法院经审查认为，原告的申请存在恶意干扰或拖延决议实施情形的，应当驳回申请。	
第十一条　人民法院判决股东会或者股东大会、董事会决议不存在、未形成有效决议、决议无效或者撤销决议的，该决议自始没有法律约束力。	
第十二条　人民法院审理因一人有限责任公司依据公司法第六十一条作出的决定、国有资产监督管理机构依据公司法第六十六条行使股东会职权作出的决定效力发生争议的案件，可以参照适用本规定第一条至第十一条有关规定。	

续表

征求意见稿	正式发布版
第十三条　股东依据公司法第三十三条或者第九十七条起诉公司请求查阅、复制公司文件材料的,应当依法受理。 公司提供证据证明原告起诉时或者**在诉讼中**已经不具有股东身份的,应当驳回起诉。	第七条　股东依据公司法第三十三条、第九十七条或者公司章程的规定,起诉请求查阅或者复制公司**特定**文件材料的,人民法院应当依法予以受理。 公司有证据证明前款规定的原告在起诉时不具有公司股东资格的,人民法院应当驳回起诉,**但原告有初步证据证明在持股期间其合法权益受到损害,请求依法查阅或者复制其持股期间的公司特定文件材料的除外。**
第十七条　有限责任公司有证据证明存在下列情形之一的,应当依据公司法第三十三条第二款认定股东有不正当目的: (一)股东自营或者为他人经营与公司主营业务有实质性竞争关系的业务; **(二)股东为了向第三人通报得知的事实以获取利益;** (三)在过去的**两年内**,股东曾通过查阅、复制公司文件材料,向第三人通报得知的事实以获取利益; (四)能够证明股东以妨碍公司业务开展、损害公司利益或者股东共同利益为目的的其他事实。	第八条　有限责任公司有证据证明股东存在下列情形之一的,人民法院应当认定股东有公司法第三十三条第二款规定的"不正当目的": (一)股东自营或者为他人经营与公司主营业务有实质性竞争关系业务的,**但公司章程另有规定或者全体股东另有约定的除外;** **(二)股东为了向他人通报有关信息查阅公司会计账簿,可能损害公司合法利益的;** (三)股东在向公司提出查阅请求之日前的**三年内**,曾通过查阅公司会计账簿,向他人通报有关信息损害公司合法利益的; (四)股东有不正当目的的其他情形。
第十四条　公司以存在下列情形之一为由进行抗辩,拒绝股东依据公司法第三十三条、第九十七条或者司法解释规定查阅、复制公司文件材料的,不予支持: **(一)股东出资存在瑕疵;** **(二)公司章程限制股东查阅、复制公司文件材料;** **(三)股东间协议约定限制股东查阅、复制公司文件材料。**	**第九条　公司章程、股东之间的协议等实质性剥夺股东依据公司法第三十三条、第九十七条规定查阅或者复制公司文件材料的权利,公司以此为由拒绝股东查阅或者复制的,人民法院不予支持。**
第十五条　人民法院经审查认为原告的诉讼请求符合公司法规定的,应当判决在确定的时间、在公司住所地或者原告与公司协商确定的其他地点,由公司提供有关文件材料供股东查阅或者复制。股东可以委托代理人查阅、复制公司文件材料。	第十条　人民法院审理股东请求查阅或者复制公司特定文件材料的案件,对原告诉讼请求予以支持的,应当在判决中明确查阅或者复制公司特定文件材料的时间、地点和**特定文件材料的名录。** **股东依据人民法院生效判决查阅公司文件材料的,在该股东在场的情况下,可以由会计师、律师等依法或者依据执业行为规范负有保密义务的中介机构执业人员辅助进行。**

续表

征求意见稿	正式发布版
第十六条　有限责任公司的股东起诉请求查阅公司会计账簿及与会计账簿记载内容有关的记账凭证或者原始凭证等材料的,应当依法受理。 公司提供证据证明股东查阅记账凭证或者原始凭证等有不正当目的,可能损害公司合法利益的,应当驳回诉讼请求。	
	第十一条　股东行使知情权后泄露公司商业秘密导致公司合法利益受到损害,公司请求该股东赔偿相关损失的,人民法院应当予以支持。 **根据本规定第十条辅助股东查阅公司文件材料的会计师、律师等泄露公司商业秘密导致公司合法利益受到损害,公司请求其赔偿相关损失的,人民法院应当予以支持。**
第十八条　公司未依法制作和保存公司法第三十三条或者第九十七条规定的公司文件材料,股东起诉请求公司董事、高级管理人员承担民事赔偿责任的,应予支持。	第十二条　公司董事、高级管理人员等未依法履行职责,导致公司未依法制作或者保存公司法第三十三条、第九十七条规定的公司文件材料,**给股东造成损失**,股东依法请求**负有相应责任的**公司董事、高级管理人员承担民事赔偿责任的,人民法院应当予以支持。
第十九条　股东请求公司分配利润案件,应当列公司为被告。 其他股东在一审法庭辩论结束前**以相同的诉讼请求**申请参加诉讼的,应当列为共同原告;**不同意分配利润的股东,可以列为第三人。**	第十三条　股东请求公司分配利润案件,应当列公司为被告。 一审法庭辩论终结前,其他股东**基于同一分配方案**请求分配利润并申请参加诉讼的,应当列为共同原告。
第二十条　股东提交载明具体分配方案的股东会或者股东大会有效决议,起诉请求公司分配利润的,应当判决公司在一定期限内根据决议确定的方案向股东支付红利。**判决对未参加诉讼的有利润分配请求权的股东发生法律效力。** **股东起诉请求公司分配利润,未提交载明具体分配方案的股东会或者股东大会决议的,应当驳回诉讼请求,但有限责任公司的股东有证据证明其他股东滥用股东权利或董事、高级管理人员存在欺诈行为导致公司不分配利润的除外。**	第十四条　股东提交载明具体分配方案的股东会或者股东大会的有效决议,请求公司分配利润,**公司拒绝分配利润且其关于无法执行决议的抗辩理由不成立的,**人民法院应当判决公司按照决议载明的具体分配方案向股东分配利润。

续表

征求意见稿	正式发布版
第二十一条　人民法院审理股东请求公司分配利润案件,驳回股东诉讼请求后,未参加诉讼的股东以相同的诉讼请求、事实和理由另行起诉的,应当不予受理。 人民法院作出公司分配利润的判决后,未参加诉讼的有利润分配请求权的股东,可以据此申请强制执行。	
	第十五条　股东未提交载明具体分配方案的股东会或者股东大会决议,请求公司分配利润的,人民法院应当驳回其诉讼请求,但违反法律规定滥用股东权利导致公司不分配利润,给其他股东造成损失的除外。
第二十二条　有限责任公司的股东因继承、遗赠等原因发生变化时,其他股东主张优先购买该股权的,不予支持,但公司章程另有规定的除外。	第十六条　有限责任公司的自然人股东因继承发生变化时,其他股东主张依据公司法第七十一条第三款规定行使优先购买权的,人民法院不予支持,但公司章程另有规定或者全体股东另有约定的除外。
第二十三条　有限责任公司的股东之间相互转让其全部或者部分股权,其他股东主张优先购买的,不予支持,但公司章程另有规定的除外。	
	第十七条　有限责任公司的股东向股东以外的人转让股权,应就其股权转让事项以书面或者其他能够确认收悉的合理方式通知其他股东征求同意。其他股东半数以上不同意转让,不同意的股东不购买的,人民法院应当认定视为同意转让。 经股东同意转让的股权,其他股东主张转让股东应当向其以书面或者其他能够确认收悉的合理方式通知转让股权的同等条件的,人民法院应当予以支持。 经股东同意转让的股权,在同等条件下,转让股东以外的其他股东主张优先购买的,人民法院应当予以支持,但转让股东依据本规定第二十条放弃转让的除外。
第二十四条　公司法第七十一条第三款所称的"同等条件",应当综合股权的转让价格、付款方式及期限等因素确定。 有限责任公司的股东向股东以外的人转让股权,其他股东主张优先购买部分股权的,不予支持,但公司章程另有规定的除外。	第十八条　人民法院在判断是否符合公司法第七十一条第三款及本规定所称的"同等条件"时,应当考虑转让股权的数量、价格、支付方式及期限等因素。

续表

征求意见稿	正式发布版
第二十五条　有限责任公司的股东向股东以外的人转让股权，书面通知其他股东，通知中已经包括受让人的姓名或名称、转让股权的类型、数量、价格、履行期限及方式等股权转让合同主要内容的，其他股东在收到通知后，应当在公司章程规定的行使期间内主张优先购买；公司章程没有规定或者规定不明的，按照下列情形确定： （一）通知中载明行使期间的，以该期间为准； （二）通知中未载明行使期间，或者载明的期间短于通知送达之日起三十日的，为三十日。 其他股东没有在前款规定的行使期间内主张优先购买的，或者主张优先购买，但是不符合公司法和司法解释规定的同等条件的，视为同意转让并放弃优先购买权。	第十九条　有限责任公司的股东主张优先购买转让股权的，应当在收到通知后，在公司章程规定的行使期间内提出购买请求。公司章程没有规定行使期间或者规定不明确的，以通知确定的期间为准，通知确定的期间短于三十日或者未明确行使期间的，行使期间为三十日。
第二十六条　有限责任公司的股东向股东以外的人转让股权，其他股东主张优先购买，股东明确表示放弃转让的，对其他股东的主张不予支持，但是双方已经达成股权转让协议或者公司章程另有规定的除外。 股东在诉讼中明确表示放弃转让的，诉讼费用由其负担。	第二十条　有限责任公司的转让股东，在其他股东主张优先购买后又不同意转让股权的，对其他股东优先购买的主张，人民法院不予支持，但公司章程另有规定或者全体股东另有约定的除外。　其他股东主张转让股东赔偿其损失合理的，人民法院应当予以支持。
第二十七条　有限责任公司的股东向股东以外的人转让股权，有下列损害其他股东优先购买权的情形之一，其他股东请求确认转让合同无效的，应予支持： （一）未履行公司法和司法解释规定的程序订立股权转让合同； （二）其他股东放弃优先购买权后，股东采取减少转让价款等方式实质改变公司法和司法解释规定的同等条件向股东以外的人转让股权； （三）股东与股东以外的人恶意串通，采取虚报高价等方式违反公司法和司法解释规定的同等条件，导致其他股东放弃优先购买权，但是双方的实际交易条件低于书面通知的条件。 转让合同被认定无效后，其他股东同时请求按照实际交易条件购买该股权的，应予支持。受让人交易时善意无过失，请求股东承担赔偿责任的，应予支持。	第二十一条　有限责任公司的股东向股东以外的人转让股权，未就其股权转让事项征求其他股东意见，或者以欺诈、恶意串通等手段，损害其他股东优先购买权，其他股东主张按照同等条件购买该转让股权的，人民法院应当予以支持，但其他股东自知道或者应当知道行使优先购买权的同等条件之日起三十日内没有主张，或者自股权变更登记之日起超过一年的除外。 前款规定的其他股东仅提出确认股权转让合同及股权变动效力等请求，未同时主张按照同等条件购买转让股权的，人民法院不予支持，但其他股东非因自身原因导致无法行使优先购买权，请求损害赔偿的除外。 股东以外的股权受让人，因股东行使优先购买权而不能实现合同目的的，可以依法请求转让股东承担相应民事责任。

续表

征求意见稿	正式发布版
第二十八条　依据国有资产管理法律、行政法规在依法设立的产权交易场所转让国有股权的,适用公司法第七十一条第二款和第三款规定的“书面通知”“同等条件”时,应当参照产权交易场所的交易规则。	**第二十二条　通过拍卖向股东以外的人转让有限责任公司股权的,适用公司法第七十一条第二款、第三款或者第七十二条规定的“书面通知”“通知”“同等条件”时,根据相关法律、司法解释确定。** 在依法设立的产权交易场所转让有限责任公司国有股权的,适用公司法第七十一条第二款、第三款或者第七十二条规定的“书面通知”“通知”“同等条件”时,可以参照产权交易场所的交易规则。
第二十九条　有限责任公司章程条款过度限制股东转让股权,导致股权实质上不能转让,股东请求确认该条款无效的,应予支持。	
第三十条　监事会、监事或者董事会、执行董事依据公司法第一百五十一条第一款起诉的,应当列公司为原告,由监事会负责人、监事或者董事长、执行董事担任**诉讼代表人**。 **人民法院受理股东依据公司法第一百五十一条第二款、第三款的规定提起诉讼的案件后,应当通知公司作为第三人参加诉讼。** 第三十二条　人民法院审理股东依据公司法第一百五十一条第二款、第三款规定提起诉讼的案件,其他股东在一审法庭辩论结束前以相同的诉讼请求申请参加诉讼的,应当列为共同原告。已经进行的诉讼程序,对参加诉讼的其他股东发生法律效力。判决对未参加诉讼的股东发生法律效力。	第二十三条　监事会或者不设监事会的有限责任公司的监事依据公司法第一百五十一条第一款规定对董事、高级管理人员提起诉讼的,**应当列公司为原告,依法由监事会主席或者不设监事会的有限责任公司的监事代表公司进行诉讼。** 董事会或者不设董事会的有限责任公司的执行董事依据公司法第一百五十一条第一款规定对监事提起诉讼的,或者依据公司法第一百五十一条第三款规定对他人提起诉讼的,**应当列公司为原告,依法由董事长或者执行董事代表公司进行诉讼。** 第二十四条　符合公司法第一百五十一条第一款规定条件的股东,依据公司法第一百五十一条第二款、第三款规定,直接对董事、监事、高级管理人员或者他人提起诉讼的,应当列公司为第三人参加诉讼。 一审法庭辩论终结前,符合公司法第一百五十一条第一款规定条件的其他股东,以相同的诉讼请求申请参加诉讼的,应当列为共同原告。
第三十一条　公司法第一百五十一条第一款、第二款所称的“董事、高级管理人员”、“监事会”、“监事”包括全资子公司的董事、高级管理人员、监事会、监事。 **公司法第一百五十一条第三款所称的“他人”,是指除公司或者全资子公司的董事、监事、高级管理人员以外的其他人。**	

续表

征求意见稿	正式发布版
第三十三条　人民法院审理股东依据公司法第一百五十一条第二款、第三款规定提起诉讼的案件后，公司申请替代股东诉讼的，应当征得股东的同意。股东同意的，其已实施的诉讼行为有效；另行提起诉讼的，不予受理或者驳回起诉。	
第三十四条　人民法院审理股东依据公司法第一百五十一条第二款、第三款规定提起诉讼的案件，当事人达成调解协议的，应提交股东会或者股东大会通过调解协议的决议。有限责任公司未提交股东会决议的，全体股东应当在调解协议书上签名、盖章或者向人民法院出具同意调解协议的书面意见。	
第三十五条　股东依据公司法第一百五十一条第二款、第三款规定请求被告直接向其承担民事责任的，不予支持。 **股东因公司的全资子公司利益受到损害，依据公司法第一百五十一条提起诉讼，请求被告向全资子公司承担民事责任的，应予支持；请求被告向公司承担民事责任的，不予支持。** 股东胜诉后，请求公司**承担合理的律师费以及为诉讼支出的调查费、评估费、公证费等**合理费用的，应予支持。	第二十五条　股东依据公司法第一百五十一条第二款、第三款规定直接提起诉讼的案件，**胜诉利益归属于公司**。股东请求被告直接向其承担民事责任的，人民法院不予支持。 第二十六条　股东依据公司法第一百五十一条第二款、第三款规定直接提起诉讼的案件，其诉讼请求**部分或者全部**得到人民法院支持的，公司应当承担股东因参加诉讼支付的**合理费用**。
第三十六条　本规定自　　年　月　日起施行。 本规定施行后人民法院新受理的一审案件，适用本规定。 本规定施行前人民法院已经受理、施行后尚未审结的一审、二审案件，以及本规定施行前已经终审、施行后当事人申请再审或者按照审判监督程序决定再审的案件，不适用本规定。	第二十七条　本规定自2017年9月1日起施行。 **本规定施行后尚未终审的案件，适用本规定；本规定施行前已经终审的案件，或者适用审判监督程序再审的案件，不适用本规定。**

图书在版编目(CIP)数据

公司法实务应用全书：律师公司业务基本技能与执业方法／雷霆著. --2版. --北京：法律出版社，2017(2023.3重印)
(公司律师业务进阶系列)
ISBN 978-7-5197-1760-5

Ⅰ.①公… Ⅱ.①雷… Ⅲ.①公司法-基本知识-中国 Ⅳ.①D922.291.91

中国版本图书馆CIP数据核字(2017)第302676号

公司法实务应用全书
——律师公司业务基本技能与执业方法(第二版)
GONGSIFA SHIWU YINGYONG QUANSHU
—LÜSHI GONGSI YEWU JIBEN JINENG YU ZHIYE FANGFA(DI-ER BAN)

雷 霆 著

策划编辑 冯雨春 冯佳欣
责任编辑 冯佳欣
装帧设计 李 瞻

出版发行 法律出版社
编辑统筹 法律应用出版分社
责任校对 朱海波
责任印制 刘晓伟
经 销 新华书店

开本 787毫米×1092毫米 1/16
印张 52.75 **字数** 866千
版本 2018年2月第2版
印次 2023年3月第6次印刷
印刷 三河市龙大印装有限公司

地址:北京市丰台区莲花池西里7号(100073)
网址:www.lawpress.com.cn
投稿邮箱:info@lawpress.com.cn
举报盗版邮箱:jbwq@lawpress.com.cn

销售电话:010-83938349
客服电话:010-83938350
咨询电话:010-63939796

书号:ISBN 978-7-5197-1760-5
定价:158.00元
凡购买本社图书,如有印装错误,我社负责退换。电话:010-83938349